NING XIA NIAN JIAN

宁夏年鉴

2019

宁 夏 地 方 志 编 审 委 员 会
宁夏回族自治区地方志办公室 编

方志出版社
Publishing House of Local Records

图书在版编目（CIP）数据

宁夏年鉴 . 2019 / 宁夏地方志编审委员会，宁夏回族自治区地方志办公室编 . — 北京：方志出版社，2019.12

ISBN 978-7-5144-4110-9

Ⅰ . ①宁… Ⅱ . ①宁… ②宁… Ⅲ . ①宁夏—2019—年鉴Ⅳ . ① Z524.3

中国版本图书馆 CIP 数据核字（2019）第 297393 号

宁夏年鉴（2019）

编　　者：宁夏地方志编审委员会、宁夏回族自治区地方志办公室
责任编辑：冯　松

出 版 者：方志出版社
地址　北京市朝阳区潘家园东里 9 号（国家方志馆 4 层）
邮编　100021
网址　http://www.fzph.org
发　　行：方志出版社图书经销中心
电话（010）67110500
经　　销：各地新华书店
印　　刷：宁夏报业传媒集团印刷有限公司

开　　本：889mm × 1194mm　1/16
印　　张：38
字　　数：1304 千
印　　次：2019 年 12 月第 1 版　2019 年 12 月第 1 次印刷
印　　数：0001~2000 册

ISBN　978-7-5144-4110-9　定价 298.00 元

宁夏年鉴编辑委员会

《宁夏年鉴》编辑部

编 辑 说 明

一、《宁夏年鉴》是具有政府公报性质的区情年刊，创刊于2001年，由宁夏回族自治区人民政府主办，宁夏地方志编审委员会、宁夏回族自治区地方志办公室编辑出版。

二、《宁夏年鉴（2019）》以马克思列宁主义、毛泽东思想、邓小平理论、“三个代表”重要思想、科学发展观、习近平新时代中国特色社会主义思想为指导，坚持辩证唯物主义和历史唯物主义的立场、观点、方法，存真求实，全面、客观、准确地反映2018年宁夏贯彻落实新发展理念，为实现经济繁荣、民族团结、环境优美、人民富裕与全国同步建成全面小康社会目标，在建设美丽新宁夏、共圆伟大中国梦的奋斗历程中取得的最新成果。

三、《宁夏年鉴（2019）》所载内容由各部委(办)、厅(局)、市、县(市、区)和宁夏军区等有关单位提供，数据由各有关部门提供，并经各主管部门审核。资料真实、全面，充分反映了宁夏的时代特色、年度特色及地方特色，为人们了解宁夏、促进宁夏对外开放提供资政咨询服务。

四、《宁夏年鉴（2019）》有专文、条目、大事记、表格、图片等多种记述形式，以类目、分目、条目组成框架结构的主体部分，少数分目增设子分目，条目为最基本的记述形式，条目标题统一用黑体字加【 】表示。全书设有中英文目录(英文目录译至分目及子分目标题)，索引具有比较完善的检索功能。

五、《宁夏年鉴（2019）》设特载、宁夏回族自治区成立60周年、专文、宁夏综览、大事记、中共宁夏回族自治区委员会、宁夏回族自治区人民代表大会、宁夏回族自治区人民政府、政协宁夏回族自治区委员会、纪检监察、民主党派和工商联、社会团体、法治、军事、经济管理、金融、农业、水利、工业、交通邮政通信、商贸服务、对外经贸合作、开发区和园区建设、住房和城乡建设、自然资源管理、生态环境、教育、科学技术、社会科学、文化、出版传媒、旅游、体育、卫生、社会管理、民族宗教、市情概览、人物和荣誉、附录共39个类目。全书共列分目225个，子分目58个，条目1887个

六、《宁夏年鉴（2019）》“人物和荣誉”类目主要收录2018年全国“五一劳动奖章”、国务院特殊津贴、全国“三八红旗手”等获得国家级荣誉称号的人物简介，并对自治区60年感动宁夏人物进行简介。逝世人物主要收录逝世于2018年并在宁夏任职过的正厅级(含正厅级待遇)以上级别的领导干部简介。人物名录、集体名录收录获得省部级以上表彰的个人和集体。

七、《宁夏年鉴（2019）》公益图片对全区重要会议、重要活动、重大项目建设等社会各领域的年度亮点工作给予反映。

八、《宁夏年鉴（2019）》严格执行出版物汉字使用管理规定、法定计量单位出版物数字用法、标点符号用法等规定，力求规范、统一。使用自治区、市、县（区）名时，一般写明全称。宁夏回族自治区简称自治区或“宁夏”，有时简称“全区”

九、《宁夏年鉴（2019）》所收录资料为供稿人或供稿单位署名，原文照录资料均注明出处。

宁夏回族自治区行政区划图

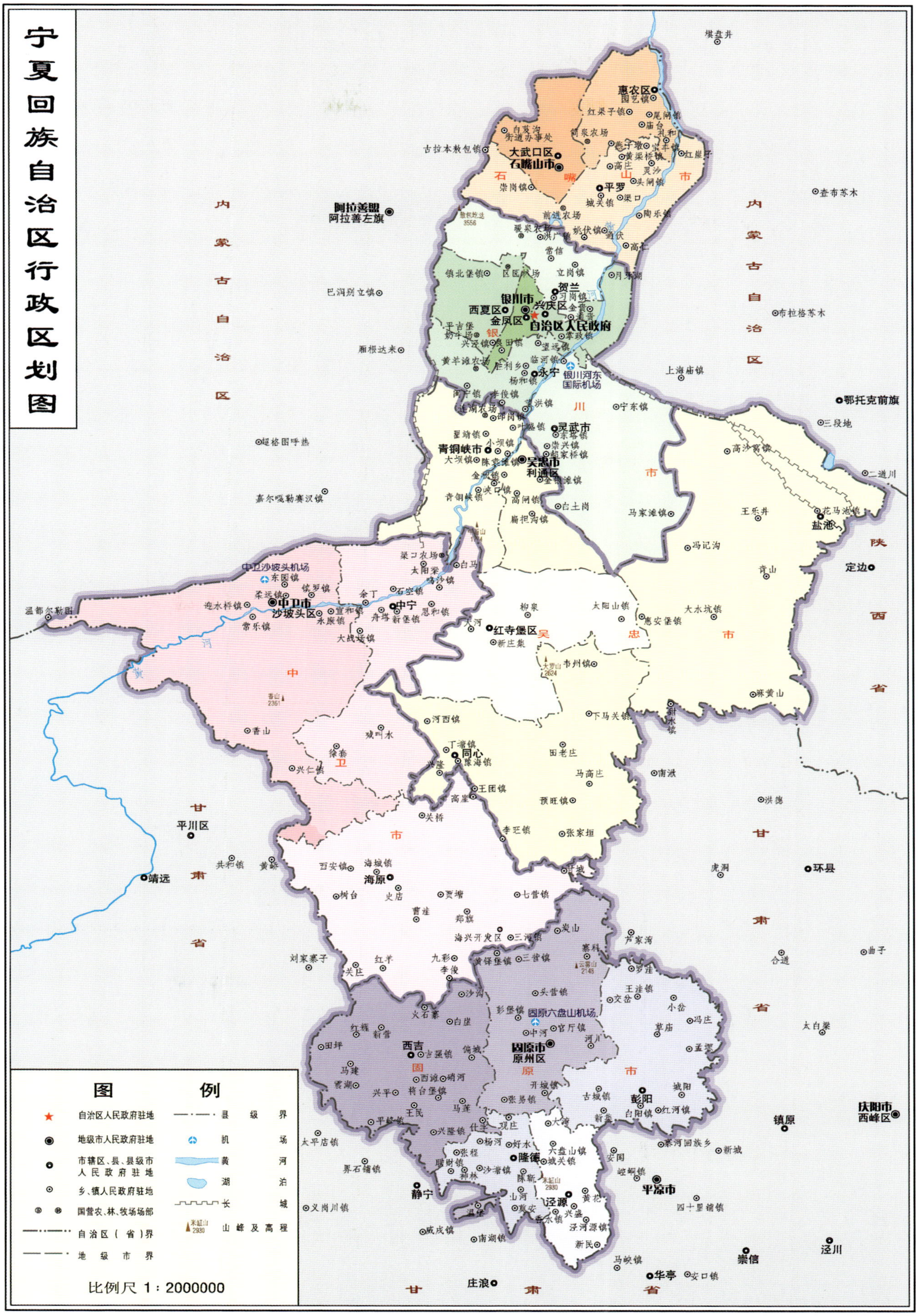

审图号：宁S【2019】第017号

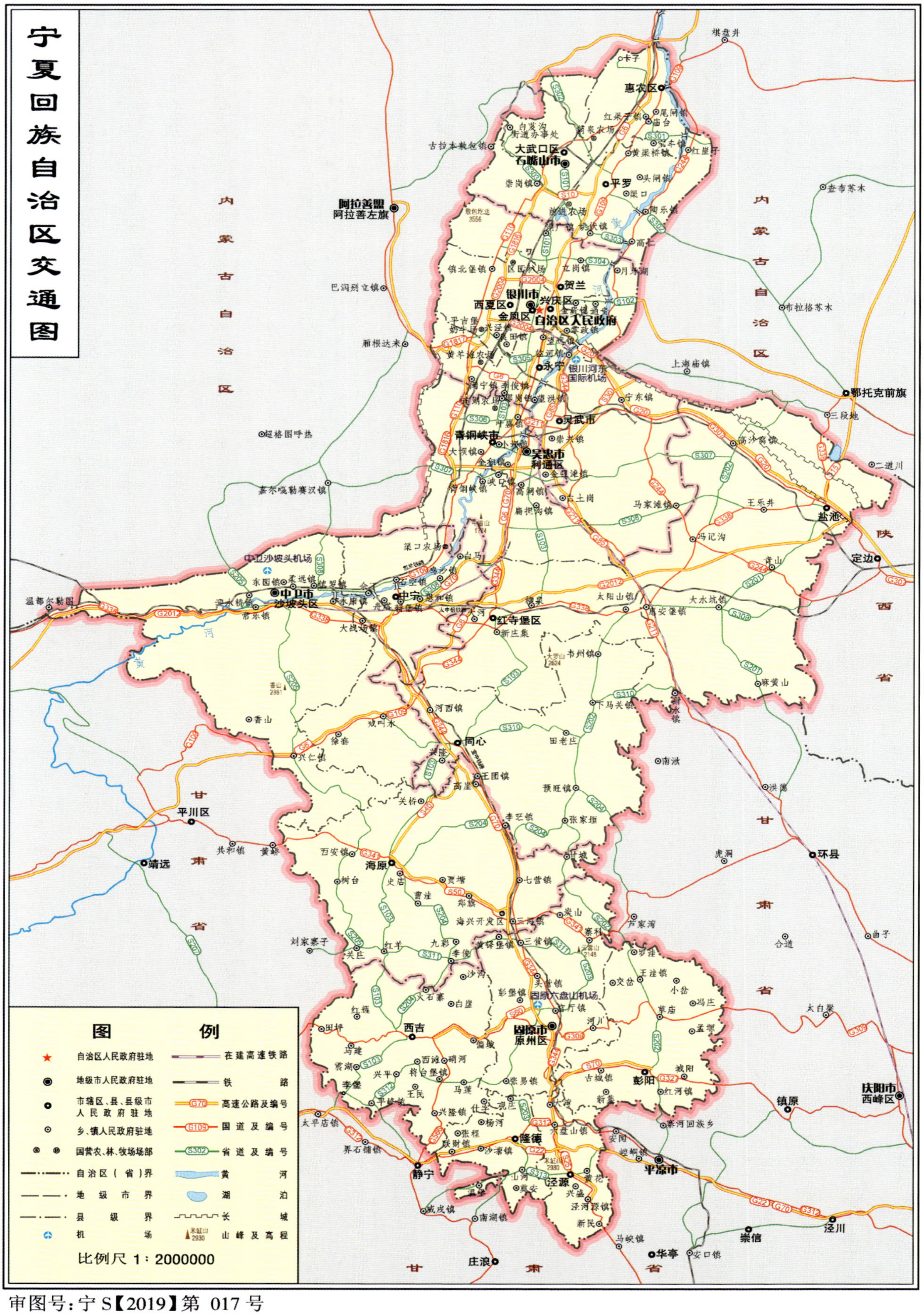

审图号：宁S【2019】第 017 号

2018 年 12 月 28—29 日，中国共产党宁夏回族自治区第十二届委员会第六次全体会议在银川召开
（左鸣远　摄）

2019 年 1 月 27 日，宁夏回族自治区第十二届人民代表大会第二次会议在银川开幕
（左鸣远　摄）

2019 年 1 月 26 日，中国人民政治协商会议第十一届宁夏回族自治区委员会第二次会议在银川开幕

（左鸣远　摄）

2018 年 11 月 28 日，中国共产党宁夏军区第十二次代表大会在宁夏军区召开

（宁夏军区　提供）

2018 年 9 月，中央代表团向宁夏赠送习近平总书记为自治区成立 60 周年大庆题词的牌匾 （宁夏日报社 提供）

2018 年 9 月 5 日，庆祝宁夏回族自治区成立 60 周年——中央广播电视总台心连心艺术团赴宁夏慰问演出在银川举行 （左鸣远 摄）

2018 年 9 月 20 日，宁夏回族自治区成立 60 周年庆祝大会在银川贺兰山体育场隆重举行 （左鸣远 摄）

2018 年 7 月 19 日，全区科学技术奖励大会在银川召开　（左鸣远　摄）

2018 年 9 月 7 日，全区生态环境保护大会在银川召开　（左鸣远　摄）

2018 年 6 月 13 日，闽宁互学互助对口扶贫协作第 22 次联席会议在银川召开

（左鸣远　摄）

2018 年 7 月 25 日，宁夏 江苏经济社会发展座谈会暨合作项目签约仪式在银川举行

（左鸣远　摄）

2018 年 1 月 15 日，宁夏回族自治区文学艺术界联合会第八次代表大会在银川召开

（宁夏文联　提供）

2018 年 10 月 16 日，自治区党委、政府在盐池县召开盐池县脱贫退出现场会，盐池县成为宁夏第一个脱贫摘帽的贫困县

（李锐　提供）

2018 年 9 月 13 日，全区第八次民族团结进步表彰大会在银川召开

（自治区民委　提供）

2018 年 8 月 30 日，自治区成立 60 年经济社会发展情况及庆祝活动发布会在国务院新闻办举行

（张明鹏　提供）

2018 年 1 月 19 日，第二届宁夏最美科技人颁奖仪式在银川举行

（赵楠 摄）

2018 年 8 月 15 日，全区精神文明建设工作表彰大会在银川举行

（左鸣远 摄）

2018 年 5 月 28 日，庆祝全国科技工作者座谈暨宁夏青年科技奖表彰会在银川召开

（自治区科协 提供）

2018 年 9 月 27 日，第三届宁商大会在银川开幕
（左鸣远　摄）

2018 年 11 月 22 日，宁夏"互联网＋教育"示范区建设启动大会在银川召开
（左鸣远　摄）

2018 年 9 月 28 日，2018 中国健康产业高峰论坛在银川举办
（左鸣远　摄）

2018 年 1 月 31 日，宁夏回族自治区监察委员会揭牌成立 （左鸣远 摄）

2018 年 6 月 15 日，国家税务总局宁夏回族自治区税务局挂牌成立

（张明鹏 提供）

2018 年 11 月 12 日，宁夏回族自治区生态环境厅挂牌成立 （张明鹏 提供）

2018 年 11 月 12 日，宁夏回族自治区医疗保障局挂牌成立

（张明鹏 提供）

2018 年 11 月 13 日，宁夏回族自治区药品监督管理局挂牌成立

（董传阳　提供）

2018 年 11 月 14 日，自治区文化和旅游厅挂牌成立

（李进云　提供）

2018 年 11 月 13 日，新组建的宁夏回族自治区自然资源厅挂牌成立

（李江涛　提供）

2018 年 12 月 27 日，宁夏消防救援总队举行授旗、授衔和换装仪式

（张明鹏　提供）

2018年3月22日，银西高铁银川至吴忠段第一组500米长轨成功铺设，标志着银西高铁银吴段正式进入轨道工程施工阶段

（左鸣远　摄）

2018年8月16日，包头至银川高铁（宁夏段）项目建设正式开工

（左鸣远　摄）

2018年9月10日，京藏高速改扩建工程望远至滚泉段建成通车试运行

（左鸣远　摄）

2018 年 1 月 3 日凌晨 5 时，宁夏天元锰业集团首艘远洋货轮抵达青岛港　　　　（宁夏日报社 提供）

2018 年 8 月 7 日，华电银川“东热西送”集中供热项目的咽喉工程——穿黄盾构隧道全线贯通　　　　（左鸣远　摄）

2018 年 9 月 23 日，宁夏首届“中国农民丰收节”在贺兰县稻渔空间休闲农业园启动

（张明鹏　提供）

2018 年 3 月 15 日，宁夏昊王米业集团奖励 2017 年优质粮食订单完成突出的优秀农户，并与农户代表签订 2018 年优质粮食订单

（左鸣远　摄）

2018 年 5 月，青铜峡市邵岗镇甘城子村 2000 亩戈壁滩上的顺宝生态循环养鸡产业园构建起一套完整的生态蛋鸡养殖循环产业链，解决了周边 200 多名移民群众的就业问题

（左鸣远　摄）

2018年1月19日，全区文化科技卫生“三下乡”集中示范活动在吴忠市红寺堡区举行

（左鸣远　摄）

2018年9月11日，自治区对海原县国家级基层政务公开标准化规范化试点工作进行验收

（郭涛　摄）

2018年7月19—20日，全区基层理论微宣讲大赛在银川举办

（自治区党委宣传部　提供）

2018年9月20日，庆祝宁夏回族自治区成立60周年文艺晚会《绽放新时代》在宁夏人民剧院上演
（宁夏文联　提供）

2018年9月3日，“全区民族团结月”启动并开展文艺演出活动
（自治区民委　提供）

2018 年 7 月 5 日，宁夏文化艺术节开幕式——走进新时代主题文艺演出在宁夏人民剧院启幕　　　　（左鸣远　摄）

2018 年 8 月 8—10 日，中国文联文艺志愿服务团在宁夏举办“中国梦 宁夏情——庆祝宁夏回族自治区成立 60 周年‘送欢乐 下基层’文艺志愿服务慰问演出”　　　　（宁夏文联　提供）

2018 年 11 月 27 日，宁夏代表队在全国青少年创新编程与智能设计大赛总决赛中获 2 金 1 银 2 铜的好成绩

（宁夏科协　提供）

2018 年 11 月 23 日，全国中小学校消防安全宣传教育工作推进会在银川召开

（宁夏消防救援总队　提供）

2018 年 7 月 10—16 日，宁夏侨联组织宁夏优秀大中学生赴港澳参加暑期夏令营活动

（宁夏侨联　提供）

2018 年 5—6 月，中国国际飞行器设计挑战赛总决赛开幕式在红寺堡区举行

（周占元 摄）

2018 年 6 月 26 日，宁夏首个由商业保险公司推出的空中救援服务项目投入运行

（左鸣远　摄）

2018 年 8 月 23 日，宁夏各电信基础企业开展联合应急通信演练

（自治区通信管理局　提供）

2018 年 6 月 5 日，“美丽中国，我是行动者”环境日暨环境教育宣传周活动在银川启幕
（钟培源　摄）

2018 年 7 月 18 日，由自治区党委宣传部，固原市委、市政府主办的“不到长城非好汉——六盘山红色诗会”在西吉县将台堡红军长征会师纪念碑广场举办　（左鸣远　摄）

2018 年 7 月 27 日，自治区成立 60 周年暨银川市庆祝“八一”建军节双拥系列文化活动走进军营慰问演出

（蔡建军　提供）

2018 年 9 月 11 日，自治区成立 60 周年庆祝活动消防安保决战决胜誓师大会在银川举行　（自治区应急管理厅　提供）

2018年5月16日9时15分，同心县登山者马兴江成功从尼泊尔一侧登顶珠峰，让“塞上江南 神奇宁夏”的条幅闪亮在地球之巅　（宁夏日报社 提供）

2018年9月16日，庆祝自治区成立60周年“一带一路”四国男子篮球俱乐部邀请赛在宁夏体育馆举行

（王猛　摄）

目 录

大事记

中共宁夏回族自治区委员会

宁夏回族自治区人民代表大会

宁夏回族自治区人民政府

政协宁夏回族自治区委员会

纪检监察

民主党派和工商联

社会团体

法 治

军　事

经济管理

水　利

商贸服务

对外经贸合作

开发区和园区建设

交通 邮政 通信

住房和城乡建设

自然资源管理

生态环境

教　育

科学技术

社会科学

文　化

出版传媒

旅　游

社会管理

民族宗教

市情概览

人物和荣誉

附　录

索　引

YEARBOOK OF NINGXIA(2019) CONTENTS

RECORDS OF GREAT SIGNIFICANCE

60TH ANNIVERSARY OF NINGXIA HUI AUTONOMOUS REGION

SPECIAL ARTICLES

GENERAL SURVEY OF NINGXIA

MEMORABILIA

CPC NINGXIA HUI AUTONOMOUS REGION COMMITTEE

NINGXIA HUI AUTONOMOUS REGION PEOPLE CONGRESS

PEOPLE 'S GOVERNMENT OF NINGXIA HUI AUTONOMOUS REGION

COMMITTEE OF THE CPPCC NINGXIA HUI AUTONOMOUS REGION

DISCIPLINE INSPECTION AND SUPERVISION

DEMOCRATIC PARTIES AND THEFEDERATION OF INDUSTRY ANDCOMMERCE

SOCIAL GROUPS

RULE OF LAW

MILITARY AFFAIRS

ECONOMIC MANAGEMENT

FINANCE

Agriculture

Water Conservancy

Industry

Commercial Service

Foreign Economy and Trade

DEVELOPMENT ZONE AND PARK CONSTRUCTION

Traffic, Postal Service and Communication

HOUSING AND URBAN RURAL DEVELOPMENT

Natural Resources Management

ECOLOGICAL ENVIRONMENT

EDUCATION

SCIENCE AND TECHNOLOGY

SOCIAL SCIENCE

CULTURE

PUBLISHING AND MEDIA

TOURISM

SPORTS

HEALTH

SOCIAL MANAGEMENT

NATIONALITIES AND RELIGIONS

OVERVIEW OF CITIES

PERSONAGE AND HONOR

APPENDIX

Index

特载

TEZAI

NINGXIA YEARBOOK

编辑◎霍丽娜

李克强在宁夏考察时强调　让"互联网+"更多惠及重点民生领域

2018年6月4日，中共中央政治局常委、国务院总理李克强在宁夏回族自治区党委书记石泰峰、自治区主席咸辉陪同下在银川市考察。

在银川市第一人民医院，李克强听取了宁夏开展"互联网+医疗健康"工作汇报，银川智慧互联网医院覆盖了全区所有社区乡镇，实现了远程诊断。李克强与联合诊疗患者的社区医生和北京专家在线交流，勉励他们当好群众健康守护者。李克强说，运用"互联网+"促进重点民生领域改善潜力巨大。要以习近平新时代中国特色社会主义思想为指导，坚持以人民为中心的发展思想，按照党中央、国务院部署，深入推动"互联网+"行动，让那些目前难以直接配置更多优质资源的基层和贫困地区的群众，也能更方便获得好的公共服务，这有利于促进公平。他希望宁夏在创建"互联网+医疗健康"示范区上走在前列，惠及各族群众及周边地区，国家会积极支持。

李克强来到闽宁中学，了解开展"互联网+教育"情况。"智慧教室"里学生们人手一个平板电脑，向总理展示上面集成的教育课件和彼此分享的学习心得。李克强说，教育是获取知识、促进起点公平的关键，"互联网+教育"可以让贫困地区孩子也能听到好老师的讲课，开拓他们的眼界，点燃改变人生的火把。目前农村信息基础设施落后，要加大政府投入，解决网速慢、资金不足等卡脖子问题。他还关切询问教师收入，叮嘱地方同志要做到义务教育教师平均工资不低于当地公务员平均工资水平。

李克强来到银川iBi育成中心，这里聚集了近500家创业企业。智能矿山实验室负责人向总理介绍了他们运用互联网和自主研发的智能识别技术实现矿山远程安全开采，有效降低能耗和排放。李克强与在这里创业的归国留学人员、沿海返乡创客、自主择业的军转干部等交流，勉励他们通过智慧和劳动创造精彩人生。一家公司CEO告诉总理，六年前总理在走访贫困户时到过他父母家，当时他大学刚毕业待业在家，正是总理的鼓励和大众创业、万众创新政策使他走上了创业创富之路，现在他家已告别了低保。李克强高兴地说，我们要营造更好的创业创新环境，让更多有为青年充分发挥他们的聪明才智。

几年前李克强曾去过的固原市上青石村在易地扶贫中已整体搬迁到银川，七百多贫困户全部脱贫销号。李克强专程来到这里，村民们告诉总理，过去行路难、吃水难、脱贫难，现在房屋宽敞、自来水通畅、打工使收入翻了几番。李克强鼓励乡亲们勤劳致富，创造更加美好的日子。

李克强充分肯定近年来宁夏经济社会发展取得的成绩，要求在以习近平同志为核心的党中央坚强领导下，全面贯彻党的十九大精神，在全面建成小康社会进程中谱写经济发展、民族团结、民生改善新篇章。

（霍丽娜摘编自《宁夏日报》2018年6月5日第1版）

汪洋出席宁夏回族自治区成立60周年庆祝活动并慰问各界代表

2018年9月19日，以中共中央政治局常委、全国政协主席汪洋为团长的中央代表团飞抵银川出席宁夏回族自治区成立60周年庆祝活动。担任中央代表团副团长的中共中央政治局委员、国务院副总理孙春兰，中共中央书记处书记、中央统战部部长尤权，全国人大常委会副委员长曹建明，全国政协副主席、国家民委主任巴特尔，中央军委委员、军委政治工作部主任苗华，中央代表团成员同机抵达。代表团由62人组成，成员包括中央和国家机关有关部门、军队有关单位、其他4个自治区和对口支援宁夏的福建省有关负责人等。

19日下午，中共中央政治局常委、全国政协主席、中央代表团团长汪洋首先在银川悦海宾馆会见了自治区离退休老同志和各族各界群众代表，并与他们合影留念。中央代表团副团长孙春兰、尤权、曹建明、巴特尔、苗华等参加会见活动。自治区领导石泰峰、咸辉、崔波、姜志刚、张超超、纪峥、盛荣华、潘武俊等参加会见。随后代表团全体成员到银川国际会展中心参观《建设美丽新宁夏 共圆伟大中国梦——宁夏回族自治区成立60周年大型成就展》。成就展主要包括序、经济发展、民生保障、改革开放、生态建设、民族团结、全面从严治党和展望8个部分，设置了"贯彻落实新发展理念推动经济高质量发展""坚决打好打赢脱贫攻坚战 在发展中保障和改善民生""坚定不移推进改革 全面提升内陆开放水平""保护绿水青山 构筑西部生态安全屏障""共同团结奋斗 共建和谐家园""全面从严治党 营造风清气正政治生态"6个展厅，立体化、多角度、全景式地展示了自治区成立60年来特别是党的十八大以来，经济、政治、文化、社会、生态建设和党的建设等方面取得的辉煌成就，生动体现了习近平总书记和党中央对宁夏各族人民的亲切关怀、党的民族政策和民族区域自治制度的优越性，全面反映了宁夏各族人民热爱党、热爱祖国、热爱社会主义、追求美好生活的共同心声与伟大实践。汪洋不时驻足，仔细观看，认真听取讲解，详细询问有关情况。中央代表团副团长孙春兰、尤权、曹建明、巴特尔、苗华和代表团全体成员及自治区领导石泰峰、咸辉、崔波、姜志刚、张超超、马顺清、纪峥、赵永清、许尔锋一同参观展览。

参观完成就展后，中共中央政治局常委、全国政协主席、中央代表团团长汪洋率代表团部分成员分别赴宁夏军区、武警宁夏总队慰问，并会见自治区政法系统代表，代表党中央、国务院、中央军委，代表习近平主席向大家致以崇高敬意和亲切问候。在慰问宁夏军区和驻宁部队官兵代表时，汪洋指出，宁夏是具有光荣革命传统的红色土地，各族儿女在这里拱卫陕甘宁边区，留下了许多可歌可泣的感人故事。宁夏军区建立69年特别是自治区成立60年来，一茬接一茬官兵用热血和汗水守卫、浇灌、建设这片热土，作出了不可磨灭的贡献，你们付出的艰辛努力，取得的光辉业绩，党和政府不会忘记，人民不会忘记。

汪洋表示，希望宁夏军区和驻宁部队官兵全面贯彻习近平新时代中国特色社会主义思想特别是习近平强军思想，毫不动摇坚持党对军队的绝对领导，贯彻新形势下军事战略方针，坚持政治建军、改革强军、科技兴军、依法治军，建设一支听党指挥、能打胜仗、作风优良的人民军队，履行好党和人民赋予的新时代使命任务。要加强军队党的建设，培育"四有"新时代革命军人，永葆人民军队性质、宗旨、本色；始终聚焦备战打仗，扭住能打仗、打胜仗这个关键，扎实做好军事斗争准备；推进军民融合发展，扎实做好参与脱贫攻坚、民族团结进步创建等各项工作，不断巩固军政军民团结。

在慰问武警宁夏总队官兵代表时，汪洋说，新中国成立特别是自治区成立以来，广大武警官兵发扬光荣革命传统，听党指挥、立场坚定、无私奉献、不怕牺牲，在执勤处突、反恐维稳、抢险救援等紧要关头发挥关键作用，有力维护了社会和谐稳定、人民生命财产安全，为捍卫党的领导、维护社会主义制度，为促进宁夏改革发展稳定建立了不可磨灭的功勋。

汪洋指出，希望武警宁夏总队全体官兵全面贯彻习近平新时代中国特色社会主义思想特别是习近平强军思想，牢固树立"四个意识"，坚决听党指挥，坚决维护党中央权威，维护核心，维护和贯彻军委主席负责制，永远做党和人民的忠诚卫士；全面贯彻总体国家安全观，加快建设发展，融入全军联合作战体系；全面贯彻新形势下军事战略方针，聚力练兵备战，大抓实战化军事训练；全面贯彻依法治军、从严治军要求，深入推进正风肃纪反腐，努力建设一支强大的现代化武装警察部队。

汪洋还会见了自治区政法系统代表。中央代表团副团长孙春兰、尤权、曹建明、巴特尔、苗华等参加活动。自治区领导石泰峰、咸辉、崔波、姜志刚、张超超、纪峥、盛荣华、张韵声、潘武俊、郑甙波、许尔锋、沙闻麟、时侠联、李勇、陈伟、杨立强和西部战区政委吴社洲分别参加活动。

当晚，宁夏人民剧院上演庆祝宁夏回族自治区成立60周年文艺晚会《绽放新时代》。中共中央政治局常委、全国政协主席、中央代表团团长汪洋和全区各族各界干部群众等共约1400人观看演出。中央代表团副团长孙春兰、尤权、曹建明、巴特尔、苗华和代表团全体成员一同观看演出。自治区领导石泰峰、咸辉、崔波等观看演出。

（霍丽娜摘编自《宁夏日报》2018年9月20日第1~2版）

汪洋出席宁夏回族自治区成立60周年庆祝大会并讲话

2018年9月20日下午，宁夏回族自治区成立60周年庆祝大会在贺兰山体育场举行。中共中央、全国人大常委会、国务院、全国政协、中央军委发来贺电。中共中央政治局常委、全国政协主席、中央代表团团长汪洋出席庆祝大会并讲话。

下午3时许，自治区党委副书记、自治区主席咸辉宣布大会开始。在嘹亮的国歌声中，五星红旗冉冉升起。

中共中央政治局委员、国务院副总理、中央代表团副团长孙春兰宣读中共中央、全国人大常委会、国务院、全国政协、中央军委关于庆祝宁夏回族自治区成立60周年的贺电。

在热烈的掌声中，汪洋发表了热情洋溢的讲话。他说，在这金风送爽、瓜果飘香的美好时节，很高兴带着党中央和习近平总书记的重托，带着全国各族人民的祝福，来到美丽的银川，同宁夏各族人民共同庆祝自治区成立60周年。我谨代表中共中央、全国人大常委会、国务院、全国政协、中央军委，向自治区表示热烈的祝贺，向680万宁夏各族儿女致以节日的问候。

汪洋说，宁夏是祖国西部一方宝地。几千年来，各民族在这里繁衍生息、互动交融，共同创建了美丽富饶的塞上江南，共同创造了兼容并包的灿烂文化。1958年，在党中央亲切关怀和党的民族政策光辉照耀下，宁夏回族自治区宣告成立，开启了“划区自治兴宁夏”“于今团结史无先”的新纪元。60年来，宁夏经济发展实现巨大跨越，人民生活得到极大改善，生态环境发生显著变化，社会大局保持和谐稳定。特别是党的十八大以来，在以习近平同志为核心的党中央坚强领导下，自治区砥砺奋进、攻坚克难，改革开放和现代化建设取得了新的历史性成就，步入发展质量最高、城乡面貌变化最大、各族群众得到实惠最多的时期。习近平总书记2016年专程来宁夏考察，体现了对自治区团结进步的高度重视和对各族群众的亲切关怀。

汪洋说，自治区成立60年的辉煌成就，是党中央坚强领导的结果，是宁夏各族干部群众团结奋斗的结果，是全国人民大力支持的结果。所有亲身经历自治区发展腾飞的干部群众，所有关心支持宁夏改革发展的各界人士，都有理由为之喜悦和自豪。

汪洋指出，当前中国特色社会主义进入新时代，久经磨难的中华民族迎来了从站起来、富起来到强起来的伟大飞跃。宁夏现代化建设也站在新的历史起点。我们要深入学习贯彻习近平新时代中国特色社会主义思想和党的十九大精神，增强“四个意识”，坚定“四个自信”，聆听时代声音，顺应人民期盼，努力实现经济繁荣、民族团结、环境优美、人民富裕，确保宁夏与全国同步建成全面小康社会。

汪洋强调，宁夏要始终坚持党的领导，始终坚持中国特色社会主义道路，始终坚持维护祖国统一，始终坚持各民族一律平等，始终坚持和完善民族区域自治制度，始终坚持各民族共同团结奋斗、共同繁荣发展，始终坚持打牢中华民族共同体的思想基础，始终坚持依法治国。

汪洋最后说，回首过去，宁夏走过了不平凡的光辉历程。展望未来，宁夏的改革发展之路将越走越宽广。让我们更加紧密地团结在以习近平同志为核心的党中央周围，继承发扬“不到长城非好汉”的革命精神，积极响应习近平总书记“社会主义是干出来的”号召，同心同德、群策群力，为“建设美丽新宁夏 共圆伟大中国梦”而努力奋斗。

自治区党委书记、人大常委会主任石泰峰在大会上发言。他说，宁夏回族自治区成立60年来特别是改革开放以来，全区各族人民始终沿着党指引的正确方向，共同团结奋斗、共同繁荣发展，谱写了改革开放和社会主义现代化建设的壮丽篇章。60年来取得的辉煌成就，是中国特色社会主义在宁夏的伟大胜利，是党的民族政策和民族区域自治制度在宁夏的成功实践，是中国共产党正确领导的结果。党的十八大以来，在以习近平同志为核心的党中央的坚强领导和亲切关怀下，全区各族人民坚持正确政治方向，坚持走中国特色解决民族问题的正确道路，坚持以新发展理念引领发展，坚持以人民为中心的发展思想，在中国特色社会主义道路上砥砺奋进、阔步前行，宁夏各项事业蒸蒸日上、全面进步，取得了历史性成就、发生了历史性变革。

石泰峰说，习近平总书记"建设美丽新宁夏 共圆伟大中国梦"的题词，寄予了宁夏最美好的祝愿、最殷切的期望，为我们指明了前进方向。我们一定要增强"四个意识"、坚定"四个自信"，深入学习贯彻习近平新时代中国特色社会主义思想和党的十九大精神，坚决维护习近平总书记核心地位、坚决维护党中央权威和集中统一领导，不忘初心、牢记使命，振奋精神、实干兴宁，努力实现经济繁荣民族团结环境优美人民富裕、确保与全国同步建成全面小康社会的目标，为建设美丽新宁夏、共圆伟大中国梦而努力奋斗。

群众代表赵耐香、马会勤也在大会上发言。中央代表团副团长尤权、曹建明、巴特尔、苗华和中央代表团全体成员出席大会。崔波、姜志刚、张超超、马顺清、许传智、纪峥、盛荣华、赵永清、张韵声、白尚成、潘武俊、郑威波、李锐、姚爱兴、左军、吴玉才、彭友东、董玲、王和山、刘可为、许尔锋、杨培君、沙闻麟、时侠联、李彦凯、张守志、洪洋、马力、郭虎、冯志强、李泽峰、王紫云、马秀珍、陈伟、杨立强、李勇、丁学仁、安宗让等自治区在职副省军级以上领导；李建华、齐同生、马启智、任启兴、项宗西等自治区退出现职或离退休正省军级老同志；在银副省军级离退休老同志；自治区各地、各部门负责人及各族各界群众代表参加了庆祝大会。

（霍丽娜摘编自《宁夏日报》2018年9月21日 第1版、第4版）

孙春兰在宁夏调研

2018年4月25—26日，中共中央政治局委员、国务院副总理孙春兰在宁夏调研时强调，要以习近平新时代中国特色社会主义思想为指导，认真落实党中央、国务院决策部署，加快发展"互联网+医疗健康"，构建新型卫生健康服务模式，促进优质医疗资源下沉，使更多城乡居民和贫困家庭共享优质医疗服务，缓解群众看病难看病贵，防止因病致贫返贫。

宁夏固原市是革命老区、民族地区、集中连片的贫困地区，孙春兰深入市、县、乡、村医疗卫生机构，详细了解卫生健康服务能力和信息化建设情况，走访看望因病贫困家庭和医务人员，与基层干部群众座谈交流。她强调，健康扶贫是当前卫生健康工作的重中之重，必须集聚资源、精准施策、合力攻坚。要以医联体为平台、远程医疗为支撑，推进基层特别是贫困地区的医疗机构与大医院有效对接，把人才和技术引向基层、服务基层，让老百姓就近就医，少花钱、看好病。统筹发挥基本医保、大病保险、医疗救助等保障功能，切实做好贫困患者大病集中救治、重病兜底保障工作。树立大健康大卫生理念，加强农村卫生环境整治，积极开展健康教育，促进健康生活方式养成，让人民群众少生病、不生病。抓好贫困地区农村义务教育学生营养改善计划，提高精细化管理水平，让学生吃得营养、健康成长。

孙春兰实地考察了银川市医院和社区卫生服务中心，细致询问利用互联网技术开展远程医疗、优化就医流程、促进家庭医生签约等情况。她指出，"互联网+医疗健康"是解决医疗资源供给不平衡不充分的重要举措。要大力推进卫生健康信息化建设，加快实施远程医疗服务，扩大优质医疗资源覆盖面。积极开展健康咨询、预约诊疗、一站式结算等线上服务，改善群众就医感受。推动互联网与家庭医生签约服务融合，优先做好留守儿童、空巢老人和慢性病患者等重点人群签约服务。推进远程医疗专网建设，鼓励社会力量搭建互联网健康服务平台，完善互联网诊疗收费、医保支付等政策，强化信息安全和服务监管，确保互联网医疗服务可复制、可持续。

（霍丽娜摘编自《宁夏日报》2018年4月28日第1版）

陈竺参加宁夏代表团审议宪法修正案草案

2018年3月7日，全国人大代表、全国人大常委会副委员长陈竺参加宁夏代表团审议宪法修正案草案时说，十八大以来，以习近平同志为核心的党中央高度重视宪法在治国理政中的重要地位和作用，明确坚持依法治国首先要坚持依宪治国，坚持依法执政首先要坚持依宪执政，采取一系列有力措施加强宪法实施和监督工作，为保证宪法实施提供了强有力的政治和制度保障。自2004年宪法修改至今，党和国家事业又有了许多重要发展变化，特别是过去5年来，党和人民在实践中取得了重大理论创新、实践创新、制度创新成果。把这些重大成果通过国家根本法确认下来，有利于更好发挥宪法的规范、引领、推动、保障作用。

陈竺说，本次宪法修改坚持党的领导、人民当家做主、依法治国有机统一，把十九大确定的重大理论观点和重大方针政策载入国家根本法，体现了党和国家事业发展的新成就新经验新要求，是推进全面依法治国、推进国家治理体系和治理能力现代化的重大举措。我完全赞成，坚决拥护。

陈竺说，宪法修正案草案把习近平新时代中国特色社会主义思想载入宪法，体现了党的主张和人民意志的高度统一，对于巩固全国各族人民团结奋斗的共同思想基础，夺取新时代中国特色社会主义伟大胜利，具有重大的现实意义和深远的历史意义。从社会主义制度本质属性高度对坚持和加强中国共产党领导进行规定，有利于全方位落实中国共产党的领导，确保党和国家事业沿着正确方向不断前进。在国家主席任职规定上作出调整，有利于保持中国共产党、中华人民共和国、中国人民解放军领导体制的一致性，是符合我国国情、保证党和国家长治久安的制度设计。增加国家和地方各级监察委员会的有关规定，将为建立集中统一、权威高效的国家监察体系，实现对所有行使公权力的公职人员监察全覆盖，奠定坚实宪法基础。

陈竺说，本次宪法修改严格依法按照法定程序推进，充分发扬民主，广泛征求了包括各民主党派中央在内的各地区各部门各方面的意见，充分体现了中共中央对民主党派履行参政党职能的高度重视和支持。要坚决贯彻落实以习近平同志为核心的党中央关于宪法修改的总体要求和原则，使宪法更好体现人民的意志，更好体现中国特色社会主义制度的优势，更好适应推进国家治理体系和治理能力现代化的要求。以宪法修改为契机，推动全社会学习宪法、尊崇宪法、实施宪法、维护宪法，为实现“两个一百年”奋斗目标和中华民族伟大复兴中国梦提供坚强法治保障。

（霍丽娜摘编自《宁夏日报》2018年3月8日第1版、第2版）

邵鸿出席九三学社宁夏区委会成立三十周年庆祝大会

2018年9月12日，九三学社宁夏区委会成立30周年庆祝大会在银川召开。全国政协副主席、九三学社中央常务副主席邵鸿出席大会并讲话，自治区领导崔波、白尚成、杨培君、马秀珍出席大会。

邵鸿代表九三学社中央对九三学社宁夏区委会成立30周年表示热烈祝贺。他说，30年来，九三学社宁夏区委会始终高举中国特色社会主义伟大旗帜，坚持中国共产党领导、坚持弘扬爱国民主科学的优良传统，自身建设取得长足进步；始终围绕中心、服务大局，认真履职尽责，针对自治区经济社会发展重大问题提出一系列可行性意见建议；始终积极开展社会服务活动，为促进宁夏区域协调发展开展大量公益性工作，赢得了社会广泛赞誉。

邵鸿强调，面向未来，希望九三学社宁夏区委会各级组织和广大社员提高政治站位，旗帜鲜明讲政治，始终坚持中国共产党领导，不断加深对中国特色社会主义的思想认同、理论认同、情感认同，自觉做中国特色社会主义的坚定信仰者和忠实实践者。大力推动工作创新，扎实履职尽责，紧紧围绕自治区党委、政府中心工作和自治区发展大局，多建睿智之言，多献务实之策，切实有效开展各项社会服务工作，为宁夏打赢脱贫攻坚战献计出力。不断完善制度机制，切实加强自身建设，深入实施人才强社战略，做好组织发展工作，着力加强领导班子建设，提高组织动员力、凝聚力和向心力，不断改进作风，为实现“思想更加坚定、履职更加坚实、组织更加坚强”的参政党建设目标，为实现宁夏经济繁荣、民族团结、环境优美、人民富裕，与全国同步建成全面小康社会奋斗目标做出更大贡献。

会前，邵鸿一行到宁夏职业技术学院，就民族地区职业技术教育发展情况进行调研。

（霍丽娜摘编自《宁夏日报》2018年9月13日第1版）

梁振英率团到宁夏考察

2018年11月13日，全国政协副主席梁振英率考察团到宁夏，就进一步加强宁夏与香港经贸往来、深化务实合作进行考察座谈。自治区党委书记、人大常委会主任石泰峰拜会梁振英，并会见考察团，自治区党委副书记、自治区主席咸辉出席座谈会并讲话，自治区政协主席崔波主持座谈会、参加拜会，并陪同考察。

梁振英对近年来宁夏经济社会发展和宁港交流合作取得的成绩给予肯定。他说，11月12日，习近平总书记在人民大会堂会见了香港澳门各界庆祝国家改革开放40周年访问团，高度评价改革开放以来港澳同胞和社会各界人士发挥的作用，并提出四点希望，对进一步加强香港和内地交流合作提出了要求。考察团将以此次考察为契机，在现代农业、葡萄酒产业、旅游业等方面加强与宁夏有关部门对接。香港各界将坚持以找准国家所需、发挥香港所长为定位，拓展宁港合作领域，提升合作层次，深化两地经贸往来和交流交往，助推宁夏通过香港开拓海外市场，共同实现高质量发展，更好地助力国家全面开放、更好地融入国家发展大局。

石泰峰对梁振英及考察团一行表示欢迎，并介绍了宁夏风土人情和经济社会发展情况。他说，近年来，宁夏各项事业取得了较快发展，特别是宁港经贸往来日益频繁，交流合作呈现出良好的发展势头。宁夏农业优势明显、工业发展基础良好、旅游资源独特、投资环境不断优化，具有较大的发展潜力。恳请考察团在新开宁港两地航线、宁夏蔬菜直供香港等方面给予协调和支持，并推动宁港在现代农业、教育科技、旅游等方面开展更深层次、更广领域合作，实现互利共赢。

咸辉在座谈时希望以这次考察为契机，不断加强与香港各界的日常化联系，建立宁港交流合作的常态化机制，丰富两地交流内涵，厚植两地人民友谊，在加工贸易、产业转移、专业服务、现代金融和物流等方面开展更加务实的合作，助力宁夏内陆开放型经济试验区建设，宁夏将热忱欢迎和全力支持香港企业到宁投资发展。相信通过两地各界的共同努力，“东方之珠”和“塞上江南”一定会越走越近、越走越亲。

考察团成员与全区相关厅局及部分企业代表，就加强宁港经贸文化交流、推动宁港教育科技合作等进行分组座谈交流。

座谈会前，举行了宁夏全域旅游自驾营地项目战略合作签约仪式。在宁期间，考察团还到长和翡翠酒庄、宁夏国际葡萄酒交易博览中心、中国枸杞馆、宁夏全农农业科技有限公司等地就葡萄酒、枸杞、供港蔬菜等产业发展情况进行实地考察。

自治区领导赵永清、王和山、张守志分别参加相关活动。

（霍丽娜摘编自《宁夏日报》2018年11月15日 第1版）

NINGXIA YEARBOOK

宁夏回族自治区成立60周年

NINGXIAHUIZUZIZHIQUCHENGLILIUSHIZHOUNIAN

编辑◎吴晓红

中共中央 全国人大常委会 国务院 全国政协 中央军委 关于庆祝宁夏回族自治区成立60周年的贺电

中共宁夏回族自治区委员会、宁夏回族自治区人大常委会、宁夏回族自治区人民政府、宁夏回族自治区政协、宁夏军区：

值此宁夏回族自治区成立60周年之际，中共中央、全国人大常委会、国务院、全国政协、中央军委向宁夏回族自治区各族干部群众和各界人士，向人民解放军驻宁夏部队指战员、武警宁夏部队官兵和政法干警，向所有关心支持宁夏回族自治区建设发展的同志们和朋友们，致以热烈的祝贺和亲切的慰问！

60年前宁夏回族自治区成立，是党的民族政策结出的丰硕成果，是我国民族关系史上的一座丰碑，开启了宁夏发展进步的历史新篇章。60年来特别是改革开放以来，宁夏实现了翻天覆地的历史性巨变。经济持续快速发展，基础设施日新月异，各项社会事业全面进步，人民生活水平大幅提升，脱贫攻坚胜利在望，社会保持和谐稳定。生态环境保护更加有力，祖国西北生态安全屏障作用得到发挥。民族区域自治制度不断完善，各族人民当家做主，各民族交往交流交融日益深入，宗教信仰自由得到充分尊重和保障，中华民族共同体意识更加牢固。党的建设全面加强，执政基础更加巩固。今天的宁夏，政通人和、欣欣向荣，各族干部群众手足相亲、守望相助，正斗志昂扬决胜全面建成小康社会，阔步行进在中国特色社会主义的康庄大道上。

六十载风雨同舟，一甲子春华秋实。宁夏回族自治区60年的辉煌成就来之不易，经验弥足珍贵。这是党中央、国务院正确领导的结果，是自治区历届党委和政府团结带领全区各族干部群众同心苦干的结果，是全国各族人民大力支援的结果。实践证明，只有坚持中国共产党领导，坚持中国特色社会主义，坚持民族区域自治制度，坚持铸牢中华民族共同体意识，才能实现宁夏发展进步，才能实现各民族平等团结互助和谐与共同繁荣。

中国特色社会主义进入新时代，宁夏同全国一样站在新的历史起点上。新时代要有新气象、新作为。加快宁夏经济社会发展步伐，维护好民族团结、宗教和顺的大好局面，是宁夏各族人民的根本利益所在，也是党中央和全国各族人民的共同愿望。党和国家历来对宁夏建设发展事业十分重视，对宁夏各族干部群众十分牵挂。特别是2016年习近平总书记视察宁夏作出重要指示，为进一步做好宁夏工作提供了重要遵循。希望宁夏各族干部群众始终高举中国特色社会主义伟大旗帜，以邓小平理论、“三个代表”重要思想、科学发展观、习近平新时代中国特色社会主义思想为指导，全面贯彻党的十九大和十九届二中、三中全会精神，牢固树立“四个意识”，坚定“四个自信”，坚决维护习近平总书记的核心地位、坚决维护党中央权威和集中统一领导，坚决贯彻落实党中央、国务院决策部署，努力实现经济繁荣、民族团结、环境优美、人民富裕，同全国一道进入全面小康社会，在实现“两个一百年”奋斗目标、实现中华民族伟大复兴中国梦的新征程上努力创造无愧于时代的新业绩！

驻宁夏人民解放军、武警部队和政法队伍是保卫祖国和维护宁夏社会安定的重要力量。要始终牢记使命、不负重托，继续发扬优良传统和作风，维护和促进民族团结，巩固和加强军政军民警民团结，为宁夏改革发展稳定再立新功。

让我们更加紧密地团结在以习近平同志为核心的党中央周围，统一思想、振奋精神，开拓创新、顽强拼搏，向着宁夏更加美好的明天奋勇前进！

祝宁夏回族自治区兴旺昌盛！

祝宁夏各族人民幸福安康！

全国各族人民大团结万岁！

中共中央

全国人大常委会

国务院

全国政协

中央军委

2018年9月20日

（原载于《宁夏日报》2018年9月21日第1版）

习近平总书记为庆祝宁夏回族自治区成立60周年欣然题词 “建设美丽新宁夏　共圆伟大中国梦” 汪洋率中央代表团向宁夏赠送习近平总书记题词贺匾

2018年9月19日上午，中共中央政治局常委、全国政协主席、中央代表团团长汪洋率中央代表团出席向宁夏回族自治区赠送纪念品仪式。中央代表团向宁夏赠送了习近平总书记题词贺匾、《美丽宁夏》珐琅器等纪念品。

贺匾庄重大气、意蕴隽永。习近平总书记“建设美丽新宁夏　共圆伟大中国梦”的题词位于正中。中央部分以中国红为底色，衬托山水暗纹，体现天蓝、地绿、水美的美丽宁夏。边框由60朵高浮雕马兰花纹组成，象征宁夏回族自治区成立60周年的光辉历程。两个如意匾托表达了对宁夏人民万事顺意、吉祥美好的深切祝愿。

在赠送纪念品仪式上，汪洋和宁夏回族自治区党委书记、人大常委会主任石泰峰，一同为习近平总书记题词贺匾揭幕。

中共中央政治局委员、国务院副总理、中央代表团副团长孙春兰在致辞中指出，习近平总书记十分牵挂宁夏各族人民，为庆祝自治区成立60周年欣然题词，深刻昭示了宁夏前景广阔、充满希望，必将激励宁夏各族人民继往开来、担当作为，实现经济繁荣、民族团结、环境优美、人民富裕，续写塞上江南新的辉煌，与全国人民同心、同行、同步建成全面小康社会，共同实现中华民族伟大复兴的中国梦。

中央代表团赠送的纪念品共计12项，包括习近平总书记题词贺匾、《美丽宁夏》珐琅器、《民族团结》瓷瓶、《劳动托起中国梦》纪念章、《暖心》杯、《携手奔小康》茶具、多媒体教学一体机、LED显示屏、玩教具、健康体检一体机、心电监护仪和全科诊断仪。纪念品既体现了中央对宁夏的亲切关怀、全国各族人民对宁夏的深情厚谊，又彰显了宁夏的民俗文化、地方特色。

全国人大常委会副委员长、中央代表团副团长曹建明宣读赠送纪念品清单，中央代表团副团长尤权、巴特尔、苗华等出席仪式。

自治区党委副书记、自治区主席咸辉主持赠送仪式，自治区政协主席崔波等自治区在职副省军级以上领导出席，自治区有关部门（单位）、各地级市主要负责同志，自治区民族团结进步模范集体和个人代表参加。

（原载于《宁夏日报》2018年9月20日第1版）

自治区成立60周年系列庆祝活动综述

2018年9月19日上午，以中共中央政治局常委、全国政协主席汪洋为团长的中央代表团飞抵银川，出席宁夏回族自治区成立60周年庆祝活动。代表团由62人组成，成员包括中央和国家机关有关部门、军队有关单位、其他4个自治区和对口支援宁夏的福建省有关负责人等。上午10时30分，中央代表团乘坐的包机徐徐降落在停机坪上，等候在这里的500多人的欢迎队伍爆发出热烈掌声和欢呼声。汪洋走出飞机舱门，向欢迎群众挥手致意。担任中央代表团副团长的中共中央政治局委员、国务院副总理孙春兰，中共中央书记处书记、中央统战部部长尤权，全国人大常委会副委员长曹建明，全国政协副主席、国家民委主任巴特尔，中央军委委员、军委政治工作部主任苗华和其他代表团成员一同走下舷梯。自治区领导石泰峰、咸辉、崔波、张超超、纪峥、潘武俊、许尔锋等在机场列队欢迎。汪洋率中央代表团全体成员与前来迎接的自治区有关负责人一一握手，互致问候。少先队员向中央代表团团长敬献鲜花。

一、中央代表团向宁夏赠送习近平总书记题词贺匾、《美丽宁夏》珐琅器等纪念品

代表团一行驱车来到宁夏博物馆二楼大厅，出席向宁夏回族自治区赠送纪念品仪式。中央代表团向宁夏赠送了习近平总书记题词贺匾、《美丽宁夏》珐琅器等纪念品。贺匾庄重大气、意蕴隽永。习近平总书记“建设美丽新宁夏 共圆伟大中国梦”的题词位于正中。中央部分以中国红为底色，衬托山水暗纹，体现天蓝、地绿、水美的美丽宁夏。边框由60朵高浮雕马兰花纹组成，象征宁夏回族自治区成立60周年的光辉历程。两个如意匾托表达了对宁夏人民万事顺意、吉祥美好的深切祝愿。在赠送纪念品仪式上，汪洋和自治区党委书记、人大常委会主任石泰峰，一同为习近平总书记题词贺匾揭幕。

中共中央政治局委员、国务院副总理、中央代表团副团长孙春兰在致辞中指出，习近平总书记十分牵挂宁夏各族人民，为庆祝自治区成立60周年欣然题词，深刻昭示了宁夏前景广阔、充满希望，必将激励宁夏各族人民继往开来、担当作为，实现经济繁荣、民族团结、环境优美、人民富裕，续写塞上江南新的辉煌，与全国人民同心、同行、同步建成全面小康社会，共同实现中华民族伟大复兴的中国梦。

中央代表团赠送的纪念品共计12项，包括习近平总书记题词贺匾、《美丽宁夏》珐琅器、《民族团结》瓷瓶、《劳动托起中国梦》纪念章、《暖心》杯、《携手奔小康》茶具、多媒体教学一体机、LED显示屏、玩教具、健康体检一体机、心电监护仪和全科诊断仪。纪念品既体现了中央对宁夏的亲切关怀、全国各族人民对宁夏的深情厚谊，又彰显了宁夏的民俗文化、地方特色。

全国人大常委会副委员长、中央代表团副团长曹建明宣读赠送纪念品清单，中央代表团副团长尤权、巴特尔、苗华等出席仪式。自治区党委副书记、自治区主席咸辉主持赠送仪式，自治区政协主席崔波等自治区在职副省军级以上领导出席，自治区有关部门(单位)、各地级市主要负责同志，自治区民族团结进步模范集体和个人代表参加。

二、中央代表团会见自治区离退休老同志和各族各界群众代表

下午，汪洋首先在银川悦海宾馆会见了自治区离退休老同志和各族各界群众代表，代表中央代表团向他们表示问候，并与他们合影留念。孙春兰、尤权、曹建明、巴特尔、苗华等参加会见活动。自治区领导石泰峰、咸辉、崔波、姜志刚、张超超、纪峥、盛荣华、潘武俊等参加会见。

三、中央代表团参观宁夏回族自治区成立60周年大型成就展

下午4点，代表团全体成员来到银川国际会展中心，参观《建设美丽新宁夏 共圆伟大中国梦——宁夏回族自治区成立60周年大型成就展》。庆祝宁夏回族自治区成立60周年大型成就展主要包括序、经济发展、民生保障、改革开放、生态建设、民族团结、全面从严治党和展望8个部分，设置了“贯彻落实新发展理念 推动经济高质量发展”“坚决打好打赢脱贫攻坚战 在发展中保障和改善民生”“坚定不移推进改革 全面提升内陆开放水平”“保护绿水青山 构筑西部生态安全屏障”“共同团结奋斗 共建和谐家园”“全面从严治党 营造风清气

正政治生态”6个展厅，立体化、多角度、全景式展示了自治区成立60年来特别是党的十八大以来，经济、政治、文化、社会、生态建设和党的建设等方面取得的辉煌成就，生动体现了习近平总书记和党中央对宁夏各族人民的亲切关怀、党的民族政策和民族区域自治制度的优越性，全面反映了宁夏各族人民热爱党、热爱祖国、热爱社会主义、追求美好生活的共同心声与伟大实践。中央代表团副团长孙春兰、尤权、曹建明、巴特尔、苗华和代表团全体成员及自治区领导石泰峰、咸辉、崔波、姜志刚、张超超、马顺清、纪峥、赵永清、许尔锋一同参观展览。

四、中央代表团慰问宁夏军区、武警宁夏总队官兵，会见自治区政法系统代表

参观完成就展之后，汪洋率代表团部分成员分别赴宁夏军区、武警宁夏总队慰问，并会见自治区政法系统代表，代表党中央、国务院、中央军委，代表习近平主席向大家致以崇高敬意和亲切问候。中央代表团副团长孙春兰、尤权、曹建明、巴特尔、苗华等参加活动。自治区领导石泰峰、咸辉、崔波、姜志刚、张超超、纪峥、盛荣华、张韵声、潘武俊、郑威波、许尔锋、沙闻麟、时侠联、李勇、陈伟、杨立强和西部战区政委吴社洲分别参加活动。

五、中央代表团观看自治区成立60周年文艺晚会

晚上，庆祝宁夏回族自治区成立60周年文艺晚会《绽放新时代》在宁夏人民剧院精彩上演，汪洋及代表团一行和全区各族各界干部群众等共约1400人观看演出。晚会在歌舞《我想对你说》中拉开序幕。晚会分为“奋斗篇”“团结篇”“幸福篇”“追梦篇”4个篇章，展现了以习近平同志为核心的党中央对宁夏的高度重视和殷切关怀，展示了党的民族区域自治制度和民族政策在宁夏的成功实践，讴歌了自治区成立60年、改革开放40年来特别是党的十八大以来宁夏经济社会发展取得的辉煌成就。中央代表团副团长孙春兰、尤权、曹建明、巴特尔、苗华和代表团全体成员一同观看演出。自治区领导石泰峰、咸辉、崔波等观看演出。

六、中央代表团听取自治区党委、政府工作汇报

9月20日上午，汪洋听取自治区党委、政府工作汇报，他强调，要深入学习贯彻习近平新时代中国特色社会主义思想和党的十九大精神，牢固树立“四个意识”，坚定“四个自信”，坚决维护习近平总书记核心地位，坚决维护党中央权威和集中统一领导，确保党的各项大政方针不折不扣落到实处，努力建设经济繁荣、民族团结、环境优美、人民富裕的新宁夏。

七、中央代表团出席自治区成立60周年庆祝大会

9月20日下午，宁夏回族自治区成立60周年庆祝大会在贺兰山体育场隆重举行。贺兰山体育场内，位于背景区正中的习近平总书记题词“建设美丽新宁夏 共圆伟大中国梦”和巨幅标语“高举习近平新时代中国特色社会主义思想伟大旗帜，不忘初心、牢记使命，振奋精神、实干兴宁，为实现经济繁荣、民族团结、环境优美、人民富裕，确保与全国同步建成全面小康社会目标而奋斗！”格外醒目。主景观多层次、多角度、全视野展现宁夏“两山一河”和“塞上江南 神奇宁夏”，两侧竖立“1958”“2018”字样。主席台上方高悬会徽、会标。约2.1万名各族各界干部群众代表汇聚到这里，共同欢庆这盛大的日子。

下午3时许，自治区党委副书记、自治区主席咸辉宣布大会开始。在嘹亮的国歌声中，五星红旗冉冉升起。中共中央政治局委员、国务院副总理、中央代表团副团长孙春兰宣读中共中央、全国人大常委会、国务院、全国政协、中央军委关于庆祝宁夏回族自治区成立60周年的贺电。

在热烈的掌声中，汪洋发表了热情洋溢的讲话。他说，在这金风送爽、瓜果飘香的美好时节，很高兴带着党中央和习近平总书记的重托，带着全国各族人民的祝福，来到美丽的银川，同宁夏各族人民共同庆祝自治区成立60周年。我谨代表中共中央、全国人大常委会、国务院、全国政协、中央军委，向自治区表示热烈的祝贺，向680万宁夏各族儿女致以节日的问候。汪洋说，宁夏是祖国西部一方宝地。几千年来，各民族在这里繁衍生息、互动交融，共同创建了美丽富饶的塞上江南，共同创造了兼容并包的灿烂文化。1958年，在党中央亲切关怀和党的民族政策光辉照耀下，宁夏回族自治区宣告成立，开启了“划区自治兴宁夏”“于今团结史无先”的新纪元。60年来，宁夏经济发展实现巨大跨越，人民生活得到极大改善，生态环境发生显著变化，社会大局保持和谐稳定。特别是党的十八大以来，在以习近平同志为核心的党中央坚强领导下，自治区砥砺奋进、攻坚克难，改革开放和现代化建设取得了新的历史性成就，步入发展质量最高、城乡面貌变化最大、各族群众得到实惠最多的时期。习近平总书记2016年专程来宁夏考察，体现了对自治区团结进步的高度重视和对各族群众的亲切关怀。汪洋说，自治区成立60年的辉煌成就，是党中央坚强领导的结果，是宁夏各族干部群众团结奋斗的结果，是全国人民大力支持的结果。所有亲身经历自治区发展腾飞的干部群众，所有关心支持宁夏改革发展的各界人士，都有理由为之喜悦和自豪。汪洋指出，当前中国特色社会主义进入新时代，久经磨难的中华民族迎来了从站起来、富起来到强起来的伟大飞跃。宁夏现代化建设也站在新的历史起点。我们要深入学习贯彻习近平新时代中国特色社会主义思想和党的十九大精神，增强"四个意识"，坚定"四个自信"，聆听时代声音，顺应人民期盼，努力实现经济繁荣、民族团结、环境优美、人民富裕，确保宁夏与全国同步建成全面小康社会。汪洋强调，宁夏要始终坚持党的领导，始终坚持中国特色社会主义道路，始终坚持维护祖国统一，始终坚持各民族一律平等，始终坚持和完善民族区域自治制度，始终坚持各民族共同团结奋斗、共同繁荣发展，始终坚持打牢中华民族共同体的思想基础，始终坚持依法治国。汪洋最后说，回首过去，宁夏走过了不平凡的光辉历程。展望未来，宁夏的改革发展之路将越走越宽广。让我们更加紧密地团结在以习近平同志为核心的党中央周围，继承发扬"不到长城非好汉"的革命精神，积极响应习近平总书记"社会主义是干出来的"号召，同心同德、群策群力，为"建设美丽新宁夏 共圆伟大中国梦"而努力奋斗。

自治区党委书记、人大常委会主任石泰峰在大会上发言。他说，宁夏回族自治区成立60年来特别是改革开放以来，全区各族人民始终沿着党指引的正确方向，共同团结奋斗、共同繁荣发展，谱写了改革开放和社会主义现代化建设的壮丽篇章。60年来取得的辉煌成就，是中国特色社会主义在宁夏的伟大胜利，是党的民族政策和民族区域自治制度在宁夏的成功实践，是中国共产党正确领导的结果。党的十八大以来，在以习近平同志为核心的党中央的坚强领导和亲切关怀下，全区各族人民坚持正确政治方向，坚持走中国特色解决民族问题的正确道路，坚持以新发展理念引领发展，坚持以人民为中心的发展思想，在中国特色社会主义道路上砥砺奋进、阔步前行，宁夏各项事业蒸蒸日上、全面进步，取得了历史性成就、发生了历史性变革。石泰峰说，习近平总书记"建设美丽新宁夏 共圆伟大中国梦"的题词，寄予了宁夏最美好的祝愿、最殷切的期望，为我们指明了前进方向。我们一定要增强"四个意识"、坚定"四个自信"，深入学习贯彻习近平新时代中国特色社会主义思想和党的十九大精神，坚决维护习近平总书记核心地位、坚决维护党中央权威和集中统一领导，不忘初心、牢记使命，振奋精神、实干兴宁，努力实现经济繁荣民族团结环境优美人民富裕、确保与全国同步建成全面小康社会的目标，为建设美丽新宁夏、共圆伟大中国梦而努力奋斗。群众代表赵耐香、马会勤也在大会上发言。

随后，《塞上儿女心向党》节目拉开群众文艺表演帷幕，1.2万名学生和群众参加表演。5个仪仗方队与五个地市方队依次入场，主题表演分为"黄河魂魄·精神传承""丝路欢歌·开放发展""闽宁协作·八方支援""塞上江南·美丽宁夏""民族团结·幸福家园""奋进新时代·共筑中国梦"6个篇章。最后，全场高唱《歌唱祖国》，祝福祖国繁荣昌盛、宁夏明天更加美好。中央代表团副团长尤权、曹建明、巴特尔、苗华和中央代表团全体成员出席大会。崔波、姜志刚、张超超、马顺清、许传智、纪峥、盛荣华、赵永清、张韵声、白尚成、潘武俊、郑威波、李锐等自治区在职副省军级以上领导；李建华、齐同生、马启智、任启兴、项宗西等自治区退出现职或离退休正省军级老同志；在银副省军级离退休老同志；自治区各地、各部门负责人及各族各界群众代表参加了庆祝大会。全区广大干部群众通过收听收看庆祝大会直播，感受到了以习近平同志为核心的党中央的深情厚爱和美好祝福。

八、中央代表团5个分团分别赴固原、吴忠、石嘴山、银川、中卫5个地级市看望慰问各族各界干部群众

9月21日，中共中央政治局常委、全国政协主席、中央代表团团长汪洋率中央代表团一分团到固原看望慰问各族各界干部群众，带着党中央和习近平总书记的亲切关怀，带着全国人民的深情厚谊，与大家共同庆祝宁夏回族自治区成立60周年。位于隆德县闽宁扶贫产业园的宁夏黄土地农业食品有限公司，是"闽宁协作"招商引资企业。当天上午，汪洋等来到该公司，了解产业园发展情况，考察研发中心、产品展示区和企业生产线，详细询问一线职工生产生活状况。他充分肯定闽宁协作成绩，要求发挥好龙头企业带头作用，带动更多群众就业创业、增产增收，确保脱贫奔小康的路上一个都不落下。巍巍六盘山，是红军长征翻越的最后一座大山，曾见证红军三大方面军胜利会师。汪洋等拾级而上，参观六盘山红军长征纪念馆。他深有感触地说，要珍惜先烈流血牺牲换来的革命成果，继承革命遗志，传承长征精神，走好我们这一代人的长征路。在听

取固原市生态建设情况介绍时，他强调，生态文明建设是新长征路的重要组成部分，要深刻领会习近平总书记为庆祝自治区成立60周年题词精神，努力建设美丽新宁夏，夺取生态文明建设新胜利。当天下午，汪洋等来到原州区黄铎堡镇和润村，详细了解该区实施生态移民工程助推脱贫攻坚进展，考察村基础设施建设、产业富民、民族团结、社会治理、基层组织建设等情况。他走入村民马志珍家中亲切看望，与村民促膝交谈，祝愿大家的日子越过越红火。在固原市民族职业技术学院，汪洋等慰问了师生代表。得知学院大力推进特色专业建设、以职业教育带动贫困家庭学生就业并取得显著成效，他高兴地勉励大家找准办学定位、强化办学特色，深化产教融合、校企合作，为“建设美丽新宁夏 共圆伟大中国梦”培养更多合格人才。17时许，汪洋会见固原市各族各界干部群众代表，并出席固原市庆祝宁夏回族自治区成立60周年座谈会。在认真听取干部群众代表发言后，汪洋指出，固原翻天覆地、脱胎换骨的变化，是宁夏60年辉煌成就的缩影，是党的民族政策和民族区域自治制度的成功实践。他强调，要深入学习贯彻习近平新时代中国特色社会主义思想和党的十九大精神，增强“四个意识”，坚定“四个自信”，坚决维护习近平总书记核心地位，坚决维护党中央权威和集中统一领导，精心做好民族工作和宗教工作，以脱贫攻坚统领经济社会发展，加强生态环境保护和建设，在新时代以革命精神砥砺奋进，把固原建设得更加美好。中央代表团副团长巴特尔和中央代表团部分成员参加活动。自治区领导石泰峰、张超超、纪峥、许尔锋、马汉成陪同，张柱在座谈会上汇报工作。

9月21日，中共中央政治局委员、国务院副总理、中央代表团副团长孙春兰率中央代表团二分团，带着以习近平同志为核心的党中央的亲切关怀和全国人民的深情厚谊，在吴忠看望慰问各族各界干部群众，共同庆祝宁夏回族自治区成立60周年。当天上午，孙春兰来到红寺堡区红寺堡镇红海村卫生室，与村医亲切交谈，指出村医是最贴近乡亲们健康的“守护人”，要加强村医队伍建设，筑牢农村医疗卫生事业的“网底”。在壹加壹万头肉牛养殖示范基地，孙春兰强调要利用“互联网＋”等新业态提升农业产业竞争力，带动贫困人口“造血”发展、实现脱贫。随后，孙春兰前往红寺堡区看望了建档立卡贫困户，详细询问了罗忠录一家搬迁后的生产生活及孩子上学情况，祝愿罗忠录全家日子越过越红火。她要求有关部门加大脱贫攻坚力度，扎实推进教育扶贫、健康扶贫工作，确保与全国同步建成全面小康社会。当天下午，孙春兰前往宁夏民族职业技术学院，了解职业教育情况，要求深入贯彻全国教育大会精神，深化产教融合、校企合作，让更多少数民族学生和贫困学生通过职业教育掌握一技之长、实现人生梦想。孙春兰还考察了中国自动化吴忠仪表公司，希望企业深化改革、聚才引智，力争在关键核心技术和高端制造工艺研发上取得突破。在利通区胜利镇永昌社区，孙春兰要求加强基层组织建设、提升服务管理水平，开展好民族团结进步创建工作，促进各族群众在共居、共学、共事、共乐中深化交往交流交融。孙春兰会见吴忠市各族各界干部群众代表，出席吴忠市庆祝宁夏回族自治区成立60周年座谈会。她指出，60年来，在党中央、国务院的亲切关怀下，经过各族各界干部群众的团结奋斗，吴忠发生了翻天覆地的变化。希望大家深入学习贯彻习近平总书记在宁夏考察时的重要讲话精神，解放思想、真抓实干、奋力前进，加快经济转型发展，着力抓好民生改善，大力推进生态建设，切实加强民族团结，主动服务和融入“一带一路”建设，为“建设美丽新宁夏 共圆伟大中国梦”做出新的贡献。自治区领导咸辉、马顺清陪同。

9月21日，中共中央书记处书记、中央统战部部长、中央代表团副团长尤权率中央代表团三分团，看望慰问石嘴山各族各界干部群众，转达以习近平同志为核心的党中央的亲切关怀和全国人民的美好祝福。当天上午，尤权一行来到宁夏维尔铸造有限责任公司，考察铝镁合金枕梁生产线和项目研发工艺等。在万盛社区，尤权听取民族团结进步创建等情况介绍，强调要加强各民族交往交流交融，让各族群众在共居、共学、共事、共乐中增进理解，像石榴籽一样紧紧抱在一起。随后，尤权会见了石嘴山市各族各界干部群众代表，并出席石嘴山市庆祝宁夏回族自治区成立60周年座谈会。在听取当地干部群众代表发言后，他表示，石嘴山60年的发展充分证明，党中央关于宁夏工作的决策部署是完全正确的，宁夏各级党委、政府的工作举措是卓有成效的，宁夏广大党员干部是担当尽责的。他希望石嘴山各族各界干部群众深入学习贯彻习近平新时代中国特色社会主义思想和党的十九大精神，为“建设美丽新宁夏 共圆伟大中国梦”做出新的更大贡献。当天下午，尤权来到中色（宁夏）东方集团有限公司，充分肯定公司为我国航空航天事业做出的积极贡献。在考察北武当生态治理项目后，尤权来到宁夏理工学院，考察了学院综合服务大厅、企业全景模拟经营实验室。在金星二队清真寺，尤权希望宗教界人士一如既往发挥好党和政府联系信教群众的桥梁纽带作用，坚持宗教中国化方向，为维护社会和谐、民族团结、国家安全和祖国统一贡献力量。自治区领导崔波、白尚成陪同，彭友东在座谈会上汇报工作。

9月21日，全国人大常委会副委员长、中央代表团副团长曹建明率中央代表团四分团，带着以习近平同志为核心的党中央的亲切关怀和全国各族人民的美好祝福，在银川看望慰问各族各界干部群众。当天上午，曹建明一行来到国家能源宁夏煤业集团，详细了解煤制油项目建设情况，并勉励研发团队加强自主创新，推动传统产业升级。在银川市军休所，曹建明与军队离退休老干部亲切交流，祝愿大家晚年生活幸福。在六盘山高级中学，曹建明考察了校史馆和学生教室，并在学校操场与师生互动交流，强调要提高办学水平，培养造就更多有用人才。下午，曹建明到永宁县闽宁镇视察脱贫攻坚产业培育情况，考察葡萄种植基地。他指出，要提高效益，带动就业创收，提升群众生活质量。在闽宁镇原隆村，曹建明看望慰问移民群众冯秀清一家，仔细询问全家生产生活情况，鼓励他勤劳致富，让日子越过越好。曹建明会见银川市各族各界干部群众代表，并出席银川市庆祝宁夏回族自治区成立60周年座谈会。在认真听取当地干部群众代表发言后，曹建明强调要坚定不移地用习近平新时代中国特色社会主义思想和党的十九大精神武装头脑、指导实践、推动工作，为实现“两个一百年”奋斗目标和中华民族伟大复兴的中国梦做出新的更大的贡献。自治区领导姜志刚陪同并在座谈会上汇报工作，李锐陪同。

9月21日，中央军委委员、军委政治工作部主任、中央代表团副团长苗华率中央代表团五分团，带着以习近平同志为核心的党中央的亲切关怀和全国各族人民的美好祝福，在中卫看望慰问各族各界干部群众。苗华一行来到中宁玺赞生态枸杞庄园了解枸杞种植和销售情况。苗华说，企业要保证食品安全，多吸收当地劳动力。在优抚对象张平军家中，苗华祝福全家老少生活幸福，全村建设搞得更好。苗华考察了宁夏美利云全自然风冷新型数据中心项目，希望项目多引进龙头企业实现高质量发展。下午，在中卫市人民医院，苗华慰问了全市卫生医疗系统模范代表。在中科院西北生态环境研究院沙坡头区沙漠试验研究站，苗华慰问了防沙治沙站专业技术人员。随后，苗华亲切看望了致富带头人杨生宝。苗华会见了中卫市各族各界干部群众代表并出席中卫市庆祝宁夏回族自治区成立60周年座谈会。苗华说，在以习近平同志为核心的党中央坚强领导下，中卫全市广大干部群众不懈奋斗、开拓进取，一定能够“建设美丽新宁夏 共圆伟大中国梦”！自治区领导盛荣华、潘武俊陪同。

中央代表团带着以习近平同志为核心的党中央的亲切关怀和全国各族人民的深情厚谊走遍宁夏五个地市。所到之处听民声、解民意、察民情，把党的温暖送到宁夏各族人民心头，受到当地各族各界干部群众的热烈欢迎。9月21日傍晚，宁夏各族各界干部群众代表在固原六盘山机场欢送汪洋率领的中央代表团一分团。欢送仪式热烈简朴，表达了塞上儿女对党中央和全国人民的感恩之情，以及对“建设美丽新宁夏 共圆伟大中国梦”的美好憧憬。中央代表团其他四个分团也于当天乘机返京。自治区领导石泰峰、咸辉、崔波、姜志刚、张超超、马顺清、纪峥、盛荣华、白尚成、张柱、潘武俊、李锐、许尔锋、马汉成等分别前往送行。

9月19日，中央代表团向宁夏赠送了习近平总书记题词贺匾，习近平总书记“建设美丽新宁夏 共圆伟大中国梦”的题词，引起宁夏社会各界的热烈反响。习近平总书记无比牵挂宁夏各族人民，为庆祝自治区成立60周年欣然题词，这是以习近平同志为核心的党中央对宁夏的亲切关怀，为宁夏各族儿女奋进逐梦增添了无尽动力。宁夏广大干部群众纷纷表示，将总书记的这份深情嘱托和殷切期望变成现实，为实现经济繁荣、民族团结、环境优美、人民富裕，与全国同步建成全面小康社会的目标努力奋斗。

（吴晓红摘编于《宁夏日报》2018年9月20日第1～2版，9月21日第1、第3、第4版，9月22日第1～2版）

宁夏辉煌60年

1958年10月25日，宁夏回族自治区宣告成立，从而开启了我国民族区域自治制度的又一生动实践，开启了宁夏各族人民栉风沐雨为创造美好生活而不断努力的新征途。60年来，宁夏各族人民在党中央的领导和关怀下，守望相助，凝心聚力，顽强拼搏，各个领域、各项事业均取得了巨大成就和历史性变化。站在新的起点上，宁夏各族干部群众正为实现经济繁荣、民族团结、环境优美、人民富裕，与全国同步建成全面小康社会的目标而不懈奋斗，共谱塞上发展新篇章。

乡村变迁

地处西北内陆的宁夏，既有高山大漠的雄浑，又有“塞上江南”的温婉，自然造化之美自古入诗入画。自治区成立60年里，尤其是党的十八大以来，这片热土上的人民用勤劳和智慧，发展特色农业、建设美丽乡村、树立文明乡风，绘就一幅全新、壮美的乡村振兴新画卷。

“农”墨重彩绘山河

由北向南，从平原到山区，蓬勃发展的农业正重绘宁夏山川：黄河两岸，绿油油的稻田迎风起浪；贺兰山东麓，数十万亩酿酒葡萄渲染出梦幻般的紫色；清水河畔，火红的枸杞压弯枝头；南部山区，马铃薯变成致富“金豆豆”……

这幅色彩缤纷的农耕画卷来之不易。改革开放后，宁夏老百姓解决了吃饭问题，然而由于当地总体上山多川少、气候干旱，产业发展一度难以突破“口粮农业”瓶颈。

为实现农业进一步发展，宁夏利用当地光热资源充足、昼夜温差大、地貌生态类型多样等优势，聚焦优质粮食及草畜、瓜菜、枸杞、葡萄五大特色优势产业，逐步走出“特色产业、高品质、高端市场、高效益”的现代农业发展之路。

固原市地处宁夏西海固地区，曾被联合国粮食计划署评价为最不适宜人类生存的地区之一。如今走进固原乡村，随处可见农忙兴旺景象。原州区河东村，连片的菜地一眼望不到头，滴灌、喷灌等节水灌溉设施滋润着农田，农民将蔬菜收割并打冷，再装进冷链运输车。“以前为了生存‘土里刨食’，现在‘土能生金’，种出的蔬菜品质高，还能错季上市，成为广东等地市场的‘抢手货’，价格远高于普通蔬菜。”河东村党支部书记钱亚伟说。

2018年，宁夏农业总产值已从自治区成立初期的2.2亿元增加到536.4亿元，农民人均可支配收入由改革开放初的100多元增加到10700元。与此同时，越来越多农业新技术应用到生产中来，三产融合、绿色农业、品牌建设等工作顺利进行，推动农业农村经济高质量发展，农业在宁夏成为充满希望的朝阳产业。

生态点染美乡村

8月的一天，雨后初晴，走进石嘴山市大武口区龙泉村，树木茂密、泉水叮咚，成片的向日葵羞答答地低着头，丛生的百日红、波斯菊等小花滴着水珠，一座座气派的农家小院错落有致，整个村庄

青铜峡市黄河岸边的新农村

仿佛一幅山水田园画。

龙泉村是宁夏一些美丽乡村的缩影，而曾经的宁夏农村并非这般模样。“山像和尚头，有沟无水流”“晴天一身土，雨天一身泥”“垃圾靠风刮，污水靠蒸发”……这些都是当地村民的深刻记忆，由于城乡发展不平衡，宁夏农村生态人居环境、基础设施等曾长期存在“欠账”。

为改善乡村群众生活条件，宁夏实施全境禁牧封育、退耕还林还草等，使生态环境不断向好，并累计组织110多万人从“一方水土养活不了一方人”的贫困村庄搬出，易地安置，近年来又加快推进特色城镇、美丽乡村等建设，先后改造提升小城镇92个，建设整治村庄488个，乡村整体面貌焕然一新。

2014年，海文武一家从宁夏南部山区搬迁到银川市永宁县原隆村，他不再离家外出打工，而是在家门口“上班”。

“柏油路、网络、热水器、抽水马桶，这些城里有的东西我们村一样不缺，而且环境优美，越来越多城里人跑来休闲旅游，村里的3000多亩红树莓种植基地成了热门景点。这两年我和村民在基地种红树莓，每月能挣5000多元，比外出打工强多了。”海文武说。

文明乡风添新韵

“三夏”农忙时节，农村文化活动进入“淡季”，但中卫市中宁县新堡镇文化站里却人气十足，大厅里数十名村民排练着秦腔、扇子舞、国标舞，图书室、书法室里也有不少读书、写字的村民。

“这几年镇上隔三岔五地组织文化活动，场地也越修越好，一些原先有牌瘾的人现在常和我们跳舞，连麻将都顾不上打了。”70岁的新堡镇居民王绪兰说。

像新堡镇这样的文化站及各式文化广场、农家书屋等已在宁夏农村遍地开花，群众文化社团如雨后春笋般涌现，“乡村好人家”“好家训进庭院厅堂”等农村道德典型评选活动也重点推进，乡村群众文化生活大大丰富，崇德向善蔚然成风。

近些年，宁夏部分农村出现了婚丧嫁娶活动跟风攀比、人情消费迅速攀升等现象，给不少农民造成负担。为此，宁夏大力推进移风易俗工作，通过深化宣传教育、加快建设乡村红白理事会、倡导修订完善村规民约等措施引导农民移风易俗，高额彩礼、盲目攀比等问题得到有效遏制。

石嘴山市惠农区西永固村村监会主任王学礼说：“以前村民办红白喜事，不跑到县城办就觉得没面子，现在大家都喜欢就近简办，不要彩礼的人家也越来越多。”

乡村之美，既有生态宜居“面子”，更有乡风文明“里子”。如今，在乡村振兴战略实施的大背景下，远山近树、长街小院、风土人情、邻里和睦等元素，正在构成宁夏乡村和谐兴旺的动态画卷。

（新华社银川2018年9月3日电题：新华社记者靳赫《喜看乡村新画卷——宁夏奋进60年巡礼之乡村变迁篇》）

脱贫攻坚

曾经很长一段时期，“盲目开垦——生态破坏——干旱少雨——贫困落后”的恶性循环，让宁夏西海固地区一度被称为“不适宜人类生存的地方”之一，并成为贫困的代名词。

西海固如何彻底摆脱贫困？这是一份宁夏回族自治区成立60年来的高难度考卷。40年改革开放的实践证明，唯有走“生态优先、绿色发展”之路，西海固的人口、土地、环境、经济才能迈入良性循环。

从苍凉走向美丽，从贫困走向富裕，一个降水量明显增加、“生态长城”日益稳固、贫困人口大幅减少、精神富足不甘落后的新西海固呼之欲出。随着最后19万多贫困人口的脱贫，这里即将交出一份中国“脱贫奇迹”的西海固答卷。

聚力攻坚

西海固囊括了固原市原州区、西吉县、隆德县、彭阳县、泾源县、中卫市海原县以及吴忠市同心县、盐池县、红寺堡区等9个贫困县区，宁夏现有的23.89万贫困人口中有19.28万人集中于此。

走进泾源县大湾乡杨岭村，村口一片花田花海，硬化村道两边庭院错落，绿树红瓦，近处的休闲小广场周围建有农家茶馆、农家乐，远处翻过一座小山便是村里的牧草试验场和生态养牛场，当地村民、施工人员、外地游客，进进出出、欢声笑语，一派欣欣向荣的景象。

“脱贫光荣户”马克俊带领记者来到杨岭村史馆，指着一张张历史照片，声情并茂地讲述杨岭村几十年来如何摆脱衣不蔽体、食不果腹的苦难，成为草畜、苗木、养殖产业壮大的美丽村庄故事。

杨岭村的变化，是西海固脱贫攻坚的一个缩影。

这里的山川连着中南海，这里的贫困牵动党中央。1982年，中央决定实施“三西”（宁夏西海固和甘肃定西、河西）扶贫开发计划，西海固首开有计划、有组织、大规模“开发式”扶贫的先河。

——1983年以来，国家投向宁夏的扶贫资金达430余亿元，能源、交通、通信等基础设施和产业大发展，打通了贫困地区“内通外联”通道。目前，固原市5个县区全部由高速公路连接，823个行政村全部通沥青水泥公路，六盘山机场开通的航班越来越多，西海固人走出大山、踏上经济“高速路”不再是梦想。

——福建省22年来向宁夏伸出援手，仅向固原市就提供资金及实物8.63亿元，115家闽商企业在固原市建厂兴业，他们带来了新理念、新技术，大数据灾备中心、制衣、人造花、供港蔬菜、油用牡丹等一批产业项目纷纷落地，带动1.8万名贫困农民就业脱贫。

——中国铁路总公司、华润、中航油、中国商飞、中国建材等央企响应精准扶贫号召，发挥各自产业优势“造血”，在原州区帮扶建设农产品批发市场，在西吉县援建标准化厂房，在盐池县提供资金支持发展滩羊、援建通用机场，在海原县创造“华润扶贫模式”发展高端肉牛产业，在红寺堡区建设包装材料工厂……

此外，从中央到地方持续推动易地扶贫搬迁，减轻了西海固的人口压力。35年来，宁夏探索实施吊庄移民、生态移民、劳务移民、插花移民，6次大规模移民累计从西海固地区移民120余万人。特别是“十二五”以来，投入105亿元实施35万生态移民工程，大大减轻了西海固的人口、资源矛盾，移民得以在近水、沿路、靠城的区域拔掉穷根。据统计，贫困核心区域固原市的贫困人口减少到2017年底的9.55万人，农民人均可支配收入突破8500元。

西海固人脱贫致富的内生动力也不断被激发。“当年红军翻越六盘山播撒的红色基因，是鼓舞西海固人不甘于向命运低头，不懈追寻‘何时缚住贫困苍龙’的答案。”固原市委常委、宣传部部长王正儒说。

如今，这种精神正在源源不断地释放出强大的能量，西海固人挺起了脊梁、撸起了袖子。一批又一批农民主动在退出建档立卡贫困户登记申请书上签字，向昔日的“世界级贫困”挥手告别。

56岁的张富德是隆德县张楼村讲习所的讲习员，他十分热衷给村里人讲课“提神”。“原来日子过得不像样，赶上精准扶贫政策好，家里脱了贫。现在我经常在讲习所分享‘种好菜、养好牛、脱贫致富不用愁’的经验。”张富德说。

青年返乡创业带来新风，搅热了贫困农民的心。看到西海固山乡巨变，很多年轻人选择回乡创业。红军长征会师地——西吉县将台堡是谢宏义的家乡，原本在浙江开公司的他，回来打造“红军寨”红色文化生态旅游区，建设2.5公里浓缩景观，再现当年红军长征情景，带领当地百姓走上休闲农业+红色旅游之路。

党的十八大以来，在党中央、国务院的亲切关怀下，各种优质要素资源快速向西海固集聚，更加精准发力、攻克难中之难，形成集中精力抓脱贫、齐心协力奔小康的生动局面。

破解水困

西吉县将台乡火家集村种植大户火彦红家的100亩西芹碧绿水嫩，外地客商纷纷前来订购，每亩收入过万元。“好菜需好水！今年，断流30多年的葫芦河通水了，用河水浇灌芹菜，可比原来的机井水强多了。”火彦红说。

火彦红念叨的葫芦河是西吉县的“母亲河”。站在河边，水面开阔，清流潺潺，芦苇、香蒲环绕，水鸟竞飞，让人心旷神怡。很难想象，一年前，葫芦河还是远近闻名的臭水沟，淀粉加工厂直排黑臭水，采砂场滥采滥挖，垃圾随处可见……

一切改变归功于当地重新审视水资源、消除水污染的决心。2017年，西吉县投入2.52亿元启动葫芦河综合治理工程，填筑防洪堤、疏浚河道、修复植被，拆除河道内78家企业，还两岸14.2万群众一河清水。

不仅葫芦河，固原市从2017年起整合资金32亿元启动清水河、葫芦河、渝河、泾河、茹河“五河共治”。固原市水务局副局长龚国栋介绍说，通过探索截污治污、恢复自净、修复生态、涵养水源等创造性治水模式，如今，五河岸边污水处理设施拔地而起，大型人工湿地初具规模，绿化面积大幅提高，水体生态全面恢复。

“五河共治”是固原市治水的一次重大突破，也是干旱地区刷新资源观、追寻新发展理念的重要探索。

固原市地表水资源量仅5.67亿立方米，每年从黄河引水1100万立方米，水资源总体短缺的现状短期内无法彻底改变。昔日肆虐的旱魔给西海固人留下深深的心理阴影：十年九旱、广种薄收、食不果腹……

如何破解水困，破解世纪干旱难题？是摆在当地干部群众面前的重大课题。

“西海固治理，水为大政。只有破解水困，才能破解贫困，否则投入再多人力、物力，也会深陷‘卡脖子旱’。”宁夏回族自治区水利厅厅长白耀华说，现在治水方略是南引泾河水、北调黄河水、用好当地水，在不断增加水资源的同时，通过高效节水手段，提高水资源利用效率，让水循着价值规律流动，把每一滴水用到极致。

宁夏中南部城乡饮水安全水源及连通工程解决了113.53万人的安全饮水，农村自来水入户率达到94.5%，圆了老百姓的安全饮水梦。西海固人从此拧开水龙头就能喝上甘甜的泾河水，上锁的水窖、驮水的毛驴、难咽的苦咸水都已成为历史。有了自来水，装了太阳能热水器，曾经惜水如油的西海固人有了洗澡的习惯，脸上有了舒展的笑容。

固海扬水、宁夏扶贫扬黄灌溉等工程的实施，给西海固引来了黄河水，为发展现代高效农业提供了基础性条件。有了黄河水，盐池县发展黄花菜产业，红寺堡区种植酿酒葡萄，同心县推广文冠果……

水多了，农民的头脑活了，兴起安格斯肉牛、黑毛驴、万寿菊、中蜂等很多新产业。未来，宁夏将继续扩大引黄规模，通过200多公里管道输送，再为山区增加7000万立方米水支持发展特色产业。

绿色发展

8月的一个清晨，俯瞰彭阳县金鸡坪梯田公园，依山傍沟、层层叠叠、如链似带，在曙光中腾云驾雾，宛如一枚枚“绿色指纹”印刻在黄土高原。

彭阳县曾是西海固生态最脆弱的地方之一，1983年建县之初提出“生态立县”，顶着“天寒地凉条件差，植树造林搞绿化，瞎子点灯白费蜡”的质疑，几十年一张蓝图绘到底，为造林整地挖的沟连起来可绕地球三圈半。青山葱郁、群岭叠翠，如今的彭阳已走出荒山秃岭的困厄。

18年的退耕还林还草，15年的封山禁牧，特别是党的十八大以来，中央和自治区党委政府在西海固原有重大生态工程基础上，又进一步实施移民迁出区生态修复、六盘山重点生态功能区造林绿化等工程，这里的生态系统开始良性循环，仅固原市的森林覆盖率由2000年的12.8%提升至25.1%，林草覆盖度达73%。

“固原年平均降水量由1982年282.1毫米、2012年449.6毫米，提高到现在504.6毫米，远远高于银川市，气候变湿润了。”固原市气象局局长杜鑫说。

西海固山绿了、水清了、天蓝了，但苦于缺乏致富产业，腰包并未鼓起来。固原市在生态重建过程中也彷徨过，在“无工不富”理念影响下，也曾提出走“工业强市”之路，但是当地缺水、生态脆弱，此路不通。

绿水青山如何变成金山银山，这是对西海固的重大考验。“原来就生态抓生态，柠条、沙棘、山桃、山杏虽然绿了荒山，但经济效益低。现阶段的生态重建必须高质量，实现生态美、百姓富的统一。”固原市副市长周文贵说。

格桑花怒放、月季香阵阵，苹果、酥梨压弯了枝，迎客松伸展臂膀欢迎远道而来的客人……六盘山下1000亩“四个一”林草产业示范园俨然成了一座“花果山”。为了寻找耐寒、耐旱的新品种，解决经果林品种少、规模小、产值低的问题，2018年以来固原市科学试验，建设38个“一棵树、一株苗、一枝花、一棵草”试验示范园，在2万亩土地上试种269个品种。

“经过试验，我们发现以往没种过的大果榛子、美国红枫、蜜脆苹果、红树莓等长势不错，再进一步观察、筛选，我们有信心发现更多适合高寒地区、经济效益更高的新品种。”固原绿峰园林绿化有限公司总经理王勇说。

如今，“四个一”科学试验代替了拍脑袋决策，固原市采取政府引导、科技支撑、市场运作、企业主体、农户参与的方式，走上生态建设与脱贫攻坚结合的“绿色+”之路。

新起点，再出发。近期，宁夏回族自治区负责人在调研脱贫攻坚工作时说，宁夏坚持精准扶贫精准脱贫基本方略，把脱贫攻坚同实施乡村振兴战略有机结合起来，坚持目标标准不变，补齐发展短板，做强扶贫产业。特别是在西海固，要统筹抓好产业扶贫、教育扶贫、就业扶贫，因地制宜、因村因户因人施策，激发内生动力，以“绣花”功夫提升脱贫质量，拓宽群众脱贫路径，坚决打赢脱贫攻坚战。

（新华社银川2018年9月14日电题：新华社记者孙波、陈晓虎、马俊、邹欣媛《中国扶贫的西海固答卷——宁夏奋进60年巡礼之脱贫攻坚篇》）

生态文明

宁夏虽有“塞上江南”之称，但山多川少，在黄河无法滋养到的干旱地区，风大沙多是人们抹不去的生存记忆。“一年一场风，从春刮到冬；风吹沙子走，抬脚不见踪。”满目苍黄一度是宁夏的生态底色。饱尝生态恶化之苦的宁夏，过去几十年间战黄沙、治水土，染绿荒山、扮靓城乡，一代接着一代干，绘就一幅全新的生态画卷。再看今日塞上，已是“绿肥黄瘦”。

人进沙退，生态逆转拓宽生存空间

长风裹挟着黄沙，从毛乌素沙地深

处袭来，一路向前挺进。直到沙地西南边缘的宁夏灵武白芨滩国家级自然保护区，风沙再难寸进。挡住它们的，是拔地而起的“绿色长城”——柠条、沙拐枣、樟子松等植物茂密生长，延伸到远处与天际线相接。

筑绿遏沙，是宁夏几代人修复生态的“主战场”。宁夏三面环沙，干旱少雨，生态环境十分脆弱。1958年自治区成立之初，全区沙化土地面积达2475万亩，约占全区国土总面积的24.8%。由于过度放牧和开垦，生态环境一度持续恶化。

引黄灌溉成就了“万顷腴田凭灌溉，千家禾黍足耕锄”的塞上江南

“我十几岁时，村子周围的草都被羊啃完了，沙子也进了村，小孩常从沙丘直接跳上屋顶玩耍。有时刮起大风，房子一夜之间就被沙子埋了。”54岁的陈有强是吴忠市盐池县二道湖村村民小组组长，沙害之苦令他至今难忘。

为了生存和发展，宁夏人向黄沙宣战，防沙治沙成为建设生态文明的基础性工程。2003年起，宁夏实行全境禁牧封育，加快草原植被恢复，并依托退耕还林、三北防护林等国家重点林业工程，逐步完善不同区域的防沙治沙模式。同时将防沙、治沙、用沙相结合，引导鼓励企业和个人参与，推动山川土地由“黄”向“绿”转变。

如今，宁夏沙化土地面积已缩减到1686万亩，荒漠化土地面积也由20世纪末的4811万亩减少到4184万亩，实现了沙漠化逆转，沙化、荒漠化土地连续20年“双缩减”，肆虐的黄沙日渐温驯。

咬定青山，牢铸生态安全绿色屏障

盛夏时节，宁夏南部的大山之间满眼苍翠，山桃、山杏、云杉、刺槐和各种叫不上名字的灌木、苔草层层叠叠铺满山坡。山涧溪水潺潺，不时有野鸡、野兔从路旁蹿出。

这里是曾有“苦瘠甲天下”之称的宁夏西海固地区，曾经十年九旱、十山九秃。在诗人笔下，这里的春天“风一咳嗽，吐出漫天的黄沙”。

“一方水土难养一方人，为了多收粮食，农民不得不将山坡垦成农田。”固原市林业局局长陈胜远说，生态恶化加剧，土壤越发贫瘠，西海固陷入“越垦越穷，越穷越垦”的怪圈。

贫困人口易地搬迁、天然林资源保护、森林生态效益补偿……得益于中央和自治区党委政府实施的一系列重大生态工程，昔日满目焦黄的西海固变身“旱塬绿洲”。固原市森林覆盖率更是超过25%，林草覆盖度达到73%，年均降水量由10年前的200毫米左右增加到约450毫米。

“树多了，雨水多了，山上冲下来的泥沙却少了。到了晚上，山里还会传来豹子吼，这声音十几年都没听见过了。”72岁的固原市原州区张易村村民赵丕条说。

脱胎换骨的西海固正是宁夏生态文明建设的缩影。据宁夏林业厅副厅长平学智介绍，目前宁夏林地保有量已达到2834万亩，占全区国土总面积的35%，森林面积、森林覆盖率分别从1958年的117万亩、1.5%增加到1091万亩、14%，以林草植被为主体的生态安全屏障已初步形成。

生态和谐，“绿色福利”普惠城乡

石嘴山市大武口区人民公园里，胡杨垂柳迎风起舞，奇花异石缤纷夺目，亭台水榭等点缀其间，一湖九桥、一园十景，美不胜收。这座宛如江南园林的公园本是当地一座发电厂的排灰场，曾是大武口区的主要污染源之一。

“往下挖两铲子，还能看到粉煤灰。”公园管理人员韩小英说，11年前排灰场改造之初，种下的植物烧死一批又一批。但是再难也要改造，人们的生活已容不得这样的污染。

党的十八大以来，随着发展理念转变，宁夏生态文明建设和环境治理力度不断加大，打响蓝天保卫战、综合整治黄河流域水污染、推进贺兰山国家级自然保护区环境整治和生态修复等系列措施纷纷取得实效。

人居环境持续向好，越来越多城乡群众从中受益。在城市，错落分布的小微公园让老百姓“开窗就能赏景，出门就能游玩”；在农村，“垃圾靠风刮、污水靠蒸发”等困扰群众的问题得到根本扭转，一批批特色小镇、美丽乡村也建设起来。

“水泥路修到了家门口，村里有了保洁员，家里的旱厕也改成了水冲厕所，农村再不像以前那样‘土里土气’了。”吴忠市青铜峡市地三村村民郭燕萍说。

“绿肥黄瘦”见证了宁夏生态环境的沧桑巨变，也给当地群众带来满满的获得感。如今的宁夏正以尊重自然、顺应自然、保护自然的绿色发展理念，向着“天更蓝、地更绿、水更美、空气更清新”的美好愿景阔步向前。

（新华社银川2018年8月28日电题：新华社记者靳赫、任玮《且看塞上“绿肥黄瘦”——宁夏奋进60年巡礼之生态文明篇》）

高质量发展

60年间，从3.28亿元到3453.93亿元，宁夏经济总量增长了1052倍，一个适应市场需要、富有特色、高质量的现代经济结构体系正在形成。尤其是近年来，宁夏新旧动能转换不断加速，推动经济高质量发展有了信心和底气。

传统产业以新面孔示人

煤炭是宁夏的主要资源，60年来在开发、利用煤炭基础上，逐渐形成以煤炭、电力、石化、冶金、装备制造等行业为支柱的工业体系。在环境约束增大、投资下滑、转型压力陡增情况下，迫切需要摆脱惯性思维、路径依赖，使传统产业“老树发新枝”。

作为典型的高载能企业，中电投青铜峡能源铝业公司结合下游企业需求，在企业周边集聚了一批下游企业，年可消纳铝水40万吨左右，既稳定了销售市场，又优化了产业结构。

宝胜（宁夏）线缆公司主打航空航天等高端线缆，年产值达20亿元。公司副总经理夏金忠说：“以前公司要把铝锭运到江苏再化成铝水，现在取消了中间环节，铝水可以直接拿来用，成本可降低10%。”

这只是宁夏传统产业“发新枝”的缩影。经过转型升级，宁夏一些传统企业开始“上天入地”：宁夏神州轮胎公司自主研发国产大飞机轮胎；吴忠仪表公司生产的阀门广泛应用于深海油气田；宁夏维尔铸造公司研发的中国标准高速动车组铝合金枕梁打破国外垄断……

这得益于宁夏每年实施100个重点技术改造项目，不断提升传统企业科技水平，支持企业采用新技术、拓展新业态。“很多技术是买不来的，企业创新永远在路上，一刻都不能停。”吴忠仪表公司总经理马玉山说。

“宁夏不少传统企业装备技术水平全国领先。2018年银川滨河如意服装公司、宁夏吉元冶金公司等12家企业被认定为智能、绿色工厂、数字化车间。”自治区经信委副主任张宏年说，宁夏还给传统产业持续“瘦身健体”，5年淘汰落后产能近400万吨。

新兴产业从点向面扩展

党的十八大以来，宁夏初步形成现代煤化工、高端装备制造、新材料等产业集群，新兴产业从点向面扩展。

以现代煤化工产业为例，宁夏在此领域投资超千亿元，煤化工产业年产值达423亿元。从挖煤到输电，从卖炭到卖油，从黑色煤炭到白色烯烃，宁东能源化工基地快速发展，在我国4个现代煤化工产业示范区中规模最大、产值最高。

宁夏北控睿源再生资源公司每年“吃掉”周边煤化工企业的30万吨废旧甲醇及混醇危险废物，生产甲醇、甲苯、二甲苯等精细化工产品。公司总经理张景辉说：“我们将充分利用煤化工各类产品和化工废料，不断延伸产业链，逐步形成产业生态圈。”

发展现代煤化工是宁夏“刷新”资源观的一个体现。近年来宁夏还利用气候干燥、电价较低等资源优势，发展云计算、高端储能材料、新能源汽车等新兴产业。

在云计算方面，中卫市已形成“一雁领头，众雁齐飞”的发展格局，2018年新建续建中国移动、中国联通等数据中心9个，安装服务器16万台；在高端储能材料及锂电池方面，宁夏集聚了杉杉能源、龙能科技、汉尧石墨烯等一批企业，比亚迪公司也将在银川市建设纯电动客车及乘用车生产基地；在新材料方面，宁夏集聚了隆基、银阳等企业，单晶硅棒、切片、组件产能分别达到12吉瓦、5吉瓦、1.5吉瓦。

自治区主席咸辉说：“宁夏要推进新兴产业规模化，培育一批云计算、智能制造等行业领军企业，带动大数据、新材料、装备制造等产业做大做强，把少数零散的‘点’拓展成多个支撑力较强的‘面’。”

欠发达地区高质量发展走新路

当前，宁夏新经济新业态蓬勃发展，三产对经济增长的贡献率超过53%，改变了过去单纯靠工业拉动经济增长的局面，但是传统产业多新兴产业少、低端产业多高端产业少、资源型产业多高附加值产业少、劳动密集型产业多资本科技密集型产业少的“四多四少”问题依然突出。

“推动高质量发展是个坎，这个坎迟过不如早过。科技创新能力弱是宁夏产业转型的最大瓶颈，所以我们坚定不移实施创新驱动，把高质量发展的基点放在科技创新上，形成以创新为引领的经济体系和发展方式。”自治区党委书记石泰峰说。

“越是欠发达地区，越需要实施创新驱动战略。”宁夏区域创新能力排名从全国第29位提升至第24位，严格落实“创新驱动30条”，支持企业围绕现代煤化工、装备制造、枸杞标准化种植等重点产业建立研发平台，实现产业链、技术链、创新链多重融合。

宁夏还不断推进业态创新，推动大数据在交通物流、智能制造、电子商务等重点领域创新应用，培育普惠金融、文化旅游、医疗保健等专业服务平台，打造跨界融合型、产业链贯通型、协同创新型企业。

观念一变天地宽。随着观念不断爬坡过坎，学会抓住新产业新业态新模式孕育发展的窗口期，学会抓产业项目、抓新项目、抓科技项目、抓市场投资主体项目，加快“互联网＋”、大数据、人工智能与实体经济的融合发展，宁夏高质量发展之路将越走越宽。

（新华社银川2018年8月21日电题：新华社记者马俊、于瑶、许晋豫《传统产业“发新枝” 新兴产业“结硕果”——宁夏奋进60年巡礼之高质量发展篇》）

文化建设

宁夏回族自治区成立60年间，特别是党的十八大以来，从张贤亮的一枝独秀到西海固作家群的崛起，从每9万人一座博物馆到贫困地区村级综合文化服务中心全覆盖，从西夏陵“申遗”到非遗保护传承……宁夏文化事业日益繁荣兴盛，创新创造活力得到极大激发，更多文化“金种子”在群众心间开花结果。

贫瘠土地上的“文化高地”

2018年8月11日，是宁夏文化界值得铭记的日子——第七届鲁迅文学奖揭晓，来自“苦甲天下”西海固地区的“80后”女作家马金莲，以短篇小说《1987年的浆水和酸菜》摘得桂冠。在她之前，同样从西海固走出的石舒清和郭文斌，分别荣获第二届和第四届鲁迅文学奖。若时光再回溯，张贤亮曾凭借《绿化树》等小说三获“全国优秀小说奖”。

“马金莲获奖，是对宁夏新时期整体文学气候和创作气象的嘉奖和肯定。”宁夏作协主席郭文斌说。

西海固无疑是贫瘠的，但生于斯长于斯的人却并未被贫困折断想象的翅膀，“文学照亮生活、生活照亮文学”在这里得到最好诠释。西吉县农民作家单小花在安顿好老人和孩子后，半夜爬起来悄悄写作；红寺堡区“拇指作家”马慧娟坚持用手机写作，在网上发表近百万字散文、随笔，出版文集，到鲁迅文学院学习，还当选全国人大代表，文学彻底改变了她的命运轨迹……

马金莲获奖后感叹：“我的成长离不开家乡土地的养育。”

同样成果丰硕的还有影视作品和文艺精品创作。纪录片《神秘的西夏》《贺兰山》在央视热播；张贤亮同名小说改编的电视剧《灵与肉》实时收视率连续保持前列；两部剧目摘得文化部“文化大奖”和“文化剧目奖”。

文化在基层“触手可及”

宁夏图书馆每日早晨八点半开馆，馆前不到八点必然排起两队长龙……这座“文化阵地”建于自治区成立50周年时，10年来读者接待量每年攀升，从最初的几十万人次增至153万人次。

读者接待量增加与图书馆提升改造息息相关。2016年，馆内的一堵堵隔墙被打掉，“闭架”式服务升级为完全开放式服务，读书的空间扩大了，读者增加了一倍多。

文化是群众生存和发展不可或缺的“养分”。据宁夏回族自治区文化厅厅长宋建钢介绍，为尽可能满足群众多样化文化需求，宁夏全力推动公共文化服务设施的全覆盖、全达标，促进公共文化服务标准化、均等化。

宁夏5个地级市已有4个市开展了国家公共文化服务体系示范区创建活动；全区有各类博物馆75座；全区覆盖城乡的五级公共文化服务设施网络基本形成。

2017年，红寺堡区大河乡香园村用了十余年的活动室被推掉，建起了220平方米的综合文化服务中心，戏楼也被粉刷一新。“场地宽敞了，村民参与的积极性更高了，400多名村民常态化参加社火、秦腔、秧歌等活动。”香园村村主任郭锐说。

吴忠市已开展国家公共文化服务体系示范区创建工作3年。吴忠市文广局局长杨玉洲说，示范区创建不仅使文化阵地成了耀眼的地标性建筑，更形成了一套套特色公共文化产品生产与推广长效机制，有力促进文化在基层“生根发芽”。

撑起文化遗产“保护伞”

宁夏虽小，历史文化遗存却不少。3万年前，水洞沟就有人类繁衍生息；秦、汉等朝代修建的古长城和灌溉古渠系，使宁夏有“中国长城博物馆”和“中国水利博物馆”的美誉；史前岩画让贺兰山和大麦地享誉世界；巍峨的须弥山石窟，见证了古丝绸之路的繁荣……

让承载着历史记忆的珍贵遗产留下来、“活”起来，党的十八大以来，宁夏建立文物保护终身追究制度，实施西夏陵、须弥山石窟等一批重点文物保护项目，宁夏引黄古灌区正式列入世界灌溉工程遗产名录。“我们坚持继承与创新相结合、保护与开发并重、活化与传承并行，进一步促进优秀传统文化创造性转化、创新性发展。”宋建钢说。

保护非物质文化遗产，就是延续历史文脉、传承中华文明。目前宁夏国家级和自治区级非遗代表性项目名录分别为18项和99项，自治区级非遗保护传承基地有67个。

“花儿”是世界非物质文化遗产名录项目。农民李成仓是“花儿”县级传承人，他顺应时代变化将传承拓展到微信群，吸引了千余名学员，既有六旬老汉，也有年轻小伙和小媳妇。不少学员学会哼唱“花儿”，有的还成为推广“花儿”的得力助手。“这可能不是最好的传承方式，但一定是好的宣传方式。”他说。

（新华社银川2018年9月2日电题：新华社记者艾福梅《塞上大地花儿美——宁夏奋进60年之文化建设篇》）

民族团结

1958年10月25日，宁夏回族自治区宣告成立。60年团结奋斗，60年繁荣发展，宁夏各族儿女始终同呼吸、共命运，走出一条民族团结进步之路。如今的塞上大地，“像爱护眼睛一样爱护民族团结，像珍视生命一样珍视民族团结”的理念已融入宁夏人的血脉和灵魂，680多万各族群众守望相助，亲如一家，共同擦亮团结的名片，共同分享团结的果实。

让各族群众共享成果

发展是解决民族问题的根本途径。宁夏作为欠发达少数民族聚居地区，始终牢固树立“在发展中解决问题”的思想，通过坚持不懈地抓发展，不断夯实民族团结的物质基础。

地处南部山区的固原市是回族较为集中聚居区，回族占比达46.3%，这里也是宁夏脱贫攻坚的主战场。为了加快当地发展，宁夏先后5次召开固原工作会议，连续7年实施重大项目大会战，在政策上倾斜、产业上扶持、项目上支持。移民搬迁、危房改造、山区学生营养早餐计划、中南部城乡饮水安全工程……一个个民生项目温暖着各族群众心田，群众盼脱贫求发展的内生动力不断被激发。

马铃薯曾经是山区群众果腹的“救命豆”，在当地政府扶持和闽宁协作助推下，“救命豆”如今变成“致富豆”。西吉县兴隆镇王河村回族村民海孝依靠马铃薯淀粉制作红色品牌“红军粉”，年收入达到40万元。一批福建籍企业家落户固原，薯片、薯条、方便粉丝等产品让马铃薯走上高附加值之路，不仅拓宽了本地马铃薯销路，还吸纳了大量贫困人口家门口就业。

“各族群众一条心，门前黄土变成金”，这是流传在宁夏山川大地上的一条民间俗语。经济社会发展为民族团结打下扎实基础，而各族群众团结一心则进一步促进了贫困地区各项事业发展。

固原市回族企业家何学良从贩药材起步，奋斗20多年发展到拥有6家子公司。他发挥“先富带后富”的领头作用，在解决了2000多名回汉乡亲就业的同时，还为老弱病残等没有发展能力的建档立卡贫困户托养肉牛，每户每年能分红4000元。

筑牢中华民族共同体意识

宁夏把民族团结教育纳入国民教育、干部教育和社会教育，通过丰富多彩的载体加强民族团结教育。坚持教育引领，把民族团结“种子”不断播入各族群众心田，是宁夏多年来推进民族团结进步创建工作的一项基本经验。

在银川市回民三小，学校针对学生不同年龄，选择不同教材，利用班会、晨会、队会等活动载体营造教育环境，让“三个离不开”“五个认同”观念深深扎根于学生心中。吴忠市利通区第一小学每学期都要组织民族团结征文、民族团结手抄报等比赛，潜移默化中筑牢学生中华民族共同体意识。

宁夏六盘山高级中学是一所专门为

宁夏南部山区学子创办的高中，这所位于首府银川市的高中让大批山区贫困家庭的孩子走进了城市学校，享受到与城市孩子同等质量的教育。六盘山高级中学校长金存钰说："目前在校的回族学生占全校学生总数的40%左右，学生的民族团结意识很强，互相尊重，相互理解，非常和谐。"

2010年青海玉树发生地震，宁夏六盘山高级中学接收了153名藏族师生。两年时间里，回、汉、藏各族学生一起生活，一起学习。"2011年中华民族传统节日中秋节当天，各族师生欢聚一堂共度佳节，'宁夏青海，扎西德勒'的欢呼让人感动。"金存钰说。

促进民族交往交融

亲越走越亲，情越聚越浓。宁夏始终坚持促进各民族交往交流交融，各族群众同村共庄，相邻共居，形成既互相尊重又不强化差异的良好氛围。

8月的一个中午，利通区永昌社区的一场包饺子比赛正在热闹进行中，回族大妈金红英和她的汉族邻居们组队，擀皮、包馅，配合娴熟。这是永昌社区"邻居节"的活动之一。永昌社区共有居民7700余人，其中57%的居民是少数民族。为了促进不同民族间邻里关系，永昌社区每年都要举办多场丰富多彩的"邻居节"活动。

"每逢端午、中秋等中华民族传统节日，各民族居民一起包粽子、做月饼。遇到开斋节、古尔邦节，回族居民则把自家制作的油香、馓子等美食分享给其他民族邻居。"永昌社区党支部书记马学梅说。

金红英说："我家对门和楼上都是汉族，但我们关系处得非常融洽，他们出远门都把钥匙放在我这儿，让我给家里的花浇水。大家同住一栋楼，就应该亲如一家人。"

汉族教师姜宁和身患重病的回族青年马晓强相濡以沫的爱情故事让人动容，回族大妈王兰花成立"王兰花热心小组"承担起社区各族孤寡老人的生活起居，银川市共享社区与北方民族大学少数民族大学生"结亲互助"……在宁夏，各民族不分彼此一家亲的故事比比皆是，交往交流交融已成常态。

（新华社银川2018年8月26日电 题：新华社记者张亮《守望相助一甲子 同心共筑中国梦——宁夏奋进60年巡礼之民族团结篇》）

民生保障

收入显著提高、就业更加充分、脱贫攻坚成效显著、社会保障逐步健全、教育事业全面进步……60年来，宁夏民生福祉发生历史性变化。特别是党的十八大以来，在中央政策的支持下，自治区党委、政府以"利民之事，丝发必兴"的态度，持之以恒补齐民生短板，宁夏各族群众获得感持续提升。

政策加码，让"终身话题"多些暖心事

在众多民生事项中，教育和医疗历来是热门话题。为提高群众获得感，宁夏在教育、医疗保障方面不断出台政策、加大投入，让"终身话题"多些暖心事、少些烦心事。

上高中以来，石嘴山市惠农区庙台乡的王宇婷不仅免交学费和住宿费，每学期还能拿到1000元助学金。她说："我父母身体不好，家里一年收入不到1万元。助学金让我再也不用在书店蹭书看了，可以买回来仔细品读。"

"从以前不让一个孩子因贫辍学，到现在让每个孩子享受更好的教育，宁夏教育已基本实现从'让孩子有学上'到'让孩子上好学'的转变。"在教育界耕耘数十年，曾获石嘴山市名校长荣誉称号的马新民深有感触。

实现这一转变，与持续的政策推动密不可分。宁夏在西部省区率先实现"两基"攻坚目标任务；先后启动薄弱学校改造、优质教育扩面等；健全进城务工随迁子女、残疾儿童就学保障机制……针对难点、痛点新政频出，宁夏基础教育"硕果渐满枝""桃李更芬芳"态势形成。

宁夏各级各类教育也迈上新台阶。宁夏大学成为部区合建高校，职业教育与东部省份实现对口协作全覆盖，到2020年每个县、市、区至少有1所老年大学。

宁夏医疗领域同样有不少暖心事。既有获批建设"互联网＋医疗健康"示范省、二级以上公立医院全面取消药品加成等"大手笔"，也有为所有居民建立健康档案、为7.8万儿童免费发放营养包之类的"民生琐事"。

截至2017年，宁夏共有医疗卫生机构4272个、卫生技术人员49714人，分别是1958年的5.2倍、4.6倍，守护民众健康能力明显增强。

精准施策，让百姓憧憬成现实

"我做梦都梦不到住上这么好的房子！"看着面前三间近90平方米的青砖红瓦房，石嘴山市平罗县渠口乡分水闸村52岁的村民李润子眼眶泛红，"过去

石嘴山市惠农区城市新貌

住土坯房，刮风下雨时屋子潮得没法待，就盼能有个遮风避雨的地方。”

得益于农村危窑危房改造工程，李润子实现了安居梦。2017年15000元的补助款直接打到了她的银行卡上。她感叹说：“这笔钱对我来说不是个小数字，老伴去世后，我操持7亩地每年挣不到3000元。”

仅在圆百姓安居梦方面，自2009年以来，宁夏累计完成农村危窑危房改造42.7万户，直接受益群众达140多万人；截至2017年底，宁夏改造棚户区住房39.08万套，组织分配入住公租房（含廉租房）17.49万套。

在有“苦瘠甲天下”之称的西海固，脱贫致富无疑是诸多贫困群众的共同梦想。始于1983年的宁夏扶贫开发，主要经历了“三西”农业建设、“双百”扶贫、千村扶贫、百万贫困人口扶贫攻坚、精准扶贫精准脱贫五个阶段。

持续不断的政策“组合拳”、持之以恒的“绣花功”，到2017年底，宁夏贫困人口从2011年的101.5万人下降到23.89万人，贫困发生率从25.5%下降到6%，近80万贫困群众告别苦瘠，得圆脱贫梦，开启致富路。

一个不少，让老弱妇孺共享发展成果

2016年，中卫市沙坡头区镇罗镇凯歌村74岁老汉张聚财的生活，因村里老饭桌的开办而转变。他说：“我现在每天中午来这吃饭，一顿不超过10元钱，饭后和老朋友们下下棋、打打牌，日子也不难熬了。”

“全区已开设老饭桌434家，这只是众多养老基础服务之一。”自治区民政厅福利处处长杨超说，目前宁夏已基本形成以居家为基础、社区为依托、机构为补充、医养相结合的多层次养老服务体系，老年人的服务需求得到了有效满足。

让弱势群体共享发展成果，是民生工程的应有之义。在幼有所育方面，宁夏实施了为在园建档立卡贫困家庭适龄儿童免除保教费、补助伙食费的“一免一补”政策，建设“儿童之家”等；在弱有所扶方面，宁夏实施了将困难群体纳入基本养老保险政府代缴费范围、推进残疾人家庭医生签约服务等政策。

民之所望，政之所向。宁夏正通过谋划好一件件民生实事，实施好一项项民生工程，落实好一个个民生细节，不断朝着提供更好教育、更稳定工作、更满意收入、更可靠社会保障、更高水平医疗卫生条件、更舒适居住条件、更优美环境的目标努力奋进。

（新华社银川2018年8月23日电题：新华社记者曹健、杨稳玺《利民之事丝发必兴——宁夏奋进60年巡礼之民生保障篇》）

对外开放

宁夏，不沿边、不靠海，深居内陆，开放不足一度成为制约发展的短板。改革开放的春风吹向西北内陆后，宁夏抢抓机遇对外开放，尤其是党的十八大以来，积极融入国家“一带一路”建设，加快建设内陆开放型经济试验区和银川综合保税区，一个全方位多层次对外开放的宁夏正面向全国、走向世界。

筑通道立体布局内陆开放

宁夏——中亚（银川——德黑兰）国际货运班列承运企业、兰州捷时特物流公司银川分公司负责人梁华最近比较忙：乌兹别克斯坦的农场主发来绿豆丰收的消息，咨询国内订单；哈萨克斯坦的亚麻籽成熟了，宁夏企业打听货源……

“国际货运班列开通以来，越来越多宁夏企业跨出国门找商机，中亚、西亚等国的客商也不断来考察我国市场。”梁华说，为了方便交流沟通，很多外国客商学会了使用微信。

2016年1月15日，宁夏开通首趟国

际货运班列。两年多来，宁夏开往中亚、西亚的国际货运班列共110列、4651车，出口货物19.3万吨、价值约1.3亿美元。

来来往往的“钢铁驼队”是宁夏对外开放力度不断加大的一个缩影。近年来，宁夏乘“一带一路”东风，发挥向西开放独特优势，架构陆路、空中、网上丝绸之路，多层次立体化建设开放通道。

“内陆开放，行之不易。2007年银川空港口岸开通，结束了宁夏建区后近50年没有开放口岸的历史。”银川海关驻机场办事处主任王彤宇说，口岸开放后的10年间，宁夏致力打造“空中丝路”，相继开通直飞哈萨克斯坦国际货运包机、直飞迪拜国际航班等，如今已成为全国第九个开放第五航权的省区。

火车一响，黄金万两；飞机轰鸣，合作共赢。通道建设带动了宁夏对外贸易快速发展，来自宁夏商务厅的数据显示，2017年宁夏实现进出口总额50.36亿美元，是1958年的715倍、1978年的170倍，60年来年均增长11.8%。

建平台双轮驱动加速向前

在银川综合保税区，宁夏首个国际快件中心建成运营。来自阿联酋、美国、荷兰、德国等20多个国家和地区的各类商品在这里通关后分拨全国。

“这是银川综保区发挥对外开放引领作用的具体实践。”银川综保区管委会保税业务与口岸服务处处长余晓平说，综保区通过建设国际快件中心，进口肉类、水果、种苗指定口岸，国际裘皮集散贸易中心等开放功能载体，不断集聚开放资源和要素，逐步形成面向国际国内，支撑航空、铁路、陆路开放通道的国际物流中心。

内陆开放，宁夏坚持内外并举双轮驱动。近年来，宁夏积极主动融入国家“一带一路”建设，加快建设内陆开放型经济试验区和银川综保区。各类开放平台政策优势不断凸显，石嘴山精细化工和银川羊绒制品等出口基地成为国家级外贸转型升级示范基地，银川经济技术开发区成为国家新能源科技兴贸出口创新基地……

2010年以来，宁夏成功举办三届中阿经贸论坛和三届中阿博览会，围绕能源化工、装备制造、生物制药等领域签订651项合作协议，中阿技术转移中心、商事调解中心等一批多双边合作机构也落地宁夏。

另一方面，宁夏积极主动走出去，建设贸易口岸和境外产业园区，为与“一带一路”国家开展产能合作开辟了新空间。由宁夏主导建设的中国——沙特（吉赞）产业园、中国——阿曼（杜库姆）产业园被列入国家发改委20个产能合作示范区、商务部16个重点推进境外经贸合作区。

寻突破改革创新培育沃土

1984年，宁夏第一家中外合资企业成立。过去30多年间，随着营商环境逐渐向好，越来越多跨国公司将宁夏作为投资目的地。特别是2012年至2017年，宁夏共批准外商投资企业144家，实际利用外资额超过前30年总额。

作为宁夏首家外商独资企业，2000年成立的埃肯碳素（中国）有限公司见证了宁夏对外开放环境变化，尤其是“放管服”改革带来的贸易和投资便利化。

“我们经常跟海关打交道，这几年办理出口报关手续越来越便捷。”埃肯碳素（中国）有限公司总经理李宏说，政府职能部门服务企业意识日益增强。

围绕优化营商环境，宁夏不断改革创新，打造对外开放政策服务先行先试区。比如，全面推行投资项目在线审批，上线运行国际贸易“单一窗口”标准版，实现外贸通关“马上办、网上办、一次办”等。

2018年5月，宁夏出台扩大对外开放“17条”，明确支持外资依法依规以特许经营方式参与能源、交通等基础设施建设；鼓励国外行业龙头企业等来宁夏投资兴业，并明确对内外资企业“一视同仁”，在科研合作、税收等方面公平对待。

自治区发改委相关负责人表示，这些措施的落实，将对进一步推动宁夏扩大对外开放进程，打造公平竞争营商环境，加大吸引外商投资，促进全方位多层次对外开放起到积极作用。

全方位多层次的对外开放格局，校准宁夏腾飞新坐标。回首过往，60年内陆开放见证沧桑巨变，远眺前路，“十三五”全新征途稳步起航。

（新华社银川2018年8月23日电 题：新华社记者 任玮 靳赫《开辟内陆开放新空间——宁夏奋进60年巡礼之对外开放篇》）

专文

ZHUANWEN

NINGXIA YEARBOOK

编辑◎张明鹏

闽宁协作模式助推宁夏脱贫致富

闽宁对口扶贫协作从1996年开始，就明确提出并建立了两省区一年一度的省级联席会议制度。通过联席会议共同总结对口扶贫协作经验、共同研究解决重大问题、共同安排部署工作、共同推动工作落实。

福建省本着“宁夏所需，福建所能”，把人才、资金、科技、经验、市场等要素源源不断地输送到宁夏的贫困地区，以输入新鲜“血液”增强“造血”功能，从根本上提升贫困地区的发展能力。宁夏主动承担起脱贫攻坚主体责任，积极对接，提出扶贫助困需求，制定帮扶规划，努力做到“事不避难，义不逃责”。22年来，在联席会议的推动下，双方认真贯彻落实习近平总书记关于东西部扶贫协作和脱贫攻坚的重要讲话精神，坚持互学互助，深化结对帮扶，加大投入力度，突出产业合作，坚持精准扶贫，实现共同发展，使闽宁协作成为东西部扶贫协作的典范。

一、工作与成效

（一）周密部署，高位推动，组织领导坚强有力。自治区党委和政府高度重视闽宁对口扶贫协作工作，专题研究部署、持续高位推动。一是强化组织领导。2018年8月28—29日，自治区举办全区领导干部专题学习班，深入学习领会习近平总书记在东西部扶贫协作座谈会上的重要讲话，武装头脑、指导实践，确保闽宁协作始终沿着正确方向推进。坚持联席推进，6月13日，在银川召开闽宁对口扶贫协作第22次联席会议，两省区党政主要负责同志、分管负责同志等19名省级负责同志出席会议，签订了会议纪要和10个部门协作协议、22个经贸合作协议。坚持规划引领，联合印发《闽宁对口扶贫协作三年行动计划（2018—2020年）》，全面部署今后一个时期扶贫协作工作。注重工作落实，先后召开全区脱贫攻坚重点工作暨对口帮扶推进会、闽宁协作工作落实专题会，部署推进闽宁对口扶贫协作工作。二是加强高层互访对接。2018年以来，4名自治区党政负责同志先后赴闽调研对接，福建省党政主要负责同志、分管负责同志等先后来宁调研指导，共同研究帮扶事项、解决重点问题、推进任务落实。三是共同推动闽宁镇发展。6月12日，闽宁两省区党政主要负责同志在闽宁镇共同主持召开座谈会，研究部署进一步推进闽宁镇发展事宜。自治区党委书记、人大常委会主任石泰峰2018年先后两次主持召开闽宁镇建设发展座谈会，全面部署推进闽宁镇发展工作。

（二）互派挂职干部，人才交流全面务实。干部挂职方面，贯彻落实两省区《2018—2020年干部挂职和培训协议》，宁夏向福建省选派挂职干部19名，其中9名处级干部到对口县区挂任党政领导班子副职，10名科级干部到对口县区或乡镇挂职学习；协调福建省投入106万元，在福建省举办3期干部培训班，培训宁夏处级干部122名。福建省向宁夏选派挂职干部22名，全部分管或协管扶贫开发工作。宁夏全力做好服务保障，定期组织挂职干部体检，及时发放通信和伙食补贴，为挂职干部解除后顾之忧。人才交流方面，宁夏选派201名专业技术人才赴福建省学习培训，其中：科技人才6名，中小学校长40名，医疗卫生人才131名，文化人才14名，其他方面的人才10名。科技协作方面，宁夏协调福建省组织在闽院士3名、高层次专家12名到宁夏开展“福建院士专家宁夏行”活动，其中5名专家与宁夏有关科研单位达成合作协议。两省区科技厅签订新一轮合作协议，联合实施作物育种、新型肥料开发、食用菌循环农业等科技项目。中卫市与福建省漳州市两家国家农业科技园区签订共建协议，选派6名科技人才赴闽学习菌草种植技术。教育协作方面，两省区教育厅签订新一轮教育协作协议，除选派40名中小学校长到福建省相关学校挂职学习外，宁夏还选派近1000名教师到福建省参加培训。宁夏4所普通高等院校、10所高职院校、20所中职院校与福建省相关院校建立结对帮建关系，职业院校实现结对帮建全覆盖。卫生协作方面，两省区卫生健康委召开联席会议，签订医疗卫生精准帮扶合作协议。宁夏19家医疗卫生机构与福建相关医疗机构建立了结对帮扶关系，选派131名医疗骨干赴闽学习培训，引进新技术、新业务44项。协调对接福建省立医院专家团队等为贫困县区33名先心病患儿进行免费手术治疗。文化协作方面，组织话剧《闽宁镇移民之歌》赴福建省巡演；两省区非物质文化遗产保护中心成功举办“不忘初心情牵闽宁——2018闽宁非遗交流展演”；选派非遗传承人杨晓梅赴闽参加中央电视台《辉煌中国拍摄》，选派漆画家杨玉英赴闽参加“纪念改革开放40周年中国农民漆画高级研修班”学习。宁夏艺术职业学院与福建艺术学院签订合作协议，并选派13名师生赴闽学习交流。

（三）统筹安排，严格监管，资金使用安全规范。2018年，福建省共安排财政援助宁夏资金31500万元（含调整使用2016年度500万元）。根据闽宁扶贫协作第22次联席会议精神，自治区扶贫开发领导小组安排到县以下基层资金31280万元，占资金总额的99.3%，其中安排原州区、西吉县、同心县、红寺堡区、海原县5个深度贫困县区资金18921万元，占资金总额的60%。资金主要用于贫困村基础设施建设与社会事业、特色产业发展，闽宁示范村、村级扶贫车间建设，支持闽籍企业发展，劳动力培训与转移就业、创业致富带头人培训和闽宁平台建设等方面。同时，加强闽宁资金使用管理，出台《闽宁对口扶贫协作发展资金管理使用办法（试行）》，将闽宁资金统一纳入全区扶贫资金使用监管检查、审计检查、专项督查和自治区检察院扶贫资金专项检查、自治区纪委专项督查范围。截至2018年12月21日，福建省财政援助资金使用率93.32%。携手奔小康县区和对口部门追加投入1035万元（直接投入到帮扶县或组织实施帮扶项目），2018年，福建省各级财政实际投入32035万元，对9个贫困县和永宁县的县均投入超过3200万元。

（四）广栽梧桐，筑巢引凤，产业合作内引外拓。自治区先后出台《关于进一步动员社会各方面力量参与扶贫开发的实施意见》和《关于支持闽籍企业参与宁夏脱贫攻坚指导意见（试行）》，到宁夏贫困地区投资兴业的闽籍企业，除享受土地、税收等普惠政策以外，同时享受建档立卡贫困劳动力就业培训补助、投资补贴等特惠政策。2018年，闽宁两省区相关部门和市、县区举办了形式多样的招商引资推介会（洽谈会），共引导112个闽籍企业落地宁夏贫困县区，实际完成投资65.77亿元，带动脱贫8517人，其中：为贫困劳动力提供就业岗位1091个，带动脱贫1550人；通过利益联结机制带动脱贫6967人。支持建设扶贫车间91个，吸纳贫困人口就业3314人。两省区共同建设产业园8个，引导82个企业入驻园区，实际投入25.48亿元。

在引进来的同时，鼓励支持宁夏龙头企业赴闽开拓市场，销售农副产品6.25亿元。其中：吴忠市在福州、厦门、晋江设立3个特色农产品展示展销中心，销售枸杞、亚麻籽油、葡萄酒、杂粮等农产品3000多万元；中卫市在漳州设立特色农产品展示展销中心，销售硒砂瓜4000多吨；固原市在福州、漳州、泉州等地设立外销窗口，年销售马铃薯近5万吨、淀粉1300吨。开展全国知名蔬菜经销商走进宁夏活动，厦门市厦商农产品有限公司等3家企业与宁夏蔬菜生产企业签订蔬菜订单1.43万吨，金额2830万元。宁夏组织10家农业产业化龙头企业参加海峡两岸现代农业博览会，万齐米业分别与厦门大学、海晟集团签订2400吨、3000吨大米销售协议。

（五）多措并举，各方发力，劳务协作力度明显加大。落实两省区《人力资源服务发展合作框架协议》，宁夏公共招聘服务网、银川人才网与福建人才网、公共就业服务网成功链接，实现了就业信息共通互享，已累计提供服务6万余人次。举办劳务培训班83期，培训建档立卡贫困劳动力2216名；帮助建档立卡贫困劳动力就业19485人，其中到福建省就业1125人，截至2018年底，在福建省稳定就业的宁夏籍人员达8.3万人。两省区签订《闽宁劳动保障监察合作协议》，建立健全劳动保障违法案件侦查处理和跨省异地办理协作工作机制。全年为51名赴闽务工人员办理了养老保险转移接续手续，转移接续资金75.8万元。

（六）主动对接，创新载体，携手奔小康深化拓展。福建省9个县（区）与宁夏9个贫困县（区）结对开展"携手奔小康"行动。宁夏有东西部扶贫协作任务的4个设区市、9个贫困县（区）和永宁县主要负责同志全部赴结对县区开展调研对接，县级党政负责同志赴闽对接工作112人次。截至2018年底，宁夏101个乡镇、110个行政村、64所学校、32家医院与福建省相关乡村和部门（单位）建立"携手奔小康"关系。动员37家闽籍企业帮扶宁夏114个贫困村。争取福建慈善机构、社会团体、民间组织、爱心企业家捐款捐物折款4199.86万元，惠及贫困群众5万多人。

闽宁协作取得丰硕成果，得到了国务院领导同志的充分肯定。2018年8月18日，胡春华副总理在中办秘书局每日汇报第15419期《闽宁对口扶贫协作结出累累硕果》上批示："请扶贫办对闽宁对口扶贫协作成功经验进行系统总结，形成一批可复制、可推广的政策措施，供各对口支援省市学习借鉴。"9月22日，胡春华副总理在《国内动态清样》声像专报第273期《福建援宁工作队西海固帮扶调查》上批示："闽宁东西协作一任接着一任干，成效显著，请扶贫办梳理总结，创新完善，各地要认真借鉴。"

二、创新工作完成情况及典型经验做法

（一）城乡建设用地增减挂钩结余指标跨省域调剂任务完成情况。2018年，自然资源部下达宁夏跨省域调剂城乡建设用地增减挂钩节余指标1200亩，补助资金3.6亿元，全部安排在5个深度贫困县区。自治区指导各县区编制了实施方案，并全部获批，已完成自然资源部在线监管系统备案。该项目实施后，预计复垦农用地2542亩（其中，园地280亩、草地1615亩、林地647亩），满足2018年调剂任务需要。

（二）闽宁协作扶残助残工作情况。两省区残联签订合作协议，在残疾儿童康复，残疾人教育、就业、社会保障和助推宁夏残疾人脱贫等方面开展系列合作。两省区创新推动的残疾人托养＋康复＋就业创业的"隆德模式"，集残疾人安居社区、康复基地和创业致富平台于一体，有力带动了托养中心残疾人及家庭摆脱生活、康复和就业困境，通过就业重拾自尊自信，被国家脱贫攻坚督查组作为典型经验向中国残联推荐，得到中国残联负责人充分肯定。据统计，全年共帮助1882名残疾人实现脱贫。

（三）闽宁示范村建设。2017年以来，两省区累计投入1.33亿元，建设闽宁示范村110个，受益贫困人口2万余名。"闽宁示范村"模式被列入《中共中央国务院关于打赢脱贫攻坚三年行动的指导意见》中，在全国推广。闽宁示范村主要有五种类型：一是基础设施改善型，把有限的资金整合投入到贫困群众能长期受益的住房、道路、农村饮水等基本民生项目上；二是特色产业主导型，因地制宜帮助发展能带动贫困户脱贫的特色种养、农产品加工等增收产业；三是扶贫车间就业型，在示范村建设扶贫车间，引导闽籍企业开展劳动密集型来料加工，让贫困劳动力在家门口稳定就业脱贫；四是集体经济壮大型，支持示范村盘活可利用的集体资源，通过租赁、入股等方式转化为集体经济收入；五是阵地建设加强型，帮助完善村级活动阵地建设，健全服务功能，提升示范村党组织的组织力。

（四）闽宁镇建设。闽宁镇是习近平总书记在福建省工作期间提议建设并亲自命名的东西部扶贫协作示范镇，已从当年不到8000人的移民村发展为6.5万人的特色小镇，实现了从"干沙滩"到"金沙滩"的历史性蜕变，农民年人均纯收入从不足500元增长到2017年11967元。2016年7月，习近平总书记在闽宁镇视察时指出："20年前搞移民吊庄、建设闽宁镇，这个路子确实走通了，探索出了一条可持续发展的康庄大道，走出了一条经济发展和生态文明建设的路子。"总书记同时要求：闽宁村、闽宁镇的建设发展是一个很好的经验，要总结一下、向全国推广。闽宁扶贫协作第二十二次联席会议以来，自治区、银川市、永宁县三级联动，加大扶持力度，在闽宁镇实施各类项目42个，计划投资19.5亿元，已完成投资10.13亿元。产业发展方面，建设温棚127栋，新增葡萄种植1000亩、玫瑰400亩；基础设施方面，实施污水处理、自来水、天然气"三管入地"项目，建设覆盖6个村1.2万户的污水处理设施，投放垃圾桶8000个，修建农村公路22公里，硬化巷道5.5公里，改造危房110户。2018年全国第五个扶贫日期间，闽宁镇作为全国2县1镇3村典型之一，参加全国脱贫攻坚成就展；10月30日，国务院扶贫办等部委组织参加"改革开放与中国扶贫国际论坛"的国内外嘉宾深入闽宁镇考察学习；12月6日，宁夏拍摄的庆祝改革开放40周年献礼影片《闽宁镇》，在人民大会堂举行首映式，在全国院线公映。

（五）"四个一"工程。宁夏固原市通

过实施“四个一”（一棵树、一枝花、一株苗、一棵草）试验示范工程，寻找适宜大面积推广、能给农民带来收入的主打品种，探索一条生态与经济、山绿与民富的双赢路子。国务院副总理孙春兰在固原考察时给予充分肯定。福建省农科院和福建农林科技大学充分发挥技术优势，遴选36名多学科高层次专家组成专家组，先后多次深入固原市为“四个一”工程提供规划咨询、项目设计、技术培训和技术服务，确保了该项目顺利推进。截至2018年底，已建设试验示范园（点）39个2.1万亩，引进149个树（草）种、303个品种，平均成活率达90%以上，已初步筛选出大果榛子、海棠、海狮、波斯菊等适宜固原本土栽植的林草产业品种。

（自治区扶贫办宣教处提供）

宁夏实施乡村振兴发展战略

2018年，宁夏以实施乡村振兴战略为总抓手，按照“产业兴旺、生态宜居、乡风文明、治理有效、生活富裕”总要求，加快“三农”改革发展步伐，农村经济社会保持平稳发展态势。

一、围绕产业兴旺，着力推进特色产业转型升级

优质粮食产业坚持稳定面积、调整结构、优化布局、提高单产，播种面积1104万亩，总产量达到393万吨，全区粮食生产实现“十五连丰”。加大新品种新技术示范推广。遴选推介主导品种167个、主推技术121项，主导品种和主推技术覆盖率达到90%以上，农业科技进步贡献率达到60%。推进农业物联网技术应用，建设节本增效农业物联网应用示范基地33个，建设国家稻渔综合示范区2个。加大富硒功能农业开发，建设富硒功能农业示范区2个，富硒农产品基地20个。加强农机农艺融合。新增国家级主要农作物生产全程机械化示范县2个，建设农机农艺融合示范园区30个，全区主要农作物耕种收综合机械化水平达到74.5%。大力实施特色产业品牌工程。新评选发布宁夏菜心、宁夏牛奶等区域公用品牌7个、知名农业企业品牌10个、产品品牌20个，各类特色农业品牌达到317个，“三品一标”农产品687个。中卫硒砂瓜、西吉马铃薯、灵武长枣产区被列为第二批中国特色农产品优势区，贺兰山东麓葡萄酒、中宁枸杞、盐池滩羊品牌价值分别达到271.44亿元、172.88亿元、68亿元。加大特色农产品宣传推介，拍摄制作宁夏大米、盐池滩羊等10集特色农产品专题片，在中央电视台等媒体播放，“五大之乡”品牌影响力不断增强。成功举办首届“中国农民丰收节”，组织开展活动70多场次，参与农民群众10多万人。大力实施龙头企业带动产业融合发展工程。落实农业招商引资项目252个，到位资金112.7亿元。新增国家级重点龙头企业2家，102家龙头企业完成技术改造升级，新培育农业产业化联合体52个，自治区现代农业产业园3个。推进龙头企业带动产业融合发展，建设水稻、蔬菜、硒砂瓜“五优”基地15万亩，龙头企业订单收购加工肉牛5万头、滩羊50万只。新建马铃薯贮藏窖等初加工设施335座，农产品加工业产值达到700.3亿元。积极培育新产业新业态，鼓励返乡下乡人员创业创新，新培育“中国美丽乡村”4个，休闲农业营业收入18.7亿元，同比增长19.1%。

二、围绕生态宜居，着力补齐农业农村短板弱项

组织编制《宁夏乡村振兴战略规划（2018—2022年）》，初步构建起党委领导、政府负责、党委农村工作部门统筹协调的工作领导机制，实施乡村振兴战略政策的“四梁八柱”基本形成。加强基础设施建设。建成信息进村入户村级服务站430个，覆盖率达到48%。配合交通、住建、水利等部门建设“四好”农村公路900多公里，改造农村危房3.2万户，有效解决251个村、47.8万人安全饮水问题。启动实施农村人居环境综合整治三年行动。因地制宜开展“百村示范、千村整治”工程，配合编制村庄规划1123个，农村改厕2.9万户，建设垃圾中转站及填埋场182座。扎实推进农作物秸秆焚烧监管和综合利用，水稻灭茬深翻还田125万亩，玉米秸秆捡拾打捆110万吨。新安装太阳能热水器11.3万台，累计完成71.3万户安装任务，“阳光沐浴工程”圆满收官，农村居民实现全覆盖。

三、围绕乡风文明，着力推进乡村精神文明建设

指导行政村修订完善村规民约，开展“最美庭院”“最美家庭”、文明村镇、文明家庭等创建活动。结合产业扶贫技术帮扶，在农业农村厅系统组织成立15个志愿者服务团，对金凤区、平罗县等7个县(区)开展新时代文明实践志愿服务。举办首届“中国农民丰收节”，组织开展活动70多场次，参与农民群众10多万人。

四、围绕治理有效，着力推进乡村治理体系建设

深化农村土地制度改革。新增承包地确权登记颁证面积5万亩，全区承包地确权登记颁证率达到96.8%。探索开展农业生产设施设备所有权、集体未利用荒地使用权等产权确权登记颁证试点，农村产权流转服务中心实现县域全覆盖。稳妥开展农村土地承包经营权抵押贷款试点，建立风险基金1.47亿元，成立土地股份合作社132个，入股土地面积13.1万亩。深化农村产权制度改革。在全国率先全面完成农村集体资产清产核资工作，利通区、沙坡头区国家级农村集体产权制度改革试点任务基本完成，石嘴山市、灵武市、隆德县国家级试点任务有序推进。全区成立村集体股份经济合作社404家、经济合作社185家，确定村集体经济组织成员65万人。积极培育新型农业经营主体。家庭农场、农民合作社分别达到3058家、6421家，土地适度规模经营比重达到27.4%。大力推行代耕代种、土地托管、粮食银行等社会化服务，农业社会化综合服务站达到120个，辐射带动面积240万亩。

五、围绕生活富裕，切实保障和改善民生

认真落实强农惠农富农政策。落实中央和自治区各类农业项目资金31.82亿元，其中贫困县区13.88亿元。协调安排产业扶贫资金41.1亿元，精准支持产业发展关键环节。大力实施“四个一”示范带动工程。打造扶贫示范村109个、扶贫龙头企业124家、扶贫合作社779家、致富带头人4642名，带动5.4万贫困户发展特色产业。积极开展农产品产销对接。全国贫困地区农产品产销对接会签订订单5.3亿元，固原冷凉蔬菜节签订订单8.3亿元。加大产业技术帮扶。选聘2015名产业发展指导员精准开展帮扶，140个脱贫销号村、50个深度贫困村实现技术服务组全覆盖，培训贫困群众8.3万人。活化各类资产资源。贫困村集体经济收入5万元以上的村达到509个，占总数的46.3%。建立健全闽宁农业协作机制，东西扶贫合作交流进一步深化。全年通过发展产业带动脱贫9.4万人，占年度脱贫人口的81.7%。贫困县区农村居民人均可支配收入增长11.3%，高出全区农村居民人均可支配收入增速2.3个百分点。

宁夏在实施乡村振兴战略中，将着力推进规划落实落地，发展壮大特色产业，着力推进乡村精神文明建设、农业绿色发展和乡村治理体系建设，打造和谐善治乡村。

（自治区政府综合处提供）

宁夏全面加强生态环境保护治理

2018年，宁夏出台《关于全面加强生态环境保护坚决打好污染防治攻坚战的实施意见》《打赢蓝天保卫战三年行动计划》，推动实施工业园区整合、沿黄生态经济带建设、银川都市圈发展等重大决策部署。自治区党政主要领导现场督察督办黄河流域宁夏段、沙湖、渝河、罗山、石嘴山工业园区、腾格里沙漠污染问题等重点区域污染治理，有力推动了生态环保事业发展。各市、县(区)压紧压实生态环境“党政同责、一岗双责”，全力推进重点污染治理项目，深入推动“东热西送”、重点流域治理、“散乱污”企业整治等任务落实。相关责任部门提高政治站位，积极履行整改责任，相关企业加大资金投入，狠抓整改任务落实。贺兰山整治修复、黑臭水体治理、农业面源污染治理、采矿区扬尘管控等工作取得了显著成效，全区上下形成了齐抓共改同治的工作格局。

一、中央环保督察整改有序推进

2018年，全区被确定为首轮中央环保督察“回头看”10个省区之一，自治区党委政府高度重视，对中央环境保护督察“回头看”发现的问题，立行立改，推动解决了一大批生态环境问题。自治区成立了党政主要负责人任“双组长”的整改工作领导小组，相关部门对中央环境保护督察“回头看”及水专项督察反馈意见逐一梳理研究，制定整改方案，先后4次向部门和市县征求意见建议，并通过自治区党委政府审议后报国务院备案。实行省级领导和法检两长全覆盖包抓机制，确保反馈问题事事有人管、件件有落实。全区上下持续推进第一轮中央环境保护督察整改。充分发挥媒体监督作用,采取巡查回访、公开曝光、通报约谈、行政处罚等综合措施,推动整改不到位、措施不精细、效果不明显等问题整改见实效。第一轮中央环境保护督察整改任务41项,基本完成整改31项,已有序推进10项。

二、蓝天保卫战首战告捷

2018年是落实打赢蓝天保卫战三年行动计划的开局之年。宁夏印发《清洁取暖实施方案》《2018—2020年煤炭消费总量控制工作方案》;银川市“东热西送”一期工程顺利供暖;西夏热电二期4#机组投运;全区新增集中供热面积1640万平方米;建成清洁煤配送中心33个;淘汰燃煤锅炉367台,实施燃煤锅炉煤改气、煤改电375台,城市建成区20蒸吨/小时以下燃煤锅炉全部淘汰。银川都市圈火电钢铁等行业全部执行大气污染物特别排放限值,提前两年完成30万千瓦以上燃煤火电机组超低排放改造,完成大气污染治理项目611个;深化扬尘污染治理,严格建筑施工工地、矿采区、道路扬尘治理与管控,全区淘汰老旧车2.65万辆;每月对各市县(市、区)环境空气质量进行排名。

三、新时代黄河保卫战全面打响

2018年,全区加快推进水污染防治项目建设,实施黄河干支流、重点入黄排水沟、“一河两湖”综合治理,全区36个城镇污水处理厂达到一级A排放标准,整合后的22个工业园区全部实现污水集中收集处理,13条重点入黄排水沟建成投运人工湿地工程,11条黑臭水体已消除黑臭,超额完成国家考核任务。封堵46个直排河流湖泊排污口、10个入黄干流工业企业直排口;首次开展沙湖底泥全覆盖监测,摸清沙湖水质污染区域分布,实施沙湖污水外迁、水体置换等13项治理工程;实施渝河综合治理工程,全面排查清水河沿线主要污染源,实施精准治理;葫芦河、渝河、茹河水质均达到了Ⅳ类以上,清水河水质稳定达到Ⅳ类,沙湖水质消除了劣Ⅴ类水体。开展集中式饮用水水源地环境保护专项行动,建立环境问题清单,组织对全区40个县级及以上城镇集中式饮用水水源地进行保护区划定,定期公示水源地整治进展情况。水源地整治工作被生态环境部通报表扬。

四、净土保卫战扎实推进

2018年,土壤环境监管迈出实质性步伐:划定土壤详查单元324个,布设点位3034个,采集重点行业企业用地信息579家,全面完成农用地土壤样品和农产品的采集、制备和分析测试工作。制定《宁夏污染地块环境管理暂行办法》,严格管控污染地块环境风险。建立并完善测土配方施肥数据库建设,严格控制化肥用量,基本实现化肥零增长。公布危险废物、涉重金属重点监管企业名单,74家涉危企业安装在线视频监控,严格组织实施危险废物经营许可证审核、危险废物跨省转移审批。

五、贺兰山环境整治得到国家肯定

2018年,全区强化自然生态环境监管,“绿水青山”理念落地生根。全区主动争取纳入第一批划定生态保护红线省区范围,完成生态环保红线划定并首批通过国家审核,及时向社会进行了发布,全区生态保护红线面积占国土总面积的24.76%,形成了“三屏一带五区”的生态安全格局。《宁夏生态保护红线管理条例》审议通过。“绿盾”自然保护区清理整治专项行动排查2616处自然保护区人类活动点位,保留和完成整治2580处,已整治36处;中央环境保护督察指出的贺兰山国家级自然保护区169处人类活动点全部完成生态综合整治,得到中央生态环境保护督察办公室充分肯定,认为宁夏在贺兰山国家级自然保护区生态环境综合整治工作中,态度坚决、政策到位、全力攻坚,取得了实实在在的效果。同时,六盘山国家级自然保护区10项整改任务全面完成,罗山国家级自然保护区38台风力发机组全部拆除。灵武市原再生资源循环经济示范园区积极整改。涉及侵占自然保护区的42家企业全部拆迁退出,退出面积2070亩,生态恢复2045亩。备受百姓诟病的药企恶

2018年11月2日,全区冬春季大气污染防治攻坚推进会在银川召开

臭扰民问题得到遏制。泰瑞制药停产搬迁，启元药业和伊品生物综合防治，采取了限产措施，有效遏制恶臭气体排放。

六、生态环境领域改革实现新突破

2018年，全区将发改、国土、农牧、水利等部门相关职责整合优化，组建了自治区生态环境厅。推进省以下环保机构监测监察执法垂直管理制度改革，强化生态环境执法和监测，形成职能集中、分工合理的执法监管体系。生态环境损害赔偿制度改革方案通过自治区党委全面深化改革委员会审议。全区探索建立流域上下游横向生态保护机制，实施财政资金投入与环境质量和污染物排放总量挂钩政策，落实投入保障和责任对接机制。组织开展石油化工、有色金属冶炼等6个行业排污许可证核发摸底调查工作，核发排污许可证131个。

七、环境保护执法“利剑”始终高悬

2018年，全区各级生态环境部门高悬环保执法“利剑”，严厉惩治环境违法行为，全年累计实施行政处罚1028起、其中按日连续处罚6起、罚款3103.2万元，查封扣押71起，移送拘留19起，涉嫌污染犯罪移送公安16起，累计处罚金额12059.6万元。全区排查“散乱污”企业1932个，完成清理整治1360家。全区全域推行大气污染热点网格监管模式，将全区划分为141个热点管理网格，并启

2018年6月21日，生态环境部 住房城乡建设部对宁夏城市黑臭水整治工作进行专项督查

动热点监控设备的安装，已完成安装589台。全区强化辐射环境安全监管，实现全区辐射环境质量安全可控。“平安—2018”辐射事故应急综合演习顺利通过生态环境部现场评估验收并给予高度评价；全区开展自治区第二次全国污染源普查工作，至2008年，已完成入户调查表填报任务，正在进行数据审核和质量核查。全区推进区控断面“采测分离”和自动站建设，在黄河干支流、重点湖泊水库、饮用水水源地、重点入黄排水沟共设置了116个考核断面，实现了县界断面交水、断面考核。

八、环保专项资金投入创新高

2018年，自治区财政下达环保专项资金27.13亿元，积极争取中央环境保护专项资金3.28亿元，总投资30.41亿元，较上年的8.32亿元增长了265%，组织实施污染治理项目1180个，比上年的996个增加了184个，增幅为18%，是宁夏生态环保专项资金投入、治理项目实施最多的一年；全区工业园规划环评执行率达到90.6%，将包银高铁环评审批纳入“绿色通道”，全力推进神华烯烃项目审查进程，及时组织审批了一批重点项目，有力助推了地方经济发展。全区累计审批建设项目环评1243个、辐射项目环评18个。宁夏贺兰山东麓山水林田湖草生态保护修复工程项目成功入选国家第三批山水林田湖草生态保护修复工程试点，获得中央财政连续两年总额20亿元资金补助。

（自治区生态环境厅宣教中心提供）

宁夏综览

NINGXIAZONGLAN

NINGXIA YEARBOOK

编辑◎霍丽娜

地理人文

【地理环境】宁夏回族自治区简称宁，位于祖国西北部的黄河中上游地区，地处北纬35°14′～39°23′，东经104°17′～107°39′。东邻陕西省，西部、北部接内蒙古自治区，南部与甘肃省相连，总面积为6.64万平方公里。从地理位置看，宁夏处于我国几何中心，在全国东、中、西三大带划分中，位于中部、西部过渡区域，是西北地区距离华北最近的省区，区位优势明显。地形南北狭长，南北相距456公里，东西相距约250公里。全境海拔1000米以上，地势南高北低，落差近1000米，呈阶梯状下降。黄河从宁夏中北部穿越12个县市，流程397公里。贺兰山是银川平原的天然屏障，主峰为敖包疙瘩，海拔3556米。宁夏平原是发展农业的理想绿洲，自古就享有“塞北江南”和“塞上明珠”的盛誉。在中国自然区划中，宁夏跨东部季风区域和西北干旱区域，西南靠近青藏高寒区域，大致处在中国三大自然区域的交会、过渡地带。在中国国土开发整治的地域划分上，宁夏位于中部重点开发区的西缘或西部待开发区的东缘，北部和中部系“三北”防护林建设工程的重点地段，南部属于黄土高原综合治理区和“三西”地区的范围。宁夏远离海洋，深居内陆，南端（固原地区南半部）属暖温带半干旱区，中部（固原地区的北部至盐池、同心一带）属中温带半干旱区，北部（银川平原）则为中温带干旱区，南北气候悬殊，是典型的大陆型气候。全年各地年平均气温为6.9℃～11.5℃，大部分地区较常年偏高0.5℃～1.6℃，其中永宁、吴忠、中宁、固原偏高1.5℃以上。宁夏降水量南多北少，且大都集中在夏季。

【自然资源】宁夏有丰富的土地、光热资源和便利的农业灌溉条件。截至2018年底，有耕地1955.14万亩，永久基本农田面积1400.23万亩，居全国第二位；引黄灌溉823万亩，是全国12个商品粮生产基地之一；有林地保有量2834万亩。年可利用黄河水40亿立方米，占分配总量的7%；已探明煤炭储量469亿吨，居全国第六位，其中宁东煤田探明储量393亿吨，被列为国家14个大型煤炭基地之一；有大中型火电20座，人均发电量居全国第一位；探明矿产资源50多种，人均自然资源潜值为全国平均值的163.6%，居全国第五位。宁夏地下水资源量30.5亿立方米。其中，银川平原、卫宁平原地下水资源量为24.9亿立方米，约占地下水资源总量的82%。全区地下水可开采资源量23亿立方米。其中，银川平原、卫宁平原地下水可开采资源量为20.2亿立方米，约占全区地下水可开采资源总量的88%。宁夏已查明矿产资源量位列全国前十位的有8种：煤第六位，镁第三位，冶金用石英岩第五位，冶金用砂岩第八位，水泥配料用板岩第二位，砖瓦用黏土第六位，建筑用辉绿岩第四位，石膏第七位。

【贺兰山和六盘山】宁夏著名的山脉有贺兰山和六盘山。贺兰山绵亘于宁夏的西北部，南北长200多公里，东西宽15～60公里。山地海拔多在1600～3000米，主峰达3556米。古人称之为“朔方之保障，沙漠之咽喉”。山势巍峨雄伟，既削弱了西北寒风的侵袭，又阻挡了腾格里沙漠流沙的东移，成为银川平原的天然屏障。山中有丰富的煤炭等矿产资源。山麓部分，1500米以下为荒漠草原带；1500米以上出现覆盖度较大、草本植物生长较高的山地草原及旱生灌木丛带；2000米以上，有以云杉、油松等为主要成分的森林。森林带以上，有一定面积的高山灌丛草甸带，是较好的夏季牧场。贺兰山的山脊是我国荒漠草原与荒漠、季风区和非季风区、外流区域和内流区域的分界线。山岭中间也有一些较低矮的山口，成为东西交通要道。其中三关口是银川通往内蒙古阿拉善盟的重要通道。六盘山，古称陇山，位于宁夏南部，耸立于黄土高原之上，是一条近似南北走向的狭长山脉。主峰位于泾源县和尚铺村以南的米缸山，海拔2942米，山势高峻，山路曲折险狭，须经六重盘道才能到达顶峰，六盘山因此而得名。山腰地带降雨较多，气候较为湿润，宜于林木生长，有较繁茂的天然次生阔叶林，使六盘山成为突起于黄土高原之上的一个“绿岛”，也是宁夏重要的林区之一。

【旅游资源】宁夏自古就有“塞北江南”的美誉。宁夏的“两山一河(贺兰山、六盘山、黄河)”“两沙一陵(沙湖、沙坡头、西夏王陵)”“两堡一城(将台堡、镇北堡、古长城)”，展现了深厚的文化底蕴和独特的自然风光。黄河、西夏、大漠等构成了宁夏别具一格的旅游资源。数百公里的秦长城、明长城遗迹横亘于塞上，被专家誉为“中国的长城博物馆”。风光旖旎的沙湖距银川市56公里，是全国35个王牌旅游景点之一。沙坡头的治沙成果蜚声中外，被联合国授予全球环保500佳。须弥山石窟初创于北魏，兴盛于北周，唐代至明朝均有开凿，是中国最重要的石窟艺术宝库之一。散布在贺兰山东麓40平方公里范围内的西夏陵，记述了西夏古国的神秘历史和兴衰沧桑。华夏西部影视城、贺兰山岩画、青铜峡鸟岛、水洞沟遗址等景点和古迹，在国内外具有很高的知名度。宁夏鸣翠湖国家湿地公园、阅海湿地公园、花马寺国家森林公园、森淼生态旅游区、青铜峡黄河生态园、长流水旅游区、红玛瑙枸杞观光园等一批休闲度假旅游景区为广大游客提供了假期休闲放松的场所。红色旅游文化资源也很丰富。1926年，中国共产党在宁夏建立了特别支部。1935年10月初，毛泽东等率领中央红军，翻越六盘山，经过西吉、海原、隆德、固原等地，到达陕北。在翻越六盘山时，毛泽东写下了著名的《清平乐·六盘山》。两百多位革命家、政治家、军事家、开国元勋、将帅先后在宁夏生活和战斗过。随着黄河金岸的建设，“天下黄河富宁夏”也有了新的内涵。黄河金岸是一项集防洪、交通、旅游、生态及土地开发等功能于一体的综合性工程，滨河大道形成了宁夏纵贯南北的一条交通大动脉。宁夏有着可进入性最强、安全系数最高、交通最为便利的沙漠景区。宁夏沙漠紧邻河流、湖泊、草原，旅游资源丰富多样。沙坡头、沙湖、黄沙古渡等景区都是利用奔腾的黄河和丰富的水资源，使沙水相依。宁夏还有类型多样的自然景观，兼收并蓄的多元文化特色，带给了宁夏丰富的观光旅游资源。宁夏博物馆、固原博物馆、宁夏科技馆、国务院直属五七干校博物馆、中国枸杞馆、西吉钱币馆等展现了宁夏不同的文化。贺兰山东麓演绎“东方波尔多”传奇，形成一条南起甘城子、北至石嘴山的百余公里葡萄长廊。

【农业资源和物产】黄河流经宁夏397公里，素有“天下黄河富宁夏”之誉。农业综合生产水平在西北地区名列前茅，属国家级“两高一优”农业示范区，是我国四大自流灌区和七大商品粮基地之一。有待开发的荒地1000万亩，有可利用的草地3400万亩。宁夏光照充足、昼夜温差大、环境洁净，有利于发展优质高效的枸杞、牛羊肉、奶业、马铃薯、瓜菜、优质粮食、淡水鱼、葡萄、红枣、优质牧草、农作物制种、苹果、道地中药材等特色种养业和农村清洁能源、农业循环经济。良好的农业生产条件，形成了具有区域竞争力的13个特色优势产业。特别是枸杞、酿酒葡萄、甘草、瓜果、马铃薯、牛羊等特色产业，在西部乃至全国都有影响。依托丰富的农副产品和动植物药用资源，粮食加工、绒毛皮加工、肉奶制品、葡萄酿酒等优势产业发展势头良好，枸杞、抗生素、羊胎素等医药保健系列产品发展迅速，“塞北雪”“圣雪绒”“夏进”“西夏王”等一批知名品牌快速成长。沿黄河两岸水产养殖条件优越，全区人均水产品占有量居西北地区首位。贺兰山东麓地区气候、土壤、地理等条件接近法国优质葡萄产区——波尔多地区，是世界优质葡萄栽培的极佳生态区之一。

【能源资源】宁夏煤炭储量位居全国第六，已探明储量461.8亿吨，远景储量2027亿吨，全球单套装置规模最大的400万吨煤炭间接液化项目于2016年建成投产并满负荷运行；电力装机总容量3642万千瓦，其中风电、光电规模突破1530万千瓦，新能源装机占电力装机比重达42%，居全国第三，开发潜力巨大。

【历史沿革】宁夏历史悠久。元朝灭西夏后，以平定西夏、稳定西夏、西夏“安宁”之意，取名“宁夏”，宁夏因此得名。宁夏是中华远古文明的发祥地之一。灵武市水洞沟旧石器时代文化遗址中发掘出来的石器、骨器和用火痕迹表明，远在距今3万年前后，宁夏境内就有了人类活动。中华人民共和国成立后，在宁夏境内陆续发现了较多的“细石器文化”“新石器文化”遗址。这些遗址表明，距今六七千年到三四千年前，宁夏南北的“居民”已由母系氏族社会进入父系氏族社会，开始从事畜牧业和农业生产，夏朝即与中原地区有了密切的联系。商、周时期，境内有称为胡（北狄）、羌（西戎），后又称为猃狁（熏育、獯鬻）的游牧部落活动。周宣王时，曾派兵征讨陇山（六盘山）一带的猃狁戎，并筑大原城，《诗经》中曰"城彼朔方"即指此战役。春秋战国时期，固原南部属秦，其余地区分别为义渠、乌氏、朐衍诸戎部族的聚居地。秦惠文王更元五年（前320年），秦王曾巡视朐衍戎地（今盐池县境内）并"观北河"（今银川平原黄河段）。秦昭王三十五年（前272年）灭义渠诸戎国，将三陇大片土地并入秦国，归北地郡管辖，宁夏全境纳入中原王朝版图。秦始皇统一六国后，派兵北逐匈奴，在宁夏屯垦，沿黄河置县，开创了移民开发引黄灌溉农业的历史，今宁夏之地被誉为"新秦中"。汉代，宁夏各县先后分属北地郡和安定郡，移民屯垦，经济相当繁荣。三国两晋南北朝时期，宁夏地区政权更替，民族大融合进一步发展。唐朝宁夏属关内道，在灵州（今利通区境内）设大都督府、朔方节度使。天宝十四年（755年）"安史之乱"爆发，太子李亨进入宁夏，在灵武郡（灵州一度改郡）登基继承帝位，即唐肃宗。当时，宁夏已成为中国东西交通贸易的重要通道之一。大庆三年，党项族首领李元昊，以宁夏为中心，建立地方割据政权，国号大夏（史称"西夏"）。定都兴庆府（今银川市），境土"东尽黄河，西界玉门，南接萧关，北抵大漠"，"方二万余里"，形成了和宋、辽（金）政权三足鼎立的局面。宋景炎年（1227）蒙古灭夏，于中统二年（1261年）在西夏故地设立西夏中兴等路省。至元二十五年（1288年）降为甘肃省宁夏府路，始有"宁夏"地名。明朝设宁夏卫所屯田。清朝设甘肃省宁夏府固原州。1929年设宁夏省，辖除固原地区及海原县以外的现有市、县及内蒙古的阿拉善旗、额济纳旗和磴口县。1949年9月23日，宁夏省解放，辖区范围与民国时相同。1954年，撤销宁夏省将原属宁夏省的阿拉善旗、额济纳旗和磴口县划归内蒙古自治区。1958年10月25日，宁夏回族自治区成立，辖原属甘肃省的银川专区、吴忠回族自治州、西海固回族自治州及泾源县、隆德县。1969年，内蒙古自治区巴彦淖尔盟所属的阿拉善左旗和阿拉善右旗的5个公社并入宁夏。1979年，这些地区又划回内蒙古自治区。

【行政区划】宁夏是中国五个少数民族自治区之一，是全国最大的回族聚居区。截至2018年末，自治区下辖银川、石嘴山、吴忠、固原、中卫5个地级市，灵武、青铜峡2个县级市，永宁、贺兰、平罗、盐池、同心、西吉、隆德、泾源、彭阳、中宁、海原11个县，兴庆、西夏、金凤、大武口、惠农、利通、红寺堡、原州、沙坡头9个市辖区，193个乡镇（103个镇、90个乡），47个街道办事处。按照自然地理和经济条件，宁夏可分为两大板块。沿黄经济区包括银川、石嘴山、吴忠、中卫4个地级市及所辖永宁、贺兰、平罗、灵武、青铜峡、中宁等10个市县。该地区处于河套平原，资源丰富，且综合条件较好，经济发展水平较高，以43%的国土面积集中了全区57%的人口，经济总量和财政收入均占全区的90%以上，是宁夏的精华地带和经济发展的龙头，自唐代便有"塞北江南"之美誉，也是国家主体功能区规划建设的18个重点开发区之一。中南部地区包括红寺堡区、原州区、盐池县、同心县、西吉县、隆德县、泾源县、彭阳县、海原县等9个国家扶贫开发重点县（区）以及沙坡头区、中宁县的山区，处于中国半干旱黄土高原向干旱风沙区过渡的农牧交错地带。

【人口状况】截至2018年末，全区常住人口688.11万人，占全国内地总人口13.95亿人的4.93‰，比上年末增加6.32万人，增长0.93%。其中，城镇常住人口405.16万人，占常住人口比重（常住人口城镇化率）为58.88%，比上年末提高0.9个百分点；乡村常住人口282.95万人，占常住人口比重41.12%。全区回族人口251.49万人，占全区常住人口的36.55%。按照性别划分，全区男性人口346.95万人，占常住人口的50.42%，女性人口341.16万人，占常住人口的49.58%。按照年龄结构划分，0~15周岁（含不满16周岁）人口152万人，占常住人口的22.09%；16~59周岁（含不满60周岁）人口441.56万人，占常住人口的64.17%；60周岁及以上人口94.55万人，占常住人口的13.74%，其中65周岁及以上人口62.69万人，占常住人口的9.11%。全年全区出生人口9.12万人，出生率为13.32‰；死亡人口3.79万人，死亡率为5.54‰；自然增长率为7.78‰。全区人口发展特点：一是人口总量保持平稳增长，增速回落。进入新世纪以来，全区总人口增长速度呈回落趋势。"十五"期间年均增长1.47%，"十一五"期间年均增长1.2%，"十二五"期间年均增长1.08%，"十三五"的前三年年均增长1%。总人口增速下降，使得分母的效用减弱，公约数由小变大，带来的直接影响是劳动生产率提高和人均财富的增加。二是人口出生率微降，相对平稳。2018年，全区人口出生率为13.32‰，比上年下降0.12个千分点。主要受两方面因素影响：一方面生育新政已落地三年，"全面两孩"政策在2016年、2017年集中释放，2018年政策集中释放效应弱化，二孩生育趋于平稳；另一方面育龄妇女（15~49岁）和生育旺盛期育龄妇女(20~29岁)人数减少，加之实施计划生育政策以来形成的生育观念还未从根本上转变，致使宁夏生育仍处在相对较低模式。三是劳动年龄人口下降，老龄化程度加深。2018年末，全区常住人口中，0~15岁人口为152万人，占总人口的22.09%；16~59岁人口为441.56万人，占64.17%；60岁及以上人口为94.55万人，占总人口的13.74%。与上年末相比，0~15岁人口增加3.98万人，比重上升0.38个百分点；16~59岁人口减少2.62万人，比重下降0.98个百分点；60岁及以上人口增加4.96万人，比重上升0.6个百分点。自2017年起，宁夏劳动年龄人口的数量和比重连续两年出现双降，同时，老年人口数量和比重的上升加重了劳动年龄人口负担，给经济发展和社会保障带来挑战。四是山区人口比重上升，增速快。2018年末，山区常住人口为214.17万人，占全区常住人口的比重为31.12%，比2017年末增加2.56万人，增长1.21%，比重上升0.08个百分点；川区常住人口为473.94万人，占68.88%，比2017年末增加3.75万人，增长0.8%，比重下降0.08个百分点。山区人口自然增长率较高，生态移民、劳务移民人数逐渐减少，山区人口增速快。五是城镇人口逐年增加，城镇化率稳步提高。2018年末，全区居住在城镇的人口为405.16万人，城镇化率为58.88%，居住在乡村的人口为282.95万人，占全区常住人口的41.12%，与2017年末相比，城镇人口增加9.83万人，乡村人口减少3.51万人，城镇化率提高0.9个百分点。随着区域协调发展战略的扎实推进，农业转移人口市民化步伐加快，进城落户人口增加，使更多的农村人口转变为城镇居民，享受到城镇基本公共服务和社会保障，真正实现由“乡”到“城”的转变。

【发展环境】宁夏自然条件得天独厚，北部引黄灌区物产丰富，是有名的“塞上江南”；南部六盘山区气候宜人，是绝佳的避暑胜地。首府银川市是陕甘宁蒙毗邻地区500公里范围内的现代化区域中心城市，基础设施和居住生活条件好于周边地区。自治区党委、政府致力于建设在西部最优、比东部更优的“两优”发展环境，努力使宁夏成为投资发展高地、企业发展福地、干事创业基地。宁夏地处新亚欧大陆桥国内段的中枢位置，是我国华北地区、东北地区通往中东、中亚最便捷的陆空通道，具有承东启西、连南接北的区位优势。

（王会宁）

经济建设

【经济运行状况】2018年，全区实现生产总值3705.18亿元，按可比价格计算，比上年增长7%。其中，第一产业增加值279.85亿元，增长4%；第二产业增加值1650.26亿元，增长6.8%；第三产业增加值1775.07亿元，增长7.7%。第一产业增加值占地区生产总值的比重为7.6%，第二产业增加值比重为44.5%，第三产业增加值比重为47.9%，比上年提高1.1个百分点。按常住人口计算，全区人均生产总值54094元，增长6%。全年全区居民消费价格比上年上涨2.3%；工业生产者出厂价格上涨7.3%；工业生产者购进价格上涨6.5%；固定资产投资价格上涨3.5%；农产品生产者价格上涨5%。全年全区居民消费价格比上年上涨2.3%；工业生产者出厂价格上涨7.3%；工业生产者购进价格上涨6.5%；固定资产投资价格上涨3.5%；农产品生产者价格上涨5%。

【财政税收】2018年，全区一般公共预算总收入751.41亿元，同口径增长6%。其中，地方一般公共预算收入444.43亿元，同口径增长8.2%。在地方一般公共预算收入中，税收收入298.29亿元，同口径增长10.4%，占地方一般公共预算收入的比重由上年的64.7%提高到67.1%。2018年，全区税务系统共组织各项收入931.7亿元，同比增长8%，增收68.8亿元；其中税收收入603亿元(不含海关代征)，同比增长7.1%；税收收入中中央级302.8亿元，同比增长4.1%；地方级300.2亿元，同比增长10.3%；社保费收入288.4亿元，同比增长10.3%；其他收入45.2亿元，同比增长14.7%。

【经济结构调整】2018年，全区规模以上工业企业每百元主营业务收入中的成本为83.43元，比全国低0.45元；每百元主营业务收入中的费用为10.04元，比上年下降0.12元。大力破除无效供给，全年淘汰化解落后过剩产能318万吨。年末规模以上工业企业资产负债率为66.4%，比上年末下降2.4个百分点。商品房库存继续下降，年末全区商品房待售面积939.15万平方米，比上年末减少97.53万平方米，下降9.4%。其中，住宅待售面积384.65万平方米，比上年末减少97.6万平方米，下降20.2%。扎实推进“三去一降一补”重点任务，短板领域投资较快增长。全年全区生态保护和环境治理业投资增长79.3%。经济结构继续优化。全年全区第三产业增加值占地区生产总值的比重为47.9%，比上年提高1.1个百分点，高于第二产业3.4个百分点，对经济增长的贡献率为49.6%。农业优势特色产业比重由上年的86%提高到86.7%。固定资产投资结构逐步优化，投资运行质量有所提高。全年全区全社会固定资产投资结构由上年的4.8∶31.3∶63.9调整为4.1∶35.5∶60.4。其中，工业投资比重上升4.2个百分点。在工业投资中，工业技改投资增长15.6%；石油、煤炭及其他燃料加工业，计算机、通信和其他电子设备制造业，仪器仪表制造业，纺织业等高技术制造业投资分别增长3.4倍、1.5倍、34.8%和13.4%。全区90个重点项目投资占全社会固定资产投资的比重达40%。

【经济新业态】2018年，全区煤化工行业增加值比上年增长32.2%，对规模以上工业增加值增长的贡献率达到28.3%，专用设备制造业增长22.5%，仪器仪表制造业增长13.1%。全年水电、风电、太阳能等可再生能源发电量294亿千瓦时，增长23.1%；煤制柴油产量增长87.3%，变压器增长52.9%，电工仪器仪表增长46.6%，数控金属切削机床增长18.2%。全年全区工业技术改造投资增长15.6%。全年全区网上零售额按卖家所在地分，实现零售额85.4亿元，比上年增长40.5%，其中，实物商品零售额38.4亿元，增长47.7%；按买家所在地分，实现零售额322亿元，增长27.3%。

【国内贸易】2018年，全区社会消费品零售总额比上年增长4.8%。按经营地统计，城镇消费品零售额增长4.4%，乡村消费品零售额增长8.4%。按消费类型统计，商品零售额增长3.8%，餐饮收入额增长9.4%。在限额以上企业商品零售额中，粮油、食品类零售额比上年增长2.4%，饮料类下降2.7%，烟酒类增长15.5%，服装、鞋帽、针纺织品类下降5%，化妆品类增长2.3%，金银珠宝类下降4%，日用品类下降4.5%，家用电器和音像器材类增长9.8%，中西药品类增长6.4%，文化办公用品类下降15.7%，通信器材类下降10.6%，石油及制品类增长15.9%，汽车类下降13.2%。

【对外贸易】据银川海关统计，2018年，全区货物进出口总额249.16亿元，比上年下降27%。其中，出口180.48亿元，下降27.2%；进口68.68亿元，下降26.8%。货物进出口差额（出口减进口）111.8亿元。在重点出口产品中，铁合金出口增长88.1%，双氰胺增长46.1%，钽铌铍制品增长32.3%，山羊绒增长27%，饲料添加剂增长25.5%，碳化硅增长25.1%，新的充气橡胶轮胎增长24.5%。对"一带一路"沿线国家进出口总额73.39亿元，下降11.4%。其中，出口65.1亿元，下降2.2%；进口8.28亿元，下降49.1%。全年全区实际使用外商直接投资2.14亿美元，比上年下降31.1%。全区新批准外商直接投资项目32个，合同外资金额1.59亿美元，下降93.7%。其中，信息传输、软件和信息技术服务业签订利用外商直接投资合同额0.5亿美元，增长7.3%。2018年，受外需持续低迷、部分企业停限产、资金周转困难、生产经营成本上升等多重因素影响，全区对外贸易延续回落态势。主要特点：一是出口商品结构持续优化，特色农产品出口增势良好。农产品进出口12.1亿元，增长7.4%。纺织服装、机电和高新技术产品分别进出口11.6亿元、46亿元和25.2亿元，下降40.6%、31.6%和11%。二是全区重点企业出口有升有降，部分企业降幅收窄。全区30家重点企业实现出口额72亿元，下降24.1%，其中，12家实现增长，17家不同程度下降，1家上年同期无出口。三是经营主体趋于优化，民营企业继续保持出口第一大经营主体地位。民营企业实现进出口额176.3亿元，占全区进出口总值的71%。外资企业出口23.8亿元，占出口总值的13%；进口22.7亿元，占进口总值的33%。国有企业出口18.7亿元，占出口总值的10%；进口6.4亿元，占进口总值的9%。四是国际市场布局更加多元，对"一带一路"沿线国家出口快速增长。对"一带一路"国家出口占比达36.1%。对印度、马来西亚、阿拉伯联合酋长国分别出口12.4亿元、8.8亿元、6.5亿元，增长5.5%、60.3%和95.9%。传统市场中，对日本出口15.4亿元，增长18.1%；香港对美国、欧盟出口29.8亿元、28.7亿元和11.4亿元，分别下降34.2%、20.1%和59.9%。五是贸易方式进一步优化，加工贸易占比提升。一般贸易实现进出口214亿元，下降26.9%。加工贸易进出口30.6亿元，下降33.2%，占比提升至12.3%。全年非金融类对外直接投资额为5亿美元，在全国排第26位，超过山西、西藏、贵州、吉林、青海等省区；对外承包工程完成营业额3706万美元、同比增长194%，新签合同额4076万美元、同比增长249%；对外承包工程和劳务合作业务派出各类劳务人员899人，同比增长28%。全区对外投资扩展到全球30个国家和地区。

【招商引资】2018年，全区实施招商引资合同项目1024个，到位资金1336亿元。总投资10亿元以上的项目到位资金占比达到43.3%，招大引强成效显著；一、二、三产实施项目到位资金占比分别为6.3%、60.3%和33.4%，资本投向更趋合理。

【固定资产投资】2018年，全区全社会固定资产投资比上年下降18.2%。其中，固定资产投资（不含农户）下降18.9%。在固定资产投资（不含农户）中，第一产业投资比上年下降35.6%；第二产业投资下降7.3%；第三产业投资下降23.7%。工业投资下降7.3%，占固定资产投资(不含农户)的比重为37.1%。基础设施投资下降23.5%，占固定资产投资(不含农户)的比重为23.7%。民间固定资产投资下降18.5%，占固定资产投资(不含农户)的比重为55.4%。全年全区房地产开发投资449.57亿元，比上年下降31.1%。其中，住宅投资300.41亿元，下降22.5%；办公楼投资12.86亿元，下降65.3%；商业营业用房投资90.37亿元，下降40.7%。

【居民收支消费】2018年，全区全体居民人均可支配收入22400元，比上年增长8.9%。按常住地分，城镇居民人均可支配收入31895元，增长8.2%；农村居民人均可支配收入11708元，增长9%。全年全区居民人均消费支出16715元，比上年增长8.9%。按常住地分，城镇居民人均消费支出21977元，增长8.7%；农村居民人均消费支出10790元，增长8.1%。全区社会消费品零售总额比上年增长4.8%。乡村消费增速高于城镇，乡村消费品零售额增长8.4%，增速快于城镇4个百分点。在限额以上商品零售中，石油及制品类同比增长15.9%、家用电器和音像器材类增长9.8%。居民消费升级提质。在全年全区居民人均消费支出中，服务性消费占比为33.1%，比上年提高1.5个百分点。

【农业经济】2018年，全区粮食种植面积1103.51万亩，比上年增加19.74万亩。其中，小麦种植面积192.89万亩，增加8.19万亩；水稻种植面积117.02万亩，减少4.61万亩；玉米种植面积466.19万亩，增加6.69万亩；薯类种植面积164.89万亩，减少13.11万亩。油料种植面积50.59万亩，增加0.69万亩。蔬菜种植面积182.66万亩，增长4.81万亩。瓜果种植面积93.38万亩，增加4.72万亩。园林水果种植面积138.54万亩，增加19.15万亩。全年全区粮食总产量392.58万吨，比上年增产22.53万吨，增长6.1%，粮食总产创历史新高，实现连续十五年丰收。全年全区小麦产量41.58万吨，增长9.9%；水稻产量66.55万吨，下降3.3%；玉米产量234.62万吨，增长9.2%；马铃薯产量(折粮)36.38万吨，增长3.4%。特色农产品产量增势良好，全年全区蔬菜产量550.81万吨，比上年增长2%；红枣产量5.74万吨，增长2%；枸杞产量9.77万吨，增长6.3%；葡萄产量19.91万吨，增长44.9%；油料产量7.29万吨，增长5%。全年全区肉类总产量34.14万吨，比上年增长2%。其中，猪肉产量8.84万吨，下降0.8%；牛肉产量11.52万吨，增长5.5%；羊肉产量9.9万吨，下降0.01%；禽肉产量3.57万吨，增长4.3%。禽蛋产量14.38万吨，下降5.9%。牛奶产量168.29万吨，增长5.1%。水产品产量17.69万吨，下降2.2%。年末全区生猪存栏73.75万头，下降9%；生猪出栏112.45万头，下降1.1%；肉牛存栏84.49万头，增长9%；牛出栏74.8万头，增长5.4%；羊存栏534.28万只，增长5.5%；羊出栏558.83万只，下降0.2%；奶牛存栏40.15万头，下降1.6%；活家禽存栏1143.13万只，下降0.7%；活家禽出栏1848.65万只，增长2.9%。

【工业经济】2018年，全区规模以上工业增加值同比增长8.3%。分轻重工业看，重工业增加值同比增长11.4%，轻工业下降12%。分三大门类看，采矿业增加值同比增长7.1%，制造业增长5.6%，电力、热力、燃气及水生产和供应业增长15.7%。分经济类型看，国有控股企业增加值同比增长11.1%；股份制企业增长7.3%，外商及港澳台商投资企业增长3.8%；非公有工业增长5.5%。分产业看，全区10大工业产业“六增四降”，其中，电力行业增加值同比增长17.2%、化工行业增长18.1%、冶金行业增长19.6%、机械行业增长2.7%、有色行业增长1.5%、其他行业增长1.1%；煤炭行业下降0.6%、轻纺行业下降8.7%、建材行业下降15.8%、医药行业下降38.5%。分行业看，全区主导行业增加值保持增长。其中，电力、热力生产和供应业同比增长17%，石油、煤炭及其他燃料加工业增长23.9%，化学原料和化学制品制造业增长13.6%，黑色金属冶炼及压延加工业6.9%，有色金属冶炼及压延加工业1.5%，专用设备制造业增长22.5%，仪器仪表制造业增长13.1%。分产品看，在监测的40种主要工业产品中，活性炭产量增长79.7%、变压器增长52.9%、电工仪器仪表增长46.6%、乳制品增长22.4%、初级形态塑料增长22%、钢材增长19.5%、单晶硅增长18.8%、金属切削机床增长16.4%、铁合金增长16.2%、原铝增长11.1%、电石增长2.1%。工业产品销售率为97.6%。年末全区发电装机容量4714.8万千瓦，比上年末增长12.6%。全区规模以上工业企业实现利润总额174.2亿元，同比增长16%(按可比口径计算)。年内规模以上工业企业中，国有控股企业实现利润总额63.2亿元，同比增长2.2倍；股份制企业实现利润总额111.7亿元，增长11.2%；外商及港澳台商投资企业实现利润总额56.2亿元，增长23.3%；私营企业实现利润总额20.7亿元，下降56.5%。在37个工业大类行业中，14个行业利润总额同比增加，23个行业减少。规模以上工业企业实现主营业务收入4305.6亿元，同比增长10.5%；发生主营业务成本3592.1亿元，增长10.9%；主营业务收入利润率为4.05%，同比提高0.19个百分点。12月末，规模以上工业企业资产总计9657亿元，同比增长2.1%；负债合计6410.8亿元，下降1.5%；所有者权益合计3246.2亿元，增长9.8%；资产负债率为66.4%，同比降低2.4个百分点。

【建筑业】2018年，全区完成建筑业产值1500亿元。全区具有资质的总承包和专业承包建筑业企业775家，全年完成建筑业总产值565.04亿元，比上年增长2.9%。建筑业企业房屋建筑施工面积2334.49万平方米，下降9.1%；房屋竣工面积801.53万平方米，增长1.2%；竣工产值322.27亿元，下降4.8%。按建筑业总产值计算的劳动生产率26.73万元/人，比上年增长10%。加快建筑业转型发展。出台促进建筑业持续健康发展实施意见，配套制定推行工程总承包、全过程咨询服务、培育龙头骨干企业等政策，坚持市场决定价格机制，加快建筑业转型发展。出台《宁夏绿色建筑发展条例》，发布《宁夏绿色建筑设计标准》，全年共新开工绿色建筑面积358万平方米，审定星级绿色建筑示范项目4个，建筑面积55.22万平方米。印发《关于进一步规范宁夏绿色建筑评价标识工作的通知》和《宁夏绿色建筑评价机构能力指引》等文件，发布两批共16家绿色建材目录。制定《宁夏装配式建筑产业基地管理办法》，督促银川市、吴忠市、石嘴山市制定发展装配式建筑实施方案，培育自治区级产业化基地2家，新建装配式建筑面积20万平方米。向住建部推荐科技计划项目1个，立项自治区级科技计划项目7个，组织新技术新产品鉴定2项，推广认证15项，自治区级工法关键技术鉴定41项。加强工程质量监管。严格落实项目参建各方主体责任和属地部门监管责任，将质量控制关键岗位人员全部纳入监管平台，参照驾驶证管理方式实行“记分”管理。印发《标准化示范工地创建实施办法》，定期组织观摩会，全年开展7次综合检查，共检查项目工程165项，下发隐患整改通知书38份、停工整改通知书51份、执法建议书25份。组织开展“西夏杯”等创建评比，开展职业技能大赛，深化校企合作、产教结合、订单培养等技能培训方式，完成各类人员培训3万人次、中级工1万人次。推进监理报告制度、安全生产标准化考评和监管信息化三项全国试点，强化施工现场重大危险源辨识分级管控，构建“上下联动、两场联动、远程联动”安全监督机制。规范建筑市场秩序。建立工程建设领域突出问题专项整治“回头看”台账，严格执行春季复工“五个一律”要求，彻底清理突出问题，引导建筑企业切实履行社会责任。进一步加强建筑业诚信体系建设，信用平台与自治区发改委“信用宁夏”平台完成对接。

【金融业】截至2018年末，全区全部金融机构本外币各项存款余额6046.14亿元，比年初增加178.92亿元。其中，人民币各项存款余额6028.4亿元，增加179.96亿元。全部金融机构本外币各项贷款余额7038.52亿元，比年初增加577.14亿元。其中，人民币各项贷款余额6807.52亿元，增加475亿元。年末全区上市公司13家，总股本103亿股，总市值466.2亿元，比上年下降49.1%。其中，流通市值320.13亿元，下降44.1%。全年证券交易额6125.62亿元，增长3.1%。全年全区在全国中小企业股份转让系统挂牌公司58家，较年初下降12.1%。年末全区省级营业性保险分公司22家，全年实现保费收入182.83亿元，比上年增长10.7%。其中，财产险收入63.9亿元，增长14%；寿险收入83.1亿元，增长2.3%；健康险收入30.61亿元，增长30.1%；意外伤害险收入5.23亿元，增长18.9%。支付各类赔款和给付60.49亿元，增长22.1%。其中，财产险赔款32.29亿元，增长19.7%；寿险业务给付17.99亿元，增长18.6%；健康险给付8.67亿元，增长40.2%；意外伤害险赔款1.54亿元，增长24%。

【邮电物流业】2018年，全区完成邮政业务总量17.79亿元，比上年增长16.2%。完成邮政函件业务297.42万件，包裹业务10.53万件，快递业务量6771.33万件，快递业务收入8.13亿元。全年全区完成电信业务总量462.63亿元，增长1.3倍。年末全区电话用户总数936.4万户，其中移动电话用户881.03万户。互联网宽带接入用户217万户，比上年增加57.8万户。移动互联网用户710.2万户，比上年增加27.7万户；移动互联网接入流量52413.6万G，增长1.5倍。全区完成社会物流总额6287.99亿元、同比增长13%，其中农产品、工业品、批发业、进口货物、单位与居民物品物流总额分别为477.42亿元、4180.2亿元、1544.9亿元、68.67亿元、16.8亿元，同比分别增长11.2%、15%、11.2%、-26.8%、3.1%。完成货运量40133.88万吨、同比增长2.1%，其中铁路、道路、航空、管道货运量同比分别增长9.6%、-0.3%、33.7%、10.5%。完成货运周转量690.94亿吨公里、同比下降14.6%，其中铁路、道路、航空、管道货运周转量同比分别增长-9.4%、-20.2%、15.1%、12.8%。全区社会物流总费用648亿元，同比下降0.5%，占全区GDP的比重为

17.49%，较上年同期下降1.3个百分点。其中运输费用509亿元，同比下降1%；保管费用97.5亿元，同比增长1.6%；管理费用41.5亿元，同比增长1.2%。

【交通运输业】2018年，全年全区货物运输总量4.01亿吨，比上年增长2.2%。货物运输周转量692.76亿吨公里，下降14.6%。银川河东国际机场全年旅客吞吐量近900万人次，增长12.7%；货邮吞吐量突破5万吨，增长20.24%。全年全区旅客运输总量0.65亿人，下降15%；旅客运输周转量151.43亿人公里，下降3.5%。年末全区民用汽车保有量145.68万辆，比上年末增长10.2%。其中，私人汽车保有量132.52万辆，增长10.5%。民用轿车保有量70.29万辆，增长10.3%，其中，私人轿车67.16万辆，增长10.4%。

【旅游业】2018年，全区接待国内外游客人数达3344.72万人次，同比增长7.78%，实现旅游总收入295.68亿元，同比增长6.47%，其中接待国内游客3335.88万人次，同比增长8.36%，实现国内旅游收入291.9亿元，同比增长6.06%；接待入境游客8.84万人，同比增长35.41%，实现入境旅游收入3.78亿元，同比增长44.82%。持续完善旅游导向标识系统。引导24个国家A级旅游景区建成面向游客免费服务的WiFi系统，全域旅游落地欢迎短信实现移动、联通、电信通信运营商网络全覆盖。旅游服务系列工作3次被中央电视台《晚间新闻联播》《朝闻天下》报道播出。修订《旅游厕所补助资金管理办法(试行)》，建成193座旅游厕所。完成旅游厕所A级标示牌更换，实现全区旅游厕所评定等级、标准和标识“三统一”。宁夏旅游厕所革命工作走在全国前列，3次作为全国典型被文化和旅游部指定作相关大会发言，并被《中国旅游报》专题报道。修改完善《宁夏全域旅游发展总体规划(2017—2035年)》及四个子规划。指导各市、县(区)按照全域旅游创建基本标准、实施方案和验收细则，制订全域旅游创建行动计划、精品景区提升规划，全域旅游顶层设计进一步完善。银川市、大武口区、红寺堡区为2018年度自治区创建全域旅游示范区重点推进单位，安排地方政府债券资金2亿元全力支持创建工作。建立“十三五”重点旅游项目库，天山海世界·黄河明珠、中卫丝路沙坡头南岸半岛、丝路明珠塔、“丝绸之路”国际旅游博览园等项目加快推进，宁夏东部环线旅游集散中心，吴忠绿博园、青铜峡凤凰岛低空营地、固原市旅游环线综合配套服务设施项目、黄河金岸低空旅游及旅游集散中心等建成运营。银川三沙源国际生态文化旅游及休闲度假园项目、西夏区贺兰山东麓葡萄文化旅游产业示范基地建设项目、银川长城神秘西夏文创园项目入选自治区2018年重点建设项目名单。全力实施旅游精品创建工程，启动《宁夏精品景区提升规划》编制，全力做好六盘山长征景区、青铜峡黄河大峡谷旅游区国家AAAAA级旅游景区创建提升工作，大武口奇石山景区和盐池哈巴湖生态旅游区成功创建国家AAAA级旅游景区，积极开展中国枸杞馆、西夏风情园、中卫寺口子、北武当生态旅游区等AAAA级旅游景区创建工作，贺兰山东麓、黄河金岸、东部环线和六盘山旅游风景廊道建设扎实推进，盐州古城历史文化旅游区、灵州古城历史文化旅游区等开放型新景区建设初见成效，天山海世界、黄河明珠、沙坡头盛典等精品旅游项目开放运营。持续推动十大特色产业示范村建设，召开全区乡村旅游工作推进会，全面推介泾源县二十公里旅游风景道、隆德县老巷子民俗文化村、西吉县龙王坝村等乡村旅游发展经验。联合14个部门印发《关于促进乡村旅游提质升级行动方案(2018年)》。支持举办乡村旅游节庆活动，着力打造原生态乡村休闲旅游品牌，六盘山山花节、庙庙湖桃花旅游节等一系列节事活动。评定五星级农家乐9家、四星级农家乐18家。六盘山长征景区、同心红军西征纪念馆、盐池县革命烈士纪念馆等红色景区基础设施加快完善，将台堡会师纪念园、盐池革命历史纪念园展览提升工程有序推进，选派4名优秀讲解员参加全国红色故事讲解员大赛，1人晋级全国20强。推出多种旅游产品和精品旅游线路，出现红色游、乡村游、温泉游、生态游、研学游、养生游、自驾游等新业态。在全区持续推广199元省级旅游惠民卡等系列旅游惠民措施。全面落实景区门票降价措施。在中央电视台、《中国旅游报》《宁夏日报》、宁夏电视台等主流媒体通过刊发专版、播放形象片、新闻报道、访谈直播等形式全方位宣传宁夏文化旅游。共接待旅游专列179趟，旅游包机26架。举办“神奇宁夏”全国征文大赛，丰富宁夏文化旅游品牌内涵。创新“形象宣传+渠道整合+内容整合”营销模式，首次在新加坡和印尼设立宁夏旅游形象店和营销中心，组团赴印度尼西亚、马来西亚、新加坡和中国台湾地区开展“美丽中国·神奇宁夏”深度精准宣传推广，多维度构建了重点客源市场宁夏旅游产品销售网络，宁夏入境游整合营销项目获得“中国旅游目的地最佳海外营销奖”。举办“华夏文明·薪火相传”台湾高校师生宁夏游学活动。借助文化和旅游部平台组织开展境外旅游宣传。充分利用宁夏境外旅游营销中心、旅游同业媒体、参加旅展活动进行宣传，组织东南亚旅游包机团队、华运号“新东方快车”旅游专列等到宁夏旅游。

【消费品市场】2018年，全区实现社会消费品零售总额同比增长4.8%，低于全国平均水平4.2个百分点，近十年来增速首次跌破7%。主要特点：一是批发零售实现平稳增长，住宿餐饮增速下降。商务厅监测的重点流通企业实现销售额897亿，同比增长5.7%，其中批发企业销售额增长7.8%，零售企业销售额增长3.4%，住宿企业营业收入下降0.2%，餐饮企业营业收入下降1.4%。二是石油及制品类商品销售增长，而汽车类商品销售降幅扩大。商务厅监测的重点流通企业石油及制品类商品销售166.2亿元，增长7.2%。汽车类商品销售则大幅下降，降幅为13.8%。商务厅监测的零售企业数据显示，反映消费升级及品质类消费的计算机及配套商品、健身器材、建筑及装潢材料、中西药品、家用电器及音像器材销售分别增长36.9%、15%、12.2%、8.6%、6%。居民消费从温饱型向品质型转变的特征更加明显，消费更加个性化、多样化。

【市场监管】2018年，自治区市场监督管理工作深入推进“放管服”改革，强化机制创新，推进综合执法，持续优化市场准入环境、市场竞争环境和市场消费环境。推进“多证合一、一照一码”改革。推进企业登记全程电子化。推进“证照分离”改革，按照直接取消审批、审批改为备案、实行告知承诺、优化准入服务分类管理，推动“照后减证”。全面推行工业产品生产许可证“一企一证”改革，将办证时限由法定的60个工作日压缩为3个工作日。出台《宁夏医疗机构应用传统工艺配制中药制剂备案管理实施细则》等监管制度，药品类政务服务事项100%不见面办理。推动“互联网＋受理窗口＋委托代理机构”多渠道申请模式。制订《宣传贯彻新〈反不正当竞争法〉工作实施方案》，深入开展以民营医院、老年保健品、直销企业经销商等社会关注行业反不正当竞争执法重点行动，查处案件40起，收缴罚没款37万元。出台《宁夏预包装食品生产日期等标签项目内容标注管理规定》。开展“放心肉菜示范超市”创建，推进食品快速检测市县乡全覆盖。加强从生产到流通的全链条质量监管。报请印发《自治区党委 人民政府关于加快推进质量强区建设的实施意见》，制定订2018质量提升年行动方案以及“双零”“双百”行动工作方案，联合各地区各部门共同参与各项活动。实现了原工商、质监、食品药监工作领域的联合抽查与监管。参与制定修订国家标准8项，建设国家级标准化试点项目2个，自治区级项目15个。

（王会宁）

政治建设

【政风建设】2018年，自治区政府认真贯彻《中国共产党党组工作条例》和自治区党委的安排部署，以全面从严为根本，切实加强自身建设，管党治党重大政治责任得到有效落实。把依法行政贯穿于政府决策执行的全过程，牢固树立宪法法律权威，组织国家工作人员宪法宣誓，倡导尊法学法守法用法。从严执行中央八项规定及其实施细则精神和自治区党委若干意见，坚定不移纠正“四风”问题，细化完善公务接待、办公用房管理等制度，及时纠正超标准公务接待、公款送礼、公款旅游、违规发放福利等问题。党组成员均如实报告个人有关事项，主动腾退办公用房，按标准配备住房、公务用车，落实外出报备、出差报销、新闻报道等要求，没有超标准、超规格、超规定的情况。严格落实改进调查研究、改进文风会风、厉行勤俭节约等规定要求，精减人员、轻车简从，倡导“说走就走”、不打招呼的调研，深入了解实情，解决具体问题，谋划长远发展，自治区政府领导班子成员人均下基层调研59次计54天。落实领导干部联系群众、包抓信访积案等制度，办理“人民网地方领导留言板”98件、“主席信箱”665件，一批事关群众切身利益的具体问题得到有效解决。

【政务公开平台和机制建设】2018年，自治区规范平台建设，提升政务公开实效，以保障人民群众知情权、参与权、表达权和监督权。宁夏基层政务公开试点、政府网站建管运维、政府公报等工作经验在全国交流，多项政务公开工作走在西部乃至全国前列。统筹推进全区政务公开。研究启动《宁夏回族自治区人民政府公报》历史数据电子化项目和贯彻落实2018年全国政务公开与政务服务培训班精神等。将政务公开工作纳入2018年度自治区机关及市县效能目标管理考核。各市、县（区）和自治区政府各部门组织培训297场。丰富公开载体，拓展公开渠道。提升政府网站建管运维水平。推动全区政府网站整合和资源共享，各部门网站统一纳入集约化平台建设，升级改版自治区人民政府门户网站。加大政府网站监管力度，完善常态化监测抽查、定期通报和问责机制。2018年，全区各类政务微信平台发布政府信息91879条。自治区和5个地级市建成“12345”政务服务热线平台，各县

(市、区)设立分中心,整合非紧急类政务热线,构建全区统一、上下联动的"12345"政务热线服务体系。自治区人民政府办公厅印发《关于认真做好政府公报工作的通知》。全区市、县(区)全部创办政府公报。建立健全政府公报数据库。开展政务公开基层试点。在贺兰县、平罗县、青铜峡市、彭阳县、海原县5个县(市)开展国家级基层政务公开标准化规范化试点。2018年10月,国办调研组到宁夏调研时对宁夏试点工作给予肯定。宁夏政务公开试点确定了梳理汇总公开事项清单、编制公开事项标准目录、统筹建好用好各类公开平台、建立完善公开工作规程4个"规定动作"以及政务公开事项负面清单制度、推行专项公开内容模板化、制发便民惠民网上地图、开展政府信息定向精准推送与查询服务、开展政府信息"二维码"推送、建立政务公开监督员制度和"政府开放日"制度等7个"亮点动作",主动适应移动互联网和"两微一端"等新媒体平台快速发展趋势,形成立体联动的政务公开平台体系。推动政府工作全程公开。2018年,自治区政府召开常务会议29次、全体会议1次,审定出台规范性文件29件,均按程序予以公开。对涉及重大民生事项的会议议题,邀请利益相关方、公众代表、专家、媒体等列席会议。全面落实行政决策预公开制度,重要改革方案、重大政策措施、重点工程项目,除依法需要保密的外,在决策前向社会公布决策草案、决策依据,广泛听取公众意见。规范权责公开助推政务改革。结合政府机构改革和职能调整,按照"三级四同"(自治区、市、县三级同一事项、同一名称、同一编码、同一标准)原则,梳理全区行业系统的行政许可、行政给付、行政征收、行政确认等权力类事项和公共服务事项,全区共梳理"三级四同"事项4244项,近300万条数据信息同步录入宁夏政务服务网。明确自治区本级五类行政职权838项、地级市530项、县级541项。将12类、40项市场监管事项纳入双随机抽查,依托国家企业信用信息公示系统(宁夏)部门协同监管子系统,实现区、市、县三级行政单位"双告知"信息共享,公示部门信息8类、506万条。建成统一社会信用代码、公民身份证号码为识别码的信用信息数据库和征集、应用系统,推进守信联合激励和失信联合惩戒,落实红黑名单制度,加强失信主体信用监管。自治区政协十一届一次会议以来,政协委员和政协各参加单位提出提案684件,立案588件,交由自治区政府系统承办567件,占立案总数的96.4%。所提提案已经解决、基本解决387件,占总数的68.25%;被采纳、列入计划逐步解决的167件,占总数的29.45%;因条件限制或其他原因暂时不能解决的13件,占总数的2.3%。政务服务"一张网"全公开。建成了覆盖区、市、县、乡、村五级的宁夏政务服务"一张网",联通全区915个审批服务机构,触及乡村(社区)神经末梢。推进行政审批系统与各专业系统对接整合。2018年,政务服务事项的80.4%实现可不见面办理,874项事项实现全程线上办理,全区通过不见面方式办理事项95.5万件。提升发布解读回应质量。全区各级行政机关围绕政府信息"发布、解读、回应"三个关键环节,不断完善制度,规范流程,推进政务公开工作提质增效。从严审核把关标识公开属性。对通过"自治区人民政府电子政务平台"和纸质件传递办理的自治区政府及政府办公厅拟制的所有公文类政府信息,严格公开属性审核,实现公文公开属性标识全覆盖。抓好解读促进政策落地见效。落实各级行政机关主要负责人重大政策"第一解读人"职责。2018年,各级行政机关发布解读材料2268件、举办新闻发布会154次、政府网站在线访谈126次。重视舆情回应引导社会预期。着重做好就医就学、住房保障、安全生产、食品药品安全、防灾减灾救灾、生态环境保护、养老服务等涉及民生领域的热点舆情回应。2018年,办理自治区政府门户网站"主席信箱"和人民网地方领导留言板群众来信886件,全区各级行政机关主动回应公众关注的政务舆情52958次,全区"12345"政务热线平台累计受理各类诉求94.05万件,其中有效诉求86.83万件、回复办结82.27万件,办结率95.9%。

【政府信息公开】2018年,全区各级行政机关主动公开政府信息70.67万条,比上年增长7.82%。全区各级行政机关通过政府网站发布政府信息34.02万条,其中自治区政府各部门(单位)发布12.26万条,市、县(区)发布21.76万条。《宁夏回族自治区人民政府公报》发布政府信息295条,向乡镇以上党政机关、村(居)委会、公共企事业单位、政府信息公开查阅点和自治区人大代表、政协委员、政府参事、法律顾问等免费赠阅16.9万本。全区各级行政机关通过政务微博发布政府信息47324条。全区各级行政机关通过政务微信发布9.19万条,比上年增长16.8%。全区各级行政机关通过报刊、电视广播等渠道公开发布政府信息23.47万条,其中自治区政府各部门(单位)发布2.48万条,市、县(区)发布20.99万条。2018年,全区各级行政机关受理政府信息公开申请共750件。全区各级行政机关按时办结政府信息公开申请740件，按时办结率98.7%。全区各级行政机关向公民、法人和其他组织提供政府信息全部实行免费。2018年，全区各级行政机关受理因信息公开提起的行政复议案件22件，其中维持行政行为10件，纠错4件，其他情形8件；受理因信息公开提起的行政诉讼20件，其中维持行政行为或驳回9件、纠错1件、其他情形10件；收到政府信息公开申请举报投诉1件。2018年，全区各级行政机关承担政府信息与政务公开工作的专门机构382个，工作人员1951名，其中专职人员652名、兼职人员1299名。2018年，全区各级行政机关纳入财政预算的政府信息与政务公开专项经费共2602.76万元，其中自治区人民政府及部门（单位）439.5万元，占16.9%，市、县（区）2163.26万元，占83.1%。

【重点领域政府信息公开】2018年，全区县级以上审计机关通过《中国审计报》《宁夏日报》《宁夏审计》和部门（单位）网站等媒体主动公开审计领域政府信息。推广使用宁夏投资项目在线审批监管平台，设置投资项目审批信息公开专栏。2018年，累计公开审批、核准、备案的项目信息8249条，其中审批项目信息4522条、核准项目信息190条、备案项目信息3537条。2018年，全面公开34个项目房屋征收补偿情况，录入征收面积105万平方米。建立自治区住房保障和危房改造信息发布平台，每月按时发布各类保障性住房建设进展情况，农村危窑危房改造对象信息在村、乡（镇）、县逐级公开。全区公积金管理“12329”短信信息平台及时公开年度住房公积金管理运行、个人贷款等情况，2018年解答缴纳、支取等政策咨询29万次，推送政策、缴存信息167.8万条。土地和矿业权出让、转让全部以“招拍挂”方式纳入自治区公共资源交易平台进行公开交易，依法发布每宗交易公告、资格审查、交易过程、交易结果等信息，全年发布土地出让公告269条、成交公示221条和矿业权出让公告12条、成交公示22条。依托自治区政府采购公共服务平台，2018年发布政府采购信息公告11681条、投诉处理决定公告63条、行政处罚公告7条、政策法规公告37条。全年公示政府采购合同3044份。2018年，通过宁夏公共资源交易网发布各类信息39490条。推进招投标在阳光下运行，全面公开招标公告、资格审查结果、交易过程、评标专家打分、中标公示、履约情况等信息。编制公共资源交易目录，推行工程建设项目电子招投标。依托“一网三平台”（公共资源交易网和信息服务平台、电子交易平台、行政监督平台）推行全流程电子招投标，实现项目在线备案审核，在线发布招标文件、招标公告、中标公示等信息。2018年，通过媒体公开报道宁夏脱贫攻坚工作856次，其中中央媒体42次、宁夏日报277次、宁夏电视台537次。推进社会组织统一信用代码信息系统应用，录入各级民政部门依法登记的所有社会组织信息，定期汇总上传全区社会组织新增、变更、注销、处罚等信息，通过新闻媒介进行公示。全面公开招生考试、教师招聘、评优选模、重大工程建设、项目采购、学前教育购买服务、高等教育优势学科和重点专业立项及评选结果、高校科技创新平台立项建设和培育建设名单、教师“国培计划”项目等信息。重点公开医疗药品器械采购交易、医用耗材价格等信息，定期公布疫情。按月发布5个地级市环境空气质量排名，按时发布宁夏主要河流重点断面水质自动监测信息、全区污染源监督信息、全区电磁辐射环境质量状况公报，按季度公开辐射安全许可证办理情况。及时公开国控、区控重点监控企业名单以及已核发排污许可证企业和违法企业名单等，定期公布减排计划、减排目标责任书、减排通报。主动集中公开2018年中央环境保护督察“回头看”反馈意见整改情况，压实生态文明建设和环境保护工作责任。公开企业违法违规信息和检查执法结果，强化事中事后监管，全面推进“阳光执法”。在多个电视频道滚动播出防范和处置非法集资音视频公益广告，在报刊刊登警惕非法集资公告，开展常态化宣传教育。出台安全生产领域政策5项，发布安全生产标准化企业达标公告8次。在主流媒体及网站发布公告关闭取缔违法违规和不符合安全生产条件的企业2批次、76家，公布现行标准下的危化品目录及全区最新的222家危险化学品登记企业名单，公开行政处罚决定书196份。在曝光台栏目对全区工矿领域发生的237起生产安全伤亡事故的企业（单位）及事故基本情况予以公布，对4起较大安全生产事故进行挂牌督办。公开定点医疗机构、医保病种、基本医保医用耗材支付目录以及各项社保经办政策依据、办事指南等。公开人才引进、培养等方面的政策以及重大人才工程组织实施信息，大力宣传人才工作取得的成效。推进调解仲裁工作制度公开，加大劳动保障违法案件曝光力度，维护劳动者合法权益。2018年，12333咨询服务热线人工接听电话24.94万个，解答问题40.4万个，自助服务43.6万个。定期监测公布企业运行动态、大宗商品价格、用电负荷、铁路运量、工业贷款、工业税收等指标，及时通报全区工业生产、开发区改革发展等情况。

【廉政建设】2018年，全区政府系统认真落实全面从严治党战略部署和《政府工作报告》有关要求，促改革、转职能，强监管、优政风，严纪律、肃贪腐，有力推动党风廉政建设取得新成效。党的政治建设。坚持用习近平新时代中国特色社会主义思想武装头脑、指导实践、推动工作，树牢“四个意识”，坚定“四个自信”，践行“两个维护”，始终在思想上政治上行动上同以习近平同志为核心的党中央保持高度一致。“一岗双责”。政府党组坚持把党建工作、廉政工作和业务工作统筹考虑，同部署、同落实。年初召开政府廉政工作会议全面安排，党组书记与党组成员签订了党风廉政建设责任书，党组成员与部门负责人也分别签订了责任书，党组书记带头履行“第一责任人”职责，党组成员认真履行“一岗双责”，推动政府系统党风廉政建设走向深入。完善述职述廉制度，定期开展廉政谈话，班子成员分别听取分管部门领导班子及成员述职述廉，对部门廉政建设提出要求、进行督导。认真落实民主集中制，坚持集体领导和个人分工负责相结合，及时修订党组工作规则、政府工作规则、常务会议工作规则，凡重大问题、重大项目、重要改革、大额资金使用等决策事项，严格按照议事规则和决策程序进行。政治生态。坚决贯彻落实党中央和自治区党委反腐败工作部署，加强重点领域和关键环节风险防范，进一步规范资源开发、金融信贷、大宗采购、土地出让、工程招投标以及公共财政支出等行为。加强对行政人员特别是领导干部的日常监督，抓早抓小、防微杜渐，发现苗头性、倾向性问题及时批评教育，使咬耳扯袖、红脸出汗成为常态。班子成员严格执行廉洁从政各项规定，时刻从严要求自己，自觉在思想上构筑拒腐防变的牢固防线，净化生活圈、朋友圈，没有违反廉洁自律规定的行为，形成了齐心协力抓工作、一心一意促发展的合力。严格落实组织生活各项制度和有关规定，党组同志都以普通党员身份参加所在支部组织生活，及时足额缴纳党费。政府机构改革。坚决贯彻党中央、国务院决策部署，按照自治区党委统一安排，上下贯通、压茬推进区市县政府机构改革，自治区政府机构组建挂牌、人员转隶、工作衔接等改革任务顺利完成，市县政府机构改革有序推进。简政放权。取消调整行政职权76项，加快“不见面、马上办”改革，政务服务事项网上可办率达80.4%，企业开办时间由平均20个工作日压缩到5个工作日，全年新注册市场主体增长5.1%，营商环境有明显改变，在国务院第五次大督查中排在前列。作风建设。严格执行中央八项规定及实施细则精神和自治区党委若干意见，坚定不移纠正“四风”，继续压减公用经费，深入开展超标准公务接待等突出问题专项治理，查处违反八项规定精神问题956个，给予党纪政务处分603人；倡导重实干重实绩的工作导向，拿出财政资金4.2亿元，对工作成效明显的市县给予奖励，政府公信力、执行力、落实力得到有效提升，为推动高质量发展提供了坚强保障。

（王会宁）

文化建设

【文化事业】截至2018年末，全区文化系统共有艺术表演团体14个，博物馆75个。全区共有公共图书馆27个，文化馆27个，档案馆27个。有线广播电视在册用户数105.7万户，其中，有线数字电视在册用户104.58万户。全区广播节目综合人口覆盖率为98.98%；电视节目综合人口覆盖率为99.79%。全区出版各类报纸14种，出版期刊37种，出版图书3303种。围绕纪念改革开放40周年和庆祝自治区成立60周年，大力实施文艺精品创作工程，组织创演京剧《花漫一碗泉》等献礼剧目8部，《擎天一柱》和《花儿与号手》实现宁夏工业题材和音乐剧零的突破，秦腔《王贵与李香香》入选2018年度国家舞台艺术精品创作扶持工程十大重点扶持剧目，京剧《花漫一碗泉》入选文化和旅游部西部地区扶持计划。征集歌词542首，评选优秀歌词19首，推出《沙湖恋》等献礼歌曲12首。推出“中国梦·宁夏情”主题美术作品200余件。11个项目入选2018年度国家艺术基金资助项目。戏曲传承深入开展。加强对秦腔、京剧的保护抢救和传承发展，收集整理经典剧目剧本和影像资料，复排秦腔《龙凤呈祥》等传统剧目。广泛开展“戏曲进校园”活动，动员各类戏曲团体、戏曲名家到学校开展讲座、展演、互动活动800余次。举办梅花贺新春戏曲名家展演、秦腔艺术节、我在黄河边吼秦腔等活动，开展戏曲进乡村演出500余场次，夯实了戏曲传承发展基础。精品传播影响广泛。推动宁夏艺术精品走向全国，讲好宁夏故事。话剧《闽宁镇移民之歌》揭幕2018年全国舞台艺术优秀剧目展演，在北京、福建等13个省市区巡演。秦腔《王贵与李香香》应邀参加中国上海艺术节。开展“花儿绽放·美丽中国”花儿剧黄河丝路行、秦腔《花儿声声》《狗儿爷涅槃》赴黄河流域九省市巡演，舞剧《花儿》赴湖南、广东、广西、北京等地巡演。加强文化旅游人才培养，以宁夏艺术职业学院、宁夏旅游学校为依托，采取校企合作方式，开展戏曲基础人才培养计划、万名旅游人才培训计划，培养一批本土专业人才。推进文化艺术高层次人才、急需紧缺人才的选拔引进，公开招聘引进紧缺人才和高层次人才16名，建立自治区文化名家工作室3个。依托区市县三级文化设施培训网络，大力开展基层文化旅游管理人员、专业人员、骨干培训，举办培训班124班（次），培训4000余人次。实施"三区"文化人才支持计划，选派186名优秀文化工作者和志愿者到中部干旱带和宁南山区9县开展文化志愿服务。1人获得国务院特殊津贴，1人获得自治区"西部之光"访问学者，2人获得自治区青年拔尖人才称号，5人入选自治区人才托举工程。

【自治区60大庆系列文化活动】举办自治区成立60周年庆祝大会群众文艺表演活动。群众文艺表演"塞上儿女心向党"由序曲、10支仪仗队、6个表演篇章组成，共有1.2万名青少年学生参加。举办自治区成立60周年主题晚会。文艺晚会"绽放新时代"展现了以习近平总书记为核心的党中央对宁夏的高度重视和亲切关怀，展示了党的民族区域自治制度和民族政策在宁夏的成功实践，讴歌了自治区成立60年、改革开放40年来特别是党的十八大以来宁夏经济社会发展取得的辉煌成就。举办宁夏文化艺术节系列文化活动。"塞上有戏"宁夏原创精品戏剧展演、"一带一路·美丽宁夏"第四届宁夏舞蹈艺术节暨"中传锦绣杯"WDC国际标准舞世界锦标赛、"中国梦·宁夏情"美术书法精品展、"颂歌唱宁夏"新创歌曲音乐会、吴欢艺术世家展、中华民族颂——56个民族诗书画展、第十六届中国西部民歌（花儿）歌会、"颂歌唱宁夏 共筑中国梦"全区群众合唱大赛等4大板块、15项活动为自治区成立60周年营造了浓厚的氛围。开展"天天有好戏、场场都精彩"精品文艺演出。从6—10月，利用3个小剧场推出秦腔、话剧和小综艺舞台演出共127场。

【文化公共服务】公共文化设施。推动宁夏美术馆建设，完成宁夏文化馆场馆整体提升改造项目前期工作，推动宁夏人民剧院浮雕墙工程各项工作以及宁夏博物馆、宁夏人民剧院外立面改造工程。建成市县级文化场馆10个、标准化乡镇综合文化站10个，完成贫困地区555个村综合文化服务中心活动设备器材配备和川区240个村综合文化服务中心功能提升，扶持村综合文化服务中心、农民文化大院、民间文艺团队150个。公共文化服务水平。县级图书馆、文化馆总分馆制建设深入推进，建成图书馆分馆46个、文化馆分馆18个，实现公共文化资源共建共享，促进城乡文化资源互联互通均衡发展。国家公共文化服务体系示范区（项目）创建取得显著成效，吴忠市第三批国家公共文化服务体系示范区及固原市、中卫市示范项目创建顺利通过国家考评验收；固原市被确定为第四批国家公共文化服务体系示范区创建城市，入选全国第四批13个旅游标准化试点单位之一，银川市民族健身舞创作与推广项目被确定为示范创建项目。第六次全国县级以上公共图书馆评估定级宁夏有8个馆被评为国家一级馆，14个馆被评为国家二级馆，3个县区图书馆被评为三级馆。群众文化活动。广泛开展文化进万家、送欢乐下基层、送戏下乡惠民演出、"欢乐宁夏"全区群众文艺会演、"清凉宁夏"广场文化演出、"春雨工程"全国文化志愿者宁夏行活动等品牌文化活动。元旦春节期间，组织开展"唱响十九大·欢乐过大年"系列文化活动共295项。举办"新春乐"第十四届全区社火大赛暨元宵节社火巡演活动。开展送戏下乡惠民演出2186场、广场文化演出1996场。公共文化场馆免费开放服务群众120万人次以上，群众性文化活动品牌影响力不断提升。精准扶贫工作。推动贫困地区村综合文化服务中心建设，贫困村综合文化服务中心实现全覆盖全达标。安排资金1000万元，扶持20个建档立卡旅游扶贫重点村旅游基础设施"六小工程"建设。拓展贫困村文化阵地服务功能，增设非遗展示、乡愁记忆、村史馆、道德讲堂、农民讲习所、电子商务等，用文化浸润群众心田、激发内生动力、拔掉思想"穷根"。充分挖掘贫困村文化旅游资源，走"非遗＋产业化"、"非遗＋乡村旅游"道路，指导开展特色文化旅游活动。开展定点帮扶工作，投入资金近50万元、协调贷款近2000万元，对三个定点帮扶村进行产业扶持、基础设施建设、壮大村集体收入等精准扶贫，助力群众早日脱贫致富。

【广播影视出版】2018年，自治区广播电视工作按照"11454"（贯穿一条主线、坚持一个中心、提升四大工程、抓好五个一批、办好四件大事）工作思路，攻坚克难，开拓进取，新闻出版广播影视工作取得了新成效。宣传引导。先后召开出版管理工作会议、期刊管理工作会议，定期召开宣传管理例会，分析形势，突出重点，把握方向，协调指导主流媒体突出学习宣传贯彻中央十九大这条主线，围绕党的十九大、自治区第十二次党代会、全国全区"两会"等重要会议、重大活动和重要时间节点，聚焦中国梦、"五位一体"总体布局、"四个全面"战略布局、"三大战略”、“五个扎实推进”等，开展全方位、多层次、多媒体宣传报道，推动习近平新时代中国特色社会主义思想和中央十九大精神的学习宣传阐释不断往深里走、往实里走、往心里走，为全区经济社会发展提供了坚强有力的思想保证和舆论支持。组织中央广播电视总台“心连心”艺术团来宁慰问演出并协调在央视一套、三套播出；创新拍摄10集宣传片《宁夏故事》在人民网等67家新媒体展播，浏览量达1.7亿人次；举办第二届中国银川互联网电影节、第三届宁夏公益广告大赛等活动，品牌效应日益显现。强化安全播出管理，开展安全大检查隐患大整治，实现了重保期广播电视安全播出“零事故”。编发监测月报10期，监测专报18期，网络监测月报6期、专报5期。风险管控。认真落实意识形态工作责任制，全面落实导向管理全覆盖要求，坚决守好管住新闻出版广播影视阵地，切实维护意识形态安全。组织专门力量，对2017年确认的270个品种的民族宗教类出版物进行再确认再甄别，50种出版物恢复上架；73种出版物停止国内发行，只做海外销售；92种出版物须经技术处理或修订再版后方可发行；55种出版物停止发行全部销毁，以后不得再版。2018年，审批图书出版选题2969种，电子音像出版选题19种，核发书号1029个、版号6个。受理影视剧备案申报19部（电影17部、电视剧2部），通过备案公示10部（电影8部、电视剧2部），审查通过电影4部、电视剧1部。年审印刷企业423家，合格415家，缓检5家，注销3家；核验出版物发行单位690家，通过682家，缓检8家；核验批发单位100家，全部通过年度核验；年检广播影视制作机构104家，其中94家合格，5家不合格，5家注销；审核记者证1692个，通过1654人，未通过38人。持续开展“扫黄打非”专项行动，严厉惩治各类非法出版物及网络有害信息，收缴非法和侵权盗版出版物16600余册（盘），删除网络有害信息2.1万条，查办多起涉黄涉非行政案件，受理举报1起，协调公安部门侦办案件6起。开展境外卫星电视传播秩序专项整治，查扣、收缴、拆除非法销售、非法安装使用卫星地面接收设施34套、卫星接收机74台、卫星天线152面、高频头112只。加大版权执法力度，依法查处侵权案件3起，著作权作品自愿登记415件、出版外国图书合同44件。推进软件正版化，西吉县国产软件试点通过国家验收，工作经验在全国交流。强化广播电视广告管理，查处违规广告64条，整改46个，停播18条，约谈频道1次。阵地建设。深入实施文化惠民工程、精品创作工程，加快推进新闻出版广播影视阵地建设。开展全民阅读活动，举办第二届“宁夏乡村读书节”，全民阅读“走近新时代 谱写新篇章”楹联征集、“西去列车的窗口”——庆祝自治区成立60周年全民阅读音乐诗剧朗诵晚会等活动。《宁夏回族自治区全民阅读促进条例》列入立法规划。农村电影累计放映42023场，观众458万人次，完成4万场任务的105.06%。启动实施555个贫困地区村综合文化服务中心提档升级工程，采购广播器材设备459套，年内安装完成。落实资金5300万元，实施文化旅游提升工程项目27个，筛选22种图书完成2018年度全区农家书屋出版物补充配送。聚焦自治区成立60周年，加快推进精品创作生产，一大批影视精品密集登陆央视、部分省级卫视及人民网、新华网等主流媒体，为宁夏历年来影视创作生产作品最多、质量最佳、播出平台最高、播出频次最密集的一年。打造《闽宁镇》《阿修罗》《这一道沟，那一道梁》等电影，其中《闽宁镇》被国家电影局列为迎接改革开放40周年全国重点项目。打造《我拿什么奉献给你》《灵州盛会》《灵与肉》等电视剧。拍摄完成纪录片《六盘山》（8集）、《走进宁夏》（4集）、《中国影像方志·宁夏卷》（4集）。引进版权出版外国人写作的中国作品《习近平——复兴之路》《习近平——领袖之路》并申报重大选题备案。

（王会宁）

社会建设

【社会保障】截至2018年末，全区参加城镇职工基本养老保险人数216.32万人，比上年末增加10.41万人。参加城乡居民基本养老保险人数181.37万人，比上年末减少4.11万人。参加基本医疗保险人数626.25万人，增加8.03万人，其中，参加城镇职工基本医疗保险131.93万人，增加8.47万人；参加城乡居民基本医疗保险494.32万人，减少0.44万人。参加失业保险人数91.97万人，增加3.42万人。参加工伤保险人数93.32万人，增加2.97万人。参加生育保险人数88.07万人，增加6.34万人。新开工工程建设项目工伤保险参保率99.96%，高于国家目标9.96个百分点。养老保险制度改革。机关事业单位养老保险“1+6”政策全部出台，参保人员达30.5万人（在职职工20.3万人，退休人员10.2万人），完成全年目标任务的101.7%。21.1万被征地农民按新政策参加养老保险，参保率100%。启动实施企业职工基本养老保险基金中央调剂制度和职业年金基金管理及投资运营，在全国率先开展基本养老保险及职业年金跨省、跨制度转移接续工作。调整完善企业职工养老保险参保人员因病或非因工死亡丧葬补助费和抚恤金政策，建立了企业职工养老保险参保人员病残津贴制度、城乡居民养老保险待遇确定和基础养老金正常调整机制。社保待遇。实现企业退休人员养老金“14连调”、机关事业单位退休人员“3连调”，月人均增加162元；第5次调整城乡居民基础养老金，月人均增加23元，基础养老金最低标准达到143元，其中最高的银川市达到243元。社保惠民政策。指导督促各地加强总额预算管理，加大医保基金对门诊统筹、门诊大病及基层医疗机构的倾斜力度，配合卫健部门推进分级诊疗服务模式，引导慢性病、常见病患者在基层就医，减轻参保人员门诊医疗费用负担。制定全国第一个医用耗材标准码规范目录。全年城乡居民大病保险拨付资金1.83亿元，5万余人次享受大病保险待遇，支付基金1.99亿元。会同相关部门率先实现健康扶贫医疗保障“一站式”结算，累计为2.7万人次建档立卡贫困患者支付大病保险费用6402.4万元。社保基金监管。落实基金决算管理和内控制度，开展“社保风险防控专项行动”，进一步规范养老保险待遇发放数据向银行传输方式，率先在全国整省推行和实现基本养老保险待遇集中统一发放，建立社保领域失信联合惩戒措施。加大打击欺诈骗取社保基金力度，发现社保基金要情108起，追回社保费和违规基金1940.21万元。社保经办服务。签发宁夏首张电子社保卡，拓展社保卡综合应用，方便群众办理领取养老金等民生领域业务。累计发放社保卡673.9万张，覆盖全区98.8%的户籍人口。简化异地就医备案流程，完善优化资金结算机制，做好异地就医直接结算工作。与全国14458家协议医疗机构实现联网结算，推进基本医疗保险和大病保险跨省异地就医“一单化”直接结算，全区累计完成跨省异地直接结算20080人次，基金支付2.7亿元。

【创业就业】2018年，全区城镇新增就业人员8.03万人，农村劳动力转移就业78.08万人，年末全区城镇登记失业率为3.89%，低于年初控制目标。全年全区农民工总量为100.5万人，比上年增加3.6万人，增长3.7%。其中，外出农民工77.3万人，比上年增加2.2万人，增长2.9%；本地农民工23.2万人，增加1.4万人，增长6.4%。坚持把稳就业促就业作为重大政治责任和首要任务，进一步落实和完善更加积极的就业政策，推动出台《关于进一步做好当前和今后一个时期促进就业工作的实施意见》《关于鼓励吸引大学生在宁创新创业就业办法》和《关于推行终身职业技能培训制度的实施意见》等政策文件，着力抓好重点群体就业。全年城镇新增就业8.03万人，完成年度任务的107.1%；城镇登记失业率3.89%，分别低于国家、自治区控制目标0.61、0.11个百分点。创业带动就业。新认定自治区级创业孵化示范基地8家，累计建成各类创业孵化园区181家。成功举办“中国创翼”青年创业创新大赛宁夏分赛和“创青春”等自治区级创业创新大赛，大力开展创业指导志愿服务专家团“宁夏行”、“创业专家走进直播间”和宁夏籍人才返乡创业创新等系列创新服务活动，积极推广“创业培训＋基地见习、创业实训、创业项目”“1＋X”创业培训模式，为创业者搭建平台。全年发放创业担保贷款9.58亿元，开展创业能力培训1.27万人，创造新岗位3.57万个，带动就业6.67万人，分别完成年度任务的127.7%、127%、178.5%、121.3%。重点群体就业。深入实施高校毕业生就业创业促进计划和基层成长计划，制定22条促进在校大学生创新创业就业的政策措施，高校毕业生就业率达94.7%。深化与内蒙古、福建、江苏、浙江等省市的劳务协作，大力开发就近就地和跨区域转移就业岗位，农村劳动力转移就业78.08万人，实现工资收入90.29亿元。开发购买公益性岗位10454个（自治区7100个，市、县、区3354个），帮助城乡困难人员就业，其中5090个专门用于安置建档立卡贫困家庭劳动力。积极开展就业援助行动和零就业家庭精准帮扶，城镇就业困难人员实现就业9012人。银川市、中卫市和青铜峡市入选全国农民工市民化工作突出典型城市。援企稳岗。大力实施援企稳岗“护航行动”和“展翅行动”，使用失业保险基金为1370家企业、26.19万职工发放补贴6962.2万元，通过降低社保缴费基数和费率为2.36万家企业84.08万职工和30.14万名灵活就业人员减负16.89亿元。为1895名职工发放提升技能补贴325.9万元。全面完成贺兰山国家级自然保护区环境整治中44家退出关停企业3988名职工、18家落后产能企业（项目）1405名职工安置任务。职业技能培训。全面加强“订单、定岗、定向”培训，实行“先垫后补”资金补贴方式和“随时申报考核、随时鉴定发证”考核鉴定模式，全年开展岗位技能提升培训1.4万人、城乡劳动力就业技能培训4.39万人、创业培训1.3万人，分别完成年度任务的140%、110%、130%。组织参加第45届世界技能大赛全国选拔赛，在第八届全国数控大赛荣获2个二等奖、3个三等奖，第二届智能制造应用技术大赛荣获1个三等奖、1个优胜奖。公共服务。开发全区就业培训管理系统，建设“互联网+”公共就业服务平台。与福建海峡人才市场、浙江省人才市场、江苏省人力资源市场签订人力资源开发交流合作协议，共享人才招聘供求信息。对全区504家企业20.12万个岗位进行失业动态监测。推行“创业培训+担保贷款+创新服务”三位一体帮扶机制，大力开展“春风行动”、民营企业招聘周等公共就业服务专项活动，全年区市县联动组织各类招聘会356场次，5.2万人达成就业意向。

【劳动关系】2018年，全区完善协调劳动关系三方机制，坚持定期分析研判劳动关系形势，及时研究解决和化解劳动关系领域的突出矛盾和问题，防范劳动关系领域矛盾风险隐患。联合自治区总工会、发展改革委等十三个部门评选表彰44家自治区劳动关系和谐企业，向国家推荐4个全国模范劳动关系和谐企业和1个全国模范劳动关系和谐工业园区。将构建和谐劳动关系纳入政府效能目标责任考核体系，推动出台保障农民工工资支付工作考核办法，大力实施治欠保支三年行动计划，对441个重点建设工程项目实施常态化监控预警，对15家拖欠农民工工资失信企业和17件重大劳动保障违法行为进行“媒体曝光”。全年检查用人单位1.1万户，处理劳动者举报投诉案件3267件，督促用人单位与3.49万名劳动者补签劳动合同，为1.38万农民工追回工资1.81亿元，举报投诉案件数、拖欠工资人数和金额较上年同期分别下降18%、46%和51%。全区企业劳动合同签订率达93.9%，集体合同签订率达93%以上。出台加强劳动人事争议仲裁与诉讼衔接机制建设实施意见，开设农民工争议仲裁“绿色通道”，全区共受理劳动人事争议案件5866件，结案5747件，仲裁结案率达93%；各级调解组织受理劳动人事争议5129件，调解成功率达70%，高于目标任务10个百分点。集中开展解决群众反映强烈的信访突出问题，中央巡视组移交的18件次信访件均按期办结，全系统受理来信来访5330件次，办结率98%。

【人才工作】2018年，宁夏首次在经济、统计等7个系列设置正高级职称，首次开展正高级会计师职称评审工作，分层分类修订各个系列（专业）职称评审标准和条件，在全国率先设置全民健身体育教练员职称，将高级职称评审权下放本科院校、科研院所、三甲医院、大型骨干企业和地市，实现职称申报、审核、公示网上办理和职称信息网上查询。新制定中专系列和工程系列通信与信息、土地管理、地质矿产、测绘专业技术职称评审条件，引入继续教育第三方评价机制，对高级职称评审全部设置业绩述职面试环节，引入专家现场评审。全区引进的38名高层次人才、28名突出贡献人才直接评定为高级职称。人才工程。组织选拔享受国务院政府特殊津贴专家和自治区第四批“国内引才312计划”、第五批“海外引才百人计划”、第三批青年拔尖人才培养等高层次人才253人。争取人社部海外赤子为国服务行动项目1个、高层次留学人才回国资助项目1个、留学人员回国创业启动支持项目1个、万名专家服务基层计划项目2个，新建国家级高技能人才培训基地1个、自治区级高技能人才培训基地2个、国家级技能大师工作室2个、自治区级技能大师工作室5个。招才引智。启动实施自治区“百个人才小高地建设计划”“优秀在读博士研究生预引进计划”和“中青年人才赴区外深造研修计划”，支持7名优秀在读博士研究生人才预引进项目。争取6项国家高级研修项目，新建2个博士后科研工作站。举办第二届中国“一带一路”人力资源高峰论坛。组织企事业单位到北京、上海等地高校招聘硕士以上高学历人才，已办理正式聘用手续316人。实施外国高端人才“一卡通”服务，办理外国人来宁工作许可证233件。人才培养培训。大力实施专业技术人员知识更新工程，升级改造“宁夏专业技术人员继续教育在线”，开发7个类别57门精品公需课程，培训各类专业技术人员4.7万人次。新培养技能人才5.9万人，其中高技能人才4275人，技师和高级技师849人。开展“百名专家基层服务行”，实施基层服务项目40个。新认定国家级专家服务基地1个。

【医疗卫生】2018年末，全区共有医疗卫生机构4451个，其中医院231个；基层医疗卫生机构4121个，其中卫生院217个，城市社区卫生服务机构184个，村卫生室2300个；专业公共卫生机构89个，其中疾病预防控制中心25个，卫生监督机构25个。年末全区卫生技术人员53029人，其中执业医师和执业助理医师19415人，注册护士23281人。全区医疗卫生机构实有床位41005张，其中医院35698张，基层医疗卫生机构3955张。全年全区总诊疗人次4147.3万人次，入院人数120.81万人次。综合医改。出台《关于改革完善全科医生培养与使用激励机制的实施方案》等一系列文件。建成8个医疗集团、13个专科联盟、7个城市医共体、31个县域医共体。166家社区卫生服务机构与城市医院建立医联体，92家乡镇卫生院纳入县乡一体化管理范围,覆盖率达到45%。全区55家公益二类公立医院全部纳入薪酬制度改革试点,建立公立医院人事编制管理新制度,实行人员总量管理。委托第三方对全区55家二级以上公立医院院长开展了绩效考核,30%的公立医院、20%社会力量举办的非营利性医院完成制定章程试点,进一步规范内部治理结构和权力运行规则。完善医保制度,取消了部分市县基本医疗保险门诊统筹单次处方限额,方便了基层医疗机构门诊费用报销。持续推进按病种收付费改革,三级甲等公立医院按病种收付费的病种达107个。探索新付费方式改革,组织全区公立医院按疾病诊断相关分组(DRGs)绩效评价培训。健全药品供应保障制度,将高值医用耗材挂网采购品种扩大到43809个,在全区22家医疗卫生机构和11家药品配送企业设立短缺药品监测哨点,将2209个品种医保非基本药物下沉到基层医疗卫生机构使用。全区公立医院医疗费用增幅下降到5.5%,药占比下降到30.9%,百元医疗收入(不含药品收入)消耗的卫生材料下降到33.3元,医疗服务性收入占比上升到24.31%。"互联网+医疗健康"。实现乡镇卫生院远程诊疗全覆盖,远程诊断中心已能为全区93%的基层医疗机构提供服务。出台了《宁夏"互联网+医疗健康"便民惠民行动计划》,确定了30条便民惠民措施。建设了健康扶贫医疗保障"一站式"结算平台,贫困患者出院时只需在一个窗口缴完自付费用即可,实现了"信息多跑路,群众少跑腿"。建成了覆盖全区的居民健康档案和基层卫生信息管理系统、预防接种信息系统、"120"急救网络指挥系统。基层慢病管理、儿童免疫接种、急诊急救全面实现信息化。制定完善了11项安全制度,明确责任,开展评估,加强安全防护。2018年8月,国家卫生健康委正式批复宁夏为国家首个"互联网+医疗健康"示范省区。医疗服务。实施区域医疗中心和重点专科建设,批复建设县级重点专科50个,年底全区县级医院重点专科平均将达到2个。在自治区建设了胸痛联盟、卒中联盟及创伤中心,危重孕产妇和新生儿救治中心。在市、县(区)建成了19个胸痛中心、3个脑卒中中心、1个创伤中心,20所危重孕产妇和新生儿救治中心。启动高层次人才引进培养"62211"计划,争取自治区人才资金400万元。从区外引进医疗卫生专家团队31个。开展紧缺专业住院医师规范化培训,培养紧缺人才225名。开展了新一轮"千名医师下基层"对口支援活动,选派1000名派驻队员,对口支援13家县级公立综合医院、6家中医院、205家乡镇卫生院和210家城市社区卫生服务机构。建设"群众满意的基层医疗卫生机构"300家。组建家庭医生团队1725个,常住人口签约覆盖率达到40.7%、重点人群签约覆盖率达到64.9%、农村建档立卡人群签约覆盖率达到93.3%。健康扶贫。建成健康扶贫"一站式"结算平台,方便贫困患者看病报销。开展疾病谱分析,对造成因病致贫前十位疾病及地方病等进行流行病学调查,制定干预措施,从源头减少因病致贫群体的增加。全区核准患病人数43357人,已入院救治或已签约服务42215人,救治比例达到了97.37%。"一站式"结算平台救治14448人次,医疗费用13630.83万元,个人自付1064.96万元,平均自付比例7.81%。公共卫生和生育服务。创建国家级慢性病综合防控示范区6个,自治区级5个。实施脑卒中高危人群筛查和干预、上消化道癌早诊早治等5个项目。改建水冲式卫生厕所2.4万座,受益群众173.69万人。应对突发疫情等事件80余起,处置了皮肤炭疽疫情、乙脑疫情、腺病毒、水痘等突发传染病聚集疫情和学校肺结核聚集疫情。免费为18.83万名农村妇女开展了宫颈癌、乳腺癌检查,完成免费孕前优生健康检查4.3万对,为8.5万名适龄儿童发放营养包49.2万盒,完成9.68万名新生儿多种先天性疾病、听力障碍筛查并开展了救治。中西医发展。完成4个全国名老中医药专家传承工作室、2个区域中医(专科)诊疗中心实地复验。举办中医各类培训班,培训人员1900多名。完成48个中医诊所备案。开展中医医疗机构传染病防治感染防控监督执法专项检查。建成了12所县级中医医院"治未病"中心,培养了100名中医骨干。健康老龄化工作。广泛开展人口老龄化国情区情宣传教育活动。抓好25所日间照料中心的建设,推动老年人意外伤害保险和养老机构责任保险,开展敬老月活动,推进医养结合,切实维护老年人合法权益。

【社会服务】2018年末,全区共有各类提供住宿的社会服务机构103个,其中养老服务机构77个,儿童收养救助服务机构8个。社会服务床位15301张(不包括社区床位数),其中养老床位11997张(不包括社会日间照料床位3671张、社会留宿床位3992张),儿童服务床位970张。年末,全区共有社区服务机构和设施2555个,其中社区服务中心59个,社区服务站2043个。

【教育事业】2018年,宁夏为全国首家获批建设"互联网+教育"示范区,在西部率先以省为单位通过国家义务教育基本均衡发展评估认定。年末全区各级各类学校3456所(含小学教学点614所),教职工106891人。全年全区学前教育毛入园率83.3%,小学学龄人口入学率99.99%,初中阶段毛入学率110.74%,高中阶段毛入学率89.71%,高等教育毛入学率49.50%,小学六年巩固率为99.86%,初中三年巩固率为97.72%。“互联网+教育”示范区建设。教育部与自治区政府签订了共建协议,成立了共建领导小组,建立了专家指导组;拟订了《“互联网+教育”示范区建设规划(2018—2022)》和《“互联网+教育”示范区建设实施方案》,实施“提速降费工程”,支持建设13所示范学校。各级各类教育发展。推动学前教育普惠发展,新建改扩建幼儿园104所,新增学位1.6万个,基本实现全区常住人口规模超过1500人的建档立卡贫困村学前教育资源全覆盖;新增政府购买服务民办幼儿园95所,普惠性幼儿园覆盖率达到80%。西吉、同心、红寺堡3个县(区)最后一批通过国务院教育督导委员会评估认定,率先在西部以省为单位实现义务教育基本均衡发展。建成同心、红寺堡两个县(区)职教中心和现代纺织、葡萄与葡萄酒2个现代职业公共实训中心,下达1.3亿多元支持9个贫困县区职业教育发展;深化闽宁职教合作,启动建设高职高水平专业17个、中职特色专业20个。推进高等教育内涵发展,推进落实部区合建宁夏大学工作;新增1个博士学位授予单位、1个硕士学位授予单位、3个博士学位授权点和27个硕士学位授权点;获得国家级教学成果奖二等奖一项,获第四届中国“互联网+”大学生创新创业大赛奖励14项,较上年增加近一倍。群众教育。对全区校外培训机构进行了拉网式排查整治,共摸排校外培训机构2094所,整改完成率95.2%。聚焦化解“大班额”,实施“全面改薄”工程,投资11.3亿元,新建扩建校舍16万平方米、运动场地40万平方米,购置教学设备220万台件套册;实施教育现代化推进工程,投资2.2亿元,建设校舍8.7万平方米;严格落实中小学招生“11条禁令”,基本消除了66人以上超大班额,大班额较上年下降1.14个百分点。督促银川市政府对3所民办学校违规收费进行问责处理。组织开展了大排查、大动员、大劝返工作,全区共排查出义务教育阶段辍学学生9572名,劝返达97.2%;下达经费7.36亿元,资助学生45万人次。教师队伍建设。开展“师德师风建设年”活动,督导广大教师严格落实中小学教师“六不准”、中小学师德“十条红线”、高校教师师德“红七条”。全年培训教师8.3万余人。招聘特岗教师972名,安置公费师范生391人,公费师范生签约率在全国名列前茅,面向乡村招录培养一专多能全科公费师范生300名。高校引进高层次人才博士99人、硕士115人。全面落实乡村教师支持计划,组织200名乡村教师外出疗养,表彰“乡村教学名师”和“最美乡村教师”200余人,自治区党委、政府表彰100名“教书育人楷模”和100名“师德标兵”。学生综合素质。建设特色示范课401堂。构建“三全育人”工作体系,组织开展“青年红色筑梦之旅”等活动。创建了100所青少年校园篮球特色学校、200多所足球特色学校,引进3名高水平外籍足球教练。协调教育部与自治区人民政府签署了学校美育改革与发展备忘录,举办了全区中小学艺术展演,参加全国第五届大学生艺术展演获得3个一等奖的优异成绩。在2015年开始试点的基础上,扩大到全区所有县(市、区),指导中小学校在课堂教学、课程开发和网络教学方面进行改革创新,探索扭转以分数为主评价学生的做法。

【科学技术】2018年,全区科技工作启动实施“五大科技创新行动”,推进科技体制机制改革。全年全区登记自治区级科技成果229项,比上年下降14.2%。其中,基础理论成果47项,应用技术成果167项,软科学成果15项。全年申请专利量9839件,增长14.8%,其中,发明专利2986件,增长16.6%。专利授权量5656件,增长33.3%,其中,发明专利授权量744件,增长13.2%。全年共签订技术合同618项,技术合同成交金额12.11亿元。年末全区拥有国家级工程技术研究中心3个,自治区级工程技术研究中心49个;国家重点实验室3个,自治区级重点实验室33个;国家级企业(集团)技术中心(含分中心)13个,自治区级企业(集团)技术中心68个;自治区级产业技术协同创新中心5个,临床医学研究中心20个,自治区技术创新中心174个。

【扶贫攻坚】2018年,全区贫困地区农民人均可支配收入达到9250元,增长11%,高于全区农民人均可支配收入2个百分点;实现11.5万建档立卡贫困人口脱贫退出,贫困发生率由6%下降到3%,比上年下降3个百分点;盐池县顺利通过国家评估验收脱贫退出,隆德县、泾源县、彭阳县具备脱贫退出条件。按照每人每年2300元(2010年不变价)的农村贫困标准计算,年末全区农村贫困人口12万人,比上年末减少11.5万人。全年全区生态移民人均可支配收入7602元,比上年增长10.9%。强化精准扶贫精准脱贫保障。将符合条件的低保户、新识别贫困户和返贫户及时建档立卡,动态调整新识别贫困人口0.94万人、返贫1059人。严格规范贫困退出标准、程序和人均纯收入计算方法，落实脱贫退出责任人签字背书制度，防止早退错退，确保脱真贫、真脱贫。财政投入。2018年共投入各类财政扶贫资金109.22亿元，增长14.6%，其中自治区财政扶贫资金6.6亿元，增长21.3%。规范财政涉农资金统筹整合，9个贫困县（区）涉农资金增幅超过全区平均增幅，共整合涉农资金69.46亿元，实现"应整尽整"。全面开展扶贫资金项目绩效管理，加快资金拨付进度，清理2017年度及以前闲置滞留、结转结余资金5.46亿元。金融扶贫。加大扶贫小额信贷投放，严格规范贷款用途，2018年1—11月，新增扶贫小额信贷68.3亿元，增长23.1%，贷款余额86.4亿元，覆盖率85.6%，户均贷款4.8万元，符合条件的贫困户实现"应贷尽贷"。全区风险补偿金达9.3亿元；贷款逾期余额827.8万元，逾期率0.1%。为贫困户提供特色产业、大病补充医疗、家庭意外伤害等保险保障，累计赔付1.46亿元，受益人口6.2万人次。基层组织力量。共培训各级扶贫干部250期、5.2万人次。实施"两个带头人"工程，大力实施村党组织带头人队伍整体优化提升行动，调整撤换村党组织书记248名；建立梯次培育机制，累计培养农村致富带头人14832名。强化驻村帮扶力量，配齐配强第一书记和驻村工作队，选派驻村工作队1512个；加强驻村干部管理，落实保障支持措施，激励帮扶干部履职尽责，表彰奖励第一书记和驻村队员273人，提拔使用30人；对工作不力的坚决撤换调整，共召回11人，问责65人，调整489人。基础设施建设。整合资金21.68亿元，统筹实施贫困村整村推进工程。巩固提升251个贫困村、9.15万贫困人口饮水安全，自来水普及率达到90%以上。推进"四好农村路"建设，行政村通硬化路全覆盖，农村公路累计通车里程2.7万公里。所有行政村、自然村全部通上动力电；贫困村光纤、4G、宽带实现全覆盖。提高脱贫攻坚质量。着力强化到村到户到人精准帮扶举措。攻坚深度贫困堡垒。全区扶贫资金60%以上投向"五县一片"深度贫困地区。向深度贫困村选派干部2068人、技术人员555名，动员组织100家企业结对帮扶107个深度贫困村。5个深度贫困县（区）跨省域调剂城乡建设用地增减挂钩结余指标1200亩，可获得补助资金3.6亿元。产业扶贫。建立产业项目、技术培训、小额信贷、帮扶措施、农业保险"五到户"扶持体系，大力发展草畜、枸杞、葡萄、滩羊、马铃薯、瓜菜、中药材等增收带动作用明显的特色产业，有序推进乡村旅游、电商、光伏等新业态，通过发展生产促进脱贫9.4万人。大力发展壮大集体经济，1100个贫困村近一半集体经济超过5万元。培训就业扶贫。出台就业扶贫"十七条"政策，全年培训贫困人口81674人，完成年度计划的102%。建设扶贫车间173个，近万名贫困地区劳动力实现就近就地就业。自治区每年购买3500个公益性岗位用于建档立卡贫困劳动力托底就业。加强跨省劳务协作，提高劳务对接组织化程度和就业质量，实现贫困人口跨省就业4300人。易地扶贫搬迁。累计搬迁安置移民80823人，全面完成"十三五"易地扶贫搬迁项目建设和安置任务。出台《关于解决政策性移民发展问题的实施意见》。加强"三保障"。共劝返辍学中小学生9473人，劝返率99%。安排7.36亿元，资助学生45万人次。投入11.3亿元实施贫困地区义务教育薄弱学校改造。持续实施农村义务教育学生营养改善计划，惠及学生26万人。贫困患者住院实行"先诊疗、后付费""一站式"结算，住院费用个人报销比例90%以上。全区75%以上的乡镇卫生院建设实现标准化，村卫生室标准化建设全覆盖。危窑危房改造方面，开工建设3.28万户（其中建档立卡户1.5万户），完成2.2万户计划任务的148%。综合保障性扶贫。精准做好"两项制度"衔接，2018年将农村低保标准提高到每人每年3800元，全区建档立卡与民政保障对象重合人口7.36万人，占全区未脱贫人口的30.8%。开展贫困残疾人脱贫行动，9.4万名残疾人纳入低保救助范围，占全区低保的20.2%；困难残疾人生活补贴、重度残疾人护理补贴覆盖率分别达到95%和97%。着力解决军烈属、退伍老兵及现役军人军属建档立卡贫困户脱贫问题。生态扶贫。共安排贫困地区生态项目资金11.42亿元。优先使用建档立卡贫困户的苗木和劳务，落实护林员岗位8500个，带动贫困家庭近2.5万人稳定脱贫。全社会参与脱贫。坚决贯彻落实中央东西部扶贫协作战略部署，进一步深化闽宁对口协作和中央单位定点帮扶，积极动员社会各界广泛参与，努力构建多点发力、各方出力、共同给力的脱贫攻坚格局。闽宁对口扶贫协作。出台《闽宁对口扶贫协作三年行动计划》，召开闽宁对口协作第22次联席会议。编制闽宁镇乡村振兴规划、脱贫致富奔小康三年行动计划。加强沟通交流，两省区党政领导多次互访对接。累计建立结对关系307对。2018年，福建省投入财政帮扶资金3.2亿元，实施帮扶项目167个，新建闽宁示范村36个，总数达到

110个。中央单位定点扶贫。9家中央单位选派优秀干部,加大资金投入、智力支持和技术服务,精准帮扶宁夏9个贫困县(区)。已投入帮扶资金1.05亿元,引进帮扶资金0.86亿元。社会力量参与脱贫攻坚。扎实开展"百企帮百村"行动,483家民营企业帮扶367个贫困村,实施各类帮扶项目1000余个,累计投入21亿元。引导支持社会力量积极参与脱贫攻坚,参与社会组织达到161家,实施帮扶项目179个,投入帮扶资金6.53亿元。开展扶贫志愿服务活动,参与团队381个,人员3.54万人次。激发贫困群众内生动力。对脱贫户发放脱贫光荣证书,倾斜安排支农惠农项目资金,培育贫困群众发展生产和务工经商的基本技能。大力实施移风易俗"五大行动",贫困村综合文化服务中心实现全覆盖,建设"新时代农民讲习所"1186个,举办各类讲座3427场次,用身边人身边事激发贫困群众内生动力。

【应急管理】2018年,自治区应急管理工作完成了为自治区成立60周年庆祝活动保安全的任务,完成了自治区党委巡视反馈意见整改,推动安全生产各项工作取得新的进展。全年全区累计发生生产经营性事故242起,比上年下降8.3%;死亡188人,下降4.6%。亿元GDP生产安全事故死亡人数为0.05人/亿元;道路交通万车死亡率为2.15,上升4.9%;煤矿百万吨死亡人数为0.12。制定《2018年全区安全生产工作要点》,自治区政府与五市、宁东管委会和各负有安全监管职责的部门签订目标责任书。召开了4次安委会(扩大)会议、1次电视电话会,每季度召开调度会,逢重大节日、重点时段,及时制定印发通知。研究制定《宁夏党政领导干部安全生产责任制实施细则》《安全生产约谈实施办法》《安全生产一票否决实施办法》。在银川市、中卫市首次启动开展了安全生产集中巡查。出台了《关于进一步落实企业全员岗位安全生产责任制的指导意见》。把隐患当事故来治理。2018年,先后组织开展"除隐患、保安全"专项行动、"除隐患、保安全"问题隐患整改销号行动、重点行业领域十大专项整治行动和百日安全生产专项整治"四大行动"。自治区安委办督促消除了一大批安全隐患,打击治理了一大批非法违法行为。"四大行动"期间累计查治隐患104506项,打击违法行为17043起,关闭取缔企业193家,实施停产整顿687家,行政处罚1.01亿元,投入整改资金3.5亿元。建立督查督办机制,对安全生产改革实施意见落实情况开展了专项督查。编制出台《区、市、县三级政务服务事项要素清单及办事指南(试行)》,构建了事项办理"三级四同"审批服务体系,统一了区市县三级审批事项目录,明确了三级163项政务服务事项,确认了143项可实现"不见面"办理,占总量的88%。把强监管、严准入的事项控制在15个工作日内办结,把占比27%的办事项列为即办件办理,办结时限比法定办结时限压减73%。推进企业分级分类管理(ABCD四级),大力推动企业达标晋级分类,减少对管理较好的(AB类)企业检查频次。自治区安监局制定了《关于强化服务减轻基层工作负担的通知》《安全生产年度监督检查计划编制办法》,投入资金400万元对11个化工园区开展了定量风险评估。制定出台《重大行政执法决定法制审核制度(试行)》《自治区安监局行政执法公示制度(试行)》等制度。对4起事故查处进行了挂牌督办,已经结案的25起事故中纪检监察机关追责各级党政干部14人。争取中央财政资金836万元,为22个县区安监机构采购现场检查、生产设备检查2大类610台(套)执法装备,组织开展了全系统干部业务培训。在浙江大学举办了全区领导干部安全生产责任落实专题培训班,培训自治区安委会成员单位和各市、县(区)分管领导80余人。组织"三项岗位人员"培训考试,累计考核11593人次。

【体育事业】2018年,宁夏运动员参加国际国内比赛共取得金牌28枚、银牌29枚、铜牌40枚。全年有158人达到国家一级运动员等级标准,390人达到国家二级运动员等级标准,19人获得国家一级裁判员等级称号。举办2018年全区青少年锦标赛,有33人次破18项自治区纪录,104人次和675人次分别达到一级和二级运动员等级,2人选入田径国家青少年队和解放军队集训。举办银川国际马拉松赛、环青海湖公路自行车赛、吴忠黄河金岸马拉松赛、ITF国际男子职业网球巡回赛、"一带一路"国际男子篮球四国邀请赛、国际排联沙滩排球巡回赛、全国青年男子篮球锦标赛、全国女子拳击冠军赛、全国U系列青少年攀岩、羽毛球、射击锦标赛等重大体育赛事。举办全民健身季、全民健身节两大系列1364项各级各类健身活动,直接带动330多万人次参与。特别是首次创办宁夏体育大集,有42个体育协会、单位及企业助阵,数百项体育赛事和特色项目集中呈现,3万多人参与。委托第三方完成《全民健身实施计划》暨公共体育服务体系建设中期评估。全区经常参加体育锻炼人口占总人口比例达到30%以上,提前完成了"十三五"发展目标;全区人均场地面积达到2.15平方米,高于全国1.66的平均水平,群众身边的公共体育场地设施网络实现初步覆盖。参加国际国内各类比赛，共获8金4银4铜136个录取名次。射箭运动员孙权代表国家参加射箭世界杯上海站、美国盐湖城站和雅加达亚运会的比赛，获得世界杯盐湖城站团体淘汰赛第二名和亚运会反曲弓男子团体赛铜牌。在宁夏开展冰雪项目跨界跨项跨季选材工作，51名运动员入选国家集训队。开展冰雪产业人才培训近万人。3名队员代表宁夏首次参加全国雪上项目比赛。研究制定《公共体育赛事活动购买服务管理办法（试行）》等8项制度办法。建成30公里健身步道、10个多功能运动场、1个体育公园、88套健身驿站、40个儿童运动乐园，为全区555个贫困村综合文化服务中心配置了体育器材。宁夏青少年足球训练基地和体育科技监测中心项目加快建设，按进度完成了足球馆、体育科技监测中心和食堂主体工程。推动培养青少年掌握1-2项体育技能。实施青少年体育夏令营工程，举办13个项目15场次夏令营，1100名青少年免费入营，让孩子通过夏令营爱上体育运动。首次对市、县（区）业余训练给予专项经费支持，组织近6000名青少年运动员冬训。加快推动校园足球发展，石嘴山市和灵武市被命名为校园足球试点城市，承办了全国五人制足球甲级联赛总决赛、全国青少年校园足球大赛等比赛，有9名青少年运动员被中国足球运动学院录取，陈少鸿和杨立春入选中超。推进体育职业学院管理工作，完成招生工作。

【住房和城乡建设】规划管控。研究制定《历史文化名城名镇名村保护评估制度》，指导各市对已确定的历史特色街区和历史建筑进行挂牌保护。深入推进城市建成区违法建设专项治理工作五年行动，累计查处违法建设30.44万平方米。严格勘察设计行业监管，研发完成宁夏施工图电子审查管理平台，制定《宁夏回族自治区工程勘察设计企业和从业人员信用评价管理办法》，在全国领先推行施工图“多图联审”改革。开展开发区（工业园区）土地利用和管理问题整改及整合优化，按照国家要求对宁东管委会等开发区（工业园区）扩区调位事宜进行审核，对不符合城乡总体规划的给予纠正。住房保障。2018年，全区计划改造城镇棚户区住房29992套。截至12月底，全区共开工城镇棚户区住房改造29992套，占年度计划的100%；棚改货币化安置1.77万套，占棚改任务的59%；完成投资51.3亿元，占年度计划投资的171%；发放城镇住房保障家庭租赁补贴1.16万户，占年度计划的108.2%；基本建成公共租赁住房3.51万套，占年度计划的167.3%；公共租赁住房累计分配17.57万套，占年度计划的97.6%，累计入住15.59万套，占年度计划的93.4%。累计对187284万户住房困难家庭实施住房保障。共争取中央财政专项补助资金8.95亿元，中央预算内配套基础设施补助资金8.38亿元，落实自治区财政专项补助资金2.8亿元，2018年全区棚改套均补助资金达到6.7万元，为历年最高。在全国率先推行住房保障档案星级管理标准化工作。推进农村危窑危房改造。2018年，全区计划完成危窑危房改造22164户，完成固定资产投资17.7亿元，计划拨付补助资金3.88亿元全部到位，危窑危房改造开工32169户，占年度任务的145%，竣工31026户，占年度任务的140%，完成固定资产投资24.8亿元，占年度计划完成总投资的140%。房地产业。截至11月底，全区房地产投资430.2亿元，同比下降30.7%；房屋施工面积6094.3万平方米，同比下降11.5%；房屋新开工面积927.7万平方米，同比下降16.4%；商品房销售面积892万平方米，同比下降1.1%；商品房待售面积912.1万平方米，同比下降12%。与中国建设银行宁夏分行签订“住房租赁工作战略合作协议”，指导五市与当地建设银行合作搭建住房租赁交易服务平台。住房公积金使用。全区缴存新增79.5亿元，同比增长2.5%，完成效能目标的120.45%；提取58.32亿元，同比减少3.67%；发放个人住房贷款55.86亿元，同比减少3.12%，完成效能目标的112.15%；个贷率84.46%，贷款支持职工购房198.98万平方米，占全区住房销售总面积的30%。物业服务。银川市率先在全区建立了市、县（区）、物业企业“三级联动”的物业信用信息平台，出台《银川市物业服务企业及物业从业人员信用信息管理办法》，试点经验在全区推广。城镇发展。印发《2018年全区新型城镇化工作要点》《自治区推进新型城镇化考核办法》，统筹实施城镇化重点项目466个。全区共开工建设地下综合管廊项目17个、62.26公里，累计形成廊体59.15公里；指导银川市出台《银川市城市地下综合管廊有偿使用费参考收费标准（试行）》。指导固原市加快海绵城市建设，建成项目101个，累计完成投资19.6亿元。全区城市人均公园绿地面积达到17.74平方米。推进城市黑臭水体整治，五市建成区13条黑臭水体整治完成12条。会同自治区发改委完成全区36座城镇污水处理厂提标改造，配合环保厅督导各地完成20蒸吨及以下供热燃煤锅炉清零工作，银川市“东热西送”项目实现供暖，全区集中供热面积达到1.99亿平方米，占全区供热总面积的86.2%。银川市开展“全国生活垃圾强制分类试点城市”建设，项目覆盖2个片区、52个居民小区、35万人口，生活垃圾回收利用率达到18%。城市综合执法体制改革，先后出台《推行行政执法全过程记录制度实施方案》《城市管理执法人员十条禁令》等政策。全区27个市、县（区）和宁东管委会已全部完成方案制定等任务。5个地级市、10个县完成数字化平台建设。开展“强基础、转作风、树形象”三年专项行动，全区共配备执法车辆689辆，执法记录仪1601套，对3000名一线人员进行了培训，执法人员持证上岗率达到80%。行政审批事项从31项减少到15项。2项政务服务事项、2项备案类事项纳入全区“多证合一”范围。取消部分审批事项地市一级复审，将原区、市、县三级审批类事项简化为二级审批，将原区、市二级审批类事项简化为一级审批，赋予宁东能源化工基地管理委员会住房城乡建设行政主管部门在该辖区内行使地级城市行政审批职能。制定清单，将110项政务服务事项全部纳入“不见面网上办”事项。

（王会宁）

生态文明建设

【生态环境】2018年，全区水资源总量14.54亿立方米。全年全区平均降水量389毫米，比上年增长17.17%。全年全区总用水量66.17亿立方米，增长0.17%。其中，生活用水3.31亿立方米，增长10.31%；工业用水4.34亿立方米，下降3.81%；农业用水56.3亿立方米，下降0.13%。万元地区生产总值用水量181立方米，下降6.38%；万元工业增加值用水量35立方米，下降11.01%。人均用水量966立方米，下降0.8%。全年全区完成营造林面积150.08万亩，其中人工营造林面积67.24万亩。森林抚育面积40万亩。年末全区自然保护区14个，其中国家级自然保护区9个，自治区级自然保护区5个。全年全区供水普及率为96.55%，比上年提高0.8个百分点；燃气普及率89.87%，比上年提高3.24个百分点；建成区绿地率为36.93%，比上年提高0.23个百分点；生活垃圾处理率为98.82%，比上年提高0.47个百分点。全年黄河干流宁夏段入境至出境均为Ⅱ类优水质，所占比例达100%。地表水达到或好于Ⅲ类水体比例为73.3%。全年全区五个地级城市环境空气质量平均优良天数为277天，优良天数比例为75.9%。细微颗粒（$PM_{2.5}$）平均浓度为35微克/立方米，同比下降10.3%。可吸入颗粒物（PM_{10}）平均浓度为82微克/立方米。全年全区五个地级城市昼间区域声环境质量等级为二级；夜间区域声环境质量等级为三级，总体水平评价为一般。

【生态修复】提升绿质绿效。启动实施大规模国土绿化行动，重点抓好引黄灌区平原绿洲绿网提升、六盘山重点生态功能区降水量400毫米以上区域造林绿化、南华山外围区域水源涵养林建设提升、同心红寺堡文冠果生态经济林建设等“四大工程”。2018年全区完成营造林150万亩，占计划任务的107.1%，其中人工造林62.2万亩、退化林分改造14.2万亩、封山育林22.4万亩、退耕还林3.0万亩、未成林补植补造48.2万亩，义务植树1000万株，治理荒漠化90万亩。进一步扩大湿地产权确权试点范围。完成银川、石嘴山、固原、中卫市湿地产权调查工作，共调查湿地面积219万亩，确权登簿181万亩，涉及215个乡（镇、街道办）1592个村21574个农户。推进在彭阳、隆德、西吉开展的“三权分置”改革试点工作，首批集体林地经营权流转证在彭阳县颁发；扶持发展林下经济4.2万亩，全区林下经济面积达到366.7万亩，实现产值近21亿元。引导鼓励流转集体林地1.2万亩。严格资源监管。169处整治点全面完成环境整治和生态修复任务，全部通过了自治区级阶段性验收，14亿元专项整治资金全部到位。全力推进自然保护地大检查和“绿盾”专项行动。摸清自然保护地现状，组织对全区自然保护地进行矢量图落界。严格林地用途、定额和采伐限额管理。排查出涉嫌违法违规使用林地图斑1216个。全面落实防治责任，完成松材线虫病监测80.75万亩、鼠（兔）害防治137万亩次，林业有害生物成灾率控制在4.62‰以内，无公害防治率90.64%，种苗产地检疫率100%。成功处置贺兰山保护区野生岩羊感染小反刍疫情。建立湿地保护修复联席会议制度，指导督促湿地公园完善设施。严格落实森林防火责任制，大力推广森林防火“固原经验”，建立森林防火行政责任人和管理责任人公示等制度，逐级压实防火责任，全区未发生重大以上森林火灾。提升保障能力。全年共审批建设项目使用林地443宗，争取国家林地定额指标2050公顷，收缴森林植被恢复费31481万元，办理林木采伐205件限额5129立方米。自治区人大审议通过《宁夏湿地保护条例》、自治区政府审议《宁夏森林公园管理办法》。成立宁夏第一家环境资源保护法庭——银川市西夏区人民法院贺兰山环境资源保护法庭。开展“飓风1号”“春雷2018”、贺兰山环境整治“零点行动”等专项行动，严厉惩治破坏森林资源违法犯罪行为，完成国家挂牌督办案件3起，侦办特大滥伐林木案件4起。受理各类案件422起，打击处理违法人员384人，收缴非法猎捕、贩卖野生动物960头（只）。壮大富民产业。新增枸杞种植面积6.1万亩，枸杞标准化率达63%、统防统治率达57%、设施制干率达52%。大力推广枸杞病虫害“五步法”绿色防控技术，建立7个绿色防控核心示范区1.5万亩，探索推广“科研机构＋专业化统防统治公司＋枸杞经营主体”的新型专业化社会服务组织模式，社会化服务组织达233家。主办了2018枸杞产业博览会，11家企业获得美国FDA认证，“中宁枸杞”品牌价值提升到172.9亿元。新增经济林6万亩，占计划任务的120%，其中苹果2.6万亩、红枣0.6万亩、设施果树及花卉0.6万亩、小杂果及其他经济林2.2万亩；完成苹果、红枣等“三低”果园改造11万亩。举办产业培训班4期，培训技术骨干300多人次。印发《生态扶贫工作方案》《2018年林业脱贫攻坚工作实施方案》。国家林草局下达宁夏2018年生态护林员指标1000名。优先将贫困县纳入规划范围，造林绿化优先使用建档立卡贫困户的苗木和劳务。2018年，林业生产累计提供就业机会15.17万人次，人均工资性收入近300元。造林绿化、退耕还林、生态护林员、林业产业、庭院经济、生态补偿等扶贫措施重点倾斜9个贫困县区，带动约5.7万户建档立卡户近17.9万贫困人口增收，带动减贫9500余户约28900人，个别地区建档立卡户参与造林劳务和苗木收入户均超过1万元。支持闽宁镇生态建设，下达生态建设和枸杞产业发展资金1760万元。强化引领作用。组织完成森林防火、生态定位站、自然保护区等31个基本建设项目可研和14个中央财政林业补助项目，争取资金15.29亿元。全年下达中央和自治区项目资金19亿元，较上年增加11.8%。加快推进院士工作站建设，新建枸杞产业人才高地工作站5个。制定《西北盐碱地暗沟排盐造林技术规程》行业标准1项，制定审定《绚丽海棠栽培技术规程》等63项林业地方标准。组织引进美国红枫、速生法桐等7个优新树种。加强基层场站建设，新建标准化基层林业站10个、科技站5个。全力支持贫困国有林场建设，争取贫困林场扶贫资金2136万元。

【污染防治】2018年，宁夏启动蓝天保卫战。实施燃煤污染整治，银川市“东热西送”一期工程顺利达到供暖条件，西夏热电二期4#机组投运，两个项目新增供热能力分别达到3770万平方米、700万平方米，建成清洁煤配送中心33家。重点行业治理。银川都市圈范围内火电钢铁等行业全部执行大气污染物特别排放限值，提前两年完成30万千瓦以上火电机组超低排放改造。深化水泥等重点行业企业达标排放治理改造，全区大气治理项目完成率达到76.5%。扬尘污染治理。全区城市道路机械化清扫率平均达到64%。对秸秆禁烧责任落实不到位、秸秆焚烧严重的贺兰、西夏、灵武、青铜峡等县（市、区）进行通报。机动车污染防治。优化完善自治区机动车排污监管平台功能，开展柴油货车污染治理专项行动，各地均制定完善重型车辆绕行方案，明确重型柴油车禁限行区域、路段及绕行具体线路，全区淘汰老旧车1.85万辆。督查问效。对石嘴山、吴忠、固原、中卫市及利通区、隆德县、西吉县、沙坡头区等进行约谈，组织开展全区性督查检查3次，先后向相关地市下发预警函14份，督办函3份，每月对五市、宁东基地及各县（市、区）环境空气质量进行排名。首次打响新时代黄河保卫战。指导实施黄河干支流、重点入黄排水沟、“一河两湖”综合治理和省级及以上工业园区污水处理设施建设，全区36个城镇污水处理厂全部完成工程建设，并达到一级A排放标准，31个省级及以上工业园区全部实现污水集中处理，8条重点入黄排水沟建成投用人工湿地工程，13条黑臭水体中11条已消除或基本消除黑臭，超额完成国家考核任务。开展黄河支流和重点湖泊环境治理。封堵入黄河干流工业企业直排口10个、直排河流湖泊排水沟排污口45个。实施沙湖污水外迁、水体置换等13项治理工程；渝河实施了控源截污、河库共治、生态修复综合治理工程，全面排查了清水河沿线34个主要污染源，实施精准治理，清水河水质综合评价同比由劣Ⅴ类提升为Ⅳ类，葫芦河、渝河水质由劣Ⅴ类提升到Ⅲ类以上，茹河达到了Ⅲ类（剔除本底值），沙湖从4月份以来稳定保持Ⅳ水质。饮用水水源地保护。开展集中式饮用水水源地环境保护专项行动，定期公示水源地整治进展情况。全区划定禁养区254个，禁养区内33家规模化养殖场已全部关闭或搬迁，整治工作被生态环境部点名表扬，黄河干流宁夏段22年来首次连续13个月出入境断面水质保持在Ⅱ类优水质。推进土壤防治行动计划。推进土壤污染详查工作，完成农用地土壤样品的采集、制备和分析测试工作，农产品分析测试率达到83.6%。组织对首批3起疑似污染地块施行联动监管。推进化肥农药减量使用，建立并完善测土配方施肥数据库，实施绿肥还田15万亩，化肥利用率提高到37%，化肥用量控制在104.7万吨，基本实现化肥零增长。开展一般工业固体废物贮存、处置场固体废物、废弃危险化学品等专项检查，建立全区固体废物环境管理专家库，公布危险废物重点监管企业109家、一般固体废物重点监管企业45家、重金属监管企业20家，74家涉危企业安装在线视频监控258个，组织实施危险废物经营许可证审核25件、危险废物跨省转移审批115件，转移量35余万吨。

【生态环境治理】2018年，全区出台《关于全面加强生态环境保护坚决打好污染防治攻坚战的实施意见》《打赢蓝天保卫战三年行动计划》，推动实施工业园区整合、沿黄生态经济带建设、银川都市圈发展等重大战略。推进2018重点污染治理交办会任务，主要负责人深入一线推动"东热西送"、重点流域治理、"散乱污"企业整治等任务落实。对中央环保督察"回头看"发现问题，边督边改，立行立改，严防"一刀切"，推动解决了一大批群众身边的生态环境问题。截至10月底，中央环保督察"回头看"期间向宁夏转办群众投诉件1339件，已办结1311件，办结率98%，追责问责212人次。配合自治区成立了党政主要负责人任"双组长"的高规格整改工作领导小组，对中央环保督察"回头看"及水专项督察反馈意见逐一梳理研究，认真制定整改方案，实行省级领导和法检两长全覆盖包抓机制，确保反馈问题事事有人管、件件有落实。通过采取巡查回访、公开曝光、通报约谈、行政处罚等综合措施，推动整改。截至10月底，下发工作通报5期、督办函12份，点名通报具体问题50余个，报道整改新闻963条；第一轮中央环保督察整改任务41项，完成整改25项，10项达到时速进度要求。宁夏与京津冀、长江经济带14个省区被纳入第一批划定生态保护红线试点范围，首批完成生态环保红线划定通过国家审核，并向社会进行了发布，全区生态红线面积占国土总面积的24.76%。集中开展9个国家级自然保护区勘界专题研究，沙坡头、南华山等4个保护区勘界报告自治区政府同意通过。率先在全国开展生态保护红线管理地方立法，《宁夏生态保护红线管理条例(草案)》已通过自治区人大常委会第一次审议。连续两年开展"绿盾"自然保护区清理整治专项行动，共排查自然保护区人类活动点位2616处，保留和完成整治2556处。中央环保督察指出的贺兰山保护区169处点位全部完成整治，六盘山保护区10项整改任务完成9项，罗山保护区38台风力发机组完成拆除，得到中央生态环境保护督察办公室肯定。自治区将发改、国土、林业、农牧、水利等部门涉及环保的职责整合优化，组建新的自治区生态环境厅，扎实推进省以下环保机构监测监察执法垂直管理制度改革。研究制定生态环境损害赔偿制度改革方案。组织开展全区农副食品加工、石油化工、有色金属冶炼等6个行业排污许可证核发摸底调查工作。组织开展大气、水、自然保护区、水源地、秸秆焚烧等专项执法检查，严格执行环境执法"双随机"制度，严厉惩治环境违法行为。截至10月底，全区环境保护部门随机抽查企业3690家次，实施行政处罚891起、处罚金额1.12亿元，较上年增加近4000万元，其中实施按日连续处罚6起累计罚款3103.2万元，查封扣押65起，限产停产60起，移送拘留18起，涉嫌污染犯罪移送公安10起。强化辐射环境安全监管，全区辐射环境质量安全可控。"平安—2018"辐射事故应急综合演习顺利通过生态环境部现场评估验收。2018年自治区财政下达环保专项资金30.31亿元(其中中央环保专项资金3.18亿元)，较上年的8.32亿元增长了264%，共支持环保项目1176个，比2017年的996个增加了180个，增幅为18%。组织开展自治区第二次全国污染源普查工作，完成75%的入户调查任务，伴生放射性矿普查初测任务完成率100%。扎实推进大气污染热点网格智能监管试点，上收22个区控环境空气质量监测站点和1个六盘山国家背景区域站监测事权。推进区控断面"采测分离"和自动站建设，在黄河干支流、重点湖泊水库、饮用水水源地、重点入黄排水沟共设置115个考核断面，实现县界断面交水、断面考核。

(王会宁)

大事记

DASHIJI

NINGXIA YEARBOOK

编辑◎黄　鑫

1月

2日　自治区党委常委会召开会议，传达学习中央农村工作会议精神，研究贯彻意见。自治区党委书记石泰峰主持会议并讲话。

△　在中央人才工作协调小组办公室发布的《第三批国家“万人计划”领军人才人选公示》《第三批国家“万人计划”青年拔尖人才人选公示》名单中，宁夏共6人入选，其中“万人计划”教学名师和青年拔尖人才实现“零”的突破。

△　平罗县地税局征收大厅为丽珠集团宁夏新北江制药有限公司开出2.02万元的水资源税票，这也是全区首张水资源税票。

2—5日　国家禁毒委督导组深入银川、吴忠、中卫等地的11个基层单位，对宁夏创建全国禁毒示范省区等工作进行督导检查。督导组肯定宁夏禁毒工作扎实、特色鲜明、实效突出，为全国禁毒工作提供了鲜活样板。

3日　自治区主席咸辉主持召开政府第110次常务会议，传达学习习近平总书记关于深入推进“四好农村路”建设重要批示和中央农村工作会议、全国扶贫开发工作会议精神，审议《关于打造全国民族团结进步示范区实施方案》《自治区安全生产“一票否决”实施办法》等，决定修改完善后报自治区党委。

△　满载进口锰矿石的“BIRTE OLDENDORFF”号货轮历经51天跨洋航行，自非洲加纳抵达中国青岛港。这是宁夏天元锰业集团组建天元物流集团有限公司以来实施的首次货轮航行，标志着宁夏这个内陆省区在“一带一路”上有了自己的远洋船队。

4日　《宁夏回族自治区县域义务教育优质均衡发展督导评估实施方案》出台。该方案规定，只有达到小学所有班级学生数分别不超过45人、初中所有班级学生数分别不超过50人等标准，才能被认定为义务教育优质均衡发展县。

5日　宁夏召开中央到宁博士服务团座谈会，欢送第17批、欢迎第18批中央到宁夏博士服务团，自治区党委常委、组织部部长盛荣华出席会议。

△　覆盖全区41个部门、5个地级市、22个县（市、区）、247个乡镇（街道）政务服务资源的宁夏政务服务网正式运行，62.7%的政务服务事项可通过该网实现不见面办理。

△　宁夏扶贫基金会、黄河农村商业银行联合在银川市金凤区润丰神华爱心小学举行“关爱青少年健康成长”安全爱心包捐赠活动，230多名学生收到了装着安全知识科普图书、学习用品的新书包。

9日　自治区党委常委会召开会议，学习“新进中央委员会的委员、候补委员和省部级主要领导干部学习贯彻习近平新时代中国特色社会主义思想和中央十九大精神研讨班”精神，传达学习习近平总书记在中央政治局民主生活会上的重要讲话和《中共中央关于中央政治局民主生活会情况的通报》精神，传达学习全国宣传部长会议精神，研究贯彻意见。自治区党委书记石泰峰主持会议并讲话。

△　自治区党委常委会召开会议，决定追授李进祯为“全区脱贫攻坚优秀共产党员”。李进祯生前系同心县兴隆乡民生保障服务中心主任，2017年10月25日，在工作岗位上突发心肌梗死，经抢救无效不幸去世，年仅52岁。

10日　自治区政府与中央民族大学在银川举行战略合作协议签约仪式。未来五年，双方将在战略研究、决策咨询、人才培养、教育培训和科技交流等方面开展全方位、多层次的交流合作。自治区主席咸辉与国家民委专职委员、中央民族大学党委书记张京泽出席签约仪式并举行座谈。

13日 国务院安委会对宁夏2017年安全生产工作考核反馈会在银川召开。自治区主席、安委会主任咸辉主持会议并讲话。国务院安委会第五考核组由交通运输部安全总监成平带队向宁夏反馈考核意见。

14日 宁夏军区党委十一届十一次全体(扩大)会议在银川召开。自治区党委书记、宁夏军区党委第一书记石泰峰出席会议并讲话。自治区领导姜志刚、纪峥、张柱出席会议。

17日 全国总工会送温暖慰问团一行,到宁夏慰问困难企业、困难劳模和困难职工。

18日 宁夏电力市场管理委员会在银川成立。该委员会的成立,标志着宁夏电力体制改革和市场化建设迈出了关键一步,对于推进电力交易机构规范运作,搭建市场主体民主平等的协商对话平台,构筑公开透明、公平公正、竞争有序的市场机制具有十分重要的意义。

△ 盐环定扬黄工程更新改造项目中第一座具备空载运行条件的泵站——位于盐池县惠安堡镇附近的六泵站空载运行成功,为项目4月按期通水发挥效益奠定了基础。

19日 由自治区党委宣传部等15个部门主办的2018年全区文化科技卫生"三下乡"集中示范活动,在吴忠市红寺堡区红寺堡镇体育广场启动。活动还表彰了西吉县金山文化园文化大院等10家第七届全国服务农民服务基层文化建设先进集体。

△ 塞上情·科技梦——第二届"宁夏最美科技人"颁奖仪式在银川举行,周小军等10名科技工作者获得"宁夏最美科技人"称号。

22日 由自治区党委宣传部、自治区文明办、宁夏日报报业集团等单位联合主办的第三届自治区"百孝之星"大型公益评选活动授奖仪式在银川举行。

△ 宁夏社会科学院举办"宁夏智库丛书"新闻发布会。

23日 中国载人航天工程办公室副主任杨利伟为"中国载人航天科技产业化项目实施单位"——宁夏航天产业投资管理有限公司授牌,自治区副主席王和山参加了授牌暨合作签约仪式。

25—30日 中国人民政治协商会议宁夏回族自治区第十一届委员会第一次会议在宁夏人民会堂召开。

26—31日 宁夏回族自治区第十二届人民代表大会第一次会议在银川召开。会议圆满完成各项议程,石泰峰当选自治区第十二届人大常委会主任,李锐、姚爱兴、左军、吴玉才、彭友东、董玲当选副主任,徐力群当选秘书长;咸辉当选自治区人民政府主席,张超超、马顺清、王和山、刘可为、许尔锋、马汉成、杨培君当选自治区人民政府副主席;许传智当选自治区监察委员会主任;沙闻麟当选自治区高级人民法院院长;时侠联当选自治区人民检察院检察长(根据地方组织法规定,将报经最高人民检察院检察长提请全国人大常委会批准);选举出52名自治区第十二届人大常委会委员。会议还表决通过了关于政府工作报告的决议、关于自治区2017年国民经济和社会发展计划执行情况与2018年国民经济和社会发展计划的决议、关于2017年全区及区本级预算执行情况和2018年全区及区本级预算的决议、关于自治区人大常委会工作报告的决议、关于自治区高级人民法院工作报告的决议、关于自治区人民检察院工作报告的决议。

31日 自治区监察委员会正式挂牌成立,标志着宁夏按照中央统一部署,全面如期完成区、市、县三级监察委员会组建挂牌。自治区党委书记、人大常委会主任、自治区深化国家监察体制改革试点工作小组组长石泰峰为自治区监察委员会揭牌。

△ 由宁夏送变电工程有限公司承担的新疆昌吉至安徽皖南古泉的±1100千伏特高压宁夏段线路全部贯通。

△ 自治区政府与交通运输部在银川举行部区座谈会,就推进宁夏交通运输发展进行深入交流。交通运输部党组书记杨传堂、自治区主席咸辉出席并讲话。

△ 宁夏森淼枸杞科技开发有限公司自主研发的产品森淼红运果枸杞,近日通过美国食品药品监督管理局(FDA)认证,成为宁夏首个获得FDA认证的冻干枸杞产品。

△ 第十五届中国企业发展论坛暨2017中国企业十大新闻揭晓仪式在北京人民大会堂举行,宁夏天元锰业集团与华为、腾讯、中国平安保险、比亚迪等10家企业获"2017年度中国最具影响力企业"。

△ 在第八届中国智慧城市大会上,银川市获评"2017中国智慧城市发展示范城市",这是继获得"2017亚太区领军智慧城市""2017中国领军智慧城市奖"之后,银川摘得的又一项全国智慧城市大奖。

2月

2日 自治区统计局发布全区常住人口发展情况相关统计数据:2017年末,全区常住人口681.79万人,占全国内地总人口13.9亿人的4.9‰。总人口多于青海和西藏。全区人口发展主要呈现总人口增速回落、人口分布向北部转移、城镇化率稳步提高等特点。

△ 由宁夏人民医院牵头，宁夏医科大学总医院、银川市第一人民医院及宁夏石嘴山、吴忠、固原、中卫，内蒙古乌海等地的共42家综合医院联合成立“宁夏眼科联盟”。

5日 自治区农村工作会议在银川召开。会议强调，要深入学习贯彻习近平新时代中国特色社会主义思想，全面贯彻落实中央农村工作会议精神，大力实施乡村振兴战略，奋力开创新时代“三农”发展新局面。自治区党委书记石泰峰出席会议并讲话，自治区主席咸辉作具体工作部署。

6日 2018年脱贫攻坚工作会议在银川召开。会议指出，2017年宁夏有19.3万贫困人口脱贫，贫困地区农民人均可支配收入同比增长11.2%。强调2018年要坚持精准稳定可持续脱贫路径，建立稳定脱贫长效机制，在产业扶贫、金融扶贫、就业扶贫上精准发力，做到脱贫进度与质量有机统一。

△ 全区政法综治信访维稳工作暨扫黑除恶专项斗争电视电话会议在银川召开。自治区党委书记石泰峰就全区政法综治信访维稳工作和扫黑除恶专项斗争作出批示。

△ 财政部发布《关于公布第四批政府和社会资本合作示范项目名单的通知》，确定宁夏彭阳县美丽茹河建设PPP项目等4个项目入选第四批政府和社会资本合作(PPP)示范项目。

7日 宁夏妇女儿童维权服务中心挂牌运行，旨在推动形成法治宣传、信访接待、婚姻调解、法律援助、心理疏导、困难救助“六位一体”的妇女维权工作模式。

△ 由宁夏医科大学总医院副院长、心脏中心主任贾绍斌领衔的医疗团队与武汉亚洲心脏病医院副院长苏晞合作，成功为1名71岁的持续性房颤患者实施左心耳封堵术，这是2018年国际上预防房颤病人卒的最新方法，在宁夏尚属首次。

△ 宁夏规模最大、覆盖范围最广的第三方检验机构——宁夏金域医学检验所有限公司正式落户贺兰县科技创新中心，服务范围涵盖全区各市、县(区)，并与140家乡镇卫生院、县级诊疗机构、体检中心开展合作，以提高基层医疗检测水平。同时，还与自治区三甲医院共同发展高端技术平台，引进国内外高端技术人才。

15日 在中央电视台现场直播的春节联欢晚会上，宁夏京剧团演员刘京与京剧名家李胜素等联袂亮相戏曲联唱《盛世梨园美》，为全国观众精彩演绎京剧名篇《天女散花》选段，这是宁夏戏曲演员首次亮相央视春晚舞台。

19日 由自治区文化厅、宁夏演艺集团主办，宁夏秦腔剧院承办的“中国梦 塞上情”第三届梅花贺新春——秦腔名家演出活动在宁夏大剧院拉开帷幕。

22日 受德国特里尔大学孔子学院与埃森大学鲁尔都市孔子学院邀请，由银川艺术剧院创排的大型舞剧《月上贺兰》登上德国舞台，参加迎新春文化演出，让德国观众近距离感受宁夏文化的魅力。

23日 中央第八巡视组巡视宁夏工作动员会召开。中央第八巡视组组长宁延令就即将开展的巡视工作作了讲话，对配合做好巡视工作提出要求。石泰峰主持会议并作表态讲话。

是月 经民政部批准，灵武市被中国地名文化遗产保护促进会确认为“中国地名文化遗产千年古县”，正式跻身全国100个“千年古县”之列，成为宁夏首个获此称号的县(区)。

3月

6日 宁夏机关党的建设工作会议在银川召开，出台《关于进一步加强和改进机关党的建设的意见》。

7日 全国人大代表、全国人大常委会副委员长陈竺参加宁夏代表团审议宪法修正案草案时说，十八大以来，以习近平为核心的党中央高度重视宪法在治国理政中的重要地位和作用，明确坚持依法治国首先要坚持依宪治国，坚持依法执政首先要坚持依宪执政，采取一系列有力措施加强宪法实施和监督工作，为保证宪法实施提供了强有力的政治和制度保障。

7—8日 宁夏实施人才强区工程18条新政暨定向选调生招录宣介会先后在清华大学、北京大学和中国人民大学举行。

9日 十三届全国人大一次会议宁夏代表团举行全体会议，审议宪法修正案草案修改稿，审查计划报告和预算报告。

△ 自治区煤炭地质局由自治区国资委管理正式移交由宁夏地质局管理。

15日 哈巴湖生态旅游区被批准为国家AAAA级旅游景区。

16日 十三届全国人大一次会议宁夏代表团举行全体会议，审议监察法草案修改稿、关于批准国务院机构改革方案的决定草案、十三届全国人大一次会议选举和决定任命的办法草案。

21日 由以色列驻华使馆、以色列经济产业部和宁夏农牧厅共同主办的中国(宁夏)——以色列现代农业科技合作交流对接会在银川举办,13家以色列企业与宁夏130多家企业分别进行项目交流对接。

22日　银西高铁银吴段开始铺轨,标志着银西高铁银吴段正式进入轨道工程施工阶段,这也是银西高铁铺设的第一组长轨。

△　自治区召开国土绿化动员会,对全区国土绿化工作进行安排部署。自治区主席咸辉出席会议并讲话,强调要深入贯彻落实习近平总书记关于生态文明建设的战略思想,时刻牢记总书记视察宁夏时的重要指示,坚定不移实施生态立区战略,打造西部生态文明建设先行区,加快构筑祖国西北地区重要的生态安全屏障。

△　自治区卫计委、银川市卫计委在银川市口腔医院举行宁夏口腔专科联盟暨互联网+口腔医疗平台成立大会,宁夏各地及内蒙古阿拉善盟、乌海市等周边地区的67家医疗单位加盟宁夏口腔专科联盟,并将通过互联网+口腔医疗平台,提升宁夏整体口腔医疗水平,把优质医疗资源普惠更多基层群众。

24日　宁夏回族自治区全面深化改革领导小组召开第二十八次会议,审议通过《关于深入推进农村集体产权制度改革的实施意见》。

26日　福建省宁夏商会第一届第一次会员大会暨成立大会在厦门举行。莆田哈纳斯液化天然气有限公司总经理孔安生当选为首届会长,62家在闽宁夏籍企业成为会员单位。

4月

1日　宁夏宝丰能源催化公司通过宁夏电子税务局网络申报环保税49361.9元,并正确写入金税三期系统,标志着宁夏环境保护税申报业务正式开启。

2日　全区学习宣传贯彻习近平新时代中国特色社会主义思想理论研讨会在银川召开。

4日　自治区主席咸辉主持召开自治区民族工作联席会议,深入学习贯彻习近平总书记关于民族工作的重要指示精神,听取2018年全区民族工作重点任务安排和推进情况汇报,研究自治区第八次民族团结进步表彰大会及民族团结模范集体、模范个人推荐评选工作方案等事宜,安排部署2018年民族工作。

7日　国家社科基金重大项目“朔方文库”编纂开题论证会在银川举办。该项目将第一次全面、系统地分专题、分类整理研究宁夏古代文献,第一次以集成方式汇编、出版宁夏文献,让书写在古籍里的文字资料发挥更大作用。

10日　“2017年度全国十大考古新发现”揭晓,彭阳姚河塬商周遗址成功上榜。这是宁夏第三个入选年度全国十大考古新发现的考古遗址,宁夏考古项目连续两年入选。

12日　在重庆举办的2018中国“互联网+”数字经济峰会上,由《人民日报》全国党媒信息公共平台联合腾讯公司共同发起的2017年度中国“互联网+”优秀案例评选结果揭晓,中兴(银川)智慧产业有限公司选送的“银川基于大数据分析的‘互联网+’智慧交通案例”成功入选十大优秀案例。

16日　宁夏回族自治区党委常委会召开会议,传达学习习近平总书记在中央财经委员会第一次会议上的重要讲话精神和《中共中央办公厅、国务院办公厅关于2017年省级党委和政府扶贫开发工作考核情况的通报》,研究贯彻落实意见。

20日　民进宁夏区委会纪念中共中央发布“五一口号”70周年座谈会在银川举行。

△　宁夏移动在银川召开“万物智联 慧享宁夏”窄带物联网(NB-IoT)商用发布会,在全区正式商用NB-IoT网络,标志宁夏物联网发展迈入新阶段。

25日　银川市与中铁股份公司签署战略合作框架协议,双方重点在园区基础设施建设、水环境治理、棚户区改造、市政工程、轨道交通等领域开展多方面、深层次的战略合作。

△　自治区庆祝五一国际劳动节颁奖会在宁夏工人文化宫隆重举行。大会表彰奖励了获得自治区“五一劳动奖状”、奖章,获得工人先锋号称号的先进集体和先进个人。

△　共享装备股份有限公司成为宁夏首家通过《企业知识产权管理规范》国家标准(GB/T 29490-2013)认证的企业,标志着宁夏知识产权贯标认证企业实现“零”的突破。

25—26日　中共中央政治局委员、国务院副总理孙春兰在宁夏调研时强调,要以习近平新时代中国特色社会主义思想为指导,认真落实党中央、国务院决策部署,加快发展“互联网+医疗健康”,构建新型卫生健康服务模式,促进优质医疗资源下沉,使更多城乡居民和贫困家庭共享优质医疗服务,缓解群众看病难看病贵的问题,防止因病致贫返贫。

27日　宁夏国有资产投资控股集团旗下控股公司——宁夏国投保险代理公司揭牌,并与人保、平安和太平洋三家保险公司签署战略合作协议。

28日　国家心血管病中心高血压

专病医联体宁夏中心暨宁夏高血压专病联盟在银川市第一人民医院成立。

△ 北京屈正爱心基金会与银川卡瓦心脏中心签约，成立宁夏首家“医疗救助贫困先心病儿童”项目定点医院，将为宁夏贫困先心病患儿及其家庭提供免费救治。

是月 在北京召开的第二届中国县域经济发展论坛上，盐池县获评2018年“中国县域经济投资潜力县”和“中国县域经济发展优秀实践县”称号。

△ 国务院办公厅对31个省区市和新疆生产建设兵团2017年网上政务服务能力开展了第三方评估，并发布《省级政府网上政务服务能力调查评估报告(2018)》，结果显示宁夏排名第十一，较2016年度上升12个位次，在西北地区位列第一，反映出宁夏政府网上政务服务能力大幅提高。

5月

2日 宁夏回族自治区党委办公厅、政府办公厅印发《关于加快推进文化小康助力脱贫富民和乡村振兴战略的实施意见》，聚焦宁夏在全面建成小康社会中的文化短板和亟须解决的问题，从6个方面提出18条措施，推进乡村产业发展和乡村文化繁荣，助力脱贫富民和乡村振兴。

3日 自治区政府与中国交通建设股份有限公司在银川举行战略合作协议签约仪式。双方将在国际产能与区内项目等方面开展深入合作。同时，中国交通建设股份有限公司还将联合宁夏交通投资集团公司共同发起设立500亿“宁夏交通发展基金”，全力参与宁夏交通等重大基础设施项目建设。

4日 中国医学科学院血液病医院(血液学研究所)与银川市第一人民医院签署了战略援助合作协议书，并授牌成立中国医学科学院血液病医院(血液学研究所)银川市第一人民医院MDS诊疗中心。这是西北地区唯一获得授牌的MDS诊疗中心。

4—10日 首届中国(宁夏)国际车展暨第十届中国西部(银川)房·车博览会在银川举办。有近25万人次观展，17款新车隆重首发，20多项精彩活动竞相绽放，博览会实现总成交额3.01亿元。

7日 自治区住房城乡建设厅审批办公室获全国“工人先锋号”揭牌仪式在自治区政务中心举行。

8日 宁夏文化艺术节·“清凉宁夏”广场文化活动启动仪式暨2017年全区广场文化示范演出颁奖晚会在银川市光明广场举行。

9—10日 自治区党委书记石泰峰在银川市、吴忠市调研民族宗教工作并召开座谈会，强调要以习近平新时代中国特色社会主义思想为指导，全面贯彻党的民族政策和宗教工作基本方针，牢固树立马克思主义民族观宗教观，铸牢中华民族共同体意识，坚持我国宗教的中国化方向，巩固和发展全区民族团结、宗教和顺的大好局面。

11日 “宁粤相约·清凉一夏”2018珠三角地区宁夏旅游推介会在深圳举行。

12日 国务院学位委员会第三十四次会议批准了2017年审核增列的博士、硕士学位授予单位及新增学位授权点名单。北方民族大学新增为博士学位授予单位，宁夏师范学院新增为硕士学位授予单位，同时宁夏新增2个一级学科博士学位授权点，1个博士专业学位授权点，12个一级学科硕士学位授权点，15个硕士专业学位授权点。

15日 第十五届(2018)中外避暑旅游目的地榜单揭晓，泾源县获2018中国避暑休闲百佳县榜第65名。

18日 根据中国伊斯兰教协会倡议，宁夏伊斯兰教协会在5个地级市同步举行“四进”清真寺活动启动仪式，向各地伊斯兰教协会和清真寺发出倡议，倡议开展国旗、宪法和法律法规、社会主义核心价值观、中华优秀传统文化进清真寺活动，现场还举行了隆重的升国旗仪式和向清真寺赠书活动。

21日 国家知识产权局日前批准吴忠市建设中国智能装备制造(仪器仪表)产业知识产权运营中心，标志着宁夏将拥有首个“国字号”产业知识产权运营中心。

23日 自治区与南方航空集团公司签署《战略合作框架协议》，共同推动银川河东国际机场建设面向丝绸之路经济带沿线国家门户枢纽和西部地区区域性枢纽机场。

26日 河北省宁夏商会在石家庄市成立，在河北的宁夏籍企业有了自己的“家”，为宁夏籍企业共谋发展、“抱团取暖”搭建了平台，商会有会员企业72家。

28日 全国科技工作者日座谈会暨第十六届宁夏青年科技奖表彰会在银川召开。

30日 中卫至兰州高速铁路跨定武高速公路特大桥跨定武高速连续梁开工建设，标志着中兰铁路宁夏段建设工作全面启动。

△ 宁夏首个环境资源保护法庭——银川市西夏区人民法院贺兰山环境资源保护法庭，在贺兰山国家级自然保护区揭牌成立。

是月 永宁县总工会被授予“全国工会系统先进集体”称号，这是宁夏唯一获得此殊荣的单位。

6月

1日 由宁夏话剧艺术发展有限公司创排的儿童剧《菲亚，飞呀！》在银川上演，标志着2018“天天有好戏·场场都精彩”宁夏文艺精品舞台演出项目正式启动。

4日 中共中央政治局常委、国务院总理李克强到宁考察。在银川市第一人民医院，李克强听取了宁夏开展“互联网+医疗健康”工作汇报，银川智慧互联网医院覆盖了全区所有社区乡镇，实现了远程诊断，他希望宁夏在创建“互联网+医疗健康”示范区上走在前列，惠及各族群众及周边地区。李克强到闽宁中学，了解开展“互联网+教育”情况，指出要加大政府投入，解决网速慢、资金不足等问题。李克强分别到银川iBi育成中心和固原市青石村，了解大众创业的进展情况和贫困户的脱贫情况，充分肯定近年来宁夏经济社会发展取得的成绩。

14日 自治区主席咸辉在银川会见新西兰马尔堡大区区长约翰·莱格特一行。

15日 国家税务总局宁夏回族自治区税务局挂牌仪式在银川举行，标志着原宁夏回族自治区国家税务局、宁夏回族自治区地方税务局正式完成合并。

18日 国家电影局电影频道在第21届上海国际电影节上主办“2018电影频道之夜”，推出改革开放“40年40部”年度影片，宁夏电影集团出品的电影《画皮》获2008年度影片。

21日 中央单位和发达地区到宁挂职干部座谈会在银川召开。

22日 第七届中国商务区联盟年会在银川召开，北京、广州等21个中国商务区联盟会员单位齐聚银川，共谋发展。这是中国商务区联盟年会首次在西北地区召开。

23日 以“新时代的东西部扶贫协作”为主题的中央党校第四届精准扶贫论坛在自治区党校举行，来自全国各地及自治区党校的39位专家学者出席论坛。

26日 全区第六届全国文明城市创建工作推进会在吴忠市召开，传达中央文明办下发的《2018—2020创建周期全国文明城市提名城市名单的通报》精神，为吴忠市、中卫市、永宁县、灵武市颁发提名城市荣誉证书，并就推进新一轮创城工作进行再部署。

29日 包银高铁银川至惠农段可行性研究报告获国家发展改革委正式批复。

29—30日 自治区党委十二届四次全会在银川召开，全会审议通过《中共宁夏回族自治区委员会关于牢固树立马克思主义民族观宗教观加强新时代民族宗教工作的决定》。

7月

1日 由中国电视艺术家协会主办的电视连续剧《灵与肉》专家研讨会在北京召开，作为自治区成立60周年献礼片，《灵与肉》开播以来，收视率位列同期全国电视剧收视率排行榜第一名，单集收视率均在1.5%以上，最高峰值达到2.5%。

2日 全区检察机关第一家“12309”检察服务中心揭牌仪式在贺兰县人民检察院举行。

5日 由自治区党委宣传部、自治区文化厅、自治区新闻出版广电局、自治区文联共同主办，宁夏演艺集团承办的“喜迎自治区成立60周年——走进新时代”主题文艺演出在宁夏人民剧院举行，标志着宁夏文化艺术节隆重启幕。

11日 自治区党委书记石泰峰到宁夏大学调研高校思想政治工作及“双一流”建设情况，强调要坚持以习近平新时代中国特色社会主义思想为指导，坚持正确办学方向，加强和改进高校思想政治工作，不断提升学科建设水平，努力建设西部一流大学。

13日 自治区召开脱贫攻坚推进会，传达学习习近平总书记关于打赢脱贫攻坚战三年行动的重要指示精神和李克强总理批示精神，通报全区上半年脱贫攻坚进展情况、存在问题及国家考核反馈问题整改进展情况，安排部署做好全年脱贫攻坚工作。

16日 全区科学技术奖励大会在银川召开。会议表彰了第十九届中国专利金奖和2017年度自治区科技重大贡献奖、科技进步奖获奖代表。

18日 由自治区党委宣传部，固原市委、市政府主办的“不到长城非好汉——六盘山红色诗会”，在西吉县将台堡红军长征会师纪念碑广场举办。多位朗诵艺术家与宁夏本土嘉宾，吟诗诵歌，讴歌宁夏回族自治区60年巨变。

19日 自治区政府与中国工程院签署共建中国工程科技发展战略宁夏研究院协议，这是继湖北、天津等省市后，中国工程院在全国与省一级共建的第五个地方研究院。

20日 教育部批复将宁夏列入“互联网+教育”全国示范区。

23—29日 第十届全国见义勇为英模疗养活动在宁夏举行，来自全国31个省区市及新疆生产建设兵团的见义勇为英模家庭参加活动。

24—25日 全区民族团结进步创建互观互检活动在固原市举行。

26日 陕甘川宁毗邻地区经济联合会第32届年会在固原市召开。4个省区13方嘉宾齐聚固原，以“创新区域合作、聚焦全域旅游、助推脱贫攻坚”为主题共谋区域经济合作发展大计。

27日 2018年中国（盐池）定点跳伞大奖赛暨“航空嘉年华”文化旅游系列活动在盐池通用机场开幕，活动包括定点跳伞大奖赛、全国模拟飞行锦标赛、宁蒙陕甘青文化旅游艺术节、哈巴湖露营音乐节、德商汇社群精英大漠长城徒步赛、中国文联“中国梦·宁夏情”送欢乐下基层慰问演出、沿长城中国·盐池国际自行车邀请赛暨环宁夏自行车联赛（盐池站）七大活动。

28日 由自治区团委、自治区民委、宁夏学联联合举办的“2018年青年马克思主义者培养工程暨第十一期全区大学生骨干民族团结教育专题培训班”在宁夏师范学院开班。来自全区18所高校的团组织、学生会、学生社联主要负责人以及在理论学习、社会实践、民族团结等方面表现突出的大学生骨干共150余人参加培训。

30日 由自治区文化厅协同西部十一省区市及新疆生产建设兵团文化厅（委、局）共同主办，宁夏文化馆承办的第十六届中国西部民歌（花儿）歌会在宁夏人民会堂开幕。

是月 农业农村部公布第八批全国一村一品示范村镇，盐池县花马池镇柳杨堡村因盐池滩羊产业而成为全国一村一品示范村。

8月

2日 由自治区卫生计生委、九三学社宁夏区委会、《健康报》报社共同主办的宁夏“互联网＋医疗健康”应用大会在银川举行。与会专家、学者就如何促进互联网与医疗健康的深度融合发展发表主旨发言。九三学社中央主席武维华出席大会开幕式并讲话。

3日 由自治区党委宣传部、自治区文化厅、自治区新闻出版广电局、自治区文联共同主办的2018年“中传锦绣杯”WDC世界国际舞蹈锦标赛和全国青少年国际标准舞锦标赛在宁夏体育馆举行。

7日 由文化和旅游部、中央文明办主办，宁夏文化厅、陕西省文化厅、浙江省文化厅等单位共同承办的2018年“春雨工程”——全国文化志愿者宁夏行活动在银川光明广场正式启动。

8日 由中国文联、自治区党委宣传部、中国文艺志愿者协会共同主办的“中国梦 宁夏情”慰问演出在石嘴山市举行。中国文联党组书记、副主席、书记处书记李屹出席相关活动。

△ 宁夏“在正道上行——纪念中共中央‘五一口号’发布70周年、改革开放40周年暨庆祝自治区成立60周年书画展”开幕式在宁夏图书馆举行。

11日 第七届鲁迅文学奖揭晓，宁夏回族女作家马金莲的短篇小说《1987年的浆水和酸菜》获奖。这是继张贤亮、石舒清、郭文斌之后，宁夏作家又一次获得鲁迅文学奖。

13日 以“‘塞上江南 神奇宁夏’——喜迎宁夏回族自治区成立60年”为主题的第十四届全国网络媒体宁夏行大型采访活动在银川启动，标志着自治区成立60周年大庆网络宣传拉开序幕。

15日 全区精神文明建设工作表彰大会在银川召开。

△ 宁夏回族自治区发展改革委、林业厅、财政厅、水利厅、农牧厅、扶贫办联合制订出台了《宁夏生态扶贫工作方案》。

16日 包头至银川高铁（宁夏段）项目正式开工建设。

△ 自治区党委常委会召开会议，传达学习习近平总书记在中央财经委员会第二次会议上的重要讲话精神，审议《关于打赢脱贫攻坚战三年行动的实施方案》。

17日 宁夏中部干旱带固海扬水首级泉眼山泵站6号机组，经过72小时试运行，实现供水流量稳定增加。标志着固海扬水增流改造工程试运行成功，将为宁夏中部干旱带每年增加3000万立方米供水量。

△ 宁夏回族自治区政府第16次常务会研究决定提高2018年全区城乡居民基本养老保险基础养老金标准，在中央安排2018年城乡居民基础养老金最低标准提高18元的基础上，再增加5元，从2018年1月1日起执行。提标后，宁夏城乡居民基础养老金标准从每人每月120元提高到143元，在全国各省区排第八位。

28—29日 自治区党委举办领导干部专题学习班，集中深入学习研讨习近平总书记视察宁夏时的重要讲话精神。

30日 国务院新闻办举行宁夏回族自治区成立60年经济社会发展情况及庆祝活动发布会，介绍宁夏成立60年来经济社会发展及庆祝活动筹备情况。

9月

1日 国务院机关党组成员、国办督查室主任高雨，国务院第三十督查组组长、国家应急管理部副部长尚勇在宁夏督查调研西部开发工作，并召开座谈会听取关于国务院大督查有关工作的意见建议。

2日 第七届宁夏黄河金岸（吴忠）国际马拉松赛在吴忠黄河奥林匹克体育中心开跑。

3日 2018年全区“民族团结月”启动仪式在银川举行。

5日 由中宣部主办，中央广播电视总台、自治区党委、自治区政府承办的“庆祝自治区成立60周年——中央广播电视总台心连心艺术团来宁慰问演出”在银川举行。

△ 由自治区文明办、自治区政协办公厅和教育厅共同主办的“全区首届中华优秀传统文化进校园”活动在银川启动。

10日 庆祝自治区成立60周年暨民盟宁夏区委会成立60周年座谈会在银川举行。全国人大常委会委员、民盟中央副主席张平出席会议并讲话。

12日 九三学社宁夏区委会成立30周年庆祝大会在银川召开。全国政协副主席、九三学社中央常务副主席邵鸿出席大会并讲话。

13日 全区第八次民族团结进步表彰大会在银川召开，表彰全区民族团结进步模范集体和个人，对推进新时代全区民族团结进步事业进行安排部署。

△ 第七届贺兰山东麓国际葡萄酒博览会在银川开幕，来自25个国家的葡萄酒专家、学者及葡萄酒爱好者共同把脉宁夏葡萄酒产业发展，开展深入交流合作。

15日 自治区60年感动宁夏人物颁奖盛典在银川举行。赖清林等60人获“自治区60年感动宁夏人物”荣誉称号，吴景华等40人获提名奖。

17日 国家卫生健康委员会与宁夏回族自治区人民政府在北京举行共建“互联网＋医疗健康”示范区战略合作协议签署仪式。

△ 由自治区党委宣传部和宁夏社会科学院共同组织编写的《辉煌60年》座谈会暨首发式在银川举行。

△ 自治区政协举行《亲历宁夏回族自治区成立记》专辑首发式。该书精选了宁夏发展史上具有里程碑意义的史料，浓缩式地展示了新中国怀抱中的宁夏面貌。

19日 以中共中央政治局常委、全国政协主席汪洋为团长的中央代表团抵达银川，出席宁夏回族自治区成立60周年庆祝活动。

△ 中共中央政治局常委、全国政协主席、中央代表团团长汪洋率中央代表团出席向宁夏回族自治区赠送纪念品仪式。中央代表团向宁夏赠送了习近平总书记题词贺匾、“美丽宁夏”珐琅器等纪念品。

20日 宁夏回族自治区成立60周年庆祝大会在贺兰山体育场隆重举行。中共中央、全国人大常委会、国务院、全国政协、中央军委发来贺电。中共中央政治局常委、全国政协主席、中央代表团团长汪洋出席庆祝大会并讲话。

21日 中共中央政治局常委、全国政协主席、中央代表团团长汪洋，率中央代表团一分团在固原看望慰问各族各界干部群众；中共中央政治局委员、国务院副总理、中央代表团副团长孙春兰率中央代表团二分团在吴忠看望慰问各族各界干部群众；中共中央书记处书记、中央统战部部长、中央代表团副团长尤权率中央代表团三分团，看望慰问石嘴山各族各界干部群众；全国人大常委会副委员长、中央代表团副团长曹建明率中央代表团四分团，在银川看望慰问各族各界干部群众；中央军委委员、军委政治工作部主任、中央代表团副团长苗华率中央代表团五分团，在中卫看望慰问各族各界干部群众。

26日 宁夏首家公路地质灾害防治工程技术研究中心在宁夏公路勘察设计院挂牌成立。

26—30日 由自治区科协、中国科学院智能科学与技术科普联盟联合主办的2018年中国科学院科普志愿宁夏行活动在五市同步举行。

28—29日 共青团宁夏回族自治区第十二次代表大会在银川召开。

29日 根据《中共中央办公厅国务院办公厅印发〈关于建立贫困退出机制的意见〉的通知》精神，经盐池县人民政府申请，吴忠市扶贫开发领导小组初审，自治区扶贫开发领导小组核查，国务院扶贫开发领导小组委托第三方评估机构专项评估检查，吴忠市盐池县符合贫困县脱贫退出条件。经自治区政府第19次常务会议研究决定，同意盐池县退出贫困县序列。盐池县成为宁南山区9个贫困县区中第一个脱贫“摘帽”的县区。

10月

8日 《人民日报》及中国中小城市网刊发《2018年中国中小城市科学发展指数研究成果》发布“2018年度全国综合实力百强县市”等榜单，灵武市位列全国综合实力百强县市第84位，排名较上年上升1位，是宁夏唯一上榜县市，也是灵武市自2012年以来，连续7年进入全国百强行列。

9日 由国家图书馆（国家古籍保

护中心)、自治区文化厅主办,宁夏图书馆承办的“册府千华——宁夏回族自治区珍贵古籍特展”在银川开幕。

11日　全国机关党建理论研讨会在银川召开。会议深入学习贯彻习近平新时代中国特色社会主义思想和党的十九大精神,对加强新时代机关党支部建设进行深入交流研讨。

13—15日　东盟副秘书长穆赫坦率东盟友好交流团到宁夏考察访问。穆赫坦一行先后参观了宁夏博物馆、永宁县闽宁镇、银川市市民大厅等地,详细了解宁夏扶贫开发产业项目、历史文化发展、民生城市建设等方面的情况。

15日　由自治区总工会、科技厅、科协联合举办的首届全区职工技术创新成果展在银川开幕。

16日　自治区党委书记石泰峰在银川会见到宁夏出席宁夏、岛根两区县缔结国际友城关系25周年庆祝活动的日本岛根县副知事藤原孝行、议会议长大屋俊弘一行。

△　自治区党委组织部、宣传部在宁东能源化工基地召开“弘扬爱国奋斗精神 建功立业新时代”活动启动会。

17日　宁夏与岛根缔结国际友城关系25周年庆祝活动在银川举行,自治区主席咸辉出席活动并致辞。日本岛根县副知事藤原孝行、议会议长大屋俊弘一行出席活动。

△　2018年全国脱贫攻坚奖表彰大会暨先进事迹报告会在北京召开,139个先进个人和先进单位获奖。盐池县获组织创新奖、隆德县凤岭乡李士村村支书齐永新获奋进奖、吴忠市水务局工会主席丁海燕获贡献奖,闽宁协作挂职宁夏干部樊学双获贡献奖。

18日　自治区党委十二届五次全会在银川召开。全会审议通过了《宁夏回族自治区机构改革方案实施意见》《关于市县机构改革的总体意见》。

19日　自治区发改委核准银川至昆明高速公路太阳山开发区至固原彭阳(宁甘界)段项目。该项目是银川至昆明国家高速公路重要路段和自治区高速公路网规划的组成部分。

23日　中卫市中级人民法院被最高人民法院评为“2018年度全国法院司法宣传先进单位”,西吉县人民法院被最高人民法院评为“全国法院文化建设先进单位”。

△　独立第三方机构竞争力智库和中国信息协会信用专业委员会联合发布《中国西部地区县域发展监测报告2018》,同时公布“2018中国西部百强县市”名单。宁夏灵武市、贺兰县进入百强行列,分列第25位、第63位。

24日　全国脱贫攻坚奖先进事迹报告会在固原市举行,5位获得2018年全国脱贫攻坚奖的代表讲述了自己的扶贫脱贫经历,与宁夏脱贫攻坚一线的干部群众代表分享脱贫路上的苦与乐。

△　由中央统战部、全国工商联共同推荐宣传的“改革开放40年百名杰出民营企业家”名单发布。宁夏共享集团股份有限公司董事长彭凡位列其中。

26日　由中国社会科学院图书馆与宁夏社会科学界联合会举行的国家哲学社会科学文献中心资源建设工作座谈会在银川召开。座谈会上,举行了国家哲学社会科学学术期刊数据库宁夏机构用户签约仪式,标志着国家哲学社会科学文献中心学术资源正式落地宁夏。

30日　2018中国国际生态竞争力峰会在银川举行,国家有关部委、国内外商贸协会、国际金融投资机构、生态领域的相关企业代表和学者逾500人及来自16个国家的50多位嘉宾参加峰会。全国政协人口资源环境委员会副主任聂卫国,中国贸促会、中国国际商会副会长陈洲,国家林业和草原局副局长张永利出席开幕会并分别致辞。

△　改革开放与中国扶贫国际论坛考察团一行到宁夏,对宁夏脱贫攻坚工作进行考察。

11月

1日　纪念改革开放40周年非公有制经济人士座谈会暨全区“五好”工商联“四好”商会建设经验交流会在银川召开。

△　花儿歌舞剧《王洛宾的花儿情》在宁夏人民剧院进行首场演出。

△　中华全国新闻工作者协会主办的第二十八届中国新闻奖、第十五届长江韬奋奖评选结果揭晓,《宁夏日报》2017年1月31日要闻1版获版面三等奖。

5日　自治区党委宣传部、宁夏记协举办庆祝第十九个中国记者节暨深化“三项学习教育”座谈会,深入学习贯彻全国、全区宣传思想工作会议精神,表彰先进,并就深化“三项学习教育”活动作出部署。

6日　宁夏工业互联网产业联盟揭牌宣告正式成立,标志着构建全区政、产、学、研、用一体化的工业互联网生态体系迈出坚实一步。

7日　自治区卫生健康委与湖南省卫生健康委在湖南长沙签署战略合作框架协议,明确未来3年湘宁医疗卫生交流合作项目。湖南省妇幼保健院、湖南省儿童医院分别与自治区妇幼保健院(儿童医院)签订合作协议。

9日 自治区党委常委会召开会议，传达深化中央纪委国家监委派驻机构改革动员部署会精神，研究《宁夏乡村振兴战略规划(2018—2022年)》。

△ 《西夏学文库》首发暨出版座谈会在宁夏大学召开，由甘肃文化出版社出版的《西夏学文库》第一辑20册正式出版发行。

12日 自治区生态环境厅、自治区粮食和物资储备局、自治区医疗保障局、自治区机关事务管理局、自治区地方金融监督管理局等新组建单位正式挂牌。

13日 全国政协副主席梁振英率考察团到宁夏，就加强宁夏与香港经贸往来、深化务实合作进行考察座谈。

△ 自治区农业农村厅、自治区卫生健康委员会、自治区市场监督管理厅、自治区药品监督管理局、自治区自然资源厅、自治区林业和草原局举行挂牌仪式。

△ 自治区扶贫开发领导小组召开2018年第5次会议，学习《习近平扶贫论述摘编》，研究国务院扶贫开发领导小组督查宁夏脱贫攻坚反馈意见的整改工作，听取2018年全区脱贫攻坚整体进展情况、研究2019年的重点工作，审议通过自治区《关于进一步规范贫困退出的实施意见》《2018年贫困县退出评估检查工作方案》。

14日 自治区工业和信息化厅、自治区文化和旅游厅、自治区应急管理厅、自治区广播电视局举行挂牌仪式。

15日 自治区退役军人事务厅举行挂牌仪式。

△ 在全国新农村新技术创业创新博览会上，自治区农业农村厅与马沙夫—以色列国际发展合作中心签订《共建中国(宁夏)—以色列现代农业(二期)合作备忘录》，双方将在农业领域，特别在推广以色列灌溉技术方面加强合作与技术交流。

△ 在工信部公布的第三批绿色制造名单中，宁夏伊利乳业有限责任公司、宁夏厚生记食品有限公司、宁夏中盛电缆技术有限公司、力成电气集团有限公司获批“国家级绿色工厂”。银川瑞纳服饰有限公司、宁夏荣昌绒业集团有限公司羊绒系列3个产品获批“国家级绿色产品”。

△ 中国氰胺产业创新技术创新战略联盟在石嘴山市成立。该联盟将以企业发展和市场需求为基础，聚集国内氰胺产业产、学、研优势资源，形成符合科技自身发展规律和市场需求的新型技术创新和科技转化体系，大幅提高宁夏氰胺产业领域科技创新能力，促进氰胺产业结构优化、科研、生产、市场相互促进、协同发展。

△ 2018年石油和化工行业绿色发展大会暨清洁生产与环境保护新技术、新产品、新设备交流会在西安举行。大会评选出绿色园区、绿色工厂、绿色产品三个奖项，宁东能源化工基地等3家工业园区获得绿色园区殊荣。

17日 自治区党委港澳台工作办公室(自治区政府港澳台事务办公室)挂牌成立。

22日 全区教育大会在银川召开。

△ 全区“互联网+教育”示范区建设启动大会在银川召开。教育部副部长田学军代表教育部与自治区政府签署《共建“互联网+教育”示范区合作协议》并讲话。

27日 宁夏市县机构改革工作推进会在银川召开，《宁夏回族自治区市县机构改革的总体意见》的印发，标志着全区市县机构改革进入全面实施阶段。按照要求，市县机构改革将在2019年3月底前基本完成。

28日 全区质量大会在银川召开，会议表彰了自治区质量奖、质量贡献奖获奖单位和个人。

△ 中国文联“崇德尚艺，做有信仰、有情怀、有担当的新时代文艺工作者巡回宣讲活动”在银川举行。居杨、吴元新、何沐阳3位艺术家分别作了题为“弘扬真善美·传递正能量·用镜头讲好中国故事”“从染坊学徒到国家级传承人——我的蓝印花布传承之路”“把握时代语境·唱响时代之声”的宣讲报告。

28—29日 中国共产党宁夏军区第十二次代表大会在银川召开。会议总结了宁夏军区过去五年的工作，部署了今后五年的工作，审议通过了宁夏军区第十一届党委、纪委工作报告，选举产生了中国共产党宁夏军区第十二届委员会和纪律检查委员会。

29日 中央文明办在中卫市举办全国道德模范与身边好人现场交流活动，并发布11月“中国好人榜”，104位助人为乐、见义勇为、诚实守信、敬业奉献、孝老爱亲的好人荣登“中国好人榜”。宁夏有3人光荣上榜，固原市西吉县已故扶贫干部撒凤虎和中卫市中宁县大战场镇中心卫生院医生孟凡举获敬业奉献好人、中卫市沙坡头区镇罗镇农民田艳玲获孝老爱亲好人。

是月 中电建宁夏工程有限公司在银川经济技术开发区税务局完成第一笔境外施工携带物资的出口退税审批手续，获取增值税退税近10万元。同时，第二期生产资料的出口退税申请也在办理中，涉及税款20余万元。这是宁夏税务系统为全区“走出去”企业办理的首例跨境承包的出口退税,标志着宁夏出口退税打破传统的货物出口单一模式,呈现多元化特征,也反映了宁夏涉外企业经营方式日趋多样,更趋灵活。

12月

1日 中铁一局银西高铁甘宁段4标惠安堡铺轨基地附近机器轰鸣,一台CPG500型长钢轨铺轨机,将一排排轨枕和两条500米长的钢轨稳稳地落在路基上。标志着银西高铁甘宁段轨道工程试验段顺利开铺,甘宁段也成为银西铁路全线最先试铺的一段。

6日 由自治区党委宣传部主办,自治区广播电视局等单位承办的电影《闽宁镇》首映式在北京人民大会堂举行。

11日 中国—阿拉伯国家博览会品牌推介会暨中国(宁夏)名优产品对接洽谈会在阿联酋迪拜举行,旨在向阿联酋民众和企业推介2019中阿博览会,同时宣传宁夏优势企业和名优产品。

17日 2018年度中国金融机构金牌榜在北京发布,西部(银川)担保有限公司荣获"年度最具竞争力担保公司",是西北地区唯一获奖的金融机构。

20日 由中国作家协会、自治区党委宣传部共同主办的"中国文学的宁夏现象"研讨会在北京举行。李敬泽、赵永清向中国现代文学馆、鲁迅文学院赠送《文学宁夏丛书》。叶梅、包明德、李建军等全国著名作家、评论家及宁夏作家代表就"中国文学的宁夏现象"的形成和特点展开学术研讨。

21日 以"时代洪流中的企业家精神"为主题的"2018中国公益年会"在北京举行。宁夏宝丰集团有限公司董事长党彦宝获"2018年度中国公益人物"称号。

25日 自治区主席咸辉主持召开自治区双拥工作领导小组会议,贯彻落实习近平总书记关于做好新时期双拥工作、加强军政军民团结的重要论述,回顾总结2018年工作进展情况,研究部署2019年双拥工作。

26日 全区坚持发展新时代"枫桥经验"工作会议在银川召开。自治区党委书记石泰峰对全区坚持和发展新时代"枫桥经验"工作作出批示。

27日 "培养时代新人·弘扬时代新风"第七届宁夏公民道德论坛在银川举办。自治区领导赵永清、杨培君出席论坛,并为自治区第五批"最美人物"颁奖。

28日 在自治区人民医院就医康复的田女士通过"支付宝"APP,申领了宁夏第一张由国家人社部社保卡服务平台统一签发的电子社保卡,成功实现持手机扫码结算出院,标志着宁夏社保信息化迎来了移动服务新时代。

28—29日 中国共产党宁夏回族自治区第十二届委员会第六次全体会议在银川举行。全会由自治区党委常委会主持。自治区党委书记石泰峰受常委会委托,向全会报告了自治区党委十二届三次全会以来的工作,自治区党委副书记、自治区主席咸辉就2019年经济工作做了具体安排。全会审议石泰峰所作的工作报告,讨论石泰峰关于2019年工作部署的讲话和咸辉关于2019年经济工作部署的讲话,对2018年干部选拔任用工作和新选拔任用干部进行评议。

29日 国家民委发布关于命名固原市为"全国民族团结进步创建示范市"的决定。

(黄　鑫)

NINGXIA YEARBOOK

中共宁夏回族自治区委员会

ZHONGGONGNINGXIAHUIZUZIZHIQUWEIYUANHUI

编辑◎贾虎林

重要会议

【中共宁夏回族自治区第十二届委员会第四次全体会议】2018年6月29—30日在银川举行。出席全会的有自治区党委委员68人、候补委员8人。自治区纪委委员、有关方面负责人和在宁中央十九大基层代表、部分自治区第十二次党代会基层代表列席会议。全会由自治区党委常委会主持。自治区党委书记石泰峰代表常委会作讲话。全会审议通过《中共宁夏回族自治区委员会关于牢固树立马克思主义民族观宗教观加强新时代民族宗教工作的决定》。石泰峰就《决定(讨论稿)》向全会作说明。全会通报自治区党委2016年度、2017年度干部选拔任用工作民主评议结果及问题整改措施。全会根据《中国共产党章程》和《中国共产党地方委员会工作条例》规定,决定批准田云鹏、何正荣、赵亮因工作调离宁夏辞去自治区党委委员职务,免去许学民自治区党委委员职务,递补自治区党委候补委员马晓红、田丰年、朱玉国、金花为自治区党委委员。全会号召,全区各级党组织和广大党员干部群众要更加紧密地团结在以习近平为核心的党中央周围,坚持以习近平新时代中国特色社会主义思想为指导,牢固树立马克思主义民族观宗教观,全面贯彻党的民族政策和宗教工作基本方针,开拓进取,扎实工作,奋力开创新时代宁夏民族宗教工作新局面,为实现经济繁荣、民族团结、环境优美、人民富裕,与全国同步建成全面小康社会的目标做出新的更大贡献。

【中共宁夏回族自治区第十二届委员会第五次全体会议】2018年10月18日在银川举行。出席全会的有自治区党委委员64人,候补委员7人。自治区纪委委员、有关方面负责人和部分在宁中央十九大基层代表、自治区第十二次党代会基层代表列席会议。全会由自治区党委常委会主持。自治区党委书记石泰峰代表常委会讲话。全会以习近平新时代中国特色社会主义思想为指导,深入学习贯彻中央十九大和十九届二中、三中全会精神,深入学习贯彻习近平总书记关于深化党和国家机构改革的重要论述,全面贯彻落实党中央关于深化地方机构改革的部署要求,审议通过《宁夏回族自治区机构改革方案实施意见》《关于市县机构改革的总体意见》,对全区深化机构改革工作进行全面部署。全会认为,地方机构改革,是深化党和国家机构改革的重要组成部分,是推进国家治理体系和治理能力现代化的重要环节,是宁夏必须完成好的一项重大政治任务。党中央、国务院批准的《宁夏回族自治区机构改革方案》,为全区深化机构改革指明了路线图。各地各部门要切实把思想和行动统一到习近平总书记关于深化党和国家机构改革的重要论述上来,统一到以习近平为核心的党中央决策部署上来,统一到本次全会精神上来,精心组织,精心部署,精心推进,齐心协力落实好全区深化机构改革的各项任务。

【中共宁夏回族自治区第十二届委员会第六次全体会议】2018年12月28—29日在银川举行。出席全会的有自治区党委委员61人,候补委员9人。自治区纪委委员、有关方面负责同志和在宁中央十九大基层代表、部分自治区第十二次党代会基层代表列席会议。全会由自治区党委常委会主持。自治区党委书记石泰峰受常委会委托,向全会报告了自治区党委十二届三次全会以来的工作,提出2019年经济社会发展各项工作的意见,要求各级干部振奋精神、实干兴宁,抓好2019年工作落实。自治区党委副书记、自治区主席咸辉就2019年经济工作作具体安排。全会审议了石泰峰所作的工作报告，讨论了石泰峰关于2019年工作部署的讲话和咸辉关于2019年经济工作的讲话，对2018年干部选拔任用工作和新选拔任用干部进行评议。全会根据《中国共产党章程》和《中国共产党地方委员会工作条例》规定，决定批准许尔锋、李金英、金能明辞去自治区第十二届党委委员职务，批准朱润洲辞去自治区第十二届党委候补委员职务，递补自治区党委候补委员曹有龙、刘军、刘虹为自治区党委委员。全会号召，全区各级党组织和广大党员干部要更加紧密地团结在以习近平为核心的党中央周围，深入学习贯彻习近平新时代中国特色社会主义思想和中央十九大精神，深入贯彻落实中央经济工作会议部署，振奋精神、实干兴宁，为实现经济繁荣、民族团结、环境优美、人民富裕，确保与全国同步建成全面小康社会的目标而不懈努力，为建设美丽新宁夏、共圆伟大中国梦做出新的更大贡献。

【自治区领导干部大会】2018年3月21日，自治区领导干部大会在银川召开，自治区党委书记、人大常委会主任石泰峰主持会议并讲话。石泰峰传达了习近平总书记在十三届全国人大一次会议上的重要讲话和李克强总理参加宁夏代表团审议时的讲话精神，自治区党委副书记、自治区主席咸辉传达了十三届全国人大一次会议精神，自治区政协主席崔波传达了全国政协十三届一次会议精神。会议指出，要把学习宣传贯彻全国两会精神作为一项重要政治任务，与深入学习贯彻中央十九大精神结合起来。要认真贯彻落实全国两会部署要求，扎实做好全区经济社会发展各项工作。要扎实做好民生工作，坚持以人民为中心的发展思想，大力实施脱贫富民战略。扎实推进生态环境保护和建设。扎实做好民族宗教工作，全面贯彻党的民族政策，落实好民族区域自治制度。大力推进民主法治建设，巩固和发展生动活泼、安定团结的政治局面。营造良好的政治生态，推动形成重实干抓落实的浓厚氛围。

自治区十二届党委2018年常委会议一览表

会　议	时　间	议　题
第1次常委会议	1月2日	传达学习中央农村工作会议精神，研究贯彻意见；研究干部事宜
第2次常委会议	1月9日	传达学习新进中央委员会的委员、候补委员和省部级主要领导干部学习贯彻习近平新时代中国特色社会主义思想和党的十九大精神研讨班精神，研究贯彻意见；传达学习习近平总书记在中央政治局民主生活会上的重要讲话和《中共中央关于中央政治局民主生活会情况的通报》精神，研究贯彻意见；传达学习全国宣传部长会议精神，研究贯彻意见
第3次常委会议	1月11日	研究宁夏回族自治区人大、政府、政协、监察委员会换届有关事宜
第4次常委会议	1月16日	研究干部事宜
第5次常委会议	1月20日	传达学习党的十九届二中全会精神，研究贯彻意见；传达学习十九届中央纪委二次全会精神，研究贯彻意见；听取自治区纪委2017年工作汇报；传达学习全国统战部长会议精神，研究贯彻意见；审议《自治区党委常委会2018年工作要点》；审议《自治区政府工作报告（送审稿）》《2017年国民经济和社会发展计划执行情况与2018年计划（草案）的报告（送审稿）》《2017年财政预算执行情况和2018年财政预算（草案）的报告（送审稿）》；研究自治区十二届人大一次会议有关筹备事项的请示；研究自治区政协十一届一次会议有关筹备事项的请示；研究自治区十二届人大一次会议和政协十一届一次会议组织机构及组成人员建议名单的请示；听取自治区纪委有关情况汇报
第7次常委会议	2月1日	传达学习中央政法工作会议精神，研究贯彻意见；听取自治区政府党组关于宁夏水污染防治工作情况的汇报；审议自治区政府党组《促进开发区改革和创新发展的实施意见（送审稿）》；听取自治区总工会、团委、妇联、科协工作汇报；听取2017年党风廉政建设责任制检查情况的汇报；审定2017年度自治区效能目标管理考核结果；研究2017年各县（市、区）农业现代化和农村全面小康建设综合考评情况暨表彰奖励意见的请示；研究自治区编委会关于审定部分机构编制事项的请示
第8次常委会议	2月6日	审议自治区党委农村工作领导小组《关于实施乡村振兴战略的意见（送审稿）》；审议自治区政府党组《深入推进宁夏内陆开放型经济试验区建设的实施意见（送审稿）》；研究干部事宜
第9次常委会议	2月10日	传达学习十九届中央第一轮巡视工作动员部署会议、党中央关于巡视工作有关文件精神；传达中央第八巡视组巡视宁夏有关部署要求，研究部署宁夏配合巡视工作的具体安排

续表一

会议	时间	议题
第10次常委会议	2月13日	传达学习打好精准脱贫攻坚战座谈会精神，研究贯彻意见；传达《中共中央办公厅关于对孙政才涉嫌犯罪提起公诉的情况通报》；听取宁夏2017年度意识形态工作情况的汇报；审议《关于实施强责固基提质工程 解决机关党建"灯下黑"问题的意见》
第11次常委会议	2月24日	召开自治区十二届党委2018年第11次常委会会议，传达学习中央有关通报
第12次常委会议	3月1日	传达学习党的十九届三中全会精神；传达学习习近平总书记关于巡视工作重要讲话精神；传达学习汪洋在基层扶贫干部座谈会上的讲话精神；审议《自治区党委向中央巡视组的工作汇报(送审稿)》；审定2017年度地级市党委和自治区各行业系统党(工)委书记抓基层党建工作考核结果；听取自治区纪委有关情况汇报；传达学习中央有关文件
第13次常委会议	3月23日	学习中办调研室整理的文章《毛主席批评一些领导干部追求个人名利》；传达学习中央领导同志批示精神，听取自治区政府党组关于全区民生工程和政策梳理及评估情况的汇报；听取全区治理"清真"泛化、"阿化"、"沙化"问题进展情况汇报；审议自治区政府党组《关于服务实体经济防控金融风险深化金融改革的实施意见(送审稿)》；通报国家统计局关于灵武市、贺兰县、平罗县统计违法情况，听取自治区统计局有关情况汇报，研究下一步工作措施；研究干部事宜
第14次常委会议	4月8日	传达学习习近平总书记在中央政治局常委会会议审议《关于2017年省级党委和政府扶贫开发成效考核等情况的汇报》时的重要讲话精神，研究贯彻意见；传达学习中共中央办公厅《关于加强调查研究，提高调查研究实效的通知》精神，研究贯彻意见；听取关于集中开展解决群众反映强烈的突出问题活动的情况汇报；研究关于贺兰山体育场外观改造有关事宜；传达中央有关情况通报
第15次常委会议	4月16日	传达学习习近平总书记在十九届中央财经委员会第一次会议上的重要讲话精神，研究贯彻意见；传达学习《中共中央办公厅、国务院办公厅关于2017年省级党委和政府扶贫开发工作考核情况的通报》，研究贯彻意见；审议自治区党委统战部《关于打造全国民族团结进步示范区的实施方案(送审稿)》；研究自治区人大常委会党组《关于自治区十二届人大常委会立法规划草案及2018年立法计划草案的请示》
第16次常委会议	4月23日	传达学习全国网络安全和信息化工作会议精神，研究贯彻意见；听取自治区政府党组关于一季度全区经济运行情况的汇报；审议自治区政府党组《关于加快推进质量强区建设的实施意见(送审稿)》；审议自治区政府党组《关于宁夏农村环境整治三年行动实施方案(送审稿)》；研究《关于深入开展违反中央八项规定精神突出问题专项治理的意见(送审稿)》；研究自治区党委办公厅关于召开自治区党委十二届四次全会的请示；听取自治区纪委监委有关情况汇报；研究干部事宜
第17次常委会议	4月27日	传达中共中央办公厅有关文件，开展廉政警示教育；讨论中央有关文件；传达学习中央有关文件
第18次常委会议	5月7日	学习习近平总书记在纪念马克思200周年诞辰大会上的重要讲话精神，研究贯彻意见；传达学习深化地方机构改革推进会精神，研究贯彻意见；审议《中共宁夏回族自治区委员会党务公开实施细则(试行)(送审稿)》；研究自治区党委统战工作领导小组关于筹备召开自治区第八次民族团结进步表彰大会的请示
第19次常委会议	5月13日	听取自治区纪委有关情况汇报
第20次常委会议	5月21日	传达学习全国生态环境保护大会精神，研究贯彻意见；传达学习中央贯彻落实《中央巡视工作规划(2018—2022年)》推进会议精神，研究贯彻意见；传达学习全国追逃追赃工作培训班精神，研究贯彻意见；审议自治区政府党组《关于推进经济发达镇行政管理体制改革实施意见(送审稿)》；审议《自治区党委关于加强党内法规制度建设的实施意见(送审稿)》；听取自治区纪委监委有关情况汇报；传达学习中央有关文件
第21次常委会议	5月30日	传达学习省区市纪检监察工作座谈会精神，研究贯彻意见；传达学习新时代激励干部新担当新作为暨加强改进选调生工作座谈会精神，研究贯彻意见；听取自治区关心下一代工作委员会工作情况汇报；审议自治区政府党组《关于加强政府债务管理和防范化解隐性债务风险的实施意见(暂行)》；审议自治区党委组织部《关于培养选拔优秀年轻干部"5123"工程的实施方案(送审稿)》《关于进一步加强女干部、少数民族干部和党外干部培养选拔工作的意见(送审稿)》；研究干部事宜

续表二

会议	时间	议题
第22次常委会议	6月13日	传达学习习近平总书记关于打赢脱贫攻坚三年行动的重要批示精神，研究贯彻意见；听取中央第二环境保护督察组反馈问题整改情况的汇报；审议《关于加强和改进党的新闻舆论工作的实施意见（送审稿）》；听取自治区纪委监委有关情况汇报
第23次常委会议	6月24日	听取全区禁毒工作情况汇报；听取自治区残联工作情况汇报；研究关于召开自治区党委十二届四次全体会议有关事项的请示；审议石泰峰代表自治区党委常委会在自治区党委十二届四次全体会议上的讲话（讨论稿）、《中共宁夏回族自治区委员会关于牢固树立马克思主义民族观宗教观，加强新时代民族宗教工作的决定（讨论稿）》；研究自治区党委组织部关于自治区党委十二届委员会委员免职、递补有关事宜的请示
第24次常委会议	7月6日	传达学习全国组织工作会议精神，研究贯彻意见；传达学习习近平总书记在十九届中央政治局第六次集体学习时的重要讲话精神，研究贯彻意见；传达学习全国退役军人工作经验交流会精神，研究贯彻意见；审议自治区党委组织部《关于深入推进"三大三强"行动，集中整顿农村软弱涣散基层党组织的实施方案（送审稿）》《关于从严整治共产党员信仰宗教和参与宗教活动问题的工作方案（送审稿）》；听取自治区纪委监委有关情况汇报；传达学习中央有关情况通报
第25次常委会议	7月9日	传达中央有关情况通报
第26次常委会议	7月12日	传达学习《中共中央办公厅关于当前意识形态领域情况的通报》；听取关于集中开展解决群众反映强烈的突出问题活动情况的汇报；听取全区扫黑除恶专项斗争工作情况汇报；审议自治区党委统战部《关于加强和改进新时代伊斯兰教工作的实施意见（送审稿）》；审议自治区政府党组《关于促进企业家创业发展大力激发市场主体发展活力的实施意见（送审稿）》；审议自治区人大常委会党组《自治区党委关于建立自治区人民政府向自治区人大常委会报告国有资产管理情况制度的实施意见（送审稿）》；研究自治区编委会关于全区监察留置场所机构设置和编制配备事项的请示
第27次常委会议	7月20日	传达学习中共中央办公厅有关通报；研究部署中央第八巡视组巡视宁夏反馈问题整改工作；听取自治区政府党组关于上半年全区经济运行情况和做好下半年经济工作建议的汇报；传达学习全国实施乡村振兴战略工作推进会议精神，研究贯彻意见；听取自治区总工会工作情况汇报；听取自治区纪委监委有关情况汇报；研究干部事宜
第28次常委会议	7月24日	研究成立中央第八巡视组巡视宁夏反馈意见整改工作机构有关事宜；听取自治区总工会工作情况汇报
第29次常委会议	7月30日	审议《中央第八巡视组巡视宁夏反馈意见整改落实工作方案（送审稿）》；审议《自治区党委常委会从严整改中央巡视反馈问题专题民主生活会方案（送审稿）》；传达学习全国政协系统党的建设工作座谈会精神，研究贯彻意见
第30次常委会议	8月16日	传达学习习近平总书记在中央财经委第二次会议上的重要讲话精神，研究贯彻意见；审议自治区政府党组《关于打赢脱贫攻坚三年行动实施方案（送审稿）》；研究自治区党委组织部、民政厅党组关于统一全区社区和村"两委"换届选举时间的请示；研究自治区党委统战部关于宁夏中华职教社换届有关工作的请示；传达学习中共中央办公厅有关情况通报
第31次常委会议	8月18日	听取银川市委关于泰瑞制药擅自恢复生产情况的汇报，研究处理意见
第32次常委会议	8月27日	传达学习全国宣传思想工作会议精神，研究贯彻意见；传达学习习近平总书记关于信访工作重要批示精神，听取宁夏信访工作情况汇报；传达学习习近平总书记关于山东寿光受灾情况重要批示精神，研究贯彻意见；听取自治区政府党组关于宁夏生态环境保护重点工作情况汇报；审议自治区政府党组《全面加强生态环境保护，坚决打好污染防治攻坚战的实施意见（送审稿）》《自治区打赢蓝天保卫战三年行动计划（2018—2020年）（送审稿）》；学习部分省（自治区、直辖市）退役军人服务管理工作推进会精神，听取宁夏退役军人服务管理工作情况汇报；审议自治区政府党组《宁夏回族自治区党政领导干部安全生产责任制实施细则（送审稿）》；审议自治区机构改革领导小组《宁夏回族自治区机构改革方案（送审稿）》；研究自治区党委组织部关于自治区国税局、地税局联合党委改设自治区税务局党委的请示；研究干部事宜

续表三

会　议	时　间	议　题
第33次常委会议	9月12日	传达学习全国教育大会精神，研究贯彻意见；传达学习习近平总书记关于生态环境保护工作的重要批示，研究贯彻意见；传达学习《国家发展和改革委员会关于上半年经济形势和做好下半年经济工作的建议》，研究贯彻意见；听取中央巡视反馈意见整改工作各专项小组近期整改工作进展情况汇报；传达学习中央纪委国家监委深化扶贫领域腐败和作风问题专项治理工作推进会精神，研究贯彻意见；审议自治区党委办公厅《自治区党委常委会落实全面从严治党主体责任规定（送审稿）》；审议自治区党委巡视办《关于加强新时代巡视巡察工作的意见（送审稿）》；研究自治区党委统一战线工作领导小组《全区宗教工作自查督查方案（送审稿）》；研究自治区党委统战部关于全区第八次民族团结进步表彰大会模范集体和模范个人有关事宜的请示；研究干部事宜
第34次常委会议	9月25日	传达学习习近平总书记为庆祝宁夏回族自治区成立60周年的题词，中共中央、全国人大常委会、国务院、全国政协、中央军委关于庆祝宁夏回族自治区成立60周年的贺电，全国政协主席汪洋在听取自治区工作汇报时、庆祝大会上和在固原市座谈会上发表的讲话精神，研究贯彻意见。自治区党委常委会会议议题是：审议自治区政府党组《关于防范化解政府隐性债务风险的实施意见（送审稿）》；研究自治区政府党组关于审定表彰奖励教书育人楷模和师德标兵的请示；听取自治区纪委监委有关情况汇报；研究干部事宜
第35次常委会议	9月28日	听取自治区党委办公厅关于自治区第十二次党代会报告主要任务推进落实情况的汇报；审议自治区政府党组《关于解决政策性移民发展问题的实施意见（送审稿）》；研究干部事宜
第36次常委会议	10月12日	传达学习习近平总书记在中央全面依法治国委员会第一次会议上的重要讲话精神，研究贯彻意见；研究自治区党委组织部关于追授马新娟、撒风虎同志“全区脱贫攻坚优秀共产党员”称号，授予郑建卫同志“全区优秀共产党员”称号的请示；研究自治区机构改革有关事宜；研究自治区党委组织部关于设立和撤销自治区政府有关组成部门直属机构及部门管理机构党组、自治区政协专门委员会分党组的请示；研究干部事宜；研究自治区党委办公厅关于召开中共宁夏回族自治区第十二届委员会第五次全体会议的请示；听取自治区纪委监委有关情况汇报
第37次常委会议	10月24日	传达学习全国政协“习近平总书记关于加强和改进人民政协工作的重要思想理论研讨会”精神，研究贯彻意见；传达学习全国党委秘书长会议精神，研究贯彻意见；研究中央环境保护督察宁夏“回头看”及专项督察反馈意见整改落实工作；审议自治区党委统战部《坚持“导”的方略，进一步做好新时代宁夏宗教工作的指导意见（送审稿）》；听取自治区纪委监委有关情况汇报
第38次常委会议	10月31日	听取自治区政府党组关于前三季度全区经济运行情况和做好第四季度经济工作建议的汇报；传达学习中央脱贫攻坚专项巡视工作动员部署会议精神，研究贯彻意见；审议自治区政府党组《关于地方政府隐性债务有关情况的报告（送审稿）》《自治区政府隐性债务化解风险实施方案（送审稿）》；审议自治区政协党组《关于加强和改进人民政协民主监督工作的实施意见（送审稿）》；听取自治区纪委监委有关情况汇报；研究干部事宜
第39次常委会议	11月9日	传达学习《中共中央办公厅关于陕西省委、西安市委在秦岭北麓西安境内违建别墅问题上严重违反政治纪律以及开展违建别墅专项整治情况的通报》；传达学习深化中央纪委国家监委派驻机构改革动员部署会精神，研究贯彻意见；审议自治区政府党组《宁夏乡村振兴战略规划（2018—2022年）（送审稿）》；研究关于召开自治区第十二届人民代表大会第二次会议、自治区政协十一届二次会议的请示；研究关于宁夏推荐改革开放40周年杰出贡献表彰人选的请示；研究自治区党委组织部关于调整组建部分党委议事协调机构的请示；听取自治区纪委监委有关情况汇报
第40次常委会议	11月23日	听取中央巡视反馈意见整改落实进展情况汇报，研究部署深入推进巡视整改工作；审议自治区政府党组《关于促进民营经济健康发展的若干意见（送审稿）》；传达学习《中央组织部关于有效识别“两面人”、坚决防范“三股势力”渗透的工作举措》

续表四

会 议	时 间	议 题
第41次常委会议	11月26日	传达学习全国干部教育培训工作会议和《2018—2022年全国干部教育培训规划》精神，研究贯彻意见；审议自治区政府党组《自治区贯彻落实中央环境保护督察"回头看"及水环境问题专项督察反馈意见整改方案（送审稿）》；审议自治区纪委《关于违反民族宗教政治纪律的处分规定（试行）（送审稿）》；听取自治区纪委监委有关情况汇报；研究干部事宜
第42次常委会议	12月14日	传达学习习近平总书记在十九届中央政治局第十次集体学习时的重要讲话精神，研究贯彻意见；审议自治区政协党组《关于加强新时代人民政协党的建设工作的实施意见（送审稿）》；审议自治区党委组织部《关于共产党员不准信仰宗教和参与宗教活动若干规定（试行）（送审稿）》；研究自治区党委办公厅关于召开自治区党委十二届六次全体会议的请示；听取自治区纪委监委有关情况汇报；研究干部事宜；传达学习中共中央办公厅有关情况通报
第43次常委会议	12月24日	传达学习中央经济工作会议精神，研究贯彻意见；传达学习中央组织部《关于有力有效解决违规违法宗教活动问题的工作举措》；传达学习中共中央办公厅有关情况通报
第44次常委会议	12月26日	听取自治区人大常委会党组、政府党组、政协党组、高级法院党组、检察院党组工作汇报；讨论石泰峰代表常委会向自治区党委十二届六次全会所作的报告及部署2019年工作时的讲话、咸辉安排2019年经济工作的讲话；听取自治区党委督查室关于开展贯彻落实习近平总书记对宁夏重要指示批示精神"回头看"有关情况的汇报；研究自治区党委组织部关于中共宁夏回族自治区第十二届委员会委员、候补委员辞职和委员递补有关事宜的请示；研究自治区党委组织部关于补选自治区第十二届人大代表、人大常委会委员有关事宜的请示；研究自治区党委组织部关于增补第十一届自治区政协委员、常务委员的请示；听取自治区纪委监委有关情况汇报

（赵　瑞）

组织工作

【换届选举】2018年，按照中央和自治区党委部署要求，强化政治责任，突出党组织领导和把关作用，坚持挂图作战、细化任务、压实责任，贯彻落实中央八项规定精神，严格执行中央"九个严禁、九个一律"纪律要求，建立会风会纪零报告制度和提醒教育、受理举报、问题处理工作机制，保证选举工作风清气正。把政治标准放在首要位置，坚持德才兼备、以德为先，坚持好中选优、优中选强，顺利选举产生宁夏出席第十三届全国人大代表、新一届自治区人大政府政协领导班子和监察委员会主任、法检"两长"。

【中央巡视反馈问题整改】2018年，自治区自觉接受中央巡视监督，把巡视作为"政治体检"的契机，配合中央巡视组和中组部选人用人专项检查。中央巡视组反馈意见后，主动认领、坚决整改，制订《自治区党委组织部关于对中央第八巡视组反馈意见的整改实施方案》，提出89条具体措施，对整改问题台账式管理、清单式督查，对账销号、对表推进。2018年年底前需要完成的47项整改任务全部按期完成，转办的9批、47件信访举报件全部办结。印发了《关于深入推进"三大三强"行动集中整顿农村软弱涣散基层党组织的实施方案》，召开动员部署会、现场推进会，集中整顿农村软弱涣

2018年5月9日，全区第一书记和扶贫开发驻村工作队工作会议在银川召开

散基层党组织，取得了明显成效。制定领导干部联系包抓重点县、乡、村制度，建立党内关爱帮扶、年度排查报告等长效机制，将集中整顿与扫黑除恶专项斗争精准结合，对846个村党组织进行集中整顿，调整撤换不胜任、不合格、不尽职的村党组织书记248名，对软弱涣散村“两委”班子、村监会、驻村工作队成员进行全覆盖轮训，对存在酒驾、交通肇事、赌博等前科的311名村“两委”班子成员逐人筛查处理。

【机构改革与干部调配】2018年，全区按照机构改革的统一部署，做好班子配备和人员调配工作，通过领导班子运行情况季度分析研判、重点班子考察考核、领导干部谈心谈话、听取分管领导意见，同时结合干部一贯表现和岗位需要，坚持“人随事走”、人岗相适，提请自治区党委常委会议研究决定了30个涉改部门单位领导班子调整配备和干部安排方案，调整任用干部231名，其中提拔24名，平职交流安排207名，做到“各得其所、都有岗位”，既彰显担当实干的用人导向，又体现了精简优化的要求，没有简单地“加长板凳”，各方面反响良好。自治区党委对这次机构改革中干部调整配备给予充分肯定和高度评价。

【基层党组织建设】2018年，自治区树立重视基层、关心基层、大抓基层的鲜明导向，以提升组织力为重点，突出政治功能，分类指导、整体推进，推动基层党组织全面进步、全面过硬。深入推进抓党建促脱贫攻坚。召开现场推进会、全区第一书记和扶贫开发驻村工作队工作会议，先后调配216名第一书记、273名工作队员，1512个驻村工作队、3941名驻村干部在一线抓党建促脱贫。制定印发《关于我区发展壮大村级集体经济的规划（2018—2020年）》，提出具体途径方法、扶持措施等，指导各地发展壮大村集体经济。核拨为民服务资金、村级组织活动场所改扩建经费、贫困县村干部任职补贴资金1.67亿元，各地新建、改扩建村级组织活动场所683个，其中200平方米以上的占97.5%；所有行政村均按5至10万元标准落实为民服务资金；向302名累计任职20年以上的优秀村党支部书记、村委会主任发放奖励补贴；培育“两个带头人”1.4万余人，国务院扶贫办在固原市召开全国贫困村创业致富带头人培育工作现场会，推广“两个带头人”工程经验。积极推进城市基层党建“四联四化”建设。印发《关于构建“四联四化”机制加强城市基层党的建设的意见》，深化和完善街道“大工委”、社区“联合党委”机制，推动四级联动体系、新兴领域党建覆盖、基层基础保障等重点任务落实落地。全区城市社区阵地面积超过400平方米的达471个，占到总数的84%；建成各类党群服务中心355个，其中1000平方米以上的综合性党群服务中心131个。集中整治机关党建“灯下黑”问题。针对自治区党委第一轮巡视发现机关党建存在的虚化弱化问题，自治区党委对144名责任人予以追责。研究制订《关于进一步加强和改进机关党的建设的意见》，启动实施“三强九严”工程，深入整治机关党建“灯下黑”问题，全面提高机关党建工作质量。统筹推进其他领域党建工作落地落实。持续落实全国全区国企党建各项重点任务，不断夯实党建根基。深化非公经济组织和社会组织“531”归口党建工作，出台《关于实施“五强五促”行动加强非公有制企业和社会组织党建工作的指导意见》，全面提高“两个覆盖”质量。出台加强民办中小学校、民办幼儿园和公立医院党的建设工作意见等，推进事业单位基层党组织规范化建设。严格党员教育管理。稳步提高生产一线工人、农民、高知识群体、非公企业和社会组织等领域发展党员比例，在高校、医疗卫生单位、科研院所建立政治导师制度，不断提升党员发展质量。推行“评星定格”“积分制”管理等有效做法，把党员管理工作抓在经常、融入日常。开展“抓党建促脱贫富民大宣讲”活动，组织专家利用宁夏三农呼叫中心远程教育视频平台，对330多个村的7200多名农村党员群众进行实用技术培训，组织30名专家与9个贫困县及其他县（区）的30个乡镇结对帮扶，在7个贫困县（区）51个乡镇开展舞台剧《丁香花开》巡演活动，观众累计达5万多人次。

【干部队伍建设】2018年，全区开展“学习贯彻习近平新时代中国特色社会主义思想和党的十九大精神”“创新驱动与高质量发展”“乡村振兴与脱贫富民战略”等八个方向64个班次，设计“全域旅游与国民经济融合发展”“打好污染防治攻坚战”“信息化与互联网+”等9个重点精品班次，作为干部教育培训项目的“拳头产品”，3个班次得到自治区领导批示肯定。举办“金融风险防范”“污染防治”“全域旅游”等各类专题培训班，促进干部政治能力与专业能力同步提升。大规模开展扶贫干部轮训，全区共培训扶贫干部34184人。坚持精准科学选人用人。始终突出政治标准，严把政治关、品行关、廉洁关，做到“五看五选五不用”，自治区党委常委会议研究调整任免干部13批、543人次，得到干部群众认可。制定《关于规范自治区党委管理干部任免职宣布工作的规定》《干部内部交流轮岗办法》《自治区党委管理干部任免工作流程》等6个规范性文件，从细节问题着手，不断提升干部工作科学化规范化水平。优化干部成长路径，选派53名干部赴中央和国家机关、中央企业、发达省区挂职锻炼，接收中央机关、发达省市挂职干部29名，到宁挂职干部151名，选派88名干部到脱贫攻坚一线、重点项目建设、急难险重任务、信访维稳、巡视巡察等具体实践中接受考验、砥砺品行、增长才干。大力培养选拔使用优秀年轻干部。着眼未来5年干部队伍建设需要，出台《关于培养选拔优秀年轻干部"5123工程"的实施方案》《关于进一步加强女干部、少数民族干部和党外干部培养选拔工作的意见》，开展宁夏优秀年轻干部和女干部、少数民族干部、党外干部重点培养对象专题调研活动。优化完善选调生政策，将定向招录高校扩至全国21所"双一流"高校，部务会成员分头带队赴重点区域高校开展宣介活动，根据事业发展需要，引进经济金融、城建规划、现代农业、文化旅游等宁夏经济社会发展急需紧缺专业人才213人，招录选调生265名。加强公务员队伍建设。持续推进公务员素质能力提升工程和平时考核，科学实施分类考录，统一招考公务员918名，招录9名党政机要人员。稳妥推进公务员分类管理改革，协同完成全区法官检察官遴选入额、公安机关执法勤务警员和警务技术职务序列改革工作。从严管理监督干部。出台《关于防止干部"带病提拔"的实施意见》，综合运用提醒函询诫勉、个人有关事项报告和抽查核实、专项治理、选人用人检查等制度和办法，加强干部日常管理和监督。扎实开展领导干部个人有关事项集中填报和审核工作，全区9916名副处级以上干部完成领导干部个人有关事项报告，报告率达100%，抽查核实3745人，对未如实报告的433人作出组织处理。结合自治区党委巡视工作，分3批次派出10个检查组，对8个县（区）、10个区直部门（单位）、10家区属国有企业选人用人工作进行检查并向全区通报。激励干部担当作为。贯彻落实中央《关于进一步激励广大干部新时代新担当新作为的意见》，推进自治区党委《关于激励干部想干事能干事干成事的若干意见》落实落细，印发《关于进一步激励广大干部新时代新担当新作为的实施方案》，提出"六个一批"（推荐宣传一批、提拔重用一批、宽容保护一批、区分情况选准用好一批、褒奖厚爱一批、调整问责一批）工作举措，推荐宣传先进典型45名，问责14名，提拔使用7名问责后表现优秀的干部，释放了激励干部担当作为的强烈信号。

【人才强区工程】2018年，自治区履行人才工作牵头抓总职责，不断深化人才发展体制机制改革。研究制订《关于实施人才强区工程助推创新驱动发展战略的意见》，提出"18条人才新政"，配套出台党委联系服务专家、高层次人才优厚待遇实施办法、深化职称制度改革等10多项人才政策，持续释放人才政策红利，不断优化人才发展环境。围绕自治区特色产业、重大建设项目、重点学科发展，谋划实施167个自治区人才项目，支持资金2.5亿元，深入实施领军人才、青年拔尖人才、青年后备人才等重点人才培养工程，持续推进"西部之光""湖南访学研修""基层之星"人才研修计划，选派109名青年优秀骨干人才参加访学研修。坚持柔性引进和全职引进相结合的方式全方位集聚人才，全区企事业单位共招聘硕士研究生以上高层次人才502人；开展湖南、福建院士专家宁夏行活动，实施"海外引才百人计划""国内引才312计划"。深入开展人才政策"八进"宣传落实活动，在清华、北大、复旦大学等多所重点高校进行了集中宣介；启动实施高层次人才认定和首届"宁夏杰出人才奖"评选工作，深入开展"弘扬爱国奋斗精神、建功立业新时代"活动，鼓励引导各类人才为宁夏经济社会发展贡献才智。

（高　云　张　军）

宣传工作

【概况】2018年，全区宣传思想文化系统围绕自治区60大庆宣传文化工作，突出"转变作风落实年"和"基层工作加强年"两个抓手，强化重点工作项目化、项目推进清单化、清单落实责任化"三化管理"，实现思想理论武装、强化正面宣传、精神文明建设、厚植厚培文化、依法管网治网用网、加强机关作风和干部人才队伍建设等"六个突破"，为实现经济繁荣民族团结环境优美、人民富裕，确保与全国同步建成全面小康社会目标，为建设美丽新宁夏、共圆伟大中国梦提供思想保证和精神力量。

【理论武装】2018年，全区持续深化习近平新时代中国特色社会主义思想和中央十九大精神学习宣传和研究阐释。开展习近平新时代中国特色社会主义思想和中央十九大、自治区第十二次党代会精神宣讲"七进"活动，组织各类宣讲近7000多场次，受众近67万人次。开展百姓宣讲大比武，举办首届基层"微宣讲"大赛，开展了"微宣讲"巡讲活动，涌现出吴忠市委讲师团、朱玉国等全国基层宣讲先进集体、先进个人。举办"学习宣传贯彻习近平新时代中国特色社会主义思想理论研讨会""学习宣传贯彻习近平总书记在纪念马克思200周年诞辰大会上的重要讲话精神”和“弘扬红船精神 传承红色基因”座谈会。在全区宣传思想文化系统组织开展大调研工作，完成调研报告30篇。推进社科研究工作，围绕习近平新时代中国特色社会主义思想和中央十九大精神、自治区第十二次党代会精神研究阐释，精心设置社科研究选题，引导社科工作者深入开展决策咨询类、应用对策类研究。组织自治区党校、宁夏社会主义学院等六家单位牵头建设“六大智库”。组织申报国家社科基金项目，获准立项52项，比上年增加15%，立项率高于全国平均立项率4.8个百分点。设立自治区哲学社会科学规划年度项目81项，开展自治区哲学社会科学规划项目（引才专项）申报工作，立项24项。组织全区社科理论工作者开展“深入基层、聚焦现实、咨政建言”大调研活动，征集调研成果，择优编发《智库成果要报》，供自治区党委、政府领导决策参考。

【自治区成立60周年宣传文化活动】2018年，全区全面统筹做好大庆前、中、后各阶段宣传报道工作。在全区媒体统一开设“喜迎自治区成立60周年”等主题专栏，策划开展“砥砺奋进六十年——全国主流媒体宁夏行”“全国总编辑年会记者宁夏行”“全国网络媒体宁夏行”“海外华文媒体宁夏行”“境外媒体看宁夏”等11次大型主题采访活动，邀请140多家国内外媒体采访报道，近千家网站和300余个微信公众号参与宣传，协调中央媒体开设“砥砺奋进六十载·塞上宁夏谱新篇”专栏，刊播宁夏稿件近2万余篇（条），数量成倍增加、质量大幅提升，提高了宁夏的知名度和美誉度。围绕转型发展新突破、脱贫富民新进展、改革开放新作为等10个专题开设子专栏，开展多渠道多角度多层次宣传报道。多视角观察、全景化呈现、细节化展示了自治区成立60年、改革开放40年来，特别是中央十八大以来，宁夏经济社会发展取得的历史性成就、发生的历史性变革和全区各族人民良好的精神风貌。策划统筹、组织举办自治区成立60周年庆祝大会群众文艺表演《塞上儿女心向党》、文艺晚会《绽放新时代》、中央广播电视总台“心连心”艺术团和中国文联“送欢乐下基层”等4项大型文艺演出。联合自治区发改委，组织筹划举办“庆祝自治区成立60周年大型成就展”。组织拍摄4集大型电视政论片《家园》，在中央电视台综合频道播出，社会反响良好。举办“不到长城非好汉”——六盘山红色诗会和颂歌唱宁夏——庆祝宁夏回族自治区成立60周年新创歌曲音乐会等一系列主题文艺演出。自治区60大庆宣传文化活动受到了中央代表团和自治区党委、政府的充分肯定，得到社会各界的赞誉。

【落实意识形态工作责任制】2018年，全区组织开展中央巡视整改工作，制订《中央第八巡视组巡视宁夏落实意识形态工作责任制反馈意见整改落实工作方案》，确定60项整改内容161项具体措施，通过建立台账和任务、问题、责任“三个清单”，深入持续地推进整改工作。出台《党委（党组）意识形态工作责任制考核办法》，结合自治区党委开展的巡视工作，分三轮对8个县区、10个区直部门和10个区属国有企业，开展了意识形态工作责任制落实专项检查，对意识形态领域出现的典型问题及相关责任人进行追责问责，压紧压实意识形态工作责任制。

【新闻舆论】2018年，全区持续做好重大会议活动新闻宣传。宣传中央十九大和十九届二中、三中全会以及自治区党委十二届二次、三次、四次、五次全会精神，宣传全国、全区“两会”等重要会议精神，汇聚全区干部群众振奋精神、实干兴宁的磅礴力量。组织各类媒体开设“在习近平新时代中国特色社会主义思想指引下——新时代新作为新篇章”专栏，全面宣传习近平新时代中国特色社会主义思想在宁夏的成功实践。围绕学习宣传习近平总书记视察宁夏重要讲话精神，结合自治区第十二次党代会精神的贯彻落实，组织开展“三大战略”和“五个扎实推进”等重点工作宣传。开设“壮阔东方潮 奋进新时代”“启航新时代”专题专栏，宣传改革开放40年来特别是中央十八大以来宁夏经济社会发展的巨大成

2018年12月27日，第七届宁夏公民道德论坛在银川举办

就，鼓舞和激励全区广大干部群众将改革进行到底的信心和决心。对外传播能力建设不断加强。组织对中国自主品牌博览会等重大展会采访宣传，播发的《品牌建设引领宁夏创新发展迈入新时代》《“宁夏创造”集中亮相首届中国自主品牌博览会》等新闻稿件，充分展示了宁夏实施“创新驱动”战略的新举措、品牌建设的新优势。继续巩固与中央电视台的合作，在央视八个频道陆续免费播出宁夏枸杞、硒砂瓜、宁夏大米、贺兰山东麓酿酒葡萄、固原马铃薯、盐池滩羊等宁夏特色产品广告宣传片。参与首届中国国际进口博览会宣传活动，扩大宁夏对外经济交流宣传。联合中国国际电视台“旅游指南”栏目，在海外分台和新媒体平台推送播出《神奇宁夏之旅》，加大推介宣传宁夏旅游产业。完成第三届宁商大会的宣传工作，对区内外宁商及宁夏招商引资工作进行集中宣传报道。深化媒体内部改革，切实推进自治区主要媒体和五市传媒集团融媒体中心建设。宁夏日报报业集团扩充全媒体智能传播平台功能，升级集团“中央厨房”，媒体深度融合取得阶段性成果。推进县域媒体融合发展，确定贺兰、青铜峡、平罗、中宁、彭阳等市县为县级融媒体中心首批试点单位，促进县市媒体从单纯新闻宣传向公共服务领域拓展。组织媒体融合专题培训，举办基层骨干编辑融媒体专题培训班，培养和打造全媒记者、全媒编辑、全媒管理团队。探索建立推进政府各部门建立健全例行新闻发布制度，举办党建、纪检、林业、文化、公共卫生、体育、税务等领域的新闻发布会56场。在国务院新闻办新闻发布厅成功召开宁夏回族自治区成立60周年新闻发布会，各级各类媒体先后共刊（播）各类原创稿件200余篇（条）。围绕宁夏经济发展、脱贫攻坚、生态建设、文化建设、党的建设5个专题，组织开展自治区成立60周年系列成就新闻发布会，为喜迎自治区60大庆营造良好的舆论氛围。组织自治区党委、政府新闻发言人参加国新办举办的新闻发言人培训班，联合中国人民大学举办全区新闻发言人和新闻发布业务骨干培训班，提升全区新闻发言人的素质和新闻发布工作水平。

【社会主义核心价值观宣传教育】2018年，制定《关于推动社会主义核心价值观融入宁夏法治建设立法修法工作的意见》，把社会主义核心价值观融入宁夏法律法规的立改废释全过程，实现法治与德治双向促进。加强城乡核心价值观阵地建设和管理，新建、巩固、完善一批核心价值观主题公园、广场等，新增阵地面积47万平方米，实现各市、县（区）主题公园（广场）全覆盖。常态化开展核心价值观公益广告创作发布和宣传，在全区各类重点区域布置各类公益广告约127万平方米，营造向上向善的社会正能量。开展“砥砺奋进新时代 同心共筑中国梦”社会主义核心价值观主题微电影征集展示活动，征集评选出一批主题鲜明、体裁多样、质量较高的微电影作品。召开全区第六届全国文明城市创建工作推进会、全区精神文明建设表彰大会，围绕推进新一轮创城行动和推动全区精神文明建设各项工作，动员部署工作。修订完善文明城市、文明村镇、文明单位、文明校园、文明行业创建管理办法。全区12个自治区级文明城市制定文明城市创建三年规划，巩固提升文明城市创建水平。制定《自治区文明校园创建管理办法》，指导各地开展文明校园创建工作，评选表彰一批自治区级文明校园，在全区主要媒体开展“文明校园巡礼”集中宣传展示活动。召开“深化移风易俗 助推乡村振兴”座谈会，开展推动移风易俗“五大行动”。开展“移风易俗乡村行”主题采访活动；开展移风易俗主题文艺巡演活动，在原州、西吉、同心等9县区进行巡演，营造移风易俗的环境氛围；开展行政村“一会一约”建设“过筛子”行动，全部完成2295个村（社区）“过筛子”任务，实现村红白理事会和“村规民约”修订“两个全覆盖”；开展移风易俗先进典型表彰活动，选树和表彰移风易俗工作先进县（区）、先进村镇、先进红白理事会和移风易俗模范户，发挥典型示范引领作用。建设“宁信通·失信被执行人曝光平台”，协调引导银行业金融机构将失信被执行人名单信息录入授信审批系统，推动形成“一处失信，处处受限”的信用联合惩戒机制。开展“全区脱贫攻坚战线优秀共产党员”李进祯先进事迹宣传工作，在全区开展巡回报告会、座谈会、主题演讲等70余场，受众5万余人。开展“自治区60年感动宁夏人物”、2018年全国学雷锋志愿服务“四个100”先进典型、“民族团结十大模范人物”、“最美交通人”等推荐评选表彰活动。开展文明旅游志愿服务“进景区、进旅游饭店、进旅行社”主题实践活动，倡导和培育社会文明新风。开展“百场国防形势”六进活动报告会160余场，听众达10万余人，把习近平强军思想和全民国防的理念根植于广大干部群众心中。印发《关于加强我区革命历史类纪念设施、遗址和爱国主义教育基地工作的实施意见》，对全区92个爱国主义教育基地开展集中排查，让爱国主义教育的“软任务”变成“硬指标”。联合宁夏军区举办“不忘初心 牢记使命 庆祝自治区成立60周年·红色经典诵读”电视展演活动，开展2018年全区大学生“爱我国防”演讲比赛活动，深化国防教育活动的开展。开展以各大中小学“讲英雄故事 学革命先烈 做红色传人”为主题的读书演讲活动，增强国防教育的针对性，强化全区青少年爱党爱国爱军价值取向。

【文化建设】2018年，全区完善公共文化服务体系。建成市县级文化场馆10个、标准化综合乡镇文化站10个，完成贫困地区555个村综合文化服务中心活动设备器材配备，提升川区240个村综合文化服务中心功能提升，扶持村综合文化服务中心、农民文化大院、民间文艺团队150个。举办丰富多彩的群众性文化活动，开展2018年元旦春节期间“我们的中国梦”——文化进万家活动，持续开展“欢乐宁夏”群众文艺会演、“清凉宁夏”广场文化演出等群众文化品牌活动，组织各级专业院团、地方院团广泛开展“送戏下乡”“戏曲进乡村”和“戏曲进校园”等活动，有序推进农村电影放映，累计放映4.2万余场，观众达450余万人次。开展送戏下乡惠民演出1600余场、广场文化演出1500余场，公共文化场馆免费开放服务群众120万人次。

【文化管理体制改革】2018年，共梳理年度重点改革任务20项，出台《自治区“十三五”时期文化发展改革规划纲要》《关于加强文化领域行业组织建设的实施意见》《宁夏回族自治区实施中华优秀传统文化传承发展工程的方案》，推动文化体制改革向纵深发展。印发《宁夏回族自治区文学艺术界联合会深化改革方案》，推进文联改革。修订《自治区哲学社会科学、文学和艺术奖励办法》《自治区优秀文化作品奖励暂行办法》，形成国家文化奖项政府奖励资金逐年增长机制。加大文化产业资金帮扶工作力度，全区文化产业专项资金由每年1500万元增加到6000万元，为加快文化产业发展提供资金保障。制定《宁夏回族自治区文化产业发展专项资金管理办法》，组织对全区文化产业发展专项资金项目征集、评审和立项工作。以自治区60大庆为契机，推进文艺精品创作，电影《闽宁镇》被国家电影局列为迎接改革开放40周年全国重点项目。电视连续剧《灵与肉》在央视八套播出，名列上半年全国电视剧收视率排行榜冠军。电视剧《我拿什么奉献给你》完成拍摄，已在江苏城市频道及网络平台热播。纪录片《六盘山》在央视科教频道播出，纪录片《决战贫困》在抓紧策划拍摄，筹备拍摄电视剧《灵州盛会》。作家马金莲获得第七届鲁迅文学奖，秦腔《王贵与李香香》入选2018年度国家舞台艺术精品“十大重点扶持剧目”，话剧《六盘鸿雁》获得2018年国家艺术基金支持，《闽宁镇移民之歌》入选2018年全国舞台艺术优秀剧目展演。组织做好第十四届深圳文博会参展工作，全区180家文化企业和旅游机构参展，签约一批项目，获“最佳组织奖”“最佳展示奖”等8个奖项，取得历年来最好成绩。

【宣传干部队伍建设】2018年，共举办理论学习中心组学习13次，打造宣传部机关研讨学习品牌，推动学习型机关建设，促进宣传系统大学习活动。实施“三强九严”工程，加强基层支部规范化建设，开展机关党建“灯下黑”问题专项整治。加强党风廉政建设，出台《关于加强全区宣传文化系统廉政文化建设的意见》。推进人才队伍建设。出台《宁夏哲学社会科学和文化艺术领军人才培养工程实施办法》《宁夏青年哲学社会科学和文化艺术人才托举工程实施办法》等，建立完善人才培养体系。充分发挥文化名家的示范、引领和带动作用，出台了《塞上文化名家工作室管理办法》，评选自治区首批塞上文化名家领军人物14名。组织重点人才工程评选，推荐报送享受国务院特殊津贴人选14名、自治区青年拔尖人才人选19名，评选出领军人才培养工程人选15名、托举工程人选72名。统筹抓好系统干部教育培训，积极组织申报，“第2期宁夏宣传系统媒体融合发展专题研讨班”等5个项目列入自治区人才工作培训计划，举办完成5个培训班次。组织安排区直系统各单位领导班子成员、部机关、直属事业单位干部参加区内外调训，选调人员参加中宣部文化名家暨“四个一批”人才研修班，以培训促进工作提质增效。

（杨学明　杨小飞）

统战工作

【落实自治区第十二次党代会任务】2018年，对标《自治区第十二次党代会报告主要任务分工落实方案》赋予统战部的主要任务，引导党外人士围绕“三大战略”实施进行深入调查研究，积极参与统一战线“助力脱贫攻坚”行动，为建设美丽新宁夏、共圆伟大中国梦凝聚人心、汇聚力量。围绕民族团结工作和宗教工作“两个走在全国前列”的目标，统筹推进全国民族团结进步示范区创建。坚持“导”的方略，做好新时代宁夏宗教工作，维护民族团结、宗教和顺。

【自治区党委十二届四次全会精神宣传活动】2018年，自治区党委十二届四次全会结束后，第一时间组织全区统战系统干部传达学习，连续举办两期统战部长、民宗局长马克思主义民族观宗教观专题培训班，率先在全区掀起学习热潮；组织编写党的民族宗教理论政策应知应会手册，印制1万册分发全区各级党政机关、高校、企事业单位，供党员干部参考学习；协调全区21名专家、学者、领导干部组成宣讲团，开展马克思主义民族观宗教观“百场万人”大宣讲活动，宣讲1670场，128672人接受教育。

【联系民主党派工作机制】2018年，落实《自治区党委领导同志联系民主党派区委会及自治区工商联工作机制》制度，督导各地落实《支持民主党派加强自身建设的意见》，为民主党派成员争取活动经费230余万元，逐步解决工作中的实际困难。开展纪念“五一口号”发布70周年系列活动，组织各民主党派在《宁夏日报》专版刊发《重温光辉历史、弘扬优良传统》纪念文章，引导各民主党派增进思想认同、政治认同、情感认同。落实重大事项通报、意见建议“直通车”、走访谈话等制度，推进政党协商制度化、常态化。围绕自治区“三大战略”“五个扎实推进”战略任务，制订《2018年度政党协商计划》，确定脱贫攻坚、污染防治、防范化解重大风险等9个方面重点协商事项，组织开展调查研究。支持各民主党派区委会对口9个重点贫困县（区）开展专项民主监督。

【自治区成立60周年庆祝活动】2018年，在中央统战部网站开设“宁夏成立60周年”专栏，与《中国民族》杂志合作编辑出版《塞上江南新气象 全面小康新征程——宁夏回族自治区成立60周年》特刊，宣传宁夏实施民族区域自治制度的实践和改革发展取得的成就。协调中央媒体到宁夏采访报道，在全区选择100个典型宣传点，挖掘收集300多篇故事，在国家民委等网站进行宣传，讲好宁夏民族团结好故事。参与“民族团结成就展”脚本撰写，形成《在党的民族政策光辉照耀下阔步前进——宁夏民族区域自治60年的实践与思考》理论文章。开展民族团结主题微电影评选展演活动，举办10万余人参与的民族团结知识竞赛、全区大学生骨干马克思主义民族观宗教观专题培训班、大中小学生民族团结主题征文等活动，营造喜庆热烈祥和的浓厚氛围。

【全国民族团结进步示范区创建】2018年，弘扬和践行社会主义核心价值观，在全区分行业、分层次、分重点开展民族团结进步宣传教育活动。研究制订《关于创建全国民族团结进步示范区的实施意见》和民族团结进步创建活动示范单位测评指标体系，全面启动示范区创建工作。探索实施第三方综合测评，召开互观互检现场观摩会，组织专家对申报全区民族团结进步创建的示范单位进行考核验收，评选命名100个示范单位和先进个人，固原市、兴庆区、平罗县等9个市、县（区）和单位被国家民委命名为全国民族团结进步创建示范市、县（区）和单位。

【宗教事务】2018年，新修订《宗教事务条例》，制定完善27个规范性文件，依法管理宗教事务，开展乡村宗教事务依法治理试点工作，妥善调处化解宗教领域矛盾纠纷。与甘肃、青海签订协作办法协议，共同做好跨地区宗教活动安全管理服务协调、联动等工作。举行国旗、宪法和法律法规、社会主义核心价值观、中华优秀传统文化进宗教活动场所“四进”启动仪式，“四进”活动在全区2138座宗教活动场所展开。指导各宗教团体以社会主义核心价值观为引领，开展解经、讲经释法、神学思想建设等活动。创新开展宗教工作教育培训，着眼伊斯兰教中国化引领型人才培养，举办首届宁夏伊斯兰教界人士在职研究生班。自治区先后在中央统战部培训中心、福建省社会主义学院等地联合举办宗教团体骨干、寺管会主任、中青年宗教界人士等12类培训班20期，培训1153人次。

【支持民营经济发展】2018年，开展“送政策·进民企”活动，举办金融机构与民营企业合作恳谈会、金融产品推介会。组织召开纪念改革开放40周年非公经济人士座谈会暨全区“五好”工商联（即领导班子好、会员发展好、商会建设好、作用发挥好、工作保障好）、“四好”商会（即班子建设好、团结教育好、服务发展好、自律规范好）建设经验交流会，召开商（协）会会长、秘书长联席会议，探索在商会中建立统战工作联络员制度，想方设法解决民营企业发展中遇到的困难和问题，引导其守法诚信经营、坚定发展信心。贯彻落实中央《关于促进工商联所属商会改革和发展的实施意见》，开展专题调研和清理整顿，加强业务指导、归口管理和规范化建设。

【“助力脱贫攻坚”行动】2018年，召开统一战线“助力脱贫攻坚”暨“百企帮百村”推进会，组织70多家民营企业现场观摩旱天岭村扶贫车间等5个扶贫点，动员20家民营企业、11个商协会与30个建档立卡贫困村签订帮扶计划。推荐宁夏共享集团董事长彭凡为中央统战部和全国工商联表彰的“改革开放40年百名杰出民营企业家”，对脱贫攻坚工作成效显著的37家民营企业和单位予以表彰。协调欧美同学会总会在宁夏召开“助力脱贫攻坚”工作会议，40余位海归专家服务团到宁参与行动，与西吉县签订19项意向性协议，捐赠扶贫车间等共计171.3万元。

【党外知识分子和新的社会阶层人士工作】2018年，开展“跟党迈进新时代，同心共筑中国梦”主题教育活动，开设“宁夏知联”微信公众号，创办“心声”大讲堂，策划“共同走进新时代”主题观影活动等，加强对党外知识分子和新的社会阶层人士的思想政治引领。积极探索统战工作创新平台，在高校、科研院所及国有企业建立4个党外知识分子统战工作实践创新基地，在各地级市探索建立新的社会阶层人士统战工作实践创新基地。协助无党派人士开展重点课题调研，引导自治区知联会下设10个建言献策小组到深度贫困地区开展决策咨询、技能培训、法律援助，联合上海知联会对宁南山区116名贫困高中生实施资助，在海原县第七小学启动“萤火虫乐园”活动。

【港澳台及海外统战工作】2018年，贯彻全国台联改革方案精神，研究制定宁夏台联改革方案。协调有关部门做好90名香港师生考察交流、香港中学32名师生赴宁支教工作。接待香港专业女性考察团、埃及中国和平统一促进会宁夏参访团、中国统一联盟高雄分会宁夏考察团、全国台联第十五届台胞千人夏令营宁夏分营等7批次、300余人到宁夏参访。组织有关参访团赴台学习，赴德、法访问交流。加强与海外黄埔组织和代表人士的联络，积极帮助华人华侨及归侨侨眷、黄埔同学会员及亲属、定居台胞及台资企业解决实际困难和问题。

【培养选拔党外代表人士】2018年，加强党外代表人士跟踪培养，举办党外领导干部“坚定理想信念、凝聚政治共识”专题培训班、党外知识分子研讨班、新的社会阶层人士研讨班等各类培训班26期，培训1639人次。选派30名党外干部参加中央统战部、上海市及区直有关部门举办的培训班。与有关部门联合召开党外干部培养选拔工作座谈会，配合做好党外干部发现、培养、储备工作，确保掌握一定数量的优秀党外干部。

【统一战线理论研究宣传】2018年，在全区统一战线开展“大学习大调研”活动，围绕基层社区民主协商对话平台与机制建设、全区民主党派组织发展问题、“亲”“清”新型政商关系制度化规范化建设、宁夏大中专院校开展中华民族共同体教育研究等9个重点调研课题，由部领导领题开展调研，着力发现问题、解决问题、提升能力、推动工作。围绕统一战线系列重大决策部署的贯彻落实，开展多党合作、民营企业助力经济转型等宣传活动，推动形成统战工作社会共知、大家共做、各方推动的工作格局。

（胡晓丽）

政策研究

【调查研究】2018年，按照习近平总书记“要大兴调查研究之风”的指示精神，结合自治区党委调查研究部署，调研工作围绕“五位一体”总体布局和“四个全面”战略布局以及宁夏“三大攻坚”“三大战略”，深入研究政治建设、经济问题、产业转型、银川都市圈建设、伊斯兰教现状、深度贫困地区脱贫攻坚、闽宁镇经济社会发展、教育改革、宁夏军人“三群体”脱贫攻坚、物流业发展等情况，形成调研报告28篇，印发《政研工作专报》17期，自治区领导批示18篇、40余次，占比71%，批示率较上年大幅增加。

【服务“三农”】2018年，制定或参与制定政策性文件10余件，起草自治区分管领导讲话10余篇，筹办农村工作领导小组会议5次，座谈会、推进会、征求意见会等10余场次，形成“三农”督查报告5篇。起草《自治区实施乡村振兴战略的意见》《自治区2018年农业农村重点工作任务清单》《实施乡村振兴战略综合考评方案》《关于解决全区政策性移民问题的实施意见》，以及葡萄酒产业转型发展、农业大数据、农业保险等相关意见。历时3个多月，编制完成《宁夏实施乡村振兴战略规划（2018—2022年）》和分工方案，明确提出五年内宁夏乡村振兴的时间表、任务书和路线图。高质量筹办自治区农村工作会议、实施乡村振兴战略暨农村改革推进会议、农垦改革推进会议等，研究解决实施乡村振兴战略和脱贫攻坚一系列重大问题。在做好正面推进的同时，也做好调研督查。开展盐池县脱贫摘帽经验、劳务移民、深度贫困地区脱贫、农垦社会职能移交等突出问题调研和专项督查，对个别县区认识不到位、政策吃不透、推进速度慢等问题，给予现场督导，推动“三农”工作深入开展。

【《宁夏工作研究》】2018年，编印发行《宁夏工作研究》12期、7.4万册，发行量大幅增加，比上年多发行2.5万册。发放范围向基层纵深推进，覆盖全区所有驻村扶贫“第一书记”、村（社区）党组织和非公有制经济组织等基层单位，扩大宣传面，让基层和工作在一线的党员干部都能看到、学习到、掌握到党的路线方针政策和自治区的重大决策部署，增强“四个意识”。办刊工作始终坚持党刊姓党的原则和“两个围绕”，即围绕中央路线方针政策和自治区重大决策部署办刊。开设习近平新时代中国特色社会主义思想、中央精神解读、自治区党委全会、三大战略、全面深化改革、全面从严治党等专栏，切实把中央的声音传播好，把自治区的重大决策部署宣传好；围绕重大事件开辟专栏。为纪念马克思200周年诞辰、《共产党宣言》发表170周年，开设

2018年，隆德县城乡低保审批权下放乡镇街道方便了群众办理低保

“学经典、用经典”专栏，刊登马克思、毛泽东的一些经典著作。让党员干部在重温经典中更好地掌握马克思主义基本原理，不断提高运用马克思主义立场、观点、方法认识问题、分析问题和解决问题的能力。为庆祝改革开放40周年、自治区成立60周年，刊发了一批反映宁夏经济社会各领域成就，激发干部群众的幸福感和自豪感的文章。

（梁多勇）

深化改革

【概况】2018年，自治区党委全面深化改革领导小组办公室筹备召开自治区全面深化改革领导小组会议7次、自治区党委全面深化改革委员会会议1次、机构改革会议8次、评估改革文件35件，起草会议讲话、报告、方案、会议纪要等500余件，其中石泰峰书记签批100余件，改革督察通报8期，编发《宁夏改革动态》38期、50多篇，中央改革办转发2期，改革信息平台刊登改革信息9000余条。在统筹协调方面，做好改革方案评估，提前介入改革方案制订，提高改革质量。前置评估工业园区管理体制、经济发达镇改革和司法体制等改革方案，解决重大改革问题。在督促检查方面，调研督察行政审批、财政体制、综合医改、科技创新体制等改革，形成改革督察通报，呈报党委主要领导，领导批示列出问题清单，逐项跟踪督办，推进改革工作落地落实。结合全国党政机关机构改革，对标中央政研室司局职能设置，政研室内设机构全面改革。原来党委农办职能和6名人员编制全部划转到农业农村厅。相关处室重新调整为经济研究处、党建研究处、文化研究处、社会研究处，各处室职能更加聚焦“五位一体”总体布局要求。自治区党委财经委员会办公室设在政研室，新组建财办秘书处，负责财办日常工作。

【供给侧结构性改革】2018年，制定促进民间投资30条、开发区创新发展22条、服务业发展23条、民营经济健康发展20条等政策措施，降低实体经济成本90亿元；实施园区低成本改造项目21个，降低园区综合成本10%；切实降低物流成本，清理规范由地方审批设立的涉企收费项目，取消全区所有政府还贷二级公路收费站，宁夏成为全国无地方审批设立的涉企收费省份之一；对通行青兰高速六盘山隧道等3条高速路段货运车辆实行差异化收费试点，有效降低货运成本；实施“两房融合”改革举措，因城施策去库存，全区商品房待售面积912万平方米，同比下降12%，全区商品房去库存周期10.8个月，比上年减少1.5个月，保持在合理区间；深化电力体制改革，持续扩大直接交易规模，出台《降低优势产业用电成本实施方案》，累计降低用电成本5.5亿元；下调一般工商业电价降幅达10.15%，年降低用电成本3.4亿元。

【科技体制改革】2018年，实施创新驱动战略，建立科技创新投入稳定增长机制，推进沿黄科技创新改革试验区建设，改革科技项目管理机制，启动产业重大科技攻关、科技型企业培育、科技金融创新等五大行动，财政科技支出增长20.3%，R&D经费投入强度达1.3%。扩大科技金融试点范围，设立科技创新与高层次人才担保基金、科技成果转化基金等，科技金融对企业科技创新形成有力支撑，国家级高新技术企业增加到150家。

【财税体制改革】2018年，防控政府债务风险，出台防范化解隐性债务风险实施意见，建立政府举债终身问责和债务问题倒查机制，政府债务风险处于可控范围；启动自治区与市县基本公共服务领域共同财政事权和支出责任划分改革，对教育、医疗等8类民生领域的财政事权和支出责任进行规范；全面落实中央调整增值税税率、增值税留底退税、扩大小微企业所得税优惠政策等各项减税政策，继续实施阶段性降低社会保险费率政策，失业保险费率降至1%，工伤保险费率下调20%。

【国资国企改革】2018年，推进混合所有制改革，宁夏丝路风情员工持股试点全面完成，有序推进宁夏国际招标、众联启航、农垦勘测设计院混改。截至2018年底，全区国有企业通过股份制改制、合资合作、企业上市等途径，形成185家混合所有制企业；深化国有资本授权经营体制改革，制定以管资本为主推进职能转变方案，授予7户国有资本投资运营公司更多自主经营决策权，推动企业建立市场经营机制。截至2018年底，自治区投资、运营公司资产总额1685.58亿元，实现营业收入149.61亿元，利润22.2亿元。

【金融体制创新改革】2018年，实施金融风险防范化解工程，稳妥化解银行业和融资担保机构等金融风险。推动建立"金融+"联席会议平台，形成常态化、制度化、专业化融资对接机制，实现融资供需精准衔接，引导金融机构加大对自治区重大战略、重点项目、重点领域及中小微企业的资金精准对接投入力度。截至2018年底，全区各项贷款余额达到6807.52亿元，同比增长7.5%，中小微企业贷款余额2769.26亿元，占企业贷款比例为64.49%。宁夏银监局和保监局顺利整合为宁夏银保监局，自治区金融工作局调整为地方金融监督管理局（金融工作局），地方监管职能持续增强。

【商事制度改革】2018年，推进"多证合一、一照一码"改革，实现"四十四证合一"。围绕减环节、压时间、降成本，全区企业开办时间压缩至5个工作日以内，国务院第五次大督查营商环境7项重要指标调查显示，宁夏开办企业位列全国第2名。推进"证照分离"改革，对第一批106项涉企行政审批事项实施分类改革。推进企业登记全程电子化，开展名称自主申报和简易注销改革试点。

【农业农村改革】2018年，推进农村土地制度改革，全面完成农村承包地确权登记颁证，确权土地面积1573.9万亩，占应确权面积的96.8%，探索农村资源变资产、资金变股金、农业变股东"三变"改革，推行财政资金折股量化，组建土地股份合作社98个，入股土地面积12.7万亩；积极培育新型农业经营主体，综合运用直接补贴、政府购买服务、定向委托、以奖代补等方式培育各类新型经营主体，全区家庭农场、农民合作社分别达到2916家、6267家，土地流转达298万亩；深入推进农村集体产权制度改革，全区成立404家股份经济合作社，185家经济合作社，确定集体成员650054人，实现股金分红7313.61万元；扎实开展农村集体资产清产核资，2287个村完成清产核资工作；丰富农村土地"三权"分置形式，实现农村产权流转交易市场建设县域全覆盖；持续推进农业水价综合改革，利通区通过市场化手段签订跨区域跨行业水权交易订单，实现收益3.82亿元。

【机构改革】2018年，围绕中央对地方机构改革"六个坚持"总要求，在党政机构设置上，严格落实中央明确的22项具体改革任务，做到主要机构设置与中央保持基本对应，着力调整优化自治区党政机构和职能。建立健全和优化自治区党委对重大工作的领导体制机制，组建自治区党委审计委员会、党委财经委员会、党委教育工作领导小组，将自治区依法治区领导小组、全面深化改革领导小组、国家安全工作领导小组、党委网络安全和信息化领导小组、党委外事工作领导小组分别改为委员会，提高自治区党委把方向、管大局、作决策、保落实的能力。坚持通盘考虑，整体谋划，统筹推进人大、政协、群团、事业单位、综合执法等各领域改革，推动各方面改革有机衔接、协调联动，发挥改革整体效应。出台市县机构改革的总体意见，坚持"上改下效"，明确"23+2""规定动作"，做到市县党政部门及其职能总体上与自治区保持基本对应。

【行政审批制度改革】2018年，推进"马上办、一次办"，优化整合提升各级政务服务中心（大厅）"一站式"功能，自治区本级大厅审批决定权授权率达51%，区级事项进驻率达90%，市县普遍在80%以上，50%的事项实现"一窗"分类受理，网上办结率达80%，申报材料减少30%，区市县每级30个高频事项实现"最多跑一次"，92.7%的行政村设有便民服务代办点。推进经济发达镇行政管理体制改革试点，宁东镇、望远镇等5个镇列入试点。持续推进简政放权，取消调整行政许可等职权76项，非行政许可审批事项全部清零。继续推进在线审批，深化"不见面、马上办"，推进"一网通办"、一门办事，采取"多评合一"、集成服务、多图联审、区域评估等途径，实现企业投资项目审批50个工作日办结、施工图电子审查从2~6个月缩短至7~22个工作日，工业产品生产许可证实行"先证后核"3个工作日内完成审批等，50%事项实现"一窗"分类受理，全区网上办结率达80%；在宁东基地等工业园区推行"区域评、联合审"试点，在全国率先实现投资项目在线审批监管平台与政务服务平台的深度融合。

【司法体制改革】2018年，深化员额制改革，修订法官检察官遴选委员会章程（试行），出台自治区法官检察官交流任职员额确认办法、法官检察官遴选面试工作规则。2018年，法官检察官遴选委员会公开遴选法官78名、检察官44名。深入推进法官、检察官单独职务序列改革，出台《宁夏回族自治区法官、检察官单独职务序列等级升降实施办法(试行)》，完善司法职业保障体系；研究制订《关于深化新时代司法体制改革的意见》，提出了6个方面24项重点改革任务，着力破解案多人少、入额领导办案责任落实难、司法辅助人员不足、人财物统管后上下协调对接不畅等难题。推进公安工作体制机制改革，启动全区公安机关人民警察职务序列改革和交巡警合一警务机制改革，加快推进"互联网+公安政务服务"工作；深入开展户籍信息登记管理专项清理整顿工作，确保公民身份证信息的准确性、真实性和唯一性。深化监狱体制改革，探索监企分开，全区系统已实现全额保障、收支分开、规范运行目标，监狱警察收入与企业经济效益完全脱钩。

【文化体制改革】2018年，推进文化管理体制改革、公共服务体系建设等改革。推进媒体深度融合。重点推进宁夏日报报业集团和宁夏广播电视台整体转型，结合媒体融合改革，年底，全媒体指挥调度中心"中央厨房"已投入使用，宁夏广播电视台已形成涵盖广电网、IPTV、"红枸杞"手机平台、微博及微信公众平台。完善公益性文化事业单位运行机制，推动文化馆、图书馆、博物馆等公益性文化事业单位开展法人治理结构改革，推进县级图书馆、文化馆总分馆制建设，全区共建成县级图书馆分馆46个，文化馆分馆18个。全面推进文化扶贫，出台了《关于加快推进文化小康 助力脱贫富民和乡村振兴战略的实施意见》，充分发挥文化"扶贫""扶志""扶智""富民"作用，为山区9个贫困县(区)、555个村综合文化服务中心配齐设备，实现全达标，加快推进川区964个村综合文化服务中心改造提升项目，完成240个改造提升任务。

【民生领域改革】2018年，深化扶贫工作机制改革，探索建立脱贫攻坚激励机制，出台《关于建立精准脱贫激励机制进一步激发贫困群众内生动力的指导意见》，落实生产奖补、劳务补助、以工代赈等措施，每年自治区本级购买3500个扶贫公益性岗位，专门安排建档立卡贫困劳动力就业增收。盐池县高质量脱贫退出，成为宁夏首个脱贫摘帽县。深化综合医改，通过加强医联体建设、落实职称评定"凡晋必下"制度、家庭医生签约服务等，推进优质资源下沉，促进分级诊疗扎实落地；完善医保制度，取消部分市县基本医疗保险门诊统筹单次处方限额，持续推进按病种收付费改革，自治区三级甲等公立医院按病种收付费的病种达107个；推广公立医院绩效薪酬改革试点经验，将区直公益二类、固原市、中卫市27家公立医院纳入薪酬制度改革试点，试点公立医院扩大到55家；加快发展"互联网+医疗健康"，建立五级远程医疗服务体系，实现远程会诊、远程影像、远程心电等多种远程医疗应用，2018年7月，国家卫生健康委批复宁夏为国家首个"互联网+医疗健康"示范区建设省区。深化教育体制改革，出台全面深化新时代教师队伍建设改革的实施意见、深化教育体制机制改革的实施意见，积极推进考试招生制度改革、民办教育分类管理改革、教育领域"放管服"改革等。出台高等学校实行人员总量管理试点的意见，确定宁夏大学、医科大学、财经职业技术学院、体育职业学院四所高校为首批试点学校，下放编制、干部、人事、财政管理权限，转变管理方式，搞活用人机制，促进宁夏高校走内涵发展之路；推进依法治教和放管服改革，下放民办教育审批和中小学职称评审权3项，教育领域"不见面马上办"事项高达96%。2018年，宁夏获批全国首家建设"互联网+教育"示范区，在西部率先以省为单位通过国家义务教育基本均衡发展评估认定。

【生态文明体制改革】2018年，围绕建设美丽新宁夏，深入推进生态保护、环境监管、水环境管理等改革。加强自然生态环境监管。出台生态环境机构监测监察执法垂直管理制度改革实施方案、生态环境损害赔偿制度改革实施方案，强化统一监管和执法权威，形成职能集中、分工合理的执法监管体系，探索建立流域上下游横向生态保护机制，实施财政资金投入与环境质量和污染物排放总量挂钩政策，压实环境保护责任。推进生态红线保护管理。出台《自治区生态保护红线划定方案》，确保生态红线科学划定、应保尽保。推进《生态保护红线管理条例》立法工作，为红线落地提供法律保障，全区生态红线面积占国土总面积的24.76%，形成了"三屏一带五区"的生态安全格局。加强河湖治理。建立"一河(湖)一档一策"，编制重点河湖水生态修复治理方案，启动河湖健康评价，全区河湖水生态环境整体好转、局部优化。加大环境保护突出问题整治。成立自治区中央环境保护督察"回头看"及专项督察反馈意见整改领导小组，实行省级领导和法检"两长"全覆盖包抓机制，认真办理中央环保督察反馈问题，办结率达98%，追责问责212人次，推动解决一批生态环境问题。2018年，隆德县小流域治理成效入选中央改革开放40周年成就展。

【党的建设制度改革】2018年，围绕新时代党的建设总要求，深入推进组织、干部人事、基层组织建设、人才发展、纪检监察等制度改革。深化纪委监委派驻机构改革。重新调整设立39家自治区级党和国家机关派驻(出)机构，确保派驻机构改革工作方向不偏、标准不降、顺利推进、扎实有效。深化干部人事制度改革。完善干部培养选拔机制，扎实推进优秀年轻干部培养选拔；全面落实中央《关于进一步激励广大干部新时代新担当新作为的意见》，印发《关于进一步激励广大干部新时代新担当新作为的实施方案》，实施“六个一批”工作举措，着力激发全区广大干部干事创业的内生动力。推进抓党建促脱贫攻坚。开展“三大三强”促脱贫富民行动，在全区农村推广“两个带头人”工程，着力培养村党组织带头人、致富带头人，培养农村致富带头人14256人。重拳整治机关党建“灯下黑”问题。制订《关于进一步加强和改进机关党的建设的意见》，启动实施“三强九严”工程，强化党组(党委)书记、机关党委书记、机关党支部书记三个责任，严格落实“三会一课”等九项制度，加强督查检查，严格追责问责，全面提高机关党建工作质量。

(马晓立)

保密工作

【概况】2018年，提高思想认识。把学习贯彻习近平新时代中国特色社会主义思想、中央十九大精神和习近平总书记对保密工作的重要指示批示精神等作为首要政治任务，通过理论中心组学习、专题研讨、辅导讲座、座谈交流等形式深入系统学习。举办全区保密系统“习近平新时代中国特色社会主义思想”专题研修班，深入实施“三强九严”工程，引导党员干部树牢“四个意识”、坚定“四个自信”，坚决做到“两个维护”，为做好新时代保密工作奠定坚实的思想基础。科学谋篇布局。召开自治区党委保密委员会第一、二次全体会议和全区保密办主任保密局长会议，传达学习全国保密工作会议、自治区党委保密委员会会议精神，安排部署工作，调整充实保密委员会成员单位，确保党中央、自治区党委决策部署的贯彻落实。强化责任落实。制订出台《关于进一步强化保密工作责任的意见》，从思想认识、监督检查、宣传教育、科技支撑四个方面提出措施要求，推进领导干部保密工作责任制落实。开展中共中央和自治区党委关于保密工作的决策部署贯彻落实情况专项督查，持续传导压力，增强保密工作领导责任意识，形成层层抓整改、项项抓落实的良好局面。

【保密宣传教育】2018年，加强保密教育基础设施建设。建成宁夏保密教育实训平台，改善全区保密宣传教育硬件条件，为开展领导干部和涉密人员保密教育提供专门场所。各地各部门创新保密宣传教育载体，取得良好效果。扩大保密法治宣传月活动覆盖面。首次将保密法治宣传月活动深入到广场、社区、街道，举办保密知识专题讲座163场次，84个单位主要负责人对保密工作作出批示，43个党委(党组)理论中心组学习保密知识，184个党支部将保密党课纳入党日活动，17000余名领导干部和涉密人员观看保密警示教育片。提升保密教育培训实效。举办全区网络保密管理专题培训班、“三员”培训班和保密资质(格)管理培训班，开展送教育培训到基层的活动，共培训保密干部、涉密人员1300余人。开展区直机关保密协作组交流活动，编辑《宁夏保密》，充分发挥保密刊物的宣传阵地作用。

【保密科技体系建设】2018年，网络信息化建设成效显著。编制全区2018年至2020年信息化建设规划，规划建设基础网络和安全保密体系、业务应用体系和决策支持体系。开发保密综合业务管理系统一期应用，完成系统功能测试并上线运行；完成保密综合业务管理平台二期需求调研、方案设计、招标采购及系统开发等工作。完善网络保密管理。对全区确认核准的涉密网络进行测评审批。指导有关单位完成新建涉密信息系统的方案设计、系统建设、运维、信息管控工作。保密技术装备水平大幅提升。各地各部门(单位)结合实际，配置保密技术检查装备，安装防护设施，保密技术检查和防范工作水平得到提升。

【保密监督管理】2018年，依法治密取得阶段性成果。创新开展解密试点工作，被列为全国解密试点省区，对相关试点单位的涉密文件、履行解密文件、解密不公开文件、解密公开文件进行核查清理。加强定密管理，指导86家区直机关单位修订完善本系统该行业《定密操作指南》，提高定密工作规范化水平。重点区域要害部门保密管理得到加强。对公务员招考、高考等8类国家自治区统一考试进行保密监督检查，参与自治区党委组织部等考试主管单位的试卷监督管理，批复57个保密要害部门。加强重要设施周边环境安全隐患排查。保密资质管理规范有序。批准涉密信息系统集成资质单位7家，对2家申请军工保密资格单位进行指导，审查审批印制资质单位11家，受理在宁夏承接印制工作的4家跨省印制资质单位的审批备案。开展保密资质(格)单位"双随机"抽查,检查集成资质单位11家、印刷资质单位7家、军工资格单位3家。保密查处"利剑"作用充分发挥。查处违规外联行动、利用互联网传递标密文件及国家保密局移交案件等违反保密法律法规事件16起,处理相关责任人18人。

【保密技术服务保障】2018年,涉密载体销毁及涉密数据恢复再创新高。为各级机关、单位和中央巡视组驻宁期间提供涉密载体销毁、涉密数据恢复等服务。全年累计销毁涉密文件、试卷、地图、内部资料等60多万件。为多家单位恢复计算机硬盘、服务器阵列、移动硬盘、U盘等储存设备有效数据7820G,成功恢复raid5阵列数据5T,销毁及数据恢复数量较上年均有大幅提升。重大会议活动保密服务保障到位。积极指导机构改革涉及的单位落实保密工作责任,对机构改革中的保密工作进行监督检查,纠正问题、消除隐患,杜绝失泄密事件发生。为自治区60大庆、自治区"两会"等重大会议活动提供保密技术服务保障20余次。保密技术研发应用效果初显。研发的项目"基于分级保护的主机安全基线配置核查与安全加固系统的开发"顺利通过验收并获得国家版权局颁发的计算机软件著作权登记证书,将软件示范部署推广到全区50多家机关和单位。

(李　靖)

党史研究

【概况】2018年,围绕庆祝改革开放40周年、自治区成立60周年两大历史节点和专项巡视,深化党史研究,强化党史宣传教育,推进文献资料征编,严格落实意识形态工作责任制,开展巡视整改及违反中央八项规定精神突出问题专项治理工作,全面加强机关党的建设,各项工作取得成效。共出版党史书籍5部;自治区党史研究室获全区"我与宁夏共奋进——纪念改革开放40周年暨自治区成立60周年"活动优秀组织奖;自治区党史研究室荣获全区"辉煌60年　见证新发展"主题诵读演讲展评活动优秀组织奖;宁夏中共党史学会被评为全国社科联先进组织。

【党史编写与研究】2018年,聚焦主责主业,按照"一突出、两跟进"要求,深化党史研究。围绕庆祝改革开放40周年,推进改革开放史研究六本书的编写出版工作。围绕上年确定的改革开放史五大专著,推进宁夏人大工作、政协工作、纪检监察工作、组织工作、宣传工作改革与发展史五部专著的编写工作。另外,与宁夏人民出版社合作编写的全国改革开放丛书《改革开放全景录(宁夏卷)》一书已出版发行。围绕庆祝自治区成立60周年,扎实推进五本书的编写出版工作。围绕自治区成立60周年,完成了《宁夏工作文献选编》《宁夏回族自治区60年简史》《宁夏回族自治区60年重要文献选编》《宁夏回族自治区60年历史事件纪实》《中共宁夏六十年大事记》五本书的编写工作。围绕即将开展的"不忘初心牢记使命"主题教育,扎实推进党史人物、党史故事等三本书的编写工作。为配合和服务"不忘初心牢记使命"主题教育,立足宁夏红色资源,组织力量编写了《盐池县:陕甘宁边区的重要组成部分》《忠诚的共产党人崔景岳》《宁夏党史现场》三本书,已完成送审,准备出版发行。围绕中国共产党即将百年华诞,推进《中国共产党宁夏组织志》编纂工作,做好《中国共产党宁夏历史第三卷(1978—2012)》编撰的前期准备工作。围绕中央和自治区党委的中心工作和战略部署,深化党史资政研究和党的理论创新成果研究。坚持以《党史研究参阅》为载体,撰写刊发《全面深刻理解习近平新时代中国特色社会主义思想》《不忘初心 牢记使命 扎实推进伟大事业》《不忘初心 牢记使命 不断进行具有许多新的历史特点的伟大斗争》等资政研究、理论创新成果研究专题25个。完成全国党建研究会"改革开放40年党的建设经验教训研究""党在各个历史时期关于大力发现储备优秀年轻干部的重要思想及重大举措"两个研究专题。

【党史宣传教育】2018年,依托报纸、刊物、微信、网络、电视等媒体,全方位、多渠道、多层面开展党史宣传教育,引导广大党员干部和全社会"知史爱党、知史爱国"。与区直机关工委《新时代先锋》杂志编辑部合作,共同开辟"党史再现"栏目;在《党史信息报》上刊载宁夏改革开放40周年和自治区成立60周年辉煌成就宣传文章;在宁夏公共卫视频道制作和播出《宁夏红色记忆》节目;全面升级打造"宁夏党史学习教育网",全面提升"宁夏党史微信平台"技术水平,创作周恩来逝世42周年、建党97周年、"八一"建军节、自治区成立60周年四期微场景;编发红色短信20余条。开展党史宣讲活动。制定下发《自治区党委党史研究室关于党史宣讲"六进"工程的实施意见》,组织自治区党史宣讲家围绕深刻领会习近平新时代中国特色社会主义思想暨中央十九大精神、纪念改革开放40周年和自治区成立60周年宣讲主题,广泛开展宣讲活动,推动党史宣讲进社区、进机关、进学校、进网站等,党史宣传的覆盖面和影响力不断扩大。开展党史纪念活动。围绕改革开放40

周年和自治区成立60周年，联合自治区党委宣传部、区直机关工委、教育厅等7家单位，开展“我与宁夏共奋进”征文活动；联合自治区党委宣传部、区直机关工委、教育厅、宁夏新闻网等部门举办以“辉煌60年，见证新发展”为主题的知识竞赛活动，参与人数达56万人次，为历年之最；完成为自治区六十年大庆筹委会举办的“自治区60周年大型成就展”提供相关文字图片，并对党史布展方案进行审核等工作。

【文献资料征编】2018年，以纪念改革开放40周年和自治区60周年为契机，围绕编辑《宁夏回族自治区60年重要文献选编》一书，征集自治区成立以后自治区党委、政府的重要文献，以及发生的重大事件、实施的重大工程、进行的重大活动和项目所形成的重要历史文献资料。围绕宁夏改革开放史系列专题研究、专著编写和《宁夏回族自治区六十年简史》的撰写工作，有计划地征集党史文献资料，为编撰《中国共产党宁夏历史第三卷(1978—2012)》夯实基础。

(谯　晨)

区直机关党的工作

【“两学一做”学习教育常态化制度化】2018年，坚持把学习贯彻习近平新时代中国特色社会主义思想作为首要政治任务，注重发挥区直机关各部门(单位)理论中心组带动作用，提升党支部用新时代中国特色社会主义思想武装头脑、指导实践、推动工作的能力。编发“2018年区直机关党员应知应会31题”，对各(部门)单位党组(党委)班子成员、机关党委专职副书记和基层党组织书记进行闭卷测试，在《新时代先锋》通报成绩，以通报倒逼加强学习。实施“千名党支部书记培训工程”，举办机关党委专职副书记学习习近平新时代中国特色社会主义思想培训班、机关纪委书记党性教育专题研修班和党支部书记培训班，培训1000余人，示范带动区直机关举办各类培训380多场次，通过培训，强化思想定力，提升能力素质。举办区直机关党员大学习主题活动，91个单位同台竞技，展示学习成果，不断把学习教育引向深入。发挥《新时代先锋》、机关党建网、机关党建微平台作用，全力打造“读书沙龙”等线上线下学习品牌，通过开展“党员大学习、党建新课堂”网上有奖答题，定期发布H5动画学习内容等方式，增强学习的互动性和实效性。

【“三强九严”工程】2018年，推动实施“三强九严”工程(“三强”即强化党组或党委书记领导责任、强化机关党委书记直接责任、强化党支部书记主体责任。“九严”即严格落实党组织设置规定、严格落实“三会一课”制度、严格落实组织生活会制度、严格落实民主评议党员制度、严格落实谈心谈话制度、严格落实“支部主题党日”制度、严格落实党员组织关系和党费管理规定、严格落实党组织星级评定办法、严格落实换届规定。)落实自治区党委《关于进一步加强和改进机关党的建设的意见》，印发“致区直机关党委书记的一封信”，制定机关党委书记、机关党委专职副书记抓党建“两个责任清单”，建立党组(党委)书记和机关党委书记抓党建“四项报告制度”，靠实责任，履职尽责。提出基层党支部规范化建设标准，出台《区直机关基层党组织星级评定考核办法》《区直机关党建工作督导检查责任制实施办法》等11项基本制度，建章立制，规范工作。建立党建工作创新示范项目名录，创新实施“1+4+X支部主题党日”活动，集中开展“重温入党誓词、争做优秀党员”七一主题党日活动，对2017年度9个四星级机关党委进行表彰奖励。针对中央和自治区党委巡视反馈问题，列出整改清单，及时对标整改。组织开展以习近平新时代中国特色社会主义思想大学习、“自查自纠”大检查、“互观互检”大评比、“突出问题”通报会为主要内容的“灯下黑”问题专项整治活动。印发《关于在机构改革中切实做好机关党建工作的通知》，指导基层党支部做好机构改革中的党建工作。建立党建指导督查“三级三长”责任制，成立10个党建指导督查组，通过追责联动、双向问责，加强对区直部门党建工作的督导检查，形成大抓机关党建，严抓支部书记的浓厚氛围。

【机关纪律和作风建设】2018年，开展群众评议机关作风活动，坚持问题导向，围绕解决“三不为”、机关作风新表现、“四风”问题集中整治及干部职工的精神状态等内容，对5市、22个县(区市)、78个区直机关部门(单位)开展群众评议机关作风活动。通过电视问政、广场问政、机关开放日、评优亮丑、作风在线等，对影响机关作风的典型问题，发现一起整改一起，促进党员干部时刻履职尽责。协调自治区纪委、组织部对2017年度15家排名靠后单位进行约谈，督促五市同步开展约谈。综合运用第三方、政务服务中心、“两代表一委员”和网络及跟踪四种方法独立进行评议。探索建立机关纪委书记任前谈话、机关纪委谈话函询备案、机关纪委报告履行党风廉政建设监督责任情况和机关党委专职副书记履行“一岗双责”书面述责4项制度。区直机关纪工委审理195起违纪案件，给予党纪处分105人。

【机关精神文明建设】2018年，加强对文明单位的动态管理，对到届的28个单位进行明察暗访，促使不断提高创建质量。评选表彰区直机关道德模范、好人26名，第三届全区民族团结进步模范人物2名、提名奖1名，推荐第八届民族团结模范集体7个、模范个人17名、60年感动宁夏人物11名，建立各类志愿服务基地22个。区直机关2个单位、4个集体、7名个人受到自治区表彰。

（马彬彬）

机构编制

【概况】2018年，自治区党委编办围绕自治区党委工作，深化机构和行政体制改革，控制和优化配置机构编制，破解影响宁夏经济社会发展的体制机制障碍，较好地完成了自治区党委和编委确定的各项工作任务。以加强党的全面领导为统领，以国家治理体系和治理能力现代化为导向，以推进机构职能优化协同高效为着眼点，推进自治区机构改革、行政审批制度改革、事业单位改革、重点领域关键环节体制改革及创新机构编制管理等工作，着力构建宁夏系统完备、科学规范、运行高效的机构职能体系。

【事业单位改革】2018年，以促进公益事业发展、提升公共服务供给水平为目标，持续深化事业单位改革，扎实推进政事分开、事企分开、管办分离，激发事业单位发展活力，取得阶段性成效。深化承担行政职能事业单位改革。在2017年改革试点的基础上，认真做好行政编制置换等后续工作。根据中央编办编制置换批复，将中央置换的行政编制全部下达区直涉改单位和市县，督促指导市县严格按要求置换事业编制。结合自治区机构改革，继续巩固深化承担行政职能事业单位改革试点成果，对承担行政职能事业单位已转为行政机构的，理顺职责关系，推动改革向纵深发展。有序推进公益类事业单位改革。继续深化公立医院人员总量管理改革试点，印发《公立医院人员总量管理实施细则》，明确公立医院人员总量核定标准、人事和经费管理，推动改革落地落实。做好公立医院人员总量核准和备案工作，建立健全机构编制、人事管理联动机制，激发公立医院内生动力和活力。探索推进高校人员总量管理试点，针对宁夏高校人员编制紧缺等突出问题，在深入调研的基础上，研究起草《关于高等学校实行人员总量管理试点的意见》，对涉及的相关政策，反复征求自治区相关部门、高校、中央编办和教育部意见进行修改完善，自治区党委、政府研究审议后印发实施，着力促进高等教育健康持续发展，满足人民群众日益增长的教育服务需求。推进自治区国有林场、煤田地质等事业单位改革，推动了相关改革不断深入。稳步推进生产经营类事业单位改革。自治区党委印发《关于推进从事生产经营活动事业单位改革的实施意见》，按照自治区改革部署，稳步推进各项改革工作。组织召开全区经营类事业单位改革推进会，明确了自治区13个涉改事业单位改革时间表、路线图，积极指导涉改单位和主管部门研究制定改革方案。对列入2018年改革范围的8个经营类事业单位，主动与涉改单位及主管部门进行沟通，加强督查指导，确保2018年年改革任务按期完成。

【重点领域关键环节体制改革】2018年，推进综合行政执法改革。按照中央和自治区安排部署，以提升执法效率和监管水平为重点，统筹推进各项改革任务。推进重点领域综合执法改革。根据中央的改革要求，将市场监管、生态环境保护、文化市场、交通运输、农业5个领域综合行政执法改革作为自治区机构改革专项任务，进行安排部署，着力优化整合执法力量和执法资源，提升相关行业的执法能力和水平。推进市辖区等跨部门、跨领域综合执法改革。指导吴忠市、银川市开展改革，对《银川市和三区开展综合行政执法改革实施方案》进行认真审核。对吴忠市及其他市县开展综合执法改革情况进行调研，研究提出深化改革的意见建议，为自治区领导科学决策提供依据。探索推进经济发达镇管理体制改革。自治区党委印发《关于推进经济发达镇行政管理体制改革的实施意见》，将宁东镇、永宁县望远镇等5个镇确定为试点，从扩大管理权限、优化组织架构等6个方面明确具体改革任务和措施，下放试点镇194项行政职权、12项公共服务事项，着力构建符合宁夏基层政权定位、适应城镇化发展需求的新型行政管理体制。按照“一镇一方案”的要求，指导相关市县制订试点镇改革方案和职权目录，认真审核把关，推动改革不断深入。推进相关行业专项改革。落实中央和自治区机构和专项改革的安排部署，做好监察、环保、“法检”等机构和专项改革的体制机制调整工作。如在监察体制改革中，按照中央和自治区关于留置场所建设的要求，借鉴外省区的经验和做法，在深入调研的基础上，研究提出依托五市看守所设置留置场所的意见，切实贯彻落实中央的改革要求。在环保体制改革中，根据中央改革的部署要求，会同环保厅对全区环保系统机构、人员、编制等情况进行实地调研，切实摸清底数，为制定政策提供依据。对《自治区环保机构监测监察执法垂直管理制度改革实施方案》进行严格审核把关，按照自治区的部署要求，结合自治区机构改革积极统筹推进。在“法检”两院内设机构改革试点工作中，按照“机构要精简、编制要下沉、职数要稳定”的原则，提出改革试点方案，选择部分任务较重、基础条件好的基层法院、检察院开展试点，整合内设机构、优化人员配备，推动法检两院内设机构设置更加贴近实际需要。

【创新机构编制管理】2018年，以增减平衡动态调整为抓手，按照“严控总量、盘活存量、增减平衡、分级负责”的思路，将“瘦身”与“健身”并重，坚持用严控倒逼管理创新挖潜增效，用减的办法满足增的需要，切实管住管好、统筹使用好各类机构编制资源。坚持严管严控，严守编制总量。严格执行中央和自治区有关机构编制管理规定，严格机构编制审批权限和审批程序，严格不同编制种类的使用范围。对确需增加的机构编制需求，坚持机构撤一建一、编制总量内动态调剂。按照中央“财政供养人员只减不增”目标要求，采取“一刀切”的方式，对市、县(区)除中小学以外的其他事业单位按5%核减事业编制，一次性完成中央控编减编任务，有效确保各级各类编制员额严格控制在中央核定的总量内。深化创新挖潜，保障发展急需。坚持有保有压，优化结构，盘活存量，推动编制向民生事业倾斜、向重点领域倾斜、向基层一线倾斜，最大程度发挥现有机构编制资源的使用效益。针对全区中小学教职工编制结构性短缺、配备不平衡等问题，通过分析测算，研究提出重新核定中小学教职工编制意见，着力优化调整编制配置，强基层、补短板，推动教育事业均衡发展。加强监督检查，推动工作落实。把机构编制监督检查作为推进机构编制工作的重要抓手，结合工作实际，明确监督检查重点，先后开展重点改革任务督查、机构编制实名制信息核查等一系列专项检查，推动相关工作的落实。做好中央巡视反馈涉及机构编制问题整改，制订《关于中央第八巡视组反馈机构编制问题整改落实工作方案》，对存在的问题，逐项建立整改台账，并坚持举一反三，推进整改落实。截至2018年底，已按要求完成6项整改任务。制订机构编制巡视、审计年度工作计划，对自治区煤田地质局以及盐池县等8个县(区)开展了机构编制巡视、审计，严肃机构编制纪律，提升机构编制管理工作的权威性和有效性。优化登记服务，提高管理质量。做好事业单位登记管理、年报审查、公示等工作。扎实推进事业单位登记管理服务标准化规范工作，落实中央编办《事业单位登记管理服务标准化规范(试行)》，制订工作计划，开展工作培训，严格执行事业单位登记实地勘察制度，把好设立事业单位登记关口。加强事业单位事中事后监管，按照“双随机、一公开”的要求，对自治区本级20个事业单位公示信息进行了实地抽查，并将检查结果向社会公示。将事业单位登记纳入自治区本级第一批“不见面、马上办”政务服务事项目录，推动事业单位登记实现网络全流程办理。

(胡　尊)

档案工作

【服务中心工作】2018年，按照国家档案局统一部署，自治区档案馆完成“不忘初心、牢记使命”档案文献展筹备工作；编印《资政参阅》28期，与自治区民委联合编纂《宁夏民族团结档案资料选编》，出版发行《中共宁夏档案文献选编》。配合国家档案局“纪念改革开放40周年中国工业档案文献巡展”，自治区档案馆提供宁夏东方钽业有限公司、神华宁煤400万吨/年煤炭间接液化项目、吴忠仪表有限责任公司、青铜峡水电站档案文献，配合中央电视台拍摄庆祝自治区成立60周年4集电视政论片《家园》。配合区直机关党的建设“三强九严”工程，自治区档案局、银川市档案局共建“党性教育主题活动室”，成为基层党组织开展“支部主题党日”活动的平台。借鉴浦东干部学院经验和做法，创新党校党性教育教学模式，自治区档案馆、自治区党校共建“党性教育主题教室”。参与自治区成立60周年庆祝活动，收集归档各类文书、实物资料5234件、声像档案29部、音频4部240G，全面记录和反映了自治区60大庆的全过程和相关活动，收集档案的数量、门类和整理规范化程度创历次重大活动新纪录。银川市档案局主动做好重大活动档案服务，举办党性教育主题展、自治区成立60周年大庆主题展，拍摄电视专题片《西部岁月——改革开放篇》《银川东西部合作纪实》，收到较好社会反响。灵武市档案局创新档案开发利用模式，开展“不忘初心·牢记使命”档案文献展，积极筹建灵武地情馆。固原市档案局编纂完成《固原撤地设市以来重大活动(事件)档案实录》初稿，为推动固原市经济、政治、文化、社会、生态文明和党的建设提供了重要档案史料。

【服务精准脱贫和污染防治攻坚战】2018年，自治区档案局对标自治区党委、政府精准脱贫决策部署，深入红寺堡区、泾源县调查研究，召开全区精准扶贫档案工作座谈会分析情况，与自治区扶贫办联合印发《宁夏回族自治区精准扶贫文件材料归档范围和整理规范》《宁夏回族自治区精准扶贫档案机读目录著录规范》，找准问题、精准施策，推动全区精准扶贫档案工作健康发展。红寺堡区采取“五抓法”（即抓制度、抓学习、抓督促、抓规范、抓示范）规范精准扶贫档案工作。彭阳县培训县、乡、村三级干部和精准扶贫档案人员近2000人次，制订档案装具标准，规范精准扶贫档案工作，整理完成52个行政村的精准扶贫档案，为如期完成全县脱贫验收和档案“清零”做了大量卓有成效的工作。中宁县档案局主动与扶贫办配合，指导扶贫办、组织部、喊叫水乡、大战场镇等18个单位规范整理精准扶贫档案。自治区档案局与自治区生态环境厅联合转发生态环境部、国家档案局《污染源普查档案管理办法》，就规范污染源普查档案管理工作开展业务指导，为打赢污染防治攻坚战提供保障。

【服务改革和经济建设大局】2018年，自治区档案局以区属9家国有企业重组改制为契机，制定企业档案工作（2017—2019）三年规划，加强业务指导和服务，规范企业档案基础工作和信息化建设。银川市档案局召开银川市国有企业档案工作规范化管理现场会，首次以企业档案工作现场会的形式为市属国有企业提供优质高效的档案服务。自治区档案局服务农业农村工作，参与宁夏粮食生产功能区划定档案工作，制定《宁夏粮食生产功能区划定工作归档文件整理规则》，为下一步“划定工作”档案的监督指导提供导向性依据。自治区档案局适时对神华宁煤400万吨/年煤炭间接液化项目档案进行指导，该项目通过了国家档案局档案专项验收。对宁夏回族自治区空间规划信息系统等13个信息化项目，神华宁煤集团麦垛山煤矿、宁夏清水河防洪治理等20个建设项目档案进行档案专项验收。中卫市对沙坡头区“十二五”生态移民工程建设项目开展档案专项验收。拍摄以中南部安全饮水工程项目档案工作为主要内容的专题片《见证》，参加国家档案局重大建设项目档案工作评选活动，分别获得组织奖和三等奖。自治区档案局被评为“自治区第二次地名普查先进集体”。

【服务社会民生】2018年，创新档案公共服务方式，以“互联网＋服务”为重点，加快“不见面、马上办”审批服务改革、档案服务利用、政府公开信息查阅，优化服务流程，提升服务效果，做到“让数据多跑路，让百姓少跑腿”。围绕资产核查、确定工龄、职称评定、确界立标、案件核查、编史修志等方面，提供异地跨馆查档、代查服务，受到档案利用者好评。各市、县（区）档案局（馆）优化工作程序、提高工作效率，为查档单位和群众提供便利，提升了档案社会影响力。比如，石嘴山市档案馆将原陶乐县地籍、婚姻等民生档案拷贝给平罗县档案馆进行异地备份，方便群众异地查档；青铜峡档案局开展“五个心”群众满意优质服务活动，受到群众好评。

【县级综合档案馆建设】2018年，自治区档案局对列入“十三五”在建项目的贺兰县、灵武市、盐池县、青铜峡市、惠农区、西吉县档案馆建设进展情况强化督促检查，贺兰县、灵武市、盐池县、青铜峡市已按期完成馆建任务。对列入国家规划尚未批复的永宁、沙坡头县级档案馆项目，主动与当地县领导进行对接，协调做好项目前期准备工作。宁夏列入国家规划的21个项目已实施19个，档案馆“五位一体功能”得到保障。

【档案信息化】2018年，自治区档案局主动融入自治区人民政府办公厅“宁夏政务协同办公门户（一期工程）”建设工作，完成“区直机关电子公文综合管理应用系统”与“全区统一协同办公系统”在电子政务云平台上的对接，解决了电子公文归档不及时、电子档案管理不规范等长期制约档案信息化发展的技术难题，为宁夏“国家电子政务综合试点”推进工作提供档案业务支撑。加强对区直机关和市县档案信息化技术指导。8家区直单位档案数字化成果导入“区直机关电子公文综合管理应用系统”数据库，实现了区直机关单位档案自助查阅和档案信息资源的共享。吴忠市数字档案室建设取得阶段性成果，市直机关90%以上单位与档案馆实现数据接入，全市档案规范化管理水平得到提升。石嘴山市完成馆藏档案75%的数字化。平罗县馆藏档案数字化率达95%，93%以上馆藏档案全文数据即查即“印”。红寺堡区馆藏档案数字化率达100%。

【重点档案保护与开发】2018年，自治区档案局组织申报项目储备库和2019年的保护开发项目，加快推进全区国家重点档案目录基础体系建设。在项目实施中，明确项目绩效和资金使用要求，成立项目监督管理领导小组，专门负责项目的立项、招投标、合同（协议）签订及项目实施质量、进度、资金支出等工作的监督检查，纪检人员全过程参与，确保项目规范有序实施。2017—2018年度实施的8个项目无违规现象，受到国家重点档案专项资金财务检查组的肯定。

【档案安全】2018年，自治区档案局对各市、县（区）档案局、区直各部门开展档案安全检查工作提出要求。组织人员对局(馆)档案库房及周边消防报警系统、灭火设施设备、监控录像系统、机电空调设备等安全设施进行排查,适时对办公用电安全进行检查,及时化解安全隐患。落实自治区消防安全责任制,签订消防安全三级责任书,开展2次消防安全培训和实地演练,有效防范安全风险。银川市主动与兄弟市(区)档案部门开展档案数据异地备份工作,截至2018年底,有9个省、33个市、县(区)档案馆到银川档案馆备份档案数据。吴忠市开展馆藏档案数据信息容灾备份工作,建设双活容灾备份系统,成功迁移馆藏文书档案、土地确权档案、照片档案等档案数据5.1T,实现了馆藏档案信息化资源的双活存储、镜像备份等功能。固原市档案馆争取固原市委、市政府支持,投入100余万元安装档案库房送排风及空气调节系统并正式投入使用。

【档案法治宣传】2018年,银川市、石嘴山市联合市辖区档案局和部分专业档案馆开展"6·9"国际档案日主题的档案宣传服务活动。贺兰、平罗、青铜峡、红寺堡、中宁、海原县等市(县、区)档案馆也开展不同形式的"国际档案日"和"七五普法"档案宣传教育工作。自治区档案局在《中国档案》《中国档案报》推出专版,组稿宣传自治区成立60年来和改革开放40年来宁夏档案工作取得的成就。编辑《档案工作信息》,建立"宁夏档案"微信公众平台,广泛宣传档案"三服务"工作。各基层档案局充分利用报纸、杂志、网络等媒体宣传档案工作。大武口区档案局利用微博和微信公众平台,不定期推送工作动态和热点信息,同时开设"档案小课堂"栏目,宣传档案法律法规、档案业务知识。

【基层业务培训】2018年,自治区档案局把业务培训的重点向基层倾斜、延伸,连续4年分别在地级市举办专题培训班,近500人次接受系统培训,基本做到市级档案部门全覆盖,受到基层欢迎。按照国家档案局教育培训计划,组织市、县(区)档案局馆长轮训和中央党校、浦东干部学院专题培训。银川市档案局全年共举办了12期"现场教学"培训班,讲解文书档案、声像实物档案、科技档案、电子档案、会计档案整理方法和档案编研工作。石嘴山市档案局开展对市直部门各单位单机版软件使用情况的集中辅导,并制定一对一辅导、上门辅导、电话咨询等服务要求。吴忠市档案局创新推出"一培二查三登记"的工作方法,对全市116个立档单位的档案工作加强指导,举办两期业务知识培训班。其他市、县(区)档案局采取不同形式举办档案业务知识培训班,不断提升档案工作者业务水平。

(赵立薇)

2018年11月13日,全区档案人员继续教育培训班在银川举办

党校教育

【概况】2018年,自治区党校学习贯彻习近平总书记关于党校办学治校的重要论述,落实全国全区干部教育培训工作会议精神和全国全区干部教育培训《规划》,围绕"全国有特色、西部创一流、西北走在前"的"一流校(院)"建设目标,研究出台《深入推进"一流校(院)"建设的意见》等一系列规划性制度性文件,组织召开全区党校(行政学院)系统深入学习贯彻习近平新时代中国特色社会主义思想推进会暨理论研讨会、深入推进"一流校(院)"建设工作会、纪念中共宁夏区委党校建校60周年座谈会等重要会议,推动"学术讲政治",组织开展精品课大赛,全面推动教学培训、科研工作、决策咨询、理论宣传、管理服务各项工作有新作为新气象。

【教育培训】2018年,把学习贯彻习近平新时代中国特色社会主义思想放在干部教育培训最突出的位置,在各主体班次均设置“习近平新时代中国特色社会主义思想和党的十九大精神”单元，先后开发“习近平新时代中国特色社会主义思想”等43个新专题，在所有班次中均安排教师对《习近平谈治国理政》（第一、二卷）进行导读，从中央党校等引进高质量网络课程158门，自主开发微课10门，扩大习近平新时代中国特色社会主义思想教育培训的覆盖面。举办3期县处级干部学习贯彻习近平新时代中国特色社会主义思想专题研讨班。在《宁夏党校学报》开设“习近平新时代中国特色社会主义思想”专栏。分别于1月、10月举办深入学习贯彻中央十九大精神、习近平新时代中国特色社会主义思想推进会暨理论研讨会。建立习近平新时代中国特色社会主义思想专题阅览室和研究数据库，为开展教学培训、理论研究、宣传阐释等提供数据资源服务。

【教学工作】2018年，教学培训是党校的中心工作。确立“坚持用学术讲政治，视教学质量为生命，抓课程体系，抓专题质量，严把新专题试讲关，严把精品课大赛关，提升教学质量和水平”的思路，出台《精品课建设实施意见》《精品课大赛实施办法》，春季、秋季学期分别开展校（院）精品课大赛和全区党校、行政学院（校）系统精品课大赛。组织学习观摩示范课，邀请全国党校系统精品课获得者来校讲授样板课、示范课，带动教师提高授课水平。主要做法在全国党校（行政学院）系统第七次教学改革研讨会上进行大会交流。在班次设置上，全年开设创新驱动战略、脱贫富民战略、生态立区战略、全面从严治党和党的民族宗教工作、意识形态工作、打好脱贫攻坚战、打好污染防治攻坚战等主体班次41期，培训学员3171人次。在课程设置上，以习近平新时代中国特色社会主义思想课程为主，突出抓好理论教育和党性教育，两类课程达到总课时的70%，其中党性教育达到总课时的20%。在教学方式上，综合运用讲授式、研讨式、案例式、体验式、现场教学等方式，强化学员自学和互动交流，互动式教学占总课时的20%以上。组织中青班学员开展“三同”实践锻炼。落实领导干部上讲台制度，领导干部讲课占总课时的20%。在合作培训上，举办合作培训班65期，培训6175人次；为自治区厅局委办送教上门26期，培训2092人次；招录党校在职研究生213人，毕业459人。坚持校内培训与校外培训同等突出主业主课，同等按照培训制度从严管理。

【科研工作】2018年，理论研究方面，全年立项各类课题80项，73名专职教师均承担不同层次的研究课题。其中，立项国家社科基金项目5项，位居西部省区市党校第一。立项全国党校（行政学院）系统重点调研课题5项，立项自治区社科项目6项，立项校（院）级各类课题64项。在商务印书馆等出版社出版专著、编著9本。发表学术论文75篇，其中在核心期刊发表13篇。举办中央党校第四届精准扶贫论坛等3场学术会议。有10项科研咨询成果在全国党校（行政学院）系统第四届优秀科研咨询成果评选中获奖。理论宣传方面，坚持重大节点有声音、重大问题亮观点、重大时段搭平台，组织发表理论宣传文章139篇，其中在《人民日报》《光明日报》《学习时报》等中央级报刊发表15篇，在《宁夏日报》等自治区党报党刊发表124篇。同时，杨春雪、杨立宾撰写的《科学社会主义伟大旗帜永远高高飘扬》一文代表宁夏入选中宣部主办的纪念马克思200周年诞辰理论研讨会，魏向前撰写的《改革开放以来中国机构改革的历程与前瞻》一文入选全国纪念改革开放40周年理论研讨会，李喆撰写的《欠发达地区实施创新驱动发展战略的价值意蕴和实践路径——学习习近平总书记“越是欠发达地区越需要实施创新驱动发展战略”重要论述的思考》一文入选全国党校系统学习贯彻习近平新时代中国特色社会主义思想理论研讨会。决策咨询方面，聚焦自治

2018年10月16日，中共宁夏区委党校、宁夏行政学院习近平新时代中国特色社会主义思想专题阅览室和研究数据库正式开通

区党委、政府重大决策部署，强化选题策划和机制创新，用好教师、学员两支力量，通过举办全区党校系统智库建设骨干培训班，定期组织教研人员深入一线开展调查研究等，持续提升决策咨询质量。向自治区党委、政府报送决策咨询报告24篇，其中10篇获得自治区领导11次批示，报送量和批示量为历年最多。

【教师队伍】2018年，制定出台《关于实施人才强校(院)战略加强人才队伍建设的意见》，引进3名博士。采用专题培训、挂职锻炼、进修访学、导师制培养、跟班学习等方式着力培养人才，选派2名教师到地市挂职锻炼、5名教师到中央党校访学，选派73人次到中央党校等干部院校学习。分别在浙江、深圳举办专业技术人员培训班，培训教研人员111人次。推荐王丛霞、李喆、马茜、王雨、王生发、吴静、张苹、徐如明、刘雅静、周玉婷入选宁夏哲学社会科学和文化艺术领军人才培养工程、宁夏哲学社会科学和文化艺术人才托举工程、青年拔尖人才培养工程。制定出台《干部日常考察办法》《实名制推荐处级领导干部暂行办法》，全年选拔任用干部15名。

【网络培训】2018年，干部教育培训与互联网融合发展，建好用好办好管好宁夏干部教育培训网络学院，严把网络培训和网络课程政治关、纪律关、质量关。引进优质网络课程和自主开发特色课程并举，从中央党校等单位采购优质网络课程400门、微课160门，自主开发具有宁夏特色的网课20门。全年累计培训副科级以上领导干部和公务员3.9万人次。首次将在职厅级干部纳入培训范围，实现网络培训全覆盖。

【办学质量督查评估】2018年，落实自治区党委《关于加强和改进新形势下全区党校工作的实施意见》，会同自治区党委组织部、人社厅等部门，历时2个月，对全区5所市级党校、13所县级党校办学质量进行督查评估，其中银川市委党校、吴忠市委党校、石嘴山市委党校、固原市委党校、中卫市委党校、永宁县委党校、灵武县委党校、盐池县委党校、平罗县委党校、同心县委党校、彭阳县委党校、中宁县委党校、海原县委党校13所党校为优秀等次，贺兰县委党校、青铜峡市委党校、隆德县委党校、西吉县委党校4所党校为良好等次，泾源县委党校为不合格等次。

(常建军)

老干部工作

【概况】2018年，自治区离退休干部党工委、老干部局以习近平新时代中国特色社会主义思想为指导，深入贯彻党的十九大和自治区第十二次党代会精神，全面落实中共中央办公厅、国务院办公厅《关于进一步加强和改进离退休干部工作的意见》和自治区党委办公厅、政府办公厅《关于进一步加强和改进离退休干部工作的实施意见》文件精神，围绕中心大局，聚焦工作重点，各项工作在政治统领中全面推进，在创新创优中稳步提升，在精准服务中提质增效，取得新进展，迈上新台阶。

【离退休干部政治建设】2018年，制定出台《关于进一步做好离退休干部思想政治工作的通知》，教育引导离退休干部坚定政治立场，把对党忠诚、为党分忧作为根本政治担当。加强党组织班子建设，选配党性强、威信高、身体好、有经验、讲奉献的离退休干部党员担任党组织书记，组织举办党组织书记培训班，通过抓班子带队伍强基层，离退休干部党组织政治引领作用有效发挥。按照自治区党委部署，开展从严整治离退休干部党员信仰宗教和参加宗教活动问题工作，耐心细致做好教育转化，拨付24万元支持和指导少数民族聚居的市、县(区)开展离退休干部党员培训教育工作。自治区党委十二届四次全会召开以后，迅速在离退休干部党员中传达学习会议精神，举办民族宗教工作专题培训班和报告会，引导离退休干部党员正确认识和理解党的民族宗教政策，提高党性意识，严守政治纪律。

【离退休干部思想建设】2018年，首次组建全区离退休干部宣讲团，在全区五市及区直部门开展6场“学习贯彻党的十九大精神、助力三大战略”主题宣讲报告会，组织宣讲团成员深入各级离退休干部党组织开展“点单式”讲党课26场次，听众逾万人，宣讲团成员发挥先进典型示范作用，用小故事讲清大道理，全方位、多角度地宣传中央十九大精神，在社会上引起强烈反响，形成了宣传扬正气，宣讲接地气，听讲有人气的浓厚氛围。以弘扬主旋律为重点，在广大离退休干部中开展“学习党的十九大精神征文比赛”“学习十九大，永远跟党走”知识竞赛活动，征集作品270多篇，累计答题2.6万人，广大离退休干部参与和讴歌改革开放成就。石嘴山、固原、宁夏医科大学等地开展“新时代寄语”活动、“五老一新”宣讲、“向党说句心里话”微党课竞赛等活动，引导离退休干部自觉践行社会主义核心价值观。以加强舆论引导为重点，围绕改革发展成就、焦点热点问题、民生呼声诉求等方面，组织网宣员在报纸杂志、广播电视等传统媒体和互联网、博客、微信、QQ群等新媒体积极发声，释放正能量；发挥工作网站、微信等新兴媒体的宣传辐射作用，开通运行“宁夏老干部”微信公众平台，推送老干部政策理论、时政要闻、工作动态，传播党和政府声音，展示社会进步主流，反应人民群众心声。

【离退休干部组织建设】2018年，在全区推进“一完善六强化”工作，对各市县（区）和31个区直部门离退休干部党组织建设“一完善六强化”工作进行专项督查，确定19个基层示范离退休干部党支部并予以经费支持，对工作落实不力的3个区直部门（单位）和11个市县（区）要求按期整改，推动任务落实，巩固和提高离退休干部党建“一完善六强化”工作成果。举办全区新时代离退休干部党建工作研讨班，以学习研讨、现场观摩、经验交流等形式，深入研究和破解工作难题，精准推进宁夏离退休干部党建工作高质量发展。开展结对共建工作，整合党建工作资源，组织召开专题会议，确定43个工作基础较好的区直部门（单位）离退休干部党支部与县（市、区）离退休干部党支部开展结对共建，为破解基层党组织工作基础弱、进展不平衡的难题探索路径。研究出台《关于建立“三缘型”离退休干部党组织的通知》，突破传统按行政划分的组织设置方式，探索在离退休干部党员集中居住地、学习活动场所、涉老社团建立“三缘型”（地缘型、趣缘型、业缘型）非建制党组织，推动离退休干部党组织从“有形覆盖”实现“有效覆盖”。在省级离退休干部聚居的社区成立2个“地缘型”党支部，在宁夏老年大学、老干部活动中心成立11个“趣缘型”党支部，全区各地自上而下成立90多个“三缘型”离退休干部党组织。

【离退休干部主题活动】2018年，围绕“不忘初心60载，携手迈进新时代”主题，举办庆祝自治区成立60周年专场演出及涵盖舞蹈、朗诵、器乐、声乐、戏曲、书法、绘画、摄影8类活动的全区离退休干部文化艺术节，历时5个月，70个单位10000多名离退休干部参加。银川、石嘴山、吴忠、固原等地组织举办“凤城夕阳红，共筑中国梦”演讲比赛，“不忘初心，继续前行”“凝聚正能量，脱贫献余热”书画摄影展，“辉煌60年、见证新发展”文艺演出等系列主题活动，展示了全区离退休干部“文化养老”的丰硕成果。围绕“我与改革开放共成长”“我与改革开放共成长”“迎大庆，晒晒咱的好日子”“我看自治区60年变化”等主题开展畅谈建言活动，采取座谈交流、个别访谈、热议热评、撰文抒怀、微信群互动等多种形式，组织引导离退休干部积极建言献策，各地各部门召开座谈会近100场次，3000余名离退休干部参与其中，提出合理化建议500多条，并形成专题报告上报自治区党委和组织部。在全区打响“夕阳耀宁夏”离退休干部志愿服务品牌，组织离退休干部党员围绕社会治理、生态保护、扶贫帮困等开展志愿服务活动。宁夏老年大学成立区属单位首支由离退休干部组成的志愿者服务队，在宁夏儿童福利院建立志愿者服务站，签署《志愿者服务协议书》，实现志愿服务活动常态化。银川市组建银发志愿服务队，开展“银发在行动”主题活动；吴忠市组织老同志担任网吧监督员、文明城市创建志愿者，为创城工作增光添彩；宁夏医科大学、农林科学院组织老专家下基层开展科普健康宣教、义诊和科技指导；宁夏电视台“毛衣奶奶”工作室长期为贫困儿童开展志愿服务活动；自治区关工委深入开展爱心帮教行动，募集资金640多万元为贫困地区学生捐资助学，受助学生35000多人。

【离退休干部服务管理】2018年，完善服务保障机制，与组织部联合出台《区直部门（单位）离退休干部服务管理办法》，对离退休干部看望慰问、参观考察、体检就医、情况通报等事项，作出明确规范，实现离退休干部服务管理的精细化、标准化、规范化。印发《关于简化申报离休干部生活完全不能自理护理费手续的通知》，并与自治区人社厅联合出台《关于调整离休干部医疗保障待遇标准的通知》，协调提高离休干部护理费，解决就医用药、支付报销等问题，提高离休干部

2018年9月12日，全区离退休干部庆祝自治区成立60周年专场演出在银川举办

生活医疗保障水平。开展走访慰问工作，加强人文关怀，做好重大节日走访慰问离退休干部工作，发放慰问金158多万元。对长期异地居住的35名离休干部进行走访慰问。建立健全帮扶机制，将困难离休干部慰问标准由2000元提高到3000元，规范审核程序，确保发放到位；继续为改制破产企业离休干部提供政府购买服务，为生活困难离休干部及离休干部遗孀发放慰问金77000元。各地离退休干部工作部门加大对困难离退休干部的帮扶力度，银川市、吴忠市出台了特殊困难离退休干部帮扶制度，安排专项扶持资金，帮助离退休干部解决实际困难。

【离退休干部阵地建设】2018年，加快推进阵地规范化建设，全力推进宁夏老年大学新校区项目建设，建立新校区项目建设联系会制度，压茬推进项目建设，确保在自治区60大庆前实现预期建设目标，预计2019年6月底正式投入使用。推进宁夏老年大学、老干部活动中心融合发展，成立学习考察组赴山东、湖南、湖北、贵州4个省老年大学进行考察调研，立足政治立校的办学宗旨，提出构建宁夏老年大学、老干部党校和老干部活动中心"三位一体"的发展模式，制订《宁夏老年大学、老干部活动中心整合实施方案》，抽调骨干力量，全力落实各项工作任务。对老年大学、活动中心工作人员进行全员培训，组织两期业务培训班，分赴福建省、广东省老年(老干部)大学学习取经，为新校区建成后规范化运行做好前期准备工作。发挥阵地服务引领作用，宁夏老年大学推进教学大纲—教材—进度"三统一"工作，加快数字校园建设，成立老年大学医科大学分校，拓展和丰富办学模式；宁夏老干部活动中心放宽场地开放条件，提高场地利用率，使更多离退休干部享受更优质的文化活动。各级离退休干部工作部门充分发挥活动学习阵地的集聚引领作用，银川市老干部活动中心采取"党建＋X"活动的方式，促进党建和各项文体活动融合开展；石嘴山市整合老年大学、活动中心资源，打造以离退休干部党建、文化、健康等为主题内容的示范基地；吴忠市实施老年大学"1＋N"办学模式，成立1个分校和6个教学点，实现了老年教育的扩容增量；固原市成立离退休干部党校，建立课前微党课教学新模式，加强离退休干部党员思想政治教育；中卫市积极探索老年大学"一校多点"办学模式，为老同志开展活动拓展空间。

（杨远志）

网络安全和信息化

【机构调整】2018年10月，按照中央办公厅、国务院办公厅《关于印发〈宁夏回族自治区机构改革方案〉的通知》精神，"自治区党委网络安全和信息化领导小组"改为"自治区党委网络安全和信息化委员会"，作为自治区党委议事协调机构。自治区党委书记石泰峰担任自治区党委网络安全和信息化委员会主任，自治区党委副书记、自治区人民政府主席咸辉，自治区党委副书记、银川市委书记姜志刚担任自治区党委网络安全和信息化委员会副主任。

【重要会议】2018年5月25日，自治区党委网络安全和信息化领导小组召开第五次会议，自治区党委书记、网络安全和信息化领导小组组长石泰峰主持会议并讲话，会议学习全国网络安全和信息化工作会议精神，听取了全区网络安全和信息化工作汇报，讨论审议了有关文件，研究部署了下一阶段工作。7月23日，自治区网络安全和信息化工作会议在银川召开，自治区党委书记、自治区网络安全和信息化领导小组组长石泰峰出席会议并讲话，强调要认真学习贯彻习近平总书记在全国网络安全和信息化工作会议上的重要讲话精神，贯彻落实党中央关于网信工作的战略部署，坚持党管互联网，加快建设网络强区。

【2018年宁夏网络安全宣传周活动】2018年9月17日，由自治区党委网信办、教育厅、公安厅、通信管理局、团委、总工会、中国人民银行银川中心支行主办的2018年宁夏网络安全宣传周活动在银川启动。宣传周的主题是"网络安全为人民、网络安全靠人民"，目的是深入学习贯彻习近平总书记重要讲话、重要批示精神和总体国家安全观。通过网络、电视、电台、报纸杂志、会议、展览等多种渠道和形式的宣传，引导网民广泛参与，增强全社会网络安全意识，普及网络安全知识，共筑网络安全钢铁长城。宣传周期间，组织校园日、电信日、法治日、金融日、青少年日、个人信息保护日主题活动，主管部门依据职能在相应主题日组织开展集中宣传活动，让广大网民了解网络安全知识，提高网络安全意识。

【网络强区战略】经自治区网络安全和信息化委员会领导小组第五次审议，2018年8月13日，自治区党委办公厅印发《宁夏回族自治区网络强区战略实施意见》，明确提出到2025年，网络安全综合保障能力达到国内平均水平，关键信息基础设施具备高效先进的安全防御能力，安全可控产品在全区关键信息基础设施全面部署，并提出完善网络安全保障体系，提升网络安全防护能力、提升关键信息基础设施安全可控水平、加强互联网新技术新应用网络安全风险评估、建立健全数据安全保护体系、加强个人信息保护等重点任务，明晰宁夏网络安全工作的战略目标，重点任务和实施路径。

【国家电子政务综合试点工作】2017年底，中央网信办等6个部委在宁夏、北京等基础条件较好的8个省区开展国家电子政务综合试点，探索电子政务发展模式，为全国提供可借鉴推广的经验。为有效推进这项工作，自治区党委网信办统筹有关部门完成有关方案和统筹协调机制的制定工作，提出通过建立统筹推进机制、提高基础设施集约化水平、促进政务信息资源共享、推进互联网＋政务服务等5个方面的15项具体任务，积极推进各项试点工作。2018年8月9日，自治区召开国家电子政务综合试点工作推进会，安排部署相关工作。

【互联网协议第六版(IPV6)规模部署行动】2018年8月，自治区党委网信办制定《推进互联网协议第六版(IPV6)规模部署行动计划》，确定宁夏的主要目标、发展路径，明确“加快互联网应用服务升级，不断丰富网络信源”“开展网络基础设施改造，提升网络服务水平”“加快应用基础设施改造，优化流量调度能力”“强化网络安全保障，维护国家网络安全”等四大任务，以及加强组织领导、优化发展环境、强化规范管理等三项保障措施。

【网络传播】2018年1月15日至3月3日，组织开展“新时代新梦想”网络媒体新春走基层活动，紧紧围绕学习宣传贯彻习近平新时代中国特色社会主义思想和中央十九大精神，结合纪念改革开放40周年和庆祝宁夏回族自治区成立60周年，集中开展网上宣传，精心组织网络媒体采编人员开展“走转改”活动，挖掘报道基层鲜活事例，营造浓厚的舆论氛围。宁夏各媒体共刊发稿件370余篇，累计阅读量90余万。12月13—15日，中央网信办主办的全国新闻信息服务许可管理培训班在银川举办。12月27—28日，举办2018年宁夏互联网新闻信息服务单位从业人员培训班。8月5—10日，自治区党委网信办开展“为了家园更美好”2018年全国网站平台知识技能竞赛(宁夏选拔赛)，组织全区网站平台组成参赛队参与线下知识竞赛，同时组织全区网信系统、网站平台、新媒体从业人员及广大网名通过“为了家园更美好”宁夏地区网站平台知识技能竞赛线上知识问答H5参与在线答题。活动反响热烈，达到预期效果。8月13—17日，以“塞上江南 神奇宁夏——喜迎宁夏回族自治区成立60年”为主题的第十四届全国网络媒体宁夏行大型采访活动成功举办。来自中央重点新闻网站、各省重点新闻网站、地方主流媒体客户端、国内知名商业网站等80家网媒，120余名新媒体编辑记者和网络大V，分南北两线，深入全区22个县(市、区)的42个采访点采访报道。截至活动结束，采访团媒体共刊发稿件3544篇。中央网信办对26篇优秀稿件进行全网推送，38家网站推出活动专题网页，新浪微博话题“点赞宁夏60年”阅读量近300万人次，在网上掀起了“发现宁夏、走进宁夏、品味宁夏”的热潮。9月3—7日，开展“壮美黄河行”网络主题采访活动，组织《宁夏日报》、宁夏新闻网、宁夏电视台、银川新闻网等媒体记者赴宁夏五市，实地采访宣传报道宁夏黄河沿线贯彻“绿水青山就是金山银山”生态文明理念取得的显著成效和生动实践，推进经济社会发展和生态文明建设的生动实践、良好效果和典型经验。共刊发《西吉聂家河：以绿色发展实现经济生态双赢》《清流河水利风景区：水清景美润隆德》《“黄河金岸”吴忠市谱写沿黄旅游新篇章》《中卫市防洪治理与水生态保护共建呵护“母亲河”》等文字、视频稿件16篇。9月10—14日，由中央网信办网络社会工作局、自治区党委宣传部、自治区党委网信办主办，宁夏新闻网承办的“美丽中国宁夏行 塞上江南好地方——网络名人看宁夏活动”举办。活动邀请15位网络名人，赴宁夏银川市、吴忠市、中卫市等地，实地考察宁夏回族自治区成立60年来，改革开放40年来，特别是中央十八大以来宁夏经济社会发展取得的巨大成就和历史性变化。9月16日，庆祝宁夏回族自治区成立60周年电视政论片《家园》在中央电视台第1频道播出。9月29日，由自治区党委宣传部、自治区新闻出版广电局牵头制作的《宁夏故事》网络公益短视频在人民网、新华网、腾讯网、网易、今日头条等100余家全国重点互联网网站推送，号召全社会关注宁夏在扶贫、教育、生态文明改革、继承和弘扬传统文化遗产等社会公益问题上的举措与成果，展示宁夏回族自治区成立60年来经济社会发展取得的巨大成就。

【网络建设发展】截至2018年12月底，宁夏手机上网用户数规模突破693万，同比增长5.3%。网民数量不断增长，互联网与经济社会深度融合。根据2017年调查结果显示，手机是宁夏网民最主要的上网设备，网民对互联网的使用程度加深，主要表现在平均每天上网时长以及各类网络应用的使用率都有明显的增长。互联网基础设施建设。移动互联网：截至2018年12月，宁夏全区移动电话基站数达到3.6万个，其中3G基站数达到5866个，4G基站数达到22526个。移动电话基站室内分布系统数达到5543个，其中3G室内分布系统数达到1534个，4G室内分布系统数达到2708个。基础网络：截至2018年12月，宁夏全区光缆线路长度达到225465公里，其中长途光缆线路长度达到11559公里、本地网中继光缆线路长度达到27320公里、接入网光缆线路长度达到186586公里。域名发展：截至2018年12月底，宁夏域名注册数量为71927个，同比增长119.6%，占全国域名总数的0.2%。其中，“.CN”域名数量为49256个，同比增长234.8%，占全国域名总数的0.2%；“.中国”域名数量为1228个，同比增长2.3%，占全国域名总数的0.1%。网站发展：截至2018年12月底，宁夏备案主体达8512个，同比减少10.5%；备案网站达10633个，同比减少0.9%；备案域名达14633个，同比减少18.2%；在宁夏接入的备案主体达683个，同比减少18.5%，在宁夏接入的备案网站达965个，同比减少14.8%，在宁夏接入的备案域名达1693个，同比增长18.8%。总体来看，超过90%的网站在宁夏都是采用本地备案、外省接入的方式。IPTV发展：截至2018年12月，宁夏互联网电视用户达到173.7万户，其中IPTV用户数达87.1万户，物联网终端用户达到76.9万户。2018年，全区出省带宽达到3.6Tbps，基本实现行政村村通光纤，自然村通光纤比例达到80%，4G网络覆盖比例达到95%；城市家庭宽带接入能力达到100Mbps，农村家庭宽带接入能力达到20Mbps；移动宽带普及率达到105.3%，用户月均流量6.03G，同比增长191%。网络提速降费持续推进，互联网宽带接入资费41.4元/户·月，同比下降19.2%，降幅居全国第四；手机上网流量资费7.1元/G，全国最低，同比下降61.7%。面向中小企业开展50M以下宽带免费提速，平均资费降低15%。给企业和公众带来切切实实的实惠。

【网络安全】恶意程序：2018年宁夏地区被境内外主机通过木马或僵尸程序控制的IP地址数量呈现持续下降的趋势，为22787个，较2016年下降38.8%。木马或僵尸程序控制端IP地址数量为91个，环比上年减少50.5%，为近6年（2013—2018年）来最低水平。域名服务：2018年宁夏地区各基础电信运营商公共DNS服务器运行平稳，DNS解析流量和域名解析响应时间正常，重要网站及信息系统未出现域名解析被劫持的情况。网站安全：2018年宁夏地区被植入后门的网站数量为18个，环比上年减少58.1%。按照网站类型分布，被植入后门的重要网站数量为15个，占比为83.3%。被篡改的网站数量为7个，其中2个网站被境外黑客组织恶意篡改。DDoS攻击：2018年宁夏地区可利用的DDoS攻击资源主要以反射型DRDoS攻击资源为主，其中分布式反射拒绝服务攻击（DRDoS）资源中NTP反射攻击资源最多，SSDP反射攻击资源次之。经过全年持续专项处置，NTP反射服务器数量减少为20729个，SSDP反射服务器数量减少为2688个，Memcache反射服务器数量减少为13个。仿冒网站：2018年宁夏分中心联合宁夏通信管理局共处置服务器或备案号位于区内的仿冒网站33个，处置的仿冒网站仿冒对象均为银行、税务局网站，处置仿冒区内某高校官网的网站1个。从全年处置的仿冒网站数量变化趋势来看，宁夏处于全国第五。安全漏洞：2018年宁夏分中心自主渗透测试发现区内重要信息系统高风险安全漏洞110个，环比上年下降53.8%，其中远程代码执行漏洞、SQL注入漏洞、未授权访问漏洞和敏感信息泄露漏洞为主要的漏洞类型。

【典型网络安全事件】2018年，共接收投诉、检测发现并处置（宁夏分中心接收或监测发现的所有网络安全漏洞及网络安

2018年9月17日，2018年宁夏网络安全宣传周活动启动

全事件均第一时间报送自治区网信办和宁夏通信管理局，并以公文、电话、电子邮件等方式向涉事单位或个人进行通知）了多起重大的网络安全事件，部分事件如下。3月，互联网爆出用来提高网站访问速度的缓存系统Memcache存在可被利用的漏洞，监测不久发现黑客开始利用该漏洞进行DDoS攻击的行为。通过对宁夏上百万个IP地址开展核查，共发现151台Memcache服务器可被利用开展攻击，经紧急协调处置，涉事相关单位均在第一时间修复Memcache服务器存在的漏洞，未造成较大影响。4月，互联网爆出思科网络设备存在CSMI（Cisco Smart Install）远程命令执行漏洞以及web中间件weblogic存在反序列化远程命令执行漏洞，上述两个漏洞影响范围广、利用难度低，通过对宁夏上百万个IP地址核查，发现了70个IP地址及9个web应用系统受上述漏洞的影响，经紧急协调联系，涉事单位均在短时间内完成了漏洞的处置，未对相关信息系统的稳定运行造成影响。6月，经检测发现，区内17个网站的站群存在高风险漏洞，利用该漏洞可获取32万余条个人姓名、手机号等隐私信息，自治区党委网信办组织宁夏分中心第一时间通知网站开发商进行处置和漏洞整改。8月，监测发现一起境外黑客组织恶意篡改宁夏区内某政府网站的行为，自治区党委网信办组织紧急协调宁夏分中心和运营商对网站进行了下线处置，并督促相关单位进行了漏洞整改，避免了社会不良舆论的产生。10月，监测发现区内某重要单位信息系统存在远程命令执行漏洞，通过该漏洞可进入该单位内网，并对内网数十个信息系统进行渗透，自治区党委网信办组织宁夏分中心及时联系该单位进行漏洞整改。12月，监测发现区内某大学门户网站存在漏洞，易被黑客进行DDoS攻击，造成该校网站中断服务，后续自治区党委网信办协调宁夏分中心及时联系该单位进行了处置。

【电子政务】2018年4月，在国务院办公厅组织的网上政府服务能力第三方评估中，宁夏位列全国第十一位、西部第一；在2018年5月中央网信办发布的《数字中国建设发展报告（2017年）》中，宁夏信息服务应用指数位列全国第六位。在2018年8月可信云大会上，自治区电子政务公共云平台被评为政务云综合水平先进级（最高级别）；宁夏建成了共享共用的电子政务基础设施，2018年，宁夏电子政务外网已累计接入自治区、市、县、乡、村五级9800多家党政机关事业单位，覆盖规模较上年增长了12%，覆盖率达到98%以上，基本实现全区“一张网”覆盖。宁夏电子政务公共云平台规模已达到5100台云主机、1040个云数据库，集中承载了222家单位的619个应用系统。统筹实施了政务、社保、教育、卫生、旅游等“8+N”朵云应用工程，在远程医疗、优质教育资源共享、“不见面、马上办”服务、旅游运行实时监测等方面形成一批应用亮点，支撑政府各项业务工作，便民惠民效果日益显现。

【政务数据资源共享】2018年，宁夏逐步形成政务数据共享总体思路：通过对数据的聚、通、理、用，打通信息壁垒，构建全区共享共用格局。“聚”是依托全区统一电子政务外网和云平台集中汇聚政务数据，云平台已部署619个应用系统，初步实现政务数据的省级大集中。“通”是建成自治区政务大数据服务平台，纵向与国家共享平台以及银川、石嘴山、吴忠、固原四市共享平台互联互通，横向对接30多个区直部门，初步打通跨地区、跨部门的数据共享通道，形成纵向到底、横向到边的共享架构。“理”是各单位按照三定方案和权责清单要求，梳理本部门数据清单，逐步建立规范高效的数据管理机制。“用”是以需求为导向，重点聚焦互联网+政务、医疗、教育、扶贫等民生难点、痛点问题，倒逼数据共享和业务协同。加强法律法规和制度标准建设，印发《宁夏回族自治区政务数据资源共享管理办法》，并会同自治区市场监管厅加快推动《自治区政务信息资源目录体系规范》《自治区政务数据共享交换系统技术规范》地方标准建设工作。2018年5月，选取信息化基础条件好、公共服务范围广、共享开放需求迫切的单位，开展了全区资源目录梳理和共享协同应用推广工作，取得了阶段性成果。

（李　伏）

港澳台工作

【宁港经贸合作活动】2018年，宁夏牵头举办“牵手西部省区·共建一带一路——香港企业家走进宁夏”活动，为宁港经贸合作牵线搭桥。活动于5月14—18日在银川举办。活动由自治区政府主办，香港特区政府驻京办支持，自治区港澳事务办公室、国际青年商会香港总会承办，来自香港的48名知名企业家参加此次活动。活动期间，自治区发展改革委、商务厅、扶贫办、扶贫基金会分别从不同的角度对宁夏经济社会发展情况进行推介。企业家们还赴全农供港蔬菜基地、玺赞枸杞庄园、沙坡头、长城云漠酒庄、中国枸杞馆等实地考察了宁夏现代农业、旅游业、葡萄酒产业、枸杞产业发展情况。

【到访接待】2018年，组织接待中国国民党前主席吴伯雄、荣誉副主席林丰正、前“法务部长”廖正豪等到宁夏参访，密切宁台两地交流往来。组织台湾东森新闻、TVBS、中央社等岛内媒体深入宁夏银川、石嘴山、吴忠和中卫市等地采访报道，圆满完成国台办两岸新闻交流项目“生态优先——建设美丽宁夏的生动实践”，宣传成效明显。接待港澳访问团(组)，增进港澳同胞对宁夏的认识。先后接待香港特区政府驻京办、香港“宁夏可持续发展考察之旅”代表团、澳门特区政府高级公务员国情和外交知识培训班代表团、香港中学教师代表团、澳门企业家宁夏考察团、香港智库人士代表团等港澳团组104人次，既增强了港澳同胞的国家意识和爱国精神，也推动了宁夏与港澳在具体专业领域的相互了解，为推动宁港澳务实合作奠定基础。协助准备全国政协副主席梁振英到宁夏视察相关材料并提出建议。

【招商引资】2018年，宁夏港澳台办抓住东部产业向西部转移、部分新兴产业正在布局和传统产业转型升级的机遇，按照“选定目标区域，确定重点产业，锁定目标企业，紧盯台商协会”的对台经济工作招商思路，坚持“引资与引智、引技”并举，取得新成效。加大与东南沿海地区台商聚集区的合作力度。与苏州台办签订《战略合作协议》，本着“服务台商、支持发展、促进两岸融合”的原则，按照“政府推动、搭建平台、以先带后、互利共赢、重点突破、逐步深化”的路径，促进在苏台商向宁夏有序转移。7月，自治区组团拜访江苏、苏州和昆山台办，确定合作事项。在宁夏成功举办第39届西南西北片区台商协会会长联谊会暨招商推介会。海南、重庆、云南、贵州、四川、陕西、甘肃等省市的22个市的台商协会会长、副会长共计42家企业，68人参加会议。组织自治区商务厅、经信委、人社厅、宁夏国投集团和银川经济技术开发区、石嘴山高新区等工业园区以及宁夏西部云数据科技有限公司等区内电子信息企业25家组成宁夏代表团，搭建360平方米的特装展位，参加在苏州举办的第17届中国(苏州)电子信息博览会。举办“宁夏·苏州电子信息产业对接洽谈会”，苏州市40多家电子信息企业参加会议。组织自治区10家农业及农产品加工企业参加在台北举办的2018海峡两岸食品展暨宁夏农业推介会。在江苏省昆山市、镇江市成功举办“宁夏承接台湾化工产业转移投资洽谈会”，共有80多家当地台资企业参加，签署合作意向协议4个。组织赴江苏开展台资化工企业调研，走访苏州工业园区、苏州高新区等工业园区5个，台商协会、台资企业20多家，共收集“宁夏台办化工产业招商信息表”70份，其中有转移意向的企业9家。邀请江苏台资化工企业5批20多家来宁考察宁东能源化工、太阳山开发区、石嘴山生态经济开发区，洽谈化工产业投资事宜。占地140余亩，总投资3000万元，集种养殖、餐饮服务、产品展示展销、农事体验为一体的“现代农业示范”项目海峡两岸(宁夏)现代农业科技创新园已封顶；投资2000万元的台湾晶叶酵素项目、玖冠(宁夏)生物科技有限公司生物肥料及生物饲料生产项目、嘉日康诚农业科技有限公司生物肥料等6个项目已投入生产。捕捉台商投资信息，推动总投资100亿元的台湾“第三代半导体产业园”项目和总投资30亿元的北汽银翔“新能源皮卡汽车”生产项目与银川经济技术开发区签订投资协议。台湾和桐化学集团与神华宁煤集团合作建设烷基苯等4个项目正在洽谈中。全年到宁考察的台资企业达105家、145人。

【交流合作】2018年，贯彻习近平总书记对台工作重要论述，落实党中央对台决策部署，坚持“一个中国”原则，本着“两岸一家亲”理念，持续推进宁台两地人员交往，持续扩大两地经济技术合作，持续拓展深化两地基层、青年学生和各专业领域交流交融，精心组织交流活动，用传统文化、同胞亲情和体育运动，搭建了两地青年交流的桥梁。在青年和基层民众交流活动的设计上突出政治引领，安排展示大陆改革开放发展成就的参访点。安排反映政府贯彻“以人民为中心的发展理念”，勇于自我革命，不断推进政府管理创新，提升政府治理效能的参访点。反映脱贫攻坚、生态建设发展进步的参访点。通过这些参访活动，春风化雨，润物无声，给参加交流活动的台湾同胞留下深刻的印象，在很大程度上抵消台湾对大陆的负面印象，促其理性思考比较大陆与台湾政治制度。有台湾基层民众在参访银川市民大厅后感慨地说：“应该让我们的长官到大陆来看看如何为老百姓提供服务。”组织北京大学港澳台优秀学子国情实践团到宁夏开展国情实践活动，与宁夏中卫市镇东台学校师生共同举行了系列活动；邀请组织台湾29名青年学生在宁夏开展“中华儿女文史体验营”活动，举办西夏历史专题讲座；邀请台北市两岸人民交流服务协会理事长廖中建先生、亚洲木球创始人、国际木球总会会长翁明辉先生率队到宁参加“沙坡头杯”第四届全国大漠健身运动大赛，台湾4支代表队、25名运动员参加木球项目比赛。组织银川市基层社区、宁夏演艺集团等入岛，开展“欢乐春节——宁夏文化演艺高雄之旅"活动。邀请高雄河堤社区20名左右"首来族"来宁参访交流。支持宁夏演艺集团连续十余年到高雄的交流活动产生很好的效果。教育交流合作深化，成为宁夏对台交流的最大亮点。全年教育领域赴台33批、329人次，分别占宁夏因公赴台交流的54%和64%，合作内容包括师资培训、师资引进、学术交流、短期研讨、交流参访和专业建设等多个方面，并逐步向科研项目合作、课程建设等方面拓展，有力推动了宁夏相关院校教育理念的创新和办学水平的提升。2018年在银川举办"两岸职业教育对接会"，围绕职业教育的标准化、国际化等进行深入研讨，推动宁台职教交流合作迈向更高水平。扎实做好中台办委托调研课题工作，提出有针对性的政策措施，连续两年获评为优秀课题。

【维护台胞合法权益】2018年，支持台湾永丰金控开拓宁夏金融市场，扩大金融产品供给。筛选、推荐20多家区内有融资需求的企业供永丰金控公司上门拜访，对接洽谈，与宁夏易捷庄园枸杞科技有限公司、宁夏壹泰牧业有限公司、宁夏恒丰纺织科技有限公司、宁夏禾润农业开发有限公司4家企业开展业务。组织召开"台湾永丰金控融资租赁及商业保理"业务介绍会，组织宁夏100余家中小企业参加，宣传推介公司业务。全年共接到4起台胞投诉事件，化解台湾大成饲料公司与员工家属集体上访事件。

【公务赴台活动管控和赴台就读管理】2018年，制定印发《关于2018年度因公赴台交流项目立项的通知》，切实增强因公赴台交流的计划性、目的性和实效性，规范宁夏因公赴台交流工作。压缩一般性考察项目，重点支持基层和经济、社会领域的专业交流；严格控制交流团组厅级干部人数，增加一线专业人员在交流团组中的比例。强化政治责任，坚决执行赴台"四项制度"，有效强化因公赴台交流的过程管理。特别针对大陆学生赴台就读的管理与保护采取必要措施，通过建立大陆学生个人信息备案制度、完善大陆学生赴台就读承诺书制度、强化行前教育和日常管理。全年赴台交流61批、514人次。

（吴灵捷）

NINGXIA YEARBOOK

宁夏回族自治区人民代表大会

NINGXIAHUIZUZIZHIQURENMINDAIBIAODAHUI

编辑◎王玉琴

综 述

【坚决落实党对人大工作的全面领导】2018年，宁夏回族自治区人民代表大会（以下简称"自治区人大"）深刻认识党对人大工作全面领导的重要性，坚决把思想和行动统一到习近平新时代中国特色社会主义思想上来，不断强化政治自觉，树牢"四个意识"、坚定"四个自信"、坚决做到"两个维护"，在思想上政治上行动上同以习近平同志为核心的党中央保持高度一致，坚决贯彻落实中央和自治区党委重大决策部署。对习近平总书记重要讲话和党中央、自治区党委重要会议、重要文件精神，都及时学习贯彻，研究推进措施和执行办法，始终做到与中央和自治区党委在思想上同心、目标上同向、节奏上同拍、行动上同步，坚决把思想和行动统一到习近平新时代中国特色社会主义思想上来，把中央精神和自治区党委的决策部署贯穿于人大工作的方方面面。坚决执行重大事项请示报告制度，对召开人民代表大会的指导思想、会议程序、组织领导等事宜专题向自治区党委请示报告，对常委会五年立法规划、年度立法计划、重要立法项目、召开常委会会议、拟作出的决议决定等工作定期向自治区党委请示报告，使自治区党委及时掌握人大工作情况，研究解决人大工作中的问题，切实加强对人大工作的领导。坚决落实自治区党委交办的重大工作部署，高度重视自治区党委交办的事项，主动作为，全力推动落实，建立县级以上政府向同级人大常委会报告国有资产管理情况制度。坚决做好巡视整改工作，制订《常委会党组整改落实中央第八巡视组巡视宁夏反馈意见工作方案》《关于"三化"问题治理和宗教工作自查整改实施方案》，推进整改工作。按照新时期党的民族宗教工作方针和中央巡视反馈意见，对166件现行有效的地方性法规和34件决议决定进行了全面清理，作出修改"十三五"规划纲要有关内容的决议，修订《宁夏回族自治区人民代表大会关于〈宁夏空间发展战略规划〉的决议》《自治区关于促进民族团结进步创建活动的决定》《自治区民族教育条例》等法规和法规性文件，从法律层面清除了"三化"隐患。督促指导机关党组抓好自治区党委第四巡视组巡视反馈问题的整改，突出重点事、重点人、重点环节，确保整改任务落实到位。指导机关党组开展"不准共产党员信仰宗教"专项排查，筑牢党员不信教、不传教的"红线"意识和斗争精神。

【支持和保障常委会依法行使职权】2018年，自治区人大立足发挥立法的引领和推动作用，研究部署立法工作。组织编制常委会五年立法规划和年度立法计划。充分发挥人大及其常委会在立法中的主导作用，加强经济结构调整、生态保护、社会管理和民生保障等重点领域立法，制定修改自治区清真食品管理条例、生态保护红线管理条例、预算审查监督条例等19件法规和法规性文件，批准设区的市申报的法规10件，为自治区改革发展提供法治保障。围绕自治区党委中心工作，组织开展监督工作。根据自治区党委确定的重点工作，常委会听取审议专项工作报告17个，开展专题询问2次，对8件法律法规实施情况进行检查，认真向"一府两院"及有关部门提出改进建议，推进自治区党委决策的有效落实。依法行使任免权，落实自治区党委人事安排。修订《自治区人民代表大会常务委员会人事任免工作条例》，依法任免国家机关工作人员79人，落实自治区机构改革要求，实现自治区党委人事安排意图。修订《自治区实施宪法宣誓制度办法》，依法实施宪法宣誓制度，指导有关国家机关和基层人大组织开展宪法宣誓活动。充分发挥代表作用，凝聚合力推动落实自治区党委工作部署。认真办理代表议案4件，督办代表建议216件，推动解决群众关注的实际问题。扎实推进“双联”活动，精心组织闭会期间代表活动，广泛搭建“代表之家”等履职平台，支持代表在反映人民意愿的同时，及时准确地宣传中央和自治区党委的决策部署，将最广泛的社会力量凝聚到自治区党委的决策和部署上来。

【党风建设】2018年，以政治建设为统领，突出思想建设的引领作用。推动习近平新时代中国特色社会主义思想进机关，以十九大报告、宪法、《习近平新时代中国特色社会主义思想三十讲》为基本教材，通过邀请专家辅导讲座、领导带头领学、集体讨论交流、组织闭卷考试等形式，引导广大党员干部学原文、读原著、悟原理，真正学懂弄通做实。加强和改进意识形态工作，深化对马克思主义民族观宗教观、党的民族宗教政策的认识，引导党员干部树立正确的世界观、人生观、价值观。着力夯实基层基础，努力打造贯彻落实党的路线方针政策和决策部署的战斗堡垒。指导落实自治区党委《关于进一步加强和改进机关党的建设的意见》，推进“三强九严”工程。指导建立“三级六岗”责任主体，严格落实9项基本制度，层层压紧压实党建责任，强化考核问责，全面提升基层党组织的创造力、凝聚力、战斗力。加强党员队伍建设，全面增强适应新时代中国特色社会主义发展要求的工作本领。委托自治区党校举办2期、70名机关处级干部参加的学习贯彻十九大精神专题班，组织129名厅级以下干部参加自治区党校网络培训，实现多形式、分层次、全覆盖的教育培训。坚持正确的选人用人导向，突出政治标准，选拔重用牢固树立“四个意识”、坚定“四个自信”、践行两个“坚决维护”、全面贯彻执行党的理论和路线方针政策、忠诚干净担当的干部。强化制度建设，全面提升机关效能。修订、制定43项工作制度，从党务、政务、事务和服务等方面全方位规范机关运行程序，坚持用制度管人、管权、管事、管物。建立机关制度监督落实、采购招标项目等7个工作责任清单，由驻人大机关纪检监察组监督执行，有效增强了制度的刚性约束力，堵住制度执行上的“破窗”，机关效能显著提升。正风肃纪，全力营造人大机关良好政治生态。制定人大常委会党组关于深入贯彻落实中央八项规定及其实施细则的精神、加强和改进作风建设的办法，坚决反对和纠正“四风”。指导机关党组对标全国人民代表大会和人大常委会会议，进一步规范会议程序，严肃会风会纪。助力为民解忧，坚持下基层到一线办实事转作风，对自治区党委要求包抓的信访事项集中开展自查梳理、跟踪进度、督促办理，依法依规依纪为群众解决问题。全力做好机关定点帮扶工作，选派得力干部深入农村，为群众解决了乡村道路修建、农业设施改造、脱贫资金筹措等生产生活实际困难。

（高　宏）

立法工作

【重要立法项目】2018年，自治区突出生态环境保护领域立法。审议通过的《自治区绿色建筑发展条例》，最大限度地保障资源节约、减少环境污染。制定的《自治区生态红线保护管理条例》，遵循“坚守底线、严格保护”原则，从源头严防、过程严控、全程严查、后果严惩四个方面作出了刚性规定和约束。修改《自治区污染物排放管理条例》《自治区湿地保护条例》，使污染物排放管控、生态平衡维护的规定更加科学严谨。加强社会建设领域立法。修订自治区老年人权益保障条例，将社会主义核心价值观蕴含的尊老敬老传统美德融入地方立法，规定的子女带薪陪护制度彰显人文关怀。聚焦解决基层工会组建难度大、履行职责困难多等问题，修订《自治区实施〈中华人民共和国工会法〉办法》。深化科技创新领域立法。修订《自治区促进科技成果转化条例》，为促进科技成果转化为现实生产力，推进创新驱动战略实施提供法治保障。

【备案审查】2018年，开展全区备案审查工作人员立法信息平台实务操作和理论培训，完善备案审查信息化平台建设，严格落实“有件必备、有备必审、有错必纠”要求，全年共审查规范性文件43件。

【科学民主依法立法】2018年，充分发挥人大在立法工作中的主导作用，督促、指导政府及其部门认真履行立法工作相关职责，把握好立项、起草、审议等关键环节。注重发挥立法专家智库作用，借智借力，提高立法能力和水平。对自治区大气污染防治条例开展立法后评估，客观评价法规实施成效及制度设计的科学性、操作性、执行性，为立法工作积累有益经验。精心指导设区的市开展立法，严格审查标准，加强人员培训，帮助把好立法质量关，整体推进立法工作。

（高　宏）

监督工作

【经济工作监督】2018年，高度关注全区经济发展，听取审议计划、预算执行情况和审计工作报告，听取审议“十三五”规划纲要实施中期评估报告、外事工作情况等报告，推进“十三五”规划纲要深入实施和各项目标任务如期完成，就进一步扩大开放、防范金融风险、破解瓶颈制约等突出问题，提出有针对性的意见建议。

【预决算审查监督】2018年，认真落实党中央关于人大预算审查监督重点向支出预算和相关政策拓展的要求，制定实施办法，修订自治区预算审查监督条例，严格审查、依法批准全区预算调整和决算，推进改革工作深入开展。建成区、市、县三级一体化人大预算联网监督平台，预算审查监督工作向科学化、信息化迈进。

【民生工作监督】2018年，聚焦人民群众关注问题，审议贯彻落实民办教育促进法工作情况报告，督促政府不断优化民办教育发展政策，全面提升依法管理服务水平，满足人民群众多样化教育需求。对传染病防治法和自治区公共卫生服务促进条例实施情况、残疾人保障法和自治区实施残疾人保障法办法贯彻实施情况开展执法检查，推动提升全区传染病防治和公共卫生服务水平，督促有关方面高度重视残疾人工作。

【生态环境保护工作监督】2018年，实现环境优美，是习近平总书记的殷切嘱托，也是全区各族人民群众的热切期盼。常委会紧盯生态文明建设开展监督，听取审议矿山环境恢复治理情况报告，检查自治区禁牧封育条例实施情况，对全区环境保护工作开展专题询问。围绕“生态立区”战略实施，以“防治水污染，保护水环境”为主题，深入开展“中华环保世纪行——宁夏行动”调研督察活动，结合中央环保督察及“回头看”反馈问题整改进行有效监督，督促重点区域加快治理。

【监察司法监督】2018年，认真落实深化国家监察体制改革要求，协同自治区监察委员会建立完善相关制度机制，依法支持其行使好监察权。围绕司法体制改革中的重点难点问题，听取审议自治区高级人民法院执行工作报告、自治区人民检察院公益诉讼工作报告，对深入推进审执分离改革、健全执行联动常态化工作机制、综合运用多种方式开展诉讼监督等方面提出审议意见。

【改进监督方式】2018年，常委会综合运用多种监督方式，做到依法监督、正确监督、有效监督。结合听取审议法治政府建设、年度环境状况和环境保护目标完成情况等专项工作报告进行专题询问，进一步完善询问机制，对重点关注问题跟踪追问、推动解决。注重发挥执法检查“法律巡视”监督利剑作用，坚持用事实说话，坚持用法律法规查找和分析问题，不断提高监督实效。重视专项工作报告审议意见交办工作，由主任会议将审议意见面对面交办给承办单位，相关委员会跟踪落实整改情况，直至问题得到解决。

（高　宏）

代表工作

【代表履职培训】2018年，以习近平新时代中国特色社会主义思想和宪法修正案学习为重点，开展选举法、地方组织法、代表法等代表履职必备法律学习，共安排专题学习、培训9期（次），培训人员900余人（次），做到自治区级人大代表、常委会委员、县（市、区）人大常委会主任、乡（镇）人大主席培训全覆盖。

【代表议案建议办理】2018年，自治区十二届人大一次会议期间代表提出4件议案，其中1件议案已制定法规并颁布实施，1件进行了初审，其他2件办理结果已答复代表。对216件代表建议，及时交办、具体部署、明确要求。关于沙湖、星海湖水质治理等10件重点处理建议，由主任会议组成人员分别领衔督办、政府相关领导领办，组织代表参与检查落实情况，推动政府改进工作，切实解决实际问题。代表建议办结率100%，问题解决率为78%，代表对办理工作的满意度明显提升。

【依法行使人事任免权】2018年，坚持党管干部原则，按照自治区党委人事安排和机构改革要求，依法任免国家机关工作人员。修订《自治区人民代表大会常务委员会人事任免工作条例》和《自治区实施宪法宣誓制度办法》，完善任免和表决程序，采用电子表决方式表决人事任免议案，有效提升了表决效率；指导有关国家机关和基层人大组织开展宪法宣誓活动，促使国家机关工作人员树立宪法意识、恪守宪法原则、弘扬宪法精神、履行宪法使命。

（高　宏）

重要活动与重大事项决定

【全国人大常委会调研组到宁活动】2018年5月17日，全国人大常委会副委员长王东明率领全国人大常委会统计法执法检查组到宁，就贯彻实施统计法情况开展执法检查，与自治区人大、政府及相关部门进行了座谈交流，并实地考察基层统计部门和机构、部分企业，走访统计记账户，进一步了解统计法实施情况。全国人大财经委员会主任委员徐绍史，委员吕薇、孙宝厚，全国人大代表、国家统计局相关负责人等参加座谈会。6月12—15日，全国人大财经委员会副主任委员张毅带领全国人大常委会调研组，对宁夏加强国有资产管理情况进行调研。7月23—25日，全国人大常委会委员、全国人大监察和司法委员会主任委员吴玉良率调研组到宁，就人民法院解决“执行难”工作情况开展调研。调研组分别召开了法院系统座谈会、法院以外单位和专家学者座谈会，听取了全区各级法院及相关单位的情况介绍和意见建议，并实地考察了部分基层法院执行工作。8月6—10日，由全国人大常委会委员、全国人大民族委员会副主任委员乃伊木·亚森担任组长，李锐、那顺孟和担任副组长的全国人大常委会专题调研组，对宁夏促进民族教育发展和民族团结进步教育工作进行调研。10月15—19日，全国人大常委会委员、全国人大教科文卫委员会副主任委员吴恒率调研组，就宁夏六盘山连片特困地区基础教育发展情况进行调研。自治区人大常委会副主任姚爱兴陪同调研。

【执法检查】2018年4月23—26日，自治区人大常委会副主任姚爱兴带领由部分常委会委员、人大代表以及特邀公共卫生专家组成的执法检查组，对宁夏贯彻落实《中华人民共和国传染病防治法》《宁夏回族自治区公共卫生服务促进条例》情况进行了执法检查。4月11—14日，自治区人大常委会副主任左军带领部分常委会委员，对全区禁牧封育条例实施情况开展了执法检查。6月25—27日，自治区人大常委会执法检查组对全区各地贯彻实施《中华人民共和国残疾人保障法》及《宁夏回族自治区实施〈中华人民共和国残疾人保障法〉办法》情况进行了执法检查。自治区人大常委会副主任左军带队参加执法检查。

【工作视察】2018年7月2—6日，自治区人大常委会副主任姚爱兴带领视察组，对全区贯彻实施《中华人民共和国民办教育促进法》情况进行视察。7月20—24日，自治区人大常委会副主任姚爱兴带领视察组，对全区矿山环境恢复治理工作进行了专题视察。9月3—5日，自治区人大常委会副主任左军带领视察组，对全区法治政府建设工作情况进行视察。

【专题调研】2018年4月3日，自治区人大常委会副主任李锐到吴忠市红寺堡区，督办群众反映强烈的突出问题。4月2—3日，自治区人大常委会副主任姚爱兴深入海原县，督办群众反映强烈的突出问题。4月10日，自治区人大常委会副主任左军到固原市原州区，对群众反映强烈的突出问题进行调研督办。4月3日，自治区人大常委会副主任吴玉才到银川市金凤区，调研督办并现场解决群众反映强烈的突出问题。3月30日，自治区人大常委会副主任、石嘴山市委书记彭友东深入石嘴山市部分企业，督导大气污染防治工作，并就由他包案的信访件进行专项督办。8月6—9日，自治区人大常委会副主任董玲带领部分常委会委员，对全区脱贫攻坚工作进行专题调研，重点了解产业扶贫、扶贫与扶志、贫困人口“三保障”等情况及存在的突出问题。11月20—22日，自治区人大常委会副主任彭友东带领常委会代选工委有关人员，对全区人大代表工作进行调研。12月12—13日，自治区人大常委会副主任姚爱兴赴石嘴山市，调研督办中央环保督察“回头看”反馈问题整改情况。12月14日，自治区人大常委会副主任彭友东带领人大法制委、常委会法工委，自治区工信厅、生态环境厅有关人员，赴石嘴山市惠农区、平罗县，调研督办中央环保督察“回头看”反馈问题整改情况。12月18日，自治区人大常委会副主任吴玉才带领常委会办公厅和自治区政府相关部门负责人，赴中卫市调研督办中央环保督察“回头看”反馈问题整改情况。12月20日，自治区人大常委会副主任左军带领常委会办公厅、内司工委，自治区生态环境厅有关人员，赴吴忠市太阳山开发区，调研督办中央环保督察“回头看”反馈问题整改情况。12月19—21日，自治区人大常委会委员、民族宗教外事侨务工作委员会主任杨勇带领部分常委会委员，对全区乡村旅游发展情况开展调研。

【重点建议督办】7月25日，自治区人大常委会副主任姚爱兴率自治区人大常委会有关委员会、自治区政府办公厅、自治区环保厅等有关部门负责人和提出建议的自治区人大代表，对自治区十二届人大一次会议上自治区人大代表提出的《关于加强银川及周边地区大气污染联防联治的建议》进行现场督办。8月1—2日，自治区人大常委会党组副书记、副主任李锐，副主任姚爱兴带领督办组，对“推广应用成型钢筋工厂化加工配送新技术的建议”进行现场督办。8月7日，自治区人大常委会副主任姚爱兴带领部分人大代表，常委会教科文卫工委、代选工委负责人，对顾洁等代表在十二届人大一次会议上提出的“关于加强儿科医师培养、加大对儿科小包装药物生产的建议”进行现场督办。8月14日，自治区人大常委会副主任姚爱兴率重点建议督办组，对自治区十二届人大一次会议期间，自治区人大代表提出的“关于帮助固原市治理清水河污染的建议”进行现场督办。8月27日，自治区人大常委会副主任吴玉才带领常委会预算工委和自治区商务厅的负责人，对十二届人大一次会议期间喜清江等代表提出的“鼓励和支持吴忠作为宁夏优质特色产品走出去发展平台的建议”进行督办调研。9月11日，自治区人大常委会副主任姚爱兴率重点建议督办组，对自治区十二届人大一次会议上代表提出的“关于统筹自治区职业技术教育资源，面向企业需求加快职业技术工人培养的建议”进行现场督办。9月17日，自治区人大常委会副主任彭友东率重点建议督办组赴石嘴山市，对张仙蕊、马长青等代表分别提出的“关于自治区政府制定出台处置‘僵尸企业’意见的建议”和“关于支持石嘴山市‘僵尸企业’清理处理的建议”进行现场督办。9月29日，自治区人大常委会副主任吴玉才率重点建议督办组到吴忠市调研，现场督办2018年人代会期间自治区人大代表提出的“关于鼓励和支持吴忠作为宁夏优质特色产品走出去发展平台的建议”。9月30日，自治区人大内务司法委员会主任委员陶进带领督办组，对自治区十二届人大一次会议上吴静等代表提出的“关于制定宁夏‘雏鹰’计划，吸引基础人才到宁创业就业的建议”进行现场督办。10月10日，自治区党委书记、人大常委会主任石泰峰到沙湖自然保护区，现场督办自治区人大关于沙湖、星海湖水质治理重点处理建议的办理情况。10月12日，自治区人大常委会副主任吴玉才带领部分常委会委员和人大代表，赴贺兰山东麓，现场督办“关于大力推进宁夏贺兰山东麓国际葡萄酒旅游目的地建设的建议”。

【重大事项决定】2018年，自治区人大围绕全区改革发展和民生领域中的根本性、全局性、长远性问题，深入调查研究，依法作出决定，推进决策的民主化、科学化、法治化。为推动生态立区战略的实施，作出关于全面加强生态环境保护、依法推动打好污染防治攻坚战、建设美丽新宁夏的决议。落实中央机构改革重大决策部署，作出关于自治区政府机构改革涉及自治区的地方性法规规定的行政机关职责调整问题的决定。贯彻中央和自治区党委关于建立县级以上人民政府向同级人大常委会报告国有资产管理情况制度有关文件精神，制订实施方案，听取审议自治区国有资产管理情况年度综合报告和自治区地方金融企业国有资产管理情况专项报告，推进国有资产监督管理规范化、制度化。依法决定全区第十届社区居委会换届与第十一届村委会换届同步进行，实现城乡基层换届工作有效对接。

【培训交流】2018年8月25—31日，自治区十二届人大第三期代表培训班在深圳举办，50多名自治区人大代表和各市县（区）人大常委会负责人参加了培训，自治区人大常委会副主任董玲出席开班式并讲话。8月26—31日，自治区人大常委会环资工委在自治区党校举办了2018年全区人大系统生态环境保护培训班，自治区人大常委会副主任姚爱兴出席开班仪式并作动员讲话。12月18—20日，自治区人大常委会教科文卫工委在银川市委党校举办2018年人大教科文卫系统工作培训班，来自各市、县（区）人大常委会及教科文卫委员会的负责人近60人参加了培训，自治区人大常委会副主任姚爱兴出席开班式并讲话。

（高　宏）

重要会议

【自治区第十二届人民代表大会第一次会议】2018年1月26—31日召开。大会共举行三次全体会议，大会主席团常务主席、执行主席石泰峰主持会议。会议听取和审议了自治区主席咸辉作的政府工作报告、自治区人大常委会副主任马三刚作的自治区人大常委会工作报告、自治区高级人民法院院长李彦凯作的自治区高级人民法院工作报告、自治区人民检察院检察长李定达作的自治区人民检察院工作报告，审查了自治区国民经济和社会发展计划、财政预算报告，通过了各项决议草案。大会选举出了21名自治区出席第十三届全国人民代表大会代表。根据法律规定，当选代表的代表资格须报全国人民代表大会常务委员会确认。石泰峰当选自治区第十二届人大常委会主任，李锐、姚爱兴、左军、吴玉才、彭友东、董玲当选副主任，徐力群当选秘书长；咸辉当选自治区政府主席，张超超、马顺清、王和山、刘可为、许尔锋、马汉成、杨培君当选自治区人民政府副主席；许传智当选自治区监察委员会主任；沙闻麟当选自治区高级人民法院院长；时侠联当选自治区人民检察院检察长，根据地方组织法规定，将报经最高人民检察院检察长提请全国人大常委会批准；选举出52位自治区第十二届人大常委会委员。表决通过了自治区第十二届人大法制委员会、财政经济委员会、内务司法委员会组成人员名单。大会完成各项议程后，自治区党委书记、人大常委会主任石泰峰在闭幕会上讲话。

【自治区十二届人大常委会第一次会议】2018年2月7日召开。自治区党委书记、人大常委会主任石泰峰，自治区人大常委会副主任李锐、姚爱兴、左军、吴玉才、彭友东、董玲，秘书长徐力群及委员共56人出席了会议。自治区党委书记、人大常委会主任石泰峰主持会议并在会议结束时讲话。自治区主席咸辉，自治区监察委员会主任许传智、自治区高级人民法院院长沙闻麟、自治区人民检察院检察长时侠联及自治区人大常委会副秘书长、办公厅和各工作委员会负责人列席了会议。会议通过了关于人事任免的议案。

【自治区十二届人大常委会第二次会议】

2018年3月27—28日召开。自治区党委书记、人大常委会主任石泰峰，自治区人大常委会副主任李锐、姚爱兴、左军、彭友东，秘书长徐力群及委员共51人出席了会议。自治区党委书记、人大常委会主任石泰峰主持会议并在会议结束时讲话。自治区副主席杨培君、自治区监察委员会主任许传智、自治区高级人民法院副院长李帆、自治区人民检察院副检察长李桂兰，邀请的10名自治区人大代表及自治区人大常委会副秘书长、办公厅和各工作委员会负责人，各市、县(区)人大常委会负责人列席了会议。会议通过了《宁夏回族自治区人民代表大会常务委员会人事任免工作条例》《宁夏回族自治区实施宪法宣誓制度办法》;作出了宁夏回族自治区人民代表大会常务委员会关于废止《宁夏回族自治区私营企业工会条例》的决定、关于废止《宁夏回族自治区文化市场管理条例》的决定、关于批准《银川市人民代表大会常务委员会讨论决定重大事项条例》的决定;作出了关于接受王少林、李秋玲辞去自治区第十二届人民代表大会常务委员会委员职务的决定;听取和审议了自治区人民检察院关于公益诉讼工作情况的报告;通过了宁夏回族自治区第十二届人民代表大会常务委员会代表资格审查委员会组成人员名单。

【自治区十二届人大常委会第三次会议】

2018年5月28—29日召开。自治区党委书记、人大常委会主任石泰峰，自治区人大常委会副主任李锐、姚爱兴、吴玉才、彭友东、董玲，秘书长徐力群及委员共52人出席了会议。自治区党委书记、人大常委会主任石泰峰主持全体会议并在会议结束时讲话。自治区副主席许尔锋、杨培君、自治区高级人民法院院长沙闻麟、自治区人民检察院检察长时侠联、自治区监察委员会副主任郑震，邀请的10名自治区人大代表及自治区人大常委会副秘书长、办公厅和各工作委员会负责人，自治区办公厅和有关部门负责人，各市、县(区)人大常委会负责人列席了会议。会议审议通过了《自治区十二届人大常委会立法规划》、关于修改《宁夏回族自治区污染物排放管理条例》《宁夏回族自治区实施〈中华人民共和国节约能源法〉办法》的决定，审议了《宁夏回族自治区绿色建筑发展条例(草案)》《宁夏回族自治区湿地保护条例(修订草案)》，听取和审议了自治区政府关于全区外事工作情况的报告，审议了自治区人大常委会关于检查《中华人民共和国传染病防治法》《宁夏回族自治区公共卫生服务促进条例》实施情况和关于检查《宁夏回族自治区禁牧封育条例》实施情况的报告，审查批准了2018年自治区本级预算调整方案，通过了个别代表资格变动情况报告和有关人事任免议案。

【自治区十二届人大常委会第四次会议】

2018年7月26—27日召开。自治区党委书记、人大常委会主任石泰峰，自治区人大常委会副主任李锐、姚爱兴、左军、吴玉才、彭友东、董玲，秘书长徐力群及委员共55人出席了会议。自治区党委书记、人大常委会主任石泰峰主持会议并在会议结束时讲话。自治区副主席杨培君，自治区监察委员会主任许传智，自治区高级人民法院副院长李帆，自治区人民检察院副检察长戴向晖，邀请的10名自治区人大代表及自治区人大常委会副秘书长、办公厅和各工作委员会负责人，自治区人民政府办公厅和有关部门负责人，各市、县(区)人大常委会负责人列席了会议。会议审议通过了《宁夏回族自治区绿色建筑发展条例》，审查批准了银川市人大常委会修订的《银川市建筑垃圾管理条例》《银川市餐饮服务业环境污染防治条例》，审议了《银川综合保税区管理条例(草案)》《宁夏回族自治区促进科技成果转化条例(修订草案)》，听取和审议了自治区人民政府关于提请审议修改宁夏回族自治区国民经济和社会发展第十三个五年规划纲要有关内容的议案和自治区人民代表大会财政经济委员会关于《自治区人民政府关于提请审议修改宁夏回族自治区国民经济和社会发展第十三个五年规划纲要有关内容的议案》的审查报告，并作出了宁夏回族自治区人民代表大会常务委员会关于修改宁夏回族自治区国民经济和社会发展第十三个五年规划纲要有关内容的决议；听取和审议了自治区人民政府关于2017年全区及区本级财政决算草案的报告、关于2017年度自治区本级预算执行和其他财政收支情况的审计工作报告和自治区人民代表大会财政经济委员会关于2017年自治区本级财政决算草案审查结果的报告，并作出了宁夏回族自治区人民代表大会常务委员会关于批准2017年自治区本级财政决算的决议；听取和审议了自治区人民政府关于提请审议2018年自治区本级预算调整方案(第二次)的议案和自治区人民代表大会财政经济委员会关于2018年自治区本级预算调整方案(第二次)的审查报告，并作出了宁夏回族自治区人民代表大会常务委员会关于批准2018年自治区本级预算调整方案(第二次)的决议;听取和审议了自治区人民政府关于2018年国民经济和社会发展计划上半年执行情况的报告、关于全区矿山环境恢复治理工作情况的报告;审议了自治区人大常委会执法检查组关于检查《中华人民共和国残疾人保障法》及《宁夏回族自治区实施〈中华人民共和国残疾人保障法〉办法》实施情况的报告;通过了有关人事免职议案。

【自治区十二届人大常委会第五次会议】

2018年9月12—14日,自治区十二届人大常委会召开第五次会议。自治区党委书记、人大常委会主任石泰峰,自治区人大常委会副主任李锐、姚爱兴、左军、吴玉才、彭友东、董玲,秘书长徐力群及委员共50人出席了会议。自治区党委书记、人大常委会主任石泰峰主持会议并在会议结束时讲话。自治区副主席张超超,自治区监察委员会副主任张自军,自治区人民检察院检察长时侠联,自治区高级人民法院副院长李帆,邀请的10名自治区人大代表及自治区人大常委会副秘书长、办公厅和各作委员会负责人,自治区政府办公厅和有关部门负责人,各市、县(区)人大常委会负责人列席了会议。会议审议通过《宁夏回族自治区促进科技成果转化条例》、关于修改《关于宁夏空间发展战略规划的决议》和《关于促进民族团结进步创建活动的决定》的决定、关于修改《宁夏回族自治区民族教育条例》《宁夏回族自治区奶产业发展条例》《宁夏回族自治区清真食品管理条例》的决定;作出了关于统一全区村民委员会和社区居民委员会换届选举时间的决定;审查批准《银川市电梯使用安全条例》《银川市文明行为促进条例》和《石嘴山市城市餐厨垃圾管理条例》《固原市烟花爆竹燃放管理条例》修改《银川市水资源管理条例》等5件地方性法规;审议《宁夏回族自治区预算审查监督条例(修订草案)》《宁夏回族自治区生态保护红线管理条例(草案)》《宁夏回族自治区老年人权益保障条例(修订草案)》;听取和审议了自治区政府关于全区脱贫攻坚工作、2018年1—8月全区及区本级财政预算执行、法治政府建设、贯彻落实《民办教育促进法》等专项工作报告;听取和审议了关于个别代表的代表资格变动情况报告;通过有关人事任职议案。

【自治区十二届人大常委会第六次会议】

2018年10月30日召开。自治区党委书记、人大常委会主任石泰峰,自治区人大常委会副主任李锐、吴玉才、彭友东、董玲,秘书长徐力群及委员共50人出席了会议。自治区党委书记、人大常委会主任石泰峰主持会议并在会议结束时讲话。自治区主席咸辉,自治区监察委员会主任许传智,自治区高级人民法院院长沙闻麟,自治区人民检察院检察长时侠联,以及邀请的10名自治区人大代表,自治区人大常委会副秘书长、办公厅和各工作委员会负责人,自治区人民政府办公厅和有关部门负责人,各市、县(区)人大常委会负责人列席了会议。会议听取审议了自治区人民政府关于自治区政府机构改革实施情况的报告,通过了有关人事任职议案。

【自治区十二届人大常委会第七次会议】

2018年11月27—29日召开。自治区党委书记、人大常委会主任石泰峰,自治区人大常委会副主任李锐、姚爱兴、左军、吴玉才、彭友东、董玲,秘书长徐力群及委员共51人出席了会议。自治区党委书记、人大常委会主任石泰峰主持会议并在会议结束时讲话。自治区副主席张超超,自治区监察委员会主任许传智,自治区高级人民法院院长沙闻麟,自治区人民检察院检察长时侠联,邀请的10名自治区人大代表及自治区人大常委会副秘书长、办公厅和各工作委员会负责人,自治区政府办公厅和有关部门负责人,各市、县(区)人大常委会负责人列席了会议。会议审议通过了新修订的《宁夏回族自治区预算审查监督条例》《宁夏回族自治区老年人权益保障条例》《宁夏回族自治区湿地保护条例》《宁夏回族自治区实施〈中华人民共和国工会法〉办法》;审议通过了《宁夏回族自治区生态保护红线管理条例》《宁夏回族自治区人民代表大会常务委员会关于自治区人民政府机构改革涉及自治区的地方性法规规定的行政机关职责调整问题的决定》;审查批准了《吴忠市城乡容貌和环境卫生治理条例》《固原市北朝隋唐墓地保护条例》;作出了关于宁夏回族自治区人民代表大会常务委员会关于召开自治区第十二届人民代表大会第二次会议的决定、关于接受许尔锋辞去自治区副主席职务的决定;听取和审议了自治区政府关于自治区"十三五"规划《纲要》实施情况的中期评估报告、关于2017年度国有资产管理情况的综合报告、关于2017年度地方金融企业国有资产管理情况的专项报告、关于全区推进乡村振兴战略情况的报告、关于2018年度全区环境状况和环境保护目标完成情况的报告、关于自治区十二届人大一次会议代表建议办理情况的报告,自治区高级人民法院关于执行工作情况的报告,自治区人大常委会关于自治区十二届人大一次会议代表议案及部分建议办理结果的报告,自治区人大常委会代表资格审查委员会关于个别代表的代表资格变动情况报告；专题询问了全区环境保护工作；通过了关于人事免职的议案。

（高　宏）

专门委员会

【法制委员会】2018年，截至自治区人大常委会第九次会议，法制委员会共统一审议法规和法规性决定决议20件，批准设区的市法规10件。向常委会会议和主任会议提出审议结果的报告、修改情况的报告40件，法规草案修改稿、表决稿40件；提出对设区的市地方性法规审查意见的报告、审查情况的报告40件，批准法规决定草案10件。一是坚决贯彻落实中央和自治区党委的重大决策部署。服务常委会审议修改了自治区民族教育条例、清真食品管理条例、奶产业促进条例和做好关于修改宁夏空间规划的决议、促进民族团结进步创建活动的决定，坚决稳妥有序推进“三化”问题的治理。二是服务大局，为改革发展提供法制保障。为适应自治区机构改革需要，及时向常委会党组提出关于作出自治区人民政府机构改革涉及自治区的地方性法规规定的行政机关职责调整问题决定的立法建议，为全区机构改革工作的顺利实施提供了法律依据。按照国家取消和减少有关行政审批和行政许可事项的要求，服务常委会审议修正了实施《中华人民共和国节约能源法》办法和污染物排放管理条例，废止了私营企业工会条例、文化市场管理条例。三是坚持以人民为中心的立法理念，保障人民群众合法权益。注重将人民群众的利益诉求通过立法的形式加以固定，切实保障人民的合法权益。四是坚持将社会主义核心价值观融入地方立法。在审议老年人权益保障条例草案过程中，积极回应社会关切，明确了赡养人在生活、精神等方面照料、慰藉、护理老年人的义务，增加了老年人子女带薪陪护假等规定。五是聚焦重点领域，突出地方特色的创制性立法。注重结合区情和工作实际，细化具体规定和措施，突出地方特色。服务常委会制定了绿色建筑发展条例、生态保护红线管理条例，修订了湿地保护条例。在服务审议自治区促进科技成果转化条例草案中，对法规条款中涉及的科技成果转化方式、优惠政策及保障措施等方面内容进行了规范和细化，增强了法规条文的合理性、条款的逻辑性和法规的可操作性。做好五年立法规划和年度立法计划编制工作。围绕自治区改革发展和法治宁夏建设需要，在广泛征求意见、认真汇总梳理、反复论证协商的基础上，研究提出本届人大常委会五年立法规划和2018年立法计划项目建议。立法规划共确定法规项目42件，涉及经济建设、政治建设、文化建设、社会建设、生态文明建设等各方面，其中制定19件，修订修正23件。2018年，立法计划确定法规项目14件，其中制定3件，修订修正9件，废止2件。一是紧紧围绕自治区中心工作。坚持从全区改革发展稳定的大局出发，围绕“三大战略”“五个扎实推进”的目标筛选确定立法项目，为推进实现经济繁荣、民族团结、环境优美、人民富裕提供法治保障。二是科学论证、严格把关。对征集到的立法建议项目，与常委会各工作委员会、自治区司法厅和起草单位共同研究论证，从源头上把好立法项目入口关。三是坚持立、改、废并重。对与上位法不一致、与改革发展和法治宁夏建设不相适应，以及涉及国家取消、下放部分行政审批事项的法规项目及时列入立法计划，提出修改或废止建议。四是统筹安排立法计划项目落实。以责任书的形式将2018年度立法计划立法项目落实到责任单位和承办人，做到“任务、时间、组织、人员、责任”五落实，为完成全年立法计划奠定了基础。完善立法工作机制，推进立法工作的科学化和民主化。切实加强和改进工作方法，积极推进立法的科学化和民主化，立法质量得到进一步提高。一是突出人大及其常委会在立法中的主导作用，在法规的论证、起草、审议、研究、修改等各环节，发挥人大工作部门、人大代表、专家学者的作用，对条例的制度设计、规范内容、责权利的划分等方面作出合理的规定。二是注重立法调研方式的创新，通过征求基层立法联系点意见、开展问卷调研、随机访谈等方式，进一步提高立法调研的针对性，推进立法调研工作的制度化、程序化。三是不断拓展社会公众有序参与立法活动的有效途径，使立法更好地汇聚民意、凝聚共识。及时将法规草案通过自治区人大网站公开向社会公布草案具体内容，邀请基层人大代表、专家学者、律师、相关行业群众代表、管理相对人参加座谈，听取对法规的修改意见和建议，保证了法规草案修改的针对性、实效性。四是推进立法后评估工作不断深入。组织开展大气污染防治条例立法后评估活动，对法规条文的科学性、制度设计的合理性、立法的社会影响等进行评估。做好设区的市报批法规合法性审查工作。坚持从立法权限范围、不与上位法相抵触、符合实际需要的原则出发，对设区的市报请批准的地方性法规合法性进行审查，保证国家法治统一。2018年,自治区人大常委会批准设区的市地方性法规10件,其中银川市6件、石嘴山市1件、吴忠市1件、固原市2件。在法规审查工作中,严格按照法定权限和法定程序,重点对报批法规合法性进行审查,保证了法制统一。加强对设区的市立法工作的指导,严格把握设区的市的立法权限,在立法项目选择上、制度设计上、规范表述上,认真研究,提出修改建议。对设区的市一审后的法规草案,广泛征求意见,归纳梳理,研究修改,及时将修改意见书面反馈设区的市人大常委会。加强对设区的市立法工作人员的培训,协助有关部门组织开展了2期立法培训,组织各设区的市人大立法人员参加全国人大常委会法工委举办的2期立法培训班,为设区的市依法开展立法工作奠定基础。

【财政经济委员会】2018年,财经委员会先后召开6次财经委全体会议,审议计划、预算等10项报告草案,组织实施5次专题调研、1次执法检查,完成2件重点处理建议督办。立法工作。2018年,财经委主要承担了《宁夏回族自治区预算审查监督条例》和《宁夏回族自治区实施〈中华人民共和国节约能源法〉办法》的修订及《银川综合保税区管理条例》的制定工作。在修订《宁夏回族自治区预算审查监督条例》中将中央关于建立政府向人大报告国有资产管理情况制度与推进预算审查监督重点改革拓展两项重大改革精神贯彻落实到了条例中,同时将条例的适用范围扩大到市、县(区)人大常委会,为全区各级人大常委会开展预算审查监督提供了法律依据。监督工作。对自治区十二届人大一次会议审查和批准的自治区2017年国民经济和社会发展计划执行情况及2018年国民经济和社会发展计划草案报告、自治区2017年全区及区本级预算执行情况和2018年全区及区本级预算草案报告进行了审查,结合各代表团意见,提出了审查结果报告并向大会主席团作了报告。对自治区2018年两次本级预算调整方案、2018年国民经济和社会发展计划上半年执行情况、2017年全区及区本级决算、2017年自治区本级预算执行和其他财政收支审计情况、2018年1—8月预算执行情况、2017年区本级预算执行情况和其他财政收支审计结果落实情况等报告开展了初步审议,有针对性地提出意见和建议,供代表、委员们审议参考。专项调研。组织开展地方金融企业国有资产管理情况专题调研。深入宁夏银行、黄河农村商业银行并召开专题座谈会,听取自治区政府关于金融企业国有资产管理情况的汇报,详细了解全区金融企业国有资产管理情况,为常委会会议听取和审议金融企业国有资产管理情况专项报告奠定了基础。对"十三五"规划纲要实施情况中期评估开展专题调研。针对"十三五"规划中一些直接体现经济发展质量、民生改善状况等衡量全面建成小康社会实现程度的重要指标未能达到预期进度,要求自治区政府要对标党中央重大决策,对标全面建成小康社会评价指标体系,认真盘点,仔细算账,对有差距的指标及时增补措施、加快进度,以钉钉子精神保质保量把纲要确定的各项指标任务落实完成。对如意集团享受政府优惠政策落实情况进行专题调研,就支持如意集团发展达成了一致意见建议并反馈相关部门并督促落实。执法检查。5月中旬,配合全国人大常委会执法检查组,对全区贯彻实施统计法情况进行了执法检查,全力做好执法检查的各项服务保障工作,确保执法检查顺利完成。协调全国人大常委会执法检查组将检查情况反馈宁夏,转交自治区政府研究处理,有效推动了执法检查中反映的突出问题的解决落实。重点建议督办。对财经方面的议案和建议进行深入研究,与代表反复沟通,与相关部门交流协商,办好办实议案、建议。组织相关负责人实地察看吴忠优质特色产品区外窗口平台建设情况,与商务厅、吴忠市及企业负责人进行座谈。先后三次到吴忠市就建议办理进行现场督办,听取区、市两级政府及相关部门对建议办理情况的汇报,并就持续抓好该建议的办理工作提出了对策建议。由财经委承办的代表议案、建议的督办结果受到了代表的一致好评,做到了件件有落实、事事有回音,提高了代表履职的积极性。

【内务司法委员会】2018年,内务司法委员会履行专门委员会职责,全面完成各项工作任务。立法工作。积极落实常委会立法规划和年度立法计划,认真完成法规初审任务。提前介入,广泛调研,每个立法项目都在专门委员会全体会议上开展讨论。做好老年人权益保障条例修订工作。赴10多个省区市开展立法调研,多次召开立法座谈会,重点在完善老年人保障体系、促进老年人享受更多优待等方面加强研究,通过立法推动构建养老、孝老、敬老体系和社会环境,受到社会广泛好评。做好工会法实施办法修订工作。全程参与法规起草工作,深入学习新时代工会改革要求和工会章程修订的精神,结合人大执法检查中发现的问题和常委会审议意见,牢牢把握法规修订的方向、体系框架、重点规范的内容等,按时向常委会提交了议案。贯彻落实自治区党委、人大常委会部署要求,对自治区政府提出的《关于提请审议统一全区村民委员会和社区居民委员会换届选举时间的决定(草案)》的议案进行审议,及时向常委会提出审议意见,常委会做出了决定,为统筹做好基层换届选举提供了法律支持。按照轻重缓急、统筹协调的原则,对刑满释放人员安置帮教、视频图像信息管理等立法项目做好前期调研工作,为以后立法储备奠定基础。监督工作。紧紧围绕党委决策部署,积极推动法治政府建设工作。按照常委会听取和审议自治区政府法治政府建设情况报告并进行专题询问的工作部署,组织内司委委员和人大代表深入自治区公安厅、食药监局等8个部门,深入进行调研,梳理法治政府建设中的重点难点问题。征求常委会组成人员的意见建议,并委托五市人大常委会广泛征求区市县三级人大代表、市县两级部门、基层组织和群众的意见建议,共征集到意见建议236条。开展司法重点领域监督,促进司法公平正义。结合自治区高级人民法院"基本解决执行难"工作部署,分别召开与法院执行工作相关方面和区、市、县三级法院执行工作机构负责人参加的座谈会,广泛征求对执行工作的意见建议,为常委会开展视察提供了有针对性的情况。组织人大代表以随机抽样的方式实施了"见证执行"活动,跟踪了解法院现场执行工作。协助常委会听取和审议了自治区人民检察院公益诉讼工作情况的报告,监督和支持检察机关充分履行法律监督职能,有效行使调查核实权,更好地保护国家利益和社会公共利益。认真贯彻以人民为中心的发展思想,切实落实群众权益法治保障。认真组织残疾人保障法及实施办法执法检查,了解"送教上门""扶残助困"等情况,召开座谈会,广泛听取意见。认真归纳意见建议,集中分析研究残疾人精准扶贫、推进"医康融合"体系建设、就业扶持政策落实等问题,向常委会提交了执法检查报告,推进残疾人法治保障落实。关注群团改革情况,对自治区总工会、团委、妇联深化改革情况开展专题调研,深入了解改革进程中研究制定涉及群众切身利益方面法规制度的意见建议,促进改革与法规制度建设共同推进。把握监督工作重要环节,着力增强监督实效。对每一项工作,都在前期做好情况收集和重点问题归纳梳理,对调研中发现的问题,深入分析研究,形成具有建设性、针对性的意见体现到调研报告中,供常委会视察、审议时参考。对调研中收集的问题,同审议意见一并交"一府一委两院"研究处理。代表工作。加强服务代表履职工作,努力提高建议办理质量。积极邀请人大代表参加视察、执法检查、专题调研等活动18人(次),组织代表旁听法院案件审理20多人(次),见证法院现场执行案件15人(次)。按照常委会安排重点督办"关于制订宁夏'雏鹰'计划,吸引基础人才来宁创业就业的建议",把建议督办工作与开展立法、监督和代表服务等方面的工作紧密结合起来,明确分工、落实责任,加强督办、推动落实,出台了加强人才吸引工作长效措施。组织现场督办,并召开座谈会,听取了建议承办部门、协办部门情况汇报和代表的意见建议,代表们对办理结果表示满意。

(高　宏)

工作委员会

【法制工作委员会】2018年,法制工作委员会服务常委会审议通过法规和法规性决定19件,其中制定法规2部、修订修正12件,废止2件,作出法规性决定决议3件,批准设区的市法规10件。配合法制委员会向常委会会议和主任会议提出审议结果的报告、修改情况的报告38件,法规草案修改稿、表决稿38件;提出对设区的市地方性法规审查意见报告、审查情况报告40件,批准法规决定草案10件。认真做好五年立法规划和年度立法计划编制及组织实施工作。按照紧紧扣住贯彻落实党中央重大决策部署,紧紧扣住回应人民群众重大关切,紧紧扣住厉行法治、推进全面依法治国的要求,围绕自治区改革发展和法治宁夏建设需要,在广泛征求意见、认真汇总梳理、反复协商论证的基础上,研究拟定了常委会五年立法规划和2018年立法计划。规划计划经自治区党委批准后,先后组织召开了全区立法工作会议和立法工作座谈会,就规划计划落实进行了安排部署,压实了责任。坚决贯彻落实中央和自治区党委的重大决策部署,做到立法与改革相衔接。服务常委会审议修改了自治区民族教育条例、自治区清真食品管理条例、自治区奶产业促进条例和做好关于修改宁夏空间规划的决议、促进民族团结进步创建活动的决定,坚决稳妥有序推进"三化"问题的治理。及时向常委会党组提出关于作出自治区政府机构改革涉及自治区的地方性法规规定的行政机关职责调整问题决定的立法建议,为全区机构改革工作的顺利实施提供了法律依据。按照国家取消和减少有关行政审批和行政许可事项的要求,服务常委会审议修正了实施《中华人民共和国节约能源法》办法和污染物排放管理条例,废止了私营企业工会条例、文化市场管理条例，切实保证法律法规的有效施行。全力做好重点领域立法。在加强生态环境保护立法方面，服务常委会制定了自治区绿色建筑发展条例、生态保护红线管理条例，修改了湿地保护条例，为加快打造西部地区生态文明先行区建设，实现“天蓝、地绿、水美、空气清新”的奋斗目标，提供了坚实的法治保障。在推进民生社会立法方面，服务常委会修改了自治区老年人权益保障条例、实施工会法办法，弘扬中华民族养老、孝老、敬老、助老的美德，明确了工会听党话、跟党走的政治责任，将党的领导和社会主义核心价值观融入立法的要求落到立法实践中。在推进创新驱动立法方面，服务常委会修改了自治区促进科技成果转化条例，为全区发展新旧动能转换，提供了科技支撑。此外，还服务常委会审议修改了自治区人大常委会预算监督条例、宪法宣誓制度办法、人事任免工作条例等。做好设区的市立法工作的指导。不断优化工作方法、改进工作作风，强化服务意识，坚持审查标准，突出地方特色，帮助设区的市把好立法质量关。提前介入，及时了解设区的市立法计划的制订情况，根据各市的实际和工作能力，指导确定法规项目及法规调整规范的主要内容。严格把握设区的市的立法权限，在立法项目选择上、制度设计上、规范表述上，认真研究，提出修改建议。对设区的市一审后的法规草案，广泛征求意见，归纳梳理，研究修改，及时将修改意见书面反馈设区的市人大常委会，把立法权限问题、合法性问题有效解决在设区的市人大常委会审议通过前。加强指导和沟通协调工作。通过参加立法论证会、面对面点评等方式，对设区的市法规中涉及合法性、合理性和立法技术方面的问题共同研究解决，提高了法规审查的针对性和有效性，较好地维护了法制统一。全年服务常委会共批准设区的市地方性法规10件。推进规范性文件备案审查。加强备案审查制度和能力建设，备案审查工作取得明显成效。全年共接收报送备案的规范性文件41件，分别向全国人大常委会、国务院报送地方性法规备案文件31件。对涉及行政事项审批、生态环境保护、“三化”问题的现行有效地方性法规进行了3次全面清理。对人民群众来信反映与法律、法规规定不一致的2件规范性文件及时进行了主动审查。对全区400多名乡镇备案审查工作人员进行了立法信息平台实务操作和理论培训，实现全区备案审查工作人员培训的全覆盖。

【内务司法工作委员会】2018年，内务司工作委员会协助常委会开展了4项立法、3个专项工作报告、1项专题询问、1项执法检查、1项专题调研和1项重点建议督办等工作，较好完成了年度工作任务。立法工作。按照常委会立法计划，服务常委会审议修订、废止和调研4件法规和1件法规性决定的工作。坚持问题导向，推动修改老年人权益保障条例更接地气。先后3年对全区老年人权益保障工作实施执法检查、考察和调研，赴10多个省区市开展立法调研，召开20多次立法座谈会，为修订法规做好准备。该条例广泛吸收借鉴了国内地方立法成果，提出增加老年人患病住院期间子女陪护假，推动农村留守老年人服务、公办养老机构和居家养老服务相结合等意见建议。常委会第七次会议审议通过了该条例并于2019年1月1日起实施。提前介入调研，促进修改工会法实施办法更加精细化。结合调研和执法检查中发现的问题，认真研究分析全区基层工会现状和体制机制方面存在的问题，提出拓宽组建工会对象范围、依法推进基层工会建设、支持工会发挥安全监督职能、强化工会服务等建议，充分体现了调研成果与立法工作的有机结合。修订实施办法已经常委会第七次会议审议通过，并于2019年1月1日起施行。协调沟通，服务常委会审议通过村(居)两委同步换届选举的决定。服务常委会审议通过了《宁夏回族自治区人民代表大会常务委员会关于统一全区村民委员会和社区居民委员会换届选举时间的决定》，为全区村民委员会和社区居民委员会选举同步提供了法律支持。积极推进相关法规的废改立工作，做好常委会废止《宁夏回族自治区私营企业工会条例》的服务保障工作。组织立法调研组赴新疆、西藏对视频图像信息管理条例立法情况进行了深入调研，提出了立法调研情况报告。监督工作。做好听取和审议自治区法治政府建设情况报告并进行专题询问的服务保障工作。深入自治区公安厅、食药监局、公共资源交易管理局等8个部门进行调研，广泛征求常委会组成人员的意见建议，并委托五市人大常委会征求了区市县三级人大代表、市县两级部门、基层组织和群众的意见建议，共征集到意见建议236条。协助常委会组织视察组，对全区法治政府建设情况进行视察，提出了视察工作报告。在专题询问联组会上，常委会组成人员根据调研梳理出的重点问题，有针对性地与自治区政府及有关部门负责同志互动，面对面提问交流，深入讨论法治政府建设，增强了询问实效。做好听取和审议高级人民法院执行情况报告的服务保障工作。召开了与法院执行工作相关单位和区、市、县三级法院执行工作机构负责人参加的“背靠背”座谈会，广泛征求了意见建议。组织常委会委员、内司委组成人员及人大代表实施了“见证执行”活动，全面客观地了解执行工作。协助常委会开展视察，形成质量较高的视察报告供常委会审议参阅。做好听取和审议检察机关公益诉讼情况报告的服务保障工作。主动联系对接自治区人民检察院，详细了解全区检察机关开展公益诉讼基本情况、主要工作方式和经验，以及存在的困难和问题。提前审查报告内容，提出修改意见建议。常委会审议后又及时汇总、整理和交办审议意见，并跟踪督办。自治区人民检察院认真办理常委会审议意见，不断完善工作机制，加大工作力度，推进全区公益诉讼工作。做好审议残疾人保障法及实施办法执法检查报告的服务保障工作。积极协助常委会对全区实施残疾人保障法及实施办法情况进行执法检查，把调研工作始终贯穿于执法检查的全过程，了解保障残疾人权益方面存在的突出问题，提出了执法检查重点内容。执法检查后，认真归纳意见建议，集中分析研究推动解决残疾人精准扶贫、推进“医康融合”体系建设、就业扶持政策落实等问题，充分体现“法律巡视”职责要求，促进残疾人法治保障落实。做好群团改革专题调研工作。9月下旬至10月上旬，协助内司委组成专题调研组，对自治区总工会、团委、妇联推进改革情况进行了调研。实地查看银川市、吴忠市社区党群服务中心、企业工会阵地、青少年综合服务平台等，分别召开四个座谈会，听取意见建议，全面系统了解群团组织改革工作推进情况，并形成调研情况报告，提出了意见建议。代表工作。积极邀请代表参加视察、执法检查、专题调研等活动18人(次)，组织自治区人大代表旁听法院案件审理20多人(次)，见证法院现场执行案件15人(次)，有效服务和保障了代表依法履职。为提升“关于制订宁夏‘雏鹰’计划，吸引基础人才到宁创业就业的建议”督办质量，增强办理实效，把做好建议督办工作与开展立法、监督等方面工作紧密结合起来，明确分工、落实责任，联系沟通、完善方案，加强督办、推动落实。9月30日，协助内司委、代选工委对63号建议进行了现场督办，召开座谈会，听取建议承办部门、协办部门情况汇报和代表的意见建议，代表们对办理结果表示满意。

【预算工作委员会】2018年，预算工作委员会协助财经委先后召开6次全体会议，审议计划、预算等报告草案10项，组织实施5次专题调研，1次执法检查，完成2件重点处理建议的督办，完成了2018年工作计划所确定的各项工作任务。立法工作。完成《银川综合保税区管理条例》的一审。为做好一审前的相关准备工作，财经委、预算工委围绕综合保税区为什么立法、如何立法和怎样立好法3个主题，先后组织召开三次座谈会，组织调研组赴重庆、湖北等地进行立法前调研，力求通过立法解决综合保税区的长远发展问题，为提高立法质量奠定了良好的基础。完成《宁夏回族自治区预算审查监督条例》的修订工作。在2017年调研的基础上，深入贯彻落实新颁布的《中华人民共和国预算法》，对条例有关章节进行了认真修改。修订后的《宁夏回族自治区预算审查监督条例》已经自治区十二届人大常委会第七次会议通过。修订中坚持与时俱进，把中央关于建立政府向本级人大常委会报告国有资产管理情况制度和推进预算审查监督重点向支出预算和政策拓展的重大改革举措，贯彻落实到条例中，走在了全国省区人大的前列。监督工作。认真做好建立县级以上政府向本级人大常委会报告国有资产管理情况制度工作。牵头起草《自治区党委关于建立自治区人民政府向自治区人大常委会报告国有资产管理情况制度的实施意见》，8月由自治区党委印发。牵头起草自治区人大常委会《关于贯彻落实〈自治区党委关于建立自治区人民政府向自治区人大常委会报告国有资产管理情况制度的实施意见〉的实施方案》，以常委会办公厅文件印发。8月，召开全区建立政府向本级人大常委会报告国有资产管理情况制度座谈会，做出全面安排部署。11月的常委会上，自治区政府向自治区人大常委会报告国有资产管理情况，首次亮出“全口径”国有资产综合情况和金融企业国有资产的家底，接受人大监督。推进预算审查监督重点向支出预算和政策拓展工作。牵头组织起草了《自治区党委关于人大预算审查监督重点向支出预算和政策拓展的实施意见》，该意见于9月经自治区党委办公厅文件印发。牵头起草了自治区人大常委会《关于人大预算审查监督重点向支出预算和政策拓展的实施办法》。组织实施了“十三五”规划纲要的中期评估。积极协调发改委对“十三五”规划纲要中涉及“沙化”“阿化”“清真概念泛化”等40余处内容进行修改，修改报告已经常委会第四次会议审议通过。11月13日，财经委、预算工委组织调研组对“十三五”规划中期评估进行专题调研，形成调研报告，为常委会会议听取和审议“十三五”规划纲要中期评估报告奠定了基础。了解如意集团享受政府优惠政策情况。针对如意集团反映的滨河新区项目土地出让金、能源成本蒸汽及电价补贴、用工培训补贴、煤炭资源及项目用地等问题,进行了专题调研。对金融企业国有资产管理情况进行专题调研。组织调研组对全区金融企业国有资产管理情况进行专题调研,深入了解了地方国有金融企业总体资产负债、资本投向、国有资产处置和收益分配等情况,为常委会会议首次听取和审议金融企业国有资产管理情况报告奠定了基础。对《中华人民共和国统计法》实施情况进行执法检查。5月中旬,配合全国人大常委会执法检查组,对全区贯彻实施统计法情况进行了执法检查。完成人代会及常委会会议听取和审议相关工作报告的准备工作。审查和批准自治区2017年国民经济和社会发展计划执行情况及2018年国民经济和社会发展计划草案报告、自治区2017年全区及区本级预算执行情况和2018年全区及区本级预算草案报告、2018年自治区本级预算调整方案;听取和审议2018年国民经济和社会发展计划上半年执行情况、2017年全区及区本级决算、2017年自治区本级预算执行和其他财政收支审计情况、2018年1—8月预算执行情况、2017年区本级预算执行情况和其他财政收支审计结果落实情况的报告。代表工作。完成了重点处理代表建议的督办工作,就喜清江等代表提出的建议,先后3次到吴忠市进行现场督办,代表对建议的办理情况表示满意。

【教育科学文化卫生工作委员会】2018年,教科文卫工作委员会围绕实施“三大战略”和“五个扎实推进”,全面开展立法、监督、代表建议督办、调查研究等各项工作。立法工作。认真做好教科文卫领域五年立法规划和年度立法计划。把提出教科文卫方面的立法项目建议作为重中之重来部署研究,专门调研,征集人大代表、社会各界和有关部门单位的意见建议,向常委会立法统一审议机构提出非物质文化遗产保护条例、科学普及条例、专利条例、饮用水卫生安全条例、促进科技成果转化条例等立法项目,并建议列入常委会五年立法规划。建议将自治区促进科技成果转化条例修订列入常委会2018年度立法计划。为实施创新驱动战略提供法律支撑,增强发展后劲。积极发挥立法主导作用,提前介入修订完善自治区促进科技成果转移转化条例的起草、论证、调研等工作,保证法规草案高质量按期提交常委会审议。条例修订草案于9月第5次常委会审议通过。监督工作。做好传染病防治法和自治区公共卫生服务促进条例执法检查。选择具有医疗卫生知识背景的委员和人大代表组成执法检查组,首次尝试聘请公共卫生专家为执法检查提供专业咨询指导,确保找准监督重点、解答专业问题。委托吴忠和中卫市人大常委会开展执法检查,实现执法检查全覆盖。以贯彻落实十九大“为人民群众提供全方位全周期健康服务”的精神为出发点,提出进一步推进医疗体制改革,解决基层医疗机构的瓶颈问题等6条意见建议,纳入执法检查报告连同审议意见一并转交政府研究处理。开展对民办教育促进法贯彻实施情况的考察,督促和支持人民政府依法规范和保障民办教育健康发展。结合历年对教育工作的监督,建议常委会对自治区政府贯彻实施民办教育促进法情况进行监督,实现人大督促政府教育工作各方面全覆盖。组织开展了对石嘴山、吴忠市等20多个民办教育机构的实地视察活动,听取了五市政府情况汇报,指出突出问题,为常委会组成人员有针对性地提出审议意见奠定了基础。注重质量实效,强化监督工作跟踪问效,确保审议意见件件有着落。加强传染病防治“一法一例”执法检查的审议意见跟踪落实,对自治区政府制订的落实审议意见工作方案,对照审议意见逐条审查,提出了完善落实方案的建议,经分管副主任批示后转交政府。9月30日,自治区政府向常委会报告了审议意见落实情况。教科文卫委再次逐条进行了落实。通过加强跟踪督办,推动政府解决了传染病防治法和公共卫生服务促进条例实施中存在的主要问题。代表工作。强化代表主体地位,增强服务代表意识,务求实效抓督办,确保代表建议办理工作质量和实效。主任会议交由教科文卫委重点办理和督办《关于统筹自治区职业技术教育资源面向企业需求加快职业技术工人培养的建议》《关于加强儿科医师培养、加大对儿科小包装药物生产的建议》两个代表建议。责任到人。8月7日和9月11日,自治区人大副主任姚爱兴带领教科文卫委和人大代表,分别对两件代表建议进行了现场督办,并提出了进一步落实代表建议的要求。两件代表建议均较高质量办理完毕。人大代表对办理结果非常满意。其他工作。主动做好香港儿科医学院基金来宁开展新生儿窒息复苏义务培训工作。5月24—25日,香港儿科医学院基金来宁开展新生儿复苏义务培训,教科文卫委负责接待服务工作。香港儿科医学院基金会9名专家通过讲座、模拟产房训练等方式,对全区100多名各级医院的妇产、儿科医师进行新生儿复苏技术的系统规范化培训。捐赠了价值100万元的先进新生儿窒息复苏急救器材。配合全国人大教科文卫委员会完成在宁调研贫困地区基础教育工作。10月15—19日，全国人大教科文卫委员会副主任委员吴恒率调研组到宁夏调研贫困地区基础教育发展情况。调研组一行先后到隆德县和泾源县部分县城和乡村学校，详细了解宁夏特困地区基础教育发展情况、存在的问题及下阶段工作措施，对调研中发现的问题，经过认真研究后向国务院提出改进意见和建议。

【民族宗教外事侨务工作委员会】立法工作。2018年，民族宗教外事侨务工作为做好自治区民族团结进步条例立法调研工作，教科文卫委在常委会领导的带领下，专程赴全国人大民委、国家民委就条例的制定征询意见建议，先后前往甘肃、内蒙古、新疆等省区学习民族团结进步创建工作和立法先进经验，获得了重要启示和有益经验，并形成了有价值的调研报告。按照自治区党委关于全面评估和清理民族宗教地方性法规的要求，配合法制委和常委会法工委先后对《民族教育条例》《清真食品管理条例》《关于促进民族团结进步创建活动的决定》等涉及民族宗教问题的法规作出修改，确保现行地方法规符合新时期党的民族宗教工作精神。监督工作。为配合做好常委会听取和审议自治区政府外事工作情况报告的工作，充分发挥参谋助手作用，协助常委会调研组，实地调研了宁夏大学、中国—以色列现代农业合作示范基地和银川综合保税区等8个具有代表性的涉外部门，组织召开座谈会，邀请自治区有关部门参加，广泛听取相关部门意见建议，形成了调研报告并提交常委会，作为审议政府外事工作情况报告的重要参考。在常委会完成对报告的审议后，整理了常委会组成人员的审议意见，及时转交自治区政府办理，持续跟踪和推动审议意见的贯彻落实。代表工作。认真推进有关议案和建议的督办工作。开展了《关于对〈旅游法〉实施情况进行执法检查的议案》办理工作。多次召集有关部门研究议案办理工作，多次与代表沟通协商，并与自治区旅发委相关人员一同赴中卫现场召开议案办理协调会。会后，按照办理协调会的意见，建议和督促政府及旅游部门认真整改全区旅游业市场秩序不规范等问题，推动自治区政府制定了《全区旅游市场“黑导”“黑社”“黑车”专项整治方案》，并集中开展了为期3个月的专项整治工作。开展了《关于大力推进贺兰山东麓国际葡萄酒旅游目的地建设的建议》督办工作。积极协调建议承办单位认真开展办理工作，将初步办理情况及时报告代表征求意见。召开现场督办工作座谈会，听取自治区政府及各承办单位办理情况，提出建议的代表对办理过程和结果表示满意。其他工作。参加全国人大常委会办公厅举办的深入学习贯彻习近平总书记关于坚持和完善人民代表大会制度的重要思想交流会，全国人大民委、华侨委、外事委举办的工作座谈会和培训班等。在中西部十七省人大民族工作座谈会上，由常委会分管领导作了题为“加强新时期民族法治建设 推动各民族交往交流交融”的交流发言。服务保障全国人大常委会调研组来宁调研全区民族教育发展和民族团结进步工作。

【代表联络与选举任免工作委员会】2018年，代表联络与选举任免工作委员会深入开展学习培训，大力提高履职能力和水平。在自治区第十二届人民代表大会第一次会议开幕前，邀请第十二届全国人大常委会委员、全国人民代表大会法律委员会主任委员乔晓阳，为新一届自治区人大代表系统宣讲习近平总书记关于宪法的重要论述和思想；联合常委会法工委举办自治区和设区的市两级人大常委会组成人员立法培训班；开展选举法、地方组织法、代表法等代表履职必备法律学习培训班2期；实现了自治区级人大代表和常委会委员、县（市、区）人大常委会主任全部参加学习培训的“三个百分之百”。定期开展自治区人大常委会组成人员履职专题学习活动，先后邀请专家围绕学习新宪法、打好污染防治攻坚战、加强新时代民族宗教工作、脱贫攻坚等重点任务进行深入解析，服务常委会组成人员拓宽思路视野，履行职责使命。强化服务保障意识，做好自治区十二届人大一次会议有关工作。及早动手，沟通协作，提出大会主席团、秘书长、议案审查委员会、计划预算审查委员会、选举办法、候选人决定等名单（草案）20多个；制订大会组织工作、选举工作、宪法宣誓等方案和预案30多个。认真落实中央和自治区党委转变作风、严肃会风要求，电话、传真通知代表和列席人员2000多人，发送短信26批次、34550条，核实各类参会人员信息1620余条，上门呈送邀请函100多人，确保了大会参会率。牢固树立政治意识，重要材料必报党委审批，选举办法、选票、宣誓方案等均经组织部门和党委主要领导亲自审示，严格按照精准精细工作要求，印制分装培训票、正式票、备用票18000张，开展选举培训2次。深化“双联”制度和阵地建设，代表联系群众活动内容丰富、效果明显。把新一届自治区、市、县（区）、乡（镇）四级人大代表混合编成1385个代表小组，组织各级人大代表沉下身子，深入实际，了解实情，反映民意。制订

《关于继续深入开展人大常委会组成人员联系人大代表和人大代表联系人民群众活动的意见》《关于开展自治区人大常委会组成人员联系自治区本级人大代表活动的通知》，把“双联”活动作为常委会的一项重要工作予以推进。宁夏加强代表履职管理工作在全国人大常委会部分选举单位代表联络工作机构负责人座谈会上作经验交流。坚持邀请代表列席常委会会议、重大情况向代表通报等制度，邀请70多名代表列席了常委会会议；扩大代表对常委会活动的参与，邀请120多名代表参与了常委会有关视察、调研、执法检查等活动。拓宽代表知情知政渠道，邀请60多名代表视察了自治区公务员招录、高考阅卷、法院开放日等工作，自治区高级人民法院、人民检察院形成向人大代表通报工作情况的制度。服务在宁全国人大代表参加集中培训、异地视察、国家机关有关征求意见等活动120多人次。坚持好干部标准，依法行使好人事任免权。及时修订《宁夏回族自治区人民代表大会常务委员会人事任免工作条例》，将自治区监察委员会副主任、委员，银川铁路运输法院和银川铁路运输检察院有关法律职务，列入常委会人事任免范围；完善任免和表决程序，推进采用电子表决人事任免议案，提升表决效率，增强了常委会会议的严肃性。认真做好议案提请、任职条件初审等服务保障工作，及时就拟任免人员工作实绩、任免理由等情况作说明。全年，常委会共依法任免国家机关工作人员79人次，对14名调离、1名罢免的代表提请常委会审议、备案、公告。切实增强宪法意识，完善实施好宪法宣誓活动。及时修改完善了《宁夏回族自治区实施宪法宣誓制度办法》。认真组织实施宪法宣誓活动，在自治区十二届人大一次会议上，新当选的自治区人大、政府、监察委、两院18名领导，在400多名人大代表的见证下庄严宣誓。在自治区十二届人大常委会第一次会议后，组织新当选的自治区人大常委会委员、专门委员会组成人员和新任命的自治区人民政府组成部门、监察委员会副主任和委员等89人进行宪法宣誓。常委会第六次会议表决通过了自治区政府机构改革后部分政府组成人员，及时组织10名新任人员进行宪法宣誓，对于彰显宪法权威、弘扬宪法精神、提高全社会的宪法意识，起到重要示范作用。着力提高代表议案建议办理工作实效。自治区第十二届人大一次会议及闭会期间，代表提出议案4件、建议216件。常委会主任会议研究决定，将4件代表议案分别交由自治区人大财政经济委员会、常委会预算工作委员会等部门办理；将216件建议交由自治区政府和有关组织办理。同时，确定10件为重点处理建议，并明确了负责督办的常委会领导。自治区党委书记、人大常委会主任石泰峰亲力亲为，现场督办关于沙湖、星海湖水质治理重点处理建议，推动新一届人大代表建议办理工作呈现新亮点、取得了新实效，问题解决率为78%，办理质量明显提高。召开在宁全国人大代表议案建议素材征集座谈会，宁夏全国人大代表向十三届全国人大一次会议提出议案2件、建议40件，其中，《关于将宁夏列入国家第三批山水林田湖草生态保护和修复工程试点的建议》《关于加快推进宁夏高铁建设的建议》被全国人大常委会办公厅列为重点处理建议。

【农业与农村工作委员会】立法工作。2018年，农业与农村工作委员会坚持从实际出发，加强沟通协调，广泛征求意见建议，在此基础上提出建议：将制定自治区河湖保护管理条例、灌溉工程遗产保护条例，修订湿地保护条例、草原管理条例、禁牧封育条例、贺兰山东麓葡萄酒产区保护条例列入此届人大常委会五年立法规划，将修订自治区湿地保护条例、调研河湖保护条例、贺兰山东麓葡萄酒产区保护条例列入立法计划，顺利完成了编制五年立法规划和年度立法计划涉农项目的申报工作。完成《自治区湿地保护条例》修订工作。主动参与、提前介入条例修订草案的起草工作，加强沟通协调，随时掌握工作进展情况，及时研究解决工作中遇到的具体问题。针对条例修订草案关于湿地概念、主管部门权责、规划与保护、禁止性规定等内容，提出了六个方面的修改意见建议，被全部吸收到条例修订草案中。该条例已经常委会第七次会议审议通过。完成《自治区河湖保护条例》立法调研论证工作。11月上旬，赴云南、湖南两省进行了专题调研，学习他们在河流、湖泊、湿地治理保护方面的成功做法和立法经验，对立法中的焦点难点问题，与两省人大农委及水利部门的同志进行深入交流探讨，撰写了专题调研报告，对宁夏制定河湖保护条例具有较强的启示和学习借鉴作用。完成《自治区贺兰山东麓葡萄酒产区保护条例》修订调研工作。于5月上旬、8月中旬先后两次组织部分常委会组成人员、相关人大代表、政府有关部门人员深入产区葡萄种植基地和葡萄酒加工企业进行调研，重点了解掌握人大代表提出修改该条例议案的缘由与目的，广泛听取相关部门和有关方面的意见建议，为修改完善该条例作了必要准备、奠定了较好基础。完成规范性文件备案审查工作。对常委会法工委转交审查的《自治区人民政府关于加强农药兽药管理保障食品安全的意见》《自治区林业有害生物防治办法》等6件规范性文件进行了认真审查，及时将审查结果意见书面反馈法工委。监督工作。改进《自治区禁牧封育条例》执法检查活动。4月中旬，组织执法检查组，采取入户调查、明察暗访、实地督察等方式，重点检查草原（林地）生态保护、草原（林地）确权登记颁证、现代畜牧业发展等情况，并与基层干部群众和相关部门人员座谈交流。根据检查情况，向常委会提交了执法检查报告，提出了四个方面的意见建议。对常委会组成人员的审议意见，及时汇总梳理，连同执法检查报告一并经主任会议转交自治区政府及有关部门研究处理，并做好跟进督办工作。创新脱贫攻坚工作情况专题调研。8月上旬组成专题调研组，赴中卫、固原、银川市的5个县区8个贫困村、65个贫困户，深入了解脱贫攻坚进展情况，广泛听取市县有关部门、基层干部群众和贫困群众的意见建议，对采集的相关数据进行了统计分析，形成了调研报告，提出了建议。推进乡村振兴战略的实施。10月中旬，赴贺兰、彭阳、隆德、泾源等6个县区，对乡村特色产业发展、生态环境保护、乡风文明建设、乡村综合治理、城乡融合发展等情况进行了专题调研，并向常委会提交了专题调研报告，提出了意见建议。会后及时整理常委会组成人员审议意见，经主任会议交政府及有关部门研究处理，并做好跟踪督办工作。代表工作。主任会议交办的代表议案1件，督办重点处理代表建议1件。坚持常委会领导领衔、委员会领导负责、办公室专人办理的制度，进一步加强组织协调，强化责任落实。通过邀请人大代表参与、现场督办、座谈讨论等形式，对议案和建议跟踪落实，增强办理实效，提高办理质量。议案建议办理督办工作全部完成，已向主任会议作了汇报。2件涉农代表议案建议的办理督办工作取得了良好效果，代表们均表示满意。

【环境与资源保护工作委员会】立法工作。2018年，环境与资源保护工作委员会围绕自治区生态立区战略，研究提出了7件立法项目，其中3件列入2018年立法计划。协助常委会完成了自治区绿色建筑发展条例、自治区生态保护红线管理条例的制定和自治区污染物排放管理条例的修正工作，为深入推动全区生态立区战略实施、全面加强生态环境保护、打好污染防治攻坚战提供法制保障。组织开展水污染防治、市容环境卫生管理立法前期调研工作，做好立法项目储备工作。配合法工委完成了对《自治区人民政府办公厅关于促进建筑业持续健康发展的实施意见》《银川市人民代表大会常务委员会关于调整银川市南梁饮用水水源地保护范围的决定》2件规范性文件和地方性法规的备案审查工作。监督工作。协助常委会完成了全国人大常委会交办的大气污染防治法贯彻实施情况执法检查工作。为巩固全区大气污染防治取得的成果、持续打好蓝天保卫战营造良好的法治氛围，集中开展了执法大检查工作，并向全国人大常委会专题报告了检查情况。通过检查，依法督促解决大气污染的突出问题，为坚决打好“蓝天保卫战”，巩固提升全区大气污染防治成果提供了法律监督支持。协助常委会听取和审议2018年全区环境状况和环境保护目标完成情况专项报告并开展专题询问。依法落实环境保护年度报告制度，综合运用听取专项工作报告、开展专题询问、集中视察、开展宁夏环保世纪行活动等方式，加大监督工作力度，不断强化各级政府保护环境的领导责任、环保部门的监管责任和企业的主体责任，敦促有关热点、难点问题的解决，共同推进全区环境质量持续改善。协助常委会听取和审议自治区矿山环境恢复治理情况专项报告。深入调查了解全区矿山环境恢复治理进展情况、采取的主要措施、取得的成效和存在的问题，为加强全区矿山环境恢复治理工作提出了对策建议。宁夏环保世纪行活动。以“防治水污染，保护水环境”为主题，重点对全区5个市、17个县（市、区）和宁东能源化工基地水污染防治工作进行了集中视察，实地察看了64个视察点，配合中央环保督察“回头看”工作，对群众投诉反映的10个环境污染问题进行了随机抽查。7—10月，组织开展了7次跟踪监督检查活动，督促地方政府和有关单位加快工作进度，提高工作效率，按期完成治理任务。组织中央驻宁和自治区新闻媒体记者50多人（次），共发表各类稿件150多篇（件），为全区打好污染防治攻坚战提供了强有力的舆论监督支持。代表工作。协助常委会完成了关于制定《宁夏回族自治区绿色建筑发展条例》议案的办理工作。协助常委会完成了关于清水河污染治理、银川及周边地区大气污染联防联治、沙湖星海湖补水及水污染治理、推广应用型钢筋工厂化加工配送新技术等重点建议督办工作。

（高　宏）

NINGXIA YEARBOOK

宁夏回族自治区人民政府

NINGXIAHUIZUZIZHIQURENMINZHENGFU

编辑◎马　静

综　述

【概况】2018年，全区实现地区生产总值3705.18亿元，增长7%。地方一般公共预算收入444.5亿元，同口径增长8.2%。全体居民人均可支配收入22400元、增长8.9%，其中城镇和农村居民人均可支配收入分别为31895元和11708元、增长8.2%和9%。

【重点工作】2018年，宁夏举办自治区成立60周年庆祝活动，实施一批公益项目和民生工程，举办一系列主题活动和庆祝活动，集中展示了党的民族政策和民族区域自治制度在宁夏的成功实践，生动展现了自治区成立60年、改革开放40年，特别是中央十八大以来各项事业取得的历史性成就、发生的历史性变革。接受中央巡视、环保督察“回头看”和国务院大督查的“全面体检”，以整改成效促工作提升。银川、石嘴山、中卫、宁东基地4项创新发展典型做法受到国家通报表扬，宁夏营商环境在国务院第五次大督查中排在前列。坚决打好“三大攻坚战”，出台政策文件，取得了阶段性成效。聚焦政府债务、金融、房地产等重点领域，有效防范化解重大风险，守住了不发生系统性风险的底线。启动打赢脱贫攻坚战三年行动，易地扶贫搬迁2.5万人，贫困发生率下降到3%。实施蓝天碧水净土三大行动，全区地级市空气优良天数比例达87.2%，生态环境持续好转。成功获批全国首个“互联网+教育”“互联网+医疗健康”示范区，出台建设规划，推动资源共享，创造可复制、可借鉴、可推广的经验，使优质公平便捷的教育医疗资源更好地惠及全区人民。

【经济稳步发展】2018年，面对经济运行的困难形势，宁夏加强运行调度，及时出台稳增长20条、服务业23条、民营经济20条、促进民间投资30条等针对性强的政策措施，降低实体经济成本90亿元，力促经济平稳回升、稳中有进。全年规模以上工业增加值增长8.3%，企业利润增长16.1%。加大重点领域投资力度，实施了一批稳增长、利长远的大项目好项目。包银高铁（宁夏段）顺利开工，银西高铁、中兰高铁、吴忠至中卫城际铁路等加快建设，海原至同心高速、盐环定扬水更新改造、高性能纤维、高端锂电池等建成投运。出台开发区创新发展22条，将全区33个工业园区整合优化为22个，银川经济技术开发区跻身国家级开发区百强，宁东基地位列全国化工园区第8位。深化供给侧结构性改革，加快新旧动能转换。淘汰化解落后过剩产能318万吨，商品房待售面积同比下降9.4%。工业技改投资增长15.6%，装备制造、信息技术等新兴产业增速超10%，清洁能源装机占比达42.9%。粮食生产“十五连丰”，总产达393万吨，创历史新高。特色优势产业产值占农业总产值的86.7%。全域旅游、电子商务、现代物流、健康养老等现代服务业蓬勃发展。落实创新驱动30条，深化“科技支宁”东西部合作，建成宁夏技术交易市场，国家级高新技术企业增加到150家，全社会研究与试验发展经费投入强度达1.3%。研究制定加强政府债务管理的意见和化解方案，准确摸清政府债务底数。加强重点行业、企业、机构风险预警监测，依法稳妥处置企业金融风险，深入开展互联网金融风险专项整治，有效维护金融秩序稳定。

【生态保护与城乡建设】2018年，宁夏深入贯彻全国全区生态环保大会精神，落实生态立区28条，划定生态保护红线，出台生态环境损害赔偿制度改革方案等政策文件，努力实现高质量发展与高水平保护双赢。全年自治区财政投入污染防治资金51.3亿元，比上年增长74%。

彻底淘汰城市建成区20蒸吨以下燃煤锅炉，建成投运银川“东热西送”一期工程，不断加大老旧车、柴油货车淘汰治理，排查整治“散乱污”企业1932家。贺兰山、六盘山、罗山自然保护区生态破坏，城市黑臭水体，药企异味扰民等一批环境突出问题治理成效明显。全面打响黄河保卫战，严格落实五级河（湖）长制，全部取缔黄河干流工业企业直排口，所有园区污水集中收集处理，劣Ⅴ类水体全部清零，黄河流域水质优良比例达73.3%。银川市获全球首批“国际湿地城市”。开展大规模国土绿化行动，完成营造林150万亩、荒漠化治理90万亩，城市建成区绿地率达37.2%，森林覆盖率达14.6%。启动银川都市圈建设，设立专项投资基金，推动基础设施互联互通，银川国际航空港综合交通枢纽基本建成，西线供水工程等稳步推进，“三市一地”一体化态势正在形成。固原海绵城市和国家新型城镇化综合试点、中卫全域旅游示范市创建步伐加快。全区城镇化率提高到58.9%。出台乡村振兴战略规划和意见，实施农村人居环境整治三年行动。建设美丽小城镇20个、美丽村庄126个、特色小镇12个，完成农村污水处理及改厕3.2万户，所有行政村通了硬化路，农村自来水普及率达84%。

【改革开放】2018年，宁夏以改革开放40周年为契机，坚决落实中央全面深化改革决策部署和自治区党委安排要求，大力推动31项重大改革。顺利完成自治区政府机构改革任务，新组建部门全部正常运转。加大“不见面马上办”改革，制定审批服务便民化意见，开展减证便民行动，取消调整行政职权76项，政务服务事项网上可办率达80.4%，企业开办时间由平均20个工作日压缩到5个工作日。全年新注册市场主体同比增长5.1%。深化国资国企改革，全区混合所有制企业达185家，“三供一业”分离移交基本完成。新引进组建金融机构5家，达力环保在香港联交所主板成功上市，实现了宁夏企业境外首发上市的“零突破”。推进农村土地“三权分置”改革，完成农村集体资产清产核资，土地规模经营占比达27.4%。积极融入“一带一路”建设，全面落实内陆开放型经济试验区建设实施意见。银川综合保税区国际快件监管中心运营良好，石嘴山保税物流中心（B型）通过验收。宁夏国际货运班列常态化运行，直达北京、太原、西安的1000G互联网出口线路投入运营，航空旅客突破900万人（次）。主动引进来走出去，与国家部委、中央企业和东中部地区的合作交流不断深入，苏银产业园开工建设，新设立外商投资企业32家、境外直接投资企业14家。

【民生事业】2018年，宁夏在财政增收压力加大的情况下，将76%的财力用于保障和改善民生。落实脱贫富民36条，年度脱贫任务如期完成，50个深度贫困村脱贫出列，盐池县实现高质量脱贫退出，隆德、彭阳、泾源3县基本具备脱贫摘帽条件。深化闽宁扶贫协作，打好产业、就业、金融、教育、健康扶贫等政策组合拳，投入财政扶贫资金109.2亿元，扶贫小额贷款覆盖率达85%，贫困地区农民收入增幅高于全区农民2个百分点。开展脱贫攻坚作风建设年活动，全面整改扶贫领域的突出问题，实现扶贫资金审计检查全覆盖。坚持以创业带动就业，农村劳动力转移就业78万人，城镇新增就业8万人，城镇登记失业率控制在3.9%。全面落实全国全区教育大会精神，新改建义务教育薄弱学校校舍16万平方米、幼儿园104所，率先在西部实现县域义务教育基本均衡发展，部区合建宁夏大学进展顺利。深入推进综合医改，建立五级远程医疗服务体系，实现与所有省（市、区）定点医疗机构异地就医直接结算，全区公立医院药占比下降到30%。连续14年调增企业退休人员养老金标准，连续3年调高机关事业单位养老金标准，进一步提高城乡居民基础养老金、低保救助和孤儿养育津贴标准，21万被征地农民按新政策参加养老保险。改造城镇棚户区住房3万套、农村危窑危房3.3万户，21.3万城乡住房困难群众喜迁新居。深入实施文化惠民工程，吴忠市成功创建国家公共文化服务体系示范区，《家园》《灵与肉》《六盘山》《闽宁镇》等影视作品叫响全国，全民健身活动蓬勃开展。新闻出版、广播电视、社会科学、统计调查、文史参事等有新发展。积极支持国防和部队建设，国防动员、人民防空、双拥共建深入推进。大力开展扫黑除恶专项斗争，严厉惩治各类违法犯罪，社会治安持续向好。强化食品药品市场监管。开展安全生产大检查大整治，事故起数和死亡人数“双下降”。修订老年人权益保障条例，妇女儿童、残疾人、红十字、慈善等事业健康发展。地震气象监测预警、应急救援、防灾减灾工作不断加强。全面落实自治区党委十二届四次全会安排部署，深入推进民族团结进步创建活动，固原市等10个单位被命名为全国民族团结进步创建示范单位。持续开展“四进”宗教活动场所，坚决治理宗教领域突出问题，民族团结、宗教和顺、社会和谐稳定的良好局面进一步巩固发展。

【政府建设】2018年，加强政府党组建设，开展“学政策用政策”研讨交流。认真执行重大事项向党委请示报告、重大决策出台前向人大常委会报告制度，主动向人大报告国有资产管理等情况，提请自治区党委研究重大事项55件，提请自治区人大常委会制定、修改和废止地方性法规12件。办理人大议案建议214件、政协提案567件，办复率均达100%。开展集中解决群众反映强烈的突出问题活动，信访总量同比下降31%。推进"七五"普法，5个县(市)通过国家级基层政务公开标准化规范化试点验收。从严执行中央八项规定及实施细则精神和自治区党委若干意见，纠正"四风"。大力倡导重实干重实绩、敢担当善作为的作风，加大督查督办力度，对积极作为、成效明显的奖励支持，对消极作为、工作不力的严肃问责，政府公信力、执行力、落实力不断增强。

（王会宁）

重要会议

【自治区政府第一次全体(扩大)会】2018年2月9日，自治区政府第一次全体(扩大)会召开，自治区主席咸辉主持。自治区常务副主席张超超，副主席马顺清、王和山、刘可为、许尔锋、杨培君，政府秘书长房全忠出席。会议审议通过了《自治区人民政府工作规则》，对《2018年政府工作报告》任务分工进行了安排，并就一季度经济工作和春节期间公共安全、市场供应、群众生活等作了具体部署。

【自治区总河长第二次会议】2018年4月12日，自治区总河长第二次会议召开，宁夏党委书记、总河长石泰峰主持。自治区主席、副总河长咸辉出席会议。会议听取了自治区级河长、自治区河长制办公室工作情况汇报，通报了全区主要河湖沟水环境及水污染防治情况，审议了2017年度河长制工作验收及考核结果、2018年度自治区河湖长制工作要点。会议强调要牢固树立绿水青山就是金山银山的理念，落实各级河湖长责任，坚持问题导向，坚持生态优先、综合治理、科学用水，打响新时代黄河保卫战，确保黄河保护治理取得实效。

【自治区政府廉政工作会议】2018年4月27日，自治区政府召开廉政工作会议，贯彻以习近平为核心的党中央关于全面从严治党的一系列决策部署，落实国务院廉政工作会议精神，安排部署政府系统党风廉政建设和反腐败工作。自治区主席、政府党组书记咸辉出席并讲话，常务副主席张超超，副主席王和山、刘可为、许尔锋、杨培君出席，副主席马汉成在固原市分会场出席。会议要求，要把全面从严治党贯穿到政府工作的各领域、各方面、各环节，严格管权用钱、严格正风肃纪、严格履职尽责，进一步凝聚干事创业合力，为改革发展稳定提供有力保障。

【扫黑除恶专项斗争推进会】2018年5月11日，扫黑除恶专项斗争推进会召开，自治区党委常委、秘书长纪峥出席并讲话，自治区副主席、公安厅厅长许尔锋主持，自治区高级人民法院院长沙闻麟、自治区人民检察院检察长时侠联出席。会议深入学习贯彻习近平总书记重要指示和《中共中央国务院关于开展扫黑除恶专项斗争的通知》精神，研究部署下一阶段重点任务。会议强调，要出重拳下重手，摸清底数、找准病灶，狠打实打、除恶务尽，依法严惩、提升质效，在扫黑除恶专项斗争中打出声势、打出震慑力。要坚持系统治理，把扫黑除恶与反腐败、基层"拍蝇"相结合，加强基层组织建设，加大综合整治力度，坚决铲除黑恶势力滋生蔓延的土壤。要加强组织领导，压紧压实责任，充分发动群众依靠群众，强化督导考核，为扫黑除恶专项斗争提供有力保障。

【闽宁互学互助对口扶贫协作第二十二次联席会议】2018年6月13日，闽宁互学互助对口扶贫协作第二十二次联席会议在银川召开。福建省委书记、省人大常委会主任于伟国，自治区党委书记、人大常委会主任石泰峰讲话。福建省委副书记、省长唐登杰，福建省政协主席崔玉英出席会议，自治区党委副书记、自治区主席咸辉主持。会上，两省区深入学习贯彻习近平新时代中国特色社会主义思想和党的十九大精神，全面贯彻落实习近平总书记关于东西部扶贫协作的重要讲话和指示精神，共叙闽宁深厚情谊，共商扶贫协作大计。自治区副主席许尔峰与福建省副省长郑建闽签订了"闽宁互学互助对口扶贫协作第22次联席会议纪要"，两省区党委组织部、经信委、教育厅等部门分别签订了协作协议，永宁县、原州区、隆德县、彭阳县及银川中关村创新创业科技园、吴忠金积工业园区管委会分别与福建企业签订了经贸合作协议。

【脱贫攻坚推进会】2018年7月13日，宁夏召开脱贫攻坚推进会，传达学习习近平总书记关于打赢脱贫攻坚战三年行动的重要指示精神和李克强总理批示精神，通报全区上半年脱贫攻坚进展情况、存在问题及国家考核反馈问题整改进展情况，安排部署进一步做好全年脱贫攻坚工作。自治区党委常委、自治区副主席马顺清出席会议并讲话。

自治区第十一届、第十二届政府2018年常务会议一览表

序次	时间	主持人	会议内容
第110次	1月3日	自治区主席咸辉	传达学习了习近平总书记等中央领导关于深入推进"四好农村路"建设重要批示精神；传达学习了中央农村工作会议和自治区党委常委会议精神；审议了《关于打造全国民族团结进步示范区实施方案(送审稿)》；审议了《宁夏贯彻落实〈"十三五"平安中国建设规划〉实施细则(送审稿)》；审议了申请2018年收费公路、土地储备专项债券资金需求有关事宜；审议了《自治区与市县水资源税收入划分方案(送审稿)》；审议了《加快推进农业供给侧结构性改革大力发展粮食产业经济的实施意见(送审稿)》；审议了《自治区安全生产"一票否决"实施办法(送审稿)》；审议了《自治区安全生产行政责任规定(修订草案)》《自治区安全生产风险管控与安全生产事故隐患排查治理办法(草案)》；通过了政府工作人员任免事宜。自治区常务副主席张超超，副主席马顺清、姚爱兴、王和山、马力、刘可为、许尔锋，政府秘书长王紫云出席
第111次	1月12日	自治区主席咸辉	审议了《自治区政府工作报告(讨论稿)》《2017年国民经济和社会发展计划执行情况与2018年计划(草案)的报告(送审稿)》《2017年财政预算执行情况和2018年财政预算(草案)的报告(送审稿)》等；审议了自治区人力资源社会保障厅关于享受自治区政府特殊津贴人员建议人选的汇报；通过了政府工作人员任免事宜。自治区常务副主席张超超，副主席马顺清、姚爱兴、王和山、马力、许尔锋，政府秘书长王紫云出席
第112次	1月22日	自治区主席咸辉	听取了关于2017年全区争取政策项目资金督查情况的汇报；审议了《宁夏市县(区)生产总值统一核算改革实施方案(送审稿)》；审议了关于调整失业保险金标准实施方案。自治区常务副主席张超超，副主席马顺清、姚爱兴、马力、刘可为，政府秘书长王紫云出席
第1次	1月31日	自治区主席咸辉	审议了自治区主席、副主席、秘书长工作分工；审议了《自治区人民政府工作规则(送审稿)》；审议了《自治区人民政府常务会议工作规则(送审稿)》；审议了《2018年政府工作报告任务分工方案(送审稿)》；审议了《自治区党委人民政府关于实施乡村振兴战略的意见(送审稿)》；审议了《宁夏环保机构监测监察执法垂直管理制度改革实施方案(送审稿)》《宁夏环保机构监测监察执法垂直管理制度改革总体工作方案(送审稿)》；听取了关于全区水污染防治工作情况汇报。自治区常务副主席张超超，副主席马顺清、王和山、刘可为、许尔锋、马汉成、杨培君，政府秘书长王紫云出席
第2次	2月24日	自治区主席咸辉	传达学习习近平总书记关于安全生产的重要思想，安排部署全区安全生产工作；传达学习中央第八巡视组巡视宁夏工作动员会精神；听取自治区有关部门关于2018年1月份全区经济运行情况汇报；审议《宁夏回族自治区消防安全责任制实施细则(送审稿)》；审议2016年五市生态文明建设年度评价结果有关事宜；审议《自治区党委人民政府关于深入推进农村集体产权制度改革的实施意见(送审稿)》；审议《落实生态立区战略大规模推进国土绿化行动方案(送审稿)》；审议提高2018年城乡居民最低生活保障标准有关事宜；通过了政府工作人员任免事宜。自治区常务副主席张超超，副主席马顺清、王和山、刘可为、许尔锋、马汉成、杨培君，政府秘书长房全忠出席
第3次	3月23日	自治区主席咸辉	听取2018年1—2月全区经济运行情况汇报，安排部署有关工作；听取统计工作汇报，安排部署有关工作；审议《宁夏回族自治区人民政府及其各部门任命的国家工作人员宪法宣誓实施办法(送审稿)》；听取自治区政府系统承办人大代表建议和政协提案情况汇报，安排部署有关工作；审议《宁夏回族自治区保障农民工工资支付工作考核办法(送审稿)》；审议《宁夏回族自治区党政机关公务用车管理办法(送审稿)》；审议《关于废止〈宁夏回族自治区文化市场管理条例〉的决定(草案)》。自治区常务副主席张超超，副主席马顺清、王和山、刘可为、许尔锋、杨培君，政府秘书长房全忠出席

续表一

序次	时间	主持人	会议内容
第4次	3月28日	自治区主席咸辉	听取自治区成立60周年庆祝活动有关情况汇报，安排部署相关工作；审议《2018年自治区预算内统筹投资计划（送审稿）》《2018年自治区重点项目投资计划（送审稿）》；审议《自治区本级事业单位公务用车制度改革实施意见（送审稿）》《自治区属国有企业公务用车制度改革实施意见（送审稿）》；审议《自治区党委人民政府关于加快推进质量强区建设的实施意见（送审稿）》。自治区常务副主席张超超，副主席王和山、马汉成、杨培君，政府秘书长房全忠出席
第5次	4月12日	自治区主席咸辉	传达学习习近平总书记在中央政治局常委会审议《关于2017年省级党委和政府扶贫开发成效考核等情况的汇报》时的重要讲话和《中共中央办公厅国务院办公厅关于2017年省级党委和政府扶贫开发工作成效考核情况的通报》及自治区党委常委会议精神，研究部署全区相关工作；审议《宁夏农村人居环境整治三年行动实施方案（2018—2020年）（送审稿）》；审议《关于促进建筑业持续健康发展的实施意见（送审稿）》；审议《关于推进经济发达镇行政管理体制改革实施意见（送审稿）》。自治区副主席马顺清、王和山、刘可为、许尔锋，政府秘书长房全忠出席
第6次	4月18日	自治区主席咸辉	传达学习习近平总书记在中央财经委员会第一次会议上的重要讲话及自治区党委常委会议精神，研究部署全区相关工作；分析研究2018年一季度全区经济运行情况；审议《促进民间投资加快发展政策措施的意见（送审稿）》；审议《自治区食品生产加工小作坊小经营店登记管理办法（试行）（送审稿）》《自治区食品小摊点备案管理办法（试行）（送审稿）》；通过了政府工作人员任免事宜。自治区常务副主席张超超，副主席马顺清、王和山、许尔锋、杨培君，政府秘书长房全忠出席
第7次	4月25日	自治区主席咸辉	学习贯彻习近平总书记关于中国游客在朝鲜发生重大交通事故的重要批示精神，安排部署近期安全生产工作；学习贯彻全国网络安全和信息化工作会议及自治区党委常委会精神，研究部署相关工作；审议《关于深化审评审批制度改革鼓励药品医疗器械创新的实施意见（送审稿）》；审议2017年度自治区科学技术奖有关事宜；审议宁夏国际会堂建设项目局部功能性调整工程预拨建设资金有关事宜；通过了政府工作人员任免事宜。自治区常务副主席张超超，副主席王和山、许尔锋、杨培君，政府秘书长房全忠出席
第8次	5月21日	自治区主席咸辉	分析研究2018年1—4月份全区经济运行情况；审议《宁夏回族自治区绿色建筑发展条例（草案）》《宁夏回族自治区湿地保护条例（修订草案）》《宁夏回族自治区污染物排放管理条例修正案（草案）》《宁夏回族自治区实施〈中华人民共和国节约能源法〉办法修正案（草案）》；审议《关于加强金融服务助力小微企业健康发展的若干意见（送审稿）》；审议《关于加强政府性债务管理和防范化解隐性债务风险的实施意见（暂行）（送审稿）》；审议《宁夏回族自治区基本公共服务领域共同财政事权和支出责任划分改革实施方案（送审稿）》；审议《关于2018年新增政府债务限额（新增债券）安排方案及2018年自治区本级预算调整方案（送审稿）》；审议《2018年全区农作物秸秆综合利用项目实施方案（送审稿）》。自治区常务副主席张超超，副主席马顺清、刘可为、杨培君，政府秘书长房全忠出席
第9次	5月25日	自治区主席咸辉	学习贯彻全国生态环境保护大会及自治区党委常委会议精神，研究部署全区相关工作；审议《关于深化环境监测改革提高环境监测数据质量的实施方案（送审稿）》；审议《关于促进企业家创业发展大力激发市场主体发展活力的实施意见（送审稿）》；审议《关于创新体制机制推进农业绿色发展的实施意见（送审稿）》；审议《关于改革完善全科医生培养与使用激励机制的实施方案（送审稿）》；审议《2018年调整退休人员基本养老金实施方案（送审稿）》。自治区常务副主席张超超，副主席马顺清、刘可为、杨培君，政府秘书长房全忠出席

续表二

序次	时间	主持人	会议内容
第10次	6月15日	自治区主席咸辉	听取宁夏协调联络组关于中央第二环境保护督察组反馈问题整改情况汇报，研究部署有关整改工作；分析研究2018年1—5月全区经济运行情况；安排部署端午节、开斋节期间有关工作；审议关于拟安排财政资金有关事宜；通过政府工作人员任免事宜。自治区常务副主席张超超，副主席马汉成、杨培君，政府秘书长房全忠出席
第11次	6月27日	自治区主席咸辉	学习贯彻习近平总书记关于打赢脱贫攻坚三年行动的重要批示和国务院扶贫开发领导小组第二次会议及自治区党委常委会精神，研究部署相关工作；学习贯彻《李克强总理在国务院全体会议上的讲话》；传达学习全区产业转型发展推进会精神，研究部署相关工作；审议《关于进一步加强全区农村道路交通安全的实施意见（送审稿）》；审议《关于推进防灾减灾救灾体制机制改革的实施意见（送审稿）》；审议《关于青铜峡市峡口镇新田村和跃进村区划调整的请示》；审议关于统一全区村民委员会和居民委员会换届选举时间有关事宜；审议《关于继续阶段性降低社会保险费率的实施方案（送审稿）》；审议住建厅关于修订《化解房地产库存的若干意见》部分内容事宜。自治区常务副主席张超超，副主席马顺清、刘可为、许尔锋，政府秘书长房全忠出席
第12次	6月30日	自治区主席咸辉	听取宁夏生态保护红线发布有关情况的汇报，强调要深入贯彻习近平生态文明思想，按照国务院有关要求，报经自治区党委审定后，按期发布生态保护红线，科学勘界定标，严格红线管控，确保生态保护红线划得准、能落地、守得住。常务副主席张超超，副主席马顺清、刘可为、杨培君，政府秘书长房全忠出席
第13次	7月13日	自治区主席咸辉	研究部署做好2018年国务院大督查相关工作，听取自治区发展改革委关于包银高铁宁夏段前期工作进展情况汇报，审议《关于2017年度自治区本级预算执行和其他财政收支情况的审计结果报告（送审稿）》《银川综合保税区管理条例（草案）》《宁夏回族自治区促进科技成果转化条例（修订草案）》《关于贯彻落实〈残疾预防和残疾人康复条例〉的实施意见（送审稿）》。自治区副主席马顺清、王和山、刘可为、许尔锋、杨培君，政府秘书长房全忠出席
第14次	7月17日	自治区主席咸辉	传达学习全国深化“放管服”改革转变政府职能电视电话会议精神，研究部署相关工作，分析研究2018年上半年全区经济运行情况，听取2018年上半年工作大督查情况及考评激励意见和全区与国家部委对接政策项目资金督查情况汇报，听取2018年上半年全区安全生产情况汇报，审议《工业园区（开发区）整合优化和体制机制改革实施方案（送审稿）》，审议银川市2018年度城市建设用地申报有关事宜，审议《关于2018年新增政府专项债务限额安排方案及2018年度区本级预算调整方案（第二次）（送审稿）》。自治区常务副主席张超超，副主席马顺清、王和山、刘可为、许尔锋、杨培君，政府秘书长房全忠出席
第15次	8月13日	自治区主席咸辉	审议《关于打赢脱贫攻坚战三年行动的实施方案（送审稿）》《宁夏回族自治区人民政府重大决策出台前向自治区人大常务委员会报告工作制度（送审稿）》《宁夏回族自治区人民政府关于废止和宣布失效部分行政规范性文件的决定（送审稿）》《宁夏回族自治区哲学社会科学文学艺术奖励办法（修订草案）》《宁夏回族自治区工业对标提升转型发展行动方案（送审稿）》《关于加快“互联网＋先进制造业”发展工业互联网的实施意见（送审稿）》《关于深化“不见面、马上办”改革深入推进审批服务便民化的实施意见（送审稿）》《宁夏回族自治区党政领导干部安全生产责任制实施细则（送审稿）》，审议关于银川市西夏区南梁农场与贺兰县南梁台子农牧场局部行政区域界限调整事宜，审议关于2017年自治区彩票公益金筹集、分配和使用情况事宜，审议关于实施财政投入与环境质量和污染物排放总量挂钩政策有关事宜，审议关于拟安排财政资金有关事宜，通过了政府工作人员任免事宜。自治区常务副主席张超超，副主席马顺清、王和山、刘可为、许尔锋、马汉成、杨培君，政府秘书长房全忠出席

续表三

序次	时间	主持人	会议内容
第16次	8月19日	自治区主席咸辉	分析研究2018年1—7月全区经济运行情况，审议《市场准入负面清单（2018年版）》宁夏地方实施性措施和地方事项有关事宜，审议《关于加强政府投资项目管理坚决防范政府性债务风险的通知（送审稿）》《宁夏回族自治区公共资源交易目录（2018年版）（送审稿）》，听取关于2017年度水、空气质量和总量目标考核情况的汇报，审议《关于全面加强生态环境保护坚决打好污染防治攻坚战的实施意见（送审稿）》《宁夏回族自治区打赢蓝天保卫战三年行动计划（2018—2020年）（送审稿）》，审议关于2018年提高全区城乡居民基本养老保险基础养老金标准有关事宜，听取全区公安机关扫黑除恶专项斗争工作汇报，通过了政府工作人员任免事宜。自治区常务副主席张超超，副主席马顺清、王和山、刘可为、许尔锋、马汉成、杨培君，政府秘书长房全忠出席
第17次	8月31日	自治区主席咸辉	传达学习习近平总书记关于信访工作重要批示精神，传达学习李克强总理在国务院西部地区开发领导小组的会议上讲话精神，审议《自治区生态保护红线管理条例（草案）》《自治区老年人权益保障条例（修订草案）》《〈自治区民族教育条例〉等三件地方性法规的修正案（草案）》《自治区政务数据资源共享管理办法（草案）》，审议《关于防范化解政府隐性债务风险的实施意见（送审稿）》及主要任务分工方案，审议《关于深化教育体制机制改革的实施意见（送审稿）》《关于全面深化新时代教师队伍建设改革的实施意见（送审稿）》以及表彰奖励教书育人楷模和师德标兵（2018年）事宜，审议2017年度自治区质量奖评奖建议名单、《进一步推进物流降本增效促进实体经济发展的实施意见（送审稿）》《进一步压缩企业开办时间实施方案（送审稿）》，审议自治区第八次民族团结进步表彰大会模范集体和模范个人推荐评选事宜，通过了政府工作人员任免事宜。自治区常务副主席张超超，副主席马顺清、王和山、许尔锋，政府秘书长房全忠出席
第18次	9月14日	自治区主席咸辉	传达学习全国教育大会和自治区党委常委会议精神、习近平总书记关于生态环境保护工作的重要批示和自治区党委常委会议精神，研究部署相关工作，审议《关于推进电子商务与快递物流协同发展的实施方案（送审稿）》，听取关于基层政务公开标准化规范化试点工作开展情况汇报，审议关于2018年享受国务院特殊津贴推荐人选有关事宜，审议《宁夏回族自治区征集高素质兵员激励政策措施（送审稿）》，审议关于拟安排财政资金有关事宜。自治区常务副主席张超超，副主席马顺清、王和山、许尔锋、杨培君，政府秘书长房全忠出席
第19次	9月29日	自治区主席咸辉	传达学习自治区成立60周年庆祝活动有关精神，安排部署“十一”节日期间相关工作，听取关于全区民生工程和民生政策梳理评估情况汇报，审议《关于尽力而为量力而行规范有序实施民生工程和民生政策的意见（送审稿）》，听取关于盐池县脱贫退出有关情况汇报，研究盐池县脱贫退出有关事宜，审议《促进服务业发展的若干政策措施（送审稿）》《宁夏回族自治区生态环境损害赔偿制度改革实施方案（送审稿）》《关于废止和修改部分政府规章的决定（送审稿）》《关于废止和修改部分行政规范性文件的决定（送审稿）》《关于建立残疾儿童康复救助制度的实施意见（送审稿）》，审议关于拟安排财政资金有关事宜，通过了政府工作人员任免事宜。自治区常务副主席张超超，副主席马顺清、王和山、许尔锋、马汉成、杨培君，政府秘书长房全忠出席
第20次	10月19日	自治区主席咸辉	传达学习自治区党委十二届五次全会精神，部署政府系统机构改革有关事宜，审议《2018—2019年秋冬季大气污染综合治理攻坚行动方案（送审稿）》《2018年10—12月份水污染治理攻坚行动方案（送审稿）》《自治区落实〈领导干部自然资源资产离任审计规定（试行）〉的实施意见（送审稿）》《自治区公路交通投融资建设和管理体制改革实施意见（送审稿）》《关于自治区政府向自治区人大常委会报告国有资产管理情况的实施方案（送审稿）》，审议关于拟安排财政资金有关事宜。自治区常务副主席张超超，副主席马顺清、王和山、刘可为、杨培君，政府秘书长房全忠出席
第21次	10月26日	自治区主席咸辉	听取财政厅关于地方政府隐性债务有关情况汇报，审议《自治区党委政府关于地方隐性债务有关情况的报告（送审稿）》《自治区政府隐性债务化解风险实施方案（送审稿）》《青铜峡库区湿地等自然保护区勘界报告（送审稿）》《宁夏乡村振兴战略规划（2018—2022年）（送审稿）》。自治区常务副主席张超超，副主席马顺清、王和山、刘可为、杨培君，政府秘书长房全忠出席会议

续表四

序次	时间	主持人	会议内容
第22次	11月2日	自治区主席咸辉	传达学习习近平总书记在民营企业座谈会上的重要讲话精神，审议《关于促进非公有制经济加快发展的意见(送审稿)》；听取关于防范和惩治统计造假、弄虚作假工作汇报，安排部署做好国家统计督察有关事宜；审议关于评定王彪、王永良同志为烈士和郑建卫同志记一等功有关事宜；通过了政府工作人员任免事宜。自治区常务副主席张超超，副主席马顺清、刘可为、马汉成、杨培君，政府秘书长房全忠出席
第23次	11月16日	自治区主席咸辉	审议《贯彻落实中央环境保护督察"回头看"及水环境问题专项督察反馈意见整改方案(送审稿)》；传达学习国务院安委办《关于进一步加强当前安全生产工作的紧急通知》精神，安排部署贯彻落实工作；听取2018年政府工作报告落实情况的汇报；分析1—10月全区经济运行情况；决定再取消调整一批行政职权事项；审议《银川市和三区开展综合行政执法改革实施方案(送审稿)》；审议《宁夏回族自治区"互联网＋教育"示范区建设规划(2018—2022)(送审稿)》；审议宁夏电力投资集团公司脱困有关事宜；通过了政府工作人员任免事宜。自治区常务副主席张超超，副主席马顺清、王和山、刘可为、马汉成、杨培君，政府秘书长房全忠出席
第24次	12月4日	自治区主席咸辉	传达学习李克强总理在中国工会第十七次全国代表大会上关于当前我国经济形势的报告精神；研究部署国务院第五次大督察反馈意见整改落实工作，审议《宁夏回族自治区整改落实国务院第五次大督察反馈意见工作方案(送审稿)》；传达学习全国冬春农田水利基本建设电视电话会议精神，研究部署有关工作；审议《宁夏回族自治区推进净土保卫战三年行动计划(2018—2020年)(送审稿)》；审议《宁夏回族自治区医疗卫生领域财政事权和支出责任划分改革实施方案(送审稿)》；听取自治区自然资源厅关于宁东地区9个无证煤矿违法行为查处情况及处罚意见的汇报；审议《宁夏回族自治区矿业权出让收益征收管理实施办法(送审稿)》《宁夏回族自治区矿业权出让收益市场基准价(第一批)(送审稿)》；审议《关于改革国有企业工资决定机制的实施意见(送审稿)》；审议《关于贯彻落实国务院建立企业职工基本养老保险基金中央调剂制度的实施意见(送审稿)》；通过了政府工作人员任免事宜。自治区常务副主席张超超，副主席王和山、杨培君，政府秘书长房全忠出席
第25次	12月17日	自治区主席咸辉	传达学习李克强总理在分析当前经济形势和部署近期工作时的讲话精神；听取自治区生态环境厅关于全区生态环境保护工作有关情况汇报；研究自治区人力资源社会保障厅关于落实机关事业单位退休人员待遇有关事宜；审议《关于建立全区城乡居民基本养老保险待遇确定和基础养老金正常调整机制的实施意见(送审稿)》《关于推进终身职业技能培训制度的实施意见(送审稿)》，以及自治区第四批"国内引才312计划"和第五批"海外引才百人计划"建议人选名单；审议《自治区人民政府关于公布自治区本级设定和取消的证明事项清单的决定(送审稿)》《宁夏回族自治区招标投标管理办法(修订草案)》《宁夏回族自治区辐射污染防治办法(修订草案)》《宁夏回族自治区森林公园管理办法(草案)》；审议《宁夏回族自治区扶贫项目资金绩效管理办法(送审稿)》；审议《关于完善国有金融资本管理的实施意见(送审稿)》；研究安排市县阶段性财力补助资金有关事宜；通过了政府工作人员任免事宜。自治区常务副主席张超超，副主席王和山、马汉成、杨培君，政府秘书长房全忠出席
第26次	12月25日	自治区主席咸辉	传达学习中央经济工作会议和自治区党委常委会议精神，听取自治区发展改革委关于2019年全区经济社会发展主要指标建议的汇报；审议《关于进一步加大基础设施领域补短板的实施方案(送审稿)》；审议《关于全面实施预算绩效管理的实施意见(送审稿)》；审议《宁夏回族自治区"互联网＋医疗健康"示范区建设规划(2019—2022年)(送审稿)》《宁夏回族自治区"互联网＋医疗健康"示范区建设实施方案(送审稿)》；审议《自治区关于开展县域公立医院综合改革试点的指导意见(送审稿)》；审议《关于改革完善医疗卫生行业综合监管制度的实施意见(送审稿)》；审议《关于进一步加强和改进新时代信访工作的意见(送审稿)》；审议《关于做好当前和今后一个时期促进就业工作的实施意见(送审稿)》；审议《关于2017年度自治区本级预算执行和其他财政收支审计结果落实情况的报告(送审稿)》；通过了政府工作人员任免事宜。自治区常务副主席张超超，副主席王和山、马汉成、杨培君出席

（王会宁）

督查工作

【概况】2018年，自治区政府督查工作紧紧围绕自治区经济社会发展大局，真督实查，促进了自治区党委和政府决策部署有效落实。全年共开展各类督查调研60次，形成各类报告76期；自治区政府领导先后在27期督查报告、专报上作出批示。

【党中央、国务院部署的重大督查】2018年，银川市发展"互联网＋医疗健康"、石嘴山市加快新旧动能转换打造资源节约型城市转型示范区、中卫市变黄沙戈壁为创新发展新热土、宁东能源化工基地加快产业转型升级推动经济高质量发展4条典型经验做法获国务院通报表扬。按照国办督查室要求，开展了营商环境调查、中央预算内投资项目、农民工工资、信访案件等督查、核查工作，起草上报相关工作报告15件。营商环境调查中，宁夏开办企业、获得信贷、工程建设项目报建分别位列全国第二位、第七位、第八位。对李克强总理批示事项办理情况进行跟踪督办，推动了"互联网＋教育"、"互联网＋医疗健康"、包银高铁等重点工作和重点项目顺利开展。会同党委督查室、生态环境厅全力做好中央环保督察"回头看"综合协调、材料提交、举报件办理、约谈问责等工作。会同党委督查室对习近平总书记指示批示精神落实情况、全区"三化"治理情况、中央巡视反馈意见整改进行跟踪督查或"回头看"，督促相关单位抓好整改落实工作。

【自治区重点目标任务督查】2018年，全区突出督查重点。印发《自治区人民政府办公厅关于2018年自治区政府工作报告和经济工作会议任务分工的通知》，科学分解全区经济工作会议、自治区政府工作报告确定的重点工作任务，定期督办。11月16日，自治区政府常务会议听取2018年政府工作报告主要任务落实情况。开展专项督查。围绕重大项目建设、固定资产投资、生态环保、扶贫开发等重大事项，开展专项督查、督办50次，形成督查报告、专报64期，会同业务厅局，对金融扶贫、开发区整合优化、审计发现问题等工作开展了专项督查。实行挂牌督办。

【领导批示和"两个会议"决定事项督办】2018年，全区共督办决定事项120项，各责任单位已落实109项，11项落实中。优化主席批示件办理方式，完善全口径办理机制，规范办理程序，严格办理要求，建立电子化档案，每半月形成一期报告，确保办理流程清晰、办理过程可控、办理效率提升、办理结果可查。全年共办理主席批示件1639件，同比增长220%，办结率100%；完成《自治区政府领导批示办理情况报告》33期。

【提案建议和群众来信受理】2018年，全区创新分办、交办方式，开展走下去上门交办，将自治区政府承办的214件人大代表建议和566件政协提案，交由94个单位具体承办，层层压实办理责任。加强办理过程中的督查，通过开展自治区政府领导实地调研、重点建议提案跟踪督查、代表委员定期回访、重点热点建议提案复文审查、邀请新闻媒体参与现场督办等方式，强力推进办理工作，解决了一批事关经济社会发展和人民群众切身利益的问题。全年会同自治区人大、政协开展重点建议提案督办活动24次；办理人大审议意见25件；自治区政府承办的建议提案已全部答复完毕。全年共办理答复《"主席信箱"》和"人民网·地方领导留言板"群众反映问题784件，办结率100%，切实提高了群众对政府工作的认知度和满意度。2018年11月，自治区政府办公厅被《人民日报》社人民网评为"2018年度人民网网民留言办理工作先进单位"。

（王会宁）

发展研究

【概况】2018年，自治区政府研究工作坚持以习近平新时代中国特色社会主义思想和中央十九大精神为指导，落实中央和自治区重大决策部署，围绕自治区党委、政府中心工作，按照"实、快、新、精"工作要求，完成"调研报告"21篇、"决策参考"20项、"信息快递"19期，出版《宁夏经济》5期，起草或参与起草自治区领导讲话等文稿30余篇，12篇研究成果得到自治区党委、政府主要领导批示，部分调研成果转化为促进全区经济社会发展的重要力量。在《宁夏日报》《共产党人》等报纸杂志发表理论文章18篇，1项课题获中国发展研究三等奖，1项课题获自治区科技进步三等奖，新型智库建设取得了长足进展。

【调查研究】2018年，全区围绕宁夏贯彻新发展理念、推动高质量发展、实施"三大战略"、打赢"三大攻坚战"等重大任务，开展系统研究，撰写调研报告，编辑决策参考。其中《我区枸杞产业发展情况调研报告》得到石泰峰书记批示肯定，《我区枸杞产业发展情况调研报告》《宁夏军民融合发展问题研究报告》《产业园区高质量发展之路(信息快递)》《"口惠实至"为民营企业发展创造更好的环境(决策参考)》得到咸辉主席批示肯定。对宁夏经济社会发展的战略性重点问题进行专门部署。开展了“我区深化内陆开放试验区建设发展情况的调研”“银川都市圈建设发展情况的调研”，其中《关于深入推进内陆开放型经济试验区建设的有关对策建议》，得到了咸辉主席的肯定性批示，为一区一圈发展提出有前瞻性、战略性、针对性、操作性的建议意见。加强现实性、紧迫性、关键性问题研究。针对当前宁夏发展中存在的短板和弱项，以全区固定资产投资、发挥中卫铁路物流枢纽作用、乡村振兴战略、国企改革、发展智慧宁夏、加快培育和发展环保技术装备产业、新常态下中小企业转型升级、宁夏应对中美贸易摩擦影响和冲击为主题，开展了调查研究和决策咨询服务工作，提出了切实可行的意见建议，为自治区党委、政府提供及时有效的决策咨询服务。其中《全区固定资产投资问题研究报告》《关于发挥中卫铁路物流枢纽作用的调研报告》《关于加快培育和发展环保技术装备产业的调研报告》得到咸辉主席的肯定性批示。聚焦领导关心、群众关注的热点、难点、焦点问题研究。以宁夏乡村治理、牛肉产业供给侧结构性改革、南部山区种植油用牡丹情况、职业教育发展情况、健康扶贫为调研主题，撰写了调研报告，其中《关于我区乡村治理情况的调研报告》得到石泰峰书记的批示肯定，《关于我区特定群体就业情况的调研报告》得到咸辉主席的肯定批示，为自治区解决热点问题提供了及时的决策建议。

【决策咨询】2018年，编辑完成《西部地区经济发展存在的问题及对策》《采取切实措施遏制制造业和基础设施增速下行》等决策参考。编好《信息快递》。坚持从国内外网络、报刊、微博等媒体上搜集经济社会发展的重大消息、重要经验，认真提炼研究，编辑《政府居家养老又出大招》等信息快递15期，及时呈报自治区党委政府领导及各厅局主要领导参阅。办好《宁夏经济》杂志。出版的5期《宁夏经济》杂志通过刊登工业经济分析、调研报告建议、经济发展对策与思考、前沿政策解读等，对宁夏经济运行情况进行全方位的分析研究，及时传达党中央和自治区重大决策部署，总结经济发展进程中的好经验、好做法。建好政务门户网站。紧跟国家大势、结合自治区形势，精心设计了政策咨询服务、资政成果交流、经济发展论坛等栏目，及时更新内容，升级改版，全年发布各类信息300多条，上传政策法规60余项，更新政策理论文章26篇，充分发挥了政务公开、党建展示、政策宣传、学习交流、工作动态和公众互动的功能。

（闫建铭）

信访工作

【概况】2018年，全区县级以上信访部门共受理群众来信来访网上投诉24909件，同比下降31%，每百万人口信访总量低于全国平均水平。其中受理的群众来信3227件，同比上升87.7%；接待群众来访3126批、14142人次，同比批次和人次分别下降37.5%和50%；受理网上投诉7540件，同比上升54.3%。自治区信访局受理群众来信来访网上投诉7767件，同比下降22.1%；市级信访部门受理群众来信来访网上投诉8068件，同比下降19.9%；县级信访部门受理群众来信来访网上投诉9074件，同比下降43.4%。全区信访工作机构及时受理率为99.4%，责任单位及时受理率为99.4%；按期办结率为99.5%；信访机构满意度参评率为96.3%，群众满意率97.6%；责任单位满意度参评率为94.6%，群众满意率为88.1%。17篇工作动态在中央联席会议简报上刊发，中央电视台报道了宁夏的做法。

【信访事项办理】2018年，中央第八巡视组分九批向自治区党委移交群众信访件4031件（实际分配4059件），已办结3773件，办结率93%。国家信访局向宁夏交办重点信访事项51件，已办结50件，办结率98%。先后召开党委常委会、领导干部大会、政府常务会、信访工作联席会议7次，听取有关汇报，安排部署信访工作。省级领导认真落实包案制度，自治区党委书记石泰峰率先垂范，带头包最难解决、最复杂的信访事项，逐一与信访人见面，了解情况，亲自审定化解方案，督导化解。自治区主席咸辉深入信访人家中，现场了解情况，现场召开协调会，督办化解。其他省级领导采取专门督办、召开专题会等方式，推动问题化解。五个地级市150名市级领导包案494件，办结431件，办结率87.3%；373名县（市、区）级领导包案2186件，办结2014件，办结率92.1%。呈现三级书记包案，各级领导齐上阵的信访工作新局面。制定出台《信访矛盾化解攻坚战信访案件化解认定标准》《案卷标准》，明确了办结案件认定方法、办理标准、审核流程等，为提高信访件办理质量提供了重要依据。建立“三级包案化解”长效机制，在全国率先出台《关于进一步加强和改进新时代信访工作的意见》，巩固解决群众反映强烈突出问题活动成效，探索建立端口前移的源头预防体系、依法及时就地解决群众合理诉求的工作体系、科学规范的法治引领体系、开放多元化的共治体系、坚强有力的保障体系等

5大体系、20项机制，不断提升信访工作质量和水平。

【信访工作制度改革】2018年，全区网上信访主渠道更加拓宽，全区县级以上信访部门依托全区网上信访信息系统共登记、受理、办理网上信访事项7540件，同比上升24.4%，接收办理国家投诉受理办理室转送、交办网上投诉事项4848件，全区网上信访总量已占到全区信访总量的54.3%。认真办理人民网地方领导留言，对交办的每件网民留言，都做到五级审核，严督严审，切实做到严把政治关、法规关、内容关、程序关。2018年，共办理给石泰峰书记留言227条，给咸辉主席留言83条，连续两年获评全国“人民网·地方领导留言板”办理工作先进单位。稳步推进信访业务智能辅助系统开发试点工作，按期完成视频信访系统对接联调，成为全国第七个与国家信访局联调成功的省份。着力推动法治信访建设，坚持和发展新时代“枫桥经验”，积极配合司法厅开展人民调解参与信访工作全国试点工作，27个市、县（区）已全部挂牌开展工作。制定出台了《全面推进通过法定途径分类处理信访诉求工作实施意见》《律师参与信访工作实施办法（试行）》，充分发挥律师在维护群众合法权益中的重要作用，引导信访当事人依法解决矛盾纠纷。推进信访工作专业化，制定了《宁夏信访工作标准体系》，为信访工作规范化、精细化管理奠定了坚实基础。恢复了西桥巷治安派出所，增强了信访工作的联动性和协同性，为依法及时有效地处置上访中的违法行为提供了法治保障。对党委门口接访方式进行了改革，撤销自治区党委来访接待窗口，引导信访群众依法逐级上访。

【信访信息分析预警】2018年，在全国全区“两会”、“G20”峰会、中央第八巡视组巡视、自治区成立60周年庆祝活动和国务院督察组督察等重要节点时期，分析社情动态，深入排查矛盾纠纷，研究制定各种方案预案，部署每个环节的工作，做到形势掌握清楚、人员值班在位、信息报送灵敏、情况处置及时。开展驻京劝返工作，驻京工作组共接离劝返宁夏各类涉访人员281人，全部安全、及时劝返回宁，滞留率、倒流率低，居全国各省区前列。在重要节点期间，宁夏没有发生干扰活动氛围和会议进程的信访问题，没有发生影响大局稳定和自治区形象的过激行为，实现了“四个确保不发生”目标。

【信访工作责任制】2018年，全区严格落实信访工作责任制，做到责任清楚、奖惩分明。抓好自治区领导重要批示和信访联席会议议定事项的落实，紧盯涉农扶贫、拆迁安置、生态环保、涉众涉经型等重点问题、重点案件，压实信访问题化解责任和稳控责任，坚持靶向用力，督促相关地方和部门综合运用法律、政策、经济、行政等多种手段和教育、调解、疏导等办法，认真解决问题、化解矛盾。认真落实《信访工作责任制实施细则》，拧紧责任“发条”，对不履行或未能正确履行信访工作责任，造成不良影响的单位和个人，依法依规严肃追究责任。2018年各级党政机关共对31件信访事项启动问责调查，其中问责31件，涉及24个地区（单位）、32人。

（曹丽娜）

外事工作

【对外交流与合作】2018年4月9—13日，宁夏旅游业国际化高级研讨班在银川举办。邀请新加坡公共事务对外合作局高级官员和旅游业专家就新加坡旅游业发展管理及宁夏旅游发展趋势思路等方面进行授课，区内相关厅局、企业及行业协会等单位200余人参加了有关活动。组织宁夏部分旅行社与新加坡旅游企业进行对接，签署“宁夏与新加坡长期开展交流合作备忘录”。5月4日，联合国安理会五常外交部国际司司长年度磋商会议在银川举办。会议由外交部国际司司长李军华主持，俄罗斯、英国、法国、美国以及中国外交部等相关司局长参加，五常国际司长围绕重大国际和地区热点问题进行了磋商。5月15—19日，举办亚信智慧农业应用与发展研修班。活动由宁夏回族自治区外事办公室、中国农业科学院海外农业研究中心承办，来自中国、俄罗斯、印度、埃及、韩国、巴基斯坦、约旦、泰国、吉尔吉斯斯坦等17个亚信成员国和亚信秘书处的26名学员参加了研修班。

【外事协作会议】2018年6月26—30日，在宁夏举办第26届全国外事服务系统协作会议，来自全国17个省（区）外事外服系统和相关协作单位的60余名代表参加了会议。10月24—25日，在银川成功举办第21届全国地方友协工作交流会，来自全国21个省市自治区友协的107位代表参会。此次会议是自治区外办积极争取在宁夏举办的一项重要活动，是深入落实外交部国际友城对接试点工作的主要内容，为各地方友协做好新时代民间友好工作提供了重要的学习交流平台，展示了宁夏对外开放的良好形象。

【友城工作和活动】2018年，外交部确定宁夏为首批“友城对接”试点省份。制定上报了《宁夏外事办公室国际友城对接试点工作方案》并得到外交部肯定，确立了深化一批、激活一批、新建一批国际友城工作计划，进一步优化了宁夏对外友好城市布局。8月27—30日，在银川举办第15届中韩地方政府交流研讨会。来自外交部、韩国驻华使领馆以及我国49个地方外办、韩国14个市道国际交流部门、驻华机构的近200名代表参加了有关活动。研讨会期间，自治区党委书记、人大常委会主任石泰峰会见了韩国驻华大使卢英敏一行。促进了中韩两国地方政府间的友好交流与合作，推动了宁夏与韩国庆尚北道的友城对接，为中韩友城建设发挥了积极的示范和促进作用。9月26—28日，举办“宁夏岛根结好25周年庆祝活动”，自治区政协副主席王紫云率团访问日本岛根县，出席在岛根县举办的两区县结好25周年纪念活动。举办宁夏岛根结好25周年宁夏书画摄影展，开展了友城对接工作，深化了两区县的友好关系，促进了两地政府及民间的友好交流和务实合作。10月16—18日，宁夏岛根缔结国际友城关系25周年庆祝活动在银川成功举办。日本岛根县副知事藤原孝行、议长大屋俊弘、日本宁夏友好交流协会会长难波明等岛根县政府和民间友好人士专程到宁夏参加庆祝活动。自治区党委书记、人大常委会主任石泰峰在银川会见了藤原孝行副知事和大屋俊弘议长一行。

【外事业务研讨与培训】2018年11月1—2日，全区外事业务研讨班举办，来自区直各有关部门、市县外办、高等院校、科研院所和部分企业共68家单位的150余人参加了研讨班。研讨班首次以政策研讨和业务交流的形式，了解需求、找准差距、听取建议，为2019年外事工作开篇布局奠定良好基础。成功举办2018年全区英语高级翻译培训班、全区英语业务培训班等，选派翻译业务骨干到外交部、国家外文局以及美国进行培训，充实宁夏翻译人才库，为打造全方位对外开放新格局提供更加有力的翻译人才保障。

【外事接待】2018年，外事办接待韩国驻华大使、科摩罗联盟驻华大使、东盟副秘书长、新西兰驻华大使及马尔堡区代表、英国驻华使馆副领事、东盟友好交流代表团、美国国会助手团、美国使馆官员代表团、法国驻华使馆代表团、法国青年议会考察团、韩国地方高级公务员代表团、印度NIIT公司代表团、日本京瓷（中国）商贸有限公司代表团、以色列驻华使馆代表团、印尼多党干部考察团、泰国清迈大学代表团、马来西亚槟州代表团、伊拉克巴德尔组织干部考察团、保加利亚蒙塔纳市市长代表团、哥伦比亚亚太及中国问题专家代表团、摩中友协代表团、冈比亚政府礼宾官研究班代表团、阿拉伯国家记者代表团等重要团组54个，接待重要外宾1000余人。

【服务宁夏建设】2018年，宁夏成为全国首个开通英语、法语、俄语和日语四个外语网站的省区。举办了寻根之旅夏令营——花儿绽放新时代宁夏营、2018年海外优秀华文教师研习班、2018海外红烛故乡行——宁夏文化之旅活动等重要活动。引进北京雷学军基金会等慈善机构共向宁夏大学、宁夏师范学院等26所学校捐赠20套净水设备，总价值600余万元，发放1131万元助学金，510名优秀学子受益，推动了侨务扶贫工作。

【外事管理】2018年，认真贯彻落实中央八项规定实施细则及自治区党委相关规定，科学统筹因公临时出国（境）工作，严把审核审批关，防止“公款出国旅游”和“四风”反弹。组织开展了“贯彻中央八项规定精神治理公款出国旅游”专项检查，梳理了2013—2018年上半年宁夏出访团组信息。做好自治区省级领导出访的联系、服务和保障工作。建立完善领事保护事件和涉外案（事）件的处置流程，组织开展“外交外事服务走地方”系列活动、宁夏居民境外旅游安全工作会、“一带一路”建设境外企业及人员安保工作会议、加强和改进中外人文交流工作会议、涉外安全管理培训班等，进一步加强涉外安全管理，保障宁夏居民的海外利益。妥善处置宁夏居民涉朝鲜重大交通事故遇难者善后等工作。严格执行外事归口管理规定，认真做好外国人到宁夏访问、在宁举办重大外事活动的有关服务工作。规范和改进外国记者到宁采访和网站管理有关工作。健全完善外国记者到宁夏采访规程，为外国记者访宁提供可靠服务。邀请外国媒体到宁夏采访，全面介绍宁夏发展成果，面向世界讲好“宁夏故事”。

（马　瑞）

侨务工作

【概况】2018年，承办国务院侨办“寻根之旅夏令营”，使更多海外青少年了解中华文化。7月12—23日，“寻根之旅夏令营——花儿绽放新时代宁夏营”在宁夏举办，共有来自美国、加拿大、意大利、奥地利等6个国家、120名海外青少年参加。此次活动行程包括踏访古丝绸之路重要节点城市——固原商埠重镇，重走六盘山红军长征路，沙漠游览探奇活动等，也安排了传统礼仪、古代服饰、饮食文化、中华武术、音乐讲座、书法入门、中国绘画、民间剪纸、中国武术等10项课程，使海外华裔青少年感受到了中华文化的独特魅力，激发了他们继承中华文

2018年9月18日，2018海外红烛故乡行——宁夏文化之旅在银川启动

化的热情。7月23—27日，30名海外营员赴北京参加“寻根之旅夏令营北京集结营”活动。2017年外派泰国14名教师2018年3月结束任教返宁。2018年，经与教育厅协作，继续派出9名教师，其中8名赴泰国华校任教，1名赴菲律宾任教。自治区外办副主任张怀义率侨务工作代表团于6月13—22日访问菲律宾、印尼、泰国三国侨团，看望慰问宁夏外派教师，与当地知名侨领、侨团就建立姊妹学校、高校合作等进行座谈交流。访问期间，代表团一行还参加了泰国2018年度兰纳博览会开幕式，对宁夏国际交流中心在清迈设立商业展销中心事宜进行沟通；继续承办中国华文教育基金会2018海外红烛故乡行——宁夏文化之旅活动，共有来自美国、日本、澳大利亚等9个国家的15名海外校董、校长、优秀教师参加；承办国侨办2018年“海外优秀华文教师”研习班，共有来自美国、德国、俄罗斯等13个国家的28名海外优秀华文教师参加。华文教师们在宁夏师范学院接受了课堂教学技巧、学生兴趣培养、中国文化等方面的培训，听取了校长管理艺术、汉语教学研究和策略分析、中国剪纸文化艺术欣赏、宁夏民俗文化发展史等专题讲座。深化了海外华文教师对中华文化的了解，进一步发挥他们在弘扬中华文化、传播“中国声音”、讲好“中国故事”及凝聚海外华人的作用。承办国侨办“华文教育·名师巡讲团”，走出去讲述“宁夏故事”渠道进一步多元化。11月18日至12月2日，宁夏承办的国侨办“华文教育·名师巡讲团”访问马来西亚亚庇市和山打根市。六盘山高级中学、银川市回民实验小学的4名优秀教师在马来西亚开展了为期14天的教学巡讲活动，内容涉及国学启蒙、书法国画、民族器乐、中华武术、民歌舞蹈等传统文化领域，为加强宁夏与马来西亚的联系，增进彼此间友好发挥了积极作用。

【侨胞慰问】2018年，协调自治区财政厅发放2018年度华侨事业费73万元，用于改善困难侨胞生活，温暖侨心。按时发放困难老归侨生活补助金，全年发放22人，共计26400元。春节前夕，区、市两级侨办、侨联共慰问归侨、侨眷130户，自治区侨办、侨联领导亲自带队慰问45户。慰问对象主要包括老归侨、困难归侨侨眷、回国创业人员、重点侨资企业负责人及基层侨务工作者。

（杨晓丹）

参事与文史

【参事工作】2018年，自治区参事室组织参事就《加强我区政府债务管理》《关于“三线建设”等工业遗产保护与再利用的建议》《关于加强银川市中山公园生态环境治理的建议》等课题赴银川市、吴忠市、固原市、中卫市及政府部门开展调查研究，深入基层了解情况，使调研工作取得实效。共向自治区政府上报参事建议7份，政府领导批示3份。完成5项政府督察工作任务，参与督察20人。对自治区政府工作报告落实情况、开展脱贫攻坚等方面进行专项督察，检查各项工作落实情况。就《中央环保督察反馈及“绿盾2018”自然保护区清理整治工作》和《全区生态环境保护重点任务》开展专项督查工作。重点针对全区大气、水污染防治和土壤防治等方面进行检查，发挥参事民主监督和建言献策的职能作用。组织政府参事前往自治区卫生计生委及社区医院，深入基层开展调查研究工作，并形成报告上报国务院参事室。组织参事参加上海市、甘肃省参事室举办的参事论坛，在大会上作“健全完善市场化，社会化人才管理服务体系”“深度融入‘一带一路’，助推宁夏经济腾飞”的主旨演讲，汇报交流了宁夏有关方面的做法和意见，取得了良好效果。2018年，共接待北京市、山东省、浙江省等8个省（市）参事室到宁夏调研，就“农村土地流转和乡村振兴”“促进企业对外贸易发展”“智慧城市建设”等方面课题，开展了广泛深入的交流。推荐银川市第一人民医院参加国务院参事室举办的“2018年国是论坛”，向全国各省（市、区）代表介绍和推广宁夏“互联网＋医疗”经验。参与国务院参事室、甘肃省参事室联合发起的“关于西北五省(区)南水北调西线工程联合调研”工作,形成了《尽快建设“南水北调西线”工程,加快推进西北地区经济社会可持续发展》调研报告。与自治区企业家协会联合,共同搭建“宁夏回族自治区政府参事基层工作调研基地”,加强与民营科技企业的创业人员、技术人员、受聘于外资企业的管理人员、个体户、私营企业主、中介组织的从业人员、自由职业人员等社会各个阶层的联系与沟通。

(王会宁)

【书画会展】2018年8月27日,“塞上翰墨情”书画联展在银川举办。展览由中央文史研究馆指导,宁夏文史研究馆主办,宁夏文化馆、银川市金凤区党委宣传部承办。贵州、广东、福建、山东、江苏、上海、北京、陕西、云南、内蒙古、黑龙江、河南、安徽、甘肃14个省区市文史研究馆给予大力支持。国务院参事室党组成员、副主任赵冰致辞并对此次活动予以肯定。展览展出书画精品120幅左右,其中中央文史研究馆选展馆藏精品20幅,作者有启功、罗铭、黄均等已故老一辈艺术家及沈鹏、侯德昌、舒乙等现任馆员中的艺术大家;14个地方文史研究馆选送30幅展品,是各地的名家力作;宁夏文史研究馆从馆藏中精选35幅珍品以及征选的宁夏文史馆馆员、研究员近创作的庆祝自治区成立60周年艺术精品参展。所有参展书画作品均为艺术家歌颂改革开放成就、展示祖国大好河山,赞美人民美好生活、颂扬民族团结进步的精品力作。9月11日,贵州文史研究馆、宁夏文史研究馆、内蒙古文史研究馆共同参与主办的“墨彩华章——宁黔蒙文史馆书画精品巡回联展”第一站在宁夏图书馆(西部美术馆)举办。此次书画巡回联展共展出书画精品100余幅,其中贵州、内蒙古文史研究馆各选送馆藏作品40幅,以描绘改革开放40周年巨大成就和各地山川风貌、风土人情为主,均出自名家之手;宁夏文史研究馆展出作品20幅,是为歌颂自治区成立60周年而创作的最新作品。10月15日,宁夏文史研究馆在银川举行“‘精彩宁夏’马忠义摄影集·宁夏卷”首发式,来自全国各地的文史学家、摄影家、作家、表演艺术家、书画艺术家以及全国劳动模范马会勤,农民作家、全国人大代表马慧娟,抗美援朝战斗英雄牟元礼等参加仪式。影集以独特的视角讴歌宁夏改革开放的时代画卷,展现了宁夏近60年来,特别是改革开放以来的巨大变化。

【文化交流与传播】2018年2月13日,法国巴黎大皇宫第50届纸上沙龙文化交流活动召开,宁夏文史研究馆副馆长、著名画家张学智应邀参加。其间,由中央文史研究馆书画院、中国岩画学会、宁夏文史研究馆和汇源集团共同主办的“远古的呼唤——张学智印象岩画‘一带一路’巡回展”在法国巴黎大皇宫隆重举行。展览在法国各界引起了巨大反响,促进了中法之间的艺术交流与合作,助推了“中法文化年”交流活动。9月2—16日,党组书记、馆长张锋参加国务院参事室组织的全国文史研究馆系统培训团,赴德国进行“文化遗产的保护与传承”考察培训。10—11月,先后组织馆员、研究员参加中央文史研究馆及兄弟省区文史研究馆举办的“中华文化四海行”“文史翰墨”“国学论坛”等文化交流活动。8—12月,宁夏文史研究馆联合自治区相关新闻媒体制作播出了《塞上名家访谈》《寻味宁夏——〈宁夏文史〉》系列节目,留存馆员影像资料,宣传推介宁夏历史文化。

【文史调研】2018年,自治区文史馆组织机关及部分馆员研究员开展了“我区大中专院校、中学民族宗教理论政策教育现状”“实施乡村振兴战略中,我区民族聚居村文化活动开展情况”“实施乡村振兴战略中,我区农村妇女思想意识状况”等专题调研,为自治区党委和政府及有关研究者、决策者提供参考,充分发挥文史研究馆的建言资政作用。其中,“我区大中专院校、中学民族宗教理论政策教育现状”专题调研被列为自治区党委统战系统“大调研”活动课题并获三等奖。围绕服务自治区“三大战略”和推进文史研究馆工作。6月24—25日,组织馆员、研究员赴红寺堡区观摩调研并召开服务脱贫富民战略座谈会;8月14日,赴共享集团、宁夏力成电气集团开展服务创新驱动战略学习观摩;10月17日,赴永宁县闽宁镇、立兰酒庄葡萄种植基地开展服务生态立区战略学习,并观摩闽宁协作20余年取得的辉煌成就以及自治区生态文明建设成果。

【文史书刊出版发行】2018年,《宁夏文史》扩为季刊并与《盛世文苑》合刊。调整后的《宁夏文史》设“馆员风采”“研究员风采”“史地纵横”“塞上艺苑”“民俗轶闻”“朔方新咏”“文史资讯”等栏目。栏目设置整体固定,每期根据来稿情况做动态化调整。2018年,《宁夏文史》共编辑发行4期,在原有栏目“史学研究”“宁夏记忆”“朔方新咏”等栏目的基础上,先后增设“雕刻时光——庆祝自治区成立60周年老照片”“岁月如歌——庆祝自治区成立60周年研究”“《宁夏历代艺文集》研究”“铸牢中华民族共同体意识研究”“纪念改革开放40周年研究”“研究员风采”“书画评析”“宁夏文史研究馆新书推荐”等专栏。年内编辑出版《馆员文论新选》《馆藏书画精品集》《塞上翰墨情书画册》等书籍。

【支持馆员研究员业务工作】2018年，文史馆推行全员服务联络工作机制，机关每名工作人员固定联络2～3位馆员，在政治上、业务上、生活上、情感上提供更加精准、个性的服务，得到馆员的普遍认同和好评。研究制定了《馆员个人出版专著补助发放管理办法(试行)》《关于支持馆员研究员举办个人书画展申请及经费使用的办法》《宁夏文史研究馆补充聘任研究员管理办法》。文史馆先后协助馆员分别于4月19日举办“刘魁一、李化奎、王永强书法绘画联展”、7月3日举办“心路回眸——张少山从艺六十周年国画作品展”、7月10日举办“石晶竹中国画作品展”、10月25日举办“柴建方书法篆刻摄影展”，弘扬中华民族敬老崇文的优良传统，增进全社会对“敬老崇文”的认知和感悟。

(杨伟峰)

地方志编纂

【概况】2018年，宁夏地方志系统围绕二轮志书编纂、年鉴编纂、史话丛书编撰积极开展工作。二轮志书编纂工作积极推进，8个没有完成二轮志书的市县(区)先后启动编纂工作。年鉴编辑工作正常开展，已出版发行14部。全区28部2018卷年鉴编纂工作有序进行。完成“宁夏地方史话系列丛书”5本分册的编写任务并进入出版程序。《宁夏史志》(内刊)完成全年6期的刊印任务。

【市县区志书编修】2018年，全区明确二轮志书编修、年鉴编纂工作责任部门和完成时限，推动兴庆区、金凤区、吴忠市、利通区、青铜峡市、同心县、中卫市、沙坡头区8个没有完成二轮志书的市县(区)，在规定时间2020年底前，结合自身实际，保障经费，组织力量，高质量编纂完成志书任务。指导启动《中卫市志》的编修工作，自治区地方志办公室先后两次派人进行编纂业务专题培训。制定印发了《关于建立联络人联系指导基层业务工作制度的通知》，确定专人与基层志办加强联系，掌握情况，协调解决有关问题，进行两全目标任务的精准指导与服务。与方志出版社对接，邀请自治区专家学者组成编写小组，协助《青铜峡市志》《利通区志》开展编修工作。积极联系沙坡头区，推荐以购买社会服务的形式编修区志，做好《沙坡头区志》启动的筹备工作。督促已启动编修的《吴忠市志》《同心县志》《兴庆区志》《金凤区志》《利通区志》紧扣时间节点，按计划加快进度。《银川市志(1979—2005)》《大武口区志(1993—2014)》进入出版阶段。《中卫市志》《吴忠市志》《青铜峡市志》已经纳入民族地区与贫困地区志书出版资助工程。

【行业志和部门志编修】2018年，全区各级地方志工作机构积极和各单位各部门联系，大力推动行业志、部门志、基层乡镇志的编修工作，指导出版行业部门志书。先后出版了《青铜峡市党史地方志工作志》《青铜峡地税志》《青铜峡水务志》《青铜峡林业志》《盐池县扶贫志》《盐池县水务志》《盐池县土地志》《盐池县高沙窝镇志》《陕甘宁盐环定扬黄工程志》《宁夏红寺堡扬水工程志》《天华正业通公司志》等。

【年鉴编辑】2018年，《宁夏年鉴(2018)》完成编辑出版。指导了《银川年鉴》《吴忠年鉴》《青铜峡年鉴》的编纂工作，协调推动《盐池年鉴》《同心年鉴》《隆德年鉴》公开出版工作。出版发行年鉴14部。《平罗年鉴》《西吉年鉴》《惠农年鉴》《同心年鉴》纳入民族地区与贫困地区年鉴出版资助工程。

【史话丛书编写】截至2018年底，《宁夏地方史话丛书》(全50册)已出版发行《银川史话》《固原史话》《宁夏交通史话》等23部共550万字。2018年，编辑完成了《宁夏农业史话》《宁夏移民史话》《贺兰山史话》《兵沟史话》《沙坡头史话》等五部史话丛书，已进入出版送审环节。全区地方史话丛书及地情资料编写工作总量不断增加，青铜峡地方志办公室编写《辉煌60年图册》。

【地情资料编写】2018年1月17日，固原市政府主办、固原市地方志办公室主持编写的《马进祥将军》由陕西人民出版社出版面世。5月，彭阳县地方志办公室主编的《彭阳古代史料选编》由宁夏人民出版社出版发行。6月，灵武市地方志办公室编纂的《灵武历史纪年》由宁夏人民出版社出版发行；海原县地方志办公室与县政协文史委联合编写的《海原红色记忆》，由黄河出版传媒集团阳光出版社出版发行。7月，永宁县地方志办公室编纂的《永宁历史影像》由宁夏人民出版社出版。9月18日，青铜峡史志办编纂的画册《辉煌60年》和《青铜峡市党史地方志工作志》内部印刷。9月，贺兰县地方志办公室编纂的《辉煌贺兰县60年》《当代贺兰60年大事记》印刷出版。中共固原市委、固原市政府主办，固原市地方志办公室编纂的科普工具书《固原树木图志》出版面世。10月，西夏区地方志办公室编纂的《中国共产党银川市西夏区历史大事记(1949—2016)》和大武口区地方志办公室编辑的《大武口政务公报》在内部印刷。11月，中宁县地方志办公室主编的《中宁县改革与发展史系列专题综述》、彭阳县史志办公室主编的《彭阳县改革开放史专题选编(第一辑)》出版发行。

【"5·18"地方志工作宣传日活动】2018年5月18日，自治区地方志办公室在各市、县(区)地方志机构组织开展形式多样的"5·18"地方志宣传日活动。活动期间，先后派出5个工作组到各市、县(区)进行检查指导。各地志办活动内容丰富、形式多样。其中，银川市、石嘴山市、吴忠市等地通过悬挂横幅、制作展板、发放地情资料进行宣传。固原市对优秀乡(镇)志、村志和家谱进行了表彰，推动了地方历史文化建设工作。海原县开展了地方志宣传进乡村活动，深入浅出地讲解地方历史文化，受到群众的热烈欢迎。区内外各大媒体对他们的活动进行了广泛报道，取得了良好的社会效应。

【《宁夏史志》】2018年，《宁夏史志》在原有作者群的基础上继续扩大稿源，宁夏大学等院校、宁夏社会科学院、自治区党史研究室、宁夏水利厅等部门(单位)及全国各省市、自治区的作者先后在《宁夏史志》上发表文章，提高了刊物的学术水平和学术影响。全年刊印6期，设置志鉴论坛、文化遗产、人物春秋、历史文化、学术园地、读志笔记、人文地理、西夏遗风、方志论坛、口述历史、地域文化等栏目，共刊发稿件70余篇。

【信息报送】2018年，宁夏地方志办公室向宁夏社科院报送信息13篇。在宁夏社科院院报《新智库报》上发表7篇，分别是《宁夏传统村落文化遗产保护与精准扶贫》《弘扬优秀传统文化助力乡村振兴战略》《如何让家庭文化回归并为乡村振兴提供动力?》《试论"东西扶贫协作和对口支援"扶贫模式的马克思主义哲学基础》《夏明方教授应邀在宁夏社科院做讲座》《丝绸之路宁夏段历史文化资源开发利用思考》《关于美丽宁夏建设的一点思考》。向中国方志网报送信息3篇，分别为《中卫市全面启动〈中卫市志〉编修工作》《宁夏回族自治区地方志办公室调研银川市地方志开发利用工作》《宁夏首部县区级移民史——〈红寺堡移民史〉专家评审会召开》。编发了方志工作简报5期，分别是《中卫市全面启动〈中卫市志〉编修工作》《全区地方志工作推进会暨灵武市修志工作观摩会召开》《2018年度全区地方志业务培训在北京举行》《2018年度全区地方志工作机构考评会议召开》。

【宁夏回族自治区地方志办公室获2018年自治区"五一劳动奖状"】2018年4月25日，中国梦劳动美铸梦新时代——宁夏回族自治区庆祝五一国际劳动节颁奖大会在宁夏工人文化宫举行，会议隆重表彰奖励荣获自治区五一劳动奖状、五一劳动奖章、工人先锋号的先进集体和先进个人。宁夏回族自治区地方志办公室获2018年宁夏回族自治区"五一劳动奖状"。宁夏地方志工作开始于20世纪80年代，1985年宁夏地方志编审委员会及下属自治区地方志办公室正式成立，设为宁夏社会科学院一个内部处室，负责全区地方志工作。至2018年底有工作人员12名，内设4个科室。30多年来，宁夏方志办用实际行动践行着方志人踏实苦干的优良传统，很多工作走在了全国修志工作的前列，得到了中国地方志指导小组办公室及各省区地方志同行的肯定。编纂完成宁夏历史上首部省级综合志书《宁夏通志》(25卷)。此项工作从2002年2月正式启动开修，到2017年全面完成编修、出版任务。《宁夏通志》是自治区党委领导，政府主持，自治区地方志办公室组织实施，全区70多个厅局数百人参与编纂的大型文化系统工程。全书共25卷34册，约2000万字，是宁夏历史上一部集大成的方志巨著。《宁夏通志》编纂工作规模之大、人数之多，在宁夏方志编纂历史上绝无仅有，它的出版完成了几代宁夏人的夙愿，填补了宁夏没有省级综合志书的空白。2000年，《宁夏年鉴》正式创刊，至2018年已连续出版17部。截至2015年底，全区27个市县都逐年开展地方综合年鉴的编纂工作，宁夏率先在全国实现各级地

2018年7月13日，全区地方志工作推进会暨灵武市修志工作观摩会在灵武市召开

方综合年鉴编纂全覆盖。《宁夏年鉴》《银川年鉴》《平罗年鉴》等多次获全国年鉴质量评比奖项。年鉴丰富翔实的信息资料实用价值与存史价值并存，为社会各界认识、了解地情，为服务经济社会发展发挥了重要作用。对宁夏历代存世旧志影印出版，率先完成全省范围内历代旧志整理工作。2014年底，自治区地方志办公室办开始筹划《宁夏旧方志集成》的编辑、整理、影印出版工作，2015年12月由北京学苑出版社正式影印出版发行。《宁夏旧方志集成》共35卷本，1000多万字，共收录宁夏传世的方志为32部，除了30种旧志书还包括2部专业志，另外收录1部民国《十年来宁夏省政述要》资料汇编。《宁夏旧方志集成》收集孤本志书9部，散落海外志书3部。第一次公开影印出版的志书品种达14部，依明代编、清代编、民国编排序。宁夏旧志整理出版工作走在全国前列。组织召开全区地方志系统上半年总结暨现场观摩会，加强对各市县（市、区）业务的指导。从2015年开始，每年由宁夏方志办选取工作业绩突出的市县志办，并在经费上予以支持，在全区地方志系统形成了“争学先进，查找不足”的良好风气。先后在彭阳县、青铜峡市、石嘴山市、大武口区等地顺利召开，推动了全区地方志工作，贯彻落实了《全国地方志事业发展规划纲要（2015—2020年）》《宁夏回族自治区地方志事业发展实施方案（2016—2020年）》，为完成“两全目标”奠定了基础。重视读志用志，努力推动地方志资源开发利用工作。为更好地开发地方历史文化资源，加快地方志成果转化，使读志用志工作落到实处，宁夏方志办于2009年启动了《宁夏地方史话丛书》系列工程，截至2017年底，已出版发行《银川史话》《固原史话》《宁夏交通史话》等30部、600万字，填补了宁夏没有史话的空白。借助《宁夏地方史话丛书》文化平台，自治区地方志办公室还组织编纂出版了《银川史话（连环画）》《泾源史话（连环画）》等系列通俗读物，使史话作品深入寻常百姓家。此外，自治区地方志办公室还利用党建活动、扶贫帮扶、单位结对等方式向各党政机关和基层乡村赠送地方志科研成果，使志书、年鉴以及史话等地情资料读物更好地为基层服务、为党建服务、为社会各界服务，从而更好地发挥地方志在文化战线的重要作用。确定“5·18”地方志宣传日活动。2006年5月18日，国务院颁布实施《地方志工作条例》，将地方志工作纳入法治化轨道。自治区地方志办公室审时度势，结合实际提请自治区政府适时颁布《宁夏回族自治区〈地方志工作条例〉实施办法》，将每年的5月18日定为地方志宣传日。此后，自治区地方志办公室通过电视专题片、媒体知识竞答等多种形式积极开展宣传。2009年5月18日，自治区地方志办公室在吴忠市设主会场，全区各市县（市、区）设分会场，开展全区地方志宣传联动活动，当天近万人参与了宣传活动，较好地宣传了地方志工作，普及了宁夏地方历史文化知识。

【表彰奖励】2018年4月20日，在全区党史研究室主任会上，彭阳县上报的《彭阳年鉴（2015）》、《彭阳文史》（第五辑）、《彭阳近现代史迹与文献选辑》均获全区党史系统优秀党史成果奖著作类三等奖。4月25日，固原市地方志办公室举办首届乡（镇）村志和家谱编修业务培训和优秀家谱表彰会，市县业务骨干和乡（镇）村志及家谱作者50余人参加培训。彭阳县选送的《崖堡村志》获一等奖，《苏氏家谱》等10部家谱分获一、二、三等奖及优秀奖。10月，在第五届全国地方志优秀成果（年鉴类）的通报表扬中，《宁夏年鉴（2017）》被评为省级二等年鉴，《银川年鉴（2017）》被评为地市级三等年鉴，《兴庆区年鉴（2015）》被评为县级一等年鉴。隆德县地方志办公室编纂的《隆德县旧志合编》获2017年度全国优秀古籍图书三等奖。

【业务培训与指导】2018年11月4—10日，2018年度全区地方志业务培训在北京师范大学举行。全区各市县地方志机构60人参加了培训。中国地方志指导小组秘书长、中国地方志指导小组办公室党组书记、主任冀祥德，宁夏社会科学院院长张廉，宁夏社会科学院副院长刘天明，宁夏社会科学院办公室主任李学忠，自治区地方志办公室主任负有强，北京师范大学中国社会管理研究院/社会学院人类学民俗学系主任萧放、北京师范大学中国社会管理研究院/社会学院社会服务办公室主任胡静出席开幕式，刘天明主持开幕式。培训设置了“新时代的中国地方志”“如何编好年鉴条目”“国际视野下中国方志馆的建设与未来”“出版数字化转型与地方志数字化建设”“从风俗志到民俗志：谈谈方志民俗志写作的几个问题”“编辑地图插图应该注意的重点问题”“体裁运用需要注意的若干问题”等讲座内容。培训期间还举行了《宁夏地方志编纂研究（第一辑）》首发式。下发了《关于对〈宁夏地方志编纂研究（第一辑）〉入选优秀论文通报表扬的通知》，向获得优秀论文作者颁发了证书。年内，自治区地方志办公室积极发挥职能，对基层志书编修工作进行业务指导。自治区地方志办公室委派专家对《宁夏环境保护志》《中卫市志》《红寺堡教育志》《红寺堡财政志》《同心县志》《金凤区志》编纂人员进行了业务培训。同时，采取以评代培的方式，在《陕甘宁盐环定扬黄灌溉工程志》《红寺堡扬水工程志》《宁夏水务志》《宁夏体育志》等志稿评审会上，对编写人员进行地方志理论知识培训。2月28日，西夏区地方志办公室举办2018年度地方志业务培训班。11月13日，大武口区地方志办公室举办2018年度地方志业务工作提升培训班。

【对外交流】2018年2月28日，自治区政协文史与学习委员会专职副主任刘劲松，办公室主任王彦斌、调研员崔凯、办公室副主任崔海霞、文史资料编辑部主任武占林一行6人到自治区地方志办公室调研交流。6月23日，北京市产业经济研究中心杨秀珍主编一行7人到银川市志办交流学习，并召开座谈会，重点就《银川年鉴》《银川市志（1979—2005）》工业部分内容进行了交流。6月29日，中国人民大学生态史研究中心主任、教授夏明方带领宋儒博士、张晓晅硕士与宁夏社科院院长助理、自治区志办科室人员一行6人到银川调研宁夏引黄灌区生态情况。7月31日，成都市志办党组书记、主任高志刚带领成都市志办人员及市辖各县（市）区志办主任一行9人到宁夏交流学习地方志工作，并在自治区地方志办公室和银川市地方志办公室召开经验交流座谈会，双方就志书编纂、年鉴编辑、地情资料类书籍编写、宣传工作进行了广泛交流。8月13日，自治区地方志办主任负有强等陪同福建省地方志编审委员会党组书记、主任陈秋平一行8人就闽宁合作二十年来的历程展开调研。8月13—15日，福建省地方志办公室、自治区地方志办公室、人民网相关人员到固原调研《闽宁扶贫协作志》编纂工作，固原市地方志办公室组织相关部门负责人参加研讨并进行现场观摩。12月1日，中国地方志专家委员会委员、方志出版社重大项目编辑部主任刘建国在自治区地方志办公室主任负有强的陪同下，到青铜峡市调研地方志工作。11月28日，福建省地方志编纂委员会副主任林浩一行在固原市地方志办公室调研，收集《闽宁扶贫协作图志》相关资料。

【全区地方志工作推进会暨灵武市修志工作观摩会】2018年7月13日，全区地方志工作推进会暨灵武市修志工作观摩会在灵武市召开。会议由自治区地方志办公室主办，灵武市地方志办公室承办。宁夏社会科学院副院长刘天明，灵武市人大常委会副主任何志龙、灵武市副市长马波出席。自治区地方志办公室主任负有强参加并主持会议，全区各市、县（区）地方志机构负责人及相关人员近80人参加会议。会上，灵武市副市长马波致辞。刘天明充分肯定了全区上半年地方志工作并就做好下半年工作提出了要求，强调要紧紧围绕贯彻国务院《全国地方志事业发展规划纲要（2015—2020年）》两个全面目标任务，持续推进宁夏二轮修志工作，继续全面推进全区年鉴编纂工作健康有序发展，继续加强地方志信息化和地情资料编纂工作。银川市、石嘴山市、吴忠市、固原市、中卫市分别汇报了2018年上半年工作，重点就各市“两全目标”任务完成情况作了汇报。查找了存在的问题和不足，并提出下半年工作计划。灵武市地方志办公室介绍了灵武市筹建新的灵武市档案馆（方志地情馆）以及编制乡镇志、行业部门志的方案和经验。负有强对全区上半年地方志工作进行了总结，指出了上半年全区贯彻落实“两全”目标任务，二轮志书编修、省市县三级年鉴编纂、史话丛书及各种地情资料编纂、方志信息化建设等方面存在的问题与不足，并就做好下半年各项工作提出了要求，要求没有完成“二轮”志书编修工作的市县，要高度重视综合年鉴的编纂出版工作，各级地方志机构要切实履行责任。

【全区地方志工作考评】2018年11月26日，2018年度全区地方志工作考评会在自治区地方志办公室召开。经过各市县自查打分、评委会核实、综合测评，固原市地方志办公室获市级一等，银川市地方志办公室、中卫市地方志办公室获市级二等，石嘴山市地方志办公室、吴忠市地方志办公室获市级三等；青铜峡市史志办公室、彭阳县史志办公室获县级一

2018年11月5日，宁夏地方志业务培训班在北京师范大学举办

等，红寺堡区档案史志馆、永宁县史志办公室、灵武市地方志办公室、贺兰县地方志办公室获县级二等，兴庆区地方志办公室、隆德县地方志办公室、盐池县地方志办公室、海原县地方志办公室、泾源县地方志办公室、平罗县地方志办公室获县级三等。

（张明鹏）

退役军人事务

【机构组建】2018年10月26日，自治区宣布任命自治区退役军人事务厅领导班子成员。11月15日，自治区退役军人事务厅正式挂牌成立。截至年底，全区5个地级市、22个县（区、市）退役军人事务局基本实现挂牌运行，机构组建工作走在全国前列。区、市、县、乡、村五级退役军人服务机构基本全部组建，实现“全覆盖”和有机构、有编制、有人员、有经费、有保障“五有”目标，形成横向到边、纵向到底、覆盖全员的服务管理网络，宁夏成为继天津、河北之后全国第三个实现退役军人服务机构全覆盖的省区。先后组织全区退役军人事务系统两批次50余人赴天津、河北学习考察，及时推动印发退役军人服务机构职能设置、人员编制规定，率先在全国出台《退役军人服务保障体系建设试行方案》和“五统一”建设规范。

【移交安置】2018年，自治区党委、政府、宁夏军区制定印发《关于做好2018年军队转业干部安置工作的通知》，自治区人民政府办公厅《关于做好2018年全区符合政府安排工作条件退役士兵安置工作的通知》，为做好安置工作提供强有力的组织保证、政策保障和制度支撑。加强与组织、编制、人社、财政等部门通力合作，主动协调解决矛盾问题，形成安置工作合力。抓住安置计划这个中枢，会同编办研究制定安置计划，用好中央行政增编、占编调编、先进后出等措施解决安置编制。健全安置机制，加强组织领导，坚持安置政策、安置程序、安置计划、安置措施等“十公开”，打造“阳光安置”工作机制，完成了2018年度退役军人安置任务，安置率达100%。为2018年选择自主就业退役士兵发放一次性自主就业补助资金3846.4万元，为自主择业军队转业干部发放退役金及补助共计1.57亿元。

【优抚解困】2018年12月19—21日，退役军人事务厅党组成员带队赴各市、县（区），对全区退役军人工作有关情况进行了调研。全区退役军人事务部门筹集资金1500余万元，春节前后走访慰问1.54万名退役军人和重点优抚对象，慰问人数、涵盖范围、资金投入均为历年之最。全面落实优待抚恤政策，为生活困难军转干部发放补助资金46.5万元，为233名退役军人落实廉租房政策，协调解决185名军人子女入学难题，提高1.5万名优抚对象补助标准。在银川市率先推行公共服务机构优待退役军人试点工作，5.5万名退役军人和其他优抚对象享受“两免四优先”（即免费乘坐公交车，免除景区首道门票；在航空、铁路、长途客运等交通行业，在银行等金融单位、政务服务中心、市民大厅等公共服务机构和场所设置优先服务窗口、优先通道、优先服务标识，享受优先服务，在公立医院及民营医疗机构享受优先挂号、就诊、治疗、取药、住院，优先入住公办养老机构）优待服务。

【褒扬宣传】2018年，全区启动为烈属、军属和退役军人等家庭悬挂光荣牌工作，启动优秀退役军人典型培树活动，在《宁夏日报》刊发“退役军人风采”专版、“寻找老兵”专栏，开通退役军人微信公众平台，制作退役军人公益宣传片，着力讲好退役军人不忘初心、坚守军人本色的故事，让“从军报国得尊崇、解甲归田受尊重”深入人心、扎根社会。

【权益保障】2018年，按照自治区党委和政府的部署要求，抽调精干力量，深入摸排分析，查找梳理退役军人事务领域政治安全、社会安全等方面的重大风险点7项，对每个风险点列出风险表现形式，逐一研判风险等级、制定防范化解措施21条，逐条落实责任领导、责任处室，明确工作时限，全程跟进落实。退役军人事务厅挂牌当日设立信访接待场所，成立信访工作领导小组，建立重大信访事件应急预案，制定24小时值班、每日“零报告”、领导带班接访、办事督办回访等制度18项，建立统一规范的信访工作流程、服务规范、管理台账，实行“日小结、周分析、月督查”，定期召开信访工作分析会，及时梳理总结、及时分析研判、及时交办转办，确保访有人接、案有人办、事有回音、办有结果，推动解决了一批转业安置信访积案。畅通退役军人诉求表达和解决渠道，全力维护退役军人合法权益，组织退役军人服务机构工作人员常态走访退役军人，“一对一”“面对面”宣讲政策、化解矛盾、帮难解困，努力把问题矛盾化解在初始、解决在基层。

（张新宇　林　南）

NINGXIA YEARBOOK

政协宁夏回族自治区委员会

ZHENGXIENINGXIAHUIZUZIZHIQUWEIYUANHUI

编辑◎郭勤华

综　述

【概况】2018年是贯彻落实中共十九大精神的开局之年，也是宁夏政协事业开拓奋进、创新发展的重要一年。自治区党委贯彻习近平总书记关于加强和改进人民政协工作的重要思想，制定《关于加强新时代人民政协党的建设工作的实施意见》《关于加强和改进人民政协民主监督工作的实施意见》，党委常委会先后4次研究政协议题、听取工作汇报，对推进政协事业作出一系列重要部署，坚持团结和民主两大主题，围绕党委和政府中心工作，认真履行政治协商、民主监督、参政议政职能，发挥协调关系、汇聚力量、建言献策、服务大局作用，思想理论建设取得新成效，服务改革发展取得新成绩，协商议政质量取得新提升，改进工作作风取得新突破，实现此届政协工作的良好开局。

【学习研讨】2018年，自治区政协全面系统学习领会习近平新时代中国特色社会主义思想和中共十九大精神，作为此届政协的首要政治任务和贯穿各项工作的主线，开展学习研讨活动。汇编成册中共十八大以来习近平总书记关于人民政协的一系列重要讲话。政协党组带动机关党组和专委会，专委会带动政协委员，分八个专题组织四次集中学习讨论。举办2期委员培训班，387名委员参加培训。召开理论研讨会，征集理论研讨文章150余篇。指导市县政协学习研讨，主席会议成员深入五市政协进行宣讲，全区各级政协组织共计6571名委员参加活动，推动习近平新时代中国特色社会主义思想和中共十九大精神的贯彻落实。建立完善学习制度体系。在学习实践中形成以党组理论学习中心组学习为引领，以主席会议集体学习、常委会学习讲座、机关领导干部学习会、委员培训学习、委员座谈学习和机关干部学习相结合的学习制度体系。把围绕协商议题开展学习列入协商活动议程，通过学习增进了解、加深理解，实现协商议政、接受教育、统一思想的有机融合，为有效发挥思想政治引领作用奠定了坚实基础。坚决做到“两个维护”。把毫不动摇坚持中国共产党的领导，坚决维护习近平总书记核心地位、维护中共中央权威和集中统一领导，贯穿各类学习和履职活动全过程，引导各党派团体和各族各界人士深刻认识到习近平总书记核心地位的重大意义，深刻认识到人民政协作为政治共同体，必须坚定不移地坚持中国共产党领导的多党合作和政治协商制度，共同落实中共中央对人民政协的领导和对政协工作的要求，广大委员要树牢“四个意识”（政治意识、大局意识、核心意识、看齐意识）、坚定“四个自信”（道路自信、理论自信、制度自信和文化自信）、践行“两个维护”（坚决维护习近平总书记在党中央和全党的核心地位，坚决维护党中央权威和集中统一领导）的思想自觉和行动自觉增强。

【党建创新】2018年，自治区政协贯彻新时代党的建设总要求，提高政协系统党的建设质量和水平。以党的政治建设引领和带动政协党的全面建设。发挥政协党组领导核心作用，全年召开16次党组会议，学习贯彻习近平总书记重要讲话、中共中央重要决策，通过“关键少数”带动“普遍多数”，确保中共中央决策部署在政协系统落地见效。落实政协党组向自治区党委请示报告制度，利用召开重要会议、开展重大活动向党委请示12次，围绕传达中共中央重要决策部署、执行中共中央重要决定等情况向党委报告16次。落实意识形态工作责任制，及时了解统一战线和政协内部思想动态，引导广大委员始终同中国共产党同心同德、同心同向、同心同行。探索完善政协党的组织设置。尝试在所有专委会设立功能型党支部，把所有委员编入各专委会，党员委员参加各类会议、学习培训、考察视察等活动时，接受功能型党支部的管理与考核。全会期间对界别联合分组，成立临时党支部。通过政协党组领导专委会分党组、专委会分党组领导功能型党支部，做到哪里有党员哪里就有党的组织，哪里有党的组织哪里就有健全的组织生活和党组织作用的充分发挥，实现党的组织对党员委员的全覆盖。全面加强作风纪律建设。坚决抓好中央巡视反馈问题整改落实，召开专题民主生活会，突出问题导向，切实立行立改，确保整改工作见底到位。制定《政协党组深入贯彻落实中央八项规定精神，加强和改进自治区政协作风建设的规定》，聚焦形式主义和官僚主义，规范调研视察，提高会议质量，严格执行公务接待标准。党组成员从严从紧执行规定、作出表率，以党的作风建设带动政协组织驰而不息转作风、改作风。

【建言献策】2018年，自治区政协聚焦打赢“三大攻坚战”，紧扣自治区“三大战略”和“五个扎实推进”，全年共完成17项协商计划、16次调研、19次视察考察。助力实施“三大战略”。推进“三大战略”和“五个扎实推进”，明确每位副主席牵头研究一个方面的重点工作。助推创新驱动战略落实，开展“企业创新主体作用发挥”专题协商。召开“提高科技创新能力”专题议政性常委会，组成7个调研组，分27个三级子题目，深入5个市、11个县区调研，提出推进东西部合作、提高科技创新补助标准、适应产业发展需求引进人才等建议。关注脱贫攻坚战略实施，加强六盘山片区四省区政协精准扶贫合作交流，开展“贫困地区公共文化设施建设”专题协商。关注生态保护，围绕生态保护红线划定情况开展民主监督，召开“贯彻落实‘水十条’情况”监督性专题议政常委会，提出完善监管协调机制、制定综合治理方案、加强人才队伍建设等意见，为宁夏天蓝地绿水清贡献了政协力量。助力实现经济高质量发展。着眼推进“三去一降一补”，围绕“降成本30条”落实情况开展监督性专题协商。着眼制造业转型升级，围绕提升制造业数字化、网络化、智能化水平深入调研、献计献策。着眼农业品牌建设中面临的困难，统筹各界力量，提出对策建议。选取宁东现代煤化工产业发展、宁夏高铁和航空建设等题目，开展系列调研视察活动，务实提出对策建议。助力社会建设和民生改善。发挥专门协商机构重要作用，出台《关于深化“不见面、马上办”改革，深入推进审批服务便民化的实施意见》。围绕社区治理体系建设、司法体制改革进展等议题深入协商，推动政策落地。针对创新素养教育问题深度建言，提出《自治区深化教育体制机制改革的实施意见》《“互联网＋教育”示范区建设实施方案》等建议。对分级诊疗工作、企业工资集体协商、反家庭暴力、无障碍环境建设、城乡居民医保等问题组织视察、开展监督，展现人民政协为人民的良好形象。

【咨询资政】2018年，自治区政协坚持把提升质量贯穿履职全过程和各方面，实现从注重数量和程序向追求质量和效果转变。着力加强和改进调查研究。调研前通过发放调查问卷确定重点调研问题，按二、三级题目划分若干专题小组。调研中由主席会议成员牵头，民主党派、专委会和邀请的专家学者共同参与。既重视调查，更重视研究，倾听群众呼声，把握事物规律，力求靠事实和数据说话。调研结束后采取调研报告与综合分析报告相结合的方式报送调研成果。着力提升协商议政质量。完善各类协商会议的发言遴选机制，坚持预约发言与即席发言相结合。加大宣传力度，扩大委员发言的社会影响力。改进常委会议讨论方式，增设按议题子题目分组讨论的环节。凝结协商成果，对委员与党政部门协商后形成的共识，以协商报告的形式向党委报送，没有吸收到协商报告但有价值的意见建议，通过提案、社情民意信息向党政部门反映。着力强化民主监

2018年1月30日，中国人民政治协商会议宁夏回族自治区第十一届委员会第一次会议圆满完成大会的各项议程，在宁夏人民会堂胜利闭幕

督职能。把重点监督性议题纳入年度协商计划，全年共安排监督性议题5个，占协商议题总数的29%。发挥协商式监督特色优势，重点监督党和国家及自治区重大改革举措、重要决策部署贯彻执行情况，如实反映情况，坦率提出意见，促进工作改进。

【巩固发展爱国统一战线】2018年，自治区政协把加强思想政治引领、广泛凝聚共识作为履职工作的中心环节，积极促进各党派团体、各族各界人士团结合作。把凝聚共识贯穿协商议政全过程。强化协商互动和讨论沟通，促进不同思想观点交流交融，逐步增进了解、加深理解、消除误解、取得谅解。发挥党员委员的先锋模范作用，自觉抵制和反对一切违背、损害和削弱共同思想政治基础的言行，巩固已有共识，凝聚新的共识。维护民族团结、宗教和顺大好局面。铸牢中华民族共同体意识，加强各民族交往交流交融，调研“民族团结进步示范区创新创建有关政策落实情况”。坚持宗教中国化方向，引导宗教与社会主义社会相适应，开展“宗教释义与中国文化相结合”专题协商，举办“党的民族宗教政策”专题讲座，走访慰问宗教界代表人士，组织部分宗教界和散居少数民族界委员外出学习考察，民族团结、宗教和顺的大好局面得到巩固和发展。深化对外交流联谊。支持港澳委员为港澳长期稳定发挥作用，动员港澳委员为深化宁港澳交流合作献计出力，围绕“从在宁港澳台侨企业发展看我区‘放管服’改革成效及问题”和“发挥港澳台侨商(外商)作用，助推宁夏内陆开放型经济试验区创新力和竞争力”，开展专题协商。港澳委员情系桑梓、热心公益，全年捐资220余万元，为全区社会事业做出了积极贡献。注重用文化凝聚人心。围绕全区“文物保护利用情况”开展专题协商。发挥文史资料“存史、资政、团结、育人”作用，完成《回族百年实录》大型丛书的征稿审稿及《宁夏文史资料》(31辑)的出版发行。庆祝自治区成立60周年，编辑出版《亲历宁夏回族自治区成立记》，讲好宁夏故事、传播宁夏声音，弘扬社会主义主旋律。

【自身建设】2018年，自治区政协抓住关键问题创新方式方法，着力构建富有活力、运转规范的工作机制。积极推进机构改革。增设“农业和农村委员会”“文史和学习委员会”更名为“文化文史和学习委员会”，“教科文卫体委员会”更名为“教科卫体委员会”，原“教科文卫体委员会”承担的联系文化艺术界等工作调整到“文化文史和学习委员会”。围绕市县政协机构改革开展调研，提出意见建议。大力加强制度建设。适应《政协章程》修正新要求，制定或修订政协各类会议、视察考察、提案工作、大会发言等14项制度，修订机关党组议事规则、公务接待、干部教育培训等13项制度，推进政协协商民主、专委会工作等基础性程序机制建设，基本形成内容科学、配套完备、有效管用的制度体系。积极探索发挥参加单位和界别作用。召开政协参加单位和界别工作座谈会，建立副主席、专委会联系界别制度，选好配强界别召集人。在保持自治区党委组织部、统战部对委员所划分界别不变的基础上，委员可以根据个人意愿，再选择一个界别参加活动。对参加单位和界别集体履职情况进行考核，各民主党派、工商联和人民团体认真履行政协参加单位职责的意识有所增强。切实加强“两支队伍”建设。出台《加强委员队伍建设的意见》，建立委员分批次列席常委会议和重点议题协商前听取情况通报制度。发挥专委会联系委员的主渠道作用，积极走访联系委员。加强委员学习培训，教育引导委员懂政协、会协商、善议政，守纪律、讲规矩、重品行，委员履职更加尽责、更加出彩。依章程对违法的一人撤销委员资格，规定连续两年考核不合格者责令其辞去委员。开展“机关干部队伍素质提升年”活动，通过政协大讲堂、读书沙龙、经典诵读等载体，集中整治“庸懒散松”问题，着力打造“讲政治、守纪律、重团结、强服务、求实效”的政协机关，强化了政协机关是党政机关、机关干部是党政干部的意识，机关干部能力素质有效提高，机关服务保障能力稳步提升。扎实做好经常性工作。提案立案严格标准、突出质量，立案588件，立案率87.37%。提案办理加强协商、注重实效，所有提案均已办复。完善社情民意信息搜集、分析和报送机制，全年编报社情民意信息177期、建言53期。完成宁夏人民政协理论研究会换届。深化《华兴时报》版面改革，开设政协微信公众号，深入报道各级政协组织和委员履职成果。“兴华爱心基金”发放最后一批救助金后停办。积极履行对市县政协的指导职责，主席会议成员主动到各市县政协征求意见，召开三次全区市县政协主席座谈会，建设委员活动室，建立上下连接的网络平台，政协系统工作整体合力得到加强。

（马贵琳）

重要会议

【中国人民政治协商会议第十一届宁夏回族自治区委员会第一次会议】2018年1月25—30日，中国人民政治协商会议第十一届宁夏回族自治区委员会第一次会议在银川举行。会议听取并讨论咸辉所作的自治区政府工作报告，讨论自治区2017年国民经济和社会发展计划执行情况与2018年国民经济和社会发展计划草案的报告，讨论2017年全区及区本级财政预算执行情况和2018年全区及区本级预算草案的报告，讨论自治区高级人民法院工作报告和自治区人民检察院工作报告。会议审议并通过齐同生代表政协宁夏回族自治区第十届委员会常务委员会所作的工作报告、张守志所作的提案工作情况的报告。审议批准了《自治区政协2018年协商工作计划》和《自治区政协提案审查委员会关于十一届一次会议提案审查情况的报告》。会议选举产生了自治区政协十一届委员会主席、副主席、秘书长和常务委员。会议要求，此后五年是全面贯彻落实中共十九大精神、决胜全面建成小康社会、开启社会主义现代化国家建设新征程的关键阶段，自治区政协十一届委员会要以习近平新时代中国特色社会主义思想为指引，全面贯彻自治区第十二次党代会精神，坚持把助推高质量发展作为履行职能的第一要务，把人民日益增长的美好生活需要作为履行职能的出发点和落脚点，紧扣打好“三大攻坚战”、实施“三大战略”、落实“五个扎实推进”、建设“两个先行区、两个示范区、一个试验区”，广泛凝心聚力、认真议政建言，着力彰显政协工作在服务全区改革发展大局中的独特价值。

【十届三十五次常委会议】2018年1月16日，宁夏回族自治区政协召开十届三十五次常委会议，听取和审议自治区政协十一届委员建议名单，审议自治区政协十一届一次会议有关文件。会议决定，自治区政协十一届一次会议于1月25—30日在银川召开。自治区政协主席齐同生主持会议。会议审议通过自治区政协第十一届委员会委员建议名单，审议通过关于召开自治区政协十一届一次会议的决定（草案），审议通过自治区政协十一届一次会议预备会议及主席团第一次会议安排（草案），审议通过自治区政协十一届一次会议议程（草案），审议通过自治区政协十一届一次会议日程（草案），审议通过自治区政协十届常务委员会工作报告（草案），审议通过自治区政协十届常务委员会关于提案工作情况的报告（草案），审议通过自治区政协十届常务委员会工作报告报告人建议名单，审议通过自治区政协十届常务委员会提案工作情况报告报告人建议名单，审议通过自治区政协十一届一次会议列席人员范围（草案），审议通过自治区政协十一届一次会议分组办法（草案），审议通过自治区政协十一届一次会议小组召集人名单（草案），审议通过关于授权主席会议审议自治区政协十届35次常委会议未尽事宜的决定，审议通过自治区政协十一届一次会议改进会风严肃会纪的措施（草案），审议通过自治区政协2017年协商工作计划及民主监督计划执行情况报告（草案），审议通过自治区政协2018年协商工作计划（草案），审议通过自治区政协各专委会工作总结。

【十一届一次常委会议】2018年1月30日，自治区政协召开十一届一次常委会议。自治区政协主席崔波主持会议，自治区政协副主席李彦凯、张守志、洪洋、马力、郭虎、冯志强、李泽峰、王紫云、马秀珍及秘书长阮教育出席会议。会议听取并审议《自治区政协十一届常务委员会关于设置专门委员会的决定（草案）》；听取并审议《自治区政协十一届委员会副秘书长任职名单（草案）》；听取并审议《自治区政协十一届委员会专门委员会主任、副主任任职名单（草案）》。会议要求，要加强党对政协工作的领导，自觉把坚持党的领导贯穿于政协工作的全过程和各方面，充分发挥政协党组和机关党组把方向、管大局、保落实的重要作用，发挥政协机关各级党组织的战斗堡垒作用，发挥政协委员和政协机关中的共产党员的先锋模范作用，在作风建设上落实党的领导，坚决反对“四风”，始终保持与人民群众的血肉联系，提升政协工作的科学化水平。要切实加强常委会自身建设，充分发挥常委会的领导作用，加强理论学习，增强工作主动性，深入调查研究，突出团结民主，突出纪律意识，增强政治上的坚定性，履职尽责，增强合作共事能力，提高协商议政水平。

【十一届二次常委会议】2018年3月22日，自治区政协召开十一届二次常委会议。自治区政协主席崔波出席会议并讲话，自治区政协副主席李彦凯主持会议。自治区政协副主席张守志、洪洋、马力、郭虎、冯志强、李泽峰、王紫云、马秀珍和秘书长阮教育出席会议。会议传达习近平总书记在十三届全国人大一次会议上的重要讲话精神、十三届全国人大一次会议精神、全国政协十三届一次会议精神及全区领导干部大会会议精神。会议还审议通过有关人事事项。会议要求，要深入学习领会会议精神，深刻领会和贯彻落实习近平总书记在全国两会期间的重要讲话精神、宪法修正案和监察法、政协章程修正案和政协常委会工作报告作出的部署安排，切实打牢团结奋斗的共同思想政治基础。要按照中共中央决策部署和全国两会精神，结合自治区第十二次党代会确立的奋斗目标，抓好协商计划的组织实施，尽快确定调研计划，发挥好提案和社情民意信息的重要作用，科学筹划，积极为做好全区经济社会发展各项工作建言献策。会议强调，要贯彻落实政协章程，修订完善各项规章制度，对照章程履职尽责，积极发挥“专门协商机构”重要作用，不断提升依章履职能力。要加强政协委员队伍、政协机关队伍“两支队伍”建设，强学习、强管理、激活力，夯实政协事业组织保障。

【十一届三次常委会议】2018年7月18—19日，自治区政协召开十一届四次常委会议。自治区政协主席崔波，自治区党委常委、政府副主席马顺清出席会议。自治区政协副主席李彦凯主持开幕式，自治区政协副主席张守志、洪洋、马力、郭虎、冯志强、李泽峰、王紫云、马秀珍和秘书长阮教育出席会议。会议审议通过自治区政协十一届常委会第三次会议议程；传达全国政协系统党的建设工作座谈会精神；听取关于全区贯彻落实“水十条”工作情况的报告；就《关于我区贯彻落实“水十条”工作情况监督性协商报告(讨论稿)》作说明；听取关于制度修改情况的说明；听取关于人事事项的说明。

【十一届四次常委会议】2018年10月31日至11月1日，自治区政协召开十一届四次常委会议，审议有关制度，机构、人事事项等，围绕提高全区科技创新能力进行专题协商。自治区政协主席崔波出席会议并讲话，自治区副主席杨培君出席会议并通报全区科技创新工作情况。自治区政协副主席李彦凯主持开幕式，自治区政协副主席张守志、洪洋、马力、郭虎、冯志强、李泽峰、王紫云、马秀珍和秘书长阮教育出席会议。会议传达全国政协“习近平总书记关于加强和改进人民政协工作的重要思想理论研讨会”和全国政协第七次提案工作座谈会精神；审议通过《中国人民政治协商会议宁夏回族自治区委员会全体会议工作规则》《中国人民政治协商会议宁夏回族自治区委员会常务委员会工作规则》《中国人民政治协商会议宁夏回族自治区委员会委员履职工作规则》三项制度，审议通过有关机构、人事事项。会议特邀西北农林科技大学等院校专家教授进行科技创新专题讲座。自治区政协委员刘平和、高振宇、李良、解方、陈舒、王红艳、何晓丽围绕协商专题作大会发言。与会委员围绕科技体制改革、政府科技投入、科技人才队伍建设、企业创新主体作用等专题进行分组讨论，建言献策。

【专题协商】2018年5月30日，自治区政协召开“降低成本30条”民主监督协商会。自治区政协主席崔波出席会议。8月13日，自治区政协召开“我区宗教释义与中国文化相结合情况”专题协商会。自治区政协主席崔波出席会议并讲话。8月29日，自治区政协召开“从在宁港澳台侨企业发展情况看我区‘放管服’改革成效及问题”专题协商会。自治区政协主席崔波出席会议并讲话。9月3日，自治区政协召开社区治理体系建设专题协商会。自治区政协主席崔波出席会议并讲话。9月17日，自治区政协召开“全区文物保护利用情况”专题协商会议，自治区政协主席崔波出席并讲话。10月17日，自治区政协召开全区“农业品牌建设”专题协商会议。自治区政协主席崔波出席会议并讲话。10月26日，自治区政协召开“如何提升我区制造业数字化、智能化水平”专题协商会。自治区政协主席崔波出席会议并讲话。11月22日，自治区政协召开“司法体制改革工作”专题民主监督协商会。自治区政协主席崔波出席会议并参加座谈交流。12月3日，自治区政协召开“发挥港澳台侨商(外商)作用，助推宁夏内陆开放型经济试验区建设”专题协商会。自治区政协主席崔波出席会议并参加座谈交流。12月7日，自治区政协召开专题协商会，就全区分级诊疗进行专题协商。自治区政协主席崔波出席会议并参加座谈交流。12月11日，自治区政协召开“贫困地区公共文化设施建设情况”专题协商会，围绕协商议题开展座谈交流并对协商报告讨论稿征集修改意见建议。自治区政协主席崔波出席会议并参加座谈交流。12月18日，自治区政协召开“民族团结进步示范区创建”专题协商会。自治区政协主席崔波出席会议并参加座谈交流。

【专题会议】2018年4月3日，自治区政协召开各参加单位和界别工作座谈会，交流经验做法，就做好新形势下的界别工作，更好地发挥界别作用提出意见建议。自治区政协主席崔波出席会议并讲话。6月14日，自治区政协文史和学习委员会邀请自治区史志相关单位负责人和自治区政协委员召开座谈会，就《亲历宁夏回族自治区成立(暂定名)》专辑征求意见建议。自治区政协主席崔波出席会议并讲话。7月19日，全区市、县(市、区)政协主席工作座谈会在银川召开，与会者以大会发言的形式，结合全国政协系统党的建设工作座谈会和全国政协十三届常委会第二次会议精神，紧扣自治区党委、政府中心工作，就新时代加强和改进全区政协系统工作质量进行交流。7月28日，自治区政协召开习近平总书记关于加强和改进人民政协工作的重要思想理论研讨会。全国政协副主席马飚出席会议并讲话，自治区政协主席崔波主持会议。8月2日，自治区党委副书记、自治区主席咸辉专程到自治区政协召开座谈会，就深化“不见面、马上办”改革深入推进审批服务便民化的实施意见征求政协委员的意见建议并讲话，自治区政协主席崔波主持会议。8月30日，自治区政协党组召开从严整改中央巡视反馈问题专题民主生活会，认真贯彻落实习近平总书记关于巡视工作重要讲话精神，围绕从严整改中央第八巡视组反馈问题主题，认真开展批评和自我批评，明确整改方向，推动巡视整改各项任务有效落实。自治区政协主席、党组书记崔波主持会议并讲话。10月8—10日，自治区政协机关领导干部学习会在银川举办，学习会主要组织副厅级以上干部深入学习习近平新时代中国特色社会主义思想和中央十九大精神，以及中央和自治区党委有关会议精神。自治区政协主席崔波出席开班仪式并作动员讲话。10月19日，自治区政协召开各参加单位务虚会，传达全国政协学习习近平总书记关于加强和改进人民政协工作的重要思想理论研讨会精神和全国政协提案工作会议精神，并座谈交流。自治区政协主席崔波主持会议并讲话。11月19日，自治区政协召开务虚会，总结2018年工作开展情况，谋划2019年及以后的协商工作重点和思路，自治区政协主席崔波主持会议并参加讨论交流。自治区政协副主席李彦凯、张守志、洪洋、马力、郭虎、冯志强、李泽峰、王紫云、马秀珍及秘书长阮教育出席会议并作发言。10月30日，宁夏人民政协理论研究会第三届会员代表大会在银川召开。会议听取了宁夏人民政协理论研究会第二届理事会工作报告；审议通过了《宁夏人民政协理论研究会章程(修正案)》，选举产生了研究会三届理事会会长、副会长、秘书长、理事、常务理事，自治区政协副主席李彦凯当选为会长。自治区政协主席崔波出席会议并讲话。12月27日，自治区政协召开全区市、县(市、区)政协主席会。会上，自治区政协主席崔波传达了全国政协十三届常委会第四次会议精神并作讲话；自治区政协9个专门委员会主任就本专委会2019年的工作思路进行通报，7个市县政协的负责同志作了交流发言，其他县(市、区)政协也向会议提交交流材料，书面通报自治区政协2019年工作初步考虑、自治区政协系统务虚会意见建议。自治区政协副主席李彦凯、洪洋、马力、郭虎、冯志强、李泽峰、王紫云和秘书长阮教育出席会议。

(马贵琳)

重要活动

【参加全国政协十三届一次会议动员会】2018年2月24日，自治区政协召开住宁全国政协委员赴京参加全国政协十三届一次会议动员会，明确参会相关事项和准备情况。住宁全国政协委员、自治区政协主席崔波主持会议并讲话。白尚成、杨培君、张守志、马秀珍等住宁全国政协委员，自治区政协副主席李彦凯和秘书长阮教育出席会议。

【专题讨论】2018年3月27日，自治区政协召开习近平新时代中国特色社会主义思想(人民政协重要论述)第一次专题讨论会，自治区政协主席、党组书记崔波主持会议并围绕“坚持中国共产党对政协工作的领导”作发言。4月16日，自治区政协召开习近平新时代中国特色社会主义思想(人民政协重要论述)第二次专题讨论会。会议就“人民政协要围绕党和国家中心任务献计出力”“政协工作要实现好维护好发展好最广大人民根本利益”两个专题进行讨论发言。4月27日，自治区政协召开习近平新时代中国特色社会主义思想(人民政协重要论述)第三次专题讨论会。会议就“加强和改进人民政协民主监督工作”“发挥人民政协在社会主义协商民主建设中重要作用”两个专题进行讨论发言。自治区政协主席崔波出席会议并参加讨论。5月16日，自治区政协召开习近平新时代中国特色社会主义思想(人民政协重要论述)第四次专题讨论会。会议围绕“加强团结联谊”和“推进政协履职能力建设”两个专题开展学习讨论。自治区政协主席崔波出席会议并作讨论发言。

【调研与考察】2018年5月7—12日，全国政协副主席杨传堂带队率全国政协调研组到宁，围绕“巩固脱贫攻坚成果、保证长期稳定脱贫”开展专题调研。自治区政协主席崔波，自治区党委常委、副主席马顺清，自治区政协副主席李泽峰、王紫云参加座谈或陪同调研。5月22—23日，全国政协副主席兼秘书长、机关党组书记夏宝龙率全国政协调研组到宁夏，围绕加强政协系统党建工作在银川市、石嘴山市开展专题调研，自治区政协主席崔波参加座谈会并陪同调研。7月10—13日，全国政协特邀常委视察团到宁视察精准扶贫工作，自治区政协副主席、党组副书记崔波陪同视察。7月23—25日，广东省政协主席王荣率考察团一行来宁考察交流，重点围绕民族地区水资源保护、宗教场所管理和生态旅游业发展等情况开展座谈交流。8月25—28日，全国政协副主席张庆黎率全国政协提案委员会调研组到宁夏，就“打赢精准健康脱贫攻坚战”重点提案进行督办调研。调研组实地考察了区内部分县乡村卫生医疗机构、残疾人康复中心、生态农业、绿色健康食品产业、城乡卫生整治等，详细了解了全区"先住院后付费""一站式结算"平台运行、远程会诊、慈善救助模式、产业扶贫等方面情况，与乡村医生、基层群众多方交流，深入了解全区健康脱贫攻坚进展情况。9月12日，全国政协副主席、九三学社中央常务副主席邵鸿率领全国政协调研组到宁夏，就民族地区职业教育改革发展情况进行调研。自治区政协主席崔波陪同调研。同日，江苏省政协主席、党组书记黄莉新带调研组到宁夏，对宁夏政协开展政协党的建设工作进行考察调研，自治区政协主席、党组书记崔波出席调研座谈会。11月15日，全国政协副主席梁振英率香港考察团赴宁东能源化工基地，考察国家能源宁煤集团400万吨煤制油项目和宁东泰和新材有限公司6万吨环保型差别化氨纶项目，自治区政协主席崔波陪同考察。11月3—10日，自治区政协主席崔波率到宁夏全国政协委员考察团就"海南深化改革，加快建设自由贸易试验区、中国特色自由贸易港和全域旅游情况"主题，赴海南省海口市、文昌市、琼海市、三亚市和三沙市进行考察。

（马贵琳）

专门委员会

【提案委员会】2018年，提案委员会提高政治站位，凝聚提案工作思想共识。深入学习贯彻习近平新时代中国特色社会主义思想和中共十九大精神，通过提案委员会全体会议、主任会议、分党组会议、功能型党支部会议等形式，深入学习习近平新时代中国特色社会主义思想，深入学习习近平总书记关于加强和改进人民政协工作的重要思想及对政协提案工作重要指示精神，不断增强同以习近平为核心的中共中央保持高度一致的政治自觉，不断强化坚持党的领导是提案工作的根本原则，围绕中心、服务大局是提案工作的目标任务，确保提案工作沿着正确方向高质量发展。注重发挥提案委员会分党组和功能型党支部的作用，率先开展功能型党支部试点工作，制定《自治区政协提案委员会功能型党支部建设工作方案》，明确"党建＋提案"的工作原则，把党建工作融入提案的"提、立、办、督、评"等重要环节，努力把思想政治引领落实到提案工作各方面和全过程，推动党的建设与提案工作融合发展、建言资政与思想引领同向发力。突出重点，推动提案工作创新发展。协助住宁全国政协委员履职建言。通过广泛征集、召开提案素材座谈会，精心征集选编提案素材78件，为住宁全国政协委员选好题目、提好提案做好服务。加强与全国政协提案委员会联系，崔波主席提交的关于在基础教育阶段开展创新素养教育等5件住宁全国政协委员提案，被列入或并入全国政协十三届一次会议重点提案，得到国家有关部门的重视和办理。发挥重点提案的示范带动作用。认真做好重点提案遴选，与自治区党委办公厅、政府办公厅和相关厅局沟通，多方征求意见，报请政协主席会议研究确定重点提案14件。自治区党委办公厅、政府办公厅联合下发文件，由自治区党委、政府、政协领导领衔督办。通过自治区领导督办重点提案，促进了自治区重大决策部署的贯彻落实，带动了提案整体办理工作。创新开展同类提案集中办理协商活动。组织，创新召开同类提案集中办理协商会，选择委员和群众普遍关注的20件教育类和16件扶贫类提案，召开同类提案集中办理协商会。通过组织提、办双方，相关专家学者进行面对面交流，沟通协商、增进办理共识、形成会议纪要，促进办理落实，丰富提案办理协商形式。不断推进提案"双向评议"工作。为推动提案工作质量，组织评议组对自治区政协十一届一次会议提案质量和办理情况进行"双向评议"，把评议结果作为提案承办单位效能考核重要依据，较好发挥了以评促督，以督促办的作用。强化基础，推动提案工作取得实效。强化素材征集，加强委员选题方向引导。为使新一届政协委员提出高质量提案，提案委员会向自治区有关部门征集提案选题，并通过各类媒体向社会广泛征集提案线索，编印五大类149条《自治区政协十一届一次会议提案选题参考题目》，为委员撰写提案提供参考。加强沟通协商，提高集体提案质量。为提高集体提案质量，在崔波主席、李彦凯副主席带领下，走访自治区各民主党派、工商联，自治区总工会、青联、妇联、科协、侨联等政协参加单位，共同探讨提高集体提案质量之策。严格审查把关，确保立案质量。自治区政协十一届一次会议以来，共收到提案684件（其中大会提案673件，平时提案11件）。提案审查期间，邀请自治区党委督查室、政府督查室及区直20多个部门同志参与提案初审，严格标准，规范程序，审查立案588件，立案率85.96%。及时组织交办，提案办理取得实效。对立案提案进行科学分类整理，召开提案交办会，将审查立案提案交由106个承办部门办理。2018年提案全部办复。其中解决或采纳的提案408件，占总数69.39%；拟解决或拟采纳的提案167件，占总数28.4%；因条件所限无法解决，留作参考的13件，占总数2.21%。健全完善制度，推动提案工作制度化、规范化、程序化建设。根据形势需要，及时修订《自治区政协提案工作条例》；完善《自治区政协提案办理工作效能目标管理考核实施细则》，简化考核程序，突出办理质量；制定《自治区政协提案委员会关于提高提案质量的意见》，引导提案者树立质量意识、精品意识。加大宣传力度，发挥提案民主监督作用。利用各类媒体，特别是发挥好《华兴时报》"提案周刊"作用，及时报道提案工作的重要活动和提案办理取得的成效，公开承办部门答复意见，提高社会各界对提案工作的认知度和支持度，使民主监督与舆论监督有机结合，扩大政协提案工作的社会影响。围绕中心，扎实开展调研视察工作。开展脱贫攻坚调研。为推动全区脱贫攻坚工作，组织政协委员，深入同心县、红寺堡、西吉县、原州区等深度贫困地区进行专题调研，并邀请调研所在地的自治区政协委员参加调研。通过走村入户、座谈交流等方式，了解基层脱贫攻坚工作和群众所想所盼。围绕科技人才建设情况进行调研。按照常委会议调研方案分工，围绕科技人才队伍建设情况，分三个小分队在银川市开展调研，通过深入实地、座谈交流、发放问卷等形式，广泛征求意见和建议，全面了解和分析全区科技人才培养、引进、使用等方面情况，为自治区相关部门完善政策措施、推动工作落实提出意见和建议。开展界别视察活动。组织中共界别部分委员，就全区传统产业转型升级及外向型经济发展情况，赴石嘴山市视察，了解传统产业转型升级的现状和形势，并围绕加快产业转型、淘汰落后产能、破解融资难、节能减排等方面进行座谈交流，提出意见建议。全力服务全国政协视察调研。做好全国政协副主席张庆黎、杨传堂分别率队围绕"打赢精准健康脱贫攻坚战"和"巩固脱贫成果保证长期稳定脱贫"专题调研活动的服务保障工作。按照全国政协调研组采取小分队、访谈式等调研要求，提前和自治区有关厅局联系，做优做细做实工作方案，并全程服务考察调研活动，确保了调研活动圆满高效完成，受到全国政协领导好评。加强交流，提升提案工作水平。深化学习和研讨活动。召开全区政协提案工作座谈会，组织市、县(市、区)政协，政协各参加单位，提案承办部门等60余家单位，深入学习习近平总书记关于加强和改进人民政协工作的重要思想及对提案工作的重要指示精神，学习全国政协第七次提案工作座谈会精神，交流如何提出高质量提案、如何高质量办好提案、如何高质量完成服务的经验做法，不断增强提案工作围绕中心、服务大局、履职尽责的自觉性和主动性。广泛联谊交流学习。加强提案工作理论研究和实践总结，先后在全国政协和相关会议上，介绍交流了深化提案办理协商、提高提案质量等做法和经验。根据自治区政协年度工作安排，赴湖北和贵州省围绕脱贫工作和提案工作调研考察，学习先进经验，为自治区脱贫攻坚工作提出建议。积极做好黑龙江、江苏、广东、海南省政协来宁调研的接待工作，相互取长补短，共同提高。

【经济委员会】2018年，经济委员会加强党的建设，突出政治引领。按照自治区政协党组的统一部署，经济委员会成立分党组和功能型党支部，建立分党组成员联系界别、党员委员联系党外委员制度，修订委员会《工作简则》。以组织委员参加学习培训、听取会议讲座、开展座谈交流等形式，引领委员牢固树立"四个意识"，坚定"四个自信"，做到"两个维护"，增强对中国共产党和习近平新时代中国特色社会主义思想的政治认同、理论认同、情感认同，把委员的智慧和力量凝聚到中央和自治区党委的决策部署上。召开务虚会、建立委员微信群、积极搭建协商平台，畅通委员表达渠道，引导委员正确理解人民政协的性质定位，准确把握思想政治引领与建言咨政的关系，做到"讲规矩、守纪律、重品行，懂政协、会协商、善议政"。尊重主体作用，激发委员活力。政协委员是政协组织的细胞、履行职责的主体。2018年，经济委员会把发挥委员作用放在重要位置，采用多种形式激发委员主体意识，调动委员主动性、自觉性、创造性。经济委员会员会自觉把工作放到大局中谋划和推进，围绕自治区党委、政府中心工作积极建言献策。聚焦"降成本30条"落实协商议政。委员会与经济和信息化委员会、自治区工商联组成联合调研组，赴全区五市，对自治区政府2017年1号文件《关于降低实体经济企业成本的实施意见》落实情况开展了监督性调研。实地走访19家企业，听取61家企业代表意见，对文件中60个条目的落实情况逐条进行跟踪了解，并在此基础上组织召开了民主监督协商会。会后形成的协商报告，提出了对政策及时进行评估和调整、多管齐下降低实体企业电力成本、解决企业融资难问题、抓好政策落实等建议。聚焦宁东煤化工产业发展协商议政。经济委员会员会6月初组织经济界委员和专家到宁东基地视察，崔波主席应邀参加，张超超副主席与委员进行协商交流。委员们围绕延伸宁东现代煤化工产业链、推进关联产业融合发展、打造国际煤化工科技合作交流平台、建设国内领先的研发和中试基地、以工业互联网作为宁东创新发展的引擎等方面提出具体建议。聚焦深化“放管服”改革协商议政。8月2日，自治区主席咸辉带队到自治区政协召开座谈会，征求政协委员对《关于深化“不见面、马上办”改革深入推进审批服务便民化的实施意见》的建议，经济委员会组织8位委员就构建新型政商关系、改善营商环境、推进法治政府建设等作了发言。咸辉认为，委员们的意见建议符合实际、有价值、有针对性，体现较高的参政议政能力和水平，要求政府各部门充分采纳。会后对委员的相关意见建议整理报送自治区政府，张超超副主席批示要求自治区发展和改革委等10个部门认真研究办理。自治区政府办公厅将各部门办理意见向政协进行了反馈，委员的多项建议被采纳。聚焦企业创新主体作用协商议政。围绕政协常委会“提高我区科技创新能力”议政专题，经济委员会组成调研组，赴石嘴山市重点就“发挥企业创新主体作用”深入开展调研，调研组分析全区企业科技创新工作中存在的6个方面的主要问题，提出了加强规划引领、推动政策落地、突出企业主体地位、建立以企业需求为导向的人才引进和培养机制、建立企业协调创新机制、依托互联网打造共享的科技创新平台等建议，为常委会专题议政提供了事实支撑和对策借鉴。常委会期间，经济委员会有6位常委和委员向分组讨论提交了精心准备的发言材料，体现了较强的参政议政意识。聚焦提升宁夏制造业水平协商议政。制造业是全区工业经济的支柱。经济委员会联合民建宁夏区委会组成调研组，围绕“如何提升我区制造业数字化、网络化、智能化水平”深入开展了调研，专题协商会邀请自治区发展和改革委员会、工业和信息化厅、科学技术厅的负责人与委员、参会企业家共同进行讨论，就如何认识与推动智能制造、智能制造的路径选择、建立统一的指导服务和综合管理平台、加快智能制造人才培养等方面进行互动交流。会后形成的协商报告，提出要引导企业家转变观念、要坚持分类指导、搭建企业发展服务平台、加强人才队伍建设等建议，得到石泰峰书记、咸辉主席、刘可为副主席的肯定性批示。体现界别特色，增强履职实效。由界别组成是人民政协组织的显著特色。2018年经济委员会加强与民建、经济、工商联界别委员的联系，注重发挥好政协界别的特色优势和委员的主体作用。习近平总书记在民营企业座谈会上的重要讲话发表后，按照崔波主席的要求，与自治区工商联及时组织召开专题学习会，传达学习习近平总书记重要讲话精神，政协委员和工商联会员中的35位民营企业家参加会议踊跃发言，就加快全区民营经济和民营企业发展提出意见建议。经济委员会将相关情况整理成专报报送自治区领导，得到石泰峰书记、咸辉主席、崔波主席的批示鼓励。畅通发力渠道，提升参政水平。做好六盘山片区政协精准扶贫交流推进会参会协调和服务工作。2018年六盘山片区政协精准扶贫交流推进会第四次会议在青海省西宁市召开，崔波主席率团参加了会议。会前，加强与自治区12个相关部门的协同沟通，及时将会议所需材料、数据汇总提交会议主办方，并就推进会向全国政协提交报告中涉及宁夏的扶贫项目，积极准确反映宁夏的诉求。形成《关于六盘山片区政协精准扶贫交流推进会第四次会议情况的报告》，咸辉主席批示学习借鉴兄弟省区经验，研究政协建议，要求自治区扶贫办提出意见。通过提案和社情民意转化调研成果。对调研视察中发现的相关问题深化研究，通过提案和社情民意实现调研成果的转化。提出《关于调整我区社保缴费基数的建议》，崔波主席批示将该建议转为全国政协提案。认真协助王紫云副主席做好《关于发挥大数据优势，创新“三医联动”模式》重点提案督办的组织协调服务工作，促进提案建议的落实。

【农业和农村委员会】2018年11月1日，自治区政协十一届四次常委会议审议通过《关于增设专门委员会和变更专门委员会名称的决定》，决定增设自治区政协农业和农村委员会。农业和农村委员会成立以来，在自治区政协党组、常委会和主席会议领导下，认真贯彻落实习近平新时代中国特色社会主义思想和中央十九大精神，紧扣中央和自治区有关“三农”工作的决策部署凝智聚力，努力推动工作起好步、开好局。加强制度建设，完成机构筹建。自治区政协党组对农业和农村委员会工作机构的组建十分重视，自治区政协十一届四次常委会议闭幕后就组织精干力量，推进机构组建。为尽快完成委员会筹建任务，选择并征求部分工作经验丰富、专业水平高、调研能力强的农业、中共、科技、经济等界别委员意愿，形成农业和农村委员会委员组成人员建议名单。经自治区政协主席会议成员审定，确定农业和农村委员会委员33名（分布于政协11个界别）。及时筹备召开委员会全体会议。11月9日，组织召开农业和农村委员会第一次全体会议，审议通过《自治区政协农业和农村委员会工作简则》，明确委员会主要职责；研究此后四年工作重点，为委员会高标准建设、高质量履职，统一了思想凝聚了共识。探索开展“党建+农委”工作。经自治区党委批准，成立农业和农村委员会分党组。分党组成立后，及时建立党员委员联系党外委员制度，充分发挥党员委员的骨干作用，努力把党建工作融入委员会各项工作中，做到党建工作与委员会履职同部署、同落实，努力推动党的建设与委员会工作融合发展。加强理论学习，强化思想政治引领。自觉把学习放在突出位置，按照自治区政协党组的要求和部署，坚持把思想政治引领落实到委员会工作各方面。组织委员深入学习习近平新时代中国特色社会主义思想，学习习近平总书记关于加强和改进人民政协工作的重要思想，引导委员提高政治站位，不断增强“四个意识”，坚定“四个自信”，坚决做到“两个维护”，增强对中国共产党和中国特色社会主义的政治认同、思想认同、理论认同、情感认同。充分利用自治区政协“公众号”和“履职通”、委员工作学习交流微信群、专题学习交流等形式，学习中央、自治区有关“三农”工作的方针政策、法律法规，准确把握形势发展，提高履职的针对性和实效性。做好重点任务前期筹备工作。加强与自治区农业和农村厅、扶贫办等有关部门的联系沟通，多次座谈交流，听取他们对自治区政协农业和农村委员会今后重点工作的意见和建议。组织政协委员深入原州区、彭阳县等深度贫困地区，进行认真细致的访谈和解剖麻雀式调研，较全面地掌握了扶贫一线干部和群众对脱贫攻坚的愿望和呼声。为做好2019年上半年自治区政协专题议政常委会议调研，起草关于“如何实现稳定可持续脱贫”调研方案建议。以拟定发展特色产业、劳动力转移就业、健全扶贫综合保障体系、实现易地扶贫搬迁群众稳定脱贫、加强生态建设、激发内生动力、加强基层组织和人才队伍建设等八方面24项调研子课题为基础，从加强与基层政协上下联动、推动与政协各参加单位联合调研等方面，形成调研方案建议。邀请有关厅局、宁夏大学等单位参加座谈会，广泛征求相关各方意见和建议。调研方案建议经反复修改完善后，报请自治区政协主席会议成员审定，为政协常委会议开展调研奠定基础。

【人口资源环境委员会】2018年，人口资源环境委员会抓理论学习，确保正确的政治方向。始终把坚持党对人民政协的领导，维护习近平总书记核心地位、维护党中央权威和集中统一领导作为委员会的首要政治任务。在政协机关开展的“习近平新时代中国特色社会主义思想（人民政协重要论述）专题学习辅导”活动中，委员会各位主任和办公室的同志撰写有深度的学习体会文章并发表。年中，委员会组建分党组，探索推行“党建+人口资源环境”的工作模式。通过分党组会、主任会、全体会等形式，组织委员学习习近平新时代中国特色社会主义思想、习近平总书记关于加强和改进政协工作的重要思想、习近平生态文明思想，深刻领会“两个维护”的内涵要义，通过这样的思想引领，委员们都能旗帜鲜明讲政治，“四个意识”更加牢固、“四个自信”更加坚定。在理论学习、召开会议、安排调研、撰写报告等方面始终用是否坚持“两个维护”来衡量，专委会全体人员坚持党的领导的政治思想更加坚定和自觉，在履职尽责中做到始终坚守政治纪律和政治规矩。抓履职尽责，提升了协商议政水准。根据政协党组确定的年度工作任务，委员会主要通过四个方面的工作促进委员的主体作用充分发挥。一是开展贯彻落实“水十条”常委会专题协商议政。崔波主席赴吴忠市调研南干沟、清水沟综合整治情况；李彦凯、冯志强副主席分别带领由委员、党派和工商联有关人员组成的调研组，紧紧围绕“水十条”及自治区《水污染防治工作方案》，聚焦改善地表水环境质量、治理城市黑臭水体（排水沟）、饮用水水源地保护等2020年阶段性重点考核目标完成情况，实地考察17个县（市、区）12家企业19个污水处理厂7个人工湿地，25位委员、31位专家学者参加了调研工作，形成《关于我区贯彻落实“水十条”工作情况监督性调研报告》，专家组形成《如何从源头上系统解决宁夏“水”的问题》理论研究报告。在经过讨论修改报送自治区党委《关于我区贯彻落实“水十条”工作情况监督性协商报告》。得到石泰峰书记的肯定性批示。崔波主席指出这项工作的6个创新点，成为政协监督性调研工作的参考样板。二是开展全区农业品牌建设情况专题调研和考察。委员会组织15位委员、8位企业家和专家，分成两个调研组就做强全区农业区域特色共有品牌进行了专题调研，实地考察22个企业（合作社），在8个县（区）和一些企业召开座谈会，把握基层的实际情况。为了解外地品牌建设的经验做法，又组织部分委员前往江苏和四川两省学习考察，形成报告。打破仅在宁夏的“小圈子”看问题的束缚，把宁夏的农业品牌建设置于全国的大背景下，广泛参与市场竞争，形成有规模、高质量、好收益的品牌合力，各方面都觉得报告有高度、有见地。三是开展全区生态保护红线落地情况的界别协商。委员会组织部分界别委员和环保厅、国土厅等厅局同志，赴银川、固原、中卫市就全区生态保护红线划定后贯彻落实情况进行调研，实地考察了贺兰山和沙坡头国家级自然保护区、银川市南郊水源地、西吉县将台堡等各类保护地开展生态保护红线划定、“一线一策”管控、生态移民迁出区生态修复、沙化土地封禁保护项目等工作情况。形成的监督性调研报告紧扣实际，大胆提出落实生态红线进度，必须坚持时间服从质量的要求，把一些地方一地多属性、权属交叉等矛盾化解在勘界定标前，缓解政府有关部门的压力。四是开展提案跟踪督办，推动相关建议的落实。冯志强副主席带领部分委员现场督办自治区政协十一届一次会议第580号《关于进一步延伸现代煤化工产业链促进煤炭高效清洁利用的建议》重点提案，督办中，委员们实地考察了神华宁煤集团煤化工副产品深加工项目、泰和新材料有限公司氨纶项目，召开现场协商办理座谈会。针对延伸现代煤化工产业链中存在的煤化工产品附加值低、市场竞争能力弱和经营管理人才短缺等问题进行了充分交流，力促提案建议的落地。创新是推动工作的原动力，委员会在三个方面作了有益尝试。创新调研谋划。针对调研课题的具体情况，按地域特点、政策要求等，将调研组分成若干小组开展工作。组长随机选点召开座谈会，要求参加的委员、专家都准备发言，并形成微报告作为调研成果汇总融入协商报告中，这一做法极大地强化委员的责任意识。还把调研与各民主党派、工商联准备开展的建言献策加以融合，广纳多方智慧，达到了提高调研质量水平的目的。同时还由单一的自治区级政协委员扩展为区、市、县（区）三级委员联合开展，实现横向纵向联合，收到良好效果。创新参与者结构。在“水十条”的调研中，邀请环保厅、水利厅、住建厅等厅局负责同志，南京环境科学研究所主任张毅敏、北京大学教授郭怀成、宁夏农科院原院长戈敢等区内外著名专家、学者参加。《报告》撰写及修改过程中，还吸取中科院王浩院士、河海大学董增川副校长、中山大学彭少麟教授等专家的意见。常委会上，分管副主席就调研情况作说明，五位副主任对报告涉及的具体问题各有侧重地向会议作深度讲解，加深与会人员的认识，达成共识。在生态保护红线落地情况的调研中，委员会邀请自治区环保厅、规划办的专家领导参加调研指导，确保问题查找精准无误，政策建议利于操作。创新站位视野。冯志强副主席带领部分委员走出宁夏，前往江苏和四川部分地区考察学习，丰富对全区农业品牌建设协商报告建议的内容。全国暨地方政协人口资源环境委员会工作座谈会在广西南宁召开，这是委员会全国会议中唯一邀请分管副主席参会的单位，对统一认识、指导工作意义重大。杜正彬主任代表宁夏政协在会上作了交流发言，不但是学习全国及兄弟省区政协工作好的方法，也是对宁夏政协人资环委最好的宣传和展示。12月，冯志强副主席带队参加沿黄九省（区）黄河生态带建设研讨郑州会议并作交流发言，会议形成的纪要被提炼为全国政协提案，为促进沿黄生态带建设上升为国家战略贡献政协力量。

【教科卫体委员会】2018年是十一届政协教科卫体委员会履职的第一年。为适应新形势新任务新要求，提升委员参政议政水平，提高专委会履职能力，专委会把学习新思想新理论作为工作新常态。强化政治理论学习，学以致用凝聚共识。更加注重加强政治学习。利用委员培训、专委会座谈、集中听课、网络教学等方式深入学习中共十九大报告精神、习近平新时代中国特色社会主义思想及人民政协重要论述、中办《关于加强新时代人民政协党的建设工作的若干意见》《汪洋在习近平总书记关于加强和改进人民政协工作的重要思想理论研讨会上的讲话》等精神，为更好地用习近平新时代中国特色社会主义思想武装头脑、指导实践、把握专委会工作的正确方向奠定了坚实的理论基础。更加注重强化意识形态教育。推动参加意识形态工作专题辅导，集体学习《关于牢固树立马克思主义民族宗教观加强新时代民族宗教工作的决定》精神等教育活动，增强党员干部马克思主义的理论修养。每名党员都做了不信教、不参加宗教活动的坚定承诺，牢固树立“四个意识”，坚决做到“两个维护”。牢固树立以人民为中心思想，精准选题推进协商任务落实。教科卫体委员会在调研、协商等履职活动中努力落实常委会各项任务，最广泛地凝聚共识、汇集力量，推动工作、提高质量。全年承接1次政协常委会协商议政专题，2次专题协商调研，1次赴外省考察学习，组织15次委员专题协商及监督和界别协商等座谈会，形成专题协商调研报告及考察报告6篇，其中报送3篇，组织6次界别委员活动，报送社情民意18篇，政协快讯10篇，召开2次主任及全体委员会会议。崔波主席2次就委员会工作作出重要批示。落实政协常委会重要部署，围绕提高科技创新能力建言献策。坚持问题导向，周密筹划、制定方案，崔波主席出席并主持召开启动会，会议确定由7位副主席带队，聚焦8个方面、27条具体问题；8月，7个调研组深入全区5市11县（市、区）19家企业、2所科研院所和高校、7家工业园区开展调研。调研工作采取解剖麻雀的方法，并邀请20位区内外专家学者，听取他们对宁夏科技创新工作的意见建议。在形成分报告的基础上汇总其他6个小组的调研成果，形成《关于提高我区科技创新能力的综合调研报告》及《如何提高我区科技创新能力的协商报告》；积极筹备常委会。常委会上，7名常委、委员作口头发言；19名委员、8名相关厅局和24名企业负责人分别在4个专题讨论小组进行发言；邀请了科技部和西北农林科技大学的两位专家学者作专题讲座，使参会人员享受了科技创新知识大餐；会后形成《如何提高我区科技创新能力的协商报告》，报自治区党委。12月3日，自治区主要领导和分管领导进行了批阅。落实民主协商专题，聚焦创新素养教育建言。通过调研形成《我区中小学（幼儿园）创新素养教育工作协商报告》。协商报告引起教育部门高度重视，也得到了自治区主要领导重视及分管领导的批阅。党委办公厅针对专题协商报告中的建议逐条进行了函复，并形成具体措施和意见。此项工作被国家教育部采纳并将创新素养教育列入全国基础教育创新范围，并纳入自治区《关于深化教育体制机制改革的实施意见》《宁夏回族自治区“互联网＋教育”示范区建设规划（2018—2022年）》《宁夏回族自治区“互联网＋教育”示范区建设实施方案》，建立以学生为本的新型教学关系。教科卫体委员会为继续促进这项工作，2018年8月上旬和11月中旬，先后应邀参加了教育厅召开的全区中小学（幼儿园）创新素养教育工作推进会，全区中小学、幼儿园创新素养教育培训观摩现场会。专委会向崔波主席报告了“自治区教育厅采纳自治区政协建议，推进创新素养教育工作情况的汇报”，崔波主席批示：“很好。紧盯不放，久久为功。”实施民主监督协商议题，围绕分级诊疗政策落实献计。调研中委员们认为，全区分级诊疗工作中存在基层“接不住”与群众“不愿去”、患者“下不去”与医院“放不下”、“急”的进不来“慢”的转不出、管理机制不完善、实施细则不落地等运行过程中的问题，委员们建议：建立公立医院以公益性为导向的绩效考核机制、全面提升县级公立医院的综合服务能力、多措并举加大全科医生队伍建设、加强信息化建设。同时，召开了多次座谈会，进行不同层次的研究和探讨，在总结、提炼调研组专家意见的基础上，召开专题协商会并形成监督性协商报告，报自治区党委，为全区构建“基层首诊、双向转诊、急慢分治、上下联动”的医疗新秩序起到积极的促进作用。突出发挥界别委员作用，着力促进民生条件改善。委员会分别组织教育和体育界别、医药卫生界别委员对全区“全民健身实施计划”及“互联网＋医疗健康”工作实施情况进行视察，委员们结合自身专长提出有见地的意见建议，并表达在此后的工作中会继续高度关注的意愿。协同民盟界别委员对全区引黄古灌渠水利设施建设情况进行视察。为完善全区水治理体系建设，促进水利设施建设的发展，从水安全问题、民生水利建设、母亲河保护、水利文化建设等方面提出了真知灼见。专委会针对“如何提高我区科技创新能力”和“科技体制改革和科技成果转化”议题，与科技科协界委员召集人协商，将界别委员活动融入专题协商调研活动之中，参加调研的界别委员提出了很好的意见建议，增强了委员建言履职的时效性。反映群众热点难点问题，力促民生领域实事落实。一是推动重点提案落实。十一届一次会议以来，委员共提交了提案76件，占提案总数的11.11%。重点反映当前社会发展中存在的一些热点难点问题，其中本委专职副主任杨志中委员的589号提案和遇旻委员的464号提案被列为自治区政协领导重点督办提案。助力乡村师资能力建设，活跃校园文化活动。搭建平台，香港福建希望工程基金会主动奉献爱心，192名（含中宁红悟山小学10名教师）热爱乡村教育的教师受到表彰，爱国爱港人士及驻港政协委员心系教育的心愿得以实现。重视反映社情民意。2018年，动员委员围绕身边群众关注的民生问题，撰写社情民意，累计提交社情民意30篇，其中“关于加强宁夏院前医疗急救（120）站点网络建设的建议”得到杨培君副主席的批示；“关于加强青少年视力保护的建议”得到王和山副主席的批示。

【社会和法制委员会】2018年，社会和法制委员会贯彻落实中共中央办公厅《关于加强新时代人民政协党的建设工作的若干意见》，始终把党的建设融入政协社会和法制工作中，通过召开委员会全体会议、主任会议、座谈会、务虚会等形式，组织委员认真学习习近平总书记到宁视察重要讲话精神、在中央全面依法治国委员会第一次会议上的重要讲话精神、为庆祝宁夏回族自治区成立60周年的题词等，重点学习习近平总书记关于加强和改进人民政协工作的重要思想，从坚持中国共产党对人民政协事业领导、坚持人民政协性质定位等8个方面进行专题讨论，增强委员做好新形势下人民政协工作的责任感和使命感。全年召开2次全体会议,1次务虚会。强化制度建设,不断推动委员履职规范化。制定社法委工作简则。根据《中国人民政治协商会议章程》《政协宁夏回族自治区委员会专门委员会通则》,起草《政协宁夏回族自治区委员会社会和法制委员会工作简则》,并多次征求委员和相关部门的意见建议。召开全体委员会议,审议通过《工作简则》,为委员履职提供了制度规范。主动履职尽责,为深化改革保障民生建言献策。围绕社区治理体系建设情况开展专题调研。根据2018年度协商工作计划,4月中旬,组成专题调研组就全区社区治理体系建设情况进行了专题调研。调研组深入调研,反复论证,就推进全区社区治理体系建设提出意见建议,形成《关于我区社区治理体系建设情况的调研报告》。9月3日,自治区政协召开社区治理体系建设专题协商会,委员们与自治区党委组织部、综治委、民政厅、财政厅,就《专题协商报告》深入开展协商讨论,对推进全区社区治理体系建设的具体意见建议达成共识。9月7日,自治区政协十一届11次主席会议审议通过《我区社区治理体系建设情况协商报告》,并报送自治区党委。围绕法院检察院司法体制改革情况开展民主监督调研。7月,组成专题调研组对全区司法体制改革情况进行专题民主监督性调研,形成《关于我区司法体制改革进展情况的调研报告》。11月22日,自治区政协召开司法体制改革工作专题民主监督协商会,委员们与自治区党委政法委,自治区高级人民法院、检察院,自治区编办、财政厅,对《专题民主监督协商报告》深入开展协商讨论,对推进全区司法体制改革工作的具体意见建议达成共识。12月20日,自治区政协十一届19次主席会议审议通过《我区司法体制改革进展情况专题民主监督协商报告》,并报送自治区党委。自治区党委主要负责人分别作了批示。围绕农业科技创新工作开展专题调研。根据自治区政协十一届四次常委会议工作安排,8月,组成专题调研组就全区农业科技创新工作进行专题调研,形成《关于我区农业科技创新工作的调研报告》,报送自治区政协主席会议,并提交自治区政协十一届四次常委会议。围绕全区推进全国法治城市创建工作开展专题调研。10月,组成专题调研组就全区推进全国法治城市创建情况进行专题调研。调研组实地考察大武口区法院、石嘴山市青少年法制教育基地等,并与自治区司法厅、石嘴山市司法局、政府法制办等部门负责同志和有关专家学者座谈交流,形成《关于我区推进全国法治城市创建情况的调研报告》。关注民众福祉,努力在改善民生中主动作为。开展重点提案督办工作。8月,马秀珍副主席带领社会和法制委员会、提案委员会部分委员,就自治区政协十一届一次会议8号重点提案"关于完善我区城乡居民医保的建议"进行现场督办。针对全区医保基金支出压力逐年增大,分级诊疗制度落实难、控费难,医保付费方式改革困境,参保扩面难度大等问题,提出建立合理分担医保筹资机制、推进实现分级诊疗目标、深化医保支付方式改革、加快发展商业健康保险的意见建议,形成自治区政协"专题会议纪要"。做好提案和反映社情民意工作。2018年,针对群众关心的热点难点问题,撰写提案,反映社情民意。提交社情民意18份,被自治区政协办公厅研究室采用13份,提交《关于理顺强制隔离戒毒工作体制的建议》等提案12份。做好2018年度宁夏政协"兴华爱心基金重特大疾病救助资金"发放工作。1月向各县(市、区)政协下发《关于申报2018年宁夏政协"兴华爱心基金重特大疾病救助资金"救助患者名单的通知》。经过对各县(市、区)政协申报的65名患者提供材料进行严格审查,共评选出42名符合条件的患者,救助资金100余万元。强化主体地位,拓展委员履职平台。参加公务员招考笔试巡视工作。6月组织委员参加2018年全区公务员招考笔试阅卷监督工作。组织委员参与政府有关工作。2018年,应邀参加党政机关相关部门、直属事业单位、公共服务窗口等单位召开的工作会议、重要活动和座谈会5次,为委员更好地履职创造了条件。及时办理人民群众来信来访1件。创新联络方式,丰富活动内容。加强对外联系和宣传,及时了解各地工作动态,研究探索如何做好新形势下政协社会和法制工作。加强与对口单位、各民主党派及基层政协的联系。在调研视察中,邀请相关单位负责人、各民主党派以及在市、县(区)的自治区政协委员参加调研视察工作并与市县政协对口专委会协同开展调研视察,使调研成果更符合全区实际。

【民族和宗教委员会】2018年,民族和宗教委员会加强自身建设,提升能力打基础。强化政治引领。按照自治区政协党组的要求,民宗委分党组成立以来,把坚持和加强中国共产党的领导、坚持人民政协性质定位贯彻落实到履职工作各方面,发挥分党组对委员会的政治领导和工作领导作用。探索开展功能型党支部试点工作,制定党支部工作方案、理论学习制度和中共党员委员联系党外委员制度,明确各支委的工作职责。成立临时党小组，确保调研考察工作的顺利完成。注重理论学习，把学习贯彻习近平新时代中国特色社会主义思想和党的十九大精神作为首要政治任务，通过全体会议、主任会议、座谈交流会和专题讲座等多种形式，学习贯彻习近平总书记关于加强和改进人民政协工作的重要思想。全体干部参加由自治区政协党组开展的习近平总书记关于加强和改进人民政协工作重要思想八个专题的学习研讨活动，并组织集体讨论，交流学习心得，撰写体会文章。学习中共中央及自治区党委关于新时代民族宗教工作的方针政策和石泰峰书记在自治区领导干部大会上的讲话等系列讲话精神，树立马克思主义民族观宗教观，努力提升开展民族宗教工作的水平和层次。7月，召开办公会，组织全体干部学习《中国共产党宁夏回族自治区第十二届委员会第四次全体会议公报》。组织政协委员就牢固树立马克思主义民族观宗教观进行专题学习讨论。4月，分管副主席就牢固树立马克思主义民族观宗教观对机关全体干部进行专题辅导讲座。8月，邀请自治区宗教局副局长胡绍皆为委员和机关干部作“党的民族宗教政策”专题辅导。提升服务水平。在调研、考察、视察、界别活动、全委会议等活动中，主动联系、热情服务委员，虚心听取意见，改进工作作风。委员参政议政意愿浓，建言献策热情高，履职水平不断提升。建立“民族和宗教委员会工作交流群”“民族和宗教工作委员会主任交流群”两个工作微信群，为政协委员加强学习、履职交流搭建新型平台，推动政协民族宗教工作向前发展，起到拓宽信息传递渠道，提高工作效率，传播正能量的作用，凸显出“互联网+”时代政协工作的生机和活力。崔波主席批示“建立两个微信群的做法好。各专委会可借鉴。形成利用微信联系委员的网络”。2018年，完善《民族和宗教委员会工作简则》，编辑《民族和宗教工作资料汇编》等，提升服务委员的能力。加强自身建设。办公室以“机关干部素质提升年”活动为契机，加强政治理论和业务知识学习，巩固自身建设成果。共有7人参加区直机关十九大精神轮训班、民族宗教培训班、全国政协民宗委专题培训班的学习，提高理论修养，加强能力素质，形成内部团结协作、互帮互助的工作氛围。关注民族团结创建工作，助推“创建”讲实效。开展全区民族团结进步示范区创建情况监督性调研。9—10月，组织部分委员、专家学者，先后赴固原、中卫、石嘴山、银川市，对全区“民族团结进步示范区创建情况”进行监督性调研。调研组实地走访部分县（区）、乡镇（街道）、村（社区）、企业和宗教场所，并与当地干部群众座谈交流。12月，召开专题协商会，形成《我区民族团结进步示范区创建情况的监督性调研报告》，报自治区党委政府。对有关部门的征求意见稿提出修改意见。先后对《自治区创建民族团结进步示范区的实施意见》（征求意见稿）、自治区党委《牢固树立马克思主义民族观宗教观加强新时代民族宗教工作的决定（征求意见稿）》进行讨论，提出修改意见，部分意见被采纳。聚焦宗教热点，深入调研献良策。对全区宗教释义与中国文化相结合情况进行调研。4月，组成调研组先后深入五市28个宗教场所，召开不同形式座谈会7场，多次与统战、民族宗教等部门和有关专家学者、宗教界人士进行交流探讨。8月，召开专题协商会，自治区党委统战部、民委（宗教局）及宗教团体负责人围绕主题作交流发言并进行讨论，提出提高政治站位、加强人才培养、建立有效机制、发挥宗教团体作用等建议，形成《关于我区宗教释义与中国文化相结合情况的协商报告》，关注重点问题积极反映社情民意信息。针对调研中发现的全区意识形态治理中存在的问题、基层移风易俗存在的问题，主动跟进，深入基层了解情况，通过社情民意信息的形式向有关部门反映，崔波主席作了批示，《发挥宗教界在移风易俗中的作用》等作为建言报送全国政协。情系民生发展，履职为民办实事。根据自治区政协十一届四次常委会议专题议政分工安排，组织部分委员赴中卫市对全区“政府科技投入”情况进行专题调研。调研组先后深入5家企业，通过实地查看、情况介绍、座谈交流等方式，了解近年来全区科技创新中政府、高校和科研机构研发投入，企业科技创新后补助政策落实情况及存在的问题，形成《关于加强我区政府科技投入的建议》，在十一届四次常委会议上作了口头发言。开展重点提案督办工作。8月，马力副主席带领督办组就自治区政协十一届一次会议4号重点提案“关于以农业龙头企业的高质量发展促进我区乡村振兴的建议”进行现场督办。针对存在的问题，督办组建议相关部门切实采取措施，做大做强农业特色优势产业，推进产业扶贫，加快农业产业化发展，助力乡村振兴战略实施。对全区脱贫富民战略实施，产业扶贫、少数民族建档立卡户脱贫攻坚开展深入细致的调研。开展合作交流，加强联系促工作。加强与全国政协的联系。6月，完成全国政协民宗委来宁调研“解决深度贫困地区脱贫问题”的有关组织服务工作，受到全国政协民宗委的肯定。9月，参加全国政协民宗委召开的少数民族八省区工作座谈会，交流经验和体会；加强与兄弟省（区、市）政协的联系。组织部分委员赴广西、安徽两省区学习考察民族团结进步创建工作方面的经验做法，开阔视野，拓展思路。

【港澳台侨和外事委员会】2018年，港澳台侨和外事委员会加强理论学习，提高政治站位，推动委员会思想政治建设取得实效。加强思想建设，凝聚思想共识。做好新时代人民政协和委员会工作，重中之重是用习近平新时代中国特色社会主义思想武装头脑、指导实践、推动工作。为适应新形势、新任务和新要求，针对换届之年新任委员较多的情况，委员会通过全体委员会议、主任会议、分党组会议和情况通报会等形式，及时组织委员认真学习习近平新时代中国特色社会主义思想、传达贯彻中央十九大精神、全国“两会”精神、关于加强新时代人民政协党的建设工作的若干意见、汪洋主席在“习近平总书记关于加强和改进人民政协工作的重要思想理论研讨会上的讲话”精神和自治区第十二次党代会精神。分党组成立后，及时召开分党组会议，组织党员委员学习习近平总书记到宁讲话、石泰峰书记在全区领导干部专题学习班上的讲话等讲话精神，着力在学懂弄通做实上下功夫。组织委员参加机关的学习培训活动，通过学习，委员们统一思想、凝聚共识，准确把握人民政协性质定位，为履职打下基础。加强组织建设，发挥党建引领。为坚持党的领导，贯彻落实党要管党、全面从严治党和习近平总书记提出的“要以提升组织力为重点，突出政治功能，健全基层组织，优化组织设置，理顺隶属关系，创新活动方式，扩大基层党的组织覆盖和工作覆盖”的要求，按照全国政协系统党的建设工作座谈会精神和自治区政协党组会议要求，成立港澳台侨和外事委员会分党组和功能型党支部，探索发挥分党组对委员会委员的政治引领、思想引领、作风引领功能，探索功能型党支部党员委员联系党外委员，为党外委员知情明政、参政议政创造条件，带动全体委员牢固树立“四个意识”，坚定“四个自信”，在政治立场、政治方向、政治原则、政治道路上同以习近平总书记为核心的党中央保持高度一致。加强自身建设，提高服务水平。委员会狠抓自身建设，组织开展各类理论学习活动，积极参加机关组织的“习近平总书记关于加强和改进人民政协工作的重要思想”系列专题学习讨论和“政协理论大讲堂”等学习活动，组织集体讨论，交流学习心得，撰写体会文章。利用调研机会采取多种形式学习自治区社会经济发展方面的政策知识，提升开展调研工作的水平和层次。做好委员会制度建设，组织学习机关各项规章制度，严格落实《政协宁夏回族自治区委员会专门委员会通则》，修订《港澳台侨和外事委员会工作简则》，完善委员会全体委员会议、主任会议、委员会分工负责制，联系界别、走访委员等制度机制，加强联络管理，强化服务意识，提升服务政协工作和保障委员履职的水平。委员会立足实际，发挥优势，围绕自治区党委、政府重点工作，选择全区经济社会发展中的重大问题积极建言献策，取得了较好成效。聚焦民生、坚持以人民为中心理念，围绕“从在宁港澳台侨企业发展情况，看全区‘放管服’改革成效及问题”开展专题协商，助推“放管服”改革发展。为使调研取得实效，创新调研模式，首次采取书面调查问卷的模式选取26家港澳台侨企业进行问卷调查，掌握第一手资料，为选取调研对象做好准备工作。5月，邀请自治区相关专家对全区“放管服”改革工作开展情况进行培训。6月，张守志副主席带领委员会部分委员，组成5个调研小组深入企业开展调研，并召开专题调研座谈会，会同自治区政府相关部门和各民主党派、工商联等单位就专题协商的侧重点和范围进行沟通磋商。8月29日，召开专题协商会，在广泛听取各方面意见建议的基础上，形成协商报告报送自治区党委、政府办公厅。关注自治区外向型经济发展，围绕“发挥港澳台侨商作用，助推宁夏内陆开放型经济试验区建设”开展专题协商。考察调研活动主要以港澳委员为主，邀请部分在宁台资企业和韩资企业负责人参加了考察活动，收集整理的相关调研材料利用政协微信平台发送给参加调研的港澳委员，拓宽参政议政思路。10月，张守志副主席带领部分港澳委员、在宁委员和特邀人员赴贵州、陕西就“‘一带一路’战略实施”和“加快内陆开放型经济试验区建设”为主题进行考察，先后实地考察贵州安顺高新区夏云工业园区、西安经济技术开发区以及三力制药、博士乐等企业，并召开座谈会，听取相关部门情况介绍，学习借鉴兄弟省市的先进经验。同月，专委会又组织部分区内委员及相关单位负责人到银川经济技术开发区、银川综合保税区进行了专题调研。11月3日，召开专题协商会议，结合调研形成《宁夏内陆开放型经济试验区建设协商报告》。督办重点提案，为构建和谐社会出实招。10月，张守志副主席带领港澳台侨和外事委员会、提案委员会负责人、港澳台侨和外事委员会部分委员会同自治区司法厅、财政厅、银川市、吴忠市、石嘴山市、固原市、中卫市政府的相关领导和提案提出者雷挺，赴吴忠市、银川市对自治区政协十一届一次会议第562号《关于对我区社区矫正工作的几点建议》重点提案进行现场督办。实地考察吴忠市利通区金星、古城司法所和银川市兴庆区玉皇阁北街、中山南街司法所，召开提案办理座谈会。督办组就加强全区社区矫正中心建设工作，切实保障专项经费落实到位，着力打造正规化、职业化社区矫正队伍等方面提出建议，并与提案承办单位形成共识。自治区司法厅、财政厅、各市相关部门加强沟通协调，形成督办会议纪要。11月，张守志副主席带领民革、侨联、台联界别部分委员会同自治区文化和旅游厅，围绕全区旅游景区"厕所革命"行动执行情况开展界别视察，委员对存在的问题现场提出建议意见。委员会落实视察成效，促进全区公共区域服务设施建设。发挥界别代表性，关注民生"鼓"与"呼"。委员会充分发挥好委员的界别群众的优势，组织委员开展走访活动，认真听取本界别群众的意见和建议，抓住群众关注的热点难点问题，通过大会发言、提交提案、反映社情民意信息等各种履行职能的方式建言献策，全年提交全委会、常委会、专题协商座谈会等会议发言材料6篇；提交提案67份，其中立案2份；提交社情民意信息18篇，其中尹相梅委员提交的《关于规范快递柜服务的建议》、邓宽常委提交的《关于进一步落实有关惠台政策的建议》等6篇被采用。加强联系，组织港澳委员履行职责，发挥"双重积极作用"。

【文化文史和学习委员会】2018年，文史委抓党建，强队伍，坚持党对政协工作的全面领导，发挥专委会分党组和功能型党支部的政治引领、思想引领作用，以"融入履职抓党建、抓好党建促履职"的工作理念，提升委员会履职能力。务实绩，求质量，按照自治区政协2018年度专题协商计划，组织委员并邀请相关领域专家实地视察、研讨论证、协商议政，持续关注全区文化事业繁荣发展。分别对全区文物保护利用情况、全区贫困地区公共文化设施建设、对全区科技创新生态建设情况进行专题协商调研，坚持问题导向，把握科学选题、调查研究、成果转化等关键节点，着力提升调查研究水平，提高协商议政实效，形成《全区文物保护利用情况的协商报告》。重征编，显特色，根据全国政协文史资料协作规划和选题，委员会按照征集为主、抢救优先、充分利用、服务社会的要求，全年累计征编文史资料566篇、237万字，图片300余幅，内容涵盖经济、文化、教育、民族等多个领域。重点开展《亲历宁夏回族自治区成立记》的征编出版工作。为了庆祝自治区成立60周年，生动再现自治区成立时的真实情况，先后走访自治区党史研究室、文史研究馆、档案局、社科院等单位，与专家探讨论证征编方案及内容。翻阅《宁夏通志》《汪锋传》等500余万字史料，征集到文史资料200篇70万字，召开了3次审稿会议，最终确定入编稿件50篇30余万字，丰富全区近现代史料库。配合全国政协文化文史和学习委员会，完成重点协作任务《回族百年实录》大型系列丛书的汇稿审稿工作。2018年先后召开两次汇稿会，邀请自治区民委、社科院专家对从全国21个省（自治区、直辖市）征集到的文史资料进行了审读把关，确定采用318篇、136万字。完成《宁夏文史资料》第31辑的出版工作。呼民愿，集民智，委员履职能力取得新提升。充分发挥政协委员的界别优势，根据界别组成特点和人才智力优势，结合党政中心工作和社会焦点问题，安排以界别为主，具有一定前瞻性、战略性的调查研究、研讨论证和咨询服务活动、强化委员的界别意识，激发委员的履职热情。组织社科界、新闻出版界委员及专家学者召开"哲学社会科学如何为党委政府中心工作服务"专题座谈会。委员们呼吁要发挥哲学社会科学界的研

2018年1月30日，自治区政协委员在自治区政协第十一届委员会第一次会议期间交流提案

究优势，加强与政府工作部门的联系，形成资源共享、互相配合、优势互补的格局，推出一批具有前瞻性、指导性和实践性的理论研究成果，为推动全区经济社会发展提供智力支持。组织文化艺术界、无党派界委员视察全区基础性艺术人才培养工作。委员们呼吁要通过定向培训、短期培训等方式得到提升现有艺术人才的专业素养。提案和反映社情民意工作成效明显。组织部分委员陪同洪洋副主席深入基层调研，向全国政协十三届一次会议提交《关于支持西北地区县级公共文化设施建设的提案》《关于支持解决全区学前教育发展困难的建议》《关于加快实施西海固地区脱贫引水工程，助力深度贫困地区打赢脱贫攻坚战的建议》3份提案。组织部分委员、提案者就自治区政协十一届一次会议第265号提案《建议加快推进我区文化产业发展》进行现场督办。督办提案过程中，提案者、承办单位、协办单位加强沟通联系，协商落实提案的意见建议，推动提案办理落实到位，为加快全区文化产业快速发展发挥重要作用。发挥政协委员的主体作用和专委会的基础作用，加强与各界别、对口单位的联系配合，在活动的过程中注意挖掘社情民意线索，及时将调研、视察成果转化为社情民意，提出一些有新意、有深度、有价值的意见建议。2018年，委员会先后整理提出社情民意11件，其中《关于尽快出台我区非国有博物馆管理及扶持政策的建议》得到自治区政府杨培君副主席的批示，助推扶持政策的出台。重交流，抓合作，团结协作取得新拓展。争取全国政协文化文史和学习委员会的工作指导，高标准、高质量完成《回族百年实录》汇编审稿工作。加强与对口单位及各市县(区)政协的协作，走访自治区党史研究室、文史研究馆、档案局、社科院等对口单位，征求《亲历宁夏回族自治区成立记》的征编意见。走访海原县政协、原州区政协，征求各方面对委员会工作的意见，形成横向交流、上下联动的协作交流常态。加强与兄弟省区政协的工作交流。通过电话、微信、邮件等方式加强与兄弟省区政协的工作交流，先后三次就全国各省、自治区、直辖市、副省级市政协文史馆、文史资料编辑部以及政协书画院建设情况进行专门调研，形成较为客观准确的数据分析报告。洪洋副主席带领部分委员赴福建、湖南两省就文物保护工作进行考察学习，对两省重视文物保护政策宣传和人才队伍建设的先进做法深受启发。联合开展陕甘宁三省区“传承和弘扬南梁精神”专题研究活动并作了专题发言，成立宁夏工作组，挖掘、整理档案资料和文史资料，助推陕甘宁三省区及西北地区经济发展和脱贫攻坚。参加第三届丝绸之路(敦煌)国际文化博览会，作了《深化宁夏同“一带一路”沿线国家的人文合作与交流》的专题发言，助力全区与丝路沿线省区及国家文化遗产领域的交流合作。先后接待甘肃、陕西、上海、江苏等7省政协文史委来宁考察，围绕长城遗址保护、非物质文化遗产保护、政协书画院工作等方面进行交流互动。

(马贵琳)

NINGXIA
YEARBOOK

纪检监察

JIJIANJIANCHA

编辑◎张万静

综 述

【概况】2018年是全面贯彻中央十九大精神的开局之年，是改革开放40周年、自治区成立60周年，也是自治区纪委与新组建的自治区监委合署办公的第一年。在习近平新时代中国特色社会主义思想正确指引和以习近平为核心的党中央坚强领导下，自治区党委以鲜明的政治立场和坚强的政治定力，全面落实新时代党的建设总要求，以上率下压实管党治党政治责任，持续用力、久久为功，党的建设得到全面加强，全面从严治党不断向纵深迈进。在中央纪委国家监委和自治区党委的坚强领导下，自治区纪委监委和全区各级纪检监察机关坚守使命担当，聚焦主责主业，忠诚履行党章和宪法赋予的职责，精准发力强化监督，持之以恒正风肃纪，旗帜鲜明惩治腐败，蹄疾步稳深化改革，推动纪检监察工作取得了新成效。

【落实“两个维护”政治责任】2018年，自治区纪委常委会把学习贯彻习近平新时代中国特色社会主义思想和中央十九大精神作为首要政治任务。重点围绕习近平总书记关于全面从严治党重要论述和视察宁夏时的重要讲话精神，结合纪检监察工作实际深化思想认识，以求真务实作风把中央十九大战略部署和习近平总书记对宁夏工作的重要指示落实落细。树牢“四个意识”、坚定“四个自信”，坚决落实党中央和自治区党委决策部署，主动向中央纪委国家监委和自治区党委请示报告工作。紧扣中央、自治区重大战略部署加强监督检查，对脱贫攻坚、生态环保、民族宗教等领域出现的问题严肃问责。严明政治纪律和政治规矩，全区查处存在违反政治纪律行为案件97件、处分126人。制定《违反民族宗教政治纪律处分规定》，约束党员，严格、正确执行党的民族宗教政策。坚决整改中央巡视反馈意见。以高度的政治责任感配合中央第八巡视组开展工作，对巡视组转办的信访举报件和问题线索立交立办、快查快结。从严从实抓好中央巡视反馈意见整改落实，成立整改领导小组和专项小组，研究制定分工方案，压茬推进任务落实，确定年内整改的任务全部完成，长期整改的任务紧盯不放、一抓到底。

【履行管党治党责任】2018年，自治区认真履行“两个责任”。自治区党委切实扛起管党治党责任，制定《自治区党委常委会落实全面从严治党主体责任规定》《市县(区)和区直部门党组织主要负责人向自治区党委述责述廉办法》，修订党风廉政建设责任制考核办法，由自治区党委常委带队进行考核，压紧压实主体责任。各级纪检监察机关落实党内监督条例，认真履行监督专责，督促各级党组织完善全面从严治党“三个清单”，落实签字背书、全程纪实、述廉述责、约谈提醒、派员督导民主生活会等制度，层层传导压力，协助党委(党组)履行好主体责任。用好追责问责利器，对191名落实主体责任不力的党组织负责人和31名落实监督责任不力的纪检监察机关负责人进行问责。切实加强日常监督。出台《自治区纪委监委关于加强监督工作的意见》，将执纪监督室更名为监督检查室，统筹监督检查部门、派驻机构和巡视机构监督力量。将监督寓于被监督单位日常工作之中，建立地方部门政治生态研判机制，根据“树木”和“森林”状况精准处置问题线索，推动日常监督与执纪问责、审查调查贯通衔接。

【监察体制改革】2018年，自治区坚决贯彻中央决策部署，切实加强改革试点组织领导。全国推开改革试点工作电视电话会议召开后，自治区纪委认真学习贯彻赵乐际讲话精神，严格按照党中央确定的改革“蓝图”和中央试点工作领导小组审议通过的“施工图”，周密部署、精心组织，有序推进改革试点工作。自治区党委及时成立自治区全面深化改革试点工作小组及工作机构，加强对试点工作的组织领导和统筹协调。自治区党委书记担任“施工队长”，先后5次主持召开党委常委会和改革试点工作小组会，研究推进试点工作。市、县（区）党委主动跟进，党委书记切实履行“第一责任人”职责，亲力亲为、靠前指挥，研究全面从严治党及党风廉政建设和反腐败工作、协调解决改革难题，强化责任担当。自治区纪委积极牵头抓总，在统筹推进纪委机关改革试点工作的同时，加大对市、县（区）的督查和指导力度，推动试点工作关键环节落地落实。向全区239个乡镇、街道办事处派出监察办公室，授予部分监察职能，形成全覆盖的监督网络，全区监察对象由原来的5.6万人增加到23.3万人。协调自治区政府召开全区留置场所建设专题会议，研究提出留置场所建设意见。支持自治区及5个地级市留置场所建设改造，在将自治区廉政警示教育中心原“两规”场所改造为自治区留置场所的基础上，又将中心紧邻建成但未投入使用的自治区人民检察院办案中心划拨给纪委监委改造留置场所，招录315名事业编制警务人员建立专业留置看护队伍，为纪委监委开展审查调查工作提供有力保障。围绕工作重点，抓好人员转隶和机构组建工作。按照转隶在前、挂牌在后的要求，倒排工期、挂图作战，确保迈好第一步、站稳“第一台阶”。严把转隶人员政治关、廉洁关、形象关，自治区、市、县（区）从检察机关反贪污贿赂、反渎职侵权和预防职务犯罪部门划转编制503人，实际转隶308人。注重思想政治建设，推动人员磨合和工作融合。坚持把思想政治工作贯穿试点工作全过程，在检察人员正式转隶前，逐一谈心谈话，在监委组建前妥善安排好岗位，确保涉改人员思想稳定、工作稳定。各市、县（区）纪委按照自治区纪委要求，主动与涉改部门转隶人员谈心谈话，真正做到编合、心合、力合。通盘考虑转隶人员的职务年龄、工作经历、专业特长等因素，主要向案件监督管理、执纪监督、审查调查、案件审理等部门倾斜，做到人岗相适、人尽其才。转隶后监督执纪部门的机构数、编制数分别占总数的84%、86.2%。加强执纪监督力量。各级本着精简效能、全面履职、分工负责原则，按照“三不增”要求，科学设置内设机构，基本建立执纪监督、审查调查、案件管理、案件审理相互协调、相互制约的工作机制。全区纪委监委机关共设置内设机构244个，其中自治区纪委监委设内设机构17个。

【派驻机构改革】2018年，自治区认真贯彻党中央、中央纪委国家监委关于深化派驻机构改革的决策部署，成立自治区深化派驻机构改革领导小组，组织调研、摸清底数、提前谋划，11月结合自治区党和国家机构改革调整新设39家派驻、派出机构，对部分派驻纪检监察组组长进行了交流使用，切实提高派驻监督全覆盖质量。加强督促指导，确保改革整体协调推进。自治区深化监察体制改革试点工作小组建立了联系指导市、县（区）制度，工作小组组长、副组长分别联系1个地级市，工作小组成员分别联系1～2个县（区），点对点指导、面对面督查，整体推进改革试点工作。自治区纪委监委也建立领导班子成员分片包抓制度，加强对市、县（区）试点工作的指导、协调、服务，及时掌握工作动态，收集、汇总、分析、答复各类问题。针对全区推开改革试点工作中，各地提出的留置场所建设、纪法衔接和法法衔接、监察措施使用等重点事项，开展调研督查，加强与执法、司法机关的工作衔接，及时研究提出解决措施，确保改革沿着正确方向推进。认真做好过渡期工作衔接，坚持以领导关系转隶为时间节点，妥善处理“新”“老”业务，对已立案、尚未办结的案件按原有工作程序继续办理，新立案调查的案件按监察委相关规定办理，做到件件有去向、事事有着落。加强制度建设，积极构建监察权有效运行机制。认真学习中央、中央纪委有关精神要求，全面梳理原有办案制度规定，学习借鉴先试省区经验做法，加强与自治区政法委、检察院等部门沟通对接，起草形成了一系列制度规定，编印《自治区深化监察体制改革试点工作有关制度（试行）汇编》，包括5个办法、1个规范、2个规定、2个指导意见共10项制度规定和6个流程图、69种常用文书。并跟踪了解各项制度运行情况。及时参照中央、中央纪委新制定出台的制度规定，对相关制度进行修订完善，制定出台《自治区纪委监委执纪监督监察工作办法》《自治区纪委监委机关审查调查措施使用规范》等一系列规章制度，加强对审查调查措施使用的审批监管，严格审慎使用留置措施，确保监察权依法依规公正行使。加强与司法机关的协调配合，主动对接以审判为中心的诉讼制度改革，实现审查调查与司法程序之间衔接有序、顺畅高效。严明纪律要求，切实加强自我监督制约。强化自我监督，在机构设置、业务运行、日常监督上采取有力措施，坚决防止“灯下黑”。研究制定《中共宁夏回族自治区第十二届纪律检查委员会常务委员会和宁夏回族自治区监察委员会工作规则(暂行)》等制度规定,对纪委监委班子职能职责、议事决策、文件审批等作出明确规范。紧扣合署办公实际,坚持纪委常委会、监察委员会集体领导原则,领导班子分工实行"监督、审查和案管、审理"相对分离。分设执纪监督部门和审查调查部门,从制度设计上防止监督执纪执法权力滥用。严格落实双重领导制度,作出立案调查决定、处分决定等重要事项,及时向上级监察委员会、同级党委请示报告。健全完善了自觉接受人大监督、司法监督、民主监督、社会监督、舆论监督等制度,确保党和人民赋予的权力不被滥用。特别是认真落实线索处置、案件调查等重要问题集体研究制度,完善打听案情、说情干预等登记备案制度,切实将权力关进制度笼子。履行党内监督和国家监察职能,实现反腐败"1+1>2"的效果。各级监察委员会组建成立以来,认真履行监督执纪问责和监督调查处置职责,积极使用"12+3"项调查措施,全力推动执纪监督问责和监督调查处置工作,保持了惩治腐败的高压态势,改革效能得到有效发挥。开展扶贫领域腐败和作风问题专项治理,严肃查处涉农扶贫、非法集资、执法不公、征地补偿、房屋拆迁中损害群众利益等行为和不正之风。

【任命监委委员】2018年2月7日,自治区十二届人大常委会召开第一次全体会议,根据许传智提名,任命郑震、殷学儒、张自军为自治区监察委员会副主任,路晋军、王秀春、周刚、孙锋彪、张晓明为自治区监察委员会委员。

(罗　倩)

重要会议与活动

【转隶干部大会】2018年1月18日,自治区纪委召开转隶干部大会,贯彻落实中央和自治区党委关于深化国家监察体制改革试点工作的决策部署,对自治区纪委干部和自治区人民检察院(铁路检察院)转隶干部进行混合编成。自治区党委常委、纪委书记、自治区深化监察体制改革试点工作小组副组长兼办公室主任许传智,自治区人民检察院党组书记、检察长、自治区深化监察体制改革试点工作小组副组长李定达出席会议并讲话。

【宁夏回族自治区监察委员会成立】2018年1月31日,宁夏回族自治区十二届人大一次会议选举许传智为宁夏回族自治区监察委员会主任。下午,宁夏回族自治区监察委员会挂牌。自治区党委书记、自治区深化监察体制改革试点工作小组组长石泰峰为监察委员会揭牌。自治区党委常委、纪委书记、监委主任许传智,自治区党委常委、秘书长、自治区深化监察体制改革试点工作小组副组长纪峥,自治区纪委副书记、常委及监察委员会副主任、委员人选参加。

【十二届自治区纪委第二次全会】2018年2月2日,中国共产党宁夏回族自治区第十二届纪律检查委员会第二次全体会议在银川召开。自治区党委书记石泰峰出席会议并讲话。会议传达学习了习近平总书记在十九届中央纪委第二次全体会议上的重要讲话和赵乐际同志所作的工作报告,审议通过自治区党委常委、纪委书记、监委主任许传智代表自治区纪委常委会所作的《深入贯彻党的十九大战略部署,坚定不移推动全面从严治党向纵深发展》工作报告。

【新闻发布会】2018年2月5日,宁夏区纪委召开新闻发布会,向社会通报2017年度全区党风廉政建设和反腐败工作取得的进展和成效。自治区纪委常委、秘书长张晓明出席会议并作了新闻发布。

【邹加怡在宁夏调研】2018年4月22—26日,中央纪委常委、国家监委委员邹加怡,中央纪委九室副主任宋改平等一行9人,到宁夏调研指导扶贫领域腐败和作风问题专项治理以及查办涉黑涉恶腐败问题工作,出席宁夏贫困县(区)纪委书记例会并讲话。23日上午,邹加怡一行在自治区纪委监委机关召开座谈会,自治区党委常委、纪委书记、监委主任许传智汇报宁夏扶贫领域腐败和作风问题专项治理、涉黑涉恶腐败问题查办工作情况,并书面汇报了宁夏全面从严治党、党风廉政建设和反腐败工作情况。23日下午至24日,邹加怡到同心县进行实地调研,自治区纪委副书记、监委副主任殷学儒陪同。26日,邹加怡一行在自治区纪委监委机关参加宁夏贫困市、县(区)纪委书记例会,许传智主持会议,自治区纪委监委班子成员参加会议。

【全区纪检监察信访举报工作会】2018年5月3日,自治区纪委监委召开全区纪检监察信访举报工作会议,学习贯彻全国纪检监察信访举报工作会议精神,对全区纪检监察信访举报工作进行安排部署。自治区纪委副书记、监委副主任殷学儒出席会议并讲话,自治区纪委常委、监委委员王秀春主持会议。

【全区审查调查安全工作会】2018年6月27日,自治区纪委监委召开全区审查调查安全工作会议,传达学习中央纪委国家监委领导关于审查调查安全工作的讲话和文件精神,通报有关审查调查安全事件,安排部署全区审查调查安全工作。自治区党委常委、纪委书记、监委主任许传智出席会议并讲话。自治区纪委常务副书记、监委副主任郑震主持会议。

【全区纪检监察工作推进会】2018年7月18日,全区纪检监察工作推进会在银川召开。会议深入学习贯彻习近平新时代中国特色社会主义思想和中央纪委国家监委省区市纪检监察工作座谈会精神,总结上半年全区纪检监察工作,研究部署下一阶段任务。自治区党委常委、纪委书记、监委主任许传智出席并讲话。

【全区纪检监察干部监督工作座谈会】2018年9月14日,自治区纪委监委召开全区纪检监察干部监督工作座谈会,传达学习全国纪检监察干部监督工作培训班座谈会精神和自治区党委常委、纪委书记、监委主任许传智在纪委常委会、监委委务会上提出的贯彻意见,纪检监察干部队伍建设和干部监督工作提出要求。自治区纪委常委刘跃成主持会议,自治区纪委副书记、监委副主任张自军出席会议并讲话。

【"塞上清风论坛"启动会】2018年9月27日,自治区纪委监委举行"塞上清风论坛"启动仪式,自治区党委常委、纪委书记、监委主任许传智作了"不忘初心、牢记使命、永远奋斗——坚定不移走好新时代全面从严治党长征路"专题讲座。自治区纪委常务副书记、监委副主任郑震主持了会议。

【"三整顿、三提升"活动动员会】2018年10月17日,自治区纪委监委召开思想、纪律、作风"三整顿、三提升"活动动员会,自治区党委常委、纪委书记、监委主任许传智作动员讲话。自治区纪委常务副书记、监委副主任郑震主持会议。

【深化自治区一级党和国家机关派驻机构改革推进会暨集体谈话会】2018年11月9日,自治区纪委监委召开深化自治区一级党和国家机关派驻机构改革推进会暨集体谈话会,深入学习贯彻党中央关于深化派驻机构改革的决策部署和中央纪委国家监委派驻机构改革动员部署会精神,对深化派驻机构改革、推动派驻机构履行监督职责、提高派驻监督工作水平进行安排部署。自治区党委常委、纪委书记、监委主任许传智出席会议并讲话,自治区纪委常务副书记、监委副主任郑震主持会议。

【自治区党风廉政建设和反腐败工作领导小组会】2018年11月12日,自治区党风廉政建设和反腐败工作领导小组召开会议,研究审议自治区纪委监委提交的《自治区党风廉政建设责任制检查考核办法》《市县(区)和区直部门党组织主要负责人向自治区党委述责述廉办法(试行)》,结合中央巡视反馈问题整改落实,对强化管党治党政治责任进行安排部署。自治区党委书记、自治区党风廉政建设和反腐败工作领导小组组长石泰峰主持会议并讲话。

【专项治理工作例会暨加强扫黑除恶监督执纪问责工作推进会】2018年11月28日,自治区纪委监委召开扶贫领域腐败和作风问题专项治理工作例会暨加强扫黑除恶监督执纪问责工作推进会,总结2018年的工作,研究部署下一阶段工作任务。自治区党委常委、纪委书记、监委主任许传智出席会议并讲话。

【执纪监督监察互查互评工作现场动员会暨培训会】2018年12月3日,自治区纪委监委召开2018年度执纪监督监察互查互评工作现场动员会暨培训会,同时对年度重点工作督查进行安排部署。自治区纪委常务副书记、监委副主任郑震出席并讲话。即日起,由自治区纪委监委抽调人员组成5个评查组,对5市及其所辖的县、市(区)纪委监委执纪监督监察和重点工作进行现场评查。

(罗 倩)

纪律监察

【惩治腐败】2018年,自治区强化纪律教育。发挥党性教育和政德教化功能,将《监察法》和新修订的《中国共产党纪律处分条例》纳入党员干部教育培训内容,通过多种形式的学习宣传阐释,教育引导党员干部明底线、知敬畏、守规矩。及时总结监督执纪、审查调查、巡视巡察中发现的体制机制问题和管理漏洞,提出针对性整改意见并督促整改,针对交通运输系统行业性、系统性、"塌方式"腐败召开警示教育大会,推动以案促改,有效发挥查处一案、警示一批、教育一片的治本作用。分期分批组织全区1.7万余名党员干部到自治区廉政警示教育中心接受警示教育,选取十八大以来查处的"不收敛不收手"典型案例拍摄警示教育片《贪欲之祸》,汇编《忏悔与警示》,策划摄制五集大型电视文献纪录片《守望家风》,引导各级党员领导干部筑牢拒腐防变思想防线。加强日常监督。自治区纪委监委出台《关于加强监督工作的意见》,统筹纪检监察、组织、审计、巡视巡察以及派驻机构力量,形成优势互补、共同推进的监督合力。注意掌握地区、部门政治生态和干部思想状况,把管党治党责任体现在日常管理监督中,发现苗头及时提醒,触犯纪律及时处理,防止"破纪"演变成"破法"。2018年,全区纪检监察机关运用"四种形态"处理党员干部和公职人员13258人,其中第一种形态9486人、占71.5%,第二种形态3138

人次、占23.7%，第三种形态508人次、占3.8%，第四种形态126人次、占1%。对如实说明问题、真诚悔过改错的依纪依规从轻处理，对函询回复没有问题的按不低于30%的比例进行抽查，对不如实说明问题、隐瞒情况、欺骗组织的严肃处理。从严抓好干部选拔任用，坚持个人有关事项凡提必核、干部档案凡提必审、纪检监察机关意见凡提必听、线索具体的信访举报凡提必查，严格选任标准、条件和程序，严把干部选拔任用政治关、廉洁关、形象关，2018年，共回复征求党员领导干部党风廉政意见1342人次，坚决防止“带病提拔”。扎紧制度笼子。坚持问题导向、破立并举，用改革思路和法治思维建章立制，推动党风廉政建设常态化、长效化。严格落实约谈函询、述责述廉、个人有关事项报告、领导干部插手干预重大事项记录等各项党内监督制度。制定出台《宁夏回族自治区意识形态工作责任制考核办法（试行）》《关于防止干部“带病提拔”实施意见》等20多项制度办法，不断扎紧织密管党治党制度笼子，为推进全面从严治党提供制度保障。坚持激励与约束并重、严管与厚爱结合，制定《关于进一步激励广大干部新时代新担当新作为实施方案》，旗帜鲜明地为敢于担当的干部担当、为敢于负责的干部负责，严格按照“三个区分开来”要求落实容错机制，对不实举报予以澄清，激浊扬清、正本清源。保持惩治腐败高压态势。坚持无禁区、全覆盖、零容忍，坚持重遏制、强高压、长震慑，坚持受贿行贿一起查，聚焦重点人群、重点领域和关键环节，精准有力惩治腐败。2018年，全区纪检监察机关共受理信访举报13054件，处置问题线索10450件，初核9063件，立案3142件，处分3647人，同比分别上升114.1%、78.6%、81.2%、31.2%、55.8%。其中自治区纪委监委立案112件，处分111人，同比分别上升202.7%、208.3%。严肃查处了宁夏国有资产投资控股集团有限公司原总经理屠国军、宁夏文化产业投融资有限责任公司原总经理焦连新、自治区供销合作社理事会原主任秦亚兵等严重违纪违法案件和交通运输系统行业性、系统性、“塌方式”腐败，持续强化不敢腐的氛围。对全区外逃人员再次进行大起底，开展“天网行动”，追回外逃人员4名。开展扶贫领域腐败和作风问题专项治理。牢固树立以人民为中心的发展思想，凡是群众反映强烈的问题都严肃对待，凡是侵害群众利益的行为都坚决纠正，切实增强群众的获得感、幸福感、安全感。在全区开展解决群众反映强烈的突出问题专项活动，省级干部带头包案化解信访突出问题，压茬推进责任落实，限时解决突出问题，严厉惩治发生在民生资金、“三资”管理、征地拆迁、教育医疗、低保救助等领域的违纪违法问题，让群众切身感受到全面从严治党就在身边，享有更多看得见、摸得着的实惠，全区共查处发生在群众身边腐败和作风问题647起，处理1118人，处分798人。按照中央纪委统一部署，开展扶贫领域腐败和作风问题专项治理，围绕扶贫领域腐败、扶贫工作作风不实以及脱贫攻坚责任落实不力三个方面加大查处和问责力度，全区共查处扶贫领域腐败和作风问题424起、处理740人、处分467人，通报扶贫领域腐败和作风问题157次、339起。把扫黑除恶专项斗争同基层“拍蝇”紧密结合起来，坚决查处涉黑涉恶腐败和黑恶势力“保护伞”，全区立案涉黑涉恶腐败问题8件，给予党纪政务处分7人，移送司法机关2人。

【纠正“四风”】2018年，自治区坚持常抓不懈推动化风成俗。把监督中央八项规定及其实施细则精神执行情况作为长期任务。坚持严抓严管、严查严处，全区共查处违反中央八项规定精神问题958个，问责处理1261人，其中给予党纪政务处分603人，对典型问题点名道姓通报曝光，对不抓不管导致问题多发的严肃追责问责，坚决防止“四风”反弹回潮。开展利用名贵特产类特殊资源谋取私利问题专项整治，深挖隐形变异问题。督促相关职能部门完善公务接待、公务差旅、公车管理等规定，织密制度笼子，健全作风建设长效机制。开展专项治理形成有力震慑。坚持问题导向，针对“两超一送”问题比较突出的情况，在全区开展超标准公务接待、违规公款吃喝、违规公款送礼、外出公款旅游和超标准配备使用办公用房突出问题专项治理。各地各部门自查各类问题50250个，问责处理16346人，其中给予党纪政务处分198人。整治形式主义、官僚主义，强化担当尽责。认真贯彻中央《关于贯彻落实习近平总书记重要指示集中整治形式主义、官僚主义的工作意见》，紧盯“10种新表现”，围绕贯彻中央十九大精神、落实新发展理念、打好“三大攻坚战”等党中央重大决策部署，拿出管用的办法精准施策，严肃整治表态多调门高、行动少落实差的形式主义、官僚主义问题，对作风漂浮、弄虚作假、敷衍塞责造成重大损失和不良影响的干部，发现一起查处一起。针对十二届党委第一轮巡视发现的8个厅局落实党建工作责任不力、党建资料造假等问题，对191名落实主体责任不力的党组织负责人和31名落实监督责任不力的纪检监察机关负责人进行问责。对永宁县泰瑞制药违法擅自恢复生产突出环境问题严肃问责处理，对处置监管不力的县委书记、县长和分管副市长给予党纪处分并免职，警示广大党员干部勤勉务实、担当尽责。

【巡视巡察】2018年，自治区持续深化政治巡视。自治区党委切实加强对巡视工作的领导，书记专题会议、巡视工作领导小组会议及时研究巡视工作、听取巡视汇报、审定巡视报告；制订《关于加强新时代巡视巡察工作的意见》，修订《自治区党委巡视工作规划(2018—2022年)》，印发《巡视工作领导小组办公室主要职责、内设机构和人员编制方案》，加强专职巡视巡察队伍建设，建立选派优秀年轻干部到巡视巡察岗位锻炼机制，抽调优秀年轻副厅级干部担任巡视组组长和副组长。坚守政治巡视定位，统筹运用常规巡视、专项巡视和机动式巡视，2018年完成3轮对30个地方、部门(单位)和区属国有企业党组织的巡视，共发现党的领导、党的建设和全面从严治党方面的问题506个，移交领导干部个人问题线索245件，发挥了震慑、遏制和治本作用。做好巡视“后半篇文章”。加强巡视整改日常监督，出台监督办法，开展专项督查，对中央巡视反馈意见和自治区党委巡视发现问题整改情况一并督查、跟踪督办，督促被巡视党组织担起主体责任。坚持把巡视成果运用作为推动标本兼治的关键环节，针对共性问题和制度漏洞及时向党委政府进行报告、向有关部门提出建议，根据巡视移交的违反中央八项规定精神问题线索问责288人，针对巡视发现的机关党建工作责任落实不力问题问责144人，巡视监督震慑作用明显增强。推进市县党委巡察工作。贯彻落实《自治区党委关于市县(区)党委建立巡查制度的实施意见》，全区5个地级市、22个县区全部建立巡查制度，成立巡查机构，推开巡查工作。坚持以巡视带巡查，加强巡视巡查上下联动，探索开展提级巡查、交叉巡查、延伸巡查，打通全面从严治党“最后一公里”。各市县区党委共有巡察部门、乡镇和企事业单位党组织371个，发现问题5896个，移交问题线索951件，271名党员干部受到党纪政务处分。

【纪检监察队伍建设】2018年，自治区加强思想政治建设。牢牢把握纪委监委政治机关属性，制定《关于加强自治区纪委监委机关政治建设的意见》，始终从政治和全局的高度忠诚履职尽责，带头落实“两个维护”。严格落实意识形态工作责任制，旗帜鲜明地亮剑发声、引导舆论，讲好正风肃纪故事，营造全面从严治党良好氛围。推进“三强九严”工程，压实党建责任、提升党建水平，充分发挥机关基层党组织教育管理监督干部的政治功能，探索党建工作与业务工作紧密结合的有效载体，实现互促共进。提升队伍能力素质。高度重视常委会自身建设，制定加强自治区纪委监委领导班子自身建设的意见及工作规则，建立执纪监督和审查调查专题会议制度，提高领导班子科学决策水平和驾驭全局能力。围绕建设高素质专业化队伍目标，开展针对性、互补式培训练兵，全年培训干部1400余人次，增强干部队伍日常监督、执纪审查、依法调查等本领。统筹推进干部交流使用，自治区纪委监委机关、派驻机构、巡视机构遴选选调干部25名，轮岗交流94人次，对22名纪检监察组组长、44名副组长进行交流使用，队伍结构得到优化。强化自我管理监督。制定自治区纪委监委机关加强和改进作风建设的实施办法，班子成员带头自查自纠、带头严于律己，示范带动全区纪检监察干部做严格执行中央八项规定及其实施细则精神的“排头兵”。开展以思想纪律作风建设为主要内容的“三整顿、三提升”活动，教育引导纪检监察干部自觉践行忠诚干净担当。向“两代表一委员”、民主党派和新闻媒体主动通报工作，自觉接受各方监督。充分发挥干部监督机构和机关党委、机关纪委作用，强化内部监督，织密权力运行风险防控网，防止出现“灯下黑”。全区共处分纪检监察干部29人、组织处理46人，对6名违纪干部调离纪检监察岗位，坚决维护队伍纯洁。

（罗　倩）

NINGXIA YEARBOOK

民主党派和工商联

MINZHUDANGPAIHEGONGSHANGLIAN

编辑◎黄　鑫

民革宁夏区委会

【概况】2018年，民革宁夏区委会辖4个市级委员会，1个区直工委，1个直属固原支部，3个县级委员会，2个小组，共有基层组织49个，其中总支3个，支部46个。截至2018年底，民革宁夏第十一届委员会领导班子组成中，主任委员、副主任委员6名，常务委员13名，委员33名，全区共有党员1209人。

【组织建设】2018年，民革宁夏区委会坚决把讲政治放在首位，领导班子带头学思践悟，建立主委会议、常委会议、机关集体学习和培训教育相结合的学习体系，全面学习贯彻习近平新时代中国特色主义思想和中共十九大、民革十三大和自治区党委十二届五次、六次全会精神，深入组织开展习近平总书记关于加强和改进人民政协工作的重要思想和在庆祝改革开放40周年大会上的重要讲话精神学习研讨活动，推动思想政治建设入脑入心入行。坚持把讲团结内化为政治定力，认真贯彻执行民主集中制，不断提高议事决策水平，全年召开主委会议8次集体研究决定重大事项，领导班子带头参加“下基层”活动，年人均“下基层”4次以上，各级组织凝聚力和向心力明显增强。注重把讲奉献上升为价值追求，聚焦参政议政和社会服务两大任务，做好组织发展和基层组织建设两篇文章，推动了全区民革履职实效和责任意识提升。坚持质量与数量并重原则，全年发展新党员两批57人，其中公务员13人，大学以上学历52人，中高级以上职称11人，党员人才结构和层次明显优化。贯彻自治区党委关于培养选拔年轻干部和女干部、少数民族干部、党外干部部署，推荐优秀年轻后备干部25人，举办新一届区委会委员和骨干党员河南培训班、新党员培训班，累计培训125人次，全方位提升党员干部整体素质。民革党员齐拓野入选第三批“宁夏青年科技人才托举工程”；杨保智获“全国安全生产监管监察先进个人”；吴国华主持完成的科研成果——蔬菜新品种选育及种子标准化生产技术研究获得自治区科技进步二等奖，艾晓光获全国青年医生健康科普演讲大赛西部片区优秀奖，等等。全面落实民革中央关于“民革党员之家”建设和示范支部创建要求，结合实际研究制定实施方案，在区、市两级组织和49个基层组织中深入开展“民革党员之家”建设和示范支部创建活动。坚持线上“民革e家”与线下“民革党员之家”有机融合，增强民革向心力和凝聚力。

【理论宣传】2018年，民革宁夏区委会围绕“不忘合作初心，继续携手前进”主题教育，自下而上隆重举办纪念中共中央发布“五一口号”70周年、民革成立70周年、宁夏回族自治区暨宁夏民革成立60周年书画展、朗诵会、知识竞赛和主题征文等系列重大纪念活动。组织开展“观故居，走多党合作之路”活动，选派27名骨干党员参与活动，有效激发党员组织意识和履职热情。坚持正面宣传和舆论把控，注重加强与人民政协报、团结报、华兴时报等主流媒体合作，巩固发展“一刊一网一微信”宣传阵地，全年在主要媒体和民革网站传输信息690余条，新闻图片400多幅。编印《宁夏民革》期刊4期，开辟纪念“五一口号”发布70周年专栏，编发理论文章30余篇，系统报道全区民革重要履职活动和基层党员先进事迹，收到筑同心、聚人心、树形象的良好成效。

【民主监督】2018年，民革宁夏区委会学习借鉴中共党内监督机制和经验，积极探索监察法实施与民主党派内部监督制度有效衔接，组织开展理论研究和论文征集活动，评选上报4篇优秀研讨论文，入选民革中央《监察法实施与民主党派内部监督制度衔接》论文集。充分发挥内部监督制度纪律约束作用，强化督察考核，增强监督实效，不断提升内部监督工作的规范化、法治化水平。深入开展违反中央八项规定精神突出问题专项治理，把握整治要义，强化内部管理，使各项工作有章可循、有据可依。

【参政议政】2018年，民革宁夏区委会在自治区"两会"期间，向自治区政协十一届一次会议提交大会发言5篇和集体提案15篇，《关于大力推进以特色产业为支撑的小城镇建设的建议》被列为自治区政协重点提案，石泰峰书记现场督办。借助民革中央议政平台，申报提交的《以人才驱动乡村创新发展的建议》在民革中央和浙江省政协共同举办的首届莫干山乡村振兴论坛上作研讨交流，《基于中国经济"三驾马车"形势下的实体经济发展路径探析》入选太湖经济论坛成果集。这些议政成果也是地方组织履职成效的重要体现。全年各级地方组织积极报送提案素材，区委会共吸纳时效性强、质量高的提案素材145件，其中银川市委会16件，石嘴山市委会46件，吴忠市委会30件，中卫市委会12件，区直工委39件，直属固原支部2件，全区民革议政建言的整体性和协同性明显增强。积极参加中共党委、政府、政协及有关单位召开的情况通报会、座谈会、民主协商会，认真做好协商发言和议政建言。在自治区党委全委会、自治区"两会"召开前和涉及自治区改革发展稳定重大事项、重大战略决策征求意见中，充分研究讨论，汇集真知灼见，一些意见建议得到党委政府的重视和采纳，彰显了民革的政治责任和影响力。优化调整《民革宁夏区委会反映社情民意信息摘编》，探索通过专题调研和专门约稿的形式，充分调动全体党员反映社情民意信息的积极性和责任意识。全年各级组织报送社情民意信息358篇，区委会采用93篇，其中银川市委会14篇，石嘴山市委会10篇，吴忠市委会16篇，中卫市委会9篇，区直工委42篇，直属固原支部2篇；报送民革中央41篇，采用1篇；报送自治区政协89篇，采用35篇，其中《建言》采用15篇、《社情民意》采用20篇。《关于进一步提升脱贫攻坚精准性的建议》《关于修改〈自治区安全生产行政责任规定〉中商务部门责任划分内容的建议》等信息获得王和山、刘可为等自治区领导同志批示。

【调研实践】2018年，民革宁夏区委会调查研究注重上下联动和多方合作，调研成果着重向打造参政议政新品牌发力。围绕国家和自治区改革发展，组织开展多种形式的调研30余场，主动承担并全面完成4类、7项重要调研课题。从民革中央确定的重点考察调研课题中，选取黄河生态经济带建设、"南向通道"助推"一带一路"建设两大课题，共同调研完成的《关于宁夏黄河生态经济带建设的调研报告》的部分建议得到民革中央高度认同和采纳，形成的《宁夏参与"一带一路"南向通道建设的建议》吸纳融入民革中央《关于助推西部发展，建设"一带一路"南向通道的建议》，获得习近平、李克强、汪洋、韩正、刘鹤等中共中央、国务院领导重要批示，并专题报送自治区党委政府，得到石泰峰、咸辉、张超超、王和山等自治区领导批示批阅；围绕自治区脱贫富民战略，承担自治区党委重点调研课题"关于宁夏脱贫群体稳固提升情况调查"，通过探索委托第三方抽样调查和区市民革联合调研方式形成的报告，获得石泰峰、咸辉、白尚成等自治区领导批示批阅并给予高度评价和肯定。自治区领导同志认为报告系统、全面、客观的情况分析和数据支撑，具有很强的针对性和可操作性，为巩固全区脱贫成果提供了重要的决策参考依据；围绕民主政治建设，与自治区党委统战部共同承担"关于我区基层协商民主建设的调研"，形成《关于推进我区基层协商民主建设的具体建议》，得到白尚成常委的高度赞同；承担完成的《关于打好入黄排水沟整治组合拳，切实解决水污染防治最后一公里问题》《加强改革协同性，提升政务服务效能，优化全区营商环境》等4项自治区政协专题协商成果，分别在自治区政协十一届3次、4次常委会以及专题协商会上作了交流发言。

【脱贫攻坚】2018年，民革宁夏区委会主动投身宁夏统一战线"助力脱贫攻坚"行动，累计协调投入各类扶贫资金64万元，区委会被评为宁夏统一战线"助力脱贫攻坚"暨"百企帮百村"行动先进单位。开展脱贫攻坚民主监督，先后6次深入监督县区村组和农户家中实地调研，重点对产业扶贫有效性和易地搬迁稳定性开展监督，形成并提供的监督建议，得到自治区党委及党委统战部的认同和领导批示。做好驻村扶贫工作，选派区委会秘书长驻村壮大扶贫工作队力量，为扶贫点——红寺堡区大河乡红崖村积极争取和落实各类资金项目。争取投资800万元建设的3142平方米村幼儿园项目已投入使用；投入壮大集体经济试点资金200万元发展肉牛集中养殖项目，年收益达15万元；投资2598.95万元建设的52万立方米的抗旱节水项目，已完成蓄水；动员群众集中连片种植3323亩黄花菜，已全面完成；协调投资150万元的黄花菜晾晒场和烘干房项目已开工建设；督促完成投资近40万元的人畜饮水改造工程，彻底解决了红崖村铺设自来水管道6年但群众没水吃的问题；争取25万元建设的老年饭桌项目完成主体工程；全年争取协调民革党员企业家及各类社会帮扶物资230余万元。

【社会服务】2018年，民革宁夏区委会取得了中华慈善总会、香港仁丰慈善会的支持，多次召开有关方面参加的协调座谈会，在宁夏实施“精准扶贫·定点帮扶医疗援助项目”，把银川市口腔医院列为2018年度“全民定点帮扶援助医院”，开展人才培养、设备捐助和大病救助等活动。大力弘扬中山博爱精神，积极落实民革中央和中山博爱基金会关爱困难党员行动，上报张国荣、刘志平两名困难党员，向每人送去1万元慰问金和生活慰问品，使老党员切身感受到民革组织的温暖和关怀。继承发扬民革扶贫济困优良传统，为民革党员爱心人士服务社会搭建便捷平台。全年各级组织开展“博爱·牵手”社会服务活动60余场，区委会争取到宁夏公益慈善事业促进会“壹基金”温暖包捐助、“看清未来”学生视力关爱、澳大利亚爱国华侨魏基成夫妇御寒冬衣捐赠，项目累计捐款捐物500余万元，直接受益群众1.9万余人，得到社会各界广泛好评。

【祖统工作】2018年，民革宁夏区委会深入学习贯彻习近平总书记关于对台工作的重要论述，坚持“九二共识”、反对“台独”，践行“两岸一家亲”理念和“以人民为中心”的发展思想，稳步推进祖统工作。积极与台湾民营企业进行农产品储销对接洽谈，筹划在台湾建立首家宁夏特色农产品“海外仓”，推进宁台精准扶贫和农业发展领域交流合作，探索与银川台湾企业家协会建立联系联络交流机制，培育新的祖统工作平台。

（宋虎彪）

民盟宁夏区委会

【概况】2018年，民盟宁夏区委会有地方组织8个，其中，市级委员会5个，县级委员会3个；基层有73个支部，盟员2205名。在全体盟员中，有全国政协委员2名；自治区人大代表5名，市级人大代表13名，县级人大代表6名；自治区政协委员27名，市级政协委员62名，县级政协委员83名。

【思想宣传】2018年，民盟宁夏区委会深化政治学习。把认真学习贯彻习近平新时代中国特色社会主义思想和中共十九大精神、民盟十二大精神作为首要政治任务，结合新型政党制度对多党合作事业提出的新要求，引导全区盟员提高思想觉悟和政治站位，增强“四个认同”。区委会常委围绕学习《中华人民共和国宪法》、习近平总书记在全国政协联组会上重要讲话精神、自治区“两会”精神，深入基层组织传达宣讲。举办专题讲座，邀请专家学者对十九大提出的新思想、新论断、新举措进行解读。积极学习党内先进做法，编制了具有统战和党派特色的应知应会知识六十题，并制作微信和网页答题系统，在全区盟组织和盟员中开展答题竞赛，检验学习成果。石嘴山市委会将“民盟讲堂”作为思想建设品牌精心打造，银川市委会开展同心大讲堂。开展优良传统教育。以“五一口号”发布70周年和民盟宁夏区委会成立60周年为契机，将继承和发扬民盟优良传统作为思想建设的切入点，结合学习新时代统一战线和多党合作理论方针政策，坚定走新时代中国特色社会主义政治发展道路的决心和信念。区委会举办纪念“五一口号”发布70周年征文活动，评选11篇获奖作品；在固原、中卫两市成功举办“庆祝宁夏回族自治区成立60周年和民盟宁夏区委会成立60周年”书画巡展，出版《宁夏民盟六十年画册》。持续加强参政党理论研究。着眼民主党派自身建设的重点难点问题，积极开展专题理论研究。连续三年申报民盟中央关于历史人物的研究课题，《金岳霖的逻辑》获民盟中央理论研究二等奖。《民主党派趋同化问题的成因与思考》获宁夏统战理论研究优秀成果一等奖，《关于对我区国有企业发展混合所有制经济的思考》《我区高校和科研院所党外知识分子思想现状调查研究》两篇理论文章获二等奖，区委会再次获评优秀组织奖。中卫市委会理论文章《我们是新时代的民盟盟员》在《宁夏统一战线》上刊登。优化思想宣传平台。注重与主流媒体合作，在《华兴时报》整版刊登《民盟宁夏区委会成立六十周年纪实》。利用网站、微信公众号等新媒体，聚焦盟务工作热点，加强对代表性人士和模范人物的宣传。在自治区“两会”期间，创新宣传方式，制作28个微视频对“两会”盟员代表、委员履职的新成效、新见解、新经验作为宣传工作的重点进行报道，展现广大盟员的履职热情。区委会获“民盟中央思想宣传工作先进单位”称号，石嘴山市委会、吴忠市委会、固原市委会、宁夏大学委员会、灵武总支、区直国土资源支部六个基层组织获“民盟中央思想宣传工作先进集体”称号。

【参政议政】2018年，民盟宁夏区委会积极发挥参政议政作用。深入调查研究。认真贯彻落实自治区党委“大调研”的工作要求，坚持“不调研、不发言”的原则，班子成员主持并带队开展调研。围绕“实施乡村振兴战略研究”“贯彻落实‘水十条’实施情况”“农业产业科技创新”“青少年帮扶工作”“幼儿教育发展现状”等专题，区委会调研组赴江苏、安徽、陕西、甘肃及区内五市多地开展专题调研座谈，形成的15篇调研报告通过了评估验收，为在各种平台的建言献策积累了重要素材。自治区党委重点调研课题“聚焦我区基层协商民主重点关注的几个问题”的调研报告得到石泰峰书记、咸辉主席的批示，白尚成常委给予肯定评价；5篇调研报告被宁夏社科院“蓝皮书系列丛书”收录。注重调研成果的转化。为提出具有前瞻性、可行性的意见建议，在“两会”前邀请自治区政府、政协相关部门针对提案选题进行座谈，打造参政议政“精品”。向全国政协十三届一次会议提交1篇大会发言和8件提案，《关于防范地方政府变相举债风险隐患的提案》被列为全国政协重点提案。在自治区政协十一届一次会议上提交提案14件，大会发言5篇。注重智库建设及作用的发挥。充分发挥区情研究中心集体智慧，丰富完善意见收集的渠道和方式，改变就事论事的被动方式。把专委会打造成聚集人才、荟萃智力的参政议政人才库，紧跟党委政府中心工作，将原有的6个专委会调整增加至9个，组建了由80位盟员组成的参政议政信息员队伍。各专委会发挥各自专长，积极承担调研课题、参与专题研讨、开展形式多样的活动，实现了参政议政资源整合和共享。加强特色重点领域的研究。推进研讨工作，举办教育、经济、生态等特色论坛。积极参与民盟中央主题论坛，选送23篇高质量的论文参与研讨，其中《法治政府建设绩效评价的社会维度》获法治论坛优秀论文一等奖；《统筹区域教育协调发展 推进优质教育教学资源共享》《历史文化与丝绸之路建设》两篇论文分别被评为教育论坛、“一带一路”研讨会优秀论文并作为分论坛嘉宾交流发言。区委会获“民盟中央2017年度民盟参政议政工作优秀成果奖”。

【社会服务和脱贫攻坚】2018年，民盟宁夏区委会全力助推精准扶贫。区委会坚持做好固原市张易镇宋洼村的驻村扶贫工作，积极为贫困村拓展产业渠道做出努力。帮助扶贫村在产业发展上培育增收产业，邀请上海市政协委员、国际芳香植物精油专家姚雷教授率专家团赴固原考察，研究挖掘六盘山区芳香植物的开发价值。为村集体经济发展拓展思路，组织村委成员考察产业建设项目，参加民盟区委会在吉林、上海、重庆等地举办的培训班。各市委会多措并举，开展扶贫帮困活动，在脱贫攻坚战场上贡献民盟力量。开展脱贫攻坚民主监督。结合党派工作实际，开展民主党派脱贫攻坚民主监督工作的实践探索和理论研究。坚持问题导向，找到脱贫攻坚民主监督与参政议政的契合点。民盟宁夏区委会领导多次赴固原市原州区、彭阳县开展对口脱贫攻坚民主监督工作调研，发现重点难点问题，探究解决办法。在民盟中央脱贫攻坚民主监督工作座谈会上，盟员文琦围绕国家扶贫办第三方评估的相关内容做交流发言。发挥民盟品牌优势。争取利用民盟中央“烛光行动”品牌资源开展社会服务，继续推进“烛光行动·千校计划”，北京四中远程教育合作项目实现五市全覆盖；与民盟上海市委会联合开展“烛光行动·教育扶贫”，协调向固原市多所农村中小学捐赠价值10万元科普类图书。开展医疗、法律咨询服务活动，提高贫困地区健康保健水平和法律意识，为持续脱贫提升“软实力”，向扶贫村捐赠共计17.8万元的生活医疗用品，帮助解决村民生活中的困难。固原市委会开展中学师生心理健康专题讲座。各级盟组织和广大盟员都通过各种方式积极参与精准扶贫，在脱贫攻坚战场上贡献民盟力量。区委会、石嘴山市委会、兴庆区总支获“民盟中央社会服务工作先进集体”称号，4位盟员获“民盟社会服务工作先进个人”称号。

【组织建设】2018年，民盟宁夏区委会把组织发展作为各级委员会履职的重要内容，坚持“一把手”负责制。制订年度组织发展计划，坚持数量质量并重，保持主界别优势。严把入口关，加强对申请入盟同志的传统教育和组织审核。处理好发展数量与质量的关系，杜绝“敞开大门”或“门槛过高”现象。全年全区发展盟员107名，平均年龄36.2岁，其中高职称占21.5%，高学历占15%。基层组织建设“规范”与“活力”并重。以《民盟宁夏区委会基层组织考核目标》为有效抓手，强化基层组织考评工作；狠抓制度建设，修改完善组织工作相关制度。制定的《支部主委履职情况登记制度》强化了支部主委的主体责任；《人大代表、政协委员、常委联系基层制度》加强了对基层组织的“一对一”指导；《基层组织生活制度》提高了基层组织生活的政治性，减少了随意性；《盟员之家管理办法》以“盟员之家”建设为抓手，推动“活力支部”建设，全年新建3个“盟员之家”。引导基层组织之间开展横向联合活动，扩大支部活动的影响力。吴忠市委会面向基层组织开展“评优定级”活动。区委会被民盟中央评为“组织工作优秀集体”，文化城盟员之家获“民盟中央优秀盟员之家”

荣誉称号。后备干部队伍建设持续加强。实行后备干部动态管理，统筹考虑民盟特色、人才结构和年龄梯次等因素，进行跟踪培养，坚持在履职实践中发现人才、选拔人才、培养人才。注重培训的针对性，对盟内政协委员、区委会委员、基层新任班子成员、后备干部、基层组织负责人和新盟员进行分层次、多批次的学习培训，全年共举办5期培训班，培训盟员238人。为盟员搭建平台，帮助盟内代表性人士和后备干部尽快成长，向自治区党委组织部推荐20位盟员干部作为党外干部重点培养对象，推荐2名优秀盟员到政府部门、县区挂职锻炼，推荐1名盟员担任文史馆研究员。广大盟员在本职岗位上奋发有为创佳绩。马金莲的小说《1987年的浆水和酸菜》获第七届鲁迅文学奖，李保平被最高人民法院聘为宁夏唯一一位第三届特约监督员，何仲义获自治区教学成果特等奖，李军平获国家自然科学基金资助项目，王志会入选自治区科技人才托举计划一百人，余国林入选自治区“青年拔尖人才国家级学术技术带头人”。机关管理服务能力稳步提升。巩固文明机关建设成果，加强“四型”机关建设，充分发挥机关“枢纽”作用。制定《民盟宁夏区委会关于新时代加强自身建设的意见》和《民盟宁夏第十一届委员会五年工作规划》，明确宁夏全盟工作指导思想和目标措施。加强制度建设，对原有规章制度进行梳理完善、修订补充，切实加强制度的执行力，确保机关工作的高效规范开展。规范档案管理，聘请专业机构对机关档案进行整理归档和数字化加工。注重提升机关专职干部的素质能力，加强对机关干部的学习培训和推荐力度，努力把机关干部培养成“懂盟史、精盟务”的业务能手，为参政履职提供坚实保障。

【交流合作】2018年，民盟宁夏区委会积极把握参与中央高层协商议政的渠道，勇担政治责任，坦诚建言，提出具有独立思考内容的高质量的意见建议。冀永强主委围绕中小学生课外负担重的问题向全国政协第六次双周协商座谈会提交书面建议被采纳，并应邀列席参加此次会议。关于《解决“用电环节越位”和“新能源缺位”问题》的建议被中央统战部《零讯》2018年第45期采用，以专报形式报中央政治局领导参阅。主动向对口联系区委会的自治区领导咸辉主席汇报区委会工作情况、重要活动和重点工作；区委会主要领导多次应邀陪同咸辉主席对水源地保护、防范化解金融风险等自治区政府重点工作进行调研。加强与相关部门的对口联系。区委会抓住政府部门对口联系党派机关的契机，与对口联系的四个政府部门共同努力，通过申报课题、联合举办研讨会和培训班、选派干部挂职锻炼等措施认真落实对口联系的具体工作。立足区情实际，申报的国家发改委“宁夏中部荒漠草原防沙治沙区多功能林建设前期研究”项目通过与中科院、国家发展改革委、林业和草业局，中国防沙治沙学会，西北农林科技大学等国内相关领域权威机构的联合协作，课题顺利通过专家组的评审验收，在专家服务与咨政建言统一方面做了有益尝试。创新培训形式，与自治区党委统战部、自治区教育厅联合分别在重庆大学、上海交通大学举办统一战线理论学习班，这种异地联合培训的形式使培训质量和实效有了提升，让培训成果更具实践意义。邀请各市统战部、对口联系单位、相关厅局及区内高校负责人召开座谈会，听取相关单位对区委会工作的建议意见，也让相关部门更加了解民盟、了解民主党派工作。加强与主界别阵地高校的联系。面对主界别阵地人才竞争日趋激烈的现状，区委会全方位推动民盟的主界别阵地——高校基层组织建设工作，区委会主要领导六次深入高校调研走访，与各高校党组织加强沟通，就盟员发展和组织建设进行座谈，扭转了高校工委连续三年完不成发展任务的被动局面，在巩固主界别阵地取得了突破性的成绩。以“高校基层组织建设情况调研”为契机和抓手，设计调查问卷、召开专题会议、深入调研分析，将调研工作与民盟的组织发展、参政议政、社会服务等各项工作有效结合，完成的调研报告不仅获得了民盟中央的肯定，而且全方位地了解、推动了高校基层组织建设工作。加强与外省区民盟组织的联系。创新参政议政调研模式，注重跨区域的比较研究，在外省民盟组织的大力支持和配合下，先后赴甘肃、内蒙古、陕西、山西、上海、江苏、浙江、安徽等省区调研，成功探索出利用民盟资源、整合多方力量协作调研的有效方式。深化沪宁合作关系，积极落实《沪宁民盟组织合作框架协议书》内容。与上海民盟同舟公益基金会签订《项目捐赠框架协议书》，为宁夏贫困地区在教育、卫生领域争取更多的公益基金；促成上海七宝中学与宁夏固原一中结为“对口帮扶合作共建学校”，这种形式实、模式优、思路新的教育帮扶得到民盟中央的肯定。

（李　静）

民建宁夏区委会

【概况】2018年，民建宁夏区委会共有3个市委会、1个区直工委、9个总支、1个基层委员会，53个基层支部，会员总数1310人。

【思想建设】2018年，民建宁夏区委会认真学习贯彻中共十九大精神，制定了《民建宁夏区委会学习宣传贯彻中共十九大精神工作方案》，在全区各市级组织中开展十九大精神和《中国民主建国会章程》宣讲活动。积极贯彻落实《民建中央关于加强会的思想政治建设的意见》，教育引导会员继承和发扬民建优良传统，凝聚合作共识，筑牢合作基础，增强“四个意识”，坚定“四个自信”。结合中共中央发布“五一口号”70周年、改革开放40周年、黄炎培诞辰140周年、自治区成立六十周年等重大活动，继续深入开展坚持和发展中国特色社会主义学习实践活动和“不忘合作初心，继续携手前进”主题教育活动。举办“重温‘五一口号’携手同心同行”演讲比赛，召开座谈会、参观考察等系列活动。民建中央李世杰副主席到宁夏进行“增强政党制度自信，弘扬民建优良传统，努力建设中国特色社会主义参政党”主题宣讲。借助区委会培训班，先后组织会员在重庆“中国民主建国会成立旧址陈列馆”“中国民主党派历史陈列馆”“中华职业教育社社史陈列馆”；在上海“中共一大、二大会址”“黄炎培故居”“四行仓库抗战纪念馆”等地接受爱国教育，学习先烈爱国豪情，激发自身强国之志。通过强化会员思想教育，不断增进政治认同和思想共识。

【组织建设】2018年，民建宁夏区委会在全区发展新会员137人，平均年龄36.35岁，经济界108人，博士研究生1人，硕士研究生14人。按照《中国民主建国会会内监督条例(试行)》要求，不断完善会内监督工作运行机制，健全完善委员履职登记制度，对区委会委员会内履职情况进行量化登记，提升了领导干部履职尽责的能力和水平。建立“新入会会员宣讲仪式”制度，由各级领导班子成员对新入会的会员进行集体谈话，提升新会员履行职能的责任感和使命感。建立“年初建账、年中查账、年底交账”的工作机制，按照“责任清、情况明、数字准、作风正、工作实”的要求，努力营造风清气正、踏实干事、担当作为的机关风气，强化目标意识，促进各项工作任务的落实。修订完善了会务活动、人事管理、财务支出、后勤服务等40余项工作制度，初步形成了严谨规范的制度体系，为实现“制度治会”奠定基础。按照民建中央的相关要求，建设民建视频会议系统，推动会务工作信息化。不断提升基层组织活力，银川市委会开展了“三个一”活动，即“参加一次调研活动，提出一条合理化建议，参加一次社会服务活动”；石嘴山市委会举办“成立30周年庆祝大会”，表彰了一批先进集体和优秀会员；吴忠市委会开展“传承非遗技术 提升文化自信”“冬日暖行 爱心捐赠”等活动，创建“吴忠民建文化活动基地”，与民建宁夏书画院联合开展了“宣传十九大，春联送祝福”，2018年文化惠民“送书画”下乡系列活动；区直工委深入开展了“学习十九大精神 学习会章会史 做合格民建会员”主题教育活动。

【宣传工作】2018年，民建宁夏区委会以“民建全国宣传处长会议”在宁夏召开为契机，在创新工作载体、增强工作主动性、促进科学性上下功夫，力促宣传平台发出民建好声音，提高对会员的吸引力和影响力。继续加强与新闻媒体的合作，大力宣传民建宁夏区委会组织的重大活动，宣传民建各级组织履行职能、发挥作用的成果；做好宁夏民建网站、《宁夏民建》会刊的一网一刊工作，唱响新时代主旋律，弘扬正气，继续宣传先进会员的典型事例，营造积极向上的良好氛围；引导各基层组织在支部建立的微信群里，通过开展早报导读、正能量宣传、社情民意讨论、宣传民建会员岗位建功立业事迹等，营造良好的舆论氛围，形成精神动力、智力支持和会员联谊的组织活动平台，增强组织的感召力、凝聚力。

【参政议政】2018年，民建宁夏区委会在全国政协十三届一次会议上，提交了“关于将废弃矿井安全及生态环境治理列入国家重大专项的建议”等3件提案，得到与会委员的广泛认同和高度评价，并被多家媒体转发。在自治区政协十一届一次会议上，提交了4篇大会发言，刘文副主委作了题为“‘五措并举’严防政府债务风险”的口头发言。提交提案12件，2件被选为重点提案，其中“关于构建绿色交通体系，推进生态城市建设的建议”由自治区党委副书记、银川市委书记姜志刚督办；“关于以农业龙头企业的高质量发展促进我区乡村振兴的建议”由自治区政协副主席马力督办。在自治区党委召开的“征求党外人士意见建议座谈会”上，杨培君主委围绕加强新时代全区民族宗教工作等内容作了口头发言；在自治区政协十一届三次常委会议上，马中勇副主委作了题为《再生水利用 宁夏水资源的永续发展之路》的口头发言；在自治区政协第十一届四次常委会议和港澳台侨联络委员会的专题议政会上，解方副主委作了《让科技金融为我区实施创新驱动战略插上起飞的“金翅膀”》《深化“放管服”改革，激发企业内生动力》等口头发言；在自治区政府征求深化“放管服”改革建议座谈会上，陈庆成副主委作了《践行以企业为主体的创新驱动装备制造业长效发展》的发言。

【调研实践】2018年，民建宁夏区委会结合全区统战系统开展的“大学习、大调研”活动，创新调研方式，首次赴外省取经，形成了《科技金融助力我区创新驱动发展情况》《多措并举提高我区再生水利用效率》两篇调研报告，并报送相关部门。参加自治区政府赴银川市、石嘴山市、吴忠市调研营商环境建设相关工作，提出的5条意见建议中有3条被调研报告吸纳采用。同时，充分发挥专委会的作用，“参政议政”“经济”“企业”“法律”“妇女”等专门委员会，结合自身特点拟定调研题目，开展调查研究，积极建言献策，形成了《现代化经济体系实施的重点和难点》《宁夏水污染治理现状及对策分析》等6篇调研报告。区委会向民建中央报送社情民意信息18篇，《关于规范新能源发电在能耗统计中的核算方法的建议》等3篇信息被民建中央单篇采用；向自治区政协编辑报送社情民意信息85篇，《关于加强我区地下水监测的建议》等30篇信息被自治区政协采用，其中《谨防腾退的超标办公用房造成二次浪费》等4篇信息得到自治区政府领导批示，《关于合理设置事业单位管理岗位非领导职责职员等级晋升比例的建议》等2篇信息得到自治区人社厅等厅局重视并函复区委会。在自治区60周年大庆之后，区委会向自治区党委提交了《关于推动“建设美丽新宁夏 共圆伟大中国梦”题词深入实施的建议》，得到自治区主要领导的批示。

【社会服务】2018年，民建宁夏区委会争取民建中央“中华思源工程扶贫基金会”、南京爱德基金会和中华职业教育社温暖工程支持，先后开展了思源助学项目、思源救护项目、e万行动—农村孤儿助养项目和温暖工程教育移民项目，在西吉县、海原县、永宁县闽宁镇、平罗县陶乐镇等贫困地区帮助1498名家庭贫困、品学兼优学生完成学业；思源基金会为全区累计捐赠74辆救护车，实现了宁夏贫困地区全覆盖；资助全区478名孤儿完成学业；先后在宁夏中卫职业技术学校、六盘山高级技工学校资助800名贫困中职学生完成学业；开设建华课堂宁夏分课堂，杨培君副主席作了《学习实践德鲁克管理思想，成就自我管理艺术》的主题讲座，会员企业家作了现场交流发言，提升会员企业的自我管理能力。按照自治区党委的统一安排，区委会对同心县脱贫攻坚进行民主监督，多次与同心县对接、实地走访贫困户；参加了自治区党委政府开展脱贫攻坚专项督查；继续做好同心县河西镇李沿子村定点帮扶工作；会员企业（宁夏中科嘉业新能源研究院）累计投资1.1亿元，分别在海原县9个村和永宁县闽宁镇原隆村实施光伏扶贫工程，惠及农户3470户（其中建档立卡户1415户）。组织会员企业家参加“2018中国（四川）非公有制经济发展论坛”和“2018中国风险投资论坛”。民建宁夏区委会被民建中央评为“2018年民建省级组织社会服务工作先进单位”称号。

（丁海霞）

民进宁夏区委会

【概况】民进宁夏区委会辖5个市委会，1个区直工委，2个县委会，共有86个基层组织，其中1个基层委员会，9个总支，76个支部。民进宁夏第八届委员会领导班子中，主任委员1名，副主任委员5名，常务委员13名，委员32名。2018年新发展会员66名，其中区直17名，银川10名，石嘴山10名，吴忠8名，固原7名，中卫9名。区委会机关内设办公室、组宣处、社会服务处，有工作人员19人。

【思想建设】2018年，民进宁夏区委会发挥领导班子“火车头”带动作用。召开了12次主委会、常委会和4次专题学习会，及时传达中共中央、民进中央和自治区党委有关会议精神，重点对习近平总书记关于“四新”、“三好”、新型政党关系、宣传思想和组织工作、在庆祝改革开放40周年大会上的重要讲话以及自治区成立60周年中共中央贺词精神进行学习，班子成员带头撰写学习理论文章12篇，交流学习体会3次。民进宁夏区委会领导赴银川市、中卫市和宁夏大学开展思想政治教育主题年活动调研，参加基层组织活动，与基层会员座谈交流。加强学习培训。将主线贯穿在各级各类培训学习活动中，采取“走出去、请进来”的学习方式，组织部分常委、各市委会专职干部、骨干会员分别在宁夏社会主义学院和广州社会主义学院举办学习中共十九大精神培训班。举办2018年思想政治教育培训班，邀请中央社会主义学院教授作主题教育理论宣讲报告，对习近平总书记关于加强和改进统一战线工作的重要思想进行重点解读。弘扬民进优良传统。成立民进宁夏区委会参政党理论研究会，助推参政党理论研究工作上新台阶。举办“我身边的先进”宣讲报告会，3位会员分享了他们的先进事迹。组织部分监委会委员赴上海学习、调研思想政治教育主题年开展情况和监委会工作，参观会史教育基地，接受民进优良传统教育。以开展重大纪念活动为契机，推进主题年活动。举办“在正道上行——纪念中共中央发布‘五一口号’70

周年、改革开放40周年暨庆祝自治区成立60周年书画展”，并集结成册，充分展现多党合作和政治协商制度所取得的辉煌成就。举办纪念中共中央发布“五一口号”70周年、改革开放40周年、自治区成立60周年座谈会和征文活动，回顾民进宁夏各级组织伴随着祖国和自治区成长的不平凡历程，共征集到22篇理论文章，曹立庆、许军分获民进中央征文活动三等奖和优秀奖。各市委会分别制定思想政治教育主题年活动方案，开展知识竞赛、宣讲会、座谈会等30余场。拓展宣传思想阵地，发好民进声音。常委会坚持正确政治方向，坚持做好新形势下会员的意识形态工作，在宣传思想工作中抓实抓细，起到春风化雨、润物无声的效果。全年编印《宁夏民进》刊物4期，网页刊发稿件280余篇，微信公众平台发稿122条。会刊直接邮寄到各个支部和部分离退休会员家中，在网页上新增会刊电子版，方便会员阅读。实现“会刊”“网页”“微信公众号”各平台在内容发布、渠道管理等方面深度融合。加强与国内主流媒体的合作，共有100余篇报道（或信息）在中国网、团结网、民进中央网站、《宁夏日报》《华兴时报》等媒体上发表（或转载）。区委会荣获民进中央2018年会刊（报）工作先进单位。

【组织建设】2018年，民进宁夏区委会落实谈心会和基层组织联系制度，班子成员赴五个市委会及基层组织开展调研。常委、委员通过“五个一”“三个一”活动，积极性显著增强，履职能力明显提升。注重年轻干部和代表人士队伍建设，做好优秀年轻干部和女干部、少数民族干部、党外干部重点培养对象初步人选推荐报送工作。推荐1名会员到宁夏旅游投资集团挂职、1名机关干部到自治区信访局挂职锻炼，推荐20多名会员参加民进中央、自治区党校、社会主义学院举办的培训。对民进组织管理系统会员信息入库工作进行重新整合录入，提高地方组织、基层组织会员信息管理的效率。修订完善编印《民进宁夏区委会基层组织工作手册》。有序推进会内监督，支持监督委员会切实履行监督检查职能，主动接受监督。完成民进宁夏开明画院和企业家联谊会换届工作。建立健全规章制度，以宪法及相关法律法规、中央“八项规定”、新会章为依据，在深入调研的基础上，结合工作实际，对原有的规章制度全面梳理，修订完善16项，废止3项，保留2项，新制定15项，形成两大部分6个板块、37条规章制度和职能职责。严格执行制度，领导班子主动严格遵守中央八项规定精神、领导干部廉洁自律准则等，将有关制度的学习纳入主委会、常委会及机关周五例会专题，带头执行制度，改进思想作风、工作作风。深入开展“双岗建功”活动，调动广大会员立足本职、投身会务的积极性和创造性，形成争先创优、奋发进取的良好氛围，涌现出一批政治立场坚定、工作成绩突出、参政议政积极、社会形象良好的先进会员。

【参政议政】2018年，民进宁夏区委会积极履职，资政建言成果丰硕。住宁委员向全国政协提交《农村集体产权制度改革中存在的问题及建议》《关于大力推进家校共育的建议》《对做好大学生高质量就业的几点建议》等5件提案、4件大会发言和2件社情民意。其中，《关于重视深度贫困地区产业扶贫中存在问题的提案》获全国政协重点督办的委员个人提案，并获民进中央2018年参政议政成果一等奖。区委会《关于推进农村文化服务供给侧改革的建议》获民进中央2018年参政议政成果一等奖。全年共征集自治区“两会”建议提案素材57件，以区委会名义报自治区政协15件，报送大会发言7件。《关于在林业基层场站实施大学毕业生“特岗”政策的建议》得到自治区主席咸辉批示并督办。《以“7个行动计划”为抓手 推动我区文化产业发展》被选为政协大会口头发言，并被列为重点督办提案。在政协常委会会上先后作《饮水思源——加强我区集中式饮用水水源地保护的建议》《深化高校科研管理体制改革》《开展青少年科技创新教育的思考》和《优化营商环境 服务台商企业》发言。班子成员就“加大宁夏本土企业投资力度 让资本证券市场有宁夏的身影”这一话题接受人民网的采访。民进宁夏区委会获民进中央2018年参政议政工作先进单位。银川市委会《关于进一步规范银川市早餐市场的建议》被列为重点提案。石嘴山市委会《我市移民新村“兴建潮”现象令人堪忧》调研信息得到市委主要领导批示。吴忠市委会《关于加快我市精准扶贫规范化建设的建议》等5件提案被列为重点提案。固原市委会《关于在市区重点路段建设地下通道或天桥的建议》等4件提案被列为重点提案。中卫市委会《关于统筹城乡发展 推进社会主义新农村建设的建议》等2件提案被列为重点提案。配合民进中央承办全国政协“历史文化名城名镇保护”开展银川市历史文化名城保护调研，《宁夏历史文化名城调研》报告受到民进中央的充分肯定。《华兴时报》在头版头条刊登《留住城市的历史文化印记——记民进宁夏区委会调研我区历史文化名城名村保护工作》报道。完成《我区贯彻落实“水十条”情况调研》《盐池县西吉县脱贫攻坚民主监督工作调研》《民主党派开展脱贫攻坚民主监督问题研究》《宁夏乡村振兴调研》《我区科技创新能力》《宁夏民办高校本科教育的发展对策》等7个调研课题。承担宁夏社会主义学院2018—2019年度课题《新时代中国特色社会主义参政党加强自身建设问题研究》。增强质量意识，信息工作取得新进展。《关于在农村建立矛盾纠纷疏导机制的若干建议》《加快我国学前教育立法进程》社情民意信息被全国政协办公厅采用。报民进中央社情民意信息8篇，采用1篇。报自治区政协社情民意信息51篇，采用11篇。《关于做好农村"村村通公路、通客车"工程的建议》等2篇信息得到自治区领导的批示。《关于动物病死尸体焚烧炉建设运行的建议》被自治区政协《社情民意》和自治区党委办公厅采用。

【民主监督】2018年，民进宁夏区委会开展对口盐池和西吉县脱贫攻坚民主监督工作，精心组织考察调研活动。深入农户家中，详细询问"两不愁三保障"、享受扶贫政策以及群众对精准帮扶工作成效的满意度等情况。与村两委班子、驻村干部、群众代表座谈，了解脱贫攻坚政策措施执行、扶贫项目实施和贫困村集体经济发展等问题。及时向盐池、西吉县委、政府反馈监督意见，向自治区党委报送年度脱贫攻坚民主监督报告和有关建议。组织调研组专家对肉牛、中蜂养殖及马铃薯生产、储存等提出技术指导。班子成员参加自治区党委、政府、政协召开的各类协商会、座谈会和通报会8次，就《关于中国人民政治协商会议章程修正案(草案)》《自治区政府工作报告》、脱贫攻坚民主监督、党风廉政建设等提出意见和建议。

【社会服务】2018年，民进宁夏区委会精准对接脱贫需求，深入推进定点帮扶。增派1名同志组建3人工作队在隆德县张程乡张程村开展驻村定点帮扶工作，为贫困户送去价值近30万元的棉衣和粮油食品。邀请宁夏大学教授举办养殖培训。向村计生户捐赠价值1万余元的生活用品和科技图书。联系协调澳大利亚魏基成慈善机构，捐赠价值140万元的御寒冬衣，联合各市委会、企业家联谊会向各地敬老院、中小学困难学生、贫困村群众、残疾人员等捐赠。区委会获民进中央社会服务工作先进单位。区委会联合区秦腔剧院支部在西夏七小举办西夏区戏曲广播操培训班，近百名音乐和体育教师参加为期2天的培训。民进宁夏开明画院及各市委会开展"春联万家"活动，组织民进书画界会员为社区、敬老院群众送出春联2千余副。民进宁夏企业家联谊会、民进银川市委会赴贺兰县中心敬老院开展"同心·彩虹"送温暖慰问活动，向敬老院捐赠总价值4.5万元的物品。区委会机关支部向银川市幸平阳光家园残疾人托养服务中心捐赠60件价值2.6万元的棉衣和食品。银川市委会联合相关单位前往金凤区良田镇泾龙村示范基地开展文化下乡文艺演出。石嘴山市委会前往陶乐镇庙庙湖村帮扶对象家中开展精准扶贫走访入户活动。吴忠市委会在利通区扁担沟镇同利村开展"同心·圆梦"扶贫捐资助学活动，向该村考上大学的8名同学发放爱心助学金。固原市委会在隆德张程村和西吉西滩村开展"同心·彩虹"送科技法律下乡活动。中卫市委会联合民进中卫总支、中卫市书法家协会在中卫市第六中学开展书法进校园暨书法教室建设捐赠活动。宁夏大学委员会开展重阳节敬老活动，慰问老会员。医科大总支选派中医骨伤科、中医妇科等7名专家在海原县城关医院开展送医送药义诊活动。自治区人民医院支部赴吴忠市利通区扁担沟乡同利村开展送医送药义诊活动。北方民族大学支部联合学校化工科普基地分别为宁夏育才中学和金凤区第三小学举办了化工科普活动。

(曹立庆)

九三学社宁夏区委会

【概况】2018年，九三学社宁夏区委会所辖4个市委会、1个直属工作委员会；共有8个基层委员会，45个支社。全区共有社员1072人，其中，具有高级职称的社员614人，占社员总数的57.3%。

【思想建设】2018年，九三学社宁夏区委会召开以"不忘合作初心、继续携手前进—纪念社区委成立30周年 谋划社的发展"为主题的常委会，就加强全社思想政治建设进行专门研讨和部署。首次召开九三学社区委务虚会，深入学习贯彻习近平总书记到宁夏视察工作时的重要讲话、汪洋在习近平总书记关于加强和改进人民政协工作的重要思想理论研讨会上的讲话、石泰峰在全区领导干部专题学习班上的讲话等精神，深入交流和研讨，查找问题和短板，提高了认识和站位，理清了今后工作的思路和方向。通过持续不断的政治理论学习，推动关键少数先学一步、学深一些，切实提升能力和水平。抓住重大活动开展，强化思想政治引领。围绕"五一口号"发布70周年、自治区成立60周年、社区委成立30周年等重大活动，开展"重走长征路"、九三学社史暨统战知识竞赛等系列纪念活动。召开了纪念九三学社区委成立30周年庆祝大会，九三学社中央和自治区相关领导应邀出席大会，社中央常务副主席邵鸿和自治区党委常委白尚成做了重要讲话；举办社员文艺联谊活动，广泛宣传了九三学社的优良传统。围绕“五四运动与九三学社初心”“纪念中共中央发布‘五一口号’70周年”主题开展征文活动。郭燕获自治区五一劳动奖章，秦毅获得自治区第五批“最美人物”称号，焦海波获“自治区60年感动宁夏人物”提名奖。

【理论宣传】2018年，九三学社宁夏区委会举办2018年宣传信息通讯员能力提升培训班；全年编印《宁夏社讯》2期，九三学社区委网站及微信公众号共发布信息300余篇，数量比上年同期增长近12%。在九三学社中央网站及其他社外各类媒体平台发布消息30余篇。编写完成《宁夏九三学社简史》，出版《砥砺前行——九三学社宁夏回族自治区委员会成立30周年》纪念画册，拍摄《风雨同舟筑梦塞上——九三学社宁夏区委三十年》社史宣传片。实施思想理论研究课题招标，遴选出涉及解决自身问题能力等5个课题，为加强自身建设、科学决策提供了理论和参考依据。组织社员参与九三学社中央“社员之家杯”九三学社社章社史知识竞赛活动，社区委参与率位居全国第一，被社中央授予最佳组织奖，1名社员获个人二等奖。

【组织建设】2018年，九三学社宁夏区委会加强区直工委各基层组织间的横向交流，整合资源积极参与九三学社区委参政议政、社会服务活动。引导九三学社区委各工作委员会，联系不同人群开展形式多样的组织活动，增强社组织凝聚力。支持青年联络委员会开展九三学社区委成立30周年知识竞赛，策划九三学社区委第26期新社员学习班系列板块活动，妇女工作委员会开展“中医送健康”等主题活动。营造创优争先氛围，九三学社银川市委、固原市委被社中央组织部评为组织建设先进集体，3名社员被评为先进个人。指导九三学社固原市委完成基层组织调整工作，完成区直工委社会支社的届中调整工作。推荐1名社员担任九三学社中央青年工作委员会执委，1名社员担任委员，协助九三学社中央做好社各省级组织青工委情况的调研工作。改进工作作风，充分发挥班子表率引领作用，修订完善社区委《领导班子联系社组织工作》等制度。加大培训力度，着力提高干部队伍“五种能力”，推荐6名社员参加省部级及以上培训班，举办基层组织负责人培训班，推动班子成员更好地履职尽责，发挥作用。完善后备人才的发现、培养、推荐、使用机制，打牢组织建设基础。对近160名担任副科级及以上职务的社员信息进行再梳理，细化管理。开展九三学社区委干部队伍现状摸底调研，形成《关于加大九三学社宁夏区委干部培养交流使用的建议》，提交相关部门。

【民主监督】2018年，九三学社宁夏区委会对九三学社各市级组织开展巡视督导，采取听取汇报、个别谈话等方式，全面掌握市级组织工作开展、班子及成员履职情况，重点了解工作开展中存在问题及意见建议等。走访巡视地的中共市委统战部，了解情况、听取意见、加强沟通，努力推动各项社务工作开展。配合九三学社中央监督委员会完成关于开展领导班子谈心会、社员违法违纪违规情况调查工作。对九三学社区委重大经费支出进行监督。参加自治区党委政府专题协商会、十二届四次全会，政府工作报告、经济形势会等党外人士座谈会，针对社会上普遍关注特别是九三学社内同志高度关心的一些问题，提出意见建议，多项意见建议得到重视，在政党协商中发挥了积极作用。采取全面调研与专题调研相结合、监督与帮扶相结合的方式，开展脱贫攻坚民主监督。聚焦隆德县脱贫攻坚、实施乡村振兴战略等，围绕农村产业发展、壮大村集体经济、农村环境卫生整治等农业农村农民重点问题，通过座谈交流、走村入户实地对隆德县双村等4个行政村、12个村民小组进行了调研，针对存在问题提出意见建议，为隆德县脱贫摘帽献计出力。将民主监督寓于履行职能的各项工作中，通过政党协商、政协提案和发言、“直通车”建议以及反映社情民意信息等方式，重点就乡村环境治理等多个问题，提出监督性建议。

【参政议政】2018年，九三学社宁夏区委会向全国政协会议提交提案素材9件，其中《关于加大西部内陆湖泊湿地保护治理力度的建议》被确定为九三学社界别提案。向自治区政协十一届一次会议提交大会发言5件，集体提案20件，其中《“三管齐下”破解科技创新投入不足的“瓶颈”》作为大会口头发言，《发挥大数据优势 创新“三医联动”模式》被自治区政协领导重点督办；《大力发展农村电商助力精准扶贫》等3件提案分别被自治区科技厅、商务厅和宁东管委会等提案办理单位列为重点办理提案。特别是2018年向全国政协会议提交的《关于在宁夏建立试点探索西部地区“互联网＋医疗”模式的建议》，浏览量超过百万，排在新华网客户端第一位。受到国务院领导的高度重视，李克强总理和孙春兰副总理分别到宁夏就“互联网＋医疗健康”进行调研并做出重要指示。九三学社区委与自治区卫计委、《健康报》报社联合举办"互联网+医疗健康"应用大会，九三学社中央主席武维华出席开幕式并讲话。九三学社中央和九三学社区委紧紧围绕"互联网+医疗健康"持续建言，为推动国家出台《关于促进"互联网+医疗健康"发展的意见》做出了积极贡献，并助推首个国家"互联网+医疗健康"示范省(区)和国家医疗健康大数据中心及产业园落户宁夏，对解决宁夏乃至全国贫困地区优质医疗资源不足的问题，助力脱贫攻坚具有积极意义。在九三学社中央全国参政议政和信息工作会议上，九三学社区委作了题为《发挥优势创特色、聚焦重点抓短板，全力做好互联网+医疗健康这篇大文章》的重点交流发言。

【专题调研】2018年，九三学社宁夏区委会积极参与配合社中央就乡村振兴战略和生态文明建设课题开展调研，形成的关于"乡村环境综合治理"调研成果，在九三学社中央第十三届"九三论坛"作大会发言。配合九三学社中央主席武维华带队到宁夏，就黄河流域生态环境保护与可持续发展及草原生态文明建设进行的调研。完成自治区党委重点调研课题，形成的《宁夏"互联网+医疗健康"发展的对策建议》，被自治区党委政府领导批示，推动自治区卫计委出台《宁夏"互联网+医疗健康"便民惠民行动计划(2018—2020)》等意见。围绕协商计划，开展九三学社界别调研，完成《以创建法治城市为抓手 大力推进全面依法治区》调研报告。社区委还联合区直工委、各市委会、专委会开展富硒产业发展等9项课题调研，形成的《以排水沟治理为突破口 聚焦问题 协同发力 全面改善水环境》《关于我区瓜菜育种科技创新发展中存在的问题及其建议》两篇调研报告分别在自治区政协第十一届三次、四次常委会上作发言。通过各级组织和广大社员的申报，共完成招标课题41件。凝聚全社智慧，认真反映社情民意。全年共向九三学社中央和自治区政协反映社情民意信息67件，其中16件被自治区政协采用。

【社会服务】2018年，九三学社宁夏区委会多方协调引入扶贫项目。争取九三学社中央"亮康行动"项目资金8万元，为平罗县、同心县、隆德县的100名贫困群众实施免费白内障复明手术，帮助减轻群众经济负担，有效改善贫困人口健康问题。推进落实大北农集团2018年对隆德县完成100万的农业发展项目。争取澳大利亚魏基成慈善机构的支持，为隆德县300名农村学生捐赠价值12万元的御寒冬衣。举办乡村医生培训班。开展送健康活动，捐赠价值4.2万元物品，向196名农村卫生室的医生赠送进村入户工作包，为200名因病致贫贫困户送去健康护具和药品等。组织九三学社内企业家赴隆德县对企业和产业发展情况进行调研，并与相关部门座谈，共谋合作发展。九三学社固原市委为隆德县5个农村老饭桌捐赠价值3万元的米面油等生活物资。九三学社中卫总支社支持原套村妇女服饰加工技术培训经费2万元。多点发力助力脱贫摘帽。对盐池县惠泽村定点帮扶和脱贫攻坚情况进行深入调研，争取自治区住建厅美丽村庄建设项目资金200多万元，美化村庄环境。通过培育和发展肉牛养殖、绿色蔬菜示范种植、黄花种植等优势特色产业并加强农民技能培训，使惠泽村群众收入和生活质量不断提高。开展党建共建活动，筹资1万元帮助惠泽村建设党建工作站。社吴忠市委精心打造九三学社社会服务基地，开展"送科技下乡"活动，服务基地玉静果品产销专业合作社成为六家党派唯一入选的吴忠市统战工作暨"双创"活动互观互检观摩点。多措并举加大医疗支持。开展了14场健康科普宣讲活动，普及疾病防治知识，推广健康生活方式，听众达上千人。妇女工作委员会联合社银川市委、吴忠市委、秦杨中医医院开展"中医送健康"主题活动。组织九三学社内医疗专家在同心县医院驻点开展医疗帮扶活动。通过帮扶，同心县医院医疗卫生服务综合能力得到了较大提高。协调银川市口腔医院在同心县人民医院开展宁夏口腔专科联盟公益活动。九三学社银川市委开展"九三科普大讲堂——儿童口腔预防保健知识进学堂"活动。九三学社石嘴山市委深入乡镇、社区开展送医送药活动。

(雍　军)

农工党宁夏区委会

【思想建设和宣传】2018年，农工党宁夏区委会安排9名处级以上机关干部参加区直统战系统3期学习贯彻中央十九大精神学习班；在广西社会主义学院举办2018年度骨干委员学习十九大精神培训班；在贵州红色足迹教育培训中心举办新党员培训班。各市级组织也举办多种形式的学习十九大精神学习班，切实把广大党员的思想行动统一到中共十九大和农工党十六大精神上来，以学促干，推进各项工作。开展"不忘合作初心，继续携手前进"主题教育活动。根据农工党中央要求，区委会制定了《农工党宁夏区委会关于开展"不忘合作初心，继续携手前进"主题教育活动2018—2022年工作规划》，全面谋划安排主题活动有序开展。开展纪念"五一口号"发布70周年系列活动。区委会通过召开座谈会，邀请农工党中央领导做专题报告，开展征文评选活动，组织区委会领导班子成员、常委及部分机关干部赴河北西柏坡、李家庄学习考察，引导各级组织和广大党员在重温历史中铭记合作初心，在弘扬传统中深化政治共识，不断增强“四个意识”，坚定“四个自信”。开展“三学一讲”主题教育活动。区委会主委在开讲仪式上带头讲党课，带领广大党员重温农工党与中国共产党“肝胆相照、荣辱与共”的合作历史，深入学习习近平新时代中国特色社会主义思想。各市级组织主委也相继开展了讲党课活动，该活动覆盖全区70%农工党员。加强对外宣传和理论研究工作。区委会抓住改革开放40周年、自治区成立60周年有利契机，拓宽宣传渠道，加大对先进典型宣传力度，提升区委会在全国影响力，全年各类媒体报道区委会工作的文章共50余篇。向自治区党委统战部和农工党中央分别选送6篇和8篇理论创新成果，其中《加强人民政协界别制度建设的思考》《民主党派趋同化问题研究》分别获2018农工党中央理论研究二等奖、三等奖；《我国政党协商制度建设研究》获2018年自治区党委统战部理论研究成果二等奖。编印2018年农工党宁夏区委会《年刊》。加强网站建设，重新修订《农工党宁夏区委会网站管理制度》，对网站进行改版升级，增大信息量，增强时效性。

【组织建设】2018年，农工党宁夏区委会多措并举加强组织发展工作。修订完善《基层组织管理制度》等5项组织制度，加强基层组织管理。针对党员年龄老化和环保领域人才短缺现状，积极发展青年骨干和环保领域专家党员，成立青年支部和环保支部。开展调研，完成农工党中央《关于支持民主党派加强自身建设的意见》3项调研课题22个子课题的工作报告。加强区直工委管理，通过完善制度，开展活动，推荐专家参与区委会调研，组织培训，提升区直党员参与区委会活动的积极性。截至2018年底，全区共有农工党员1074人，其中主体界别党员占61%，具有中高级职称的党员占79%。

【参政议政】2018年，农工党宁夏区委会开展“宁夏医疗联合体建设现状及对策”自治区党委重点课题调研，完成的调研报告获得自治区石泰峰书记批示。在自治区政协十一届一次会议上作《为完善我区城乡居民基本医保建言》口头发言；在十一届三次常委会上作《以系统治理为抓手，确保污水处理稳定达标》口头发言。围绕“如何提高我区科技创新能力”，参加自治区政协教科文卫委组织的专题调研，形成《提升我区知识产权创新应用和保护措施的建议》调研报告。2018年，区委会向全国政协十三届一次会议报送提案21件，全部立案，其中《对我国强制隔离戒毒加强法律监督的建议》，作为国家最高人民检察院重点督办提案，最高人民检察院一行3人到宁夏进行当面办理，全国人大常委会已将此建议纳入正在修改的《中华人民共和国人民检察院组织法》，全区公安强戒所已开展试点工作。连续两年提出《用好的制度把全科医生留在基层的建议》，推动《国务院办公厅关于改革完善全科医生培养与使用激励机制的意见》出台。《关于创新精准扶贫工作机制的建议》被农工党中央采用上报全国政协。向自治区政协报送提案19件，立案17件，2件被自治区政协列为2018年重点督办提案，其中《完善我区城乡居民医保的几点建议》得到自治区政协副主席马秀珍现场督办；《推进我区精准扶贫的几点建议》《我区就业扶贫亟待政策支持》《加强我区金融精准扶贫工作的几点建议》三件提案合并得到自治区政协副主席李泽峰现场督办。社情民意信息保持佳绩。2018年，区委会向农工党中央、自治区政协提交反映社情民意信息62件，其中《关于尽快修订我区促进科技成果转化条例的建议》得到自治区政府杨培君副主席批示，《宁夏促进科技成果转化条例》于2018年11月1日施行；《我区就业扶贫亟待政策支持》推动自治区出台《关于进一步推进就业扶贫工作的若干意见》。《关于进一步完善分级诊疗配套政策的建议》和《解决精准脱贫能力培训中存在问题的建议》分别得到自治区相关领导批示。

【社会服务】2018年，农工党宁夏区委会开展脱贫攻坚民主监督。根据自治区党委统一战线工作领导小组的安排，区委会对口监督海原县开展脱贫攻坚民主监督。在2017年调研的基础上，2018年再次深入海原县，通过深入调研，完成了《我区自发移民问题户籍问题亟待解决》《莫让天价彩礼成为脱贫路上的拦路虎》《南部山区生态移民区土地流转遗留问题亟待解决》《关于增设贫困县村卫生室的建议》，均被自治区政协采用。其中《日间手术尽快纳入医保基金支付范围的建议》，在三级甲等医院已经开始试点工作，日间手术无须住院治疗，住院手术费用相比下降30%~40%，减轻家庭负担，缩短病人在院等待时间，节约医疗成本。解决了贫困农民“看病贵、住院难、手术迟”的社会问题。完成了《农工党宁夏区委会对口海原县脱贫攻坚民主监督工作报告》，并在各民主党派区委会开展脱贫攻坚民主监督工作座谈会上交流发言。2018年,区委会加大对红羊村定点帮扶工作力度,在机关人手少、任务重的情况下,按照自治区党委统一部署,抽调3名机关干部组成扶贫工作队,常驻红羊村开展扶贫工作。区委会捐助8万多元,扶持红羊村发展村集体经济,开办小杂粮加工作坊,为村部安装简易暖气,为40户建档立卡贫困户送了100套棉服、米面油等慰问品。区委会积极凝聚各方力量,发动党员帮助红羊村销售价值近十万元的土豆、荞面等农产品,千方百计增加村民的收入。区委会田雷被评为优秀驻村工作队长。品牌活动影响力日益增强。2018年,区委会继续开展"农工健康大讲堂"品牌活动,农工党有关专家在行政机关、事业单位、学校开展慢病防控、心理健康、口腔保健等健康讲座60余场,听众达上万人次。区委会开展"传承中医·弘扬国粹·造福百姓"大型义诊活动,各级组织也从各自实际出发,充分发挥农工党医疗卫生届人才荟萃的优势,深入社区、农村开展义诊咨询活动,受益群众近2000名,为健康宁夏贡献智慧和力量。倾力打造社会服务平台,区委会在宁夏归德林医养服务中心挂牌建设社会服务基地,为医养服务中心的护理人员进行医疗康复技能专业培训和指导。银川市委会、吴忠市委会也分别在月牙湖乡、红寺堡罗山社区设立了社会服务基地,以服务基地为中心,为当地贫困群众开展基本医疗、送医送药、义诊、健康教育、法律咨询指导等社会服务活动。区委会还联系农工党中央初保基金会,向银川、石嘴山等基层医疗机构捐赠医疗设备67台,价值1501万元。

(吴冬玲)

宁夏工商业联合会

【概况】2018年,宁夏工商业联合会围绕贯彻落实脱贫富民战略,组织民营企业和商会与贫困村"牵手""联姻",助力精准扶贫。广泛宣传民营经济发展典型。以"不忘创业初心、接力改革伟业"为主题,以弘扬企业家精神、争做新时代典范为重点,将阶段性集中活动转化为常态化工作,深入开展非公有制经济人士理想信念教育。开展"送政策·进民企"活动。开展重大课题调研,积极参政议政。

【理论学习】2018年,宁夏工商业联合会班子成员带头,会同自治区党委讲师团开展中央十九大精神进机关、进企业、进商会巡回宣讲。市、县(区)工商联主动作为,采取召开执委会、民营企业座谈会等形式,开展集中宣讲、学习研讨和专题培训,组织商会和广大民营企业家,深入学习贯彻中央十九大精神和习近平总书记在民营企业座谈会、庆祝改革开放40周年大会等重要讲话精神,引导广大民营企业家树立"四个意识",坚定"四个自信",做到"两个维护"。通过商会杂志、微信公众号、"智慧工商联"手机APP等媒体,摘编中央和自治区支持非公有制经济发展的政策措施,及时推送学习辅导内容。面对复杂多变的国际局势和"国进民退""民营企业离场"等错误言论,全区广大民营企业家听党话、跟党走,心无旁骛做实业,表现出良好的政治定力和大局意识。

【助力脱贫攻坚】2018年,宁夏工商业联合会推广经验做法,提高帮扶的精准性。在同心县召开"助力脱贫攻坚"暨"百企帮百村"行动推进会,表彰"百企帮百村"先进企业和商会,助力贫困村发展壮大适宜产业。组织20家非公有制企业和11家商会负责人走进西吉、海原、同心,精准帮扶30个贫困村。会同农发行宁夏分行出台金融支持政策,为参与精准扶贫的企业提供优惠信贷等金融支持。组织全国工商联"万企帮万村"台账管理信息系统培训,开展帮扶项目督导。举办百名闽商助力闽宁协作交流会,与福建省工商联签订合作交流补充协议,协调捐赠300万元用于全区精准扶贫。及时汇总各企业和商会参与精准扶贫情况,加强典型宣传。组织动员非公有制企业和商会,积极参与统一战线"百企帮百村"助力脱贫攻坚行动和捐资助学、帮扶济困等慈善活动。宝丰集团燕宝基金2018年新增捐款2.9亿元,资助学生9.1万人(累计捐款16.53亿元、资助学生16.99万人)。吴忠仪表、中航塞外香、天元锰业、银川城建集团、正丰建设集团5家民营企业与深度贫困村开展结对帮扶。宁夏德福葡萄酒有限公司荣获全国"万企帮万村"精准扶贫行动先进民营企业。2018年,全区各级工商联共组织动员483家民营企业,帮扶367个建档立卡贫困村,实施各类帮扶项目近1000个,累计投入资金近21亿元,非公有制经济人士履行责任、回报社会的担当意识得到彰显。

【教育培训】2018年,宁夏工商业联合会结合庆祝改革开放40周年和自治区成立60周年,在中央和自治区新闻媒体广泛宣传民营企业发展典型事例和优秀成果,在自治区成立60周年大型成就展中,协调展区成功举办民营经济发展成果展。组织推荐3家商会、6家民营企业参加中央电视台"厉害了我的国·改革开放40周年"主题系列活动。自治区工商联编印《宁夏商会》民营经济发展专刊,银川市拍摄5集电视政论片《“非”凡之路》，吴忠市开展非公有制经济“十大杰出人士”评选，全面宣传改革开放40年来全区民营经济发展取得的历史性成就开展理想信念教育。加强文化引领，新命名宁夏兴唐米业等19家民营企业为全区第二批文化建设示范点。固原市工商联依托六盘山、将台堡等红色教育资源，开展系列主题教育和演讲比赛，丰富理想信念教育方式和内容。组织实施民营企业家能力素质提升行动。突出民营企业负责人和年轻一代教育培养，自治区工商联在清华大学、浙江大学、上海交大等知名高校先后举办7期培训班，培训人员350人。中卫市等市、县(区)工商联采取“走出去”“请进来”等多种方式，共举办各类培训班50多场，培训人员近3000人。

【创新服务】2018年，宁夏工商业联合会汇编中央和自治区有关支持非公有制经济发展的优惠政策，印刷两批次1100多册送到企业。在银川建发集团和吴忠仪表举办“送政策·进民企”培训班，邀请知名专家、政府经济部门负责人“面对面”解读政策。在银川、吴忠、石嘴山等地举办银企合作恳谈会和金融产品推介会，持续推广宁夏投融资服务平台，搭建金融合作平台。推动对外经贸交流合作。梳理汇总民营企业助推宁夏创新发展大会签约项目进展情况，协助相关市、县(区)政府推动签约项目落地，先后多次赴苏浙闽沪等地精准对接，促成上海月星、红星美凯龙、京东集团、长城影视等全国民营500强企业到宁夏考察和投资合作。组织民营企业参加进出口博览会、广交会等系列商贸活动，帮助企业“走出去”。争取全国工商联支持，互派干部挂职交流，主动参与银川“丝路经济园”建设，吸引区内外企业和商会入园投资置业。协助举办宁商大会等系列活动，开展合作交流和产业推介。助力特色农产品企业走出去。协助自治区商务厅、博览局和吴忠市政府等，在重庆等地召开9场次宁夏特色优势产业对接洽谈会。组织相关市(县)、商会和7家特色农产品企业参加京东生鲜战略发布会，在“京东快线”建立特色农产品线上销售平台。构建和谐劳动关系。指导各商会成立人民调解委员会，会同人力资源、总工会等部门定期开展劳动关系沟通协商。宁夏共享集团、银川滨河如意服装有限公司被全国工商联、人力资源和社会保障部、全国总工会表彰为全国就业与社会保障先进民营企业。固原福苑实业有限公司等7家企业被自治区评为全区模范劳动关系和谐企业。

【参政议政】2018年，宁夏工商业联合会班子成员带队，部分企业家副主席和执委常委参加，围绕关于营造全区良好营商环境、民营企业高质量发展等重点课题，深入各市、县(区)和企业、商会开展调研。共撰写7篇调研报告上报自治区党委、政府和全国工商联，其中《关于营造我区良好营商环境的调研报告》得到自治区领导重要批示和充分肯定。搭建沟通协商平台。组织工商联系统政协委员参与政协专题调研，参加提案办理和专题协商，杨伟、尹树高、何学虎副主席先后代表工商联发言，提出意见建议。汇编参政议政成果，及时撰写提案和反映社情民意，全年共向全国政协报送提案2件，向全国工商联报送提案3件，均被采用立案。向自治区政协报送提案40件、立案37件，全年报送社情民意信息43条、采用16条，数量和质量都是近年来最好的。各市、县(区)工商联积极作为、搭建平台，组织经济界别政协委员，通过民主协商渠道反映问题、贡献智慧。协调解决企业困难。针对调研中企业反映的个性问题，及时协调转交政府相关部门研究解决。协调建设、环保、税务、金融等部门走进商会座谈，现场答复反映的问题、排忧解难。成立自治区工商联法律服务委员会，建立特约律师库，持续开展法律“三进”活动，举办法律讲座7场，650多人参加培训。市、县(区)工商联运用微信群和工商联网站，建立非公有制企业法律服务平台，组织优秀律师在线实时问答，为企业提供专业法律咨询和服务。

(赵红娟)

NINGXIA YEARBOOK

社会团体

SHEHUITUANTI

编辑◎马 静

宁夏回族自治区总工会

【概况】2018年，宁夏回族自治区总工会完成《宁夏回族自治区实施〈中华人民共和国工会法〉办法》修订工作；召开自治区工会十二大，产生新一届领导班子；全面推进工会维权服务工作，促进经济社会和谐稳定发展；实施多项举措帮扶困难职工，并使他们共享改革发展成果；开展“中国梦·劳动美”主题系列活动，树立劳动最光荣、劳动最崇高、劳动最伟大、劳动最美丽的思想理念；完善工会网络服务系统，扩展网上服务流程和服务内容，实现服务职工“零距离”。

【第十二次代表大会】2018年8月13—14日，自治区工会第十二次代表大会在银川召开。自治区党委书记石泰峰在开幕式上讲话，自治区主席咸辉、自治区政协主席崔波出席，中华全国总工会党组成员李晓钟到会致辞。左军代表区总第十一届委员会作题为《肩负新使命 迈上新征程 团结引领全区各族职工奋力谱写新时代宁夏全面发展新篇章》的工作报告，对自治区总工会十一大以来全区工会工作进行总结，确定此后五年自治区工会工作的主要任务。会议选举产生新一届领导班子，自治区人大常委会副主任左军当选自治区总工会主席，马利明当选自治区总工会常务副主席，毛洪峰、吕昊、马丽君、胡君（挂职）、张晓炜（兼职）、白虹（兼职）当选自治区总工会副主席，闫灵当选自治区总工会经审会主任。会议还通过了宁夏回族自治区总工会第十一届委员会工作报告、财务工作报告和第十一届经费审查委员会工作报告。

【“五一”国际劳动节颁奖会】2018年4月25日，自治区“五一”国际劳动节颁奖会在宁夏工人文化宫举行。颁奖会共授予自治区“五一劳动奖状”25个、自治区“五一劳动奖章”78个、自治区“工人先锋号”50个，推选出全国“五一劳动奖状”1个、全国“五一劳动奖章”7个、全国“工人先锋号”7个。自治区领导姜志刚、左军、杨培君、马力出席，有关厅局委办和人民团体主要负责人，各市、产业、直属基层工会干部以及部分职工代表等500多人参加颁奖会。

【首届全区职工技术创新成果展】2018年10月15日，首届全区职工技术创新成果展在宁夏工人文化宫举办。自治区党委副书记姜志刚，自治区政协副主席李彦凯及自治区有关部门、人民团体领导出席开幕式，福建省总工会副主席柳公立特邀出席，左军在开幕式上发表讲话。成果展总面积达1500平方米，采用产品实物、样品、模型和展板相结合的方式。经过专家初评、复评，共从全区各市、产业工会上报的468项创新成果中评选出50项获奖成果，123项职工技术创新项目参展。此次活动对于推动知识型、技能型、创新型劳动者大军建设，弘扬劳动精神和工匠精神，营造劳动光荣的社会风尚和精益求精的敬业风气具有重要意义。

【修订《宁夏回族自治区实施〈中华人民共和国工会法〉办法》】2018年，由自治区总工会牵头成立法律专家学者、各级工会工作者在内的修订工作小组，先后深入银川、石嘴山、吴忠等地调研，广泛听取各级政府、工会主席及工会会员的意见建议。邀请自治区党校、高校、研究机构的专家学者就修订的重点问题进行分析论证，反复斟酌，逐步完善，在保持原办法结构体系的同时，增加3条、删除2条、合并2条、修改28条。新办法共七章四十九条，贯彻落实了习近平总书记关于工人阶级和工会工作的重要论述、中国工会十七大精神和新修正的《中国工会章程》、习近平总书记关于基层工会建设“三个着力”重要指示精神，针对当前工会工作的薄弱环节和广大工会组织、职工群众的实际需求，对基层工会组织建设、职工合法权益维护、服务职工体系建立、工会经费使用管理等几个方面的内容重点予以修订。11月，新办法经自治区人大常委会审议通过，于2019年1月1日实施。

【工会改革和普惠服务】2018年，自治区总工会逐步落实23项改革配套措施，完成区总领导机构和领导班子结构改革。截至年底，自治区总工会第十二届委员会常委和委员中劳模和一线职工比例分别为36.7%和25%。指导全区各市、县（区）总工会实行领导班子专兼挂的模式，配齐兼职和挂职副主席，提升各级工会领导机构和领导班子结构的广泛性、代表性。推进经营类事业单位改革工作。落实“减上补下、减上补新”改革措施，派遣4名机关及事业单位干部下基层挂职、6名干部驻村扶贫。完善干部管理体系。制定印发《自治区总工会直属事业单位领导班子和领导人员考核实施办法》和《自治区总工会直属事业单位工作人员管理办法》，加强对区总干部的选拔任用，全年提拔使用7名干部、挂职交流7名干部，从五市总工会选派8名社会化工会工作者到区总挂职锻炼。加强对直属事业单位干部人事工作的管理指导，认真落实人员筛选上报和个人有关事项录入核查工作。委托自治区人社厅，通过资格初审、笔试、资格复审、面试、考察、体检等程序，共招录77名社会化工会工作者。其中银川市30人、石嘴山市14人、吴忠市5人、固原市12人、中卫市16人。2018年，自治区总工会在利用自身资源服务职工的基础上，号召五市总工会及所属工会整合第三方社会优质资源为职工开展普惠服务。全年发放工会会员卡34.88万张，占全部会员的31.7%。会员卡乘车、娱乐、饮食、购物等方面的普惠服务项目109项。

【组织建设】2018年，自治区总工会开展“八大群体”和“两新组织”建会入会活动。全年新组建工会739个，其中新建“八大群体”工会组织48个，新增会员62641人，其中农民工会员54841人。按照“会、站、家”一体化工作模式和“六有”标准，推荐评选全国“模范职工之家”8个、“模范职工小家”8个，自治区“模范职工之家”29个、“模范职工小家”60个。完善工会组织基础数据库，加强实名制管理，12992个工会组织、110.2万会员实现大数据动态管理，平台录入率及合格率均达97%以上。为推进“互联网+”工会普惠性服务工作提供坚实保障。

【宣传教育和职工文化】2018年，全区各地成立宣讲报告团深入企业、车间、班组宣讲。各级工会宣讲中国工会十七大精神172场，参与职工2.5万余人。举办2018宁夏职工“劳动者之歌”合唱大赛和“声音里的经典”——全区故事演说大赛。开展以劳模、“五一劳动奖”获得者为主体的“进学校、进企业、进演播厅”的“三进”活动，让职工与先进人物零距离交流。各级工会全年开展“三进”活动82场，服务职工1.2万人。自治区总工会文工团全年慰问演出40场、观看人数达2万多人。举办“中国梦·劳动美——学习贯彻习近平新时代中国特色社会主义思想和党的十九大精神”主题演讲比赛。演讲围绕主题、形式新颖，突出工人阶级伟大品格。各级工会全年开展演讲比赛183场，参与职工达2.5万名。做大做强“职工书屋”品牌，倾力打造职工精神家园。按照区总“职工书屋”建设五年规划，加强“职工书屋”建设，拓展职工书屋在职工学习成才、职业能力提升、企业文化职工文化建设、促进企业发展等方面的作用，利用职工书屋丰富的学习教育资源开展思想政治教育、技术技能培训、各类知识讲座等，举办读书会、演讲、朗读、文艺创作、书画摄影展览等丰富多彩的活动，不断提高书屋的使用面和受众面。截至年底，全区各级工会建成“职工书屋”755个，为13.8万工会会员开通电子职工书屋阅读卡。

【维权帮扶】2018年，在全区困难职工精准帮扶工作会议上，自治区总工会党组书记、常务副主席马利明就落实全国总工会困难职工解困脱困要求、做好全区困难职工精准帮扶工作进行安排部署，完善困难职工建档和动态管理，确保精准帮扶每一户困难职工。筹集资金对全国和省部级劳模进行生活困难补助和特殊困难补助。自治区政府与总工会召开联席会议，将省部级劳模特殊困难帮扶金标准由原来的人均2500元提高到人均7000元，将省部级农民劳模生活补助金由原来的每人每月300元提高到每人每月500元，每年向所有健在的全国和省部级劳模发放春节慰问金，定期组织劳模休养、体检，协调相关部门在劳模创业就业、养老及医疗保险上予以政策倾斜。据统计，自治区总工会全年共筹集资金1030.87万元，用于对劳模的困难帮扶。逐步提高困难职工帮扶标准。根据困难职工不同类别和资金总体情况，坚持略有增长、区别对待的原则，合理调整确定各类困难职工帮扶标准。全区生活类困难职工户均帮扶标准由780元提高至6692元；医疗帮扶类困难职工户均帮扶标准由1500元提升至9268元；助学类困难职工户均帮扶标准由4000元提高至8000元。开展“金秋助学”活动。全区各级工会组织共筹措助学资金217.245万元，发放助学款217.245万元，资助困难职工家庭大中小学生496人，户均帮扶标准约为4380元。开展职工医疗互助活动。在直属产业、基层工会大力推行在职职工医疗互助活动。截至年底，区总本级医疗互助参保职工近15万人，互助金达750万元，共为1275名患病职工支付互助资金400多万元。做好户外劳动者服务工作。全区共建立“爱心服务驿站”“劳动者之家”“的士餐厅”等服务户外劳动者站点170多个。健全网上维权帮扶平台。以全区工会“一网一卡一平台”服务体系为基础，改造升级自治区总工会“12351”服务热线为全区“12351”网络服务系统，扩展网上服务流程和服务内容，提供移动端、PC端、现场求助、电话咨询多渠道的服务；实现政策法规、办事流程、法律服务、心理关爱等项目在线咨询，建立受理、处理、转办、督办、回访工作机制，确保服务全面落实。截至年底，全区“12351”网络服务系统运行4个月，共受理职工诉求422件，办结率达98%，全方位、多渠道实现服务职工“零距离”。组织实施技能培训促就业专项行动。实施“三个一”就业技能培训规划，培训城镇下岗失业人员1000人，培训转岗待岗职工1000人，农民工就业技能培训1000人。全区各级工会共筹集专项培训资金304.331万元，累计培训困难职工农民工5210人。其中，培训城镇下岗失业人员1731人，占培训总人数的33.2%；培训转岗待岗职工1407人，占培训总人数的27%；培训农民工2072人，占培训总人数的39.8%。经培训实现就业或自主创业的达4361人，占培训总人数的83.7%；取得初级以上职业等级证书的有4818人，占培训总人数的92.5%，超额完成了年初培训计划目标。完善创业就业服务机制。在县级以上工会成立29个“工字号”创业就业服务中心，组织举办用工招聘会151场，为下岗失业人员、农民工和高校毕业生提供免费就业服务、咨询49872人，成功介绍36636人实现就业。开展就业推介活动。联合自治区人社厅、团委、妇联组织开展全区“春风行动”和“工会就业援助月活动”，组织500多家企业，提供2.6万个就业岗位，参加招聘人员达6.4万多人。

【劳动保护监察】2018年，自治区总工会参与安全生产和职业病防治，配合有关部门开展安全生产宣传教育“七进”、“安全生产月”、全区大型商业综合体消防安全专项整治等工作，参与安全生产、劳动保护、职业病防治等50多项政策法规的制定，参与完成自治区安全生产“十三五”规划实施情况中期评估工作。深入开展群众性监督检查和隐患排查，积极参加伤亡事故的调查处理，安排部署全区工会系统“除隐患 保安全”专项行动，配合安委会成员单位对全区12896家生产单位进行安全生产隐患排查治理；排查一般隐患13672项，整改13074项，整改率达94%；排查重大隐患250多项，整改230多项。参加宁夏林利煤炭有限公司煤矿三号井“9·27”瓦斯爆炸事故等多项重特大安全事故的调查处理工作。

【女职工工作】2018年，自治区总工会根据《宁夏回族自治区女职工劳动保护办法》，在建立“一函两书”工作机制的基础上，联合自治区人社厅等单位出台《关于进一步推进女职工权益保护专项集体合同规范化建设的意见》。截至年底，全区建会企业共签订女职工专项集体合同3789份，覆盖企业15597家，覆盖女职工22万人；全区执行女职工禁忌劳动的基层工会7115个，涵盖单位14164个，覆盖女职工29.3万。建设自治区级示范“妈咪小屋”，加强女性生育保护，给予10个自治区级示范“妈咪小屋”补助资金20万元；整合社会优势资源，探索开展职工子女课余托管服务试点工作，帮助女职工解决后顾之忧，全区建立托管班70余个。银川市西夏区同安苑社区红领巾成长课堂等4个课后托管班被确定为“全国工会爱心托管班”；组织2.4万名女职工参与“安康保”活动，缓解患病后医疗费用压力，为9名患癌女职工理赔60余万元；全年开展职工心理健康讲座101场次，接听并处理“12351”心理咨询热线电话328个。

【资产与经费管理】2018年，自治区总工会修订《宁夏回族自治区工会建会筹备金管理办法》，落实与税务部门联席会议工作制度，加大税务代收工会经费力度，全区税务代收工会经费同比增长15%。落实全国总工会《工会行政事业性资产管理办法》等规定，制定《宁夏工会行政事业性资产管理办法(试行)》，为全区工会行政事业性资产管理提供强有力的制度保障。制定下发《宁夏回族自治区基层工会经费收支管理实施细则》，有效规范基层工会合理使用工会经费，切实保障工会会员正常福利待遇；按照财政部开展行政事业单位内控基础性评价工作要求，建立各类经济业务活动内控评价体系，对预算、政府采购、资产管理、合同管理等具体经济业务流程进行逐项梳理、规范，严格岗位分工，及时查漏补缺，不断强化内控体系建设。按照自治区财政厅要求，将区总差旅费管理纳入自治区差旅费内部控制系统；严格执行现金支出管理规定，落实困难帮扶、劳模慰问、金秋助学等大额资金发放实名制，实现网上银行分发直达救助对象手中。扎实开展各项审计工作。完成对自治区总工会本级2017年度工会经费预算执行情况的审计，向主席办公会议专题汇报审计结果；完成对宁夏工人文化宫等区总直属单位、银川市总工会等五市总工会2017年度全部经济活动情况的审计，完成对建设建材、区直机关和3个驻会产业工会所属43个基层工会2016年度和2017年度经费收支预算执行情况、专项资金管理使用情况和固定资产管理使用情况的审计；配合相关部室对中央财政专项帮扶资金、劳模专项资金、困难职工帮扶资金等专项资金的管理使用情况进行了专项检查；对2个建设工程维修项目进行结算审核；结合全区工会审计工作实际，制定《宁夏工会审计质量过错责任追究制度(试行)》。

【产业工人队伍建设改革方案】2018年，按照中共中央、国务院印发的《新时期产业工人队伍建设改革方案》，自治区总工会结合自治区产业工人队伍实际情况，与自治区党委组织部、宣传部和自治区发改委、教育厅、人社厅等20多个单位多次磋商，围绕构建产业工人技能形成体系、运用互联网促进产业工人队伍建设、创新产业工人发展制度、强化产业工人队伍建设支撑保障等重点任务，形成《新时期宁夏产业工人队伍建设改革实施方案》。方案将于2019年初由自治区党委、政府印发全区执行。

【闽宁工会协作】自2017年8月闽宁对口扶贫协作第21次联席会议开始，自治区总工会与福建省总工会在福州签订闽宁工会互帮互学协议，约定4大类、11个协作项目，并互派干部挂职交流。福建省总工会发挥开放前沿优势，为宁夏职工提供“6·18”海峡两岸职工创新成果展展区，宁夏有1项职工创新成果获“6·18”海峡两岸职工创新成果展金奖。福建省总工会出资200万元援建固原市(闽宁)职工活动中心，出资15万元帮助固原地区劳模赴闽疗养休养。截至年底，双方互派挂职干部6人，福建省总工会培训宁夏区总干部30人，双方约定的协作项目全部落实到位，闽宁工会协作已成为全国工会互帮互学、提高进步的典范。

(苏翊睿)

共青团宁夏回族自治区委员会

【概况】2018年，共青团宁夏回族自治区委员会(以下简称“团区委”)开展“青年大学习”行动。坚持团干部学在先，举办全区青年干部暨市县级团委书记学习贯彻习近平新时代中国特色社会主义思想和中央十九大精神专题培训班；自治区第十二次团代会之后，举办为期5天的全区青年干部培训班，200名青年干部围绕习近平新时代中国特色社会主义思想、习近平总书记关于青年工作的重要思想、团十八大、自治区第十二次团代会精神等深入学习研讨，做到一体领会、融会贯通。带动青年深入学，“面对面”开展党的十九大和团十八大、自治区第十二次团代会精神“七进”宣讲活动，结合青年群体特点和生活实际，把宏大理论讲实在、讲生动、讲“有感”。深化网上理论宣传，通过宁夏共青团“双微”平台，开设“青年大学习——加油站”栏目，60余万人次青年参与自主学习。加强理想信念教育。持续开展“与信仰对话”“四进四信”“争做新时代好队员”等主题教育活动，用好改革开放40周年、自治区成立60周年的鲜活教科书，宣传伟大历程和辉煌成就，引导青年在学、感、悟中坚定理想信念，补足精神之钙。认真落实意识形态工作责任制。举办意识形态领域工作专题讲座，开展专项督导，制定宁夏共青团落实意识形态工作责任制实施办法、考核办法，逐级压实责任，引导青年坚定不移听党话跟党走。编制宁夏中长期青年发展规划，做好服务全区青年成长发展的“顶层设计”。

【选树青年典型和志愿服务】2018年，团区委加强青年典型选树宣传力度，挖掘新时代模范践行社会主义核心价值观的优秀青年80余名，选树7名青年获“自治区60年感动宁夏人物”，评选区级“向上向善好青年”20名，推荐1人获“全国向上向善好青年”。2018年，团区委围绕自治区成立60周年庆祝各项活动，区市县三级共招募8000余名志愿者，提供志愿服务超过10万小时，成为大庆活动中展示宁夏文化繁荣发展的一张靓丽名片。推荐28个优秀志愿服务项目参加第四届中国青年志愿服务项目大赛，15个项目进入决赛，取得了3金11银的好成绩。

【助力脱贫攻坚】2018年，团区委贯彻团中央《投身打赢脱贫攻坚战三年行动意见》，召开宁夏共青团投身脱贫攻坚战工作会，研究制定了投身脱贫攻坚战实施意见。希望工程全年募集款物3600余万元，资助建档立卡贫困户学生4076名。聚焦产业发展，培训农村电商青年600余人，连续三年援建农村电商服务站。发动青联、青企协等组织，为21个贫困村、263户帮扶户制定“一户一策”帮扶方案。

【青年创新创业创优】2018年，团区委开展“创业分享团进校园”示范活动12场次，举办第八届“创青春”宁夏青年创新创业大赛、“挑战杯——彩虹人生”全区职业学校创新创效创业大赛和红领巾“创未来”创新创意创造交流展示活动。协调发放“团青贷”“如意青创贷”等贷款1.8亿元，有效帮助青年在创新创业实践中实现人生梦想。全区各企事业单位团组织以青年文明号、青年岗位能手等创建评比宣传活动为抓手，引导青年立足岗位创先争优。

【青少年生态环保实践活动】2018年，团区委倡导环保理念、培养良好习惯，开展低碳出行、环保宣传、植绿护绿等青少年环保实践示范性活动100余场。持续做好小渊基金中日青年生态绿化示范林吴忠市、固原市项目，累计造林7万余亩；广泛开展“环保大讲堂”、绿色出行、健步走活动等生态环保实践；实施“守卫母亲河”项目，成立“河小志·湖小愿”志愿服务队，开展环保宣传、植绿护绿等活动100余场；连续2年实施“宁夏青联生态林”项目，植树400亩。

【青少年民族团结教育】2018年，团区委实施青少年民族团结促进工程，举办“青春宁夏大讲堂”、民族团结“八进”活动；集中开展以“1场讲座、1次研讨、1篇心得、1次测试”为主要内容的马克思主义民族观宗教观“4个1”活动，引导青少年正确认识、自觉拥护党的民族宗教政策。

【青少年维权与服务】2018年，团区委充分履行预青专项组组长单位职责，开展青少年普法宣传教育、“法律八进”、心理减压“阳光行动”、“法治学校”创建等宣传教育活动，固化“网络禁毒 青春力量”品牌，青少年法治意识、自护能力明显增强。加强同公安、司法、教育等部门的沟通联动，开展特需关爱青少年帮扶工作，项目入选全区创新发展“枫桥经验”实践成果汇编。针对职业发展、婚恋交友、子女教育等实际需求，通过开展技能竞赛、相亲交友、关爱行动等为青年提供帮助。针对婚恋交友需求，广泛开展相亲交友活动，在宁夏结婚中心成立青年交友基地，组建“青春有约”全区相亲交友微信群，开展自治区级示范活动8次，直接服务青年1200余人。健全政策协商平台，以“维护新兴职业青年群体的发展权益”等为主题，深化“共青团与人大代表、政协委员面对面”活动，推动各方面重视和解决有关问题。团区委增强新媒体平台吸引力，团属新媒体粉丝增长至249万余人；开展舆论引导，持续深化青年网络文明志愿行动，在网络空间发声亮剑、激浊扬清。坚持“线上”引导和“线下”服务相结合，把“网上共青团”建设同多项工作有机整合，通过网络更好发挥桥梁纽带作用。

2018年5月10日，自治区团委举办特需关爱青少年“爱在风雨中”主题沙龙活动

【共青团改革】2018年，自治区第十二次团代会召开，形成了此后五年宁夏共青团工作的蓝图，广泛凝聚了青年的思想共识。全区各级团的领导机构中基层一线团员比例全面提高，团的代表性、广泛性明显增强。团的领导机关挂兼职干部普遍配备到位，工作力量得到充实。推动区市县三级教育团工委在机构设立、人员配备等方面取得突破，团教合作机制取得实质性进展。连续三年开展全区“五四”系列主题活动，各级团组织同频共振，选择在青年聚集的场所和“有空参加”的时间段，利用1个月的时间，集中开展贴近青年、贴近生活、富有特色的活动3000余场次。扩大团的组织和工作覆盖。区市两级团组织主动联系、覆盖青年社会组织143家，不断延伸工作手臂，使共青团在社会组织和新兴青年群体中的影响力逐步提升。

（王存博）

宁夏回族自治区妇女联合会

【概况】2018年，宁夏回族自治区妇女联合会（以下简称“自治区妇联”）组织开展习近平新时代中国特色社会主义思想和中央十九大精神大学习大宣传大宣讲活动。成立由十九大女代表、专家学者、妇联干部、三八红旗手、最美家庭等组成的宣讲团，采取文艺演出、故事会、分享会等方式，在网上网下开展宣传宣讲5176场，覆盖群众82.16余万人，引领全区妇女增强“四个意识”，坚定“四个自信”，坚决做到“两个维护”，激励广大妇女在新时代中国特色社会主义的伟大实践中贡献巾帼之力；学习宣传中国妇女十二大目标任务。组织中国妇女十二大宁夏代表及各级妇联认真学习《习近平关于妇女儿童和妇联工作论述摘编》，重点学习中国妇女十二大目标任务，代表深入机关事业单位、乡镇（街道）、村（社区）、妇女家中开展宣传宣讲1737场，覆盖群众25万多人；在“宁夏女儿”微信公众平台开设“喜迎妇女十二大·巾帼建功新时代”“喜庆妇女十二大——宁夏代表风采”“扬帆新征程·激扬巾帼志”等专栏，形成线上线下全面联动的宣传声势，使“巾帼心向党”成为宁夏广大妇女的坚定信念。开展丰富多彩的主题宣传教育活动。开展纪念三八国际妇女节主题系列活动，评选表彰自治区“三八”红旗手（集体）、“自治区巾帼文明岗”、“自治区巾帼建功标兵”、“自治区巾帼建功先进集体”，发挥先进典型示范引领作用。拍摄并推广《中国好家风》MV，举办“巾帼心向党·建功新时代”清凉宁夏专场演出，制作公益宣传片在电视台及公交车载电视播出，培育巾帼志愿队伍和志愿服务项目，配合推出自治区成立60周年成就展妇女工作篇等，切实团结动员妇女群众更加紧密地凝聚在党的周围。

【巾帼行动】2018年，自治区妇联实施“乡村振兴巾帼行动”“创业创新巾帼行动”和“巾帼脱贫行动”，引领妇女在经济社会发展大局中建功立业。全面实施“乡村振兴巾帼行动”。稳步推进妇女创业担保贷款工作，2018年全年发放贷款14.16亿元，扶持2万名农村妇女创业，全区已累计发放农村妇女创业担保贷款94.6亿元，扶持创业妇女18.16万人。实施“农村妇女素质提升计划”，联合人力资源和社会保障、科技等部门开展“百千万巾帼培训工程”，各级妇联自办、联办培训班74期，培训妇女7608人。开展“美丽家园”建设活动，组织动员广大妇女参与农村人居环境整治三年行动计划，大力发展庭院经济，培育创建全国巾帼示范农家乐2个、全国巾帼脱贫示范基地5个、自治区巾帼创业创新基地20个。推进“创业创新巾帼行动”。举办“巾帼心向党·建功新时代”宁夏首届巾帼创业创新大赛，充分展示了宁夏妇女勇于创业、敢于创新的精神风貌。开展春风行动，各级妇联组织对6622名妇女进行职业技能培训，对4242名妇女进行了创业培训，向区内外劳务输出妇女3693人，组织妇女专场招聘会、就业洽谈会145场，千方百计帮助妇女创业就业。持续深化“巾帼脱贫行动”。贯彻落实自治区脱贫富民战略，优先对脱贫销号村妇女给予农村妇女创业担保贷款支持，为140个定期脱贫销号村的846名贫困妇女发放贷款5238.5万元，为846名留守妇女发放贷款6249万元，为74名留守妇女发放小额循环项目资金205万元。扶持发展妇女手工龙头企业、手工编织协会27个。

2018年3月8日，自治区妇联在纪念三八国际妇女节大会上表彰一批先进典型

【家庭文明建设】2018年，自治区妇联以习近平总书记“注重家庭、注重家教、注重家风”重要指示为指导，充分发挥妇女在社会生活和家庭生活中的独特作用，发挥妇女在弘扬中华民族家庭美德、树立良好家风方面的独特作用，积极推进家庭工作。全领域展示“最美家庭”。常态化开展寻找、展示“最美家庭”工作，围绕脱贫致富、民族团结、绿色环保等广泛寻找“最美家庭”，吸引5.6万多户家庭、近15.5万名群众参与，推荐20户全国最美家庭和20户全国五好家庭，寻找100户自治区“最美家庭”。聚焦传统节庆、纪念日等节点，发掘、培育、展示各具特点的“最美家庭”，激励广大妇女和家庭学习最美、分享最美、感受最美，最大限度地调动广大妇女和家庭的积极性。共建共享，全过程推动家教指导服务。发挥牵头作用，以“爱润万家·好家庭好家教好家风”为主题，开展读书沙龙、亲子阅读等实践活动，在全社会普及传播科学的家庭教育理念和知识。建立50个社区家庭教育指导服务站，开展家庭教育专题讲座511场，培训家长8万多人，举办家庭教育骨干讲师培训班培训1400多人，逐步打造规范化、专业化、本土化的家庭教育指导服务队伍。强化联动协调，首次在全区教育工作大会上对家校共育进行部署，促进家庭教育指导

服务工作规范化推进。丰富载体，在全社会弘扬良好家风。在全社会深入开展家风家训宣传展示活动，围绕扶贫先扶志和扶智，深入全区157个脱贫销号村宣讲154场，助力乡村振兴战略。举办“家和万事兴”家教家风主题展，传递家庭传统美德。指导建立社区（村）家风馆、家风工作室、家风主题公园等家庭文明建设基地79个，命名自治区级家庭文明建设示范点20个，征集“好家风好家训”3848条，微视频、微电影作品66个，带动更多家庭见贤思齐、向善向美，促进社会主义核心价值观落地落实。

【妇女维权与服务】2018年，自治区妇联推动自治区党委、政府出台《关于进一步加强我区妇女维权工作的意见》完善妇女权益维护顶层设计。《中华人民共和国反家庭暴力法》贯彻实施情况纳入自治区政协视察和宁夏警官职业学院学生教学、公安厅警察训练总队警务人员培训内容。在推进农村集体产权制度改革等实施意见中增加维护农村妇女权益的内容，为农村妇女维权提供政策依据。加强宁夏妇女儿童维权服务中心和“12338”妇女维权热线的建设和管理，聘请律师和婚姻家庭咨询师为妇女儿童提供便捷专业的法律咨询和维权服务。持续拓展基层妇女维权阵地，联合司法厅、宁夏律师协会在66家律师事务所分别命名区市县三级妇女儿童维权工作站，在银川监狱、女子监狱设立婚姻家庭工作室。实施“中国妇女法律援助行动”项目，受理案件86件，为受援人挽回经济损失264.97万元。加强法治宣传，对20件妇女儿童维权优秀案例进行表彰，开展“送法到家”和“七五”普法中期检查督导，在全区组织开展70场“和谐婚姻家庭大讲堂”和“抵制高额彩礼”“反家庭暴力法”巡讲，受到广大群众的热烈欢迎。“两规划”实施工作取得新的成绩。“两规划”实施情况纳入政府督查，针对村委会主任中女性比例、农村孕产妇死亡率、女性青壮年文盲率等11项“两规划”重难点指标实施情况进行督导调研；召开全区妇儿工委七届一次全体（扩大）会议，对“两规划”任务推动落实进行了部署安排。妇女、儿童发展规划达标率分别为81.1%和90.7%。妇女民生关爱全面加强。争取全国妇联“贫困母亲‘两癌’救助”专项基金236万元，将“城乡两癌贫困妇女救助”项目纳入2018年自治区政府民生计划，财政划拨900万元，对1136名患病妇女进行救助。推广妇女“两癌”“筛查＋救助＋保险＋关爱”工作模式，在《中国妇女报》《中国妇运》进行刊登推广，帮助369名罹患相关疾病妇女获得保险理赔共计1205.2万元。争取中国妇女发展基金会6辆母亲健康快车落户宁夏，发放母亲小额循环项目资金530万元，扶持430名手工制品带头人、贫困妇女发展创业项目。开展关爱单亲母亲“康乃馨”行动，各地发放救助物资243万多元。稳步推进“护航春蕾”活动，争取各类资金110.3万元，资助462名贫困家庭女生，举办“护航春蕾”宣讲活动138场次，75所学校4.97万名农村初中女生受益。

（寇晓娟）

宁夏回族自治区文学艺术界联合会

【文艺志愿服务】2018年2月9日，宁夏回族自治区文学艺术界联合会（以下简称“自治区文联”）组织艺术家走进石嘴山市高新科技孵化园，开展“我们的中国梦 文化进万家”文艺志愿服务活动，艺术家们为群众书写春联、“福”字300余幅，赠送剪纸作品150多幅。音乐、舞蹈、曲艺杂技艺术家们带来了男声独唱《不忘初心》《咱老百姓》，音乐快板《咱说说党的十九大》等精彩的文艺节目，受到工友们的热烈欢迎。8月8—10日，为庆祝自治区成立60周年，中国文联党组书记李屹率中国文联文艺志愿服务团赴宁夏进行慰问演出。自治区领导赵永清、杨培君等出席。服务团分别在石嘴山、中卫和盐池举办了三场“中国梦宁夏情——庆祝宁夏回族自治区成立60周年‘送欢乐 下基层’文艺志愿服务慰问演出”。王志、黄豆豆、徐峥、方锦龙、刘洪彪等艺术家在三地举办9场次辅导培训，860余名基层文艺工作者参加辅导培训。

【扶贫慰问】2018年3月8日，自治区文联党组书记崔晓华、副主席雷忠带领宁夏文联调研组一行，到自治区文联定点帮扶的西吉县大窑滩村，就做好第二轮帮扶工作进行深入调研。崔晓华向村两委介绍了文联实施“六个一心连心”文艺惠民工程的安排，对文联第二轮扶贫工作进行了交接。调研组为村部新建的文化活动中心赠送了书法、摄影作品、办公桌椅。6月21日，自治区文联党组书记崔晓华带队到定点包扶村西吉县新营乡大窑滩村开展扶贫慰问活动。宁夏剧协主席李小雄、宁夏剧协理事徐爱琴和宁夏秦腔剧团首席板胡冯斌权观看群众的秦腔表演，艺术家们对群众的秦腔表演进行了现场点评和指导，并与村民同台演唱，受到了村民的热烈欢迎。崔晓华同志代表自治区文联向村文化活动服务中心老艺人姬国秀赠送了乐器三弦琴，勉励他继续为丰富群众业余文化生活增添欢乐。

【文艺人才研修】2018年5月2—11日，“首期宁夏高层次文艺人才(文艺名家)研修班”在中国文联文艺研修院成功举办。宁夏50名文艺名家、文艺骨干和文艺工作者参加研修。此次培训班是中国文联文艺研修院承办的首次地方文艺骨干研修班。8月17日，宁夏书法家协会和隆德县文联联合举办的“六个一心连心”文艺惠民暨迎国展全区中青年书法骨干创作集训班在隆德一小正式开班。此次集训邀请了四川大学书法研究所所长、教授、书法博士研究生导师和中国书协草书专业委员会委员吕金光，中国书协行书专业委员会委员、上海市书法家协会理事、上海市青年书法家协会主席、江苏省国画院特聘书法家张卫东，指导宁夏中青年创作骨干积极备战全国册页书法展、全国妇女书法展。培训期间，参训学员还向红二十五军翻越六盘山驻地、杨家店红色文化教育基地赠送书法作品20余件。

【互联网+文艺】2018年5月15日，宁夏文艺界网(www.nxwl.org.cn)经过改版，以全新面貌与读者见面。此次改版建设，是宁夏文联贯彻国家“互联网+”行动计划和中国文联“互联网+文艺”规划建设要求，推进宁夏文联网络与信息化工作建设的一项重要工作，标志着“互联网+宁夏文艺”规划建设工作全面启动。改版后的宁夏文艺界网按照大平台、大数据、大系统、集成化建设要求，接入中国文联“互联网+文艺”资源系统，为广大读者提供优质的网上服务。

【承办全国文艺评论家协会年度工作会】2018年5月16日，由中国文艺评论家协会、自治区文联主办的全国文艺评论家协会2018年度工作会在宁夏召开。中国文联、中国文艺评论家协会、自治区文联相关领导出席。开幕式后，举行了“新时代文艺评论：一家一言”主席论坛，中国文艺评论家协会主席仲呈祥和来自9个省市自治区文艺评论家协会主席等10位专家学者，围绕文艺评论的基础理论研究问题，就今后需要重点突破的方向分别阐述了真知灼见。

【文艺展演】2018年，由宁夏文联、宁夏摄影家协会、陕西省摄影家协会共同主办的“塞上江南，精彩宁夏”马忠义摄影作品巡回展在宁夏展览馆隆重展出。7月3日，由自治区文联、文化厅、文史馆联合主办的“心路回眸——张少山从艺60周年”国画作品展在银川美术馆开幕，共展出张少山先生精品中国画作品200余件。8月17日，由自治区党委宣传部、自治区文联主办的“不忘初心，砥砺前行——庆祝自治区成立60周年曲艺杂技专场”文艺演出在宁夏人民会堂举行，来自区内外的曲艺杂技艺术家、演员们表演了精彩的曲艺杂技节目。9月16日，自治区党委宣传部和自治区文联主办的“辉煌六十年 走进新时代——庆祝自治区成立60周年”全区美术摄影书法作品展在银川美术馆隆重开幕。自治区相关领导参加开幕式。10月13日，由自治区文联、自治区教育厅主办的第十三届全区少儿“希望杯”舞蹈展演暨第十届“小荷风采”全国少儿舞蹈展演宁夏选拔活动在宁夏人民会堂举行。5月23日，在第五个中国文艺志愿者服务日，自治区文联在银川市光明广场举行“到人民中去”——纪念毛泽东《在延安文艺座谈会上的讲话》发表76周年专场文艺演出。

【“送欢乐下基层”——中国美协赴闽宁镇慰问】2018年6月29日至7月5日，中国美协赴永宁县闽宁镇开展“送欢乐下基层”活动，庆祝党的97岁生日。慰问团由杜松儒、王雪峰、祁海峰等来自全国各地的美术名家组成。6月30日，活动启动仪式在闽宁镇举行，中国美协慰问团向闽宁镇捐赠美术用具和书籍，闽宁镇向中国美协赠送锦旗。启动仪式后，中国美协慰问团一行实地感受闽宁镇近年来的发展成就。慰问团还进行义务笔会。活动期间，慰问团一行深入贺兰山韭菜沟、苏峪口等地，开展“文化惠民”慰问活动，为创作收集素材。

【重要会议】2018年1月15—16日，自治区文联第八次代表大会在银川市召开，来自全区的375名代表参加会议。自治

2018年8月8日，“中国梦 宁夏情”庆祝宁夏回族自治区成立60周年中国文联文艺志愿服务团慰问演出走进石嘴山市

区党委书记石泰峰出席开幕会并讲话，并强调，全区各级党组织要加强和改进对文艺工作的领导，认真研究事关文艺发展的重大问题，为文艺事业持续健康发展创造更好的条件和环境。7月19日，西部文联深化改革工作经验交流暨第二十七届西部文联工作会在银川市召开。来自广西、云南、贵州、四川等14个省(市、区)及副省级城市的文联负责人齐聚银川，就如何推动文联改革和文艺工作进行座谈交流。8月20日，自治区文联组织召开座谈会，祝贺马金莲小说《1987年的浆水和酸菜》荣获第七届鲁迅文学奖。

【诵读活动】2018年10月18日，宁夏文联、宁夏荣光科技集团在银川举办光荣与梦想"荣光杯"主题征文颁奖诵读晚会。此次征文围绕传承中华优秀传统文化、革命文化和社会主义先进文化，汇集了来自全国28个省、区、市作家的稿件1678篇(首)。通过邀请著名作家、评论家评审，有41件作品获奖。作家们用文明典雅、欢乐祥和的文学形式，表现塞上大地的厚重文脉、淳良民风、乡情仁爱，以此庆祝自治区成立60周年，致礼新时代的航程。10月23日，由自治区党委宣传部、区直机关工委共同主办的"辉煌60年 见证新发展"主题诵读演讲展评活动总决赛暨颁奖典礼在宁夏广播电视台演播大厅举行。自治区文联选送的情景诗诵读《高高的白杨树》获一等奖。10月25日，由自治区党委宣传部、自治区广播电视局、自治区文联主办的庆祝宁夏回族自治区成立60周年全民阅读音乐诗剧朗诵晚会《西去列车的窗口》在宁夏大剧院举行。

【协办全国文艺评论家协会会议】2018年5月16—17日，全国文艺评论家协会2018年度工作会在宁夏召开。自治区文联邀请与会学者专家为宁夏文艺评论工作者作专题辅导，举办宁夏文联首期文艺评论人才培训班。培训班邀请了中国文艺评论家协会副秘书长周由强，中国传媒大学教授、博导戴清，浙江省文艺评论家协会秘书长沈勇，分别为学员授课，并举行了"中国文学的宁夏现象"专题研讨。9月20—21日，由中国作家协会和共青团中央共同举办的全国第八次青年作家创作会议在北京召开。宁夏作家代表团由自治区文联党组成员、副主席雷忠带队，马金莲、刘汉斌、田鑫、赵磊(笔名"我本疯狂")和马骥文5位青年作家参会。中国作协党组书记、副主席钱小芊作题为《塑造时代新人，攀登文学高峰》的报告。12月20日，由中国作家协会、自治区党委宣传部共同主办，中国作协创研部、宁夏文联承办的"中国文学的宁夏现象"研讨会在北京举行。中国作协党组成员、书记处书记、副主席李敬泽，自治区党委常委、秘书长、宣传部部长赵永清出席研讨会并讲话。叶梅、包明德、李一鸣、梁鸿鹰、李少君等全国著名评论家、专家学者参加研讨。李敬泽、赵永清等领导向中国现代文学馆、鲁迅文学院赠送《文学宁夏丛书》(20卷)。丛书遴选宁夏20名中青年作家的作品编辑出版，集中体现了宁夏作家的创作风貌。

【协会活动】2018年1月20—26日，宁夏书协在全区开展"我们的中国梦——文化进万家、书法家送万福进万家"活动。银川市书协、石嘴山市书协、吴忠市书协、固原市书协，宁夏妇女书协、宁夏书画艺术发展促进会、银川市兴庆区书协、金凤区书协、西夏区书协分别到银川兴庆区天鹅湖小镇社区、掌政乡春林社区、掌政乡五渡桥村，新城新华联购物中心、银川立达市场，平罗县宁夏昌茂祥冶炼有限公司，吴忠市高闸镇和金积镇，隆德县温堡乡杜川村、风岭乡卜岔村以及隆德二中向当地群众赠送党的十九大精神内容的书法作品，义务书写、赠送"福"字、春联3560余幅。2月6日，自治区文联副主席、宁夏美协主席王雪峰等十位画家来到革命老区盐池县麻黄山乡平庄村，开展"六个一心连心"文艺惠民活动，为乡亲们赠送了三十多幅国画作品，并现场书写了近二百套春联和"福"字。5月22日，由宁夏曲艺杂技家协会组织的"到人民中去"文艺志愿者服务队一行38人，来到盐池县麻黄山乡，开展"送欢乐下基层"——走进盐池县麻黄山文艺志愿服务慰问演出，为村民们送上了一台精彩的曲艺杂技节目。5月31日至6月1日，宁夏民间艺术协会联合吴忠市文联、吴忠市团委，牵手红寺堡区弘德圆梦爱心服务中心等单位赴红寺堡区太阳山镇周新村、太阳山裕华第二小学实施庆祝"六一国际儿童节""六个一心连心"文艺惠民工程，为周新村赠送了民间文艺家伏兆娥及张云仙老师的四副剪纸作品，赠送了300多本实用书籍，为学校赠送学习生活用品价值近7万元。6月23日，由宁夏文联、宁夏音乐家协会主办的"2018中国音乐'小金钟'宁夏区展演"活动在宁夏大剧院举行。宁夏音乐家协会从新星、新秀中推优4人，于8月26日参加在江苏省无锡市举办的2018中国音乐"小金钟"全国二胡展演。7月21日，自治区文联、宁夏摄影家协会举办"空中看宁夏"摄影作品展开幕式。展览征集了来自全区各市、县约200名作者的1500余幅稿件，经过评委认真评选，100幅作品成功入围展出。7月24—25

日，由宁夏文联、《宁夏日报》报业集团、宁夏舞蹈家协会联合主办的2018中国·宁夏标准舞、拉丁舞国际公开赛暨宁夏代表队选拔赛在宁夏体育馆举行。比赛吸引了来自英国、俄罗斯、立陶宛及北京、上海、广州、内蒙古、宁夏等国内外70个参赛代表队4000多位选手参加比赛。特邀近20对著名国内外国标舞、拉丁舞选手进行了激烈的角逐和倾情表演，20余位国际评审专家担任此次赛事的评委。11月2日，宁夏书法家协会创作的主题书法作品《十九大报告小楷十四条屏》捐赠仪式在自治区档案馆举行。11月27日，由中国舞蹈家协会、宁夏文联主办的新农村少儿舞蹈美育工程——少数民族舞蹈课堂西吉支教成果汇报在西吉县回民小学精彩绽放。“新农村少儿舞蹈美育工程——少数民族舞蹈课堂”是中国舞蹈家协会自2006年起在全国实施的一项文化惠民工程，致力于缩小城乡儿童素质教育差距，让农村孩子享受舞蹈艺术的熏陶，培养良好的审美情趣。宁夏舞协争取到三所小学并予以配套经费，于2017年11月在宁夏西吉县首批启动。

【获奖情况】2018年1月7日，亚洲微电影艺术节在云南省临沧市举办盛大的颁奖晚会，由吴忠市广播电视台创作的微电影《李进祯》获“第六届亚洲微电影艺术节金海棠奖”——最佳作品奖。8月16日，第三届“朔方”文学奖揭晓。该届文学奖参评范围是2016—2017年的《朔方》原发作品，11篇(组)作品获奖。由自治区文联、宁夏戏剧家协会共同举办的宁夏第二届小戏小品剧本评奖活动于11月落下帷幕。此次评选共收到参赛作品53件，经专家评审推出10件作品分别获得一、二、三等奖和优秀奖。

(吴　岩)

宁夏回族自治区科学技术协会

【概况】2018年，宁夏回族自治区科学技术协会(以下简称“自治区科协”)以政治建设为统领，自觉把学习好、宣传好、贯彻好习近平新时代中国特色社会主义思想和中央十九大精神作为首要政治任务，开展“新时代创新先锋”主题实践活动。宣传科技工作者先进典型，通过在《宁夏日报》开辟“最美科技人”专栏等形式，对第二届“最美科技人”进行集中宣传报道。结合自治区成立60周年，组织媒体对宁夏回族自治区26名优秀科技工作者代表进行集中宣传报道，组织编印《科苑匠心》《奋进新时代》等书刊，在主流媒体刊发新闻稿件176篇(条)，集中反映宁夏科技工作者的典型事迹和工作成果。开展网上科技工作者之家建设，通过宁夏科协网、科技之友、科协委员微信群、宁夏微科普等各种传播手段，加强与广大科技工作者的联系沟通，及时把党的声音传递到科技工作者当中。调整和充实了自治区科学道德和学风建设领导小组，组建宣讲教育专家团，指导宁夏大学、宁夏医科大学等高校开展科学精神、科学道德、科研伦理和学术规范宣讲教育8场，近1万名师生受到教育。

【服务经济社会发展】2018年，自治区科协开展决策咨询工作。组织宁夏回族自治区科学技术协会系统干部及科技工作者，开展“大调研”活动，共遴选调研报告32篇，编辑出版了《2018年宁夏科协资政报告》。组织15个课题组开展科技决策咨询课题研究，编发《科技决策咨询》8期，其中《关于保障和促进硒砂瓜产业健康可持续发展的调研报告》《实施乡村振兴战略宁夏人居环境综合整治面临的挑战问题及对策》分别受到宁夏回族自治区领导的批示和肯定。深入实施创新驱动助力工程。2018年，宁夏科协深入贯彻落实《科协系统实施创新驱动助力工程的实施意见》，充分发挥科协的组织和人才优势，主动做好对接和服务工作。新成立院士专家工作站等长效服务机构13个，通过项目形式对10个服务机构进行支持，引导发挥示范作用。开展了福建、湖南“院士专家宁夏行”活动，共邀请6名院士和20余名专家到宁夏，针对180多项技术创新需求进行指导和服务，签订合作协议10项，成立院士专家工作站2个，实施合作示范项目2个。银川市科协提请市委市政府出台了《银川市科协系统实施创新驱动助力工程实施意见》，为实施“创新驱动助力工程”提供了制度保障。石嘴山市科协建立完善了技术创新需求项目库，对接技术创新需求120项，成功组建了全国首个氰胺产业技术创新战略联盟。深入实施科技服务产品应用推广及企业一线创新人才培养项目，举办企业专利应用工程师培训班15场，培训企业高管及一线工程师1000多名，帮助企业解决生产技术难题80多项。举办宁夏第二届创新方法大赛和“双创”活动周主场活动，营造了浓厚的创新创业氛围。实施科技脱贫富民助力工程。成立了由百名科技专家组成的服务团，深入贫困地区通过集中培训、现场指导等方式，进行点对点、一对一的“菜单式”科技服务，帮助贫困群众解决生产技术难题，助力精准扶贫。在宁夏回族自治区固原市举办“百名专家助力脱贫攻坚”活动，为农民群众送技术、传经验，受益群众达6万多人。在中卫市召开科技助力精准扶贫工作推进会，起到了交流经验、互学互促的积极作用。争取中央彩票公益基金1800万元，在贫困地区建设农村中学科技馆57个，率先在全国实现贫困地区农村中学科技馆全覆盖。探索农业+科普+生态旅游的发展模式，试点打造西吉县龙王坝、贺兰县稻渔空间和永宁县立兰葡萄酒庄3个科普小镇。实施生态立区助力工程。充分利用各类科普资源，聚焦蓝天、碧水、净土“三大行动”，通过科普新媒体宣传微矩阵、宁夏科普e点通、宁夏微科普、大众科学讲堂等各种科普宣传平台，组织编印相关科普图书，向广大群众宣传生态、环保等方面的科学知识和方法，引导他们树立简约适度、绿色低碳的生活理念。联合林业厅、气象局、地震局等单位结合科技周、爱鸟周、防灾减灾日等重要纪念日，以环境保护、资源节约等为主题，组织开展各类科普活动50余场。支持区级学会围绕生态立区开展学术交流活动60余场。

【科普宣传】根据中国科协调查显示，2018年，宁夏公民具备科学素质的比例达6.42%，居全国第23位、西北地区第二位，提前两年完成了“十三五”6.3%的目标任务。提升科普信息化建设水平，扩大“科普宁夏全媒体传播云平台”覆盖面，制作播出科普视频3200余期，通过电视、手机、微信、公交等方式，将科普知识传播到千家万户；初步建成科普新媒体宣传微矩阵联盟，公众阅读量达540万人；推动科普e站建设，累计建成科普e站872个，宁夏在科普中国传播活跃榜上稳居全国第二名。中卫市科协在中卫日报开办了“科学普及”专版，刊发相关稿件750余篇。固原市科协建立“新媒体+固原科普”媒体矩阵，促进全市科普信息化建设。开展2018年宁夏科普讲解竞赛、全民科学素质网络竞赛、科普作品创作大赛、新型农民科技知识竞赛和大众科学讲堂等主题科普活动230余场，参与人数达80多万人。举办第33届宁夏青少年科技创新大赛暨机器人竞赛，宁夏代表队在全国竞赛中获78个奖项，其中获得一等奖7个，创历年最好成绩。举办第三届青少年科学节、青少年科普剧竞赛展演、青少年高校科学营、大手拉小手——科普报告宁夏行活动等各类青少年科学活动，吸引全区近50万青少年参与。开展校园反邪、社区反邪等系列活动，开展各种宣传教育活动近100场，发放各种宣传资料近10万份。争取中央科技馆免费开放资金2207万元，提升全区6个科技馆的展览展示能力。宁夏科技馆接待观众达60万人，并完成穹幕影院升级改造，流动科技馆和科普大篷车巡展接待观众35万人。

【学术交流】2018年，开展2018年度学术交流扶持项目，对5项国家级学术交流活动和23项区级学术交流活动予以重点支持。指导全区学会围绕行业、学科发展，开展多层级、多角度的学术交流活动860余场，超过3万名科技工作者参加活动。宁夏护理学会、宁夏生态学会等全区学会积极联系对接全国学会，在宁夏举办全国性学术交流活动。组织科技工作者参加海峡两岸休闲农业学术交流研讨会等活动，提升了宁夏回族自治区学术交流水平。举办2018年“塞上学术月”活动，围绕工业新技术、农业与气象、医药科技等方面，29个区级学会在9月至10月期间集中举办29场专题学术交流活动，吸引了9000余人科技工作者参加。举办第十三届宁夏资深专家论坛和第十四届宁夏青年科学家论坛，围绕乡村振兴战略、绿色环保创新驱动等方面举办专题论坛，吸引2000余人科技工作者参加，出版论文集2部。

【科技工作者服务】2018年，自治区科协组织开展“全国科技工作者日”系列活动300余场次，召开庆祝“全国科技工作者日”座谈会，自治区党委、政府分管领导与200余名科技工作者代表共话科技创新和未来发展；自治区领导对一线科技工作者团队进行慰问；表彰20名第十六届宁夏青年科技奖获得者和10名“宁夏最美科技人”。联合自治区人才办实施宁夏青年科技人才托举工程，该工程已经成为宁夏回族自治区四大人才培养工程之一，2018年托举人选100名，为青年科技工作者架设从“孵化”到“出炉”的桥梁。开展科技工作者状况调查站点工作。对全区6个全国科技工作者站点中的3个进行调整，确定中卫市科协、银川能源学院、宁夏康亚药业为新的全国科技工作者调查站点，新组建吴忠市科协、大武口区科协为自治区级科技工作者调查站点，编发站点有效信息31篇。2018年，宁夏科协被中国科协评为全国科技工作者调查站点“优秀区域责任部门”。

【基层组织建设】截至2018年底，全区有市级科协5个，县(市、区)科协21个，乡镇、街道科协236个。2018年新增农技协14个，总数485个。全区乡镇(街道)和行政村(社区)科协组织覆盖率分别达85%和32%。市县科协全年组织科普宣讲活动3679次，举办实用技术培训2356场，参加活动科技人员总数达1.8万人，受众超过180万人。6月15日，银川市永宁县科协加强与宁夏科技咨询服务中心的深度合作，联合实施科技服务产品应用推广项目，在创业谷开展永宁县2018年科技服务产品应用推广项目专利应用工程师培训班，共有50多名企业科技人才参加此次培训。由宁夏科技咨询服务中心主办、银川市贺兰县科协承办的2018年科技服务产品应用推广项目专利应用工程师培训班(贺兰站)举办,来自贺兰县辖区内40家企业的60名技术研发人员参加了培训。由中卫市科协、科技局联合主办,中卫市中小企业公共服务平台协办的中卫市2018年度创新工程师认证辅导暨创新方法大赛参赛项目培训班,完成了2018年以来第一、二、三期学员TRIZ创新方法实践项目方案的认证辅导与中国创新方法大赛宁夏赛区参赛项目的培训与现场申报工作,来自全市37家科技型企业、规模以上工业企业的高管、技术负责人、一线工程师及技术研发人员等47名学员参加辅导与培训。中卫市海原县15所农村中学科技馆顺利通过相关部门的验收,并交付当地师生使用。吴忠市科协联合自治区科技咨询服务中心在吴忠市委党校举办2018年科技服务产品应用推广项目企业专利应用工程师培训班,来自全市60多家科技型企业负责人、高管、研发人员和知识产权管理人员等100余人参加了培训;吴忠市盐池县科技馆是宁夏回族自治区首家县级科技馆,2018年维修改造后年接待参观者20万余人,设计单次最多可容纳100人同时参观。

【区级学会和企业高校科协】截至2018年底,宁夏科协所属学会(协会、研究会)83个,学会共有团体会员4000个,个人会员5.6万人,分支机构301个。全区累计成立企业科协176个、园区科协4个、高校科协5个。2018年,新成立企业科协60个,园区科协1个,高校科协3个。宁夏各区级学会全年召开国家级、区级学术活动超过1000场,科技工作者参加人数10万余人。6月5日,宁夏化学分析测试协会在银川六中举办"庆祝科技工作日暨六五环境日科普进校园讲座"系列活动。活动围绕"化学与生活"主题,邀请宁夏大学化学化工学院博士史可人、宁夏出入境检验检疫局主任李竹岩、宁夏中科精科检测技术有限公司环保工程师田士梅分别进行科普讲座。宁夏化学分析测试协会负责人以及银川六中的有关领导和广大师生共同参加了此次科普活动。6月29日至7月2日,宁夏生物协会在银川市承办第七届中国西部动物学学术研讨会。中国西部十省、市、自治区动物学会的负责人及其代表以"中西部动物学多样性与保护"为主题,研究内容涉及动物形态学、系统学、生态学、行为学、动物地理学、特有动物资源保护与利用、实验动物模型、基因组学、动物生理生化等多个领域。会议共征集论文摘要117篇,学术报告72个,其中大会主题报告12个,分会场专题报告60个。11月5—6日,由自治区科协支持、宁夏气象学会举办的2018年枸杞气象研究与服务技术研讨会在银川召开。会议邀请宁夏农林科学院植物保护研究所研究员张蓉、宁夏农林科学院枸杞工程技术研究所研究员安巍、秦垦等8位专家围绕枸杞产业发展、枸杞病虫害监测预警与防控、枸杞生物学特性研究及光谱应用技术、枸杞种质资源耐热性研究等方面做了特邀报告,并同与会的全国枸杞气象服务中心的科技工作者进行了技术经验交流。

【第八届委员会第六次全体会议】2018年11月19日,自治区科协召开第八届委员会第六次全体会议。自治区科协党组书记陈红缨,自治区科协副主席、宁夏大学党委书记李星,自治区科协党组成员、副主席张晓玲等共101人参加会议。全委会上,选举自治区科协第八届委员会常委、主席。陈红缨全票当选自治区科协常委、主席。

【科普日活动】2018年9月12—14日,由宁夏科协联合宁夏党委宣传部、宁夏教育厅、宁夏科技厅和宁夏经信委主办的2018年宁夏全国科普日主场活动在银川举行。活动全程网络直播,通过展会形式和利用信息化的手段,重点展示创新引领、智慧生活、科普惠民、科学家精神和新技术新成果,邀请50多家高新技术企业、有关学会、社会机构、创新团队等参加。现场同步组织开展2018年全国科普日宣传片和科普中国V视频展示播放、科普剧表演、科普宣传与互动游戏、科普知识竞答、宁夏全民科学素质网络知识竞赛与推广、展商科普路演等活动,让公众了解科技创新对未来生活产生的巨大影响。

【院士专家宁夏行】2018年7月27—30日,2018"湖南院士专家宁夏行"活动在银川、平罗、彭阳等地举行。中国工程院院士官春云、陈政清、邹学校,湖南省政协原副主席、遗传与生殖医学专家卢光琇等10名专家,湖南省委组织部、湖南省科协有关领导共18人组成"湖南院士专家服务团"应邀到宁夏开展需求对接、学术交流、技术指导、合作洽谈等。7月28日,"湖南院士专家宁夏行"座谈会在银川召开。自治区领导盛荣华、杨培君出席座谈会,并为宁夏农科院"辣椒育种与栽培院士专家工作站"授牌。活动期间,举办洽谈合作对接会5场、学术报告7场、技术咨询服务13场。湖南省科协与宁夏科协签订合作框架协议,邹学校院士与宁夏泰金种业股份有限公司签订院士工作站合作协议,湖南中医药大学教授夏新华、湖南安邦制药有限公司研发副总裁高尚分别与彭阳县壹珍药业有限公司签订膜荚黄芪、北葶苈子等中药材种植加工技术合作意向协议，长沙理工大学教授王建辉分别与宁夏渔业产业协会、宁夏海达生物科技开发公司签订特色水产品综合开发和食品大分子的分析与鉴别意向性协议。9月27—30日，2018“福建院士专家宁夏行”活动在银川等地举行。自治区领导姜志刚及有关市县领导出席了活动。中国科学院院士林惠民、洪茂椿，中国工程院院士李玉，沈阳农业大学教授须晖等13名院士专家，福建省科协有关领导共19人应邀到宁开展技术创新需求对接、学术交流、技术指导、合作洽谈等。活动期间，开展学术报告3场，技术咨询服务13场。福建农林大学与西夏区政府、宁夏农科院枸杞研究所签订“农产品贮藏保鲜合作研究中心”意向合作协议，贺兰县欣荣和食用菌有限公司和古田县为民食用菌研究所签订食用菌栽培合作协议。

（贺党立）

宁夏回族自治区社会科学界联合会

【《宁夏社会科学年鉴》启动编纂】2018年，宁夏社会科学界联合会（以下简称“宁夏社科联”）启动《宁夏社会科学年鉴（2014—2017）》编纂工作。《宁夏社会科学年鉴（2014—2017）》收入资料时限为2014年1月1日至2017年12月31日。《宁夏社会科学年鉴》编写体裁以条目为主，兼有文章、表格和图片。主要内容包括“学科综述”“社科评奖”“组织机构”“科研机构”“公开出版物”“内部发行刊物”“社科网站”“学术活动”“科研课题”“学术成果”“人物”“大事记”等，涉及宁夏各学会、高校、党政科研机构、社科普及教育基地、民间科研团体及市县级科研机构等单位的基本概况、重大学术活动、重要学术成果、社科媒体平台、获奖成果及知名专家学者等。

【五届二次常委会议】2018年2月10日，宁夏社科联在银川市召开第五届二次常委会议，会议审议通过《宁夏社会科学界联合会五届二次常委会议选举办法》；选举蔡伟为宁夏社会科学界联合会副主席（驻会），并通过其他人事任免事项。

【社会科学普及周】2018年5月27日，2018年宁夏“社会科学普及周”活动在银川光明广场启动。活动由宁夏社科联主办，银川市社科联及部分社科类社会组织、社科普及教育基地参与活动，主题为“培育人文精神 凝聚共同力量”。活动展出宁夏社科联及社科类社会组织、社科普及教育基地的社科知识展板60个。

【交流与合作】2018年6月13日，宁夏社科联与中国社科院西亚非洲研究所、人口与劳动经济研究所在京签订合作框架协议。双方本着“优势互补、资源共享、互惠互赢、共同发展”的原则，开展人才培养和交流合作，实施双向交流项目，建立紧密合作的长效机制。中国社科院西亚非洲研究所党委书记王正、人口与劳动经济研究所所长张车伟，宁夏社科联党组书记、主席杨占武，副主席吴勇、刘祎出席签字仪式，代表双方共同签署合作框架协议。

【2018·宁夏社会科学学术年会】2018年6月28日，2018·宁夏社会科学学术年会在银川市召开，主题为“绿色发展引领、崇尚生态文明、建设美丽宁夏”。宁夏社科联党组成员、副主席吴勇主持会议，宁夏社科联党组书记、主席杨占武致辞。宁夏社科联党组成员、副主席蔡伟出席会议，宁夏高校、科研院所、有关厅局及所属学会、民办非企业单位近200人参加了会议。贵州师范大学地理与环境科学院院长周忠发以“生态脆弱地区生态文明建设实施路径探讨”为题，围绕生态文明建设背景、内涵、实施路径探讨以及对宁夏生态文明建设的几点思考等作了主题报告。下午，举办“2018·宁夏社会科学学术年会圆桌论坛”，120多位企业家参加论坛。

【红色资源开发利用工作调研】2018年7月5—6日，宁夏社科联调研组一行先后前往固原市彭阳县任山河烈士陵园、乔家渠毛泽东长征宿营地、同心县红军西征纪念碑及盐池县革命烈士纪念馆进行实地调研。调研人员采取听取讲解、实地察看、询问了解等方法，详细了解红色革命遗址保护、史料收集、红色资源传承及开展利用等情况，并就如何挖掘红色文化资源、打造红色文化品牌、讲好讲活红色故事、加强红色资源开发利用工作提出了意见建议。

【《宁夏社科智库论丛》分卷首发】2018年，宁夏社科联编辑出版《宁夏社科智库论丛》，其中《宁夏经济问题研究》和《宁夏社会治理与民生建设研究》分卷正式出版发行。《宁夏社科智库论丛》由黄河出版集团阳光出版社出版，丛书精选近年来宁夏社科联组织开展的重大现实问题研究成果，根据学科类别续集成书，坚持服务社会，秉持创新精神，提倡优良学风，汇集近两年研究宁夏经济、社会、文化发展的成果荟萃，力求把具有较高学术水平的著述奉献给读者，为宁夏的现代化建设建言献策。

【《宁夏回族自治区哲学社会科学、文学艺术奖励办法》修订并颁布】2018年，

《宁夏回族自治区哲学社会科学、文学艺术奖励办法(修订草案)》(以下简称《奖励办法》)共7章35条，主要明确了哲学社会科学奖励工作应当坚持正确的政治方向、学术导向、价值取向；规范了奖项名称，将“自治区社会科学突出贡献奖”“自治区社会科学优秀成果奖”修改为“自治区哲学社会科学突出贡献奖”“自治区哲学社会科学优秀成果奖”；调整了评奖频次，将每四年评审一次的突出贡献奖和每两年评审一次的优秀成果奖，统一设为每三年评审一次；完善了评审程序，增加了投票表决结果报批之前公示及异议处理流程；严格了评审纪律，对评审过程中的跑奖要奖、请托游说评委等行为实行一票否决，相关成果不予评奖；明确了奖励标准的制定主体、程序及其动态调整。修订后的《奖励办法》，经自治区政府第15次常务会议讨论通过，经自治区主席咸辉签署，以宁夏回族自治区人民政府令第99号公布，自2018年10月1日起执行。

【参加全国社科联第十九次学会工作会议】2018年9月26—28日，全国社科联第十九次学会工作会议在河北省张家口市召开，宁夏社科联党组成员、副主席吴勇从强化意识形态阵地管理、倡导社会组织开展行业自律以及发挥党建引领作用等方面介绍了宁夏学会管理方法的经验和做法。大会对宁夏钱币学会、宁夏中共党史学会、宁夏文物艺术品收藏鉴赏学会3个先进学会和宁夏中外经济发展合作协会常务副主席、秘书长王三元，宁夏易学研究会副会长、秘书长杨满忠，宁夏统计学会喻乐天3名优秀社会组织工作者进行了表彰。

【宁夏钱币学会】2018年3月9日，宁夏钱币学会在银川市民办事大厅东广场组织开展以“金融知识大放送·群策群力防假币”为主题的反假货币宣传活动。活动通过布置宣传展台、悬挂标语条幅、现场宣讲反假货币知识等形式，向过往群众分发宣传折页、第五套人民币挂图、动态反假卡片以及印有反假知识文本的文具用品等共计3000余份/件。耐心解答现场群众提出的各种人民币反假、辨假问题，并讲解残损币分辨、兑换的方法。重点宣讲假币违法犯罪案例，向群众敲警钟，号召群众自觉抵制制假、贩假、用假的违法行为，增强了公民法制观念。7月3日，宁夏钱币学会以“弘扬传统文化·传播钱币知识”为主题，开展了中国历代货币知识宣讲活动。宁夏钱币学会采用现场宣讲的方式，将会员请进展厅，以理论结合实物的方式，从古代货币理论、铸钱工艺、货币流通管理、清代纸钞反假等方面进行讲述，重点介绍了古人的货币思想、宋代的翻砂铸钱方法以及货币形制的传承。宁夏钱币学会开展庆祝学会成立三十周年征文活动，活动以钱币与收藏为主题，意在鼓励社会各界从事钱币收藏与研究的爱好者挖掘钱币背后的历史和文化内涵，回顾宁夏钱币学会30年来的成果。

【宁夏金融学会】2018年，宁夏金融学会围绕宁夏发展战略，完成《全要素生产率低制约我区经济增长应予关注》《启动全国统一碳市场对我区的机遇与挑战》《建议打造绿色沿黄生态经济带》《我区畜禽粪污利用现状及建议》《“晋江经验”对我区经济发展的启示》《贵州大数据产业发展对宁夏的启示》等多篇专报件及调研报告报送自治区党委、政府，其中6篇被党委政府采用，《建议打造绿色沿黄生态经济带》被自治区党委评为“好信息”。配合自治区金融工作局，协调宁夏银监局、宁夏证监局和宁夏保监局，认真做好《自治区金融业发展“十三五”规划》中金融生态环境改善情况、金融风险防范化解工程推进情况、改进对中小微企业的金融服务情况、营造良好金融生态环境情况四项任务的中期评估工作。贯彻落实乡村振兴战略规划，组织开展金融支持畜禽粪污综合利用、金融支持农业新业态专题调研，深入了解宁夏辖区畜禽粪污处理及农业新业态发展的金融支持情况，撰写调研报告，提出政策建议，为自治区党委政府提供决策参考。宁夏金融学会开展跨条线、跨部门、跨单位合作课题研究工作。组织人民银行银川中心支行与六家商业银行研究骨干合作开展了“住房租赁市场发展及金融支持研究”“产业结构、经营波动和金融周期”“宏观杠杆率测算、现状及成因分析”“从银行贷款成本角度对中小企业融资贵问题研究”等六项课题研究，并纳入学会年度课题参加年度课题评比。宁夏金融学会积极发挥年度学会重点课题对学术研究的推动力。2018年，全区27家会员单位共申报学会年度研究课题67项，获得立项35项，聘请外部专家对学会课题进行匿名评审，评选出一等奖3项，二等奖5项，三等奖9项，4家会员单位获优秀组织奖。全年接受会员单位投稿309篇，采纳编发148篇，其中行长约稿6篇。加大与省内外刊物的稿件推介交流，主动向《宁夏经济》《宁夏金融工作研究》《西部金融》等刊物推荐优秀稿件，扩大学会研究成果影响力。3月15日，宁夏金融学会联合人民银行银川中心支行组织召开了2018年金融热点选题研讨会。银川中心支行和金融机构的6位代表围绕三四线城市住房租赁市场培育、成本视角探析中小企业融资难融资贵、产业结构与经济周期波动关系、杠杆率的地区差异分析、绿色金融支持畜牧业废弃物处置等研究选题详尽阐述了观点。3月16日，宁夏金融学会与人民银行宁夏青联联合举办主题为“金融回归本源”的塞上金融论坛，论坛邀请辖区金融系统6位青年代表作交流发言，共计100余人参加了此次论坛。来自人民银行、中信银行银川分行、宁夏银行和信达资产管理公司宁夏分公司的6位主讲人分别就金融支持实体经济、PPP项目资产证券化、宁夏经济增长新旧动力转换及金融支持研究、商业银行助力破解“僵尸企业”难题探讨、不良资产处置、货币政策、市场情绪与银行风险承担等专题进行了交流研讨。3月29日，宁夏金融学会召开2018年秘书长（扩大）工作会议，来自学会各团体会员单位的副秘书长及部分单位理事共30人参加了会议。会议通报了学会2017年的工作和2017年度学会财务收支情况，表彰了2017年度学会获奖课题，研究了2018年学会工作要点，对《宁夏金融学会财务管理制度》《宁夏金融学会刊物工作费用支出管理办法》《宁夏金融学会研究课题管理办法》等制度的修订内容进行了审议。6月6日，金融学会秘书处组织召开2018年度金融学会研究课题立项评审会。2018年，27家会员单位共申报学会课题67项，其中合作课题6项，课题申报总数比上年增加了11项。学会依托研究人才库，成立宁夏金融学会研究小组，组织推动开展跨条线、跨部门、跨单位的合作课题研究，将合作研究课题纳入学会年度课题管理之中。经遴选，35项课题获得立项。6月7日，宁夏金融学会组织召开了“资管新规与银行业务转型发展”座谈会，中国人民银行银川中心支行相关业务部门处级领导、业务骨干和商业银行代表参加会议，来自中国银行宁夏分行、浦发银行银川分行、宁夏银行、石嘴山银行的资管业务部门负责人受邀作重点发言。7月26日，宁夏金融学会举办“塞上金融论坛——当前宏观经济金融热点”专题讲座，特邀中国人民银行研究局宏观处处长张怀清作主讲，各会员单位代表共100余人参加了论坛活动。10月12日，宁夏金融学会举办“讲述身边事 见证新时代”主题活动。活动以主持人与朗读嘉宾访谈、朗读者朗读作品相结合的形式进行。

【宁夏统计学会】2018年，由宁夏统计学会组织编印的《统计与经济》——庆祝宁夏回族自治区成立60周年专集正式出版发行。专集收录、整理24篇分析报告和25张彩图，以翔实的统计数据和丰富的文字资料，从自治区和各市、县（区）经济社会发展不同视角展示了自治区成立60周年、改革开放40周年，特别是中央十八大以来，宁夏经济社会发展取得的历史性成就、发生的历史性变革。为了解宁夏、认识宁夏提供了重要的文献参考。6月28日，宁夏统计学会召开专题培训会，邀请国家统计局国民经济综合统计司巡视员王文波作“当前中国宏观经济形势”专题培训，宁夏统计局、国家统计局宁夏调查总队全体干部，各有关部门、大专院校、企事业单位会员，共170余人参加了培训。11月15日，宁夏2018社会科学学术年会统计分会在银川市召开，主题为“新形势下的统计改革与创新”。宁夏统计学会副会长王旭明主持会议。宁夏统计学会副会长梁建民宣读了宁夏统计学会《关于宁夏2018社会科学学术年会统计分会主题征文评选结果的通报》，并向9位获奖作者颁发证书。6位优秀论文作者分别就《新形势下就业统计改革创新探索》《新常态下建立宁夏农民增收新模式研究》《宁夏经济的供给结构变化及制约因素分析》《浅谈新形势下的统计体制改革与创新的几点思考》《深入推进依法统计切实提高数据质量》《大数据背景下商业银行统计应用与数据治理实践》进行交流发言。宁夏统计学会有关会员单位、社科联所属学会、研究会及参加此次征文活动论文作者共80余人参加了会议。

【宁夏社会学会】2018年，《宁夏社会治理与民生建设》正式出版。该书作为《宁夏社科智库论丛》之一，内容丰富，汇集了宁夏社会学界2015—2016年研究宁夏社会发展和社会建设方面的49篇论文，涉及宁夏社会治理和民生建设的各个领域，共约35万字。6月27日，由宁夏社会学会、北方民族大学社会学与民族学研究所主办的“宁夏社会科学学术年会社会学分会——宁夏贫困地区脱贫攻坚与后续发展学术研讨会”在宁夏银川召开。北方民族大学、宁夏社会学会、宁夏大学、宁夏社科院、宁夏回族自治区党校等高等院校、科研机构共60余名社会学领域的专家及学者参加了研讨会，8位专家学者围绕十九大报告提出的“解决区域性整体贫困这一主题，以脱真贫、真脱贫”为目标，以精准扶贫思想为指导，以协调发展理念为主旨，就脱贫攻坚中一些重大问题进行了交流。11月23日，由宁夏社会学会、宁夏生态移民可持续发展研究中心、北方民族大学民族学院主办的“乡村振兴与脱贫攻坚学术研讨会”在宁夏银川召开。北方民族大学、宁夏社会学会、宁夏大学、宁夏党校等高等院校、科研机构共60余名社会学领域的专家学者和青年学子参加了研讨会。

专家学者通过实证资料，深入分析了宁夏地区乡村振兴与脱贫攻坚所面临的突出问题与任务，通过对相关议题的研讨，为确保打赢精准脱贫攻坚战、实现"两个一百年"奋斗目标而出谋划策，同时将对脱贫攻坚和乡村振兴研究的深入推进起到积极作用。

【宁夏艺术摄影学会】2018年，宁夏艺术摄影学会组织热心公益活动的摄影会员走近银川市兴庆区社区，义务为50余户社区老党员、困难群众家庭拍摄全家福照片。2月2—11日，共招募5批、80人次摄影服务志愿者，先后深入银川市兴庆区雅苑、北关、金南、永康社区，为社区老党员、困难群众家庭拍摄全家福照片，为困难群众赠送米、面、油等慰问品。6月16日，宁夏艺术摄影学会组织开展"走进花溪谷"采风活动，来自银川、石嘴山、吴忠、平罗、青铜峡等地会员共同走进银川凤凰花溪谷生态农业休闲旅游观光园创作采风。11月17—18日，宁夏艺术摄影学会组织会员12人赴中卫市沙坡头区迎水桥镇南长滩村，开展南长滩创作基地挂牌、启动南长滩影像扶贫行动2018—2020等活动，标志着学会结对帮扶贫困村活动全面展开。

【宁夏中外经济发展合作协会】2018年6月10日，宁夏中外经济发展合作协会、宁夏门球协会联合在石嘴山市举办"一带一路"黄河流域九省区门球邀请赛。门球交流赛为期4天，来自沿黄九省区37支代表队500多名门球爱好者参加了比赛。赛事分三个阶段，宁夏石嘴山市一队获得了第一名，四川省犍为县门球队获得第二名，山东省东营市利津县门球队获得第三名，山西省运城盐湖区门球队获得第四名，宁夏电力公司门球队获得第五名，陕西省宝鸡女子门球队获得第六名，内蒙古乌海老干部活动中心门球队获得第七名，四川省科学城门球队获得第八名。11月23日，宁夏中外经济发展合作协会组织会员到银川建发城市花园社区开展宣传交流、结对帮扶、互学互帮手工串珠等活动。通过串珠活动与社区居民相互交流，彼此融心。12月14日，宁夏中外经济发展合作协会和会员单位宁夏文昶手工布艺文化有限公司在泾源县兴盛乡红旗村残疾人创业示范基地举办了残疾人手工技能培训班。培训以现场指导的方式，对当地63名残疾学员进行了一对一指导，残疾学员通过培训掌握了多项手工技能、学会了多种手工艺品的制作。

【宁夏诗词学会】2018年，宁夏诗词学会对《夏风》诗刊(季刊)进行改版，增设"名家新作""社团诗词小辑"等栏目，出刊四期，重点推出"庆祝改革开放四十周年诗词作品""宁夏六十大庆诗词楹联作品"和"宁夏诗词学会成立三十周年诗词作品"。全年共计刊发480人诗词曲2023首，新诗50首，理论文章16篇，毛诗研究文章4篇。在第三期推出"庆祝宁夏回族自治区成立60周年"诗词专辑，刊发诗词作品近百首；在第四期推出"改革开放40周年诗词曲专辑"和"宁夏诗词学会成立30周年诗词曲专辑"，刊发纪念诗词100余首。宁夏诗人的作品2018年多次在《诗刊》《中华诗词》《中华辞赋》《朔方》《黄河文学》《六盘山》等文学刊物及外省市区的诗词刊物上发表。1月创建《夏风》微刊，全年共出刊30期，增刊3期，刊发诗词作品近千首。6—8月，宁夏诗词学会、《朔方》编辑部、西夏区文联、西夏区诗词学会联合举办了以"我为宁夏六十大庆献首诗"为主题的诗词大赛活动，在全国范围内征集诗词作品700多首，终审确定获奖作品39首。一等奖作品为丁玉芳的《满江红·写在宁夏六十年》，余秀玲的《水调歌头·阅海夜景》等作品；赵晓生的《水调歌头·贺宁夏回族自治区成立60周年》、刘念魁的《莺啼序·宁夏成立六十周年有寄》等6首作品获二等奖。三等奖作品10首，优秀奖作品20首，9月6日，在西夏区举行颁奖大会。7—9月，宁夏诗词学会与自治区新闻出版广电局开展了以"走进新时代，谱写新篇章"为主题的庆祝宁夏回族自治区成立60周年楹联征集活动。活动面向区内专家学者、文化名人征集120余副楹联作品进行评选，确定10幅楹联作为上联作品，共收到区内外150余位作者600余幅投稿作品，最后确定122幅获奖作品，其中获一、二、三等奖作品共60幅，寓意自治区60年庆典；获特别奖12幅，优秀奖50幅。9—10月，与宁夏贺东庄园酒业有限公司、《塞上散文诗》杂志社联合举办了"贺东庄园杯"全国诗词、散文诗征文大赛。共收到来自全国20多个省、自治区、直辖市130余名作家诗人600多件作品。大赛评委会分成诗词类评审组和散文诗类评审组，分别对初评入围的诗词类(40人)和散文诗(40人)的作品进行终评，确定诗词类和散文诗一等奖各1个、二等奖各5个、三等奖各10个，优秀奖各10个。于12月初在贺东庄园举行了颁奖典礼。为庆祝宁夏诗词学会成立三十周年和学会会刊《夏风》创刊三十周年，编辑《夏风》诗词选和评论选，集中展示宁夏诗词学会三十年取得的成就。

【宁夏监狱工作协会】2018年11月27日，宁夏监狱工作协会第六届会员代表大会召开。大会通过协会章程，选举产生第六届协会领导组织机构，协会领导力量得到加强。11月，完成2016—2017《宁夏监狱工作论丛·第四卷》(60万字)的编辑出版。该书较全面地反映了近两年宁夏监狱工作最新理论研究和实践成果，供全区监狱警察参考使用。

（史光明）

宁夏回族自治区残疾人联合会

【概况】2018年，宁夏回族自治区残疾人联合会(以下简称“自治区残联”)在西部省区率先出台《残疾人职业康复项目实施办法(试行)》，为残疾人实现职业康复提供制度保障，填补宁夏残疾人终身康复和全面康复的制度空白。出台《关于贯彻落实〈残疾预防和残疾人康复条例〉的实施意见》，初步建立起与宁夏经济社会发展相适应的残疾预防和残疾人康复服务保障制度。出台《关于建立残疾儿童康复救助制度的实施意见》，救助标准从1.2万元提高到2万元；在西部地区率先建立7～14岁残疾儿童康复救助制度，为0～14岁残疾儿童全面接受基本康复服务提供制度性保障。实施政府民生计划，完成贫困重度残疾人家庭无障碍改造2215户；建成自治区级残疾人规范化康复站60个；为5500名精神残疾人提供医疗救助(服药救助5000名、住院救助500名)；为1000名0～6岁听障、智障、脑瘫、孤独症儿童进行机构内康复训练；为849名残疾人个体工商户和盲人按摩从业人员补贴个人养老保险，做到“应补尽补”。

【动态更新信息数据】2018年，自治区残联在全区实行手机APP调查，建立调查员实名登记备案制度、事后质量第三方评估制度和区市县乡四级督导制度，形成了制度完备、组织严密、上下联动的残疾人信息数据动态更新长效机制，全面翔实掌握了2018年度残疾人基本服务及需求状况。全区残疾人事业发展统计工作综合评价排名从全国第24位跃升至第7位，工作经验在全国残疾人事业发展统计工作会议上交流。

【残疾人脱贫攻坚】2018年，自治区残联学习贯彻习近平总书记扶贫开发战略思想和来宁视察重要讲话精神，认真贯彻落实自治区党委、政府脱贫富民战略部署，聚焦2.1万建档立卡贫困残疾人，联合民政厅、扶贫办等厅局印发《关于着力解决好因残致贫家庭突出困难的实施方案》，坚持兜底与增收“两手抓”，坚决打好贫困残疾人精准扶贫攻坚战，全区残疾人城乡居民基本养老保险覆盖率为82.2%，城乡居民基本医疗保险覆盖率为96.4%，困难残疾人生活补贴覆盖率为95.4%，重度残疾护理补贴覆盖率为96.7%。继续实施“阳光助残小康计划”，扶持1500户贫困残疾人建档立卡户发展种植、养殖业，实现稳定脱贫。推动将符合条件的农村贫困残疾人全部纳入全区危窖危房改造计划，完成改造357户。扎实开展驻村扶贫工作，累计在驻村包扶村的盐池县花马池镇柳杨堡村投入100多万元，创新“基地＋贫困残疾人家庭”托养帮扶模式，助力柳杨堡村脱贫摘帽，柳杨堡村被评为国家产业扶贫“滩羊示范村”。

【促进残疾人就业】2018年，《宁夏回族自治区残疾人职业技能培训项目管理办法(暂行)》《宁夏回族自治区残疾人就业创业扶持办法》制定出台，举办残疾人手工编织、刺绣等职业技能培训班63期，为7847名残疾人提供职业技能和农村实用技术培训，开展“就业帮扶、真情相助”就业援助月活动和“千企万人”就业创业行动，举办全区首届残疾人创业大赛和第六届职业技能大赛，建成全国首家“集善乐业”残疾人网络就业培训基地，扶持新建盲人按摩机构14所、辅助性就业机构6所，建成农村残疾人扶贫基地12个，扶持1000名残疾人自主就业创业，全年新增就业2033名。

【康复工作】2018年，自治区残联推进残疾人精准康复服务行动，免费实施人工耳蜗植入手术34例，开展盲人定向行走训练100名，装配假肢、矫形器704例，培训社区康复协调员600名。推动将康复服务纳入家庭医生签约服务范围，残疾人康复服务签约率达60.8%。成功承办全国残疾人家庭医生签约服务培训班，并作大会交流发言。修订《宁夏残疾人基本型辅助器具补贴办法实施细则》，为3.6万名残疾人提供辅具适配服务，服务率达73.2%，位居全国第七，残疾人辅助器具适配工作经验在全国残疾人辅助器具工作会议上交流。完成宁夏残疾人康复中心设备采购安装调试，宁夏康复医院筹建工作进展顺利，全年接诊康复患者5.7万人。开工建设县级残疾人康复中心项目4个、托养中心项目1个，总投资7210万元。

【特殊教育和社会助残】2018年，自治区残联实施第二期特殊教育提升计划，对251名学前残疾儿童和179名大中专残疾学生给予项目资助，配合完成2147名义务教育阶段未入学残疾儿童少年信息核实工作。自治区残联提请将“一法一办法”落实情况以及城市无障碍建设情况纳入自治区人大执法检查和政协专题视察内容，有力推动了“一法一办法”的深入实施，将无障碍环境建设纳入文明城市、智慧城市创建内容。引进实施重塑未来、长江新里程计划、健康饮水进万家等慈善助残项目13个，捐赠物资资金总值近两千万元，救助残疾人5万多人。

【宣传活动】2018年，自治区残联举办全国助残日、残疾预防日、中国残联“共享芬芳”中西部地区巡演巡展走进宁夏活动，中央电视台先后4次报道宁夏残疾人工作情况。在300户残疾人家庭实施文化进家庭“五个一”服务项目，在70个社区实施残疾人文化进社区项目，成功举办2018年“清凉宁夏”残疾人广场文艺演出。建成公共图书馆盲人阅览室21个，扶持建成残疾人特殊人才培养基地2个，残疾人文化创意产业基地2个、人道主义思想宣传基地1个。组织开展全区残疾人文化周、残疾人冰雪运动季等活动，向全区残疾人及其亲友、残疾人工作者发放旅游卡42万张。在全国性残疾人体育赛事中，宁夏残疾人运动员摘得30金、22银、18铜，被中国残联通报表扬。宁夏特奥滚球队首次代表国家参加2018国际特殊奥林匹克东亚区滚球比赛，夺得4金、2铜。

【自治区残联第七次代表大会】2018年7月25—26日，自治区残疾人联合会第七次代表大会在银川市召开。自治区党委书记石泰峰出席开幕式并讲话，自治区主席咸辉出席开幕式，中国残联副主席王新宪到会致辞。石泰峰指出，中央十八大以来，以习近平为核心的党中央对残疾人格外关心、格外关注、格外关爱，习近平总书记多次就残疾人事业发表重要讲话、作出重要指示，为我们做好残疾人工作、发展残疾人事业指明了方向、提供了遵循。各级党委和政府及残联组织要提高政治站位，认真落实习近平总书记关于残疾人工作的重要指示要求。王新宪指出，宁夏高度重视残疾人事业发展，不断加大支持和投入力度，为残疾人事业发展创造了融合的环境和良好条件。闭幕式上，自治区党委副书记、自治区残联名誉主席姜志刚指出，新一届残联主席团和执行理事会要认真履职、扎实工作，牢牢把握残疾人事业发展的正确方向，不断提高残联组织自身建设水平。

【公益巡演】2018年4月8—16日，“共享芬芳”中西部地区巡展活动在宁夏举行。活动由中国残联指导，国家艺术基金资助，中国残疾人事业新闻宣传促进会主办，中国残疾人特殊艺术中心、自治区残联及五市政府共同承办。巡演巡展期间，中国残疾人艺术团在宁夏演出4场，中国残疾人事业新闻宣传促进会举办仁美书画作品展出2场，主办方向五市残联赠书1500套。活动极大地丰富了全区残疾人精神文化生活，有力地推进了人道主义精神宣传和全区残疾人事业发展。

（王 涛）

宁夏回族自治区归国华侨联合会

【重要会议】2018年，经自治区党委批准，宁夏回族自治区归国华侨联合会（以下简称“自治区侨联”）选举宁夏出席第十次全国归侨侨眷代表大会的代表11名，委员候选人6名，于8月29日至9月1日在北京参加“十代会”；推荐“十代会”表彰的“全国侨联系统先进集体”1家、“全国侨联系统先进组织”2家、“全国侨联系统先进个人”2名、“全国归侨侨眷先进个人”8名。“十代会”闭幕后，向自治区党委作专题汇报，组织召开自治区侨联七届六次全委（扩大）会议，向宁夏侨界传达“十代会”盛况和精神，学习中央政治局常委赵乐际代表党中央发表的《为新时代凝聚侨的力量　谱写民族复兴的新篇章》致辞，并就自治区侨界深入学习宣传贯彻“十代会”精神作出安排部署。1月22日，自治区侨联召开七届五次全委会议，全国政协委员、中国侨联副主席、自治区侨联主席朱奕龙和自治区侨联副主席郑大鹏、郑俊武、田桦、藏志勇、黄瑞贵、于志毅及侨联委员等50余人出席会议。会议传达了中央书记处关于侨联工作的几点意见和中国侨联九届六次全委会议精神；朱奕龙代表自治区侨联七届委员会向会议作了工作报告，全面回顾总结了2017年工作情况，规划部署了2018年工作；宁夏社会科学院张廉院长作了中央十九大精神辅导授课。自治区侨联邀请来自马来西亚、新西兰、荷兰等6个国家和国内共40余位海内外企业家及专家学者到宁夏参加第三届宁商大会，为侨商参与服务宁夏经济社会发展和跨区域经贸合作搭建交流和对话平台，并与自治区侨联与新西兰—中国国际贸易促进委员会签订合作协议。

【新侨创新创业】2018年，自治区侨联鼓励和支持新侨创新创业，推动宁夏智慧宫文化产业集团有限公司、中航（宁夏）生物股份有限公司等新侨企业融入“一带一路”建设。在中国侨联举办的“第七届新侨创新创业成果交流活动”中，中国侨联双创联盟副理事长、宁夏荣光科技集团董事长梁少荣，获“中国侨界贡献奖”二等奖，自治区侨联获“活动组织工作奖”。

【专题调研】2018年，自治区侨联制定《自治区侨联开展“大学习大调研”活动方案》《自治区侨联“大学习”活动计划安排表》，对宁夏日盛实业集团公司、宁夏德龙酒业有限公司、宁夏大成永康营养技术有限公司等多家港澳台侨资企业进行实地专题调研，撰写《深化“放管服”改革进一步优化宁夏营商环境》的调研报告。组织多名宁夏政协侨联界别委员深入到中卫市沙坡头区人民检察院，针对防范校园暴力及未成年人保护等工作开展专题调研，并形成专题调研报告，助力相关部门做好校园暴力预防和未成年人保护工作，推进平安校园、法治校园建设和未成年人保护工作。组织宁夏侨界政协委员参加由自治区政协开展的加快宁夏内陆开放型经济试验区建设和景区厕所革命专题调研，向自治区政协提交了专题协商报告，就推进试验区建设和景区建设提出了建设性建议。

【宣传活动】2018年，自治区侨联联合涉侨部门推进《中华人民共和国归侨侨眷权益保护法》和《宁夏回族自治区实施〈中华人民共和国归侨侨眷权益保护法〉办法》的宣传和执行工作，各级侨联组织开展侨法宣传、讲座等10余场，在归侨侨眷集中的社区举办“侨法宣传角”、侨法培训班等活动。8月13日，自治区侨联召开法律顾问委员会换届会议，推荐产生新一届自治区侨联法律顾问委员会成员，新聘任14位关爱归侨侨眷群体的法律工作者担任法律顾问委员会委员。期间，邀请来自17个国家的25位中国侨联法律顾问委员会海外委员与宁夏高级人民法院、检察院、司法厅、律师协会等单位及宁夏法律顾问委员会委员就发挥侨胞在“一带一路”建设中的独特作用，助力宁夏企业走出去，更广泛地参与“一带一路”建设，提供法律服务进行深入交流。5月11日，银川市侨联携手宁夏医科大学“侨之家”及银川市“为侨法律服务工作站”——宁夏侨之桥律师事务所在银川市西夏区文昌路街道办事处共享社区开展“送医送药进社区暨侨法宣传活动”。银川市西夏区政府副区长杨冬燕，银川市经合外侨局、文昌路街道办相关负责同志及医科大内外妇儿骨伤5个科室12名专家、近20名医科大中医学院学生参加义诊活动，活动共接受200余人的健康咨询与诊疗，赠送常用药品近250盒价值3000余元，发放《侨务宣传手册》200余册，接受法律咨询服务2例。

【侨界活动】2018年，“西夏博物馆”和“贺兰山岩画遗址公园”2个景区被中国侨联正式确认为第六批“中国华侨国际文化交流基地”，这是宁夏申报的特色文化景区首次获批。2018年，邀请世界传统文化研究院、塞上鲁西书画院常务院长屠杰和南非油画家崔宁先生到宁夏开展文化交流活动。8—10月，在中国侨联大力支持下，与中国华侨摄影学会、宁夏博物馆共同举办“亲情中华·走进宁夏——第三届世界华侨华人摄影展”，展示华侨华人的风采和中国传统文化在海外的积极影响，同时为纪念改革开放40周年和自治区成立60周年营造了节日的氛围，受到社会各界广泛的赞誉。

【海外侨胞联谊】2018年，新西兰—中国国际贸易促进委员会、非洲中国和平统一促进会、加拿大辽宁总商会、巴西华人文化交流会和澳大利亚宁夏同乡会等侨社团和海外侨胞，应邀先后到宁夏就经贸投资、国际教育、文化艺术等方面进行深度考察，并达成了相关合作意向。2018年，共聘请7名海外知名侨领为自治区侨联海外顾问，进一步扩大自治区侨联海外“朋友圈”。7月14—18日，与先科（中国）青少年足球发展基金会共同举办了“2018先科青少年足球邀请赛”，并选派银川高级中学足球队赴港参赛。9月28日至10月1日，组织宁夏品学兼优的高中生参加由香港特区政府主办的“2018青年梦想家交流营”活动。

【脱贫攻坚和爱侨惠侨】2018年，自治区侨联系统共争取到华侨捐赠现金及物资折合人民币1800万元。通过宁夏区直相关单位向贫困群众发放了澳大利亚魏基成慈善机构捐赠的爱心物资，共计价值110余万元。3月9日，赴盐池县天使特殊教育中心、盐池县残疾人康复中心，为特殊儿童发放了价值24万余元的爱心物资。联络香港爱心人士，为固原市、中卫市等地的100户贫困老人发放慰问

2018年7月10—16日，宁夏侨联组织全区优秀大中学生赴港澳参加夏令营活动

金10万元和毛毯100条。充分调动宁夏侨商联合会力量，为中卫市沙坡头区香山乡米粮川村委会捐资改造了照明用电线路。牵线浙江新华爱心基金会，连续11年实施贫困中学生“珍珠班”捐助项目，新资助了4个班200名学生。对全区136户老归侨、困难侨眷和侨界知名人士、新侨代表进行走访慰问，发放7.2万余元的慰问品。向中国侨联申请到困难侨胞专项扶贫资金和慰问金共计19.7万元并及时足额发放。2月6日，经银川市侨联对接，中国侨联副主席李昭玲带领北京市侨联、北京市朝阳区侨联、北京侨界人大代表和爱心企业一行12人到银川开展侨界爱心捐赠活动，为银川市困难群众送去了价值900万元的净水器、棉衣棉被等生活物资。

【基层侨胞之家建设】2018年9月14日，石嘴山市侨联命名的县级“侨胞之家”在石嘴山市平罗县委统战部正式揭牌，石嘴山市侨联秘书长尹玉金和平罗县侨联主席陈小龙共同揭牌。平罗县相关领导及侨眷代表参加了活动。11月28日，宁夏大学“侨胞之家”授牌仪式在宁夏大学怀远校区离退休干部活动中心举行，宁夏侨联副主席兼秘书长郑大鹏、宁夏大学副校长谢应忠参加了授牌仪式。

（时晨亮）

宁夏回族自治区红十字会

【救援体系】2018年5月14—19日，自治区红十字会承办了宁夏、山西、陕西、青海、广西、内蒙古6个省（区）红十字会赈济救援队和自治区政府应急办、人防办、民政厅、地震局、宁夏储备物资管理局5个部门共同参与的联合救灾演练，通过相互学习和业务交流，强化了政府部门与红十字救援队联合指挥协调机制，提升了各参演救援队伍的组织协调能力和实战化水平，推进了中国红十字系统赈济救援体系建设。联合自治区民政厅下发《关于加强全区红十字系统防灾减灾救灾工作机制建设的意见》，深化各级民政部门和红十字会在防灾减灾救灾领域的合作。结合世界红十字日和防灾减灾宣传周等时机，指导各市级红十字会开展防灾减灾宣传及应急演练。全年开展培训演练活动40余场，培训群众3400余人。针对区内一些市县遭受的自然灾害，启动灾害应急特殊响应，紧急采购价值20万元的大米，及时发放到受灾群众手中，帮助他们渡过难关。

2018年10月，宁夏红十字会在固原市开展造血干细胞捐献者交流活动

【救护培训】2018年，自治区红十字会为自治区60大庆培训300名志愿者，保障自治区重大活动志愿服务需要。助力健康校园建设，自筹资金为全区130余名校医举办应急救护培训班。为公安、交通运输、团委等部门举办多场次应急救护培训及知识讲座，扩大应急救护培训的知晓率和影响力。全年开展救护员培训49期、3018人，救护知识讲座53期，受益群众1万余名。加强应急救护师资队伍建设，为全区300名师资建档立卡，实行动态管理，保持师资队伍活力。举办全区应急救护培训师资授课讲评会，加强师资之间的交流，取长补短，互学互促。争取中国红十字基金会项目资金30.2万元，在石嘴山市开展生命健康安全项目。申请中国红十字会“世界急救日”项目资金2万元，在各市开展应急救护知识普及。将应急救护培训内容纳入香港项目、百名乡村医生培训班项目教程中，收到良好效果。自筹资金25万元，在中卫市建设红十字应急救护培训基地，建立应急救护培训的前沿阵地。

【救助活动】2018年，自治区红十字会持续开展“红十字博爱送万家”活动。元旦、春节期间，按照“区级统筹、市县落实、精准到户”的要求，组织开展“红十字博爱送万家”活动，共发放价值107万元的家庭急救箱、棉衣、棉被、大米等慰问物资，受益群众8500余人，帮助群众解决实际困难。继续实施精准救助。联合自治区卫健委举办乡村医生培训班和乡镇全科医生癫痫病防治知识培训班，共培训231人，有效提高了基层群众的医疗保障水平。简化白血病、先天性心脏病患儿救助审批流程，让患者家属少跑路、少花钱，发放救助款211万元，救助白血病患儿、先天性心脏病患儿96名。向102名家庭困难学生发放助学款5.1万元，资助他们完成学业。为固原市西吉县偏城乡花儿岔村落实帮扶资金1600余万元，协调解决实际问题53件，实现农村信息网络、广播电视信号全覆盖，90%的群众用上了自来水。指导花儿岔村党支部成立新时代农民讲习所，建立规范有序讲习机制，建成西吉县扶贫教育观摩示范基地。实施干部职工结对帮扶3~5户贫困户机制，组织扶贫点党员干部和致富带头人到银川市富民示范村学习观摩，大力开展村党支部的“评星定级”、党员“评星定格”和建档立卡户的“星级文明户”“文明家庭”“脱贫模范户”评选活动，坚持扶贫与扶智、扶志相结合，贫困群众脱贫致富的内生动力得到激发。宁夏红十字会被西吉县委评为定点帮扶先进单位，驻村书记陶军被评为优秀第一书记。

【传播慈善救助理念】2018年，自治区红十字会多形式、多手段、多渠道宣扬传播慈善救助理念，通过举办业务培训班、广播电视和报纸微信发布信息、电影院和广场LED投放公益广告、各大医院设置宣传专栏、重大活动发放宣传折页等方式，大力宣传“三献”相关政策和知识，广泛传播无偿捐献和“我为人人、人人为我”的理念。全年采集造血干细胞血样2817例，实现捐献造血干细胞6例，累计捐献36例，完成1人两次捐献、宁夏首例现役军人捐献，全区百万人口入库率高于全国平均水平，宁夏分库志愿者保留项目任务完成进度和志愿者招募质量均列全国首位，自治区红十字会造血干细胞捐献志愿服务队获“自治区60年感动宁夏人物”提名奖。累计登记人体器官捐献志愿者923人，累计实现遗体捐献42例，倡导了移风易俗新风尚。

【援助基层】2018年，投入97万元为全区299个出列贫困村卫生室配备电脑设备，提高了乡村卫生室信息化水平。为平罗县的2个村新建红十字博爱卫生站，解决村民就近看病的问题。开展“魔豆妈妈”创业扶贫大赛评选活动，弘扬自强不息、励志脱贫的正能量。探索形成的“省级统筹、基层落实，上下联动、分级负责”项目运行模式，得到中国红十字会的认可，并在全国会议上进行交流。盐池县王乐井乡曾记畔村博爱家园项目被中国红十字会命名为“助力脱贫攻坚十大精品项目”。积极与香港红十字会沟通合作，累计投入140万元，实施“博爱家园——社区为本减灾项目”，受益群众7000余人。

【志愿服务】2018年，借助世界红十字日、世界献血者日、学雷锋日等节点，开展面向企业、学校和社区的应急救护、生活服务、公益宣传、博爱助学等志愿服务活动。组织宁夏医科大学、宁夏理工学院、宁夏民族职业技术学校等高校红十字组织申请社会实践和志愿服务项目，鼓励青少年参与社会实践，传播社会主义核心价值观。举办全区志愿者培训班，提升广大志愿者服务能力，激发志愿服务热情。组织开展以“志愿者，你还好吗?”为主题的志愿者交流活动，通过座谈、参观、交流等形式创新开展志愿者活动，增强志愿者的归属感和荣誉感。赵翠娥等50名志愿者被表彰为中华骨髓库五星级志愿者。

（曹振武）

法治

FAZHI

NINGXIA YEARBOOK

编辑◎霍丽娜

立 法

【概况】2018年，自治区人大常委会坚持全面贯彻实施宪法，始终把各项工作紧扣在贯彻落实中央和自治区党委重大决策部署上，紧扣在回应人民群众重大关切上，紧扣在厉行法治、推进全面依法治国上，推动人民代表大会制度和人大工作与时俱进、完善发展。自治区人大常委会贯彻新时代对地方立法工作的要求，立足宁夏改革发展的实践需要，突出立法重点，提高立法的针对性、及时性、系统性、可操作性，充分发挥立法的引领、保障和推动作用。

【审议重要立法项目】2018年，突出生态环境保护领域立法。审议通过的《自治区绿色建筑发展条例》，最大限度地保障资源节约、减少环境污染。制定的《自治区生态红线保护管理条例》，遵循"坚守底线、严格保护"原则，从源头严防、过程严控、全程严查、后果严惩四个方面作出了刚性规定和约束。修改《自治区污染物排放管理条例》《自治区湿地保护条例》，使污染物排放管控、生态平衡维护的规定更加科学严谨。加强社会建设领域立法。修订《自治区老年人权益保障条例》，将社会主义核心价值观蕴含的尊老敬老传统美德融入地方立法，规定的子女带薪陪护制度彰显人文关怀。聚焦解决基层工会组建难度大、履行职责困难多等问题，修订《自治区实施〈中华人民共和国工会法〉办法》。深化科技创新领域立法。修订《自治区促进科技成果转化条例》，为促进科技成果转化为现实生产力，推进创新驱动战略实施提供法治保障。

（高　宏）

政法委及综合治理

【概况】2018年，全区政法战线在中央和自治区党委的领导下，在中央政法各部门的指导和支持下，认真学习习近平新时代中国特色社会主义思想和中共十九大精神，深入贯彻自治区第十二次党代会精神，以自治区成立60周年庆祝活动安保为主线，围绕维护国家政治安全、确保社会大局稳定、促进社会公平正义、保障人民安居乐业的使命任务，着力推进政法机构改革，深化司法体制改革，深入推进平安宁夏、法治宁夏和过硬队伍建设，加强智能化建设，主动适应我国社会主要矛盾新变化和宁夏民族地区的实际，注重联动融合、民主法治，注重深化改革、科技创新，注重走出去、引进来，出台实施一系列推动政法工作创新发展的新举措，推动全区政法综治工作求实、创新、突破，取得了显著成绩，提升了全区政法工作整体水平，为服务自治区改革发展稳定大局做出了重要贡献。全面落实从严治党要求，坚决整改落实中央第八巡视组巡视反馈意见，持续加大执纪问责力度，2018年全区查处政法机关违纪违法问题（案件）100余起，处理处分违纪违法干警200多人，对全区政法机关26家"最差"服务窗口单位进行验收，推动政法机关纪律作风持续向好。全区政法机关涌现出全国优秀法院、全国模范检察院、禁毒工作先进集体和王永良、薛伟等一批先进个人典型，群众对政法队伍的满意度进一步提高。

【坚持党对政法工作的绝对领导】2018年，全区各级党委认真落实党管政法主体责任，把党的领导贯彻到政治、思想、组织等各方面，落实到决策、执行、监督等各环节，确保了政法工作始终沿着正确方向前进。全区政法机关突出政法队伍政治建设，积极探索建立政治督察和纪律作风巡查机制，研究起草了《党委政法委政治督察暂行办法》和《党委政法委纪律作风督查巡查工作规定》。年内，全区政法机关把学习宣传贯彻习近平新时代中国特色社会主义思想和党的十九大精神，特别是习近平总书记视察宁夏重要讲话精神作为重大政治任务，教育引导广大干警学深悟透、入脑入心。区、市、县举办学习研讨班，组织多形式、全覆盖的学习培训，培训人数累计5000余人次，在全区政法系统掀起了学习贯彻热潮。持续推进"两学一做"常态化制度化，强化"四个意识"、坚定"四个自信"、做到"两个维护"，坚定各级党委抓政法工作的政治自觉、思想自觉和行动自觉，确保党管政法原则落到实处。自治区党委印发《关于贯彻落实〈政法机关党组织向党委请示报告重大事项规定〉的通知》，细化政法请示报告事项、严格请示报告时限、规范请示报告程序，全面落实从严治党要求，提升了党领导政法工作的制度化科学化水平。

【维护国家政治安全和社会稳定】2018年，全区健全完善"大情报"和应急处突指挥体系，落实"三同步"工作原则，强化实战演练，提升预警预测预防能力，确保了自治区成立60周年庆祝活动绝对安全，实现了"四个防止""三个确保"的工作目标，受到中央和自治区党委、政府的充分肯定。深化反恐维稳"铁桶工程"建设，深入推进"去极端化"综合治理，逐条核查采集关注人员信息，及时侦办涉恐线索，牢牢守住不发生暴恐案事件的底线。各级政法机关和武警部队密切配合，加强武装巡逻、重点目标守护、应急处突准备，及时有力处置各类突发事件，完成各类重大维稳安保任务。保持对各类违法犯罪严打高压态势，及时侦破、审结一批社会影响大、群众反映强烈的大要案。2018年全区命案发生数、刑事案件和八类主要刑事案件立案数同比分别下降18.57%、5.81%和12.38%，全区公众安全感连续9年保持90分以上。

【保障服务经济社会发展】2018年，全区严格监督落实防止领导干部干预司法等规定，研究制定服务自治区"三大战略"检察机关19条意见和司法行政机关16项措施，出台政法机关依法保障和服务民营经济健康发展21条意见，依法处置"兴麟系""云联惠"等涉众型经济案事件，为创造良好营商环境、保障经济发展发挥了积极作用。开展生态环境、资源保护等领域专项监督活动，推进向黄河（宁夏段）排污、食品药品安全、医院医疗垃圾处理3个领域公益诉讼工作，维护了国家和社会公共利益。集中开展清理化解涉法涉诉信访积案攻坚行动，解决群众涉法涉诉案件11816件。司法办案各项指标持续向好，全区法院审（执）结率、人均结案数同比分别上升20.1%和24%；全区检察机关批捕、起诉各类刑事犯罪嫌疑人数量同比分别上升0.6%和1.5%。公安、司法行政机关全力落实法治惠民政策，积极推进"放管服"改革，健全完善公共法律服务体系，全面推动落实"一村（社区）一警""一村（社区）一法律顾问"；推进法律援助助推脱贫攻坚和司法救助工作，发放司法救助资金1500万元，为473名见义勇为人员和家属建立人身意外伤害和病故保险，被中华见义勇为基金会肯定为"宁夏做法"，经验在全国推广；积极开展"学习宪法、法律进机关""送法下乡"等活动，干部群众的法治观念得到进一步提升。全力推进基本解决"执行难"，全年共受理各类执行案件8万余件，执结率85.6%，全区多项指标位居全国前列，自治区高级人民法院被最高人民法院确定为解决执行难"样板法院"。

【社会治安综合治理】2018年，自治区制定出台《关于2018年加强社会治安综合治理推进平安宁夏建设的实施意见》，表彰奖励2013—2017年度全区社会治安综合治理先进集体和先进工作者。开展"坚持发展'枫桥经验'实现矛盾不上交"试点工作，人民调解"四张网"建设得到中央政法委肯定和推广，入选中央政法委"政法战线改革之星"典型经验。深化乡镇（街道）综治信访维稳资源整合，全区240个乡镇（街道）综治中心全部挂牌运行。建立包联工作机制，逐案落实化解稳控责任，全年共排查涉军、劳资、征地拆迁以及贺兰山环境整治等重点领域矛盾纠纷71584件，化解66518件，化解率92.9%；交办重点矛盾纠纷212件，化解158件，化解率74.5%，实现全区信访总量和集体访、进京访、越级访、民商事案件数量"五降"，社会稳定基础持续巩固加强。

【扫黑除恶专项斗争】2018年，全面部署全区扫黑除恶专项斗争。将扫黑除恶专项斗争列入全区平安建设重要考核指标，聚焦11类黑恶势力惩治重点，研究制定线索排查、重大案件会商、挂牌督办等7项制度，出台了11个规范性文件，被全国扫黑办刊发推广。依法从快从重破获收网一批涉黑涉恶案件，2018年，全区共破获各类涉黑社会性质犯罪组织、涉恶势力犯罪集团和团伙54个，破获各类涉黑涉恶刑事案件332起，查处涉黑涉恶腐败及"保护伞"案件8起，扫黑除恶专项斗争取得了阶段性成效。

【政法领域改革】2018年，全区推进司法体制综合配套改革，司法管理体制和司法权运行机制日益完善，法官、检察官遴选工作机制扎实运行，全年遴选法官、检察官122名，司法员额制改革、区以下人财物统一管理改革走在全国前列，圆满完成中央赋予的改革试点任务。深入推进法官、检察官单独职务序列改革，联合自治区党委组织部、高级人民法院、人民检察院出台《宁夏回族自治区法官、检察官单独职务序列等级升降实施办法（试行）》，规范纳入单独职务序列的法官、检察官等级晋升和降级、免职工作，完善了司法职业保障体系。研究出台《关于深化新时代司法体制改革的意见》，推动司法体制改革向纵深发展，着力破解难题。自治区党委政法委和综治、维稳、反邪教工作机构整合、职能调整、人员融合工作基本完成，公安、司法、国安等领域改革稳步推进，政法工作的系统性、协同性进一步增强。

【智能化建设】2018年，坚持把现代科技创新与政法事业发展相融合，不断提高全区政法工作信息化水平。政法协同办公办案系统通过验收，全区用户量稳步提升，近40类数据实现实时共享，初步实现宁夏社会治安综合治理工作信息化、办理调处全留痕。"互联网+公安政务服务"上线运行，与自治区政务服务平台和其他业务系统有效对接联通，80%以上服务项目实现"不见面、马上办"。坚持高起点谋划、高标准建设、高效能应用，全区"雪亮工程"建设稳步推进，银川、吴忠两市"雪亮工程"示范城市建设完成中期督查验收，形成了《宁夏"雪亮工程"示范城市建设督查报告》。

【2018年宁夏"十大法治人物""十大法治新闻（事件）"】2018年12月，由自治区党委政法委、自治区依法治区领导小组办公室、法治政府建设办公室、普法办公室、自治区司法厅等单位指导，宁夏日报报业集团主办、宁夏法治报社承办的宁夏2018年度"十大法治人物""十大法治新闻（事件）"揭晓。十大法治人物：张旭旻，贺兰县人民法院执行局局长；王永良，银川市西夏区公安分局镇北堡派出所辅警；安德生，石嘴山市平罗县司法局崇岗司法所所长；马元祥，海原县李旺镇马莲村村民；薛伟，宁夏吴忠强制隔离戒毒所一大队主任科员；吴锦恒，银川新闻传媒集团记者；温小娟，银川市金凤区劳动人事争议仲裁院仲裁员；李旭波，自治区青少年普法教育活动办公室副主任；赵奇，固原市中级人民法院审判员；李善鹏，宁夏北民太德律师事务所律师。十大法治新闻（事件）：1.宁夏公共法律服务"三大平台"让百姓足不出户解决法律问题。2.全国法治报为宁夏"七五"普法点赞24家省级法治报记者亮绝活。3.历经3年半侦办宁夏首例"零口供"判处死刑案细节首次公开。4.宁夏为见义勇为者及其亲属买保险最高可获赔90万元。5.网上辱骂因公牺牲辅警王永良的三名男子已被警方抓获。6.宁夏成立首家环境资源保护法庭。7.宁夏首例侵犯公民个人信息犯罪案宣判。8.宁夏吴忠"哈氏集团"覆灭郭某等52人涉黑案宣判。9.一老人酒驾老年代步车肇事，灵武市人民检察院对该案提起公诉，当地法院公开审判。10.公安部挂牌督办特大电信诈骗案在固原宣判。

（林　波）

法治政府建设

【行政立法】2018年，全区坚持开门立法，创新"公众参与、专家论证"工作机制，主动公开地方性法规、政府规章草案。充分听取基层人大代表、政协委员和社会各界意见建议，开展立法调研及立法论证会、征求意见会、座谈会150余次，保障了公众对政府立法工作的知情权和参与权。完善政府立法工作程序。健全政府立法立项、起草、论证、协调、审议工作机制，将法规规章草案的办理环节细化为10个部分，确定了各环节的目标、任务和要求。落实《法规规章草案审查要点》，从法制统一、政策统一、管理体制、可行性、体例、用语、逻辑等16个方面规范草案办理流程，促进了法规规章草案质量的提高。围绕实施创新驱动、脱贫富民、生态立区三大战略等重点领域立法，自治区人大常委会审议通过地方性法规和法规性决定19件，自治区政府制定、修改和废止政府规章15件，向全国人大常委会、国务院报送地方性法规备案文件31件。其中，《绿色建筑发展条例》对绿色建筑发展规划和建设活动进行了规范；《湿地保护条例（修订）》突出对生态立区战略的贯彻落实；《促进科技成果转化条例（修订）》的出台，标志着宁夏科技成果转化工作步入一个新的发展阶段，促进创新驱动战略的依法实施；《银川综合保税区管理条例》，明确综保区将按照海关特殊监管区域自身发展的规律进行建设、管理和运营，打破发展瓶颈，走出一条适宜西部欠发达地区对外开放的发展新路；《宁夏回族自治区哲学社会科学文学艺术奖励办法》的出台对于调动哲学社会科学、文学艺术工作者的积极性、主动性和创造性，促进宁夏哲学社会科学和文学艺术事业的繁荣发展具有重要意义。年内还注重强化监督管理，严格落实"三统一"和有效期制度，对涉及行政审批事项、生态环境保护等内容的地方性法规、政府规章、规范性文件进行专项清理。

【深化“放管服”改革】2018年，全区精简行政审批事项，取消调整行政许可等职权76项、取消证明事项30项，编制《自治区行业系统权力清单指导目录》，基本实现行政职权事项“三级四同”；制定与市场准入负面清单制度相适应的准入机制、审批体制、监管机制、社会信用体系等配套政策，推进实施“准入前国民待遇＋负面清单”管理模式，95%以上的外商投资项目由核准改为备案管理；深化相对集中行政许可权改革，组建各级审批服务管理局，实行一个窗口对外、一枚印章管审批。推进市场监管改革，推开“证照分离”、推行“多证合一”，对106项涉企审批事项实行分类管理，实现“四十四证合一”。完善公共服务体系，顺利完成自治区机构改革，建成全区政务服务大数据平台，推进“马上办、一次办”，30个高频事项实现“最多跑一次”，80.4%的服务事项实现“不见面”办理。

【完善决策程序】2018年，全区完善依法决策制度，建立政府重大决策出台前向人大常委会报告工作制度、行政机关内部重大决策合法性审查和评估机制。探索实行决策事项目录管理、重大行政决策听证制度，邀请利益相关方、群众代表、专家学者、新闻媒体列席政府有关会议，行政决策公信力、执行力大幅提升。坚持重大行政决策、重大行政事项、重大合同法制审核，重大行政决策由政府常务会议或部门领导班子会议集体讨论决定，将民主决策、依法决策、集体决策贯穿于重大决策的全过程。2018年共审查各类规范性文件、协议500余件。发挥法律顾问在制定重大行政决策、推进依法行政中的积极作用，全区共聘请263名社会律师担任政府法律顾问，实现了区、市、县、乡四级政府及区直部门(单位)法律顾问全覆盖。

【执法规范化建设】2018年，全区推进综合执法改革，启动市场监管、生态环境保护、文化市场、交通运输、农业5个领域综合执法改革，大幅度减少执法队伍种类、最大程度下沉执法力量。按照“先清后改、先易后难、分步实施、稳妥推进”的原则，开展银川、吴忠市辖区跨行业、跨领域综合执法改革试点，有力破解了多头执法、重复执法、执法扰民、执法力量分散等问题。规范行政执法程序，加快推行行政执法“三项制度”，努力让执法在阳光下运行。特别是中卫市依托大数据和云计算产业基础，创建了集法治中卫网、行政执法办案平台、数据储备中心于一体的“一网一平台一中心”模式，被《人民日报》专题报道2次，为全面推行行政执法“三项制度”提供了有益探索。不断改进行政执法人员考核方式，逐步建立分级分类的量化考核指标体系，全面推进行政执法人员综合法律知识网上培训考试工作。加大信息化建设力度，建成公安、水利、税务等部门行政执法信息平台，切实以信息化推动执法规范化。

【权力制约和监督】2018年，全区健全行政权力内部监督机制，发挥财政监督职能作用，建立覆盖扶贫领域财政资金等政府性资金和财政运行全过程的监督机制；切实加强审计监督，建成宁夏联网审计系统；完善征信指标体系，建成公务员考试录用诚信档案库。主动接受人大和司法监督，高度重视政协民主监督，自治区政府坚持向人大常委会报告法治政府建设等工作情况，定期向自治区政协通报政府工作情况，共办理人大议案建议214件、政协提案567件，办结回复率100%。坚持公开为常态、不公开为例外，全面推进行政决策、执行、管理、服务、结果等“五公开”，各级行政机关主动公开政府信息70.67万条，受理政府信息公开申请750件。5个县(市)通过国家级基层政务公开标准化、规范化试点验收，形成了可复制、可推广的经验。

【依法化解矛盾纠纷】2018年，全区加强复议、仲裁工作，共审结行政复议案件761件，受理仲裁案件813件；贯彻执行行政机关负责人行政诉讼出庭应诉制度，全区行政机关败诉率同比下降2.87%。开展“坚持发展‘枫桥经验’、实现矛盾不上交”试点工作，全区新增人民调解组织320个，建成人民调解专家库270个，吸收892名律师充实到人民调解队伍，专职、兼职人民调解员数量分别增长2.4%和9.2%，实现了“哪里有人群、哪里就有人民调解组织，哪里有纠纷、哪里就有人民调解员”的目标，宁夏人民调解“四张网”建设入选“政法战线改革之星”80个典型经验。研究出台《关于进一步加强和改进新时代信访工作的意见》，探索建立源头预防体系、法治引领体系等5大体系、20项机制。

(张弼超)

公　安

【概况】2018年，全区公安工作立足西部欠发达地区、民族地区区情定位，以习近平总书记“对党忠诚、服务人民、执法公正、纪律严明”总要求为指引，以自治区成立60周年庆祝活动安保维稳为主线，忠诚履职，担当尽责，确保了全国全区“两会”、中央领导到宁视察、自治区成立60周年庆祝活动等一系列重大活动绝对安全、万无一失，维护了全区社会大局持续稳定和社会治安形势持续向好。

【治安工作】2018年，自治区公安系统把自治区成立60周年庆祝活动安保工作作为首要任务，统筹政治安全、核心警卫、社会治安等各个战场，对警卫线路、中央代表团住地、集中活动现场、慰问点及场馆反复踏勘；对庆祝活动涉及的场馆、点位开展反复安检；启动28个环宁环银公安检查站，检查车辆9.6万余辆，核查比对32.9万人次；开展实战演练18次，组建专业应急处突分队，构筑了立体防控、整体联动、快速反应、高效处置的安保工作体系，圆满完成了安保任务，得到了中央、公安部和自治区党委政府的充分肯定和高度评价。全面推进"一村（社区）一警"社区警务战略，全区建成规范化社区警务室362个，建立警务联系点（站）899个，配备社区民警819人、辅警1041人，全面覆盖所有社区、街道、乡镇和村庄，社区警务由点到面、全面铺开，公安工作基层基础和社会治安防控基础得到全面加强有力夯实。

【刑事侦查】2018年，自治区公安系统紧盯严重影响群众安全的突出违法犯罪，依托区市县三级合成作战体系，强力推进扫黑恶、反邪教、打涉众、大收戒、攻侵财、缉枪爆、净网络"七大战役"，全区刑事案件、八类主要刑事案件发案数同比分别下降8.1%、12.1%，破获各类涉黑涉恶刑事案件、抓获犯罪嫌疑人、铲除恶势力犯罪团伙同比上升177.8%、69%和250%；命案发案同比下降19.6%，破案率持续保持100%；"两抢一盗"等侵财类案件同比下降14.5%。

【经济案件侦查】2018年，自治区建成区市两级反电信诈骗犯罪中心，共止付、冻结涉案账户2344个，止付、冻结涉案资金5374.7万元，共阻止现行案件172起，拦截金额共计381万余元，向群众返还涉案资金551万余元。查处非法集资案件28起，破获21起，涉案金额4.86亿，涉及参与人4765人，同比分别下降58.8%、67.1%、19%、73.9%，挽回损失1.4亿元，同比上升1327%，有效遏制连续四年成倍猛增的高发势头。接连破获一批传销大案，捣毁窝点66个，抓获骨干，铲除传销渗透土壤。

【禁毒工作】2018年，自治区公安部门全力推进全国禁毒示范省区创建活动，在全区所有乡镇打造249个标准化社区戒毒康复工作中心，创建689所毒品预防教育示范学校，建成27个市县区公共场所禁毒教育基地，形成覆盖1300余所学校、85.6万余名学生的"互联网＋校园禁毒教育"模式，吸毒人员较2017年底下降17.8%，社区戒毒康复执行率从过去不足80%提升到99%以上，三年戒断巩固率从不足30%上升至49%，新增吸毒人员增速从高峰期的21.5%降至2.6%的历史最低水平，实现了毒情形势的历史性拐点。

【公共安全管理】2018年，自治区公安系统开展道路交通安全隐患综合治理、重点车辆隐患清零、交通违法清零。危险路段治理率达55%，重点车辆交通事故同比下降38.79%，共查处交通违法17万余起，交通事故四项指数同比分别下降4.41%、10.24%、11.33%和51.87%，较大以上事故同比下降50%。专项检查单位场所消防安全3.6万家，行政处罚1035家，责令"三停"319家，临时查封284处，整改摘牌市县两级政府挂牌督办重大火灾隐患单位31家，全区火灾起数、直接财产损失同比下降18.04%、7.31%。对机场、车站、繁华商圈等人员密集重点场所，常态运行精准化武装巡防，织严织密"1、3、5分钟"应急响应圈，持续保持社会面见警率和震慑力。对寄递物流、散装汽油等重点行业和重点物品，严格落实实名登记、流向监控和三个"100%"制度，及时预防和化解风险隐患。

【公安服务工作】2018年，自治区公安系统树立以人民为中心的发展思想，坚持维护稳定与服务发展并重，保障民众安全与服务民生并举，以优质高效惠民生。深化"放管服"改革，在落实好便民利企"两个30条"措施的基础上，再推出服务民营企业发展18条措施，为人民群众有更多更直接更实在的获得感服务。依托"互联网＋公安政务服务"平台，实现与自治区政务服务平台、公安厅门户网站以及13个公安业务系统、4个社会服务系统对接联通，实现80%以上服务事项"不见面、马上办"，实现了288项事项"网上办、一次办"，提前实现最多跑一次的服务承诺，受到人民群众的普遍好评。

【机场公安】2018年，自治区机场公安系统以自治区成立60周年庆祝活动安保为核心，反复实地踏勘、桌面推演、实兵演练、精心制定实施中央代表团专机警卫安保方案，现场监督、检查、指导固原、中卫支线机场警卫措施落实，圆满完成了自治区成立60周年中央代表团专机等重大警卫安保任务。夯实反恐防线，开展专项整治，保持机场反恐安保形势持续稳定。机场公安局被民航局公安局评为民航大型安保活动先进集体。年内，自治区机场公安全方位加大"打防管控"力度，治安拘留人数同比增长37.5%，冒用证件、扰乱公共秩序和携带火种、管制器具等严重危害民用航空秩序类治安案件发案量下降50.4%，处罚了宁夏首起造假托运行李丢失、意图向机场索赔诈骗的新型案件。大力推进公安信息化建设，整合建成机场交通违法处理窗口、民航背景调查审核窗口，投入运营乘机证明自助办理系统，基本实现让“数据多跑路、群众少跑腿”，提高了工作效率。

【石油公安】2018年，自治区石油公安系统高压打击涉油违法犯罪，先后组织开展“百日攻坚”“反内盗”和扫黑除恶、秋冬治安整治等专项行动，侦破了有影响的涉油刑事案件16起，涉油治安案件7起，解决调处治安问题、矛盾纠纷36起。落实联防联控联治措施，推进重点油区治安秩序综合治理，取缔收油点45处、填埋倒油坑15处，捣毁地埋储油罐13具、导油槽6个，查扣涉油车辆44台，回收原油225.97吨。强化督导检查，围绕重要时段、关键节点，对油区6个重点要害部位开展安保防恐和消防安全检查，对油田生产区危化品管理、使用、储存情况进行了认真细致的统计和检查，对存在的安全隐患限期整改，构筑了治安防控体系。

（姚世斌）

检　察

【概况】2018年，在全国检察机关第九次先进集体、先进个人表彰中，灵武市人民检察院获“全国模范检察院”称号，吴忠市1名检察官被授予“全国模范检察官”称号，银川市1名检察官被最高人民检察院荣记个人一等功。全区检察机关开展检察机关恢复重建40周年纪念活动。“宁夏检察”微博在全国4000多个检察微博中，被评为2018年度“全国检察微博二十强”。中卫市沙坡头区人民检察院创建的“未成年人司法社会监督帮教服务平台”被确立为全国检察机关创新实践基地。“中宁县校园周边食品安全公益诉讼案”入选2018年全国检察公益诉讼十大典型案例。

【惩治刑事犯罪】2018年，全区检察机关全年批捕各类刑事犯罪嫌疑人4055人，起诉7338人，同比分别上升0.6%和1.5%。严惩影响人民群众安全感的刑事犯罪，起诉故意杀人、绑架、放火等严重暴力犯罪331人，起诉抢劫、抢夺、盗窃等多发性侵财犯罪1539人，起诉毒品犯罪331人。起诉破坏社会主义市场经济秩序犯罪503人，其中起诉非法吸收公众存款、集资诈骗和组织、领导传销活动等涉众型经济犯罪294人，并协同有关部门做好风险防控和矛盾化解工作。

【扫黑除恶】2018年，全区检察机关批捕涉黑涉恶犯罪嫌疑人441人，起诉322人。加大对涉黑涉恶案件的法律监督力度，监督公安机关立案24人，追加逮捕犯罪嫌疑人59人，追加起诉犯罪嫌疑人44人，追加起诉涉嫌犯罪单位5家，提前介入引导侦查涉黑涉恶案件44件、343人。自治区人民检察院加强督导力度，对4件重大涉黑涉恶案件挂牌督办。全区检察机关组建捕诉一体的扫黑除恶办案团队43个，集中优势力量攻坚。加强与人民法院、公安机关的沟通协调，强化侦捕诉审衔接工作，增强惩治合力。通过开展专项监督活动摸排、接受群众举报等方式，深挖彻查黑恶势力犯罪线索及背后的“关系网”和“保护伞”。全区检察机关发现黑恶势力犯罪线索267条，均报送同级扫黑办并移送公安机关；发现公职人员涉黑涉恶腐败和充当“保护伞”线索64条，均移送各级监委。

【未成年人保护】2018年，全区检察机关开展严厉惩治侵害未成年人权益的刑事犯罪，批捕224人，起诉318人。坚持依法对涉嫌犯罪未成年人实施“教育、感化、挽救”方针，践行“教育为主、惩罚为辅”刑事政策，不批捕177人，作出相对不起诉84人、附条件不起诉32人，最大限度教育挽救涉嫌犯罪未成年人。积极参与校园欺凌专项治理。自2017年2月开始为期三年的“法治进校园”全区巡讲活动以来，巡讲范围已覆盖全区1813所中小学和65万余名中小学生，学校覆盖率达到87.8%；开展检察官兼任中小学法治副校长活动，全区各级检察院70.4%的院领导兼任法治副校长。根据最高人民检察院安排部署，全区检察机关开展了未成年人刑事执行、民事行政检察业务统一集中办理试点工作。

【化解矛盾纠纷】2018年，全区各级检察院全年共接收信访事项6381件，均建成集“信、访、网、电（话）”一体的“12309”检察服务中心，为人民群众提供控告、申诉、法律咨询、国家赔偿和司法救助等“一站式”服务。开展集中解决群众反映强烈的突出问题和清理化解涉检信访积案等专项活动，化解息诉积案49件。全区各级检察院领导接待信访案件613件637人次。落实律师参与化解和代理涉法涉诉案件制度，促进疑难案件息诉罢访。推动司法救助与精准扶贫相衔接，对237名生活陷入困境的刑事被害人或其近亲属提供司法救助，发放救助金284.9万元，防止群众因案致贫、因案返贫。开展帮助农民工讨薪专项监督活动，支持196名农民工提起诉讼，帮助追回劳动报酬368.9万元。

【侦查监督】2018年，全区检察机关监督公安机关立案509人，监督公安机关撤案879人，同比分别上升120.4%和40.2%。建议行政执法机关向公安机关移送涉嫌犯罪案件314人，公安机关立案252人。追加逮捕犯罪嫌疑人228人，追加起诉犯罪嫌疑人263人，同比分别上升15.2%和77.7%。依照法律规定的情形不批捕1659人、不起诉764人，同比分别上升7.2%和23.2%。向自治区公安厅通报近两年全区公安机关移送审查起诉案件质量情况，自治区公安厅接受建议部署开展全区刑事执法突出问题专项整治行动，监督纠正侦查活动违法290件次，同比下降23.7%。

【审判监督】2018年，全区检察机关对认为确有错误的刑事裁判提出抗诉95件，同比上升43.9%；法院采纳抗诉意见62件，抗诉意见采纳率同比上升11.4%。提出纠正审判活动违法意见23件次，同比上升43.8%；法院采纳纠正意见19件次，同比上升35.7%。全区检察机关共受理民事行政检察监督案件3461件，同比上升22.2%；对认为确有错误的民事行政生效裁判、调解书提出抗诉54件，同比上升25.6%，法院再审改变结果42件。提出民事行政再审检察建议26件，法院裁定再审20件。提出民事行政审判程序违法监督检察建议570件、执行监督检察建议611件，自治区有关法院共采纳1126件，采纳率为95.3%。

【刑事执行监督】2018年，全区检察机关对不需要继续羁押的犯罪嫌疑人建议办案机关变更强制措施或者释放390件，被采纳355件，采纳率为91%。对监狱提请减刑、假释、暂予监外执行不符合法定条件或程序，以及法院裁定或决定不当的，提出纠正意见207件，办案机关纠正183件，纠正率为88.4%。对刑罚执行和监管活动违法提出纠正意见168件，纠正162件，纠正率为96.4%。对社区服刑人员脱管、漏管等社区矫正问题提出纠正意见126件，已纠正122件，纠正率为96.8%。根据最高人民检察院安排部署，全区检察机关开展了对监狱的巡回检察试点工作。

【公益诉讼】2018年，全区检察机关发现公益诉讼案件线索897件，立案847件，向行政机关发出治理整改、修复被破坏的生态环境等诉前检察建议812件，行政机关治理或整改647件，占79.7%。向法院提起刑事附带民事公益诉讼26件，法院已作出判决、调解结果全部支持检察机关起诉意见。此外，向行政执法机关发出督促履行职责检察建议1141件，行政机关采纳1121件，督促收回国有财产、追缴生态修复治理资金9333.1万元。着力保护生态环境。自治区人民检察院在全区检察机关部署开展黄河流域（宁夏段）生态环境保护等公益诉讼专项监督活动。全区各市检察机关也结合本地实际有针对性地开展公益诉讼专项监督活动。其中，银川市检察机关开展了饮用水水源地保护专项监督，石嘴山市检察机关开展了助力贺兰山环境整治专项监督，吴忠市检察机关开展了草原林地资源保护专项监督，固原市检察机关开展了六盘山生态环境保护专项监督，中卫市检察机关开展了农村生态环境保护专项监督。全区检察机关全年督促行政机关治理和恢复被污染的水源地124.7亩、水域1.94万亩、河道52.6公里、林地50亩；督促行政机关关停和整治造成严重环境污染的企业、养殖场170家；督促行政机关清除处理违法堆放的生产、生活垃圾6.5万吨；督促行政机关恢复被损毁的耕地、林地、草原1800.6亩。着力保障食品安全。开展"保障千家万户舌尖上的安全"公益诉讼专项监督活动，重点针对农贸市场、超市销售的食用农产品、食品和网络餐饮等领域的突出问题，监督行政机关依法充分履职。督促行政机关取缔1803家无证餐饮服务商家；督促行政机关责令1591家食品经营者整改不当经营行为。着力保护国有财产。督促行政机关收缴人防工程易地建设费、收回被套取或冒领的国家补贴资金等2816.6万元；督促行政机关收缴国有土地出让金1.07亿元；督促行政机关解除受让方不履行义务的国有土地使用权出让合同2份，涉及国有土地84.5亩、金额1.15亿元。银川铁路运输检察院就相关企业违规作业危及平汝线铁路运行安全一案，发出诉前检察建议，石嘴山市政府及相关职能部门督促违规企业投入3800余万元，消除了铁路安全隐患。银川市人民检察院针对蒋某某2018年5月17日在网上发帖侮辱、亵渎革命英烈的行为，以民事公益诉讼案件进行立案调查，依法责令蒋某某在自治区级媒体上公开道歉，有效捍卫英烈尊严，维护社会主义核心价值观。年内，自治区人民检察院还向自治区人大常委会专题报告全区检察机关开展公益诉讼工作情况。

【司法体制改革】2018年，全区检察机关以落实司法责任制为核心，推动司法体制改革取得新成效。符合司法规律的体制机制逐步形成，司法质量效率持续提升。全年全区各级检察院领导直接办理案件2870件，其中自治区检察院领导办案40件。落实检察长列席人民法院审判委员会制度，全区各级检察院检察长列席人民法院审判委员会31次。10月23日，自治区人民检察院检察长时侠联应邀列席自治区高级人民法院2018年第三次审判委员会全体会议，就检察机关提起抗诉的一起农村土地承包合同纠纷案发表意见，这是自治区人民检察院检察长首次列席自治区高级人民法院审判委员会全体会议。完善司法体制改革综合配套措施，明确检察官交流任职的员额确认程序，启动员额检察官职务等级按期晋升工作。配合自治区政协开展全区法检“两院”司法体制改革工作民主协商调研。

【支持监察体制改革】2018年2月底，全区各级检察院的反贪污贿赂、反渎职侵权和职务犯罪预防的部门职能、机构、人员顺利转隶到全区各级监委。建立健全职务犯罪办案衔接配合机制，按照《中华人民共和国监察法》和新修订《中华人民共和国刑事诉讼法》规定，与自治区监委联合制定了办理职务犯罪案件工作衔接办法、职务犯罪案件证据收集审查基本要求与案件材料移送清单，为宁夏检察机关办理监委移送起诉案件提供了基本规范。建立对监委已采取留置措施的移送审查起诉案件由检察机关先行拘留犯罪嫌疑人的业务流程。探索组建捕诉一体的职务犯罪专业化办案团队，公正高效办理职务犯罪案件。2018年起诉职务犯罪69人，包括13名原厅局级干部。

（张万顺）

法　院

【概况】2018年，宁夏各级人民法院共受理各类案件24.1万件，审(执)结21.9万件，同比分别上升16.5%和20.1%，法官人均结案217件；高院受理3642件，结案3418件，同比分别上升25.8%和30.8%。高度负责办结中央巡视组交办案件，做好巡视整改“后半篇文章”，建立领导包案化解、带头办案和包片督办机制，制定审查复核指导意见，逐案甄别审核，逐一约见当事人，做好化解疏导工作，交办的320件涉诉信访案件全部办结，对9件确有错误的案件依法启动再审程序予以纠正，切实维护群众合法权益。

【扫黑除恶专项斗争】2018年，自治区成立专项斗争领导小组，建立重点案件跟踪督办机制，受理涉黑恶案件31件，一审审结15件，判处184人。制定办理黑恶势力犯罪案件证据指引和办理“套路贷”刑事案件指导意见，编发典型案例，公布举报电话、信箱，收集群众举报线索287条，从各类案件中排查线索703条，均已移交有关单位或部门。互联网直播涉黑恶势力犯罪案件庭审，严惩吴忠哈氏集团、银川火车站尚成建等涉黑恶团伙，集中宣判形成震慑力量。

【涉军停偿审判执行】2018年，自治区法院实行专人专班督查督办涉军停偿审判执行，缩短立案周期，加快审理节奏，注重办案效果，维护军地双方合法权益。银川和晟鲜花市场、大武口美佳铭城购物广场等一批人数多、法律关系复杂、社会影响大的案件得到妥善化解。截至2018年11月底，375件涉军停偿案件全部如期办结，结案率位居全国前列。

【服务经济社会发展】2018年，自治区出台多个专项司法意见，为自治区“三大战略”服务。保障创新驱动战略，全区共审结各类知识产权案件430件，推进知识产权审判“三审合一”；加强产权司法保护，落实服务民营企业健康发展举措。保障生态立区战略，成立贺兰山环境资源保护法庭。审结一审破坏环境资源犯罪案件65件，判处刑罚87人。审结刑事附带民事公益诉讼案件26件，判赔环境修复费用116.8万元。保障脱贫富民战略，审结扶贫领域贪贿案件9件，严惩损害群众利益的“微腐败”。

【完善审判责任】2018年，自治区法院完善审判权力运行机制，落实办案质量终身责任制、错案责任倒查制，“让审理者裁判，由裁判者负责”成效显现。宁夏法院各类案件审限内结案率98.5%，服判息诉率98.6%，同比分别上升0.5%和0.2%。案件平均审理天数减少3.9天，核心质效指标均呈向好发展趋势。健全完善法律统一适用工作机制，审判委员会职能由讨论个案向总结审判经验、加强宏观指导、解决疑难复杂案件转变；专业法官会议为1484件案件提供业务咨询参考意见。院庭长回归办案一线，审结重大、复杂、敏感等各类案件64331件，占结案总数的43.3%。

【审判监督管理】2018年，自治区法院制定落实院庭长审判监督管理办法，明确院庭长监督范围和方式，督促办案进度，监督重点案件，纠正不当行为；强化审判流程管理和节点管控，实现对案件关键节点的全院、全员、全过程实时动态监管，确保放权不放任、用权受监督。加强上级法院对下级法院的审级监督，审结二审案件11158件，依法改判、发回重审2283件，启动审判监督程序审结再审案件430件，纠正生效判决176件。开展常态化案件评查，专项清理长期未结案件，定期研判审判运行态势，查漏补缺，精准施策。有3家法院被最高人民法院授予首届“全国法院审判管理优秀单位”称号。

【综合配套改革】2018年，自治区法院深入推进以审判为中心的刑事诉讼制度改革，完善公检法联席会议制度和重大案件协调机制、证人出庭制度，发挥庭审在查明事实、认定证据、保护诉权中的决定性作用。组织召开庭前会议818次，证人、鉴定人、侦查人员、有专门知识的人出庭作证1714人次，为2676名符合条件的当事人指定辩护人。扩大量刑规范化适用范围，一审刑事案件量刑规范化适用类型已占83%。积极稳妥推进内设机构改革试点。巩固立案登记制改革成果，当场立案登记率连续3年保持在98%以上，让“有案必立、有诉必理”落地生根。

【审判公开】2018年，自治区法院院坚持以公开促公正，推进智慧法院建设，完善“一网两微四平台”建设，建立案件全流程发布机制，向当事人公开案件信息16.4万件，发布裁判文书11.8万篇，网络直播庭审8087件，累计浏览量达733万人次，使公开审判成为“法治公开课”，让司法公正经得起网民“围观”。银川市兴庆区法院裁判文书上网数位居全国第五、西部第一。实行电子卷宗随案同步生成，开庭案件同步录音录像，方便当事人了解、监督案件进展。健全信息发布机制，拓宽公众获取司法信息渠道，全年召开新闻发布会9次，运用微博、微信等新媒体发布信息3835条，阅读量30余万人次，司法宣传的影响力和关注度明显提升。完善陪审员参审机制，陪审员参审案件24859件，努力做到让人民参与司法、监督司法。

【维护社会稳定】2018年，全区共审结一审刑事案件5850件，判处刑罚6930人。严惩银川陈某攻击公交车司机、抢夺方向盘案等危害公共安全犯罪和杀人、抢劫等严重暴力犯罪；审结案件3677件，判处五年有期徒刑以上刑罚282人。审结公安部挂牌督办的“12·15”特大电信诈骗案以及李某等12人非法吸收公众存款14.3亿元案等涉众型经济犯罪案件45件，为群众挽回经济损失5.9亿元。加大危害食品、药品安全犯罪惩治力度，审结案件10件。严厉打击侵害妇女儿童权益犯罪，审结案件202件。完善未成年人审判机制。积极参与禁毒斗争，首次发布毒品审判白皮书，审结涉毒品案件239件。保持惩治腐败力度不减，审结王永忠、张湧等职务犯罪案件105件，判处刑罚187人。支持监察体制改革，贯彻执行《中华人民共和国监察法》，做好纪律监察和法律审判有效衔接。坚守防范冤假错案底线，对12名公诉案件被告人、22名自诉案件被告人依法宣告无罪。审结减刑、假释等刑罚变更案件2512件，维护刑罚的严肃性和公正性。

【民商事案件审判】2018年，全区共审结民商事案件13.1万件，同比上升18.6%。依法保护民生权益，审结交通事故、侵权纠纷、劳动争议等关系群众切身利益的案件10392件。全面推进家事审判改革，审结婚姻家庭、继承纠纷案件15594件，调撤结案占比63.5%，发出人身安全保护令22个。依法惩治恶意欠薪行为，为农民工追回被拖欠工资5891万元。妥善审结土地承包、征地补偿等案件730件，促进农村改革发展。坚持依法平等保护各类市场主体诚信经营，审结买卖合同、建设工程等合同案件58613件，金融类案件5961件，民间借贷案件27470件，股权案件176件。宁夏天元锰业与国电英力特能源化工集团百亿合同纠纷案等得到妥善化解。强制清算与破产案件管理人名册重新编制工作依规完成，审结企业清算、破产案件62件，依法有序推进“僵尸企业”破产清理重整和退出工作。

【行政案件审判】2018年，全区共审结行政案件4358件、审查非诉行政执行案件450件，同比分别上升85.9%和2.3%。注重行政争议实质性化解，完善联席会议制度，推进行政机关负责人出庭应诉工作，调解、撤诉案件590件，调撤率13.9%。灵武市政府收回土地行政补偿案、骏驰公司诉中卫市政府案等社会关注度较高的行政案件得到依法稳妥化解。推进行政案件集中管辖改革，指定4家基层法院实行跨行政区划集中管辖。加强与行政机关的良性互动，连续10年发布行政审判白皮书，发出司法建议225份。审结国家赔偿案件71件，决定赔偿70.4万元，依法维护了赔偿请求人的合法权益。

【化解矛盾纠纷】2018年，自治区人民法院完善多元化纠纷解决机制，法院诉调对接中心、在村居社区设立的法官工作室、便民服务点等诉前调处纠纷9400件。指导支持人民调解组织和仲裁机构化解矛盾，确认调解协议有效3734件。健全交通、物业等多发纠纷快速调处机制，出台民商事案件繁简分流和调解速裁工作规定，适用简易程序、刑事速裁程序处理纠纷95359件，适用率76.2%。中卫中院推进预防和减少诉讼案件数量增长试点工作，既节省了司法资源又促进了社会和谐。

【诉讼便民服务】2018年，自治区高院完善线上线下多元诉讼服务平台体系，拓展诉讼服务中心功能，律师进驻值班，增设法律援助服务站，为群众提供全方位诉讼服务。“12368”诉讼服务热线全年受理诉讼咨询、案件查询等9180人次。建成全区首个互联网法庭，推行刑事案件远程庭审、远程视频接访和诉讼文书电子送达，让“信息多跑路，群众少跑腿”。坚持巡回审判、就地办案，全区基层法庭办理案件34983件，占基层法院案件总量的18%。推行律师参与化解和代理涉诉信访案件，办理群众来信来访1165件，审结申诉申请再审案件1830件。规范司法救助办理程序，发放救助资金

734.9万元，救助困难当事人3387名。依法减缓免收诉讼费1088.1万元，确保经济困难的当事人打得起官司。

【破解执行难题】2018年，自治区法院全力攻坚、全面发力，执行工作取得实质性突破，共受理执行案件81788件，执结69973件，执行到位金额84.9亿元；有财产可供执行案件实际执结率、2018年终本合格率、信访办结率、三年整体执结率均达到最高人民法院预设要求，执行规范化、信息化、职业化水平有效提升。宁夏高级法院被最高人民法院确定为全国五家基本解决执行难"样板法院"之一。1.加强失信惩戒彰显执行威慑。宁夏高院推进失信被执行人信用惩戒体系建设，与党委宣传部、银监局联合建立"宁信通·宁夏失信被执行人曝光平台"，并将失信信息嵌入联动平台。开通"失信彩铃"。与保险公司在悬赏执行、执行救助等方面开展战略合作，综合治理执行难工作的合力进一步彰显。发布失信被执行人名单10.8万例，限制高消费97684人，敦促近10%的被执行人主动履行了生效判决。2.持续重拳出击掀起执行风暴。集中开展为期6个月的"飓风行动"，执结案件39462件，司法拘留1881人，追究拒执罪3人，实际到位金额45.4亿元。重点执结涉党政机关案件237件，实际到位金额1.3亿元；涉国有企业案件191件，实际到位金额1.1亿元；涉公职人员案件217件，实际到位金额2150.8万元；涉民生案件5926件，实际到位金额1.5亿元，努力让生效法律文书变成老百姓手中的"真金白银"。3.依托信息技术破解执行难题。宁夏法院执行指挥中心完成网络互联，统一管理、统一指挥、统一协调的执行工作新模式已基本构建。通过"总对总""点对点"网络查控系统查询案件10.6万件，冻结资金76.3亿元、扣划资金2.5亿元，查询车辆63.4万辆、股票1.3亿股、网络资金1.8亿元，被执行人主要财产和相关信息难查难控现象得到根本扭转。大力推行网络司法拍卖，着力破解财产变现难题。拍卖标的物2844件，网拍5502次，成交542件，成交额近7亿元，成交率32.2%，溢价率13.1%，节省佣金2075.2万元，实现拍卖环节违纪违法"零投诉"。4.建立长效机制规范执行管理。依托信息监管平台，对执行案件的37个关键节点实行全程留痕、全程公开、全程管控，用"制度铁笼"和"数据铁笼"严格约束执行行为。实行"一案双查"、执行案款"一案一账户"管理，坚决防范不作为、乱作为和案款发放不规范等问题损害群众权益。树立穷尽执行措施理念，完善内部立、审、执工作衔接机制，注重全流程协同查控、及时有效保全涉案财产，努力提高案件执结率，加快形成长效机制。

【司法监督管理】2018年，自治区人民法院主动接受人大法律监督。全面落实十二届人大一次会议决议，认真办理代表提出的意见建议，制订分工方案，加强督查督办，提高办理实效。接受全国人大监察和司法委员会、自治区人大常委会开展执行工作专项视察，就执行工作向自治区人大常委会做专题报告，根据审议意见改进工作。真心接受政协民主监督，配合自治区政协开展司法体制改革专题民主监督调研，虚心听取意见建议，办结政协委员提案52件。加强与代表委员的沟通联络，集中开展主题公众开放日活动，主动邀请人大代表、政协委员旁听庭审、见证执行、视察工作等2300余人次，定期通报工作，寄送院长致信，发放调查问卷和征求意见表，方便代表委员了解和监督法院工作。依法接受检察机关诉讼监督，全面落实检察长列席审判委员会制度，依法审结各类抗诉案件123件，办理检察建议1200余件，共同维护司法公正。广泛接受社会监督，建立司法与新闻媒体互动机制，畅通民意沟通渠道，耐心倾听群众需求。重视诉讼当事人的直接监督，尊重和保障律师执业权力。

（吴培渊）

司法行政

【政府法制监督】2018年，宁夏推进行政执法体制改革，根据《国务院办公厅印发关于全面推行行政执法公示制度执法全过程记录制度重大执法决定法制审核制度的指导意见》要求，结合宁夏实际，研究起草《宁夏回族自治区全面推行行政执法公示制度执法全过程记录制度重大执法决定法制审核制度的实施方案》。在宁夏全面推行行政执法公示制度、执法全过程记录制度、重大执法决定法制审核制度。加强规范性文件监督管理，提请自治区政府印发了《关于加强行政规范性文件制定和监督管理工作的实施意见》，对加强规范性文件的监督管理提出九个方面的措施。严格按要求向国务院、自治区人大常委会报送备案政府规章、行政规范性文件，认真履行行政规范性文件备案监督职责，共审查119件行政规范性文件，做到"有件必备、有备必审、有错必纠"。加强行政执法监督，落实行政执法案卷评查制度，应邀对自治区农牧厅、工商局等执法部门报送的执法案卷进行评查。着力健全特邀行政执法监督员制度，探索和构建科学、高效的行政执法监督体系，促进严格公正文明执法。严格落实行政执法人员管理制度，行政执法行为日益规范。推进行政执法人员网上培训考试工作，促进宁夏行政执法人员素质的提升。贯彻落实自治区证件管理办法，对全区6700多名执法人员资格进行审查，制发行政执法证件4646个，完成执法证件的年度审验工作，审验注销87个。清理工作取得积极进展。以不符合“放管服”改革、生态环境保护要求和涉及著名商标、产权保护等内容为重点，对自治区政府现行有效的159件政府规章和455件规范性文件进行了严格审查，由自治区人大常委会废止5件地方性法规，自治区政府废止5件、修改5件政府规章，废止49件、宣布失效35件、修改46件规范性文件。共梳理法律、行政法规、国务院部门规章及规范性文件设定的证明事项146项，建议取消59项。启动行政执法监督平台建设工作。在总结北京、天津、河北等地建立执法监督平台经验基础上，起草了《宁夏回族自治区行政执法监督平台方案》，并报送原信息化建设办公室组织专家评审通过，经原自治区经信委研究决定同意立项，并予以批复。

【行政复议和行政应诉】2018年，自治区司法系统不断完善行政复议机制，加强复议案件办理。探索优化行政复议工作方式，从受理关口上严格甄别，把好入口关。对政府信息公开、投诉举报、职业打假、信访等类型案件仔细研判，探索运用召开案件协调会议方式，共同研究案情、分析原行政行为的合法性与适当性、找到解决纠纷的突破口，处理疑难、复杂的行政复议案件，达到定纷止争的效果。加强银川市、中卫市、石嘴山市行政复议委员会试点指导工作，畅通行政复议渠道，行政复议功能得到充分发挥，行政复议公信力显著提升。2018年自治区政府共收到行政复议申请25件，受理19件，审结18件。履行行政应诉职责，加强行政应诉能力建设。2018年，自治区司法机关受自治区政府委托参加行政应诉案件40件(次)。在参加行政应诉过程中，严格按照法定期限准时、全面地向法院提交应诉所需材料，主动到法院调阅卷宗了解案情，做到庭审准备充分；举证、理性质证，准确引用法律；配合法院做好调解等审理工作，促使案结事了。结合最新颁布的行政诉讼法司法解释，对行政诉讼中的典型案例进行专题研讨，形成对下级行政机关具有指导性的意见，提高行政应诉能力。组织人员赴兄弟省区调研了行政公益诉讼工作及配套机制建立情况、重点领域和矛盾易发区域、办理流程和应对举措等内容，为宁夏开展行政公益诉讼工作打下了基础。全年分两次举办行政应诉培训，对全区100多名行政复议和行政应诉工作人员进行了新《中华人民共和国行政诉讼法》及最新司法解释的培训，切实提高了工作人员的行政复议和行政应诉能力。

【法制理论研究】2018年，自治区司法系统加强政府法制理论研究，服务法治政府建设。做好宁夏行政法学会(行政管理学会)日常管理与年检审核工作，开展“建设法治政府 推进依法行政”主题征文活动，为实现基本建成法治政府的奋斗目标提供有价值的理论引导和支持；围绕宁夏法治建设中的工作成效、创新举措以及工作中出现的新情况、新问题，开展理论研究，编印《法治政府》杂志3期，共3000份；编印《宁夏政府法制》5期，共1600份。《关于我区法律顾问制度建立及实施情况的调研报告》课题按期结项，并被宁夏法学会评为优秀课题项目；完成并向司法部提交《关于法治建设服务“一带一路”建设的调研报告》；《以宪法为根本遵循开启法治政府建设新征程》一文在中共中央政策研究室《学习与研究》杂志2018年第6期刊登；《法治政府建设正当时》一文在《学者》杂志2018年第1期刊登。

【政府法律顾问制度】2018年，全区完善政府法律顾问工作制度，提升政府法律顾问服务水平。为高效发挥法律顾问的“智库”作用，在科学论证的基础上制定了《自治区人民政府法律顾问工作考核暂行办法》，加强和规范法律顾问聘用期内的年度考核工作；出台《自治区人民政府法律顾问工作费用支付暂行办法》，明确法律顾问和法律咨询委员会委员提供相关法律服务费用的支出范围、标准和程序；印发《自治区人民政府法律顾问工作流程(试行)》，明确法律顾问提供法律服务的范围、方式和工作环节，建立健全政府法律顾问工作制度，为法律顾问履职提供有力支撑。举办法律咨询委员、法律顾问座谈会，就如何做好合法性审查工作开展专题讲座。开展法律顾问专业培训，有针对性地解决法律顾问在提供法律服务过程中遇到的合法性审查的“标准”和“尺度”问题，提高法律顾问的履职能力。认真落实法律顾问值班制度，通过组织法律顾问办理合法性审查、参加行政复议听证会、协调会、立法讨论会、工作调研等方式，切实提高政府法律顾问工作参与度，提升服务水平。

【监狱管理和戒毒工作】2018年，自治区司法系统构建监狱安全防控长效机制，以推进狱政狱侦13项基础工作为抓手，集中开展“整顿监规秩序，净化改造环境”活动、“百日安全整治行动”，建立与公安、武警、消防、医疗、安监等多部门同步联动的应急管理机制。合理配置调整警力，全区监狱按照基层75%警力配置要求充实基层一线。紧紧围绕全国、全区“两会”以及自治区60大庆、国庆等重要节点，加强狱情舆情分析研判，认真开展隐患排查整治，全区监狱实现持续安全稳定。按照全国司法行政戒毒工作座谈会部署要求，推动建立统一的戒毒工作模式，制定相应的工作流程和岗位标准，提高戒毒矫治科学化专业化水平。做好戒毒医疗康复工作，开展康复训练师、专业医师教育培训，将各场所执业医师纳入全区精神科医生培训计划。开展“安全隐患清零专项行动”，集中化解场所安全稳定的突出问题，确保场所持续安全稳定。

【社区矫正】2018年，全区加强社区服刑人员管理教育，健全社区矫正重大事项报告制度，明确了社区矫正重大事项报告项目、认定标准、报告时限和方式等。建立了宁夏社区矫正和安置帮教工作评价考核指标体系，提升社区矫正工作规范化水平，全区未发生社区服刑人员参与严重影响社会和谐稳定的重特大案件。

【扫黑除恶】2018年，自治区司法厅成立扫黑除恶专项斗争工作领导小组，制订《自治区司法厅关于开展扫黑除恶专项斗争实施方案》，明确职责任务，提出工作要求，在全系统全面推开扫黑除恶专项斗争。监狱戒毒系统和社区矫正机构认真组织开展涉黑涉恶违法犯罪线索摸排，加强在押涉黑涉恶服刑戒毒人员管控。在各律师事务所建立健全律师办理涉黑涉恶案件接案审查、请示报告、集体研究、检查督导等制度，引导律师严格依法履行代理职责，确保每一起涉黑涉恶案件经得起检验。

【人民调解】2018年，宁夏作为全国试点在全区开展为期三个月的“坚持发展‘枫桥经验’实现矛盾不上交”试点工作，推动“枫桥经验”在宁夏落地生根、开花结果。以试点工作为契机和抓手，有力推动了全区人民调解工作优化升级。人民调解工作的影响力和公信力显著提升。试点工作得到了全区各级党委政府高度重视和大力支持，各级党委政府主要领导亲自听取有关工作汇报，分管领导挂帅指导具体工作，公安、综治、信访等部门积极参与，中央及自治区新闻媒体及时跟进广泛宣传报道，宁夏人民调解工作越来越多地被社会各界和广大群众所关注。人民调解工作在维护社会和谐稳定中的作用更加凸显。试点工作开展以来，全区共化解各类矛盾纠纷28318件，同比增长11.5%；全区信访总量同比下降33.2%，民商事案件总量同比下降11.3%，防止民间纠纷转化为刑事案件、治安案件总量同比下降69.8%，实现了全区信访总量和集体访、进京访、越级访、民商事案件数量“五下降”，在维护全区社会稳定中发挥了作用。人民调解组织网络进一步健全。织密人民调解“四张网”，全区新增人民调解组织320个，实现了“哪里有人群、哪里就有人民调解组织，哪里有纠纷、哪里就有人民调解员”的目标，宁夏人民调解“四张网”建设入选中央政法委2018年开展的“政法战线改革之星”80个典型经验。人民调解工作模式和机制更加完善。适应新时代人民调解工作新需要，建立了城市、农村、内部单位、行业专业人民调解工作新模式，健全完善了信访事项人民调解两排查一分析制度、联合调解制度、案件收结制度等10项制度。在全区建立了人民调解工作经费保障奖补机制，将全区所有专职人民调解员生活补贴全部纳入同级财政预算。人民调解队伍专业化程度进一步提高。制定了《宁夏专职人民调解员管理办法》《宁夏人民调解员等级评定管理办法》，建立了纠纷信息员、专职调解员、金牌调解员、兼职调解员、人民调解志愿者五支队伍，建成人民调解专家库270个，吸收892名律师等法律工作者充实到人民调解队伍，人民调解员和专职人民调解员数量分别增长9.2%和12.4%。

【司法所管理】2018年，全区司法所以星级司法所创建为载体，强力推进司法所组织机构正规化、队伍建设专业化、业务工作效能化、基础设施标准化、所务管理规范化的“五化”建设，全区基层司法所得到全面加强。星级司法所创建圆满收官。全区243个司法所星级创建率100%，五星级达标率92.6%，有9个县（市、区）五星级司法所创建率达100%，基层司法所基础设施、管理水平、履职能力得到极大提升。司法所管理体制进一步理顺。认真落实司法部《关于进一步加强乡镇司法所建设的意见》，按照“机构独立、编制单列、职能强化、管理规范”的要求，理顺了司法所管理体制，落实了司法局和乡镇（街道）双重管理、以司法局管理为主的工作模式，为司法所履行工作职责奠定了良好基础。队伍力量不断加强。将县级司法行政机关75%的工作人员下沉到基层司法所，并按照每个司法所至少3个政法专项编、3名专职调解员配齐配强工作人员，所均达到6人以上。全面落实司法所长副科级待遇和司法助理员每月2000元津补贴，创造了拴心留人的良好环境。建立“3454”多元联动工作机制。在巩固司法所九项职能的基础上，整合司法行政法律服务资源，建立了县、乡、村（社区）三级公共法律服务网络，实现基层司法行政业务联动。以乡镇为单元，将乡镇派出所、司法所、基层法庭、信访投诉中心等机构联系在一起，建立了组织联建、业务联帮、工作联动、服务联合的“四联机制”，推动了公调、诉调、检调、访调、援调“五调对接”，构建了大调解、大普法、大援助、大服务“四大”格局。改善司法所形象。切实落实司法所统一创建标准、统一验收评比、统一内外标识、统一规章制度、统一业务台账的“五统一”工作要求，全区95%以上的司法所办公面积达到120平方米以上，建筑外观和标识标牌醒目便民，为223个司法所配备了执法执勤车，建立健全首问责任、岗位责任、督促反馈、服务承诺等规章制度，规范业务工作流程及台账，司法所工作实现提档升级。

【公共法律服务】2018年，全区以开展“公共法律服务体系建设年活动”“矛盾纠纷大调解专项行动”“法律援助规范化建设专项行动”三个专项行动为抓手，统筹推进律师公证、法律援助、司法鉴定等公共法律服务建设。公共法律服务体系建设成效显著。2018年被确定为公共法律服务体系建设年，自治区党委、政府出台了《关于进一步推进公共法律服务体系建设的意见》，先后投入1670万专项经费建成了县（区）、乡镇（街道）、村（社区）三级公共法律服务实体平台，建成率100%。自治区政府印发了《关于开展一村（社区）一法律顾问工作的实施意见》，制定相关保障措施和评估考核制度，“一村（社区）一法律顾问”实现全覆盖。“12348宁夏法网”网络平台全面运行，开通了“12348宁夏法网”移动客户端、“宁夏掌上12348”微信公众号。将原“12348”法律咨询热线优化升级为公共法律服务热线，全时段向社会公众提供专业的法律服务。进一步拓展法律服务领域，积极贯彻落实中央关于支持和服务民营经济发展的决策部署，出台了《关于开展全区民营企业法治体检专项活动的实施方案》，为民营企业开展一次免费全面法治体检；认真做好民营经济发展涉及规章规范性文件清理工作，依照法定程序，提请废止3件地方性法规、3件政府规章、7件规范性文件，修改12件规范性文件。制定出台了《关于充分发挥律师专业优势服务“三大战略”促进法治宁夏建设的工作意见》，主动服务自治区重大决策实施。截至12月，全区律师为政府部门、企事业单位担任法律顾问2284家，为企业和当事人挽回经济损失4.9亿元。积极开展律师参与信访矛盾化解和参与城管执法试点工作，建立了10家律师事务所调解室，150多名律师接受法院委托开展调解工作。部署开展了“法律援助规范化建设”专项行动，强化法律援助案件评查，自治区财政将法律援助三类、二类、一类案件补贴标准由原来的400、800、1100元提高到600、1300、1500元，平均上浮50%。深入开展法律援助助推精准脱贫攻坚战工作，将全区扶贫对象全部纳入法律援助范围，并免于事项范围审查。截至年底，共办结各类法律援助案件12574件，为15812名受援人挽回经济损失2.9亿元。推动司法鉴定行业健康发展。严格落实司法部“双严十二条”规定，在全区司法鉴定行业中开展了规范整治活动，对司法鉴定机构及从业人员的执业资质进行集中年审年检，清理注销17家“僵尸机构”，促进宁夏司法鉴定事业健康有序发展。

【法治宣传教育】2018年，自治区司法系统以全面落实普法教育责任制为主要抓手，建立完善了普法责任内容清单、责任清单、措施清单、标准清单和考核办法（“四清单一办法”），各级党委、政府部门（单位）较好地落实了“谁执法谁普法”的普法责任制，初步实现“四清单一办法”的全公开、全备案、全监督。中期督查更系统。下发《关于组织开展“七五”普法中期检查督导的通知》，组织各地各部门开展自查自验；下发宁夏“七五”普法中期检查督导《工作方案》，举办培训班，引入第三方开展“七五”普法中期效果评估，召开协调会，对检查督导作出具体安排部署。自治区组织5个检查督导组，

2018年2月27日，石嘴山监狱服刑人员回归指导中心成立

分别由5名省级领导担任组长，对全区5个地级市（延伸抽查地市的11个县、区、84个基层单位）、30个区直部门（单位）“七五”普法暨开展宪法学习宣传实施工作同步检查督导，对其他普法责任单位进行书面督查，系统“体检”，总结经验，及时研究解决全区普法工作中的重大问题，不断把新时代普法工作向纵深推进，着力夯实全面依法治区基础。以问题为导向，坚持每年一个主题，围绕引导群众合理表达诉求开展了“维护合法权益，合理表达诉求”、围绕自治区“生态立区”战略开展了“生态立区与法同行”、围绕实施乡村振兴战略开展了精准普法等主题法治宣传实践活动，着力为法治宁夏建设营造良好的法治氛围。推动宪法学习。认真落实司法部深入组织开展好宪法学习宣传教育部署要求，开展了“学习宪法、法律进机关”主题学习宣传活动，举办了“崇尚宪法厉行宪法推进法治宁夏建设”主题座谈会，并将宪法学习纳入宁夏干部教育培训网络平台，开展了宪法知识微信竞答活动，参与竞答124.7万人次。开展了年度“12·4”国家宪法日宣传周系列宣传活动，邀请人大代表、政协委员、社会各界代表及媒体记者举办了司法行政系统第一届开放日，并举行座谈会，介绍重新组建的司法行政系统的新职能、新定位、新使命和新的工作布局，促进社会各界和广大人民群众及时了解司法行政系统在深化依法治国实践中的重要地位和作用。举办了宁夏“12·4”国家宪法日主题晚会，将宪法宣传活动推向高潮。开展以案释法调研，严格落实案例报送，响应群众需求，自治区人力资源和社会保障厅、农业农村厅、教育厅、生态环境厅等部门多渠道多载体发布以案释法典型案例，推动建立以案释法工作运行机制。落实年度国家工作人员网上学法考法，将宪法、民法通则、环境保护法等纳入宁夏干部教育培训网络平台，不断提升领导干部运用法治思维和法治方式解决问题的能力。开展法治公益广告、法治微电影征集评选活动，向全国普法办筛选推荐作品60余个。开展“法律八进”示范点、自治区法治文化基地示范点创建，对标提升普法依法治理工作水平。通过在《宁夏日报》《宁夏法治报》《新消息报》《华兴时报》、“宁夏法治”微信公众号、新闻广播、交通广播等媒体开设“七五普法塞上行”、以案释法等专栏，着力打造舆论全覆盖、媒体全联动和智慧普法新模式。推进形成以“宁夏法治”微信公众号为核心的新媒体普法矩阵，对全区各地普法工作进行精选集锦宣传，并对新媒体普法矩阵进行月排行，设立“谁执法谁普法”“法律小课堂”“以案释法”等专栏，广泛深入开展法治宣传，着力打造“指尖上普法”，累计发布信息2700篇，关注人数11.5万人。银川市、石嘴山市、吴忠市、固原市及22个县区建立普法微信平台，广泛深入开展法治宣传，着力打造智慧普法。借助各类媒体平台开展以案释法宣传和“十大法治人物”“十大法治新闻（事件）”、最美人民调解员宣传，取得了良好的社会效果。

【信息化建设】2018年，全区坚持科技创新，突出抓融通，确保“数字法治·智慧司法”有序实施，推动司法行政信息化建设由“分散型”向“融合型”转变。顶层设计更加科学。加强对全系统网络安全和信息化工作的顶层设计、统筹协调、政策制定，研究提出了宁夏司法行政信息化体系建设总体思路，确定了纵横贯通、全面覆盖、融合共享、智能高效、安全可控的目标方向。推进业务信息系统建设。建成了社区矫正信息指挥中心及管理系统、刑满释放人员安置帮教管理系统，建成了宁夏监狱大数据平台，通过利用数据可视化等技术，提供动态统计、趋势预测、危险预警、改造评估等决策服务，推动向精准化、智能化监管迈进。运用科技手段提升工作效率。持续优化基层单位的政法网络链路，建设备份链路，提高了网络传输速率和可靠性。为所有基层单位建设了视频监控系统并配发了指纹仪、高拍仪等设备，改善基层执法环境。借助宁夏政法网实现了司法行政系统各单位网络的联通，视频会议在覆盖监所和市、县司法行政单位的同时，向乡镇、街道司法所延伸，提升了工作效率。根据司法部视频点名工作安排，针对假期值班人员视频点名工作进行培训，有效确保了视频点名工作有序开展。

（张弼超）

NINGXIA YEARBOOK

军事

JUNSHI

编辑◎王晓华

宁夏军区

综 述

【政治思想建设】2018年，宁夏军区深入学习贯彻十九大精神，突出抓好习近平新时代中国特色社会主义思想和习近平强军思想理论武装，专题召开党委全会动员部署，制定20条措施推进落实，开展“传承红色基因、担当强军重任”主题教育，组织研读《习近平论强军兴军》《习近平新时代中国特色社会主义思想三十讲》《军委主席负责制学习读本》等理论书籍，探索在民兵中开展主题教育的方法路子，强军思想在军区部队落地生根。深入贯彻军委主席负责制，研究制定7个方面、27条具体措施，贯彻落实习主席重要指示和军委决策部署。

【部队体系建设】2018年，宁夏军区开展“和平积弊大起底大扫除”活动，制定《纠治和平积弊、聚焦备战打仗检查考评暂行办法》《深化军事训练中政治工作十项措施》。加强战备建设，提升民兵应急分队“第一时间到达现场、第一时间报告情况、第一时间应急处置”能力，组织民兵分队完成自治区成立60周年庆祝活动安保备勤、贺兰山和黄河沿线抗洪抢险任务。抓好新大纲学习宣贯和按纲施训落实，组织45支民兵分队常态化集中轮训，以现职参谋集训和现役官兵、专武干部、民兵等5类人员比武竞赛为牵引，开展群众性练兵比武活动。指导银川警备区围绕反恐维稳、吴忠军分区和固原军分区围绕抗震救灾、石嘴山军分区围绕抗洪抢险、中卫军分区围绕保交护路，开展军地联合专项训练巡回观摩，提升应急应战能力。

【国防动员建设】2018年，宁夏军区创新推进国防动员实质准备，协调召开自治区党委议军会议，专题研究国防动员建设重大问题。组织动员潜力调查，筹划建立煤制航空燃油、野战自热食品等新质动员中心，开展“模块化”动员试点。协调出台《宁夏回族自治区征集高素质兵员激励政策措施》，完成年度兵员征集任务，大学生比例达到61.1%。推进民兵调整改革，探索构建“一点、两线、三区”民兵力量总体布局，在军委国防动员部组织专项检查考评中，宁夏军区在28个省市区中名列第二。配合自治区认真开展军民融合发展法规清理，制定军民融合发展规划。开展“百场国防形势报告”活动，举办全区大学生“爱我国防”演讲比赛，国防动员软实力不断提升。

【依法治军建设】2018年，宁夏军区坚决执行改革号令，顺利完成贺兰民兵装备仓库、看守所、农副业生产基地转隶移交。持续抓基层打基础，开展“贯彻落实新条令、塑造军队好样子”活动，全面加强军区直属单位正规化建设，制定《扭住“三个一线”推进全面建设三年规划》，组织挂钩帮建、蹲连当兵，加强文职人员教育管理。规范后勤装备保障机制，严格落实保障标准，安全调运销毁报废弹药。推进全面停止有偿服务，妥善解决历史遗留问题，按时关停149个项目，收回营房和场地近16万平方米，完成停偿善后任务。强化底线思维，军区每季度分析、讲评和部署安全工作，常态组织安全大检查，开展“百日安全活动”，应对涉军网络舆情，全年实现安全稳定。

【精准扶贫和双拥共建】2018年，宁夏军区积极参与和助力6个村、18个学校精准帮扶，受益贫困群众、1814户5672人、学生2273名。深入贯彻习主席“让军人成为全社会尊崇的职业”重要指示，启动军烈属、退伍老兵及现役军人军属脱贫攻坚和优抚解困，组织大走访大摸排，一户一策制定帮扶措施，召开军地联席会和任务推进会，联合自治区出台脱贫攻坚和优抚解困“双20条”、涉税服务“14

条”政策措施，军地联合帮扶7个军烈属家庭、419个建档立卡户、465个非建档立卡户。充分发挥桥梁纽带作用，持续推进军寺共建促和谐活动，探索拥军支前方法路子，协调为部队解决“三后”（后路、后院、后代）问题，巩固发展新型军政军民和民族团结。

【党的领导和党的建设】2018年，宁夏军区深入学习贯彻军委党的建设会议精神，深化政治整训，召开军区第十二次党代会，明确提出今后五年的奋斗目标和重点任务，部署全面加强军区部队党的领导和党的建设工作。开展党的纪律教育，组织观看《铁纪强军》教育片，认真学习贯彻《军队实施党内监督的规定》《军队实行党的问责工作规定》，深刻吸取房峰辉、张阳严重违纪违法案件教训。始终保持正风肃纪高压态势，围绕干部选拔任用、训风演风考风、领导干部个人事项报告、违规宴请喝酒、经费管理使用、基层敏感事务，进行全过程检查监督，加大明察暗访力度，军区纪委组织党风廉政建设专题调研和执纪督查，对照中央军委纪委开列的8个方面、52条形式主义、官僚主义问题清单认真纠治整改。

（宁夏军区）

综合事务

【调研与协调】2018年5月24日，军区司令员郑威波、办公室主任王送军到盐池县人武部，调研民兵调整改革，军烈属、退伍老兵及现役军人军属脱贫攻坚和优抚解困工作，郑威波组织参战参试老兵、退伍老兵和现役军人家属代表召开座谈会，研究具体帮扶措施。6月12—13日，西部战区联合参谋部动员局工作组检查调研宁夏军民融合发展工作，军区副司令员李勇组织自治区发展改革委员会、工业和信息化厅、科学技术厅、交通运输厅、通信管理局和机关各办局领导召开座谈会议，各部门对口介绍军民融合发展工作有关情况。工作组实地调研，对宁夏军民融合发展工作给予充分肯定。8月31日，军区副政治委员兼纪委书记丁学仁与某部队副司令员任刚研究商议用地变更、围墙建设、遗留问题处理等10个方面事项。9月3日，自治区副主席许尔锋、军区副政委兼纪委书记丁学仁带军地有关单位领导现场调研，对10个方面事项进行深入研究，形成解决方案。

【重要活动】2018年7月31日，自治区党委书记石泰峰、军区司令员郑威波，看望慰问宁夏军区通信中队和战略支援部队驻银某部官兵，以及银川市退伍军人、伤残军人等优抚对象代表，参观基层连队荣誉室，了解部队优良传统，看望慰问一线执勤战士，进班排与战士座谈交流，走访慰问优抚对象家庭，及时传递党中央、习主席节日问候和关怀，有效激发官兵矢志强军、建功基层的热情。8月13日，根据“西部-2018”联合战役演习要求，自治区副主席许尔锋、政府办公厅副秘书长黄明旭，以实际身份按作业进程参加演习。9月19—21日，根据自治区成立60周年庆祝活动总体安排，军区首长和50名官兵代表参加中央代表团赠送纪念品仪式和招待会、汇报会、文艺晚会、庆祝大会等有关活动，组织军区和驻宁解放军部队200名官兵代表参加中央代表团接见合影活动，随后中央军委委员、军委政治工作部主任苗华和西部战区政治委员吴社洲赴中卫市考察慰问。

【重要会议】2018年11月9日，自治区党委召开党委常委议军会，军区党委常委和各办局领导出席。军区政治委员潘武俊就自治区国防动员和后备力量建设等情况作汇报发言，研究审议自治区民兵调整改革、省级民兵训练基地建设、某部队移防营区建设等问题。自治区党委书记石泰峰围绕加强国防动员和后备力量建设提出具体要求。11月30日，自治区党委军民融合发展委员会召开第一次全体会议。自治区主席咸辉，军区司令员郑威波、政治委员潘武俊等军地领导出席。会议传达学习十九届中央军民融合发展委员会第一、第二次全体会议和全国军民融合发展工作座谈会精神，审议通过《自治区党委军民融合发展委员会工作规则》《自治区党委军民融合发展委员会办公室工作规则》和《自治区党委关于贯彻落实〈军民融合发展战略纲要〉的实施意见》3个文件。宁夏军区、银川市政府、自治区工业和信息化厅、自治区党委军民融合发展委员会办公室围绕军民融合工作推进情况作汇报发言。自治区党委书记、自治区党委军民融合发展委员会主任石泰峰主持会议并作主旨讲话。

【警备执勤】2018年6月30日至8月31日，根据军委训练管理部、国防动员部通知要求，宁夏军区按照“公安为主、军队配合、军地协作、突出重点、查控并举”的原则，指导警备纠察中队派出1个军车检查组，赴宁夏石嘴山市惠农区宁蒙交界主要交通要道，不定期开设军车检查站，执行北戴河暑休期间警备执勤任务。9月12—28日，自治区成立60周年庆祝活动期间，坚持每日派出至少2组执勤兵力，加大检查纠察力度，全力维护军队良好形象。与自治区公安厅对接沟通，建立涉军违法事件互通处置机制，确保及时稳妥处置突发情况，防止涉军问题影响社会稳定。9月19日，根据警卫工作方案和执行临时警备勤务计划，完成中央代表团接见宁夏军区和驻宁解放军部队官兵代表活动的安保警卫、车辆调整任务。

（宁夏军区）

战备建设

【新大纲集训】2018年10月上旬至11月下旬，为贯彻落实军委国防动员部新大纲集训精神，宁夏军区采取理论辅导、教学示范、演练观摩、考核验收等方式，组织全区新大纲集训。10月18日，结合宁夏军区师团职干部读书班，依托视频会议系统，聘请新大纲编修专家教授解读国防动员单位和民兵军事训练大纲，集中观看新大纲重难点课目训练教学示范录像。10月22日，宁夏军区机关首长和各军分区（警备区）、人武部相关人员，自治区及5市政府、区市两级国动委专业办公室领导共80余人，现场观摩中卫市保交护路联合专项训练，树立实战实训、联战联训、从严治训的鲜明导向，持续兴起大抓军事训练热潮。

【《宁夏回族自治区后备力量建设计划（2018—2020年）》】2018年初，宁夏军区战备建设局研究提出贯彻落实《国务院、中央军委关于印发人民解放军后备力量建设"十三五"规划的通知》的意见建议，区分任务，明确责任，会同军区动员局、政治工作局和保障局，集中力量研究制定《宁夏回族自治区后备力量建设计划（2018—2020年）（征求意见稿）》。4月，征求自治区发展改革委员会、教育厅、民政厅、财政厅和各市政府、军分区（警备区）意见建议，汇总军地各方意见建议，修改完善后送自治区政府审批；5月30日，军区会同自治区政府联合印发《宁夏回族自治区后备力量建设计划（2018—2020年）》，指导各级单位抓好贯彻落实。

【民兵调整改革】2018年，宁夏军区研究提出"一点、两线、三区"民兵整体布局思路（"一点"即以首府城市银川为重点，"两线"即以区内重要战略机动通道和黄河为主线，"三区"即以灾害易发区、宗教敏感区、驻军集中区为关键），提出"三个第一"（第一时间到达现场、第一时间报告情况、第一时间应急处置）民兵能力建设目标。自治区人民政府联合印发《关于"十三五"时期宁夏民兵组织规模调整的通知》和《关于印发宁夏回族自治区后备力量建设计划（2018—2020年）的通知》，全面部署推进全区民兵调整改革工作。4月26日，宁夏军区在青铜峡市召开全区民兵调整改革暨新大纲试训论证成果观摩现场会，实地观摩青铜峡市人武部、小坝镇基层武装部正规化建设、民兵调整改革软件资料规范、民兵整组点验流程示范，以及民兵抗震救灾、安保警戒和医疗救护专业课目演练，进一步统一规范抓建标准，细化明确抓建责任，有效形成军地抓建合力，推动民兵调整改革工作和按纲施训落实。5月7—17日，宁夏军区对全部军分区（警备区）和人武部进行阶段性考评，共拉动检查应急、专业、特殊三类分队共103支，基层武装部44个，点验基干民兵7300余人，查找梳理出结构布局、编制落实、政治工作等8个方面184项具体问题。向军委国防动员部拟制上报《宁夏民兵调整改革进展情况报告》《宁夏军区2018年民兵组织整顿工作总结》《民兵组织实力统计表》《基干民兵花名册》。7—8月，对民兵调整改革问题进行整改，并向军委国防动员部上报《民兵调整改革问题整改情况报告》《宁夏基干民兵预建党组织数质量情况》和调整后的《基干民兵组织实力统计表》《基干民兵花名册》。11月15—17日，军委国防动员部第二考评组检查考评宁夏军区机关，抽考石嘴山军分区、惠农区人民武装部和所属河滨街道武装部，包括民兵调整改革的组织领导、组织建设、政治工作、军事训练、管理使用5个大项、15个分项、120个评分项目，宁夏取得总分924分、全国第二名的成绩。

【军事设施保护】2018年，宁夏军区拟制印发《宁夏国防工程管理现状专项普查工作实施方案》，组织开展国防工程专项普查，整理上报国防工程管理和工程野营器材实力，以及国防工程专项普查数据。协调陆军研究院工程科研设计所完成指挥工程修复图纸设计、工程概算，以及《关于新辟并对外开放兰州西宁地区部分航线的报告》，审查函复区内外7家地方电厂、公路建设项目。5月14—23日，联合战略支援部队西部战区信息通信某部，协调自治区公安厅、通信管理部门和电信运营企业，在全区组织"军警民"联合护线宣传活动。对沿辖区内军民共建共用共维光缆线路和通信基站开展走访座谈、巡护排查和舆论宣传活动，巡查光缆线路1800余千米、重要通信基站300余个，印发宣传单4000余份，发现和解决安全隐患4类21处。

【贺兰山环境整治】2018年，宁夏军区5次参加宁夏贺兰山环境综合整治会议，向宁夏贺兰山国家级自然保护区环境整治工作领导小组办公室上报《关于宁夏军区驻守在贺兰山保护区两处军事设施环境整治的情况说明》，协调解决工程维护队河道疏浚审批事项。

【军队院校招生工作】2018年，宁夏军区拟制《2018年解放军和武警部队院校招收普通高中毕业生体检面试工作实施方案》，联合自治区教育厅、公安厅下发《关于做好2018年解放军和武警部队院校招收普通高中毕业生政治考核工作的通知》。协调宁夏教育考试院、解放军第五医院等单位，确定考生面试、体检时间、地点及具体事宜，及时组织召开面试、体检工作协调会。组织担负面试、体检任务的武警警官学院、空军工程大学和解放军第五医院工作人员业务培训，制作体检面试工作手册。拟制《2018年军队院校报考指南》通稿，印发招生宣传彩页2000余份，制作宣传展板。指导解放军第五医院和面试组人员完成627名考生面试体检，配合宁夏教育考试院完成6所院校92名考生的投档、录检、档案整理和寄送工作。

【学生军事训练】2018年，自治区学生军训工作按照"军地联合、统筹协调，健全组织、强化队伍，规范秩序、按纲施训，突出重点、搞好保障"的工作思路，着力在打基础、促规范、破难题上下功夫，重点抓组织建设、教学规范、师资队伍、承训力量、检查督导等方面工作，完成全区学生军训任务，累计协调派遣官兵2600余人，完成全区19所普通高校，82所高中阶段学校的军事技能训练任务，应训学生140353人，实训139553人，实训率达到99.4%。军事理论教学任务逐步推进，派遣军官140人次，与各院校军事教师共同完成5所普通高等学校、1.8万余名学生的军事理论课教学任务。7—8月，从全区大中专院校中筛选48人，进行26天集中封闭式训练，考核选拔16名学生代表自治区参加在陕西西安空军工程大学举办的第五届全国学生军事训练营活动，取得轻武器实弹射击、识图用图、核生化防护、军事运动会四项第一名，军歌合唱第二名，电磁频谱管控第三名。

【军事教师集训】2018年3月26—30日，自治区教师军训工作采取理论授课与示范教学、参观见学与研讨交流相结合，考核验收与资格认证相结合的方式，组织区市县(区)三级教育行政部门军训主管干事、普通高等院校和高中阶段学校专兼职军事教师133人，进行军事理论课教学业务集训，完成政策法规解读、理论授课辅导、示范教学展示、参观见学体会、理论法规考核5个专题15个内容学习训练，并组织对自治区深化学生军训改革的意见进行讨论修改，采取闭卷笔试答题的方式，组织结业考试，参训人员全部取得合格以上成绩，获得结业证书，达到集训预期目的。

【征兵工作】2018年，全区完成年度征兵任务。年度直接招收士官任务完成率首次实现100%。定向培养士官招生录取任务完成率达到88%；征集新兵中，大学生占征集任务数的61.1%，高中(含中专、职高、技校)生占征集任务数的38.5%，初中学历青年占征集任务数的0.4%。党团员占征集任务数的60.9%，少数民族占征集任务数的33%。各项征集任务指标均达到或超出国防部征兵办公室规定要求。

(宁夏军区)

政治工作

【"传承红色基因、担当强军重任"主题教育】2018年4月，根据军委办公厅和军委国防动员部实施意见，结合军区实际，制订下发主题教育实施意见，全区5月动员部署，6—9月，每月一个专题，"和平积弊大起底大扫除"活动贯穿全年。5月初，依托石嘴山军分区，对开展民兵主题教育进行探索，总结经验，其做法被军委国防动员部《学习贯彻党的十九大精神简报》刊转。结合开展"和平积弊大起底大扫除"活动，先后两次组织讨论交流，军区首长、办局领导带头交流发言。7月初，军委国防动员部在浙江嘉兴军分区召开主题教育座谈会后，军区研究制定贯彻座谈会的具体措施，安排部署下半年主题教育任务。

【魏凤和部长考察调研】2018年9月1—2日，中央军委委员、国务委员、国防部长魏凤和对宁夏国防教育工作进行考察调研。期间，魏凤和部长实地考察银川黄河军事文化博览园、纳家户清真寺、闽宁镇原隆村、银川市金凤区实验小学等地开展国防教育情况，听取宁夏军地国防教育开展情况汇报，与自治区国防教育系统部分人员进行座谈。

【脱贫攻坚和优抚解困】2018年，宁夏军区严格按照国家"两不愁、三保障"政策，军区机关投入220余万元，采取党建、产业、精神文明、教育、健康、安居等"六位一体"帮扶模式，定点帮扶2个贫困村(海原县吴湾村、同心县河湾村)、6所贫困小学(红寺堡区东源小学、马渠小学，同心县韦州镇回民女子小学，海原县郑旗乡吴湾小学、巨湾小学，西吉县红耀乡驮昌小学)，帮扶修路找水打井、发展壮大种养殖产业、协调下乡演出等，一边扶贫强志，一边增加收入，打造一批切合实际、特色鲜明的"军字号"扶贫示范项目，惠及贫困群众184户5672人，学生2273名。11月，在军委联合检查和军委国防动员部交叉互检考评中取得优异成绩，军区定点帮扶的吴湾村被全军称为脱贫攻坚示范样板。银川警备区、吴忠军分区考评等级为"好"。联合出台《关于做好军烈属、退伍老兵和现役军人军属建档立卡贫困户脱贫攻坚工作的实施意见》《关于做好军烈属、退伍老兵和现役军人军属优抚解困工作的实施意见》《关于做好军烈属、退伍老兵和现役军人军属涉税服务工作的实施意见》和《关于建立涉军问题沟通协调机制的通知》在银川市军博园启动“旅游拥军优属卡”发放仪式，在平罗县启动免费体检，精准帮扶419户建档立卡贫困户脱贫摘帽、465户优先解困对象解决实际困难2173件。中央电视台新闻频道、军事频道，《人民日报》和《解放军报》《中国国防报》头版头条，以及《军队情况摘报》《国防动员部要讯》分别进行刊登。这项工作先后受到了国务委员、国防部部长魏凤和，军委政治工作部主任苗华，军委国防动员部部长盛斌、政委刘家国的肯定。党和国家领导人习近平、王沪宁等作出批示。10月26日，国家退役军人事务部、军委政治工作部和国防动员部综合调研组到宁夏调研“宁夏稳定退役军人思想化解上访矛盾”的做法。

【拥军支前】2018年，宁夏军区协调地方探索研究拥军支前工作机制，认真督导落实优抚待遇政策，协调地方各级政府优先安排114名军人子女就近入学入托，协调自治区党政军领导深入练兵场慰问陆军2个集团军到宁演训部队，协调解决演训场地、用水用电等实际问题。会同民政厅扎实开展“双拥下基层活动”，走访慰问部队；举行“律动宁夏、激情双拥”专场文艺演出，展现双拥成果；组织对全区5个市、11个县双拥模范城（县）创建情况进行中期考评，纠治问题，促进一批拥军优属拥政爱民项目落实。积极参与自治区60大庆筹备和氛围营造工作，展示近年来拥军支前的丰硕成果。

（宁夏军区）

保障工作

【驻军环保工作】2018年，宁夏军区牵头协调驻军单位环保问题整治，配合银川市政府做好驻银川单位锅炉污染和污水排放问题整改，定期召开军地会商会议，研究解决突出问题。先后完成军区机关、招待所、西门外直属单位新能源供热设备安装及第二干休所供暖市政接引等，逐步淘汰燃煤锅炉。协调西安锅炉检验所2次对军区部队小型燃煤锅炉进行质量鉴定，所有燃煤锅炉全部关停。完成军区机关大院临时排污设施和引接市政管网工程施工，彻底解决生活废水长期直排陈家圈泄洪沟问题。

【停偿工作】2018年，宁夏各市县及时成立军地协调领导小组，对涉军停偿案件办理进行督导调研。银川市政府以争创“全国双拥模范城”为契机清停重点项目；石嘴山、固原市政府组织公安、消防、安监等多部门联合执法强力攻坚；中卫市政府稳妥处置项目善后。3月15日，军区保障局协调自治区司法厅召开驻宁部队全面停止有偿服务工作法律服务对接会。8月20日，军区保障局协调自治区高级人民法院召开驻宁部队全面停止有偿服务工作涉法涉诉案件推进会，有效推动石嘴山、固原、中卫军分区，武警总队，银川房管处、解放军第五医院、空军雷达兵某部等24个涉法涉诉项目快审快做。6—8月，军委国防动员部停偿工作评估验收。9月21日，全军停偿办副主任苗金林带工作组对驻宁部队停偿工作进行督导检查。截至10月底，驻宁部队已顺利终止409个应停项目，稳妥完成159个善后项目，在全国31个省区市中第一批次完成停偿善后攻坚任务。

（宁夏军区）

驻宁部队

【自治区成立60周年庆祝活动空中安保任务】2018年，自治区成立60周年庆祝活动期间，驻宁某部队担负庆典活动中心50千米范围内空中安保任务，按照上级要求，迅速完成指挥控制室开设、值班兵力调整，在专项工作组的直接指导下，指挥班子成员根据担负的任务和面临的敌情威胁开展研究，修订完善《执行宁夏60大庆空中安保行动预案》《查找处置高（低）慢小目标行动预案》，为部队行动提供依据和遵循，同时组织部队扎实进行地面演练。进驻银川机场后，在最短时间内建立作战指挥关系，并指导其按时担负战斗值班任务，顺利完成上级赋予的各项任务。

【第二届陆军“体能与战斗技能”国际军事比赛】2018年10月3—17日，68216部队作为中方代表赴巴基斯坦拉合尔市，参加第二届陆军“体能与战斗技能”国际军事比赛。前期集训期间，所有队员累计训练124天、1022小时，完成跑量1200余千米、仰卧起坐16万余次、俯卧撑15万余次、引体向上4010次、战斗技能训练约300小时。8—16日，与来自巴基斯坦、马来西亚、马尔代夫、阿联酋、科威特、斯里兰卡、巴林、尼日利亚、尼泊尔等12个国家、33支参赛队、297名队员展开激烈角逐，68216部队获得引体向上、俯卧撑、3.2千米跑、战斗技能4个项目团体第一名，仰卧起坐团体第二名，综合战斗技能、俯卧撑2个项目个人单项第一名，引体向上个人单项第三名的成绩。

【“和平使命-2018”上合组织联演】2018年8月22—29日，“和平使命—2018”上合组织联演在俄罗斯车里雅宾斯克州切巴尔库尔市第255综合训练场进行，68216部队作为中方参训方出动人员86人（其中军官8人，士兵78人），车辆14台参加联演。演习以山地联合反恐作战行动为课题，围绕侦察监视、全域封控、抗敌反冲击、城市反恐和追歼逃敌5个演练内容，与俄罗斯、印度、巴基斯坦和哈萨克斯坦等7国（其中塔吉克斯坦派出观察员）联合反恐。

【卫生防病服务】2018年1月12—22日，解放军第942医院安排传染、疾控、呼吸、检验、护理等专业专家，先后前往6个旅团开展医疗巡诊、卫生防病指导工作，服务官兵1232人次，上门服务老干部22人次，对卫生连提出卫生防病、医疗隔离改进意见20余条，发放《部队常见疾病防治知识问答宣传手册》，从源头上控制和减少疫情发生的危险。

【边防巡诊】2018年5月14—23日，解放军第942医院抽组专业骨干21人，先后赴内蒙古阿拉善等边防哨所开展送医送药活动，总行程约2000千米，接诊官兵及家属2000余人，开展B超及心电图检查800余人次，发放4.7万元各类药品，开展心理讲座10余次，服务官兵3000余名。并通过热射病防治、心理辅导、训练伤防治、急救技术授课和赠送药品仪器，提高部队自我保障能力。

【双拥共建】2018年，68612部队充分发挥团史馆自治区爱国主义教育基地和银川市国防教育基地"双基地"功能作用，接待自治区卫计委、茅台集团等30余家党政机关、企业学校近5000人次参观，有效激发驻地群众爱国热情；出动官兵160人，帮助北方民族大学、宁夏医科大学等5所大（中）学校学生军训。"八一"期间，协调西夏区文体旅游局来团开展"书画进军营"活动，邀请宁夏话剧院和宁夏演艺集团来团慰问演出，丰富官兵业余文化生活。深入4户退伍老兵家中进行走访慰问，送去米面油等生活用品和助学金。组织官兵到西夏区幸平阳光家园残障儿童福利院开展学雷锋活动，看望慰问50余名残障儿童。组织卫生队军医赴玫瑰园社区、同阳社区开展"扶贫助困、健康行动"义务巡诊，诊治群众80余名，发放各类常用药品35种，价值4000余元，并积极开展冬季常见病预防宣传。

【扶贫帮困】2018年，31670部队结合地方所需和部队所能开展多种形式的扶贫帮困活动。通过与驻地政府部门对接和现地走访，选定被地方政府列入扶贫计划的兴泾镇泾河村为定点帮扶单位，选定8户贫困户为常委"一对一"结对帮扶对象。建立帮扶关系以来，累计投入扶贫资金40.8万元。多次开展向帮扶对象进行理论宣讲，捐献书籍、医疗器械、生活用品等等活动。针对帮扶村教育发展面临的许多困难，组织团职以上领导（含技术9级）每人每年出资2000元，师职领导每人每年出资3000元，一对一帮扶1名贫困学生，开展光荣传统和红色基因教育，为新生组织军训等活动，夯实青年学生爱党爱国的思想根基。2018年，预备役高炮团认真贯彻落实上级扶贫工作精神，深入调查研究，制订扶贫方案，成立帮扶小组，开展"情系驻地献爱心"精准扶贫活动，投入经费12万元对洪广镇欣荣村20户建档立卡村民和欣荣小学20名品学兼优的贫困学生进行资助慰问，并为欣荣小学建设国防教育教室。预备役工兵团积极对接石嘴山市海燕村8户建档立卡贫困户，科学制订《精准脱贫计划》，有针对性制定到户、到人帮扶措施，将责任落实到具体人头，16名责任人及2名团领导先后8次赴建档立卡贫困户帮助解决实际困难。全年共投入帮扶资金2万余元，为贫困户购买生活必需品，设置贫困助学金，为4户特别贫困家庭购买冬煤，为符合条件人员申请低保、办理医保、残疾证，为外出打工人员报销往返费用，协调解放军第942医院为伤残病人巡诊就医。

【第一届岗位练兵比武竞赛】2018年5月8—11日，68006部队按计划组织第一届岗位练兵比武竞赛。比武竞赛紧贴基地职能任务和岗位实际，突出"真、难、严、实"要求，竞赛促进训练落实，营造了精武强能、创先争优的浓厚氛围。

【军事管理区封闭】2018年4月3日，68006部队与宁夏国土资源厅执法监察局、青铜峡市政府和青铜峡市、永宁县国土资源局相关人员就场区管理相关事宜进行会商，协调封闭基地场区通行道路，推动建立军地场区巡查管理"会商、联管、联惩"三项机制，依法依规严厉打击盗采盗挖和破坏军事设施等违法行为，加快推进基地场区全封闭管理。

（宁夏军区）

国防动员

综　述

【国防动员规范化】2018年，统筹全区国防动员6个方面重点建设任务的《宁夏回族自治区国防动员建设"十三五"规划》印发，为推动全区国防动员建设转型发展提供科学指导；指导各专业动员领域结合国家"十三五"规划中期调整和自治区修订完善经济建设"十三五"规划相关要求，结合实际对各类规划进行修订完善。积极推动各级国动委办事机构建设，结合政府机构改革，及时调整国动委办事机构及成员单位人员组成，确保建制完备、职责明确、人员编实、履职高效，防止虚化、弱化等现象。

【调查研究】2018年，为研究推动国防动员指挥信息平台建设，专题组织国防动员指挥系统平台建设调研，重点对国防动员指挥系统平台服务器组建、数据网构建、信息来源和管理运行、如何嵌入军区作战指挥信息系统等问题进行研究探讨，形成初步构想和思路。依据国防动员部新定潜力指标体系，组织全面统计调查和集中会审，健全全区国防动员潜力综合数据库；结合接受军委战备拉动抽查等大项任务，组织大型平板拖车、单个预编人员等重点动员潜力核查，指导各市国动委加强与当地驻军协调，面对面对接动员需求，形成综合资源、人力储备、经济装备、民用运力4类专项任务动员潜力数据。

【国防动员建设】2018年，自治区国动委各专业办公室结合历次参加战区演练实践，研究细化保障机动投送、补充战时兵员、供应物资器材、提供信息支援等动员任务，制定经动、交战、人防等6类专项动员预案。7月12—16日，自治区国防动员要素衔接带动银川市和兴庆区、西夏区国防动员指挥机构，同步参加西部战区国防动员指挥要素训练，研究动员筹划、动员实施、人力资源动员、中卫黄河大桥损毁等重点问题，达到检验动员准备、强化战役素养、提升指挥能力的目的。自治区国动委指导自治区经动办、交战办、信动办和银川市国动委，依托相关企事业单位探索建立医疗、信息、给养、油料、运输5个动员模块，重点在优化人装编组、完善内容要素、开展动员训演练上下功夫，探索集约化统计的方法。

（宁夏军区）

人民武装

【民兵（群众）情报信息骨干集训】2018年3月12—16日，宁夏军区采取院校式教学、连队化管理模式，按照集中辅导、理论学习、案例剖析、讨论交流和理论考核的方法，组织侦察情报主管参谋和重点情报信息员开展侦察情报业务培训，完成基础理论辅导、业务技能培训、典型案例剖析、形势对策研究5个专题16个内容的学习训练，提升了情报信息员骨干队伍情报获取、整理、研判、报送的能力。

【民兵组织规模调整及年度大项军事工作推进座谈会】2018年3月6日，民兵组织规模调整及年度大项军事工作推进座谈会召开。会议要求，以上带下理清思路，凝聚共识，细化任务，解决矛盾，传导压力，确保年度各项任务高起点筹划，高效能推进，高标准落实。会议强调民兵组织规模调整要贯彻编组出战斗力的思想，布设“一点、两线、三区”编组新格局；作战方案计划要做到五个“研究透”（现实威胁、担负任务、所属力量、处置方法和组织流程），提高实用性操作性；部队训练要突出新条例和新大纲学习理解，按要求把时间训全、按实力把人员训全、按规定把内容训全、按成绩评定标准把对象考全。

【基干民兵年度训练】2018年，基干民兵军事训练，结合拉动点验、比武竞赛、民兵常态化集中轮训试点、军地联合专项训练等年度大项活动，抓好基干民兵共同基础、专业和应急行动课目训练，全年落实基干民兵训练占年度训练任务的126%。全年累计出动民兵1.5万余人次，圆满完成自治区成立60周年庆祝活动安保备勤、“9303”任务保障、贺兰山和黄河沿线抗洪抢险等任务。

【民兵常态化集中轮训试点】2018年5月上旬至11月中旬，按照“明确任务、统一部署，试点先行、整体推进”的思路，组织城市民兵在备勤任务较重的银川警备区和农村民兵占比大、兵员成分多样的吴忠军分区，开展民兵常态化集中轮训试点，落实参训分队34支、2858人，完成大纲规定共同基础训练、专业训练和任务行动训练共106个课目，编写教案85份，制作多媒体课件42套，投入训练补助及保障经费650余万元，实践探索民兵集中训练、教育管理、综合保障和常态备勤的方法路子，提升民兵军事训练的质量。

（宁夏军区）

国民经济动员

【宁夏军民融合发展委员会办公室成立】2018年2月7日，根据《中共中央办公厅印发〈关于省（自治区、直辖市）军民融合发展领导机构、工作机构设置的意见〉的通知》和《中央编办关于设立中共宁夏回族自治区委员会军民融合发展委员会办公室的批复》精神，经2017年12月21日自治区编办会议研究并提请自治区十二届党委2018年2月1日第7次常务会议审定，同意自治区发展改革委员会加挂中共宁夏回族自治区委员会军民融合发展委员会办公室牌子，办公室设常务副主任1名，由发改委主任兼任，副主任2名，1名由发改委副主任兼任，1名由军队人员兼任。同意自治区发改委增设军民融合发展处，承担自治区军民融合发展委员会办公室日常工作。

【动员潜力调查研究】2018年，为掌握全区企业国民经济动员潜力，分区域和行业对全区军民融合潜力企业进行调查统计。1月，宁夏军区对昊裕油脂、晶润食用油和昊鑫现代农业3家粮油企业进行实地调研；3月，对中色东方、共享集团、吴忠仪表、力成电气等20余家企业发展情况进行调研；10月，根据自治区国动委统一部署，统计会审自治区国民经济动员潜力数据，修订自治区国民经济动员预案。

【“模块化动员”试点工作】2018年，根据西部战区赋予自治区的“模块化动员”试点任务，7—12月，宁夏军区保障局、银川市经动办依托宁夏兴唐米业、塞北雪面粉、银川新华百货连锁超市和中石油宁夏销售分公司等企业，组建3支共100人的给养保障队伍和1支30人的油料输送保障队伍，开展动员潜力、物资储备、响应机制、保障队伍建设和在岗专业训练。同时指导4家企业联合编制《宁夏回族自治区给养保障模块化动员预案》《宁夏回族自治区油料保障模块化动员预案》。

【全区两级国民经济动员中心审核】2018年9月17—29日，宁夏军区动员局、保障局对全区4个国家级、22个自治区级动员中心进行资质审核。实地对标审验两级动员中心的基础设施建设、软件资料管理、保障队伍素质、动员参与实效、企业生产能力等要素，依规取消5个不符合条件的自治区级动员中心。

【军民共建发展理论培训班】2018年12月27日，自治区党委军民共建发展委员会办公室举办军民共建发展理论培训班。自治区党委军民融合发展委员会成员单位、武警宁夏总队、五市人民政府和宁东管委会，70余人参加学习。邀请中央军民融合办协调局吴琦副局长以《深入学习贯彻习近平新时代中国特色社会主义思想，奋力开创军民融合深度发展新局面》为题，对习近平总书记关于军民融合发展的重要论述作深刻解读。

（宁夏军区）

人防民防

【概况】2018年，全区新开工建设人防工程。拓展社区人防工作，圆满完成社区人防工作站建设目标，开展疏散演练活动。新增开发利用人防工程和停车位。通过招标，委托社会第三方运维，完成人防知识“进社区、进学校”宣讲活动200场，“弘扬人防文化·铸就护民之盾”专场文艺演出13场，组织制作人民防空动漫宣传片5部，在人员密集的公交车LED屏滚动播出，效果良好。开展人防工程专项整治行动。组织开展了全区人防行政审批、工程质量及安全生产综合执法检查2次，下发督查通报11份，共收缴（追缴）人防工程易地建设费1.41亿元。开展指挥所建设推进行动。自治区预备指挥所完成工程内部风电、防电磁脉冲、防化等设备安装工作。银川市已完成项目选址意见书；石嘴山市加快项目调整概算报批及重新招标等复工前准备工作；吴忠市、固原市完成主体工程建设；中卫市实施工程内部设备安装和信息化设备建设。开展人防基础工作夯实行动。组织摸底清查，对全区早期人防工程面积委托第三方开展质量风险检查，消除安全隐患。制订完成《宁夏回族自治区人民防空指挥部编成方案》。指导银川市民防局按照新型专业队建设要求，组建了1支心理专业防护队。开展社区人防工作规范行动。以《社区人防建设标准（试行）》“十个一”为标准，推进社区人防工作站建设改造，高标准建设社区人防工作站25个，社区人防工作水平进一步提升。扎实开展人防结建费征缴管理清缴行动。积极配合自治区审计厅对全区人防工程易地建设费进行专项审计，有效规范各市县人防易地建设收缴使用管理工作。

（张旭东）

【第十三次全区人民防空会议】2018年4月13日，第十三次全区人民防空会议在银川市召开。会议传达贯彻中共十九大，十九届二中、三中全会精神，以及第七次全国人民防空工作会议精神和自治区第十二次党代会精神，总结近年来全区人民防空工作取得的成绩和经验，深入分析当前人民防空工作面临的新形势和新任务，安排部署今后一个时期人民防空重点工作任务。自治区党委书记石泰峰对会议作出批示，自治区主席、国动委主任咸辉出席会议并作讲话，宁夏军区司令员、自治区国动委常务副主任郑威波作工作报告，会议由自治区副主席刘可为主持。自治区党委常委、秘书长、国动委副主任纪峥，宁夏军区副司令员、自治区国动委秘书长李勇出席。会议还表彰了先进城市、先进集体和先进工作者。

【培训与宣传】2018年4月11—17日，自治区人防办在南京熊猫汉达科技有限公司培训基地举办全区人防无线短波电台培训班。全区11个市（县）人防办（民防局）、信息保障中心相关业务人员23人参加培训。5月12日，全区各级人防（民防）部门配合民政、地震、政府应急办等部门组织开展“5·12”防灾减灾日演练宣传活动。5月31日至6月1日，自治区人防办在银川举办为期两天的全区人防工程质量监督管理业务培训班，普及人防工程质量监督业务。7—9月，自治区人防办在全区人防重点城市开展13场“弘扬人防文化·铸就护民之盾”的普及人防知识专题巡演活动，通过歌舞、小品、音乐快板、表演唱、曲艺、诗朗诵等形式，展示人防建设成就，宣传人防法律法规及应急等知识。8—12月，自治区人防办在银川市、石嘴山市、吴忠市、固原市、中卫市全面开展人民防空“进学校、进社区”宣传教育工作，共安排200课次（其中学校135所，社区65个），进行人防法律法规、基本理论、基本技能和应急知识的集中培训学习。9月10日上午10时，区属以上人防重点城市组织2018年度防空警报试鸣活动。各市、县人防办(民防局)结合人民防空警报统一试鸣放组织机关、学校、社区开展疏散演练及丰富多彩的宣传教育活动。有137个机关单位、87个社区(小区)、231所学校的33.4万余人参加此次疏散演练,发放各类宣传材料6万余册。9月26—29日,自治区人防办举办全区"联合施工图审查机构及建筑设计单位人防专业培训班"。

【跨区训练】2018年5月28—31日,宁甘两省区在庆阳组织人防指挥通信跨区域联合应急支援拉动训练。联训活动除宁甘两省区人防办外,宁夏人防指挥信息保障中心等单位也参加训练,同时还邀请新疆人防办参加远距离联合训练,出动各类车辆、通信装备等。通过训练,检验各种通信装备在不同条件下组网能力,融合两地指挥信息资源,发挥在指挥控制、信息联通、资源配置上的优势,建立常备不懈、快速反应、联合保障的应对机制,确保人防系统在承担战时防空、平时应急支援等任务时"拉得出、联得通、打得赢"。

【督查工作】2018年7月23—30日,自治区人防办副主任孔令彬带综合工作督查组,先后到中宁县、青铜峡市、灵武市、永宁县、贺兰县、平罗县6个自治区属人防重点市县开展督查,进一步压实工作责任,查找人防工作中存在的短板弱项,解决制约人防建设发展的突出问题。8月6—14日,根据自治区副主席刘可为批示,自治区人防办配合自治区政府督查室、宁夏军区战备建设局对全区5个国家人防重点城市人防基本指挥所项目建设进行督查,达到以督促建目的。11月13—27日,自治区人防办主任丁卫东到各人防重点城市,围绕人防组织机构、基本指挥所、信息化、人防工程建设和质量监督管理、安全生产、人防设施设备维护管理等方面内容,开展综合性调研督查,厘清底数短板,加强统筹衔接,督促任务落实,推动人防事业高质量发展。

(宁夏军区)

交通战备

【机构建设】2018年,自治区交通战备办公室多次向自治区相关部门汇报交通战备机构建设及工作情况。4月,对全区交通战备机构进行普查并上报国家交通战备办公室。区、市、县(区)三级均设置交通战备办公室,铁路、公路、民航等行业单位均设有战备办公室,设兼职领导和工作人员,完善交通战备组织机构。

【基础设施建设】2018年7—12月,自治区交通战备办公室办先后4次协调相关单位勘察96401部队模拟训练基地和96609部队驻地拟建进出道路。指导青铜峡市加快做好S306至柳木皋公路建设项目前期工作。抓好部队进出口道路建设,对2017年和2018年的9个部队进出道路建设项目,自治区交通战备办公室组织相关市、县交通运输局与部队对接,并多次到部队进行督导,根据部队需求及时调整建设方案。截至12月,6个项目按部队需求高质量完工。

【民用运力国防动员】2018年7—8月,自治区交通战备办公室参加西部战区国防动员指挥要素训练和西部战区军地联合演练。6月,组织各级交通战备办公室、自治区道路运输管理局、宁夏邮政管理局,铁路、民航等单位(部门),以部队驻地及其周边地区为重点,对区内民用运力分布和潜力进行调查统计,翔实核查大型平板车、运油车、大型货柜车等民用运力,有效夯实实施民用运力保障。8月,参加全区国防动员潜力会审。9月,组织修订和会审《民用运力国防动员预案》等预案3份。

【储备物资管理】2018年,自治区交通战备办公室督导公路管理局对国防交通物资储备库房及储备物资进行普查,并与国家交通战备办公室进行对接,确保物资普查的圆满完成。储备物资管理单位自治区公路管理局落实国防交通物资储备管理有关规定,建立健全管理制度,修订完善国防交通储备物资应急装载预案,整修库房和库区道路,落实物资器材维护制度,使国防交通储备物资处于良好状态。针对库房老化现状,推进自治区综合国防交通物资储备仓库、区域储备仓库建设项目前期工作,争取早日立项开工。

【部队演习(训练)】2018年,西部战区和外区部队进入宁夏演练的频次多、规模大、要求高,根据国家交通战备办公室的安排部署,结合部队重大演练活动,6月,自治区交通战备办公室与宁夏军区动员局、保障局,组织五市交通战备办公室、交通运输系统相关单位和行业战备办公室召开"部队机动交通保障协调会议",并下发《关于做好部队战备拉动交通保障工作的通知》。各单位(部门)均成立交通保障领导小组,明确任务和保障人员。96742部队过境时,根据部队行进时前后道路需全程交通管制的需求,自治区交通战备办公室提前组织相关市、县(区)交战办、公安交警、公路路政等相关单位,对部队机动线路实地勘察,制订详细的保障方案,按部队需求在收费站开设专用通道,重点路段设置明显标志牌,服务区为部队开辟休整场地并全程封控,沿线市、县(区)交通战备办公室组织协调公安交警全程警车引导,路政积极维护道路秩序,确保部队摩托化机动安全。2018年,全区共保障陆军、空军、火箭军等部队机动36批次,保障部队车辆(装备)1558台(辆),投送总里程8749千米,交通管制154次,开通应急通道212次。先后出动各类交通保障人员809人(次),保障车辆168台,圆满完成部队演训、输送重要物资等任务,确保全区境内部队机动安全无事故。

【宣传与培训】2018年,自治区交通战备办公室在全区铁路、公路、民航、邮政等系统开展“新时代、深融合、大作为”交通运输军民融合主题宣传活动,深入学习宣传贯彻习近平强军思想和军民融合发展战略思想、宣传贯彻《中华人民共和国国防交通法》,不断强化交通运输系统广大干部职工国防观念和爱军拥军意识。12月,自治区交战办在福建省福州市举办“全区交通战备干部培训班”,全区各市、县(区)交战办,交通运输系统战备办公室,宁夏军区动员局、保障局,各级公安交管部门,民航、铁路战备办公室73人参加。

(宁夏军区)

信息装备

【自治区成立60周年庆祝活动应急通信保障】2018年,根据《关于印发〈开展信息通信行业网络安全大检查保障自治区成立60周年庆祝活动网络安全工作实施方案〉的通知》《关于进一步做好自治区成立60周年庆祝活动网络安全应急处置和通信保障工作的通知》要求,各电信企业和宁夏铁塔公司均制订自治区成立60周年大庆通信保障工作方案,投入通信保障人员、通信车辆、油机。重点对自治区成立60周年庆祝大会、自治区成立60周年成就展等主要场馆及周边道路、酒店等上百个热点区域开展巡检和网络优化工作,对各类安全隐患进行排查处置,共排查处置300余处网络运行安全隐患,加强值班值守及保障维护工作,确保自治区成立60周年大庆通信保障任务高质高效完成,宁夏铁塔公司在此次保障中使用最先进的多载波聚合、立体超密组网、D-RAN等新技术。

【应急通信演练】2018年6月,全区开展联合应急通信演练活动,演练制定现场电源保障、开通卫星通信、开通短波电台、模拟光缆抢通、便携式装备应用5个科目,内容涵盖面对自然灾害及突发事件时应具备的通信保障能力等多个方面。演练中,通过开通卫星应急通信车、开通短波电台、抢修光缆、开通BGAN卫星业务、无人机运输电话、无人机灾害现场视频信息采集并传回指挥中心等科目的完成,使整个演练现场形成科技含量高、通信手段多、业务种类齐全的全方位、立体化的应急通信保障,达到在最短时间内迅速恢复通信网络的目的。通过演练,有效地检验了应急通信预案,锻炼应急通信保障队伍。各电信基础企业共计开展各类应急通信演练100余次,其中,中大型演练2次,包括纪念汶川地震10周年抗震救援综合演练、泾源防震演练。顺利完成各类应急通信保障任务80余次,派出应急保障车辆1000余车次,出动应急保障人员3000人。对“春节”“两会”、自治区成立60周年庆祝活动、“银川国际马拉松赛”等重要活动提供通信保障,圆满完成了各项通信保障任务。做好应急信息报送和通信指挥车及终端的保养维护工作,组织企业开展信息报送演练18次,各企业均能够在规定时间内完成信息报送。

(宁夏军区)

国防教育

【青少年国防教育】2018年,自治区党委宣传部、自治区教育厅、自治区人民政府征兵办公室、自治区国防教育办公室联合举办2018年全区大学生“爱我国防”演讲比赛活动,在全区高校掀起热爱国防、关心国防、支持国防、维护国防的热潮,也激发莘莘学子从军报国的情怀。在2018年“爱我国防”全国大学生演讲总决赛中,宁夏师范学院的马海琳荣获三等奖,成为西北地区唯一进入决赛的选手,北方民族大学的张海、宁夏警官职业学院的杨瑾玮获得最佳人气奖,自治区党委宣传部获优秀组织奖。全区1000多所中、小学开展“讲英雄故事 学革命先烈 做红色传人”为主题的读书演讲活动,并广泛开展清明祭英烈活动。各市学校组织广大青少年前往烈士陵园,缅怀革命先烈。有的组织青少年学生开展网上祭英烈活动,推进国防教育的深入开展,培育青少年学生热爱军队、崇尚英雄的情怀。开展纪念“向雷锋同志学习”题词55周年主题活动。全区各中、小学开展“争做新时代雷锋传人”活动,弘扬雷锋精神,培养青少年学生助人为乐的精神。自治区国防教育办公室组织五市中学生代表200多人到银川舰开展国防教育主题活动。多所大、中学举办国防形势报告会。青铜峡市高级中学、中宁中学等全区各地30多所学校举办国防形势报告会,邀请区内外军事专家和相关学者,对广大学生进行国防形势宣讲,使青少年学生了解国际、国内最新军事动态,树立“天下虽安,忘战必危”的国防意识和“青年强,则国家强”的使命担当。

【国防教育专题报告会】2018年“八一”前夕,自治区国防教育办公室邀请军事专家陈军生教授为区直机关和吴忠市科以上干部做“我军武器装备建设发展”的专题报告，增强机关干部关心和支持国防建设的意识和责任。自治区党政机关，企事业单位，社会团体，驻宁部队和吴忠市等近2000人参加专题报告会。同时，五市国教办也邀请有关专家为本市的干部职工作专题报告。

【群众性教育活动与媒体宣传】2018年，自治区国防教育办公室和宁夏军区政治工作局组织第七轮“百场国防形势报告”，为使宣讲工作取得实效，宁夏军区政治工作局为本次活动整理编写6个课稿，为基层宣讲团队提供有力帮助。据统计，各市县在机关、企业、社区、学校、农村举办报告会160余场，听众达10多万人。全年各地组织青少年学生、干部群众约30万人到各国防教育基地参观学习，增强广大干部群众的国防观念。自治区党委宣传部在宁夏广播电视台新闻频道开办省级融媒体《国防时空》栏目，并于12月18日顺利开播，听众已达10万人；由自治区党委宣传部开办的《塞上国防》微信公众号，于2018年初正式上线，全年发稿1000余条，照片近600幅，粉丝量已超过两万。区、市国教办利用报刊、电台、电视台、网络等大众媒体和新媒体的宣传功能，加强国防教育宣传，先后在《宁夏日报》、宁夏广播电视台和市级媒体对开展的活动作宣传报道。

【国防教育基地建设】2018年，自治区国防教育办公室到西夏区文昌路国防教育体验中心、银川市烈士陵园、灵武市白芨滩林场、彭阳县博物馆、乔家渠毛泽东长征宿营地等基层单位和自治区国防教育基地进行调研指导。各市国教办加强国防教育基地的申报工作，经申报，银川市、中卫市国教办2018年共评定4个市级国防教育基地。

（宁夏军区）

武警总队

综 述

【概况】2018年，中国人民武装警察宁夏总队（简称武警宁夏总队）系统学习习近平新时代中国特色社会主义思想和强军思想，全面深入贯彻军委主席负责制，精心抓好党委中心组学习、干部理论轮训和基层大众化普及，持续加强政治能力训练。严密组织“学训词、铸军魂、开新篇”专题教育和“传承红色基因、担当强军重任”主题教育，探索“网络+政治教育”新模式，开展卫士风采系列文化活动，做好经常性思想工作尤其是一人一事工作，确保了部队纯洁巩固。常态开展军民共建活动，积极助力地方脱贫攻坚，军委专项检查考评组给予充分肯定。

【军事工作】2018年，武警宁夏总队聚焦新使命练兵备战，核心能力实现突破。牢记“两个维护”使命任务，融入战区联合值班体系，协调对接军地用兵程序，加强新型力量和战备值班力量建设，出色完成抗洪抢险、押解押运等各项任务。着眼端牢执勤饭碗，全面排查整治隐患，强力推进“智慧磐石”工程并形成“宁夏经验”，部队连续17年执勤无事故。大力破除和平积弊，狠抓新大纲落实，组织参谋、士官、特战等7个批次集训比武，开展卫士演习、“魔鬼周”训练和群众性练兵活动，隆重奖励先进典型，参加总部各类比武竞赛成绩优异，实现历史性突破。训练基地被武警部队评为“一级训练基地”。

【政治工作】2018年，武警宁夏总队科学把握新时代基层建设特点规律，组织三级主官纲要集训，开展当兵蹲连和考察帮建，注重改进工作指导，实施精准帮建，尽心竭力为官兵排忧解难，基层基础持续巩固，银川、石嘴山和机动支队跨入先进单位行列。坚持以“条令年”活动为契机，狠抓学习教育、作风养成和正规化管理，开展明察暗访和录像讲评，推动医院改革整编和军事看守所新建，部队秩序不断正规。细化落实安全工作“八个规范”，开展安全日、安全大讲堂、安全大检查、百日安全竞赛和群众性创安活动，组织心理法律服务下基层和枪弹爆材、预防自杀、防间保密专项整治，总队被武警部队表彰为安全工作先进单位。

【后勤装备建设】2018年，武警宁夏总队投入8150万元用于执勤处突、装备购置、四项设施和训练场地建设，全面抓好卫生医疗、军需物资、经费供管等专业保障，为基层承诺的10件实事全部落地。深入开展“清仓归零”整治活动，依法依规停止7个对外有偿服务项目，彻底解决土地确权、加工厂收回、老干部住房等11个遗留棘手问题和直升机外场司法纠纷，得到军委停偿办、国家审计署和总部检查组的肯定表扬。

【党的建设】2018年，武警宁夏总队贯彻新要求严抓党建，管党治党成效明显。贯彻军委、总部党建会议精神，查纠“四个不纯”“七个弱化”问题，召开总队党建工作会议，制定党的建设和自身建设“两个措施”，建立问题整改和责任落实“两个清单”，全面从严治党向纵深推进。着力加强党委班子建设，认真贯彻民主集中制，严肃开好民主生活会，严格落实党内生活规矩，带头严于律己、担当尽责，领导核心作用发挥明显。坚决彻底肃清郭徐房张流毒影响，狠抓审计巡视、明察暗访反馈问题整改，组织开展第二批党委巡察，严肃查处违规违纪问题，新风正气不断上扬。

（李 扬）

支队建设

【银川支队】2018年1月1日，中国人民武装警察部队宁夏回族自治区总队银川支队部队番号变更为中国人民武装警察部队银川支队(旅级)。部队主要担负警卫、看押、看守、守卫、留置陪护和城市武装巡逻勤务及处置突发事件、反恐怖等任务。思想政治建设。坚持把习近平强军思想作为根本指导，忠实践行训词训令精神，深入开展“传承红色基因、担当强军重任”主题教育，组织“习主席讲话引领我成长”强军故事会、“创辉煌成就、话职责使命”主题演讲和“庆八一、铸忠诚”歌咏比赛，促进教育成果转化吸收。以表彰参加总队特战比武和“7·22”抢险救援官兵为契机，开展争当强军先锋活动，官兵听党指挥、忠诚核心的思想根基更加牢固。支队被自治区党委表彰为“民族团结进步创建活动示范单位”，获银川市学习贯彻十九大精神和新修订《中国共产党党章》电视知识竞赛第一名、自治区“学习贯彻十九大精神”微宣讲比赛一等奖。坚决贯彻习近平“打造强军文化、建好‘红色文艺轻骑兵’”的重要指示，机动二中队获武警部队“卫士战歌”歌曲演唱活动一等奖，官兵自编自导的“忠诚镌刻答卷”文艺晚会，在军地巡回演出20余场次，展示了新时代武警官兵的良好形象。备战维稳。严密组织新大纲集训，制定《支队管训治训促训实施办法》，开展野营拉练、“卫士—18·贺兰山”演习、“魔鬼周”极限训练和勤训轮换，在总队比武竞赛中获指挥员项目总分第一、团体总分第二，蝉联特战分队干部骨干比武竞赛团体六连冠。开展执勤安全教育整顿，推进科技强勤，完成武警部队“智慧磐石”工程推进部署会观摩演示任务。与银川市委市政府建立兵力需求对接机制，严格落实“3＋1”战备值班要求，常态组织紧急出动演练，坚持每天检验性拉动，每周业务培训，官兵遂行任务能力明显提升。全年完成“7·22”抢险救援、“1801”警卫安保、自治区成立60周年庆祝活动和“两会”安保备勤以及朝觐、春运、押解押运等临时性勤务42起。基层基础建设。贯彻落实1号文件，落实党委机关帮建责任，制定精准帮建基层措施，探索经常性考评实施办法，安排10批次经常性基础性工作督查组到中队考察帮建，银川中队实现“脱贫摘帽”。积极搞好纲要培训成果消化转化。特战中队被总队评为基层建设标兵中队，执勤一大队、机动大队以及执勤二中队、执勤五中队、执勤八中队、执勤九中队、执勤十六中队、银川中队、机动二中队被总队评为基层建设先进单位。举办干部退役、授衔、晋衔仪式，开展“大谈心、大走访”活动，官兵的获得感、幸福感不断增强。依法治军。开展“学条令、正秩序、严作风、树形象”教育整顿活动，组织“贯彻落实新条令、塑造军队好样子”主题条令知识竞赛，全面规范一日生活秩序、基层八个会、内务设置、软件资料、礼节礼貌、仪容着装等，提升部队正规化水平。组织安全大检查、隐患大排查、百日安全竞赛和“7·19”事件专项教育整顿等活动，及时堵塞安全漏洞。建立健全常态检查、录像曝光、倒逼问责3项机制，巩固部队依法治军成效。支队被武警部队表彰为“暑期百日安全竞赛活动优胜单位”，被总队表彰为“2018年度安全工作先进单位”。综合保障。贯彻落实后勤实战化训练集训精神，修订完善6类、17项保障预案，补充战备物资储备单元，前置保障自治区成立60周年庆祝活动安保、“7·22”抢险救援、魔鬼周、勤训轮换等任务，向战为兵、服务打赢的保障效能不断强化。开展装备大点验、装备物资大清查和枪弹清理整治，修订《财务管理实施细则》《物资采购实施细则》，推动零星物资军网采购，确保后勤保障依法依规运行。采取集中组训、网上轮训、送学培训和支队自训等方式，加强后勤专业兵训练。管党治党。贯彻落实三级党建会议精神，召开2018年第一次党代会和党的建设会议，描绘发展蓝图。贯彻落实军委主席负责制，严密组织“学训词、铸军魂、开新篇”专题教育和民主集中制学习研讨，彻底肃清郭徐房张流毒，从党员发展、党费缴纳、党组织生活落实等方面从严抓起，制定和落实《进一步加强支队党委班子建设19条措施》，政治能力训练初见成效。开展党的纪律教育，及时通报违规违纪问题，开展基层风气专项整治，抓好“四风”隐形变异问题自查整改，纠治不正之风和基层“微腐败”，给予违纪官兵党纪军纪处理，强势传导了压力，全面从严、海晏河清的政治生态持续巩固。

【石嘴山支队】2018年1月，中国人民武装警察部队石嘴山支队因编制体制调整为四类支队(正团级)。部队主要担负看押、看守、处置突发事件和反恐怖及其他任务。思想政治建设。坚持把思想政治建设摆在首位，坚持把学习贯彻十九大精神作为首要政治任务牢固立起习近平强军思想的根本指导地位。开展“学训词、铸军魂、开新篇”专题教育和“传承红色基因、担当强军重任”主题教育活动，借助“士兵讲堂”、强军故事会、主题演讲比赛、参观见学、“优秀士兵”事迹报告会等载体，在“互联网＋”教育模式上下真功，不断深化教育效果，使官兵在学习中净化心灵、把正方向、坚定信念。备战维稳。贯彻“十六字”执勤思路，强力推进“智慧磐石”工程建设，完成武警部队现场会任务。紧盯首长机关和分队实战化训练，严格落实新大纲训练内容和“3+1”战备值班力量体系建设，层层压实抓训责任、传导兴训压力，完成自治区60周年大庆安保勤务。部队建设。组织正规化建设试点观摩、新“条令”知识竞赛、党支部换届选举，“两支队伍”“两个群众组织”和纪检业务培训，推动部队建设全面进步、全面过硬。依法治军。围绕“打仗用得上、保障靠得住、服务信得过、队伍过得硬”的现代后勤建设标准，推进新体系建设。抓好后勤领域重点问题“清仓归零”、装备大点验和“三库”清理整治活动，严把经费开支关口，推进部队各项配套建设，提升后勤保障质量。党的建设。学习贯彻军委、总部、总队党建会议精神，严格落实组织生活和“三会一课”要求，强化党员意识，增进班子战斗力。构建党风监督体系网，用好监督执纪“四种形态”，以总队政治巡察为契机，开展“和平积弊大起底大扫除活动”，强力推进正风肃纪向纵深挺进，持续营造高效顺畅、风清气正的内部环境。

【吴忠支队】2018年1月1日，中国人民武装警察部队宁夏回族自治区总队吴忠市支队改革整编为吴忠支队（正团级），主要担负2处看押、1处看守任务。思想政治建设。系统学习中共十九大精神和习近平强军思想，开展“学训词、铸军魂、开新篇”专题教育和“传承红色基因、担当强军重任”主题教育，深入推进政治能力训练，官兵理想信念更加坚定。开展“纪念改革开放40周年”“强军风采”系列文化活动，宣扬身边典型事迹，官兵献身使命的思想根基更加牢固。助力地方脱贫攻坚，支队精准扶贫工作代表总队接受军委考评，得到考评组充分肯定。支队被自治区表彰为“民族团结进步模范集体”，杨军成获武警部队第21届“中国武警十大忠诚卫士”提名奖，王卓被总队评为优秀“四会”政治教员，赵颜被吴忠市表彰为“民族团结进步模范个人”。练兵备战。严格落实训令训词和新大纲要求，深入纠治和平积弊，严密组织各类比武集训、专业培训和军事体育达标活动，部队整体训练水平明显提高。完成武装押解、马拉松赛安保、自治区成立60周年庆祝活动安保等任务19次。支队在参加总队指挥员、参谋业务比武竞赛和教练员（导调员）大比武中都取得团体第三名的优异成绩。依法治军。开展“条令年”活动，狠抓学习教育、作风养成和正规化管理，组织机关干部和基层主官到固原支队参观见学，全力纠治法治理念欠缺、法纪意识淡薄、正规抓建不力等问题，部队秩序不断正规。开展安全日、保密检查、安全大检查、百日安全竞赛和群众性创安活动，组织枪弹及爆材危险品安全整顿、手机使用管理专项整治、网络赌博和网络借贷专项教育，部队内部安全稳定，支队被总队表彰为安全工作先进单位。“百日安全竞赛”活动中，支队获评总部优胜单位，黑桂权和兰林强被总部表彰为先进个人，盐池中队和执勤二中队被总队表彰为优胜单位。基层建设。建立干部帮建责任制，实施精准帮建，先后安排4个工作组下基层蹲点帮建。举办基层工作培训班，提升基层自建能力，执勤二中队、勤务保障中队年内实现创先目标。综合保障。贯彻“两化集训”精神，修订方案预案，补充战备物资，组织后勤专业兵培训考核，提升实战实保能力。注重党委理财，科学编制预算，推广试行军网商城采购，财务运行更加规范。协调办理青铜峡中队农场用地和机动中队营区产权证，有效解决了历史遗留问题。开展后勤领域重点问题“清仓归零”整治，后勤政治生态持续好转。争取吴忠市划拨144亩土地用于教导队新建，全年累计投入700余万元为执勤一中队改建训练场，为红寺堡中队建设温棚、晒衣场，为机关和机动中队加装双层窗户，为勤务保障中队维修洗澡堂、安装空调，机动中队供热并入市政管网，官兵生活设施大幅改善。党的建设。召开支队第一次党代会，选举产生第一届党的委员会和纪律检查委员会。建立健全各级党组织，贯彻落实民主集中制，严肃党内政治生活，深入推进“两个清理”，开展以张阳房峰辉案为反面教材的专题教育，党员意识和党性观念不断增强。纠治基层官兵身边的“微腐败”和不正之风，依规严肃处理违纪战士，依法从严的导向更加鲜明。年内，同心中队党支部被总队表彰为先进党支部，王文虎被总队表彰为优秀党务工作者，乔辉被总队表彰为优秀共产党员。

【固原支队】中国人民武装警察部队宁夏回族自治区总队固原支队（正团级），主要担负看押、看守、城市武装巡逻及处置突发事件等任务。思想政治建设。认真落实党委中心组学习制度，紧盯官兵思想活跃点、波动点和激发点，优化主题教育和随机教育、经常性教育、形势政策教育“1+3”布局。组织官兵瞻仰红色圣地，重温革命战史，发扬优良传统，传承红色血脉。开展“六盘卫士杯”篮球比赛，组织“军魂永不变”等3场主题文艺演出，政治工作的感染力不断增强。备战维稳。开展执勤安全教育整顿，推进“五防一体化”建设和“智慧磐石”工程，整治“两看”目标监门隐患，牢固执勤阵地。练兵备战采取“小批量、多批次”的办法组织教练员集训和勤训轮换，严密组织警士官集训、军事体育运动会和教导队巡回教学，参加比武竞赛成绩优异。精细规范便携配装，22起临时勤务万无一失，部队善谋打仗、能打胜仗的核心能力稳步提升。基层建设。落实蹲点帮带机制，使蹲点指导常态化，增强帮建指导的科学性、针对性。分专业、分层次、分内容组织按纲建队考核，激发官兵建队兴队强队积极性，有效杜绝看似有原则实则无标准的“一锅煮”“一刀切”“一把尺”考核评估问题。持续抓好基础性应用性业务培训，基层按纲抓建能力持续增强。综合保障。开展“五员一长”岗位练兵活动，先后组织3批次驾驶员、炊事员和军械员集训。修订完善党委理财、结算报销、工程建设、物资采购、伙食管理、车辆派遣、枪弹管理等17项制度规定，本级执行公用经费全部依规合法，“清仓归零”整治和军队停偿工作按时完成。紧盯基层设施升级、营房改建，官兵工作生活条件大幅改善，西吉中队顺利搬迁。督导落实“1126”“6211”保障模式，官兵对伙食普遍满意，坚持全覆盖医疗巡诊，协调驻地医院为官兵体检，为兵向战搞保障的精力更加聚焦。党的建设。围绕“四个不纯”“七个弱化”建立党建“总台账”，制定各级党员落实责任指标清单。深入开展党的纪律教育，及时传达违纪违法案件通报，抓好总队巡察反馈问题整改，大力纠治“微腐败”和不正之风。创新民主渠道，通过“微信版”意见箱广纳兵言，打通监督渠道。

【中卫支队】2018年1月，中国人民武装警察部队宁夏回族自治区总队中卫支队改革整编为三类以下支队（正团级）。主要担负看押、看守、城市武装巡逻及处置突发事件等任务。思想政治建设。组织“学训词、铸军魂、开新篇”专题教育，扎实开展“传承红色基因、担当强军重任”主题教育，组织“深入纠治和平积弊”活动，注重把政治能力训练、强军系列文化、党团日活动和随机性教育融入贯穿其中。特别是针对大数据时代对官兵思想、部队安全带来的新挑战，及时引进云视讯系统，探索构建“云＋人员管控”“云＋心理服务”“云＋家庭教育”“云＋特色文化”平台，实现了远程点对点、一对一的教育管理。军事备战。坚持围绕“全面建设、体系防控、科技强勤、确保安全”的思路，强力推进“五防一体化”建设和“智慧磐石”工程，全年抓好“学规范、查隐患、抓建设、守底线”执勤安全教育整顿，巩固执勤阵地。落实武警部队新大纲集训精神，打好新大纲普及训练的组合拳，牢固树立战训一致、以训强战的思想，狠抓基础体能、基本技能和指挥战术训练，强化特战排、应急班对抗训练。坚持“两个不经、一个保持”的标准，集中抓好“3＋1”战备值班力量体系建设，修订完善6类、22种作战勤务方案，按照体系化要求规范部队便携配装、情况处置和组织指挥，创新“五严五防”战备模式，采取不打招呼、不定时间、杀“回马枪”等办法，常态组织战备检查和拉动演练，确保部队始终保持良好的战备状态，为遂行多样化任务打下坚实基础。依法治军。坚持把法规制度纳入部队经常性教育，常态开展“学法规、用法规、守法规”活动，强化了官兵条令意识、纪律意识和形象意识。注重从细小点滴养成抓起，从一日生活制度落实严起，从党委机关自身改起，坚持每周突击检查、每月录像讲评，真正做到严格纪律、严格要求、严格规范。牢固树立“安全靠建、管理从严”的理念，细化落实“八个基本规范”，定期分析研究部队安全工作形势，建立完善安全工作责任制，常态开展安全日和安全大讲堂活动，纠治隐患、堵塞漏洞，有效防范各类问题发生。基层建设。紧盯一线战斗堡垒和一线带兵人不放松，以强化组织功能、强化带兵能力、强化工作标准为重点，在抓好党支部班子岗位练兵的基础上，充分利用每月“三家”活动搞好经常性培训，组织示范教学，安排优秀主官介绍按纲抓建经验，引导大家厘清工作思路、掌握工作方法。注重规范抓建基层秩序，研究制定《支队抓基层协调领导小组工作规范》，从制度机制上统住上层会议活动、精简下队工作组，保证基层集中精力抓好经常性工作末端落实。党的建设。坚持从党员领导干部严起，从交党费、过党日、上党课、汇报思想等基本生活抓起，加强经常性检查督促，对落实制度不严格、组织生活不严肃、开展活动不认真的党组织进行通报批评，纠治党内政治生活随意化、形式化、庸俗化的倾向。坚持把纪律和规矩挺在前面，以上率下带出部队的好风气，开展后勤领域重点问题“清仓归零”整治。注重加强基层“微腐败”的防范治理，加大对入党考学、学兵选送、探亲休假、伙食管理等工作的跟踪督查，有效防范各类问题发生，构筑了风清气正的内部环境。

【机动支队】2018年1月，中国人民武装警察部队宁夏回族自治区总队机动支队由总队直属支队改革调整为总队机动支队（正团级），主要担负重大临时性勤务，处突、反恐、维稳及援疆任务。思想政治建设。组织“学训词、铸军魂、开新篇”专题教育和“传承红色基因、担当强军重任”主题教育，开展用“大众话”推进理论武装"大众化"活动,把军委主席负责制灌注到一人一事、一兵一卒、一岗一哨。探索创新"互联网+政治工作"模式,做好维稳任务中的政治工作,机动二中队指导员李辉、机动六中队指导员许玉东被总队评为"优秀四会政治教员"。练兵备战。先后完成"1801"一级警卫等大项任务,参加武警部队6项比武竞赛("巅峰、忠勇、突击、妙算、运筹、武教头")、支队各类比武竞赛均取得优异成绩,谭泽、谷云康因比武成绩突出荣立个人二等功。促稳创安。分批组织《部队基层建设纲要》培训、参观见学和干部骨干轮训,在全支队广泛开展"学习典型、崇尚荣誉、争当标兵"活动,增强官兵进取意识。建立常委挂钩帮建责任制,走实"检查督导、现场办公、解决难题、情况反馈"闭合回路,基层建设质量稳步提升。支队被武警部队记集体三等功,被总队表彰为"基层建设先进单位""安全工作先进单位",2人荣立二等功、28人荣立三等功,2个党组织、4名个人分别被总队表彰为先进基层党组织、优秀党务工作者、优秀共产党员。后勤保障。狠抓体系化建设、"前勤"化部署、标准化编配、实战化训练、网格化保障、模块化运用、法治化管理,提升服务保障能力。加强"一组五队"力量建设,严格落实"1126""6211"伙食标准,推进"后勤领域重点问题清仓归零"整治活动,开展营区绿化养护、营房改造工作,完善四项设施配套建设。在总队后勤专业兵比武竞赛中取得5个单科目个人第一,9人进入单科目前三名,支队开展枪弹管理专项整治活动经验做法被总队转发。党的建设。班子成员带头学习习近平新时代中国特色社会主义思想和强军思想,自觉传播党的声音、传递强军号令、传导使命责任。贯彻民主集中制,严格党内政治生活,确保党委核心领导作用的充分发挥,在大项工程建设、大宗物资采购、大项经费开支、干部调整任用、士兵考学提干等重大敏感问题上充分调研论证、广泛听取意见、反复比较酝酿、集体研究决定,科学、民主、依法决策水平进一步提高。

【训练基地】中国人民武装警察部队宁夏回族自治区总队训练基地(正团级)全年完成武警部队西北片区侦察兵第三协作区集训、总队散打、搏击、武术骨干培训,预提指挥士官、新训干部骨干集训和新兵教育训练,特勤中队(排)应急班驻训,院校招生考试和通信员、卫生员、炊事员、驾驶员等14个班、4000余人次的集训、培训、驻训任务。依法治军。按照高于部队、严于部队、先于部队的要求,定期组织全覆盖、全方位、全要素的安全大检查和"条令法规学习周"等活动,规范机关办公秩序,提升基层分队正规化管理水平,增强官兵自我养成意识。突出"人、车、枪、弹、密"等重点岗位人员,运用法治方式抓安全,形成异常情况有人报、事故苗头有人抓、违规违纪有人管,群防群治、齐抓共管的良好局面。综合保障。全年基地共投入460多万元实施基础设施建设。并为5名战士申请了特困和医疗补助,为53名官兵进行了体检,看望慰问老党员老干部10人次,及时组织为家庭变故官兵捐款,帮助他们排忧解难。基层建设。坚持领导带机关挂钩帮建责任制,严密组织干部和士官队伍阶段性教育整顿,定期搞好对基层分队经常性帮建,加强集训队教育管理,始终保持了抓基层打基础的强劲态势。定期组织专题辅导、案例剖析、难题会诊、讨论交流等活动,增强了机关按纲实施指导、基层按纲加强建设、官兵按纲争先创优的意识,部队建设基础更加厚实。

【总队医院】2018年9月26日,中国人民武装警察部队宁夏总队医院由正团级调整为副团级。部队建设。狠抓思想政治引领,不断筑牢官兵精神支柱,广泛阅读党史军史武警史,观看央视政论专题片,了解梁家河的故事,激发初心使命,确保了政治坚定。搞好主题教育,开展"和平积弊大起底大扫除"活动,引导广大官兵触动思想、改造灵魂,促使全院回归军事属性,树牢实战化卫勤保障和服务部队、服务战斗力、服务官兵的鲜明导向。为兵服务。坚持把为兵服务、医德医风教育纳入年度教育计划整体推进,把"微笑式"服务和"一站式""全程式"服务贯穿医疗救治全过程,邀请全军运动医学委员会专家到总队进行医疗巡诊。加大医疗设施设备投入力度,不断优化官兵住院环境,每周组织医护人员开展专业技能训练,定期组织考核,与区内外知名医院建立协作机制,积极培养学科带头人,促进干部技术水平整体提升。

(李 杨)

NINGXIA
YEARBOOK

经济管理

JINGJIGUANLI

编辑◎王玉琴 杨 云

宏观经济管理

【概况】2018年，全区经济运行总体平稳、稳中有进，质量效益稳步提升。全年实现地区生产总值3705.2亿元，同比增长7%，高于全国0.4个百分点。其中，一、二、三产业分别增长4%、6.8%和7.7%。三次产业结构由上年的7.3:45.9:46.8调整为7.6:44.5:47.9，第三产业占比提高1.1个百分点。地方一般公共预算收入同口径增长8.2%，其中税收增长10.4%，占全部收入的比重同比提高2.4个百分点。加强价格调控，引导价格预期，居民消费价格累计上涨2.3%，控制在预期目标以内。特色优势农业稳步发展，粮食、蔬菜、草畜、枸杞、酿酒葡萄等产值占农业总产值比重达到86.7%，新增宁夏菜心、固原黄牛、六盘山冷凉菜等区域公用品牌，特色优质农产品品牌达317个。工业生产稳中向好，全区规模以上工业增加值增长8.3%，企业利润增长16.1%。新兴产业加速发展，装备制造、新材料、新能源等新兴产业增速高于工业平均增速。现代服务业提档升级，6个服务业集聚区、30个服务业品牌化和标准化试点项目稳步推进。出台服务业发展23条，现代金融、文化旅游、信息产业、科技服务、健康养老等新业态加快发展。

【创新驱动战略】2018年，加快落实“创新驱动30条”，自治区本级财政安排创新驱动战略专项预算29.57亿元，比上年增长40%，其中R&D投入比上年增长82%，预计带动全社会R&D投入强度达到1.3%。沿黄科技创新改革试验区和现代农业科技创新示范区建设加快推进，建成全区首家线上线下相结合的宁夏技术交易市场，技术合同成交额突破10亿元，比上年增长65%。“科技支宁”东西合作取得重要成果，引进转化东部新技术、新成果、新工艺127项，与国家大院大所联合共建新型研发机构6个、国家临床医学研究中心分中心9家、离岸孵化器3家。实施技术改造项目234个、重点科技项目145个，煤炭间接液化关键装备、铸造砂型3D打印、高端智能控制阀、铝合金枕梁、核电配套铸钢件等实现重大技术突破，28项技术装备列入国家和自治区首台(套)产品目录。加快打造创新平台，新批复组建自治区级各类科技创新平台34家。“双创”工作扎实推进，新认定各级各类双创载体40个。开展企业知识产权试点(示范)，全区万人有效发明拥有量达到4.14件，提前实现“十三五”确定的3.5件目标。

【脱贫富民战略】2018年，全区脱贫攻坚成效明显，盐池县实现高质量脱贫退出，隆德、泾源、彭阳3个县基本具备脱贫退出条件，已有142个贫困村出列、11.5万人脱贫、贫困发生率下降至3%。出台壮大贫困村集体经济的规划和指导意见，切实解决“空壳村”问题，1100个贫困村近一半集体经济超过5万元。易地扶贫搬迁6321户、2.5万人，提前2年实现“十三五”目标。闽宁对口扶贫协作深入推进，新建闽宁示范村36个。认真做好就业和居民增收工作，城镇新增就业8万人，转移农村劳动力就业78万人。城乡常住居民人均可支配收入分别增长8.2%和9%。其中贫困县(区)农村居民人均可支配收入增长11%。持续推进全区教育现代化、全民健康保障、文化旅游提升、公共体育普及和社会服务兜底五大工程，实施项目198个，“互联网+教育”“互联网+医疗健康”省级示范区获批建设，社会保障、健康养老、公共文化、体育健身等民生事业稳步推进，基本公共服务均等化水平进一步提升。

【生态立区战略】2018年，全区坚决打好污染防治攻坚战，中央环保督察“回头看”反馈问题已办结1317件，办结率达到98.4%。深入实施蓝天、碧水、净土“三大行动”，完成大气污染治理项目611个，全区地级城市空气质量优良天数比例达到87.2%，较上年提高5.8个百分点，银川市城市空气质量改善幅度居全国第4位。五级河长制全面建立，黄河流域宁夏段水质优良比例达到73.3%，全区河湖水生态环境整体好转、局部优化，地表水劣V类水体全部清零。全面加强土壤保护，加大农业面源污染、工业园区和采矿区固体废物综合整治力度，化肥用量基本保持零增长，残膜回收率达到84%。抓好生态环境修复工作，完成营造林任务150万亩，滨河大道“黄金河岸”、典农河多彩休闲、贺兰山东麓文化旅游三条生态廊道建设加快推进。生态环境治理体系进一步健全，空间规划管控持续强化，颁布《宁夏湿地保护条例》等3部地方性环保条例，生态环境保护主体责任全面落实，生态保护红线全部划定。

【内需支撑能力】2018年，全区投资结构和质量进一步改善，三次产业投资结构由上年的4.8∶31.3∶63.9调整为4.1∶35.5∶60.4，工业投资占比提高4.2个百分点。投资对优化供给结构的关键性作用进一步显现，工业技改投资增长15.6%，电子设备、仪器仪表、现代纺织等工业制造业投资分别增长149.3%、34.8%和13.4%。重点项目带动作用突出，90个自治区重点建设项目全面开工，完成年度投资占全社会投资的40%。包银高铁开工建设，泰和芳纶、杉杉锂电池材料、银西高铁、中兰高铁加快建设，隆基硅5GW单晶硅棒硅片、银川国际航空港综合交通枢纽、黄河宁夏段二期防洪工程、盐环定扬水更新改造工程建成投运。中央资金支持的60周年大庆项目基本如期建成。消费环境和基础设施不断完善，新建10个社区商业项目、12条特色商业街区，商业零售线上线下加快融合，消费潜力持续释放。供需衔接继续优化，冷链物流、重要产品追溯体系示范项目加快建设，物流标准化、共同配送建设有序开展。

【区域城乡发展】2018年，全区强化空间规划引领，统筹推进新型城镇化和乡村振兴战略。银川都市圈建设全面启动，40项重点任务有序推进，46个重点项目开工率达到93.5%，城乡西线供水工程、沙湖—星海湖水系连通人工湿地、典农河—沙湖快速通道等项目顺利推进。出台乡村振兴战略实施意见，印发《宁夏乡村振兴战略规划（2018—2022年）》，编制了1123个行政村的实用性村庄规划。开工建设美丽小城镇20个、特色小镇12个、美丽村庄126个。农村人居环境综合整治工作扎实推进，完成农村污水处理及改厕3.2万户。红寺堡区被列为全国19个乡村振兴和治理县区典型。制定城镇建设用地增加规模与吸纳农业转移人口落户数量挂钩机制的实施细则，取消城镇人口和乡村人口区分，城镇化率比上年提高1个百分点。

【发展动力活力】2018年，全区推进重点领域和关键环节改革，69项年度重点任务基本完成。供给侧结构性改革深入推进，取缔地条钢生产企业6家，淘汰落后产能318万吨，降低实体经济成本90亿元。坚决打好防范化解重大风险攻坚战，聚焦政府债务、金融、房地产等重点领域，出台一系列政策措施，政府隐性债务增长势头得到有效遏制，存续期企业债券兑付风险排查防控工作深入开展，互联网金融风险专项整治力度加大，房地产去库存取得阶段性成效，重点领域风险总体可控。“放管服”改革持续深化，建成全区共享共用的电子政务基础设施，企业投资项目“多评合一”和“区域评”改革有序推进，矿产压覆、地质灾害等6项评估事项实现合并办理。87%的工商登记改为后置或取消，实现“44证合一”，企业开办时间明显压缩。出台优化营商环境的24条政策措施，各类市场主体达到59.14万户，同比增长11%。实施开发区整合优化和改革创新，33个工业园区整合优化为22个。社会信用体系建设深入推进，联合激励惩戒机制作用不断凸显。国有企业改革取得新进展，混合所有制企业达到185户。自治区级机构改革任务顺利完成，行政、司法、群团等各领域改革有序推进。积极融入“一带一路”建设，出台推进内陆开放型经济试验区建设政策措施61条，新设外商投资企业32家、境外直接投资企业14家。银川与丝路沿线8省区10个海关实现“一次申报、多地通关”，与全国同步实现外商投资企业商务备案和工商登记“一口办理”，外贸发展质量和效益不断提升。

（张　鹏）

国有资产监管

【国企发展】截至2018年末，全区国资部门监管和统计资产企业资产总额8531.49亿元、净资产2470.9亿元，分别同比增长2.7%和19.1%；全年实现营业收入1000.44亿元、上缴税费127.3亿元、利润52.76亿元，分别同比增长10%、14.3%和下降23.7%。其中，自治区国资委监管和统计资产23户企业资产总额6544.08亿元、净资产1492.12亿元，分别同比增长4.2%和36.2%；全年实现营业收入897.65亿元、上缴税费115.08亿元、利润55.98亿元，分别同比增长9.4%、9.7%和下降7.4%；净资产收益率3.4%，同比下降0.7个百分点；国有资本保值增值率104.1%，同比增长0.1个百分点。

【国企改革】2018年，全区不断完善法人治理结构，督促15户企业完成党建工作要求进章程，党组织在公司法人治理结构中的法定地位逐步确立。落实党委会前置要求，规范党委议事规则与工作流程，确保党委发挥领导作用组织化、制度化、具体化。择优向宁夏农垦、宁夏电投等企业选派外部董事5名，加强和规范管理考核，提升外部董事依法履职、参与决策的水平。推动职业经理人队伍建设，指导宁夏农垦、宁夏国投所属2家企业开展市场化选聘高级管理人员试点工作。推进混合所有制改革，通过培育上市、引进战投、兼并重组、出资新设等形式，积极推动混合所有制经济发展。在企业申请、严格审核的基础上，确定3户二级企业开展混改与员工持股试点，其中宁夏丝路风情员工持股试点基本完成，全区混合所有制企业已达185家，占全区国有企业23.7%，区属混合所有制企业达到35户，占区属企业总数的15%。宁夏建投、宁夏水投、银川通联资本3家企业入选国企改革“双百行动”。加快推进“三供一业”等社会职能分离移交，规范“三供一业”分离移交、维修改造工作程序，及时拨付补助资金1.4亿元，确保维修改造进度，促使企业减轻负担、轻装上阵、聚焦主业、加快发展。截至年底，签订移交协议96份、签订率达94%，涉及企业36家、职工11.9万户，移交面积1216万平方米。宁夏农垦14个农场办社会职能移交属地管理，涉及资产78.3亿元、土地面积4.1万亩。

【国资监管】2018年，自治区国资委强化基础管理工作，制订《自治区国资委以管资本为主推进职能转变方案》并报请自治区国有资产管理改革专项小组审定。完成宁夏农垦、宁夏水投等企业4.58亿元资产无偿划转，对宁夏再担保等企业9宗5.12亿元的国有产权(资产)转让项目评估结果审查备案，督促企业整改财务决算审计发现的135个问题，完成9家企业集团公司层面公车改革，公务用车减少46%，国资监管基础管理工作更加规范。优化经营业绩考核，发挥考核“指挥棒”作用，实施分类精准考核，调动企业全面对标先进创新发展动力。依据企业行业发展特点、市场变化趋势和财务预算数据，合理确定差异化分类考核指标，不断增强考核的针对性和导向性。完成9户企业2017年度经营业绩考核，依据考核结果核定负责人薪酬，下发考核结果通报和整改通知，督促抓好考核发现问题整改，形成绩效考核监管闭环，促进企业全面提升经营管理质量和水平。规范履职待遇业务支出管理，坚持完善制度，加强日常监督，建立健全规范透明的企业负责人履职待遇业务支出管理制度体系。印发《关于进一步加强企业负责人薪酬福利性待遇及履职待遇管理工作的通知》，规范企业负责人办公用房配置、公务用车配备、培训及业务招待等管理，责令企业对检查发现的8个问题限期整改，截至年底整改落实6个。印发《关于企业公务用车制度改革的通知》，明确公车改革范围、补贴标准、车辆处置、完成时限等，9家企业集团公司层面改革已经完成，公务用车减少46%。坚持问题和风险导向，以检查财务、监督董事和高管人员履职行为为重点，不断强化监事会监督检查，将揭示问题整改情况与企业负责人薪酬挂钩，不断提高揭示问题整改率。截至9月末，监事会提交监督检查报告57份，累计揭示问题115项，提出整改建议144条，完成问题整改95项，整改率达82.6%。10月末按照机构改革要求，完成自治区国有大型企业监事会职能和人员整体转隶自治区审计厅。

（李　巍）

财　政

【概况】2018年，全区一般公共预算总收入751.4亿元，同口径增长6%。分级次看，中央级收入307亿元，增长2.9%；地方级收入444.5亿元，同口径增长8.2%。全区地方一般公共预算收入中，税收收入298.3亿元，增长10.4%，税收占比达67.1%，比上年提高2.4个百分点，收入质量连续两年稳步提升；非税收入146.2亿元，下降0.8%。分级次看，自治区本级收入164.9亿元，增长14.7%；市县级收入279.5亿元，增长2.1%。2018年，全区一般公共预算支出1430.6亿元，增长4.2%。其中，自治区本级支出347.1亿元，下降3%；市县级支出1083.5亿元，增长6.8%。2018年，全区地方政府性基金预算收入121.3亿元，增长11.7%。其中，国有土地使用权出让收入82.4亿元，增长21.9%，占全部基金收入的68%。全区政府性基金支出210.5亿元，增长66.4%。

【财政收入】2018年，全区地方一般公共预算收入增幅呈现“L”型走势，一季度高开低走，收入增幅从年初的25.5%急剧下降至5%；二季度上行走稳，增幅从6.8%上升至7.8%；三、四季度大体平稳，略微波动，增幅基本保持在6%～8%，四季度末小幅上升至8.2%。分税种看，2018年增值税完成133.7亿元，增长7.5%；企业所得税32.5亿元，增长24.4%；个人所得税13.4亿元，下降11%；资源税25亿元，增长34.7%；城市维护建设税20亿元，增长14.4%；契税17.6亿元，增长30.2%；房产税12.6亿元，增长3.7%；城镇土地使用税12.5亿元，增长1.5%。

【税收收入】2018年，全区落实增值税税率下调、增值税留底退税等政策，在全区税收收入至少减收20亿元的形势下，各级财税部门奋力拼搏，税收收入完成298.3亿元，同比增收28亿元，增长10.4%，拉动地方财政收入增长6.7个百分点。其中，自治区本级税收收入完成113.9亿元，增长13.3%；市县税收收入完成184.4亿元，增长8.6%。地方财政收入税收占比67.1%，高于上年同期2.4个百分点。2018年，全区非税收入下降0.8%，为近五年来同期最低。分级次看，区本级非税收入增长较快，完成51亿元，增长18.1%；市县非税收入完成95.2亿元，下降8.6%。分项目看，专项收入40.7亿元，增长28.5%，主要是教育资金收入、水利建设专项收入、教育费附加收入分别增长114.9%、30.7%、17.8%。行政事业性收费收入21.3亿元，增长14.8%。罚没收入9.9亿元，增长14.5%。政府住房基金收入增长107.3%。国有资本经营收入下降76.5%，国有资源（资产）有偿使用收入下降22%。

【地区间收入】2018年，区本级收入领跑全区，保持较快增长，完成年度预算的107.3%，超收11.3亿元。市县间收入差异较大，全区市、县（区）中，盐池县、宁东、同心县、彭阳县收入实现两位数增长；海原县、灵武市在内的13个市县持续低位运行，增幅在0.4%～9.9%；永宁县、中宁县、青铜峡市财政收入负增长。全区19个市、县（区）中，14个市、县（区）完成年度预算收入目标。

【财政政策】2018年，全区充分发挥财政职能作用，实施积极的财政政策，加强宏观调控，推进供给侧结构性改革和经济高质量发展。支持实体经济发展。落实中央各项减税降费政策，减轻企业负担213亿元，增值税留抵退税工作得到财政部通报表扬。首次设立工业企业贷款风险补偿金、科创投资基金，扩大工业担保基金规模，撬动贷款80多亿元，缓解企业融资压力。设立总规模30亿元政策性纾困基金，并在全国率先投入使用，帮助民营企业走出发展困境。推进开发区低成本化改造，提升服务企业水平。支持实施创新驱动战略。建立科技创新投入稳定增长机制，安排全区财政科技支出34亿元，增长33%，其中自治区本级R&D投入9.5亿元，增长82%，有效带动社会R&D投入，全区R&D投入强度达到1.3%。支持区域协调发展。做好银川都市圈建设投资基金设立工作，完成银川市地下综合管廊和固原市“海绵城市”试点建设。首次发行土地、交通专项债券13亿元，筹措资金支持银西高铁、城际铁路、银百和京藏高速公路改扩建、自治区成立60周年庆祝活动等重大项目建设。争取包银高铁建设债券资金36亿元，确保包银高铁宁夏段顺利开工。支持乡村振兴战略实施。推进现代农业产业、生产、经营体系建设，开展120个村级集体经济发展试点，支持建成20个美丽小城镇、10个特色小城镇和100个美丽乡村，完成3万户农村改厕。

【重大战略】2018年，全区共投入各类扶贫资金109.22亿元，比上年增长14.64%，投入增幅超过中央考核标准，人均投入高于周边省份。支持盐池县高质量脱贫“摘帽”，隆德、泾源、彭阳三个贫困县初步具备“摘帽”条件。扶贫资金统筹整合工作走在全国前列，在全国率先开发使用扶贫资金监管信息系统。支持打赢污染防治攻坚战。完善绿色发展政策体系，创新建立财政环保支出稳定增长、财政投入与环境质量和污染物排放总量挂钩“两项机制”，确保资金保障和责任落实到位。全区各级财政安排生态环保和污染治理资金80.09亿元，比上年增长49.1%。支持“蓝天、碧水、净土”三大行动，沿黄生态经济带建设、大规模国土绿化工程实施、大型河泊生态保护、国土综合整治和引黄灌区盐碱地治理等重大项目得到有效保障。支持打赢风险防范攻坚战。化解政府债务风险，在全国率先出台防范化解隐性债务风险实施意见，制订隐性债务风险化解方案，完成全区隐性债务数据统计，发行新增债券202亿元、地方政府置换债券120亿元、再融资债券84亿元，缓解了市县还债压力，债务风险总体可控。防控财政金融风险，将入库的148个PPP项目清理为51个，对自治区本级的15支政府投资基金实施绩效评价，有效防范风险。防范地方财政运行风险，加大市县财力补助，高效调度国库资金，及时下达阶段性财力，2018年，自治区财政共下达市县各类补助资金736亿元，较上年增长6.5%，市县基本财力得到有效保障。

【民生投入】2018年，全区各级财政用于民生的支出达到1090.8亿元，占一般公共预算支出的76%。其中，节能环保、城乡社区、社会保障和就业、医疗卫生与计划生育等支出分别增长27.8%、10.2%、8.1%、3.7%。教育投入增幅高于全国平均水平，连续6年占GDP的4%以上，宁夏成为西部第一个全省通过县域义务教育基本均衡发展验收的省份，成功获批国家级“互联网＋教育”示范区。支持深化医药卫生体制改革，实行自治区级公立医院全面预算管理，足额安排公立医院取消药品加成财政补助资金，基本公共卫生服务经费人均补助标准提高到55元，宁夏被列为国家首个“互联网＋医疗健康”示范区。继续提高城乡居民基本养老保险基础养老金和城乡低保标准，将农村建档立卡贫困人口全部纳入医疗救助范围，实现跨省异地就医住院医疗费用直接结算，在全国率先建立病残津贴制度。加大棚户区和农村危窑危房改造力度，优先完成危窑危房改造。争取中央提前下达补助资金5.3亿元，为全区全面完成危窑危房改造任务创造有利条件。支持创业就业，购买公益性岗位7000个，新增“三支一扶”计划3000个。支持开展就业技能培训6万人，全区城镇登记失业率控制在3.9%以内。支持完成《闽宁镇》等一批文艺精品创作，继续实施文化扶贫惠民工程，率先在全国实现村级综合文化服务中心全覆盖，推进全域旅游示范区建设，加强社区、学校、公园体育基础设施建设，提升人民群众文化生活水平。

【债务风险化解】2018年，全区严格落实市县政府债务管理责任，坚决遏制隐形债务增量，稳妥化解存量隐形债务。严格执行地方政府债务限额和预算管理制度，支持规范举债融资，争取扩大新增政府债务限额，加大一般债券对脱贫攻坚、深度贫困地区基础设施建设等领域的支持力度，发挥专项债券对稳投资、扩内需、补短板的重要作用。健全地方政府债务风险评估和预警机制，紧盯全区重点预警和风险提示县区，开展地方政府债务管理绩效评价，建立债务信息公开机制，及时公开举债融资行为的决策、执行、管理、结果等信息。坚决遏制隐性债务增量，落实既定化解实施方案，拓宽偿债资金筹集渠道，稳妥化解隐性债务存量。加大督查问责力度，坚决查处各类违法违规融资担保行为，从严整治举债乱象，终身问责、倒查责任。

【预算绩效管理】2018年，宁夏对标《中共中央国务院关于全面实施预算绩效管理的意见》，查找差距、找准问题，制定贯彻落实方案，加快建成全方位、全过程、全覆盖的预算绩效管理体系。预算编制环节更加突出绩效导向，推进绩效目标与预算编制的有机结合、紧密挂钩。预算执行环节加强绩效监控，实施绩效目标动态管理，及时纠偏整改。不断扩大绩效评价范围，创新评价方法，提高评价质量。实现预算绩效结果应用实质化，健全绩效评价结果反馈制度和绩效问题整改责任制，将评价结果与预算安排和政策调整挂钩。加大绩效信息公开力度，主动接受社会监督。

【财政体制机制】2018年，全区稳步推进税制体系建设。深化环境保护税、水资源税改革，实现全区水资源“费改税”全覆盖。继续完善增值税制度，推进综合与分类相结合的个人所得税制度改革，健全地方税体系。推动财政事权和支出责任划分改革。在基本公共服务、医疗卫生领域明确自治区与市县政府间的事权范围和分担比例，完善宁东基地收入划分和财政支持政策。健全县级基本财力保障机制，提高一般性转移支付规模和比重，2018年，下达市县一般性转移支付资金370.3亿元，增长14.7%。加快预算管理制度改革。全面实行“零基预算”，建立预算支出考核、约谈、通报机制，促进预算约束有力、执行均衡、效益提升，部门预算追加较上年减少近30%，追加资金仅占全区一般公共预算支出的0.3%。探索资金分配制度改革。推行“大专项＋支出用途＋具体项目”的预算编制模式，推进财政专项资金面向社会公开竞争分配，并实行绩效目标审核，科技研发经费、产业发展、城市公交和城乡公交一体化等资金分配改革率先突破。推行全面实施预算绩效管理。先行建成科技、环保、扶贫、教育四大类专项指标体系，开展全区38个重大项目和“三大战略”重点项目绩效评价。石嘴山市、盐池县和自治区民政厅、教育厅绩效管理工作走在全区前列。服务保障机构改革。在经费保障和资产管理上优先服务部门机构改革，确保自治区机构改革顺利推进。强化国有资产管理。首次代表自治区政府向人大常委会报告国有资产管理情况，在全国行政事业单位国有资产报告考核通报中宁夏位列第一。持续深化“放管服”改革。落实“不见面、马上办”，宁夏财政电子票据管理改革、国库集中支付电子化和电子账户管理等工作得到财政部充分肯定。

【规范财政管理】2018年，自治区财政厅全面梳理政策规定，建立财政政策、资金投入“数据库”，修订完善一系列制度办法，构建了一整套涵盖党建、人事、业务、行政管理的制度体系。各市、县(区)财政部门也相继建立和完善相关制度办法，财政管理更加规范。加强监督检查，从流程管理、关键环节、风险控制入手，对市县财政、厅机关和所属单位制度建设、资金管理开展专项检查。推进法治财政建设，全国29家法治媒体集中宣传报道了宁夏法治财政建设情况，提升了宁夏财政法治影响力。全区非税收入管理、会计管理、政府采购、信息化建设、政务公开和信息宣传等工作成效全面提升。宁夏财政总决算、部门决算、社保基金预决算、财政预算执行分析、库款管理工作在财政部考评中先后获奖。

（袁海龙）

税　务

2018年7月6日，自治区税务局局长郑文敏（右一）到宁东能源化工基地税务局办税服务厅检查指导工作

【概况】2018年，全区组织各项收入931.7亿元，同比增长8%；其中税收收入603亿元，同比增长7.1%，完成年度目标任务590亿元的102.2%；中央级收入入库302.8亿元，同比增长4.1%，完成目标任务的104.4%；地方级收入入库300.2亿元，同比增长10.3%，完成目标任务的100.1%；社保费收入288.4亿元，同比增长10.3%；其他收入45.2亿元，同比增长14.7 %。

【机构改革】2018年，全区税务系统建立"1+1+10+7+N"统一指挥机制，抽调精兵强将集中办公，实行"一条线"管理，形成区局党委管总抓、工作小组统筹抓、专项工作组分工抓、联络（督导）组指导抓、市县局具体抓的改革工作格局。坚持规范化操作，对新机构挂牌仪式、干部配备等同质性重要改革事项，编制统一参考模板，指导全系统各级依照模板操作；对各级班子配备和内设机构负责人确定等重点事项，统一制定指导原则，统一审核、统一实施，防止改革跑偏走样。细化《国税地税征管体制改革方案》，将12大类、150多项改革任务编制成改革任务台账、路线图。实行周计划、周督导、月总结工作制度和清单制管理，定期召开周例会、月度总结会，按总台账制定并落实"改革任务清单""督导任务清单"，确保改革事项对表推进，按图施工，完成区市县乡四级新税务机构挂牌，完成第一批次非税收入划转，实现全区城乡居民养老保险、医疗保险和划转非税收入的顺利征收，国税地税征管体制改革三场"主攻战"梯次告捷，事合、人合、力合、心合的"四合院"基本建成并运转良好，各项改革目标得到较好实现。

【风险管理】2018年，税务部门强化税收风险管理力量和数据治理工作，推送各类风险任务8417户（次），实现应对成果15.6亿元。加大税务稽查和稽核查补力度，查补入库7.9亿元，对全区税收的增长贡献率达19.8%，其中稽查查补入库6.2亿元。加大治理虚开专项整治力度，提出"虚开虚抵虚增同时防范，事前事中事后全程管理，税务公安政府协同共治，企业行业区域综合防控"工作思路，持续保持高压打击态势，初步遏制虚开发票蔓延势头，为守法经营者创造更加公平的竞争发展环境。全年检查取得失控发票和异常增值税扣税凭证的纳税人5671户（次），转出增值税进项税额2.21亿元，调减增值税留抵税额1.2亿元，检查涉嫌虚开发票企业780户，捣毁假发票制售窝点7个，缴获制假机器14台，查获假发票7000余份，抓获犯罪嫌疑人16人，查补入库税款2亿元。

【服务地方经济】2018年，税务部门制定税收服务自治区"三大战略"30条措施和进一步支持民营经济发展26条措施，编制涵盖10大类、29小类、359项内容的税收优惠政策指南，与宁夏军区联合出台服务军人"三群体"工作实施意见。加强税收经济分析，提出支持宁夏经济社会发展的一系列政策建议，研究制定服务地方的"服务提示"和"涉税风险提示"，得到地方党政领导的高度认可。统筹推进各项税制改革任务，精心落实深化增值税改革，从健全机制、细化措施、强化分析、推进落实四个方面确保改革任务落地。深化增值税改革三项措施，累计减税18.75亿元，其中，降低增值税税率改革减税8.5亿元，为部分行业符合条件企业实施留抵退税10.2亿元，统一增值税小规模纳税人标准，实现减税

0.05亿元。推进个人所得税改革，及时制发改革实施方案，强化税务干部和纳税人培训，做好ITS系统上线工作，保证过渡期政策平稳运行和第二阶段改革的顺利实施，减税3亿元。扩大水资源税试点成效明显，组织入库水资源税2.48亿元，同比增加0.9亿元，增长59%，调节用水行为、促进水资源节约保护成效逐步显现；环保税改革运行良好，全年征收税款1.18亿元，促进企业改进生产方式，减少污染排放。

【依法治税】2018年，税务部门研究制定重大行政决策专项制度，落实领导干部学法用法制度，强化党委中心组集体学法要求，持续提升领导干部法治思维。开展法治政府建设，区局被自治区评为法治政府示范创建单位。加强机构改革涉及税收规范性文件清理，重新制发7件，废止、宣布失效81件。加强初任公务员税收政策法规培训，取得执法资格统一考试通过率100%的好成绩。研究制定《宁夏税务系统税收执法标准化指引》，建立涵盖税务行政处罚、行政许可、行政强制等“全事项、全过程、各环节”相互配套协调的标准体系。畅通行政救济渠道，全年办理复议案件10件，纳税人满意度达到90%以上。完善行政应诉工作机构和职能，严格落实行政机关负责人出庭应诉制度，出庭率达到100%。持续优化税收法治环境，强化税收违法“黑名单”当事人联合惩戒措施，实现税收违法案件公布常态化，对85户税收“黑名单”案件推送相关部门进行联合惩戒，公布曝光典型案件220起，对15户欠税企业的法定代表人提请实施布控，实现对欠税人采取阻止出境措施“零”突破。

【优化营商环境】2018年，全区税务系统推进商事制度改革，税务登记与自治区41个部门实现“多证合一”。推行涉税事项办理清单化和涉税资料电子化，简化简并涉税报送资料90余种，简并同类税收业务216项，取消进户执法项目35项，优化涉税业务流程15项，纳税人办税时间减少约90%。为新办纳税人提供“零门槛”办税“套餐”服务，实行多事项一次性办结，推行税务注销改革，有800多户企业实现区内自由迁移，对2092户企业实施简易注销，有效激发市场主体活力。建立“实名办税＋分类分级＋信用等级＋风险管理”为核心的闭环管理新机制，运用实名办税系统对20万户纳税人、40万人（条）信息进行采集和身份认证，促进社会诚信体系建设。连续5年开展“便民办税春风行动”，先后推出5类、26项、64条便民措施和21项压缩办税时间提速增效措施，制订优化税收营商环境5年行动方案，印发深化“不见面马上办”改革深入推进审批服务便民化实施方案，实行办税事项“全程上网”，推行6大类、133项“最多跑一次”清单和61项“零见面”事项，创新灵活就业人员缴费方式，有效缓解办税服务厅高峰期压力。联合12家银行开展“银税互动”合作，全年发放贷款7.2亿元，惠及小微企业652户。开展“新机构 新服务 新形象”服务建设提升专项活动，推出23项具体服务措施，推进自助办税智能服务，在石嘴山市、固原市建立24小时自助办税区，在34个自助办税区配置229台自助办税终端。

（贾志刚）

金融监管

【概况】截至2018年末，全区共有银行业金融机构58家，证券（期货）机构56家，保险机构23家，小贷公司62家，互联网小额贷款公司4家，融资担保机构68家（政府性融资担保机构32家），财务公司1家，地方性资产管理公司2家，初步形成了银行、证券、保险、基金、担保等多层次、全方位、广覆盖的综合金融服务格局。截至2018年末，全区本外币贷款余额7038.52亿元，同比增长8.9%，全年新增本外币贷款577.14亿元；全区本外币存款余额6046.14亿元，同比增长3.1%，新增本外币存款178.92亿元。全区共计发行各类债券1333.01亿元，其中公司债34.4亿元。全区保险保费收入182.83亿元，同比增长10.66%，各项赔款和给付60.46亿元，简单赔付率33.07%。

【信贷投放】2018年，全区银行业金融机构争取扩大授信规模，加大对自治区重大战略、重点项目、关键领域、重要创新载体信贷投放力度，不断改善“三农”、民营企业、小微企业等薄弱领域和薄弱环节金融服务质量。截至2018年末，全区人民币贷款余额达6807.52亿元，同比增长7.5%，新增人民币贷款475亿元。全区贷存比112.89%。分期限看，中长期贷款保持较快增长，贷款余额4228.59亿元，同比增长9.3%，高于短期贷款及票据融资增速4.8个百分点；中长期贷款余额占比62.1%，较上年末上升1个百分点，重点支持了区内棚户区改造、高速公路扩建和银西铁路等重点工程项目建设。从投向看，基础设施行业贷款保持较快增长，同比增长20.4%，高于全部贷款增速12.9个百分点，全年新增贷款占全部新增贷款的42.1%；工业贷款余额2096.34亿元，同比增长1.5%，全年新增贷款32.4亿元，占全部新增贷款的13.2%。从民生领域看，小微企业、涉农贷款平稳增长。2018年末，全区小微企业贷款余额1363.72亿元，同比增长5.5%；全年新增59.95亿元，占全部企业新增贷款的17.3%。涉农贷款余额2177亿元，较年初增加7.93亿元。此外，小额贷款公司坚持支农支小支微，信贷投放稳步增长。截至2018年末，存量小额贷款余额78.16亿元，同比增加4.8亿元，增幅6.54%；全年新增投放59.41亿元，同比增加3.8亿元，增幅6.84%。

【直接融资】2018年，全区持续举办IPO推进培训会、常态化项目路演、资本市场市(县)轮训等工作，加大企业上市、挂牌辅导力度，多层次资本市场初具雏形。达力环保于2018年11月29日赴中国香港上市，成为全区首家在港成功上市企业；宝丰集团旗下宝丰国际成为全区首家在香港成功借壳上市的企业。截至2018年末，全区有15家上市公司，总股本119.6亿股，总市值482.33亿元。上市辅导备案企业数量、梯队规模创历史新高，宝丰能源IPO在审、凯添燃气等7家企业进入辅导备案，共享装备等20多家企业列入上市企业后备库；新三板挂牌企业58家，全年新增2家、摘牌8家，主要涉及制造业、农林渔牧业、软件和信息服务业，地域分布和行业分布更加优化，骏华农牧等7家新三板企业入围创新层，入围率11.11%，高于全国平均入围率2.8个百分点；区域股权市场挂牌企业1052家，其中区内950家，全年新增321家。债券融资规模不断扩大，截至2018年12月31日，全区共计发行各类债券1333.51亿元，共计289笔，其中地方政府债券405.79亿元，非金融企业发行债券85.02亿元，银行机构发行债券842.7亿元。

【金融扶贫】2018年，宁夏在推广"盐池模式""蔡川模式"的基础上，提炼总结"金融扶贫的宁夏模式"，工作重点由扩面增量向提质增效、防控风险转变。加快金融扶贫示范区建设，持续深化"一司一县""一行一县""一保一县"对口帮扶工作，召开全区金融扶贫推进会，定期开展金融扶贫督查，推动助推脱贫攻坚17条政策措施落地见效。截至2018年末，全区金融精准扶贫贷款余额722.24亿元，同比减少19.15亿元、增长-2.58%。其中，扶贫小额信贷余额84.6亿元，同比增长29.66%，全年新增投放71.71亿元，存量获贷户数17.71万户，户均贷款4.78万元，贷款覆盖率85.2%。推动"扶贫保"项目扩面提质增效。截至2018年末，累计承保人数161.81万人次，提供风险保障1177.8亿元，赔付9938.35万元。其中，优势特色产业保险承保各类作物72.08万亩，牲畜103.02万头，提供风险保障20.81亿元，赔付3854.83万元；大病补充医疗保险、家庭意外伤害保险分别为79.44万名和79.31万名建档立卡贫困人口分别提供风险保障827.8亿元和314.31亿元，分别赔付4535.97万元和1547.55万元；借款人意外伤害保险帮助3.06万名建档立卡贫困户获得14.88亿元支农融资贷款。

【融资担保】2018年，全区支持市、县(区)组建政府性融资担保机构32家，推动设立融资性担保风险补偿金，创新推广融资性担保业务"5221"风险分担机制，发挥融资担保增信和风险缓释作用。截至2018年末，全区融资担保余额221.6亿元、同比减少10%，在保户数2.56万户、同比增长41%；全年新增担保金额73.06亿元，同比减少44%；新增担保户数9824户，同比增加1%。推动助贷机构加大对小微企业转贷、续贷支持力度。截至2018年末，助贷余额10.1亿元、同比增加0.62亿元，全年累计发放助贷资金132亿元。

【防范金融风险】2018年，全区推动防范化解银行业等重点领域信用风险，协调组织稳妥处置宝塔石化财务公司、天元锰业、上陵集团等重点企业和羊绒、枸杞等重点产业风险；推动组建重点风险企业银行业债委会91家，用信余额934.08亿元，帮扶企业166户，弱化授信风险金额90.58亿元，通过展期、再融资、调整期限、流贷承接表外业务等形式续贷680.85亿元。持续保持惩治非法集资高压态势，加大非法集资风险线索和广告排查力度，联合查处淘银网、金卓共赢等涉非案件和线索，全区非法集资立案数、破案数、涉案金额和挽损金额呈现"三降一升"态势；持续整治互联网金融风险，开展"现金贷""套路贷""校园贷"等5个专项排查整治工作，加大对区内互联网小贷和P2P网络借贷机构业务风险排查力度，开展涉金融领域扫黑除恶专项行动等，妥善处置交易场所、民间借贷登记服务机构等涉访涉诉问题，夯实了早发现、早预警、早处置金融风险的基础。印发《自治区金融突发事件应急预案》和《自治区防范化解金融风险实施方案》，完善金融突发事件应急管理和金融风险防控机制，加强对防范化解金融风险组织领导。落实小贷、融资担保行业监管主体责任，强化金融风险源头管控，推动问题机构有序退出。2018年，共有15家小额贷款公司、7家融资担保机构退出市场。

【地方金融改革】2018年，全区出台并落实《关于服务实体经济防控金融风险深化金融改革的实施意见》，自治区地方金融监督管理局挂牌成立，地方金融监管体制逐步完善。支持宁夏银行通过财政注资(4.5亿元)、发行二级资本债券(25亿元)补充资本金；推动石嘴山银行通过吸收两家民企资金增资扩股，优化股权结构，合作建立大数据智能信审风控数据实验室，增强业务发展能力和风险管理水平；推动泾源联社和海原联社做好改制农商行工作。探索农产品收入保险，推动全国首个以玉米场外期货对冲马铃薯价格保险的马铃薯“保险+期货”在宁夏落地实施。支持银川探索开展渔业互助保险试点，2018年共为18户渔户的2516亩鱼塘提供1258万元风险保障，累计赔付23.33万元。险资直投规模持续扩大，保险在宁投资主体达15家、累计投资18个项目、资金规模达到63.6亿元。发挥自治区金融“三项奖”评审激励机制作用，对全区25家先进机构和单位进行表彰奖励，奖励资金200万元。落实金融机构税收优惠政策，强化农村社会信用体系建设，推动优化金融生态环境，不断增强金融机构支持经济社会发展的积极性、主动性和创新活力。

【金融服务】2018年，全区坚持引进、组建、培育三管齐下，不断丰富金融服务业态，健全金融组织体系。安粮期货、东方财富证券在宁夏设立营业部，开源证券、兴业证券2家证券机构开设宁夏分公司，建信养老金管理有限责任公司设立管理中心，组建消费金融公司、万达财险申请已报银保监会，民营银行等筹建工作有序推进。政府性融资担保业务实现市、县全覆盖，村镇银行县域覆盖率86%，小额贷款公司县域覆盖率95%、乡镇覆盖率35%、业务乡镇覆盖率63.2%。推动实施“金融服务村村通”工程，支持组建农村金融综合服务站，集中消除27个金融服务“空白乡镇”，全区金融服务“最后一公里”基本打通。

【“金融+”融资对接】2018年，全区实施企业融资辅导工程，创新“专家培训+现场融资+企业问诊”模式，坚持每月举办一次融资专题讲座、每周组织一次融资沙龙，每季召开一次全区“金融+”融资协调联席会议，建立常态化融资对接长效机制，引导金融机构加大对重点企业、重点项目、中小微企业的资金精准对接投放力度。先后召开“金融+”吴忠、宁东等专场融资对接活动，10家成员银行与有关市县、园区签订110多亿元的合作协议，吴忠、宁东共45家企业完成授信审批，授信金额24.5亿元。对接中企业60家，有望实现合作金额50亿元。

【科技金融】2018年，全区制订并落实《宁夏科技金融创新行动实施方案》，促进科技与金融深度融合。安排专项资金3000万元用于科技成果转化贷款贴息和科技贷款风险补偿，累计撬动银行贷款62亿元。引导保险机构通过科技保险为23家科技企业提供9053万元贷款保险保障；通过首台(套)重大装备保险为10款技术装备提供超过2.4亿元风险保障。

【绿色金融】2018年，全区出台并落实《关于实施生态立区战略加快发展绿色金融的实施意见》，截至2018年末，全区银行业绿色贷款余额715.65亿元，较年初增加45.52亿元，同比增长6.32%，绿色贷款占全部贷款总额的10%，有效支持了可再生能源、绿色交通运输及工业节能节水环保项目。推进环境污染责任保险试点，为25家企业提供风险保障8400万元。

(万春明)

审　计

【概况】2018年，全区共审计或审计调查单位603个，查出违规及损失浪费资金72亿元，审计促进整改落实有关问题资金77亿元。全区审计工作坚持改革创新，提高审计效率。自治区审计厅与相关部门积极沟通协调，聘请专业咨询机构，修改完善了“金审工程”三期项目可研报告。在全区审计机关推广应用财政联网审计子系统，提高系统运用水平。坚持全国全区审计工作一盘棋，优化审计资源配置，组织全区审计机关统一开展署定及涉及全区的审计项目，充分发挥审计监督整体效能。强化上级审计机关对下级审计机关的领导，建立地级市审计局主要负责人每年向厅党组述职报告工作制度，努力建设高素质专业化审计干部队伍。全区审计机关认真组织开展了“审计干部队伍素质提升年”活动，努力建设信念坚定、业务精通、作风务实、清正廉洁的高素质专业化审计干部队伍。通过制度建设、培训教育、实践锻炼等方式大力解决审计人员宏观视野不够宽、审计理念陈旧等问题。开展审计项目质量检查并进行通报，强化依法审计意识。认真落实分级质量控制责任，加大审核、复核、审理力度。全年安排宏观经济战略、审计业务、信息化建设等各类培训40多项、1000多人(次)，持续提升审计人员职业胜任能力。深入开展违反中央八项规定精神突出问题专项治理和纪律作风专项整治月等活动，大力整治机关干部职工在纪律作风方面存在的突出问题，营造风清气正的机关氛围。发挥审计的建设性作用，促进全面深化改革，全年全区共报送审计报告和信息1757篇，提出建议1368条，推动建立健全规章制度53项。同时，推进审计法治化、规范化建设，结合宁夏实际，提请自治区两办印发关于领导干部自然资源资产离任审计规定实施意见和加强审计整改工作意见的相关文件。自治区政府办公安厅印发《关于进一步完善和规范投资审计工作的通知》，与自治区党委组织部联合印发了《宁夏回族自治区本级党政主要领导干部和国有企事业单位主要领导人员任前经济责任告知办法（试行）》。

【重点跟踪审计与重大民生项目审计】重点关注供给侧结构性改革、"放管服"改革、国资国企改革、减税降费等重大任务落实情况。全区抽查部门、单位116个，抽审项目155个，有效促进政策落地生根、项目加快实施、资金规范使用。2018年，组织开展保障性安居工程、养老服务体系建设等审计，揭示了资金闲置、部分项目建设进展缓慢、基本建设程序不合规等问题，促进盘活闲置资金5000万元，促进加快建成保障房5562套，促进加快实施养老服务体系建设项目22个。

【三大攻坚战相关审计】2018年，组织全区120余名审计干部对全区政府债务和隐性债务进行审计，摸清隐性债务底数，督促有关市县通过市场化、法治化方式积极稳妥化解存量、严控增量，坚决防控隐性债务风险积累可能引发的连锁反应。在精准脱贫方面，按照审计署统一安排和自治区党委、政府决策部署，实现了对全区9个重点贫困县和13个非贫困县的审计全覆盖和常态化跟踪审计，查出各类违规资金4.5亿元。在污染防治方面，组织开展全区水污染防治专项资金管理使用情况专项审计调查，查出水污染防治政策措施落实不到位、项目资金管理使用不规范等问题，促进相关部门及时采取措施，加快项目建设进度。全区审计机关全面推开自然资源资产审计，重点关注了耕地、森林、矿产及相关生态环境保护情况，促进领导干部认真履行自然资源资产管理和生态环境保护责任。

【经济责任审计】2018年，全区组织开展对205名领导干部的经济责任审计。审计中紧紧围绕经济责任、权力运行和责任落实三条主线，加大对重大决策落实、生态环境保护、民生保障等方面的监督检查，同时，严格落实"三个区分开来"要求，客观审慎做出评价。各地探索对经济责任审计对象实行分类管理，中卫市审计局经济责任审计率先实现全覆盖。

（金　荣）

统　计

【统计改革创新】深化统计管理体制改革。2018年，自治区党委、政府分别召开会议统筹推进落实并组织对建立统计法规制度、健全政绩考核机制、完善统计方法制度等重大改革任务进行督查。自治区统计局统计执法监督局组建成立，县级以上人民政府全部依法独立设置统计机构，宁夏统计机构在本轮机构改革中得到了全面加强。28项自治区级改革任务除长期需要坚持并落实外，已基本全部完成。按照国家统计局部署，顺利完成了局队部分业务分工调整改革工作。自治区领导石泰峰、咸辉、张超超分别就加强全区统计法治建设多次作出批示。各级统计部门认真履行主体责任，建立了各专业统计数据全程质量管控体系、统计违纪违法案件移送办法等多项制度，加强与纪检监察机关、组织部门的沟通协作，确保统计造假作假责任追究到位。实施重点领域统计改革。推进国民经济核算改革，制定印发《宁夏市、县（区）生产总值统一核算改革实施方案》。在一市两县开展自然资源资产负债表编制试点工作，地方资产负债表编制工作按照国家统计局统一部署有序推进。实施研发支出核算方法改革。推进电子商务统计改革，实施互联网经济统计调查，做好规模以上工业战略性新兴产业和高技术产业增加值核算以及企业创新调查。在全区范围内推进实施500万元至5000万元项目投资按财务支出法统计改革，继续推进全区研发投入部门联训联审联席工作机制，探索并推广通过购买社会服务加强贸易统计。首次使用无人机开展农作物播种面积遥感测量调查。首次编印《宁夏服务业季度统计资料》《自治区服务业统计工作考核细则（试行）》。主要的改革措施已经见效。

【依法治理】2018年，全区开展了一系列大清理、大培训、大检查、大督查。先后制定统计造假弄虚作假负面清单、统计从业人员统计信用档案管理规定（试行）、领导干部违规干预统计工作记录制度和台账等一整套制度，制定统计数据造假整改问题清单、任务清单和责任清单，在全系统开展"以数谋私、数字腐败"全面排查和专项整治，压实了各级统计机构依法查处统计违法行为责任。开展统计普法"五进"活动，将《领导干部统计知识问答》作为必读书，做到各级领导干部案头一册。统计法律法规培训列入全区各级党校主体班次教学内容，先后为自治区党校、银川市、石嘴山市、吴忠市、原州区等单位党政领导干部举办30余场次专题辅导。编发《统计法律法规规范性文件汇编》6000余册。全区各级统计部门通过录制专题电视节目、举办广场文艺演出、走进新闻直播间等宣法释法。以地市为单元，集中举办32期统计法律法规和业务知识培训班，覆盖全区各级政府、相关部门、全部"四上"企业8000余名统计负责人和统计人员。在全区范围内集中开展统计执法大检查，共检查“四上”企业、部门和乡镇1137个，在全区开展清理纠正违反统计法精神的文件和做法专项治理工作，共清理纠正不当文件111件。

【统计服务】2018年，成立统计分析研究工作小组，深度挖掘信息资源，第一时间向自治区党委、政府报送重要统计数据和分析，全年撰写各类统计信息和分析报告近300篇，20余篇得到自治区主要领导批示，30余篇被自治区两办综合信息采用，为党委、政府科学决策提供可靠依据。按月度、季度在宁夏电视台、宁夏新闻网、《宁夏日报》等主流媒体发布解读经济社会发展统计数据；以手机APP、内外网站、宁夏统计微信等为载体发布统计信息，与宁夏广播电台合作设立“统计知识在身边”栏目，普及宣传统计知识，扩大统计影响力。印发《统计舆情监测与应对实施方案》，及时引导舆论和预期。在固原市举办以“走进四经普”为主题的宁夏第九届“中国统计开放日”活动。围绕推动高质量发展、供给侧结构性改革、节能降耗“双控”目标、全面建成小康社会等方面集智攻关，开展专题分析研究。编辑出版《宁夏辉煌60年》大型统计文献资料入选自治区60大庆成就展，受到自治区领导肯定和社会各界广泛关注、好评。

【重大普查调查】2018年，开展第四次全国经济普查，全区各级政府成立第四次全国经济普查工作领导小组，统筹推进石嘴山市大武口区实施全域、全普查工作流程国家综合试点，先后受到国家统计局两个督查调研组肯定，并在国家统计局综合试点总结会上交流经验。会同自治区党委宣传部制定普查宣传方案，多渠道广泛动员，形成强有力的舆论氛围。认真制定普查方案，依法有序推进普查区划分、两员选调培训、单位实地清查等工作。组织6000多名普查两员实施“地毯式”入户调查，严格数据联审验收，全面摸清全区法人和产业活动单位及个体户数量。做好全面建成小康社会统计监测评价，开展营商环境评价、城市商业综合体专项调查、文化及相关产业统计和增加值核算、生态移民统计监测等。组织实施县域社会经济统计和乡镇统计联网直报，开展村社会基本情况统计调查，稳步推进城乡住户调查电子记账，完成公众生态环境满意度等10余项社情民意调查。健全季度非公有制经济统计监测制度和增加值核算工作，实施全区规模以上工业新动能统计监测。完成2017年全国投入产出调查。精心组织实施首次生态文明建设年度评价，编印《宁夏生态文明建设年度评价读本》。开展2018年全区人口变动情况抽样调查。银川市出台《生态文明建设目标评价考核办法》。总结第三次全国农业普查工作，表彰先进集体和先进个人，发布普查主要数据公报，开发普查资料，核实修订十年常规年度数据，组织开展课题研究。

【基层基础建设】2018年，31个部门协同开展国民经济核算，自治区财政、金融、工信、商务、住建等部门按季度及时提供GDP核算所需的相关基础资料，为客观真实反映全区经济增长提供有力支撑。22个全区经济普查领导小组成员单位协同推进经济普查，履行各自承担的任务和责任。组织党员干部深入基层联系点调研，帮助基层统计部门协调解决办公用房、车辆保障、机构设置事宜。组织16个县(市、区)开展基层统计调查工作现状调查。针对国民经济核算、服务业统计、内控建设等组织统计基层骨干多层次、多领域培训。将经费向基层一线倾斜，投入30万元经费加强局定点帮扶村建设，累计拨付630余万元用于保障县(市、区)统计局开展“四下”抽样调查、四经普培训、加强基层基础建设。开发应用宁夏宏观经济基础信息共享库，优化软件环境，加载专业数据，集合各类资料，链接上线运行，并作为自治区60大庆信息化建设成果在宁夏国际会堂展示。打造宁夏统计业务资源池，提高软硬件资源的综合利用效率。对全系统OA综合办公平台进行升级，对宁夏统计门户网站进行改版，完成各县(市、区)统计局、社会经济调查队系统防火墙部署，市县集中联合监管，压实网络全区监管责任。

(王军建)

公共资源采购交易

【概况】2018年，全区累计完成交易14581宗，同比下降9.14%；交易总金额739.99亿元，同比下降38.61%。其中工程建设项目5041宗、交易总金额406.1亿元；政府采购项目8913宗，交易总金额254.64亿元；全区高值医用耗材采购确定30家生产企业，2286个产品，84家配送企业；药品采购确定47家生产企业，56个品规；国有产权交易项目178宗，成交金额1.49亿元，实现溢价0.05亿元；全区国有建设用地和矿业权交易405宗，成交金额75.45亿元，实现溢价8.69亿元；采矿权交易42宗，交易金额1.69亿元，溢价1.01亿元；探矿权交易2宗，交易金额0.64亿元。

【公共资源交易服务平台】2018年，全区6个交易中心统一《项目招标登记表》，所有进场项目手续全部简化审核及申请流程，并实现网上办、及时办，办理结果及过程随时可查。政府采购项目计划单可由网络推送系统生成，实现了降成本增效率。工程招投标、政府采购项目进场交易系统设置实现了全区统一，做到所有进场项目从开始发公告到中标结束全程可查，项目过程信息公开透明。实现了全区统一专家库与政府采购公共服务平台评审专家信息的实时对接，随时向全国公共资源交易平台推送专家。自治区公共资源交易中心完成了综合评标专家库在线申报系统的设计、调试、运行工作，并面向全区征集到专家入库申请5860份。有关部门对违规专家进行联合惩戒和处罚，通过系统设置，限制违规专家参与评标6人，清退违规专家8人。吴忠市公共资源交易中心针对评分环节容易受人为因素干扰的问题，实行评分环节密封箱管理措施，有效弥补了以往恶意篡改评分结果的漏洞，保证了评审结果的客观公正。固原市公共资源交易中心在全区首先推行投标保证金电子担保保函，降低了投标企业交易成本，提高了公共资源交易工作效率。

【全流程电子化交易】2018年，全区完成房屋建筑和市政工程施工项目、水利工程施工项目、交通工程施工项目电子开评标系统的开发、测试、模拟运行工作。6月，房屋建筑和市政工程施工项目电子开评标系统在自治区公共资源交易中心上线试运行，并顺利完成了43个工程项目的招标工作；8月，水利工程施工项目电子开评标系统上线试运行，并完成1个工程项目电子招投标工作。

【平台对接共享】2018年，宁夏公共交易平台与中国招投标公共服务平台对接，实现省级交易平台与全国互联互通。横向上，与宁夏政务大数据共享平台对接，将工程建设、政府采购、土地和矿业权出让、药品招标和产权交易5大类、21个资源目录392个数据项，实时与公共资源交易政务资源共享。截至2018年底，共向全国公共资源交易平台上传数据1513211条，与自治区财政厅政府采购公告服务平台共享数据129047条，与信用宁夏共享数据801696条，平台注册完成投标人28182条、招标代理669条、招标人2277条、专家评委7189条。

【银川都市圈国有产权交易共同市场建设】2018年，确定自治区发改委等部门和三市一基地共计13个联席会议成员单位，并形成联席会议制度。按照“决策、监管、操作”三分离原则，明确了都市圈国有产权交易联席会议、各成员单位和公共资源交易中心的职责，实现管办分离，形成相互制约、互相协调、共同配合的监管机制。并将国有产权交易平台纳入全区“一网三平台”之中，在电子服务平台增设了产股权交易、实物资产交易、企业增资、资产租赁等模块，且逐步增加了农村综合产权、水权、林权等交易要素，实现了权益要素自由流动。

【政府集中采购】2018年，自治区公共资源交易中心政府采购“网上超市”增扩了办公软件、操作系统、无人机等产品，增扩品牌42家，品目14个。扩充后，共有117个厂家、113个品牌、14个大类、52个品目。开发应用“网上超市”电子签章系统，供应商登录平台系统可直接下载打印加盖电子签章的中标通知书，实现政府采购“网上超市”全流程电子化，打通政府采购“网上超市”运行最后“一公里”。石嘴山市公共资源交易中心进一步完善政府采购“网上超市”模块功能。项目申报、信息发布、投标报名、资料下载、保证金缴退、投标、中标结果公示等10余个招投标环节全部实现电子化，提高了投标人参与交易的方便性，节省了交易成本。为进一步丰富网上超市产品种类，拓展服务项目，为采购人和投标单位提供更多便利，2018年公开征集第二批68家经销商，网上超市可采购产品达4808种。

【药品集中采购】2018年，组织实施药品集中采购公平竞争审查工作，对2015年公开招标中因限价未中标的药品完成议价谈判工作；对2016年直接挂网采购中未挂网产品，结合2017年宁夏医保目录新增药品、中国上市药品目录药品，集中组织专家进行资格审查，共审核药品生产企业1345家，审核通过1091家，审核药品10079个品规，审核通过6857个品规。完成全区高值医用耗材补充挂网和新增变更工作，共确定生产企业30家，经营配送企业194家，产品2286个，完成84家企业系统信息变更。顺利实施一、二类疫苗招标，保障全区儿童预防接种，共组织完成12家企业的18个产品的招标采购工作。

【土地和矿业权出让】2018年1月10日，正式上线城市地价分析系统，有效地整合了土地网上交易资源，实现了数据资源一体化管理，是土地网上交易系统交易成果的集中展现和重要补充，为政府部门宏观调控提供真实、准确的空间信息依据和辅助决策支持，截至12月31日，总访问量已超过7万次。自治区有关部门制定矿业权市场基准价政策，并将全区矿业权市场基准价上报自治区人民政府。同时，为中标评估公司整理分析历年矿业权交易数据，作为制定基准价的数据支撑。有关部门通过沟通协商，共同妥善处置全区“未供即用”的工业用地和2015年底之前发生的经营性违法用地的出让问题，并对全区“五县一片”（五县指原州、西吉、海原、同心、红寺堡,一片指六盘山连片特困地区)深度贫困地区建设项目用地出让实行倾斜政策。自治区与各市、县(区)国土资源局、土地评估机构建立了全区城市基准地价数据共享机制,与石嘴山市国土资源局建立了一、二级土地交易市场联动机制,开通了网上监管模块,升级土地和矿业权网上交易三大系统内地理数据的坐标系转换功能,确保交易系统功能与国家宏观政策调控同步。

【组建银川市农村产权流转服务中心】2018年4月10日,银川市公共资源交易中心挂牌组建银川市农村产权流转服务中心。该中心对接各县市区,组织指导技术服务公司,按照"统一平台建设、统一服务流程、统一交易规则、统一信息发布、统一交易鉴证、统一监督机制"的"六统一"模式,搭建了全市统一的"系统健全、体制顺畅、功能完善、覆盖面广"的农村产权流转交易综合服务平台,逐步形成了市、县、乡、村四级农村产权流转交易服务体系机制。截至年底,市辖三区两县一市二级、乡镇三级、村级四级平台全部建立并基本实现互联互通。

(李 蓉)

市场监管

工商行政管理

【机构改革】2018年10月19日,根据自治区党委、政府《关于印发〈宁夏回族自治区机构改革方案〉的通知》,自治区党委、政府宣布组建自治区市场监督管理厅;11月13日,宁夏回族自治区市场监督管理厅正式挂牌,同时加挂宁夏回族自治区知识产权局牌子。此次改革,将自治区工商行政管理局、自治区质量技术监督局、自治区食品药品监督管理局、自治区知识产权局的职责,以及自治区物价局的价格监督检查与反垄断执法职责,自治区商务厅的经营者集中反垄断执法职责等整合,组建自治区市场监督管理厅,作为自治区政府组成部门,保留自治区知识产权局牌子。自治区食品药品安全委员会具体工作由自治区市场监督管理厅承担。组建自治区药品监督管理局,作为自治区市场监督管理厅的部门管理机构。不再保留自治区工商行政管理局、自治区质量技术监督局、自治区食品药品监督管理局。截至2018年年底,初步完成了自治区市场监督管理厅机关机构组建、集中办公、人员转隶等工作。

【商事制度改革】2018年,全区推进"多证合一、一照一码"改革,实现"四十四证合一"。压缩企业开办时间,企业设立登记、公章刻制、发票申领等办理时间压缩至5个工作日以内,全区企业登记注册事项的承诺办结时限均由5个工作日减少至3个工作日,银川市将企业开办时间压缩到1.5个工作日,自治区级企业登记注册事项中,新开办企业当场办结领取营业执照可达85%以上,变更登记当场办结率可达90%以上,国务院营商环境调查指标显示,宁夏开办企业时间排名第二。推进"互联网+登记注册",高效服务大众创业万众创新,全区企业名称自主申报系统和企业登记全程电子化系统上线运行,实现了企业登记注册由"面对面"到"键对键","我的名称我做主"、营业执照由"纸质"到"电子"的便利化。推进企业登记全程电子化,开展名称自主申报和简易注销改革。实施"证照分离"改革,推动"照后减证",牵头建立了由自治区编办、法制办共同参与的"证照分离"改革协调机制,全面推进"证照分离"改革工作,石嘴山经济技术开发区和石嘴山高新技术产业开发区"证照分离"改革试点工作顺利推进;报请自治区政府办公厅印发《宁夏回族自治区全面推行"证照分离"改革工作实施方案》,对第一批106项涉企行政审批事项分别按照直接取消审批2项、审批改为备案1项、实行告知承诺20项、优化准入服务83项四种方式全面改革审批事项,营造稳定、公平、透明、可预期的市场准入环境。推进外资企业设立工商登记和商务备案"一口办理",与商务部门实现了信息系统联通和数据对接,"一口办理"大幅缩减了外资企业申请设立的程序、时间和成本,提升了宁夏外商投资便利化水平。对15类工业产品实行"先证后核",推行"一企一证"办证,取证时间从法定60个工作日压缩至平均3个工作日(比全国减少6个工作日)。推行企业标准自我声明公开和监督制度,累计公开企业标准1666项。完成食品生产许可系统的整合,建成了食品生产许可、风险分级、信用档案、日常检查、追溯等一体化信息化监管平台。出台《全区医疗器械生产企业量化分级管理办法》等监管制度,食品药品集中受理的36个主项172个行政审批和公共服务事项实现了100%"不见面、马上办"。加强小微企业名录(宁夏)建设,出台支持民营企业发展20条。

【合同行政监管】2018年,全区加大对合同格式条款的日常监管,针对房地产、旅游等消费者反映问题比较集中行业的格式条款进行了摸底调研,共收集各类合同及具有合同性质的通知、声明、店堂告示等3896份,涉及8个行业、44种不公平合同格式条款,全区各级工商市场监管部门加大整治力度,截至2018年年底，全区市场监管部门行政约谈100次，下发行政建议书53份，发放责令整改通知书35份，调解合同纠纷445起，查处涉嫌违法违规格式条款10条，罚款14.4万元。推行合同示范文本，联合自治区旅游发展委下发《关于推行旅游合同示范文本的通知》，进一步规范合同签约履约行为。加大合同格式条款专项整治力度，印发《自治区市场监督管理厅2018—2019年合同格式条款监管专项整治行动实施方案》，组织开展合同格式条款专项整治行动工作。指导基层全面开展动产抵押登记工作，帮助协调解决涉农企业和农户资金短缺、融资难问题，截至2018年底，全区共办理动产抵押登记426件，抵押物价值207.05亿元，实现融资金额219.42亿元。

【打击传销和规范直销】2018年，全区完善部门间信息共享、案件查处协作机制，强化宣传教育，深入推进无传销县市区创建工作。协同自治区公安厅、财政厅联合制定出台《宁夏回族自治区打击传销违法犯罪活动举报奖励管理办法》，提高群众举报传销的积极性和主动性。配合公安机关侦破"龙绥国际""龙爱量子""云联会"等一批大要案件，查处取缔传销窝点387个，教育遣散传销人员3200人次。开展识别、防范、惩治传销知识宣传进校园、进社区、进集市、进农村、进商场、进车站、进宗教场所活动。认真落实直销企业报备制度，完善直销企业档案，组织排查直销企业打着直销旗号，以股权激励、资金盘、投资分红等形式从事传销的违法行为。加强对直销企业经销商及各类经营主体开展产品推介会、业务沟通会、美容或者营养讲座及各种会议的监管，指导直销企业加强内部管理，妥善处理因退换货等引起的群体性事件。

【广告市场监管】2018年，查处宁夏广播电视台等16家媒体发布违法广告案件，累计罚款24万多元。全区共查办虚假违法广告案件65件，罚没金额71万元。督促广告媒体完善广告发布制度，针对区属传统媒体违法广告发布中存在的问题，对宁夏广播电视台进行约谈。坚持广告导向监管，加大了对食品药品类、医药器械类、投资理财类、金融信贷类等广告的监管，组织开展治理含有"特供""专供"和利用国家领导人形象进行企业宣传等专项行动，查处"医药养生类广告表演者"事件中虚假违法广告欺骗消费者案件。认真处理广告投诉，处理消费者（职业举报人）投诉举报或相关单位移送的信访件等138件，为消费者挽回损失60多万元。完善联席会议制度，实现广告监管综合治理，组织协调并会同党委宣传部、互联网办公室、通信管理局、新闻出版广电局、公安厅等部门在全区范围内开展了非法集资广告咨询信息排查清理等专项行动。

【"双随机、一公开"监管】2018年4月中旬，制定下发《随机抽查事项清单（第二版）》《2018年随机抽查计划》，确定抽查计划9大类，抽查事项38项，检查依据203条法律法规。扩大跨部门双随机范围，按照国务院和国家市场监督管理总局的要求，对系统内部业务部门的抽查任务进行一定范围的整合。加大信息归集和联合惩戒力度，完成国家企业信用信息公示系统（宁夏）建设升级改造，建立全国统一的企业信息公示大数据平台，实现了自治区、市、县（区）三级政府部门、中央驻宁单位等共1090个部门的互联互通，有效解决了"信息孤岛"难题。加快企业信用信息归集步伐，尽快形成企业信用状况的全景多维画像。截至2018年年底，全区国家企业信用信息公示系统已归集了全区各级政府部门注册登记、行政处罚、行政许可等8类共503万条信息,其中行政许可信息90419条，行政处罚11615条。国家企业信息公示系统（宁夏）访问量已达11809万人次，查询量达6190万人次。积极开展守信激励和联合惩戒工作，加强企业公示信息"双随机"抽查，对列入异常名录企业进行限制，累计列入经营异常名录49062户。推行企业信用监管"黑名单"制度，对严重违法企业、吊销企业、老赖企业的法定代表人和高管列入"黑名单"。充分发挥"黑名单"惩罚性、警示性功能，严格执行企业法定代表人和高管任职限制，对于已纳入"黑名单"的人员，身份信息"嵌入"登记系统自动提醒，依法不予登记为企业法定代表人和公司高管。依托国家企业信用信息公示系统（宁夏）部门协同监管子系统向其他部门推送数据信息40万多条，其中经营异常名录信息14万条、"双告知"信息25万条，在此基础上，与自治区总工会、公共资源交易管理局、商务厅等单位签订了《失信企业协同监管和联合惩戒备忘录》，在公共资源招投标、企业信用等级评定和"五一劳动奖章"授予等方面进行联合惩戒。与税务部门建立清理长期未经营企业协作机制，通过信息公示与交换，有效避免了监管真空，使失信者"一处违法、处处受限"，提高了市场主体违法成本，提升了市场主体主动履行法定责任的意识，促使市场主体逐步认识到信用约束的力量。

【市场主体发展】截至2018年底，全区实有各类市场主体59.14万户，其中：企业16.07万户，占比27.17%，较上年同比增长10.22%。企业中，内资企业15.99万户，同比增长10.26%，注册资本16893.73亿元，同比增长10.91%，户均注册资本规模1056.4万元；其中：私营企业14.96万户，同比增长10.51%，注册资本11446.05亿元，同比增长10.57%，户均注册资本规模765.23万元；外商投资企业762户，同比增长3.25%，注册资本128.87万美元，同比下降43.61%，户均注册资本规模1691.18万美元。2018年年底千人企业数量达42.82户。2018年，全区新登记企业28502户，同比下降6.99%，注册资本2156亿元，同比下降23.06%；其中，新登记内资企业28415户，同比下降6.95%，注册资本1661.68亿元，同比下降39.44%，新登记外商投资企业87户，同比下降17.14%，注册资本73.68亿美元，同比下降55.73%。全区日均新登记企业78户，较上年同比下降8.23%。

2018年全区市场主体（企业）登记情况表

单位：户

登记机关	企业			合计
	内资（非私营）	外资	私营	
合计	10343	762	149575	160680
银川市	5505	461	79566	85532
石嘴山市	899	84	12965	13948
吴忠市	1457	67	21108	22632
固原市	962	37	13946	14945
中卫市	939	50	13594	14583
银川高新技术产业开发区	459	56	6621	7136
宁夏宁东能源化工基地	122	7	1775	1904

【“放心消费在宁夏”创建】2018年4月28日，自治区人民政府批准建立《宁夏回族自治区消费者权益保护工作联席会议制度》。会同自治区高院、检察院、发改委、经信委等37个部门，制定印发《宁夏回族自治区开展“放心消费在宁夏”创建活动实施方案》。全区“部门全联动、市县全覆盖”的协同共治消费维权机制基本建立。开展重点领域消费维权，突出重点领域、重点群体、重点区域、重点时段、重要节点，通过部门联动、案件查办、行政约谈、消费警示、投诉公示等多种手段，化解消费纠纷，查处区内某知名企业利用格式合同条款损害消费者权益等一批典型案例，维护安全放心的市场消费环境。围绕网络商品交易市场经营行为突出问题，严厉惩治网络销售假冒伪劣商品违法行为；围绕重要节日时段，突出重点商品，集中力量开展专项市场监管执法，严厉惩治各类侵害消费者权益行为。

【网络交易市场监管】2018年，《宁夏回族自治区网络市场监管厅际联席会议工作规则》制订印发，完善了协同监管机制，联合网络市场监管厅际联席会议各成员单位对全区网络市场进行摸底调研。截至2018年年底，全区共开展网上检查网站（网店）9303个次，实地检查网站（网店）经营者1952（家）次，删除违法商品信息1582条，责令整改网站104个次，提请关闭违法网站215个次，立案查处网络违法案件19件，移送公安机关案件11件。落实平台主体责任，制订《网络交易平台经营者责任书》，组织平台所在地工商市场监督管理部门与平台经营者签订责任书，与29家平台经营者签订了首批责任书，进一步压实网络交易平台企业主体责任。

【消费投诉举报】2018年，“12315”“12365”“12331”“12358”“12330热线共受理处理各类投诉举报案件共93830件，其中咨询68208件、投诉18595件、举报5396件、其他1631件。各级市场监管部门立足岗位职责，调处各类消费纠纷，为消费者挽回经济损失额2162.71万元；依据案源线索，积极立案查处各类违法案件，罚没342.74万元。消费者及经营者通过热线反映的问题，涉及产品质量、食品药品安全、知识产权保护、价格等不同领域、不同行业，关系到百姓生活方方面面。交通工具类投诉占据消费者投诉量首位。该类投诉涉及了汽车新车、二手车、汽车零配件、电动车、自行车、农用车、电动车电池等商品，同时还延伸到4S店售后服务、保险、保养、维修、共享单车、共享汽车等行业。消费者重视商品的质量和商家信誉，产品质量缺陷、假冒零配件、“三包”服务履行、质量检验检测、合同违约是消费争议焦点。食品药品关系到百姓“舌尖安全”和用药安全成为消费者热诉。消费者食品、药品安全意识强烈，关注预包装食品和药品质量。食品变质、过期、包含异物、无证生产、涂改生产日期、保质期，药品的疗效、成分配料、适宜人群、证照许可均会成为引发投诉的“导火线”。食品药品，安全是“红线”，非法添加、制假售假、虚假宣传等违法行为，严重损害消费者合法权益，危害公共安全。品质、绿色、健康、环保成为消费时尚，但家居建材类产品质量问题多。成品家具、家居用品、装修材料，如沙发、床具、板材、木门、木地板、油漆等产品及装修材料，消费者因为该类材料的异味、色差、基材材质、尺寸、安装时间等与经营者纠纷不断，有异味、甲醛超标、材质与约定不符、以次充好、送货不及时、安装瑕疵商家又不主动担责是消费者意见集中的方面。销售方式花样翻新，保健品成为敏感话题。以赠送鸡蛋、挂面、炊具等小商品为理由，以“专家讲座”“免费旅游”“免费体检”“健康义诊”为噱头，抓住消费者健康恐慌心理，虚假宣传保健品或普通商品具有疾病预防和治疗功能，通过“会销”方式诱使消费者，特别老年人购买，引发消费纠纷，该类投诉多为子女反映父母或长辈购买保健品问题。特种设备运行关系群众生命安全，设备安全性群众异常关心。特种设备类投诉中，对电梯的投诉，占该类投诉九成以上，电梯坠层、困人、无故停运、运行过程中异响、开关门异常、控制面板失灵、超期未检、未粘贴标志标识等是群众反映的主要问题，与电梯相关的应急救援服务，也有群众反映，矛盾的双方主要是居民与物业服务方。餐饮住宿服务消费频次密集，消费纠纷集中。外出就餐、旅游、住宿成为常态，就餐过程中，食材内混有异物、腐败变质、卫生不达标及团购券使用、用餐环境和服务态度恶劣现象，消费者均有反映。住宿过程中，网上订房商家不能如约提供服务，或擅自加价，拒开发票，噪音干扰，卫生条件差等，影响消费者顺利入住。新理念，新消费，新生活，文化、娱乐、体育服务投诉逐步上升。随着消费观念的转变，文化、娱乐、体育服务频次增加，但瑜伽馆、游泳馆、体育馆、儿童娱乐场馆、电影院、健身会所、娱乐会所等经营主体，往往因履约问题，安全防护问题，服务质量问题，与消费者发生纠纷。表现形式为：经营主体转让、搬迁造成商家不能履约，消费者预付费用退还难，健身教练私教课费用退还难及娱乐会所打折优惠承诺不履行等。房屋装修花费不菲，规范履行合同是关键。消费者与装修公司签订合同，在装修施工，履行合同过程中，消费者与装修公司争议不断。反映的问题主要是装修公司延期交工，先付尾款再完工，装修公司将工程外包，施工过程中偷工减料，质量下降，装修质量难达标，装修效果与设计效果图或广告宣传差异大等问题。合同履行中，消费者支付部分或者全部费用后，往往处于被动地位，给顺利入住增添麻烦。价格关系群众核心利益，牵动百姓的心弦，社会关切度高。涉及价格问题的投诉，消费主要反映经营方虚构原价、低标高结、误导消费、串通涨价等，集中在停车场服务、水电气暖公共服务、物业服务、医疗服务、商品零售、教育培训等领域。“预付费”消费模式，为消费者带来诸多隐忧，消费纠纷时有发生。优惠和便利是“预付费”模式让消费者接受的重要条件，该消费模式广泛存在于餐饮、美容美发、体育健身、娱乐洗浴、车辆清洗、饮用水配送等服务行业及部分商品零售、汽柴油销售中。不法商家诚信缺失，不兑现服务承诺，玩“人间蒸发”，或设置霸王条款，消费者退款难，挫伤消费者积极性。

（陈　洋）

质量技术监督

【质量监督抽查】2018年，共抽查工业产品1301批次，合格1242批次，合格率95.4%。抽查22家生产企业电线电缆产品52批次，合格50批次，合格率96.2%。全区28家生产企业抽查食品相关产品51批次，合格50批次，合格率98%。开展农资产品专项整治，共对全区44家化肥、农膜生产企业抽查产品93批次，合格75批次，合格率80.6%。食品相关产品合格率98%，危险化学品合格率94%。开展产品质量国家监督抽查，共对全区羊绒针织品、滴灌带产品等10种产品抽查17批次，合格率94.1%。抽查车用汽柴油660批次，合格636批次，合格率96.4%。开展以一次性餐具、纸杯、葡萄酒软木塞为重点的食品相关产品质量安全风险监测。组织实施农资、成品油、厨房电器、通信工具、婴幼儿用品、装饰装修材料、电气产品、汽车配件、服装鞋帽、消防产品等12个大类、22种商品，1416个批次的商品抽检（其中线上抽检6种商品、110个批次），总体合格率86%。开展危险化学品专项整治，对全区101家危险化学品和危险化学品包装物、容器生产企业实地核查。开展了电动自行车专项整治。组织行业专家配合市县市场监管部门对全区钢铁、水泥生产企业进行了全面排查，对宁夏中卫市华泰鑫水泥集团有限公司的3台淘汰水泥生产设备予以拆除，会同发改、经信等部门查处“地条钢”生产黑窝点3个，督促贺兰县市场监管局对宁夏贺兰金山水泥有限责任公司生产淘汰落后产品的违法行为进行立案查处，提请国家总局对2家钢铁、水泥企业的生产许可证予以注销。

【红盾质量维权】2018年，全区市场监管部门共检查生产经营企业6382家次，查办案件173起，涉案货值298万元，收缴罚没款295万元。印发《关于开展2018年红盾质量维权行动的通知》，加强商品和服务质量监督执法力度，开展联动执法，提升案件查办效能；围绕网络商品交易市场经营行为突出问题，严厉惩治网络销售假冒伪劣商品违法行为；围绕重要节日时段，突出重点商品，集中力量开展专项市场监管执法，严厉惩治各类侵害消费者权益行为。建立抽检不合格案件处理台账销号制度，加大基层市场监管部门商品质量案件办理督查力度。查处宁夏国芳百货购物广场有限公司经销不合格鞋类商品、银川新华百货电器有限公司经销不合格通信工具案件，没收不合格手机及配件1475部，罚没合计

69.2万元。查办农资违法案件109起，为消费者挽回经济损失15.34万元。

【标准化体系建设】2018年，按照《国家标准化体系建设发展规划（2016—2020年）》，对全区标准体系建设开展中期评估。建立和完善标准化工作制度，出台《宁夏地方标准制修订工作程序》，印发《宁夏回族自治区专业标准化技术委员会管理办法》，21个标准化专业技术委员会在各自的专业技术领域有效支撑着全区标准供给质量不断提升。针对7大重要产品领域，联合自治区商务厅、网信办、发改委、经信委等10个部门建立重要产品追溯标准化工作机制。加强地方标准管理，下达三批地方标准制修订计划，组织对标龄超过5年的340项地方标准进行复审，截至2018年底，共立项地方标准66个，审批发布6个，废止134项。加强标准化示范项目建设，指导第九批国家级农业标准化示范项目建设，对银川市社会保险事业管理局和宁夏华夏西部影视城有限公司开展试点验收，对银川经济技术开发区等3家申报2018年度国家高新技术产业标准化试点示范项目加强指导。与自治区发改委、财政厅启动自治区第一批服务业标准化试点工作，正式将生活性服务业、生产性服务业以及社会管理和公共服务纳入试点范围，通过对自治区第一批服务业标准化73家申报试点单位组织评审，确定15个试点单位，对每个试点给予20万元一次性补助。在银川市开展百城千业万企对标达标提升专项行动。联合自治区发改委、科技厅、工信厅、财政厅、生态环境厅、交通运输厅、中国人民银行银川中心支行7个部门，组织装备制造业、建筑业、煤化工等行业开展企业标准“领跑者”活动。开展企业标准自我声明公开，截至2018年底，全区共有421家企业上报1666项标准，涵盖2294种产品，培育团体标准13项。以银川经济开发区高端装备制造业试点等技术创新为引领，组织开展“装备制造业标准和质量提升行动”。组织推荐宁夏共享集团股份有限公司申报中国标准创新贡献奖（组织奖）、国家技术标准创新基地。以制度创新为保障，持续深化“标准化＋”行动，研究制订《自治区基本公共服务标准体系建设方案（2018—2020年）》，及时总结乡镇政府服务能力建设，联合自治区政务服务中心开展全区政务服务标准化建设3年行动，联合自治区政府机关事务管理局开展自治区机关事务标准化建设。

【计量基础建设】2018年，全区完成新建社会公用高级计量标准14项。帮助指导有条件的企业建立企业最高计量标准，指导建立企业最高计量标准87项，有效缓解了停征计量强制检定收费政策实施以来各级法定计量检定机构的工作压力。指导民营技术机构在司法鉴定、文物鉴定等方面建立计量检规和标准体系，扩大提升民营技术机构开展新项目、新领域检测，鼓励引导民营资本和民营机构参与检定检测行业竞争，推动全区检定检测能力体系建设。强化民生计量监管，开展民生领域计量器具专项检查工作，共检查商场超市、餐饮单位、快递公司等635家，计量器具2568台，现场检定计量器具89台，报废不合格计量器具16台。组织开展集贸市场计量器具专项整治，检查集贸市场、早市、蔬菜直销店631个，检查计量器具11309台件，免费修理校准计量器具60台，现场查扣、销毁325台不合格计量器具，查处销售作弊电子秤商户3家，罚款30500元。组织开展基层医疗机构在用医疗计量器具检定，共对全区230个乡（镇）卫生院、村卫生室，以及社区医疗卫生服务中心（站）、计划生育服务所6000多台（件）医用计量器具免费检定，合格率100%。组织开展定量包装产品净含量和标识专项抽查，以与百姓生活密切相关的化肥、大米、面粉、调味品、食用油、月饼、小食品等为重点，共抽查120家生产、销售企业212个批次，其中商品净含量合格率为90%，从商品包装标识合格率为92%。突出民用消费品组织开展家用洗衣机、电冰箱、电磁炉、抽油烟机、空调、电饭锅家电产品能效标识监督检查。截至2018年底，全区法定计量技术机构免费检定计量器具20万余台件。

【特种设备安全】2018年，全区强化企业、使用单位主体责任落实，组织开展电梯、大型游乐设施、压力容器和电站锅炉等隐患排查治理行动，特种设备安全形势总体平稳。争取自治区政府出台《进一步加强电梯质量安全工作实施方案》，注销燃煤锅炉618台，依法撤销了6家企业的许可事项。推进电梯电子监管系统建设，全区97.8%的电梯进入“96333”平台，救援效率比国家规定提高50%以上。全区完成特种设备定期检验3.6万台、监督检验5032台，各类罐车定检2849辆，工业管道定检1.25万条，公用管道定检908公里，压力管道监检191公里；检验各类气瓶11万只。按照自治区机构编制委员会文件要求，将原宁夏锅检所与宁夏机电所整合，组建宁夏特种设备检验检测院。完成了银川市政府2018年为民办实事项目“在用150台老旧电梯安全评估”，并出具相关电梯评估报告450份。对全区40多家游乐场所的146台大型游乐设施进行安全隐患排查，发现企业存在的安全隐患和问题600余条，整改450余条。

（陈 洋）

食品监管

【食品生产经营主体】截至2018年底，全区共有食品生产经营单位102605家，其中：食品生产企业1391家（含保健食品生产企业7家），占总数的1.4%；食品生产加工小作坊4975家，占总数的4.9%；食品销售单位55409家（含网络食品销售单位744家），占总数的54%；餐饮单位40830家（含单位食堂3494家），占总数的39.7%。粮油、乳制品、酒类、糕点、调味品、肉制品加工、淀粉、枸杞等是宁夏食品行业主导产品。

【食品安全监管】2018年，全区推行食品安全"网格化"监管模式，共建立26个一级网格、118个二级网格、431个三级网格，每个网格配备2名监管人员。建立健全《食品安全追溯管理办法》《临近保质期食品管理制度》《学校食堂食品安全管理十项规定》《高风险食品风险防控责任清单》等20多项制度，构建全过程全覆盖监管体系。2018年，现场检查全区中小学校和幼儿园食堂2965家，约谈相关责任人226名；对全区80%的食品生产企业进行风险分类定级，梳理印发30类食品风险清单和乳制品等7个品种的食品风险清单；组织专业人员对全区18%的食品生产企业进行了全面"体检"，发现问题1830条，发出"警示函"124份，采取"一企一函"办法，逐一进行了整改。紧盯群众最为敏感、最为担忧、反映强烈的农村食品、保健食品，以及旅游景区、高速公路服务区餐饮和畜禽水产品、食盐、食醋、胡麻油等领域突出问题，深入开展专项治理，2018年全区各级市场监管部门累计检查各类市场主体3.2万余家，查办违法违规案件822起。采取"四不两直"方式，先后4次组织对全区乡镇、村进行食品安全督查调研，对问题突出的6个县（市、区）市场监管部门主要负责人进行了约谈。

【食品检测】2018年，全区新建、改造4个市、4个县、8个食品安全检测机构，重点加强固原市4个县食品检测机构建设，填补了固原地区食品检测空白；为全区22个县区配备食品安全快检车，128个市场监管所和155个三类市场主体统一建立食品安全快速检测室，实现了市县乡三级食品安全快速检测体系全覆盖。自治区政府连续11年将食品安全抽样检测纳入为民办实事民生计划项目，2018年完成食品抽样检测19580批次，合格率达98.7%，抽检结果每周向社会公布1次。2018年，全区蔬菜、畜禽产品、水产品等主要农产品监测平均合格率达到98.3%，高于国家控制指标3.3个百分点，位居全国前列；食品安全监督抽检合格率连续5年稳步上升，2018年合格率达到98.7%，抽检数量和合格率均达到历史最高水平。

【食品安全示范创建】2018年，全区开展餐饮业质量提升工程，餐饮单位"明厨亮灶"完成率达到90%，居全国前列；连续14年未发生重大食品安全事故和系统性、区域性食品安全事件，全区食品安全形势呈现稳定可控、总体向好的发展态势。在全国率先启动了网络订餐"食安封签"制度；高质量完成自治区成立60周年大庆等重大活动食品安全保障任务212次，得到国家市场监管总局的通报表扬。截至2018年年底，全区累计创建食品安全示范县（区）15个、食品安全先进乡镇（街道）103个和食品安全示范单位1554家。连续8年举办"食品安全宣传周"活动，通过"邀请媒体走基层""邀请群众进后厨"等系列活动，深化科普宣传，加强信息公开，促进社会共治。加强舆情监测，2018年监测各类食品药品安全舆情1.6万余条，其中负面舆情占26.8%，及时予以回应、加强正面引导，没有引发食品安全事件。发挥投诉举报平台作用，拓宽群众参与渠道。2018年，"12331"食品药品安全投诉举报平台共受理食品咨询2591件，食品投诉举报4922件，办结率达99.7%。

（陈 洋）

知识产权

【实施商标知识产权战略】2018年，全区围绕《宁夏知识产权战略纲要》，出台《宁夏回族自治区贯彻落实〈国务院关于新形势下加快知识产权强国建设的若干意见〉的实施方案》《宁夏知识产权保护和运用"十三五"规划》《自治区党委 人民政府关于推进创新驱动战略的实施意见》以及《自治区知识产权创造保护运用行动方案（2018—2020年）》等配套政策，制定完善了《贺兰山东麓葡萄酒地理标志证明商标管理办法》《"中宁枸杞"地理标志证明商标使用管理办法》《"盐池滩羊"地理标志证明商标使用管理办法》等保护制度。联合财政部门出台《宁夏回族自治区知识产权补助资金管理办法》，设立专项资金重点补助授权发明专利、高价值专利及知识产权示范、优势（试点）企业、通过知识产权管理体系认证企业。2018年，全区190余家企业获得补助资金1174万元，补助金额突破千万，极大激励了创新主体的积极性和创造性。2018年，全区共申请专利9839件，比上年同期增长14.8%，其中发明专利申请2986件，比上年同期增长16.6%；共获授权专利5656件，比上年同期增长

33.3%,其中发明授权744件,比上年同期增长13.2%,全区共有有效发明专利2820件,比上年同期增长27.3%,每万人口发明专利拥有量达到4.13件。拓展商标变更、转让、续展等业务,缩短商标注册时限,2018年度注册商标申请量为15851件,新增注册商标11367件,全区有效注册商标达43186件,地理标志商标23件,驰名商标55件。发挥试点示范带动效应,加快知识产权强企建设。不断深化"以试点促推广普及,以示范促带动引领"工作格局,提升全区企业知识产权综合能力。截至2018年年底,全区共有7家国家知识产权示范企业、37家国家知识产权优势企业,26家自治区知识产权示范企业、65家自治区知识产权试点企业,全区知识产权示范、优势(试点)企业数量累计达到80家,企业专利专员数量403人。全区企业知识产权贯标工作取得显著成效,共有69家企业取得知识产权管理体系认证证书。开展商标服务业品牌化示范项目建设,与自治区发改委联合制定下发《宁夏回族自治区服务业品牌化建设示范项目资金管理办法(暂行)》,在全区公开征集自治区服务业品牌化建设示范项目,通过商标所有人自愿申报、专家评审,共确定涉及住宿餐饮、电子商务等15个服务业品牌化建设项目,获得资金支持750万元。争取到了自治区党委政府的政策,在《宁夏回族自治区党委 人民政府关于推进创新驱动战略的实施意见》政策指南"创新30条"中明确列出"对获得国家地理标志保护的产品,给予50万元,获得国家地理标志产品保护示范园区称号的企业给予5万元奖励"。

【知识产权保护】2018年,全区加强知识产权行政执法和维权援助,出台《知识产权执法维权专项行动方案》,开展知识产权执法维权"护航""雷霆"专项执法活动,开展"中宁枸杞""盐池滩羊"等注册商标专用权保护行动和惩治商标侵权"溯源"专项行动、惩治使用未注册商标违反《中华人民共和国商标法》禁用条款行为"净化"专项行动。加强对互联网领域侵权假冒的治理,做好线上专利行政执法案件查处工作。2018年共办理专利纠纷案件88件,查处假冒专利案件31件,处理电子商务领域侵权投诉案件199件,涉案网店507家。立案查处商标侵权和制售假冒伪劣商品违法案件215件,案值123.69万元,罚没款153.35万元。支持全区优势特色产业专利技术实施转化和自治区专利运营试点企业发展。对2018年实施运用状况、市场发展前景较好的10个专利技术产业化项目给予补助。吴忠市获批建设中国智能装备制造(仪器仪表)产业知识产权运营中心。采用政府购买+补贴形式,引入第三方服务机构对全区专利技术项目库开展预评估工作。开展企业知识产权质押融资补贴,2018年,全区企业实现9200万知识产权质押融资额。开展专利保险工作,与辖区保险机构建立工作联系机制,支持保险机构丰富专项保险产品,协助推广专利保险业务。组织开展重点技术领域专利数据库建设,设立专利信息分析项目,通过资金补助的形式,支持服务机构与企业开展专利文献信息分析课题合作研究协议。组织实施《铸造领域3D打印技术专利分析项目》,为铸造领域3D打印技术研发、市场布局、专利阻抗提供依据。扶持专利代理行业发展,增强行业发展后劲,宁夏合天律师事务所获批成为第三批"全国知识产权服务品牌机构"。截至2018年年底,全区共有专利代理机构8家,76人具有专利代理人资格证。

(陈 洋)

价格监管

【概况】2018年,全区持续推进涉企收费专项检查,开展殡葬服务收费专项检查,共出动检查人员276人次,检查87家单位,查处违规行为案件30起,下发提醒告诫书2家、责令改正通知书6家。开展电网和转供电环节电价重点检查,共摸底梳理出转供电主体205家,涉及终端用户4.7万户,检查电网企业5家,转供电主体129家,涉及终端用户约2.5万户;召开提醒告诫会、政策解读会10余场,发放提醒告诫书200余份,发放各类宣传资料1.65万份,完成了国家对一般工商业目录电价中各个电压等级下的电价均降低10%以上的目标要求。在元旦、春节、国庆节等重大节假日期间,印发加强节日期间市场价格监管工作的通知和方案,重点检查农贸市场、客运、公交票价、旅游公司、旅游景点、液化气等民生价格和收费,严厉查处乱涨价、乱收费、不明码标价、价格欺诈、哄抬价格等价格违法行为。查处价格违法行为26起,及时处置价格异常波动案件6起。全区各级价格举报中心共受理各类价格举报咨询、投诉17153件,办结16366件,办结率95.41%。

【缴费退款】2018年,全区严厉查处不执行优惠减免政策、对已取消的收费项目继续收费等违规行为,清退有关部门违规收取企业质量保证金710.62万元。催缴15家燃煤发电企业上缴罚没款189万元(没收款176.4万元、罚款12.6万元),督促中国石油天然气销售西部分公司宁夏代表处(原中国石油西气东输长宁天然气销售分公司)退还多收21家下游用户的燃气价款2626万元。

（陈　洋）

反垄断执法

【概况】2018年，全区开展《反垄断法》实施十周年等竞争宣传倡导活动，组织各市、县（区）开展了系列知识媒体宣传活动，展示《中华人民共和国反垄断法》以下简称《垄断法》实施以来的工作成效，使社会各界群众对价格监管部门的满意度有了明显提高。注意收集重点行业反垄断案件线索，及时排查行政垄断行为。开展公用事业领域专项检查，对全区114家电信经营企业的移动通信资费、宽带业务资费、通信产品销售等价格行为进行了检查。组织全区28家天然气生产经营企业召开提醒告诫会，有效制止天然气销售企业不执行政府定价、擅自乱涨价等行为。抽查6家供水公司，纠正了明码标价不规范等4类问题。加大民营医院、老年保健品等社会关注行业反不正当竞争执法力度，2018年，共查办案件40起。查处的电信部门反垄断案件被国家市场监管总局评为全国实施《反垄断法》十年全国典型案例。

【公平竞争审查】2018年，全区基本建成自治区级、5个市级、21个县（市、区）级（沙坡头区除外）公平竞争审查工作联席会议制度，与信息上报制度形成了配套的公平竞争审查工作体系。有序开展增量文件审查和存量文件清理，全区审查增量文件总数为8559件，修改38份，其中，区直单位审查增量文件数量为2092，市、县（区）政府及有关部门审查增量文件6467件。开展存量政策措施清理工作，自治区26个区直单位和17个市、县（区）政府及有关部门梳理文件总数为20077件，修改30份，废止138份，自治区级各政策制定机关梳理文件数量共计5777件，市、县（区）政府有关部门梳理文件数量为14300份。切实保障公平竞争审查制度的有效实施，抽查文件200余份，发现问题，及时反馈，并提出整改指导意见。对自治区政府部门3份拟出台文件提出书面咨询意见；通过参与调研、座谈会、出具《咨询意见函》等形式，对4个部门涉及市场准入等政策措施中含有涉嫌排除限制竞争的有关条款提出咨询意见。

（陈　洋）

药品监督管理

【概况】截至2018年12月31日，全区共有持药品生产许可证的企业37家，其中制剂生产企业9家，中药饮片生产企业14家，原料药生产企业8家，医用氧生产企业4家，药用辅料生产企业2家。各企业共持有药品批准文号485个，其中化学制剂批准文号304个，中药制剂批准文号153个，原料药批准文号22个，医用氧批准文号6个。全区共有持医疗机构制剂许可证的制剂室8家，其中6家制剂室持有医疗机构制剂批准文号共67个。全区共有药品经营企业3344家，其中药品批发企业121家，零售连锁总部72家，零售药店3151家。全区共有医疗器械生产企业25家，其中一类医疗器械生产企业7家，二类医疗器械生产企业18家。全区共有医疗器械经营企业575家（不含备案经营）。全区共有化妆品生产企业4家。2018年，自治区药品监督管理局共组织开展面向基层监管干部的各类培训班26期，培训监管干部2100余人（次）。

【体制机制改革】2018年，宁夏药品监管体制机制发生重大改革调整。10月12日，自治区党委印发《关于设立和撤销自治区政府有关组成部门直属机构及部门管理机构党组自治区政协有关专门委员会分党组的通知》，决定设立中国共产党宁夏回族自治区药品监督管理局党组，撤销中国共产党宁夏回族自治区食品药品监督管理局党组。10月17日，中共宁夏回族自治区委员会办公厅、人民政府办公厅转发了《中共中央办公厅　国务院办公厅关于印发〈宁夏回族自治区机构改革方案〉的通知》，明确组建自治区药品监督管理局，作为自治区市场监督管理厅的部门管理机构。不再保留自治区食品药品监督管理局。2018年10月19日，自治区深化机构改革领导小组办公室印发了《自治区药品监督管理局机构编制职数框架原则》和《自治区药品监督管理局机构编制职数框架》；同日，自治区召开自治区市场监督管理厅干部大会，宣布王生礼任自治区市场监督管理厅党组成员、自治区药监局党组书记、局长。11月13日，自治区药品监督管理局举行挂牌仪式。12月6日，自治区药品监督管理局召开干部大会，宣布杨秋蓉、郭涛、白军生任局党组成员、副局长，杨学礼任局党组成员、药品安全总监，标志着新的自治区药品监督管理局班子组建工作全面完成。在此期间，新组建的自治区药品监督管理局党组组织草拟了《自治区药品监督管理局职能配置、内设机构和人员编制规定（草案）》，初步拟定自治区药品监督管理局负责制定并监督实施药品、医疗器械和化妆品监督管理制度，负责药品、医疗器械和化妆品生产环节的许可、检查和处罚，以及药品批发许可、零售连锁总部许可、互联网销售第三方平台备案及检查和处罚；市县两级市场监管部门负责药品零售、医疗器械经营的许可、检查和处罚，以及化妆品经营和药品、医疗器械使用环节质量的检查和处罚。自治区药品监督管理局内设综合处、政策法规处、药品注册与生产监督管理处、药品流通监督管理处、医疗器械监督管理处、化妆品监督管理处、稽查局7个内设处室，同时设机关党委（人事与老干部处）。自治区药品监督管理局核定行政编制51名。

【药品注册】2018年，全区共办理药品再注册事项7件。全区共有3家药品生产企业20个品种（25个批准文号）药品启动了仿制药质量和疗效一致性评价工作，其中2个批准文号完成了药学研究工作，1个批准文号完成了一致性评价研究。全年共办理一致性评价用参比制剂进口申请19项。

【药品监督管理】2018年，自治区食品药品监督管理局研究制定《2018年药品生产企业监督检查计划》，全年组织各级药品监督管理部门开展专项风险隐患排查6次，监督检查各类药品生产企业60家次，发布监督检查信息5期；严格执行特殊药品生产经营企业定期巡查制度，对6家麻醉药品和第一类精神药品批发企业、16家专门从事第二类精神药品批发企业、1家含特殊药品复方制剂生产企业、1家美沙酮口服溶液配制单位每季度开展1次现场检查，对麻醉药品、精神药品批发企业开展专项检查1次。2018年2月1日，自治区人民政府办公厅印发《关于深入开展全区城乡接合部和农村地区药品质量安全专项整治的通知》，部署对全区城乡接合部和农村地区的药店、诊所及村卫生室药品经营使用中存在的突出问题进行集中整治，要求各市县结合各自实际，将城区日常管理不规范、问题较多的药店和诊所一并纳入整治范围。据统计，此次专项整治共涉及2096家村卫生室、594家个体诊所、1056家零售药店，共计3746家药品经营使用单位。整治期间，全区共出动执法人员10249人次，检查药品经营使用单位5596家次，达到了整治名单的149%，对检查中发现的1514家存在违规问题的涉药单位，逐单位、逐问题建立台账，约谈涉药单位负责人100余人次，共组织查处涉药刑事案件1起、行政违法案件336起，收缴罚没款共计72万元，收回药品GSP证书6家。2018年7月，自治区食品药品监督管理局按照国家药监局等六部委统一部署，联合自治区通信管理局、公安厅、工商局、网信办、检察院印发了《宁夏回族自治区药品"净网2018"专项行动实施方案》，组织对全区取得互联网药品信息服务许可证的23家企业，联合自治区通信管理局梳理出名称中含"药"字样的60家网站进行了检查，检查发现宁夏同仁本草医药连锁有限公司网站主页面上展示有处方药信息，督促其对36条相关信息予以删除，未发现互联网制售假药与违法销售药品的行为。

【疫苗经营监督管理】2018年3月22日，自治区食品药品监督管理局印发了《关于开展疫苗配送使用单位及血液制品经营企业专项检查的通知》，部署对全区疫苗配送使用单位及血液制品经营企业开展专项检查。7月中旬，长春长生疫苗事件发生后，按照国家药监局和自治区人民政府安排，自治区食品药品监督管理局又及时印发《关于对我区疫苗流通使用环节进行全面检查的通知》，再次组织开展了疫苗安全风险隐患全面排查工作。经查，2017—2018年，在宁夏中标的第二类疫苗有36家疫苗生产企业共26个品种，已有30家疫苗生产企业按规定向自治区食品药品监督管理局递交了第二类疫苗委托储存配送报告，共委托10家企业向宁夏配送，其中宁夏本地企业2家（宁夏保安康生物药品有限公司、宁夏弘益生物医药有限公司），其余8家均为外省区企业。通过对区内2家疫苗储存配送企业、25家疾病预防控制中心、1866家疫苗预防接种单位的全面排查，2017—2018年7月，自治区疾病预防控制中心共采购第一类疫苗14个品种、213.19万支发放至各市县疾病预防控制中心（其中长春长生生物科技有限责任公司和武汉生物制品研究所有限责任公司生产的3批次不合格百白破疫苗未流入宁夏）；全区各市、县（区）疾病预防控制中心通过自治区公共资源采购平台共采购第二类疫苗18个品种、90.7万支供应给本辖区预防接种单位，其中购进长春长生生物科技有限责任公司生产的冻干人用狂犬疫苗130450支，已使用111290支，报废10支，剩余封存19160支，8月11日，长春长生生物科技有限责任公司已将封存的19150支冻干人用狂犬疫苗全部召回。

【药品质量抽样检验】2018年，自治区药品监督管理局计划安排药品抽检2150批次（国家药品抽样任务350批次，自治区安排抽检1800批次），实际完成2278批次（国家药品抽样486批次，自治区抽检1792批次），经检验判定为不合格的124批次，总体合格率为94.5%。其中生产环节抽检本地企业生产的各类药品372批次（国家抽检32批次，自治区抽检340批次），涵盖了当年本地生产药品的全部品类，经检验判定为不合格的6批次（国家抽检和自治区抽检各3批次，均为中药饮片），地产药品合格率为98.3%。流通环节完成抽检1906批次

（国家药品抽样454批次，自治区抽检1452批次），经检验判定为不合格的118批次（国家药品抽检20批次，自治区抽检98批次，其中110批次为中药饮片），流通环节合格率为93.8%（其中中药饮片的合格率为83.5%）。

【医疗器械监督管理】2018年，自治区食品药品监督管理局组织开展了医疗器械经营使用专项整治工作，组织全区各级市场监管部门共检查医疗器械生产、经营和使用单位以及各类商铺2830家，责令限期改正455家，通过区局网站公示了2期共2563家医疗器械生产、经营、使用单位的日常监督检查情况，立案查处34起，罚没款28.1万元，注销《医疗器械经营许可证》6家，标注和公告第二类医疗器械经营备案凭证5家。印发了《关于做好医疗器械网络销售监管工作的通知》，全区共有16家网络销售医疗器械的企业通过了系统备案。联合自治区卫健委印发了《关于切实做好医疗器械临床试验机构备案工作的通知》，全区有2家医疗器械临床试验机构建设通过了系统备案。制定《全区医疗器械生产企业量化分级管理办法》，推行生产企业量化分级管理，2018年组织对全区18家重点监管医疗器械生产企业进行全项目检查，推进《医疗器械生产质量管理规范》全面实施；重新修订印发《宁夏医疗器械经营质量管理规范现场检查验收细则》，全区有285家第三类医疗器械经营企业达到规范的标准；印发《关于做好医疗器械第三方物流监管工作的通知》，区内获批医疗器械经营第三方物流的企业1家。2018年，自治区药品监督管理局组织完成22个品种、139批次医疗器械抽样任务，发布医疗器械质量公告2期，地产医疗器械产品抽样合格率达到100%。

【化妆品监督管理】2018年，自治区药品监督管理局组织完成国家局安排的234个化妆品备案产品现场检查和60个化妆品备案产品互查任务，组织开展化妆品索证索票、网络销售专项整治。完成化妆品国抽550批次、省抽100批次，及时公布抽检信息，对3批次的不合格产品进行核查处置。

【检验检测能力建设】2018年，经自治区编办同意，自治区药品检验所更名为自治区药品检验研究院。6月1日，《宁夏中药饮片炮制规范》（2017年版）正式出版发行并颁布施行，并获得第二十六届中国西部地区优秀科技图书一等奖。《宁夏中药饮片炮制规范》（2017年版）以1997年版规范为蓝本进行修订，除删减品种482个、增补品种40个外，1997年版规范适用内容予以保留，最终确定收载190个中药饮片品种，《宁夏中药饮片炮制规范》（2017年版）除“正文”“起草说明”文字内容外，重点包括378个实验项目、478张样品图及实验图谱、1373个定量数据等内容。12月，《宁夏中药材标准》（2018版）完成修订出版，经自治区药品监督管理局2018年12月13日第二次局务会议审议通过后于2019年1月1日起实施，《宁夏中药材标准》（1993年版）同时废止。《宁夏中药材标准》（2018版）正文部分共收载中药材品种41种，附录中收载按地方习用药材品种129种。2018年，自治区药品检验研究院与中国食品药品检定研究院签署了“国家药品标准物质研究与标定”项目合作协议，并完成了酸枣仁皂苷B等16个国家药品标准物质的质量监测任务及相关研究工作；自治区药品检验研究院仿制药一致性评价重点实验室基础条件建设项目全面完成。

【药品监管综合保障】2018年，中央转移支付下达自治区食品药品监督管理局公共卫生专项补助5966万元，下达预算内基本建设资金4736万元；自治区财政安排自治区食品药品监督管理局部门预算资金18712万元（基本支出预算4066万元，项目支出预算14646万元）。在继续推进自治区食品药品检验检测中心项目建设的同时，有序推进4个市级食品药品检验检测中心建设和4个县级检验检测资源整合试点项目及91个县、乡快速检测室建设。其中石嘴山市食品药品检验检测中心建筑面积2500平方米，概算总投资2238万元；吴忠市项目因故未完成建设；固原市食品药品检验检测中心建筑面积3175.86平方米，概算总投资2467万元；中卫市食品药品检验检测中心建筑面积2905.28平方米；西吉县、泾源县食品药品检验检测中心建筑面积均为1200平方米，隆德县食品药品检验检测中心建筑面积1150平方米，彭阳县食品药品检验检测中心建筑面积849.96平方米。与此同时，自治区食品药品监督管理局还为全区22个县（市、区）统一招标采购食品药品快速检测车22辆。

（刘建军）

煤矿安全监察

【概况】2018年，宁夏煤矿共发生事故7起、死亡9人（其中较大事故1起、死亡3人），百万吨死亡率为0.12。全年累计执法471矿次，查处一般隐患1491条、重大隐患13条，责令停产整顿矿井5处，停止采掘作业工作面21个，从危险区域撤出作业人员1次，累计行政罚款2780万元，其中监察罚款2440万元，平均每矿监察罚款37万元，先后做出百万元以上大额处罚9次。针对1处国有重点煤矿图纸造假、故意隐瞒掘进工作面的违法行为，对矿长大额罚款14.9万元，并撤销该矿总工程师职务；对擅自打开密闭、在非批准区域采用巷道式采煤方法组织生产的福翔煤矿及其负责人处罚489.8万元，创宁夏煤矿安全监察执法历史上最大罚款额记录。全年公开裁定煤矿企业违法行为8次；持续推进安全宣传教育，组织开展2018年安全生产月活动。全年会同地市安监部门开展联合执法84矿次，查处问题和隐患268条（含重大隐患4条），监管执法罚款367.85万元，形成监管监察携手共进的良好局面。

【煤矿安全基础】2018年，坚持"素质、系统、装备、管理"并重，多措并举，加强煤矿安全基础工作。贯彻落实7月12日全国煤矿安全基础建设推进会精神，自治区发改委、应急厅和煤矿安全监察局等部门召开宁夏煤矿安全工作推进会。会同地方有关部门开展标准化检查抽查，及时对存在重大隐患和事故矿井予以降级，推动煤矿动态达标；争取自治区财政奖励资金352.4万元，对16处一、二级标准化煤矿进行奖励。督促煤矿开展隐患自检自改，提升风险管控能力。强化安全培训，组织对16处煤矿的2052名从业人员进行抽考，累计培训"三项岗位"人员4484人，督促企业调整考核不合格、经补考仍不合格的48名煤矿安管人员的工作岗位；发挥科技对煤矿安全的保障作用，推进煤矿安全监控系统升级改造，7处矿井已完成、15处煤矿已启动。加强矿山救援队伍建设，开展应急管理宣教培训，指导3支救护队伍通过了全国矿山救护队标准化检查，牵头对云南、贵州2个省、6支救援队伍开展标准化互检；协调矿山救护队，先后参加对福翔煤矿非法区域开采勘查和白芨沟煤矿"5·29"全矿井停电停风涉险事故的处置工作，不断提升应急处置能力。

【事故查处和警示教育】2018年，主动向自治区党委、政府和应急管理部、国家煤监局汇报，协调推动"9·27"事故批复结案。严肃事故查处，依法对7起事故调查处理，共罚款340.13万元、对15名责任人员进行了党纪政务处分、移送司法1人，对5处事故煤矿的5名矿长、3名副矿长给予撤职处分。强化警示教育，及时发布事故通报，督促事故煤矿制作警示教育片，组织召开了高闸煤矿"1·10"较大事故警示教育会和"9·27"事故二周年警示教育座谈会。坚持用事故教训推动工作，针对中央省属煤矿零敲碎打事故多发的情况，先后约谈宁煤集团公司和中铝宁夏能源集团公司主要负责人3次，并责令宁煤集团公司召开集团事故剖析会，督促2家企业落实安全生产主体责任，抓好下属煤矿的安全管理。发挥联合惩戒作用，将1处事故矿井纳入联合惩戒对象、将1处存在不良安全生产行为的煤矿纳入"黑名单"，并3次曝光存在重大隐患或违法违规行为的煤矿，强化了煤矿企业的红线意识和"零死亡"理念。

（李　楠）

海关和检验检疫

【概况】2018年，全区监管货运总值10.1亿美元，监管货运量227.8万吨，征收税款6.3亿元，审批减免税货值8019万美元；监管进出境国际航班3540架次，进出境旅客及运输工具服务人员22.7万人次。全年检验检疫货物6660批，货值4.58亿美元，共检出不合格货物44批，货值889.26万美元，批次和货值不合格率分别为0.67%、1.94%。健全完善各监管渠道的风险分析和防控机制，针对关区存在的风险要素深入进行研判分析，全年查获违禁印刷品8本，濒危动植物制品5批，查获胎儿性别鉴定试剂2件。行邮渠道实现突破，首次截获桔小实蝇、三文鱼、问题地图、野米等有害生物和违禁品，有力维护了国门安全。

【机构改革】2018年，原银川海关和原宁夏出入境检验检疫局成立银川海关机构改革领导小组，下设综合协调、业务工作、人事党建、后勤保障4个专项工作组，同时建立双方党组联席会议机制和党组纪检组联席机制，通过四个层面的联席协调机制，共同商定议定标识标牌更换调整、业务流程优化整合等40余项具体工作。主动向自治区党委、人大、政府、政协专报海关改革情况，争取社会各方对海关改革的支持。与自治区党委宣传部联系，协调区级主流媒体配合做好改革宣传。面向关区300余家进出口企业举办改革宣介会，召开两次企业座谈会，宣传海关改革新变化新举措，为此次改革营造了良好的舆论氛围和社会影响。双方党组主要负责人和班子成员多次深入关区所有业务窗口、派驻机构等开展现场调研和办公，全面掌握工作职责、机构设置、人员情况，认真研究做好现场执法、窗口服务、作业流程、设备调配等细化方案论证工作。4月20日，实现统一以海关名义对外开展工作，完成业务领域优化整合，实现"一口对外、一次办理"。6月1日，全面取消《入/出境货物通关单》。制定实施《银川海关关检业务融合工作方案》，8月1日，顺利实现关检整合申报、货物监管"查检合一"、过渡期间开展联合作业等工作。在关区各业务现场加快推进实施“查检合一”，不断着力提升国门安全和风险防控水平，有效降低企业制度性交易成本，营造稳定、公平、透明、可预期的外贸营商环境。

【防控疫病疫情】2018年，检验检疫部门加大经费投入防控非洲猪瘟疫情，加大对入境旅客携带物品和快件的查验力度，提高对来自迪拜等较高风险区域航班的查验率，对入境航班上截获的猪肉制品第一时间进行高温灭菌，集中销毁。通过购买第三方检疫处理公司服务，每周对口岸货物监管库、航站楼、综合保税区快件查验场地等共7600平方米查验区域进行预防性消毒，全年未发生非洲猪瘟疫情传入情事。10月，国务院非洲猪瘟防控工作督查组对银川海关进行实地督查，银川海关防控工作得到督查组充分肯定。

【口岸食品安全检测】2018年，银川海关推进口岸动植检规范化建设，做好平罗进境大型活动物隔离场的验收考核工作。强化携带物鉴定工作，提高口岸现场快速筛查能力，开展国门生物安全公众教育活动，继续开展“绿蕾”专项行动，健全国门生物安全查验机制。以国外官方通报的退运、连续不合格企业为重点，强化对备案企业的事中事后监管。针对出口枸杞、蜂蜜、蔬菜、葡萄酒等产品，实施风险排查专项行动和有毒有害物质监控工作。健全口岸食品生产经营企业分级管理工作机制，开展口岸餐饮企业食品安全等级提升行动。强化技术中心的检验检测技术研究，提升食品安全检测能力。

【惩治濒危物种和“洋垃圾”走私】2018年，银川海关将惩治濒危物种和“洋垃圾”走私作为监管工作的重中之重，组织开展专项行动，专题调研禁止“洋垃圾”进境工作。制订《银川海关打击“洋垃圾”走私“蓝天2018”专项行动方案》，广泛搜集情报线索，开展外线摸排调查，掌握本地固体废物进口企业后续加工利用的详细情况，准确研判关区潜在走私风险。与自治区生态环境厅等部门组成联合调研组，从自治区挑选17家再生资源企业进行实地摸排，掌握固体废物加工生产等情况。查发洋垃圾走私线索1条，案值500余万元；对关区2家国内收货人实施排查，发现1家企业违法违规线索并移交相关部门处理。

【打击走私】2018年，银川海关共立刑事案件2起，案值1921.03万元，涉嫌偷逃税款14.71万元，查扣违法所得10万元，依法对1名犯罪嫌疑人采取强制措施；执行行政处罚9起，累计罚没入库253.19万元，较上年度增长239万元。发挥关检融合后的业务优势，及时调整布控指令与布控频率，实现安全准入查发“零”的突破，全年累计查发安全准入情事35起，风险防控成效显著。

【通关改革】2018年，银川海关通过走访企业、发放调查问卷、分析进出口数据等方式，找准找实影响整体通关时间的关键环节。创新原产地签证举措，将签证工作时限由原来半个工作日缩短为即办即取。投放5台自助申报机，解决部分企业提交电子签证数据较晚，不能在正常工作时间内领证的问题，有效降低企业通关时间和交易成本。主动加强与自治区政府的协调沟通并提出工作建议，密切与口岸办、商务厅等相关部门的联系，推动口岸单位齐抓共管，完成整体通关时间压缩1/3的目标。2018年12月，银川海关进口整体通关时间11.75小时，与上年127.7小时相比压缩90.8%；出口整体通关时间6.66小时，与上年19.61小时相比压缩66.01%。

【服务自治区经济发展和对外开放】2018年，银川海关选取枸杞、脱水蔬菜、葡萄酒等自治区主打出口产品开展质量状况调查、质量比对和会商会诊，找准比较优势、行业通病和质量短板，撰写质量分析报告，研究制订质量问题解决方案。开展出口食品企业质量安全管控，免费帮扶32家中小企业建立起食品防护计划，实现了食品防护计划的全覆盖。开展出口企业受国外技术性贸易措施影响调查，完成全区73家出口企业受国外技术性贸易措施影响调查工作；完成技术性贸易措施信息服务平台及手机APP建设，累计发布资讯2000条，将“宁夏特色产业技术性贸易措施信息服务平台”建设纳入自治区《关于深入推进宁夏内陆开放型经济试验区建设的实施意见》任务清单。联合地方政府开展“宁夏名牌产品”“宁夏名牌服务企业”“政府质量奖”“质量贡献奖”等评选活动，组织“质量月”“中国品牌日”等活动，营造良好氛围、搭建交流平台，提升自治区品牌的知名度和美誉度。2018年，结合自治区对外开放发展实际，制订《银川海关关于深入推进“放管服”改革支持服务宁夏内陆开放型经济试验区建设的实施意见》。支持贸易新业态发展，2018年监管进口快件80.5万件，为上年的12.9倍；快件总重1300.5吨，为上年的9.8倍；总金额1.2亿元，为上年的10.2倍。支持石嘴山保税物流中心(B型)建设，牵头4部门进行联合验收，总署已批复同意验收结果，银川海关积极配合地方政府做好企业入驻相关工作。发挥统计监测预警作用，及时关注中美贸易摩擦，做好税收风险监控与分析，2018年向自治区提供各类信息报告167篇。推进“互联网+海关”建设，畅通关企沟通渠道，搭建关企微信群等即时通信平台，及时回应企业需求。

【优化监管方式】2018年，银川海关构建“风险分析+抽批检验+审单放行”检验检疫监管方式，实现精准监管基础上的快速通关放行。基于产品风险和企业诚信确定抽批查验和实验室检测比例，并根据风险的变化实行动态调整。对抽批抽中的实施现场查验或抽样检测，抽批未抽中的审单放行。全面优化中国电子检验检疫(e-CIQ)主干系统，推进从无纸化报检到施检、通关全流程无纸化作业，切实提高通关效率。将对外贸易经营者备案和原产地企业备案“两证合一”，继续实施“原产地申报无纸化”“原产地签证一体化”和“原产地宣传全覆盖”等便利化措施，2018年共签发原产地证书6582份，约为企业减免关税1325.9万美元，同比增长40.5%。安装“银川海关检验检疫自助终端”，企业可通过该平台完成备案、申报、查询等操作，为企业有效降低经营成本。

（张　帅）

口岸管理

【概况】2018年，银川航空口岸共完成国际(地区)航班保障任务3920架次，运送出入境旅客17.78万人次，其中，朝觐包机保障任务14架，运送朝觐人员2695人次；完成进出口总值101207万美元，同比下降32.8%；其中，进口总值66439万美元，同比下降35.6%，出口总值34768万美元，同比下降26.8%。截至12月31日，银川河东国际机场通航城市70个，航线88条，国际航线8条，分别为银川至阿联酋迪拜、泰国甲米、日本大阪、越南芽庄、马来西亚吉隆坡、新加坡、台北。国内城市直航比例达90.7%，省会城市直航比例达96.5%(除拉萨未开通)，初步形成了连接全国大中城市和部分国际都市的航空网络。航空合作不断加强。推动自治区政府与南航签署《战略合作协议》，在完善银川河东国际机场航线布局、加大运力投放、提升旅客运量、航空食品领域等方面达成战略合作共识。

【航空基础设施建设】2018年，银川河东国际机场T2航站楼国际厅改造完成并投入使用。改建后的国际厅共设置值机柜台10个、安检通道7条、出境边防通道10条、入境边防通道12条、中转边防通道8条、检验检疫通道和海关出入境通道各4条；增设落地签证业务流程、入境行李预检等服务，乘客检验检疫通道具有红外体温检测、电子门控、社会识别、人脸识别等功能，可自动识别乘客体温并进行拦截，疫情防控水平和通关服务水平均有效提高。

【口岸建设】2018年，自治区政府印发《关于加快口岸发展的实施意见》，明确提出依托银川公铁物流园申报中欧班列铁路场站对外开放项目，建设银川国际公铁物流港，以银川国际公铁物流港为核心，以惠农和中卫陆港为支撑，申建银川铁路口岸，布局建设粮食、冰鲜、木材、整车进口口岸。截至12月31日，银川国际公铁物流港项目一期海关监管场所联检办公楼、监管区卡口、熏蒸房、药品库主体已建成；石嘴山保税物流中心(B型)项目建设已获得海关总署批复同意验收；中卫陆港正在积极寻找适合当地发展的运营主体。

【国际货运班列】截至2018年底，宁夏国际货运班列共发运122列4950车，带动进出口货重约21.3万吨，进出口货值约1.4亿美元。2018年，宁夏口岸办与班列沿线铁路部门对接洽谈、努力拓展班列运行线路，在境内外开展品牌化宣传推介，推动成立班列运营公司，稳定运行国际货运班列37列1322车，带动进出口货重约7.6万吨，进出口货值约6940.8万美元。其中，出口班列发运33列1215车，宁夏本地货物出口15车，目的地为乌兹别克斯坦、哈萨克斯坦，出口货品为赖氨酸、马铃薯、瓷砖、轮胎。进口班列发运4列107车，始发站为哈萨克斯坦阿克苏，目的地为银川南站，进口货物全部为高碳铬铁。

【口岸营商环境】2018年，宁夏发展和改革委、财政厅、交通厅、市场监督管理厅、保监局，银川海关、宁夏公安边防总队，银川市、石嘴山市，银川综合保税区、西部机场集团宁夏机场公司等11部门共同制订出台《关于优化口岸营商环境促进跨境贸易便利化工作实施方案》。银川海关开展压缩整体通关时间专项行动，推广应用国际贸易“单一窗口”标准版，开通了“95198”服务热线。

（马　成）

金融

JINRONG

NINGXIA YEARBOOK

编辑◎杨 云

人民银行

【概况】2018年，全区金融运行总体平稳，呈现“各项存款低位增长，信贷总量持续扩大，贷款利率稳中有降，货币政策支持力度加大”的特征。各项存款低位增长。截至2018年末，宁夏本外币存款余额6046亿元，其中，人民币存款余额6028亿元，同比增长3.1%，较上年末放缓4.4个百分点；全年新增存款180亿元，增加额比上年少227亿元。分部门看，住户存款同比增长11.2%，广义政府存款同比增长7.9%，分别较上年加快1.7个和5.5个百分点，呈加快增长态势；非金融企业存款同比下降15.7%，同比减少348亿元；非银行机构存款同比增长7.6%，增幅明显回落。分机构看，全国性银行存款同比下降0.2%，地方性银行存款同比增长7.7%。信贷总量稳步扩大。截至2018年末，宁夏本外币贷款余额7039亿元，同比增长8.9%。其中，人民币贷款余额6808亿元，同比增长7.5%，比全国平均水平低6个百分点；全年新增人民币贷款475亿元，增加额比上年少190亿元。分期限看，宁夏中长期贷款保持较快增长，同比增长9.3%，短期贷款及票据融资同比增长4.5%。分部门看，住户贷款同比增长12.7%，非金融企业及机关团体贷款同比增长5.6%。贷款利率稳中有降。2018年前三季度，宁夏一般贷款加权平均利率波动上升。四季度以来，针对宏观经济金融运行中的不确定、不稳定因素，人民银行及时采取有力措施，主动加强定向调控、区间调控，保持银行体系流动性合理充裕，贷款利率逐步回落。四季度，宁夏一般贷款加权平均利率为6.75%，较三季度下降0.34个百分点。其中，小微企业贷款加权平均利率为6.43%，比一般贷款加权平均利率低0.32个百分点。社会融资规模少增较多。2018年，宁夏社会融资规模增量为529亿元，增量较上年少450亿元。结构上呈现“三多三少”的特点。“三多”是企业直接融资、地方政府专项债券、贷款核销多增，企业直接融资新增26亿元，同比多增20亿元；地方政府专项债券新增90亿元，同比多增32亿元；贷款核销94亿元，同比多核销47亿元。“三少”是人民币贷款、未贴现的银行承兑汇票、委托贷款少增，人民币贷款增额比上年少190亿元，未贴现的银行承兑汇票314亿元，委托贷款增额比上年少56亿元。金融市场融资持续增长。2018年，宁夏累计发行非金融企业债券85亿元，同比多发行31亿元，其中，非金融企业债务融资工具发行51亿元，同比多发行13亿元。宁夏银行发行二级资本债10亿元。2018年，宁夏3家地方性银行机构发行同业存单832亿元，发行期限在半年及半年以上的占比为43.2%，比上年提高27个百分点。年末同业存单余额298亿元，同比增长27.9%。全年宁夏地方性银行机构通过同业拆借、债券回购等交易，累计净融入资金7038亿元。跨境收支平稳增长。2018年，宁夏外汇形势总体稳定，跨境资金流动呈现净流出态势。全年跨境收支总额41.9亿美元，同比增长10%，跨境收支差额由2017年顺差5.8亿美元转为逆差2.3亿美元；与“一带一路”沿线国家双边贸易和投资规模保持稳定，全年实现跨境收支9.3亿美元，占宁夏跨境收支总额的22.2%。坚持“本币优先”原则，跨境人民币业务主体进一步扩大，2018年，办理跨境人民币业务的企业扩大至520家，较上年末增加130家，全年跨境人民币收支额31亿元。

【货币政策】2018年，银川中心支行综合运用货币政策工具，执行稳健中性的货币政策完善宏观审慎评估，疏通货币政策传导渠道，加大政策预期引导，用好用足激励机制，促进信贷资源优化配置，为宁夏经济平稳发展营造了良好的货币金融环境。加强窗口指导和预期引导。通过建立货币信贷政策执行情况双向联动机制、座谈交流、实地调研等方式,加强窗口指导,传导稳健中性的货币政策意图,引导银行业金融机构把握贷款投放的重点、力度和节奏,加大对实体经济重点领域和薄弱环节的支持力度,保持信贷总量平稳适度增长,贷款增长基本适应区域经济发展需要。实现再贷款再贴现精准滴灌。强化工具运用"扩量降价"。发挥再贴现、支小再贷款功能,引导扩大小微企业信贷投放,降低小微企业融资成本,发挥再贴现的"精准滴灌"作用,有效提升"小票面、小金额、到期日零散"票据的融资可得性。创新再贷款发放、监测模式,采取"一次授信、多次发放""先贷后借"等新模式发放支小再贷款。落实信贷资产质押和央行内部(企业)评级工作,通过开展培训、拟定操作规程、下发工作通知等措施,明确信贷资产质押和央行内部(企业)评级工作的各项要求,待整体评级流程完成后可开展信贷资产质押工作。发挥存款准备金政策的定向调控功能。落实好"普惠金融定向降准"政策,对宁夏2家城市商业银行、5家非县域农村商业银行上年普惠金融领域的贷款增量或余额占比进行考核,对符合普惠金融定向降准政策的法人金融机构,自2018年1月25日起执行比同类金融机构低1.5个百分点的存款准备金率。落实好三次定向降准政策。自2018年4月25日、7月5日、10月15日起宁夏2家城市商业银行、5家非县域农村商业银行分别下调存款准备金率1个百分点、0.5个百分点和1个百分点,并将降准释放资金支持小微企业情况纳入MPA评估。依据"比例考核"结果调整县域法人金融机构存款准备金率,对新增存款一定比例用于当地贷款考核达标的县域法人金融机构实施1个百分点的优惠存款准备金率。落实县级三农金融事业部差别化存款准备金率政策,对纳入差别化存款准备金率考核范围的农业银行县级支行进行考核,对达标机构自3月26日起执行比中国农业银行低2个百分点的优惠存款准备金率。

【利率调控和利率市场化改革】2018年,银川中心支行密切监测辖区利率变动趋势,提高监测分析水平。按月和按季统计各项存贷款利率监测报表,增加对普惠口径小微企业贷款利率的监测,做好利率运行趋势分析。开展地方性金融机构合格审慎评估,实现中小金融机构业务经营和利率定价指标全覆盖,从法人治理、财务约束、宏观审慎、定价系统等方面逐项评估,引导中小金融机构建立健全财务硬约束机制,加快利率定价机制建设步伐。2018年,宁夏地方法人机构累计发行同业存单832.1亿元,累计发行大额存单3.9亿元。开展专题调研,结合辖区存贷款利率定价总体运行情况,重点围绕货币政策传导机制、金融机构存款创新业务、互联网金融产品等进行专题调研。

2018年5月25日,人民银行银川中心支行举办"支付清算杯"知识竞赛

【外汇管理】2018年,人民银行银川中心支行、国家外汇管理局围绕自治区"三大战略"实施和"放管服"改革重点,坚持"促便利与防风险并重、严监管与强服务并举",推进外汇管理政策有效实施,加强事中事后微观监管,防范跨境资金流动风险,强化政策宣传与舆论引导,创新存量权益登记方式。推动取消外汇局端单独填报登记环节,实现外商投资企业存量权益登记"多报合一",让数据"多跑路"、企业"少跑腿",有效节约企业申报成本。探索审批服务便民化改革,完善外汇行政服务规范、窗口服务措施和对外公布电话值守制度等,严格落实"首问负责制""限时办结制",提高服务质量,有力促进了宁夏跨境贸易投资便利化,外汇服务实体经济的能力明显增强。

【征信服务】2018年,全区信用体系建设稳步推进。实现宁夏环保信息共享,推动绿色金融发展。推广政府采购线上信用融资模式,缓解小微企业融资难题。完善中小企业和农村信用信息服务平台,推进中小企业和农村信用体系建设。落实涉金融领域联合激励惩戒,推动地方社会信用体系建设。2018年,宁夏共有22.2万个自然人和0.1万户企业及其他组织新纳入全国统一征信系统,征信报告查询达285.5万次。

【支付服务】2018年，全区支付服务环境日臻完善，实施移动支付便民示范工程，实现在公交、医疗、税费缴纳等8个场景的应用突破。金融IC卡发卡数量占银行卡发卡总量的68%，支持金融闪付功能的POS终端占比为99.8%；移动支付业务36560.4万笔，金额15065.1亿元，同比分别增长1.9%和52%。深化“互联网+国库服务”，实现关库联网关税直缴入库、电子缴税三方协议网上办理、电子退更免业务全覆盖，提高财政资金运行效率。

【现金流通】2018年，全区现金流通秩序持续改善，整治拒收现金初见成效。推进银行业金融机构柜面现金服务标准化建设，健全和完善小面额现金供应主办银行和主办网点制度。“源头打击、机具鉴伪、假币检测、技术研判、人员培训”五位一体的反假货币工作机制不断健全，打击和防范假币及假币犯罪合力有效增强。加大拒收现金行为整治力度，维护人民币的法定地位。

【消费权益保护】2018年，全区金融消费权益保护不断强化，实现金融消费者投诉一点接入。建成并运行宁夏“12363”金融消费权益保护投诉咨询电话呼叫中心，实现全辖投诉咨询电话一点接入。积极开展违法违规金融广告治理，加大违法违规金融广告线索交流、监测甄别和核查。探索推进金融知识纳入国民教育体系，在3所大中专院校和部分县域移民小学持续开展金融诚信教育。

【金融业综合统计】2018年，全区加强统计数据质量管控，推进绿色贷款统计工作，相关做法得到总行调统司表扬并被总行门户网站采编。初步建立宁夏金融市场统计框架和宁夏当地法人标准化存贷款监测分析系统，实现对地方法人机构存贷款明细数据逐笔、全量统计。有效发挥数据共享机制作用，整理发布宁夏经济金融运行指标数据，促进数据分析和运用。定期开展实地调研，完善问卷调查机制，企业、居民参与度持续提升。

【金融科技保障】2018年，全区制定信息化项目建设变更实施细则、外包风险管理办法、机房值班管理实施细则等，建立科技安全分析例会机制，在宁夏开展IT基础设施交叉检查，切实加强内控管理。围绕分布式、大数据和云计算技术，持续推动IT架构转型，完成同城DMZ区虚拟化平台及跨数据中心存储同步建设，与3家电信运营商建立联合运维机制，强化宁夏机房动力环境统一监控管理，实施机房7×24小时不间断值守和定时巡检，确保安全稳定运行。

（张　红）

银行和保险监管

【概况】截至2018年末，全区银行业资产总额9383.8亿元，较年初增长2.8%；计提资产减值准备185.95亿元，同比多提120.89亿元；贷款拨备率4.45%，较年初上升1.35个百分点；宁夏银行、黄河农商行、石嘴山银行3家主要法人银行资本充足率分别为13.23%、14.14%和11.96%。宁夏保险业保费收入182.83亿元，较年初增长10.66%；赔付支出60.46亿元，较年初增长22%；资产总额411.76亿元，较年初增长14.93%；保险深度（保费收入/地区生产总值）4.93%，保险密度（保费收入/人口总数）2657.01元。

【防范化解金融风险】2018年，全区开展信用风险排查，督促银行业机构整改化解分类不准、存在潜在风险隐患的贷款。推动处置不良贷款171.67亿元，将逾期90天以上贷款剪刀差由峰值178.14%降至94.47%；推动天元锰业等企业成立债权人委员会，恢复企业正常经营；截至2018年末，累计组建债委会91家，用信余额934.08亿元，帮扶企业166户，续贷680.85亿元。落实高风险农小机构三年达标规划，推动风险化解取得阶段性进展。持续强化地方政府债务风险管控，深化信息科技监管，加大对人身保险满期给付和退保风险、信用保证保险业务的监管力度，推进互联网金融专项整治，强化非法金融活动治理，确保宁夏金融风险总体可控。

【服务实体经济】截至2018年末，宁夏银行业机构贷款比年初增加557.43亿元，其中交通、水利、电力供应等行业贷款比年初增加156.26亿元；普惠型小微企业贷款实现“两增”目标。保险业在宁投资主体15家，投向扶贫、能源、基建、政府债、银行存款等领域资金规模63.6亿元。农业保险承担风险总额123.12亿元；大病保险赔付1.7亿元、2.49万人，责任保险承担风险总额3755.92亿元；首台（套）重大装备保险提供超过2.48亿元风险保障。盐池、蔡川、张易、一保一县等金融扶贫模式持续推广，建档立卡贫困户申贷获得率99.2%。支持银行保险机构在贫困县区设立网点，金融服务体系更加完善。“扶贫保”项目累计为贫困群众提供超过2803.27亿元风险保障。重视金融消费者权益保护，妥善处置信访投诉，行为监管质效持续提升。

【深化金融改革】2018年，全区开展中小法人银行公司治理专项检查、农商行“强化公司治理年”活动，公司治理水平得到提升。开展人身保险省级分公司内部控制合规管理能力评估，推动强化内控管理。稳步推进第六批农信社改制农商行，推动大型银行分支机构普惠金融体制机制建设持续向基层延伸。落实保险中介领域“放管服”要求，管住后端，精耕细作，推动中介机构服务能力提升。推动商业车险改革，让利保险消费者。推进大灾风险分散机制建设。

【增强监管】2018年，全区深化整治银行业保险业市场乱象，金融乱象得到初步遏制，金融业态积极修复。实施差异化监管，适当降低13家农小机构拨备覆盖率、贷款拨备率，支持降成本、控风险，提升服务实体经济能力。修订完善银行业行政许可、行政处罚制度，组织开展市场准入后评估自评，推进非现场监管工具创新，实施非现场监管提示和数据异动监测预警，推广银行业机构集成检查和EAST应用，落实保险机构检查组长负责制。银保监系统共派出检查组59个，检查机构145家，监管有效性持续提升。加大行政处罚力度，银保监系统共作出罚款638.3万元、没收违法所得20万元、警告92次，处罚机构责任人73人，监管公信力得到提升。

（王春梅）

证券监管

【概况】截至2018年末，宁夏有13家上市公司，其中深交所主板公司8家，上交所主板公司5家。上市公司股本总额103亿股，无限售流通股股本71.31亿股，同比增长12.49%；总市值466.2亿元，流通市值320.13亿元，同比分别下降49.14%和44.11%。新三板挂牌公司有58家，股本合计34.35亿股，同比下降14.08%，覆盖农牧业、制造业、纺织业、文体卫生、批发零售、信息传输软件和信息技术服务业、科学研究等行业。宁夏股权托管交易中心挂牌展示企业950家，同比增长17%。2018年，宁夏企业在证券市场累计融资36.95亿元，同比下降29.46%。其中1家上市公司完成并购重组融资0.47亿元（700万美元）；6家新三板挂牌公司通过股票增发等方式融资1.96亿元；6家企业通过沪深交易所发行公司债融资34.40亿元；1家企业通过宁夏股权托管交易中心发行可转债融资0.12亿元。截至2018年末，宁夏无法人证券公司、期货公司和基金公司，共有14家证券分公司，45家证券营业部，1家期货分公司，3家期货营业部，1家独立基金销售机构和43家基金代销机构。宁夏证券经营机构投资者累计开立资金账户100.22万户，同比增加45.84%；全年证券交易额6126.62亿元，同比增长3.2%；实现营业收入2.28亿元，同比下降8.48%。期货投资者开户7764户，同比增长13.14%；客户权益3.27亿元，同比减少11.14%；全年期货交易量733.77万手，同比增长9.02%；交易金额4205.43亿元，同比增长13.27%。宁夏在中国证券投资基金业协会登记的私募基金管理人57家，管理基金102只，同比增长43.66%，基金规模254.68亿元，同比增长23.63%。

【公司监管】2018年，证券监管部门落实依法全面从严监管，防范化解市场风险。召开多次专题会议，深入梳理排查辖区市场各类风险隐患，研究制定防范化解措施，辖区风险正在积极化解。针对4家上市公司大股东股权质押风险，一司一策完善风险应急预案。约谈公司高管，明确监管要求，持续督促大股东采取措施，及时披露信息。压实中介机构责任，督促履职尽责。强化监管协作，及时将风险报告自治区政府及相关部门，与证监会、沪深证券交易所、股转系统加强“三点一线”监管，沟通处理措施，做到信息共享。针对辖区近三分之一的私募基金管理人注册地与办公、经营地分离，部分机构合规意识差的状况，强化风险监测和日常监管，定期开展风险摸排，对风险突出的机构开展核查，及时采取行政监管措施，防止风险扩大蔓延。以信息披露为核心，加强一线监管。做好上市公司定期报告审核和现场检查，坚持逐日盯市，应对媒体质疑，妥善处理投诉举报。倡导健康并购理念，通过调研、约谈、督促公司充分披露信息，引导企业改善并购重组质量。探索符合挂牌公司特点的监管模式，开展“了解公司、规范公司、服务公司”专项活动，以现场检查与现场调研结合的方式调研22家公司。持续开展挂牌公司“监管第一课”培训。

2018年12月25日，长江证券开展“衣心衣意”公益助学活动

严密防范债券违约风险，定期全面收集发行人财务信息，紧盯还本付息进度，全年公司债券未发生违约情况。以推动“归位尽责”为目标，加强中介机构监管。2018年，共完成上市公司“双随机”检查、高风险公司检查、风险事项核查、募集资金专项检查及挂牌公司、债券发行人、会计、评估机构等各类现场检查25家次，针对情况及时采取监管措施。

【证券期货经营机构及私募基金监管】2018年，证券监管部门督导证券期货分支机构落实投资者适当性管理要求，落实总部及分支机构“两级合规责任”，强化内控，管好高管、管好员工、管好信息系统。加强私募基金日常风险监测。组织管理人就登记备案信息真实性、募集行为合规性等方面开展自查，重大问题列为现场检查线索。全年，“随机抽取+问题风险导向”检查各类机构16家次，根据举报投诉线索现场核查3家次，约谈合规风控管理人员3次，对经纪人违规展业等问题通报2次，采取警示函监管措施1份，提高了监管的威慑力。

【打击非法证券期货活动】2018年，证券监管部门开展辖区非法证券投资咨询专项整治、证券期货基金业涉嫌非法集资风险专项排查等活动，加强涉非线索发现和分类处置，向自治区地方金融监管局移送3起线索。落实清理整顿交易场所“回头看”工作，配合地方政府化解交易场所风险，参加重点交易场所风险处置现场检查调查，做好政策咨询和专业技术支持，辖区交易场所风险得到有效控制和逐步释放。

【资本市场发展】2018年，证券监管部门加大上市培训宣传力度，相继在石嘴山市、中卫市、吴忠市召开宁夏企业2018年IPO工作推进会。班子成员带队走访20家新三板公司和5家后备企业，摸底上市筹备情况并提供政策咨询。截至年末，接受晓鸣农牧、金维制药、伊品生物、上陵牧业、百瑞源、智诚安环、凯添燃气7家公司辅导备案，另有1家公司IPO在审。支持中小微企业挂牌新三板，年末挂牌公司58家，挂牌数量位居西北五省第三位。全年新增2家挂牌公司，6家公司融资1.96亿元，7家公司入围创新层。对近10家公司主动摘牌原因进行调研，并形成调研报告报送政府领导供决策参考。推动企业拓宽融资渠道，辖区6家企业新增发行公司债券34.4亿元。截至年末，公司债券发行余额96.5亿元，另有1家企业发行资产证券化产品，余额1.82亿元。与自治区政府相关部门建立协作机制，通过联合开展市场宣传培训、调研，共同研究推进市场发展的政策与措施。主动与交易所、股转公司沟通协调，联合调研后备企业，为企业发展提建议、出对策、谋路子。

【服务脱贫攻坚】2018年，为落实证监会关于资本市场服务脱贫攻坚的战略部署，证券监管部门多次召开扶贫领导小组工作会议，专题研究扶贫工作，并深入盐池、彭阳、海原三县调研“一司一县”结对帮扶工作，指导扶贫工作。选派的3名驻村扶贫干部认真履行职责，走访建档立卡户，调研产业扶贫新路子。开展“结对子，定路子，精准扶贫奔小康”活动，实现彭阳县周庄村84户建档立卡户结对帮扶全覆盖，宁夏证监局被评为2017年度彭阳县脱贫攻坚帮扶先进单位。在固原市召开证券公司“一司一县”结对帮扶培训暨座谈会，总结帮扶工作经验，分析研究存在问题和下一步工作。积极履行社会责任，率先在全国实现“一司一县”结对帮扶全覆盖，并出现“二司一县”“三司一县”的可喜局面。12家证券公司及其引进的企业已累计捐赠扶贫款项及物资2854万元，引进产业帮扶项目投资已超过1亿元，引导18家区内外企业注册或迁入贫困县，与2家企业签订IPO辅导协议，辅导7家企业对接新三板挂牌，推动49家贫困县企业对接区域性股权市场挂牌展示，与11家企业签订财务顾问意向合作协议，指导1家企业通过股权质押成功融资1600万元。通过“中证互联扶贫平台”等线上线下方式实现消费扶贫超过400万元。开展多层次资本市场培训近20场次。

（段晓霞）

NINGXIA
YEARBOOK

农业

NONGYE

编辑◎郭勤华

综 述

【概况】2018年，宁夏聚焦“1+4”(1是优质粮食产业，4分别是枸杞、现代畜牧、瓜菜和葡萄酒产业)特色优势产业，在稳定粮食生产的基础上，突出发展优质粮食、畜牧、枸杞、瓜菜、酿酒葡萄五大产业，走特色产业、高品质、高端市场、高效益的“一特三高”现代农业发展路子，农业农村经济保持了良好发展态势。2018年，全区粮食总产393万吨，实现“十五连丰”，人均粮食产量571千克，居全国第五位；人均鲜奶产量207.5千克，居全国第二位；人均牛肉产量13.4千克、羊肉产量14.9千克，分别居全国第三位。农村居民人均可支配收入达到11708元，农业特色优势产业产值占农业总产值比重达到87.2%。

【特色优势产业】2018年，优质牛羊肉是宁夏最具特色的产业，在中国大中城市和中东、东南亚等市场供不应求。六盘山肉牛品质优良，“盐池滩羊肉”三上国宴，被列为杭州G20峰会、厦门金砖五国峰会和青岛上合峰会指定供应食材，成为高端羊肉的品牌代表。全区肉牛饲养量280万头、肉羊饲养量1870万只，年产牛羊肉产量50万吨以上。宁夏牛奶品质上乘，被农业农村部誉为“全国奶业优质安全发展的一面旗帜”，鲜奶乳脂率3.7%以上，乳蛋白率3.2%以上，主要指标达到欧盟标准。全区奶牛存栏量60万头，鲜奶产量180万吨，人均牛奶占有量居全国第二位。成年母牛平均单产高于全国平均水平1000千克，居全国省区第一位，奶牛规模化养殖比例达到90%以上，居全国第三位。蒙牛、伊利、旺旺等中国知名乳制品生产加工企业都在宁夏建厂投产。枸杞栽培在宁夏已有600多年历史，枸杞果粒大、肉厚、皮薄、籽少、甘甜，富含枸杞多糖、胡萝卜素、氨基酸等多种微量元素，是传统优势特色产业，被誉为宁夏“红宝”。全区枸杞种植面积100万亩，占全国45%以上，出口量占全国出口量的60%以上，区域品牌价值达到172.88亿元。宁夏贺兰山东麓葡萄产区是全国三大葡萄原产地域保护区之一，是中国第一个实行酒庄列级管理的产区。酿酒葡萄种植面积已达57万亩，是全国集中连片最大的产区，年产葡萄酒约1.2亿瓶。西夏王、御马、贺兰山、加贝兰等宁夏品牌葡萄酒在世界葡萄酒大会上多次获奖，区域品牌价值达到271.44亿元。瓜菜已形成设施蔬菜、露地蔬菜、压砂西甜瓜及山区冷凉蔬菜四大生产基地，种植面积300万亩，产量680万吨，70%销往广东、上海、北京、福建、香港、澳门及东南亚等市场，供港蔬菜基地被香港渔农署评为信誉农场。“宁夏大米”是全国唯一一个以省域命名的农产品地理标志农产品，中国十大大米区域公用品牌。“宁粳43号”等优质水稻品种加工的大米质地纯正、晶莹剔透、口感极佳，达到国际优质米一级，蒸煮品质、食味品质和营养品质均达到农业农村部确定的一级米标准，被评为“中国十大好吃米饭”。宁夏还是西北地区重要的渔业生产基地和水产品集散中心，全区渔业面积70万亩，水产品产量17万吨，位居西北五省第一。2018年，全区优质粮食产业坚持稳定面积、调整结构、优化布局、提高单产，播种面积1103.51万亩，总产量达到392.58万吨，粮食生产实现“十五连丰”，粮食安全省长责任制考核取得“优秀”等次；现代畜牧业坚持粮经饲统筹、精深加工、循环发展，奶牛、肉牛、羊存栏40.15万头、84.49万头、534.28万只；蔬菜产量550.81万吨，比上年增长2%；枸杞、葡萄产业稳步发展，产量分别为9.77万吨、19.91万吨，增长6.3%、44.9%。

【农业产业化经营】2018年，宁夏实施特色产业品牌工程，加大区域公用品牌、企业品牌和特色农产品品牌创建和培育，2018年，全区各类特色农业品牌达到317个，“三品一标”（无公害农产品、绿色食品、有机农产品和农产品地理标志）农产品687个。坚持引进来与自我培育相结合，围绕扩大基地、深化加工、打造品牌三个环节，实施龙头企业带动产业融合发展工程。全区培育农业产业化龙头企业（自治区级）382家，其中国家级龙头企业19家，全区农产品加工产值达到700亿元以上，主要农产品加工转化率达到64%。大力发展休闲农业和乡村旅游，全区国家级休闲农业示范县达到10个，休闲农业营业收入达到18.7亿元。

【农业科技创新】2018年，全区建立农业特色优势产业发展“两组一会”推进机制，每个产业建立由厅级干部担任组长的产业指导组，由首席专家、技术人员组成的技术服务组，以企业为主体的产业协会，开展全方位服务。鼓励农技人员深入生产一线，创办、领办经营性服务组织，启动实施农业新品种选育“十大专项”，主导品种和主推技术覆盖率达到90%以上。推进农机农艺融合，率先在全国实施农机免费管理，实行“全价购机、县级结算、直补到卡”模式，示范推广新机具新技术，主要农作物耕种收综合机械化水平达到74.5%，农业科技进步贡献率达到60%。

【农业生态建设】2018年，宁夏立足打造国家西部生态安全屏障、建设美丽宁夏，加快生态建设步伐。2003年率先在全国开展全省域禁牧封育，累计天然草原补播改良730万亩，种植人工草地800万亩，荒漠化面积减少165万亩，草原植被覆盖度达到53.5%。实施移民迁出区生态修复规划、荒漠化治理和退耕还林还草工程，中部干旱带和南部山区生态环境明显改善。落实“一控两减三基本”。推广高效节水技术365.8万亩，旱作节水技术150万亩，测土配方施肥910万亩，统防统治618万亩，银北盐碱地农艺改良78.6万亩。全区畜禽粪污资源化利用率达到88.7%，农作物秸秆综合利用率达到84%，中南部地区农用残膜回收利用率达到93%。2018年，全区因地制宜开展沟道治理、盐碱地改良、林网建设、秸秆还田、梯田修筑等，项目区耕地质量比2011年提高1个等级，化肥、农药施用量减少13.8%和19.1%，形成乔、灌、草结合的农田防护林体系，有效治理了水土流失，维护和改善了农村生态环境。

【农村人居环境改善】2018年，全区制定《宁夏农村人居环境整治三年行动实施方案》，推进“厕所革命”，改农厕、建垃圾中转站。继续加强农村基础设施建设，建立信息进村入户村级服务站，配合交通、住建、水利等部门建设“四好”农村公路，对农村进行危房改造，加快解决农民安全饮水问题。农村公共服务水平有所提高：实施农村学校“全面改薄”工程，改造薄弱学校，基本消除66人以上大班额，基本实现常住人口超1500人贫困村学前教育资源全覆盖。加快基层医疗卫生机构标准化建设，村卫生室2300个，绝大部分乡镇配备彩超等基本诊疗设备。

【农村改革】2018年，宁夏作为全国农村土地承包经营权确权登记颁证“整省推进”试点省区之一，率先在全国基本完成农村土地确权登记工作，农村综合改革的“平罗经验”和集体资产股份权能改革的“金凤模式”在全国推广。全区完成土地确权面积1573.8万亩，确权登记颁证率达到96.8%。探索开展农业生产设施设备所有权、集体未利用荒地使用权等产权确权登记颁证试点，农村产权流转服务中心实现县域全覆盖。推进农村土地承包经营权抵押贷款试点，建立风险基金1.47亿元，成立土地股份合作社132个，入股土地面积13.1万亩。加大新型经营主体培育，发展社会化服务组织，推动多种形式的适度规模经营，全区家庭农场达到3058家，农民合作社发展到6421家，土地适度规模经营比重达到27.4%。大力推行代耕代种、土地托管、粮食银行等社会化服务，农业社会化综合服务站达到120个，辐射带动面积240万亩。

【脱贫攻坚】2018年，全区严格执行“两不愁、三保障”脱贫标准，聚力打好脱贫攻坚战。精准落实产业扶贫、金融扶贫、就业扶贫、教育扶贫、闽宁对口扶贫协作等政策措施，脱贫攻坚工作稳扎稳打、压茬推进。按照每人每年2300元（2010年不变价）的农村贫困标准计算，年末全区农村贫困人口12万人，比上年末减少11.5万人；贫困发生率为3%，比上年下降3个百分点。

（陈荣鑫）

种植业

【粮食作物】2018年，全区粮食播种面积1103.5万亩，总产量393万吨，较上年增加23万吨，创造粮食总产、单产历史新纪录，实现“十五连丰”。全区小麦面积192.9万亩，占全区农作物播种面积的17.5%，平均亩产216千克，总产41.6万吨，占全区粮食总产的10.6%，其中川区67.8万亩，产量23.9万吨；山区125.1万亩，产量17.6万吨。全区水稻面积117万亩，占全区农作物播种面积的10.6%，平均亩产569千克，总产66.6万吨，占全区粮食总产的16.95%。全区玉米面积466.2万亩，占全区农作物播种面积的42.3%，平均亩产503千克，总产234.6万吨，占全区粮食总产的59.8%，其中川区214.1万亩，产量132.2万吨；山区252.1万亩，产量102.4万吨。

【瓜菜产业】2018年，全区瓜菜总生产面积达到317.8万亩，比上年同期增加1.9万亩。其中设施蔬菜91万亩(日光温室49.6万亩、大中拱棚41.4万亩)、供港蔬菜17.5万亩、露地蔬菜101.9万亩、露地西甜瓜107.4万亩，瓜菜总产量702.8万吨，总产值达到112.3亿元；农民人均蔬菜产业纯收入达到1268元。全年蔬菜上市量达到702.8万吨，较上年同期增长3.9万吨；蔬菜产值达到112.3亿元，较去年同期增长2.6亿。瓜菜产业已成为全区发展现代农业的重要载体和促进农民增收的支柱产业之一。示范推广秸秆生物反应堆万亩，建设永久性蔬菜基地50个，“五优”蔬菜基地4.5万亩(种植、分拣、加工、冷冻、包装生产)，新建设施农业2.1万亩，打造精准水肥一体化示范基地20个，成功举办2018年全国知名蔬菜销售商走进宁夏活动。

【特色经济林】2018年，全区新增经济林6万亩，其中，苹果2.6万亩、红枣0.8万亩、设施果树及花卉0.6万亩、小杂果及红梅杏、油用牡丹、文冠果其他经济林2万亩，完成计划任务的120%；完成“三低”果园改造提升11万亩，其中，在沙坡头区、利通区实施苹果高光效树形改造、交替控灌、增施有机肥等，低产低效苹果园改造3.2万亩；推进灵武长枣品质提升工程，重点推广灵武长枣纺锤形树体改造、精细化花果管理和病虫害防控等综合配套技术，改造提升灵武长枣基地4万亩；改造骏枣和灰枣园3.8万亩；开展首届全区优质苹果、红枣示范园评选活动，评出自治区级苹果优质示范园5个、红枣优质示范园8个；组织全区50多家林业经营业主，参加中国成都春季糖酒会、第99届长沙糖酒会、第11届中国义乌森博会和全国沙产业博览会，举办现场培训班4期，培训技术骨干300人次以上，发放培训手册、图说300余份，惠及果农10000余户。

【枸杞产业】2018年，全区新增枸杞种植面积6.1万亩，改造提升1.5万亩，下达各类补助资金9000万元。截至年底，全区枸杞在册面积100万亩，产量14万吨，产值130亿元，标准化率、统防统治率、设施制干率分别达到63%、57%和52%(清洁能源制干率34.3%)，各类生产经营主体732家，自主品牌109家，社会化服务组织233家。主办2018枸杞产业博览会，“中宁枸杞”品牌价值提升到172.88亿元。创新林业助推精准脱贫模式，新争取国家林草局生态护林员指标1000名。优先使用建档立卡贫困户的苗木和让其参与造林绿化，在9个国家重点贫困县区选择1000名生态护林员开展庭院经济林试点，种植庭院经济林716.8亩。与自治区农牧厅、宁夏农科院协同推进《枸杞干果中农药最大残留限量标准》行业标准的制定发布工作，并在枸杞产业资金中列支300万元用于枸杞农药登记试验专项补助；与自治区气象局、农科院签订战略合作协议，在全区推广枸杞病虫害“五步法”绿色防控技术，建立枸杞病虫害监测预报服务信息平台和服务网络，发布《宁夏枸杞生产推荐农药品种目录》，枸杞病虫害和绿色防控技术已覆盖10万亩枸杞种植区，共建立7个绿色防控核心示范区共15350亩，布设44家基地1000个监测预报样点，组建了一支138人的病虫害监测预报队伍，培养枸杞病虫害测报员100名。组织枸杞企业先后参加第98届全国(春季)糖酒商品交易会、首届中国自主品牌博览会和新加坡亚洲国际营养保健食品展等10余场次国内外知名展会，同时举办宣传推介会，着力打造“宁夏枸杞”“中宁枸杞”两个区域公用品牌，“中宁枸杞”品牌价值提升到172.88亿元；以文化建设引领品牌发展，《枸杞雅集》已出版发行，《枸杞通史》已完成大纲编写，枸杞摄影、枸杞剪纸、枸杞诗词歌赋等系列枸杞文化作品已申请到书号。

【农作物制种】2018年，全区共落实小

2018年9月24日，贺兰县水稻机收场景

麦、水稻、玉米、马铃薯等各类农作物繁育制种面积61.5万亩，生产各类农作物种子46.2万吨。调度主要农作物种子4.13万吨，小麦、水稻、玉米、马铃薯四大作物种子商品化率分别达到45%、90%、100%、56%，良种覆盖率为94.2%；建设农作物新品种展示示范园区30个，其中，粮食园区21个，小杂粮园区3个，瓜菜园区6个，面积1.3万亩，引育、试验、展示示范农作物品种12059个（次）；推介四大主要粮食作物主导品种36个；组织全区18家科研育种单位、94名科研育种人员在云南、海南开展南繁育种，培育新品种组合56380个。依法依规办理农作物种子生产经营和进出口许可31份，市场主体竞争力明显提升。结合近年蔬菜种苗发生的问题，起草《宁夏回族自治区蔬菜种苗生产经营许可管理办法》，规范非主要农作物种苗生产经营行为，助推蔬菜产业健康发展。举办首届宁夏种业博览会。

【马铃薯产业】2018年，全区马铃薯种植面积164.9万亩，平均亩产鲜薯1105千克，折主粮221千克，总产36.4万吨，占中南部山区粮食总产的21.5%。马铃薯种薯繁育面积为10万亩，占全区马铃薯总面积的6.1%；原种繁育2万亩，平均亩产1600千克，较上年平均增产14%左右；一级种繁育8万亩，平均亩产1800千克，增产12%左右。全区共研发生产马铃薯馒头、包子、馓子、麻花、挂面、米粉、饼干、面包、薯饼等4大类、100多个主食化产品，累计销售总量0.8万吨；辛普劳（中国）食品有限公司、银川麦清香公司获全国马铃薯主食联盟大会主食加工“十大领军企业”，麦清香马铃薯大麻花、辛普劳速冻薯饼、兴唐米业马铃薯米线获主食产业“十大主食”、西吉勇兴三粉马铃薯方便粉丝、银川麦尔乐马铃薯肉松酥获“十大休闲食品”，麦清香马铃薯小油饼获“十大特色食品”，麦清香公司在马铃薯厨艺现场大赛中所制作的马铃薯大麻花获“十大名厨”一等奖。

【农业社会化综合服务】2018年，全区培育农业社会化综合服务站120个，其中新建40个，改造提升80个。创新推广龙头企业+一、二、三产业融合发展、金融服务+全产业链、农机作业+智慧农业、土地托管+植保飞防、品牌农业+粮食银行、市场营销+订单农业、电子商务+五优基地、技术服务+全产业链、种养结合+循环发展、党建引领+产业融合“十大服务”模式，形成服务主体“多层次”、服务内容“多元化”、服务机制“多样化”的新格局，实现从生产领域向全要素延伸，一、二、三产业融合转变，从常规单一服务到个性化、专业化服务转变。全区服务总面积达到240万亩，实现节本增效水稻106元/亩、玉米83元/亩、蔬菜156元/亩。小麦、水稻机械化率均达到100%，玉米达到88%，马铃薯达到43%；配方施肥应用率达到100%，统防统治率达到50%。

（陈荣鑫）

畜牧业

【概况】2018年，全区奶牛存栏60万头；生猪饲养量434万头；肉牛、肉羊、家禽饲养量分别达到280万头、1870万只和3690万只，同比增长3.5%、2.6%和1.9%；全区肉、蛋、奶总产量分别达到56万吨、11.6万吨和231万吨，同比分别增长3.3%、2.7%和5.6%。全区56个肉牛、肉羊规模养殖场实施标准化建设项目，开展畜禽标准化示范创建活动，新建国家级和自治区级示范场16家，其中1家申报国家级畜禽养殖标准化示范场。全区各类规模养殖场达到1685个，奶牛、肉牛、羊规模化养殖比例分别达到98%、45%和51%。全区畜禽养殖粪污处理设施装备配套率达到80.6%，畜禽粪污综合利用率达到88.7%，完成国家和自治区年度目标任务。开展生鲜乳质量安全专项整治，加强对奶牛散养户监管，奶牛养殖场、奶站、运输车现场检查实现全覆盖。

【产业政策措施】2018年，全区统筹使用中央和自治区财政项目资金7.5亿元。其中中央财政养殖大县种养结合整县推进试点项目资金7000万元、“粮改饲”试点项目资金8793万元、草原生态保护禁牧补助资金19493万元、高产优质苜蓿示范建设项目资金3826万元、肉牛肉羊规模养殖场建设补助资金2300万元、畜牧良种推广补贴资金1150万元；统筹调配中央和自治区财政项目，安排肉牛“见犊补母”补助资金11799万元、畜禽养殖废弃物资源化利用补贴资金7500万元；启动自治区财政龙头企业带动肉牛滩羊产业融合发展项目，继续实施草畜产业节本增效科技示范、畜牧业新技术推广等项目，推进畜牧业机制创新和产业融合发展。

【产业结构调整】2018年，全区严格禁养区划定，引导畜禽养殖向土地、水、饲草料等环境容量大的地区转移。开展畜牧业生产形势和畜产品消费需求变化趋势的分析研判，指导畜禽养殖品种和数量调整，扩大滩羊、肉牛等优质特色畜产品生产。“粮改饲”项目试点县14个，完成粮改饲种植面积76.92万亩，加工调制全株玉米青贮231万吨以上；建设高产优质苜蓿示范基地6.7万亩；新增紫花苜蓿种植28万亩，推广种植甜高粱、冬牧70

黑麦等一年生优质饲草99万亩。

【良种选(繁)育】2018年,全区建立奶牛育种专项示范场31个,组建选育群7.15万头、核心群1.71万头,核心群平均产奶量11193千克,乳脂率3.81%,乳蛋白率3.24%,体细胞数19.89万/毫升,生产性能全国领先;滩羊基因编辑育种研究培育基因编辑滩羊核心群323只,其中多胎品系32只,选育后代生产性能高于亲本50%以上;组织实施国家和自治区畜牧良种补贴项目,肉牛良种选(繁)育引进国产肉牛冻精60万支,进口安格斯牛冻精、德系西门塔尔牛冻精2.6万支,鉴定调购滩羊种公羊8600只;开展安格斯牛核心群建设,组建基础母牛群3000头,建立核心群2335头,开展生产性能测定以及主效基因检测筛选、核心群遗传评估和选育技术研究,探索和建立全区肉牛选育技术体系。奶牛、肉牛、羊良种化比例分别达到100%、85%和90%。畜禽生产水平持续提升,奶牛单产8000千克,肉牛胴体重240千克,肉羊胴体重18.2千克,达到国内先进水平。

【畜牧科技示范】2018年,全区建立240个奶牛、肉牛、羊节本增效科技示范点,集成推广优质青贮、智能化管理、低成本日粮配制、高频繁殖、优质产品生产等20多项提质节本增效关键技术,使养殖场种养结合、精准饲喂、绿色养殖综合水平明显提高。全年节成增效1亿元以上。与中国农科院北京畜牧所在贺兰共建奶牛提质节本增效协同创新基地,示范应用饲料加工利用与评价、信息化管理等关键技术,牧场饲料效率提高1.5%,乳脂率和乳蛋白分别达到3.8%和3.3%,体细胞20万/毫升以下,21天怀孕率达到32%。全区建立第三方集中处理利用、粪污全量还田种养结合、区域生态种养循环等一批新模式,示范推广畜禽粪便干湿分离技术、畜禽粪便生产有机肥技术、畜禽养殖场污水处理等一批新技术。青铜峡市宁夏瑞威尔能源环境工程有限公司投资建设的宁夏第一处规模化沼气发电上网工程已完成并网发电,沙坡头区宁夏阜康生物科技股份有限公司新建大型有机肥生产加工厂,将周边规模养殖场产生的畜禽粪污变废为宝,提高畜禽粪污综合利用率。

【畜牧业融合发展】2018年,宁夏实施龙头企业带动肉牛、滩羊产业融合发展行动,以精深加工为重点,加快建立市场倒逼、龙头带动的产业发展机制,采取"先干后补"方式,支持龙头企业订单收购屠宰加工销售肉牛5万头、滩羊50万只。培育壮大草产品生产加工企业和专业合作组织,全区从事苜蓿专业化加工的企业及合作社达110余家,促进了苜蓿产业发展的规模化、专业化与组织化程度。

【培育社会化服务组织】2018年,宁夏创新公益性畜牧技术推广服务方式,鼓励企业、专业合作社牵头建立6个社会化综合服务示范站,通过示范站技术服务,奶牛头均增收千元以上;肉牛受胎率由78%提高到82%,秸秆利用率达到83%,头均年增收约500元;滩羊母羊养殖平均每只节本增收80元至100元,为奶牛、肉牛、肉羊养殖场(户)提供冷配改良、精准饲养、饲草配送服务与入户技术指导,推进产业技术服务能力提升。

【技术服务】2018年,宁夏制定粮改饲试点工作方案,成立4个技术服务组,对青贮专用玉米种植、收获、加工调制和饲喂技术开展全面技术指导服务。14个试点县(区)收获青贮玉米66.43万亩,制作全株玉米青贮220.6万吨,分别完成农业农村部计划任务(43.9万亩和131.9万吨)的151.3%和167.2%。据测算,灌区、南部山区种植青贮玉米比籽实玉米每亩分别增收176元和380元,实现增收1.78亿元。在全国青贮质量评鉴大赛上获金奖两个、银奖一个、优秀奖两个。25家养殖场依托产业技术服务组实施"肉牛高效精准化养殖技术研究"和"高档(大理石花纹)滩羊肉生产关键技术研究与应用"等关键技术研究以及"奶牛高效繁殖示范技术推广""优质肉牛生产高效养殖技术示范推广""规模猪场高效绿色设施化养殖技术示范推广"等先进实用技术示范。推广奶牛生产性能测定,在39个规模奶牛场测定奶牛5.9万头,参测奶牛场平均产奶量达到9755.38千克,乳脂率3.83%,乳蛋白率3.34%,体细胞数20.89万/毫升。完成饲草料加工调制(收贮)555万吨,其中全株玉米青贮396万吨,优质牧草(苜蓿)青贮15万吨,秸秆黄贮、打捆收贮等144万吨。优质饲草加工利用占总量的74%,青贮饲料品质达到国内领先水平。

【动物防疫】2018年,《宁夏动物防疫等补助经费管理办法实施细则》等规范性文件,给予市县对动物防疫经费统筹使用权限,减少条块分割和年度经费结余。2018年,中央和自治区财政下达动物防疫经费6474万元,主要用于重大动物疫病疫苗购置、疫情监测试剂、应急物资储备、布病防控、动物防疫工作经费等。及时申请并下达非洲猪瘟防控专项经费823万元。2018年,兴庆区月牙湖乡小塘村发生1起口蹄疫疫情,同心县下马关镇南关村和原州区彭堡镇肖沟村共发生2起禽流感疫情,疫情均被迅速扑灭,未出现扩散蔓延。在全国率先制定《关于推进全区政府购买兽医社会化服务工作指导意见》,分别举办全区动物防疫改革推进会和全区动物防疫改革观摩培训班。扶持培育畜牧兽医技术服务公司、动物防疫合作社等基层兽医社会化服务组织，全区社会化服务组织数量从上年的43家增加到2018年的107家，兽医社会化服务已覆盖全区78%的乡镇，成为基层兽医技术服务的主力军。2018年，全区规模养殖场(园区)推行程序化免疫；散养户以“整村推进”方式抓好春秋两季集中免疫和平时补免。全年共免疫各类畜禽6510万头(只/羽)。全区324个固定监测和技术服务点开展流行病学调查和监测，及时发布预警预报信息，为场(户)提供预防控制措施。全区病原学监测106812份，布鲁氏菌病感染抗体监测29896份。隆德县正荣肉羊繁育有限公司和宁夏晓鸣农牧股份有限公司规模养殖场分别通过国家现场评估和复评估。开展全部布病结核病基线调查，在贺兰县、青铜峡市探索布病和结核病的区域性净化，完成82200头奶牛结核病监测，检出阳性牛12头。在盐池县开展布病免疫综合防控试点，采取秋季集中免疫和常年补免相结合方式免疫羊114万头只，应免羊只免疫密度达90%。监测免疫羊9332只，检出阳性50只，监测非免疫羊7097只，阳性29只。对所有阳性畜全部进行扑杀和无害化处理。推行检疫申报点规范化建设，在12个县区建成49个规范化动物检疫申报点，其中产地检疫申报点31个、屠宰检疫申报点18个。全区产地检疫电子出证9.2万张，检疫畜禽1354.3万头(羽、只)；屠宰检疫电子出证63.2万张，检疫畜禽产品16.1万吨；办理跨省引进种用乳用动物检疫审批11批次，同意引进种羊450只、奶山羊290只、奶牛1800头、冻精70万支。全年查办案件226件，一般程序案件179件，简易程序案件47件，平均每县办理案件数达到10件以上。开展案卷评查，一般程序立案办结动监行政处罚案卷12类、45宗，选出优秀案卷6宗。推行规模养殖场量化管理。全区1274家规模养殖场评定划分A级213家、B级278家、C级218家、D级461家，未分级104家。开展动物诊疗机构星级评定，全区77家诊疗机构有46家参加评定活动，评选出四星级3家、三星级6家、二星级7家、一星级30家。全区有病死畜禽无害化处理掩埋场19个和无害化处理厂1个，全年处理病死畜禽3.79万头只，肉类5.96吨。全区设立78个公路检查站封堵非洲猪瘟疫情。

【兽医工作】2018年，全区、市、县三级兽医实验室实施监测能力比对试验和兽医系统实验室考核。自治区动物疾控中心兽医实验室通过全国第二轮考核认证，连续5年在全国实验室能力比对实验中比对项目全部合格，被中国动物疫病预防控制中心确定为西部唯一的规模化养殖场主要动物疫病净化和无害化排放技术集成与示范项目协作实验室和全国动物疫病检测国家标准样品标定实验室。全区8家市县级兽医实验室进行现场考核。原州区兽医实验室具备了病原学检测能力，隆德县通过计量认证考核。全年争取全国动植物保护能力提升工程项目资金950万元，在银川市、石嘴山市、中卫市分别投资250万元，建设3个区域动物病原学监测中心，全面提升市级兽医实验室监测能力和生物安全等级。在中卫市、盐池县分别投资100万元，各建设2个动物及动物产品指定通道，强化动物及动物产品流通环节监管能力。继续申请指定通道建设项目3个，实验室项目2个，牧区专用设备建设项目1个。建立宁夏动物防疫专家库。完成5个市县级兽医实验室续展考核工作。对12名县级兽医实验室业务骨干进行为期12天的实验室检测专项培训。组织11个县的36名乡镇畜牧兽医站长和兽医社会化服务组织负责人在中国农业大学进行为期一周的培训。先后举办全区兽药管理法律法规培训班和全区动物产品兽药残留抽样技术培训班、全区屠宰企业肉品品质检验员培训班、全区动监执法人员业务培训，组织参加全国动监执法人员网络在线考试并抽查县市区73人进行现场在线考试。

【兽药监管】2018年，宁夏制定《宁夏回族自治区兽药生产企业量化监督管理办法》，对7家兽药生产企业开展日常检查和专项检查3次，指导25家监管机构和252家兽药经营企业完成兽药产品追溯系统的注册和产品二维码数据上传工作。完成兽药质量抽检403批，兽药残留监控和畜产品风险隐患排查监测850批。开展全区违禁兽药专项整治行动，对农业部公布的禁用兽药、假劣兽药、标签说明书不符合规定、改变标准和组方的兽药等进行重点整治。制定《宁夏回族自治区动物及动物产品休药期承诺书管理办法》，印制《宁夏动物及动物产品休药期承诺书》，强化兽药休药期管理。在全区开展兽药行业百日安全专项整治行动和兽药使用减量化试点工作，2家养殖企业被纳入全国首批减量化试点企业。2018年，全区各级兽药监管机构共出动执法人员2350人次，开展县级每月检查、省市级季度督查，对全区7家兽药生产企业和279家兽药经营企业和规模养殖场进行巡查检查。共查处兽药违法案件30起，货值金额6158.5元，罚没金额21398元；检查兽药使用单位1047家；

开展兽药经营环节培训23期，培训经营人员520人次，开展兽药卫生宣传活动，编印兽用管理法律法规等各种技术手册1000册，发放各种宣传资料1.4万份，举办兽药使用环节培训21期，培训养殖从业者1800人次。组织建设全区兽药信息化监管平台建设，研发宁夏兽药数据信息、假劣兽药数据信息、监督执法等子系统，对全区兽药生产、销售、使用信息进行全面收集和综合分析，实现精细化管理。创作《简述动物源细菌耐药》宣传微视频，获得2018年自治区科协科普宣传优秀奖。

【屠宰业监管】2018年，宁夏加强《宁夏屠宰条例》宣传，开展畜禽屠宰监管"扫雷行动"和打击危害肉品质量安全违法违规"百日行动"，联合多部门执法，共开展执法检查120次，出动执法车辆150次、执法人员600余人，捣毁私屠滥宰窝点19个。指导青铜峡市农牧局查处一起涉嫌未经定点违法屠宰羊案(500余只羊、案值50万元)，并以涉嫌非法经营罪移交公安机关立案侦查。盐池县鑫海清真食品公司被确定为全国首批畜禽屠宰企业标准化建设试点企业。先后制定《畜禽屠宰厂(场)设置规划》《屠宰企业分级管理办法》《宁夏畜禽定点屠宰工作协调和信息通报制度》等规范性文件10余份，构建以卫生评估、风险分级、量化监督、痕迹化管理为主要内容的精细化屠宰监管体系。加强屠宰环节瘦肉精监管工作，对每一批牲畜均要进行盐酸克伦特罗、莱克多巴胺和沙丁胺醇三项瘦肉精检测，其中企业自检不少于5%，官方兽医监督抽检不少于3%，构建起"企业自检、监督抽检、检打联动"的风险监管模式，推进畜禽屠宰质量安全风险监测工作常态化、规范化，有效降低和防范肉品质量安全风险。

【草原生态修复】2018年，全区落实草原生态保护禁牧补助面积2599万亩、补助资金19493万元，受益农户39.5万户。大力实施生态修复工程，完成退化草原改良12万亩，已垦草原治理10万亩，退耕还草2万亩。组织实施草原防火和生物灾害防控项目，提高草原防灾减灾能力，加强草原防火物资装备建设，提高火情监控信息化水平，强化灾害监测预警和督导检查。累计完成草原鼠虫害防治453万亩，全年没有发生重特大草原火灾。草原综合植被盖度达到55.4%，连续5年超过50%。推进草原生态环境保护制度体系建设，建立草原承包经营、草原生态功能监测、草原禁牧封育、草原征占用管理等制度。扩大试点范围，探索草原产权制度改革。开展草原生态保护红线划定、草原资源清查、人工饲草地调查等多项工作。草原综合植被盖度写进自治区出台《关于推进生态立区战略的实施意见》，列入各市、县(区、市)生态文明建设目标评价考核指标体系。2018年，落实草原保护禁牧补助面积2599万亩，补助资金1.95亿元，向39.17万户兑现了禁牧补助，户均补助498元。落实生态奖补政策绩效奖励资金10602万元。2011年以来，全区共落实草原补奖政策资金26.6亿元，其中落实绩效奖励资金5.99亿元。组织实施了退牧还草、退耕还草、农牧交错带已垦草原治理、生态移民迁出区生态修复和草原防火监控站等重大工程，重点治理陡坡耕地、退化沙化草原、已垦撂荒草地，加强草原防火预警能力建设。各项工程投资共5636万元，完成草原治理任务22万亩。

【依法治草】2018年，宁夏修订《宁夏草原管理条例》《宁夏禁牧封育条例》，取消下放草原占用等审批事项，简化草种生产经营许可等审批手续。创新草原执法方式，采取区、市、县纵向联合执法，会同公安、林业、环境保护、国土资源等部门开展横向联合执法，全区共立案查处各类草原违法案件40起。强化与司法机关的沟通协调，推动建立草原行政执法与刑事司法衔接机制，全区共向司法机关移送涉嫌犯罪案件6起。加大草原保护普法宣传力度，国家林草局在宁夏开展全国草原普法宣传月活动启动仪式。对典型犯罪案件进行通报曝光，对破坏草原的违法犯罪行为产生震慑作用。严格执行种子"盲检"制度，围绕退牧还草、退耕还草和已垦草原治理工程项目，加强牧草种子监督检验，确保种子质量合格和项目验收，全年监督检验73批次，检验合格率95.89%。开展委托检验服务，全年委托检验164批次，合格率89.63%。开展牧草品种区域试验引进新品种、燕麦—苜蓿—青贮玉米轮作模式技术推广。发展人工种草，实施高产优质苜蓿示范基地创建，完成7.19万亩高产优质苜蓿种植。全年全区种植优质牧草种植129.42万亩，其中，多年生苜蓿完成31.67万亩，一年生禾草完成97.75万亩，青贮玉米124.56万亩。

【草原防灾减灾救灾】2018年，宁夏强化运行机制，加强物资储备，提升草原火灾、鼠虫害等综合防控能力。开展草原灾害防控应急演练和督导检查，加强草原灾害监测预警，在关键时节启动灾害应急值守制度和灾害零报告制度。全区县级以上草原防火机构达22个，应急队伍153支，专兼职扑火人员5184人。建成区、市两级草原防火指挥中心2个，区市草原防火物资储备库3个，县(区)草原防火物资站10个，在建县区草原火情监控站10个，年均出动火灾隐患排查人员近千人次，火灾24小时扑灭率保持在95%以上。草原火灾受害率与重特大草原火灾发生率分别控制在3‰与3%以内。草原生物灾害绿色防控取得积极进展，草原鼠害、虫害的绿色防治比例逐年提高，已分别达到83.6%和62.8%。

（陈荣鑫）

饲料业

【概况】2018年，全区共有饲料生产企业68家，其中，配合饲料40家、饲料添加剂8家、单一饲料20家；全年全区商品饲料总产量58.69万吨、同比增长20.2%（配合饲料43.88万吨、同比增长23.31%，浓缩饲料13.58万吨，同比增长16.55%，添加剂预混合饲料1.23万吨、同比下降21.86%），营业收入22.39亿元；饲料添加剂产量37.48万吨，营业收入47.62亿元；单一饲料产量23.28万吨，营业收入7.82亿元。饲料质量安全监测合格率达到99.6%。

【饲料生产管理】2018年，全区贯彻实施国务院新修订的《饲料和饲料添加剂管理条例》及农业农村部各项饲料法规，完善饲料生产、经营环节质量安全管理制度，建立政策法规、行政许可、产品质量、技术信息、违法查处公开公示制度。把贯彻饲料法规与行政许可、质量监测等工作结合起来，在新（换）发生产许可证时，按规定要求新建配合饲料厂每小时加工能力达到10吨以上，年产能10万吨以上（全区年总产能达295万吨），配备符合要求的检化验仪器。要求高标准建厂、严要求化验，避免低层次重复建设。全年生产反刍料36.63万吨（年产能86万吨），占总产量的62.4%；8家企业产销散装饲料6.3万吨，占总量的10.7%。全年现场审核新换证24件、核发批准文号58件。实现网上申报网上审批，加快“放管服”改革步伐。

【质量安全规范管理】2018年，《饲料质量安全管理规范》《饲料添加剂安全使用规范》《饲料卫生标准》全覆盖实施，由县级饲料管理部门组织推进、生产经营企业主体实施、自治区组织专家验收，促使企业实现从原料入厂到成品出厂的全过程质量安全控制。以宁夏大北农等6家部级和青铜峡国雄等5家自治区级饲料质量安全管理规范示范企业为标杆，在所有配合饲料企业推进实施《规范》全覆盖，促进降本增效、转型升级，形成行业学规范、用规范的良好氛围。

【质量监管】2018年，全区共完成饲料质量安全监测466批次，其中配合农业农村部开展异地抽样监测96份，安排预警和常规检测260份，实现了生产企业抽检全覆盖，饲料监测合格率达99.6%。按照农业农村部第64号公告精神，对使用以猪血为原料的血液制品的猪用饲料进行抽样检测110份，未检出非洲猪瘟病毒核酸阳性样品。严厉惩治查处违法违规行为，全年查处2起经营无生产许可证饲料添加剂案，罚款0.4万元，查扣违法产品0.274吨。全年分别举办市县监管人员、企业管理人员参加的法规专业知识培训班2期，组织全区6家企业参加全国饲料工业博览会，实现企业饲料统计数据网上按月报送全覆盖。

（陈荣鑫）

水产业

【概况】2018年，全区水产品产量17.7万吨、比上年减少2.18%，水产养殖面积35千公顷、同比减少0.26%。从渔农民年均纯收入达到12865.39元、比上年增长8.3%。全区人均水产品占有量达25.7千克，居西北地区首位。

【渔业转方式调结构】2018年，全区以设施渔业、池塘健康高效养殖、稻渔综合种养为重点，推进渔业转方式调结构。设施温棚、日光温室等面积达到53.3万平方米；低碳高效池塘循环水流水槽达到136条，养殖工艺得到优化；推广物联网智能养殖等“互联网＋现代渔业”配套养殖技术和装备，稳产、高效、安全养殖水平提升；推广稻渔生态综合种养2.17千公顷，集成创新稻渔综合种养流水槽养鱼节能减排新技术新模式示范点2个，实现生态、循环、高效种养和养殖用水零排放，该模式被推为稻渔综合种养的“3.0版”新模式在全国推介，全国稻渔综合种养示范区达到4个；推广集装箱循环水绿色高效养殖、人工潜流湿地养殖尾水处理、微孔增氧、底排污改造、粪污集中处理等技术模式，创建全国水产健康养殖示范场18个。

【智慧渔业】2018年，全区改造养殖池塘一千公顷，配套养殖池塘底排污、微孔高效增氧、水质智能监控等设施；以贺兰、灵武、平罗、青铜峡、沙坡头区等渔业重点县为主，建设集物联网智能养殖、渔业水体环境监控、水产品质量可追溯、鱼病远程诊断、市场信息服务等多种功能于一体的“互联网＋渔业”养殖场点52家，试验示范池塘机械化捕捞技术，继续探索“四化”（装备工程化、技术现代化、生产工厂化、管理工业化）养殖技术，养殖管理水平、渔业预警和事故防范能力稳步提升。

【水产品质量安全】2018年，全区严格落实属地管理责任和生产经营者主体责任，加大对养殖户鱼种、鱼饲料、鱼药等投入品的监管力度，从源头上保障水产品质量安全；调整渔业病害测报点位置，开展苗种检疫工作。全区共签订水产品质量安全责任书520份，建立养殖生产记录1716本；检疫鉴评产地和外调水产苗种7.6亿尾（头），未发现Ⅰ类和Ⅱ类水生动物疫病；农业部抽检宁夏产地和市场水产品共6批次197个样本，检测结果未出现阳性样品，综合合格率100%；自治区自检产地和市场水产品共7批次645个样本，综合合格率100%。

【渔业生态安全】2018年，全区以实施黄河禁渔、"亮剑2018"专项行动、违规渔具整治专项行动为抓手，开展渔业水域生态保护宣传和执法检查、督查，共印发各类宣传资料5.5万份（副/盒），对黄河宁夏段397公里实施禁渔并延长禁渔期一个月，开展执法检查巡查319次，其中5月30日至6月3日开展水、陆昼夜执法检查，对各类违规捕捞行为起到了很好的震慑作用。组织开展重点河湖生态保护红线和禁养区、限养区划定，积极推进"以渔净水"，对沙湖等重点河湖实施增殖虑食性鱼类、种植莲藕等的生物操控治理；开展国家级水产种质资源保护区涉渔工程生态补偿及增殖放流，放流各类经济鱼类4066.5万尾。按照农业农村部统一部署，开展全国"放鱼日"、水生野生动物保护科普宣传月、水产养殖规范用药科普下乡宣传等活动，民众水生生物资源生态保护意识得到提升。

（陈荣鑫）

葡萄产业

【概况】2018年，全区完成标准化基地建设、改造提升老葡萄园5.4万亩（其中标准化基地建设1.8万亩、老葡萄园改造提升3.6万亩），建成玉鸽、贺金樽2个示范酒庄；年产葡萄酒1.5亿瓶，酒庄接待游客50万人次，为生态移民提供就业岗位12万人次以上，综合产值达到230亿元。"宁夏贺兰山东麓葡萄酒"在2018年中国地理标志保护产品区域品牌排行榜排名第10位，比上年度第14位上升4位。"贺兰红"葡萄酒并被评为"25国冠军侍酒师联合推荐——中国消费者最喜欢的葡萄酒"，被联合国代表餐厅作为2019年采购用酒。

【葡萄产业融合发展】2018年4月6日，宁夏第一个"葡萄春耕展藤节"在惠农区西御王泉酒庄举办，这是全区休闲农业提升年启动后举办的第一个休闲农业节会，标志着宁夏葡萄酒产业开启一、二、三融合发展新时代。"葡萄春耕展藤节"旨在促进葡萄酒产业与酒庄旅游、酒庄休闲、酒庄度假、酒庄婚庆、酒庄养生等融合发展，延长产业链，提升价值链。宁夏建成或在建的近200家葡萄酒庄（企业）已有10多家在每年的葡萄生长季和酿酒季，举办不同的节会和品牌推介活动，以宣传自己的葡萄酒品牌和葡萄酒文化，吸引市民、游客、中小学生和企事业单位员工到酒庄观光旅游、休闲体验、科普研学、养生度假和举办各种庆典、年会、纪念、拓训、户外等活动，促进了葡萄酒庄的一、二、三产业融合和全产业链构建可持续发展。位于石嘴山市惠农区燕子墩乡罗家园村的西御王泉酒庄成为产业融合发展的排头兵，已第二次举办葡萄春耕展藤节，每次节会都吸引1000余市民、村民和葡萄酒爱好者前来观光踏青、休闲体验和品鉴购买。闽宁镇全面开展葡萄酒产业融合发展模式，建成公地点、展销展示中心、葡萄酒教育等共5万平方米的葡萄酒产业融合发展研究基地。12月17日，中法文化论坛组委会与贺兰山东麓葡萄产业园区管委会合作，贺兰山东麓葡萄酒学院闽宁培训班首期课程开班。12月24—28日，贺兰山东麓葡萄酒行业党委举办非公酒庄（企业）及意识形态工作专题培训。

【重大节会】2018年，宁夏先后举办第七届贺兰山东麓国际葡萄酒博览会、2018年联合国中国美食节暨宁夏贺兰山东麓葡萄酒走进联合国活动、第四届贺兰山东麓葡萄春耕展藤活动，联合举办第七届国际葡萄酒设备技术展，组织参加德国马克思诞辰200周年纪念活动、英国品醇客葡萄酒展、第十四届深圳文博会（贺兰山东麓产区获"优秀展示奖"）、首届中国自主品牌博览会暨宁夏贺兰山东麓葡萄酒（上海）品牌价值发布会、2018宁商（上海）大会等国内外推介活动，旨在提升产区知名度和影响力。在品醇客、布鲁塞尔葡萄酒大赛、柏林葡萄酒大奖赛、亚洲葡萄酒质量大赛等国际赛事上，宁夏产区葡萄酒囊括奖项223个，获奖总数700多个。

【产品转型升级】推进智能化产区建设。已完成贺兰山东麓葡萄酒质量安全与监管平台开发建设，率先在巴格斯、志辉源石、贺兰晴雪3个三级列级酒庄试点，共覆盖62家酒庄（企业）。创建葡萄产业国家级试验示范区。国家农业高新技术产业示范区创建工作已启动，打破市县行政、地域，以产区进行创建，组织人员赴山西、江苏等地进行考察学习，正在编制创建规划，制订工作方案。与西农葡萄酒学院合作，在贺兰金山进行苗木、栽培、酿造、检测等技术研究与推广；国家生态文明试验区创建稳步推进，行业内发出"生态文明从我做起"倡议书，产区倡导生态优先、低碳环保、循环利用、绿色发展、清洁生产、勤俭节约新风尚。委托中国环境科学院编制《宁夏贺兰山东麓葡萄酒产业生态文明试验区创建规划》。加强产区保护，推进葡萄产业全产业链监管和执法，加强产区专用标志及商标管理使用，遏制酒庄恶意抢注商标行为。加强葡萄酒质量安全监督管理，对产区3家育苗企业繁育的560余万株苗木进行抽检。对葡萄酒食品添加剂及非法添加物进行专项检查，均符合国家葡萄酒食品安全相关标准，创新发展，推进宁夏葡萄酒产业转型升级。

【产业综合效益】2018年，从区内高校柔性引进4名博士开展相关研究，从区外引进2名葡萄酒专家挂职任管委会办公室党组成员、主任助理，引进新西兰马尔堡产区大卫·泰勒酿酒师团队，合作共建贺兰金山试验区的贺金樽酒庄。编制《宁夏贺兰山东麓葡萄酒初阶教程》《宁夏贺兰山东麓葡萄酒讲师教程》，培训认证50名贺兰山东麓产区葡萄酒讲师，培训3000余名业界人士和葡萄酒爱好者。在金山试验区建立葡萄酒质量检验检测中心，购进1台移动灌装线和大量生产设备，集中为酒庄提供社会化服务，降低酒庄生产成本，鼓励酒庄、社会化服务公司就近吸纳劳动力务工，为生态移民提供12万个就业岗位，提升宁夏葡萄酒产业的综合效益。

（殷雪鹏）

农产品流通

【概况】2018年，宁夏围绕优质粮食草畜、蔬菜、枸杞、葡萄等重点产业，以加强产销衔接为重点，突出高品质和地域特色，通过组织电商企业与生产企业、生产基地、合作社等开展特色优势农产品产销对接、田头市场建设等项目的实施。支持中卫硒砂瓜、宁夏菜心、六盘山冷凉蔬菜、固原马铃薯等的区域公用品牌在北京、上海、广州、深圳等全国目标城市重点商圈、定点批发市场建设专卖店、专销区等外销窗口32个，销售额约2.4亿元。

【特色优质农产品品牌建设】2018年，宁夏重点培育并评审发布了固原黄牛、六盘山冷凉蔬菜、盐池黄花菜、沙坡头苹果等7个自治区区域公用品牌，弘兴达果业、罗山酒庄、圣峰百年等10个自治区知名农业企业品牌，山逗子杂粮 、伊星亚麻籽油、壹加壹牛肉等20个特色优质农产品品牌。开展盐池黄花菜、固原黄牛等4个区域公用品牌统一标识形象的设计征集工作，提高区域公用品牌市场占有率和美誉度。组织全区60多家农业龙头企业参加第十六届中国国际农产品交易会，别庄菜心、南月马铃薯、南山阳光苹果、润德庄园枸杞、罗山葡萄酒、泾源黄牛肉6个企业品牌获农交会金奖，泾源黄牛获地理标志产品金奖，盐池滩羊肉、红寺堡黄花菜作为全国知名农产品品牌登上央视舞台。

【贫困地区农产品产销衔接】2018年，宁夏组织9贫困县区63家企业参加北京全国贫困地区产销对接会、兰州西北贫困地区产销对接会。协调在全国农产品市场有一定影响力的湖南长沙红星农副产品大市场、河南商丘农产品中心批发市场、北京新发地批发市场、广州江南批发市场与西吉、海原、原州区现场签订硒砂瓜、马铃薯、六盘山冷凉蔬菜采购合同5.3亿元。落实《福建农业厅、宁夏农牧厅推进现代农业发展和产业扶贫合作框架协议（2018—2020年）》，组织中卫市、海原县、永宁县闽宁镇等10家特色农产品企业参加在福建漳州举办的第十届海峡两岸现代农业博览会，争取海原县漳州市漳浦县对口帮扶资金4036万元，扶贫项目13个。发挥政府资金引导和撬动作用，在盐池、贺兰、平罗等地支持田头市场建设，吸引21家企业、合作社，吸纳社会资金2300万元建设产地保鲜、冷藏、分拣、加工为一体的田头市场，提高生鲜蔬菜和禽畜产品预冷保鲜能力，实现冷链物流与重点农产品主产区“无缝对接”，有效满足特色优质农产品区内外销售需要。

（陈荣鑫）

种子管理

【概况】2018年，全区共落实小麦、水稻、玉米、马铃薯等各类农作物繁制种面积61.5万亩，生产各类种子46236万千克。调度主要农作物种子4128万千克，小麦、水稻、玉米、马铃薯四大作物种子商品化率分别为45%、90%、100%、56%，良种覆盖率94.2%。2018年度计划为南部山区免费供种冬小麦种子试点面积10万亩，实际完成16万亩；落实2018—2019年度冬小麦免费供种试点项目补贴资金800万元，补贴面积10万亩。全年召开自治区第二十九次农作物品种审定会议，经审议，23个品种通过审定，其中水稻3个、小麦3个、玉米16个、大豆1个；通过同一生态区引种备案品种72个，其中玉米71个品种、水稻1个品种；43个非主要农作物品种完成登记，9个品种已经部级复核。

【转基因监管】2018年，宁夏按照玉米制种基地苗期转基因监管专项检查的要求，对辖区内杂交玉米制种田进行拉网式检查，共检查24家制种企业61个品种的68

2018年5月25日，灵武市种子管理部门工作人员对玉米制种基地苗期转基因进行检查

份种子样品，抽检制种田面积38104亩，未检出Cry1Ab/Ac转基因成分。

【南繁科研育种】2018年，宁夏在云南和海南开展南繁科研育种单位16家，面积832亩，从事科研育种94人次。开展小麦、水稻、玉米、大豆、向日葵、瓜菜等作物科研育种56380个组合，制种4.475万千克。

【品种展示示范园区建设】2018年，全区建设农作物新品种展示示范园区30个，引育、试验、展示示范小麦、水稻、玉米、马铃薯、大豆、油料、瓜菜等农作物品种1.1万个(次)、1万亩。建设了一批良种良法配套、农机农艺、展示培训相结合的综合园区，每个园区展示示范审定品种和备案品种30个以上。

（陈荣鑫）

农机管理

【概况】2018年，全区农机总动力达到615万千瓦，比上年增加1.6%；农用拖拉机拥有量达21.5万台，其中大中型拖拉机3.86万台，增长9.3%；小型拖拉机17.28万台，减少了4%。联合收割机9356台，增加3.8%；各种配套农机具33.2万台(套)，增加1.7%；深松深翻、秸秆还田利用、粮食烘干等绿色环保机具快速增长。全区农作物耕种收综合机械化水平达到74.5%，比上年提高1.5个百分点，高于全国平均水平6.5个百分点。小麦、水稻生产实现机械化，耕种收综合机械化水平分别达到91.4%和97.8%；玉米耕种收综合机械化水平达到87%；马铃薯耕种收综合机械化水平达到67%。

【农机购置补贴】2018年，全区共落实农机购置补贴资金18715万元，其中中央资金16560万元，自治区资金900万元，上年结转资金1255万元。补贴政策覆盖全区所有县(区)和国有农场。制订2018年农机购置补贴实施方案，明确对15大类、32个小类、90个品目机械进行补贴，优先保证主要农作物全程机械化所需机械和深松整地、高效植保、残膜回收等支持农业绿色发展机具的补贴需要。举办全区农机购置补贴暨警示教育培训班，与各县(市、区)签订《农机补贴实施暨廉政风险防控工作责任书》。开展农机补贴产品分类分档和产品归档工作，归档农机产品7732个，满足农机补贴工作需要。开展农机新产品补贴试点和植保无人飞机补贴试点工作，完成产品遴选、报备以及产品归档工作。开发使用宁夏农机购置补贴手机APP，使购机农民利用手机即可上传申请农机购置补贴所需的相关信息，实现“让信息多跑路，让农机多干活”。开通农机购置补贴辅助管理系统，实现农机购置补贴及时办理和实时监管。全区共实施农机补贴资金17195万元，完成当年资金总额的96.51%，补贴各类农机具2.6万台(套)，受益农户1.27万户。宁夏被评为全国农机购置补贴绩效延伸考评优秀单位。

【农机社会化服务组织】2018年，全区农机作业服务公司数量达到126个，其中新建14个，农机合作社突破300个。建设粮食烘干中心6个，累计达到18个。加大对农机作业服务组织购机补贴力度，对于新建的农机作业服务组织，验收合格后自治区采取“以奖代补”的方式给予25万元的机具库棚建设补助；对新建和自治区三星级农机作业服务组织购机进行累加补贴。推行“一条龙”、订单作业和土地托管服务，引导农机作业服务组织拓展服务领域，开展跨区作业，提升社会化服务能力和水平。

【主要农作物全程机械化】2018年，创建永宁县、惠农区两个国家级主要农作物生产全程机械化示范县。围绕自治区特色优势产业发展，继续打造高标准农机农艺融合示范园区30个，建设面积5.64万亩，覆盖种植、草畜、瓜菜、水产、枸杞、葡萄等10大类，园区内关键环节机械化作业水平100%。引进研发胡萝卜播种机、圆白菜收获机、螺丝菜播种机、硒砂瓜秧苗移栽机等8种机械，填补了全区瓜菜产业机械化空白。

【农机安全监管】2018年，全区农机入户率、检验率和驾驶员持证率稳步提升。建立农机安全联组2600个，形成“政府负责、农机主抓、部门协作、群众参与”农机安全监管体系。开展全区农机事故应急处置培训和救援演练活动、开展农机安全生产大检查和“除隐患、保安全”专项整治活动，全年全区未发生农机重特大安全事故。全年受理农机鉴定检验50个，对8家企业25种农机产品进行全覆盖持证操作并对持证人员是否持证上岗进行监督，对24个企业的26个型号的拖拉机、谷物烘干机进行质量调查。开展宁夏农业行业职业技能竞赛农机驾驶操作员和修理工技能竞赛活动，选拔6名选手参加全国农业行业职业技能竞赛农机驾驶操作员和修理工技能竞赛。4名选手进入全国20强，获得“全国农业技术能手”称号，宁夏获全国农业行业职业技能大赛农机驾驶操作员竞赛“团体第四名”。

【覆膜及残膜回收】2018年，全区争取中央旱作农业技术推广项目资金8500万元，推广覆膜保墒旱作节水农业技术，创新残膜回收利用机制，加大残膜回收力度。中南部地区完成春秋覆膜255万亩，完成计划任务170%。完成残膜回收面积224万亩，回收残膜2.1万吨，残膜回收率达到93%。

（陈荣鑫）

农田整治

【概况】2018年，宁夏通过继续实施千亿斤粮食产能工程、农业综合开发、农田整治、高效节水灌溉等重点项目139个，建成高标准农田93.7万亩，其中发改部门完成6.32万亩，财政部门完成25.92万亩，原国土部门完成21.97万亩，水利部门完成39.49万亩。全区建成高标准农田593万亩，其中高效节水灌溉面积达到350万亩。

【农业高质量发展】2018年，全区农田基础设施得到完善，农业生产条件明显改善，粮食综合生产能力显著提高。2018年，全区粮食产量393万吨，实现“十五连丰”，比2011年增加33.7万吨，增长9.4%；全区粮食平均单产356千克，比2011年增加75千克，增长27%。2018年，全区促进农村土地承包经营权有序流转，壮大农业新型经营主体，推进农机农艺有效融合，提高特色产业规模化、集约化、机械化水平。全年全区土地适度规模经营比重达到27.4%，主要农作物耕种收综合机械化水平达到74.5%，特色优势产业产值占农业总产值比重达到87.2%。

【农业资源利用】2018年，通过土地平整、盐碱地改良、田块归并等高标准农田建设，全区补充耕地8万亩；改善农田灌排条件，发展高效节水灌溉，推广水肥一体化技术，年均节水3.5亿立方米，全区灌溉水利用系数达到0.51，比2011年提高21%。

（陈荣鑫）

农业科技与教育培训

【农技推广体系建设】2018年，宁夏推进农科教、产学研协同创新，开展关键技术研发、推广重大实用技术，共培训新型农民1.7万人。粮食、奶牛、肉牛、滩羊良种覆盖率和主推技术到位率均达到90%以上。主要主要农作物耕种收机械化水平达到74.5%。农业科技进步贡献率达到60%。

【农业技术推广应用】2018年，全区以农业特色优势产业“两组一会”首席专家团队为抓手，紧紧围绕农业特色产业高质量绿色发展，施水稻米质量提升、马铃薯主食化、肉牛滩羊品质提升、压砂瓜连作障碍等10项关键技术研发项目和玉米水稻节本增效、肉牛肉羊高效养殖、农机农艺融合等20项重大实用技术推广项目。遴选推介农业主导品种167个和主推技术121项。自治区16个农业特色优势产业首席专家团队开展了各项技术服务，建立试验示范点199个，示范推广新技术266项，培训农民14022人次，指导服务经营主体300个。创造了优质春小麦单产651.1千克、直播稻单产840.9千克和玉米单产1216千克的新纪录，滩羊新品系选育取得重大突破。重大农业技术推广方面，2018年，宁夏创建农业部绿色高质高效整建制示范县5个，绿色增产模式攻关示范点20个，建设水稻品质提升试验示范园区5个、旱作节水农业技术示范园区9个、蔬菜水肥一体化示范基地20个，辐射带动绿色种植364万亩，集成推广新技术43项。建设农机农艺融合示范园区13个。推广测土配方施肥、水肥一体化、有机肥替代化肥技术，落实农药生产、经营许可，加强农药质量监督管理，推广统防统治与绿色防控技术，全面推进化肥农药减量增效，化肥使用量105万吨，较上年减少2万吨，农药使用量2782.3吨，较上年减少134.6吨；创新智慧农业小麦套种玉米“两粮一菜”、小麦间作蔬菜“两菜一粮”种植模式，推广北斗导航无人驾驶、变量施肥、精量播种作业，为农业提质增效提供了强有力的技术支撑。宁夏“创新绿色发展模式 促进种植业可持续发展”做法在农业农村部《种植业快讯》上刊登交流。

【新型职业农民培育】2018年，全区以加快培养造就高素质现代农业生产经营者队伍为目标，坚持教育培训、认定管理和政策扶持“三位一体”培育制度，突出新型经营主体带头人、现代青年农场主和培育重点，以新型农业经营主体带头人为主要培训对象，实施“现代青年农场主培养计划”“农业职业经理人培养计划”“新型经营主体带头人轮训计划”和“精准扶贫培训计划”。全年完成新型职业农民培训1.7万人，累计认定新型职业农民12921人，开展新型职业农民跟踪服务5000多人次，认定挂牌自治区级新型职业农民培育示范基地37个，遴选推介优秀师资25名，新建农民田间学校19所。遴选100名新型职业农民典型人物创业兴业事迹，出版发行《新时代宁夏新型职业农民典型风采》。西吉县职业农民李雄、青铜峡市职业农民叶小云荣获农业农村部全国百名杰出职业农民资助项目人选；西吉县龙王坝、石嘴山市龙泉美丽家园合作社、贺兰县广银米业成功入选全国新型职业农民培育示范基地；盐池县大水坑镇杨延昭被评为全国杰出农村实用人才。

【农业面源污染防治】2018年，全区推广高效节水技术352.5万亩，旱作节水技术160万亩，测土配方施肥910万亩，绿色防控及统防统治618万亩次，银北盐碱地农艺改良78.6万亩。全区化肥农药施用量分别为106.24万吨、2882.3吨，比上年分别减少使用1.54万吨和66.3吨，实现零增长；完成畜禽养殖禁养限养区划定，科学划定禁养区372块、0.85万平方公里，对禁养区内71家规模养殖场依法依规进行了关闭或搬迁。对887家畜禽规模养殖场进行标准化改造和配套粪污处理利用设施装备建设，占全区规模养殖场的52.5%。全区畜禽粪污资源化利用率达到88.7%，中南部11县区残膜回收率达到90%以上。完成全区水稻机械化灭茬深翻还田125万亩，玉米秸秆机械化捡拾打捆110万吨，全区农作物秸秆综合利用率达到84%。

（陈荣鑫）

农业投资与综合开发

【概况】2018年，全区共批复实施土地治理项目33个，投资53782万元，建设高标准农田23.1万亩，有力推动了自治区三大战略的实施，为加快转变农业发展方式、调整农业经济结构起到基础性作用。围绕自治区“1+4”特色优势产业，坚持问题导向，依托科技支撑，集中力量和资金不断探索完善全区现代农业产业化发展支撑体系，2018年共投入财政资金26069万元用于产业化发展项目，重点扶持培育一批具有科技创新驱动能力的重点龙头企业和农业产业化联合体，为促进农村一、二、三产业融合发展和产业振兴，积极创新扶持机制和模式。

【盐碱地改良】2018年，全区按照统一规划、综合治理、分步实施的原则，整合农业综合开发资金9600万元，在引黄灌区改造盐碱地9万亩，采用暗管排水技术4.47万亩，开挖治理排水沟道16.84公里。通过盐碱地集中连片治理，推动了土地的流转和规模化经营，为农村一、二、三产业融合发展奠定了坚实基础。

【外资项目】2018年，全区完成亚行项目环境评价报告、社会保障报告、财务决算报告、进度监测报告，核对报账资金统计数据等工作，配合亚洲开发银行独立评估部完成对宁夏项目的评估工作。完成2018年国际农发基金项目可行性研究报告的编制、评估和送审工作，对项目招标代理机构进行了招标采购，并签订合同配合国家发改委国家投资项目评审中心。围绕自治区“十三五”规划确定的节水灌溉目标，充分发挥外资在引进先进技术、设备和管理方面的优势，通过引进以色列高效灌溉技术，推动全区高效节水农业的发展。2018年共使用以色列政府贷款1162万美元。

【院地科技合作】2018年，全区坚持把科技创新驱动作为提升农业综合开发工作水平的重要抓手，推广新品种、新技术、新工艺，与中科院等科研院所合作，探索破解枸杞、牧草、葡萄、设施蔬菜等产业发展的技术难题，联合开展酿酒葡萄免埋新技术、优质牧草良种繁育推广、绿色生态高值设施农业技术、节水技术与盐碱地开发利用，马铃薯病毒速测技术示范推广等课题研究和技术推广项目，提高农业投入产出比和科技贡献率，提升农业综合效益和竞争力。上线运行农业综合开发新版管理信息系统，提升农发工作科学化、信息化管理水平。围绕自治区确定的“1+4”特色产业，全年共安排资金531万元，扶持科技推广项目12个，从解决制约农业发展的技术瓶颈入手，促进产前、产中、产后全产业链规范化、标准化和专业化发展。

（陈荣鑫）

NINGXIA YEARBOOK

水利

SHUILI

编辑◎郭勤华

综 述

【概况】2018年，宁夏以全面推行河湖长制为牵引，聚焦破解水瓶颈，布局治水现代化，推进"六大水利"（统筹水资源保护、水环境治理、水生态修复，兼顾生活、生产、生态用水安全保障体系）建设，完成水治理现代化布局。完成全区供水保障、水利信息化与水利科技、农村水利、节水与水土保持、防汛防凌抗旱、水利工程建设管理、水生态文明和水文化建设等各项工作任务，为自治区经济社会可持续发展提供坚实的水安全保障。

【治水基础建设】2018年，全区重点实施现代治水建设。河湖长制落地见效。履行河长办责任，率先行动，协同配合，统筹推进河湖治理保护，落实区市县乡村五级河长3670名、湖长228名，河湖长制从全面建立走向全面见效，全区河湖面貌及水环境质量持续向好。饮水安全有效保障。牢牢守住"喝上水、喝好水"这个"底线"，加快农村饮水安全巩固提升工程建设，提升了49.85万人饮水安全水平，251个贫困村、9.15万人建档立卡户自来水入户任务全部完成。全区农村自来水普及率达84%，其中贫困县自来水普及率达88.5%以上。水利机构改革圆满完成。水资源、水生态和水环境管理等职能全面加强，城乡供水、科技信息化、安全生产管理等职能优化，适配现代水治理要求的机构职能基本建立，为破解水瓶颈、保障水安全奠定了坚实的组织基础。现代化生态灌区试点建设稳步推进。坚持节水优先方针，立足保障沿黄生态经济带发展，以打造人水和谐生态灌区为目标，以水权水价水市场改革为核心，以现代化信息科技应用为关键，创新开展现代化灌区试点建设，利通区、贺兰县初步探索可复制可推广的经验，京蓝、大禹、璐碧垦等国内外知名高科技企业落地投建，在灌区"投建管服"一体化、新模式上率先突破，实施多轮驱动、组合增效，为融合推进全区新型工业化、新型城镇化和农业现代化提供水利支撑。重大项目及生态用水指标争取实现突破。把争取水指标作为落实自治区"三大战略"的政治任务，立足打赢脱贫攻坚战、同步全面建成小康社会、构建西部生态安全屏障，在自治区有关领导的带领下，多次赴水利部、黄委会汇报协调，全区重大供水项目建设及生态用水指标实现重要突破，落实引黄水指标近5亿立方米，其中批复银川都市圈西线供水一期工程等水指标2.53亿立方米，首次单列全区生态用水指标2.24亿立方米，有效增强了自治区可持续发展的后劲。

【治水体系】2018年，宁夏从保障全区发展水安全高度，加强"五大体系"建设，加快补齐现代水网供给基础设施短板，扩大供水、灌溉、生态、防洪等水利公共产品产出和服务供给。完善现代水网供体系，动员近万名水利建设者跨冬春攻坚克难，中部干旱带脱贫攻坚安全水源工程——盐环定扬水工程13座泵站更新改造和新建7座水库、自治区60大庆红寺堡扬水工程一至五泵站更新改造及隆德县城乡供水、中宁县喊叫水片区供水等项目全部建成通水，增强了贫困地区水资源保障能力。落实自治区党委重大决策，总投资85亿元的银川都市圈城乡西线供水工程开工建设，以保障280多万城乡居民饮水和产业发展用水安全。配合陕西省推动陕甘宁革命老区供水工程前期工作取得阶段性成果。超额完成农田水利年度建设任务。完善现代水生态体系，实施清洁型小流域治理、坡耕地改造、淤地坝除险加固等水土保持重点工程，完成水土流失治理面积912平方公里、重点预防保护面积1224平方公里，治理区生态环境不断改善。做好生态供水工作，向全区湖泊湿地补水2.22亿立方米，超额完成年度任务，重点河湖水体水质明显改善。石嘴山市创建全国水生态文明城市，隆德县打造“山水林田湖草”系统治理模式。完善现代水环境体系，清理取缔河道违规采砂场150家，整治河道岸线5728千米，拆除河道违法建筑物71万平方米，整顿或关停禁养区畜禽养殖企业697家，河湖突出问题得到有效解决。推进银川市石嘴山市“一河两湖”（“一河”指黄河，“两湖”指沙湖和星海湖）、吴忠市“两河两沟”（苦水河、罗家河、清水沟和南干沟四条河流）、固原市“五河”（渝河、清水河、泾河、茹河、葫芦河）、中卫市重点入黄排水沟等水环境污染治理，黄河宁夏段水质连续15个月保持Ⅱ类，典农河、沙湖、星海湖水质持续好转，渝河、茹河、葫芦河、清水沟治理见成效，实现了经济、社会、生态效益共赢。完善现代水防灾体系，完成黄河宁夏段二期防洪工程，护佑黄河1号、2号洪峰安澜过境，完善银川都市圈及贺兰山东麓防洪体系。加快清水河、苦水河及中小河流山洪灾害综合防治，做到预案、队伍、物料组织等六落实，力保中小河流、小型水库、水保骨干坝安全度汛，年内水库无一垮坝、堤防无一决口、群众无一死亡。完善现代水信息网络体系，加快实施“互联网＋水利”六大行动（制度规范、网络、应用、平台、数据、安全），智慧水利“云、网、端、台”基础设施总体布局基本形成。推进信息化与水工程、业务、人员深度融合，河湖长信息系统基本建成，三大扬水完成自动化改造，水雨情监测、水资源监控、行政审批、电子政务、电子巡河等重点应用实现了全覆盖、常态化，水利系统互联网盲区基本消除，有效提升了治水现代化水平，增强了现代治水发展动能。

【治水能力】2018年，全区水资源管理取得新成效。以农业节水为主体、现代化节水灌区建设为重点，强化最严格水资源“三条红线”（水资源开发利用控制、用水效率控制和水功能区限制纳污）管控，开展水资源消耗总量和强度双控行动，对超红线的平罗精细化工基地等10个项目实行“双限批”。建成全区水雨情测报体系，完成全区水文水情数据预警测报，发挥治水工作科学决策支撑服务作用。开展节水型社会示范省区建设，国家最严格水资源管理和节水型社会建设考核指标全部完成，新增高效节水灌溉49.7万亩，农田灌溉水有效利用系数达到0.53以上，全区万元GDP用水量比上年下降6.3%，以有限的水资源保障了经济社会快速发展。强化水资源统一管理，严格计划用水，推进多水源联通联调联配，统筹解决好全区生活、生产和生态用水。推进现代化灌区建设，实施骨干渠道测控一体化闸门建设，试点建立现代生态灌区供水管理服务试点体系，提升灌溉服务水平，保障800万亩农田均衡受益，为全区粮食生产实现“十五连丰”做出重要贡献。采取扩大规模、置换水源、水质提标等措施，不断提高供水保证率，确保宁东等12个主要工业园区和固原等200多万人的城乡供水安全。探索建管新模式，在3条骨干渠道试点设计施工总承包，消除利益掣肘，保障建设进度，提升质量保证能力。建立管理近700家水利市场主体的信用体系，实行“红黑名单制”，规范水利建设市场行为。加大工程建设质量监管力度，对重点水利项目进行稽查检查，强化动态监管，完成89个项目竣工验收、30座水库大坝安全鉴定、5座水库注册登记，提升水利工程监管水平。严格落实安全生产责任制，建立完善水利安全生产“一票否决”、重大隐患挂牌督办等制度，紧盯重点领域和重要时段，狠抓隐患排查治理和专项整治，及时消除各类隐患。加快推进安全生产信息化、标准化建设，加大安全文化、宣传教育培训力度，水利系统未发生较大以上生产安全事故。加强国有资源使用管理，开发土地信息管理软件，实现厅属水管单位全部土地使用情况全程监控。开展中卫市节水型社会创新试点等国家级重点课题研究4项，现代水治理战略研究等自治区级课题8项，发布水利工程质量监督等地方水利标准6项，

2018年7月30日，航拍的青铜峡市余桥分水闸

借助院士工作站、技能大师工作室等14个创新平台全面推广测控一体化等新技术8项，完成干部职工培训1.1万人次，以科技创新推进现代化治水发展。

【治水改革】2018年，宁夏着力破解治水重要领域和关键环节体制机制障碍，为推进现代水利发展提供了内生动力。推进水权水价水市场改革，水资源向“高”处加快流动。中央水流产权确权试点、水资源消耗“双控”行动等重点改革取得实质性进展，水资源税费改革试点取得初步成效，同比增加75.4%。利通区以现代化生态灌区为试点，打通水权流转“全链条”，实现从工程节水到灌区节水的转变，盘活灌区节约的1485万立方米水资源，地方水资源配置由“政府主导、市场调节”向“市场主导、政府调节”转变，实现农业、工业、政府多赢。推进投融资体制改革，水利建设资金保障稳定。落实“引金入宁”计划，通过稳定国家投资、整合扩大地方投入、多方引入社会资本，不断优化水利投资结构、拓宽融资渠道，利通区、中宁县、彭阳县等9个水利PPP项目加快建设，共落实社会资本投资9.9亿元，水利多元化投入模式逐步形成。推进水利管理体制改革，工程建管新体系初步形成。承担行政职能的水利事业单位改革全面完成，以建设管理局为工程建设实施主体的“大法人”管理体制基本形成，以灌区供水管理为基本框架的“大农水”管理体制基本搭建，形成了“职责明确、服务优质、管理高效”的水利管理新体系。推进直属水管单位改革，事企分开基本完成，管养分离雏形初现。推进“放管服”改革，水行政审批服务水平不断提升。按照“不见面全流程网办”的审批模式，完成宁夏行政审批与公共服务系统、宁夏政务服务网上办事大厅、“水慧通”三方平台软硬件无缝对接，水利行政审批事项由33项减少为18项，实现全部事项“不见面、马上办”全流程网上在线办理，受到了国务院大督查工作组的充分肯定。

【推行河湖长制】2018年，自治区印发《贯彻落实〈关于在湖泊实施湖长制的指导意见〉的通知》，健全区市县乡村五级河湖长制责任体系，全区804条河道、118个湖泊纳入河湖长制管理，落实河长3670名、湖长228名。全区河湖全部建立“一河(湖)一档”，实施“一河(湖)一策”。编制黄河、典农河、清水河、泾河、茹河、渝河、葫芦河、苦水河、沙湖、星海湖治理方案，梳理黄河、典农河、清水河、泾河、茹河、渝河、葫芦河河湖治理保护项目。建立以暗访为主的监管制度，开展随机抽查，推动整改。印发《自治区河湖长制重点工作月通报暂行办法(试行)》。建立重点问题督办制度，印发《情况通报》12期、督办函49份，对23名河长办负责人进行了约谈。以省级空间规划试点为契机，构建完善空间规划体系，强化“三区三线”管控，12个县区纳入国家重点生态功能区，占国土面积的56.9%。发布宁夏生态保护红线，生态保护红线总面积占宁夏国土总面积的24.76%。推进全区河湖水域岸线划界确权，年内完成近40%的任务量。编制《黄河宁夏段岸线保护利用管理规划》。推动宁夏河湖保护条例立法调研。出台《宁夏回族自治区生态保护红线管理条例》。宁夏河长制综合管理信息平台正式运行，实现各部门涉水监测数据集成共享，河湖长、巡查员电子巡河常态化。自治区级河长带头履责，自治区总河长、副总河长坚持问题导向，主动出击，巡查黄河宁夏段入黄支流和排水沟，专题部署打好新时代黄河保卫战；先后多次对沙湖、星海湖、渝河、葫芦河等重点河湖综合治理进行调研督办。自治区级河长经常巡查所辖河湖，多次召开现场办公会研究解决河湖治理突出问题。各级河长湖长既挂帅又出征，乡级以上河湖长巡查河湖3.6万人次，河湖长制实现从“有名”向“有实”的转变。启动“清河行动”、开展“清四乱”(乱采、乱占、乱堆、乱建)专项整治，排查出“四乱”问题1247件，完成整改销号973件，销号率达78%。分别在隆德县、中卫市召开全区推行河湖长制工作观摩座谈会。银川市通过《电视问政》聚焦河湖长制热点难点问题，问责60人次，解决河湖治理保护突出问题71个。红寺堡区建立河长交接制，运用检察建议书，有效提升河湖治理水平。西吉县建立河长例会和述职制度，推动河湖长制任务落实。隆德县综合治理渝河水污染，还渝河“芳华清流”。落实最严格水资源管理制度，严守用水总量、用水效率、水功能区纳污排放“三条红线”，持续推进水资源消耗总量和强度双控行动。实施“农业节水领跑、工业节水增效、城市节水普及、全民节水文明”四大节水行动，累计发展高效节水灌溉农业350万亩。年均引黄河水量由最高年份的89亿立方米稳定在65亿立方米左右。全面打响新时代黄河保卫战，加快污水处理厂提标改造和管网建设，全区36个城镇污水处理厂全部完成提标改造并达到一级A排放标准，整合后的21个工业园区全部建成或依托城镇污水处理厂集中处理污水，地级城市建成区13条黑臭水体全部实施整治，实现“不黑不臭”，城市建成区黑臭水体消除比例为100%；银川市成为全国100%完成整治任务的9个城市之一。北河子沟等重点入黄排水沟水质由上年的劣Ⅴ类提升为Ⅳ类及以上，全区河湖水污染得到有效防控。打响贺兰山生态保卫战，对169处人类活动点位开展全面整治，关停退出136家矿山及其他企业，并投入14亿元集中开展生态环境修复治理。完成六盘山、罗山自然保护区全部人类活动点位整治。动员组织全社会力量开展植树造林、防沙治沙、修复湿地，投资6.5亿元实施引黄灌区河湖沟渠岸线绿网提升、六盘山区降水量400毫米以上区域造林绿化、南华山外围区域水源涵养林建设提升、生态经济林建设“四大工程”。开展“人均种活1棵树”行动，全年营造林149万亩，森林覆盖率提高到14.6%，草原植被综合覆盖度达到53.5%。修订《宁夏湿地保护条例》，基本完成湿地产权确权试点改革，确保全区310万亩湿地保有量，逐步提升水源涵养能力。银川市获全球首批“国际湿地城市”称号。完成湖泊湿地生态补水2.22亿立方米，治理水土流失912平方公里，治理盐碱地28万亩，治理区生态环境持续改善。牢固树立“绿水青山就是金山银山”的理念，像保护眼睛一样保护生态环境。编制乡村振兴战略规划（2018—2022年），实施农村人居环境整治三年行动，建设美丽小城镇20个、美丽村庄126个、特色小镇12个，完成农村污水处理及改厕3万户。全区40个县级以上城镇饮用水水源地保护区全部划定，加大全区城乡饮用水水质卫生监测，市县城镇监测覆盖率达100%，乡镇监测覆盖率提高到99.5%。加强农业面源污染治理，推广测土配方施肥910万亩、农作物病虫害统防统治及绿色防控618万亩，畜禽粪污资源化利用率达到88.7%，化肥利用率提高到38.2%，农药利用率提高到39%，化肥农药使用量持续实现负增长。加快推进固原海绵城市建设，泾源县成功创建国家园林县城，全区城市建成区绿地率达到37.3%，城市功能品质明显提升，水环境不断好转。

（张雪艳）

供水保障

【工业及城市生活供水】2018年，宁夏水务投资集团有限公司下辖10家供水企业：宁夏宁东水务有限责任公司、宁夏太阳山水务有限责任公司、宁夏中源水务有限公司、宁夏长城水务有限责任公司、宁夏六盘山水务有限公司、宁夏水投中宁水务有限公司、宁夏水投红寺堡水务有限公司、宁夏水投银川水务公司、宁夏水投平罗水务公司、宁夏水投中卫水务公司，主要负责向周边工业园区、城乡居民、生态环境综合治理提供用水。年度内共完成供水2.68亿立方米，较上年2.67亿立方米同比增长0.5%，其中工业供水19497万立方米，城乡居民生活供水、行政事业单位用水、经营服务用水、特种行业用水、绿化供水、节水灌溉用水、水源供水、农村人饮等实现供水共计7340万立方米。

【农业供水保障】2018年，全区农业实际灌溉面积857.5万亩，粮食作物种植比例达到65.76%，其中玉米、水稻、小麦比例分别为41.76%、13.68%、10.33%。水量分配情况。1月，水利厅依据《黄河水量调度条例》《水利部水量分配计划》以及自治区人民政府有关最严格水资源管理制度的规定，按照“丰增枯减”“统筹兼顾”“优先保障脱贫攻坚和生态用水”等原则编制印发了《2018年宁夏水量分配计划及调度预案》，将国家分配全区的水量分配到各大干渠、各市县及有关单位。分配全区引黄水量60.42亿立方米，其中唐徕渠9.45亿立方米、惠农渠8.23亿立方米、汉延渠4.28亿立方米、西干渠5.43亿立方米、渠首2.63亿立方米、秦汉渠9.27亿立方米、七星渠2.88亿立方米、跃进渠3.20亿立方米、沙坡头各渠4.65亿立方米、固海扬水4.59亿立方米、盐环定扬水1.19亿立方米、红寺堡扬水2.72亿立方米、县管小型引（提）水工程1.89亿立方米。分配各县（市、区）取用黄河水量52.98亿立方米，其中兴庆区1.56亿立方米、金凤区0.73亿立方米、西夏区0.77亿立方米、永宁县3.95亿立方米、贺兰县4.17亿立方米、灵武市2.62亿立方米、大武口区0.51亿立方米、平罗县4.99亿立方米、惠农区1.51亿立方米、利通区3.73亿立方米、青铜峡市5.2亿立方米、盐池县0.51亿立方米、同心县1.59亿立方米、红寺堡区1.71亿立方米、原州区0.13亿立方米、沙坡头区4.42亿立方米、中宁县4.66亿立方米、海原县0.71亿立方米、农垦系统5.46亿立方米、宁东1.99亿立方米，其他单位2.07亿立方米。实际取用水情况。2018年，全区实际引黄水量56.5亿立方米，其中唐徕渠9.1亿立方米、惠农渠7.79亿立方米、汉延渠3.74亿立方米、西干渠4.28亿立方米、渠首2.61亿立方米、秦汉渠9.26亿立方米、七星渠2.72亿立方米、跃进渠2.49亿立方米、沙坡头各渠4.34亿立方米、固海扬水4.6亿立方米、盐环定扬水1.17亿立方米、红寺堡扬水2.83亿立方米、县管小型引（提）水工程1.58亿立方米。各县（市、区）实际取用黄河水量51.13亿立方米，其中兴庆区1.44亿立方米、金凤区0.97亿立方米、西夏区0.34亿立方米、永宁县3.07亿立方米、贺兰县3.76亿立方米、灵武市2.46亿立方米、大武口0.41亿立方米、平罗县5.8亿立方米、惠农区1.59亿立方米、利通区3.47亿立方米、青铜峡市5.07亿立方米、盐池县0.59亿立方米、同心县1.95亿立方米、红寺堡区1.75亿立方米、原州区0.08亿立方米、沙坡头区4.11亿立方米、中宁县4.35亿立方米、海原县0.63亿立方米、农垦系统5.71亿立方米、宁东1.82亿立方米、其他单位1.77亿立方米。

【农村饮水安全】2018年，自治区坚持以解决建档立卡贫困人口饮水安全为重点，力求满足实施乡村振兴战略和“美丽乡村”“厕所革命”用水新需求。制定《宁夏贫困地区农村饮水安全评价标准》，继续完善中南部已建城乡供水工程互联互通，开展城乡供水管网改造和水质提标行动。3月，印发《宁夏村镇供水工程技术导则(试行)》，规范村镇供水工程建设管理，为设计单位科学合理规划设计、审批部门进行科学决策、建设与管理单位实施村镇供水工程提供技术支撑。4月，在盐池县举办全区农村饮水安全工程建设管理培训班，提升全区农村饮水安全工程管理人员的业务知识、管理能力和服务水平，同时对全区2018年农村饮水安全巩固提升工作进行安排部署。6月，印发《关于统一使用农村饮水工程供水水费免税发票的通知》，规范水费票据和收费管理，统一开具免税发票，杜绝使用其他自制票据。根据水利部、卫生健康委的要求，自治区水利厅、卫健委于10月，联合组织专家和技术人员到各县(区)乡、村、队现场调查核实农村饮水型氟超标情况，编制《宁夏农村饮水型氟超标地方病防治工作实施方案》，并联合行文报水利部与国家卫健委。12月宁夏水利厅与扶贫办联合印发了《宁夏贫困地区农村饮水安全评价标准》并报水利部备案。自治区党委、政府将“通水”作为贫困地区“两不愁、三保障”脱贫目标的重要内容进行考核。全年共争取中央预算内专项资金8000万元，自治区配套2800万元，县(市、区)整合资金近3亿元，全区累计完成投资3.95亿元，巩固提升13个县(区)49.85万人的饮水安全，占计划任务的100.5%，其中包括贫困县9个、贫困村251个、建档立卡户9.15万人，占计划任务的100%。解决全区327个未通水自然村、31处供水工程水质不达标等问题。通过实施中部干旱带脱贫攻坚水源工程7座水库等重点水源工程，全区农村供水水质比上年提高了3个百分点，农村集中供水率达到97.5%，供水保证率不低于90%，自来水普及率达到84%，其中贫困县的自来水入户率达到88.5%以上。推进城乡供水一体化管理模式，盐池、红寺堡、同心和沙坡头等10县(市、区)已实现城乡一体化供水管理。全区23个县级水质监测中心加强对辖区农村供水水质的监测，在已建工程全部配套消毒设施，配合环保部门，公布89处千吨万人农村饮水安全工程名录。积极探索“互联网+”模式，实施了彭阳县“互联网+人饮”，为探索城乡水务一体化、专业化、信息化管理创建了可推广模式，切实提升了供水服务能力和管理水平，有力保障了脱贫攻坚任务按期完成。

【隆德县城乡供水工程】隆德县城乡供水工程是一项跨流域调水工程，总投资2.7亿元，主要由水源暨地湾水库、管道连通工程及信息自动化系统建设三部分组成，将县境内南部庄浪河流域富余水量，跨甘渭河、朱庄河调引至县城所在的缺水区渝河流域，年调水规模190万立方米，可保障县城8.5万居民及工程沿线温堡、沙塘等7个乡镇、6.1万群众的生产生活用水，其中地湾水库位于庄浪河上游山河乡地湾村，由大坝、输(泄)水建筑物等组成。大坝总库容170.2万立方米，坝顶长270米，最大坝高29米，输(泄)水建筑物布设在左坝肩，设计流量18立方米每秒，2017年春水库下闸蓄水并投入试运行。连通工程主要铺设输水管道35.1公里，开挖隧洞6座6.48公里，修建泵站2座，布设各类建筑物208座。2017年6月中旬连通工程全线开工建设，完成35.1公里管道铺设，黑水泉、桃山、李山、李家沟和锦华5座隧洞开挖。2018

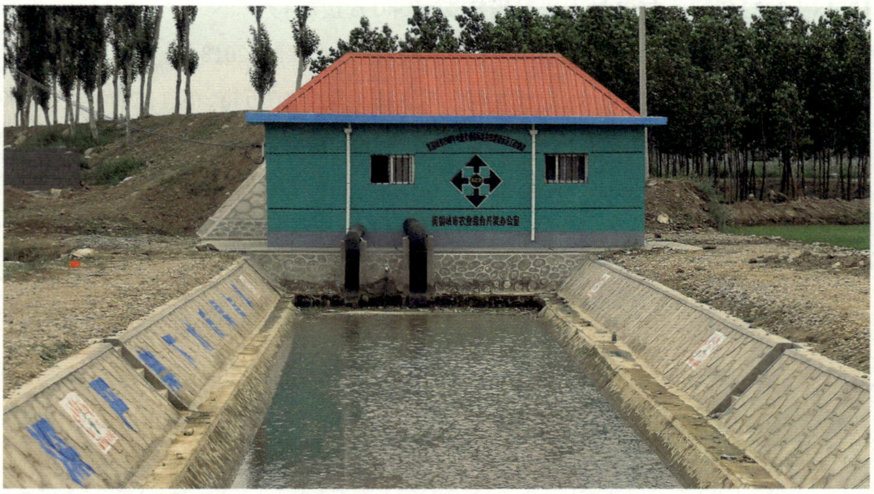

青铜峡项目区的小型扬水泵站方便了农田引水灌溉

年4月27日最后一座长1945米的石窑寺隧洞贯通，连通工程连接沿线地湾、范家峡、吊岔、桃山、前河、高坪、中森、罗家峡、打食沟及三里店水库，同年6月底工程全线连通并通水运行，首次在流域、库坝间实现水量联合调度。于9月15日举行通水及竣工验收仪式。隆德县水利信息自动化系统项目建设以隆德县城乡供水工程的自动采集、自动控制和智能化运行管理为主线，重点建设“五个体系应用系统、一个平台支撑、一个综合数据库、一个云平台运行环境、两个方面采集监测监控体系、六方面自动化控制系统”等方面的综合水务平台，覆盖全县农村水利、城镇水务、水资源管理、防汛抗旱指挥、综合水务政务，满足全县水务信息采集传输、监测预警、运行调度、应急决策、工程运维等管理需求及全县供水安全、饮水安全、水资源总量、农业灌溉生产等方面的要求。面对山洪灾害、农业干旱等自然灾害及次生灾害的发生，提高了常态和非常态运行方式下隆德水务的快速反应与处置能力。该工程的建成，连通了沿线10座水库4大流域，实现流域、区域间水量联蓄联调，构建“南水北调、丰枯补剂”的水资源合理配置体系，推动全县水资源配置一体化、供水工程网络化、城乡水务管理一体化进程，为助力全县实现脱贫退出和全面建成小康社会提供了用水安全保障。

【中宁县喊叫水片区供水工程】2018年，宁夏中部干旱带西部供水中宁县喊叫水片区工程是中宁县委、县人民政府确定实施的重点水利工程，也是全县脱贫攻坚的一项民生工程。项目区位于喊叫水乡和徐套乡，该地区基础设施薄弱，生产条件相对落后，水的问题一直是制约当地经济社会发展的主要因素，也是全县脱贫攻坚目标能否实现的关键因素。为彻底解决这一难题，中宁县于2017年引入社会资本，采取PPP模式组织实施了该工程。本工程选定在喊叫水灌区，位于中宁县喊叫水乡、徐套乡境内的G109公路两侧的滩地，东起喊叫水，西至白疙瘩沟、红断头沟，北部基本上以长沙河控制，南部最远至金鸡儿沟，主要包括下滩、撒不拉滩、大滩川、田家滩、打麦水等地，灌区总面积36万亩。工程规划开发中宁县喊叫水片区25万亩，其中，改善现有工程控制的补灌面积10万亩，新增灌溉面积15万亩，采用高效节水灌溉方式。工程主要有骨干工程、配水工程、供电工程及通讯自动化系统等组成。骨干工程规划新建泵站2座，总扬程406.9米，其中桃山一泵站总扬程289米，新庄子二泵站总扬程117.9米，铺设骨干输水压力管道2条40.55千米；配套各类阀井、交叉建筑物、过沟防护等各类配套建筑物202座；新建朱家川骨干调蓄水池1座，容积100万立方米；新建骨干工程管护道路43.09千米。配水工程包括模板结构调蓄水池11座，总装机容量171千瓦，蓄水池总容量205万立方米，其中东梁、下流水调蓄水池各1座，容量30万立方米；上洪水、沙梁、新庄子调蓄水池各1座，容积25万立方米；北沿口调蓄水池1座，容积20万立方米；石泉调蓄水池1座，容积15万立方米；大滩川、南台、上流水调蓄水池各1座，容积10万立方米；洪岗子调蓄水池1座，容积5万立方米。新建配水管道7条，总长54.85千米，配套各类阀井、交叉建筑物、过沟防护等各类配套建筑物189座，新建配套工程管护道路22.98千米。供电工程包括新建35千伏专用变电所2座，35千伏线路27千米，10kv线路48.5千米。通信自动化系统包括骨干及配水工程在内的通信及自动化系统。该工程受益范围共涉及喊叫水乡和徐套乡2个乡、15个行政村，其中喊叫水乡受益范围包括石泉、喊叫水2个行政村，徐套乡受益范围包括新庄子、上流水、下流水、大滩川、白圈子、田滩、大台子、白套、徐套、小湾、原套、红柳、李士13个行政村，涉及人口2.56万人。工程于2017年4月开工实施，2018年12月骨干工程完工。主要完成朱家川100万立方米调蓄水池一座；新建桃山一泵站、新庄子二泵站各一座，铺设完成骨干工程压力管线40余公里、配水管线开挖11公里，铺设7.5公里；新庄子、沙梁、下流水、洪岗子、石泉5座蓄水池已全部建成，北沿口、南台、大滩川、东梁4座蓄水池土方开挖回填已全部完成，供电工程、线路工程已全部完工，供电设备、供水管线于9月19日调试成功。建设宁夏中部干旱带西部供水中宁县喊叫水片区现代化生态灌区工程（西线供水二期田间配套工程），规划总投资4.5亿元，按照高效节水灌溉要求，改善喊叫水片区现有工程控制的补灌面积9.8万亩，新增灌溉面积15.2万亩，建成25万亩高效节水的硒砂瓜特色产业基地，其中上流水片区面积5.45万亩、洪岗子片区5.56亩、朱家川片区8.93万亩、撒不拉滩片区5.07万亩。灌区全部采用节水灌溉，共分为91个系统，其中首部加压系统71个，自压灌溉系统20个。

【陕甘宁革命老区供水工程】2018年，陕甘宁革命老区供水工程任务是解决受水区城乡生活、畜牧养殖及工业用水。工程供水范围包括宁夏吴忠、陕西榆林、延安、甘肃庆阳三省区4个市、14个县（区），供水区域受益人口315.1万人，其中宁夏50.6万人，陕西168.9万人，甘肃

95.6万人。供水对象包括受水区城乡生活用水、规模化养殖用水和工业产业用水，供水保证率为95%。工程规划至2025年供水量达到3.28亿立方米，其中陕西受水区1.88亿立方米，甘肃受水区7803万立方米，宁夏受水区6141万立方米。规划水平年2035年供水量4.92亿立方米，其中陕西受水区2.85亿立方米（延安1.25亿立方米，榆林1.6亿立方米），甘肃受水区1.26亿立方米，宁夏受水区8097万立方米。计入输水损失后，设计年取水量为5.46亿立方米，取水流量19.05立方米每秒。工程估算总投资约397亿元。其中水源骨干工程投资为256亿元，配套工程为141亿元。

【大柳树水利枢纽工程前期工作】2018年，大柳树水利枢纽工程完成河段开发四项专题论证初稿，论证单位黄河勘测规划设计公司已上报黄委会组织进行咨询审查，为后续工作推动奠定了基础。完成“黄河大柳树水利枢纽工程移民安置模式研究（宁夏）”等3项课题研究。开展“西北地区生态建设保护战略研究”“宁夏入黄沙量变化分析及趋势预测”等6项课题研究。邀请中水北方勘测设计有限公司专家来宁就大柳树工程地质地震问题开展学术报告和技术培训，为大柳树工程立项建设提供全方位、多层次的技术支撑。

【现代化生态灌区建设】2018年，引黄现代化生态灌区建设是实践治水新思路，加快水利转型升级的综合性、战略性工程。按照自治区党委、政府推进现代化生态灌区建设决策部署，水利厅强化顶层设计，加强技术指导，加快推进利通区、贺兰县、红寺堡区、沙坡头区试点县建设。印发《关于宁夏引黄现代化生态灌区建设规划》实施意见，指导试点县（区）开展农业水价测算与成本监审及“两评估一方案”编制工作。建立现代化生态灌区的建设模式。水权水价制度改革取得突破。通过在利通区、贺兰县等地开展试点，将水权指标细化分配到村、用水户、协会等最适宜管理的最小用水单元，明确管理边界，实行精准计量、配水。批复了利通区、贺兰县末级渠系新的水价标准，促进县域、行业、灌域、用水户之间开展水权交易，2018年共促成交易水量1800万立方米，交易金额3.83亿元，促进水资源的节约和高效配置。水利投融资渠道逐步拓宽。深入落实创新水利投融资机制的实施意见，成功引进大禹集团、京蓝沐禾、碧水源等社会资本方参与建设，自开展试点以来共吸引社会资本9.9亿元，开展节水灌溉、城乡饮水等重点工程建设9项，澳大利亚潞碧垦、北京奥特美克两家测控一体化设备生产企业落地宁夏并正式投产，多元化水利投入机制正在建立。市场化运管模式注入活力。利通区、贺兰县现代化生态灌区“投建管服”一体化项目如期立项，专业化项目管理公司完成组建并投入试运营，开启水利基础设施市场化、专业化、物业化的管理模式；红寺堡区设计、施工、运行和技术服务等全过程EPC建设模式深入推进。水利基础设施提标升级加快推进。按照现代化生态灌区建设规划，整灌域连片推进渠系计量设施、高效节水灌溉、信息化管控和水生态环境治理工程。2018年试点县区共投入资金8.5亿元，实施高效节水灌溉面积12.51万亩，信息化管控中心19个，打造25.7万亩连片灌区量测水和自动化控制示范区；制定测控一体化设施技术标准，并在秦汉渠等干渠直开口和支斗渠配套1531套自动化量测水设施，成为全国量测控自动化进展最快、规模最大的省区。总结出“先建机制、后建工程、建管并重、综合施策”的基本思路，创新建立以“强化水权管理、改革农业水价、多元化投融资、专业化运行管理”为主要内容的体制机制为全区引黄现代化生态灌区建设提供可复制，可推广的成功经验。

（张雪艳）

水利信息化与水利科技

【中小河流治理】2018年，全区共列入《加快灾后水利薄弱环节建设实施方案》44条河流、53个项目，治理河长670公里。完成2017年永宁永清沟二期、灵武市东干沟西大沟段等14个项目，完成治理河长145公里，完成投资2.47亿元；开工建设2018年中卫市涩井沟石墩水沟段、西吉县葫芦河将台段、海原县贺堡河二期等15个工程，其中青铜峡市井石子沟（大沟）、中卫市沙坡头区涩井沟石墩水段、西吉县葫芦河硝河段、西吉县葫芦河蒋台段等11个工程完成了主体工程，治理河长162公里，完成投资4.32亿元。经治理后的中小河流防洪标准提高到10～20年一遇。组织做好项目竣工验收工作，累计完成73个项目的竣工验收工作，确保项目效益发挥。

【水文监测】2018年，全区强降雨、短时暴雨频发。全年共发生大范围降雨31场次，单站最大累计降雨量出现在泾源县黄花站达689毫米，单次最大降雨量出现在7月22日苏峪口水文站达272毫米。全区年平均降雨量达375毫米，较以往多年平均值偏多3成，降雨引发贺兰山东麓和清水河、苦水河等流域93条沟道发生洪水过程301次，有4条沟道洪水重现百年一遇，2条沟道超过200年一遇。黄河宁夏段汛情概况。受上游降雨影响，7—9月，黄河中上游共形成洪峰3次，入境最大流量为3570立方米每秒，黄河流量2000立方米每秒以上的高水位持续73天，是1981年以来最为严峻的黄河汛情。贺兰山东麓特大暴雨洪水概况。7月1日，青铜峡广武至中宁县石空一带降大暴雨，红崖沟实测洪峰流量450立方米每秒，重现期为百年一遇。7月22日夜间至23日凌晨，贺兰山东麓中北段突降特大暴雨，苏峪口水文站12小时累计降雨量达272毫米，为200年一遇；大武口水文站洪峰流量1520立方米每秒，大水沟洪峰流量1230立方米每秒，汝箕沟水文站洪峰流量967立方米每秒，苏峪口水文站洪峰流量570立方米每秒，均超百年一遇，为实测历史最大洪水。9月1日，贺兰山东麓多条沟道再次发生暴雨洪水过程，大武口沟实测洪峰流量400立方米每秒。2018年，宁夏水文水资源监测工作成效是精心测报，水旱灾害防御服务作用凸显。做好防汛测报工作。面对近年少有的山洪和30年来最严峻的黄河防汛形势，及时启动应急响应6次，出动应急监测队伍9支，发送水文情报、预报短信54万条，高质量完成了水文测报任务，为水旱灾害防御提供了准确可靠的水文数据，取得了水库无一溃坝、堤防无一决口、群众无一死亡的重大胜利。提升预警预报能力。充分利用中国洪水预报系统，对全区78条沟道开展自动滚动洪水预报，在清水河干流泉眼山、王团水文站开展日常化预报工作，汛期进行人工预报作业200余次。在主汛期较大的5场暴雨洪水过程中，及时准确发布洪水预警信息28次，共计1.2万余条。推进旱情监测。完成25处墒情站1981年以来的历史资料整编工作，积极推进土壤墒情自动监测，开展39处自动墒情监测站参数率定工作，选取7处具有代表性的站点同步对比观测，总结田间持水量测定经验，编制完成《宁夏田间持水量测定技术总结报告》。测报质量管理水平得到加强。以"测报质量达标争优年"活动为抓手，早部署、严措施、重验收，扎实开展汛前准备，采取联合演练的方式多次开展测洪演练，汇编《宁夏水文站网名录》，制作1222处监测站标示牌。

【水文监测改革】2018年，全区创新驱动，水文监测改革加速推进。宁夏水文监测数据接入自治区人民政府云平台，探了水文监测数据共享新途径，扩大水文服务社会领域。2018年，宁夏作为全国首批水文监测和资料整编改革试点省区，利用"互联网＋水文"手段，推进试点改革，打破沿袭近60年的水文监测方式，在泉眼山等2处水文站开展流量在线监测试点，在小排水沟站开展量水堰监测试点，水文监测站点实现了"信息化监测引领，巡测为主、驻测为辅"的监测新体系。有35%的驻测站点迎来"有人看管、无人值守、驻巡结合"的工作模式。在397公里的黄河干流建成27处水位站、48处视频监测站点，重点河段每5公里设1处视频监测站点，结束了几十年来职工寒冬凌晨6点前往黄河岸边观测上报凌情的历史。水文资料实现在线整编。建成一级开发、多级使用的宁夏水文综合业务系统，通过互联网访问水文测验整编云平台服务器开展水文测验整编工作，实现水文原始资料记载、计算分析、合理性检查及整编数据源生成全业务流程信息化，提高水文监测与资料整编工作质量和效率，减轻基层职工原始资料人工记载计算工作量，推动宁夏水文测验和资料整编现代化。完成2017年度水文资料复审验收和汇编工作。完成2018年度全区水文资料复审验收。逐步拓宽水环境监测范围和评价内容，新增建设河湖长制水量水质监测断面16处、遥测水位站28处、视频站69处，实现河湖县界断面水质全监测。开展全区重点跨界河流、县界断面、入黄排水沟、重要湖库及入河排污口等129处断面水量监测、140处断面水质监测，实现水量水质监测全覆盖。每月及时向各级河长办报送7000余条水量水质监测数据和水量水质月报，为河湖长制、水环境治理和水生态文明建设提供了水文数据服务。完成166眼国家地下水监测井建设、水位自动监测仪器及软件应用系统建设和安装调试，数据到报率达95%以上；完成信息源建设及本地化软件定制和461万个数据入库。地下水监测工程顺利通过水利部单项工程验收。全区近90%的地下水监测井实现了自动监测，完成全区地下水水位、水质监测，地下水监测资料整编，地下水月报、地下水通报编制等工作。每年2万余组监测数据为地下水资源保护与土壤盐渍化防治提供技术支撑。

【水利科技与交流】2018年，自治区水利厅依托钱学森智库宁夏水治理中心，完成宁夏水治理战略研究初稿，梳理全区现代水治理指标体系和目标任务，探讨水利现代化建设方法和路径，下发《关于培育五小微创新平台 推进万众创新工作的通知》，组织各市县（区）水务局、厅属各单位开展"五小"微创新平台创建工作，建成水利科技创新平台12个。自治区水科院与中国水科院、中国农大联合组建自治区东西部合作创新平台"宁夏水环境治理工程技术研究中心”，开展水环境治理技术设备研发、技术示范与培训等；固海管理处充分运用“宁夏水利机械抗磨蚀技术中心”和“黄河水利科学研究院水泵抗磨蚀技术示范点”两个技术平台，与国内大中院校和知名科研机构合作，引进环氧金刚砂涂护等国内外多项先进技术开展水泵过流件抗磨蚀修复技术消化吸收，编制《扬黄水泵抗磨蚀修复及防护技术导则》，填补了黄河中上游地区水泵抗磨蚀领域的空白；依托秦汉渠管理处现代化灌区信息化产品研发测试平台，组织企业开展测控一体化闸门比测试验，为现代化生态灌区建设提供技术支撑。按照水利建设项目带科技推广的要求，在高效节水灌溉项目区推广微灌、喷灌、滴管水肥一体化技术，在黄河治理工程示范推广塑钢板桩技术，在中小河流以及沟道治理推广格栅、格宾，灌区渠道砌护示范模袋混凝土，在大型泵站改造应用新型节能、低磨损水泵、高压变频技术，在沙坡头区河南农村饮水安全巩固提升工程、西海固地区脱贫引水工程中推广应用辐射井技术，在泵站输水工程中应用BCCP管等，水利工程勘察应用无人机，在宁南山区水库取水建筑物采用喷流冬季防止结冰技术。中卫市被科技部水利部确定为全国节水型社会创新试点。2018年，自治区组织对外交流2个团组20人，赴澳大利亚学习交流河套扬黄典型灌域水联网节水灌溉和高效节水现代化生态灌区建设。加大学术交流，召开“智慧水利”技术研讨推介会。开展宁夏“智慧水利”技术研讨推介会，邀请10家信息技术持有企业围绕智慧水利前沿问题、企业成功案例与先进技术、产品进行交流。组织参加由以色列经济与产业部、驻华使馆、自治区农牧厅联合主办的2018中国（宁夏）—以色列农业科技合作交流会，邀请银川沃尔森、新泽绿、石嘴山塑料厂、中原节水、尚禹等宁夏本土节水灌溉公司与以色列耐特菲姆、瑞沃乐斯、纳安丹·吉安、伯尔梅特、AWL、艾瑞（A.R.I）等世界知名节水灌溉公司进行了技术交流和对接，深化节水企业技术务实合作，不断提升全区节水灌溉技术水平，推动全区水利转型升级发展和供给侧结构改革。

【水利信息化】2018年，自治区按照《宁夏“智慧水利”十三五规划》，推进“互联网+水利”六大行动，加大水资源智能调度、智能高效节灌、山洪灾害预警等43项水利应用系统建设。8月28日，宁夏农村饮水工程供水管理信息系统完成迁移上云改造，标志着宁夏水利数据中心13大类、48小类、1405幅基础数据库表完成了去Oracle改造和迁移上云，水利厅已建9大业务应用系统改造迁移上云工作基本完成。完成第一批水利政务信息资源目录和共享目录编制工作，梳理资源目录50项，并完成30余项目录内容建设工作，顺利接入自治区政务大数据平台中；水利厅“不见面、马上办”审批模式受到了国务院大督查工作组和自治区党委书记石泰峰的充分肯定。自治区水利部门印发《宁夏数字治水实施方案（2018—2013）（征求意见稿）》。依托现代化生态灌区建设，打造“互联网+智慧水利”综合应用平台。推广彭阳“互联网+人饮”模式，建设并实施固海扬水泵站自动化监控系统、固海调度中心及业务应用系统、盐环定扬黄工程自动化和信息化建设项目、红寺堡扬水泵站自动化监控系统；花豹湾等泵站已做到远程一键开启。

（张雪艳）

农村水利

【农田水利基本建设】2018年，针对十年九旱、严重缺水发基本区情，自治区农田水利基本建设指挥部办公室大胆解放思想，创新实干推动，着力打响“黄河杯”竞赛金字招牌，连续15年开展群众性农田水利建设大会战，实现了机制、投入、规模、质量、效益的不断提升，有效缓解了农村“灌水难、排水难、吃水难、行路难、环境差”等问题，促进了农村发展、农业增效和农民增收。2018年，按照中央新时代治水方针和自治区“统筹城乡、改革创新、节约高效、开放治水”的新时代治水新思路，坚持以“黄河杯”竞赛为抓手，紧密结合区情水情，明确不同类型区农田水利基本建设的重点，各有侧重，整体推进。各地创新完善“行政推动、项目带动、竞赛促动、部门联动、干群互动”的建设机制，制定实施方案和考核奖励办法，把农田水利基本建设与农业产业发展、美丽乡村建设等结合，出台《宁夏实施〈农田水利条例〉办法》，发布《宁夏引黄灌区农田水利基本建设技术规范》，围绕引黄现代化生态灌区建设、高效节水灌溉、农村饮水安全、盐碱地改良、高标准农田建设等惠民工程建设，把农田水利基本建设与群众所盼所需、与特色产业发展、与生态环境建设、与土地集约化经营、与农业机械化发展、与实施科技创新统筹结合，进行“山水田林湖草”系统治理，对“沟渠田林路庄”综合施策。纳入政府效能管理，建立领导和干部包抓责任制，逐级压实责任，实行量化考核，建立“大干大支持、小干小支持，干得好了多支持”的竞争激励机制，整合涉农涉水项目资金，用足用活“一事一议”政策，强化行政推动，加快管理体制改革、水价机制改革和综合服务体系建设，推进农田水利建设转型升级发展。全区累计投入农田水利基本建设资金50亿元，新增灌溉面积4.13万亩，恢复改善灌溉面积206万亩，建设高标准农田96.8万亩，新增节水灌溉面积70.79万亩(其中高效节水灌溉面积49.68万亩)，改造中低产田36.1万亩，治理盐碱地面积28.38万亩，全面超额完成了年度建设任务。

【盐碱地改良】2018年，按照自治区党委、政府安排部署，自治区农田水利基本建设指挥部及时进行任务分解下达，共下达骨干沟道治理136.04公里，实施面上盐碱地改良19.74万亩，实施暗管排水6.67万亩，计划完成投资2.42亿元。自治区发改委、财政、水利、国土、农发办、林业等部门和相关市(县、区)高度重视、团结协作、密切配合，克服施工期短、工程地质条件复杂、施工难度大等困难，整合多项资金，精心组织，加强领导，全力推进。全年共完成骨干沟道治理217.7公里，完成面上盐碱地28.38万亩，完成投资3.1亿元，占年度计划投资的128%。其中水利厅共计完成骨干沟道治理154.95公里，完成面上盐碱地综合治理0.57万亩，完成投资1.38亿元；自治区农发办共计完成骨干沟道治理62.75公里，完成面上盐碱地治理11.18万亩，完成投资1.26亿元。各县区完成面上盐碱地治理16.63万亩，完成投资4628万元。截至2018年底，全区累计完成骨干沟道治理1594.8公里，完成面上盐碱地治理135.6万亩，完成投资18.37亿元，其中银北地区累计完成骨干沟道治理1320.04公里，完成计划治理长度1064.8公里的124%；完成面上盐碱地治理112.93万亩，完成计划治理面积101.5万亩的111%；完成投资15.57亿元，完成规划投资14.1亿元的110%；建设任务超额完成。银南地区累计完成骨干沟道治理274.76公里，完成计划治理长度863.1公里的32%；完成面上盐碱地治理22.67万亩，完成计划治理面积53.6万亩的42%；完成投资2.8亿元，完成规划投资10.1亿元的28%。

【高效节水灌溉】2018年，全区创新建立“先建后补”建设模式，整合有关部门项目资金，大力发展滴灌、喷灌等先进适用的水肥药一体化节水技术，推动农业全面节水，保障全区经济社会发展用水安全。7月，自治区农田水利基本建设指挥部印发《宁夏2018年度高效节水灌溉建设方案》，明确相关厅局和市县区2018年建设任务，各县(区)按照前期工作计划和自治区建设方案，督促编制县级年度建设方案，加快组织实施。各市(县、区)党委、政府和有关部门高度重视高效节水灌溉工作，主要领导亲自抓，以农田水利基本建设指挥部为平台，建立沟通协调机制，统筹各部门涉农涉水资金，确保高效节水灌溉项目及时落地、任务按期完成。8月15日，自治区政府在盐池县专门召开全区现代化生态灌区建设暨高效节水灌溉现场观摩会。9月30日，自治区政府在全区秋冬农田水利基本建设视频会上对高效节水灌溉工作进行再安排再部署，建立以水利厅牵头的高效节水灌溉部门联席会议机制和监督考核机制，有力推动了高效节水灌溉工程建设。全年全区共落实高效节水灌溉项目建设资金11.83亿元，其中中央财政9.34亿元，自治区级财政1.9亿元，市县财政0.15亿元，农业经营主体自筹0.44亿元。指导各县(区)开工建设高效节水灌溉工程项目139项，开工实施以喷滴灌为主的高效节水灌溉面积56.07万亩，共完成投资9.86亿元，完成高效节水灌溉面积49.68万亩，占计划任务的124.2%，超额完成2018年度计划任务。2018年，全区累计发展高效节水灌溉面积350万亩，占全区总灌区面积的近40%，高于全国平均水平。

【农村水电】2018年，中宁县泉眼山水电站由中宁县水务局管理，该电站位于中卫市中宁县境内七星渠上，利用引黄干渠七星渠29.5公里处12.5米水头落差发电。泉眼山水电站始建于1985年，设计装机容量3200千瓦时，设计年发电量1400万千瓦时。该电站于2013年列入全国农村水电站增效扩容改造项目，重点对主厂房内机电及电气设备进行了更新改造，工程于2014年1月开工实施，同年9月完工，11月，自治区水利厅组织进行了完工验收。项目总投资1050.59万元，改造后电站总装机容量4000千瓦时，单机2000千瓦时。

(张雪艳)

节水与水土保持

【节水型社会建设】2018年，自治区按照深入推进节水型社会省级示范区建设需要，制定出台了节水型城市、节水型县(区)、节水型灌区、节水型企业、节水型工业园区、节水型公共机构、节水型居民小区等7项节水载体评价地方标准，于2018年2月28日起实施。联合自治区有关部门对永宁县、灵武市等7个首批开展节水达标建设的县(区)进行技术评估。依据《宁夏回族自治区节约用水奖惩暂行办法》，对永宁县、贺兰县、西夏区、中宁县、青铜峡市、金凤区、海原县、惠农区、大武口区、利通区和原州区11

个农业取用黄河水节约的县(市、区)进行奖励。开展农业节水领跑行动,指导农户优化调整种植结构,以水定植,压减高耗水作物,2018年小麦种植面积84万亩,水稻100万亩,单种玉米330万亩。强化水资源使用权用途管制制度,严格执行农业水权确权成果,通过签订确权协议的方式,确权给农村集体经济组织或农民用水者协会等确权对象。完成投资10.5亿元,完成高效节水灌溉面积49.68万亩。开展工业节水增效行动,会同自治区工业和信息化厅,以钢铁、火力发电、造纸、石油炼制等高耗水行业为重点,下达宁夏申银特钢股份有限公司等8个重点用水企业节水达标建设任务,5个企业被命名为2018年度自治区节水型企业。开展城市节水普及行动,联合自治区机关事务管理局以教育、公安、司法、卫生计生等22个系统为重点,下达123个省级机关、事业单位节水型单位创建任务,31家单位达标;自治区机关事务管理局在全国公共机构能源资源节约和生态环境保护工作会议上就全区公共机构节水作了交流发言。配合自治区住房城乡建设厅开展节水型城市达标评估。开展全民节水文明行动,利用“世界水日”“中国水周”广泛开展节水宣传,举办“实施国家节水行动 建设节水型社会”节水护水志愿宣传活动;会同自治区工业和信息化厅、机关事务管理局印发《关于开展2018年“世界水日”“中国水周”工业节水宣传活动的通知》《关于2018年全区公共机构开展“世界水日”“中国水周”宣传活动的通知》,全区工业企业、公共机构中开展节水宣传,形成“爱水、惜水、节水”的氛围和习惯。

【水土保持】2018年,全区开展小流域综合治理、坡耕地综合治理、淤地坝除险加固三类96项水土保持重点工程,其中中央预算内水土保持项目6个,水利发展资金水土保持重点工程38个,中型以上病险淤地坝除险加固工程52座,整合落实水土保持项目投资29160万元,其中中央预算内水土保持项目4211万元,水利发展资金水土保持重点工程18339万元,中型以上病险淤地坝除险加固工程1803万元。全区各行业共同治理水土流失面积912.31平方千米、实施重点预防保护面积1224平方千米,分别占年度计划任务800平方千米和1200平方千米的114%、102%。

【水土保持监管】依法强化水土流失预防监督管理,启动全区生产建设项目水土保持监督检查工作。全年共审查审批自治区本级生产建设项目水土保持方案报告书29件,接受水土保持设施自主验收报备32件,收缴水土保持设施补偿费3468万元,配合水利部黄河水利委员会及黄河上中游管理局督查部批项目9项,配合黄委会开展生产建设项目水土保持设施验收核查3项;依法组织开展自治区境内生产建设项目水土保持监督检查39项,下发整改意见通知书19份。提高水土流失监测和信息化管理水平。提升水土流失监测水平,利用卫星遥感信息技术,全面启动全区水土流失动态监测,监测规模达3万平方公里。严格把控监测环节工作质量,协同推进各市动态监测工作,保证监测技术路线、方法、数据、成果分析预评价协调一致,工作进展在水利部的通报中居于前列;开展宁东地区生产建设项目“天地一体化”综合监管和彭阳洋河小流域治理项目“图斑精细化”管理。面向全区各市、县(区)水务局等30余家单位举办水土保持监测与信息化培训班,培训业务骨干近百名,为下一阶段在各市、县布局水土保持动态监测信息系统和实现水土保持业务的信息化管理提供了人员保障和技术保障;升级改造水土流失监测站点。对彭阳水蚀监测点和盐池风蚀监测点进行升级改造,确保各监测点的正常运行和监测数据的连续性,解决彭阳红堡和西掌监测点因冻融造成的监测基础设施损毁、监测数据不全和部分缺失等问题。组织西吉县、彭阳县、海原县、盐池县监测站点专业技术人员,依据《宁夏水土流失监测站点监测技术手册》《宁夏水土保持监测站管理制度》集中整编各站点年度降水、径流、泥沙等基础观测数据,运用抽查和互相检查的方式,确保整编结果真实可靠,按时将整编数据上报水利部水土保持监测中心并录入系统;推进水土保持信息化建设。以建成上下贯通、信息共享、完善高效的水土保持业务数据采集、传输、交换和发布体系为目标,全面建设以生产建设项目预防监督、水土保持重点工程信息化、水土流失监测评价三大业务模块为重点的水土保持动态监测管理系统。完成与水利厅数据接收平台、水利数据中心及水利应用公共平台的集成对接,实现水土保持业务信息化,为各级政府水土保持决策提供了科学高效的技术支撑。

(张雪艳)

防汛防凌抗旱

【防洪减灾】2018年,全区实现水库无一垮坝,堤防无一决口,人员无一伤亡。汛期全区发生较大范围降雨31场次,有17场强度较大的暴雨过程,13场暴雨重现期大于等于50年一遇。降雨引发贺兰山中北段山洪沟和清水河、苦水河等流域93条沟道发生洪水过程301次。在7月22日特大暴雨洪水中，大水沟1230立方米每秒，汝箕沟976立方米每秒，大武口沟1520立方米每秒，拜寺口沟359立方米每秒，苏峪口沟570立方米每秒。受黄河河源地区降雨和融雪影响，黄河上游干支流来水较多，黄河保持长时间大流量、高水位，自7月13日黄河1号洪峰进入宁夏境内，下河沿入境流量骤增到2250立方米每秒，之后持续在2000立方米每秒左右。8月27日之后，下河沿入境流量逐步加大到2500立方米每秒以上，瞬时最大洪峰流量达到3570立方米每秒。数据显示，受暴雨洪水影响，西夏、灵武、贺兰、大武口、平罗、原州、隆德、泾源、西吉、沙坡头、中宁、海原等12个县（区）58个乡镇82个行政村5.58万人受灾，10间房屋倒塌，220间房屋进水，4头大家畜死亡；17.18万亩农作物受灾，6.53万亩农作物绝产；29.2公里道路受冲，133.8公里沟道堤防护岸、98.5公里灌溉渠道、5.8公里人饮管道、2座水库、22座塘坝、54座水闸建筑物、106处田间灌溉设施、8处水文设施不同程度地发生滑塌、受损，水利交通等基础设施水毁严重。共造成直接经济损失2.22亿元，其中防洪工程损失1.55亿元。受黄河洪水影响，85公里堤防偎水冲刷严重，河岸滑塌12公里，护岸毁坏1.3公里，坝垛冲毁11座，联坝、护岸工程出现沉陷75座；小型扬水泵站泵房受淹、设施受损19处；水文监测站水毁1处；河滩地受淹43万亩，其中农作物成灾20.2万亩，绝产4.8万亩。造成直接经济损失1.4亿元，其中水利设施直接经济损失8000多万元。为全力做好2018的防汛工作，汛前提前组织召开了全区防汛抗旱视频会议，自治区防指总指挥马顺清副主席部署防汛抗旱工作。调整指挥部组成人员，签订了防汛目标责任书。在《宁夏日报》上公示市、县（区）防汛行政责任人。全区各级防汛部门较往年提前1个月进入24小时值班状态，并组织对防汛指挥系统进行了专题培训。汛期严格执行24小时值班制度和领导带班制度，及时上传下达信息指令，做到了信息畅通、指令到位。主汛期，采用明察暗访相结合的方式全面开展了水库“三个环节、三个责任人”、山洪灾害防御能力检查情况、河道内乱占乱建问题检查情况大检查、大整改工作，消除防洪隐患，落实应急防范措施，确保安全度汛。全区多方筹措资金2000余万元，用于灵武市河中、青铜峡市细腰子拜、平罗县高仁段等出险河段抢险工作，遏制险情蔓延，确保黄河安澜，沿黄百姓生命财产安全。7月22日，贺兰山东麓最大降雨量277.6毫米，多条沟道暴发洪水过程，防汛部门提前紧急转移受洪水威胁群众5200名，实现“零伤亡”，有效保障了人民群众生命安全。

【防凌】2018年凌汛期，受反复降温、气候复杂多变、上游来水大等因素影响，黄河宁夏段呈现流凌早、封河早、流量大、开河提前等特点。2018年12月12日黄河宁夏段首次流凌，12月28日首次出现封河；1月30日黄河宁夏段出现开河，2月24日黄河宁夏段全线开河，首次开河时间较多年平均提前8天，全线开河时间较多年平均提前2天。凌汛期，黄河宁夏段流凌、封河最长达186公里，最大封河长度106公里。封河期麻黄沟河段水位最大涨幅3.4米，其他河段水位涨幅在0.4~1.75米，黄河宁夏段槽蓄增量1.2亿立方米。受2018年伏汛和2018—2019年度凌汛期河势及水位变幅等共同影响，沿河永宁、灵武、贺兰、平罗、惠农等地局部河段多处出现河岸坍塌、坝垛受损险情。据初步统计，沿河平罗、贺兰、永宁、灵武、青铜峡、吴忠、中宁、沙坡头等地共有12公里河岸出现裂缝、滑塌；26座坝、垛及部分联坝、护岸工程出现沉陷。造成直接经济损失3000余万元，其中水利设施直接经济损失1800余万元。为全力做好2018—2019年度防凌工作，11月15日，自治区应急管理厅、水利厅联合组织召开2018至2019年度防凌工作会议，对防凌工作进行全面安排部署，确保防凌各项责任落实到位。水利、应急、气象、水文等部门强化合作，建立了黄河防凌会商和专项气象服务机制，在封河、开河关键期和春节前先后开展会商4次，精准预测封开河时间，为黄河防凌提供了有力保障。水利厅加强防凌监督指导工作，先后印发《关于做好黄河防凌准备工作的通知》《关于做好春节期间防凌工作的通知》等通知4份，督促沿黄各地封堵穿堤建筑物30座，拆除石嘴山电厂、北农场、红礼3座浮桥；督促落实了红崖子、银西铁路2座在建黄河大桥防凌应急抢险预案，确保在建重点工程安全度汛。

【抗旱】2018年，全区气温偏高、降水偏多，属于轻度干旱年份。但“十年九旱”的根本规律没有变化，引扬黄灌区农业夏旱严重是全区旱情的突出表现。5月3—16日，引黄灌区小麦二水、水稻旱直播及泡田、经果林及蔬菜等用水集中，出现灌溉高峰；6月7—22日，玉米头水、小麦三水、水稻添水等用水叠加，出现灌溉高峰。加之生态、工业、人畜饮水等用水需求旺盛，灌区阶段性供水矛盾十分突出。面对引扬黄灌区严峻的夏旱形势，宁夏各级政府和相关部门积极行动，采取措施，全力应对。6月15日，自治区防汛抗旱指挥部在《宁夏日报》公开刊发《要求做好抗旱保灌工作的通知》，要求各地各部门必须坚持防汛抗旱统筹兼顾，防汛抗旱两手抓、两不误。各级政府和各级抗旱部门积极行动，采取措施，全力以赴组织抗旱救灾，最大限度地减少旱灾损失。密切会商，预筹措施。1月，自治区防汛抗旱指挥部组织农牧、气象、水文、农水、水资源等部门，分析研判抗旱工作形势，部署各项备旱抗旱措施；6月，引黄灌区夏旱初现之时，自治区防指组织农牧、气象、水文、农水、水资源等部门紧急会商，分析研判灌区农业旱情形势，周密部署，预筹多项保障措施。引黄灌区夏季灌溉供水高峰期，相关市、县加强与水管单位沟通协调，采取井渠掺灌、库湖丰蓄枯补等应急供水措施，实行多水源调配，发挥抗旱机井、移动水泵和调蓄水池的抗旱应急供水作用。各市、县（区）加大各类供水设施的维修管护力度，加强维修人畜饮水工程、灌溉工程和机井等供水设施，以高效节水灌溉、高标准农田、盐碱地改造建设为重点，开展大规模农田水利建设，在引黄灌区大力开展节水改造、清淤沟道、砌护渠道、平田整地、培肥地力、植树造林、整修农路，着力推进现代节水型灌区建设，为灌区科学灌溉、抗旱保灌提供基础支撑。各地各级水管部门全面落实水利工程管护、巡查机构和人员，落实行政领导、技术主管和直接责任人，明确管理责任，建立明确的工程供水机制。

（张雪艳）

水利工程建设管理

【水利规划】2018年，《宁夏水利发展“十三五”规划》完成评估工作。在全国率先编制完成《宁夏引黄现代化生态灌区建设规划》，印发《宁夏引黄现代化生态灌区建设规划实施意见》，为宁夏引黄灌区开展现代化试点建设夯实了基础。印发《加快推进新时代宁夏水利现代化指导意见》，启动《宁夏水利发展战略规划》编制工作，为加快推进新时代宁夏水利现代化建设指明方向。组织编制《宁夏引黄古灌区保护规划》《黄河宁夏段岸线保护利用管理规划》《宁夏南部山区水利水保生态建设规划》等专项规划。完成《宁夏美丽河湖建设行动方案（2019—2020年）》，推动河湖长工作从“有名”向“有实”转变，加快改善河湖面貌和水生态环境质量。完成《宁夏数字治水实施意见（2018—2035年）》，探索宁夏数字治水新模式，着力构建多元共治的系统治水体系。印发《加强水利项目储备编制三年滚动计划工作方案》，完成《防汛抗旱水利提升工程实施方案》，集中谋划储备了一批打基础、补短板、强弱项的水利项目，实现项目资金科学化、规范化、系统化逐年滚动管理。配合完成自治区空间规划试点改革涉水任务，积极主导参与重点河湖及黄河生态保护红线划定和技术审核工作，为创造空间规划（多规合一）可复制、可推广的“宁夏经验”提供水利支撑。

灵武市项目区支渠砌护施工现场

【工程建设管理】2018年，中部干旱带脱贫攻坚水源工程完成7座水库建设任务并蓄水，移交各县（区）和渠道管理处运行管理，供水效益初步显现。盐环定扬黄更新改造工程已全面完成并发挥效益，店洼、什字两座中型水库除险加固工程全面开工建设，卧龙山、直峡、西沟3座小型水库除险加固工程全部完工。对7类水利工程项目开展施工、监理单位资格预审22批次，审查出从业人员同时在其他工程从业等不符合投标要求的投标单位6项（次）。持续抓好水利建设市场从业单位准入关，累计给489家施工单位（区内243家、区外246家）、88家监理单位（区内31家、区外57家）、100家招投标代理单位（区内35家、区外65家）建立信用档案，并全部在宁夏水利网进行公示。配合做好水利部、黄河水利委员会完成稽查督查5次，稽查督查工程6类15项。严格企业备案和资质审批管理，完成1家水利工程质量检测单位名称变更申请；受理1家水利工程质量检测单位首次资质申请；5家水利工程质量检测单位资质增项申请；受理4家水利工程监理单位资质申请。加大市场主体信用监管力度，发布市场动态记录公告2期，共对49家良好行为施工企业和10家监理企业予以信用奖励，对违规的5家设计单位、11家施工企业和9家监理企业进行了信用处罚。组织对厅属项目法人单位和各市县（区）水务局主管水利建设项目418个标段农民工工资支付情况进行检查，并对农民工实名制、银行代发农民工工资等制度建立不完善的单位予以通报。开展在建工程农民工工资支付督查、检查4次，保障农民工合法权益，确保无拖欠农民工工资现象。完成15项重点水利项目竣工验收，74项面上工程竣工验收。

【黄河宁夏段二期防洪工程】按照3年建设总工期要求，2018年是黄河宁夏段二期防洪工程收官之年，自治区治河办全力推进工程收尾各项工作。完成黄河平罗四排口工程险工段的治理，实现全区黄河治理第一次成功在沙质河床顺利截流，归顺河道来流，根除河段防洪隐患，同时新增湿地5000亩。完成2017年建设项目尾留工程，全年完成投资任务3.4亿元，累计完成投资29.4亿元，占批复总投资的99%，基本完成黄河宁夏段二期防洪工程批复内建设任务。黄河宁夏段二期防洪工程防洪效益凸显，在2018年大洪水过程中，建成工程在黄河2200立方米/秒流量以上水位安全运行120余天，3200立方米/秒流量以上水位安全运行30余天，经受住了黄河3570立方米/秒洪峰过程，保障了沿黄两岸经济社会发展和人民群众的生命财产安全。

【中部干旱带脱贫攻坚安全水源工程】2018年4月，宁夏中部干旱带脱贫攻坚水源工程盐环定扬黄工程更新改造项目实现一次性试水成功，14569节管道无漏水，1112台机电设备无一发生故障。2018年，全区重点实施泵站附属生活管理区和水土保持工程、防洪工程，工程累计完成投资12亿元。更新改造工程的实施，彻底解决了工程运行近30年来的一系列遗留问题，工程基础设施条件实现了质的飞跃，在设计引水流量、泵站装机容量基本保持不变的情况下，共用工程泵站由12座减少到8座，合并二三泵站、四五泵站、六七泵站、九十泵站，主机组设备台数减少近一半，新建泵站单机最大功率由原来的1050千瓦增加至3550千瓦，单机流量由最大1.47立方米/秒增加至2.85立方米/秒，输水压力管道长度增加18公里，新改造砌护渠道38公里，工程完好率由86%提高到98%，工程安全保障率、供水保障率明显提高，设备效率大幅提升，能耗明显下降，自动化信息化程度大幅提升，实现了远程“一键启动”，逐步向“无人值班、少人值守”迈进。新建下马关、马高庄、马家塘、预旺、三塘、新庄集、石山子7座水库，地处宁夏南部同心、红寺堡、海原、盐池4县（区），总库容3997万立方米，总投资10.37亿元，年供水量3005万立方米，其中同心县下马关水库总库容153万立方米，投资8619万元，年供水量419万立方米；同心县马高庄水库总库容2388万立方米，投资15700万元，年用水量78万立方米；同心县马家塘水库总库容980万立方米，投资26543万元，年供水量1000万立方米；同心县预旺水库总库容56万立方米，投资17981万元，年供水量500万立方米；海原县三塘水库总库容20万立方米，投资20015万元，年供水量543万立方米；红寺堡区新庄集水库总库容200万立方米，投资6951万元，年供水量189万立方米；盐池县石山子水库总库容200万立方米，投资7863万元，年供水量276万立方米。同心县下马关水库于2016年3月底率先开工建设，2016年11月完工蓄水；同心县马高庄、马家塘、预旺、海原县三塘、红寺堡区新庄集、盐池县石山子6座水库于2016年年底前全部开工建设，经参建各方共同努力，于2018年7月底前已全面完工，并蓄水试运行。以上7座调蓄水库全面建成运行后，改善中部干旱带灌溉面积46万亩，新开发高效节水灌溉面积23万亩，受益人口达16.4万人，其中贫困人口为5.5万人，抗旱减灾成效显著。

【安全管理】2018年，全区水利系统贯彻落实自治区和水利部工作部署，牢固树立安全发展理念，强化红线意识和底线思维，围绕水利中心工作，推进安全生产责任体系、制度机制、隐患查治、安全文化、培训教育、应急处置等建设，推进水利安全生产监督管理改革发展，夯实工作基础，较好地完成了年度各项工作任务，为新时代水利现代化建设提供坚实的安全保障。获得水利部考核全国第4名的好成绩，得到自治区咸辉主席批示，并在全区通报表扬；获自治区考核优秀等次和安全生产目标责任奖；组织全区水利干部职工积极参加全国水利安全生产网络知识竞赛活动，取得全国排第3名的好成绩，获得组织奖。制定《自治区水利厅关于推进安全生产领域改革发展政策的实施办法》，推进水利安全生产改革发展，及时部署全区水利安全生产工作，推动各项安全生产活动深入开展。举办全区水利系统落实领导干部安全生产责任专题远程视频讲座，对全系统600余名领导干部和职工进行了专题辅导。全区水利系统签订责任书7000余份，织密筑牢安全生产责任网。制订督查检查计划，全年组织综合督查3次，专项督查8次。全区水利系统排查发现各类隐患330个，完成整改328个，整改率达99.4%。完成10家申请二级达标单位评审，1家施工企业申请一级达标单位初审推荐上报水利部评审。创新教育培训方式，实施“爱上安全”云平台在线教育，组织万名水利职工参加在线教育培训。

【水资源管理】2018年，全区强化“红线”管控与考核，对用水总量和强度控制指标细化分解到各市、县(区)，建立用水总量、效率和重要水功能区水质目标控制指标体系。联合自治区发展改革委、经济和信息化委等部门对5个地级市人民政府、宁东管委会、农垦集团落实最严格水资源管理制度和节水型社会建设工作进行考核，考核结果由自治区人民政府审定后向全社会通报。严格环境准入，不予审批高耗水项目取水许可，对年度考核超红线指标的县区严格执行“双限批”政策。强化了水资源的刚性约束，“三条红线”指标全部控制在国家规定之内。强化计划用水和取水许可管理。全区下达年度用水计划，对纳入取水许可管理的单位和用水大户下达取用水计划，并强化用水过程监督管理。组织对全区1468个取水许可证进行审查核对，指导各市县清理取水许可证，及时督促相关单位限期办理取水许可延续手续，做好台账入库管理。对17个单位下发了取水许可准予许可决定书，对取水工程核验合格的单位及时颁发了取水许可证。配合取缔工业企业直接入河湖排污口。下发《关于开展入河排污口规范整治专项行动的通知》，组织各市县区全面开展入河排污口规范整治专项行动，共排查工业园区、企业、市政入河排污口145处，编制《宁夏入河排污口调查摸底工作报告》，组织制订各市县入河排污口整治方案。督促各地水务部门联合住建、环保等部门针对不同类型排污口分别采取封堵、并入污水管网、提标改造、新建污水处理厂(站)等措施进行综合整治和规范化建设，多措并举持续强化入河排污口监管力度，取得了良好成效。截至2018年底，全区145处入河排污口封堵取缔63处，其余82处，登记或设置同意21处，通过环评58处，标识牌设置51处，台账建立率100%。持续推进地下水超采区治理。督促银川市、石嘴山制定2018年地下水超采区治理计划，督促指导开展超采区治理。工农业生产及服务业禁止在超采区内新增取用地下水，全面停止超采区内地下水取水许可审批。开展城市公共供水管网覆盖范围内企业自备井关停工作，全年关停自备井153眼。全力推进银川、石嘴山市城乡饮用水水源地替代工程建设，完成银川都市圈城乡西线供水项目前期工作，以黄河水为水源替换或补充青铜峡市、银川市“三区两县”、石嘴山市大武口区及平罗县的现有地下水水源，着力解决地下水超采问题，工程已开工建设。强化饮用水水源地保护。联合自治区环保厅更新公布县级以上集中饮用水水源地名录，配合开展水源地保护区划分和规范化建设。加强农村水源地保护，配合环保部门组织划定水源地保护范围、设立保护标志牌，明确禁止事项和保护措施等。加快推进农村饮水巩固提升工程建设，建设水源工程，对小型饮水工程水源进行替换、整合，提高水源保证率。

(张雪艳)

水利改革

【水权改革】2018年，自治区水利厅全面推进水流产权确权试点。提请自治区政府成立以分管主席任组长，自治区政府副秘书长、水利厅和国土厅厅长任副组长的水流确权试点工作领导小组，结合水资源税试点改革，制订《水流产权确权试点工作方案》，明确了确权对象、发证对象、发证类型和发证时限等，指导各市县加快推动水流产权确权工作，并将水流产权确权试点推进情况和任务完成情况作为最严格水资源管理制度考核的内容之一进行考核。委托水利部发展研究中心，研究取水权物权登记途径、方式、内容、信息共享机制，从法律政策、自然资源资产管理、水资源管理等方面，分析当前开展水资源使用权(含取水权)物权登记的必要性和可行性，提出今后开展物权登记所需要具备的条件。拓宽水权改革领域。结合引黄现代化节水生态灌区建设，积极开展水权改革，逐步培育水市场，指导利通区、红寺堡等县区开展水权交易试点，建立政府交易平台，打通了水权流转的“最后一公里”，实现农业、工业、企业、政府多赢。2018年上半年交易水量320万立方米，交易金额146万元。指导利通区政府与宝丰集团达成水权交易协议，由宝丰集团出资3.82亿元购买利通区灌区节约出的1484万立方米农业黄河水使用权，实现水资源配置由政府主导向“市场主导、政府调节”的根本性转变，促进水往“高”处流。稳步推进水资源税改革试点。扩大水资源税改革试点是中共十九大后率先推开的一项税制改革任务，是贯彻落实党的十九大精神的具体举措。对深化税收制度改革、健全地方税体系，具有十分重要的意义。按照财政部的统一安排部署，宁夏作为全国第二批水资源税改革试点9个试点省份之一，于2017年12月1日起顺利实施水资源税改革试点。截至2018年12月，共组织入库水资源税3.27亿元，较上年水资源费增收1.7亿元，增幅为91.5%。水资源税开征以来，社会各界节水意识普遍增强，积极采取技术革新、维修管网、水资源循环利用等多种措施加强取用水管理，主动调整用水结构，降低用水成本。2018年全区万元GDP用水量179立方米，比上年降低6.3%；万元工业增加值用水量比上年降低11%，用水效率得到提高。

【农业水价综合改革】2018年，根据自治区人民政府办公厅印发《宁夏农业水价综合改革实施方案》相关要求，自治区农业水价综合改革领导小组成员单位各司其职、各负其责，完成2018年度农业水价综合改革各项工作任务。各市、县（区）人民政府认真落实主体责任，开展相关工作，5个地级市、22个县（区）全部成立了领导小组，印发农业水价综合改革实施方案，制定工作计划，明确目标任务和时间节点。依托典型试点改革、高效节水灌溉、现代化生态灌区试点建设等工作。完成农业水价综合改革工程面积70万亩，其中高效节水灌溉面积42万亩，现代化生态灌区建设面积28万亩。2018年投资1.77亿元，先后在利通区、贺兰县、红寺堡区干支渠道上安装测控一体化闸门899套，36万亩农田的灌溉用水实现了自动实时精准计量。在引黄输水干渠唐徕渠第二农场渠、惠农渠、固海扬水干渠等安装13套控制水闸（进水闸、节制闸、退水闸）自动化监控系统，在干渠直开口安装测控闸门309套，实现了水闸运行状态、过闸水量的信息化监测、自动化控制。探索水价形成机制。自治区物价局牵头、水利厅配合，联合开展了引黄灌区骨干水利工程供水成本监审。2018年1月，印发《宁夏引黄灌区骨干水利工程2014—2016年供水定价成本监审报告》，2月，自治区物价局批复了利通区、贺兰县两个试点县区的末级渠系运行成本水价，5—8月，水利厅、物价局联合开展灌区水价和用水量调查摸底，为决策部署提供依据。建立节水奖补机制。自治区财政积极筹措资金，通过水资源费、超定额用水加价水费、水权转让费、水权交易费、财政补助等，建立节水奖励资金，对节水成绩突出的单位和用水户进行奖励。自治区财政在部门预算中安排300万元作为专项资金，用于贺兰县、利通区和隆德县3个农业水价综合改革试点县（区）农业水价精准补贴与节水奖励。

【水利投融资体制改革】2018年，自治区水利厅以《关于创新水利基础设施投融资体制机制的实施意见》为指导，完成《宁夏现代水利建设全新投融资体系战略研究》，提出水利投融资的整体思路、运作模式、具体措施，推动投入方式从政府投资为主向多元投资、市场投资转变。贯彻落实自治区“引金入宁”计划，面对自治区固定资产投资下滑压力，转变投资观念，引导各市、县（区）多渠道筹措水利建设资金，积极谋划水利PPP项目，主动对接金融机构和社会资本方，撬动社会资本投入水利基础设施建设。全年全区水利投资规模达65.49亿元，其中中央基建投资9.81亿元，中央财政补助资金14.06亿元，自治区发改委、财政配套11.96亿元市县配套、整合及自主投资20.11亿元，企业及社会资本投资9.55亿元。中部干旱带西部供水中宁县喊叫水片区工程、彭阳县美丽茹河治理项目、青铜峡市罗家河综合整治（东部水系连通）3项工程加快建设，吴忠市清水沟、南干沟“两沟”水环境综合治理项目落地实施，4项水利PPP项目共落实社会资本投资9.55亿元，占2018年全区水利投资的14.6%，实现由单一投资向多元化投资的转变。

【“放管服”改革】2018年，按照自治区第十二次党代会关于“放管服”和“互联网＋政务”及“不见面，马上办”的部署，自治区水利厅积极落实服务责任，梳理完善厅权力清单，联合自治区编办向全区各级水行政主管部门统一印发《自治区水利系统权力清单指导目录（第一批）》和“三级四同”目录，全区水利系统行政审批目前全部进行统一。按照不见面全流程网办的审批模式，与自治区政务服务中心和自治区信建办深度对接，“宁夏行政审批与公共服务系统”、“宁夏政务服务网上办事大厅”与“水慧通”三方平台间的硬软件无缝对接，实现“网上申请、网上受理、网上办理、网上办结、网上送达”的全流程网办。全区27个市、县（区）水务部门“不见面，马上办”系统已基本建成，2018年10月，组织进行全区行政审批在线办理培训，指导各地开展在线办理。

（张雪艳）

水生态文明与水文化建设

【水生态文明城市建设】2018年，银川市实施的宝湖生态修复综合整治工程，不但有效稳定了宝湖湿地生态系统，完善了宝湖公园的服务功能，还将宝湖打造成为集生态改善、景观提升、市民休闲运动、观光娱乐于一体的城市新名片，群众对工程的满意率非常高，称其为民生工程、民心工程。石嘴山市实施的北武当河生态治理等示范工程，已经成为知名度较高的旅游景点。银川市、石嘴山市作为全国水生态文明城市建设试点，以有限的水资源和脆弱的生态承载能力为约束，遵循“以水定产、以水定城、以水定地”的绿色发展理念，坚持“山水林田湖草”综合治理方针，落实最严格的资源管理制度，落实中央“关于加快推进生态文明建设的意见”、水污染防治行动计划、全面推行河长制，以生态优先的理念，深化经济改革、治理环境、修复生态，推进经济社会与生态环境的协调发展。银川市水生态文明城市试点于2017年12月通过自治区政府和水利厅联合验收，石嘴山市水生态文明城市试点于2018年12月通过水利部组织的技术评估。

【生态补水】2018年，自治区水利厅根据国家分配全区的用水指标，统筹各业用水需求，制订《2018年宁夏水量分配计划及调度预案》，将典农河、沙湖、星海湖等重点湖泊湿地生态补水计划纳入全区水量分配计划。2018年下达全区湖泊湿地生态补水计划1.66亿立方米，其中夏秋灌1.34亿立方米，冬灌0.32亿立方米。2018年实际累计向湖泊湿地生态补水2.22亿立方米，占年度计划的134%。其中典农河生态补水5760万立方米，占全年补水计划的180%；沙湖生态补水4189万立方米，占全年补水计划的149%；星海湖生态补水2194万立方米，占全年补水计划的100%。

【连通河湖水系】2003年开始，自治区党委、政府决策实施典农河工程，将沿线七子连湖、阅海、沙湖等湖泊湿地和10条主要排水沟道串联连通为一体，形成了区域性水资源宏观调控体系，实现洪水、沟水、渠道水和湖泊水、地下水的互济调控，确保了排水畅通，解决了河道沿线湖泊湿地、绿化的用水问题，保证了阅海、沙湖等湖泊湿地的健康生命。2010年，宁夏平原跻身当代“十大新天府”之一，沙湖、鸣翠湖等5个湖泊湿地获评国家水利风景区，“黄河金岸”“艾依春晓”入选“宁夏新十景”。2016—2018年，中央补助宁夏江河湖库水系连通项目共6个，总批复投资13亿元，其中中央补助资金共3.2亿元，2016年2.1亿元，2017年1500万元，2018年9500万元。2016年，实施银川市典农河水系连通宝湖生态修复综合治理工程、石嘴山市沙湖与星海湖水系连通综合整治工程和中宁县亲河湖—雁鸣湖水系连通工程3个项目，已全部建设完成。2017年至2018年实施了永宁县叶家湖、鹤泉湖环境整治工程，银川滨河水体净化湿地扩整连通工程、吴忠市环城水系连通工程3个项目。

【依法治水】2018年，自治区水利厅先后把《宁夏回族自治区河湖保护条例》《宁夏回族自治区灌溉工程遗产保护条例》《宁夏实施〈农田水利条例〉办法》列入自治区五年立法规划，其中《宁夏回族自治区河湖保护条例》列入2019年立法计划，自治区法制办、自治区人大已组织完成《宁夏河湖管理办法》区内外立法调研工作。组织开展对涉水政府规章和规范性文件设定的证明事项及违反上位法的水生态环境保护规范性文件的清理，清理掉3项证明事项。制订《自治区水利厅关于落实自治区2018年法治政府建设工作要点实施意见》，明确责任及时间表，将法治政府建设、依法治水、依法管理能力建设工作纳入厅属单位效能考核目标，争取自治区政府将水利厅确定为2018年政府部门法治政府建设示范创建单位，并全面推进开展创建工作。配合开展法治政府建设第三方评估，对厅属各单位进行法治政府建设和依法治水工作督导检查，全力推进水利厅法治政府建设和依法治水工作。印发《自治区水利厅关于进一步加强平安建设工作的通知》，把平安建设列入年度考核内容，全面落实安全防范责任，指导全区开展水事矛盾纠纷排查化解活动和反邪教活动，全年全区水利系统未发生重大水事纠纷。全力开展水利系统扫黑除恶专项斗争，制订《自治区水利厅关于印发扫黑除恶专项斗争工作方案的通知》，召开全区水利系统扫黑除恶专项斗争推进会，全面开展水利系统涉黑涉恶线索摸排工作，并及时向自治区党委和水利部上报信息。共摸排线索11条。制订《宁夏回族自治区河湖执法工作方案（2018—2020年）》，纳入各级河长制的重点工作任务，对涉河的项目建设、采砂、“四乱”等违法情况严厉查处，开展全区河湖专项执法督查，配合黄河水利委员会对黄河河道开展专项督导检查。全年全区共查处各类涉河违法案件307起，未发生重大水事违法督办案件。建立水政执法平台系统，梳理制定水政执法法律文书文本格式并印发全区执行，规范全区水政执法工作。准备下周举办全区水政执法培训班，计划培训人员100人。联合文明办、团委等单位在银川典农河上海路码头举办2018年“世界水日”“中国水周”节水护水志愿宣传活动启动仪式，组建“河小志”“湖小愿”志愿服务队，订阅宣传特刊1万份，挂图6张、主题宣传画5000份，印制单行本2万本。制订《自治区水利厅关于贯彻落实宪法学习宣传教育实施方案》《水利厅开展宪法学习宣传活动的通知》，开展宪法进机关、进支部、进楼宇、进门庭、进网络活动，积极动员广大水利系统干部职工制作宪法宣传微视频，开展宪法知识答题活动。举办“生态立区与法同行”主题法治宣传教育活动，开展LED电子屏播放环保法宣传公益广告等形式多样的宣传教育活动。

【水利博物馆】2018年，自治区水博馆紧紧围绕水利中心工作，服务水文化建设和灌溉遗产保护，以规范内部管理、保障稳定运行为抓手，顺利通过自治区文化和旅游厅对全区免费开放博物馆的综合绩效考核评价，获得优秀等次。联合中国水利水电科学研究院和宁夏渠首管理处共同开展宁夏引黄古灌区历史文化遗产研究与保护利用项目，获水利厅科技进步一等奖。坚持日常与节假日免费开放，增强服务意识，提升讲解水平，接待国家、自治区及水利部、黄河水利委员会等相关司局和单位团体参观考察。全年共接待各类团体220余批次、7200余人次。接待游客近10万人次，其中接待中小学生约1.2万人次。系统梳理宁夏悠久水利文化，汇编诗词、碑记、制度、奏折等内容，协调黄河水利出版社编印《宁夏历代水利艺文集》30万字和《重修中卫七星渠本末记》点注本26万字。结合宁夏引黄古灌区成功申遗，编印《宁夏引黄古灌区图志》《河之润》画册2本。组织人员前往西塔、固原文物市场考察收集水利文物信息，拟征集秦汉时期陶水管等水利、农耕相关文物30余件。利用“水日水周”“博物馆日”等重要节假日，积极与青铜峡市教育局、三中、五中，宁夏大学等院校联系，开展以“实施国家节水行动，建设节水型社会”为主题的教育实践活动。较好发挥了全国水情教育基地职能，顺利通过了自治区科技厅科普教育基地复审。2018年8月底至10月初，在《宁夏日报》开办专栏，宣传报道宁夏引黄历史文化20篇。10月26日，《人民日报》以《一水流千年 护渠写新篇》为题，专版宣传报道宁夏引黄灌区的历史文化和建设成就。推进《宁夏引黄古灌区保护规划》编制工作，顺利完成终审会评审。完成宁夏引黄灌溉工程遗产10块纪念碑和46块保护碑系统工程布设项目的前期设计和招标工作。起草制定《宁夏引黄古灌区世界灌溉工程遗产标识标牌备案管理办法(试行)》，按程序对青铜峡黄河大峡谷旅游公司遗产标识标牌的使用申报进行备案批复，推进《宁夏引黄灌溉遗产管理条例》立法相关工作。

【水利风景区管理】2018年，全区建成国家级水利风景区12家、自治区级水利风景区1家，分布在9个市(县、区)，涵盖城市河湖型、湿地型、水库型、灌区型、水土保持型五大类景区类型。按照中央治水新思路，水利风景区建设与管理已纳入年度水利重要工作统一部署，明确职责，强化措施，严格年度工作目标考核。推进水利风景区申报评审工作。根据《水利风景区管理办法》和《宁夏水利风景区评审委员会工作规程》要求及申报条件要求，确定中宁县天湖水利风景区和银川市黄河军事博览园水利风景区2家景区为指导培育对象。加强监管，督促指导申报单位完善基础设施建设，指导国家级景区对照规划内容从景区建设管理、功能发挥和安全隐患等方面开展自查整改工作。水利厅成立水利风景区检查组，对13家水利风景区开展了全面检查工作，对存在的问题进行通报，严格整改，监督检查。迎接水利部景区办督导组对宁夏3家水利风景区开展专项检查，对景区存在的问题，督促落实整改。协水管部门对部分景区进行生态补水，促进水循环，改善景区水质，同时要求景区加强水质管理，提高污水处理能力。协调各市、县(区)水务局、厅属单位、景区管理单位，参加有关水利风景区建设与管理的会议、培训等，有效提升景区管理水平及人员素质。组织协调安排经验丰富、成绩显著、工作积极性高的景区赴西宁参加水利风景区建设与管理经验交流会。协助水利部景区在银川召开西北片区水利风景区建设与管理工作现场会。组织宁夏13家水利风景区和2家指导培育对象单位负责人及相关处室，在宁夏分会场参加水利风景区建设与管理工作视频会议。提升景区社会认知度，让群众共享水利成果，配合水利部补充完善《国家水利风景区地名词条》，提升水利风景区社会影响力。督促指导景区突出“水利风景区”宣传工作，组织全区28名一线优秀导游到宁夏水博馆进行水文化、水理念的系统学习。素有银川“蓝丝带”之称的典农河水利风景区，为银川市荣获全球首批“国际湿地城市”称号贡献了力量。

(张雪艳)

NINGXIA YEARBOOK

工业

GONGYE

编辑◎张　哲

综　述

【概况】截至2018年底，全区共有规模以上工业企业1250家，实现工业增加值占全区国内生产总值的27%。全区共有工业园区22个，实现产值占全部工业的77%。产值过100亿元的有宁夏电力公司、神华宁煤、中石油宁夏石化、宝丰能源、青铜峡铝业、天元锰业6家企业；过50亿元的有大地循环、银川隆基硅、宁夏钢铁、中铝宁夏能源4家企业。全区规模以上工业增加值增长8.3%，连续两年超过预期目标；工业技改投资同比增长15%，增速高于全区固定资产投资；规模以上非公工业同比增长6%，民间投资呈现回升趋势，规模以上中小微企业主营业务收入增长12%，利润总额增长53%；工业R&D投入强度同比增长10%以上；按照"十二五"差异化考核政策，扣除宁东煤化工项目后，单位GDP能耗下降3.5%；两化融合指数较上年提高5%。

【稳增长调控】2018年，自治区出台《稳增长促发展二十条意见》，兑现稳增长奖励资金2.1亿元。全年降低实体经济企业成本90亿元，占全区规模以上工业企业利润总额的54%，规模以上工业实现利润增速一直保持在20%以上，高于全国平均水平。4.3亿元工业企业风险补偿金，撬动银行贷款88亿元。完成电力直接交易300亿千瓦时，同比增长11%，西电东送外送电量突破500亿，达到558亿千瓦时。加大问题协调力度，促成签订3000万吨的煤炭购销中长期协议，协调天然气供应量增加2.32亿立方米。完善包抓工作责任制，建立企业问题台账，帮助解决企业资金、土地、运输、用电等困难问题65个。全区60户工业龙头企业产值同比增长19.3%，高于全区平均增速3.8%。在经济下行压力持续加大的情况下，全年净增规模以上工业企业29户，对产值增长的贡献率达到6%。

【创新发展】2018年，自治区党委、政府出台《促进民营经济健康发展的若干意见》，推动设立30亿元民营企业发展政策性纾困基金，为6户企业提供救助资金3.25亿元。实施新一轮"专精特新"企业培育，培育认定"专精特新"中小企业140户。新培育创业创新示范基地9个，其中国家级基地4个。3家企业名列全国民营企业500强，天元锰业首获中国工业大奖，实现11年来全区企业工业大奖"零"的突破。自治区出台《开发区整合优化和改革创新实施方案》，完成11家开发区的整合撤并。研究制定《开发区主导产业目录》，园区实现总产值占全部工业比重较上年提高2%。实施园区低成本化改造项目21个，3亿元改造资金撬动政府和社会资本投资30亿元。培育自治区级企业技术中心6家，天地奔牛、卧龙电气、共享装备3家企业被评为国家技术创新示范企业，巨能工业机器人智能分拣单元列入国家融合创新项目，认定自治区级新产品新技术19项，全区高新技术企业增加到150户。出台《首台(套)技术装备奖补项目管理暂行办法》，认定自治区首台(套)技术装备产品28项，具有首套自主知识产权的大化肥项目建成投产。

【转型升级】2018年，自治区出台《工业对标提升转型发展行动方案》，全面启动实施"十大行动"，设立2亿元技术改造综合奖补资金，滚动实施100个重点技术改造项目，支持技改项目贷款贴息资金2.1亿元，项目开工率达100%。建立规模以上工业企业对标台账，组织500家企业开展对标，树立19家对标标杆企业，部分传统行业企业智能化、网络化、数字化效率提高30%，成本下降15%，研发周期缩短21%。出台《降低优势产业用电成本实施方案》《智能工厂、绿色工厂和数字化车间认定管理办法》《制造业行业领先示范企业(产品)认定管理办法》,培育智能工厂、数字化车间16个,制造业领先示范企业7家,高端装备制造、仪器仪表、信息技术等新兴产业增速10%以上。实施"三个100"重点工业项目,对138亿的项目贷款给予贴息和保费补贴,项目开工率达到96%以上,新增产值200亿元。组织宁湘、宁闽、宁苏等产业合作对接会,签订合作项目35个,总投资227亿元。出台《差别电价征收和使用管理暂行办法》,组织实施并贴息支持33个重点节能环保技改项目,培育国家和自治区级绿色园区7家、绿色工厂22家、绿色产品4个,创建自治区资源综合利用企业10家。出台《淘汰落后和化解过剩产能项目管理办法》,2018年淘汰落后产能318.4万吨,比2017年多淘汰225万吨。

【两化融合发展】2018年,自治区推进两化深度融合,21家企业被列为国家两化(即工业化和信息化)融合贯标试点企业,处于融合中期发展阶段的企业翻了一番。西部云基地、银川滨河大数据中心规模不断壮大,亚马逊数据中心正式商业运营,中卫直达太原、北京的骨干网络建成投运,力成电气集成应用项目列入国家工业大数据应用服务试点示范。积极推进军民融合发展,制定《加快推进国防科技工业军民融合深度发展的实施意见》,高分辨率对地观测系统宁夏数据与应用中心基本建成,新一代"火冰"灭火剂一期项目投产达效。全区有4家企业、8种产品、6项技术列入国家《民参军技术与产品推荐目录》和《军用技术转民用推广目录》。推进工业互联网发展,出台《加快"互联网+先进制造业"发展工业互联网的实施意见》,推动建设了35个重大融合创新项目,2个网络协同制造项目列为国家示范项目,3家企业被评为国家服务型制造示范单位。

2018年全区重点工业产品价格变化表

产品名称	12月(元/吨)	11月(元/吨)	环比涨跌(%)	上年同期(元/吨)	同比涨跌(%)
商品煤	380	380	0.0	380	0.0
动力煤(电煤)	340	340	0.0	340	0.0
聚氯乙烯	6400	6400	0.0	6050	5.8
电石	2580	3100	-16.7	2950	-12.5
聚丙烯	10225	10058	1.7	8768	16.6
焦炭	1551	1580	-1.8	1420	9.2
硅铁	6500	6300	3.2	8600	-24.4
钢材	3800	4200	-9.5	4100	-7.3
金属锰	13900	17200	-19.2	11000	26.4
铝锭	13450	13810	-2.6	14710	-8.6

2018年全区重点行业增加值增速表

重点行业	2018年	1—3月	1—4月	1—5月	1—6月	1—7月	1—8月	1—9月	1—10月	1—11月	1—12月
煤炭	20.9	15.4	14.2	11.7	8.4	6.9	7.1	7.8	8.2	-3.2	-0.6
电力	18.2	19.4	21.3	18.1	8.3	7.7	6.9	12.1	11.6	15.6	17.2
化工	3.5	4.6	1.2	-0.7	2.2	4.1	8.5	9.4	12.0	19.5	18.1
冶金	14.2	21.7	19.8	18.7	20.1	23.4	17.7	18.0	21.3	20.5	19.6
有色	0.2	-0.7	-0.4	1.3	2.2	2.4	1.9	1.9	1.8	2.4	1.5
轻纺	-2.1	-7.4	-13.9	-11.9	-4.6	-3.1	-4.4	-5.6	-0.1	-10.1	-8.7
机械	41.4	22.4	21.1	9.4	14.6	13.6	11	11.6	7.5	6.0	2.7
建材	-10.7	-13.5	-15.3	-12.7	-10.8	-11	-11.8	-12.4	-12.8	-18.0	-15.8
医药	-45.2	-45.2	-45.8	-47.2	-30.1	-31.8	-31.8	-32.1	-33.2	-44.0	-38.5

(惠兴龙)

煤　炭

【概况】2018年，全区原煤产量7750万吨，工业增加值同比下降0.6%，占规上工业比重由2015年的20%下降到2018年的12.3%。主要有神华宁煤、中铝王洼煤矿、宝丰集团等龙头企业。截至2018年底，全区在册煤矿55个，生产建设总规模13206万吨/年，生产煤矿28个。重点企业神华宁煤生产建设产能8700万吨/年，占全区总产能的66%。中铝宁夏能源集团1600万吨/年、宝丰集团540万吨/年。

【技术改进】2018年，全区国有重点煤矿采煤机械化和掘进机械化程度分别达到98%和92%，处于全国先进水平。30万吨/年以下落后产能煤矿已全部关闭退出或纳入兼并重组范围，全区平均井型提高到了240万吨/年。共建成羊场湾、梅花井、枣泉、红柳等安全高效矿井13个。煤炭清洁利用加工转化水平提高，累计建成选煤厂18个，洗选能力1.1亿吨/年，全区原煤入选率90%，高于全国平均水平20%。

（惠兴龙）

电　力

【概况】2018年，全区电力规上企业133家，电力工业增加值占规模以上工业比重由2014年的18.5%增长到2018年的21.9%，2018年电力工业增加值增速17.2%。当前全区统调装机容量4247.2万千瓦，其中，火电装机2400万千瓦，占比56.5%；水电装机42.2万千瓦，占比1%；风电装机1011.1万千瓦，光伏装机793.8万千瓦，新能源装机1804.9万千瓦，占总装机的42.9%。±660千伏银川东至山东直流输电通道于2011年建成投运，截至2018年年末，累计向山东送电1868亿千瓦时；±800千伏宁东至浙江直流输电通道于2016年9月建成投运，截至2018年年末累计向浙江送电495亿千瓦时。全区建成国内首个750千伏双回路环网，实现城乡用电同网同价。2018年，全区重点企业中宁夏电力公司年产值超过400亿元，华电灵武电厂、中铝宁夏能源年产值超过30亿元，国电石嘴山、京能水洞沟、国能鸳鸯湖、华能大坝、大唐大坝电厂、国华电厂、枣泉电厂等年产值均超过10亿元。全区新能源装机容量占比达42.9%，占比排名全国第三。通过引导新能源发电参与区域市场交易，开展电能替代，加大外送协调力度，新能源弃电率从2016年的11.6%下降到2018年的2.8%。

【节能环保火电机组】2018年，宁夏优先发展超临界、超超临界节能环保机组，大型空冷火电机组装机容量1454万千瓦，特别是华电灵武电厂二期是世界首套100万千瓦超临界空冷机组。发展符合国家产业政策的资源综合利用和热电联产机组，余压、余热、余气、煤矸石、资源综合利用自备机组装机容量264.3万千瓦。加大环保技术改造力度，新建机组同步建设烟气脱硫脱硝装置，原有常规发电机组按进度实施脱硫脱硝改造。截至2018年底，全区30万千瓦以上火电机组全部完成超低排放改造。统调火电机组平均供电煤耗降至321克/千瓦时，火电机组技术装备水平不断提高。

【电力外送】2018年，宁夏充分利用电力外送通道，把握全国性机组关停、大气污染防治、煤炭消费量压减时机，推动资源优势转化。银东直流、灵绍直流外送能力达1200万千瓦，2018年累计外送电量558亿千瓦时，创历史新高。2018年在送浙配套电源未全部投运情况下，全区送浙电量240亿千瓦时，同比增长近1倍。另外，上海庙至山东±800千伏特高压直流输电工程建成投产，并与宁夏电网连接，提升宁夏向华北、华东外送电的能力。

【电力市场改革】截至2018年底，全区共完成直接交易电量1081亿千瓦时，累计降低企业用电成本超过30亿元；2016年5月启动售电侧改革，批准中宁工业园区能源综合服务公司作为全区首家售电公司开展购售电业务试点；2017年7月正式开展售电公司业务，截至2018年底，通过备案的售电公司26家，其中12家参与了市场交易，完成交易电量99.8亿千瓦时，实现了售电公司作为市场主体参与直接交易的突破。全区电力市场建设得到西北能源监管局的充分肯定。

（惠兴龙）

化　工

【概况】截至2018年底，全区规模以上化工企业198户，同比增长15%。全年实现工业增加值增速18.1%，化工行业工业增加值占全部规模以上工业增加值的比重达到35%左右，比上年增加4%。全区已形成以现代煤化工、石油化工、电石化工、氯碱化工、精细化工为主导的产业结构，涉及产品100多个（种）。宁东基地现代煤化工及下游产品蓬勃发展，带动和示范作用日趋明显；银川市石油和天然气化工提质升级步伐加快；石嘴山市电石及氰胺化工循环产业延链强链，市场占有率得到提高；吴忠市石油化工深加工形成规模，生产能力有效提高；中卫市精细化工向精深方向发展，发展质量逐步提升；固原市盐化工稳步推进，产业扶贫和地方税收贡献提高。中石油宁夏石化、宝丰能源、大地循环、金昱元广拓能源、和宁化学、贝利特化学6家企业获得2018年度行业对标标杆奖；国能宁煤集团、英力特化工、同盛化工、坤辉气化、嘉峰化工5家企业获得2018年度行业对标进步奖。

【煤化工】2018年，现代煤化工成为全区投资最大、增长最快的行业，产值占化工行业的比重41%左右，已发展成为化工行业的支柱产业，产能1530万吨，其中，煤制油产能400万吨、煤制烯烃产能260万吨、煤制甲醇产能720万吨、聚乙烯醇产能23万吨。宁夏现代煤化工已处于国内领先地位，宁东基地是国家4个现代煤化工产业示范区之一；神华宁煤集团已成为国内现代煤化工行业的领军企业，煤炭间接液化技术获中国石化联合会科技进步特等奖，煤制油项目技术及装备国产化率达到98.5%，在保障国家能源安全、提升行业技术创新能力等方面都发挥了积极作用。

【石油化工】2018年，全区石油产值占化工行业的比重36%左右。全区原油加工能力1400万吨，橡胶轮胎产能470万条。2018年，中国石油宁夏石化公司16万吨/年烷基化项目实现当年开工建设当年投产，拥有以天然气为原料的三套化肥生产装置，是全国百万吨尿素生产企业之一。5月，单套生产能力国内最大、首套自主知识产权的大化肥项目建成投产，打破了国外企业在大化肥行业的技术垄断，成为我国化肥工业的一个重要里程碑。大地循环、兴尔泰化工采用电石炉尾气制合成氨项目、庆华集团甲醇尾气制合成氨项目推动电石炉气利用的高附加值化、资源综合利用和产业链耦合。

【电石化工】2018年，全区有电石生产企业26家，总装机容量281万千伏安，产能562万吨，电石产能和产量均位居全国第三位。电石本地利用率达到70%左右，主要用于生产聚氯乙烯、1.4—丁二醇、聚乙烯醇、石灰氮、双氰胺等深加工产品，其中氰胺产业处于国内龙头地位，是我国氰胺系列产品的重要出口创汇产地，11月，在宁夏成立中国氰胺产业联盟，将集聚全国氰胺产业产学研优势资源，对全区氰胺产业科技创新、结构优化、高质量发展起到积极的促进作用。中石化长城能化采用的智能化电石锅搬运系统为国内首套，其自动化和智能化程度业内首屈一指。

天元锰业第二厂区

【氯碱化工】2018年，全区氯碱产值占化工行业的比重8%左右。金昱元、英力特、日盛3家企业已形成年产聚氯乙烯70万吨、烧碱85万吨、纯碱15万吨，ADC发泡剂20万吨、水合肼6万吨。其中，宁夏金昱元固原盐化工项目2018年新增产值13亿元，对固原地区扶贫攻坚起到的积极作用；40万吨高性能聚氯乙烯树脂“填平补齐”项目累计完成投资72亿元，项目建设完成80%。日盛公司循环化产业链项目已建成投产，全年新增产值2亿元，其主要产品ADC发泡剂、水合肼产量占全国比重分别达到80%、70%以上，具有市场话语权和定价权。

【精细化工】2018年，全区精细化工产值占化工行业的比重5%左右，比上年度增加2%。新安科技、格瑞化工、华御化工、瑞泰科技、蓝丰化工等精细化工企业不断加大技术改造力度，着力研发附加值高的新产品，产值稳步增加。新增的特种工程材料、食用香料、偶联类医药中间体、高品质有机颜料、高分子抗老剂等精细化工产品，促进上游产业接续发展，推动全区化工行业延链。

（惠兴龙）

冶　金

【概况】2018年，全区冶金行业有规模以上工业企业160家，工业增加值增速19.6%，占全部规模以上增加值的比重约为4.5%。主要产品钢材、铁合金、碳素、碳化硅、活性炭等，产量分别为270万吨、350万吨、74万吨、24万吨、22万吨,同比分别增长约18.5%、3.3%、-3.7%、-14%和65%。

【铁合金、碳化硅装备水平提升】2018年,铁合金、碳化硅行业主流装备已经由6300千伏安升级到25000千伏安以上,装备大型化、密闭化、节能化、自动化成为行业发展主流,一批先进成熟的节能技术得到普及推广,铁合金行业建成国内单台容量最大的63000千瓦安矿热炉,25000千瓦安及以上矿热炉占全部炉型的78%,微机控制及自动加料系统得到普遍应用,余热余压综合利用、低压无功补偿等节能技术全面推广,铁合金、碳化硅产品单耗处于全国领先水平。晟晏实业、吉元冶金、万顺冶金、中卫茂烨、三元中泰等企业产能超过10万吨,成为铁合金行业领军企业;吉元冶金、宝马兴庆特种合金成为行业对标标杆。碳化硅行业建成全国单体最大的40000千瓦安冶炼炉,平罗滨河碳化硅公司成为世界最大碳化硅企业,获2018年行业对标工作进步奖。

【产业链延伸】2018年,全区冶金产业依托资源、技术等优势,围绕纵向延伸、横向耦合,建成一批"增链补链"项目,重点行业产业链不断延伸。宁夏钢铁集团坚持稳健经营、稳步发展,成为钢铁行业排头兵,60万吨高速线材顺利投产为企业发展注入新活力;与中国中铁的战略合作使企业发展迈上新台阶,实现向炼铁—炼钢—轧材—钢筋成型加工的全产业链转变,宁夏钢材成功进入全国铁路建设市场;恒力钢丝绳股份公司开发的具有自主知识产权的高附加值军用特种钢丝绳系列产品填补了国内空白。碳化硅行业由初级产品销售逐渐向碳化硅制品转型,滨河碳化硅公司与中钢集团加强战略合作,开发的氮化硅陶瓷制品成功打入军工市场;和兴碳基材料公司实施碳化硅分级加工,开展精细化管理,成为碳化硅行业对标标杆;宁夏机械研究院开发的高级碳化硅性能优越,获得军工订单。

【冶金新材料】2018年,全区冶金新材料产业链通过科技创新推进主导产业升级、新产品开发和深加工拓展得到进一步延伸,形成较大发展规模和经济优势。铁合金产品由单一的普通硅铁向硅锰合金、特种合金、多元复合合金等方向发展,微合金钢炉料和特殊硅合金产品生产企业占铁合金企业总户数超过60%;碳基材料领域开发出了耐高温、耐腐蚀的高等级碳化硅、氮化硅陶瓷制品、煤基高纯石墨等新产品;活性炭产品逐步向工业烟气净化、居民家用净水方向转型。

(惠兴龙)

东方钽业钛材车间

有色金属

【概况】2018年,全区有色金属工业规模以上企业25家,2016—2018年有色工业增加值分别增长3%、6.7%和1.5%。电解锰产能80万吨,稳居世界第一,占全国产能的40%;电解铝产能130万吨,占全国的2.8%;钽铌铍等稀有金属产能250吨,其中:钽丝、钽粉全球市场占有率分别达到60%和25%,成为全球重要的稀有金属生产研发基地。2018年电解铝、金属锰产量分别为127万吨、58.5万吨,同比分别增长12%、-26%。

【技术创新】2018年,全区有色工业生产技术和装备水平显著提高,装备大型化、密闭化、节能化成为行业发展主流,一批先进成熟的节能技术得到推广应用。青铜峡铝业、锦宁铝业对铝电解槽进行全面升级改造,吨铝交流电耗下降约300千瓦时,天元锰业开发应用了多管式移动床还原炉焙烧技术,解决了进口锰矿石除铁技术瓶颈,实现了锰渣重溶回收,在锰行业中的话语权和影响力进一步凸显。中色东方突破了高比容钽粉及细直径钽丝生产技术,填补国内空白,自主开发的超导铌腔加速梯度达到世界先进水平。

【结构调整】2018年,全区有色金属产业依托资源、技术等比较优势,围绕纵向延伸、横向耦合，建成一批“增链补链”项目，重点行业产业链不断延伸。金属锰行业形成以石膏制酸—电解锰—锰渣综合利用，铬铁、镍铁为主的循环经济产业链；铝行业建成广银铝业30万吨铝棒加工项目、锦宁巨科20万吨铝板带加工、锦绣轻合金10万吨、浩源铝合金10万吨铝棒材、金创铝业5万吨铝型材加工生产线，青铜峡能源铝业实现煤电铝一体化发展；金属镁行业出现萎缩，惠冶镁业因资金链断裂倒闭，唯一生产的太阳镁业产能3万吨。太阳镁业联合中科院开发了新一代金属镁冶炼方法——盾镁电热法，于2019年3月将投入试生产，全区金属镁产能将升至6万吨。

【特色产业】2018年，通过科技创新推进主导产业升级、新产品开发和深加工拓展，延伸了新材料产业链，形成较大发展规模和经济优势。依托钽铌铍钛等稀有金属新材料特色高技术产业公共服务平台，组织实施了细直径钽丝、一氧化铌、铍铝合金等高技术产业化示范工程，提升了我国钽铌铍产品的世界话语权。铝镁轻金属领域实现铝棒材、板带和铝铜线缆规模化生产，广银铝业铝合金棒出口瑞士奥利伯斯给奔驰、宝马高端车及富士康做相关配套，产业链进一步延伸。

（惠兴龙）

轻工业

【概况】截至2018年，全区轻纺行业规模以上企业408户，全年轻工业增加值同比下降8.7%。行业整体下降主要受昊王米业、塞外香、金双禾等农产品加工企业增速下滑10%以上的影响；以及大多数羊绒企业处于停产半停产状态、家具制造、皮革皮草等行业销量下降影响。服装累计生产275.1万件，同比下降68.1%；味精（谷氨酸钠）累计生产20.8万吨，同比下降21.8%。

【纺织行业】截至2018年底，全区纱线产能150万锭。着力打造棉纺织产业链，宁东泰和新材料股份公司与能源化工企业对接，年产6万吨环保型差别化氨纶项目与中石化长城能源化工（宁夏）比邻而居，中石化生产的聚四氢呋喃可以直供泰和公司氨纶生产车间，成为其深加工的原料，项目一期3万吨于2017年10月投产，该项目成为全区煤化工和现代纺织产业上下对接、由重变轻的代表性项目。宁东泰和在一期3万吨氨纶项目投产的基础上，2018年开工建设6000吨芳纶项目（一期3000吨）。在现有对位芳纶生产技术的基础上，将进行工艺创新和装备升级，投资12亿元，新建聚合、纺丝、溶剂回收装置及配套的公用工程，形成年产6000吨对位芳纶的生产能力。如意集团在滨河新区布局了高档衬衫面料、西装、女装、袜子等项目，吴忠恒和织造建设了3500万米/年特宽幅面料、服装面料项目。

【食品行业】2018年，全区食品工业较上年同期下降5%左右，葡萄酒、乳制品、枸杞加工等特色产业发展迅速，培育了伊品生物、宁夏红、蒙牛、伊利、夏进、中航塞外香、法福来、塞北雪等一批龙头骨干企业，建成吴忠金积工业园、贺兰工业园、永宁工业园等产业聚集区。枸杞产业：宁夏已成为全国枸杞产业基础最好、生产要素最全、品牌优势最为突出的核心产区。全区在册枸杞种植面积近100万亩，枸杞干果产量18万吨，实现综合产值150亿元以上，标准化基地种植面积占比超过60%，枸杞加工转化率达到25%。相继建成农业部枸杞工程技术中心等5个国家级研发中心和13个宁夏枸杞产业人才高地工作站，先后有宁夏农科院、宁夏红等7家科研院所和企业建立院士工作站和国家重点实验室；宁夏枸杞品质已被全国消费者普遍认同，涌现出“中宁枸杞”“宁夏红”“百瑞源”等5个中国驰名商标，“中宁枸杞”品牌价值升至172.88亿元。乳制品产业：全区特有的地理气候条件和资源禀赋优势，使乳制品产业成为全区优势特色产业，表现出较好的成长性和后发优势，全区现有乳制品规模以上企业18家，其中液态奶生产企业8家，乳粉生产企业7家，其他乳制品生产企业3家。2018年乳制品规上企业产值突破100亿元。蒙牛、伊利两大国内乳制品龙头企业带动全区乳制品产业发展，2018年产值达70亿元以上，产业占比达70%以上。

【葡萄酒产业】2018年，全区葡萄种植面积达59万亩；产区酒庄（企业）共销售葡萄酒2.73万吨，销售收入29.7亿元；建成玉鸽、贺金樽2个示范酒庄；年产葡萄酒1.5亿瓶，综合产值达到230亿元。建设了贺兰山东麓国际葡萄酒博物馆，在全国葡萄酒产区中第一个编制了产区专门的教育教材《宁夏贺兰山东麓葡萄酒初阶教程》和《宁夏贺兰山东麓葡萄酒讲师教程》。“宁夏贺兰山东麓葡萄酒”品牌价值达271.44亿元。

【烟草产业】2018年，全区烟草行业有湖南中烟吴忠卷烟厂和宁夏彭阳烟叶公司2家企业。其中吴忠卷烟厂卷烟生产计划15.58万箱，三类卷烟14.94万箱，占比达到95.89%。主要产品有白沙精品、白沙精品2代等。2018年，全区烟草行业完成工业增加值16.8亿元，同比增长5.5%。

（惠兴龙）

机械制造

【概况】截至2018年底，全区共有规模以上机械制造企业147家，实现工业增加值增速2.7%，占全区规模以上工业的比重为4%。培育了共享集团、吴忠仪表、天地奔牛、维尔铸造、小巨人机床、巨能机器人、西北轴承等一批骨干企业。

【仪器仪表】2018年，全区仪器仪表领域有吴忠仪表、隆基宁光仪表等7家重点企业，近三年呈现高速增长的态势，年均增长率15%，2018年完成产值20亿元。全区仪表行业多项技术难题获得突破性进展，吴忠仪表实施了“高端控制阀关键技术自主创新和产业化”“智能能源计量仪表”等项目，科研能力和技术水平在全国同行业名列前茅，被工信部认定为智能制造试点示范企业。吴忠仪表海洋工程及船舶用控制阀智能工厂、宁夏隆基宁光仪表公司智能电网成套用电信息采集设备智能制造新模式项目列入国家智能制造综合标准化与新模式应用项目。

【铸件铸造】2018年，全区铸造业完成产值32亿元。智能制造创新发展取得新成效，共享集团铸造行业智能工厂/数字化车间综合标准化研究项目通过验收，其研发铸造用3D打印技术和铸造智能工厂达到国际先进水平，其制定的《铸造数字化工厂通用技术要求》等4项标准，为国内铸造行业企业开展智能工厂、数字化车间建设确立了标准。维尔铸造研发的中国标准动车组铝合金枕梁通过国家检测，2018年8月作为中国中车公司新型动车的试车配套器件，结束了我国高速动车组枕梁相关技术全部依赖进口的历史。共享装备数字化铸造工厂、维尔铸造中国标准动车组铝合金枕梁智能制造示范项目也先后被工信部认定为智能制造试点示范项目。

【机床】2018年，机床产业完成产值18亿元。小巨人机床和银川大河机床等企业通过执行“汽车零部件制造智慧工厂管理系统”“2MK2218X50YSG高档数控珩磨机床”等国家重大项目，自主创新有较大突破。银川大河数控机床研发的DHK037四主轴发动机缸体珩磨生产线成功应用于神龙汽车公司，成为我国自主研制的首条四主轴发动机缸体珩磨生产线。

【电工电气】2018年，电工电气产业完成产值26亿元。力成电气、西北骏马电机、卧龙电气和凯晨电气等骨干企业的研发成果在矿山机械、轨道交通、航空航天、石油石化等领域获得了广泛应用，部分产品实现了替代国外进口。力成电气集团智能配网成套开关设备数字化工厂于2018年6月通过验收，建成电工电气行业国内领先的数字化工厂，生产效率提高33%，企业运行成本降低28.4%，产品研发周期缩短38.8%，产品不良品率降低31.2%，产品设计数字化率达到100%，企业形象和市场竞争力大幅提升。

【煤矿机械】2018年，煤矿机械产业完成产值36亿元。其中，天地奔牛成功研制的“年产1200万吨综采工作面成套输送装备”“世界首台(套)高效节能智能控制刮板输送机”等项目，代表世界先进水平，填补了国内空白，对煤炭高效清洁开采，提升我国煤矿机械装备水平具有重大促进作用，获得国家首台(套)保险补偿资金支持。

【新能源装备】2018年，全区新能源装备产业完成产值5亿元。风电主机、轮毂、底座、叶片、塔筒、轴承、齿轮箱、减速器，以及光伏发电设备的单晶硅、多晶硅、切片、电池、组件等主要产品已实现区内配套，形成较为完整的产业链条。

（惠兴龙）

吴忠仪表生产车间

医　药

【概况】2018年，全区规模以上医药企业17家，工业增加值同比下降38.5%。全区医药工业已形成以化学原料药制造为主，化药制剂制造、中药材及中成药加工等多元化发展的产业格局。拥有国家级企业技术中心2家，高新技术企业8家，院士专家工作站1个。开发出圣畅—吲达帕胺缓释片、色甘酸钠滴眼液等新产品，完成平消片、祛痰平喘片等4个品种药品质量标准研究。

【特色中药产业】截至2018年底，全区中药材种植面积近200万亩，主要品种包括枸杞、甘草、秦艽、黄芪等。规模以上中药加工企业9家，拥有国家批准文号近200个。

【国外认证】2018年，主导品种红霉素、盐酸四环素通过欧洲药典指导委员会(EDQM)的COS认证，硫氰酸红霉素、泰乐菌素、盐酸四环素通过美国FDA认证和德国GMP认证。

（惠兴龙）

建 材

【概况】2018年，全区规模以上建材企业156家，工业增加值同比下降15.8%。主要产品水泥产能3100万吨，2018年产量1750万吨，同比下降20%；金晶科技是全区唯一浮法玻璃生产企业，产能425万重量箱，2018年产量420万重量箱，与上年基本持平；科豪陶瓷是唯一稳定生产的瓷砖企业，产能3100万平方米，2018年产量1800万平方米，同比增长12%。2018年，全区石灰石资源探明储量5.2亿吨，遍及全区11个市县，可以满足建设大型水泥厂的需要；石膏是自治区除煤炭以外的第二大矿产资源，质量好，易开采，累计探明储量居全国第六位。

【装备工艺】2018年，全区水泥熟料产能2160万吨，其中新型干法水泥熟料产能占全部产能的96%以上，采用石灰石生产水泥熟料的日产2000吨以下水泥熟料生产线已全部淘汰，日产2000吨及以上熟料生产线全部配套建设了低温余热发电装置。青龙管业生产的各种类型输水管在西北地区市场占有率第一，是西北地区最大的供排水管道生产企业。

【绿色建材】2018年，建材行业依托丰富的粉煤灰、电石渣、冶炼废渣、脱硫石膏等工业废渣，依托水泥以及各类新型砖瓦砌块、建筑石膏墙板等绿色建材发展取得明显进步并成为工业固废消纳综合利用的主体。坤水水泥公司、金昱元资源循环公司、中石化长城能化公司水泥厂充分利用该企业产生的电石渣生产水泥，是自治区固废综合利用的重点企业。

（惠兴龙）

电子信息产业

【概况】2018年，全区电子信息制造业现有光伏制造、锂电池、工业蓝宝石、半导体材料等，全区共有16家规模以上电子信息制造企业，2018年工业增加值同比下降8.12%；软件和信息技术服务业现有大数据、云计算、信息系统集成、应用软件等服务产品，全区共有80家规模以上软件和信息技术服务企业，2018年全年完成软件业务收入18.5亿元，同比增长20%。

【光伏制造】2018年，全区光伏制造业约占电子信息制造业工业产值的90%，聚集了一批龙头企业和大项目。银川隆基硅材料公司是全球单晶硅棒产量最大的企业之一，已经建成10GW单晶硅棒、5GW切片生产能力；宁夏隆基乐叶公司5GW高效单晶光伏电池项目填补宁夏乃至西北单晶硅电池项目空白；宁夏协鑫晶体公司单晶硅棒产能达到1GW；腾辉光伏公司光伏组件产能达到1GW光伏。随着宁夏隆基乐叶公司电池项目建设，全区将形成从多晶硅材料、单晶硅棒、硅片、电池和组件的光伏制造全产业链。

【锂电池】2018年，全区锂电池业占电子信息制造业工业产值的5%，聚集了一批优秀的锂电池企业和项目。宁夏杉杉能源公司锂离子电池正极材料完成产能达到2万吨，三期将达到5.5万吨；龙能科技(宁夏)公司3.5亿安时高端锂离子电池项目已经完成，6.5亿安时二期已经开工；宁夏汉尧石墨烯公司石墨烯改性三元正极材料产能达到3000吨，二期将达到3万吨；江苏瑞盛新材料公司锂电池正极材料产能达到1500吨，二期将达到1万吨；全区锂电池产业基本形成高端锂电池和正极材料的规模化生产。

【半导体材料】2018年，全区半导体材料规模约占电子信息制造业工业产值的2%，集中了几家优秀的企业。宁夏银和半导体公司打造国际先进水平的8英寸、12英寸半导体硅片生产和研发基地，将填补国内大尺寸半导体硅片生产空白；宁夏中晶半导体材料公司是国内主要分立器件半导体硅棒生产企业之一；宁夏储芯科技公司存储和功能模组生产项目已开工建设。全区已逐步从半导体硅棒向硅片和集成器件延伸。

【电子专用材料】2018年，全区以工业蓝宝石为代表的电子专用材料业规模约占电子信息制造业工业产值的2%，主要聚集在银川和石嘴山市。宁夏天通银厦公司的400KG级工业蓝宝石晶体技术全国领先；宁夏海力电子公司是国内主要电极箔生产企业之一；宁夏昊晶光电公司蓝宝石项目已开工建设；宁夏艾森达公司具备氮化铝粉体、多层线路板、结构件生产线；宁夏钜晶电子公司透明氧化铝陶瓷面板项目开始安装设备。全区电子专用材料正向工业蓝宝石、电极箔、铝陶瓷等特色方向加快发展。

【软件和信息技术服务】2018年，全区软件和信息技术规模不断壮大，聚集了400多家软件企业，形成银川IBI育成中心、中卫云基地、银川中关村创新中心、银川滨河智慧产业园等集聚区，已渗透到工业、政务、商贸、农业、民生等领域。宁夏希望信息公司电子政务和住房公积金平台推广到新疆、江苏等地；银川方达电子的医疗社保一卡通保障全区医疗结算；亚视电子的远程课堂共享平台得到教育部部长陈宝生的肯定；宁夏电通物联网公司获批电梯物联网安全监管技术国家地方联合工程研究中心；宁夏华信智、银川汇成科技、宁夏立思辰银山、宁夏知学云科技、好大夫在线、银川同医心联等企业已经在互联网＋工业、互联网＋教育、互联网＋医疗等领域形成品牌效应。

（惠兴龙）

民营经济和中小企业

【概况】2018年，全区新登记注册私营企业、个体工商户分别为2.7万户和7.7万户，至2018年底，全区私营企业、个体工商户分别达15万户、41.3万户，较上年同期分别增长10.5%和8.9%。2018年1—12月，全区规模以上非公工业增加值增长5.5%，较1—3月、1—6月、1—9月分别提升2.2%、2.3%、1.7%。全区非公经济完成固定资产投资2452.7亿元，增长6.7%，高出同期全社会投资2.5%，占比上升1.5%，提高到64.3%；从吸纳就业看，全区非公有制法人单位从业人员127.3万人，增长5.6%，占全部法人单位从业人员比重达77.3%，较上年提升3.6%；上缴税收占比超过60%；进出口占比达到70%以上。非公经济三次产业结构比为4.6∶52.8∶42.6，与上年相比，第一产业和第三产业占比分别提升0.2和0.6个百分点。民营经济创新成果占比达到70%以上。全区150户国家高新技术企业中，民营企业142户，占94.7%；52家自治区工程技术研究中心中，民营企业33家，占63.5%；81家国家级（13家）及自治区级（68家）企业技术中心中，民营企业71家，占87.7%。

【中小微工业企业】2018年，全区1210户规上中小微企业主营业务收入增长11.3%，分别高于大型企业、全部规上工业1.5和0.8%；利润总额增长26.4%，分别高于大型、全部规模以上工业16.4%和10.4%；亏损企业数同比增长9%，低于大型、全部规模以上工业28.5%和0.7%；主营收入利润率3.2%，同比提高0.4%；人均主营收入154.2万元，同比增加23.7万元。2018年，规模以上工业企业中，127户中型企业主营收入847.3亿元，同比增长4%；利润总额亏损2.3亿元，同比减亏5.1亿元。894户小型企业主营收入1228.2亿元，增长18.3%；利润总额57.3亿元，增长7%。189户微型企业主营收入91.9亿元，下降3.2%；利润总额14.8亿元，增长63.8%。12月末，规模以上中小微工业企业产成品存货155.2亿元，同比下降3.8%，降幅较上年同期扩大2.2个百分点；应收账款472.8亿元，增长2.4%，增速较11月末下降5.6%，较上年同期下降18.9%。

【培育扶持中小微企业】2018年，自治区人民政府成立促进民营经济和中小企业发展工作领导小组，强化组织保障；建立自治区四套班子领导和相关经济部门联系民营企业工作机制，筛选54户民营企业联系点。宣贯落实《中小企业促进法》，印发任务分工，解读法律条文61期，发放单行册及读本1000余本；推进《自治区促进中小企业发展条例》修订调研论证，初步形成修订草案。落实石泰峰书记民营企业座谈会讲话精神，建立问题台账并督促落实；开展惠企政策落实情况督导调研，了解企业问题诉求，推动相关部门协调解决。编印2018年度小微企业扶持政策汇编；开展“中小微企业日”主题活动，通过微信有奖竞答方式，吸引2000多家企业、4.5万多人参与政策答题。自治区党委、政府出台“民营经济20条”，建立分工台账，开展政策解读，推动政策落实。开展新一轮“专精特新”企业培育工作，新认定“专精特新”中小企业140户、示范企业28户、技术标杆企业15户、成长标杆企业13户、配套标杆企业5户、隐形冠军企业3户，下达奖励资金2130万元。完善升规工业企业培育名录库，入库企业233家，对163户新入规工业企业予以奖励。推动中小企业梯次成长，审定公布第二批自治区级中小企业创业创新梯队企业270家。培育认定自治区小微企业创业创新示范基地9家，国家级示范基地4家，示范基地创业创新能力提升项目10家，自治区级企业“双创”平台13个，国家制造业“双创”平台试点示范项目3个，推荐银川经开区获批国家创新创业特色载体，共计奖励资金5850万元。建成自治区众创空间共享平台，实现各类双创载体与众创空间共享平台对接。2个项目入围2018年“创客中国”创新创业大赛200强名单。扩大产学研合作成果，推动41家民营企业建立现代企业制度。出台“金融服务小微企业17条”，印发工业企业贷款风险补偿金暂行办法，落实4.3亿元风险补偿资金，撬动14家合作银行为160户企业发放贷款88.67亿元。持续推进融资租赁、贷款保证保险补贴、小额票据贴现等融资服务，给予58家企业融资租赁补贴6763.2万元，发放保险保费补贴71万元，小票贴现补助100万元。帮助49家企业享受政策性转贷资金4.6亿元左右，节约融资成本180万元。加强信用体系建设，开展小微企业金融知识普及教育活动，培训10场，培训企业1000户。牵头开展政府部门和国有企业拖欠民营企业中小企业账款专项清理行动，截至年底，共偿还账款105亿元。推动设立30亿元自治区民营企业政策性纾困基金，第一笔纾困基金支持宝塔实业获得5000万元流动资金；建立名录库，启动非上市民营企业政策性财务纾困。制定自治区中小企业公共服务平台网络运营管理办法，建立考核奖励机制，对6家优秀窗口奖励180万元。鼓励平台申报创业创新服务项目，对16家创业创新服务绩效突出的示范平台给予420万元奖励。新认定自治区级示范平台6家，推荐5家认定为国家级示范平台。签约71家小微企业补贴券服务机构，组织521家企业申领补贴316万元。完成平台网络项目验收，举办2期服务能力提升班。截至2018年12月，线上平台聚集服务机构831家，发布服务产品6892款，在线发布信息13000多条，线上形成服务订单14739次，开展服务活动3898场次，服务企业13594家，服务人数41282人。印发自治区2018年减轻企业负担工作方案，牵头清理规范自治区涉企保证金收费项目。加强企业投诉处理服务，持续开展企业负担第三方调查评价，完善企业减负综合服务平台。推动落实一般工商业“单一制”电价每千瓦时降低6.8分，比调价前降低10.4%，在全国率先完成一般工商业电价降价10%的目标任务。动态调整公布涉企收费“四张”清单，截至年底，涉企行政事业性收费只保留了中央设立的25项，自治区本级涉企行政事业性收费清零，政府性基金减至10项，区管经营服务性收费项目由19项缩减为13项，行政审批中介服务事项由69项缩减为47项，涉企保证金规范至14项。在清华大学、中国人民大学、浙江大学等建立5个人才培训基地，举办经营管理人才素质提升培训班86期，培训学员7316人。持续实施非公经济领域领军人才培训项目，培训能工巧匠和创新型企业家领军人才630人。组织56家企业分别参加第15届中国国际中小企业博览会和第10届APEC中小企业技术交流展览会，130多家企业参加第3届宁商大会先进制造业分会，签约引进资金25亿元左右。推动中小企业跨境发展，筛选4家企业参加中东对接会，7家企业参加中银全球中小企业投资跨境撮合。

（惠兴龙）

NINGXIA YEARBOOK

商贸服务

SHANGMAOFUWU

编辑◎马　静

国内贸易

【概况】2018年，宁夏社会消费品零售总额935.76亿元，同比增长4.8%，城镇实现零售额854.01亿元，乡村实现零售额81.75亿元。批发和零售贸易业759.35亿元，住宿和餐饮业176.41亿元。2018年，共有限额以上批发和零售贸易业、住宿和餐饮业法人企业597个，年末从业人数51067人。其中：批发业法人企业176个，年末从业人数11101人；零售业法人企业274个，年末从业人数27582人；住宿业法人企业79个，年末从业人数6922人；餐饮业法人企业68个，年末从业人数5462人。批发业零售额146.4亿元，增长10.3%，零售业零售额612.9亿元，增长2.3%，住宿业营业收入10.2亿元，增长4.4%，餐饮业营业收入166.3亿元，增长9.7%。2018年，商品零售价格指数为102.9（以上年价格为100），其中城市102.9，农村103.2；居民消费价格指数为102.3（以上年价格为100），其中城市102.2，农村102.7。

【消费市场】受成品油价格上升因素影响，2018年，全区重点流通企业石油及制品类商品销售166.2亿元，增长7.2%。汽车类商品销售则大幅下降，降幅为13.8%，主要原因是宁夏汽车消费进入瓶颈期，经过前几年快速增长，宁夏汽车保有量达160万辆，城镇居民家庭每百户拥有汽车数量位居全国中上游水平，汽车商品消费需求减弱；受宁夏新能源汽车无省级补贴政策、充电设施建设滞后等因素影响，宁夏消费者购买新能源车的积极性不高，汽车消费升级缓慢；居民消费从温饱型向品质型转变的特征更加明显，消费更加个性化、多样化。商务厅监测的零售企业数据显示，反映消费升级及品质类消费的计算机及配套商品、健身器材、建筑及装潢材料、中西药品、家用电器及音像器材销售分别增长36.9%、15%、12.2%、8.6%、6%。

【应急供应保障】完善应急预案，加强市场监测预警，加大应急供应保障，针对非洲猪瘟疫情，组织市级商务主管部门加强肉类市场价格运行监测稳定了市场供应，向6个市、县下拨90万元资金建立临时猪肉储备。对自治区重要商品储备企业实施动态管理，取消7家不再具备承储能力的企业储备资质，新增6家自治区活畜储备企业。完成中央储备牛羊肉备选企业的推荐工作，宁夏3家企业入围。加大市场调控保障，推动各地“菜篮子”市长负责制落实，年初指导各地共储备冬春蔬菜18700吨，元旦春节期间银川市共投放冬春储备蔬菜8600吨，石嘴山市投放1960吨。自治区安排专项资金290万元，投放435吨储备肉，平抑了肉类市场价格。

【市场监测】2018年，宁夏市场运行监测工作在商务部考核中名列第三，较上年提高1个位次。高质量完成消费品市场日、周、旬、月、季、年监测报表的报送工作；按时完成商务部主要消费品和生产资料半年专项调查；做好春节、国庆黄金周的消费监测直报和分析工作；做好生活必需品和农产品批发市场价格监测。优化样本结构，完成280多家新增样本企业的入库及数据采集；开发信息产品，按季度编印发布《宁夏内贸运行监测数据》；加强对消费品市场热点、难点问题的研究，全年完成市场运行分析10篇；创新方法，编制宁夏蔬菜批发价格指数；加大商务预报维护及信息发布力度，宁夏商务预报网站发布信息共计4625条，其中，区级发布2157条，区级原创发布363条，区级原创被主站采纳共计285条。继续加强与宁夏新闻网、宁夏财经网等媒体的合作，拓宽信息发布渠道。

（马　成）

电子商务

【概况】2018年，全区推动各示范县电子商务进农村综合示范项目建设，推进农村电商"筑梦计划"，培养本土农村电商人才，促进农村产品网络销售，打造优势农产品品牌，全区电子商务发展形势较好。2018年，宁夏网络零售额148.5亿元，同比增长25%，较全国高出2.09个百分点。银川市网络零售额94.3亿元，占比63.5%；石嘴山市网络零售额3.13亿元，占比2.11%。吴忠市网络零售额6.19亿元，占比4.17%；固原市网络零售额6.42亿元，占比4.3%；中卫市网络零售额34.04亿元，占比22.9%。

【网络销售分析】2018年，全区实物型网络零售占据传统地位。实物型网络零售额118.47亿元，其中食品保健、服装鞋包、珠宝配饰排名前三。食品保健实现网络零售额98.86亿元，在实物型网络零售额中占比83.4%，排名居第一位，"杞里香""宁安堡""百瑞源"等龙头店铺贡献突出，枸杞、葡萄酒、牛奶、盐池滩羊等产品较受消费者喜爱；全区全年服装鞋包实现网络零售额7.38亿元，在实物型网络零售额中占比6.2%，排名居第二位，"LAISLA""艾蓝""艾依情""喵好"等店铺线上销量不俗，内衣、滩羊毛马甲、羊毛大衣、保暖裤等产品较为热销；宁夏珠宝配饰在2018年实现网络零售额2.66亿元，在实物型网络零售额中占比2.3%，排名居第三位，"西夏名表""猪家的珠宝小铺""鱼小丸手作"等店铺交易较为活跃，罗西尼手表、古尊手表、蜜蜡手绳、吊坠项链等产品销量较好。服务型网络零售额30.03亿元，有了长足进展。在线餐饮、在线旅游、生活服务排名前三。火锅、中餐、自助餐是最受消费者欢迎的餐饮品类，线上团购销量持续走高，在线餐饮实现网络零售额17.34亿元，占比57.74%。围绕特有的地理地貌和异域文化元素，通过准确定位、拓展远程市场，植入情感、强化文化内涵，全力创新旅游营销模式，同时加强旅游配套设施建设，在线旅游实现网络零售额6.26亿元，在服务型网络零售额占比20.8%，"沙坡头""镇北堡西部影城""水洞沟"等景点线上口碑与热度较高；生活服务实现网络零售额3.29亿元，在服务型网络零售额中占比11%，口腔护理、鲜花配送、配镜服务等项目备受消费者青睐。农村网络零售占比越来越高。农村网络零售额全年73.01亿元，占全区网络零售额的49.2%，其中：实物型网络零售额63.23亿元，服务型网络零售额9.78亿元。农产品网络零售额54.15亿元，同比增长53.7%；草药网络零售额50.75亿元，在农产品网络零售额中占比达93.7%，枸杞、虫草、栀子、景甜、黄芪等线上交易活跃；畜禽实现网络零售额1.51亿元，在农产品网络零售额中占比2.8%，线上以盐池滩羊交易最为活跃；水果实现网络零售额0.79亿元，在农产品网络零售额占比1.5%，线上以红枣为主销。

【电商培育】2018年，全区加强农产品出村进城网络主渠道建设。各示范县均建成县级电商服务中心和覆盖70%以上行政村的电商服务站点；一半以上示范县建成了电商创业园区；县乡村三级物流通道基本打通；各示范县均在京东、阿里等知名平台上搭建了"地方特产馆"，硬件设施得到明显提升。大力普及电子商务人才培育。各示范县累计完成电商培训超70000人次，自治区本级累计培训超7000人次。商务厅连续承办三届全国电商讲师大赛西北区赛事，选送学员在全国取得优异成绩，为全区电商发展培养储备了一批领军人才。不断提升宁夏优质特色企业及农特产品的知名度、美誉度。银川宁谷物配、海原老庄稼、彭阳三泰物流等一批本土成长型电商企业不断壮大，涌现出了"百瑞源""宁安堡""杞里香""昊王"等一批网上优质特色产品。

（马　成）

商务会展

【概况】2018年，自治区出台《自治区人民政府办公厅关于加快发展会展业的实施意见》；加大资金扶持力度，设立会展业发展专项资金，制定《宁夏回族自治区会展业发展专项资金管理办法》，规范专项资金使用方向、支持内容和拨付流程；突出中阿博览会龙头品牌展会带动作用，培育自主会展品牌，推动会展业发展提质增效。全年，全区共举办各类商业会展项目103个，同比下降2.8%。现场交易额超30亿元，主要涉及新能源、新材料、现代农业、智能制造、现代服务业、生物医药大健康产业六大领域，间接拉动相关产业发展所产生的经济效益达230亿元，与上年基本持平。

【会展业综合设施网络建设】2018年，以银川国际会展中心、宁夏国际会堂为核心，以宁夏博物馆、宁夏科技馆、宁夏图书馆、宁夏大剧院、银川文化艺术中心、银川绿博园为补充，以银川阅海湾中央商务区、宁夏悦海宾馆、银川国际交流中心、银川凯宾斯基饭店、银川万达嘉华酒店以及周边商贸交通食宿设施为保障的会展业综合设施网络基本形成。石嘴山

“三馆一中心”、吴忠“两馆一中心”、固原“两馆一中心”、中卫“五馆一中心”相继投入使用。宁夏会展业综合设施网络初步形成,办会办展条件明显改善,会展活动承接能力有效提升。

【五项工程】2018年,宁夏实施会展业五项工程。实施会展城市“一主四辅”空间布局工程。强化银川“一主”集聚力,打造西部特色会展中心城市。充分发挥银川产业布局合理、基础设施完善、资源集聚力强、辐射带动作用大的优势,以中阿博览会和若干品牌化专业展会为重点,助力战略性新兴产业发展和现代服务业转型升级。以新建大型场馆、宁夏国际创意会展产业园、银川国际会展中心、宁夏国际会堂以及各大会议型酒店为载体,形成城市、产业、基础设施协同效应,推动会、商、旅、文联动发展,强化“一主”城市优质资源产业要素集聚能力,为银川打造西部特色会展中心城市打下坚实基础。提升“四辅”支撑力,建设会展业支点城市。协同“银、石、吴都市圈”建设,实施“一主四辅”会展城市空间布局,立足特色产业和地域比较优势,着眼会展项目孵化功能,建设中卫、石嘴山、吴忠、固原会展业支点城市,支撑银川西部特色会展中心城市。会展产业基础设施建设工程。建设现代化大型会展场馆。积极推动新建大型会展场馆,采用投资、建设、运营一体化捆绑运作模式,不断提高宁夏场馆展能。推动石嘴山、吴忠、中卫、固原四市分别建设小型多功能场馆综合体,形成会展项目孵化基地。完善会展场馆配套服务。按照会展产业集聚区的要求,对宁夏现有会展场馆周边配套设施进行升级改造,完善宾馆、会议中心、餐饮、商务楼、邮电、银行、购物等配套服务硬件设施,吸引搭建、物流、广告、咨询等配套服务企业入驻。会展项目新创引进培育工程。新创面向优势产业的展会活动。紧扣宁夏旅游业、新能源、枸杞、现代物流、信息产业等优势产业,重点新创中国国际现代农业博览会、中国国际电商博览会、中国(宁夏)全域旅游文化节、中国(宁夏)枸杞产业博览会、“一带一路”中国航天产业(科技)博览会等重点展会活动。培育具备发展潜力的现有展会活动。巩固宁夏现有会展品牌优势,重点培育具备发展潜力的中阿博览会、中国(宁夏)国际羊绒博览会、贺兰山东麓国际葡萄酒博览会、中国(宁夏)沙湖国际观鸟节、中国宁夏石嘴山第四届种业博览会、西北五省区非遗文化旅游博览会、2018中国(宁夏)沙坡头·第九届丝绸之路大漠黄河国际旅游节等会展活动。引进适宜宁夏特色产业的展会活动。重点引进与宁夏特色、新兴产业相适应的品牌展会活动,重点引进中国(宁夏)国际大健康产业博览会、中国国际生态竞争力大会、全国特色商品吴忠行、固原新能源汽车及充电设备展等。会展主体实力提升工程。培育实力雄厚的本地会展骨干企业,加大扶持力度,促进全区会展业协调、有序、可持续发展。引进国内外会展龙头企业。重点引进上海东浩兰生国际服务贸易集团、法兰克福展览(上海)公司、北京振威展览公司等知名会展公司旗下品牌展会。推进与德国科隆国际展览公司、法国高美艾博展览(上海)公司的沟通与合作,创新会展业市场化运作模式。大力发展会展业配套服务专业机构。鼓励配套服务企业成长,主要涉及专门服务于会展产业的交通物流、网络通信、设计搭建、市场调查、会务接待、广告翻译、安防保洁、餐饮酒店、知识产权、旅游娱乐类企业。综合环境保障工程。完善协同运作机制。尊重市场作用,发挥政府统筹协调功能,凸显企业主体运作优势,鼓励物流通讯、设计搭建、广告保险等会展服务业的市场化运作,规范和提升全区会展业市场的竞争活力。加强会展业评估认证。结合宁夏会展业实际,引进先进专业评估主体,建立健全科学的宁夏会展业绩效评估和信用评估体系。鼓励宁夏会展企业和会展项目按照国际通行标准运作,积极参加全球展览业协会(UFI)和国际大会及会议协会(ICCA)两大国际权威机构的认证。构建会展人才培养体系。鼓励宁夏大学和北方民族大学和其他高职高专根据自身条件和市场需求开办会展专业,扩大会展教育规模,加强新兴交叉学科建设,提高会展人才培养质量;推行“校企合作、项目驱动”培养模式,提高动手实践能力。鼓励会展人才参加国内外继续教育,积极培育覆盖会展策划、创意、设计、运营、管理、服务的复合型高端人才。

(马 成)

服务业

【概况】2018年,全区实现服务业增加值1775.07亿元,同比增长7.7%,比上年下降1.5个百分点,分别超出一产、二产3.7%、0.9%。服务业增加值占GDP比重47.91%,比上年提高1.1%。服务业对经济增长的贡献率为49.6%,拉动全区经济增长3.5%,带动经济增长的贡献突出。与全国及各省(区、市)比较,服务业增速高于全国平均水平0.1个百分点,在全国31个省(区、市)中列第21位,在西部省区中列第8位,在西北五省区列第4位。充实完善自治区服务业项目储备库，推动区、市、县三级联动平台建设，实行动态管理，争取国家服务业引导资金重点支持了科技服务、检验检测、信息技术等行业领域的5个服务业项目。2018年，全区住宿和餐饮业、其他服务业实现稳步增长。其中，住宿和餐饮业全年实现增加值62.85亿元，同比增长6.2%，与上年同期基本持平。其他服务业全年实现增加值879.26亿元，同比增长16.2%，比上年同期加快1%。全年全区一般公共预算收入751.41亿元，同口径增长6%。批发和零售业、金融业、房地产业稳中有增，但增速回落。批发和零售业全年实现增加值171.01亿元，同比增长3.3%，比上年同期回落5.4%。金融业全年实现增加值333.24亿元，同比增长2.9%，比上年同期回落3.9%。全区金融机构人民币各项存贷款余额分别为6028亿元、6808亿元，同比分别增长3.1%、7.5%。房地产业全年实现增加值130.08亿元，同比增长2.2%，比上年同期回落1.4%。交通运输、仓储和邮政业延续了负增长趋势，成为下拉服务业增长的主要因素。该门类全年实现增加值181.81亿元，同比下降8.3%，比上年同期回落7.4%。全区公路运输下滑明显，货运周转量398.2亿吨公里，下降20.4%；客运周转量47.5亿人公里，下降15%；铁路货运总周转量206.6亿吨公里，下降10.8%。

【专项资金运用】2018年，自治区下达服务业发展引导资金共计18040万元，在直接补助的基础上，采取补助、后补助、贴息等多种方式，精准发力，支持服务业项目81个，撬动服务业领域投资近16亿元，推动宁夏服务业重点领域和关键环节补短板、强弱项。建立服务业发展专项引导资金补助项目月度调度制度，每月对所支持的项目进行进度调度，及时了解各项目当月进展情况，督促项目早日建成、发挥效用。

【服务业集聚区认定】2018年，《自治区现代服务业集聚区申报认定暂行办法》制定印发，认定银川市中关村创新创业科技园科技服务集聚区、银川市阅海湾中央商务区现代金融集聚区、石嘴山市陆港现代物流集聚区、吴忠市牛家坊民俗文化村特色餐饮集聚区、固原市西南新区特色商贸集聚区、中卫市沙坡头水镇特色商贸集聚区为首批自治区服务业集聚区。

【服务业改革】2018年，全区推进国家服务业综合改革试点——银川经济技术开发区建设，支持开发区推进“互联网+四众”创新创业服务体系、国家电子商务示范基地和宁夏服务外包的聚集地等建设。加强服务业标准化和品牌化建设，制定《宁夏回族自治区服务业标准化试点项目资金管理办法（试行）》《宁夏回族自治区服务业品牌化试点项目资金管理办法（试行）》。确定动感飞扬、大武口凉皮等15个项目为自治区首批服务业品牌化建设项目。确定上陵波斯顿酒店、固原福苑实业公司等15个项目为自治区首批服务业标准化建设项目。

（郭文龙）

物流业

【概况】2018年，全区完成社会物流总额6287.99亿元，同比增长13%。其中：农产品物流总额477.42亿元，同比增长11.2%；工业品物流总额4180.2亿元，同比增长15%；批发业物流总额1544.9亿元，同比增长11.2%；进口货物物流总额68.67亿元，同比下降26.8%；单位与居民物品物流总额16.8亿元，同比增长3.1%。完成货运量40133.88万吨，同比增长2.1%。其中：铁路货运量完成7158.97万吨，同比增长9.6%；道路货运量完成31757万吨，同比下降0.3%；航空货运量完成2.53万吨，同比增长33.7%；管道货运量完成1215.38万吨，同比增长10.5%。完成货运周转量690.94亿吨公里，同比下降14.6%。其中：完成铁路货运周转量227.66亿吨公里，同比下降9.4%；完成道路货运周转量398.19亿吨公里，同比下降20.2%；完成航空货运周转量0.33亿吨公里，同比增长15.1%；完成管道货运周转量64.75亿吨公里，同比增长12.8%。全区社会物流总费用648亿元，同比下降0.5%，占全区GDP的比重为17.5%，较上年同期下降1.3个百分点。其中：运输费用509亿元，同比下降1%；保管费用97.5亿元，同比增长1.6%；管理费用41.5亿元，同比增长1.2%。全区社会物流总额趋于平稳增长。继2017年全年高速增长的态势，1—2月，全区社会物流总额增速均超过20%，之后增速逐渐放缓，基本保持在13%~17%的平稳增长区间。工业品物流仍占宁夏物流总额较大比重。2015年宁夏工业品物流总额占全区物流总额71.1%，2016年占比71.7%，2017年占比67.8%，2018年占比66.5%。随着全区经济产业转型升级的不断推进，工业品物流总比虽逐年呈下降趋势，但仍占全区物流总额较大比重。运输结构逐步转变。2017年，全区公路货运量占货运总量比重为80.6%，2018年为79.1%，占比下降1.5%；2017年，铁路货运量占货运总量比重为16.6%，2018年为17.8%，占比增加1.2个百分点。物流降本增效成果初现。2018年，全区货运量同比增长

2.1%，但全区物流总费用同比下降0.5%。根据重点调查的53户物流企业的统计数据显示，2018年，全区物流企业每百元物流收入成本91.11元，比上年减少1.02元。

【政策措施】2018年，全区营造现代物流业发展的政策环境。自治区主管部门牵头起草并出台《关于进一步推进物流降本增效促进实体经济发展的实施意见》和《宁夏回族自治区推进电子商务与快递物流协同发展实施方案》，分别从优化政策环境、完善基础设施、优化通行管理、提升服务能力、提高运行效率几个方面，对发展物流业提出了政策支持措施。印发《关于贯彻落实〈国务院办公厅关于积极推进供应链创新与应用的指导意见〉的通知》，争取银川市被商务部等8部门确定为供应链创新与应用试点城市。

【国际物流】2018年，全区开展出口航空物流业务，协助区内企业与银川机场开展国际货运业务对接。全年指导区内企业利用航空运输的方式，发运货物突破5万吨，同比增长20%，提前两年完成"十三五"发展目标。积极协调开通"吐鲁番—银川—西安""银川—西安"等多条定期货运航线，提升银川航空物流中转效率。推进国际铁路物流，组织区内有关企业与国外企业对接，协商回程货源的组织发运和贸易合作。

【农产品冷链物流建设】2018年，自治区冷链物流综合信息服务平台和温度监控平台建设完成，于1月上线运行，对接平台的企业数量在全国10个示范省市中位列第二名。支持银川市开展冷链物流综合示范项目建设，支持各市开展冷链物流体系建设工作，培育一批具备资源整合能力和核心竞争力的冷链企业，建成布局合理、设施先进、上下游衔接、功能完善、管理规范、标准健全的冷链物流服务体系。

【城市配送】2018年，银川市被确定为全区城市绿色货运配送示范城市。落实商务部关于推动商贸物流标准化、发展单元化物流和开展城市绿色货运配送示范工程的工作要求，安排专项资金支持银川市、吴忠市、固原市开展物流标准化和共同配送项目建设，提高物流运作效率，降低商品在物流环节中的损耗，降低客户配送成本。联合自治区公安厅等6部门共同提出了《加强寄递物流配送行业道路交通安全倡议书》。

【物流监管】2018年，自治区公安厅等九部门共同出台《宁夏回族自治区物流行业安全生产监管工作方案》，制定《物流活动验视制度》《宁夏回族自治区物流活动实名登记制度》《零担货物托运实名登记制度操作流程》《物流从业人员身份审查登记制度》《监管部门联合执法检查制度》《物流企业员工发现报告可疑托运物品举报奖励办法》等7项制度和办法，构建完整的物流安全制度规范。安排专项资金，编印《物流行业安全管理政策法规汇编》，设计物流安全宣传海报、彩页等，给宁夏物流园区和企业免费发放，进一步加大了物流行业安全管理的宣传和监管力度。

（马　成）

供销合作

【基层组织建设】2018年，宁夏供销系统创新基层社发展路径，完成新型基层组织建设任务，基层组织辐射带动功能日益显现。坚持"嫁接式""联合式"经营理念，通过组织嫁接、功能对接、服务联结，强化与民营企业、社会组织合作，发展新型基层服务组织25个、农业产业化龙头企业10个，为供销社改革发展增添了合力。坚持"实体化、市场化"改革方向，制定基层建设指导意见，建立扶持基层工作机制，加大资金支持力度，加快实体性合作经济组织建设。全区11个市、县（区）安排了改革发展专项资金，支持基层组织建设，开展为农服务。

【项目资金促发展】2018年，自治区财政支持供销合作社综合改革专项资金落地，对拟投资企业进行财务审计、法律尽职调查和资产评估，严格按程序组织实施，推进现代农业社会化服务体系建设，为"三农"工作注入了新的动能。强化项目带动、资金撬动，争取全国供销合作总社"新网工程"项目资金1.1亿元，落实中国供销集团电子商务公司对宁夏润德科技生物公司枸杞产业项目6800万元、宁夏四季青冷链物流公司盐池滩羊产业项目4200万元股权投资、农业综合开发土地托管项目投资2500万元，实现了全国供销合作总社中央财政资金支持宁夏"1+4"优势特色产业的重大突破，为"三农"工作再添新动能。争取自治区财政专项资金5000万元、全国供销合作社项目资金1.35亿元，撬动社会资金2.52亿元，加快推进"两个体系"（即现代农业社会化服务体系和新型基层组织体系）建设，为乡村振兴注入新动力。与全国供销总社、中国供销集团对接，联系业务，推介工作，为争取政策支持明确了方向。组织参加海南农产品展销会，为农产品宣传、对外销售搭建了平台。全区供销社系统全年累计实现销售总额73亿元，利润总额5167.28万元，所有者权益17.2亿元。实现农资销售11.89亿元，消费品销售10.37亿元；农副产品市场交易额累计实现61亿元，再生资源市场交易额累计实现4.26亿元。

【监事会工作】2018年，自治区供销合作社监事会督查全区各级市县党委政府监事会建立工作。举办基层监事会和监事培训班。调研乡村振兴战略和化肥淡储工作并形成《关于自治区化肥淡储情况报告》，得到自治区党委、政府重视，化肥淡储总量进一步提高，比例更趋合理，贴息由340万提高到485.85万元。监事会深入基层开展社有资产监督检查，形成《尽快启用中农金合公司闲置资产》《关于加强红寺堡区供销合作社资产管理的意见》，为有效监管利用社有资产发挥了积极作用。

【"两个体系"建设】2018年，宁夏实施以股权投资的形式，参股不控股，参与不干预，获取固定收益，在确保投资安全的前提下全力建设现代农业社会化服务体系和新型基层组织体系，形成可复制、可推广的"两个体系"建设宁夏经验和供销模式，得到全国总社高度肯定，在全国有关会议上多次强调宁夏供销社的股权投资做法，并推介青海省和西藏自治区供销合作社先后到宁考察学习。组织对2017年股权投资的11家农业产业化龙头企业进行全面审计，了解掌握企业及项目运营情况，及时足额收回股权投资收益283万元。制定新型基层组织建设发展指导意见和新型基层组织建设规范，突出新型基层组织经营服务网络辐射功能，通过做强做实一批、改造提升一批、新发展一批的办法，推动新型基层组织建设。2018年，25个新型基层组织建设任务已完成11个，14个正在推进中，全区累计新建、恢复基层组织75个，基层组织辐射带动功能日益显现。指导、监督供销集团完成化肥储备任务7万吨，保证了春耕农资供应，维护了市场稳定。监督宁夏金桥物流公司完成棉花储备4.2万吨。抓好农民专业合作社建设，申报全国基层标杆社7个，领办创办农民专业合作社示范社8个。推动电子商务建设，开展产销对接，网上销售农产品8700万元。参与"菜篮子"惠民工程，投资1260万元，建设"菜篮子"连锁超市5个，新建公益性农贸市场3个，完成农产品冷链体系建设1.04万平方米。

（闫　伟）

粮食经营管理

【概况】2018年，全区粮食播种面积1103.51万亩，粮食总产量达到393万吨，比上年增加22.53万吨，增长6.1%，实现粮食生产"十五连丰"，全区粮食单产、总产创历史新高。全区夏粮产量43.35万吨，同比增长11.7%；秋粮产量349.23万吨，同比增长5.4%。2018年，全区各类粮食企业收购粮食155.1万吨，同比减少19.9万吨，减幅11.4%；销售粮食287.4万吨，同比减少11.3万吨，减幅3.8%；油料折合成品油收购700吨，同比增加119吨，增幅20.5%，销售油及料折油合计106743吨，同比减少1510吨，减幅1.4%。现有规模以上粮油加工业企业165家，年加工能力665万吨，加工总量234.8万吨，实现工业总产值116.6多亿元。

【粮食安全工作】2018年，全区粮食系统深化企业主体责任和行业监管责任落实。在常规安全储粮的基础上，重点开展稻谷"偏高水分安全储藏"科学保粮实验，提升储粮和科学保粮技术能力；组织开展"两个安全"检查，消除隐患，确保行业运行平稳安全。自治区储备粮数量真实、质量良好、储存安全。全系统安全生产零事故。创新管理机制，发挥地方储备粮"第一道防线"作用。按照年度均衡轮换的原则，完成7.7万吨自治区储备粮轮换任务，自治区食用植物油储备实行动态轮换，保障常储常新。"两节两会"期间，竞价交易轮换出库近4万吨原粮，确保粮食市场供应。适应新常态下粮食储备管理工作，银川、中卫市修订地方储备粮管理办法，规范储备粮管理。完成2017年度粮食安全省长责任制考核工作，连续两年取得优秀等次，受到国家表扬，自治区主席咸辉在自治区政府全体会议上对宁夏粮食安全省长责任制考核情况给予通报。

【服务农民和农村经济】2018年，全区落实优质粮食订单3028份，订单面积145万亩，订单数量118.4万吨。截至12月底，订单任务完成101.58万吨，履约率85.8%。落实粮食收购政策，组织入市收购，发挥国有企业主渠道作用。加强监督检查，开展粮食收购等专项检查工作，维护种粮农民合法权益。开通"12325"粮食流通监管热线，完善运行机制，畅通涉粮举报投诉渠道，防范和惩处"打白条"、拖欠售粮款、压级压价等各类损害农民利益的行为。拓展粮食产销合作，促进区域粮食供求平衡和产业发展。先后组织参加首届中国粮食交易大会、第24届中国兰州投资贸易洽谈会、陕西粮食交易大会、陕西省粮食产销衔接会等，区内60余家粮食储备、加工、流通和转化企业携260个规格品种参展，全年累计签约（成交）各类粮食165万吨。加快粮食产后服务中心建设，提升为农服务水平。2018年，建成19个粮食产后服务中心，为农民解决清理、烘干、储粮、卖粮等一系列难题，32个粮食产后服务中心在建。建设20个“大农户”科学储粮仓和500个钢骨架玉米仓，较好解决种粮大户和家庭农场高水分粮无法保管、损耗严重等突出问题。加强与农业农村等部门沟通与协调，开展部分地区小麦杂质超标的专题调研，破解收储难题，助农增收。

【粮食产业经济】2018年，宁夏坚持品牌兴粮，打造优质粮食“金字招牌”。举办“宁夏大米”“宁夏精品玉米”“宁夏亚麻籽油”品牌产品推介会，签订15.07亿元大米订单，销售“宁夏精品玉米”72万吨。兴唐米业等企业获“中国十大有机大米金奖”，兴唐宁粳43号大米获“中国十大好吃米饭”称号。制定宁夏大米、宁夏富硒大米地方标准和产业联盟质量标准，以标准建设引领宁夏优质粮食品质提升。“优质粮食工程”稳步推进。用好中央1亿元补助资金和自治区财政1亿元配套资金，在全区产粮大县组织实施宁夏“好粮油”行动计划、质检体系建设和粮食产后服务体系。遴选公布了第一批22个“宁夏好粮油”产品。青铜峡市、平罗县2个优质粮食工程示范县和中粮米业等4个示范企业的带动作用逐步凸显。2018年，青铜市、平罗县优质水稻种植面积分别达4.5万亩、12万亩，同比增加41%、20%，优质水稻产量分别为2925万公斤、7800万公斤，同比增加41%、20%，收购价格比普通水稻高0.15元/斤。与财政联合出台推进“主食厨房”建设的实施意见，召开全区“主食厨房”建设推进会。银川市设置“主食厨房”专卖店、商超专柜等固定销售点220个、可移动摊点30个，吸纳下岗职工、职高毕业生100余人就业；吴忠市大力开发传统面点食品，丰富市场供应，以“明厨亮灶”方式，打造消费者放心的主食快餐食品。引导科技创新，推动企业发展壮大。发挥粮食产业化资金的杠杆作用，用好自治区财政850万元专项资金，重点支持粮油品质提升、主食产业化、粮油新产品研发、粮油精深加工、爱粮节粮等项目建设，撬动社会投资10514万元。与自治区发改委、科技厅联合出台“科技兴粮”实施意见，提出推动建设粮食产业强区的十三项措施。吴忠市法福来食品公司创建富硒功能农业博士工作站，深入开展富硒粮油产品研发；君星坊公司充分发挥院士工作站的作用，研发以亚麻酸提取为方向的新产品，延长产业链，提高产品附加值。全区国有粮食企业全年实现营业收入17.9亿元，同比增加12.6%，其中宁储粮公司盈利2099万元。推进网络电商平台建设。昊王、兴唐、金双禾等企业入驻京东、天猫等平台销售，以“互联网+”助推企业全方位发展。

【粮食流通监管】2018年，全区推进“放管服”和“证照分离”改革落地。全区粮食收购许可已全部实现网上办理，审批时限压缩了1/3以上。做好政策性粮食监管，抽检样品492份，宁夏库存粮食质量达标、品质宜存、食品安全状况良好。粮食质量安全溯源及监测系统上线运行，开展粮食和稻谷重金属检验监测，通过二维码实现粮食质量安全问题的追根溯源，确保群众吃上“放心粮”。组织开展库存大清查人员培训和宣传动员，为做好库存大清查工作奠定基础。严格“双随机一公开”监管、“互联网+监管”，推进粮食流通执法督查网上平台运行，加强企业经营监督检查，实现监管事项全覆盖、检查结果全公示。持续推进粮食经营主体守信联合激励和失信联合惩戒制度，石嘴山市探索跨地区联合监管机制，监管格局向多元化转变。自治区粮食和物资储备局被评为全国粮食流通执法督查工作和全国粮食质量安全监管工作优秀单位。中卫市、盐池县粮食和物资储备局被评为全国粮食流通执法督查创新示范单位。

【项目建设】2018年，中卫库5万吨仓储设施项目、银川储备库粮食物流中心项目建设、宁夏农垦集团良种繁育中心、前进农场等3个库点和中宁县古城、枣园等3个危仓老库维修改造库点建设已经完工并通过验收。宁储粮公司平罗储备库2.3万吨仓房改扩建项目进入招标施工阶段。支持昊王米业粮食信息化智能应急配送中心和法福来食品科技2万吨仓储设施建设。宁夏“智慧粮食”粮库智能化项目已经完成并通过验收，省级综合信息管理平台项目进入试运行阶段，宁夏步入全国粮食信息化建设进度最快的8个省区之一。

（李云彤）

烟草专卖

【概况】2018年，全区销售卷烟24.61万箱，同比增长0.28%；实现卷烟销售收入71.51亿元，同比增长2.8%；实现税利17.37亿元，同比增长2.44%；实现税金13.04亿元，同比增长3%；实现三项费用率6%，同比增加0.26个百分点。

【专卖管理】2018年，全区落实宁夏烟草、公安、邮政、交通、商务5个部门《严厉打击物流寄递环节涉烟违法行为工作规定》，印发《罚没走私卷烟管理办法》，协同开展培训、督导、检查；加强与西北烟草产品质量检测站协作，在全区建成卷烟远程视频鉴别检验系统，完善联合打假和执法协作体系。全年共查处假私烟案件2719起，查获假私卷烟451.25万支，查处5万元以上假烟案件52起，抓获犯罪嫌疑人22人。银川市局联合公安部门，以情报信息网络串并搭建为突破口，建立联合打击假冒伪劣烟草专卖品工作协作机制，成立"卷烟联合惩治整顿办公室"，形成立体式卷烟打假模式。严厉惩治物流寄递环节涉烟违法行为。2018年，确定"围点打源"总体治理方针，开展"百日严打"卷烟市场治理专项行动，突出上打进港分拨中心"源头"、下围配送末端"网点"，形成区、市、县三级纵深治理格局。与自治区公安、邮政、交通、商务等部门联合开展惩治物流寄递涉烟违法犯罪活动"雷霆2018—Ⅰ号"专项行动，在快递、道路运输、零担物流三个领域"下功夫、上手段"，严厉惩治跨地区、集团化、网络化涉烟违法犯罪团伙。全年共查处物流寄递环节假烟案件2396起，同比增长35.65%，查获假烟395.63万支；"百日严打"专项行动获得国家烟草专卖局通报表彰。净化卷烟市场。2018年，坚持以"专项行动＋日常治理"为抓手，发挥联合执法优势，突出重点对象、重点区域、重点渠道、重点场所监督管控，强化"春节""中秋""国庆"等重要时间节点卷烟市场监管；依托市场监管信息平台，融合运用"APCD"工作法和"双随机、一公开"工作，编制形成《宁夏烟草系统"145"层级网格化市场监管工作规范》，提升市场监管科学化水平，卷烟市场净化率始终保持在98%以上。银川市局突出商圈、集镇、工业园区、物流园区等重点区域监管力度，采取夜查、周末巡查、节日检查等方式，着重治理窗口地带、旅游景点、综合市场、夜市等区域摆摊兜售假烟走私烟违法行为，不间断对礼品回收店、摆摊回收烟酒等恶意调包、回收贩假行为实施高压打击。"放管服"改革。2018年，落实"依法许可、公平公正、管理规范、服务周到"要求，推进"互联网＋政务服务"，提前22天解决行政许可群众办事"堵点问题"，市局成为全区首家、行业首批从市场监管部门对接获取电子营业执照单位；优化服务措施，提高服务质量，3个市局进驻当地政府市民大厅统一受理，行政许可"5日办结率"达95%以上。

【卷烟经营】2018年，按照"品牌要做大、规格要做精、价格要上扬"要求，优化卷烟品类布局，形成以13个主导规格为主体、49个护卫规格为辅助、99个潜力规格为补充的卷烟梯次结构布局；在试点品牌预警管控机制基础上形成全区统一运行标准，保持7个主导成熟规格份额稳定、弹性良好，抓好一、二类特色品牌和三类升级产品引入布局，发挥重点品牌的引擎作用。全年重点品牌卷烟销量21.83万箱，同比增长2.77%；细支卷烟销量2.4万箱，同比增长23.51%。2018年，把提升渠道掌控力作为主攻方向，按照"城乡一体、整体推进"建设思路，明确"因地制宜、分级建设，动态管理、梯次提升，服务对接、自律互助"建设路径，推进零包主导陈列、整店改造提升、自律互助经营、终端资源开发、业态转型升级，推进微信订货、零售终端管理系统升级项目开发，文明吸烟环境建设在银川市实现探索破题。截至2018年底，建成现代终端6494户，客户自律互助小组覆盖面达90.15%；零售户毛利率14.5%，户月均获利2772元；客户满意度93.32分，继续保持全国烟草行业第一。2018年，将吴忠、固原市公司纳入第三批改革试点范围，于6月顺利上线运行省级卷烟营销平台，实现改革全面覆盖。

（潘　亮）

2018年7月27日，全区烟草专卖管理业务技能知识竞赛在银川举办

NINGXIA
YEARBOOK

对外经贸合作

DUIWAIJINGMAOHEZUO

编辑◎马　静

招商引资与区域经济合作

【概况】2018年,全区实施招商引资项目1024个,实际到位资金1352.42亿元,完成目标任务2000亿元的67.6%,与去年同期相比下降39.8%。新建项目806个,到位资金908.8亿元;续建项目218个,到位资金443.62亿元。大项目带动作用明显,总投资10亿元以上的项目132个,到位资金676.38亿元,占到位资金的50%。从地区看,银川市、石嘴山市、吴忠市、固原市、中卫市和宁东基地分别完成到位资金466.83亿元、203.68亿元、324.87亿元、102.89亿元、134.02亿元和120.13亿元,与上年同比分别下降29.3%、54.6%、35%、34%、29.4%和58.7%,分别完成目标任务的79.1%、49.7%、73.8%、102.9%、67%和46.2%。从产业看,服务业到位资金458.25亿元,占33.9%;能源化工到位资金140.67亿元,占10.4%;特色农业和农副产品加工、新材料、轻工制造、基础设施、生物制药到位资金104.75亿元、100.79亿元、60.17亿元、35.83亿元、24.44亿元,分别占7.8%、7.5%、4.5%、2.7%、1.8%。从规模看,总投资10亿元以上的项目132个,到位资金676.38亿元,占到位资金的50%。其中:银川57个、石嘴山14个、吴忠24个、固原5个、中卫15个、宁东17个。

【招商引资举措】2018年,全区加强产业招商。按照空间发展战略规划和“一县一业”产业定位,编制产业招商项目册,发布产业招商信息,联合第三方研究机构,共同开展新能源、新材料、先进装备制造产业招商引资行动计划编制工作。组织重点园区和企业先后赴德国、挪威、日本、韩国等国家和中国香港、台湾地区开展先进装备制造、生物医药、现代农业、现代物流等投资促进活动;借助国内重点展会组织开展“六大”产业专题招商引资推介和园区共建结对活动。持续深化区域合作。强化与京津冀、长三角、珠三角沿海发达区域合作,跟踪落实宁夏与江苏、浙江、福建等省区重点领域合作协议。成功开展宁夏经贸合作考察团赴山东、天津、河北的经贸合作活动,共签订合同项目26个,计划总投资175.67亿元。组织苏商、浙商、闽商等宁夏行活动20余场,“走出去”举办宣传推介、企业家座谈会和经贸对接活动100多场,借助闽宁合作联席会议、“丝博会”“津洽会”“南博会”“哈洽会”等大型经贸展会,组织项目对接洽谈活动80余场。与中关村、北京经开区、苏州工业园等共建产业合作园区,甲骨文、联想等创新企业入驻,玉汉尧石墨烯、同仁堂中药饮片等项目落户。加大以商招商力度。举办第三届宁商大会,共促成各类投资协议和合同29个,计划投资额176.7亿元。探索委托商会、行业协会开展考察对接、项目洽谈等活动,支持成立福建省宁夏商会、河北省宁夏商会和苏州市宁夏商会,借助异地商会开展重点产业对接洽谈活动,针对重点区域和目标企业利用企业家资源开展以商招商活动。努力优化营商环境。各级招商主体健全完善了招商引资、企业入园、政务服务工作机制,实行投资项目全程代办、联审联批制。推进实施“准入前国民待遇+负面清单管理模式”,对不涉及国家规定实施准入特别管理措施的外商投资企业的设立及变更,全部由审批制改为备案管理。推进商务、工商实行外商投资企业商务备案与工商登记“单一窗口、单一表格”受理工作。

（马　成）

对外贸易

【概况】2018年，全区实现进出口249.2亿元，同比下降27%；其中，出口180.5亿元、同比下降27.1%，进口68.7亿元、同比下降26.8%。虽然全区进出口有较大幅度下降，但国际市场布局更加多元、商品结构更加优化、物流成本持续下降，外贸发展质量和效益不断提升。

2018年宁夏前十大对外出口、对港销售市场一览表

国别（地区）	出口额（万元人民币）	占全区出口比重（%）
美国	297,949	17
日本	153,529	9
印度	123,750	7
中国香港	114,436	6
马来西亚	87,777	5
韩国	76,617	4
阿拉伯联合酋长国	64,518	4
荷兰	62,217	3
德意志联邦共和国	57,083	3
孟加拉国	43,041	2

2018年宁夏前十大对外进口、对港购买市场一览表

国别（地区）	进口额（万元人民币）	占全区进口比重（%）
中国香港	98720	14
加纳	97465	14
南非	75369	11
日本	66718	10
利比亚	52297	8
德意志联邦共和国	28491	4
韩国	28388	4
澳大利亚	26412	4
马来西亚	23352	3
美国	23324	3

2018年宁夏重点出口商品一览表

商品名称	出口额（万元人民币）	占全区出口比重（%）
金首饰及零件	118297	6.55
金属锰	88185	4.89
双氰胺	80259	4.45
橡胶轮胎	83868	4.65
铁合金	81833	4.53
苏氨酸	33827	1.87
维生素C及其衍生物	35907	1.99
钽铌铍制品	56159	3.11
蛋氨酸	26717	1.48
泰乐菌素	52562	2.91
机床及铸件	41490	2.30
饲料添加剂	25118	1.39
赖氨酸酯及盐	33090	1.83
活性炭	24933	1.38
碳化硅	21138	1.17
枸杞	21428	1.19
维生素B12及其衍生物	13065	0.72
焦炭及半焦炭	19290	1.07

2018年宁夏重点进口商品一览表

商品名称	进口额（万元人民币）	占全区进口比重（%）
锰矿砂及其精矿	199291	29.02
机电产品	145859	21.24
机械设备	79050	11.51
原油	57203	8.33
农产品	34484	5.02
高新技术产品	34376	5.01
计算机集成制造技术	32421	4.72

【外贸运行】2018年，石嘴山市增幅较大，银川市降幅明显。石嘴山市进出口46.8亿元，同比增长27.8%；银川市进出口168.8亿元，同比下降37.6%，其中，综保区进出口73亿元，同比下降54.8%，拉低全区进出口增速25.9个百分点。吴忠市进出口7.9亿元，同比下降1.3%；固原市进出口998万元，同比下降32.6%；中卫市进出口25.5亿元，同比下降1.6%。出口商品结构持续优化，特色农产品出口增势良好。农产品进出口12.1亿元，同比增长7.4%。其中，马铃薯、饲料添加剂、枸杞进出口分别同比增长21.77%、25.5%和4.3%。纺织服装、机电和高新技术产品分别进出口11.6亿元、46亿元和25.2亿元，同比下降40.6%、31.6%和11%。其中，羊绒纱线、羊绒衫同比分别下降80.5%和63.4%；电灯及照明装置、钢铁制品同比分别下降46.7%和12.8%；泰乐菌素和红霉素同比分别下降32.2%和78.8%。全区重点企业出口有升有降，部分企业降幅收窄。全区30家重点企业实现出口额72亿元，其中，12家企业实现增长，17家企业不同程度下降，1家企业上年同期无出口。煜林化工、沃福百瑞、滨河磨料磨具、贺兰山冶金、中色（宁夏）东方集团等重点企业出口增势良好，同比分别增长76.9%、66.6%、62.5%、46.7%、30.4%；德泓国际绒业、天元锰业、丽珠集团（宁夏）公司等重点企业降幅收窄，同比分别下降0.7%、10%、15.8%；中银绒业、金银街黄金珠宝文化产业园、大荣化工、紫光天化蛋氨酸公司等重点企业出口跌幅明显，同比分别下降99.8%、79.6%、78.4%、56.7%。经营主体趋于优化，民营企业继续保持出口第一大经营主体地位。全区民营企业实现进出口额176.3亿元，占全区进出口总值的71%；其中：出口136.8亿元，占出口总值的76%；进口39.5亿元，占进口总值的58%。外资企业出口23.8亿元，占出口总值的13%；进口22.7亿元，占进口总值

的33%。国有企业出口18.7亿元，占出口总值的10%；进口6.4亿元，占进口总值的9%。国际市场布局更加多元，对“一带一路”沿线国家出口快速增长。对“一带一路”国家出口占比达36.1%。对印度、马来西亚、阿拉伯联合酋长国分别出口12.4亿元、8.8亿元、6.5亿元，同比增长5.5%、60.3%和95.9%。传统市场中，对日本出口15.4亿元，同比增长18.1%；对美国、欧盟出口29.8亿元、28.7亿元和11.4亿元，同比下降34.2%、20.1%和59.9%。贸易方式进一步优化，加工贸易占比提升。一般贸易实现进出口214亿元，同比下降26.9%。加工贸易进出口30.6亿元，同比下降33.2%，占比提升至12.3%。其中，来料加工进出口21.1亿元，同比下降36%；进料加工进出口9.5亿元，同比下降25.9%。初雪、摩周、朝雾、雾岛4家珠宝首饰公司进出口总值占来料加工进出口总值的25.8%；佳通轮胎、神州轮胎2家公司进料加工业务占进料加工进出口总值的51.2%。

（马　成）

对外经济

【概况】2018年，宁夏共在30个国家和地区设立投资企业148家，对外直接投资存量达21.1亿美元，近5年平均增速72%。2013—2018年，全区境外直接投资额由0.7亿美元增长到5亿美元，年均增长46%，承包工程完成营业额由2375万美元增长到3706万美元，年均增长15%，对外劳务合作派出人数由248人增加到899人，年均增长20%。刚果（金）铜钴冶炼，加纳矿山开发、埃及纺织服装加工、澳大利亚畜牧养殖、缅甸纺织加工等一批重点境外投资合作项目进展顺利，援助毛里塔尼亚畜牧业技术中心示范带动作用逐步显现。在“一带一路”沿线国家设立34家境外企业，带动装备、技术、产品和服务全产业链出口。推动宁夏曼凯投资公司建设中埃（曼凯）纺织产业园，由宁夏联合广东省推动建设的中国沙特（吉赞）产业园，联合国内央企、大型民营企业建设的中国阿曼（杜库姆）产业园被列入国家20个产能合作示范区、16个重点境外经贸合作区，天然气制甲醇烯烃、建材城、化工化纤一体化等入园项目稳步推进。

【对外投资】2018年，宁夏备案和核准对外直接投资项目14个，非金融类对外直接投资5亿美元，居全国第26位，推动全区农业、畜牧业、能源资源等优势产业加快在“一带一路”沿线国家和地区产业布局，建立境外生产基地；对外承包工程完成营业额3706万美元，同比增长196%，推动中电建宁夏公司等企业在沙特、赞比亚等国家和地区承包工程；2018年在外各类劳务人员899人，同比增长38%，带动全区贫困地区50余人外出务工，增加收入500万元左右。成功实施3期援外研修班，培训学员57人。

【境外园区建设】2018年，宁夏印制《境外经贸合作区投资指南》，在福建、浙江等东部省区举办境外园区推介会，加大境外园区推介力度。中国沙特（吉赞）产业园举行合资公司揭牌仪式，首个入园项目开工建设。中国阿曼（杜库姆）产业园商业综合楼和建材城等一期项目加快推动，累计投资2180万美元。中埃曼凯纺织产业园一期141栋标准厂房全部竣工。蒙古农牧产业园开工建设，两批次35吨蒙古国熟制牛羊肉成功运抵银川综保区。园区建设为带动区内外企业产品、技术、劳务“走出去”搭建了合作平台。

【对外投资服务】2018年，宁夏按照“不见面、马上办”要求，将企业境外投资备案、劳务资格审批等事项，全部进入自治区政府服务中心，一个窗口对外，优化办理流程。自治区政府办公厅出台《宁夏回族自治区关于规范企业海外经营行为改进境外企业和对外投资安全工作的实施细则》，率先开展对外投资合作“双随机一公开”检查，对发现问题及时下发整改通知。加快推进境外企业对外投资联络服务平台省级分平台建设，加强宁夏产品境外销售中心和商务联络处的监督管理。

（马　成）

NINGXIA YEARBOOK

开发区和园区建设

KAIFAQUHEYUANQUJIANSHE

编辑◎杨　云

综　述

【概况】2018年，全区22个工业园区共有工业企业1463户，其中规模以上工业企业896户，占全区规模以上工业企业户数的71%。入园企业数比上年同期减少113户。全区22个工业园区工业总产值同比增长14.9%；工业销售产值同比增长14.6%；工业生产电力消耗784.4亿千瓦时，同比增长15.6%。全区22个工业园区实现主营业务收入3085.8亿元，同比增长10.2%；实现利润102.6亿元，同比增长12.5%；盈利企业实现盈利额193.4亿元，同比减少4.3%。

【银川市所属工业园区经济运行情况】2018年，银川市共有6个工业园区，即宁东能源化工基地开发区、银川经济开发区、宁夏永宁工业园区、宁夏贺兰工业园区、银川高新技术产业开发区、银川综合保税区。2018年，银川市6个工业园区共有企业559户，占全区工业园区企业的38%；其中规模以上工业企业339户，占全区规模以上工业企业的27%。银川市6个工业园区工业总产值同比增长13.5%；工业销售产值同比增长14%；工业生产电力消耗290亿千瓦时，同比增长30.3%。银川市6个工业园区共实现主营业务收入1428.5亿元，同比增长8.3%，占全区22个工业园区完成主营业务收入的46%；实现利润54.1亿元，同比增长41.4%，占全区22个工业园区利润总额的53%；盈利企业实现盈利额111.9亿元，同比减少5.7%。

【石嘴山市所属工业园区经济运行情况】2018年，石嘴山市共有3个工业园区，即石嘴山高新技术产业开发区、石嘴山经济技术开发区、宁夏平罗工业园区。2018年，石嘴山市3个工业园区共有工业企业261户，占全区工业园区企业的17%；其中规模以上工业企业198户，占全区规模以上工业企业的15%。石嘴山市3个工业园区工业总产值同比增长19.6%；工业销售产值同比增长16%；工业生产电力消耗243.4亿千瓦时，同比减少2%。石嘴山市3个工业园区共实现主营业务收入750.1亿元，同比增长15.1%，占全区22个工业园区完成主营业务收入的24%；实现利润13.9亿元，占全区22个工业园区利润总额的13.5%；盈利企业实现盈利额28亿元，同比增长46.1%。

【吴忠市所属工业园区经济运行情况】2018年，吴忠市共有5个工业园区，即吴忠太阳山开发区、宁夏吴忠金积工业园区、宁夏青铜峡工业园区、宁夏盐池工业园区、宁夏同心工业园区。2018年，吴忠市5个工业园区共有工业企业357户，占全部工业园区企业的24%；其中，规模以上工业企业224户，占全区规模以上工业企业的17%。吴忠市5个工业园区工业总产值同比增长18.6%；工业销售产值同比增长19.8%；工业生产电力消耗42.1亿千瓦时，同比增长26.2%。吴忠市5个工业园区共实现主营业务收入383.1亿元，同比增长14.7%，占全区22个工业园区完成主营业务收入的12%；实现利润12.9亿元，同比增长14.8%，占全区22个工业园区利润总额的12.6%；盈利企业实现盈利额18.6亿元，同比增长19.5%。

【中卫市所属工业园区经济运行情况】2018年，中卫市共有3个工业园区，即宁夏中卫工业园区、宁夏中宁工业园区、中卫市海兴开发区。2018年，中卫市3个园区共有企业148户，占全区工业园区企业的10%；其中规模以上工业企业102户，占全区规模以上工业企业的8%。中卫市3个园区工业总产值同比增长7.2%；工业销售产值同比增长8%；工业生产电力消耗195.7亿千瓦时，同比增长

16.3%。中卫市3个园区共实现主营业务收入465.6亿元，同比增长3.5%，占全区22个工业园区完成主营业务收入的15%；实现利润14.1亿元，同比减少59.2%，占全区22个工业园区完成利润总额的13.7%；盈利企业实现盈利额26.7亿元，同比减少35.7%。

【固原市所属工业园区经济运行情况】2018年，固原市共有5个工业园区，即宁夏固原经济开发区、宁夏西吉工业园区、隆德县六盘山工业园区、泾源县轻工产业园区、彭阳县王洼产业园区。2018年，固原市5个园区共有企业138户，占全区工业园区企业的9%；其中规模以上工业企业33户，占全区规模以上工业企业的2%。固原市5个园区工业总产值同比增长25.2%；工业销售产值同比增长27.3%；工业生产电力消耗13亿千瓦时，同比增长1.2倍。固原市5个园区共实现主营业务收入58.4亿元，同比增长25.5%，占全区22个工业园区完成主营业务收入的2%；实现利润7.5亿元，同比增长9.7%，占全区22个工业园区完成利润的7%；盈利企业实现盈利额8.2亿元，同比增长13.4%。

（席　黎）

国家级开发区和园区建设

宁夏内陆开放型经济试验区

【概况】2018年，宁夏内陆开放型经济试验区加强与“一带一路”沿线国家和发达国家务实合作，促进外贸转型升级，优化国际市场布局和出口商品结构。组织82余家企业赴俄罗斯、法国、印度、日本等国开展经贸促进活动，借助“丝博会”“津洽会”等平台，组织重点园区开展专题招商引资推介和园区共建结对活动。全年全区进出口总额249.2亿元，其中对沿线国家进出口总额73.4亿元，比重上升到29.5%，机电、高新技术、生物医药和农产品等特色优势商品出口占出口总额的50%以上。

【设施联通建设】2018年，银川河东国际机场国际厅投入使用，银川国际航空港综合交通枢纽主体工程完工，开通运营国际航线7条、国内航线88条。国内城市直航比例达90.7%，省会城市直航比例达96.5%（拉萨未开通），初步形成连接全国大中城市和部分国际都市的航空网络。全年全区民航旅客吞吐量941.5万人次，增长14.1%。开工建设银川—西安、中卫—兰州、包头—银川高铁，开通银川—德黑兰国际货运班列，全年发运37列1358车，进出口货重7.6万吨，进出口货值6940.8万美元，更多“中国造”产品通过宁夏进入中亚、西亚市场。建设窄带物联网（NB—IOT）站点3808个，中卫直达北京、太原、西安的1000G互联网出口线路投入运营。

【开放平台建设】2018年，宁夏内陆开放型经济试验区增强银川综合保税区发展能力，综合保税区二期围网区域实现封关，丝路国际合作园一期项目运营，邮件处理中心项目完成建设具备投入运营条件，新增注册企业37家，累计注册企业397家，实现进出口总额85.2亿元人民币。引进东泰鑫国际物流有限公司设立银川综合保税区快件分拨中心，快件分拨货量共计80.2万件，货重1315吨，货值1亿余元。银川公铁物流园海关监管区主体设施完工，石嘴山惠农陆港口岸与天津港、曹妃甸港等口岸实现直接通关业务，石嘴山保税物流中心（B型）通过验收。

【内外合作】2018年，宁夏内陆开放型经济试验区推进国际产能合作，中国—沙特（吉赞）产业园广州泛亚聚酯沙特石油化工化纤一体化项目获得国家发展改革委备案。在吉隆坡、迪拜等城市设立宁夏产品境外销售中心或商务经贸事务联络处，沙特（吉达）中国城宁夏特色商品馆开业。举办和参与各类经贸促进活动，2018年全区新设外商投资企业32家，实际利用外资2.14亿美元，外资投向扩展到服务业相关领域。全年非金融类境外直接投资额5亿美元，对外承包工程完成营业额增长160%。

【优化开放环境】2018年，宁夏内陆开放型经济试验区加快建设宁夏政务服务网，网上政务服务能力位列全国第11位、西北地区首位，全年办理不见面事项83.5万件。实现与全国通关一体化，国际贸易“单一窗口”系统报关覆盖率达87%以上，80%的进口货物入境实行“审单合格评定”后直接放行。落实境外旅客购物离境退税政策，办理离境退税1031单，涉及购物金额96万多元，离境退税办理笔数及退税额均位列西北五省（区）第一。持续推进“多证合一”“证照分离”改革，实现“四十四证合一”，实现网上登记、电子营业执照、简易注销、自主选择名称，银川市将企业开办时间压缩到1.5个工作日。

（戴　华）

银川综合保税区

【概况】截至2018年底，银川综合保税区累计实现进出口贸易总额近90亿美元，占同期宁夏进出口总额约40%，占银川市进出口总额约50%，其中，2018年实现进出口贸易总额12.86亿美元。投资12亿元，分两期建设完成4平方公里范围内的基础设施，并通过海关等部门验收。其中一期2.13平方公里于2012年底启动规划建设,2013年9月获国家十部委联合验收,当年底封关运行;二期1.87平方公里于2014年上半年启动建设,2016年底通过海关验收。

【招商引资】2018年,银川综合保税区依托临空、口岸、资源、功能政策优势,积极招大引强,累计完成招商引资到位资金36亿多元,注册企业360多家,建设如意纺高档纱线、黄金珠宝文化产业园、国际裘皮集散贸易中心、国际快件中心、银川邮件处理中心、CMEC丝路国际合作园、进口肉类(水果、种苗)指定口岸、葡萄酒产业园、澳洲福来贺牛羊肉加工等重点项目,逐步形成以黄金珠宝、现代纺织、航空物流、葡萄酒、国际快件、保税展示等为主的保税加工、保税物流、保税服务产业格局。

【保税加工贸易】2018年,银川综合保税区充分发挥保税加工功能,着力引进现代纺织、黄金珠宝、葡萄酒、生物科技等优势产业,壮大产业规模,形成产业集聚,提升国内外市场竞争力,拉动外向型经济快速发展。如意生态纺织项目、黄金珠宝加工项目、葡萄酒产业园等项目已形成规模;宁夏进口肉类指定口岸、澳洲牛羊肉加工物流基地项目建成后将加快牛羊肉国际化步伐;通过不断优化通关效率,降低物流成本,吸引中国香港、马来西亚槟城等地黄金珠宝产业的转移,逐步推动黄金珠宝产业成为银川的一张"城市名片"。黄金珠宝加工产业呈现集群化和国际化发展态势。积极引入马来西亚、中国香港、福建、广东等黄金珠宝加工企业,2018年黄金珠宝加工产业实现进出口贸易额3.57亿美元。面向迪拜市场黄金原料进口量约为0.63吨,黄金饰品出口量约为0.6吨,占全年进出口总业务量的13.3%;面向中国香港市场黄金原料进口量约为4吨,黄金饰品出口量约为4.03吨,占全年进出口总业务量的86.7%。国际裘皮产业初具雏形,发展动力不断增强。依托丝路国际合作园,综保区在裘皮集散贸易中心的基础上大力发展皮草加工贸易,已引进北京、南京等地5家裘皮服装加工企业,其中,鑫邦世纪、凡莎蒂、荣信已投产运营,黄河龙、安迪2家企业正在进行厂房改造。2018年进口丹麦高档裘皮17095张,货值723万美元,同比增长2.6倍。生产貂皮大衣2272件,货值112.1万美元,出口至俄罗斯、日韩等国。裘皮产业共实现进出口贸易835.1万美元。现代纺织继续扩大外发加工业务。宁夏如意生态纺织公司发挥棉纱外发加工等海关监管创新政策,提高生产工艺水平,自2015年11月投产至今,入区原料货重累计52100余吨,合计2500余车次,出区成品货重累计46800余吨,合计1500余车次,完成原料进口9394.12万美元,年产总值67055.08万人民币,上缴利税803万元,并带动贸易合作商缴纳关税、增值税15290.46万元。

【国际贸易】2018年,银川综合保税区紧密结合国家向西开放战略,依托"空中丝绸之路""陆上丝绸之路""网上丝绸之路"建设,积极引进航空物流、跨境电商及现代物流业企业,逐步将银川综保区打造成为西北地区东联韩日,西达中亚、中东乃至欧洲的国际物流中转区。已引进500强企业中国机械设备工程股份有限公司(CMEC)丝路国际合作园项目,重点发展国际裘皮分拨及保税加工、西亚农产品进口加工及分拨,宁夏特色优势产品包装出口等业务,促进宁夏与"丝绸之路经济带"沿线国家贸易融合发展;紧密依托中亚班列及国际航线,促进企业与物流平台合作,为宁夏国际航空物流园建设创造了有利条件;引进英国AB公司开展丹麦裘皮进口业务,为建设国际裘皮(银川)集散交易中心奠定了基础;建设银川邮件处理中心、宁夏国际快件中心等项目,推动国内国际邮件快件在银川集散、分拨,逐步推动区域性国际物流中心建设。宁夏国际快件中心。2017年6月正式运营,已引进顺丰速运、邮政EMS、韵达快递、内蒙古海悦通等企业进驻开展国际快件清关及配送业务,利用银川河东机场国际航线,接收阿联酋、美国、荷兰、德国、意大利、加拿大、新加坡等国家的进境快件,从综保区分拨配送至全国31个省区市,其中华东、华南地区派送量占比50%。2018年全年突破80万件,同比增长13倍,货物总量约1294吨,货值超过1亿元人民币,缴纳关税800余万元,产品涉及服装、鞋包、美妆、奶粉、日用品等。

【现代服务业】2018年,银川综合保税区积极鼓励培育现代物流、现代金融、电子商务、服务外包、文化创意、医疗保健、检验检测认证等服务业,带动对外产业合作,扩大服务贸易规模,推动综保区产业由传统产业向新兴产业和现代服务业转型升级。已引进协丰供应链、捷联等跨境贸易电子商务企业,计划在银川综保区开展业务。同时,支持宁夏丝路通、东泰鑫跨境电子商务有限公司等企业推进迪拜等地"海外仓"及体验店建设。引进银川综合保税区"双创基地"项目,开展财务、法律、人力资源、报关报检、国际贸易、法律咨询、服务外包等相关生产性服务业,推动银川综保区转型发展。

【监管制度改革】截至2018年底,全国12个自贸区先后形成四批改革试点经验,面向全国复制推广。海关总署陆续出台了25项监管创新制度，银川海关已发布公告20项、原宁夏检验检疫局已发布公告8项。银川综保区先行先试，结合发展实际，已应用加工贸易工单式核销(外发加工)、保税展示交易、批次进出集中申报、简化通关作业随附单证、统一进出境备案清单、先进区后报关、智能化卡口验放管理、一次备案多次使用等8项海关监管新政，正在加快推广分类仓储监管政策，检验检疫通关无纸化、进口货物预检验制度、检验检疫分线监督管理模式等3项检验检疫监管新政，压缩了口岸通关时间，全面提升海关通关效率。

【推进通关便利化】2018年，全面推广国际贸易“单一窗口”免费申报机制，加强对园区企业使用单一窗口的跟踪服务，指导企业积极使用“单一窗口”申报进出口业务，确保“单一窗口”申报覆盖率达到100%。争取一般纳税人资格试点政策。争取一般纳税人资格试点报告上报后，银川综保区管委会会同自治区税务局多次赴国家税务总局汇报综保区政策需求。加快推进银川综保区展览中心项目建设。合理规划商务服务、展览展示、商务洽谈、会议办公等功能区，推动服务企业提质增效。强化园区信息系统建设。积极配合海关完成全国通关一体化改革、海关总署“金关二期”系统建设等改革事项。

(席　黎)

宁东能源化工基地开发区

【概况】2018年，开发区获评全国化工园区第8名和全国石化行业绿色园区荣誉称号。1—11月，固定资产投资增长6.6%，高于全区24.8个百分点；工业总产值增长26.7%；工业增加值增长14.3%，高于全区6.7个百分点；全口径财政收入88.8亿元，增长28.1%；地方财政收入47.2亿元，增长16%，本级财政收入23.8亿元，增长9.9%。全年固定资产投资增长10%左右；工业增加值增长12%左右；全口径财政收入达到100亿元，增长21%；地方财政收入达到55亿元，增长11%；本级财政收入达到32亿元，增长12%。

【基地转型升级】2018年，开发区落实石泰峰书记视察宁东的重要指示精神，制定《贯彻“四个定位”新要求，建设世界一流国家级现代煤化工基地行动方案(2018—2020年)》，作为未来行动指南。优化整合宁东基地开发区，自治区批复整合优化方案，明确产业发展定位、园区控制面积和建设用地规模，特别是拓宽了化工新材料园区发展空间，为长远发展和产业集聚奠定坚实基础。主动融入银川都市圈建设，积极稳妥承接泰瑞、金维等企业的搬迁工作；与滨河新区建立协作机制，在产业差异化发展以及干线道路、专家公寓、产业服务基地建设方面达成共识，铺开前期工作。推进煤化工产业精细化、高端化、集群化、智能化，使调旧和育新协同发力，谋划打造煤制油、煤基烯烃和精细化工产业集群，强化产业融链补链强链延链，推动产业链向下游延伸，附加值向上游攀升；石油炼化、合成氨/尿素、电石等一批传统煤化工产业通过改造提升实现了装置稳定运行、增产增效和产品质量升级，新材料、新能源、节能环保等新兴产业持续蓬勃发展，形成了新的增长极，煤炭、新能源、装备制造等行业利润大幅增加，煤化工产业工业增加值比重达到38.3%，新兴产业工业增加值增长42.1%；49%的规模以上工业企业保持两位数较快增长，30种工业品价格90%实现增长。

【项目建设】2018年，开发区建立项目清单、月度和季度经济形势分析机制、领导干部包干负责制等，精准施策，及时协调解决问题，稳定企业生产经营。举办2次项目集中开工动员会，开展“苦干实干100天”活动，列入自治区重点建设项目开工率达到100%，全年计划投资83亿元，已完成投资45亿元；已开工建设55个新项目，全年新增投资70亿元；续建项目35个，已完成投资88.3亿元，形成大干项目、干大项目、干好项目的浓厚氛围。制定招商引资优惠政策十条，抢抓东部产业转移窗口期，拿出跑项目的钻劲、找项目的韧劲、上项目的拼劲，大力开展精准招商、产业链招商、以商招商、驻点招商，精心组织鲁津冀经贸合作交流会，2018年共引进总投资383亿元的8大类41个产业项目，泰和芳纶、百川锂电材料、君磁稀土磁性材料等一批科技含量高、环保污染小、带动能力强、税收贡献大的项目源源不断、接续落地，招商逐步开始走向选商。

【营商环境】2018年，开发区围绕打造低成本化园区，坚持适度超前、小步快跑的理念科学合理规划配套设施，基本实现“七通一平”；投资近10亿元建设动力岛，为企业集中供应价格低于周边地区20%的廉价蒸汽；编制精细版电子地图，引入网约车平台和共享单车服务企业。用足用活自治区降成本“30条”，通过扩大电力直接交易、稳定铁路货运价格、降低担保费费率以及运用产业发展基金、转贷基金等扶持措施，降低企业成本2亿元以上，完成股权投资9.1亿元，担保贷款32亿元，减免各项税收20.5亿元。坚持企业的事园区办、园区的事园内办，在全区首先落实“网上办、集中批、区域评、代办制、不见面、马上办”等“放管服”改革要求，打通在线集中审批管理的所有环节，完成“多证合一”改革，启用电子营业执照，实现审批和服务事项一窗受理、一证通办、一网通办、全程代办，不见面率为全区最高的85.9%，全程电子化办理占比14%，项目审批时间压缩到89个工作日，企业开办时间压缩到1个工作日；坚持“店小二”服务模式，让企业最多跑一次，出资1007万元为49家企业81个项目提供216项“多评合一”评价服务，为533家企业代办1685件事项，营造了公平、高效、透明、开放、有活力的营商环境。

【科技创新】2018年，开发区制定落实自治区“创新驱动30条”的27条配套措施，出台科技项目管理办法和扶持中小微企业创业创新若干政策，培育国家高新技术企业13家、自治区级7家，建成8个循环化改造示范试点项目，6家企事业单位新建了科技创新平台，科技型企业占比突破20%，宁东科技孵化园获“自治区级小型微型企业创业创新示范基地”认定；35个科技项目经自治区科技重点研发计划立项，研发投入10.51亿元，获自治区财政专项资金5262.94万元，管委会配套资金1148.15万元，全年全社会R&D投入强度达到1.73%。深化智慧宁东建设，与榆林煤炭交易中心合资组建宁东能源交易中心；将电子政务系统接入自治区电子政务公共云平台，实现数据共享、纸质公文电子化签批、行政审批联网办公及环保安全智能化管控；邀请国家相关部委、协会70余位专家召开研讨会，超前谋划工业互联网发展。制定人才政策十条，帮助企业引进高层次人才10名，举办煤化工人才高地建设培训班7期，与北京化工大学合作举办现代煤化工与循环经济专题培训班和学历继续教育专升本函授班，培训企业经营管理人才212人、专业技术人才269人。针对企业用工难问题，建立宁蒙陕甘职技院校信息库，与区内外21家院校开展校企合作，招聘企业人才1200名，订单式培养技工200名，联合宁夏工商职业技术学院设立现代煤化工学习（实践）中心，开展了首届宁东基地职业技能竞赛。

【生态治理】2018年，开发区制订2018—2020年环保行动计划实施方案、2018年环保重点指标重点任务实施方案、河长制实施方案、大河子沟整治方案、大气污染防治攻坚战实施方案等，结合开展第二次全国污染源普查工作，全覆盖清查各类污染源并完善治理设施，24小时不间断巡查，行政处罚了27个环境违法行为，处罚金额710万元，责令停产整治2个，移交司法案件4个。全面完成现役燃煤锅炉提标改造，推动重点行业、重点企业全面达标排放，1—10月，优良天气比例91.1%，PM2.5为29毫克/立方米，PM10为88毫克/立方米，二氧化硫排放量5.46万吨，氮氧化物排放量6.97万吨。探索开展工业固废井下回填试点示范工作，规范综合渣场和煤矸石堆场管理，严控排渣量，将粉煤灰运用于市政道路工程垫层，新建了10座垃圾直运站。建成国能投宁煤集团矿井水及煤化工废水综合处置利用项目，完成加油站双层罐改造，开工建设鸳鸯湖污水处理厂，鸭子荡水库国控断面水质稳定达到Ⅲ类水质。在煤场综合治理工作中破坚冰、下深水，小散乱煤场整治成效明显，160万吨存煤全部清理完毕，违章建筑即将全部拆除。

（席　黎）

银川经济技术开发区

【概况】2018年，开发区实现工业总产值310亿元，同比增长16%以上，规模以上工业增加值同比增长12%，完成固定资产投资83.8亿元，同比增长30%；实现财政一般预算收入10.7亿元；招商引资实际到位资金55亿元。全年完成规模以上工业总产值340亿元，同比增长15%；规模以上工业增加值同比增长10%；完成固定资产投资86亿元，同比增长30%，实现财政一般预算收入10.7亿元；招商引资实际到位资金50亿元，全面完成全年目标任务。

【产业转型升级】2018年，开发区对接国务院新材料领导小组秘书处和工信部赛迪研究院，高标准编制战略新材料和现代装备制造产业发展规划，制定新的目标定位和发展路径，全力打造百亿级产业集群。产业项目建设是经济增长的重要支撑，是经济社会发展的基础、后劲和潜力所在。管委会主要领导带队，先后赴北京、浙江、陕西等地上门对接项目20余次，促成了石墨烯储能材料、轴承小镇、隆基5 GW高效电池等重大项目快速落地，实现了引进项目的数量和质量的双攀升。同时，创新招商引资项目服务新模式，建立“三联动”工作服务机制，发改委、国土、住建等部门联合提前介入，参与项目洽谈、签约、落地的全过程，最大限度压缩项目开工建设时间。投资40亿元的汉尧石墨烯改性三元材料、导电浆料项目，累计完成投资7亿元，一期六条生产线全部投产，二期项目正在抓紧实施；投资35亿元的银川隆基硅年产5GW单晶硅棒、5GW切片项目，累计完成投资20亿元，项目已全部建设完成；投资85亿元的轴承智造小镇一期25万平方米项目加快建设；投资16亿元的银和大尺寸半导体级硅片项目，累计完成投资4亿元，长晶车间、办公楼等主体已完工，准备安装调试设备；投资11亿元的中太镁业镁合金板带材项目已完成固定资产投资7.6亿元，已正式投产；投资10亿元的长江精工宁夏装配式建筑产业基地项目，主体钢结构立柱已经安装，已开始外网安装工程，正在进行设备调试安装。新组建宁夏石墨烯新材料应用技术研究院、宁夏力成电气科学研究院、宁夏巨能机器人股份有限公司国家级博士后工作站、电子科技大学银川技术转移中心。新增中科天际防雷等5家自治区级技术创新中心、沃福百瑞等2家自治区级工程技术研究中心、艾森达新材料自治区工程研究中心。同时，巨能机器人、力成电气集团分别被国家工信部认定为第二、三批国家绿色工厂，经开区被国家工信部认定为“绿色园区”。以隆基硅材料、天通银厦等为代表的战略新材料产业产值增速保持在24%以上；以小巨人、舍弗勒等为代表的现代装备制造产业产值增速保持在17%以上；以蒙牛乳业、沃福百瑞等为代表的大健康产业增速保持在20%以上，康亚药业、哈纳斯等企业保持50%以上的高位增长。

【金融助力产业发展】2018年，开发区提升产业发展，企业发展和项目建设资金得到保障。搭建经开区首支母基金平台。邀请中国银河金控集团、中国人寿、国新集团、中信产业基金、京能集团、亦庄国投等大型国有企业到经开区考察项目，并成功搭建总规模100亿元的首支母基金“银川兴银投资基金”，助力带动能力强、科技含量高、产品附加值高的大项目、好项目建设。新建银川市科技担保基金。争取宁夏科技创新与高层次人才创新创业担保基金配套资金，设立总额9000万元的银川市科技担保基金，首批4家企业获得担保贷款金额1300万元。充分发挥银川育成凤凰科创基金、宁夏正和凤凰股权投资基金作用，先后完成对天通大尺寸蓝宝石、电通物联网、盛大游戏、深圳玉禾田等项目的投资，投资金额达到3亿多元。截至10月底，通过科技型中小微企业风险补偿专项资金(宁科贷)平台发放贷款金额5840万元。联合宁夏旅游投资集团公司、宁夏观歌资产管理公司等企业发起设立宁夏小微企业应收账款融资担保中心，为小微企业解决融资难题。组织企业申报国家及自治区服务业发展引导资金、高技术和战略性新兴产业专项等30大类专项资金，累计推荐项目320余个，争取各类资金共计5.35亿元。同时，经开区获得国家财政部中小企业发展专项资金支持2500万元。加大闲置低效用地处置力度。通过腾笼换鸟、退二进三等形式，提升改造原有项目，盘活闲置低效用地2544亩，盘活闲置厂房近16.57万平方米。完成涝池组征地拆迁工作，签约安置900余户8万平方米房屋移交，为彻底打通六盘山路、光明路及文萃街等道路铺平了道路。

【体制机制改革】2018年，按照全区工业园区建设发展座谈会议精神以及银川市提出的“整合园区、盘活存量、低端退出、转型升级”工作思路，经开区率先在全区完成园区整合工作。在全区率先进行人事薪酬制度改革。树立“跳起来摘桃子”的竞争意识、赶超意识、进取意识，自我加压，打破常规，制定能高能低的绩效系数调节方法，打破“大锅饭”现象，建立奖罚分明的激励约束机制，激发了干部职工争先进位的精神。该项人事薪酬制度改革经验在全区推广。在全市率先推广首席企业服务员制度。牢固树立以企业家为核心的服务理念，坚持服务前移、靠近企业、靠近一线的工作方式，对辖区企业实施“一对一”精准服务，切实打通政府服务企业的“最后一公里”，打造更优的营商和发展环境，帮助企业解决问题、提供服务，助推企业提质增效，高质量发展。商事制度改革走在全区前列。推进“先找后者”工作，实施“多证合一”，完成“审核合一、一人通办”登记模式，即时办结率提升到95%以上。李克强总理调研经开区商事制度改革后给予高度评价。新增国家和自治区级小微型企业创业创新示范基地各1家、自治区中小企业公共服务示范平台3个、自治区企业“双创”平台5个；自治区“专精特新”中小企业20家、“专精特新”示范企业4家、自治区中小企业创业创新梯队企业18家。宁夏纵横宝盈“智慧加油”平台入选国家2018年大数据产业发展试点示范项目。

(席　黎)

石嘴山高新技术产业开发区

【概况】2018年，开发区实现工业产值142亿元，同比增长29%，全年增量为32亿元，其中43户规模以上企业完成产值112亿元，同比增长26%。全年培育规模以上企业7户，培育增量超过亿元企业8户，产值累计增产企业达32家。争政策方面：紧盯国家深化电力体制改革政策，争取并成功获批全国第三批增量配电业务改革试点园区。争资金方面：共争取各类资金2519万元，超额完成年度目标任务。成功获批自治区高新技术产业发展专项奖补资金300万元；成功申报认定为自治区双创示范基地，获批自治区发改委500万元资金奖励；获得自治区第二批高新技术产业发展专项资金700万元；获得自治区重点研发计划(沿黄实验区科技创新专项)第二批奖补资金881万元；获得自治区发改委“区域评”改革试点补助资金138万元。争项目方面：争取实施高新区路演中心、共享车间、星海众创公共服务平台等项目7个；公共服务平台获评自治区低成本改造项目，获得补助资金2000万元。

【重点项目建设】2018年，开发区实施各类项目51个，全年完成固定资产投资20.5亿元，同比增长20%。杉杉能源三期、盈氟金和等11个市级重点项目建成投产7个；金螳螂工业机器人研发及产业化项目、苏宁消失模智能化柔性改造工艺研究项目等29个工业技改项目建成投产25个，全年完成投资7.2亿元，同比增长40%以上。

【招才引智】2018年，开发区强化与国内高校及科研院所对接合作，与北京理工大学材料学院签订战略合作协议，共同建设中试、工业试验、产业化为一体的材料领域人才培养基地和研究开发基地。依托西安交大国家技术转移中心石嘴山分中心，开展项目双向对接会2次，在西安举办企业培训班1次，组织园区企业进行项目对接。组织园区23个企业科技创新团队，申报自治区创新团队、柔性引进团队等项目。指导企业开展高层次人才认定，组织中色、天地奔牛做好自治区行业人才小高地申报工作，加大创新人才培养力度，天地奔牛等5家企业获批2017年度人才工作载体及专家博士资助60万元。

【招商引资】2018年，开发区创新工作方式，确定全年招商引资总体目标任务和分解表，建立“一个项目，一名处级干部”包抓制度。首创“招商政策导图”，按企业成长周期，编制成一张图，简单且通俗易懂，投资方及客商反响良好。创新服务方式。落实包区域、包产业、包项目，带项目、带规划、带土地的“三包三带”的服务模式，完善“全过程、全天候、全方位”店小二式的亲商服务体系，推行项目全程代办服务，全力提升服务水平，增强企业投资信心。突出产业招商。按照“智库＋龙头企业＋重点区域”的模式加强招商体系建设，将过去点对点的招商变成全产业链的“围网”式招商。赴京津冀、珠三角、长三角等10多个城市招商40余人次，对接企业60余家，5月在北京与中国铸造协会合作局办专题招商推介会，10月，在苏州参加电子信息博览会并举行招商推介会。全年共对接洽谈和落实招商项目60余个，签约项目23个，落地项目11个，实际到位资金22亿元，其中新建项目28个，续建项目27个。

【科技创新】2018年，开发区加强高新技术企业培育申报，全年新增杉杉能源、凝力机械等高新技术企业4家。组织星辰新材料等11家企业申报自治区科技型中小企业，全年新增科技型中小企业10家。加大科技创新研发投入。园区43家规模以上企业开展研发活动25家，园区有效发明专利269件，每万人有效发明专利拥有量8.76件，全市排名第一，自治区排名第三。为企业争取落实各类奖补资金。先后为凝力机械等5家企业争取自治区科技创新后补助获批资金853.04万元；与税务部门对接为28家落实企业研发费用财政后补助3500万元；为中色东方等20家企业争取知识产权奖补资金143.2万元；获批自治区重点研发计划项目18项共计3581.99万元。打造多层次“双创”载体。加快推进双创示范基地建设，成功认定自治区级双创示范基地。完成智慧园区二期项目和路演中心平台项目建设。搭建产学研合作平台。与北京理工大学合作设立军民融合中试基地，依托其国防军工技术和先进材料技术，重点发展军民融合产业和材料产业。维尔铸造中国标准高速动车组关键部件铝合金枕梁成功研发并通过国家检测，被确定为中国中车公司新型动车的试车配套器件，打破了我国高速动车组枕梁相关技术全部依赖进口的局面。

【园区转型升级】2018年，开发区加快推进产业转型升级，制定了高新区2018年转型升级路线图，编制了高新区新材料产业发展规划，落实转型发展各项重点任务，把准转型升级方向。强化重点企业对标升级。开展智能化工厂、数字化车间及机器换人等改造项目，组织天地奔牛、大窑饮品等10户企业进行对标扩面，对海力电子等10户新增企业开展新一轮对标、创标活动。实施维尔铸造智能化工厂、西北煤机托辊架柔性智能化改造等6个项目，大窑饮品饮料灌装输送车间获评自治区数字化车间，赛马水泥获评自治区对标工作进步奖。加快推进企业融资上市。梳理拟融资上市企业清单，确定海力电子等5家企业作为重点培育对象，配合市金融部门，开展企业上市专题调研和培训，深化企业融资上市意识。

【园区改革与综合建设】2018年，开发区简化审批流程，完成高新区“地质灾害预评价”、“地下水资源影响评价”两项评估审核，结合“环境影响评价”审定结果推动成果应用。推进售电侧改革任务。园区被列为国家发展改革委、国家能源局第三批增量配电业务改革试点园区，已开展试点项目方案编制及可行报告编制论证。落实科技金融专项补贴工作和风险补偿专项资金贷款工作，艾森达、科捷锂电等6家企业获批贷款资金1550万元，海力电子等6家企业获批2018年科技金融专项补助资金127万元。设立规模为2000万元的石嘴山高新区科技创新成长贷，先后为昇力恒、冰核科技等企业发放贷款350万元。切实为园区中小微企业解决融资难、融资贵的问题。完成建设高新区湘江街排水工程、杉杉能源排水工程；孵化器三期项目4#厂房主体建成并投入使用，5#厂房开工建设；固废处置场120万立方米建成投运，固废场循环再利用项目正在积极组织实施。完成杉杉能源110KV变电站改造工程并投入运营。

（席　黎）

国家农业科技园区

【银川国家农业科技园区】2018年，银川国家农业科技园区围绕农业、生态、科技、特色、休闲等五个主题，秉着“政府引导，科技支撑，市场导向，农民受益”的宗旨，重点在搭建技术研发平台、新品种引进示范推广、科技培训、企业引进孵化、落实乡村振兴战略等方面取得成效。园区始终坚持把技术创新与成果转化作为重点，以园区科研开发区为核心，构建了西北一流的科技研发与成果转化平台，组建了宁夏（西北）设施园艺工程技术研究中心、宁夏农业物联网工程技术研究中心，建立了规范、高效的科研平台资源共享机制，为园区纵深发展提供了强有力的科技支撑。园区自主培育具有宁夏地方特色的蔬菜新品种5个，引进展示设施蔬菜新品种180个，筛选推广适宜宁夏种植的新品种39个，筛选引进设施果树新品种28个，优选确定5个推广品种，引进优新特花卉新品种37个，在核心区和示范区进行了示范生产。在园区核心区，建设了装备先进的现代设施园艺展示智能化温室、科普温室塔，展示示范的各类型日光温室和塑料大棚，按设施园艺发展规划管理运营，建成现代设施园艺样板基地。同时，在科研大楼建设有6个不同大小、功能完善的培训室，能够同时开展200人的集中培训。通过三区联动，孵化培育了一大批科技型农业龙头企业，仅核心区就有58家大、中、小型企业入驻，其中国家级龙头企业1家、自治区级龙头企业15家、市级龙头企业10家、年销售收入超过1亿元的龙头企业达3家。

【吴忠国家农业科技园区】2018年，吴忠国家农业科技园区土地面积576平方公里，天然草原68万亩，开发耕地16余万亩，成为全国非耕地高效节水绿洲农业的试验田、集散地和“现代农业出经验、出招数的地方”，已经建立宁夏首家农业大数据中心、首家蔬菜院士专家工作站、首家国字号有机食品生产基地，首创“院士＋知名专家＋基地高层次”的人才梯队模式。园区奶牛存栏达到5.3万头，奶产量19.4万吨，实现产值7.2亿元；肉牛饲养量3.4万头，出栏2.1万头，产值2.6亿元；肉羊饲养量7万只，出栏4.7万只，产值0.5亿元；瓜菜1.1万亩，产量4.2万吨，产值0.8亿元；枸杞3393亩，产量133.3吨，实现产值480万元。2018年企业自筹科技项目资金1363万元，争取园区专项资金1000万元。园区持续优化营商环境，2018年完成建设项目19个，总投资达9.5亿元，由园区主持申报的中国（宁夏）奶业研究院揭牌成立。着力打造有机食品生产示范区，先后举办农产品质量安全监管暨“三品一标”认证培训班3期，认证苹果等有机食品4项，种植面积达到9000亩，养殖数量达到1900头，园区已被环保部有机食品发展中心列为“国家有机食品生产基地建设示范区”；引进试验示范农作物新品种74个，开展新技术研究14项，配合科研院所实施基础性试验10项，与企业联合申报专利5项。

【石嘴山国家农业科技园区】2018年，石嘴山国家农业科技园区，核心区完成投资6.84亿元，总产值达到6.49亿元；良种化率达到100%，机械化作业率达到85%以上，农产品农（兽）药残留合格率达到97%，农产品加工转化率达到75.8%，信息化率达到100%；研发与集成关键技术47项，新建专家大院3个，培养领军型学科带头人6名，培育科技特派员创办企业45家，培育壮大科技型龙头企业25家，建设农村信息化服务点58个，培养基层专业技术人员294名，农业科技进步贡献率达67.03%。园区核心区建设面积达到3.97万亩，示范区建成面积达到31.04万亩，辐射区面积133.12万亩。其中，农作物种业产业核心区1.5万亩，建成各类农作物制种园区16个，农作物制种面积达到15.21万亩，优质肉羊核心区5300亩。建成肉羊标准化示范场30个、优质肉羊加工龙头企业2家、肉羊良种繁育中心1个，生态水产核心区7800亩，现有重点养殖企业15家，其中自治区农业产业化龙头企业1家、市级3家，建成名特优新养殖基地5万余亩，露地瓜菜核心区1.16万亩，建成了市级露地瓜菜产业创新园。获批院士工作站1个，省级创新中心4家，院士专家工作站1家，自治区级研究所1家，16个专业实验室，推动山东省科技厅在园区建设山东种业西繁基地，共有8个山东育种品种落户并进行种植试验。

【固原国家农业科技园区】2018年，固原国家农业科技园区建成核心区2.12万亩，其中马铃薯·蔬菜面积1.02万亩，中药材面积0.52万亩，肉牛面积0.58万亩。示范区建成面积33万亩，马铃薯·蔬菜面积20.3万亩，中药材产业面积6.8万亩，肉牛产业面积5.9万亩。辐射区

140万亩，其中马铃薯·蔬菜产业60万亩，中药材产业35万亩，肉牛产业45万亩。2018年园区注册商标数11个，通过认定的三品一标数6个，授权专利总数34个，其中授权发明专利数12个，R&D投入3376.7万元。园区拥有研发机构8所，全年推广新品种、新技术和新设施数100个，园区入驻企业总数37家，新型经营主体6个。园区已经建成国家马铃薯改良中心固原分中心，有省级技术创新中心13家、省级试验基地2个、省级农业工程技术研究中心2个。以固原天启薯业公司为主导，建立马铃薯三级繁育体系，全年繁育原原种6000万粒，示范应用组培苗茎尖剥离脱毒等技术，示范推广庄薯3号、青薯9号等10多个马铃薯品种，主导品种覆盖率达到99.6%，完成农民培训4370人（次），带动当地农户3.7万人。

【中卫国家农业科技园区】2018年，中卫国家农业科技园区，核心区建成面积2.39万亩，示范区建成面积60.8万亩，辐射区建成面积304.1万亩。完成投资6.77亿元，实现产值19.69亿元。全年园区土地产出率达到3.03万元/亩，投入产出比1∶3.61，农民人均可支配收入1.2万元，比全市农民人均可支配收入增加2020元。农业科技创新园建设了科技支撑、农业信息化、投融资服务、农产品质量安全保障四大体系，优质枸杞产业区建成核心区面积8000亩，开展了种植和深加工技术研发，开发液态枸杞系列产品等特殊膳食食品，特色瓜菜产业区建设富硒硒砂瓜标准化生产基地7000亩，开展技术研发，完善农产品品牌保护体系，完成无土穴盘集约化育苗610万株，示范推广叶菜类新品种10个。生态草畜产业区奶牛存栏1万头，日产鲜奶120吨，精品苹果产业区新建矮砧密植示范园250亩，应用示范果园连作障碍防控技术等新技术，建成1000吨果蔬脆片加工生产线，向精深加工转变。培育品牌共组织实施8个科技项目，获得财政投入资金678.52万元。“苹果矮砧集约栽培技术集成研发与示范”项目开展4个课题的研究，引进矮化密植新品种苗木2.7万株，苗木成活率95%以上，节水40%左右，肥料利用率提高25%，节水节肥效果明显；“奶牛养殖场‘物联网+’技术应用与示范”项目，实现了奶牛规模养殖场生产全程信息化管理；“枸杞功能性食品制造关键技术研究及产业化”项目，开发了液体及片剂2种特膳食品，建立了一条特殊膳食生产线，年生产能力达到1500吨。

（于浩　马鹏）

自治区级开发区和园区建设

宁夏永宁工业园区

【概况】2018年，园区共开工建设社会类投资项目26个，计划投资15亿元，1—11月，完成固定资产投资7.23亿元，同比下降39.23%。1—11月，55家规模以上企业完成工业总产值36.04亿元，同比下降43.69%；完成工业销售产值36.3亿元，同比下降56.44%；完成工业增加值8.76亿元，同比下降47.95%；完成出口交货值9.84亿元，同比下降54.04%；实现主营业务收入41.02亿元，同比下降47.8%；实现利润总额-5480万元，同比下降119.6%；上缴税金9499万元，同比下降39.3%。商贸物流企业完成交易额150.46亿元，同比下降5.85%。全年园区工业企业可实现总产值40.77亿元，同比下降42.5%；工业增加值10.1亿元，同比下降47.6%。商贸物流企业可实现交易额160亿元，同比下降12.5%。

【招商引资与项目建设】2018年，京东物流、盈石物流、瑞金特隆等12家企业成功落地；正在对接中交集团氢能产业示范基地、天山集团房产和文旅等项目，加快项目签约落地，确保尽早开工建设。鼓励引导园区企业改造低容积率厂房，在不改变土地用途的前提下，提高利用率和容积率。清理闲置土地，建立低效用地、“占而未用”项目退出机制，通过资产重组、产权转让等措施加大对44家“僵尸企业”清退工作力度，大力实施“腾笼换鸟”。对停破产企业的厂房、土地引进“新资金、新企业、新项目”，实现“凤凰涅槃”。2018年，园区开工项目共26个，计划投资13.35亿元，已完成固定资产投资7.2亿元，同比下降48%。

【产业结构优化升级】2018年，园区打造双创孵化示范区，支持中科院宁夏创业谷孵化基地发展；打造洛可可创意设计基地，争取将其培育成西北一流文化创意小镇，营造创新创业氛围；加快京东“亚洲一号”永宁运营中心项目、盈石银川电商产业园项目开工建设，力争早日建成投产；加快建设比亚迪银川新能源生产基地，自首台新能源大巴车于9月18日正式下线以来，已生产约100台新能源大巴车，可实现年产值10亿元。

【环保治理】2018年，园区加快燃煤锅炉拆除进度，年度淘汰任务为17台，已全部拆除改造完毕。按照全面整治、转型发展的要求，自8月21日起，派驻工作组分别入驻启元、泰瑞、二污厂3家重点治污企业，通过制定方案、梳理问题、逐项解决等方式，加大环保治理力度。截至年底，启元药业全面关停了4条红霉素生产车间。驻企业工作组每天进入企业生产车间督促检查，随时掌握已封停罐体状态，了解企业实际生产运行情况。邀请自治区经信委专家对企业安全生产工作进行全面检查。泰瑞制药已全面停产，正在进行搬迁选址、职工分流安置等方面工作。已在宁东基地环保产业园南区选址680亩土地，自治区经信委已形成泰瑞制药落地宁东基地的意见，报自治区政府审定。北控水务针对出水水质未稳定达标、中控尚未连通、排水口未按照相关要求采取防护措施、厂区道路环境卫生较差等问题，下发《关于永宁（望远）第二污水处理厂出水水质稳定达标、中控连通、污泥清运的函》和《限期整改通知书》，督促北控水务组织专家对中控连通尽快进行验收，并在规定期限内解决污水处理排放总氮不达标问题，形成长效机制；针对污水处理费未结算问题，联合县财政、环保等部门对永宁县第二（望远）污水处理厂污水处理服务费结算情况进行了核实，完成《北控水务二期污水处理水价评估报告》，并经专家论证后提请县委政府研究；针对水价未明确问题，工作组安排人员对银川市9个污水处理厂的污水处理费进行调研，并询问了污水处理费单价，在充分调研了解的基础上，委托第三方公司编制北控水务二期污水处理水价评估报告。

【经济运行监测】2018年1—11月，园区六大主导产业产值均呈下降态势。其中印刷包装业下降幅度不大，完成工业总产值5.12亿元，占园区总产值的14.21%，同比下降1.96%。随着国家环保督查力度不断加大，关停一批环保不达标造纸企业，包装纸原材料价格不断上涨，产成品价格逐步上升，同比上涨10%，同时因市场需求不断增大，客户订单稳定并逐步增加等积极因素，印刷包装业受经济下行形势影响不大。其中龙头企业和瑞包装完成工业产值4.15亿元，同比增长7.11%，占印刷包装产业的82.71%。“五降”即生物发酵与制药、机械加工制造、建材及装饰、电气制造、食品及农副产品加工五大产业呈下降趋势。其中生物发酵与制药、机械加工制造、建材及装饰、电气制造、食品及农副产品加工分别完成工业产值15.93亿元、2.1亿元、3.65亿元、3.13亿元、3.61亿元，分别占园区总产值的44.2%、5.83%、10.13%、8.68%、10.02%，同比下降56.52%、51.77%、35.92%、28.04%、27.16%。生物发酵与制药业骨干企业泰瑞6月份停产，启元半停产，使整体产值下降幅度大，严重影响了园区的经济总量，其他四个产业受国内市场需求不足，订单相对较少，资金周转周期长，原材料价格上涨等不利因素影响，均出现不同程度的下降，逆向拉动园区整体工业经济下降。

【优势产业集群化发展】2018年，园区依托启元、泰瑞等生物制药企业，大力推进生物医药产业集群化发展。1—11月园区生物医药企业完成产值15.93亿元，同比下降56.52%，其中，泰瑞因环保督查已停产，启动搬迁，启元完成产值9.21亿元，占生物发酵产业的57.82%。依托正德源科技、凤凰城智能制造、人和管业等新型装配式建筑材料生产企业，开展以商招商，大力推进装配式建筑产业化集群发展。1—11月，园区建筑及建材产业完成产值3.65亿元，同比下降35.92%，其中森淼工程完成产值1.4亿元，占该产业的38.36%。支持和瑞包装、银浙包装产业园等包装印刷企业实施技改和扩规提档，推进造纸包装产业集群化发展。1—11月，园区印刷包装企业完成产值5.15亿元，同比增长7.11%，其中和瑞包装完成产值4.15亿元，在该产业占比80.58%，成为引领园区印刷包装产业发展的龙头。依托闽宁产业城东西协作窗口优势，重点培育以新能源汽车及配套电池等生产制造为主的新能源车辆制造产业集群。重点建设比亚迪年产2000辆大巴车、年产50千米云轨项目，推进氢燃料电池产业聚集闽宁产业城。比亚迪电动大巴车于9月18日正式投产下线。依托园区15家商贸物流市场，推进商贸物流产业集群化发展。主动联系园区内的中联信（宁夏）担保股份有限公司，帮助有融资需求的物流市场商户进行抵押融资，缓解企业发展户燃眉之急，共为87家企业提供超过1.2亿元的发展资金。

（席　黎）

宁夏贺兰工业园区

【概况】2018年1—9月，园区102家规模以上工业企业累计完成工业总产值49.06亿元，同比下降14.4%；完成销售总产值47.05亿元，产销率95.9%；69家限上商贸企业累计完成销售额85.7亿元，同比下降0.6%；累计完成固定资产投资18.04亿元，税收10.45亿元。受经济下行压力、环保、经济数据修正影响，园区经济持续下滑，经济数据波动较大。全年完成规上工业总产值66亿元，限上销售额115亿元，电商总销售额13亿元；全年完成固定资产投资20.6亿元，完成税收14亿元。

【招商引资】2018年，园区对接招商引资项目37个，概算总投资59亿元。其中，宁夏永成互联网医美共享医院及抗衰老研究中心等13个项目确定落地建设，北斗位置数据（宁夏）分中心项等8个项目已完成签约。

【项目建设】2018年，园区共谋划建设项目51个，概算总投资147.1亿元，年度计划投资43.8亿元。其中新建、续建项目44个，概算总投资141.81亿元，年度计划投资40.83亿元；技改项目7个，概算总投资5.29亿元，年度计划投资2.97亿元。截至年底，实际开工建设项目36个，概算总投资87亿元。7个重点项目中银川华美伟业玻璃棉有限公司年产3万吨玻璃岩棉项目、宁夏泰益欣生物科技有限公司501制剂（20000t/a）建设项目设备已安装完成；宁夏汤臣史克生物科技有限公司枸杞食品系列深加工项目已进入正常生产阶段；宁夏银川丽秋玻璃有限公司新建特种玻璃深加工等项目按照时间节点有序推进。

（席　黎）

宁夏平罗工业园区

【概况】2018年1—3季度，园区实现工业总产值223.5亿元，同比增长22.8%（目标209.3亿元，增长15%）；工业增加值33.5亿元，同比增长8.1%，万元产值能耗同比下降17.5%；税金8.8亿元，同比增长90.2%（目标5.3亿元，增长15%）；固定资产投资44.4亿元，同比增长2.3%（目标49.9亿元，增长15%）；完成投资强度125万元/亩（目标180万元/亩），经济密度36.6万元/亩（目标67万元/亩），税收贡献率1.45万元/亩（目标0.85万元/亩），投入产出率93.6%（目标88%），全年完成工业总产值320亿元，投资47亿元，税金11亿元，有力支持地方经济建设。全年，园区计划实施招商项目共50个，计划总投资155亿元，2018年计划完成投资65.5亿元，1—9月，已完成投资22亿元。完成引资1400万元。

【重点项目】2018年，园区计划实施建设项目共77个，计划总投资168.2亿元，2018年计划完成投资76.5亿元，1—10月，已完成投资44.4亿元。其中市县级重点项目20个，计划总投资93.2亿元，2018年计划完成固定资产投资44.5亿元，1—10月，已完成投资25.9亿元。加大科技项目资金争取力度，贝利特中国氰胺产业创新战略联盟建设项目获得中国科技协会2018年创新驱动促力工程示范项目。成立园区专家工作站和科协，与宁夏师范学院化学化工学院签订“实习实训基地培训协议”，柔性引进7名在职博士和4名在读博士。

（席　黎）

吴忠太阳山开发区

【概况】2018年1—11月，开发区完成工业总产值107.6亿元，同比增长30.9%，实现工业增加值增速14.5%；完成固定资产投资46亿元，同比下降19%；一般公共预算收入8874万元，完成年度计划的123%；落实上争资金8300万元，完成年度任务的92%。全年完成工业总产值117亿元，同比增长25.8%；完成固定资产投资46亿元，同比下降19%。

【工业经济】2018年，开发区加强经济运行调度及跟踪监测，确保33家规模以上企业稳定运行。积极落实“降成本30条”及创新驱动等政策，争取电力调节、对标提升、科技创新、技术改造资金，解决企业成本高、融资难等问题，落实低成本化改造、科技创新、新型工业化贴息及直供电等资金6867万元，融资平台担保贷款1.6亿元。2018年新进入规模以企业4家，新增工业产值8亿元。全年完成工业总产值117亿元，同比增长30%，实现工业增加值增速12%。

【项目建设】2018年，开发区先后赴京津冀、长三角等9个省市招商18批次，接待来访企业115家、385人次，洽谈重大意向性项目26个，新签约落地项目12个，协议总投资33.55亿元。全年实施各类项目45个（续建11个，新建15个，重点推进19个），列入市级重点项目18个。宝瑞隆200万吨煤焦油及烷烃综合利用、保障性住房等15个项目建成。宁电投10万千瓦风电、新建墅2500吨轻钢结构制作等10个项目完成基建工程及设备订购。东方园林危险废弃物处置及综合利用、长明6万立方液化天然气应急储气及气化等20个项目正积极推进。全年完成固定资产投资46亿元，同比下降19%。

（席　黎）

宁夏吴忠金积工业园区

【概况】2018年，园区完成工业总产值138亿元，同比增长16%；工业增加值34.25亿元，增长11%；上缴利税3.8亿元；招商引资到位资金75亿元，上争项目资金7793万元，完成固定资产投资21亿元，同比下降16.7%；新增规模以上企业8家，总数达到79家；解决劳动就业2.3万人。全年实施新建、续建工业项目37个，总投资154.8亿元。

【招商引资】2018年，园区借助伊利乳业、恒丰纺织、吴忠仪表、春升源生物科技等一批高科技龙头企业，对接北京首创、山东华达纺织、青岛环球服饰、江苏任天农业科技、河南德威等国内知名大企业、大集团，促成投资19.5亿元的伊利奶产业园、投资5.1亿元的天津春发调味品生产基地、投资3.4亿元的嘉可盛集中供热供气、投资1.6亿元的兴德棉3.5万兆瓦分布式光伏发电、投资1.3亿元的融合科技一般固废综合处理等18个项目签约落地。以承办全国第三届亚麻籽产业发展论坛为契机，积极邀请山东鲁花、上海锦盛、厦门合兴等30多家国内行业龙头企业入园投资考察，全年对接洽谈项目

127个，投资签约金额29.2亿元。加大停产、半停产企业盘活力度，积极牵线搭桥，促成泰伊博公司与青海西麒麟生物公司合作建设虫草保健品研发项目，关马湖乳品公司与陕西方圆集团合作建设电子加速器及辐照装置制造项目。

【招才引智】2018年，园区依托自治区人才高地项目建设，制定招才引智推进措施，柔性引进中科院岳红强博士、华东理工大学张嗣良教授等154名行业高层次人才，协助中捷仪表、法福来食品、钧凯种业挂牌成立三维五轴激光加工、富硒功能农业、优质粮食作物3个博士工作站，组建纺织产业科技创新团队2个，促成红山河食品、智源制造、恒诚仁和纺织等17家企业与江苏大学、江南大学、天津科技大学等高校建立校企合作关系，协助企业签订技术研发协议28项、成果转化协议19项。组织夏进乳业、申能热电、君星坊食品等50多家企业高层管理人员赴苏州工业园区参观培训，联合市科技、工信等部门，邀请中国纺织工业联合会、自治区科技厅、宁夏大学等专家和教授在园区举办科技创新政策解读、知识产权申报、企业经营管理等培训66场（次），培训人员5300多人（次），全力夯实园区绿色转型、高质量发展基础。

【创新能力】2018年，园区实施创新驱动战略，开展工业企业对标和技术改造行动，提升企业科技创新能力。全年帮助企业挖掘申报科技专利117项，总数达到300多项，授权专利占全市的三分之一。宁夏伊利乳业被国际权威机构认定为世界级现代管理优秀奖A类工厂，夏进乳业被评为“中国乳品质量安全管理优秀企业”，“吴忠亚麻籽油”取得国内首个亚麻籽油地理标识，君星坊食品公司连续两年获“中国粮油十佳企业”“中国亚麻籽油10强加工企业”称号，鑫浩源科技公司生物酶法明胶技术入围第七届中国创新创业大赛总决赛，吴忠仪表、法福来食品公司入选自治区智能工厂和数字化车间；恒丰纺织联合青岛大学成功研发石墨烯纺织品、天丝系列涡流纺纱等5项新产品，获得9项实用新型专利。精艺裘皮、黄河电焊机创成国家级高新技术企业，永标实业、高创特能源、金博乐科技获批国家级科技型中小企业，中心焊机、锦和星建材、佳美纸业等30家企业正在积极申报“自治区科技小巨人企业”和“科技型中小企业”。

【服务企业】2018年，园区依托低成本示范园区建设，规划建设标准化食品检测中心、企业创业创新中心、科技企业孵化器等服务平台，帮助入园企业降低生产成本1.8亿元，节约产品检测、研发等费用8000多万元。做好上争项目资金工作，全年申报落实低成本化改造、服务业发展引导、食品安全检测、产业技术协同创新、高新技术产业发展、新型工业化等项目19个，协助伊利乳业、吴忠仪表、恒丰纺织、精艺裘皮等40多家企业争取落实沿黄科技创新实验区、绿色联合体、技术中心补助、工业转型升级等项目资金2.6亿元，帮助夏进乳业、君星坊等36家企业贷款融资3.8亿元，企业发展信心和活力明显增强。大力优化园区营商环境，多方筹措资金启动建设集中供汽供热、给排水、道路、供电、天然气、环保治理等11个基础设施项目，概算投资约3.6亿元。金积核心区集中蒸汽供热实现全覆盖，牛首山产业园集污管网、供热管网、天然气管网主体工程全面竣工，第三污水处理厂、昊盛污水处理厂提标改造和工业固废填埋项目达标运行。

（席　黎）

宁夏青铜峡工业园区

【概况】截至2018年11月末，园区企业累计实现工业产值105.74亿元，同比（上年同期为106.2亿元）下降0.4%（其中区块一为30.19亿元，同比增长13.8%；区块二为55.72亿元，同比增长了2.2%；区块三为19.83亿元，同比下降21.1%）；实现工业销售值104.74亿元，同比（上年同期为104.56亿元）增长了0.2%（其中区块一为30.38亿元，同比增长了23.22%；区块二为55.85亿元，同比下降了2.92%；区块三为18.5亿元，同比下降17.28%）；截至11月底，园区完成固定资产投资9.74亿元（其中区块一完成6.58亿元，区块二完成1.3亿元，区块三完成1.86亿元）。11月，园区147家工业企业（区块一42家，区块二23家，区块三82家）中，实现正常生产企业共94家（其中区块一28家，区块二15家，区块三51家），大部分企业效益相比上年运行呈下降趋势。截至11月底，2018年新申请加入规模以上的5家企业已全部审核通过，至此，园区规模以上企业达到61家（其中区块一20家，区块二6家，区块三35家）。园区全年累计可实现工业产值119亿元。同比增长可达到5.6%。截至11月份，园区各产业中仅有色金属材料和精细化工两大产业同比继续保持上升态势。其他行业同比均呈现下降态势。三大主导产业产值占园区总产值的72.71%，其中有色实现产值12.39亿元，占园区总产值的11.71%，同比（上年同期为11.86亿元）增长4.5%；汽车零部件及智能制造产业实现产值9.92亿元，占园区总产值的9.38%，同比（上年同期为14.29亿元）下降30.55%。其他行业中建材行业实现产值3.41亿元，占园区总产值的3.23%，同比（上年同期为3.63亿元）下降了

0.6%；电力行业实现产值7.67亿元，占园区总产值的7.25%，同比（上年同期为7.88亿元）下降2.7%；粮食及食品加工行业实现产值6.48亿元，占园区总产值的6.13%，同比（上年同期为7.19亿元）下降9.9%；包装印刷行业实现产值2.7亿元，占园区总产值的2.55%，同比（上年同期为2.9亿元）下降了7%。

【重点企业经营状况】2018年，园区电力重点企业：青铜峡铝业发电有限责任公司，1—11月，累计实现工业总产值6.8亿元，同比（上年同期为7.1亿元）下降了4.2%。精细化工重点企业：1—11月，东吴农化公司累计实现产值4.55亿元，同比增长27%；京成天宝公司累计实现产值1.44亿元，同比下降46.7%；利源工贸公司累计实现产值1.37亿元，同比下降2.3%。中电投青鑫碳素公司累计实现产值2.77亿元，同比增长6.2%；中涛新材料公司累计实现产值1.03亿元，同比增长41.3%。有色金属材料重点企业：1—11月，青铜峡铝业分公司累计实现产值47.47亿元，同比增长2.9%；鑫电线缆公司累计实现产值2.18亿元，同比（上年同期为2亿元）增长8.1%；国电投铝业科技公司累计实现产值2亿元，同比（上年同期为2.8亿元）下降28.7%；嘉祺隆公司累计实现产值2.42亿元，同比增长517%；三和冶炼公司累计实现产值1.38亿元；和兴碳基材料公司累计实现产值2.44亿元，同比下降14.9%；鼎辉工贸公司累计实现产值4875万元，同比（上年为4429万元）增长10.1%；锦绣轻合金公司累计实现产值2.28亿元；汽车零部件及智能制造重点企业：1—11月，大海金属科技公司累计实现产值5054万元；苏锡电工公司累计实现产值4309万元，同比（上年同期为3626万元）增长18.8%；苏锡电科公司累计实现产值4249万元，同比（上年同期为3802万元）增长11.8%；新大众机械公司累计实现产值3029万元，同比（上年同期为2201万元）增长37.6%；民乐机械公司累计实现产值2105万元，同比（上年同期为2262万元）下降6.9%；银河滴灌公司累计实现产值2415万元，同比（上年同期为5870万元）下降58.9%；塞上阳光公司累计实现产值1.62亿元，同比（上年同期为1.54亿元）持平；菲斯克轴承公司累计实现产值1577万元，同比（上年同期为1.44亿元）下降89%。建材重点企业：1—11月，天达公司累计实现产值3697万元，同比增长为36.7%；盛远建材公司累计实现产值2256万元，同比增长达44%；瑞通支撑剂公司累计实现产值6535万元，同比增长达29.4%；恒源砼业公司累计实现产值5110万元，同比增长达19.5%；青龙新型管材公司累计实现产值为6953万元，同比下降56.2%。粮食及食品重点企业：1—11月，法福来食品公司累计实现产值7269万元，同比（上年同期为7361万元）下降1.3%；兴豆缘公司累计实现产值2781万元，同比（上年同期为2573万元）增长8.1%；冠锐种业公司累计实现产值2880万元，同比（上年同期为3343万元）下降13.9%；塞外香食品公司累计实现产值2.22亿元，同比（上年同期为2.12亿元）增长4.8%；明珠园食品公司累计实现产值5071万元，同比（上年同期为4100万元）增长23.7%；老苗食品公司累计实现产值5124万元，同比（上年同期为5441万元）下降5.8%；国雄饲料公司累计实现产值4773万元，同比（上年同期为1.5亿元）下降68.4%。包装印刷重点企业：1—11月，润昌实业公司累计实现产值1.06亿元，同比（上年同期为8795万元）增长了20.8%；江南红包装公司累计实现产值3260万元，同比（上年同期为2746万元）增长18.8%；海源包装公司累计实现产值3476万元，同比（上年同期为2047万元）增长69.8%；森源印务公司累计实现产值1603万元，同比（上年同期为2512万元）下降36.2%；金科达公司累计实现产值2035万元，同比（上年同期为2350万元）下降13.4%；绿源塑胶公司累计实现产值1686万元，同比（上年同期为6225万元）下降72.9%。

（席　黎）

宁夏盐池工业园区

【概况】2018年，园区完成工业总产值56.6亿元，同比增长39.75%，其中，规模以上企业完成工业总产值53.1亿元，同比增长43.78%，实现工业增加值15.93亿元，同比增长14%。推进园区低成本化改造，争取自治区园区低成本化改造资金1000万元，年内园区基础设施配套项目建设完成投资1.5亿元，完成宁东至高沙窝园区3万立方米/天供水管线、2500立方米/天污水处理厂、500立方米/天尾水人工湿地、县城2000m³/d污水收集泵站及管网改造等项目建设，年底前园区污水处理设施实现全覆盖。

【产业转型升级】2018年，园区加快骨干企业技改扩建，完成“园区企业对标提升转型发展行动计划”初稿，支持重点企业开展对标提升工作，分行业引导企业聚焦产品、装备、工艺、技术、管理等生产经营环节进行改造升级。完成宁鲁石化20万吨苯乙烯、佳能创科20万吨油气伴生清洁能源、润广石化20万吨石脑油加氢、恒汇鲁丰5万吨甲醇钠等项目建设。强化科技研发，推动深燃众源与中科院理化研究所合作建设BOG提氦项目，提升科技创新水平。金裕海化工有限公司被评为高新技术企业，园区高新技术企业实现零突破。解决中海外瑞丰30万吨煤焦油加氢、黄河汇通60万吨劣质重油改质等新建项目存在的问题，加快推进项目建设进度，壮大主导产业规模，形成产业集群，提升产业竞争力。推行园区招商与市场化招商相结合的方式，开展精准招商。围绕主导产业延链补链招商，与深燃众源、恒汇鲁丰等企业签订招商引资合作框架协议，开展公司化招商，引进宁夏汉唐能源科技有限公司50万吨/年甲醇制乙醇及产业链一体化、宁夏苏沪新材料有限公司9.8万吨/年醋酸衍生产品、宁夏新珂源能源日处理100万方液化天然气等项目，不断培育工业发展新动能。制定《关于盐池县实施创新驱动战略推动工业经济高质量发展的意见》，落实2000万元财政资金，围绕扩规提质、技改技创、兼并重组、创新驱动、融资信贷等28项措施，促进工业经济持续快速发展。2018年园区实施工业项目16个，其中新建项目12个，续建项目4个，年底完成固定资产投资20亿元，园区主导产业产值占比达到65%以上。

【绿色发展】2018年，园区结合环保整治工作，开展工业园区综合整治。淘汰20蒸吨以下燃煤锅炉63台，共79.6蒸吨；改造提升20蒸吨以上燃煤锅炉8台，共165蒸吨。加大园区"散乱污"企业治理，对涉煤和石膏加工企业粉尘、堆场进行整治，27家涉煤企业已有15家全部建设封闭式储煤棚，5家企业转产升级，青山19家石膏加工企业全部整改完成，通过吴忠市考核验收。加大对油气化工企业生产、装卸环节回收装置改造提升力度，强化挥发性有机物治理，确保达标排放。淘汰宁夏恒汇鲁丰10万吨煤焦油加工生产装置。天利丰能源利用有限公司被评为绿色工厂。严把项目准入关，坚持园区、发改委、工业、国土、住建、环保、安监等八部门联审和专家咨询论证制度，实行环保、安全一票否决，严禁不符合要求的项目入园。

（席　黎）

宁夏同心工业园区

【概况】2018年，园区共有入园企业68家，投产企业57家，规模以上企业34家，从业人员3900人，新增就业岗位650个，安排建档立卡贫困户300人。截至12月底，完成工业总产值38.9亿元，同比增长18.27%；完成增加值6亿元，同比增长12.9%。羊绒交易市场可经销原绒1705吨，交易额达10.79亿元。园区工业经济呈现逆势上扬和稳步攀升的态势，成为推动县域经济发展、促进群众脱贫致富的中坚力量。2018年，园区羊绒产业依然稳步发展，完成工业总产值37.4亿元，同比增长9.5%；完成工业增加值18亿元，同比增长9.5%。双维、伊兴等规模以上羊绒加工企业发展迅速，羊绒产业依旧是稳增长的主导力量。大斌、羊博士等羊绒延伸企业高速增长，运营状况喜人，中核防护科技、豫源服装等企业相继投产，闽籍企业纺织加工进入试生产，是拉动园区工业增长的生力军。

【项目建设】2018年，园区投产及建设项目12个，新增入园企业4家。计划投资5.2亿元，已完成投资4.4亿元。投产项目4个：投资1.38亿元的宁夏盛丰源针织品有限公司、宁夏腾波纺织品有限公司；投资2.4亿元的蓝欧纺织生产线建设项目；投资1.5亿元的中核防护品加工项目；投资5000万元的豫源服装加工项目2018年投产，共安排就业650人，为园区工业经济发展再添新力。投资8000万元的闽籍企业纺织加工建设项目已正式投产。进入装修阶段项目1个：投资4281万元的鸭婆豆腐年产1万吨豆制品及豆芽加工建设项目完成厂房室内外装修。主体工程施工项目3个：投资4820万元的宁夏滩羊皮深加工品牌建设项目、投资3900万元的满山红枣业深加工项目已进行厂房主体工程建设、投资4940万元的天予枣业食品饮料科技园项目已进行基础施工。前期准备项目3个：投资9000万元的欣鑫工贸羊绒制品生产线加工项目、投资2.97亿元的回春工贸年产1万吨葡萄籽深加工产业化建设项目、投资2500万元的润德生物5万吨有机枸杞精深加工项目已筹备项目前期工作。

【招商引资】2018年，园区招商引资项目43个，总投资159.03亿元，申报到位资金60.28亿元。其中新建项目38个，申报到位资金51.4亿元，续建项目5个，申报到位资金8.88亿元。分别占区市目标任务55亿元的78.64%、70.92%。制定《工业园区招商引资工作绩效考核办法》，对第三方招商进行考核，按照招商引资成果给予奖励。园区加大招商宣传，拍摄《魅力绒乡·同心同行》招商引资宣传片，印制对外宣传手册1万本；完善县党政信息网招商引资专栏，推动互联网招商信息平台建设。园区丰富招商途径，在"走出去"招商方面，县委、县政府主要领导亲自挂帅，先后到北京、天津、浙江、山东、河北等经济发达地区开展招商推介18次，对接洽谈项目30多个；在"请进来"招商上，邀请福建东莞永春客商、陕西客商及河北客商等外地客商来同心县考察40批次，对接洽谈项目50多个；引进中核集团、河北雄安新区产业转移项目，投资达3.9亿元。

（席　黎）

宁夏中卫工业园区

【概况】2018年，园区完成工业总产值200亿元，同比增长12%；实现主营业务收入210亿元，同比增长4%；实现利润总额7.8亿元，与上年基本持平；电力消费总量88亿千瓦时，同比增长36%；在岗职工人数14019人。园区整体呈现平稳向好发展态势。

【项目建设】2018年，园区加强部门协调，尽量简化项目审批流程，提高审批效率，协助中化锂电池新材料二期、宸宇环保、润安、润华等新建项目加快推进项目规划审核、土地调规、工程质量安全报监等审批事项，促使新建项目尽快开工。加强沟通衔接，及时了解已开工项目建设中存在的问题，为润华熔盐、天线组阵、达天飞艇等项目平整用地，为宸宇环保、中化锂电池新材料项目架设用电专线，规划道路，敷设供排水管道，确保了项目开工所需水、电、路、用地平整等必备条件。帮助协调解决好征地、道路、水电气等配套服务工作，积极做好在建项目的协调服务。抓好督促推进，建立完善了项目包保制度、调度制度、跟踪服务制度、约谈制度等，实行项目建设专员负责、驻点办公、倒排工期，掌握项目进展情况和相关信息，及时研究解决相关问题，强力推进项目建设。截至10月底，中卫工业园区年内新开工建设宁钢集团50兆瓦光伏电站、紫光公司蛋氨酸生产关键工艺技术改造、润安公司年产10万吨硝酸铵钙肥料、联合新澧年产30万吨硅酸钠、紫光川庆A3B2技改等11个项目，其中建成7个项目，完成投资8.79亿元。续建中化国际年产1万吨NCM正极材料、瑞泰系列化工项目、宁夏顺泰冶炼有限公司1X6兆瓦余热发电、宸宇环保无害化处置中心等7个项目，建成4个项目，完成投资5.34亿元。

【招商引资】2018年，园区建立"一个主体、两个方向、三种模式"的招商新机制，全力以赴抓好招商工作。以工业园区为主体进行专项招商；坚持引资和引智并重的招商方向；建立以专业化招商团队为主要招商力量的专业化招商模式，以产业链招商、以商招商、第三方招商为主的产业化招商模式，以服务标准化、接待流程标准化为要求的标准化招商模式。突出大项目招商和园区优势招商，重点引进云计算与军民融合、生物医药、环保产品等关联度大、带动性强的产业，吸引上下游企业集聚发展。目前初步达成投资意向的有河北冀中药业兽用原料药，久日化工光敏材料等12个项目，概算投资94亿元，其中意向明确、规模较大的项目8个。

【生态环境治理】2018年，园区制定出台《中卫工业园区生态环保三年行动方案》《中卫工业园区生态工业园区建设方案》《中卫工业园区僵尸停产散乱污企业整治方案》《中卫工业园区扬尘管控办法》，积极推进中卫工业园区规划环评修编，年底完成报批。开展集中专项排查。围绕"散、乱、污"企业、"僵尸"企业、燃煤锅炉淘汰等园区存在的突出问题开展专项排查行动。按照横向到边、纵向到底的原则，共排查"散、乱、污"企业11家、"僵尸"企业15家、燃煤锅炉31台，梳理问题70余条。形成排查报告并提出处理意见，上报市人民政府研究。开展生态环境保护大检查。配合市环境保护局对园区内企业排污口排放情况进行排查检查，实行环境保护与安全生产联查联促。重点对化工、冶金等高污染生产企业进行细致排查，督促排污单位加强环境管理，正常运行污染治理设施，提高污染物排放达标率。不定期对重点污染源企业自动监控设施开展突查、暗查，对环境安全隐患突出的企业，提请市环保局依法责令停产整治。完成对园区内所有20蒸吨以上燃煤锅炉除尘脱硫脱硝改造，13家企业完成了工业堆场封闭治理，9家企业进行了污水处理设施挥发性有机污染物封闭吸收治理。完成中央第二环境保护反馈问题整改。保质保量完成了"宇光能源"等3起转办件的办理任务，现已结案。推进中央第二环境保护督察组中卫工作组督查反馈问题的整治。对12家园区企业存在的26个环保问题，督促企业逐一制定整改方案，明确整改时限和整改责任人。针对宁夏蓝丰环境问题比较突出，致函其上级公司——江苏苏化集团公司组成专门的工作组进驻蓝丰公司，督促做好整改工作。目前，蓝丰公司完成整改，环保专家已完成预验收。跟踪检查市领导包抓17家重点企业存在问题整治整改落实。

（席　黎）

宁夏中宁工业园区

【概况】2018年，园区引进宁夏泰昌木业有限公司年产8万立方米高端环保生态板材深加工项目落户园区，协调完成硬化厂区地面，完善水、电等基础设施建设；服务宁夏鲁宁重工机械有限公司钢铁铸造项目，协调租赁宏岩矿业公司厂房及设备，根据合同订单生产轴承及其他铁件铸造；组织开展中宁县废旧物品回收站及二手建筑材料交易市场前期的项目备案、招投标、供电线路、坟墓迁移93座等工作。完善园区发展规划、修订完善园区基础设施规划，编制《概念性规划》《宁新工业园区总体规划》以及电力、道路、公共设施等专项规划，并组织完成评审工作。完成投资6000万元，配套完善了园区道路等基础设施建设，平整天元锰业高硅硅锰项目建设用地800余亩；建设天元锰业生活区供水管线8.5公里、物流园区、今飞轮毂公司污水管道2公里，敷设宁华科技公司天然气管道4公里。园区依托“中宁县基于灵活性资源的能源互联网试点示范项目”，申请争取自治区经信委低成本改造专项资金，并获得了自治区经信委的支持，同意拨付2000万元低成本改造资金，支持园区创新改革发展，着力打造低成本示范园区。

【重点项目建设】2018年，园区落实中卫市“6＋8”、中宁县“5＋8”重点工作推进方案、重点项目代办制等工作安排，全力做好重点工作的推进和落实，按时上报项目进展。完成8个重点项目投资10778万元，投资完成率占4.55%。其中已开工项目4个，分别是今飞年产500万件汽车铝合金轮毂项目、兴尔泰120万吨硝基复合肥60万吨水溶肥项目、宁夏华夏特钢有限公司铁路专用线项目、宁夏天元锰业有限公司铁路专用线翻车机系统项目今飞年产500万件汽车铝合金轮毂项目；未开工项目3个，分别是宁夏天元锰业有限公司园区物料带式输送项目、新材料经济循环示范区新区330千伏变电站、宁夏天元硫酸锰有限公司30万吨高纯硫酸锰项目；暂不能实施项目1个，兴尔泰120万吨硝基复合肥60万吨水溶肥项目。

【绿色园区建设】2018年，园区深化园区管理体制改革。配合县委政研室、编办等相关部门共同起草了《中宁县工业(物流)园区优化整合及体制机制改革实施方案》，全力推进园区改革创新。深化电力体制改革。以创建全区电力改革示范试点园区为契机，推进园区直供电交易。1—9月，园区能源管理服务有限公司代理完成交易电量11.88亿千瓦时，为园区企业节约用电成本约3560万元；推进天元锰业2×350兆瓦自备电厂建设，为园区提供电源点支撑；积极协调推进园区电力基础设施配电资产评估入股能源管理服务公司相关事宜。推进园区循环化改造示范项目。7月，中宁工业园区循环化改造示范试点项目顺利通过了国家发改委的终期验收。

【环境污染治理】2018年，园区做好中央第八环保督查组反馈问题的整改工作。严格落实中央第二环境保护督察组转办件，组织环保、安监等部门对天元锰业建立环保工作的长效机制、内部管理制度、环保投入、技术工艺等6个方面进行检查验收；延伸对兴尔泰集团的3家企业的水、气在线监测情况进行检查。共整理资料1500多页，顺利通过中卫市环保局的验收，上报自治区进行销号。全力做好大气污染防治攻坚工作。持续加强对掺煤、配煤企业的专项整治，在上年大气污染防治的基础上，对2家企业进行联合执法，采取有力措施进行查处，震慑了企业的嚣张气焰。对发现的向东洗煤厂和永旺矿业公司顶风露天掺煤、配煤的行为进行了查处。联合环保、供电部门，对向东洗煤厂实施断电，对永旺矿业公司要求限期清理厂地。对中宁电厂、天元锰业集团、兴尔泰集团等14家企业的料场、渣场的封闭覆盖情况进行检查。开展第二次全国污染源普查工作。按照自治区第二次全国污染源普查的要求，抽调人员，与县环保局对接，参加中卫市环保局污染源普查培训班，12人取得普查员证，5月开始对国家名录库企业进行对照清理，逐一进行调查核实，分类指导，形成清查名录。8月底对确定有污染源的50家企业开始按要求配合第三方进行全面普查。做好中央第二环保督查组“回头看”及转办件办理。

（席　黎）

中卫市海兴开发区

【概况】2018年，开发区实现社会总产值4.5亿元，其中工业产值1.75亿元、商贸服务业产值2.75亿元，完成固定资产投资1.1亿元、招商引资到位资金1.75亿元、税收4390万元，经济运行总体平稳。

【招商引资】2018年，开发区推进园区管理体制改革，实施工业转型升级，培育经济发展新动能，打造经济发展新引擎，围绕新能源及装备制造、特色农副产品加工及物流、轻纺三大产业，不断加大招商引资工作力度，通过走出去请进来等方式，先后赴北京、上海等地与企业进行对接洽谈，推进落实麦勒家电产业园、都市牧歌梳绒纺纱羊绒制品加工、大河源中药饮片生产加工、华润集团西北高端肉牛研究院、华润集团高端肉牛精深加工、北京老吾老中医旅居康养基地、海兴维加斯商贸综合体、吉林仟客莱科技有限公司饲料养殖种植综合、上海正广通物流、天然气燃气一体化综合利用、宁夏紫树葡萄酒生产、海兴汽车客运站等招商项目12个，计划投资33.57亿元，完成投资1.75亿元；积极对接浙江恒泰纸箱厂、中商投民用非动力核辐照站保水剂生产基地、杜仲中药材种植及深加工、中康弘旭马铃薯深加工4个招商项目，初步达成合作意向。做好企业办公用房、职工住房、孵化园生产厂房服务管理工作，为企业解决保障性住房60套、办公楼7栋，建成启用小微企业孵化园标准化厂房25栋，引进企业22家，切实解决了企业发展难题。

【项目管理】2018年，开发区做好政府投资项目和社会投资项目备案、审批及项目招投标前期管理工作，做到项目事前、事中和事后监督，完成社会投资项目备案5个、政府投资项目审批7个。批准建设部门实施苋麻河森林公园、人工湿地、交通安全设施、集中供热工程、保障性安居工程、永康街延伸段市政道路、景观亮化工程、小微企业孵化园标准化厂房、人工湿地绿化补栽等政府投资项目9个，计划投资3.01亿元，完成投资6277.9万元。对接联系自治区和中卫市相关厅局申报仓储物流基地、低成本化改造、服务业发展引导资金、农贸市场改造提升、企业“双创”平台等重点项目5个。梳理储备2019年项目15个。

（席　黎）

宁夏固原经济开发区

【概况】2018年1—3季度，开发区完成工业总产值21.5亿元，同比增长94.5%，工业增加值6.45亿元，同比增长78.5%；财政一般公共预算收入0.95亿元，同比增长10.5%；固定资产投资6.9亿元，减少47.6%；招商引资到位资金11.92亿元，减少41.8%。全年完成工业总产值26亿元，增长46%；工业增加值7.8亿元，增长40%；财政一般预算收入1.6亿元；固定资产投资10亿元；招商引资到位资金11.92亿元。

【重点项目建设】2018年，开发区实施重点招商引资项目11个，计划总投资19.4亿元，2018年计划投资27.1亿元，完成投资6.9亿元。对重点招商引资项目，实行责任领导和责任人包抓责任制，加快项目手续办理和建设进度。列入全市重点工作推进方案3个项目：丰源20万锭纺纱项目，总投资10亿元，主要建设轻钢结构厂房、办公生活区、生产配套辅房共8万平方米，购置引进加工设备875台，检验检测设备300台，主要动力设备40套，建成年产2万吨赛络紧密纺纱线技术生产线。纺纱1#车间第一批设备安装完成，8月30日顺利开机试车；纺纱2#车间已完成基础工作；服装加工2#、3#车间已封顶。完成投资2.3亿元。金田阳光义乌小商品城项目，总投资25亿元，主要建设风情小镇、商业综合体和购物中心共60万平方米。天楹循环经济产业园及环卫一体化项目，总投资15亿元，主要建设3条350吨/天垃圾焚烧生产线，1×12兆瓦和1×6兆瓦抽凝式汽轮发电机组。项目核准、环评、安评、能评、社会风险评估等工作全部完成，土地已挂牌。金昱元公司实施年产40万吨高性能聚氯乙烯树脂“填平补齐”项目，形成完整的循环经济产业链项目，已完成工程量的80%。润宇塑业塑料及PVC管材、瑞泽农林科技农业防护网、钻通管道废旧塑料再利用与年产4万吨新型建材项目已建成投运。六盘珍坊亚麻（胡麻）产业项目主体完成，一期项目投产。

【园区建设】2018年，开发区按计划投资基础设施建设项目16个，总投资9.9亿元，其中PPP项目1个（含7个子项目），总投资6.65亿元。其中，新材料产业园污水处理厂项目土建主体工程基本完成。年内完成投资6500万元。完成园区总体规划修编。按照自治区政府《关于促进开发区改革和创新发展的实施意见》和自治区党委、政府关于印发《开发区整合优化和改革创新实施方案》的通知要求，修改完善开发区总体规划，明确产业发展定位、主导产业和限制发展产业，突出园区发展特色。

【招商引资】2018年，开发区开展“招商引资年”活动，共签约项目17个，到位资金11.92亿元。加强与苏宿工业园区合作，引进宁夏欣丰农业蔬菜加工配送及果蔬深加工项目；引进宁夏双文绒业高档羊绒制品、闽宁合作香药植物开发与利用、丝路希望微生物菌剂生产项目；引进上市公司上海孙桥溢佳新型纳米保温材料项目；引进上市公司美年大健康体检中心项目。

【服务企业】2018年，开发区全面推行“保姆式”服务。对新引进的重大项目全程代办，为项目管理层免费提供办公、公寓及必要的设施。全力做好政策惠企工作。整理编印扶持企业政策汇编，组织开展“下企业、送政策、解难题、促发展”活动。积极与区、市相关部门联系对接，共帮助指导辖区30多家企业完成了自治区工业企业贷款风险补偿、新型工业化发展、服务业引导、“专精特新”等项目申报，争取资金800多万元。推动矛盾纠纷化解。开展园区企业矛盾问题大调研，梳理出物流园区和原试验区重点信访事项和矛盾纠纷，并实行包案督办化解责任制。防范化解债务风险。对政府债务认真梳理，同时对辖区企业债务全面调查摸底。通过掌握实情，从苗头上防范债务风险。

（席　黎）

宁夏西吉工业园区

【概况】2018年，园区实现工业总产值2.5亿元，同比降低48.5%；实现主营业务收入2.1亿元，同比降低34.52%；实现利润总额4500万元，同比降低34.91%；完成固定资产投资7100万元，同比降低11%；带动就业800余人。

【项目建设】2018年，园区概算投资577万元的园区天然气管网工程，完成各企业厂区及水云路、慈善大道等管道铺设。概算投资762万元的园区本土企业孵化(创业)园道路工程—安强路,已建成通车。概算投资236万元园区道路连接工程—祥强路,已建成通车。概算投资920万元园区道路工程—永强路,已建成通车。园区630千伏安箱式变站采购项目于2018年5月已完成采购安装并投入运行。概算投资442万元的园区18#厂房及晾晒场建设项目完成施工图纸审查,办理开工建设前期手续。概算投资580万元的闽宁产业示范园给排水、消防及供热设施改造项目完成所有建设内容。园区本土企业孵化(创业)园填土项目完成填土质量勘察及二次审计。

【招商引资】2018年,园区山东水发集团西吉县马铃薯循环产业园、梨花种植、现代田园综合体、冷凉蔬菜仓储加工等综合项目已完成公司注册,现代农业综合观光园项目和马铃薯循环产业园项目的规划设计分别由中国农业大学农业规划科学研究所和甘肃轻纺设计院进行编制;为水发集团派驻西吉项目工作人员提供办公场所和临时宿舍,为规划设计单位提供项目建设所需相关资料,对项目建设流转用地和建设用地进行实地踏勘。北京秋实"宁夏生物蛋白产业项目"完成公司注册,并进行可研编制、厂房改造设计等工作。

【环境保护】2018年,园区按照环保督察工作要求立查立改,中央环保督察组反馈西吉闽宁产业园未建成污水处理设施问题,于2017年12底通过相关部门验收、公示,现已完成销号。严格按照环保要求,根据园区实际情况编制《宁夏吉德慈善产业园突发环境事件应急预案》《宁夏吉德慈善产业园突发环境事件环境风险评估报告》《宁夏吉德慈善产业园突发环境事件应急资源评估报告》,完成编制工作并向县环境监督管理站备案。对园区企业排入城市管网的排污接口进行全面清查,统计核实企业年污水排放量。

(席　黎)

隆德县六盘山工业园区

【概况】2018年,园区入园的41家企业解决就业1940人,其中建档立卡贫困户劳动力277人,占园区就业人数的14.3%;解决就业困难的残疾人55名。2018年底,园区完成政府投资3390万元,企业投资34378万元;园区企业完成工业总产值4亿元,同比增长5.3%;实现工业增加值1.1亿元,同比增长10%;培育新增六盘山中药1家规模以上企业。2018年8月,隆德县六盘山工业园区被固原市人力资源和社会保障局授予"2017—2018年度固原市劳动关系和谐工业园区"称号。

【区域评估和节地评价】2018年,园区水土保持方案、地质灾害危险性评估、地震安全性评价、压覆矿产资源评估报告、水资源论证报告等5项已获自治区相关厅局批复,建设项目安全预评估初稿已完成。对入园企业数量、用地情况,已建成土地、未建成土地、已供应土地、批而未供土地、闲置土地等数据进行统计,园区评价报告已上报自治区国土厅利用处审核。

(席　黎)

泾源县轻工产业园区

【概况】2018年,园区新入库工业企业1家,园区5家工业企业实现了联网直报全覆盖。1—9月,完成工业总产值2760万元,同比下降62.2%;实现利润377万元,同比增长11.2%,实现税金237万元,同比增长56.5%。完成固定资产投资26610万元。全年,实现工业总产值2900万元,利润500万元,税收240万元。

【项目建设】2018年,园区实施全县重点建设项目3个,宁夏智慧旅游创业谷项目二期4栋26000平方米创业一体化厂房全部建成,招引旅游、文化、商贸、建材、餐饮、住宿等多种业态22家商户进驻创业,有效促进了园区产城融合、产业融合发展。宁夏不老子生物制剂、泾源县智慧物流产业园项目落地开工建设,已完成基槽、地基工程。

【招商引资】2018年,园区把招商引资作为加快园区转型发展的突破口,围绕"旅游产品开发、农副产品精深加工"主导产业方向,开展赴外招商活动,接待来访客商3批50余人次,引进景兆科技产业园、泾源县智慧物流产业园、天园蜂业等4家招商企业入园筹建。

【创新驱动战略】2018年,园区创业孵化示范基地建设成效显著,以园区整体为依托,建成智慧旅游创业谷、电商孵化园两个孵化载体,开展创业培训31期1316人次,吸引50多家创业主体入园创业,带动就业367人。11月,泾源县轻工产业园区创业孵化示范基地被市人民政府命名为"市级创业孵化示范基地"。园区招才引智工作取得成效,围绕"引进高新技术企业和科技研发团队各1家"的目标,引进与宁夏不老子生物制剂有限公司合作的中国农业大学科研创新团队,就相应的技术支持开展了前期调研洽谈活动,达成了县校合作关系的意向。科技型企业培育工作卓有成效,大田新天地、天沐中蜂申报成为国家科技型中小企业,天沐中蜂新研发的4种蜂蜜产品已申请国家专利。

【服务企业】2018年,园区区域综合评估顺利实施,压覆矿产资源、地质灾害、地震安全性评估、水资源论证基本完成,园区总体规划修编完成后,完成环境影响评估、水土保持方案、评估报告、气候论证、地价评估，将评估成果提供给入园建设项目共享免费使用，为招商项目落地建设节省时间和资金。招商项目产业扶持政策跟进落实，兑现宁夏智慧旅游文化实业发展有限公司、宁夏不老子生物制剂有限公司基础设施建设补助资金1638万元。为电商运营中心、中昂天园食品有限公司、天园蜂业等4家招商企业无偿提供办公场所、水、电、暖、网络、保洁等服务，助力新引进企业轻装前行。创新服务渠道，创建企业服务微信群加强园区与企业互动交流。

【园区绿色发展】2018年，园区落实大气、水、土壤污染防治计划，立足产业发展目录，严把企业准入关，限制项目一律禁止入园。强化日常巡查检查，监督企业严格落实环保“三同时”制度，2个新落地项目完成环评并通过建环部门批复。加强企业污水排放管理，园区企业污水全部通过管道连接进入县污水处理厂集中处理，无偷排、乱排情况。配合建环部门对因污水处理不达标的泾河食品厂依法关停，正在组织实施对该企业的污水处理设施进行改造提升，园区生态环境持续优良。

（席　黎）

彭阳县王洼产业园区

【概况】2018年，园区完成工业产值21.3亿元，增长11.1%，实现工业增加值8.5亿元，增长10.9%，缴纳税收4.7亿元（提供县级财政收入1.3亿元），增长5.2%。园区优化招商硬环境。完成区块3道路及给排水管网二期工程一标段，建成园区道路1.5公里，铺设给水管网1.8公里、污水管网2公里、雨水管网2.6公里，建成污水提升泵站1座，完成工程投资1485万元。实施区块3一期土地平整工程，平整工业用地220亩，完成投资397万元。解决4户拆迁户遗留问题，打通区块3开发五路断头道路100米，优化园区发展硬环境。

【生产经营企业整治】2018年，园区紧盯企业违规生产经营存在的“未经报备许可擅自扩大生产经营范围”“自建厂房未竣工验收擅自投入使用”“厂房消防设施不到位”“出租厂房从事禁止入园产业生产”等6个方面存在的违规问题，排查违规经营企业13家，已整改到位8家。多措并举合力攻坚，提高用地效率。推进入园企业“退低进高”、“腾笼换鸟”，清退产值不高、效益不明显的小微企业3家，累计清退小微企业12家，为入园企业腾出发展空间。督促独立建厂企业扩大厂房建设面积，促使容积率达到规定标准，区块3出让的17宗土地，平均容积率0.62。督促“僵尸企业”转型发展，盘活建设用地。

【科技创新】2018年，园区依托中国科学院微生物研究所雄厚的师资力量和科技实力，在园区建立彭阳县农副产品研发平台，紧盯彭阳特色产业和市场前沿，研发具有彭阳特色的高附加值农副产品，以成果转化推进企业延链、补链、强链。在产品研发方面，致力于“六盘山地椒保健凉茶”和“枸杞蜂王浆口含片”两款产品，获得了相应的专利技术，进入临床试验阶段。专利申请方面，公司已申请4项发明专利、7项实用新型专利和1项外观设计专利。鼓励园区企业申报市级科技型中小企业。园区企业宁夏万升实业有限责任公司、彭阳县利康药业有限公司被固原市科技局认定为固原市第二批“市级科技型中小企业”，彭阳县三泰科技实业有限责任公司、彭阳县虎狮酒业有限公司等9家园区企业积极申报固原市第三批“市级科技型中小企业”认定。

【招商引资】2018年，园区贯彻落实《固原市推进产业招商加快构建现代产业体系扶持政策暂行办法》，紧盯主导产业定位和延伸产业链条，实施精准招商、以商招商、链条招商，招商引进煤矸石分选循环加工利用、杏子产业化经营综合深加工、5000吨中药材深加工3个项目，意向投资总额3.25亿元，中小企业孵化园招商引进彭阳县谷谷润食品加工、伊真尚品火锅底料生产、年产500吨土蜂蜜加工3个项目，意向投资总额2300万元。

【绿色发展】2018年，园区建成区块3污水处理站，安装在线监测设备与数据实时传输系统，与固原市环保局联网在线监测，排污各项指标均达标。落实园区5家涉水企业，建设污水预处理沉淀池。拆除云雾山果品公司和佳丽源薯业有限公司2家企业燃煤锅炉，安装清洁燃气锅炉。关停杜家沟“散乱污”企业1家，已进行转型项目环境影响报告评审。

（席　黎）

NINGXIA YEARBOOK

交通 邮政 通信

JIAOTONG YOUZHENG TONGXIN

编辑◎王晓华

公路水路建设与运输

【概况】2018年，全区完成公路水路交通基础设施固定资产投资179亿元，超过自治区和交通运输部确定的投资计划目标，为稳定全区固定资产投资做出了积极贡献。全年争取国家补助资金67.3亿元、自治区财政安排资金10.9亿元，宁夏交通投资集团公司争取银行贷款60.4亿元，确保了公路建设资金需求。银昆高速机场段改线、京藏高速八车道改扩建望远至金积段、同心至海原高速公路、石嘴山至平罗高速公路、叶盛黄河公路大桥等“四路一桥”如期通车，干线公路网不断完善，主通道通行能力和服务水平显著提升。路网规模持续增长，新增高速公路68公里，升级改造普通国省干线公路238公里，新改建农村公路1600余公里。截至2018年底，全区公路通车里程达3.54万公里，新增约844公里，公路网密度达53.3公里/百平方公里，超过全国平均水平。按等级分，其中高速公路1678公里、一级公路1895公里、二级公路3870公里、三级公路6205公里、四级公路21706公里，等外公路51公里，二级及以上公路占公路总里程21%。按路面类型分高级路面28532公里、次高级路面2651公里、无铺装路面4222公里，高级、次高级路面占公路总里程88%。截至2018年底，全区道路运输经营及相关业户79165户，其中，客运经营业户190户，货运经营业户72594户，机动车维修业户5991户，汽车综合性能检测站44家，机动车驾驶员培训业户73家，汽车租赁及其他业户数273家。全区共有营业性运输车辆121147辆，其中营运载货汽车95865辆（含危险货物运输车辆4807辆），营运载客汽车25282辆（含班线客车3857辆，旅游客车650辆，公交车4312辆，出租车16233辆，租赁及包车客车230辆）。全年共完成公路客运量5342万人次、旅客周转量47.46亿人公里，分别同比下降18%和15%。完成货运量3.18亿吨、货物周转量398.19亿吨公里，货运量同比增长0.3%，周转量同比下降20.4%。

截至2018年底，全区有水上旅游景区16个，其中国家AAAAA级旅游景区3个，有营运资质的水运企业22家。区内沿黄河15个县（市、区）的18个有船乡镇共设置营运性渡口13道，另有浮桥5座。全区共有各类船舶和水上浮动设施663余艘（架），总功率35377千瓦，总客位12238座。全区共有船员1198名，其中二类船员112名，三类船员1086名。全区从事水路运输人员约2100名。航道总里程为129.87公里，其中VI级航道104.69公里，VII级航道10.68公里，等外航道14.5公里。

【基础设施建设】2018年，国家对宁夏政策资金支持保障有力，争取国家补助资金67.3亿元、自治区财政安排资金10.9亿元，宁夏交通投资集团公司争取银行贷款60.4亿元，确保公路建设资金需求。银昆高速等3个国家高速公路待贯通路段、国道344线李旺至同心段等11个改造项目以及石嘴山、灵武、中宁3个综合客运枢纽项目，增列交通运输部“十三五”中期评估调整规划，增强了后期项目建设接续能力。重点交通项目建设进展顺利。开展交通建设“大干180天”攻坚战，落实“周调度、旬督查、月总结”工作机制，保持工程建设进度。全年新建高速公路通车里程68公里，京藏高速改扩建望远至金积双向八车道、麻黄沟至平罗和金积至滚泉半幅，银昆高速机场改线工程、石银高速平罗联络线、同海高速公路、叶盛黄河公路大桥等“四路一桥”全部通车，保障自治区成立60周年大庆的公路运输。乌玛高速青铜峡至中卫、京藏高速改扩建平罗至四十里店段开工建设。S25泾源至华亭控制性工程高峰梁隧道、双疙瘩梁隧道顺利贯通，S60西吉至会宁全线2100根桩基全部完成。实施国道341线海原史店至下小河、国道338线盐池至红寺堡等8条国省道项目及地方干线项目，其中国道327线沟圈至彭阳公路等4个项目已建成通车。推进国道341线黑城至海原、省道310线同心至喊叫水等8个新开工项目前期工作。支持银川都市圈建设。启动银川都市圈交通运输一体化方案研究，补贴资金3.9亿元，支持建设地方交通项目7个，加快银川都市圈公路网互联互通。争取国家车购税资金8500万元促进客运枢纽建设，吴忠综合客运枢纽站开工建设，河东机场综合交通枢纽主体工程完工，全区综合客运枢纽建设实现零突破。银川市成为西部地区首批国家公交都市创建示范城市，实现银川、吴忠、固原市公交一卡通。交通助力扶贫攻坚。以"四好农村路"建设为抓手，统筹贫困地区"建管养运"协调发展，彭阳等6县（区）被评为自治区"四好农村路"示范县，原州区被评为全国"四好农村路"示范县。截至2018年底，全区建制村通硬化路率、农村公路列养率均达100%，建制村通客车率达99.7%，其中脱贫出列的盐池县以及隆德、彭阳、泾源县建制村通客车率达100%。

【行业管理和改革】2018年，全区推进公路交通投融资体制改革，《关于深化公路交通投融资建设和管理体制改革的实施意见》通过自治区党委政府审议。重组宁夏交通投资集团公司，作为全区高速公路"投融建管养运"一体化运行的市场主体。完善非收费公路管理体制，强化国省干线公路公共服务功能。完善制度体系。开展制度建设年活动，推进制度"废改立"。研究完善公路建设招投标管理实施细则，打造公平健康的公路建设市场秩序。制定交通运输厅政治巡察、内部审计、预算管理和合同管理等制度，强化内部管理。增强依法治交能力。开展《宁夏水路交通运输安全条例》立法研究。清理地方性法规规章及规范性文件，废止10件。开展行政处罚、行政检查排查整治。规范公路治超执法行为，取消大件运输车辆通行公路桥梁验算事项，高速公路超限超载率控制在0.3%以内，居各省区市前列。深化"放管服"改革。制定第一批全区交通运输系统权力清单指导目录。试点开展交通运输许可事项"证照分离"改革12项。建设交通运输政务服务"一张网"，取消5项证明和行政许可事项，新增27项"不见面"办理事项，"不见面"办理比例达85%，减少申请材料22项、办理环节30个。

【公路管理和养护】2018年，全区加快项目建设，推进公路养管转型升级。全年投资2.65亿元，实施公路大中修工程19项、场站建设23项，公路品质性能持续提升。高速公路优等路率99.7%，MQI为93.07，PQI为92.35，基本消灭次差路段；普通国省干线优良路率76.48%，MQI为84.91，PQI为81.22。深化隐患整治工作。共投资9190.79万元，完成被冲毁路面恢复重建、排查整治安全隐患点469处，实施生命安全防护工程9项，重新施划标线45.48万平方米，检测高速公路及普通国省干线8354.3公里，检测桥梁234座、隧道4座。开展春秋季公路综合大整治专项行动和迎接自治区60大庆路况及路域环境综合整治，坚持排除隐患，高标准高质量整治中央代表团活动专线、各市（县）出入口、交通立交枢纽和旅游景观通道，营建青银高速贺兰山路收费站至机场段与京藏、福银高速沙湖至固原、中卫两个宣传走廊。共投资4580余万元，处治各类路面病害648千平方米等，提升公路精细化管理水平。对819公里国省干线小修保养实行招标养护，培育小修保养养护市场。推进公路运输降本增效，严格落实各项富民惠民政策，累计免收鲜活农产品运输车辆通行费2.22亿元/131.8万辆，春节等重大节假日免收小客车通行费1.29亿元/497.3万辆。新增ETC车道41条，ETC用户达30万个。实施高速公路差异化收

固原汽车站内，乘客通过电子检票系统进行信息认证

费，落实通行费减免政策，减免通行费4.1亿元。推动"服务有＋畅行宁夏"服务品牌建设，提升收费和路政服务水平，创建品牌示范站30个。接待区内外单位72批次、1035余人参观学习，司乘人员满意度达到97.3%，通行效率提升30%，投诉率降低31%、56个站全年零投诉，单车平均收费时间降低19.5%，职工收费业务整体差错率降低19.3%，"服务有＋畅行宁夏"收费服务品牌已经成为宁夏最美、西部标杆、行业知名的服务品牌。星级创建持续深化。创建星级收费站62个，评选星级收费员1873名，收费系统职工的获得感和幸福感不断增强。固化优化"四联三创"创建模式，建立完善一个平台十个工作体系，逐步将"四联三创"由高速公路推广到普通国省干线。按照跨省联动、区域联合、固流结合、齐抓共治的治超模式，以国省干线为重点，实行治超治洒闭合管理，进行24小时不间断治理。超限超载治理共检测1314.4万车次，超限2.03万车次，卸载1.62万车次，卸载货物11.63万吨，交通运输部大数据统计，全区普通国省干线超限率控制在1%以内，高速公路超限率0.3‰，排名全国第二。不断强化路巡路查，在重要节点实施交通管制157次，完善交通保障应急预案15项，开展应急演练4次，处置交通拥堵188次。突出核心圈建设先行，坚持整合集成、立标突破、转型升级、改革创新的工作主线，把核心圈打造成路网结构优良、服务水平优良、人才技术优良、设施装备优良、公路性能优良、畅行保障优良的升级版。以银川都市圈建设为依托，编制完成银川养管核心圈规划，明确构建"两网三体系六区"的工作重点和创建目标，推动银川、石嘴山、吴忠和宁东一体化发展，形成同城效应、整体优势，示范带动固原、中卫核心圈建设，为提高公路路网效率开辟了新路径。将优质设施装备向核心圈倾斜，投资4744.9万元购置日常保洁、小修保养、应急抢险等养护机械设备118台（套），基本实现养护作业机械化。开展基层站点建设年专项行动，不断优化基层站点布局，解决养护管理梗阻和布局不合理等问题。共投资9429万元，重点完成3个固定治超检测站、1个收费站、1个治超预检站、25个国省干线服务区的建设及26个基层站点燃煤锅炉"煤改气""煤改电"、8个基层站点增设净水及污水处理设备、12个基层站点维修及改造任务。

【道路运输管理】2018年，组织农村客运市场调研，及时开通农村客运班线，助推精准扶贫脱贫工作。全年完成10个建制村通客车任务（下达任务为8个），建制村通客车率达到99.7%。全区73家驾校全部安装计时培训系统，"计时培训、计时收费、先培后付"驾培新模式覆盖率达100%。全年选择新模式报名培训的学员占比达46.5%。继续实施"春潮行动"，为建档立卡贫困户减免驾照学习费用，助力农村群众技术脱贫。加快推进汽车维修电子健康档案建设。印发《关于推进汽车维修电子健康档案系统部署使用的通知》，开展系统培训和推广应用，全区421家维修企业完成对接，占比达99.53%。42.5万辆车建立电子健康档案，同步上传维修数据111.8万辆次，汽车维修行业服务品质得到提升。推进行业供给侧结构性改革，加快客运行业转型升级步伐。完成8家一级客运站、15家二级客运站、7家三级客运站联网售票站务系统的升级改造，全区在运行的二级及以上汽车客运站联网售票覆盖率达到100%，全年联网售票数1016万余张，提升了旅客运输服务水平。鼓励现有班线、包车企业试行商务车取代客车"以大换小"的运营方式，探索并线、并班、一车多资质、循环经营利用等模式，有效降低运营成本，提升运输效率。开通大武口至河东机场快线，对吴忠至河东机场快线进行优化。客运企业积极发展景区专线、通勤包车、校园包车等定制客运服务，提升综合服务能力，满足群众差异化、多样化出行需求。深入开展公交都市创建工作。银川市作为全国第二批公交都市创建城市，经过五年努力，于2018年12月被交通运输部授予"国家公交都市示范城市"，成为西部首个示范城市。推动先进运输组织方式发展。开展全国多式联运试点项目工作，宁夏富海物流公司集装箱公铁海多式联运项目（全国第二批多式联运项目）建设进展顺利，银川公铁物流港多式联运示范工程列入全国第三批试点项目。宁夏新华物流股份有限公司等14家企业通过审核，成为全区第一批区级无车承运人试点企业。加快智慧绿色交通建设，完成货车检测改革任务。全区43家综检站提前完成交通运输部"三检合一"工作任务。开展"车主交钥匙工程"，实现普货车辆经营者一次交费、一次上线、一次检测，一次完成车辆所有审验工作。2018年7月开始，全区共检测普货车辆1.9万余辆，4200余辆普货车辆进行了异地检测，1.5万余辆普货车辆在综检站完成"一站式"审验工作，节约运行成本，提高运输组织效率。推广应用便民IC卡。全区全年发放营运证IC卡6.7万余张、从业资格证IC卡3.5万余张，累计发放营运证IC卡10万余张、从业资格证IC卡5.1万余张。推动道路运输行政执法数据交互及案件、人员的数字化管理，在现场执法信息查验、证据采集、文书处理、信用信息查阅、执法检查等方面，为道路运输行业和社会公众提供便利。实现省级驾培监管服务平台互联互通。完成宁夏驾培监管服务平台与全国平台、宁夏机动车驾驶培训信息系统与公安考试系统的对接,实现全区驾校及培训信息的传输、储存、监管一体化。开展道路货运驾驶员免费网络继续教育,推动中央惠民政策落地生根。全年参加网络免费培训的货运驾驶员达3.6万余人次,有效减轻经营者的负担。实施"绿色汽修"工程。加强维修废弃物管理,加速资源循环利用,健全完善"绿色汽修"创建评价和考核体系,全区170家一、二类维修企业和4S店完成"绿色汽修"创建工作。推广应用新能源车,加速淘汰排放超标和能耗高的老旧车型,全区全年共计报废、注销老旧营运车辆1.2万余辆。鼓励企业广泛应用新型运输工具,优化车辆结构,行业资源集约化利用和环境保护水平有效提升,为打赢蓝天保卫战贡献力量。全区运营新能源公交车1107辆,约占总量的25%。

【海事管理】2018年,全区严格落实责任做好源头管理,发挥自治区地方海事局的业务指导作用,调动基层海事管理机构的主观能动性,督促落实属地管理责任,督促水运企业全面落实安全生产主体责任。做好船舶登记和船员适任证书核发工作,确保船舶适航、船员适任,切实把好安全准入关口。强化日常监管和隐患排查治理。在"五一""十一""端午节""开斋节"、中秋及自治区成立60周年庆祝活动等重点时段组织督查和抽查,及时发布预警信息,有效消除水上交通安全隐患。全年共计检验渡口渡船、旅游船舶、浮桥承压舟等480艘次,确保船舶安全技术状态良好。针对夏秋季节黄河宁夏段特大汛情,指导各市地方海事局与辖区水文、气象部门建立信息通报机制,每日在全区海事系统工作微信群中通报汛情,根据水流量、流速和水位情况对黄河干流航道及时采取封航措施。优化水路运输市场环境。深化"打非治违"等专项活动,严禁农用船载客、严禁违规渡运、取缔非法设渡船舶、清理"三无船舶",民航宁夏管理局对沙湖水域水上飞机项目进行了查处。做好水路运输经营资质年度核查和行业信用信息管理,促进水运市场健康有序发展。加强水上交通安全宣传教育。组织各市海事管理机构开展"水上交通安全知识进校园"系列活动,结合辖区实际促进活动常态化多样化,发放教育读本、传授水上交通安全知识,为中小学生的水上出行构筑安全防线。组织"安全生产月"、街头宣传、进社区等活动,并通过宁夏互联网新闻中心、宁夏广播电台、交通运输厅网站、QQ群等媒体,宣传水上交通安全知识。

【工程建设管理】2018年,宁夏公路建设管理局制定《公路工程设计变更管理问责办法》,加强设计效果跟踪评估和设计审查,及时调整优化设计。加强公路工程设计动态管理,项目建设管理人员全程参与勘察设计工作,多方论证、反复评价、严格审查,努力提高设计深度,确保公路工程设计的科学性、合理性,有效发挥设计在工程建设中的先导作用。引导设计单位做好设计回访工作,组织对京藏改扩建滚泉至桃山段、S60西吉至会宁公路等项目开展设计回访,提高设计服务水平。加强招投标管理工作。启动《宁夏回族自治区公路工程建设项目招标投标管理实施细则》起草工作,着手从完善制度入手,规范招投标管理。强化公路工程招标文件编制管理,指导宁夏公路建设管理局制定《招标文件审查办法》《招标人代表评标专家库管理办法》,严格审查把关,从源头上防范不正之风。加强招标文件备案和招投标活动监管,全年共备案招标文件104份,加强厅管项目评标过程监管。强化施工过程管理,协调征地拆迁工作,健全公路建设管理局、地方政府、参建单位沟通联动机制,形成合力,为项目建设创造有利条件,协调完成3个项目土地手续报批、5个项目报批组件工作,妥善解决征地拆迁顽疾问题150余项,迁移各类管线近500公里。加强公路工程质量管理工作,排查整改质量隐患62项,清理出场不合格原材料5批次。严格要求参建企业履行招标文件和合同约定,加强监督检查,规范履约行为,督促企业做到人员到位、设备到位、资金到位,对个别项目施工进度缓慢问题,及时约谈企业法人,确保履约质量。加强工程变更管理,规范程序,确保工程变更工作的科学合理性。首次应用宁夏公路建设市场信用信息部省两级互联互通管理系统,严格评价程序,完成126家参建单位信用评价工作,褒奖诚信、惩戒失信,规范公路建设市场。加强农民工工资支付管理,2018年自治区交通运输厅所管91个在建施工及养护工程项目,涉及用工企业142家,共使用农民工3.1万人次,已按时全额发放农民工工资1.1亿元。

【法治建设】2018年,自治区交通运输部门推进交通运输法治政府部门建设,开展自治区法治政府示范单位创建工作,开展法治政府建设第三方评估。加强重点领域立法,委托第三方专业团队进行《宁夏水路交通运输管理条例》立法研究。开展地方性法规规章规范性文件清理,废止10件交通运输厅行政规范性文件。落实规范性文件制定备案规定,年度审查并向自治区政府报备4件行政规范性文件,报备5件党委规范性文件。

扎实开展公平竞争审查工作，有序清理存量政策措施。开展行政处罚、行政检查排查整治工作，强化行政执法督查，督促执法单位加强整改，规范行政执法行为。举办全区交通运输系统第四期行政执法人员培训班，加快推进“十三五”交通运输行政执法综合管理信息系统工程建设。广泛开展法治宣传教育，制定普法责任制及“谁执法谁普法”责任清单，开展宪法知识微信竞答、法治征文、微视频征集等活动，印制500册交通运输法律法规汇编，开展“七五”普法法规汇编，开展“七五”普法中期督导检查，完成“七五”普法第三方评估，法治宣传教育成效显著。积极化解矛盾纠纷，全年办理2起行政复议和1起民事应诉案件。

【“放管服”改革】2018年，自治区交通运输部门健全完善权力清单制度，分两批编制完成《自治区交通运输系统权力清单指导目录》，实现了区、市、县三级交通运输部门行政职权事项名称、类型、依据、编码的统一。落实国务院决定精神，取消了“机动车维修经营许可”“外商投资道路运输业立项审批”等2项行政许可事项，推进“证照分离”改革。有序推进证明事项清理，对4项自治区政府规章设定的证明事项提出取消建议，对51项由法律、行政法规、部门规章设定的证明事项提出清理建议。推进网上办理，建成交通运输厅政务服务综合旗舰店，编制完成《全区交通运输系统政务服务事项目录》，新增不见面事项27项，区、市、县三级交通运输部门政务服务事项“不见面”办理比例由60%提高到85%。推进政务服务事项效率，共减少申请材料22项，减少办理环节30个，压缩审批时间124个工作日，自治区本级政务服务事项审批决定权向窗口首席代表授权率提升至50%。

【信息化建设】2018年，印发《宁夏交通运输信息化“十三五”发展规划》，重点建设项目实施任务分工。开展“十三五”交通运输行政执法综合管理信息系统工程、国家公路网交通情况调查数据采集与服务系统工程（二期）、治超联网管理信息系统等部省联网项目的前期工作。完成全部二级以上车站和部分三级汽车站售票系统的实名制改造，为全区汽车客运站客票实名制管理工作顺利开展奠定了基础。组织召开网络安全和信息化领导小组会议和网络安全工作专题会议，学习宣传《中华人民共和国网络安全法》等法律法规和相关政策，提升各级领导干部的网络安全意识。开展网络安全专项检查、关键信息基础设施调查、电子邮件系统专项检查，夯实网络安全基础工作。采取深入一线检查督查、组织开展全天候值班值守、每天定时通报等多种有效措施，保障党的十九大召开期间全区交通运输行业网络安全工作的平稳有序。完成通信设备巡检312站次，巡检通信管道、光缆2960公里，处理通信设备故障10次，应急抢修光缆中断事故13次，确保全区联网收费、监控通信数据的上传，未造成大面积长时间网络中断事故。做好全区高速公路身份卡、通行卡及费率的发行和维护管理，保证全区收费工作的正常进行。制作身份卡900余张，公务卡及包缴卡700余张。通过优化手机APP、升级短信平台、开发微网站等方式丰富出行服务手段，创新“互联网+出行服务”工作模式，提升出行服务能力，通过网站、微信、微博、短信平台发布各类出行服务信息2600余条，与宁夏交通广播等媒体连线，主动推送路况信息，受众人群达70万次。

【交通科技】2018年，“青兰高速六盘山隧道科研项目”“宁夏公路资产可视化管理平台”“宁夏回族自治区公路建设市场信用信息部省两级互联互通管理系统”“宁夏回族自治区绿色交通制度体系框架研究”等科技项目通过专家评审验收；“SMC常温改性沥青在宁夏地区的应用技术研究”“钢混组合板梁桥面构造标准化施工工艺及质量控制”“宁夏公路桥梁健康管理大数据云平台关键技术研究与工程示范”“宁夏装配式预应力混凝土矮T梁应用研究”“BIM技术在公路勘察设计中的应用研究”等科技项目研究取得阶段性成果。举办“第二届道路养护新技术新工艺新材料新设备交流推广会”。对“预应力孔道排气法压浆施工”等12项施工工法进行关键技术鉴定。发布《乡村公路工程技术标准》（DB 64/T 1505—2017）地方标准并组织宣贯培训。发布《挤密桩法处理公路湿陷性黄土地基技术规范（试行）》《宁夏交通运输行业信息化项目文档规范（试行）》《温拌改性沥青磨耗层技术指南（试行）》等行业技术规范报自治区质量技术监督局审查并发布实施。

【四好农村路建设】2018年，永宁县等6县被命名为第二批自治区级“四好农村路”示范县；原州区通过国家复核验收，被交通运输部、农业农村部、国务院扶贫办联合授予“四好农村路全国示范县”。开展农村公路建设程序及招投标专项治理检查。印发2013—2016年度农村公路建设项目执行建设程序和招投标工作检查结果通报，提出了整改措施和整改期限。对上述问题整改情况、2017—2018年全区农村公路项目基本建设程序及招投标工作进行检查。

【安全生产】2018年，全区共发生道路运输行车事故13起，死亡18人，受伤33人。公路、城际铁路工程建设和水上运输领域未发生亡人事故。推进安全责任体系建设。贯彻落实"党政同责、一岗双责、齐抓共管、失职追责"要求，修订完善《宁夏交通运输厅安全生产委员会及成员单位安全生产工作职责》，交通管理部门与直属单位层层签订安全生产责任书，逐级明确责任任务。制订《宁夏交通运输厅关于公路水路行业安全生产领域改革发展的实施方案》，推进安全生产综合执法改革，强化基层安全生产执法力度，建立健全安全生产监管执法体制。开展"百日安全"行动。实施"平安交通"百日安全专项治理行动，集中开展公路桥梁安全、营运汽车安全、营运驾驶员安全文明驾驶教育培训、文明交通出行宣传教育四个专项行动，有效安全运行水平提升。开展全区危险货物运输专项治理，对涉及5大类问题的60家企业、172条问题逐条整改落实。深刻汲取重庆公交车坠江事故教训，推广应用"道路运输主动安全智能防控系统"，推进城市公交车驾驶区域防护隔离设施安装工作。开展"打非治违"行动。以长途客运、旅游包车、农村客运、危货运输、出租营运、水上运输和公路、城际铁路工程建设等为重点，持续加大安全生产执法检查力度，全年共出动执法人员1.9万余人(次)，查处非法营运出租车1256辆，罚款560余万元，查处客运违法行为为26起，行政处罚40.7万元。以隧道、桥梁和公路工程建设为重点，开展重点项目开工、复工质量和安全生产综合检查，挂牌督办沙坡头黄河特大桥和阅海大桥加固工程，下发巡查通知书12份，全部整改闭合。强化风险管控隐患排查。突出重点领域、重点时段安全监管，整治公路施工、渡口渡船安全隐患，打击非法违法生产经营行为。排查公路工程安全隐患129项，整改率达100%；排查道路运输企业6567家(次)，整改安全隐患459起；检查水运企业54家(次)，整改率100%。坚持风险预控、关口前移，组织开展风险排查评估，实施风险分级管控和动态监控，推进事故预防科学化、信息化、标准化。投入1.1亿元，实施公路安全生命防护工程1653公里，改造危桥26座，及时消除安全隐患，有效遏制了重特大事故的发生。强化重点时段安全检查。全力做好自治区成立60周年庆祝活动、"国庆"等重大活动期间的道路交通安全保障，通过网络、广播等多种渠道及时发布实时路况信息和事故警示通报。采取突击检查、明察暗访、随机抽查、交叉检查等多种方式，对道路运输、公路工程建设、水上运输等重点领域进行专项督查，对发现的问题，制发整改清单，督促落实整改，实现了闭环管理。开展"安全生产月"活动。制订《宁夏交通运输行业2018年"安全生产月"和"安全生产万里行"活动实施方案》，围绕"生命至上，安全发展"主题，大力开展安全知识宣传活动。全年共开展"企业家谈安全生产"讲座9场，组织6支宣讲团进行交通安全法律法规及案例警示教育，举办安全生产培训讲座23场，安全知识竞赛和演讲比赛28场；累计制作宣传展板69块，宣传标语2600余幅，发放宣传材料2万余份，促进了安全生产理念和知识走进基层一线，实现入脑入心。是不断提高应对突发事件能力。修订《宁夏交通运输厅各类突发事件应急预案》，健全应急管理体制机制，加强应急队伍、物资保障和运输保障能力建设，充分发挥宁夏路网监测与应急处置中心和"12328"交通运输监督服务热线作用，及时掌握和发布道路交通事故和天气预报，引导公众科学合理出行。有针对性地组织了防高空坠落、防隧道坍塌、防公交车失火、防水上事故等应急演练，锻炼了队伍，提高了应急指挥和应急处置能力。

【信用体系建设】2018年，修订《宁夏公路建设市场信用信息管理实施细则》，严格失信"黑名单"管理，禁止"老赖"参与宁夏交通建设。建成部省两级互联互通的公路水路建设与运输市场信用信息服务系统，覆盖全区5个地市、22个县(市、区)。建成宁夏信用交通专题网站，落实部门联合惩戒各项合作备忘录，将55辆货运车辆、16名驾驶人，强行闯卡人员3名，计入交通运输部严重违法超限超载运输车辆失信黑名单，有效提升了信用监管效能。总结交通运输信用建设工作成效，在自治区2018年社会信用体系建设领导小组会议上做经验交流。

(陈　丽)

铁路建设与运输

【概况】中国铁路兰州局集团有限公司(原兰州铁路局，简称兰州局集团公司)始建于1956年，地处西部铁路网枢纽的兰州。兰州局集团公司所管辖的路段连接甘、宁、青、新、蒙、陕、川、渝8省(区)及直辖市，是亚欧大陆桥在我国境内的重要区段，是西北交通运输和经济建设的大动脉。截至2018年底，兰州局集团公司铁路营业里程5382.4公里，其中宁夏境内1059.9公里(包兰线361.4公里、宝中线286.4公里、平汝线47公里、干武线11公里、太中线164.6公里、定银线158.9公里、宁东客联线30.6公里)，其正线延展长度1251.8公里。

【铁路运输主要指标】2018年，兰州局集团公司累计完成旅客发送量6049.5万人，其中宁夏境内旅客发送量653万人，占全局旅客发送量的10.79%。完成旅客周转量41278百万人公里，其中宁夏境内4049.53百万人公里，占全局旅客周转量的9.81%。货物发送量7666万吨，其中宁夏境内2658万吨，货物周转量全年完成149161百万吨公里，其中宁夏境内20668.1百万吨公里，占全局货物周转量的13.86%。

【基本建设】2018年，中国铁路总公司下达兰州局集团公司宁夏境内续建项目4个，计177.05亿元；分别为银川至西安铁路甘肃宁夏段143亿元、吴忠至中卫铁路29亿元、平罗铁路综合货场500万元、中卫至兰州铁路5亿元。投资963.63万元，推进固原铁路综合货场建设。

【重要活动】2018年2月11日，宁夏回族自治区副主席刘可为在兰州局集团公司总经理李力和银川铁路办事处主任、党工委书记李金海的陪同下，深入银川车站检查铁路春运及安全生产工作，慰问当班干部职工和公安干警。3月22日，银西高铁银吴段开始铺轨。银西高铁设计时速250公里，是《国家中长期铁路网规划》“京包银兰”大通道的重要组成部分，是中国近年内开工建设第二条设计时速250公里的有砟高速铁路，同时也是中国西北地区首条有砟高铁。4月3日，宁夏回族自治区主席咸辉、副主席刘可为一行深入银吴客专银川东站铺轨现场和河东机场枢纽工地建设现场，对高铁建设进行专题调研，并召开高铁建设座谈会，就贯彻落实李克强总理对宁夏铁路建设的指示精神，全力以赴加快推进宁夏铁路建设发展进行安排部署。6月11—12日，中国铁路总公司副总经理黄民，副总工程师、发改部主任黄殿辉一行，在兰州局集团公司党委书记、董事长杨伟军和总经理李力的陪同下到包银高铁、宝中铁路、天平铁路现场踏勘。7月11日，宁夏回族自治区主席咸辉一行到迎水桥车站，对铁路物流运输业进行调研。咸辉强调迎水桥车站作为宁夏唯一的编组站和西部物流集散点，要肩负起铁路运输职能。7月17日，兰州局集团公司召开2018年第17次总经理办公会，研究通过新增固原市原州区300万元扶贫项目资金的议题。8月16日，包头至银川高铁宁夏段开工建设。宁夏回族自治区党委书记、人大常委会主任石泰峰出席开工仪式并宣布项目开工，自治区党委副书记、主席咸辉和中国铁路总公司副总经理王同军分别致辞。兰州局集团公司党委书记、董事长杨伟军参加开工仪式。12月3—4日，中国铁路总公司党组书记、总经理陆东福，总经济师、办公厅主任韩江平，副总工程师、发改部主任黄殿辉一行与宁夏回族自治区政府主席咸辉就加快宁夏铁路建设进行座谈，并深入固原地区调研铁路扶贫工作。

（杨雍梅）

2018年4月16日，促进固原市全域旅游的专列K1178次“六盘山号”品牌列车从银川火车站缓缓驶出

民用航空建设与运输

【概况】2018年，宁夏机场公司实施“双枢纽”战略，克服经济下行和运输增量调控等不利因素影响，围绕供需两侧持续发力。全区民航实现运输起降8.3万架次、旅客吞吐量941.5万人次、货邮吞吐量5.1万吨，同比分别增长15.4%、14.1%和20.4%。银川机场连续四年实现百万量级跨越，中卫、固原机场均突破20万人次。全区民航完成旅客周转量63.2亿人公里、货邮周转量3288.8万吨公里、运输总周转量5.1亿吨公里，同比分别增长9.2%、15.1%、10.5%。发展环境持续优化，修订《航空运输发展专项资金管理办法》，为引航入宁、打造枢纽提供有力保障。自治区政府与东航、国航等国内大型航企建立了高层互访交流机制，自治区政府与南方航空集团公司签署《战略合作框架协议》，达成推动银川机场枢纽建设，适时设立运营基地等合作共识。银川市政府与南山集团签署《战略合作协议》，为通航发展注入新的活力。枢纽建设加快推进，推动川航迪拜航班稳定运营，促成签订三年合作协议；区域周边800公里内通航的支线机场超过一半。航线网络日益完善，银川机场驻场运力达到15架，同比新增3架；全年航线最高达到104条，同比净增11条；通航点最高

达到75个，同比净增3个；银川至广州、上海、成都、厦门、海口等城市准快线初具规模，银川—西安全货运航班持续稳定运营。支线通航快速发展，中卫机场通航城市达到9个、航线7条，中卫至北京往返航班稳定运营；固原机场通航城市达到6个、航线4条，实现全部大机型运营；月牙湖机场开通至固原的短途航班，成功引进南山集团航校，保障飞行训练1500小时，通用航空发展态势良好；盐池通用机场举办2018年中国（盐池）定点跳伞大赛暨“航空嘉年华”文化旅游系列活动。

【机场建设】2018年，银川国际航空港综合交通枢纽实现阶段性目标，枢纽总图、道路、制冷站、35千伏变电站全面投运，主通道全线贯通，为旅客提供“零换乘、无缝隙”交互式出行体验；T2航站楼国际厅顺利投运，机场国际保障能力大幅跃升，智能通关时代全面开启；重大维修项目高效完成，实施银川机场跑道不停航换板，完成A4联络道维修、北灯光站地基加固等飞行区重大维修项目。

【航空安全】2018年，银川机场压实安全主体责任，对照民航安全运行平稳可控26项举措，分解制定9个方面95项具体措施，开展安全专项整治。制定下发十余项安全规章制度，建立14个单位《运行管理手册》和39个科室《运行手册》，制作岗位关键作业流程教学视频104个，安全管理体系架构更加完善。强化安全管理委员会综合协调职能，建立公安联席会议机制，全年协调解决安全问题56项，机场一体化安全管控更加深入。成立二级单位安全管理机构，延伸监管触角，提升管理能力。排查整治问题隐患123项，发布安全提示预警12期，严格落实“安全隐患零容忍”。梳理岗位风险423项，制定防控措施1300余条，突出变更风险识别管控，顺利实现生产运行各项重大变化安全平稳推进。完成跑道错台治理，根除道面沉降病害，推动机坪加油管线运输，飞行区保障条件改善。建立非全跑道起飞程序，完成机坪塔台管制移交试运行，运行管理委员会正式挂牌运行，进离场航线分离取得阶段成果，机场航班保障能力释放。全年航班放行正常率88.08%。首次承办民航局大型综合实战演练，联合地方救援单位圆满完成，机场综合救援能力得到有效检验和提升。

2018年8月18日，银川河东国际机场T3航站楼出境大厅的边检自助通关通道启用

【航空服务】2018年，银川机场围绕“服务质量重点攻坚”，全面落实民航“真情服务”理念，倾力塑造“塞上空港”品牌。狠抓运行服务保障，银川机场航班放行率居全国同量级机场前列。推出“爱心红丝带”特殊旅客服务产品、建设西北首家多功能特殊旅客服务中心。围绕智慧机场建设，利用人工智能、人脸识别、视频分析等新技术，为旅客打造了全流程无接触、轻松、高效、愉悦的“便捷出行”体验。着力打造专职化中转服务队伍、信息化中转保障流程、集中化中转休息场所、多元化中转服务产品。前置并延伸航空服务至银川市区、盐池、吴忠和石嘴山，建成了西北首座城市候机楼及3座异地城市候机楼，形成集售票、值机、巴士等多种功能为一体的“一站式、无缝隙、体验式”服务。完成自治区成立60周年庆祝活动保障工作。银川河东国际机场获“2017年度民用机场服务质量评价优秀机场”称号。2018年，获国际航空运输协会（IATA）“便捷出行”白金认证，并获评“场外值机”最佳支持机场和最佳创新机场。同年，被民航局确定为民航“无纸化”便捷出行示范单位。

【民航改革】2018年，银川机场围绕“以改革强基础”的工作思路，坚持三个导向，破除瓶颈制约，增强企业发展活力，为将银川河东国际机场打造成西部一流机场积蓄了动能。强化内控建设。以精细化管理为抓手，实施内控体系建设，查找管理漏洞，识别管理风险，制订公司内部风险控制手册，修订投资、基本建设、集中采购管理等相关制度规范。强化机关建设。推广使用钉钉软件，提升智慧办公水平。修订权力清单、责任清单和管理手册，编制办事服务指南，下放管理权限，突出机关管理、服务及决策职能；

强化人才培养。开展全员绩效管理，创新人才培养方式，实施中层管理人员内部授课培训，解决企业发展的核心难题。强化战略合作。与成都民航二所、南京南瑞继保等单位签署《战略合作协议》，扩大银川机场新技术应用、能源智慧管控范围，为持续提升宁夏机场运行效率、绿色机场建设提供不竭动力。

（马千里）

邮 政

【概况】2018年，中国邮政集团公司宁夏分公司（以下简称宁夏分公司）累计完成业务收入4.47亿元，同比增长3.05%；全面完成集团公司下达的利润指标；企业全口径货币资金同比净增加2050万元。全员劳动生产率13.67万元，同比增长2.24%；员工收入同比增长2.46%。服务质量综合满意度82分，申诉满意率100%；建制村直接通邮率100%，《人民日报》等党报党刊县及以上城市当日见报率100%。信息网安全平稳运行。

【普遍服务达标】2018年，宁夏分公司加大对全区邮政普遍服务情况的调研力度，对照新普遍服务标准，完善规章制度，建立问题清单，实现立查立改、逐项销号整改。推进平常邮件质量大提升和客户投诉专项整治等活动，提升服务质量，客户申投诉大幅下降，普通邮件全程时限达标率高于普遍服务标准。争取地方政府和监管部门的支持帮助，争取到自治区建制村通邮建设资金615万元，解决普遍服务投入不足、资金不足等问题。在保证普遍服务运营成本的基础上，全年新增普遍服务资金1100万元，全部用于普遍服务基础设施建设改造。增配投递汽车88辆、电动三轮车113辆，投递PDA500部，安检机20台。创新普遍服务工作方法，通过推进“平罗模式”有效落地，合理调整农村网点布局，加强“邮乐购”站点建设，优化人力资源配置等，充分发挥“邮乐购”站点在普遍服务和业务发展方面的潜能，使农村地区邮政普服网点“建起来、活下来、服务好”，有效推动普遍服务全面达标。全区邮政普遍服务网点四项业务开办率达到100%；县乡投递频次、投递深度、投递时限均达到普遍服务标准。

【邮政改革】2018年，宁夏分公司在全国率先组建区、市、县三级寄递事业部，将速递邮件处理中心整合到银川邮区中心局，优化生产作业流程；整合“11185”、“11183”客服中心，合并业务台席6个。精简压缩人员充实一线揽投力量。加快推进网络重组，开拓地市至省际处理中心夜间集散邮路，有效衔接航空网和省际陆运网，保证当日收寄快递包裹及时出口；建立以地市为中心的本地网络，依托本地网大力发展同城业务，组建市、县城区范围内互寄邮件同城网，全面提升同城互寄邮件传递时限。有序推进银川市揽投网建设，整合原有同城网、盘驳网以及揽投部、揽投段道、自提点等，提升银川市分公司揽投能力。理顺基层计件薪酬标准，实现统一管理考核。启动代理金融、包裹快递、邮务类、普遍服务和农村邮政发展及陆运网五项转型工作。集中转型资金2050万元，配套工资总额和运营成本，切实支撑转型工作。金融业务转型主要集中解决存量客户的留存提升和新客户开发问题；包裹快递业务转型主要集中解决揽收能力提升、业务收入增加的问题；邮务类业务转型主要集中解决“以客户为中心，提高营销体系、渠道平台效能”的问题；普遍服务和农村邮政发展转型主要集中解决普遍服务达标和农村邮政发展的问题；陆运网转型主要集中解决加快邮件全程时限，促进陆运网运行质量指标达标的问题。

【运营管理】2018年，宁夏分公司对市分公司、银川邮区中心局，市分公司对县（区）分公司实施预算质询。帮助基层单位明晰业务发展方向和工作重点，拓宽经营思路，提升各级管理人员的系统思维能力，增强各层面严控成本的意识。强化人工成本管控，严格用工准入制度，严控用工总量。重点对代办费、业务外包费等隐性人工成本加强监控；持续开展网点人力资源优化工作，精简高柜人员，增加厅堂服务营销人员，提升网点人力效能和营销能力。人力资源系统管理应用成绩排名全国第一。针对银川市分公司、银川邮区中心局的人工成本、业务运营成本、网运成本、重点业务效益及内部流程等方面开展对标分析，提升全环节运营效率和效益。强化投资立项和工程统一管控，将固定资产投资与业务发展、信息化建设、经营效益等紧密结合，加强工程闭环管理及成本管控，加大项目建设前置审查及现场勘查力度。完成银川邮件处理中心工程建设和搬迁工作。

【项目合作】2018年，宁夏分公司加快各专业协同发展，充分利用网点、平台、客户及项目等资源，加大各专业协同发展力度，引导各专业由关注自身发展向共同研究市场、研究客户转变，做到客户资源综合利用开发、项目多元化管理，实现专业间联动发展。加大板块间协同发展，落实邮银、邮保联席会议制度；制定宁夏邮政推进市场协同工作指导意见，持续推进与银行、保险、寄递等板块联动。与邮储银行宁夏分行共同做好中邮消费金融、手机银行、对公业务、信用卡、ETC等业务发展及金融风险防控工作；与中邮保险宁夏分公司开展调研互动，共同做好督训师队伍建设、转型骨干网点业务培训等工作。重点加快自办保险业务发展，实现中邮保费1.34亿元，同比增幅19%。寄递事业部物流分公司、银川市分公司与银川邮区中心局通力合作，共同做好“烟草配送”项目。突出抓好汽车产业链、代理中邮保险期交业务、代理消费金融等集团重点推进项目，打造邮政综合产业链。加强总部战略合作项目运作，先后与中石化等单位签署战略合作协议，推进合作共赢。其中烟草、中石化等重点总部客户项目实现收入487.4万元，同比增长10.9%。与宁夏铁塔公司合作成立新能源锂电池“动力试点工作”小组，推进投递车辆动力锂电池试点工作。

【寄递业务】2018年，全区寄递业务共实现收入1.2亿元，同比负增长6.4%。其中，国内标准快递业务收入完成3511万元，同比持平；快递包裹业务收入完成3200万元，同比增长50.3%；国际业务收入完成176万元，同比负增长15.9%；物流业务收入完成4847万元，同比负增长25.7%。运行服务质效位列全国速递质效考核第四小组第一名。标准快递国内问题邮件及时解决率和邮件一次解决率均排名全国第一。快递包裹省际进出口时限达标率、省内互寄次日递率达到集团公司要求的指标值；进口分拣准确率由年初的99.04%提升至99.65%。挂刷、普包省内互寄、同城互寄指标全部达到集团公司要求。但同城邮件次日递率、挂信同城T+2日递率、省内互寄T+5日递率均未达到集团公司指标值。

【寄递网络重组】2018年，开通地市至省际处理中心夜间集散邮路，有效衔接航空网和省际陆运网，保证当日收寄的快递包裹及时出口；建立以地市为中心的本地网络，依托本地网，发展同城业务，组建市、县城区范围内互寄邮件同城网，提升同城互寄邮件传递时限。推进银川市揽投网建设，整合原有同城网、盘驳网，以及揽投部、揽投段道、自提点等，优化段道35条，整合自提点372处，提升了银川市分公司揽投能力。

【寄递市场开发】2018年，全区标准快递业务政务和生鲜寄递市场开发取得新突破。重点推进二代身份证、国税发票、公安交管、互联网＋政务服务项目，身份证寄递项目实现收入136.5万元，同比增长133%；法院专递项目实现收入278.9万元，同比增长46 %；交管项目实现收入55万元，同比增长61%；新开发警牌邮、不动产寄递等项目。联动开发生鲜市场，极速鲜寄递业务实现收入433万元，同比增长35%，生鲜寄递市场得到拓展。加速快递包裹业务发展，拓展电商枸杞轻小件寄递市场，通过推广标准箱业务，推行分仓和集包等作业模式，全区共收寄快递包裹422万件，同比增长134%，增幅列全国第三位。借助中速-DHL、苏迈克斯等非邮渠道，加强红酒、化工产品等的市场开发，全区非邮渠道国际业务实现收入67万元，同比增长15%。聚焦合同物流业务，不断扩大夏进、中石油、中石化等项目运营规模，年内存量项目实现收入3839.6万元，同比增长2%。

（高丽君）

信息通信

【概况】2018年，全区电信业务总量完成463亿元，同比增长126%；营业收入67亿元；全区移动电话用户达到881万户，较上年末净增89万户；固定宽带互联网接入用户达到217万户，移动宽带用户较上年末净增90.7万户，总数达到745.6万户。

【基础设施建设】2018年，全区加快光纤宽带接入网络部署，推动银川、吴忠、固原、中卫4个地级市“宽带中国”示范城市达标，取得三项评优成果。完成固定资产投资21.8亿元，城市区域全部实现光纤覆盖，城市光纤接入能力达到100Mpbs。配合开展“八纵八横”高速铁路网京兰大通道宁夏段沿线通信设施建设，协调解决包银高铁和银西高铁沿线新建基站建设困难，建设配套基站319个、交付194个，完工率达88%、交付使用率达61%。配合开展全区空间规划修编工作，通信基础设施专项规划与空间规划顺利融合。开展行业内铁塔、基站、杆路、管道的共建共享，引导支持宁夏铁塔公司整合各通信企业铁塔建设需求，减少重复建设，降低企业建设成本，全区光缆杆路共享率达74%。严格落实光纤到户国家标准，落实规划红线内宽带基础设施投资纳入项目预算规定，五地市窗口共审批验收新建小区光纤到户工程项目253个，新增光纤宽带端口11.4万个。推广银川“三网融合”试点经验，加快推进各地市电信网、广播电视网双向业务进入。深化电信普遍服务，助力脱贫攻坚，在全部行政村通光纤的基础上，对全区宽带接入能力在12Mpbs以下的302个行政村进行宽带升级改造，对未通宽带的1045个行政村开展宽带新建工作，全区80%的自然村实现光纤宽带覆盖，4G网络覆盖95%的行政村，农村家庭宽带平均接入能力普遍达到50Mpbs，电信普遍服务试点项目一期和二期工程初验全部完成，在电信普遍服务管理支撑平台上对合同约定建设的1306个行政村全部成功点亮，工作成效受到中央纪委监委驻工业和信息化部纪检组电信普遍服务检查组充分肯定。做好通信建设工程项目质量监督申报审核工作，核准通过质量监督申报1864项，竣工备案2306项。开展通信工程质量及安全生产季度检查，加大电信普遍服务试点项目实体检查力度，开展安全生产专项整治行动及相关事故调查处理，督促企业落实主体责任，考核通信工程施工企业三类安全生产管理人员826人，全区通信工程建设安全生产态势保持稳定。落实国务院提速降费专项行动部署，印发宁夏《深入推进网络提速降费2018专项行动实施意见》，及时对提速降费情况进行监测研究，引导各企业积极承担社会责任，全面提高宁夏宽带接入能力，推动资费合理下降，以更快网络、更低资费显著提升全区人民获得感。宁夏固定互联网宽带接入用户中FTTH/O用户占到96%，100M以上宽带接入用户占到83%。互联网互联互通时延及丢包率低于全国平均水平，全区固定宽带平均接入速率指标基本保持平稳，平均为64.2Mbit/s，宽带用户平均可用下载速率较上年同期增长20M以上。用户月均手机流量达到8.8G，全国排名第三位；移动互联网接入流量资费水平5.7元/G，为全国第二低，同比下降56%；固定互联网宽带接入资费水平为38.4元/(户*月)，同比下降20%；家庭宽带接入资费水平20.6元/(户*月)，为全国第二低，同比下降37%，降幅全国排名第一位。

【宁夏信息基础设施指数】2018年，宁夏信息基础设施指数排名全国第十位，居西部12省区市第二位。加大投入力度，强化规划引领。加快光纤宽带接入网络部署，银川、吴忠、固原、中卫四市"宽带中国"示范城市达标完成固定资产投资21.8亿元，城市区域全部实现光纤覆盖，城市光纤接入能力达到100Mpbs。配合开展"八纵八横"高速铁路网京兰大通道宁夏段沿线通信设施建设，协调解决包银高铁和银西高铁沿线新建基站建设困难，建成配套基站319个。完成《宁夏回族自治区信息通信业"十三五"发展规划中期评估报告》，对"十三五"发展规划中指标的实现进度、完成五年规划的趋势以及重点任务情况等进行评估，对规划目标、任务等内容进行了修订。配合开展全区空间规划修编工作，通信基础设施专项规划与空间规划顺利融合。加强共建共享，推动光纤到户。持续开展铁塔、基站、杆路、管道的共建共享，支持宁夏铁塔公司整合各通信企业铁塔建设需求，减少重复建设，全区光缆杆路共享率达74%。严格落实光纤到户国家标准，落实规划红线内宽带基础设施投资纳入项目预算规定，完善政务中心宽带服务窗口设置，五市窗口共审批验收新建小区光纤到户工程项目253个，新增光纤宽带端口11.4万个。推广银川"三网融合"试点经验，加快推进各市电信网、广播电视网双向业务进入。深化普遍服务，助力脱贫攻坚。在全部行政村通光纤的基础上，对全区宽带接入能力在12Mpbs以下的302个行政村进行宽带提升改造，对未通宽带的1045个行政村开展宽带新建工作，全区80%自然村实现光纤宽带覆盖，95%行政村实现4G网络覆盖，农村家庭宽带平均接入能力普遍达到50Mpbs，电信普遍服务试点项目一期和二期工程初验全部完成，在电信普遍服务管理支撑平台上对合同约定建设的1306个行政村全部成功点亮，农村宽带网络建设、信息化应用等工作成效受到工业和信息化部检查组肯定。落实提速降费，促进信息消费。印发《深入推进网络提速降费2018专项行动实施意见》，从光纤宽带升级改造、4/5G网络建设、IPv6网络改造、电信普遍服务等方面进行全面部署。全区固定互联网光纤接入用户占比达到96%，100M以上宽带接入用户占比达到83%，居全国第三位。互联网互联互通时延及丢包率指标整体低于全国平均水平。手机用户月户均流量达到8.1G，居全国第3位；移动互联网接入流量资费水平6.0元/G，全国第二低；家庭宽带接入资费水平21.4元/(户*月)，资费全国第二低，同比下降36%，降幅居全国首位。

【市场监管】2018年，全区各地市开展宽带接入网试点，保障用户自主选择和企业公平接入，鼓励民间资本投资，支持移动通信转售企业、宽带接入网试点企业开展业务。优化审批流程，精简申请材料，对接自治区政务服务大厅网上办事平台，为企业提供便捷的一站式咨询审批服务。完善事中监测和事后评价体系，通过互联网问卷调查、用户满意度调查、服务拨测、服务巡查、申诉重点督办，为事中监测提供依据。拓展"双随机一公开"监管，落实电信业务经营信息年报和公示制度，建立健全电信业务经营不良名单和失信名单，实施全流程信用监管，配合自治区开展社会信用体系联合建设。审核发放增值电信业务经营许可证21家，受理企业许可变更事项36家，持有宁夏增值电信业务经营许可证的企业达到105家。强化行业自律，开展电信市场不定期暗访检查，规范市场接入、经营和宣传行为，严厉惩治非法经营、业务强制捆绑销售、虚假宣传、诱导消费、故意诋毁竞争对手等不正当竞争行为。继续以"两条红线"为基准，分层级、分类别制定行业纠风考核细则，形成以日常监管、第三方暗访和网络调查为抓手的监管方式，对上年度服务明星和明星班组进行了表彰，推动全区信息通信行业作风建设再上台阶。充分发挥“12300”和“12315”联动机制，通过“绿色通道”处理12315投诉近1000件，受理各类电信用户申诉案件18件。以定期座谈、暗访检查为抓手，重点抓好电话实名制三排查（五证一户、特殊用户、电子渠道排查）、两升级（系统软、硬件升级）、一整治（行业应用卡整治）工作，加强实名制落实政策宣贯和业务培训。开展实名制数据抽查和实名制暗访检查450多次，与公安厅协商处理港澳台居民身份证入网手续，确保实名制新规范全面落实。提升软硬件配备和队伍建设水平，推进惩治治理电信网络新型违法犯罪活动。制订《骚扰电话综合整治工作方案》，建立日常联络机制，会同自治区15个部门开展综合整治工作，发现骚扰源200户，频次64万次，封停185户。反诈系统拦截各类呼叫5565万次，拦截诈骗号码12万个，拦截被叫号码505万个，向公安机关推送高度疑似诈骗电话号码1005个，为群众挽回经济损失1384万元，全区通讯诈骗立案数量同比下降33%，经济损失下降35%。将垃圾短信息治理工作纳入行风建设和纠风工作考核内容，及时约谈相关移动通讯转售企业，垃圾短信息治理成果明显。拦截垃圾短信息2000万条，拦截发送垃圾短信号码58万个，在工业和信息化部的月度举报率排名通报中，宁夏各运营企业无一上榜。

【互联网管理】2018年，启动全区IPv6规模部署专项督查，重点对各基础电信运营企业和11家增值电信企业开展网络安全检查，加强网络与信息安全责任季度考核，定期召开网络安全工作例会，推动企业落实网络与信息安全主体责任。组织企业积极参加各类网络安全攻防技术竞赛，提升了网络安全应急协调组织能力和应急响应水平。进行网站常规备案审核1606个，变更审核1074个，注销审核910个，宁夏备案网站主体达10167个，备案网站总数达13630个，配合相关部门关闭违法违规网站164个。完善国防信息动员潜力资源管理系统信息数据库，不断拓宽军民融合发展的保障通道。牵头成立信息通信业网络安全保障领导小组，组建通信网运行安全、信息安全及重点场所应急通信保障等应急支撑技术保障队伍，开展对各基础网络、互联网安全保障的预检预修及专项监督检查，强化各重点岗位应急值守和网络安全威胁监测处置，有效保障全区信息通信网及互联网的安全运行和信息畅通，圆满完成全国两会、自治区成立60周年大庆、上合峰会等重要节点期间网络运行安全、网络与信息安全及各项应急通信保障任务。组织各企业开展各类应急通信演练56次，派出应急保障车辆100车次，出动应急保障人员284人次，完成各类应急通信保障任务40余次。

【手机App安全检测监管平台】2018年，“宁夏移动互联网智能终端应用软件（APP）安全检测监管平台”建成，形成手机APP线下线上综合安全监管能力。平台线下部分，通过在全区69家运营商营业厅（电信、移动、联通各23家）布放APP安全检测设备，为广大手机用户免费提供流通渠道手机APP安全检测服务。截至年底，各营业厅已累计检测手机7500余部，检测APP21.6万余款，检测出“净化大师”“内存清理”“刷机精灵”等问题APP113款，问题类型主要包括恶意下载、资费消耗、隐私泄露等。平台线上部分，将国家移动恶意程序标准样本与三家基础电信企业上传的移动互联网应用程序样本进行比对分析，专业判定上报样本是否为问题APP，并下发各运营商进行处置。宁夏各基础电信企业通过平台累计上报移动互联网应用程序210余万件，经比对检测后判定恶意APP 5466款，主要涉及隐私窃取、恶意扣费、流氓行为等问题。对于平台监测到的问题APP列表及提供APP安全检测服务的营业网点，宁夏通信管理局定期向电信企业和社会进行通报，并在全区各电信企业营业厅进行公示，提醒手机用户保护个人信息安全。

【增值电信企业网络安全检查】2018年9月12—25日，宁夏通信管理局联合国家计算机网络与信息安全管理中心宁夏分中心，分别对宁夏新传媒公司、西部安全认证中心公司、宁夏西部云基地科技公司和宁夏誉成云创数据投资公司等4家增值电信企业（指利用公共网络基础设施提供附加的电信和信息服务业务的企业）开展网络安全检查和安全防护技术检测。网络安全检查依据《网络安全法》《通信网络安全防护管理办法》《电信和互联网用户个人信息保护规定》等有关法律法规，通过当场询问、查阅资料、现场检测、渗透测试和漏洞扫描等方式，重点对增值电信企业网络安全制度建设、网络安全防护系列标准符合情况、重要系统可能存在的弱口令、中高危漏洞和其他网络安全风险隐患等方面进行检查和技术检测。总体来看，多数被检企业较为重视网络安全和系统安全防护工作，能够按规定投入必要的网络安全保障资金。备查企业均配备了网络安全专职工作人员，建立了一定的网络安全管理和运行维护制度。多数企业初步建立了网络安全应急预案并实施了演练，网络安全意识和防护技能有较大提高。多数企业具备一定的网络安全防护手段，部分企业配备了防火墙、堡垒机、安全审计、入侵检测等网络安全设备，能够定期开展系统升级和补丁更新，网络安全管理和网络安全防护情况总体良好。检查中发现的主要问题是部分企业存在网络安全制度不够健全、系统备份恢复措施不足、网络设备未配置安全策略、存在弱口令及远程命令漏洞等问题。检查对相关问题企业提出通报批评并责令改正，若整改不力将纳入工业和信息化部电信业务经营不良名单。

【政务信息公开】2018年，宁夏通信管理局门户网站更新信息发布701条，其中：时政要闻277条，重点工作276条，工作动态8条，管局公告24条，信息通信发展20条，信息通信管理34条，行业统计7条，政策法规18条，网上办事4条，网络与信息安全19条，通信工程质量监督与安全生产10条，互动访谈11条。2018年2月发布《宁夏通信管理局2017年度政府信息公开工作年度报告》。办理局长信箱群众来信14件。主动公开的政府信息中，重点做好与人民群众利益密切相关的信息公开。重视加强信息通信行业有关法律法规的公开，及时转载、发布了《通信建设工程质量监督管理规定》《工业和信息化部“双随机一公开”监管实施办法》等规章及相关解读。加强行政服务事项办理公开，及时公布了非经营性互联网信息服务备案模板材料。加强电信服务质量信息公开，及时向社会发布全区电信行业服务质量通告。加强规范性文件公开，及时公布了《宁夏回族自治区通信管理局信息通信服务质量督办管理暂行办法》等文件。推进宽带网络建设信息公开，及时公开了国务院、工业和信息化部、地方党委政府、通信管理局关于行业发展的各类部署、规划等政策信息。推进通信建设领域工程项目质量监督和安全生产信息公开，及时通报了在质量监督、安全生产监督检查中发现的企业违规行为。并按有关要求主动向社会公开了自治区人大代表建议政协委员提案答复意见。

（王晓东）

NINGXIA YEARBOOK

住房和城乡建设

ZHUFANGHECHENGXIANGJIANSHE

编辑◎贾虎林

综 述

【概况】2018年，自治区住房和城乡建设系统以深化供给侧结构性改革为主线，以高质量发展为要求，落实自治区第十二次党代会工作部署，统筹抓好住建领域稳增长、促改革、调结构、惠民生、防风险各项工作，取得成效。启动银川都市圈建设，设立专项投资基金，推动基础设施互联互通，银川国际航空港综合交通枢纽基本建成，西线供水工程等稳步推进，“三市一地”一体化态势正在形成。固原海绵城市和国家新型城镇化综合试点、中卫全域旅游示范市创建步伐加快。全区城镇化率提高到58.9%。出台乡村振兴战略规划和意见，实施农村人居环境整治三年行动。改造城镇棚户区住房3万套、农村危窑危房3.3万户，21.3万城乡住房困难群众喜迁新居。建设美丽小城镇20个、美丽村庄126个、特色小镇12个，完成农村污水处理及改厕3.2万户，所有行政村通了硬化路，农村自来水普及率达84%。

【规划管控】2018年，全区坚持规划龙头地位，科学布局、引导调控全区城乡建设。研究制定《历史文化名城名镇名村保护评估制度》，指导各市对已确定的历史特色街区和历史建筑进行挂牌保护。严格勘察设计行业监管，研发完成宁夏施工图电子审查管理平台，制定《宁夏回族自治区工程勘察设计企业和从业人员信用评价管理办法》。推进城市建成区违法建设专项治理工作五年行动，累计查处违法建设30.4万平方米。

【住房保障】2018年，全区完成城镇棚户区住房改造3万套，棚改货币化安置1.8万套，完成投资51.3亿元，发放城镇住房保障家庭租赁补贴1.2万户，公共租赁住房累计分配17.6万套，累计入住15.6万套。累计对18.7万户住房困难家庭实施住房保障。共争取中央财政专项补助资金9亿元，2018年全区棚改套均补助资金达到6.7万元，为历年最高。在全国率先推行住房保障档案星级管理标准化工作。精准推进农村危窑危房改造，完成危窑危房改造31026户，完成固定资产投资24.8亿元。完成房地产开发投资430.2亿元，新建商品房销售892万平方米，住房公积金缴存79.5亿元。

【优化城市功能】2018年，全区统筹实施城镇化重点项目466个。科学推进地下综合管廊建设，全区共开工建设地下综合管廊项目17个、62.3公里，累计形成廊体59.2公里。指导固原市加快海绵城市建设，建成项目101个，累计完成投资19.6亿元。完善城市功能，全区城市人均公园绿地面积达到17.8平方米，全区城市建成区城市绿地率达到37.2%，比上年提高0.5%。指导泾源县创建国家园林县城。积极推进城市黑臭水体整治，五市建成区13条黑臭水体已整治完成12条，完成率92.3%，完成全区36座城镇污水处理厂提标改造，银川市“东热西送”项目实现供暖，全区集中供热面积达到2亿平方米，占全区供热总面积的86.2%。组织全区供水规范化管理现场考核，全区城镇公共供水管网漏损率平均控制在10.5%以下，再生水回用率平均达到23%。

【乡村建设】2018年，全区开工建设美丽小城镇20个，完成固定资产投资3.4亿元，开工建设美丽村庄126个，完成固定资产投资6.9亿元。学习借鉴浙江、贵州等特色村镇建设经验，培育发展特色村镇，全年共开工建设特色小镇12个，完成固定资产投资23亿元。开展农村环境整治。自治区党委、政府印发《宁夏农村人居环境整治三年行动实施方案》，全面启动农村人居环境综合整治工作，全区农村人居环境整治完成农村污水处理及改厕3.3万户。

【建筑产业】2018年，全区完成建筑业产值1500亿元。自治区人大出台《宁夏绿色建筑发展条例》，发布《宁夏绿色建筑设计标准》，全年共新开工绿色建筑面积358万平方米，审定星级绿色建筑示范项目4个，建筑面积55.22万平方米。规范绿色建筑评价标识工作，发布两批共16家绿色建材目录。制定《宁夏装配式建筑产业基地管理办法》，培育自治区级产业化基地2家，新建装配式建筑面积20万平方米。向住房城乡建设部推荐科技计划项目1个，立项自治区级科技计划项目7个，组织新技术新产品鉴定2项，推广认证15项，自治区级工法关键技术鉴定41项。

【城市治理改革】2018年，全区深化城市综合执法体制改革，制定出台《推行行政执法全过程记录制度实施方案》《宁夏回族自治区城市管理综合执法人员着装管理规定》《城市管理执法人员十条禁令》，全区27个市、县(区)和宁东管委会已全部完成方案制定、职责明确、机构设置、权责清单制定、服装配发、人员培训等任务，全区共配备执法车辆689辆，执法记录仪1601套，对3000名一线人员进行培训，执法人员持证上岗率达到80%。5个地级市、10个县完成数字化平台建设，利用科技手段助推城市管理工作。深化行政审批制度改革，率先在全区实现“三集中”要求，行政审批事项从31项减少到15项，先后取消物业企业资质许可、园林绿化企业资质许可，厅本级15项行政许可类事项中进驻自治区政务中心集中办理13项。

(赵建明)

城乡规划与空间规划管理

【服务工业园区建设】2018年，自治区自然资源管理部门开展开发区(工业园区)土地利用和管理问题整改及整合优化工作，按照国家新修订的《中国开发区审核公告目录》(2018年版)，对自治区政府办公厅转办的宁东管委会等开发区(工业园区)扩区调位事宜进行审核，对不符合城乡总体规划的给予纠正，规范开发区建设。

【自治区空间规划编制】2018年，按照中央全面深化改革领导小组第38次会议要求，以主体功能区规划为基础，整合经济社会发展、城乡、国土、环保、林业、交通、农牧、水利等8类规划，编制完善《宁夏回族自治区空间规划(2016—2035年)》。深入推进非试点市县空间规划编制。在前期试点市县空间规划编制工作基础上，启动10个非试点县(市)和宁东能源化工基地空间规划编制工作，在规划大纲和阶段性成果2个阶段分别组织相关专家进行审查，对照编制标准和自治区空间规划内容逐项扫描，确保与自治区空间规划的一致性。已全部形成市县空间规划成果，自治区、市、县三级空间规划体系初步形成。

【空间规划实施管理】2018年，自治区自然资源管理部门以服务于自治区空间规划编制、审查、审批、实施、监督、管理为目标，重点开展空间规划实施管理研究，制定空间规划建设用地标准、空间规划成果数据入库标准，结合新形势新要求，形成空间规划编制制度、空间用途管制制度、空间规划评估修改、监督检查等方面研究成果，为确保空间规划落地实施，提高国土空间开发保护水平，实现国土空间治理能力现代化奠定坚实基础。

【空间规划(多规合一)信息系统建设】2018年，自信息平台组将空间规划(多规合一)信息系统移交自治区规划办以来，先后完成信息系统第三方评测、安全等级保护测评、第三方审计、档案局审核、第三方验收评估，开展系统与自治区政务大数据服务平台的对接，建立空间规划信息资源共享目录，于2018年10月11日通过自治区新建办的验收。协调系统建设单位对各市县进行部署安装，实现市县级系统全域覆盖；通过上门授课、现场实操、一对一辅导等方式，累计培训4市、15个县、400余人次，3轮赴市县上门督查和指导；定期监测市县系统使用情况，开展新一轮空间性规划数据收集整理，及时更新完善空间规划数据库；与系统建设单位签订《系统运行维护服务补充协议》，建立稳定的系统维护人员队伍，大力推进系统维护规范化管理，制定系统《信息安全管理制度》《运行维护管理办法》《重大网络安全事件应急预案》，聘请自治区公安厅网安总队和辽宁北方实验室信息安全专家作为系统常年安全顾问，定期开展信息安全培训检查和信息安全应急演练，有效保障系统安全稳定运行。

(郑　燕)

新型城镇化建设与城市管理

【概况】2018年，自治区实施新型城镇化“十三五”规划和加快推进新型城镇化建设行动方案目标任务，编制印发《2018年自治区新型城镇化工作要点》，以促进人的城镇化为核心，充分发挥空间规划引领作用，有序推进农业转移人口市民化，优化城镇空间布局和形态，不断提升城市功能和宜居水平，促进城镇建设由规模扩张向质量提升转变，积极稳妥推进新型城镇化有序发展。2018年，宁夏常住人口城镇化率为58.9%，比上年提高0.9%；户籍人口城镇化率为45%，比上年提高0.89%。坚持以改善城市人居生态环境为主线，以提升城市承载力和综合竞争力为重点，不断推进城市基础设施建设，加强城市运行管理，自治区人均城市道路面积达到24.5平方米，城市污水处理率达到94.3%，公共供水普及率达到98%，城市生活垃圾无害化处理率达到98.7%，燃气普及率达到89.9%。

【户籍迁移全面开放】2018年，全区积极贯彻落实《国务院1亿非户籍人口进城落户方案》要求，调整户籍管理制度，全面放开全区户籍迁移政策，引导农业人口在城镇落户，引进人才在区内落户。推进居住证业务办理和制发，制订全区居住证办理细则和居住证制发工作流程，在已建成运行的宁夏流动人口综合服务管理信息平台基础上，建设居住证制证管理系统，完成数据对接，调试运行后向全区推广。深入开展移民户籍迁转工作，截至2018年底，完成"十二五"生态移民的户籍迁转工作，迁转率达100%；对居住满三年的"十二五"劳务移民户籍实行集中迁转，解决大部分劳务移民的落户城镇问题，保障全区脱贫攻坚战略的顺利实施。

【人地钱三挂钩制度】2018年，《自治区财政农业转移人口市民化奖励资金管理办法》制定印发，根据各市县农业转移人口进城落户数量及提供基本公共服务情况，综合考虑转移人口流动、人均基本公共服务支出水平、市县财力状况、工作考评等因素，加大对吸纳农业转移人口较多、提供基本公共服务支出成本较高、财力相对困难市县的支持力度，2018年，中央财政下达宁夏农业转移人口市民化奖励资金1.8亿元，已全额分配到具体市县。落实《宁夏回族自治区城镇建设用地增加规模同吸纳农业转移人口落户数量挂钩机制实施细则》，科学合理使用新增建设用地计划，优先安排吸纳进城落户人口较多镇的用地，对符合城乡建设用地增减挂钩政策的，鼓励通过实施增减挂钩项目满足进城落户人口用地需求，切实提高土地利用质量和效益。2018年，下达市、县（区）新增建设用地计划4.18万亩，占全区计划指标的81.9%。

【城镇化试点】2018年，全区将城镇化试点与推进全区城镇化工作有机衔接，制定《自治区推进新型城镇化考核办法》，下达第三批城镇化试点奖补资金600万元，统筹实施一批城镇化重点项目。固原市第一批城镇化试点任务基本完成并通过国家发改委评估，将"利用邮储银行小额贷款进行金融扶贫，建立致富带头人、合作社和农户等多方利益联结和风险缓释机制"作为典型经验在全国推广。平罗县、宁东镇第二批试点于2018年12月通过国家发改委评估，"平罗县农村产权自愿有偿退出转让机制""智慧宁东多系统一平台运用"等举措得到专家组一致肯定，相关经验在全区推广。银川市、盐池县、红果子镇第三批试点任务有序推进，在"城乡融合发展""产城融合建设""创新体制机制"等方面探索出一些好方法、好经验。

【投融资体制改革】2018年，《关于促进民间投资发展若干政策措施的意见》制定出台，全面推行市场准入负面清单制度，划清政府与市场边界，减少政府对微观经济干预，为扩大民间投资营造良好环境。设立自治区政府投资基金，发挥政府投资基金的杠杆引导作用，积极引入社会资本，在创新驱动和产业转型升级、创新创业、基础设施和公共服务、中小企业等领域设立母基金或直投基金，对相关领域民间投资给予扶持。建立并坚持政府和社会资本合作项目公示制度，2018年全区共有42个项目按PPP模式开工建设，投资总额518亿元，其中宁东地下水资源综合利用等9个PPP项目被评为国家PPP示范项目。中卫市印发实施《践行亲清新型政商关系的实施意见》，重点加强与民营企业沟通协商、服务引导、真诚交往，建立政府与民企网上互动平台和政企对接恳谈制度、听证制度、新闻发言人制度，建立健全政府与商会组织、民营企业的沟通协商机制。

【历史文化名城和历史建筑保护】2018年，全区贯彻落实《中共中央 国务院关于进一步加强城市规划建设管理工作的若干意见》和《住房城乡建设部历史文化街区划定和历史建筑确定工作方案》，制定《宁夏回族自治区历史建筑确定标准》，在全区7个设市城市开展历史建筑及潜在对象的摸排、确定、建档和公布挂牌确工作。截至2018年底，全区共确定挂牌公布历史建筑29处，其中银川市16处，石嘴山市9处，固原市4处。完成历史建筑潜在对象基础资料的建档工作。继续推进历史文化名城名镇名村保护工作，印发《关于实施宁夏回族自治区国家历史文化名城名镇名村保护评估制度的通知》，明确自治区国家历史文化名城名镇名村保护评估工作内容、原则、程序等。

【城市设计和"双修"试点工作】2018年，银川市重点针对城市修补、旧城更新、历史文脉延续、新区建设等城市规划管理棘手问题，开展5类11项城市设计编制项目，如基于老城复兴的《银川新华商圈区域及重点地块城市设计》，基于城市修补的《银川火车站片区城市设计》《贺兰山路（正源街至109国道段）城市设计》等，基于历史遗存保护利用的《银川市银新铁路专用线周边城市设计》等，强化城市风貌管控。完善银川市城市设计规划管理信息平台建设，增加建设方案实景模拟比选环节，提升城市设计信息化水平。全面贯彻落实《住房城乡建设部关于加强生态修复城市修补工作的指导意见》，指导银川市、中卫市两个全国"城市双修"试点城市编制完成《生态修复城市修补专项规划》，补充和完善"城市双修"实施方案和项目库，明确建设目标。

【地下综合管廊建设】2018年，银川市、石嘴山市、吴忠市、宁东管委会共开工建设城市地下综合管廊62.26公里。截至2018年底，累计形成廊体59.2公里，累计完成投资72.6亿元。其中，银川市开工建设43.6公里，累计形成廊体41.4公里，累计完成投资58.3亿元。银川市物价局、住建局出台《银川市城市地下综合管廊有偿使用费参考收费标准（试行）》。

【海绵城市建设】2018年，贯彻落实《自治区人民政府办公厅关于加快推进海绵城市建设的实施意见》，督促固原市加快海绵城市建设国家试点，截至年底，累计开工建设项目101个，完成投资20.6亿元。组织召开全区海绵城市建设专题培训班，总结推广固原市海绵城市建设经验，安排部署全区海绵城市建设工作。组织编制《海绵城市建设工程技术规程》。

【城镇水污染防治】2018年，贯彻落实国务院"水十条"要求，指导各地打好黑臭水体治理攻坚战，持续改善城市生态环境。全区13条黑臭水体整治任务全部完成，并按照住房城乡建设部、生态环境部要求开展了整治效果评估，第三方机构调查公众满意率均达到90%以上，实现"初见成效"整治目标。全区共建成投运城镇生活污水处理厂36座，总处理能力112.5万立方米/日，全部实现一级A达标排放。已建成中水厂19座，处理能力47.5万吨/日，再生水回用率平均达到23%。

【城市供热燃煤锅炉治理】2018年，全区开展供热领域突出问题专项治理、供热燃煤锅炉淘汰和清洁取暖等督查工作，督促各地开展城市建成区20蒸吨/每小时以下供热燃煤锅炉清零行动。截至年底，已全部实现清零要求，完成自治区下达的目标任务。银川市、吴忠市、中卫市启动35蒸吨/每小时以上供热燃煤锅炉淘汰工作。城市供热燃煤锅炉达标升级改造工程全部按期完成。印发《宁夏回族自治区清暖取暖实施方案》，督促银川市"东热西送"集中供热项目建成运行，换热站、供热系统整体于10月15日起调试，11月1日实现供热。继续扩大集中供热面积，全年全区增加集中供热面积1640万平方米，其中地级市1207万平方米。

【改善人居环境】2018年，制定印发《自治区住房和城乡建设厅贯彻落实中央环境保护督察"回头看"及水环境专项督察反馈意见整改方案》《自治区住房和城乡建设领域打赢蓝天保卫战三年行动计划（2018—2020年）》。召开全区城市生活垃圾分类暨道路扬尘治理现场推进会，对道路扬尘治理和垃圾分类工作再动员、再部署。持续开展全区城市环卫保洁和垃圾处理规范化考核，推进城市管理的精细化、制度化和长效化。组织对银川等6个国家园林城市开展复查工作，指导泾源县开展创建国家园林县城工作，督促、指导各地调整优化城市绿化布局，提升绿化品质，全区城市建成区城市绿地率达到37.2%。

【城市执法体制改革】2018年，各项改革任务有效落地。健全执法工作制度体系，印发《自治区住房和城乡建设厅行政处罚工作规程》，理清执法工作责任分工，明确工作流程。启动住房城乡建设系统制式执法文书修订工作，解决当前全区各级城市管理综合执法部门普遍存在的执法文书不统一、不规范问题。狠抓城市管理执法队伍建设，印发《全区城市管理执法队伍深入开展"强基础、转作风、树形象"三年行动实施方案》，确保全区城市管理执法队伍"强转树"行动取得实效，自治区城市管理综合执法监督局被住建部评为2018年度"强基础、转作风、树形象"专项行动表现突出单位。印发全区城市管理执法人员"十条禁令"，为城市管理执法人员清晰划定执法过程中个人言行举止的"高压线"。运用官方网站、微信公众号、微博、报纸、12319城管热线、电子屏幕、广告牌、宣传展板等多种宣传形式，为城市执法体制改革营造积极氛围。

【城管行政执法】2018年，全区开展城管进社区、进商户、进学校、进企业活动。运用新媒体平台大力宣传，开通"12319"服务热线，及时解决群众反映的问题。推进服务型执法，坚持"疏堵结合、以疏为主"。变"经济处罚"为"体验教育"，创建违规人员"学习教育平台"，设立爱心摊位，定点安排早市规范管理，获取群众对城市管理工作的理解支持。优化平台建设。运用数字城管系统，依托卫星遥感和无人机监测巡查系统，开展多角度、全方位、大面积、高频次的巡查，实现城市管理执法精细化、智能化新突破，提升城市管理执法效能。2018年，全区各级住房城乡建设主管部门对违法违规行为共立案635件，结案588件，结案率为92.6%，共处罚金1337.3万元，拆除违法建筑40.6万平方米，行政处罚当事人自履行625件，移交司法机关2件。打击各类违法违规行为，规范建设市场秩序。

（赵建明）

美丽乡村建设

【概况】2018年，全区住建系统认真贯彻落实中央、自治区实施乡村振兴战略、改善农村人居环境的决策部署，围绕中央打好“三大攻坚战”、自治区实施“三大战略”等中心工作任务，坚持改革创新、规划引领、项目带动、整体推进，全年开工建设美丽小城镇20个，美丽村庄126个，特色小镇12个，完成农村污水处理及改厕2.9万户，有力推动全区美丽乡村建设提质增效。

【村庄布局规划】2018年，强化规划引导，修编《宁夏村庄布局规划（2015—2030年）》，制订《关于加强和改进乡村规划工作的实施意见》和《宁夏县域乡村建设规划编制导则》《宁夏村庄规划编制导则》，落实乡村规划许可等制度，为实现县域乡村建设规划和实用性村庄规划管理基本覆盖打下坚实基础。委托住房城乡建设部干部教育学院在成都等地，采取现场观摩、知名专家授课等方式，高质量举办村镇规划建设专题培训班3期，培育树立村镇建设新理念、新方法。

【美丽小城镇及美丽乡村建设】2018年，全区以打造定位准确、功能完善、特色鲜明、辐射带动强的美丽宜居示范镇为目标，继续抓好规划引领、农房改造、收入倍增、基础配套、环境整治、生态建设、服务提升、文明创建八大工程，严把规划设计关、项目审核关、现场指导关、考核验收关，强化日常工作调度，开展年中督查、年底考评，加大差异化奖补力度，争取自治区财政投入奖补资金3亿元，引导各地整合涉农资金、吸引社会资金投入10亿多元，并调动农民主动参与，学习借鉴一、二、三产业融合、产镇产村产房融合发展的思路，按照“四改、五化、六通”标准，抓基础、补短板、强弱项，建设美丽小城镇20个、美丽村庄126个，分别占年度任务100%、126%。持续推进10个特色产业示范村建设，成为美丽乡村建设靓丽名片。加大传统村落保护，彭阳县长城村、利通区石佛寺村全国传统村落保护项目顺利推进。

【特色村镇建设】2018年，全区制定完善特色小（城）镇创建管理评价办法，高标准高质量搞好特色小镇的顶层设计。以首批确定的10个自治区级特色小镇培育建设为抓手，指导各市、县（区）建立了覆盖全域、分级培育的特色小镇创建体系。自治区政府召开全区特色小（城）镇培育建设推进会，深化驻镇联络员等指导服务措施，启动动态淘汰激励机制，推动特色小（城）镇建设走上以主导产业为支撑、以特色风貌为灵魂、以旅游发展为基本功能的正确轨道。高质量完成全区12个国家级和自治区级特色小（城）镇年度建设任务。12个特色小（城）镇，全年自治区财政投入奖补资金2亿元，撬动全社会固定资产投资25.6亿多元，开工各类项目140多个，新引进企业50多家，完成地区生产总值106.7亿元，吸纳就业10.7万人，游客接待量达到412.8万人次。

【农村危窑危房改造】2018年，制订《宁夏脱贫攻坚农村危窑危房改造三年行动方案》，开展传统建筑解析传承、农房清洁采暖等重点课题研究，聚焦贫困地区和“4类重点对象”，2018年争取中央、区、市、县各级财政投入补助资金5.49亿元，完成危窑危房改造3.2万户，占计划任务的145%。创新原址翻建一批、加固改造一批、移民搬迁一批、公租扩面一批、周转安置一批、补偿退出一批“六个一批”改造方式，提出并严格落实选址要科学、地基要牢靠、结构要安全、布局要合理、设施要完善、风貌要鲜明、体量要适当“七要”质量安全技术要点，引导建设适用、安全、经济、美观的新农房。连续第5年抽调自治区有关部门和企业19名专业技术力量，分组进驻各县（区）常年开展改造对象复核、技术指导巡查、质量安全检查、竣工验收确认、补助资金兑现等督导工作。委托第三方开展住房安全认定和危窑危房改造绩效评价，确保对象认定精准、改造方式精准、服务措施精准。

【农村人居环境整治】2018年，自治区印发《宁夏农村人居环境整治三年行动实施方案》，成立自治区工作领导小组，召开全区改善农村人居环境电视电话会议，科学分解落实各县（区）各年度环境整治指标任务。争取自治区财政投入补助资金1.6亿元，推进5个试点县（区）、31个试点乡镇、67个试点村环境整治，其中隆德县、沙坡头区列入国家试点县（区）。全面落实垃圾治理、改善村容村貌等各项整治任务，农村生活垃圾治理率达到55%以上。坚持集中与分散相结合，因户施策，完成农村生活污水处理及改厕3.3万户。

（赵建明）

住房保障

【概况】2018年，全区共开工建设城镇棚户区改造住房3万套，开工率为100%；

完成投资51.3亿元，占年度计划投资的171%；发放城镇住房保障家庭租赁补贴1.2万户，占年度计划的108.2%；基本建成3.5万套，占年度计划的167.3%；公共租赁住房累计分配17.6万套，完成国家下达任务的105%。累计对18.7万户住房困难家庭实施住房保障。

【棚户区改造】2018年，全区各市县（区）适应棚户区改造融资政策新形势、新要求，开展棚户区改造调查摸底，掌握新增棚改项目资金需求和续建棚改项目进展状态及存在问题，先后印发《关于贯彻落实住房城乡建设部住房保障工作会议精神加快我区棚户区改造工作的通知》和《关于进一步加快棚户区改造工作的通知》，督促各地加大力度，加快进度，11月底，提前完成全年棚改开工目标任务。指导各地摸清棚改债务状况，加快棚改腾空土地出让，加强对棚改项目及配套商业设施销售管理，优先用于偿还棚改贷款，积极化解棚改隐性债务。

【保障性住房建设资金】2018年，全区共争取中央财政保障性安居工程专项资金9亿元、保障性安居工程中央预算内配套基础设施补助资金8.4亿元，落实自治区财政补助资金2.8亿元，全区棚户区改造套均补助资金达到6.7万元，为历年来最高水平。争取政策性银行棚改贷款支持，为推动全年棚改开工任务完成提供强有力的资金保障。

【公租房保障】2018年，国家下达宁夏“公共租赁住房完成分配90%”的目标任务，根据任务要求，指导市、县（区）加快公租房建成进度，保障房源充足。不断完善公共租赁住房保障体系，指导各地根据实际，针对不同困难群体，合理设置相应准入条件，统筹做好城镇低保、低收入住房困难家庭应保尽保和中等偏下收入住房困难家庭与新市民的公共租赁住房保障工作，通过优化申请、审批流程和一系列服务措施，缩短保障对象轮候期，增强广大群众住房保障幸福感、获得感。截至12月底，公共租赁住房累计分配17.6万套，完成国家下达任务的105%，通过实物配租与租赁补贴，累计对全区18.7万户住房困难家庭和人员实施了住房保障。

（赵建明）

房地产业与市场

【概况】2018年，全区贯彻落实国家、自治区有关房地产市场调控各项政策，坚持调控政策连续性稳定性，以去库存为重点，因城精准施策，督促各市县落实地方主体责任，促进供求平衡，合理引导预期，整治市场秩序，遏制投机炒房，全区房地产市场总体呈现平稳运行态势。2018年，完成房地产开发投资449.6亿元，同比下降31.1%，开发投资占全区固定资产投资的18.9%，比上年同期提高1%。全区房屋新开工面积994.6万平方米，同比下降16.3%。全区新建商品房销售1026.5万平方米，同比增长0.5%，其中住宅销售面积888万平方米，同比增长2%。全区待售商品房面积912.1万平方米，同比减少12%。

【房地产市场秩序调控】2018年，全区房地产市场加大事中、事后监管力度，强化安排部署，先后印发《关于进一步加强房地产市场调控工作的有关通知》《关于加快房地产领域矛盾纠纷化解工作的通知》等多个文件，指导市县规范房地产开发企业、中介机构经营行为，强化日常监督和专项整治，严厉打击违法违规行为，加大违法案例曝光力度，维护群众的合法权益，促进房地产市场平稳健康发展。2018年，全区制定印发《关于进一步加强房地产市场调控工作的有关通知》。根据市场调控实际情况，自治区政府修订有关化解房地产库存若干意见，坚持调控目标不动摇、力度不放松，保持房地产市场调控政策的连续性和稳定性，指导各市、县落实地方主体责任，实行差别化房地产市场调控政策，因城因地精准施策，继续做好去库存工作。全区待售商品房面积912.1万平方米，同比减少12%，去库存周期10.8个月。其中住宅待售面积380.8万平方米，同比下降19.8%，去库存周期5.2个月，去库存工作取得明显成效。

【房地产市场风险防控】2018年，全区开展房地产市场逾期交房、“烂尾楼”等问题专项治理工作，印发《关于加快房地产领域矛盾纠纷化解工作的通知》《关于进一步加快房地产领域矛盾纠纷化解工作的通知》等文件，要求市县持续加大监管力度，建立风险台账，实行动态化监管，以确保风险可控。对各地开展逾期交房、“烂尾楼”化解等工作进行督导检查，指导各地根据房地产市场运行特点和存在风险的主要原因，有针对性地制定防范化解措施，主动与自然资源、财政、公安、税务、信访等部门沟通协作，及时会商，共同研究破解逾期交房和“烂尾楼”等难题的有效之策，有力推动各地、各相关开发企业落实主体责任，不断降低房地产市场风险。同时，对存在问题较多，化解进度相对缓慢的市县进行通报，促进全区逾期交房、“烂尾楼”等风险不断减少，房地产风险问题防控取得实效。

【房地产市场监测分析】2018年，与自治区统计局建立会商机制，每月及时沟通房地产市场情况，及时共享全区房地产企业直报数据。落实住房城乡建设部房地产市场交易日报系统运行有关要求，督导各地级市按时上报新建商品房、二手房日报和月报，同时提取数据进行汇总分析，与自治区统计局房地产数据形成比对，更加客观全面准确分析房地产市场运行情况。及时掌握国家统计局发布的70个大中城市价格指数，研究分析银川市情况，并与其他大中城市形成对比。全区房地产综合监管信息平台项目已经通过住建云二期报经自治区批准，2019年计划实施；与宁夏建行合作的房屋租赁监管服务平台建设工作正在深入推进，目前除石嘴山市的其他地级市正在试运行，届时房地产市场监测分析将更为全面、精准。

【诚信体系建设】2018年，全区审核发布2017年度房地产企业信誉等级评定结果，共评定AA级企业48家、A级企业272家、B级企业126家，并向社会公布评定结果。组织开展全区房地产企业履行社会责任评价工作，重点对2015年度完成房地产开发投资1亿元以上的开发企业进行试点评价，共有116家房地产开发企业参加评价，共评出优秀等次（三星级）企业56家，良好等次（二星级）企业55家、合格企业5家。

【物业服务管理】2018年，全区适应物业企业资质取消后的新形势，加强事中事后监管，扎实推动物业企业管理、合同文本、招投标、公开公示、业委会建设、维修资金使用标准化工作的开展。强化物业行业诚信建设，将物业企业信用信息评定作为监管物业企业的有力抓手，银川市建立的“三级联动”物业信用信息平台试点工作顺利开展，中卫市辖区物业企业信用等级评定效果明显，可成为全区能复制可推广经验做法。主动回应社会群众物业诉求和信访问题，持续开展全区住宅小区物业服务行为专项整治工作，并将物业承接查验、行业安全生产等工作贯穿其中，各市县积极排查和受理物业矛盾纠纷问题，解决化解各类问题，提高居民群众的满意度和幸福指数，维护社会和谐稳定。

（赵建明）

建筑业与质量安全

【概况】2018年，全区共有监管建筑工程项目1774个、在建单体项目5712个，总面积3950万平方米。新开工建设项目3001个。完成建筑业总产值564.5亿元，同比下降2.6%，占全区GDP比重达16.9%。宁夏共有在册建筑施工企业1145家。其中，施工总承包企业564家，专业承包企业359家，劳务分包企业222家。1145家施工企业中，特级资质企业1家，一级企业31家（其中施工总承包企业19家，专业承包企业12家），二级企业294家。外省进宁建筑施工企业1166家，其中特级78家，一级649家。监理企业58家，其中甲级资质18家，乙级资质21家，丙级资质19家。区外进宁监理企业155家；工程招标代理机构191家，其中，区内机构67家，区外进宁机构124家；工程质量检测机构102家，工程造价咨询企业109家，园林绿化企业146家。

【安全文明标准化工地创建】2018年，全区20项工法获自治区级工法。组织开展自治区“建安杯”安全文明标准化示范工地工程评审，76项工程被评为自治区“建安杯”安全文明标准化示范工程。组织开展建筑施工安全文明标准化工地创建工作，全区121个工地获得自治区级安全文明标准化工地称号。16项工程荣获“西夏杯”优质工程奖。银川河东机场T3航站楼项目工程获评中国建设工程鲁班奖。

【安全生产】2018年，全区狠抓房屋建筑、市政工程安全生产，确保建设领域安全生产形势总体稳定受控。2018年全区发生建筑安全生产事故11起，死亡14人，控制在自治区安委会下达的指标范围内，全年未发生较大及以上安全生产事故，也没有发生工程质量事故，质量安全总体形势稳定受控。

【规范建设市场】2018年，自治区修订《宁夏回族自治区建设工程招标投标管理办法》；对《自治区房建市政工程招标投标评标办法》中有关评标细则内容进行修改调整，突出暗标评审优势，从而防控企业串通投标，遏制人为操纵评标结果；组织对全区各市县自行出台的与上位法不一致的招投标政策进行清理，推进招投标活动的公平公正。推进电子招投标，配合推进自治区“一网三平台”建设，下发《关于自治区房屋建筑和市政基础设施工程推行电子化招标投标的通知》，明确从2019年1月1日起在区直重点项目中实行电子招投标试点工作。推进诚信管理。制定《建筑业企业诚信系统管理岗位工作职责及规程》，明确企业诚信分值录入核准的工作依据、工作流程、人员职责，实行不见面网上办理的工作模式。推进“放、管、服”工作，制定出台《关于取消工程建设项目招标代理机构资格认定加强事中事后监管的通知》，优化“宁夏建筑市场监管服务系统”网上办事程序；改革投标保证金管理模式，由以前保证金只能使用现金转账转变为现金转账、银行保函、保险保单、工程担保保函等投标保证金形式，切实为企业减轻资金负担。

【建设工程招投标管理】2018年，加强制度建设，全面清理1998—2015年房建市政工程招投标规范性文件；制定出台《关于简化工程建设项目招标代理管理事项办法》，取消招标代理机构备案、项目单项报备、从业人员持证上岗三项制度，实行招标代理机构信息和代理项目信息网上报送制度，推进了建筑市场的统一开放。积极改革创新，推进“一网三平台”建设，修订完善招标文件范本；推行施工总承包招标试点，确定自治区公安厅业务技术用房施工与监理项目作为试点项目；建立完善全区统一的专家库，对全区建筑类行业申报的2332名评标专家申报材料进行了全面审定。2018年政府建筑管理部门共受理查办各类案件23件，其中行政处罚6件，非行政处罚17件，结案20件，共处罚金7.4万元，行政处罚企业3家，行政处罚0人次。全区共拆除违法建筑40.6万平方米，其中拆除新增违法建筑24.7万平方米，拆除存量建建筑面积16万平方米。

（赵建明）

建筑节能与科技

【概况】2018年，自治区实施生态立区发展战略，建筑节能、绿色建筑和装配式建筑发展不断加快，全区新建建筑65%节能标准执行率达到100%，完成既有居住建筑节能改造220万平方米，实施绿色建筑540万平方米，占新建建筑的35.4%。自治区人大出台《宁夏绿色建筑发展条例》，制定4项地方标准，整合精简20项强制性地方标准，组建宁夏工程建设标准化专家库，修订完善5项定额计价和3项定额管理规范性文件，建筑业“营改增”计价依据调整工作走在全国同行前列。绿色建筑评价标识和绿色建材推广认定有序开展，4个项目55.2万平方米建筑通过绿色建筑评价标识认定，发布2批共16个绿色建材评价标识产品目录。开展可再生能源和绿色建筑试点示范工作，批准示范项目17个，下达补助资金3600万元。

【建筑节能】2018年，全区落实国家节能环保、低碳发展的产业政策，加强日常督查和服务指导，顺利通过住房城乡建设部2017年建筑节能、绿色建筑和装配式建筑实施情况专项检查，组织开展2018年度全区建筑节能、绿色建筑、装配式建筑实施情况专项检查，督促指导各地严格执行建筑节能、绿色建筑等工程建设标准，全区新建建筑节能整体水平得到提高，节能标准执行率达到100%。各地完成既有居住建筑节能改造共220万平方米。

【绿色建筑】2018年，全区把绿色建筑、装配式建筑作为推进建筑业绿色发展的重要举措，自治区人大出台《宁夏绿色建筑发展条例》，印发《关于进一步规范宁夏绿色建筑评价标识工作的通知》，发布《宁夏绿色建筑设计标准》《宁夏绿色建筑评价机构能力指引》，采取第三方认证方式推动绿色建筑、绿色建材标识评价工作，全年实施绿色建筑540万平方米，占新建建筑的35.4%；审定星级绿色建筑示范项目4个，建筑面积55万平方米；发布两批共16个绿色建材评价标识产品目录。全年组织新技术新产品鉴定3项，推广认证15项，自治区级工法关键技术鉴定41项，建筑业新技术应用示范工程立项2项、验收4项，新确定自治区级科技计划项目7个。

【建筑产业现代化】2018年，落实自治区“创新驱动30条”要求，推进装配式建筑发展，督促银川市、吴忠市、石嘴山市制定出台发展装配式建筑的实施方案，积极开展产业化基地培育，做好示范项目指导服务，2家企业通过建筑产业化基地评审，3家企业通过装配式建筑产业化基地评审，4家企业确定为培育对象，宁夏第一个装配式混凝土建筑构件生产基地建成投产，第一个装配式混凝土住宅项目开工建设。继续发挥自治区财政资金的激励作用，组织开展示范项目认定审查，向4个产业化基地和1个已建成示范项目兑现奖补资金。

【建设标准制定和宣传】2018年，组织编制《模板早拆体系技术规程》《通信基础设施专项规划编制导则》《建筑节能门窗工程技术规程》《SMC改性沥青路面施工技术规程》4项地方标准，其中审定完成3项，发布实施2项。按照国家、自治区关于深化标准化改革的工作要求，完成20项强制性地方标准的整合精简和25项推荐性地方标准集中复审工作。全年，贯彻落实《自治区工程建设标准化管理办法》，提升标准化管理工作成效，举办区内建设领域从业人员近500余人参加《管理办法》宣贯培训会，积极与媒体对接，利用电视、报纸、网络等载体，大力宣传《管理办法》出台的重要意义、工程建设标准化工作的重要性，提高各市县行政主管部门和社会公众对标准化工作的理解和认识。

【建设定额修订与管理】2018年，制定印发《关于建筑业营业税改征增值税宁夏建设工程计价依据调整实施意见》，建筑业“营改增”计价依据调整工作走到全国同行前列。完成《绿色建筑和建筑产业化工程计价定额》《2013宁夏工料机标准数据库（增值税版）》《市政道路养护工程补充定额》《绿色建筑和建筑产业化典型工程技术经济指标》等规范文件编制工作。印发《宁夏建设工程竣工结算备案管理暂行办法》《关于对装饰装修工程定额人工单价动态调整的通知》《关于全面推行〈建设工程造价咨询合同〉(示范文本)的通知》等指导性文件,规范建筑市场秩序。全年,编印《宁夏工程造价》双月刊,在宁夏建设工程造价网站开辟绿色建筑和建筑产业化材料价格信息专栏,公布普通干粉砂浆、耐热聚乙烯直埋供热管、建筑节能门窗、无机不燃改性聚苯保温板等近60种材料价格信息。

(赵建明)

住房公积金管理

【概况】2018年,全区住房公积金系统加大监管,提升服务,综合施策,主要业务指标保持平稳,提升住房公积金制度的互助性,在支持合理住房消费、助力"住有所居"方面取得新成效。全区归集住房公积金97.17亿元,同比增长2%,提取住房公积金69亿元,同比下降7.4%,发放住房公积金个人贷款1.9万笔、66.9亿元,同比分别下降5.5%、0.1%,支持职工购房236.4万平方米,为职工节约利息支出约9.5亿元。截至2018年底,全区住房公积金实缴人数达62.7万人,累计归集786.1亿元,累计提取349.9亿元,累计发放个人住房贷款26.6万笔、517.6亿元,个贷率达83.8%,使用率达93.5%。

【住房公积金政策】2018年,贯彻落实国家有关决策部署,结合全区住房公积金业务开展情况及房地产市场实际运行现状,规范调整住房公积金使用政策。5月,取消装修和购房首付款提取、规范还贷提取范围,7月,从贷款额度和首付款比例、贷款申请条件、购房提取合同使用期限和提取范围、租房提取次数等四个方面规范调整全区住房公积金使用政策,同步建立最低首付款比例、余额限制倍数的动态调整机制,因城施策、精准施策。

【住房公积金服务】2018年,贯彻"放管服"改革要求,压缩流程、简化要件,指导各地管委会授权中心直接办理企业阶段性缓缴和降低缴存比例业务,组织各住房公积金管理中心一律取消身份证明材料复印件办理要件。同时,不断优化业务系统功能,积极推进已建信息系统应用,初步实现全区跨城市和与公安、社保跨部门信息共享核查,业务在线办理率不断提升。住房公积金综合服务平台"12329"热线、微信公众号、网厅等服务渠道运行平稳,引入人工智能技术,实现7×24小时在线咨询服务,服务效果得到广大职工好评。银川市开展住房公积金服务网点延伸试点,在银川市区8家银行网点开展住房公积金"就近办",形成"就近办理、分散接件、统一审核"模式,有效降低职工办事成本。

【新市民住房问题专题调研】2018年,对标新时代住房制度改革需要,着眼行业发展实际,3—5月组织开展全区新市民住房问题专题调研。深入社区、高校和企业,与调研对象面对面了解情况、征集意见,共收到有效调查问卷1955份。通过数据整理、分析、研判,形成调研报告,为促进住房公积金制度贯彻落实"住有所居"决策部署建言献策。

【维护职工合法权益】2018年,指导各地开展打击房地产商拒绝公积金贷款购房行为专项治理和违规提取专项治理,通过强化内部管理、建立联合治理机制、对违规提取人员实施失信惩戒、及时移交问题线索,加强正面宣传,维护缴存职工合法权益,引导缴存职工依法合规提取住房公积金。组织全区开展经常性住房公积金政策执行情况检查和风险隐患排查,建立住房公积金管理中心每月自查、自治区住房城乡建设厅每季度抽查工作机制,重点督导各级住房公积金管理机构细化风险隐患台账,落实廉政风险责任,以账户开立、资金调动、提取审批、贷款审批、贷后管理、账务核算、费用支出等为重点,规范政策执行、完善管理制度机制、优化信息系统功能,有效堵塞风险漏洞,消除风险隐患,切实增强风险防控能力,确保行业平稳运行,保障资金安全。

(赵建明)

自然资源管理

ZIRANZIYUANGUANLI

NINGXIA YEARBOOK

编辑◎张明鹏

矿产资源管理

【采矿权管理】2018年，全区新立、延续、变更采矿权16件，办理采矿权抵押备、矿产资源开发利用方案批复、停采通知等6件。出台《宁夏回族自治区矿业权出让收益管理实施办法》。通过采购第三方矿业权评估机构方式，研究制定宁夏矿业权出让收益市场基准价。

【矿山监管】2018年，全区开展非煤矿山专项检查，对未严格按照矿产资源开发利用方案开采的矿山，下大力气进行整治；印发《自治区国土资源厅关于做好2018年全区矿业权人勘查开采信息公示工作的通知》，制定《矿业权人勘查开采信用"红黑名单"管理制度（试行）》并发布执行，抓好矿业权人勘查开采诚信体系建设；做好煤矿和非煤矿山超层越界开采专项检查整治行动；以全面节约和高效利用矿产资源为目标，完成矿产资源开发利用水平调查工作，推动矿产资源利用方式根本转变。

【矿山安全生产与扬尘整治】2018年，全区严格贯彻落实《中共中央国务院关于推进安全生产领域改革发展的意见》实施方案，促使自然资源领域安全生产监管体制机制更加成熟，全区各级自然资源管理部门监管职责范围内的生产安全事故总量明显减少，重特大安全生产事故频发势头得到有效遏制；联合环保等相关部门对重点地区、重点矿山企业始终保持高压态势，严厉惩治非法违法开采行为、安全生产违法行为和造成扬尘污染的重大环境违法行为，持续推进非煤矿山扬尘污染整治工作。

【基础地质调查】2018年，全区开展六盘山北段1:50000彭堡等4幅区域地质调查，实施了宁夏1:50000徐套公社(J48E019015)、同心(J48E019016)、窑山(J48E019017)三幅新构造-活动构造区填图项目。

【矿产资源勘查】2018年，固原市实施炭山地区油页岩地质调查项目，提交1处中型油页岩矿；在宁夏中部开展铀矿勘查示范项目；完成盐池县萌城石灰岩矿详查，提交水泥灰岩1亿吨、建筑石料用灰岩1.7亿吨；开展中卫市张大井石灰岩矿普查，探获资源量5.8亿吨；在滨河新区成功实施4眼地热勘探井，发现丰富的对流型地热资源。

【水工环地质】2018年，全区实施陕甘宁革命老区彭阳、古城幅1:50000水文地质调查；开展宁夏沿黄经济区综合地质调查；实施灵武幅、磁窑堡幅、永宁幅、梧桐树幅、横山堡幅（宁夏境内）1:50000综合地质调查。

【生态环境治理】2018年，贺兰山红果子沟矿山高标准完成地质环境恢复治理，编制《宁夏生态环境地质调查实施方案》，承担吴忠、固原和中卫3个地级市10个县区地质灾害隐患排查工作，建成全区首个土壤样品制备中心，承担宁夏农用地土壤污染状况详查，完成全区自然保护区和水源地生态保护红线勘界定标试点任务，编制了勘界定标技术指南和规程。

【服务银川都市圈建设】2018年，《银川都市圈建设地质工作实施方案》编制完成，启动银川都市圈城市地质调查项目，实施沿黄生态经济带地下水资源开发利用与生态环境保护调查评价工程，承担银川平原城市供水水源地安全保护工程前期研究，实施石嘴山地区富硒土地质量调查评价项目。

【地质科技创新】2018年，高分遥感宁夏中心与北斗宁夏数据中心实施战略合作，形成"两星"协同创新、融合发展新格局；中国—阿拉伯地学合作研究中心实施阿拉伯国家重点地区地质环境遥感监测评价示范项目；宁夏生态环境地质调查应用中心开展水资源与生态环境保护领域关键技术研究；宁夏地热能资源应用推广中心实施深层地热井CO_2注抽增强型地热科研；宁夏深部探测研究中心开展吴忠—灵武地区活动断裂及地热资源调查、银川平原深部地质构造研究。

（郑　燕）

地理信息测绘管理

【测绘基准建设与应用】2018年，宁夏卫星导航定位拓展基准站（NXCORS）系统功能和服务，完成NXCORS北斗升级和安全升级改造工程，实现BDS+（GALILEO+GPS+GLONASS）四星导航定位基准站网更好、更精准、安全可靠的导航定位基准服务。注册用户286家，终端接收机2600台，平均每天约有110个GPS RTK终端同时使用，涉及宁夏自然资源、农业、林业、水利等23个行业领域，为脱贫攻坚、银西高铁等国家和自治区重点项目建设奠定坚实基础。投入项目资金150万元，完成全区22个市、县（区）870座测量标志的全面普查，经普查，可用测量标志共661座，完好率75%以上。

【基础测绘】2018年，贺兰县、惠农区作为试点示范县，利用航空影像机载雷达数据进行大比例尺数据生产试点试验，初步形成新型基础测绘生产技术路线，在顶层设计、技术规定、制度建设、组织方式等方面积累实践经验，为大规模实施1:2000基础地理信息数据库及“多库合一”项目进行有益探索。为主动适应自然资源管理体制改革的新形势新任务新要求，强化对自然资源精细化管理和全区经济社会高质量发展的支撑保障作用，全面启动1:2000基础地理信息数据库及“多库合一”项目。

【地理国情监测】2018年，全区22个县区完成地理国情监测工作，实现2018年度全区地理国情监测100%覆盖更新。完成5个地级市城市空间格局变化监测。对特色农业、新能源产业、生态环境8个专题地理国情监测项目进行深入挖掘分析、凝练提升，形成国情专题监测报告，编印出版。

【测绘资质管理】2018年，全区完成测绘资质年度注册工作，受理并办结资质申请单位50家，其中新申请15家、升级3家、增加专业范围15家、信息变更17家，注销资质3家。开展2018年全区测绘资质巡查工作，对银川市4家乙级测绘资质单位进行实地巡查，对各市、县（区）国土资源局巡查情况进行抽查。受理并办结外省测绘地理信息单位进宁备案登记34家。

【地图公共服务】2018年，为自治区党委、政府、各委办厅局及5个地级市主动提供2017版最新《宁夏回族自治区地图》及5地市、22个县市（区）28个系列地图12000余份，为自治区政务大厅提供13套39幅世界地图、中国地图和宁夏挂图，为自治区成立60周年庆祝活动提供接待手册插图2000份。编制丝路开放态势地图集，从资源环境、互联互通建设、经贸金融合作、人文交流合作等专题角度，集中展示宁夏的开放环境。

【国家版图意识宣传教育和地图市场监管】2018年，审核各类公开版地图300多幅，发放审图号10个。组织开展全区2018年国家版图意识宣传教育和地图市场监管工作。协调查处有关“问题地图”案件，对自治区成立60周年庆祝活动主会场、成就展览馆等地开展地图检查；组织开展“国家版图意识宣传进校园”活动，遴选12幅优秀作品参加第四届全国国家版图知识竞赛和少儿手绘地图大赛全国赛。

【地理信息公共服务】2018年，利用宁夏地理空间基础信息共享库持续为自治区规划、环保、建设、交通、公安等21个部门和单位提供了便捷、权威、现势性强的地理信息共享服务。建成全区五个地级市、灵武市和西吉县等6个市县数字城市地理空间框架并投入使用。建成集地质灾害应急、应急测绘远程会商指挥和常规会议、业务会审、成果展示、新闻发布、学术报告等多用途于一体的指挥调度中心。

【成果服务】2018年，为规划、交通、水利、民政等多个部门和单位提供纸质地形图988张、控制点成果407个、地理信息数据1.95TB、遥感影像数据18.2TB、专题地图967张，成果广泛用于自治区多规合一、生态保护红线划定、基本农田建设、重点工程建设等。

【技术服务】2018年，为宁夏第三次全国国土调查提供支撑，累计完成3665点的外业像控测量，完成全区22个县（市）正射影像生产任务，是全国最早全面完成任务的省区之一。利用数字高程模型，制作了坡度图、测算了田坎系数。为武警部队机场建设提供定位基准，设计并制作30平方公里净空图；为银西高铁、包兰铁路、京藏高速公路等提供勘测定界、权属登记等测绘技术服务；完成约280宗土地使用权换证、西马银1400户的宅基地和23000亩土地承包经营权确权和勘测，为自治区解决自主迁徙居民问题提供经验和借鉴；在国家环境保护督查期间，对贺兰山国家级自然保护区20个煤矿和1个硅石矿实施应急航空摄影约90平方公里，并完成相关测量、图件制作等工作，为各权属单位补偿核算和环境治理工程量计算提供了依据。

【质量及安全管理】2018年，投入专项经费30万元开展质量监督抽查，完成对40家测绘资质单位40个项目的监督抽查工作，有效强化资质单位质量意识，提升质量管理能力水平。依据新《测绘法》赋予的职责，开展全区卫星导航定位基准站备案管理工作和安全整治专项活动，举办全区测绘地理信息成果保密暨质量管理培训班。按照《宁夏基础地理信息数据提供使用管理暂行办法》等有关规定，共审批提供涉密测绘成果109件(次)。

【2000国家大地坐标系转换工作】2018年7月1日正式启用2000国家大地坐标系。完成303幅DEM、DLG、DOM数据和6686个控制点的测绘类数据转换；1918个采矿权、探矿权(含拟设采矿权、探矿权)数据及地质灾害调查数据库等8类矿政类数据转换；农村土地利用调查数据库、基本农田、永久基本农田、自治区土地利用总体规划等22类地政类数据转换，转换总数据量达1.6TB，确保支撑自然资源工作的各项业务全面纳入2000国家大地坐标系，各项审批及管理业务系统实现平稳过渡。

(郑　燕)

水资源管理

【地下水监测】2018年，为合理开发、保护地下水资源，及时掌握地下水动态，在原有361个监测站点的基础上，从2016年开始利用国家监测院建设国家监测站点之机，在宁夏实施了307眼监测。及时维护损坏的监测井，补充缺失的监测井位，升级落后的监测设施，完善地下水动态监测系统。印发《关于进一步加强地下水动态监测工作的通知》，督促宁夏国土资源调查监测院严格按照规范标准进行监测、取样，加密取样频次，严格化验和监测，形成规范的地下水监测数据。对监测数据进行综合分析，形成《地下水动态监测分析评价报告》，对地下水水位和水质变化趋势进行分析评价，提供可靠的地下水水位动态数据和水质数据，为地下水开发利用管理提供参考。定期向自治区环保厅提供15个国家考核点的监测数据，以便自治区生态环境厅向国家生态环境部上报宁夏地下水水质情况。按照有关法律法规和技术标准要求，在土地开发利用过程中留足河道、湖泊的保护范围，严禁挤占河湖水域。

【“红线”管控与考核】2018年，经自治区政府批准，将用水总量和强度控制指标细化分解到各市、县(区)，建立了用水总量、效率和重要水功能区水质目标控制指标体系。联合自治区发展改革委、经济和信息化委等部门对5个地级市人民政府、宁东管委会、农垦集团落实最严格水资源管理制度和节水型社会建设工作进行考核，考核结果由自治区人民政府向全社会通报。严格环境准入，不予审批高耗水项目取水许可，对年度考核超红线指标的县区严格执行“双限批”政策。进一步强化水资源的刚性约束，“三条红线”指标全部控制在国家规定之内。

【计划用水和取水许可管理】2018年，印发全区重点用水户名录，下达年度全区用水计划，对纳入取水许可管理的单位和用水大户下达取用水计划，并强化用水过程监督管理。组织对全区1468个取水许可证进行了审查核对，指导各市县清理取水许可证，及时督促相关单位限期办理取水许可延续手续，做好台账入库管理。对17个单位下发了取水许可准予许可决定书，对取水工程核验合格的单位颁发取水许可证。

【取缔工业企业直接入河湖排污口】2018年，印发《关于开展入河排污口规范整治专项行动的通知》，组织各市县区全面开展入河排污口规范整治专项行动，共排查工业园区、企业、市政入河排污口145处，编制《宁夏入河排污口调查摸底工作报告》，组织制定各市县入河排污口整治方案。督促各地水务部门联合住建、环保等部门针对不同类型排污口分别采取封堵、并入污水管网、提标改造、新建污水处理厂(站)等措施进行综合整治和规范化建设，多举并措持续强化入河排污口监管力度。截至年底，全区145处入河排污口封堵取缔63处，其余82处，登记或设置同意21处，通过环评58处，标识牌设置51处，台账建立率100%。

【地下水超采区治理】2018年，督促银川市、石嘴山制定2018年地下水超采区治理计划，督促指导开展超采区治理。禁止在超采区内工农业生产及服务业新增取用地下水，全面停止超采区内地下水取水许可审批。持续开展城市公共供水管网覆盖范围内企业自备井关停工作，2018年关停自备井153眼。全力推进银川、石嘴山市城乡饮用水水源地替代工程建设，完成银川都市圈城乡西线供水项目前期工作，以黄河水为水源，替换或补充青铜峡市、银川市“三区两县”(兴庆区、金凤区、西夏区、永宁县、贺兰县)、石嘴山市大武口区及平罗县的现有地下水水源，着力解决地下水超采问题，工程已开工建设。

【饮用水水源地保护】2018年，更新公布县级以上集中饮用水水源地名录，配合开展水源地保护区划分和规范化建设。不断加强农村水源地保护，配合环保部门组织划定水源地保护范围、设立保护标志牌，明确禁止事项和保护措施等，对419处集中式供水工程水源地划定了保护区，保护率为86%。加快推进农村饮水巩固提升工程建设，通过建设水源工程，对小型饮水工程水源进行替换、整合，提高水源保证率。

【水生态文明城市试点建设】2018年，银川市、石嘴山市作为全国水生态文明城市建设试点，落实中央"关于加快推进生态文明建设的意见"、水污染防治行动计划、全面推行河长制，以生态优先的理念，深化经济改革、治理环境、修复生态，推进经济社会与生态环境的协调发展。石嘴山市水生态文明城市试点于2018年12月通过水利部组织的技术评估。银川市实施的艾依河水系连通一宝湖生态修复综合整治工程，不但有效稳定了宝湖湿地生态系统，完善了宝湖公园服务功能，还将宝湖打造成为集生态改善、景观提升、市民休闲运动、观光娱乐于一体的城市新名片，群众对工程的满意率非常高，称其为民生工程、民心工程。石嘴山市实施的北武当河生态治理等工程示范工程，已经成为知名度较高的旅游景点。

【水利重点领域立法】2018年，《宁夏回族自治区河湖保护条例》《宁夏回族自治区灌溉工程遗产保护条例》《宁夏实施〈农田水利条例〉办法》列入自治区五年立法规划，其中，《宁夏回族自治区河湖保护条例》列入2019年立法计划，自治区法制办、自治区人大组织完成《宁夏河湖管理办法》区内外立法调研工作。组织开展对涉水政府规章和规范性文件设定的证明事项及违法上位法的水生态环境保护规范性文件的清理，清理掉3项证明事项。

【水资源法治】2018年，制定印发《自治区水利厅关于落实自治区2018年法治政府建设工作要点实施意见》，明确责任及时间表，将法治政府建设、依法治水、依法管理能力建设工作纳入厅属单位效能考核目标，争取自治区政府将水利厅确定为2018年政府部门法治政府建设示范创建单位，并全面推进开展创建工作。积极配合开展法治政府建设第三方评估，对厅属各单位进行法治政府建设和依法治水工作督导检查，全力推进水利厅法治政府建设和依法治水工作。

【水行政执法】2018年，制定印发《宁夏回族自治区河湖执法工作方案（2018—2020年）》，纳入各级河长制的重点工作任务，对涉河的项目建设、采砂、"四乱"（乱占、乱采、乱堆、乱建）等违法情况严厉查处，开展了全区河湖专项执法督查，配合黄委会对黄河河道开展专项督导检查。建立水政执法平台系统，制定水政执法法律文书文本格式并印发全区执行，规范全区水政执法工作。举办全区水政执法培训班，培训人员100余人。

【普法宣传】2018年，制定《自治区水利厅关于印发2018年普法依法治理工作要点的通知》，对2018年宁夏水利普法依法治理工作明确了要求。印发水利普法责任制"四清单一办法"，明确水利厅普法内容清单、责任清单、措施清单、标准清单及工作考核办法。联合文明办、团委等单位在银川艾依河上海路码头举办2018年"世界水日""中国水周"节水护水志愿宣传活动启动仪式，组建"河小志""湖小愿"志愿服务队，订阅宣传特刊1万份，挂图6张、主题宣传画5000份，印制单行本2万本。举办"生态立区与法同行"主题法治宣传教育活动，宣传标语，宣传画报，LED电子屏播放环保法宣传公益广告等形式多样的宣传教育活动。

【水权制度改革】2018年，明确水流产权确权试点，制订《水流产权确权试点工作方案》，明确了确权对象、发证对象、发证类型和发证时限等，指导各市县加快推动水流产权确权工作，并将水流产权确权试点推进情况和任务完成情况作为最严格水资源管理制度考核的内容之一进行考核。委托水利部发展研究中心，研究取水权物权登记途径、方式、内容、信息共享机制，从法律政策、自然资源资产管理、水资源管理等方面，分析当前开展水资源使用权（含取水权）物权登记的必要性和可行性，提出今后开展物权登记所需要具备的条件。结合引黄现代化节水生态灌区建设，积极开展水权改革，逐步培育水市场，指导利通区、红寺堡等县区开展水权交易试点，建立政府交易平台，打通了水权流转的"最后一公里"，实现了农业、工业、企业、政府多赢。指导利通区政府与宝丰集团达成水权交易协议，由宝丰集团出资3.82亿元购买利通区灌区节约出的1484万立方米农业黄河水使用权，初步实现了水资源配置由政府主导向"市场主导、政府调节"的根本性转变。

【水资源税改革试点】2018年，宁夏作为全国第二批水资源税改革试点9个试点省份之一，于2017年12月1日起顺利实施水资源税改革试点。截至2018年12月，共组织入库水资源税3.27亿元，较上年水资源费增收1.7亿元，增幅为91.5%。2018年，全区万元GDP用水量177立方米，比上年降低7.3%；万元工业增加值用水量比上年降低11%，用水效率进一步提高。

【水利“放管服”改革】2018年，按照自治区第十二次党代会关于“放管服”和“互联网＋政务”及“不见面，马上办”的部署，自治区水利厅联合编办向全区各级水行政主管部门统一印发《自治区水利系统权力清单指导目录(第一批)》和“三级四同”目录，全区水利系统行政审批全部进行统一。按照不见面全流程网办的审批模式，与自治区政务服务中心和自治区信建办深度对接，“宁夏行政审批与公共服务系统”“宁夏政务服务网上办事大厅”与“水慧通”三方平台间的硬软件无缝对接，实现“网上申请、网上受理、网上办理、网上办结、网上送达”的不见面全流程网办。全区27个市、县(区)水务部门“不见面，马上办”系统已基本建成，2018年10月组织进行了全区行政审批在线办理培训，指导各地开展在线办理。

(郑　燕)

草原资源管理

【兑现禁牧政策】2018年，全区落实草原保护禁牧补助面积2599万亩，补助资金1.95亿元，向39.17万户兑现了禁牧补助，户均补助498元。落实生态奖补政策绩效奖励资金10602万元。各项工程投资共5636万元，完成草原治理任务22万亩。

【依法治草】2018年，提出《宁夏草原管理条例》《宁夏禁牧封育条例》修订建议。深入调研，广泛征求有关专家和部门意见，形成加快宁夏基本草原保护制度意见报告。按照推进“放管服”改革的要求，修订取消下放草原占用等审批事项，简化草种生产经营许可等审批手续。全区共立案查处各类草原违法案件40起，向司法机关移送涉嫌犯罪案件6起。全年监督检验73批次，检验合格率95.89%。开展委托检验服务，全年委托检验164批次，合格率89.63%。

【草牧业转型升级】2018年，全区围绕草畜产业的发展思路和重点任务，按照加快构建粮经饲三元种植结构部署要求，结合粮改饲试点，开展牧草品种区域试验引进新品种，开展燕麦—苜蓿—青贮玉米轮作模式技术推广。发展人工种草，组织实施高产优质苜蓿示范基地创建，完成7.19万亩高产优质苜蓿种植。据统计，2018年全区种植优质牧草种植129.42万亩，其中，多年生苜蓿完成31.67万亩，一年生禾草完成97.75万亩，青贮玉米124.56万亩。

【草原防灾减灾救灾】2018年，全区县级以上草原防火机构达22个，应急队伍153支，专兼职扑火人员5184人。建成区、市两级草原防火指挥中心2个，区市草原防火物资储备库3个，县(区)草原防火物资站10个，在建县区草原火情监控站10个，年均出动火灾隐患排查人员近千人次，火灾24小时扑灭率保持在95%以上。草原火灾发生次数与受灾损失一直处于历史低位，草原火灾受害率与重特大草原火灾发生率分别控制在3‰与3%以内。草原生物灾害绿色防控取得积极进展，草原鼠害、虫害的绿色防治比例逐年提高，已分别达到83.6%和62.8%。

(郑　燕)

森林与湿地资源管理

【林业草原机构改革】2018年10月，根据《宁夏回族自治区机构改革方案》，将宁夏回族自治区原林业厅的职责，以及原农牧厅的草原监督管理职责，原国土资源厅、住房和城乡建设厅、水利厅、农牧厅、自治区环境保护厅等部门的自然保护区、风景名胜区、自然遗产、地质公园等管理职责整合，组建自治区林业和草原局，作为自治区自然资源厅的部门管理机构。宁夏回族自治区林业和草原局内设9个处室，增设保护处、草原和湿地管理处、森林草原防火处；将原植树造林与防沙治沙处更名为生态修复处，发展规划与资金管理处更名为规划财务处，科学技术与野生动植物保护处分设为保护处和科学技术与场站管理处；将原人事与老干部处并入机关党委合署办公。

【造林绿化与退耕还林】2018年，全区完成营造林150万亩，占计划任务的107.1%，其中人工造林62.2万亩、退化林分改造14.2万亩、封山育林22.4万亩、退耕还林3万亩、未成林补植补造48.2万亩，义务植树1000万株，治理荒漠化90万亩，国土绿化任务全面完成。引黄灌区平原绿洲绿网提升工程已完成8.67万亩，占计划任务的102.8%。六盘山重点生态功能区降水量400毫米以上区域造林绿化工程已完成65万亩，占计划任务的100%。南华山外围区域水源涵养林建设提升工程已完成13.9万亩，占计划任务的100%。同心红寺堡文冠果生态经济林建设工程已完成5.2万亩，占计划任务的100%。重点生态建设任务和自治区重点工作有序推进，继续推进宁夏全国防沙治沙示范区和四个防沙治沙示范县建设，完成荒漠化治理90万亩。完成退化林分改造任务10.43万亩，下达森林抚育任务64.6万亩。组织实施“幸福家园——西部绿化行动”生态扶贫项目，支持红寺堡区种植枸杞3200亩。2018年，全区1.9万亩退耕还林任务任务已完成1.9万亩、占计划的100%。积极向国家争取2019—2020年退耕还林任务。

【林地审核审批】2018年，全区深化行政审批改革，推进“简政放权”“三减一提升”“不见面、马上办”审批改革，优化审批服务流程，林业系统不见面、马上办事项比率上升到82%。对全区林业系统政务服务事项进行梳理，最终确定政务服务事项34项。其中，自治区本级事项28项（包括审批决定事项14项、审核上报事项14项），审批权完全下放至市县的事项6项，审批权部分下放至市县的事项9项，政务服务事项进驻政务大厅占比率为100%。2018年，全区共审核批准建设项目623件（其中：国家局审核4件，自治区级审核审批445件，县级审批174件），审核审批使用林地面积3075.8公顷，使用定额面积1492.6公顷，收缴森林植被恢复费3.67亿元。全年办理林木采伐205件，使用林木采伐限额5129立方米。

【森林资源督查】2018年4月，制定下发《宁夏回族自治区森林资源督查工作方案》。6月，召开全区2018年森林督查启动会和森林资源管理工作培训班，邀请国家林草局西安专员办领导及政策法规司、宁夏高检等领导和专家授课辅导，进一步提高了各县区思想认识和业务技能。及时协调下发各县区4516个疑似图斑，已查实4506个。其中，合法使用林地造成变化的图斑637个，涉嫌违法违规使用林地图斑1216个，自然灾害及其他原因造成变化的图斑2653个，明确专人负责对接，及时督导自查工作组织不力、进度迟缓、质量不高的县区改进工作方法、加快工作进度。

【贺兰山生态保卫战】截至2018年底，贺兰山保护区内169处整治点全面完成环境整治和生态修复任务，并全部通过了自治区级阶段性验收。自治区财政14亿元专项整治资金全部支付到位；自治区自然资源厅累计为18家矿山企业提取保证金5823.43万元，完成17家矿山企业采矿权价款退还任务、退还资金1.06亿元；自治区人社厅按有关政策妥善安置涉及的44家企业3988名职工；自治区高级法院、检察院、公安厅等部门主动出击，重拳惩治贺兰山保护区内破坏林地、盗采矿产资源等违法犯罪行为，发挥了有力遏制震慑作用。

【绿盾行动】2018年，全区按照七部委联合开展“绿盾2017”和“绿盾2018”国家级自然保护区监督检查专项行动的总体要求，对直管的4个自然保护区进行了集中排查，共摸排人类活动953处。其中：“绿盾2017”人类活动点位772处，“绿盾2018”人类活动点位181处。截至2018年底，4个保护区完成整治、通过验收并销号948处，正在整治的5处，其中，罗山、哈巴湖全部整治完毕。根据2018年5月31日全国自然保护地大检查工作电视电话视频会议要求和自治区人民政府工作安排，2018年6月，开展全区自然保护地大检查，经过全面摸底梳理，全区实有命名挂牌的自然保护地67个，涉及8个类型。首次全面梳理建立“7个一”自然保护地档案资料体系：一个政策性指导意见，一套法律法规汇编，一套政策文件汇编，一套基本情况文字资料汇编，一套图表，一套地图，一套视频影音资料，为今后开展全区自然保护地管理工作奠定了坚实基础。

【法制建设】2018年，全区聚焦生态林业发展重点领域，科学制定立法规划，严格立法程序，进一步完善法律法规体系。自治区人大审议通过《宁夏湿地保护条例》修改稿，自治区人民政府颁布《宁夏回族自治区森林公园管理办法》，论证通过《宁夏回族自治区林木种子管理办法》。按照执法部门主抓，各部门分工协调的原则，统筹推进林业系统“七五”普法宣传，持续加大普法力度。

【林业执法】2018年，全区受理各类案件584起。其中，立刑事案件88起，破获82起，抓获犯罪嫌疑人92人；处理林政案件496起，查处林政案件495起，打击处理违法人员548人，收缴野生动物873只（头）、涉案林地151.66公顷、林木1913.41立方米、作案工具12件、猎枪2支，挽回经济损失2100.383万元。先后部署开展“飓风1号”“春雷2018”“扫黑除恶”“禁毒2018两打两控”“贺兰山环境整治零点行动”“绿剑2018”等专项行动，集中整治破坏森林和野生动物资源领域突出问题，效果明显。指导银川、中卫、吴忠市公安局森林分局成功破获国家林业和草原局森林公安局挂牌督办的“1·03”“1·11”“1·23”3起猎杀野生动物案件，成立专案组成功侦办金凤区良田镇4起特大滥伐林木案，相关涉案人员收到了法律严惩，有效震慑了涉林违法犯罪行为。

【服务脱贫攻坚战略】2018年，印发《生态扶贫工作方案》，制订下发《2018年林业脱贫攻坚工作实施方案》，积极创新林业助推精准脱贫模式，争取国家林草局下达宁夏2018年生态护林员指标1000名，累计争取国家生态护林员指标8500名，带动34000人稳定脱贫。据测算，2018年，林业生产累计提供就业机会15.17万人次，人均工资性收入近300元。造林绿化、退耕还林、生态护林员、林业产业、庭院经济、生态补偿等扶贫措施重点倾斜9个贫困县区，带动约5.7万户建档立卡户近17.9万贫困人口增收，带动减贫9500余户约28900人，个别地区建档立卡户参与造林劳务和苗木收入户均超过1万元。全力支持闽宁镇生态建设，下达生态建设和枸杞产业发展资金1760万元。

【三北防护林工程五期工程】2018年，全区争取三北工程建设任务35.4万亩、工程中央投资1亿元。全区已完成2018年三北防护林工程建设任务31万亩，占国家下达计划的87.6%；开展三北防护林工程40周年纪念活动。开展全区三北防护林工程40周年总结工作，完成上报省级总结报告。编制《宁夏三北防护林工程40周年纪念宣传活动方案》，在《宁夏日报》出专版一版、新闻报道一篇，在宁夏公共和宁夏卫视两个频道播出三北防护林工程新闻报道7分钟、新闻话题一期，与宁夏画报社编辑制作了三北防护林宣传画册，联系专业媒体制作了三北防护林微电影、公益广告和LOGO设计作品。面向社会征集了三北防护林宣传稿件和生态文学作品50多篇、图片作品110多张。开展了三北防护林体系建设工程的先进评选活动，评选出先进集体5个、先进个人6名、绿色长城奖章获得者2名。

【林业调查规划】2018年，全区完成2017年度林地变更调查工作任务，共区划图斑85.5万个。全区林地总面积163万公顷（林业部门管理林地面积），为全区林地资源提供了基础数据。完成全区国家级公益林区划落界工作，共区划图斑9.2万个。全区国家级公益林面积为58.4万公顷，其中国有林35.5万公顷，集体林22.9万公顷，为全区公益林管理提供了依据。绿色发展指标调查包括森林覆盖率、森林蓄积量、乔木林单位面积蓄积量、沙化土地治理面积和可治理沙化土地治理率。

【林业基金管理】2018年，国家下达宁夏天保工程森林管护资金9372万元，中央财政森林抚育补贴1308万元，自治区财政安排森林管护资金2968万元。按照国家相关要求，及时将资金分解下达到各市县（区）；组织相关单位层层签订管护责任书，落实管护责任，确保全区1530.8万亩天保工程森林资源得到有效管护。完成天保工程社会保险相关工作。组织人员对全区"五险一金"参保人数进行重新核对，下达社会保险补助资金8839.5万元，惠及50个林场5430人；下达政社性补助资金317万元，惠及101名林业行政执法人员及林场教师。

【国家级公益林管理】2018年，国家下达全区生态效益补偿基金9936万元，按照国家相关要求，将中央财政资金分解下达到各市县（区），并组织层层签订管护责任书，确保892.8万亩国家级公益林得到有效管护。配合相关部门完成全区2017年国家级公益林区划落界，形成了一整套公益林区划界定档案资料和数据，并将落界成果报告和数据库上报国家林业和草原局。依据国家对宁夏国家级公益林补偿面积，经研究，确定全区国家级公益林补偿面积768.61万亩，其中：国有425.98万亩、集体342.63万亩。

【脱贫攻坚】2018年，全区9个贫困县申请天保工程资金11357.9万元；督促原州区、盐池县、红寺堡全面完成森林生态效益补偿资金兑现，兑现资金1891.5万元，惠及建档立卡贫困户6356户24534人；指导9个贫困县整合天保工程及森林生态效益补偿资金4886万元，专门用于乡村道路、产业发展等建设，惠及63个村8300户33215人；依托天保工程和森林效益补偿项目调整聘用建档立卡护林员803人，比上年的756人多选聘了47人，发放贫困人口护林员工资补助3000~14000元/年·人。

【林业技术推广】2018年，争取中央和自治区财政资金8915万元。其中：生态护林员补助资金8500万元，标准化林业工作站建设项目资金200万元，科技推广站建设项目50万元，自治区财政林业优新树种引种驯化繁育项目资金150万元，本底调查项目资金6万元，林业站管理服务能力测试资金5万元，自治区财政林业技术能力提升建设项目资金4万元。跟进2017年优新树种引种驯化工作。引种美国红枫、速生法桐等7个优新树种，扩繁鲁蜡5号、金枝白蜡等7个树种，开展乐都杨生产性试验，荀子后续引种驯化试验。组织实施2018年引种驯化繁育管理。对13个引种驯化繁育项目进行初审和专家评审，协调下达资金计划，对相关单位项目实施情况及时进行跟踪督导。继续实施自治区财政科技推广红梅杏矮化盆栽设施密植促成栽培技术研究和罗山困难立地植被恢复技术推广示范项目，已顺利完成结题验收。密切配合科保处完成2018年中央和自治区财政科技项目管理工作和自治区（制）修订地方标准立项评审工作。经组织专家评审，确定中央财政科技推广项目11个，自治区财政科技推广项目14个。对63个林业行业标准组织评审，顺利上报13个。

【基层基础建设】2018年，加强基层林业站和科技站基础建设，新建成2017年标准化林业工作站9个、科技站5个，同步实现了职责、制度、标识上墙，档案管理规范化。下达2018年标准化林业站和科技站建设计划。新建标准化基层林业站10个，投资200万元，较上年增加10%。投资50万元，新建科技推广站5个。举办宁夏林业站站长岗位及能力测试培训班，解读《关于开展2018年度建档立卡贫困人口生态护林员选聘工作的通知》《乡镇林业工作站工程建设标准》等相关课程，有力推动了基层林业站建设。开展第二次全国林业站本底调查培训班。来自各市、县林业主管部门本底调查报表审核人员及各乡镇本底调查填报技术人员80余人参加培训。

【国有林场改革】2018年，筹备召开国有林场改革领导小组会议，部署开展全区国有林场改革省级验收工作，解决国有林场改革过程中的重点难点问题。自治区政府办公厅印发《宁夏国有林场管理办法》；林草局下发《宁夏国有林场森林资源保护管理考核方案（试行）》《宁夏国有林场场长森林资源离任审计办法（试行）》《宁夏国有林场森林资源有偿使用管理办法（试行）》，组织编写完成《宁夏国有林场中长期发展规划（2018—2025年）》。组织开展省级验收。10月10—16日，原自治区林业厅联合党委督查室、发改委等领导小组成员单位分三组对全区22个市、县（区）和6个自治区直属国有林场的国有林场改革工作进行验收并形成省级验收报告，验收结果表明宁夏国有林场改革任务已全面完成，并取得阶段性成果。组织全区96家国有林场开展了国有林场备案工作，先后组织召开8次国有林场森林经营方案评审会，审核通过42个，批复42个。申请2018年中央财政国有贫困林场扶贫资金2136万元，严格按照国家有关法规，对涉及16个林场的22个占用国有林地的建设项目进行审核并提出意见。

【种苗基地建设和项目管理】2018年，印发《宁夏林木种质资源普查技术细则》，争取林木种质资源工作经费240万元，先后组织举办题培训班和指导会议2次，启动全区林木种质资源普查工作。加强林木种质资源库、重点良种基地建设和林木良种补贴项目管理，共有国家级种质资源库3个、自治区林木种质资源库9个、重点良种基地6个，2018年争取中央财政1100万元和自治区财政200万元林木良种补贴资金，对31个单位给予补贴。对全区11个市、县（区）41家单位19个树种的77个种批和苗批进行了抽查。发放林木良种生产经营许可证19个。

【森林公园管理】2018年，对全区4家国家森林公园建设组织开展督查。12月17日，自治区人民政府常务会议审议通过了《宁夏森林公园管理办法》。完成全国森林体验基地、全国森林养生基地重点建设单位、重点森林旅游地和首批国家森林小镇建设试点单位推荐和申报工作。完成《宁夏森林公园》宣传片拍摄制作，加大对宁夏市民休闲森林公园的宣传。在中国森林旅游网组成的2017年全国森林旅游20件大事网络投票中，宁夏参评的宁夏市民休闲森林公园建设项目全面竣工，共建成公园26个，排名第16位。

【科研成果转化】2018年，《灵武长枣自由纺锤形及综合配套技术示范推广》《设施葡萄高干水平棚架立体栽培技术试验示范》《宁夏地区设施冬枣栽培技术》《设施桃树早产丰产栽培关键技术试验示范》等4个中央、自治区林业科技推广项目得到实施。继续抓好红枣杂交育种工作，加强新品种区域工作，向国家局递交了3个植物新品种权保护申请。新建枸杞产业人才高地工作站5个。制定《西北盐碱地暗沟排盐造林技术规程》行业标准1项，组织制审定《绚丽海棠栽培技术规程》等63项林业地方标准。组织引进美国红枫、速生法桐等7个优新树种。新建标准化基层林业站10个、科技站5个。全力支持贫困国有林场建设，争取贫困林场扶贫资金2136万元。

【林业虫病监测防治】2018年，全面完成国家林业和草原局与宁夏签订下达的2018年度松材线虫病监测和林业鼠（兔）害防治任务。其中松材线虫病松林监测面积79万亩，林业鼠（兔）害防治130万亩次。全区已完成松材线虫病监测面积80.75万亩，林业鼠（兔）害防治面积137万亩次。全区林业有害生物成灾率4.62‰，测报准确率91.58%，无公害防治率90.64%，种苗产地检疫率100%。完成国家林业局下达的各项指标。落实防控经费1305万元。包括：中央财政下达防治补助经费575万元、中央预算内投资宁夏林业有害生物防治能力提升项目380万元、自治区财政下达防治经费350万元。

【林业植物检疫执法】2018年，全区共完成产地检疫27.89万亩，调运检疫木材1.28万立方米，种子22.5万吨，苗木4100万株，花卉6118.9万株，插条和接穗53.65万根，复检苗木11716.2万株，木材2.3万立方米，电缆盘2.3万只，种子3.18万吨，插条和接穗69.5万根。处理违规调运13起，带疫调运15起，销毁带疫苗木1156株。有效阻止了“柄天牛”“美国白蛾”的侵入。

【野生陆生动物疫源疫病预警】2018年，向自治区人民政府预警报告了2017年宁夏林业系统监测到的候鸟携带传播的可致人死亡或可致家禽死亡的禽流感病毒亚型10种23株，新城疫病毒1株的情况；监测发现并妥善处置重大传染病疫情。春季贺兰山自然保护区发生野生岩羊感染小反刍兽疫，依照《宁夏突发陆生野生动物疫情应急预案》，启动黄色预警响应，快速处置并有效控制了疫情，未发生疫情扩散和人员感染疫病的情况。

【自然保护区智能监测能力建设】2018年，启动年度贺兰山、六盘山、罗山"三山"保护区智能监测能力建设，总投资2000万元，2019年度2000万元已经提前下达。完成《三山保护区能力建设规划》《宁夏自然保护区信息化监测与管理平台系统设计方案》等项目编制工作，完成贺兰山、哈巴湖智慧保护区建设项目方案编制。争取自治区财政正式设立宁夏自然保护区能力建设专项。

【野生动植物保护】2018年，开展新《野生动物保护法》宣传，与自治区科协、团委、宁夏电视台、宁夏湿地管理中心、鸣翠湖湿地公园举办第37届爱鸟周活动，与宁夏观鸟协会共同举办了宁夏鸟类知识进图书馆活动。推进野生动植物保护科普进校园，协调有关专家学者走进宁夏大学、银川唐徕回民中学、兴庆区第十六小学进行野生动物科普宣传。引导各类保护地开展野生动物主题宣传教育活动，在6个林业国家级自然保护区和13个国家湿地公园开展丰富多彩的野生动物保护科普活动。重点开展全区非洲猪瘟防疫防治、贺兰山岩羊小反刍疫病防治工作，取得阶段性胜利。罗山保护区报送的秘境之旅视频在中央电视台黄金时段播发。配合天津市野生动物保护站在罗山实施救助野生动物放飞活动。指导开展野生动物救护收容，争取开展全区野生动植物栖息地建设，开展贺兰山保护区四合木驯化繁育调查、榆斑蛾防治调查和六盘山落叶松叶蜂防治、鼠兔害防治。协调相关单位开展野生动物资源调查监测、极小物种研究、鸟类迁徙、野生动物疫源疫病监测、病虫害防治等项目研究。启动国家林业局委托开展新疆吐哈西北稀有动物资源调查验收工作。组织开展全区野生动物人工繁育摸底调查和年检年审工作，共办理野生动物驯养繁育许可年检100多件，野生动物繁育许可审批19件。配合森林公安严厉打击乱捕滥猎、乱采滥挖和倒卖走私中华林蛙、鹰隼等野生动物及侵占贺兰山林地、破坏矿产资源等违法犯罪行为。

【林业科技创新】2018年，全区实施中央财政林业科技推广示范项目11个1100万元，拉动社会配套资金400万元。实施自治区财政林业科技推广项目13个273万元。截至2018年，向科技厅申报13个项目获批6个，资金2000万元。林业科学研究院叶用枸杞成果在陕西、甘肃等地进行推广转化，新推广面积5000亩。枸杞系列深加工产品打入上海、广州等市场。青禾公司与黑龙江尚志市、浙江省乐清市建立战略合作关系，系列深加工产品研发取得突破性进展，并进入市场销售。林业科技特派员耿峻执行的枸杞采摘器研发项目取得8个专利成果，其中二代手持枸杞采摘器进入中试转化应用阶段，已与甘肃、青海、宁夏等地供应商签订采购协议。安排中央财政林业科技项目3个、自治区财政林业科技项目5个，重点支持林业系统下派驻村第一书记扶贫攻坚，在泾源县兴盛乡兴盛村、上金村、原州区黄铎堡何家沟村、彭阳县城阳镇、灵武市郝家桥乡兴旺村、大武口区隆湖镇隆湖村等贫困地区实施，助推当地脱贫攻坚工作。继续依托财政林业科技项目建设标准化科研示范基地，新建仁存渡引种驯化基地、吴忠林场苹果繁育基地、贺兰金贵牡丹繁育基地、彩灌苗木繁育基地、闽宁镇原隆村红树莓苗木繁育基地等。宁苗公司创新成果展示中心在防沙治沙学院正式建成使用，北京林业大学水土保持研修访学基地在哈巴湖挂牌成立。吴忠市引黄灌区农田防护林生态定位观测站正式获批，宁夏森林康养工程技术中心进入自治区科技厅筹备库。

【湿地保护管理】2018年，制订《宁夏湿地保有量年度考核方案（试行）》和《宁夏湿地保有量考核评分细则》，督促银川市湿地办对银川市兴庆区部分农民擅自开垦黄河滩涂湿地行为，进行制止和处理；加强国家和自治区财政湿地补助资金项目的督促检查，协调财政厅解决2007年退耕农户和大户补助资金问题，对2017年中央和自治区湿地财政补助资金，开展了绩效自评；对全区湿地公园、湿地型自然保护区湿地保护情况进行中期检查，组织太阳山、鹤泉湖2家国家湿地公园试点单位，按照国家湿地公园验收的有关要求，指导完善硬软件设施。

（马永福）

NINGXIA YEARBOOK

生态环境

SHENGTAIHUANJING

编辑◎张明鹏

综 述

【概况】2018年，宁夏推进生态立区战略实施，狠抓中央环境保护督察反馈问题整改，坚决打好污染防治攻坚战，全面完成年度各项目标任务，全区生态环境质量稳中向好。剔除沙尘天气影响，宁夏地级城市环境空气优良天数比例达87.2%，同比提高5.8个百分点；6项监测指标同比均下降，其中可吸入颗粒物（PM_{10}）、细颗粒物（$PM_{2.5}$）、二氧化硫（SO_2）、二氧化氮（NO_2）、一氧化碳（CO）、臭氧（O_3）8小时同比分别下降8.9%、10.3%、33.3%、9.4%、16.7%、1.9%；全面完成国家和自治区考核目标任务，全区空气质量明显好转。黄河宁夏段干流水质实现入境Ⅱ类（优良水质）出境Ⅱ类目标，15个国控考核断面Ⅲ类及以上水质断面为80%，全面消除了劣Ⅴ类水体；黄河宁夏段特有的土著鱼类鸽子鱼（大鼻吻鮈、北方铜鱼）频现，黄河宁夏段水生态环境出现好转；全区土壤环境质量总体安全清洁。

【贯彻习近平生态文明思想】2018年，自治区先后召开党委常委会议、政府常务会和专题会议21次，及时传达学习中央的重要会议、习近平总书记重要讲话精神，研究安排生态环境保护重点工作，坚决整治腾格里沙漠污染、六盘山生态破坏问题，始终做到党中央有要求、宁夏有行动，习近平总书记提出的“建设天蓝、地绿、水美的美丽宁夏”指示要求成为全区上下的共同意志和自觉行动。自治区党委和政府主要领导多次到贺兰山、黄河、腾格里沙漠及园区企业，调研督导解决突出环境问题，推动中央环境保护督察及“回头看”反馈问题整改，先后召开全区生态环境保护大会、环保重点任务督查推进会、中央环境保护督察“回头看”反馈问题整改部署会等全区性会议6个，出台《全面加强生态环境保护坚决打好污染防治攻坚战的实施意见》《打赢蓝天保卫战三年行动计划》《推进净土保卫战三年行动计划》等政策文件。自治区人大、政协多次开展生态环保监督调研、专题议政、建议提案督办，监督问效，建言献策，助推生态环保工作落实落地落细。组织拍摄《贺兰山在哭泣》《黄河在怒吼》纪录片，严肃曝光一批破坏生态和污染环境的企业，深刻反思宁夏生态环保问题，教育引导各级干部不断深化对生态环保工作重要性、艰巨性、紧迫性的认识，打牢“绿水青山就是金山银山”的理念。

【宏观设计和组织领导】2018年，全区强化对生态文明建设和生态环境保护的总体设计和组织领导，统筹协调处理重大问题，指导、推动、督促各地区各部门落实党中央和国务院重大政策措施。压紧压实“党政同责”。各市、县（区）党委和政府主要领导切实履行生态环境保护第一责任，重大部署亲自研究，突出问题亲自过问，重点工作亲自督查，全力推进中央环保督察整改和重点污染治理交办任务落实，银川市结束分散供热历史，石嘴山市工业园区污染治理扎实推进，吴忠市罗山风电设施全部退出，固原市“五河”治理水质改善明显，中卫市沙坡头自然保护区整治有力有序，真正做到思想认识到位、时间精力到位、工作指导到位，形成齐抓共治的良好局面。严格落实“一岗双责”。各相关部门切实履行生态环境保护职责，按照“管发展的必须管环保，管生产的必须管环保，管行业的必须管环保”的原则，自然保护区整治修复、黑臭水体治理、农业面源污染、“散乱污”企业整治、矿采区扬尘污染等工作扎实推进，各级发展改革、工业和信息化、住房城乡建设、自然资源、水利、农牧、林业等有关部门密切协作、共同发力，坚决落实环境保护监管职能。严肃考核问责。严格执行自治区《党委政府及有关部门环境保护责任》《党政领导干部生态环境损害责任追究实施细则(试行)》等制度，对损害生态环境，生态环境保护责任不落实、措施不到位、监管不严格、造成严重后果的，真追责、严追责，终身追责。对重大生态破坏事件实行"一票否决"，动真碰硬、顶格问责，倒逼各级领导干部增强环保意识、落实绿色发展理念。2018年，全区共问责212人次，特别是针对中央第二环境保护督察组移交自治区党委和政府的两方面的8个环境保护督察责任追究问题，逐一调查核实，依规依纪依法对负有责任的单位和个人进行问责追责。

【中央环境保护督察】2018年6月，宁夏接受中央环境保护督察"回头看"及水环境突出问题专项督察。"回头看"期间，自治区党委和政府全力配合，对发现的问题立行立改、边督边改，着力解决了一批影响群众生产生活的环境问题。10月18日，督察意见反馈后，宁夏立即启动整改工作，成立了由自治区党委和政府主要领导任双组长的整改工作领导小组，对反馈意见逐一梳理，细化为7个方面57项具体问题，33名在职省级领导牵头包抓所有问题整改，《整改方案》按时呈报国务院。2018年"回头看"整改任务按时序进度要求完成3项；中央环境保护督察"回头看"期间向全区转办群众投诉件1339件，办结1317件，办结率达98%，其中因药企异味扰民问题得不到有效解决，自治区党委对银川市分管副市长，市委常委、永宁县委书记，县长均作了免职处理；持续抓好2016年督察反馈问题整改，反馈的41项整改问题，基本完成整改31项，有序推进10项。

【空间管控】2018年，宁夏划定并发布生态保护红线，成为全国第一批完成生态保护红线划定工作的15个省份之一，全区生态保护红线面积占国土总面积的24.76%，形成了"三屏一带五区"("三屏"是指贺兰山生态屏障、六盘山生态屏障、罗山生态屏障；"一带"是指黄河岸线生态廊道；"五区"为东部毛乌素沙地防风固沙区、西部腾格里沙漠边缘防风固沙区、中部干旱带水土流失区、东南黄土高原丘陵水土保持区、西南黄土高原丘陵水土保持区)的生态安全格局。12个县区被纳入国家重点生态功能区，占国土面积的56.9%。有力管控建设用地总量和强度，全区使用新增建设用地计划指标3.4万亩，同比减少15%，单位GDP建设用地使用面积下降率5.95%。

【实施创新驱动战略】2018年，宁夏抓住深化供给侧结构性改革的机遇，大力实施创新驱动战略，加快新旧动能转换，将33个工业园区整合为22个。加大"散乱污"企业整治力度，全面排查"散乱污"企业1932家，完成清理整治1360家。淘汰落后过剩产能，开展重污染企业退城搬迁行动，累计完成182家重点企业清洁生产审核，化解水泥、铁合金、造纸、兰炭等重点工业行业过剩产能和落后产能318.4万吨，新能源发电总装机占全区电力装机比重接近40%。

【倡导绿色低碳生活】2018年，全区推进节水型社会建设，72%的重点用水企业达到节水型企业标准，高效节水灌溉面积达到352万亩，银川市成功创建全国节水型城市。实施能源消耗总量和增量双控行动，积极推进重点用能单位"百千万行动"，扣除煤化工项目影响后，全区能耗增量约130万吨，单位GDP能耗同比下降约3.5%，完成年度目标任务。加快新能源汽车推广，宁夏有纯电动汽车2227辆(其中公交车856辆)，混合动力新能源汽车2172辆，建成充(换)电站14座、公共充电桩495个。全面推行绿色建筑，出台《宁夏绿色建筑发展条例》，发布地方标准《绿色建筑设计标准》，新建建筑100%符合节能标准，安装供热计量装置建筑面积8616万平方米。

【生态文明体制改革】2018年，全区坚持把生态文明体制改革作为全面深化改革的重点领域，深入推进"放管服"改革，大力清理规范行政审批事项，激发市场活力和创造力。研究制定生态环境损害赔偿制度改革方案，探索建立流域上下游横向生态保护机制，推进生态环境联防联治。全面完成了自然资源资产负债表编制试点工作，组织制定《宁夏自然资源确权登记办法(试行)》，推进河湖水域岸线划界确权工作，自然资源统一确权登记(湿地产权确权)试点成果顺利通过自然资源部的评估验收。

【生态环境监管体系】2018年，宁夏建立环境保护督察督政制度，推进省以下生态环境机构监测监察执法垂直管理制度改革，强化生态环境执法和监测，完成监测事权上收，形成职能集中、分工合理的执法监管体系，加强核与辐射安全监管，强化跨行政区、跨流域环境监管能力，环境治理能力不断提升。

【规划与财务】2018年，宁夏聚焦推进生态立区战略主要目标，开展《国家"十三五"规划纲要》《自治区"十三五"规划纲要》生态文明建设专题、《自治区"十三五"环境保护规划》中期评估，宁夏四项主要污染物较2015年重点工程减排量二氧化硫、氮氧化物、化学需氧量、氨氮分别完成4.69万吨、5.36万吨、1.32万吨和0.14万吨，分别超额完成"十三五"目标任务的9.1%、21.8%、1220%和1320%，四项指标提前超额完成"十三五"目标任务。2018年是历史上自治区环保专项资金安排最多的一年，自治区共计下达环保专项资金30.31亿元，较上年的8.32亿元增长了21.99亿元，增幅264%；自治区环保专项资金27.13亿元，比上年的7.08亿元增长了20.05亿元，增幅283%。石嘴山市贺兰山东麓山水林田湖草生态保护修复项目获得20亿元中央资金支持。

【环境应急】2018年，全区共接报26起突发环境事件，未造成次生环境灾害。组织开展全区危险化学品企业环境安全隐患专项排查，发现问题60多个。监督各地完成428家重点风险源企业风险评估和应急预案备案。组织完成全区应急模拟事件信息报送桌面推演，分别在银川市和固原市开展两次应急演练。推荐38名应急专家建立全区环境应急专家库。增加应急响应硬件装备，规范应急监测处置流程。全区地级市均修订《应对重污染天气应急响应预案》，编制《宁夏回族自治区突发水污染事件专项应急预案》，修订了《集中式地表水饮用水水源地应急预案》。

（李俊鹏）

生态保护与治理

【蓝天保卫战】2018年，全区继续开展"蓝天保卫战"，加快调整优化能源结构，实施《自治区清洁取暖实施方案(2018—2021)》，严控煤炭消费总量，狠抓燃煤锅炉淘汰、清洁能源替代、扬尘污染管控、工业企业达标排放、机动车污染防治等各项工作措施落实。银川市"东热西送"一期工程、西夏热电二期等清洁供暖工程顺利供热，全区新增集中供热面积1640万平方米，淘汰燃煤锅炉367台、老旧车2.65万辆，实施燃煤锅炉煤改电、煤改气375台，建成清洁煤配送中心33家，提前两年完成30万千瓦以上火电机组超低排放改造，全区城市道路机械化清扫率平均达到64%。剔除沙尘天气影响，地级城市环境空气优良天数比例达到87.2%，可吸入颗粒物(PM_{10})和细颗粒物($PM_{2.5}$)平均浓度同比分别下降8.9%、10.3%，全面完成国家考核目标。

【碧水保卫战】2018年，全区打响新时代黄河保卫战，全力推行河(湖)长制，落实区市县乡村5级河(湖)长3831名，实现所有河湖水系河(湖)长制全覆盖，建立覆盖全区所有县(市区)的116个监测断面。制定出台《宁夏回族自治区水污染防治工作方案》《重点入黄排水沟污染2016—2018年综合整治实施方案》《自治区重点流域水污染防治"十三五"规划》等一系列政策措施，2018年投入中央、自治区水污染防治专项资金12.19亿元，重点抓好黄河支流、重点湖泊、重点加强排水沟等河湖水系生态综合整治，全区21个省级及以上工业园区废水全部实现集中处理，12条重点入黄排水沟建成适宜地段人工湿地工程，全面整治地级城市13条黑臭水体，全面取缔入黄入河直排口，关停黄河河道30家采砂洗砂厂。开展集中式饮用水水源地环境保护专项行动，对全区40个县级及以上城镇集中式饮用水水源地进行保护区划定，定期公示水源地整治进展情况，全区县级以上饮用水水源地规范化建设比例达到94.87%。全面推进典农河、沙湖、星海湖综合治理，实施固原五河(清水河、葫芦河、泾河、渝河、茹河)精准治理，2018年完成湖泊湿地生态补水2.22亿立方米，渝河流域整治效果受到中央第二环境保护督察组的肯定。

【净土保卫战】2018年，全区狠抓土壤污染状况详查工作，划定详查单元324个，布设点位3034个，采集重点行业企业用地信息579家，全区农用地污染详查工作任务基本完成，农用地质量状况整体较好。制定《宁夏污染地块环境管理暂行办法》，严格管控污染地块环境风险。聚焦农业面源污染治理，科学划定禁养区372块、0.85万平方公里，抓好畜禽粪污资源化利用、农用残膜回收、化肥农药减量施用等工作。全区秸秆资源化综合利用率达到83%以上；化肥、农药使用量分别控制在105万吨和2782.3吨，实现零增长；回收残膜21251.8吨，回收率达到88%；全区畜禽粪污综合利用率88.7%，畜禽养殖粪污基本实现资源化利用。全区土壤环境质量总体安全清洁，土壤环境监管迈出实质性步伐。

【生态保护与修复】2018年，全区紧紧依托三北防护林、天然林保护、退耕还林等国家重点林业工程，大力实施精准造林工程，启动了大规模国土绿化行动，重点实施了六盘山重点生态功能区降水量400毫米以上区域造林绿化、引黄灌区平原绿洲绿网提升、南华山外围区域水源涵养林建设提升、同心红寺堡生态经济林建设"四大工程"，全区山川面貌不断美化优化绿化。2018年完成营造林150.06亩，三北防护林建设35.4万亩。继续推进宁夏全国防沙治沙示范区和四个防沙治沙示范县建设，完成荒漠化治理90万亩。银川市荣获全球首批"国际湿地城市"称号。连续两年推进"绿盾"自然保护区专项行动，全区14个自然保护区共排查人类活动点位2616处，保留和完成整治2580处，完成率98.2%，贺兰山国家级自然保护区169处人类活动点位全部完成生态综合整治，得到中央生态环境保护督察办公室充分肯定，六盘山国家级自然保护区整改任务全面完成，罗山国家级自然保护区38台风力发机组全部拆除退出，生态环境综合整治呈现压倒性态势，取得了显著成效。

（李俊鹏）

环境评价与监测

【环境影响评价】2018年，宁夏在确保环评审批质量的前提下，审批时限压缩至法定时限的一半，最大限度地发挥环评审批对稳定有效投资、推动经济高质量发展的作用。完成环评审批项目7个，不予审查项目3个。协调生态环境部审批包银高铁银川至惠农段项目，神沙70万吨/年煤制烯烃项目。落实规划环评审查主体责任，完成灵武再生资源循环经济示范区、吴忠金积工业园区、太阳山工业园、固原经济技术开发区轻工产业园区、固原盐化工循环经济示范区、中卫海兴工业园区、宁夏水利发展"十三五"等7个规划环评审查，全区工业园区规划环评执行率达到90.6%，圆满完成年度目标任务。加强建设项目环评文件督导，对2018年上半年审批的16个环评报告书、34个环评报告表进行技术复核，对发现的问题及时通报曝光，持续推进下半年审批环评文件督导，有效预防环境风险和生态破坏。认真履行全区排污许可制度组织实施和监督职责，组织开展总装机30万千瓦以上的燃煤电厂及石油化工、煤化工类重点污染物排放许可证管理，组织开展2017年全区排污许可专项检查，及时通报检查情况。

【环境监测】2018年，上收已建成的23个区控环境空气质量监测站点监测事权，积极推进4个新建水站建设、4个已建水站填平补齐工作和水质监测数据联网，连续4次得到生态环境部通报表扬。开展第二次全国污染源普查工作，10月在全国率先完成入户调查表填报工作。建立全区环境空气质量"排名通报约谈"机制，每月对5个地市（含宁东基地管委会）、8个市辖区及14个县（市、区）环境空气质量和同比改善幅度按质量导向和工作导向进行评价、排名，向各市、县（区）人民政府进行通报，并在自治区各大新闻媒体和网站上进行公开。提升环境监测数据质量，自治区党办、政办印发《宁夏回族自治区关于深化环境监测改革提高环境监测数据质量的实施意见》，制订《宁夏回族自治区生态环境监测质量监督检查实施方案》，开展全区环保系统环境监测机构质量管理检查、排污单位自行监测监督性检查和机动车检验机构数据质量专项监督检查，督促各地对照问题进行整改。加快推进污染源监测数据联网共享，8月，宁夏联网率率先达到100%。加强环境质量分析，每月编发《环境质量专报》《宁夏环境质量状况》，每日编发《环境质量预报信息》《空气质量日报》《全区五市与宁东环境空气质量状况及同比变化情况》。推进大气污染热点网格智能监管试点工作，依托银川市、石嘴山市现有环境空气自动监测站，划分了热电网格区域，构建了热点网格智能监管系统。

2018年4月25日，国家环境保护督察办督察贺兰山自然保护区生态整治和恢复情况

【辐射环境安全监管】2018年，全区完成51个辐射安全许可证办理、变更、延续、注销手续，18个辐射类项目环评审批，14个放射源异地使用备案，11个放射性同位素转让。"平安宁夏—2018"省级辐射事故应急综合演习圆满成功，生态环境部评估考核组评价"是一次高质量高水平的演习"。伴生放射性矿普查工作有序推进，对全区8个行业、15类矿产资源1001家企业开展普查，通过了生态环境部质保检查和数据核查。辐射环境安全监管工作不断强化，开展专项检查9次，检查核技术利用、异地使用放射源等单位107家次，整改问题121个，处理投诉7起，立案查处未批先建项目3起，全区辐射环境安全可控。规范国控点项目运行管理，有效数据获取率保持98%以

2018年6月1日，中央第二环境保护督察组对宁夏开展“回头看”工作动员会召开

上。完成放射性废物库安保升级改造年度任务，废旧闲置放射源安全收贮率100%。

【危险废物安全监管】2018年，全区加强一般工业固体废物环境管理，完成全区涉一般工业固体废物专项检查，共检查一般工业固废产生企业、工业固废贮存、处置场74家，发现问题129个，要求属地环保部门对发现问题督促企业及时整改落实，对提出限期整改要求逾期不落实或整改不到位的企业采取立案处罚等措施。提升危险废物规范化管理水平，公布2018年全区固体废物重点监管企业名单，危险废物重点监管企业109家，一般工业固废重点监管企业45家；制定了《全区危险废物规范化管理督查考核工作方案》《全区危险废物规范化管理督查考核实施方案》；完成危险废物跨省转移技术审核131件，其中转入101件，转出30件；开展全区重金属污染防治，确定2018年区控涉重金属监管企业20家，开展全区涉重金属企业调查工作，共调查涉重金属企业21家。

（李俊鹏）

环境法治与宣传

【生态环境法治建设】2018年，宁夏率先在全国出台《宁夏回族自治区生态保护红线管理条例》，修订完善《自治区污染物排放管理条例》，出台《自治区森林公园管理办法》《自治区辐射污染防治办法》等一批法规规章，完善生态环境保护法治制度保障。开展《大气污染防治条例》执法后评估，再次为法律执行进行了督促。积极推进“放管服”改革，“不见面 马上办”事项达到82%，规范性文件清理和合法性审查，修订自由裁量指导。持续开展环保舆情监测工作，配合组织中华环保世纪行及人大专项执法检查活动。

【生态环境执法】2018年，宁夏强化联合执法、联动共治，组织开展大气、水、自然保护区、水源地、秸秆焚烧等专项执法检查，严格执行环境执法“双随机”制度，严厉打击环境违法行为。全区环境保护部门实施“双随机一公开”（随机抽取检查对象、随机选派检查人员，及时将抽查情况及查处结果向社会公开）监管污染源5530家（次），实施行政处罚1028起、处罚金额12059.6万元，较上年增加近3137.6万元，实施按日连续处罚6起、罚款3103.2万元，查封扣押71起，移送拘留19起，涉嫌污染犯罪移送公安16起。积极回应群众环境诉求，全区“12369”环保举报热线共受理群众环境污染投诉4091件，同比上升36.1%。

【环境宣传教育】2018年，全区构建生态环境宣传教育大格局，在《宁夏日报》、宁夏电视台开辟“打好污染防治攻坚战”“坚决打好蓝天保卫战”“环境保护督察”“环保进行时”“曝光台”5个专栏。持续扩大“宁夏环境保护”微信公众号影响力，拓展微网站、网易号、今日头条号等新媒体渠道。组织“六·五”环境日系列宣传活动，重点组织开展广场宣传咨询、环境保护知识竞赛、“美丽中国，我是行动者”承诺签名、“绿色出行”千人公益骑行和徒步、垃圾分类回收处理现场体验、环保专场文艺演出、环保公众开放日等八项活动。编发环境新闻通报45期，接待区内外新闻媒体采访50多次。协调区内外主要媒体刊发新闻稿件1160条（篇），从媒体刊发情况看，在《中国环境报》刊发54条，在宁夏电视台播出287条，在《宁夏日报》刊发295条，其他媒体刊发524条；从报道类别看，累计报道中央环保督察整改400余条，报道中央环保督察“回头看”300余条，其他生态环保工作460条，发挥了引导、震慑和助推作用。在宁夏环境保护网站发布或转载新闻、视频、信息、图片等环保类信息1000余条（幅）。

（李俊鹏）

NINGXIA
YEARBOOK

教育
JIAOYU

编辑◎杨　云

综　述

【概况】2018年，宁夏教育事业规模、结构、质量和效益得到优化和提升，主要发展指数实现了向全国看齐，宁夏在西部地区率先实现了教育发展总体水平高于经济发展总体水平，率先以省为单位实现义务教育基本均衡发展目标，成为全国首个“互联网＋教育”示范（省）区。2018年，全区共有各级各类学校3456所（含小学教学点），比上年增加50所，增长1.46%；各级各类在校生150.17万人（含幼儿园），比上年增加2.9万人，增长1.97%；教职工10.69万人，比上年增加2671人，增长2.56%，其中，专任教师9.01万人，比上年增加1916人，增长2.17%。全区各级教育普及水平不断提高，居民受教育机会进一步增加。其中，学前教育毛入园率83.3%，比上年提高1.84个百分点，小学学龄儿童净入学率99.99%，比上年提高0.06个百分点；初中阶段毛入学率110.47%，比上年提高3.43个百分点；高中阶段毛入学率89.71%，比上年下降0.62个百分点；高等教育毛入学率49.5%，比上年提高3.55个百分点。

【教育投入和建设项目】2018年，全区地方教育经费总投入228.84亿元，比上年的207.25亿元增长10.4%。其中，国家教育财政性教育经费为198.95亿元，比上年的179.51亿元增长10.83%，国家财政性经费占全区生产总值比例为5.78%，超过了《国家教育事业发展“十三五”规划》中“保证国家财政性教育经费支出占国内生产总值的比例一般不低于4%”的要求标准。2018年，全区各类教育专项资金投入52.7亿元，其中，国家下达资金35.7亿元，自治区财政等部门下达资金17亿元，充分体现了自治区党委、政府坚持把教育摆在优先发展的战略地位，在经济发展规划上优先安排教育，在财政资金投入上优先保障教育，在公共资源配置上优先满足教育的决策部署。全区幼儿园建设项目新建改扩建幼儿园104所，增加对幼儿园建设资金的补助，每平方米补助两年提高了500元，同时对山区农村幼儿园给予附属设施补助资金，缓解了贫困地区的资金压力，累计投入资金4.1亿元；改善普通高中学校办学条件项目投入资金1.28亿元，改善25所普通高中办学条件；“全面改薄”项目全区投入资金13.06亿元，改造建设校舍16万平方米、运动场40万平方米，全面完成自治区政府工作报告和自治区民生计划分工任务。对2018年接受义务教育均衡国检验收的西吉、同心、红寺堡3县提前下达各类资金，确保“全面改薄”项目早开工、早建设、早发挥效益。全区2014—2018年批复的校舍建设项目竣工率和设备采购完成率，分别为五年总规划的98.06%和100%，提前完成了国家的“超九成”的要求，位居全国前列。

【营养餐改善计划】2018年春季开学，学生营养改善计划扩展到实施范围内的农村学校附设学前班，惠及2万余名学前班学生。截至2018年底，宁夏营养餐改善计划实施范围为11个县区，农村义务教育阶段的孩子中午可以在学校免费就餐，受益学生近25.6万人，每年每个孩子可以减轻家庭负担1120元。在2018年6月贵州召开的农村义务教育学生营养餐改善计划现场推进会上，宁夏经验得到了教育部的充分肯定并予以经验交流发言，实施范围内国家试点县学生平均身高增加了0.8厘米，营养不良率由4.7%降低到3.9%，贫血患病率由8.6%降低到7.6%，体重正常率由42%提高到43.9%。

【困难学生资助】2018年，国家和自治区财政下达各级各类学生资助补助经费7.36亿元，资助受助学生45万人次；国家生源地助学贷款全区共签订有效合同7.40万份，合同金额4.7亿元，做到"应贷尽贷"；社会捐资助学3.03亿元，资助受助学生9.15万人次。通过多种途径、科学管理、精准发力，从学前教育到研究生教育各阶段全覆盖、无缝对接的学生资助政策链不断完善健全，有效地解决了家庭经济困难学生(幼儿)"入学(园)难"的问题。

【民族教育】2018年，国家下达宁夏"少数民族骨干"硕士研究生计划199名。财政部、教育部下达宁夏义务教育阶段教师选派计划工作经费1238万元，支持县域内590名城市教师到乡村支教，促进了城乡教师的交流和乡村教育质量的改善。2018年，教育部办公厅、国家民委办公厅、北京市政府办公厅联合下发《中央民族大学附属中学跨区域招收少数民族学生工作管理规定(试行)》，调整了中央民族大学附属中学在各省(区)的招生录取政策。自治区研究制定《关于中央民族大学附属中学在我区招收少数民族学生的通知》，明确招生的范围及有关政策，当年完成招生15名。

【民办教育】2018年，全区共有各级各类民办学校685所，占全区教育总规模的19.83%，招生7.69万人，占全区总规模的17.34%，在校生21.37万人，占全区总规模的14. 23%。其中，民办幼儿园654所，比上年增加22所，占全区比例为53.56%；在园幼儿13.84万人，比上年增加5101人，占全区比例为57.28%。民办小学5所，比上年增加1所，占全区比例为0.4%；在校生5700人，比上年增加573人，占全区比例为0.98%。民办初中5所，比上年减少1所，占全区比例为2.05%，在校生14196人，比上年减少10人，占全区比例为4.89%。民办普通高中11所，比上年增加2所，占全区比例为20.69%，在校生7243人，比上年减少857人，占全区比例为4.91%。民办中等职业学校6所，与上年相同，占全区比例为20.69%，在校生10338人，比上年增加157人，占全区比例为14.2%。民办本科院校4所(含2所独立学院)，与上年相同，在校生37840人，比上年增加301人，占全区比例为23.39%。

【创新素养教育】2018年，全区创新素养教育取得一定成效。建立推进工作机制。先后组织召开全区中小学(幼儿园)创新素养教育工作推进会、现场观摩会、业务培训会，邀请区内外有关专家、高校教授进行创新素养教育专题讲座；组织各市、县(区)的教育行政部门、教科研部门负责人和中小学(幼儿园)校(园)长共同观摩学习了银川市、灵武市中小学(幼儿园)开展创新素养教育的成果，增强了推进创新素养教育工作的信心和决心。组织开展调研工作。成立了全区中小学(幼儿园)创新素养教育专家委员会，聘请区内外高等院校专家教授、教育管理者、教科人员和部分中小学(幼儿园)校(园)长担任专家委员会成员，对全区中小学创新教育工作进行跟踪指导服务。组织开展创新素养教育示范学校(幼儿园)评选活动。每年从全区评选出20所中小学(幼儿园)作为自治区级"创新素养教育示范校"，全面引领全区创新素养教育，并给以经费支持。通过家校共育课程建设、培养家校共育专业队伍、开展专题活动等，构建家校共同推进创新教育新格局。完善创新素养评价体系。将创新素养教育评价与新课程改革、中考改革相结合，研究制定教育行政部门对学校、学校对教师、教师对学生等量化评价体系，切实扭转评价学校、评价学生以分数为主要指标的做法。

【校外培训机构专项整治行动】2018年，全区开展校外培训机构专项整治行动。完善工作机制。根据国家、自治区的统一决策部署，自治区教育、民政、人社、工商等四部门联合成立了自治区校外培训机构整治领导小组，研究制定《关于切实减轻中小学课外负担 开展校外培训机构专项整治行动实施方案》，明确全区校外培训机构整治专项行动的时间表、路线图。各市、县(区)建立了由教育、民政、人社、市场监管部门共同负责，纪委监察委、公安、消防、城管及乡镇(街道)等共同参与的工作推进机制，细化各部门职责，分工协作，齐抓共管。全面组织整治工作。各地坚持"标本兼治、内外联动、堵疏结合、积极稳妥"的原则，聚焦"安全隐患、无证无照、超纲教学、中小学教师参与补习"等6类整治问题，对辖区内校外培训机构进行彻底排查，对存在问题的培训机构建立台账，有针对性地进行集中整改。全区完成摸排、整改校外培训机构2094所，发现无问题机构293所，按要求完成整改培训机构1498所。建立整治通报制度。要求各地每月25日前，将本地区前一个月整治行动工作情况进行总结，在上报教育部的同时，印发推进工作通报，及时总结各地摸排、集中整治工作中的好经验、好做法，相互交流学习，共同推进校外培训机构整治工作。研究制定《宁夏校外培训机构设置指导标准(征求意见稿)》，明确校外培训机构设置条件、设置程序、审批标准、监督管理和法律责任。要求各地审核部门加强日常监管，落实定期公告、年检等制度，落实规范校外培训机构管理长效机制，切实减轻学生课外负担、家庭经济负担。

【义务教育优质均衡发展】2018年，为推动全区义务教育从“基本均衡”向“优质均衡”迈进，推动全区义务教育向更高水平、更加公平、更有质量发展，组织石嘴山市实施辖区内义务教育基本均衡发展试点工作。全面消除义务教育阶段大班额，通过“名校集团化”“城乡学校发展共同体”“首都带首府”等合作机制，城乡之间、强弱之间建立结对帮扶关系，优质教育资源得以扩展，实现办学理念、教育资源、管理方法、特色品牌等方面的共享。2018年，全区66人以上超大班额25个，占总班额比例为0.12%，较上年减少390个，基本完成消除超大班额任务，起始年级已不存在大班额。

【学校安全管理】2018年，依托学校安全教育平台，宁夏狠抓安全教育课堂教学和专题教育的落实，年内共有1617所学校、2.3万名教师、92.4万名学生使用平台开展或接受安全教育，较去年同期分别增长了11.2%、6.3%、4.8%，累计落实21.7万个课时。加大校园安全文化建设和媒体宣传力度，开展中小学生安全教育日、学生防溺水、平安暑假、秋季开学第一课等专题教育活动，在报纸、电视、广播、网络、微信平台等宣传载体上宣传校园安全知识，营造浓厚的安全教育氛围。深入推进全区中小学幼儿园安全管理规范化建设，采取学校主动申报、逐级检查验收的方式，新创建421所县级以上规范化学校。结合全区实际，修订了教育系统地震应急预案。投入267万元，组织建设宁夏学校安全隐患排查治理平台系统，提高全区学校安全管理信息化水平。认真抓好国务院、教育部、自治区督查组反馈问题整改工作，对照问题清单，逐一制定整改措施，明确整改责任，确定整改期限，并及时开展“回头看”，督促落实整改任务。将校车安全、消防安全、危险化学品安全作为年度专项治理的重点，采取有效措施，加强各项治理工作的推进落实，排查治理安全隐患1100余项。开展学生欺凌防治落实年行动，自治区教育综治办等10个部门印发《加强中小学生欺凌综合治理实施方案》，建立防治学生欺凌工作协调机制，督促各级教育部门和学校明确并对外公布工作机构、负责人、联系人，加强防止学生欺凌的教育、管理、处理等各方面治理工作。结合春秋季开学、国务院消防考核、国务院安全生产巡查以及60大庆期间等重要时节的安全工作，组织参与4次安全检查。注重引入专业力量实施协同督查，协调公安、消防、安监、食药监等部门的专家参加检查，深入现场指出问题，及时督促整改，确保督导检查的专业性和实际效果。

【学校体育】2018年，根据教育部安排部署和全区学校体育工作实际，制定2018年全区学生体育竞赛计划，有序开展各类学生体育竞赛活动。注重引导更多学生参加体育锻炼，先后组织开展篮球、排球、羽毛球、乒乓球、校园定向等8个项目全区性竞赛比赛，这些比赛持续时间长、涉及范围广，提升了学生体育竞技水平。全面评估监测青少年学生体质健康，配合教育部对全区8个市、县(区)教育局和学校进行学生体质健康标准测试。加大体育教学设备器材配置和场地设施建设力度，推进学校体育条件保障体系建设。组织银川市辖区内大专院校相关人员召开专题会议，安排体育场馆场地向社会开放事宜，申请自治区财政专项补助资金2632万元，督促全区具备开放条件的478所学校的576块体育场地设施向社会开放。组织开展各类学生体育竞赛和体育教师专项培训活动，根据2018年全区学生体育竞赛计划，由宁夏学生体育艺术协会先后组织开展全区沙滩排球锦标赛(学生组)、全区首届学生活力健康大赛、全区定向教练员裁判员制图员培训班、全区高校幼儿教师健美操啦啦操培训班等28项竞赛培训活动，组织承办2018—2019CUVA中国大学生排球联赛北方赛区(男子组)比赛、第十四届中国中学生沙滩排球锦标赛，使全区学生近距离感受高水平体育运动的魅力。

【校园足球工作】2018年，自治区2名专家被推荐为全国青少年校园足球专家委员会委员，组织遴选69名足球教学训练专家成立全区青少年校园足球工作委员会。加强青少年校园足球特色学校建设，在全区新建38所全国青少年校园足球特色学校，西夏区被命名为全国青少年校园足球试点县(区)，推荐石嘴山市创建国家级“满天星”训练营和青少年校园足球改革试验区。采取现场督查、查阅资料的方式对全区199所校园足球特色学校进行复核督查。分两批选派11名足球教师赴英国和法国学习进修，在全区遴选120名校园足球特色学校足球教练员参加2018年全国青少年校园足球国家级专项培训，组织162名特色学校校长、足球教师参加全国师资培训，举办全区237所校园足球特色学校校长培训班，引进3名高水平外教来宁夏指导校园足球教学训练工作。先后选派11支校园足球队伍分别参加2017—2018全国青少年校园足球联赛分区赛和总决赛以及全国青少年足球超级联赛。在五个地级市推荐的基础上区分小学、初中、高中三个学段，举办全区校园足球夏令营最佳阵容选拔活动，确定74名小学学段、68名初中学段、32名高中学段队员为自治区最佳阵容名单并组织参加全国校园足球夏令营分营和总营。搭建体育展示平台，举办全区首届青少年校园足球节。各市、县（区）开展校园足球联赛，举办2018年全区青少年校园足球联赛，促进校园足球在广泛普及的基础上提高训练竞技水平。举办主题为“梦想从足球起航”的全区首届青少年校园足球节，统筹开展全区校园足球活动月、全区校园足球文化交流展示、全区校园足球各项培训、全区校园足球教育教学研讨活动、名家创作笔会活动和全区校园足球赴英法培训老师经验交流活动。

【心理健康教育培训】2018年，为了提高教师运用沙盘进行学生心理咨询的能力，全区举办了三期中小学专职心理健康教师沙盘咨询技术培训班，每期100人。开展第三批自治区级心理健康教育特色学校创建工作，各地对照《中小学心理健康教育特色学校标准(试行)》，对拟申报的学校进行业务指导，确保推荐的学校工作业绩突出，在当地确实能发挥示范带动作用，收集整理19所学校申报材料。开展心理健康教育周活动，加强班主任心理健康知识培训，班主任通过参加培训、研讨交流、现场观摩等，学习教育学、心理学知识，掌握心理健康教育方法，了解学生的身心发展规律，提高心理健康教育能力。

【考试招生工作】2018年，为规范普通中小学招生入学工作，解决义务教育阶段“择校热”“大班额”等问题，根据《教育部办公厅关于做好2018年普通中小学招生入学工作的通知》要求，结合全区中小学招生管理实际，下发《自治区教育厅关于进一步做好普通中小学招生入学工作的通知》，完善普通中小学招生制度管理体系，规范招生方式，严格招生照顾政策，严明招生工作纪律，切实保障义务教育免试就近入学，普通高中招生入学规范有序，努力让每个孩子都能享有公平而有质量的教育。根据教育部《关于进一步推进高中阶段学校考试招生制度改革的指导意见》精神要求，制定下发全区《关于进一步推进高中阶段学校考试招生制度改革的实施意见》，并报教育部备案。

【2018年度宁夏教育十大新闻】1.李克强总理在宁夏考察“互联网+教育”工作。6月4日，中共中央政治局常委、国务院总理李克强在教育部部长陈宝生、自治区党委书记石泰峰、自治区主席咸辉陪同下到永宁县闽宁中学，考察“互联网+教育”开展情况。李克强强调要求，教育是获取知识、促进起点公平的关键，“互联网+教育”可以让贫困地区孩子也能听到好老师的讲课，开拓他们的眼界，点燃改变人生的火把。“宽带网络校校通”，教学点卫星数字资源全覆盖；84%的中小学教学班“优质资源班班通”；100%的学校开通机构空间，基础教育80%的教师、60%的学生开通网络学习空间。2.孙春兰副总理在宁夏调研农村义务教育学生营养改善计划。4月26日，中共中央政治局委员、国务院副总理孙春兰在自治区党委书记石泰峰、主席咸辉的陪同下实地考察了彭阳县古城镇中心小学，对宁夏学生营养改善计划实施情况给予了充分肯定。孙春兰要求抓好贫困地区农村义务教育学生营养改善计划，让学生吃得营养，健康成长。2011年起，宁夏率先实行一个鸡蛋的免费早餐，到2018年已实现惠及11个县(区)、1216所学校所有学生的营养餐，成为学生高兴、家长满意的民生工程。3.全区教育大会隆重召开，绘就教育发展新蓝图。11月22日，全区教育大会在银川召开。自治区党委书记、人大常委会主任石泰峰就做好当前和今后一个时期全区教育工作提出了总的要求。石泰峰强调要坚持以习近平新时代中国特色社会主义思想和党的十九大精神为指导，深入学习贯彻习近平总书记关于教育的重要论述，全面贯彻党的教育方针，坚持社会主义办学方向，努力培养德智体美劳全面发展的社会主义建设者和接班人，加快推进教育现代化，办好人民满意的教育。自治区党委副书记、自治区主席咸辉主持会议并讲话。会议还表彰了自治区教书育人楷模和师德标兵。4.教育部批准宁夏建设“互联网+教育”示范省(区)。7月19日，教育部批复宁夏开展“互联网+教育”示范省(区)建设。11月22日，自治区召开“互联网+教育”示范区建设启动会，自治区党委副书记、自治区主席咸辉出席会议并讲话，强调要大胆实践、勇于探索，突出问题导向，抓好顶层设计，注重改革创新，积极稳妥推进，努力创造可复制可推广的“互联网+教育”宁夏经验。教育部副部长田学军代表教育部与自治区政府签署了《共建“互联网+教育”示范区合作协议》并讲话。会议印发了《宁夏“互联网+教育”示范区建设规划》《宁夏“互联网+教育”示范区建设实施方案》，为“国家数字化学习工程技术研究中心宁夏分中心”揭牌，有关协作省区教育部门和学校分别与自治区教育厅、对口学校签订了合作协议。5.宁夏在西部地区率先实现县域义务教育基本均衡发

展目标。9月12—16日，国家教育督导检查组对宁夏县域义务教育基本均衡发展进行考察评估并在银川召开反馈会，经专家组评估认定，全区小学六年、初中三年巩固率分别达到99.9%和97.7%，义务教育阶段学校小学差异系数在0.34~0.54之间，初中差异系数在0.14~0.41之间，全域达到国家规定的县域义务教育基本均衡标准，成为全国第十二个、西部第一个整体通过国家督导评估认定的省(区)。6.宁夏“创新素养教育”被全国政协列为重点提案。3月3日，在中国人民政治协商会议第十三届全国委员会第一次会议上，自治区政协主席崔波提交的《关于在基础教育阶段开展创新素养教育的提案》被选定为全国政协重点提案。从2015年起，宁夏在部分中小学和幼儿园开展了创新素养教育；2017年，创新素养教育试点扩大至全区所有市、县(区)；2018年，在全区初中及以下学段中小学(幼儿园)全面实施创新素养教育。7.全区建立高校思想政治课“教师共享”机制。10月16日，宁夏高校网络思想政治工作中心挂牌成立，标志着宁夏高校思想政治工作机构、体制、机制、平台体系迈上新台阶，全区高校思政教师共建共享机制基本建立。近年来，全区为推动高校思政教育真正入脑入心，在全区范围内开展四个层次的思政教师共建共享机制。宁夏4所公办本科院校与教育部直属高校共建共享马克思主义学院，4所民办本科院校建立马克思主义教学科研联盟，10所高职院校建立马克思主义教学科研联盟，成立11个课程建设委员会。通过内部资源共享，区外优质资源借用，专家队伍督导评估等方式，有力促进宁夏高校思政教师队伍理论水平、教育教学能力不断提升。8.宁夏大学进入“部区合建”高校行列。2月28日，教育部与自治区人民政府签署《关于“部区合建”宁夏大学的协议》，宁夏大学正式进入“部区合建”高校行列。教育部将参照直属高校模式对宁夏大学的建设发展予以指导支持，在学校现有隶属关系和管理体制不变的基础上，纳入直属高校排序。自治区政府每年投入1.5亿元，专门支持宁夏大学“双一流”建设。宁夏大学按照国家和自治区的部署，集中力量加强特色优势学科和师资队伍建设，不断提高教育教学质量，加快推进内涵式发展，坚持以立德树人为根本任务，全面开启“双一流”建设新征程，积极探索在西部地区建设高水平大学的发展之路。9.宁夏重拳整治校外培训机构。2018年，自治区教育厅、民政厅、人力资源和社会保障厅、工商行政管理局联合开展校外培训机构专项治理行动，各市县(区)统一部署，统一标准，积极行动，聚焦“安全隐患、无证无照、证照不全、超纲教学、违规组织考级竞赛、中小学教师参与补习”6类问题进行彻底排查整治，对存在问题的培训机构建立台账，有针对性地进行集中整改治理。全区摸排校外培训机构2094所，整改存在问题的培训机构1821所，整改率100%，完成率达到96.96%，着力减轻中小学生课外负担。10.全区学校党的建设不断加强，党组织与党的工作在教育领域实现全覆盖。2018年，宁夏对标争先，大力加强教育系统党的建设。实施“三强九严”工程和“党建质量提升年”活动，出台了《关于加强中小学校党的建设工作实施意见》和《关于加强全区民办中小学校民办幼儿园党的建设工作的实施意见》。建立起了自治区、市、县(区)三级教育工委工作体系，理顺党建工作管理体制，党组织与党的工作在全区教育领域实现全覆盖。

【社区教育示范街道(乡镇)创建】2018年，全区开展社区教育示范街道(乡镇)创建工作，确定银川市燕鸽湖管委会、中宁县宁安镇、永宁县杨和街道为自治区社区教育试点单位，形成“家校合作”“四点半钟学校”“社区蓝绿空间”“社区道德大讲堂”“社区老年大学”“社区群众读书吧”等终身教育品牌，宁夏职业技术学院继续教育培训、银川市兴庆区燕庆园社区综合文化服务等项目被评为全国2018年“特别受百姓喜爱的终身学习品牌项目”。自治区教育厅与民政厅共同举办以“推动全民终身学习，建设美丽新宁夏”为主题的社区教育活动周启动仪式，营造了全民终身学习的良好社会氛围。

(支爱玲)

基础教育

【学前教育】2018年，全区共有幼儿园1221所，比上年增加91所、增长8.5%。入园(班)幼儿10.9万人，比上年减少5331人、下降4.66%；在园(班)幼儿24.16万人，比上年增加11080人、增长4.81%。幼儿园教职工22262人，比上年增加1495人、增长7.2%；专任教师12231人，比上年增加821人、增长2.52%，其中，专任教师接受过学前教育专业的比例为81.9%。全区共有普惠性幼儿园946所，比上年增加59所，占幼儿园总数的比例为77.5%，比上年下降1个百分点；普惠性幼儿园在园(班)幼儿18.92万人，比上年增加4629人、增长2.5%，占全区在园(班)幼儿总数的比例为78.32%，比上年下降1.68%。

2018年全区五个地级市学前教育发展情况统计表

地区名称	园数(所)	班数(个)	入园(班)人数	在园(班)人数	教职工数
合 计	1221	7780	108967	241595	22262
银川市	352	2740	29714	84389	10903
石嘴山市	83	645	6491	20150	2230
吴忠市	221	1410	22990	46393	3940
固原市	439	1655	25265	48640	3118
中卫市	126	1330	24507	42023	2071

【学前教育管理与促进工作】2018年,全区认真落实学前教育三期行动计划。根据教育部等四部门《关于实施第三期学前教育行动计划的意见》精神,结合全区学前教育发展实际,自治区编办、教育、住建等6部门制定《宁夏第三期学前教育行动计划》,并经自治区政府同意后印发执行。重点强化县级政府责任,完善村级幼儿园布局,建立学前教育成本分担机制和幼儿园教师配备和工资待遇保障机制,完善幼儿园保教质量评估体系,规范办园行为,基本消除"小学化"现象。为确保行动计划各项任务得到有效落实,制定《第三期学前教育行动计划任务分工方案》,将20项具体工作落实到各处室及县(市、区),明确完成工作的时间节点。完善幼儿园管理机制。研究制定《宁夏回族自治区幼儿园一日工作流程细则》《宁夏回族自治区幼儿园一日保育工作流程细则》《宁夏回族自治区幼儿园一日卫生保健工作流程细则》,成为全区幼儿园教师规范一日工作、保育和卫生保健行为准则。组织自治区级培训班,对全区3400名幼儿园教师进行三个细则业务培训。并要求各县(区)、幼儿园分别组织开展二级培训和园长培训,推进三个细则落实覆盖全区所有幼儿园教师,促进幼儿园各项管理工作更加科学规范。对全区幼儿园分类评估验收工作,对全区41所示范园进行复验,对新申报的幼儿园进行评估。推进政府购买学前教育服务项目。遴选95所民办幼儿园,分配资金2000万元,补助普惠性民办幼儿园保教费,受惠幼儿2.6万人,支持民办园为教师购买保险及改善办园条件,鼓励引导民办幼儿园向社会提供普惠性服务。研究起草《宁夏回族自治区关于加强城镇小区配套幼儿园建设和管理的意见》,明确城镇小区配套幼儿园规划、建设、举办等相关要求。开展"我是幼儿园教师"学前教育宣传月活动。通过组织"扬师德、铸师魂"演讲比赛,邀请部分人大代表、政协委员及家长代表体验幼儿园教师工作等系列活动,广泛宣传幼儿园教师为人师表、辛勤耕耘、默默奉献的精神,树立幼儿园教师形象,提升了教师的自信心和自豪感,营造关心支持幼儿园教师成长的社会环境。推进幼儿园创新素养教育。制定印发《宁夏回族自治区推进幼儿园创新素养教育指导意见》,提出推进幼儿园创新素养的教育的七个方面的措施,组织召开培训观摩会。

【义务教育】2018年,全区共有义务教育阶段学校2108所(含小学教学点614个),招生20.06万人,在校生87.19万人,毕业生19.07万人,专任教师5.5万人。小学六年巩固率99.86%,比上年提高3.84个百分点,初中三年巩固率97.72%,比上年提高2.7个百分点。小学阶段。2018年,全区共有小学1864所(含小学教学点614个),比上年减少41所;招生10万人,比上年增加3351人,其中受过学前教育学生9.95万人,占招生总数的99.5%;在校生58.15万人,比上年增加145人;毕业生10.18万人,比上年增加2395人。小学毕业生升学率99.15%,比上年提高0.94个百分点。全区共有小学教职工3.52万人,比上年增加399人,其中,专任教师3.45万人,比上年增加248人。小学专任教师学历合格率为100%,专任教师中本科及以上学历的比例为60.97%。全区小学(含教学点)共有校舍建筑面积476.21万平方米,比上年增加14.01万平方米,生均校舍建筑面积8.19平方米,比上年增加0.24平方米;小学(含教学点)图书1293.32万册,比上年增加75.4万册,生均图书22.2册。全区小学设施设备配备达标的学校比例情况分别为:体育运动场(馆)面积达标学校占比93.52%,体育器械配备达标学校占比94.56%,音乐器材配备达标学校占比95.04%,美术器材配备达标学校占比94.96%,数学自然实验仪器达标学校占比94.96%。接入互联网的学校占比93.12%,拥有心理辅导室的学校占比59.76%。全年全区共有初中学校244所,比上年减少3所;招生10.06万人,比上年增加2944人;在校生29.05万人,比上年增加11271人;毕业生8.89万人,比上年增加4人。全区初中教职工2.13万人,比上年增加337人,其中,专任教师2.05万人,比上年增加302人。初中专任教师学历合格率99.95%,比上年提高0.01个百分点。全区初中校舍建筑面积356.86万平方米,比上年增加12.58万平方米,生均校舍建筑面积12.29平方米,比上年减少0.05平方米;初中图书929.04万册,比上年增加48.06万册,生均图书31.99册。全区初中设施设备配备达标的学校比例情况分别为:体育运动场(馆)面积达标学校占比93.44%,体育器械配备达标学校占比98.36%,音乐器材配备达标学校占比98.36%,美术器材配备达标学校占比98.36%,理科实验仪器达标校数学校占比97.54%。接入互联网的学校占比98.36%,拥有心理辅导室的学校占比88.93%。全年全区义务教育阶段在校生中进城务工人员随迁子女共10.49万人,占在校生总数的比例为12.03%,其中,在小学就读7.03万人,在初中就读3.47万人。进城务工人员随迁子女在全日制公办学校就读的比例为98.68%,其中小学99.75%,初中96.52%。全区义务教育阶段在校生中农村留守儿童共8224人,其中,在小学就读5697人,在初中就读2527人。

2018年全区五个地级市小学发展情况统计表

地区名称	学校数	教学点	毕业生数	招生数	在校学生数	专任教师数
合 计	1250	614	101825	99979	581495	34487
银川市	204	4	27884	34429	184142	9257
石嘴山市	66	0	8982	7785	48911	3202
吴忠市	293	71	24074	22143	132914	7611
固原市	442	364	21724	19808	117748	8269
中卫市	245	175	19161	15814	97780	6184

2018年全区五个地级市初中发展情况统计表

地区名称	学校数	毕业生数	招生数	在校学生数	专任教师数
合 计	244	88856	100596	290451	20473
银川市	55	23580	28179	80544	5273
石嘴山市	27	8299	8809	25720	2097
吴忠市	49	20866	23892	68333	4392
固原市	56	20751	21939	64749	4833
中卫市	57	15360	17777	51105	3878

【城乡义务教育均衡发展】2018年,全区深化城乡义务教育一体化改革,全面实现义务教育基本均衡发展工作目标。红寺堡区、同心县和西吉县在国务院教育督导委员会义务教育基本均衡发展县(区)评估中得到认定。至此,全区所有县(市、区)实现义务教育基本均衡发展目标。9月12—15日,国家督导检查组对红寺堡、同心、西吉3个评估认定县(区)和灵武、惠农、中宁3个复检县(市、区)进行实地评估验收。9月16日,教育部督导局在银川召开国家督导检查反馈会议,督查组宣布宁夏所有县(市、区)均达到国家规定的评估认定标准,全区全域通过国家义务教育发展基本均衡督导检查。组织开展市域内义务教育基本均衡发展试点工作。在全面推进县域内义务教育基本均衡的基础上,石嘴山市研

究制定具体实施方案，组织所辖县(市、区)实施市域内义务教育基本均衡发展试点工作。2018年，全区建立义务教育控辍保学工作机制，组织开展义务教育控辍保学工作。自治区人民政府印发《自治区人民政府办公厅关于进一步加强控辍保学工作 全面提高义务教育巩固水平的通知》，组织召开全区义务教育控辍保学工作推进会议，自治人民政府与各县(市、区)人民政府签订《义务教育控辍保学目标责任书》，明确全区控辍保学的时间表、路线图。并建立控辍保学责任、动态监测、督导检查、责任追究等四项长效工作机制。建立教育厅义务教育控辍保学工作领导小组和领导干部定点联系工作机制。自治区教育工委办公室、教育厅办公室联合印发《关于建立义务教育控辍保学工作领导干部定点联系工作机制的通知》，由每位厅级领导干部与相关处室共同负责检查指导督促2~3个县(市、区)开展义务教育控辍保学工作。组织开展控辍保学摸底排查和劝返复学工作，自治区教育厅、扶贫办、公安厅、司法厅、人社厅、工商局等六部门联合印发《关于开展义务教育控辍保学摸底排查 切实做好劝返复学工作的通知》，要求各地以县(市、区)政府为主体，建立由教育、扶贫、公安、司法、人社、工商等部门组成的联合调查组、执法组，全面组织开展大排查、大动员、大劝返工作。建立控辍保学工作通报制度，要求各县(市、区)每半个月上报控辍保学工作进展情况，汇总后进行通报，已经印发了七期通报，对推进工作措施有力，成效显著的县(区)予以表扬，并督促进展缓慢的县(区)加大工作力度，按要求完成任务。全面消除义务教育阶段大班额。2018年，全区56人以上大班额有2037个，占总班额数比例为9.86%，较2017年减少了1268个，下降了4.14个百分点。66人以上超大班额有25个，占总班额数比例为0.12%，较上年减少了390个，下降了1.68个百分点。全区已基本完成消除66人以上超大班额的总体目标。

【普通高中教育】2018年，全区有普通高中65所，比上年增加2所；招生5.09万人，比上年增加1691人；在校生14.76万人，比上年减少1238人；毕业生5.23万人，比上年减少1370人。全区普通中学教职工3.59万人，比上年增加693人，其中，专任教师1.13万人，比上年增加400人，生师比13.06∶1。普通高中专任教师学历合格率98.33%，比上年下降0.19个百分点。全区普通高中校舍建筑面积288.13万平方米，比上年增加14.80万平方米，生均校舍建筑面积19.52平方米，比上年增加1.16平方米。全区高中设施设备配备达标的学校比例情况分别为：体育运动场(馆)面积达标学校占比93.85%，体育器械配备达标学校占比96.92%，音乐器材配备达标学校占比96.92%，美术器材配备达标学校占比96.92%，理科实验仪器达标校数学校占比98.46%。接入互联网的学校占比98.46%，拥有心理辅导室的学校占比83.08%。全区普通高中图书560.39万册，比上年减少0.54万册，生均图书37.97册，比上年增加0.28册。

2018年全区五个地级市普通高中发展情况

地区名称	学校数	毕业生数	招生数	在校学生数	专任教师数
合 计	65	52262	50880	147599	11304
银川市	26	18458	17730	54025	4012
石嘴山市	8	5619	4961	15383	1297
吴忠市	11	9013	10075	27768	2108
固原市	13	10157	10028	27994	2473
中卫市	7	9015	8086	22429	1414

【高中教育发展规划】2018年，自治区按照教育部等四部门关于印发《高中阶段教育普及攻坚计划(2017—2020年)》的通知要求，结合全区实际，由教育、发改、财政、人社等部门联合制订《宁夏普及高中阶段教育实施方案(2018—2020年)》，经自治区政府审核通过后印发。方案本着普及与提高并举、普高与中职并重的思路，把中职教育作为全区高中阶段教育的增长点，提出到2020年实现普及高中阶段教育目标。从坚持整体规划、扩大教育资源、完善经费投入机制、完善扶困助学制度、加强教师队伍建设、推动多样化有特色发展及全面深化考试招生制度改革几个方面提出了具体措

施。各市、县(区)也结合实际制订了具体实施方案或细则。为了更好地指导各地组织开展推进工作,自治区教育部门制发印发《宁夏普及高中阶段教育有关指标说明》《宁夏普及高中阶段教育评估验收档案建设目录》等配套文件,组织相关专家,对照评估验收指标,深入银川市及所辖县(市、区)普通高中,开展两轮过程性督导检查,共同协商推进过程中存在的突出问题,并对银川市及所属县(市、区)普及高中阶段教育进行了全面评估验收。

【特殊教育】2018年,全区共有特殊教育学校13所,招收特殊教育学生964人,比上年减少45人;特殊教育在校生6004人,比上年增加685人,其中特殊教育学校在校生1925人,随班就读在校生4079人;特殊教育毕业人数697人,比上年减少142人。特殊教育学校共有专任教师407人,比上年增加10人,其中受过特教专业培训的专任教师占比72.73%。特殊教育学校占地18.45万平方米,校舍建筑面积9.2万平方米,藏书6.3万册。全区建立特殊教育就学保障机制。落实第二期特殊教育提升计划,以关注每个残疾学生的身心全面发展需求为导向,对中国残疾人联合会提供的475名建档立卡贫困残疾人中未入学残疾儿童,组织各县(区)逐一进行核查,采取实名制登记,“一人一案”制定就学方案,秋季开学已全部安排入学。持续改善办学条件。对前三年投入1000万元建成的29间特殊教育资源教室的建设、管理及使用情况进行全面总结。2018年下达中央、自治区特教补助经费318万元建设随班就读资源教室18间。同时,安排520万资金,支持银川市特教中心等5所学校购置设备,改善学校办学条件。加强课程标准培训。为了推进特殊教育课程改革发展,全面落实盲、聋、培智三类特殊教育学校义务教育阶段课程标准,组织全区教研员、特殊教育学校校长、学科骨干教师参加了国家级课标培训活动。对全区所有特殊教育学校专任教师进行自治区级培训。持续推进“医教结合”试点。安排“医教结合”资金200万元,支持5所试点学校根据特殊教育儿童身心发展规律和实际要求,采用教育、医疗等多学科合作方式,对500多名特殊儿童实施有针对性的教育、康复与保健,使每一个特殊儿童身心得到全面发展。继续加大送教上门工作支持力度,安排100万元资金支持5个县(区)对336名重度残疾儿童开展送教上门工作,以保障残疾儿童受教育权利。

【中小学德育教育】2018年,全区加强“特色示范课堂”建设,组织开展习近平新时代中国特色社会主义思想“进教材、进课堂、进头脑”工作,建设特色示范课400多节,召开全区高中“特色示范课堂”研讨观摩活动。开展“文明校园”“书香校园”创建活动。对全区18所中小学校申报文明校园创建材料进行审核,由全区文明单位过渡到文明校园。向教育部申报5所中小学为全国文明学校。评估确定38所中小学为自治区级“书香校园”。开展社会主义核心价值观教育。为落实《中小学德育工作指南》要求,总结交流各中小学校开展德育工作的典型经验和做法,全区遴选上报金凤区西台小学《马兰花开润学育德》等9所中小学校德育典型经验入选教育部2018年全国中小学德育工作典型经验。开展弘扬和培育民族精神的教育。组织全区中小学生上好2018年《开学第一课》。抓好校外实践活动。争取中央专项彩票公益金支持全区中小学研学实践教育基地建设,遴选宁夏博物馆等6个单位被教育部命名为全国中小学研学实践基地,拓宽校外教育内容,评选8所中小学作为全区知识产权教育试点学校。开展“少年传承中华传统美德”活动,引导中小学生传承中华传统美德,树立文化自信。开展“圆梦蒲公英”品味经典阅读、走进科技世界、寻访红色足迹、乡村学生看宁夏、暑期特长公益培训等20多个校外主题系列教育活动,丰富了中小学生的暑期生活,全区25万名中小学生参与了各类社会实践活动,为学生全面发展和健康成长起到了促进作用。

(支爱玲)

职业教育

【概况】2018年,全区共有中等职业学校29所,比上年增加1所;招生2.72万人,比上年增加2089人;在校生7.28万人,比上年减少1922人;毕业生2.45万人,比上年减少133人。中等职业学校共有教职工3605人,比上年增加123人。专任教师2900人,比上年增加148人。专任教师本科及以上学历的比例为93.79%,“双师型”教师 比例为32.44%。全区中等职业教育学校校舍建筑面积176.28万平方米,比上年增加22.33万平方米,生均校舍建筑面积24.2平方米,比上年增加3.6平方米。全区中等职业教育学校图书137.23万册,比上年增加15.32万册,生均图书18.84册,比上年增加2.53册。全区教学科研仪器设备总值6.14亿元,比上年增加0.82亿元,生均教学仪器设备值8432.9元,比上年增加1311.7元。

【招生工作】2018年,全区中等职业教育

2018年全区中等职业学校发展情况统计表

教育类别	学校数	毕业生数	招生数	在校生数	教职工数	专任教师数
中等职业教育	29	24527	27156	72820	3605	2900
其中：普通中专	13	14419	14304	41873	1819	1277
成人中专	2	821	812	812	130	70
职业高中	14	9287	12040	30135	1656	1553

2018年7月10日，江苏大学"爱暖西吉"支教团的14名大学生志愿者出发奔赴西吉县兴平乡黄湾初小开展暑期公益支教活动

招生27156人，全区中职招生对象扩大范围，由应届初中毕业生扩大至应届高中毕业生、往届初高中毕业生、回乡农村青年、返乡农民工、企业员工、退役士兵等各类人群，尤其针对南部山区，凡是接受过九年义务教育的群众，只要愿意，就能接受免费的中等职业教育。各级教育行政部门将招生工作细化到每个学校、每个班级、每个班主任和教师，宣传职业教育，让普通学校的老师、学生更加深入的了解职业教育，有了更多的选择空间和机会。

【产教融合与校企合作】2018年，自治区教育厅、编办、发改委、财政厅、人社厅、审计厅等单位组成联合调研组，先后到17所院校实地调研，召开5场座谈会，到贵州清镇和江苏常州学习考察了两地深化产教融合先进做法，根据有关文件精神，结合全区实际起草《自治区人民政府办公厅关于深化产教融合实施意见(征求意见稿)》。根据《自治区教育厅办公室关于做好2018年高等学校"双导师互聘计划"项目申报工作的通知》精神，投入230万元，聘请企业技能人才来职业院校参与课程改革、教育教学等工作，取得良好效果。立项支持宁夏理工学院和宁夏银星能源有限公司等35对合作体，70名优秀教师和企业高技能人才协同开展了教育教学、科技研发、技术攻关，参与学科、专业建设方面的合作研究。全区完成9个中国(宁夏)现代职业技能公共实训中心建设工作。现代制造、现代农业等9个公共实训中心已建成并投入使用。现代纺织、葡萄酒两个职业技能公共实训中心建成并投入使用。

【改善贫困地区办学条件】2018年，累计投入1.3亿元，支持9个贫困县(区)职业学校采购实训设备、完善基础设施，盐池、隆德两个职业技术学校已基本达到国家标准。为帮助同心与红寺堡职业技术学校秋季学期平稳运行，累计投入近7600万元职教专项资金支持采购设备，援派15名专业课教师讲授专业课程，组织全区8所高水平职业学校进行专业援建，确保了两所学校按期招生，实现了职业教育在贫困地区全覆盖。

【国家级现代学徒制试点】2018年，宁夏职业技术学院、宁夏工商职业技术学院、宁夏财经职业技术学院、宁夏建设职业技术学院、宁夏民族职业技术学院五个单位被确定为国家级现代学徒制试点单位，累计投入400万元，联合近20家企业，支持2700名学生开展现代学徒制教育教学，校企协同培养高素质技术技能人才。

【职业教育技能大赛】2018年3月，全区举办职业院校技能大赛，并选拔代表参加在天津举办的全国职业院校技能大赛，共获得了5项个人二等奖、11项团体三等奖和5项个人三等奖。8月，举办全区职业教育信息化大赛，同时选拔选手参加全国职业教育信息化大赛。

【宁津职业教育合作】2018年，宁夏继续与天津市教委履行《宁津职业教育合作办学协议书》，宁夏利用天津市国家职业教育改革示范区的资源，对宁夏职业院校教师进行培训，提升了校长的管理水平和教师的教学水平。2015—2017年共培养150名职业教育免费师范生，宁夏与天津互派职业院校老师交流学习。

【农村职业教育】2018年，自治区认真落实教育部等9个部门《关于加快发展面向农村的职业教育的意见》和《教育部关于开展国家级农村职业教育和成人教育示范县创建工作的通知》精神，组织实施“成人继续教育和再就业工程”“农村适用型人才培训工程”“农村劳动力转移培训工程”，构建以县职教中心为龙头、乡（镇）农民文化技术学校为骨干、村级农民文化技术学校为基础的农村职业教育培训网络。

（支爱玲）

高等教育

【概况】2018年，全区共有普通高等学校19所（含独立学院2所），其中，本科院校8所，高职（专科）院校11所。全区共招收研究生2664人，比上年增加386人，其中，博士生129人，硕士生2535人；在学研究生6429人，比上年增加1088人，其中，在学博士生299人，在学硕士生6130人。毕业研究生1590人，比上年增加20人，其中，博士毕业生50人，硕士毕业生1540人。全区普通本专科共招生3.76万人，比上年增加414人，其中，本科招生2.14万人，高职（专科）招生1.62万人；在校生12.53万人，比上年增加4202人，其中本科在校生8.1万人，高职（专科）在校生4.42万人；毕业生3.08万人，比上年减少764人，其中，本科毕业生1.79万人，高职（专科）毕业生1.29万人。全区成人本专科共招生1.48万人，比上年增加3610人；在校生3.01万人，比上年增加3685人；毕业生1.06万人，比上年增加458人。全区高等学校教职工1.18万人，比上年减少67人，其中，专任教师0.83万人，比上年减少12人，硕士以上学位教师比例67.2%，比上年提高1.3个百分点。高等教育学校生师比为17.3∶1。全区高等学校校舍总建筑面积403.5万平方米，比上年减少17.5万平方米，生均校舍面积25.96平方米，比上年减少1.44平方米；图书1173.8万册，比上年增加43.76万册，生均图书76册，与上年相同；教学科研仪器设备总值27.28亿元，比上年增加3.72亿元，生均教学仪器设备值17547元，比上年增加2215元。

【“双一流”建设与转型发展】2018年，《自治区高等教育领域简政放权放管结合优化服务的实施意见》制定出台，推进高校在编制及岗位管理、进人用人、职称评审、薪酬分配等方面拥有更大办学自主权。持续推进“双一流”建设高校与国内13所一流大学的合作交流，全面推动闽宁本科高校“4＋4”结对合作帮扶工程，重点开展“一流学科建设对口支援计划”，加强东西部高校优势学科对口帮扶。全区高校加快转型发展改革试点工作，组织遴选40个“全区高校产教融合人才培养示范专业”，召开全区高校产教融合人才培养示范专业专题研修班（宁波），全力推动高校应用型人才培养工作向纵深发展。探索推动行业学院、产业学院进高校工作。高校中已成立中兴通讯工程学院、福埃沃电梯学院、“创新创业＋供应链学院”等产业学院，为宁夏经济社会发展培养专门人才。选派师生赴印度国家信息技术学院（NIIT）学习深造，并引进该校教师作为宁夏高校授课教师，切实解决宁夏高层次“双师型”教师队伍短缺问题。紧密对接新时代本科教育工作以及应用型人才培养要求，加大新文科、新工科、新医科、新农科、新商科的建设。

【创新创业教育】2018年，举办了全区第五届大学生数学建模竞赛等15项大学生学科竞赛，重点组织了宁夏第四届“互联网＋”大学生创新创业大赛暨全国选拔赛，14个项目参加全国总决赛并获奖，其中，主赛道1银8铜，“青年红色筑梦之旅”赛道2银3铜，较上年奖项数增加近一倍。支持和推进宁夏大学、北方民族大学全国创新创业示范高校建设。2018年首批入选4个自治区级创新创业示范基地，高校占3所。

【研究生教育】2018年，制定《宁夏回族自治区新增博士硕士学位授予单位立项建设规划（2018—2025年）》，整体布局全区学位与研究生教育工作。新增1个博士学位授予单位、1个硕士学位授予单位、3个博士学位授权点和27个硕士学位授权点。做好北方民族大学博士学位授予单位、宁夏师范学院硕士学位授予单位建设工作。完成宁夏师范学院特需人才培养项目验收，全区高校工程类博士、硕士专业学位对应调整以及全区2014年以前所有获批学位点合格评估工作。完成全区高校学位授权点动态调整工作，主动撤销北方民族大学软件工程(授权点代码:0835)一级学科硕士学位授权点。新增建设60个研究生教育教学改革项目,加大研究生论文抽检和评优力度,对优秀论文进行表彰奖励。

【科研项目】2018年,宁夏高校科学研究项目共立项280项,其中优秀青年教师培育基金项目25项、服务地方经济社会发展项目55项、一般项目200项。全区高校优化项目设计,修订完善高校科研项目管理办法,对全区高校300余项科研项目组织开展结题验收工作。加强科研平台建设,立项建设8个全区新型高校智库平台,制定《宁夏新型高校智库平台管理办法》。开展全区高校科研平台年度考核工作,并根据考核结果动态调整支持经费。

(支爱玲)

教师管理

【教师队伍建设】2018年,全区推动《中共中央国务院关于全面深化新时代教师队伍建设改革的意见》落实,起草《自治区党委人民政府关于全面深化新时代教师队伍建设改革的实施意见》,为全区教师队伍建设改革提供政策和制度保证。全区各高校组织实施2018年度"自治区特聘教授岗位计划""双师型教师实践锻炼计划""校企双导师互聘计划"和"国内访问学者计划",遴选支持20名区外高层次人才到宁夏高校开展教学科研工作。组织一流学科建设负责人、教学管理负责人分别赴加拿大、美国进行专题研修。支持35对合作体、70名高校和行业企业人才开展互聘工作,100名高校青年教师到企业行业挂职锻炼,40名骨干教师到国内高水平大学和科研院所开展为期一年的访学研修。组织遴选并确定10名第三批"自治区高校教学名师",并推动建设好教学名师工作室。举办了马克思主义理论研究和建设工程教材使用推进会,选派12名骨干教师参加教育部"马克思主义理论研究和建设工程"重点教材示范培训班。加强闽宁教育合作,制定2018年对口帮扶协议,30名福建教师来宁支教,20名校长赴闽挂职,闽宁结对学校达100余所。2018年,自治区印发《关于在全区开展"师德师风建设年"活动的通知》,督查落实《中小学教师"六不准"》《中小学教师"忌语"》等,评选自治区教书育人楷模、师德标兵各100人。

【教师业务培训】2018年,自治区继续开展国培计划工作,向乡村学校倾斜,泾源、隆德、海原、彭阳和平罗等5县纳入项目县,实现全区贫困县区全覆盖,培训教师5万余人次。举办心理健康、法治教育、学前教育、信息化能力提升和音体美教师等专项培训3000余人次。

【落实乡村教师支持计划】2018年,全区建立乡村教师荣誉制度,组织200名乡村教师外出疗养,分别评选"乡村教学名师"和"最美乡村教师"25人、182人,建设教学名师工作室30个。

(支爱玲)

2018年9月6日,宁夏"最美乡村教师"表彰大会在银川举行

NINGXIA YEARBOOK

科学技术

KEXUEJISHU

编辑◎张明鹏

科研规划与管理

【概况】2018年，全区科技系统按照自治区第十二次党代会部署和创新驱动战略要求，深化东西部科技合作，启动实施"五大科技创新行动"，积极推进科技体制机制改革，全区科技创新发展迈上新台阶。加强统筹谋划，启动实施产业重大科技攻关、科技型企业培育、科技金融创新、科技成果转移转化、知识产权创造保护运用"五大科技创新行动"，全面落实创新驱动战略任务。先后研究制定《关于提高全社会研发经费投入水平的行动计划》《企业研发费用财政后补助管理办法》等20多项配套政策，着力完善科技创新体系，加快提升科技创新能力。

【科技攻关】2018年，全区坚持"围绕产业、聚焦瓶颈、重点突破"，紧扣能源化工、现代纺织、先进装备制造、农业优势特色产业等重点领域关键技术瓶颈，实施重大项目16项、重点项目129项。研制生产的中国标准动车组铝合金枕梁将替代进口产品，第三代核电出口机组配套铸钢件产品通过中国核电验收，研制出世界最大的350公斤蓝宝石晶体，生物支架结合干细胞移植治疗脑脊髓损伤技术填补宁夏空白，引进示范小杂粮渗水地膜种植、马铃薯粉垄栽培等先进技术，示范村小杂粮产量实现翻番。

【发展科技型企业】2018年，全区组织实施高新技术企业倍增、科技小巨人企业培育和科技型中小企业发展计划，"一企一策"精准辅导，国家高新技术企业从94家增加到152家，增幅达61.7%，为历年之最；推荐备案国家科技型中小企业258家，新增自治区科技小巨人企业27家，新备案自治区科技型中小企业278家，新认定自治区农业高新技术企业18家，形成了科技型企业梯次培育体系。

【金融扶持科技企业】2018年，自治区科技厅、财政厅等六部门联合实施科技金融创新行动，扩大科技金融合作平台，筛选确定32家科技金融战略合作机构，建立以政府、银行、担保、保险、创投以及中介机构共同参与的科技金融战略合作"联盟"；修改完善科技型中小微企业风险补偿专项资金等科技金融政策，扩大支持范围，加大支持力度。设立"宁夏科技创新与高层次人才创新创业担保基金"，自治区财政首期投入资金1亿元，引导市级财政、科技园区、担保机构出资1.5亿元，共同成立2.5亿元的5支科技担保基金，与银行合作加大贷款支持科技型中小微企业创新创业发展。持续推进科技型中小微企业风险补偿贷款工作，试点单位总数达到14家，已覆盖五市及宁东。拓宽科技企业融资渠道。为打通科技企业直接融资渠道，自治区财政出资1亿元、设立总规模6.05亿元的银川育成凤凰科技创新发展基金；自治区财政出资2亿元、设立总规模为5亿元的宁夏科技成果转化投资基金。2018年，自治区科技厅组织实施科技金融创新行动，扩大风险补偿试点，加强科技金融专项补贴，组建2.5亿元的科技担保基金、5亿元的科技成果转化投资基金，与11家银行签署合作协议，推动金融机构运用投资、贷款、债券等融资方式支持重大科技项目实施。2018年，通过补贴、补偿、保险、担保等多种方式，支持208家中小企业获得各类金融资本支持近18亿元，有效缓解了科技型中小企业融资难题。

【科技成果转化】2018年，自治区科技厅争取自治区人大立法支持，修订颁布《自治区促进科技成果转化条例》，完善宁夏科技成果转化法律体系。建成全区首家线上线下相结合的宁夏技术市场，全区技术合同成交额达12.11亿元，增长65%。召开全区科技奖励大会，奖励优秀科技成果67项。举办第三届创新创业大赛、第一届创新挑战赛，激发各类主体创新热情。

【知识产权保护】2018年，自治区科技厅新增国家知识产权示范（优势）企业10家，17家企业通过知识产权管理体系认证，吴忠市获批国家知识产权试点城市。全区万人有效发明专利数达到4.13件，提前超额完成"十三五"规划和年度目标。

【科研管理改革】2018年，自治区进行科技体制改革。制订《自治区项目评审、人才评价、机构评估改革的实施意见》《关于加强科研诚信建设的实施意见》《优化科研管理提升科研绩效若干措施》3项科技体制改革政策。围绕项目申报、评审、立项、监督、验收等环节，采取6项措施深化科技领域"放管服"改革，改进项目管理机制。改革项目形成机制。聚焦重点产业、重点领域、重大问题科技需求，采取"项目征集＋顶层设计"相结合的方式凝练设计重大、重点科技项目，整合优势资源解决关键技术问题。改革项目申报受理机制。将科技项目申报受理由"限期申报、逾期不候"改为"常年受理、分批下达"，建立科技管理信息系统，推行科技项目管理"网上办，不见面"，项目申报更加便捷。改革项目评审机制，重大科技项目委托国家专业机构评审，其他科技项目实行网上背靠背评审，促进项目评审工作公开公平公正。改革项目任务管理机制，对企业承担的科技项目实行合同制管理，对高校、院所承担的科技项目实行任务书管理，提高项目管理的规范性、严肃性。改革项目监管机制。建立科技项目立项预警谈话、重大重点项目年度报告和中期评估等制度，加强科研资金廉政风险防范，强化企业科研失信行为监管。探索实行项目分级管理机制，将部分科技项目管理权限和责任下放五市和宁东，充分调动市县科技管理力量，促进科技项目与市县产业发展需求紧密结合。

【科研投入和项目经费管理】2018年，自治区加强R&D经费投入和管理。自治区科技厅联合财政厅、经信委、统计局等部门出台了《关于提高全社会研发经费投入水平的行动计划》，建立多部门R&D投入联训联审联席机制和区市联动机制，督促5个地级市建立R&D督导机制，完善机制，创新管理办法，规范R&D经费投入统计工作，督促各市加大科技投入，取得初步成效。全社会R&D经费支出38.94亿元，R&D投入强度达到1.13%，比上年提高0.18个百分点，增幅居全国首位。2018年，全区共下达自治区各类计划项目1479项，同比增长33.2%；支持项目经费78484.8万元，同比增长127.7%。其中，重点研发计划项目609项，支持经费58363.61万元；科技基础条件建设计划项目101项，支持经费10571万元；技术创新引导计划项目430项，支持经费7768.19万元；基础研究计划（自然科学基金）项目302项，支持经费1000万元；其他计划项目（科技扶贫指导员）37项，支持经费782万元。

【科研平台建设】2018年，自治区提升国家级创新平台建设水平。加强对省部共建煤炭高效利用与绿色化工国家重点实验室的支持力度，特别在重大项目立项和科技奖励申报上加强指导和支持，取得明显效果；争取科技部支持，成功将西北土地退化与恢复国家重点实验室培育基地创建国家重点实验室列入2018年部区工作会商议题。引导培育组建各类自治区创新平台。围绕重点产业、重点领域、重点学科，引导全区各类大中型企业、科技型企业、科研院所及高校组织申报自治区重点实验室、工程技术研究中心、产业技术协同创新中心、临床医学研究中心，全年共新批复组建25家。联合共建创新平台。引导鼓励区内各企业、科研院校与区外科技强省、中科院、工程院及高校开展合作，引进联合共建银川技术产业研究院、中国葡萄酒产业研究院、中国枸杞研究院、中国（宁夏）奶业研究院、宁夏石墨烯材料研究院、宁夏碳基材料产业研究院等一批新型研发机构。

【技术市场】2018年，自治区加快技术市场建设，搭建了"一网一厅二室"的宁夏技术市场服务框架体系，构建起政府、高校、企业及科技服务机构多方参与、多元化开展、多领域渗透的技术转移模式。自2018年6月投入运行以来，宁夏技术市场通过运用"互联网＋""大数据"等新技术、新模式，在整合技术交易资源，促进技术成果转移转化方面取得了显著成效。至2018年12月31日，宁夏技术市场共搜集、整理、入库全国科技成果41055项、技术专家3128名、科研院所260家、科技服务机构149家，征集筛选企业技术创新需求278项；认定登记技术合同618项，技术合同成交额12.11亿元，同比增长64.99%。技术合同成交额中，技术开发合同8.73亿元，占比72.08%；技术转让合同0.4亿元，占比3.32%；技术服务合同2.09亿元，占比17.23%；技术咨询合同0.89亿元，占比7.37%。

【科技人才团队建设】2018年，全区遴选自治区科技创新领军人才培养对象5名，总数达55名；新组建自治区科技创新团队17个，总数达到90个，创新引领作用日益显现。引进国外人才突破600

人次，成功引进宁夏首位外籍院士，新建“外国专家工作室”12家、“引才引智示范基地”5家，引才引智效果正在凸显。

（马　鹏）

科技创新

【概况】2018年，宁夏科技创新工作坚持“围绕产业、聚焦瓶颈、重点突破”，加强顶层设计，绘制重点产业技术路线图，实施重大技术攻关行动，着力破解制约全区产业发展的关键技术瓶颈，支撑产业链延伸和向高端发展。聚焦能源化工、现代纺织、先进装备制造、新材料、生物医药、现代农业等9大重点领域关键技术难题，下达重点研发计划项目129项，实施重大科技项目16项，取得一大批技术成果。

【工业科技创新】2018年，自治区推进重点领域科研攻关，紧扣能源化工、现代纺织、先进装备制造等工业重点领域关键技术瓶颈和产业技术需求，下达项目资金3.6亿多元，实施重大项目8项、重点项目59项、一般项目168项，攻克了一批关键技术瓶颈。中国标准高速动车组大型铝合金零件项目，已装车试用，实现标准动车组铝合金枕梁产品替代进口；第三代核电出口机组配套铸钢件产品相继突破多项重大技术难关，通过中国核电验收；铸造用工业级3D打印设备研发项目，首创国内铸造3D打印产业化应用，关键技术指标达到国际先进水平。加强科技型企业培育。启动“科技型企业培育行动”，实施“高新技术企业倍增”“百家科技小巨人企业培育”和“千家科技型中小企业发展”三大计划，构建科技型企业梯次培育机制，推动科技型企业规模质量同步提升。不断完善科技型企业政策体系，先后出台《自治区科技型中小企业认定管理办法》《自治区科技小巨人企业认定管理办法》《自治区农业高新技术企业认定管理办法》等政策文件，明确各类科技型企业的认定条件、认定流程、管理制度和扶持政策。国家高新技术企业从94家增加到152家，增幅达61.7%，为历年之最；科技型小巨人企业、自治区科技型中小企业、国家科技型中小企业和农业高新技术企业分别比上年增长117.4%、30.3%、13倍和9倍，总数分别达到50家、696家、258家和20家。同时，修订《企业科技创新后补助管理办法》，将后补助与研发费用加计扣除相结合，变补项目为补企业，增强了政策的普惠性，进一步突出对企业创新的引导带动作用。共向250多家科技型企业下达后补助资金1.4亿元；对首次认定的23家自治区科技小巨人企业落实奖补资金920万元；对首次认定的高新技术企业落实奖补资金5250万元。加强“双创”载体建设。新组建各类科技创新平台25家、“双创”载体34家，创新平台、双创载体总数达到405家和105家。推进沿黄科技创新改革试验区建设。加强沿黄试验区建设督导考核，制定出台《沿黄科技创新改革试验区考核评价暂行办法》《沿黄试验区科技创新专项资金管理办法》，并安排奖补资金1000万元，推动沿黄试验区建设任务落实。积极推进试验区创新改革，督查指导园区整合优化，推动银川高新区实行“一区多园”发展格局；石嘴山高新区理顺管理体制机制，与大武口区在人权、事权“全面融合”。围绕优势特色产业，遴选凝练和组织实施试验区重点科技项目62个，下达沿黄试验区科技创新专项资金1.36亿元，提升各园区的创新水平。

【农业科技创新】2018年，自治区稳步推动现代农业科技创新示范区建设。推进“三大计划”（农业科技攻关计划、创新主体培育计划、成果转化示范计划），“六大工程”（智慧农业引领工程、创新能力提升工程、开放合作借力工程、品牌建设支撑工程、农村双创示范工程、绿色发展创新工程），围绕构建三级农业科技园区体系，启动国家农业高新技术产业示范区创建工作，指导五市国家农业科技园区理顺管理体制提升发展水平，首次开展自治区农业科技示范展示区申报认定工作，认定自治区农业科技示范展示区6家。加强产业关键技术研究攻关。坚持“围绕产业、聚焦瓶颈、重点突破”，制定农业“1+4”特色优势产业技术路线图，明确科技支撑重点。稳定支持农业育种工作，累计培育小麦、水稻、枸杞、马铃薯等新品种15个，滩羊二毛裘皮、多胎性状相关基因和优质高产奶牛产奶性状遗传标记筛选取得重要进展。依托自治区现代农业科技创新示范区建设专项，启动宁夏特色果蔬冷链关键技术装备研发与示范、基于中药标准化的枸杞全程质控体系建设及健康产品开发、宁夏高端滩羊肉生产关键技术研究与集成示范、奶牛养殖智慧牧场技术集成创新与示范等重大项目2项、重点项目24项、一般项目84项。新一代便携式枸杞采收器和枸杞机器人采摘装置研发取得实质性进展，破解了枸杞采收过程中视觉、触觉、自动控制等技术瓶颈；智慧农业科技园区云服务平台研发进展顺利，在枸杞、肉牛科技园区开展试验应用；主动采光蓄热日光温室结构、模块化建造设备、设施蔬菜病虫害智能测定、葡萄酒质量分级体系等关键技术研究取得新突破。创新推动科技扶贫精准脱贫。落实中央和自治区扶贫工作部署，制定自治区深度贫困区科技扶贫工作方案。聚焦“五县一片”深度贫困区，整合优化科技力量，开展组团服务、定点指导。向“五县一片”深度贫困村派驻科技扶贫指导员170名，支持实施科技扶贫项目37项，开展技术培训300余场次1.5万人次，培育科技示范户1203户。争取科技部支持启动实施“科技支宁”东西合作科技扶贫行动，组织全国专家与自治区专家联合，实施冷凉蔬菜、肉牛、马铃薯、中药材、小杂粮等5个重点科技扶贫项目，引进示范小杂粮渗水地膜种植、马铃薯粉垄种植、优质肉牛培育、露地蔬菜水肥一体化等先进技术，取得明显成效。降水利用率提高了40%左右，小杂粮产量实现翻番，杂交谷子亩产量达到646公斤，创历史之最。扎实推进国家“三区”（边远贫困地区、边疆民族地区、革命老区）人才支持计划，选派科技特派员245名到贫困村开展科技扶贫援助，实现了深度贫困村科技人员全覆盖。

【社会发展科技创新】2018年，自治区加强生态环保领域科技创新。立项支持宁夏大学和厦门大学合作开展“宁东能源化工场地固废利用及污染土壤生态修复关键技术研究与示范”等30个重点研发计划重点项目，财政支持经费9530.22万元。围绕碧水、蓝天、净土和生态修复4个方面顶层设计十大环保项目，面向全社会征集项目承担单位，取得良好效果。加强医疗卫生领域科技创新。在呼吸、消化、口腔、肿瘤、儿童疾病等领域认定自治区第二批14个临床医学研究中心。共有10个自治区临床医学研究中心成为国家临床医学研究中心分中心。自治区临床医学研究中心联合相关机构，成功实施了“神经胶原支架联合自体骨髓干细胞移植治疗完全性脊髓损伤”手术，填补了全区在脊髓损伤神经修复领域的空白；成功完成了全区首例标准化粪菌移植，填补了全区粪菌移植治疗难治性腹泻病的空白；成功完成“清醒麻醉状态下精准脑肿瘤切除术”，标志着全区神经系统疾病临床医学研究中心已具备国际一流清醒麻醉脑部手术的能力。举办临床医学高峰论坛，来自同济大学医学院、美国西北大学医学院等医疗机构的4位国际国内知名医学专家围绕消化和干细胞领域先进科研成果作了学术交流。加强科技惠民计划组织实施。对2013年启动至2015年立项的75项自治区科技惠民计划项目全覆盖进行执行效果后评价，结果显示95%的项目能够完成项目规定的任务和考核指标。组织2018年科技惠民计划项目申报评审立项和2019年项目征集工作。2018年立项支持23项科技惠民计划项目，重点对医疗卫生、生态环保、公共安全等领域进行支持，支持经费1525万元。共完成“互联网＋医疗”、消化系统肿瘤早诊早治、骨折防治、口腔疾病防治等21项适宜技术在基层单位的推广及示范应用。争取国家科技经费支持。推荐宁夏水利科学院、宁夏大学、中卫市联合中国水利水电科学研究院申报国家重点研发计划“西北典型区生活节水与污水再生利用技术研发与示范”项目并获批，争取项目经费2265万元。由宁夏医科大学总医院联合上海同济大学东方医院等单位共同申报的国家重点研发计划项目“慢阻肺早期筛查、防治及呼吸健康管理的物联网技术研究与推广”获得科技部立项，争取资助经费253万元。中卫市获批为全国节水型社会创新试点城市。

【区域创新】2018年，5个地级市党委、政府更加重视科技创新工作，采取有效举措深入实施创新驱动战略。银川市加强银川·中关村创新中心建设，搭建银川产业技术研究院、葡萄酒产业技术研究院等新型研发平台，在科技发达省市建立飞地平台和离岸孵化器，选派科技创新指导员“结对”服务企业创新，持续夯实创新发展基础。石嘴山市围绕企业科技创新，建立企业科技创新工作分片包抓机制，设立科技创新担保基金，引导企业加大研发投入，搭建绿色氰胺产业研究院、碳基材料产业研究院等科技创新平台，大力支持企业科技创新，支撑新旧动能转换。吴忠市着力优化科技创新环境，成立以市委书记为组长的推进创新驱动战略工作领导小组，加大科技政策宣传力度，承办自治区创新创业大赛复赛，举办各类产业科技论坛，加强对企业的科技创新培训，科技创新氛围更加浓厚。固原市加强特色产业科技支撑，加强现代生态农业科技示范园建设，引进培养高精尖人才，培育科技型企业。围绕“四个一”林草试验示范工程，共引进149个种类、303个树（草、花）品种进行试验示范，为生态建设提供有力支撑，取得了初步成果。中卫市着力增强科技创新能力，深入落实自治区“创新驱动30条”和中卫市“科技22条”，加大科技投入力度，大力培育科技型企业和科技创新平台，科技创新取得明显成效。

【科技研发创新平台建设】2018年，自治区推动银川、石嘴山两家国家高新区理顺管理体制，培育苏银产业园成自治区高新区宁夏高新技术开发区，实现了宁夏高新技术开发区“零”突破；首批认定自治区农业科技示范展示区6家，新组建各类科技创新平台25家，新组建各类科技创新平台25家（自治区重点实验室

4家、工程技术研究中心6家、临床医学研究中心14家，产业技术协同创新中心1家)，全区科技创新平台总数达到405家，比上年增长7.4%；新培育“双创”载体34家(自治区科技企业孵化器2家、众创空间17家、星创天地15家)，总数达到105家，增长48%。推进大中型工业企业研发机构“全覆盖”工作，全区167家大中型工业企业中，有86家建有各类研发机构，占比达到51.5%。

(马　鹏)

科技合作

【概况】2018年，自治区对外科技合作处充分利用国内外科技资源，积极组织东西部科技合作和国际科技合作，强化需求调研与对接，不断提升宁夏对外科技合作工作的层次和水平，拓展对外合作领域，为提升宁夏技术创新能力提供了有力的科技支撑。

【东西部科技合作】2018年，自治区完善合作机制。出台《加强东西部科技合作推进开放创新的实施方案》，成功召开第二次东西部科技合作推进会。在原来“6+4”的基础上，与宁夏签署科技合作协议的东部省市、院校从10个扩展到13个，形成以北京、天津、上海、山东、江苏、浙江、福建、湖北8个省市，中国科学院、中国工程院、中国农科院、浙江大学、西北农林科技大学5家大院名校为合作主体的“8+5”合作机制，参与东西部科技合作的省市、院校达21个。合作领域从特色优势产业扩大到医疗健康、科技扶贫等方面，合作内容拓展到共建平台园区、离岸孵化器等。特别是通过东西部合作机制全职引进2个创新团队、柔性引进12个创新团队，开辟了宁夏吸引使用区外科技创新人才的新途径。形成协同支持宁夏科技创新的良好局面。自治区政府出台《加强东西部科技合作推进开放创新的实施方案》，安排专项资金5.3亿元，带动企业、社会投入21.7亿元。科技部与自治区政府召开2018年部区会商会议，将深化东西部科技合作、建设科技创新平台、建立国家自然科学基金联合基金、组建科技成果转化基金、推动国家高新区改革发展等列为重点议题。江苏省对签约落地的东西部科技合作项目给予资金支持；山东省组织一批科技型企业到宁夏投资创业、共建鲁宁现代种业科技创新基地；北京市、天津市、福建省、中科院、西北农林科技大学多次组织召开技术对接会、开展合作交流；中国工程院组织举办“宁东煤炭清洁高效安全发展院士专家行”活动，在宁夏成立西北首个中国工程科技发展战略宁夏研究院。一批重大科技合作项目落地见效。组建中国枸杞研究院、中国(宁夏)奶业研究院、宁夏碳基材料产业研究院等6家新型研发机构，与国家高水平医疗机构联合建立9个国家临床医学中心宁夏分中心，在北京、上海、苏州建设3个离岸科技企业孵化器，引进14个科技创新团队，吸引500多名东部人才参与宁夏创新创业，引进转化新技术、新成果、新工艺100多项，取得一批重要科技成果。积极争取中国工程院在宁夏设立西北地区首个地方研究院，举办“宁东煤炭清洁高效安全发展院士行”“民营企业院士行”活动，实施5个重大战略咨询项目，为宁夏高质量发展搭建新的智力支撑平台。组织实施东西部科技合作项目127项，已引进转化东部新技术、新成果、新工艺100多项，取得一批重要科技成果。维尔铸造公司与北京交通大学合作研制的“中国标准动车组铝合金枕梁”将替代进口；共享集团与中科院沈阳金属所合作研发的“第三代核电出口机组配套铸钢件”通过中国核电验收；天通银厦公司与浙江大学合作研制出了世界最大的350公斤蓝宝石晶体。引进示范小杂粮渗水地膜种植、马铃薯粉垄种植、优质肉牛培育、露地蔬菜水肥一体化等先进技术，降水利用率提高了40%左右，小杂粮产量实现翻番，杂交谷子亩产量达到646公斤，为宁夏产业扶贫再添新动力；生物支架结合干细胞移植治疗脑脊髓损伤技术取得重大突破，填补了宁夏空白。

【国际科技合作】2018年，自治区务实推动中阿科技合作。落实2017中阿博览会期间签约项目，积极协调固原新月食品有限公司赴沙特与吉达加达伊尔公司就食品加工设备出口事宜深入对接，启动建设中埃医学健康联合实验室、中埃食品联合实验室、摩洛哥农业科技示范园等科技创新平台，宁夏大学与阿曼马斯喀特suwadi农场签订的中阿节水设备技术转移合作协议落地实施，实现技术转移收益1.1亿元；加强技术转移人才培养与交流，组织各类国际培训班11次，举办专题研讨会7次，积极推动中阿科技人文交流，为中阿科技长远合作打下基础。聚焦宁夏重大技术需求，组织宁夏企业、高校、科研院所与欧美、日韩、俄罗斯、乌克兰等科技强国、国际组织间开展以技术引进消化吸收和再创新为主的国际科技合作。组织实施自治区国际科技合作项目25项，吸引了一批世界一流科研机构和专家团队参与合作，拓展国际科技合作领域和渠道。支持与“一带一路”沿线国家开展科技合作与交流。积极推动宁夏大学与埃及国家水研究中心共建“中埃旱区农业节水联合实验室”、与阿曼苏丹卡布斯大学共建“中阿旱区资源评价与环境治理联合实验室”。宁夏宝塔石化引进乌克兰院士和专家团队建设的“宁夏—独联体国家国际技术转移中心”。北方民族大学与哈萨克斯坦、吉尔吉斯斯坦合作，共同开展有色金属、粉煤灰固废综合处理和资源化应用循环利用研究，计划联合共建“工业副产物循环利用协作平台”。争取科技部国际科技合作项目支持。神华宁煤集团“煤炭清洁高效转化国际联合研究中心”被科技部批准为国家国际联合研究中心。争取2018年度中日青少年科技交流计划项目2项，派遣宁夏大学、宁夏医科大学15名青年学生赴日本研修。组织宝塔石化等单位申报中国—乌克兰政府间合作委员会科技合作分委会第三次会议交流项目3项。组织宁夏大学、吴忠仪表、沃福百瑞、丝路通等企业赴美国、加拿大、埃及等国家开展科技对接洽谈，进一步拓展国际合作渠道。

【院地科技合作】2018年，宁夏与中科院、中国工程院科技合作实现常态化，中国工程科技发展战略宁夏研究院和中国枸杞研究院相继成立；组织实施院区科技合作项目18项，共享铸钢、神华宁煤等单位与中科院有关单位合作取得了一批有影响力的科技成果；争取2018“西部青年学者”项目14项，与中国科学院大学合作举办高新技术企业创新管理培训班，组织全区高新技术企业管理及科研人员50多人赴中国科学院大学参加培训；成功举办“宁东煤炭清洁高效安全发展院行活动”，中国工程院相关领域20多位院士专家来宁进行实地考察、技术交流和咨询指导。

【部区工作会商】2018年，自治区召开科技部与宁夏回族自治区人民政府2018年部区工作会商会议，部区双方商定今后两年以科技创新引领支撑宁夏高质量发展为重点，以开放创新合作和重大科技创新基地建设为抓手，在深化“科技支宁”东西部合作、支撑宁夏高质量发展、全方位开展国际科技创新合作3个方面加强合作，提升宁夏科技创新能力，推动宁夏迈上创新发展新台阶。为将会商议题落到实处，自治区科技厅制定印发《落实科学技术部宁夏回族自治区人民政府2018年部区工作会商议题责任分工方案》，建立责任分工台账，将会商议题3个方面的内容细化到23个方面，明确责任领导、责任处室和责任人，确保每项工作落到实处。

（马　鹏）

科技成果与奖励

【概况】2018年，全区共登记科技成果229项。其中应用技术成果156项、基础理论成果57项、软科学成果16项(见图1)。所登记的229项科技成果中，属于国家科技计划的项目41项、部门计划11项、地方计划69项、部门基金5项、地方基金26项、国际合作3项、横向委托3项、自选项目64项、其他7项(见图2)。229项科技成果项目的评价方式中，由自治区科技厅组织的科技计划验收93项、由宁夏科技咨询评估中心组织的机构评价103项、结题18项、由自治区农作物品种审定委员会审定的农作物品种行业准入15项(见图3)。按完成单位分类，229项成果中由企业完成的73项、科研机构完成的56项(科研机构转制型企业完成的1项)、大专院校完成的61项、医疗机构完成的28项、其他单位完成的11项(见图4)。

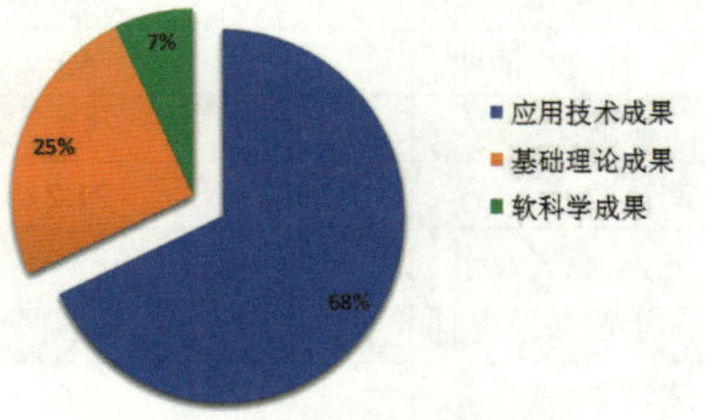

图1 科技成果项目类别分布图

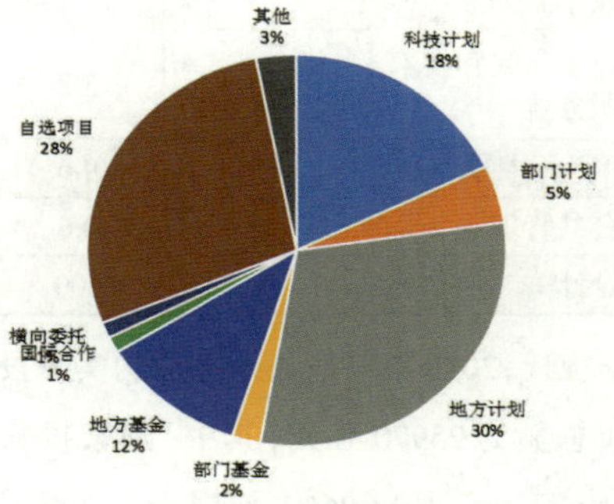

图2 成果来源图

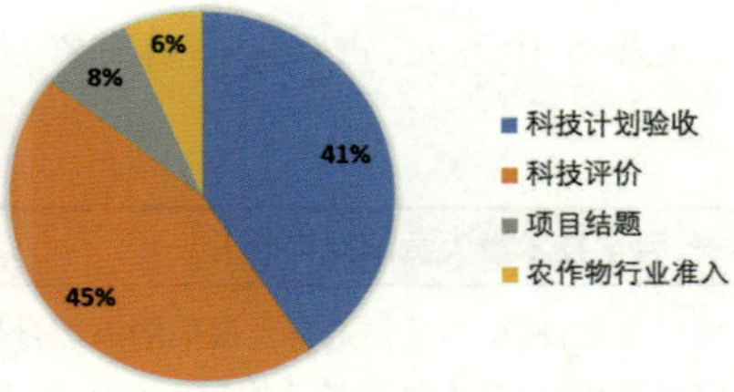

图3 成果评价方式

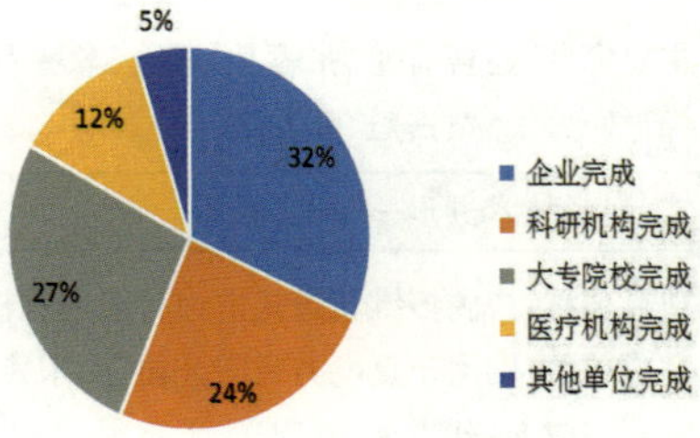

图4 成果完成情况表

【应用技术成果】2018年，宁夏登记的229项科技成果中，应用技术成果156项，其中农、林、牧、渔业78项，采矿业8项，制造业33项，电力、燃气及水的生产和供应业13项，建筑业1项，交通运输及信息技术服务业2项，科学研究和技术服务业5项，卫生和社会工作15项，公共管理业1项。

2018年全区应用技术成果行业分布情况表

类别	项目数(项)	比例(%)
农、林、牧、渔业	78	50
采矿业	8	5.1
制造业	33	21.2
电力、燃气及水的生产和供应业	13	8.3
建筑业	1	0.6
交通运输及信息技术服务业	2	1.3
科学研究和技术服务业	5	3.2
卫生和社会工作	15	9.6
公共管理业	1	0.6
合计	156	100

据统计，2018年科技成果经费的实际投入总额为25970万元，其中，国家投入3105万元，占11.96%；部门投入202万元，占0.8%；地方投入1300万元，占5%；基金投入10万元，占0.04%；自有资金17127万元，占66%；其他方面的投入4226万元，占16.3%。156项应用技术成果中，产业化应用项目79项，占全部应用技术成果的50.6%；小批量或小范围应用项目58项，占全部应用技术成果的37.2%；试用项目13项，占全部应用技术成果的8.3%；未应用的6项，占全部应用技术成果的3.8%。156项应用技术成果中，处于成熟应用阶段的项目103项，占全部应用技术成果的66%；处于中期阶段的项目25项，占16%；处于初期阶段的项目28项，占17.9%。156项应用技术成果中，达到国际先进水平的项目9项，占全部应用技术成果的5.8%；达到国内领先水平的项目14项，占9%；达到国内先进水平的项目15项，占9.6%；国内一般水平的成果2项，占1.3%；未评价的116项，占74.4%。156项应用技术成果中，有11项已产生经济效益。自我转化效益收入共取得38737万元、净利润13276万元、实交税金353万元、节约资金2415万元。

【科技奖励】2018年，自治区组织开展2017年度科学技术奖评审工作，有67个科技项目被评为自治区科学技术重大贡献奖和自治区科学技术进步奖。其中，自治区重大科技贡献奖1项，自治区科技进步一等奖3项、二等奖10项、三等奖53项。由神华宁煤集团公司与中科院山西煤炭化学研究所等单位联合实施的"煤炭间接液化核心技术及关键装备重大创新"项目获得自治区重大科技贡献奖。7月16日，召开宁夏科学技术奖励大会，对获奖项目进行了表彰奖励，共发放科学技术奖奖励资金920万元。

（何 徽 马 鹏）

2018年度自治区科学技术奖获奖项目一览表

一、科学技术重大贡献奖(1项)

项目名称：枸杞新品种选育及提质增效综合技术研究与示范

完成单位：宁夏农林科学院枸杞工程技术研究所、宁夏农林科学院植物保护研究所、宁夏农产品质量标准与检测技术研究所、宁夏农林科学院农业资源与环境研究所、宁夏农林科学院农业经济与信息技术研究所、中宁县枸杞产业发展服务局、宁夏中杞枸杞贸易集团有限公司、百瑞源枸杞股份有限公司、宁夏源乡枸杞产业发展有限公司、宁夏全通枸杞供应链管理股份有限公司

主要完成人：曹有龙、张蓉、闫亚美、秦垦、石志刚、戴国礼、张艳、安巍、何军、何嘉、王晓菁、刘兰英、张学军、王芳、李晓莺、罗青、王亚军、张学俭、贾占魁、郝万亮

二、科学技术进步一等奖(4项)

项目名称：户内多维轨道式电力智能巡检机器人系统关键技术及应用。

完成单位：国网宁夏电力有限公司、山东鲁能智能技术有限公司、国网宁夏电力有限公司电力科学研究院

主要完成人：刘志远、赵欣洋、于晓军、王化玲、邹洪森、李冬、松韦鹏、徐辉、韩磊、李宁、尹磊、潘亮亮、郭文东、何玉鹏 蒋克强

项目名称：超大口径高硬度全金属密封高性能蝶阀设计制造工艺攻关及产业化

完成单位：吴忠仪表有限责任公司

主要完成人：马玉山、常占东、李虎生、岳玲、曹勖成、贾华、周永兴、贾伟荣、刘增强、张耀华、徐乐、朱耀龙、李小娟、徐喜龙、贾斌斌

项目名称：优质高产抗逆水稻新品种选育与应用。

完成单位：宁夏农林科学院农作物研究所、宁夏大学、宁夏农林科学院农业生物技术研究中心、宁夏科泰种业有限公司、宁夏回族自治区原种场、宁夏早田种业有限公司、宁夏钧凯种业有限公司、宁夏穗丰种业有限公司、宁夏塞外香食品有限公司

主要完成人：刘炜、安永平、殷延勃、李培富、张振海、孙建昌、李树华、史延丽、强爱玲、杨生龙、马静、王彩芬、王坚、王昕、杨淑琴

项目名称：遗传性视网膜疾病基因研究及临床转化应用。

完成单位：宁夏回族自治区人民医院

主要完成人：盛迅伦、容维宁、庄文娟、刘雅妮、李慧平、李自立、房心荷、郭慧青、刘洋、王晓光、贾沁、韩英、潘波、齐小龙、李翠荣

续表一

三、科学技术进步二等奖(17项)
项目名称:盐定—靖安地区低渗透油藏高效开发关键技术及应用。 完成单位:中国石油天然气股份有限公司长庆油田分公司第三采油厂、西安石油大学、中国石油天然气股份有限公司长庆油田分公司勘探开发研究院 主要完成人:沈复孝、高辉、杨学武、赵金省、杨国斌、黄兴、马国梁、杨玲、刘建升
项目名称:大型甲醇制丙烯装置及工艺新技术集成应用。 完成单位:国家能源集团宁夏煤业有限责任公司 主要完成人:蔡力宏、焦洪桥、王林、姚敏、雍晓静、金政伟、袁炜、齐静、关翀
项目名称:宁夏装备制造和新材料领域关键技术研发创新方法集成应用与示范。 完成单位:宁夏科技发展战略和信息研究所、共享铸钢有限公司、卧龙电气银川变压器有限公司、北京亿维讯同创科技有限公司 主要完成人:李学、韩博、赵功强、易静华、李玉凤、杨芳、马文治、马波、张晓
项目名称:新型高效H级重型燃气轮机关键部件研制及产业化。 完成单位:共享铸钢有限公司、共享装备股份有限公司 主要完成人:纳建虹、罗永建、苏志东、戚梦林、陈洪涛、张生存、马秉平、刘振、陈思明
项目名称:倒置式电流互感器故障机理及诊断技术。 完成单位:国网宁夏电力有限公司电力科学研究院、西安交通大学、中国电力科学研究院有限公司、国网重庆市电力公司电力科学研究院、国网冀北电力有限公司电力科学研究院、国网浙江省电力有限公司电力科学研究院、国网天津市电力公司电力科学研究院 主要完成人:吴旭涛、马波、汲胜昌、李秀广、叶逢春、何宁辉、是艳杰、朱洪波、周秀
项目名称:梯度陶瓷复合材料断裂力学和接触力学的理论与应用研究。 完成单位:宁夏大学 主要完成人:李星、丁生虎、汪文帅、周跃亭、王旭、马海龙、赵雪芬、杨娟、张保文
项目名称:废弃矿井瓦斯综合治理关键技术及应用。 完成单位:中节能宁夏新能源股份有限公司、国家安全生产监督管理总局信息研究院、中国煤炭地质总局勘查研究总院、安徽理工大学 主要完成人:于志军、刘双林、杨立新、任育杰、刘文革、刘天绩、祁铭、赵彦、田华
项目名称:多塔连跨叠合梁自锚式悬索桥拼装顶推关键技术。 完成单位:中铁大桥局集团第一工程有限公司、上海绿地建设(集团)有限公司、银川滨河黄河大桥管理有限责任公司、银川市交通运输局 主要完成人:周功建、曹克强、代永涛、王健、李伟、朱昱炜、张春生、刘振之、孙海涛
项目名称:分级多孔材料中孔隙、骨架与物质传输调控机制研究及功能应用。 完成单位:宁夏大学、哈尔滨工业大学、中国科学院过程工程研究所 主要完成人:赖小勇、赵义军、薛屏、王晓中、刘英涛、毛丹、杨庆凤、杜江、杨晓梅
项目名称:宁夏全域多端一体化测土配方施肥云平台建设与应用。 完成单位:宁夏农业技术推广总站、宁夏农林科学院农业经济与信息技术研究所、宁夏智图思创科技有限公司、永宁县农业技术推广服务中心、贺兰县农业技术推广服务中心、青铜峡市农业技术和农机化推广服务中心、中宁县农业技术推广服务中心 主要完成人:王明国、徐润邑、张学俭、李欣、海云瑞、尹学红、王生明、王翰霖、张丽
项目名称:沙漠腹地沙尘监测与信息获取技术合作研究。 完成单位:宁夏大学、上海交通大学、中国科学院寒区旱区环境与工程研究所 主要完成人:李新碗、杨泽林、马鑫、李春树、王贺升、彭宏利、李兴财、王旭明、张正偲

续表二

项目名称:宁夏南部山区水源涵养林多功能管理技术。
完成单位:中国林业科学研究院森林生态环境与保护研究所、宁夏农林科学院固原分院、固原市六盘山林业局、原州区自然资源局
主要完成人:王彦辉、于澎涛、熊伟、余治家、胡永强、王绪芳、樊亚鹏、佘萍、李遇春

项目名称:宁夏干旱风沙区退化草地恢复与适应性管理。
完成单位:宁夏大学
主要完成人:谢应忠、许冬梅、沈艳、马红彬、曹兵、王红梅、马峰茂、邱开阳、宋丽华

项目名称:宁夏土地沙漠化动态监测与农田防护林体系优化。
完成单位:宁夏农林科学院荒漠化治理研究所、宁夏回族自治区林业调查规划院、国家林业和草原局西北华北东北防护林建设局、宁夏哈巴湖国家级自然保护区管理局、盐池县林业和草原局
主要完成人:左忠、温学飞、潘占兵、俞立民、许浩、王东清、魏永新、余殿、李浩霞

项目名称:非综合征型唇腭裂易感基因筛查、检测及环境因素相关研究。
完成单位:宁夏医科大学总医院
主要完成人:黄永清、马坚、于丽丽、周忠伟、翟堃、朱晋芳、王怡瑞、杜雪飞、马丽娟

项目名称:无机材料复合BMP-2基因修饰的间充质细胞组织工程化骨在增加种植体周围骨量中的应用研究。
完成单位:宁夏医科大学总医院
主要完成人:孙小娟、曹昆、乔光伟、周忠伟、胡晨、康佳楠、刘乃彬、姜靓、翟堃

项目名称:滑膜成纤维细胞分泌赖氨酰氧化酶参与类风湿关节炎滑膜增殖和血管翳形成。
完成单位:宁夏医科大学总医院、宁夏医科大学
主要完成人:刘荣清、韩梅、李海波、池淑红、季晨、文嘉、万娟、张宁、史琳

四、科学技术进步三等奖(46项)

项目名称:城市轨道车辆轴箱轴承研制。
完成单位:宝塔实业股份有限公司
主要完成人:郝彭、李宏滨、王丽君、崔明广、刘凡、袁和会、王学辉

项目名称:刮板输送机铸焊中段智能焊装线研究与应用。
完成单位:宁夏天地奔牛实业集团有限公司、哈尔滨焊接研究院有限公司、宁夏天地重型装备科技有限公司
主要完成人:杜兵、宋智丽、赵德民、张林、白德滨、吴立忠、周坤

项目名称:一种大尺寸蓝宝石晶体生长方法成果转化及产业化。
完成单位:天通银厦新材料有限公司
主要完成人:滕斌、康森、丁钰明、常慧、段斌斌、王子学、王国强

项目名称:基于机器视觉的煤矿智能化关键技术及应用。
完成单位:国家能源集团宁夏煤业有限责任公司、中国矿业大学、宁夏广天夏电子科技有限公司、武汉七环电气股份有限公司
主要完成人:邵俊杰、杨建国、杨成龙、张杰、朱长勇、林红梅、李铮

项目名称:基于虚拟现实技术的数字化工厂管理平台。
完成单位:中国石油天然气股份有限公司宁夏石化分公司、航天科工仿真技术有限责任公司
主要完成人:陈坚、杨方廷、刘玉明、姜磊、管文艳、韩哲、王永平

项目名称:宁夏全域旅游智慧管理与服务平台。
完成单位:宁夏旅游信息中心、浙江传媒学院、宁夏大学、北京华胜天成科技股份有限公司
主要完成人:张仁汉、周庆鹏、刘日伟、邢博、王磊、朱旭光、马林

续表三

项目名称:新能源场站集中防孤岛保护控制关键技术。 完成单位:国网宁夏电力有限公司、南瑞集团有限公司、华北电力大学、国网宁夏电力有限公司电力科学研究院 主要完成人:王小立、郑涛、薛峰、蒙金有、徐海波、蔡乾、吴建云
项目名称:风电/光伏发电多层级优先调度技术及应用。 完成单位:国网宁夏电力有限公司、中国电力科学研究院有限公司、国网宁夏电力有限公司电力科学研究院 主要完成人:耿天翔、黄越辉、蒙金有、王勃、耿多、王铮、许彦平
项目名称:大型能源基地送端电网连锁故障风险快速评估与控制决策。 完成单位:国网宁夏电力有限公司电力科学研究院、清华大学 主要完成人:李旭涛、沈沉、赵晓东、王志文、田蓓、马志远、张迪
项目名称:基于SOC宽带双模DLMS交互式STS单相费控智能电能表。 完成单位:宁夏隆基宁光仪表股份有限公司 主要完成人:李建炜、常兴智、张军、罗长荣、谭忠、陈良才、武晓勇
项目名称:液化气和石脑油芳构化新工艺的研究应用。 完成单位:宁夏宝塔石化科技实业发展有限公司、银川宝塔精细化工有限公司 主要完成人:孔德林、孙巧莉、马程、张立忠、李国明、刘涛、张秉钧
项目名称:煤基碳氧化物选择转化制化学品高效催化剂。 完成单位:宁夏大学、University of Toyama、国家能源集团宁夏煤业有限责任公司 主要完成人:赵天生、张建利、马清祥、Noritatsu Tsubaki、马玉龙、范素兵、高新华
项目名称:多晶硅副产聚硅烷催化裂化工艺产业化应用。 完成单位:宁夏胜蓝化工环保科技有限公司 主要完成人:沈俊、赵燕、朱学军
项目名称:宁夏盐池—彭阳地区百万吨油田效益开发工程研究。 完成单位:中国石油天然气股份有限公司长庆油田分公司第三采油厂 主要完成人:高占武、陈守民、张营、王碧涛、王军锋、郑家钰、郎庆利
项目名称:宁夏土地质量地球化学调查评价与应用。 完成单位:宁夏国土资源调查监测院 主要完成人:高宇、闫子忠、张建华、陆彦俊、杜亮亮、李晓慧、刘志坚
项目名称:宁夏区域重磁资料开发利用研究。 完成单位:宁夏回族自治区地球物理地球化学勘查院 主要完成人:李宁生、安百州、虎新军、李新虎、白亚东、曾建平、刘天佑
项目名称:宁夏区域地质研究。 完成单位:宁夏回族自治区地质调查院 主要完成人:王成、程建华、孟方、李天斌、尹秉喜、宋新华、余秋生
项目名称:目标传导式绩效管理研究与实践。 完成单位:国家能源集团宁夏煤业有限责任公司、辽宁运和软件开发有限公司 主要完成人:姚敏、任跃新、兰志强、王放、王玉芹、赵春晓、闵锐

续表四

项目名称：宁夏特色优势农产品加工和品牌提升路径与实践。
完成单位：宁夏农林科学院农业经济与信息技术研究所、宁夏红枸杞产业集团有限公司、宁夏沃福百瑞枸杞产业股份有限公司、宁夏回族自治区乡镇企业经济发展服务中心
主要完成人：温淑萍、张治华、潘泰安、崔振华、郭涵、郭荣、辛健

项目名称：枸杞营养复合饮料研发及产业化应用。
完成单位：宁夏大学、宁夏厚生记食品有限公司、宁夏杞乡生物食品工程有限公司
主要完成人：刘敦华、阮世忠、全亚平、王自贵、谭勇、黄青松、李勇

项目名称：胡麻新品种宁亚20、21号选育及轻简高效种植新技术与示范推广。
完成单位：宁夏农林科学院固原分院
主要完成人：曹秀霞、张炜、杨崇庆、钱爱萍、陆俊武、剡宽将、常富德

项目名称：宁南山区冷凉蔬菜产业优质高效生产关键技术研究与示范。
完成单位：宁夏农林科学院农业资源与环境研究所、宁夏科泰种业有限公司、宁夏农产品质量标准与检测技术研究所、宁夏农林科学院种质资源研究所、宁夏农产品质量安全中心
主要完成人：桂林国、王学铭、李冬、何进勤、尹志荣、曲继松、郭松

项目名称：宁夏旱作区枣树蔬菜病虫害灾变规律和绿色防控技术研究及应用。
完成单位：宁夏农林科学院植物保护研究所、宁夏职业技术学院、同心县农业技术推广服务中心、盐池业县农技术推广服务中心、中卫市林木检疫站
主要完成人：沈瑞清、康萍芝、查仙芳、张华普、张丽荣、杜玉宁、张萍

项目名称：宁夏马铃薯晚疫病监测预警及综合防控技术集成推广项目。
完成单位：宁夏农业技术推广总站、宁夏农林科学院植物保护研究所、固原市原州区农业技术推广服务中心、固原市西吉县农业技术推广服务中心、固原市彭阳县农业技术推广服务中心
主要完成人：杨明进、刘媛、杨宁权、沈瑞清、董凤林、何建国、王玲

项目名称：贺兰山东麓酿酒葡萄优质高效栽培土肥水综合管理技术。
完成单位：宁夏大学、宁夏润禾丰生物科技有限公司、宁夏国有林场和林木种苗工作总站、宁夏农林科学院农业资源与环境研究所、宁夏农垦玉泉营农场有限公司
主要完成人：孙权、王锐、孙纪元良、纪丽萍、纪静雯、黄越、何金柱

项目名称：生物质能源植物柳枝稷引种试验示范研究。
完成单位：宁夏大学、中国科学院水利部水土保持研究所、北京草业与环境研究发展中心、甘肃茂森生态环境建设有限责任公司、宁夏回族自治区国营前进农场
主要完成人：孙兆军、刘吉利、何俊、王芳、秦萍、马永清、范希峰

项目名称：规模化畜禽养殖粪污厌氧处理及资源化利用技术研究与示范。
完成单位：宁夏农林科学院农业资源与环境研究所、宁夏农业环境保护监测站、宁夏农村能源工作站、西北农林科技大学、宁夏五丰农业科技有限公司
主要完成人：张学军、马建军、贾向峰、李云翔、马京军、邱凌、王金保

项目名称：宁夏肉牛支原体病及常发疾病防控技术研究与示范。
完成单位：宁夏大学、华中农业大学、固原市动物疾病预防控制中心
主要完成人：何生虎、郭亚男、余永涛、郭爱珍、李继东、李昕、吴建宁

续表五

项目名称:宁夏肉牛高效生产关键技术研究集成与应用。
完成单位:宁夏回族自治区畜牧工作站、中国农业大学、宁夏大学、宁夏农林科学院动物科学研究所、宁夏夏华肉食品股份有限公司
主要完成人:罗晓瑜、洪龙、封元、陈亮、张凌青、吴彦虎、王瑜

项目名称:肉羊舍饲养殖标准化关键技术研究与示范。
完成单位:宁夏农林科学院动物科学研究所、宁夏大学农学院、平罗县畜牧技术推广服务中心
主要完成人:梁小军、柴君秀、丁伟、岳彩娟、周玉香、张国鸿、沈明亮

项目名称:宁夏引黄灌区经济作物(酿酒葡萄)滴灌技术集成示范。
完成单位:宁夏回族自治区水利科学研究院
主要完成人:杜历、刘学军、武慧芳、朱洁、雷筱、顾靖超、王永平

项目名称:宁夏生产建设项目水土流失防治技术研究。
完成单位:宁夏回族自治区水土保持监测总站、北京林业大学、沃德兰特(北京)生态环境技术研究院有限公司
主要完成人:卜崇德、王冬梅、周茂荣、史常青、张琳琳、王立明、哈玉玲

项目名称:糖尿病通过线粒体通路加重脑缺血再灌注损伤及其干预措施研究。
完成单位:宁夏医科大学、宁夏医科大学总医院
主要完成人:景丽、马艳梅、贺茂涛、张竞文、葛新红、常越、贺岭风

项目名称:少突胶质细胞分化和髓鞘损伤修复的机制研究。
完成单位:宁夏医科大学、宁夏医科大学总医院
主要完成人:王银、李云鸿、侯晓霖、王俊燕、郑晓敏、毕逢辰、王义勇

项目名称:miRNAs作为肿瘤生物标志物在肝癌早期诊断、治疗及预后评价中的研究与应用。
完成单位:宁夏医科大学、宁夏医科大学总医院
主要完成人:徐广贤、蒋丹、楚元奎、李元杰、张玉英、王利新、崔洁

项目名称:稀释氧化亚氮速效镇痛技术在临床急性疼痛的应用研究。
完成单位:宁夏医科大学、宁夏医科大学总医院
主要完成人:李玉香、余佳宁、余建强、杨立山、鲍文强、左锋、田甜

项目名称:同型半胱氨酸经组蛋白乙酰化作用调控LXRα促动脉粥样硬化的机制研究。
完成单位:宁夏医科大学总医院
主要完成人:贾绍斌、丛广志、金萍、黄晖、王凯、燕茹、陈大鹏

项目名称:6分钟步行试验、CMR联合肺功能在COPD综合评价体系的建立。
完成单位:宁夏医科大学总医院
主要完成人:陈娟、朱力、何进喜、李锋、郭晓桐、范玉春、郝斌威

项目名称:Oxford微创单间室置换术在膝骨性关节炎治疗中的应用。
完成单位:宁夏回族自治区人民医院
主要完成人:马军、杨绿林、黄朋、梁钰琪、李军、白志刚、郭崇军

续表六

项目名称:全肝血流阻断、半入肝血流阻断技术在肝脏外科的临床应用。 完成单位:宁夏回族自治区人民医院 主要完成人:李明皓、张涛、王克华、王立云、丁洋
项目名称:多重耐药铜绿假单胞菌微阵列芯片快速监测技术及其临床应用研究。 完成单位:宁夏医科大学总医院 主要完成人:贾伟、赵志军、李刚、陶佳、师志云、崔洁、何涛
项目名称:Ⅱb期宫颈癌同步放化疗的随机对照临床研究。 完成单位:宁夏医科大学总医院 主要完成人:折虹、杨治花、张宇卉、马建萍、王艳阳、何剑莉、海平
项目名称:多模态神经导航辅助功能区肿瘤手术的应用研究。 完成单位:宁夏医科大学总医院 主要完成人:马辉、王晓东、孙海峰、李宗正、朱凯、孙胜玉、刘文翾
项目名称:空间时间相关成像(STIC)技术在胎儿先天性心脏病筛查中的应用研究。 完成单位:宁夏医科大学总医院 主要完成人:纪学芹、锁耀宇、丁莉莉、史瑞仙、吴璟、夏艳、高薇
项目名称:基于JNK/SAPK信号通路介导对温针灸治疗KOA机理的实验研究。 完成单位:宁夏医科大学总医院 主要完成人:武永利、刘娣、李春、席向红、刘君伟、张艳玲、杨磊
项目名称:强力五虎合剂的工艺研究。 完成单位:宁夏回族自治区中医医院暨中医研究院 主要完成人:王艳平、田杰、宁娱、王仲艳

(张明鹏)

人才引智

【概况】2018年,外专局(国际人才交流协会)积极搭建平台,引进海外"高精尖缺"人才,不断优化人才发展环境,推进全区国际化人才队伍建设。引进外国人才500余人次,选派212人赴国(境)外培训。实施重点引智工程,建立分层分类海外人才资助体系。实施"自治区引进国外人才和智力计划""自治区海外华侨华人专家引进计划",重点支持高端、重点、示范推广项目等53项,资助经费1043万元。

【引智活动】2018年,宁夏以重点项目、重大活动为抓手,深度打造"中美工程技术研讨会宁夏专题分会""海外名师大讲堂""德中临床医学交流"等引才品牌,积极搭建平台、营造氛围,推进中央、自治区引进海外人才工作部署落地见效。开展"引才政策培训暨引智成果示范观摩"系列活动2期。组织全区45名引智工作骨干赴苏州学习观摩,组织自治区人力资源社会保障厅有关部门赴宁夏工商职业技术学院开展人才政策推介,共享引才引智成果。策划"国际酿酒师在宁夏""接轨国际医学造福一方百姓"等专题宣传,扩大引才工作社会影响力。为庆祝自治区成立60周年,与宁夏广电总台联合策划"亲历宁夏—在宁优秀外国专家访谈",完成6位外国专家访谈纪录片拍摄。宁夏命名龙能科技(宁夏)有限责任公司等5家单位为"自治区引才引智基地”，积极搭建海外高层次人才聚集和重大引智成果培育、转化、推广平台。命名吴忠仪表有限责任公司、宁夏林业研究院股份有限公司等12家单位外国专家工作室为“宁夏回族自治区外国专家工作室”，给予每家工作室5万元补贴，用于改善外国专家办公条件和工作环境。制定《宁夏外国高端人才服务“一卡通”试点工作方案》，探索建立外国高端人才安居保障、子女入学和医疗保健服务通道。联合自治区公安厅起草并印发《关于为外籍高端人才办理签证证件提供便利的暂行规定》，为因特殊事由需紧急入境的外国高端人才提供口岸签证便利，并为其及家属入境后换发签证及办理居留许可提供一揽子便利措施。

【拓展引才渠道】2018年，宁夏组团参加“中国国际人才交流大会”“海峡两岸人才交流合作大会”，借助24家宁夏海外人才工作站，发布项目单位人才需求，积极促成人才项目精准对接。推荐乌克兰国家工程院、交通科学院院士与宝塔石化科技公司建立合作，成功引进宁夏首位外籍院士，促成“乌克兰—宁夏技术转移中心”在银川落地。促成宁夏大学与俄罗斯沃伦涅日国立大学，就师生互访、学分互认等达成合作框架协议，成功推荐俄语外教1名。推动自治区有关部门与中华海峡两岸新农村发展暨环保科技交流协会（台湾）建立合作关系，并就田园综合体设计、台湾休闲农业专业实习生交流、台湾优良水产种苗引进等达成合作意向。

【外专服务】2018年，宁夏依托外国人到华工作管理服务系统，对外国人到宁工作实现一网通办、“不见面”办理，压缩审批时限，对A类高端人才提供“绿色通道”“容缺受理”服务。主动争取国家试点，在全国首批开展外国高端人才“一卡通”服务。协调自治区社保局为在宁工作的外籍参保人员办理了社保卡，使外籍人才能够同普通职工一样及时申领使用社保卡，享受社保待遇。推动宁夏第一家“国际医疗门诊”在宁夏人民医院开诊，为外籍人才就医提供便利。组织系列中国文化体验活动，使外国人才“乐在宁夏”。通过人文交流活动，促进中外友谊，提高外国人才对宁夏的认同感和归属感。

【出国（境）培训】2018年，宁夏争取国家外专局批准宁夏出国（境）培训项目17项，资助经费215万元，较上年同期增长56%。开展“德中临床医学交流”“环境污染物治理”等培训成果报告会4期，示范培训宁夏专业技术、行政管理人员500余名。加强因公出国（境）培训中长期规划。扩大项目征集覆盖面，摸准人才国际化培养需求，重点围绕生态环保、水资源管理、机械制造、大数据、产业升级等领域，征集上报2018—2020年因公出国（境）培训项目41项。

（杨雅媛　马　鹏）

地震测报

【概况】2018年，根据宁夏地震台网记录以及以往宁夏境内最小完整震级的研究，宁夏境内共发生0级以上地震135次，其中，0～0.9级地震80次，1.0～1.9级地震42次，2.0～2.9级地震11次，3.0～3.9级地震3次，无4.0级以上地震发生，最大地震为2018年7月13日宁夏固原3.6级地震，该地震未造成人员伤亡和财产损失。2018年，宁夏地震空间主要分布在石嘴山以北、银川以南至吴忠灵武地区、中宁周围、西吉海原至固原一带，尤其是海原断裂带和六盘山断裂带周围中小地震仍持续活跃；时间上地震主要集中分布在1—3月、7月和11月。与2017年地震活动相比，2018年宁夏地震活动的强度和频次略有减弱，但也是近年来地震活动水平较高的年份之一。2018年，宁夏境内的2级以上地震有如下特点：空间局部集中，特别是沿海原断裂和六盘山断裂带周围小震活动仍持续活跃。根据以往宁夏地震活动起伏的特点，未来一年宁夏境内地震活动水平会有所减弱，但仍需密切关注宁夏海原断裂带震情发展。

【防震减灾管理】2018年，宁夏地震局组织自治区相关单位和五个地级市政府开展抗震救灾应急准备和地震风险隐患排查工作，针对供电供水供气等生命线工程设施、交通电力通信等基础设施、地质水利等次生灾害点，开展隐患排查，及时向自治区政府提交地震应急检查工作报告，提出工作建议和要求，督促各地认真完善地震应急准备和风险排查工作，加强综合治理，查缺补漏，狠抓地震应急防范准备工作，力争将国务院抗震救灾指挥部各项部署落实到位。印发《新时代宁夏防震减灾事业现代化建设实施方案》，规划了到2020年、2035年和21世纪中叶的建设目标。制定地震安全服务保障工作方案，全力做好值班值守、业务系统自查、震情会商、舆情监测、应急保障等工作，圆满完成了高考、自治区成立60周年大庆、春节、国庆、中秋等重大活动特殊时段的地震安全保障服务工作。

【震情监测与报送】2018年，自治区制订并落实《2018年度全区震情监视跟踪方案》，密切跟踪2018年度宁夏地震重点危险区和值得注意地区的震情发展和前兆异常变化。不断强化震情意识和责任意识，全力做好监测预报值班值守、业务系统自查、台点巡视检查、震情会商及人员培训等工作。组织召开2018年中及2019年度全区地震趋势会商会，研讨震情形势，形成地震趋势会商意见。组织开展地震重点危险区震情监视跟踪工作的督导检查，开展年度震情监视跟踪工作总结。2月2日17时39分宁夏吴忠市同心县发生3.9级地震，7月13日09时21分宁夏固原市原州区发生3.6级地震，自治区地震局按照预案，迅速完成地震速报，及时向自治区党委政府和中国地震局报告，并及时续报相关信息和工作进展情况；展开灾情收集、信息报送、震情研判等工作；指令辖区地震部门和台站成立应急工作小组，立即赶赴震中，了解灾情，开展震害调查工作；会同中国地震局，召开震情视频会商会，研判震区地震趋势，密切关注后续震情发展，并将会商结果上报给自治区党委政府；及时通过官方网站、微博发布相关信息和工作动态，切实加强网络舆情引导，安定人心，稳定社会。2018年，西北地震应急协作区发生了新疆阿图什市5.1级、精河5.4级、伽师5.5级，陕西宁强5.3级，青海治多5.1级、称多5.3级等多次中强地震，自治区地震局应急人员均立即响应，加强沟通联系，强化工作对接，认真做好应急联动各项准备，随时调度轮值人员进行支援。

【重点项目建设】2018年，自治区推进国家地震烈度速报与预警工程宁夏子项目，完成52个新建台址的勘选，按时完成《国家地震烈度速报与预警工程宁夏子项目实施方案设计和实施预算报告》编制和工程监理合同、征地服务合同的签订。推进固原双井子流体台优化改造和地震台站受灾恢复项目建设；推进银川基准台小口子综合观测楼翻建项目建设，已完成工程项目规划设计、用地许可及工程建设、监理招标等工作。中卫市人民政府投资345万元的中卫市工业园区地震小区划项目已完成并通过验收。继续推动中卫市沙坡头区活动断层探测，完成浅层地震勘探、卫宁北山南缘断裂的钻孔联合剖面探测工作、探测数据入库等工作；申报的黄河断裂灵武段和崇兴隐伏断裂探测项目获得中国地震局批准立项，正在进行浅层勘探工作，按课题任务书内容完成相关工作；组织银川市地震局实施创建国家防震减灾示范城市工作，制定创建方案明确创建措施，召开动员部署会议，创建工作已全面展开；做好重点监视防御区市县防震减灾基础能力提升项目，开展2017年固原、海原项目实施，固原市防震减灾宣教能力建设项目已完成验收。

【台网建设】2018年，自治区地震局按照《宁夏地震局台站年度综合考评办法》，对地震台站实行目标跟踪管理，督导检查。2018年，开展台站检查、指导14次，对台站环境卫生、日志记录、制度执行等进行全面检查，确保全区各台网运行稳定，数据产出可靠，提升地震监测资料质量。召开地震台长暨台站工作会议，完善全区台站视频会议系统。组织编制“宁夏地震台站标准化改造方案”“宁夏地震局2019年海原甘盐池流体台优化改造方案”“宁夏地震局固原地球化学实验室项目建议书”。整合各类资源，提升监测效能，全力提升监测系统运维能力和技术保障水平。在2017年全国监测预报工作质量统评中，宁夏共有6个测项和5份异常核实报告获得前三名。提高应对突发网络安全事件的组织指挥和应急处置能力，编制《宁夏回族自治区地震局网络安全事件应急预案与处置流程》。组织开展地震网络安全专项整改工作，全面梳理局地震网络安全自查整改表，确保自治区地震局核心业务的安全稳定运行。

【基层业务指导】2018年4月，自治区地震局、民政厅、气象局印发《2018年全国综合减灾示范社区创建活动的通知》，开展综合减灾示范社区创建工作。报送的“固原市地震应急救援能力提升项目”及“银川市活动断层科普成功推广应用项目”得到中国地震局批准实施，项目拨付专项资金70万元，通过项目实施提升了市县防震减灾能力。

【政策法规建设】2018年，自治区地震局根据自治区政府行政审批改革的要求和部署，围绕认真贯彻依法治国基本方略，提高地震部门依法行政水平的要求，继续做好地震系统行政审批改革工作。做好宁夏地震系统“七五”普法工作和宪法宣传，根据《宁夏回族自治区地震系统法治宣传教育第七个五年规划（2016—2020年）》开展法治教育。配合自治区政府法制办开展《宁夏回族自治区地震安全性评价管理办法》的修订，宣传和推广银川市人大《关于在银川市活动断层避让带内建设绿色公园带的决定》立法经验。

【地震应急组织指挥体系建设】2018年，自治区地震局以《宁夏回族自治区地震应急预案》为指导，各设区市政府和自治区部门共20多个成员单位修订了地震应急预案或方案；积极督促各地抗震救灾指挥部办公室认真履行职责，组织辖区成员单位、医院、学校、社区和大型石化、工矿企业等，重新修订或制定针对性较强的地震应急预案；建立了自治区抗震救灾指挥部专家组，为抗震救灾提供科技支持；开展了各成员单位分管领导、联络员和灾情速报人员信息更新工作。开展2018年度防震减灾业务能力培训班，采用课堂授课、现场教学等形式，对自治区抗震救灾指挥部成员单位分管领导、联络员、自治区和部分市县抗震救灾指挥部办公室人员进行培训，提高成员单位联络员对新时代防震减灾救灾工作重要性的理解和认识。

【应急值守】2018年，自治区地震局制定2018年度《宁夏地震重点危险区应急准备专项应对工作方案》，印发《宁夏地震局年度地震重点危险区专项预案》、地震应急准备方案、地震现场工作要点等，对全区地震系统应急准备和应对处置等工作进行了部署安排；加强现场工作队伍管理，制订现场工作队出队方案、全国轮值方案、地震灾评科考设备轮值办法，明确主副班轮值人员及职责，对节假日期间队员动态进行跟踪管理；加强地震应急值守，严格执行局领导带班、技术系统24小时值班制度，积极履行地震应急值守、信息汇总、综合协调等工作职责；加强业务培训，开展6期、23个主题的地震应急与现场培训。

【应急演练】2018年，自治区地震局制定印发地震应急准备方案，对各级指挥机构建设、预案修订、地震应急演练、灾情速报等工作进行部署。全区大部分市、县(区)政府利用“5·12”全国防灾减灾日等重要时段，统一部署安排各级组织和单位广泛开展地震应急演练活动。全区地震应急演练主体日益多元，各级政府及其相关部门、中小学校、敬老院、社区、重点企业等开展地震应急演练的主动性和积极性进一步增强；演练形式多样，既有地震应急综合演练、疏散演练、防震减灾知识宣传，又有桌面推演、重点行业和企业地震应急演练、研讨式演练等，全年累计开展演练1000余场次，参与人数10万人次。

【应急救援能力建设】2018年初，自治区地震局赴宁夏武警、消防应急救援队开展座谈交流和春节走访慰问活动，为进一步加强应急演练、技能培训、合作交流等方面提出了工作建议；按照“一专多能、一队多用、注重实战”的原则，建好宁夏消防、武警两支专业地震应急救援队，有计划地遴选17名骨干队员，外出参加地震应急救援培训，形成教官团队，并在全年培训中发挥“传帮带”作用，切实提高救援队整体专业知识、实战水平；夯实应急救援基础，汇总统计了宁夏消防、武警两支专业救援队的人员组成、救援装备等信息，报送应急管理部。赴自治区安监局、红十字会、团委、电力公司开展工作调研，协调对接工作，收集地震应急数据。与自治区安监局联合转发国家安监总局、中国地震局《关于进一步做好地震灾害风险防范工作的通知》；与宁夏消防总队、自治区团委联合印发《关于开展地震应急救援“第一响应人”培训工作的意见》；开展第一响应人本地化工作，积极协调固原市、石嘴山市、中卫市、平罗县的地震部门，联合本级消防、红十字会、医院等，承办培训工作，共培训地震应急救援第一响应人师资力量达370人次，有效提高了基层人员应急救援的专业技能。

【防震减灾宣传】2018年，自治区地震局印发《宁夏地震局2018年防震减灾宣传和科普工作计划》，对全年防震减灾宣传教育工作进行了安排。联合自治区教育厅、科技厅、科协开展全区中学生防震减灾知识竞赛活动，向学生宣传防震减灾理念，普及防震减灾知识、增强学生防震减灾意识，提高应急避险技能和自救互救能力；宁夏初中组、高中组代表队均获得全国防震减灾知识大赛西部片区三等奖的好成绩。5月12日，国家防震减灾日期间，联合银川市地震局拍摄播出了《防震减灾绿色发展银川市活动断层避让带建设五位一体绿色公园纪实》宣传片。该片在全国首届地震科普大会期间展播并获得视频类优秀奖。银川市地震局在首届地震科普大会上作《把科研报告和科普文章写在银川平原的大地上》报告，介绍银川市经验宁夏模式。组织安排银川市、石嘴山市、固原市作为全区2018年度防灾科普千城大行动参与城市，均在“5·12”期间举行启动仪式和主题宣传活动。继续加强新媒体平台宣传工作，充分利用微信、微博等相关平台，发挥手机等移动客户端新媒体开展宣传。平时以每周2～3条的频率，在宁夏地震局官方微博开展防震减灾科普宣传。在“5·12”全国防灾减灾日期间以及“7·28”唐山大地震纪念日，开展了微博有奖转发活动。

【科技活动周】2018年，“5·12”全国防灾减灾日免费开放全区所有国家级、自治区级和市级的防震减灾科普教育基地，各基地指定专人进行接待，发放防震减灾科普知识手册、读本、宣传彩页，讲解地震观测的基本原理和地震台的发展历程，通过学习防震减灾知识读本，专家讲解防震减灾知识，观看防震减灾宣传教育片，促进防震减灾知识在全社会的宣传普及；宁夏广电移动多媒体综合信息发布平台分布在宁夏政务服务中心、办事大厅、行政机关、商业银行、宾馆商场、医院等147个单位的295个移动多媒体展播宣传片、海报，提醒公众牢记历史教训，行动起来，减轻身边的灾害风险。通过农村电影放映开展进社区、农村500场次，在电影映前广告推送防震减灾宣传公益宣传片，在演播现场悬挂标语和海报，分发宣传页、手提袋、扇子、知识手册等宣传品，为广大人民群众科普宣传防震减灾政策法规，普及防震减灾科学知识，传播正确的防震避震知识，营造良好的防震减灾社会宣传氛围；组织开展纪念汶川地震10周年"快闪"活动，通过演绎现代舞《生死不离》再现地震情景，通过齐唱歌曲感恩祖国，感恩党的领导，缅怀逝者，纪念汶川大地震。宁夏都市阳光频道对活动进行了直播，自治区地震局官方微博、宁夏广电晴彩宁夏、腾讯视频、新网虫等平台进行了同步发布。

（沙曼曼）

气象测报

【概况】2018年，全区平均气温总体偏高，尤其春季气温创1961年以来同期新高；平均降水量370.5毫米，较常年偏多38%，各季节降水量均偏多，夏季降水量创近50年历史同期最多纪录；平均日照时数2689小时，较常年偏少145小时。2018年全区平均气温9.3℃，较常年偏高0.8℃。各地平均气温6.4~11.4℃，除大武口较常年偏低0.3℃外，其他地区偏高0.2~1.5℃，其中惠农、金凤区、永宁、利通区、沙坡头区、中宁、兴仁及隆德偏高1.0℃以上。2018年，全区平均降水量370.5毫米，较常年偏多38%。各地降水量162.4~999.1毫米，其中青铜峡最少，泾源最多。银川以北大部和固原市大部地区偏多50%以上，大武口偏多最明显，偏多106%。2018年，全区平均日照时数2689小时，较常年偏少145小时。各地日照时数1993~3053小时，其中石炭井最多，泾源最少。与常年相比，大武口、金凤区、沙坡头区偏多12~64小时，其他地区偏少5~39小时。

【主要气象灾害及重大天气气候事件】2018年，全区气象灾害以暴雨洪涝、冰雹、大风、低温冻害、雪灾等为主，其中洪涝灾害造成的损失最大，低温冻害和雪灾灾害损失次之。4月，透雨明显偏早：4月11—13日，中南部降水量普遍在10毫米以上，4月19—20日，惠农、永宁、中宁、泾源降水量在10毫米以上，各地透雨出现时间较常年提前了22~43天。5月，中北部部分地区首次高温天气之早历史少见。5月，中北部部分地区首次高温天气较常年偏早43~70天，夏季全区平均最低气温创1961年以来同期新高，日较差之小创历史纪录。7月，强降水次数多、范围广、强度大、历史罕见：7月22—23日，贺兰山银川至石嘴山段出现了百年一遇特大暴雨，贺兰山滑雪场降水量达277.6毫米，超过2016年"8·21"暴雨，刷新宁夏有气象观测记录以来的日降水量极值（239.5毫米）。8—9月上旬，连阴雨过程雨量大：8月29日至9月2日，连阴雨过程雨量大，9月上旬，全区平均降水量达22.3毫米，较常年同期偏多48%，9月1日，惠农、大武口、平罗日降水量分别为58.4毫米、36.6毫米、75.8毫米，创建站以来9日降水量极值（惠农40.7毫米、大武口30.8毫米、平罗47.5毫米）。9—10月上旬，气温偏低，秋霜冻早，霜冻日数多：各地区于9月23日至10月10日出现霜冻，大部地区较常年偏早4~14天。大部地区于9月27日至10月6日进入气象学意义冬季（连续5天日平均气温低于10℃），引黄灌区大部偏早9~14天，其中石炭井和大武口为有气象记录以来最早年。

【防灾减灾】2018年，完成政府部门气象灾害预警信息服务对象信息更新和备案工作，落实气象灾害预警工作各部门的责任人，并将其列入决策气象服务手机用户群，及时发送气象预报预警信息。分级分部门开展了多灾种预警服务需求和方式的核查备案，出台突发灾害性天气预警服务基本标准规范。完善与水利、农业农村、林业和草原等部门会商研判机制，开展全区性联合会商40余次。强化山洪、地质灾害预警信号的联合发布工作，联合发布区级山洪、地质灾害等风险预警33次。与民政厅、地震局联合开展综合防灾减灾救灾示范社区创建工作。在永宁等5县（区）开展气象防灾减灾标准化试点建设。强化气象防灾减灾社会化管理，深化部门合作与联动。针对干旱、大风、沙尘、冰雹、暴雨、高温、寒潮等重大灾害性、关键性、转折性天气启动应急响应15次，主动做好监测预报预警和服务工作，为全区有效防范应对气象灾害提供了气象保障。自治区人工影响天气与气象灾害防御指挥部办公室先后7次印发气象防灾减灾明传电报和紧急通知，部署灾害性天气的防范应对工作。针对1月2—7日首场降雪、4月11日夜间至13日中南部首场透雨、6月24日中南部部分地区出现的暴雨、7月1—2日暴雨、8月30日至9月2日全区降水等天气过程及时组织开展气象服务工作，面向各级政府及有关部门开展"叫应"服务，提出有针对性的防灾减灾对策建议，为有效组织防范应对提供了有力支撑。特别是在"7·22"贺兰山百年一遇特大暴雨及抗洪抢险救灾工作中，预警及时，服务到位，为转移受灾群众、是否分洪等重要决策提供气象支撑，得到自治区领导的充分肯定。较好地完成了年初暴雪、入春干旱、春季严重霜冻、入夏大范围冰雹和盛夏暴雨等多次重大灾害性天气预报服务工作，自治区党政领导在气象服务材料上批示20次。2018年，宁夏气象台发布各类灾害性天气预警信号147次，地市级气象台发布预警信息748次，联合自然资源、水利部门会商并发布山洪地质灾害气象风险预警33次。预警信号准确率较过去三年稳中有升，其中暴雨76.1%、暴雪83.3%、大风90.2%、雷电68.5%、冰雹51.9%。

【人工影响天气】2018年，全区实施宁夏人工影响天气能力建设、西北人工影响天气能力建设、六盘山地形云人工增雨雪科学试验示范基地建设等重大工程项目；优化完善宁夏智能化人影综合业务平台，推动人影关键技术研发，整体提升了人影作业保障能力、业务现代化水平和科技支撑能力，对改善宁夏重点区域的生态环境、六盘山区精准脱贫、发挥人工影响天气在“一带一路”、乡村振兴气象服务中的作用及推动军民融合项目发展发挥了重要作用。年内针对42次利于开展人工增雨(雪)天气过程，组织实施飞机增雨作业28架次，飞行作业时间99小时24分钟，使用碘化银烟条515根；组织实施火箭增雨作业221点次，发射火箭弹975枚。开展地面防雹作业98点次，发射人雨弹1276发，火箭弹118枚。

【公众气象服务】2018年，自治区气象局召开气象信息通报会11次，发布新闻通稿29篇，组织记者联合采访2次。在国家级新闻媒体播出视频新闻稿件68篇(次)、自治区新闻媒体播出121篇(次)，中国气象频道播发视频新闻51条。门户网上传天气预报预警及服务信息20533条；中国天气网宁夏省级站用户总浏览量1061万次。利用微博推出“春播”、防灾减灾等专题，开展微博直播互动，微博粉丝比上年增加2.9%。官方微博发布信息7492条，阅读数538万人次，粉丝数达17.9万人；传真服务8959次。手机短信向公众发布预报预警信息568条、5032.8万人次。通过语音“12121”系统录入天气预报、生活指数、旅游预报、农业气象等信息共2920条，“12121”电话拨打量89.9万次；2018年气象服务公众总体满意度93.8分，位列全国31个省(市、区)第四名。制订《宁夏气象服务中心全面推进气象现代化行动计划(2018—2020年)实施方案》。通过引进吸收、自主研发、联合软件公司共同开发等多种方式，开发研制了一批在业务服务中发挥重要作用的业务服务系统。组织召开全区决策气象服务会商35次。向自治区党政决策部门共报送《气象信息专报》64期、《专题服务》17期和各类会议材料30期；服务自治区级决策层36.5万人次、各市县级决策层服务181.8万人次。

【重大社会活动保障】2018年，自治区气象局认真做好自治区成立60周年大庆活动、“丝绸之路宁夏·银川国际马拉松赛”、春运等重大活动气象服务工作，提前制定服务方案，细化各项服务保障措施。特别是针对自治区成立60周年庆祝活动，提前半年向大庆办报送60大庆期间气候背景及气象灾害风险分析报告，开展高密度、多要素的加密气象观测，按照越临近越精细的原则，分步骤开展气候背景分析、高影响天气风险评估、大庆气象周报、关键场所1×1千米格点随时滚动要素预报等服务。协调调集8架飞机、100多部火箭，构筑起人工消减雨作业服务的三道防线，并组织专家现场指导人工消减雨工作，空军兰州基地派专人现场协调作业空域。庆祝活动前夕，及时开展有效的人工消减雨作业，为9月20日的庆祝大会和大型室外群众文艺表演活动的顺利开展提供气象支撑。

【应急保障服务】2018年，全区启动应急响应15次，其中，针对7月22—23日的贺兰山暴雨过程，自治区政府结合气象部门建议，紧急启动防汛抗旱Ⅱ级应急响应，组织自治区防汛抗旱应急指挥部各成员单位和相关地市全力开展应急处置各项工作。各级气象部门与水利、自然资源、农业农村、林业和草原等部门联合会商、联合发布预警，区级业务单位联合会商30余次，联合调查10余次，联合自然资源部门发布地质灾害预警21次，联合水利部门发布山洪气象风险预警12次；全区各地市、县气象部门联合水利、自然资源部门发布山洪、地质灾害气象风险预警200余次。联合生态环境厅做好空气污染防治工作，做好大气污染防治攻坚战气象服务。

【气象为农服务】2018年，自治区气象局开发气象助力精准脱贫短信发布系统，对接智能化综合发布系统开展“靶向”式气象服务，针对不同区域的种养殖户，发布不同区域预报预警和针对性防范措施建议信息；将大数据、电子商务和精准扶贫有机结合，开发闽宁扶贫网站，运用“扶贫云”开展精准气象服务。组织实施宁夏农业气象服务体系和农村气象灾害防御体系建设项目，对项目任务进行分工分解落实，在全区建设111套农业气象服务小气候观测站及实景观测系统，建成贺兰山东麓酿酒葡萄气象服务野外试验示范基地和中卫市枸杞气象服务野外试验示范基地。持续推进气象信息向基层延伸的体制机制建设。在惠农区、灵武市、红寺堡区、中宁县、彭阳县实施“三农”服务专项，开展气象防灾减灾标准化建设和农业气象服务体系建设。按照“六个一”标准开展防灾减灾标准化建设，完成了酿酒葡萄、露天蔬菜、灵武长枣、水稻栽培、红梅杏气象服务示范点，实施政策性农业保险气象服务，为农民防范应对气象灾害带来的影响提供了有力保障。完善贫困地区多灾种、全方位、立体式的综合监测网，提高农业农村气象灾害防御能力。在8个贫困县（区）率先制作5×5公里和1×1公里格点预报。结合各县气象观测网信息形成精细化到各行政村的短时、中期、长期预报信息。升级完善“致富宝”手机APP，实现基于用户位置（LBS）及所关注农事活动，从云端智能获取为其定制的农业气象服务产品，在所有贫困县（区）进行推广应用。完成气象助力精准扶贫对象数据库更新，在各市、县国家突发事件预警信息发布系统中建立扶贫对象用户群，向贫困户精准推送气象灾害预警信息。持续推进“闽宁气象扶贫模式”建设。建设基于手机APP和微信公众号的特色农业气象服务平台，开展酿酒葡萄气象监测、关键生长期、病虫害、防霜、防冻等气象服务保障工作；在宁夏中部干旱带推广张杂谷6000亩；“中国·中宁枸杞”国家气候标志获得认证，为提升“宁字号”品牌影响力提供支持。保障特色优势产业发展，充分发挥自治区农业优势特色产业综合气象服务中心及葡萄、枸杞、马铃薯、粮食气象服务4个分中心作用，形成面向全区特色农业产业的辐射服务。

【社会气象服务】2018年，自治区气象局基于智能网格预报，实现了短期、短时、临近精细化交通气象格点预报产品、精细化交通气象预报图形产品以及大雾、道路结冰、暴雨、大风、雷电、高温、积雪等高影响天气的交通气象预警产品的自动生成、入库等功能，通过网站、电视、手机APP等渠道开展服务。自治区气象局基于实况监测数据、智能网格预报，利用卫星云图、多普勒天气雷达以及各景区内的自动气象观测站等现代化监测设备对各景区的天气实况和气象要素进行实时监测和跟踪，实现全区58家3A级以上旅游景区实况、预报实时自动生成，在中国气象频道及宁夏电视台定时播出；在贺兰山沿山建立暴雨观测网及灾害性天气手机群发系统，遇有灾害性天气及时将气象预警信息传递到公众及旅游管理人员手中；开展人体舒适度、出行指数、紫外线指数等专业气象指数预报，并通过电视台、电台、报纸、网络等方式进行发布，指导公众出行；针对春节、国庆等重要节假日提前制作专题服务材料，通过传真、电子邮件等方式向旅游部门服务。自治区气象局定期向森林公安部门提供全区森林火险监测预报，密切监视天气变化，不定期和自治区林业和草原局联合发布森林草原火险预警；及时向森林防火部门发布卫星遥感监测的疑似火点信息，做好森林火灾气象服务。

【环境空气质量预报预警服务】2018年，自治区气象局与自治区生态环境厅联合开展环境空气质量预报预警，及时提供空气污染气象条件预报，出现重污染天气时，加强联合会商，联合发布重污染天气预警，通过中国天气网发布空气质量预报预警；根据自治区“蓝天保卫战”气象保障服务需求，及时制作空气污染扩散气象条件及空气污染趋势预报专题材料，为大气污染防治提供辅助决策依据。

【综合气象观测与网络】2018年，自治区气象局建立完善观测自动化综合气象业务相关工作制度，编制《全区全面推进地面气象观测自动化改革实施方案》，完成日照、雪深等地面观测自动化年度建设任务，加快推进地面观测自动化改革。编制《宁夏气象局加快发展气候与生态气象监测能力建设方案》。印发《宁夏气象局卫星遥感综合应用体系建设方案》，依托宁夏气象科研所组建了宁夏生态气象遥感中心，推动建立宁夏特色卫星遥感业务体系。参加中国气象局传输考核的13类气象数据传输及时率均高于全国平均水平，国家站、雷达基数据等8类资料传输及时率较上年明显提升，精细化城镇预报等6项考核全国排名第一。平罗、惠农、陶乐、麻黄山四个国家气象观测站被首批认定为“中国百年气象站”五十年站。印发《宁夏气象局地理信息使用管理办法》，规范地理信息数据使用管理。举办宁夏智能化综合气象业务服务管理共享平台培训班，编制下发智能化平台分系统使用指南，全力推进智能化平台在全区气象部门的应用。开展Micaps4分布式存储系统等重要信息系统升级建设。扩充基础设施资源池资源，全区气象部门入池物理服务器14台，CPU核数达736核，内存达3840GB，核心存储容量70TB。完成了网络准入系统安装部署，完成4个三级信息系统等保测评工作，提升信息系统安全防护能力。参加第十三届全国气象行业职业技能竞赛，取得团体第17名，较上届提升4名，位居西部第五。

【气象预报预测】2018年，自治区气象局持续推进从分钟到年的无缝隙、精细化、集约化的天气气候一体化业务体系建设。修订了《宁夏气象局短时临近天气业务规定》；开展11～30天滚动预测业务任务分工调整；新增了延伸期高温过程预测业务。开展智能网格预报业务双轨运行，每日2次发布全区0～12小时内逐的天气现象、降水、风向风速、温度、相对湿度等格点化预报产品，滚动发布0～2小时内逐10分钟降水格点预报产品；智能网格预报单轨业务正式运行。重大天气过程预报预警及时，城镇和网格预报质量稳中有升。年内，全区出现暴雨、冰雹、雷电、暴雪、大风、大雾、高温、霜冻等重大灾害性天气过程24次，重大天气过程预报服务评分90.33分，区级预警信号命中率为97.3%，平均提前量为382分钟，其中，突发灾害性天气预警提前量为51.5分钟，较上年同期提高了22.5分钟。24小时晴雨订正技巧居全国第四，一般性降水订正技巧居全国第三。汛期气候预测气温、降水分别为100%、95.8%，全国排名第一。

【气象科技创新】2018年，自治区气象局修订印发《宁夏气象部门气象科学技术成果认定实施细则》《宁夏气象部门气象科技成果转化管理办法(修订)》《中国气象局旱区特色农业气象灾害监测预警与风险管理重点实验室科研项目管理办法(修订)》，制定印发《宁夏气象部门气象科技成果业务准入管理办法(试行)》。组织完成重点实验室2017年度科技奖励评审工作，奖励科技成果奖6项，科技成果转化奖6项，科学咨询报告奖5项，论文著作奖24项。分别在永宁、中宁建成葡萄、枸杞农业气象野外试验示范基地。科学谋划并启动了六盘山地形云人工增雨(雪)科学试验示范基地建设工作，初步建成六盘山区人工影响天气专业探测网。新增获批国家自然科学基金1项、省部级科研项目12项，自立科研项目61项。承担的1项公益性行业(气象)科研专项、2项气候变化专项、1项中国气象局预报员专项、2项自治区科技惠民计划项目、3项自治区科技攻关计划项目、28项重点实验室(宁夏气象局)科研项目通过验收。获得软件著作权10项，出版专著1部，发表科技论文181篇，其中核心期刊论文22篇。28项科技成果在中国气象局登记。1项科技成果获气象科学技术进步成果二等奖。1人获第十六届“宁夏青年科技奖”，3人入选自治区第三批“宁夏青年科技人才托举工程”，2人荣获第九届全国优秀青年气象科技工作者称号，1人被评为全国气象科普工作先进工作者。银川市气象局被评为第十届全国气象科普工作先进集体。

【气象法治建设】2018年，自治区气象局修订《宁夏暴雨灾害防御办法》和《宁夏人工影响天气作业安全管理办法》两部政府规范性文件。1项气象行业标准正式颁布实施，1项行业标准、9项地方标准获批立项。继续深化“放管服”改革，大力推进“互联网＋政务服务”，90%的审批服务事项实现“不见面、马上办”。落实“多证合一”改革，将气象信息服务企业备案纳入涉企证照事项整合范围。推进气候可行性论证“区域评”改革试点工作。巩固防雷体制改革成果，完成与交通等4个部门防雷监管职责交接。全面开展宪法学习，“我与宪法”微视频荣获全国普法办优秀奖、中国气象局三等奖。全年共办理各类行政许可328件，开展行政执法检查756次。

(王文娟)

NINGXIA YEARBOOK

社会科学

SHEHUIKEXUE

编辑◎黄　鑫

社科规划

【国家社科基金项目】2018年，宁夏获得国家社科基金各类项目56项，其中重大项目2项，冷门绝学项目1项，后期资助项目1项，年度项目52项。在年度项目中，重点项目1项，一般项目23项，青年项目10项，西部项目18项；按照单位分布情况为：宁夏大学27项，北方民族大学11项，宁夏社科院6项，自治区党校5项，宁夏医科大学2项，宁夏师范学院1项；学科分类分布情况为:民族学13项，中国历史5项，马列·科社3项，党史·党建2项，社会学3项，法学3项，宗教学3项，中国文学3项，外国文学2项，应用经济2项，体育学2项，语言学2项，国际问题研究1项，世界历史1项，新闻学1项，哲学1项，人口学1项，图书馆·情报与文献学3项，管理学1项。

宁夏2018年国家社科基金项目立项一览表

序号	课题名称	负责人	工作单位	项目类别
1	中国北方岩画文化遗产资料集成及数据库建设	束锡红	北方民族大学	重大项目
2	周王朝向西北的拓展:以姚河塬商周遗址为中心的考古学研究	罗　丰	宁夏文物考古研究所	重大项目
3	敦煌与黑水城手写汉文文献俗字比较研究	蔡永贵	宁夏大学	冷门绝学
4	北朝隋唐墓葬屏风式壁画研究	马晓玲	宁夏文物考古研究所	后期资助
5	西部乡村振兴中的教师教育供给制度研究	王安全	宁夏大学	重点项目
6	西北地区乡村振兴战略与“生态宜居”问题的哲理研究	王丛霞	宁夏区委党校	一般项目
7	宁蒙陕甘毗邻地区工业企业创新生态系统耦合发展问题研究	王红艳	宁夏区委党校	一般项目
8	法庭科学视阈下刑事科学证据采信标准研究	王丽婷	宁夏大学	一般项目
9	创新生态系统视角下的知识产权文化研究	李丽婷	宁夏大学	一般项目
10	生态协同治理下政府环境责任追究机制研究	白利萍	宁夏大学	一般项目
11	新型城镇化背景下西部女性流动人口社会支持网构建研究	王雪梅	宁夏大学	一般项目
12	民族地区文化共同体建设的心理学路径研究	关　荐	宁夏大学	一般项目
13	西北少数民族女性经济能人社会发展作用调查研究	张宗敏	宁夏大学	一般项目
14	宁夏西海固特困地区稳定脱贫政策创新与路径选择研究	成　媛	北方民族大学	一般项目
15	基督教传播与中国近代社会妇女观念的变迁研究	周　庆	宁夏大学	一般项目
16	延安时期戏剧运动文献史料整理研究(1936—1949)	马亚琳	宁夏大学	一般项目
17	马来西亚华裔流散作家英文创作中的文化认同研究	乔　幪	宁夏大学	一般项目
18	从失语彷徨到经典重构:后殖民语境下当代英国少数族裔作家研究	牛宏宇	宁夏大学	一般项目

续表一

序号	课题名称	负责人	工作单位	项目类别
19	国家主权形象驱动下的菲律宾语言政策研究	刘　燕	宁夏大学	一般项目
20	英语教育类手机应用软件助力移动学习研究	金丽华	宁夏大学	一般项目
21	西北丝路途经地旧志编纂与刊行问题研究	负有强	宁夏社会科学院	一般项目
22	“一带一路”倡议下宁夏与阿拉伯国家体育文化交流研究	万益民	宁夏大学	一般项目
23	西北地区特色小镇与扶贫开发互动机制研究	朱江瑞	宁夏大学	一般项目
24	改革开放以来中国共产党推进民族地区妇女工作的历史经验研究	李　博	宁夏区委党校	一般项目
25	西北地区特色农产品供给质量提升路径及政策研究	景　娥	北方民族大学	一般项目
26	近代外国探险家和考察队视阈下的中国穆斯林研究	周耀明	北方民族大学	一般项目
27	国外伊斯兰人类学历史与现状研究	杨德亮	北方民族大学	一般项目
28	乡村振兴战略中甘宁青农民思想政治教育研究	丁海涛	北方民族大学	一般项目
29	新时代西北民族地区大学生社会政治态度研究	王玉栋	北方民族大学	青年项目
30	西北地区少数民族“四个自信”认同的培育研究	赵　蓉	宁夏大学	青年项目
31	改革开放四十年中国马克思主义民族理论的发展研究	王淑兰	宁夏大学	青年项目
32	美国对中东的援助及对我国的启示	冯　燚	宁夏大学	青年项目
33	元代西夏遗裔碑碣石刻调查辑佚与整理研究	邓文韬	宁夏大学	青年项目
34	古代阿拉伯史学史研究	梁道远	宁夏大学	青年项目
35	敦煌曹氏归义军家窟研究	高秀军	宁夏大学	青年项目
36	中国网络流行语发展史研究(1994—2018)	于鹏亮	宁夏大学	青年项目
37	黑水城出土数术文献整理研究	王　巍	北方民族大学	青年项目
38	精准扶贫视阈下宁夏生态移民村庄政治生态与治理秩序研究	聂　君	北方民族大学	青年项目
39	西夏契约研究	赵天英	北方民族大学	西部项目
40	宋元笔记中的西北民族史料整理与研究	杨　蕤	北方民族大学	西部项目
41	“历史交汇期”内陆民族地区构建开放型经济新体制问题研究	王　瑛	北方民族大学	西部项目
42	马克思主义社会形态理论视域下民族地区社会转型研究	王生发	宁夏区委党校	西部项目
43	中国共产党党内政治文化的理论体系架构与实践运行机制研究	李　喆	宁夏区委党校	西部项目
44	西北农村教学点信息化演进的质性研究	马晓玲	宁夏大学	西部项目
45	西夏官名汇考	翟丽萍	宁夏师范学院	西部项目
46	我国穆斯林群体的国家治理与社会秩序研究	姜　歆	宁夏社会科学院	西部项目
47	欧洲藏西夏历书整理研究	范宗兴	宁夏社会科学院	西部项目
48	新时代深化中学生民族团结进步教育的实验研究	何佳洁	宁夏医科大学	西部项目
49	西夏对外交聘研究	马旭俊	宁夏大学	西部项目
50	礼俗互动:回汉民族交往交流交融研究	李　华	宁夏社会科学院	西部项目
51	回族传统文化概论	马金宝	宁夏社会科学院	西部项目
52	俄藏西夏文草书佛典解读研究	杨志高	宁夏大学	西部项目
53	宁夏当代作家数据库建设与研究	王琳琳	宁夏大学	西部项目
54	边缘书写与中国故事:东南亚华文女性文学研究	刘　征	宁夏医科大学	西部项目
55	存世宁夏旧方志数字化整理研究	张玉梅	宁夏社会科学院	西部项目
56	“健康中国”视域下西北地区民族传统体育与健康促进研究	王振洲	宁夏大学	西部项目

【自治区社科规划项目】2018年，全区批准年度项目81项，教育学项目27项，艺术学项目14项，引才专项24项，委托项目8项，共154项。

2018年自治区社科规划项目立项一览表

序号	项目名称	主持人	所在单位	项目类别
1	60年来宁夏经济体系起步形成和转型升级历史研究	王雪虹	宁夏区委党校	重点项目
2	习近平关于统一战线工作新理念新思想新战略研究	李淑萍	宁夏社会主义学院	重点项目
3	宁夏地区革命文物的保存管理和保护利用调查研究	陈永耘	自治区博物馆	重点项目
4	宁夏学前教育问题与对策研究	张　洁	自治区教育厅	重点项目
5	服务供应链视角的宁夏特色农产品区域品牌价值共创路径与政策研究	杨保军	北方民族大学	重点项目
6	宁夏中华民族共同体的认同意识及培育研究	林雅琴	宁夏大学	一般项目
7	自媒体视域下新时代大学生社会主义核心价值观培育与践行研究	杨雪梅	宁夏医科大学	一般项目
8	习近平新时代中国特色社会主义法治思想研究	史　云	宁夏警官职业学院	一般项目
9	新时代语境下宁夏红色文化研究	康　勇	北方民族大学	一般项目
10	习近平新时代全面从严治党思想的理论创新和实践创新研究	马广成	北方民族大学	一般项目
11	农业供给侧改革背景下宁夏新型农业经营主体培育研究	黄丽霞	北方民族大学	一般项目
12	宁夏全域旅游"补短板"对策研究	杨旭东	宁夏区委党校	一般项目
13	宁夏构建多层次资本市场的路径选择研究	马　琴	宁夏社会科学院	一般项目
14	六盘山集中连片特困区跨域精准扶贫研究	丁冬梅	宁夏大学	一般项目
15	培育新动能 推动宁夏经济结构优化升级的路径研究	王志岚	银川市委党校	一般项目
16	宁夏农产品区域公用品牌建设模式与路径研究	刘自强	北方民族大学	一般项目
17	社会资本对农户参与和获取村级互助资金的影响研究	陈清华	宁夏大学	一般项目
18	宁夏中小企业创新支持体系研究	杨　娟	银川市委党校	一般项目
19	以经济多元化发展推进宁夏乡村振兴战略实施	李禄胜	宁夏社会科学院	一般项目
20	宁夏乡村振兴评价指标体系	师东晖	宁夏社会科学院	青年项目
21	共享资源理念下加快宁夏物流产业转型升级路径研究	文永丽	宁夏职业技术学院	青年项目
22	宁夏农村地区土地"三权分置"实现形式研究	哈斯巴根	北方民族大学	一般项目
23	人身安全保护令制度在宁夏预防和制止家庭暴力中作用的实证研究	王玉琴	宁夏社会科学院	一般项目
24	宁夏儿童保护法治建设实证研究	张宏彩	宁夏社会科学院	青年项目
25	宁夏环境执法存在的问题及对策	徐　荣	宁夏社会科学院	青年项目
26	县域信访治理的法治化实践与思考——基于宁夏Z市的实证研究	宋　扬	宁夏警官职业学院	青年项目
27	宁夏乡村旅游与文化融合发展研究	徐树雄	《共产党人》杂志社	一般项目
28	宁夏传统农耕文化遗产的保护与开发利用研究	张治东	宁夏社会科学院	一般项目
29	新时代背景下宁夏大学生社会心态变迁与价值认同研究	哈丽娜	宁夏医科大学	一般项目
30	习近平战略扶贫思想在宁夏贫困地区的实践路径研究	马　莉	宁夏大学	一般项目
31	宁夏乡村振兴战略中的文化建设研究	周泽超	宁夏区委党校	一般项目
32	宁夏南部山区乡村社会治理机制研究	罗强强	宁夏大学	一般项目
33	宁夏高校服务"一带一路"建设的路径与对策研究	马　慧	宁夏职业技术学院	一般项目
34	宁夏社会力量参与社区治理的内在逻辑与实践路径研究	何　瑞	北方民族大学	青年项目
35	宁夏生态移民村落社会关系网络重构与干预策略研究	张礼娟	北方民族大学	青年项目
36	宁夏地区"互联网+"的精准养老研究	蒋　甜	宁夏理工学院	青年项目
37	宁夏职业教育精准扶贫的实现路径研究	王小蕾	宁夏民族职业技术学院	青年项目
38	宁夏深度贫困地区共建共治共享社会治理格局研究	张　锐	宁夏师范学院	青年项目

续表一

序号	项目名称	主持人	所在单位	项目类别
39	宁夏南部山区新型城镇化与生态环境耦合发展策略研究	王重玲	银川能源学院	青年项目
40	铸牢各民族中华民族共同体意识的对策建议	王　荣	宁夏社会主义学院	一般项目
41	以铸牢中华民族共同体意识为导向的宁夏新型民族关系研究	马惠兰	北方民族大学	一般项目
42	医学人类学视角下大学生群体的身心健康研究	周　晶	北方民族大学	一般项目
43	西夏星神崇拜图像与文献的整理与研究	张海娟	宁夏大学	青年项目
44	宁夏引黄古灌区保护与开发研究	吴晓红	宁夏社会科学院	一般项目
45	宁夏小三线建设资料的整理与研究	贾虎林	宁夏社会科学院	青年项目
46	固原地区佛教石窟艺术样式的文化传播	宋永忠	宁夏师范学院	一般项目
47	构建宁夏宗教界代表人士综合评价指标体系　实现规范化管理	周晓燕	宁夏社会主义学院	一般项目
48	文化、民族与宗教的互动：丝路沿线国家的文明认同及其冲突问题研究	张红娟	宁夏大学	一般项目
49	宁夏文化地理与宁夏诗歌四十年的生长研究	沈秀英	宁夏大学	一般项目
50	新时期宁夏文学批评话语研究	黄昭霞	宁夏工商职业技术学院	青年项目
51	宁夏民间故事类型研究	杨　静	宁夏工业职业学院	青年项目
52	新时代宁夏丝路沿线国家留学生的文化认同和社会适应研究	丁文英	宁夏大学	一般项目
53	宁夏城市形象塑造力视域下的语言景观应用研究	张晓瑾	北方民族大学	一般项目
54	宁夏高校大学生跨文化交际中的中国文化双失语原因及对策研究	陈　鋆	宁夏大学	青年项目
55	宁夏加强对外传播能力建设研究	于　翔	中国新闻社宁夏分社	一般项目
56	摄影视野下的宁夏改革开放40年	张晓梅	宁夏师范学院	一般项目
57	移动互联网背景下宁夏公众生活方式的变迁	徐井楠	北方民族大学	一般项目
58	宁夏红色旅游资源文化创意产品设计实践研究	鲁梦甜	宁夏大学	青年项目
59	网络新闻对西北地区青年国家认同的影响：基于内隐测量与计算机辅助内容分析的研究	暴　卿	宁夏大学	青年项目
60	宁夏传统医药档案文化研究	张占武	宁夏医科大学	一般项目
61	西夏陵国家考古遗址公园与西夏博物馆展示研究	庄　青	宁夏大学	一般项目
62	“健康中国”背景下宁夏体育公共服务体系建设研究	黑生林	北方民族大学	一般项目
63	脱贫攻坚政策下民俗民间体育的开发利用对宁夏六盘山地区旅游产业发展作用的研究	吕红芳	宁夏大学	一般项目
64	“互联网＋”背景下宁夏体育公共服务共享机制的构建	赵奋军	宁夏大学	一般项目
65	全域旅游背景下宁夏体育旅游产业发展研究	吴广宏	宁夏大学	一般项目
66	“健康中国”视域下宁夏全民健身活动创新路径的研究	苏　欣	宁夏大学	青年项目
67	协同创新视角下高校科研项目绩效评价指标体系构建研究	叶　炜	北方民族大学	一般项目
68	基于内部控制视角的宁夏地方政府债务风险治理研究	陈军梅	宁夏大学	一般项目
69	宁夏物流业降低成本的路径及政策优化研究	黑秀玲	宁夏大学	一般项目
70	宁夏农产品品牌建设模式与路径研究	黄立军	宁夏大学	一般项目
71	宁夏乡村振兴战略和城镇化融合发展研究	王庆锋	宁夏职业技术学院	一般项目
72	宁夏社区治理中“三社联动”运行机制及问题研究	马建英	银川市委党校	一般项目
73	精准扶贫战略下宁夏电商扶贫发展路径研究	赵燕妮	宁夏大学	一般项目
74	宁夏乡村公共文化服务体系建设研究	鲁忠慧	宁夏社会科学院	一般项目
75	宁夏城乡基层社区应急管理能力评价及提升路径探索	雷　婷	北方民族大学	青年项目
76	宁夏高耗能产业转型升级研究	张羽婷	宁夏大学	青年项目
77	宁夏乡村振兴战略实施统计测度及考核机制设计研究	周　易	宁夏大学	青年项目
78	精准扶贫视域下宁夏生态移民村庄社会治理研究	高美菊	宁夏理工学院	青年项目

续表二

序号	项目名称	主持人	所在单位	项目类别
79	乡村振兴战略下的宁夏特色小镇建设模式及发展路径研究	李　涛	中国矿业大学银川学院	青年项目
80	宁夏推动文艺繁荣兴盛的对策建议	贾　峰	宁夏社会科学院	青年项目
81	宁夏家庭医生签约服务现状及发展对策研究	张丽虹	宁夏医科大学	青年项目
82	宁夏高校推动习近平新时代中国特色社会主义思想“三进”有效路径研究	马　佳	宁夏大学	教育学项目
83	宁夏县域内义务教育城乡师资均衡配置研究	薛正斌	宁夏师范学院	教育学项目
84	银川市基础教育阶段学生学科关键能力的教学策略研究	姜俐冰 芦　苇	银川市教育科学研究所	教育学项目
85	核心素养背景下教师课程能力发展研究	郝福生	宁夏师范学院	教育学项目
86	创新驱动战略视角下宁夏高校科技成果转化的体制机制改革研究	熊莉萍	宁夏大学	教育学项目
87	宁夏乡村教师支持计划实施的成效与问题研究	朱许强	宁夏师范学院	教育学项目
88	经济新常态下深化职业教育产教融合长效机制研究	刘　清	宁夏工业职业学院	教育学项目
89	宁夏乡村贫困家庭幼儿教育精准扶贫研究	朱　虹	宁夏大学	教育学项目
90	宁夏职业教育精准扶贫绩效评价研究	杨树森	宁夏财经职业技术学院	教育学项目
91	宁夏城镇地区3~6岁学前儿童对规则的认知与执行力的调查研究	张秀荣	宁夏幼儿师范高等专科学校	教育学项目
92	互联网+背景下宁夏乡村教师专业发展研究	马　静	宁夏师范学院	教育学项目
93	促进宁夏高职院校大学英语教师成长的行动研究——以宁夏4所高职院校为例	刘凤芸	宁夏葡萄酒与防沙治沙职业技术学院	教育学项目
94	宁夏农村留守学前儿童教育精准扶贫路径研究	敖春美	宁夏幼儿师范高等专科学校	教育学项目
95	基于教研共同体的教师培训创新路径研究	张　甜	宁夏工商职业技术学院	教育学项目
96	以贺兰山周边研学旅行培养学生地理核心素养的实践研究——以宁夏育才中学为例	陈虎堂	宁夏育才中学	教育学项目
97	促进乡村学校教研工作质量提升的策略研究	马　兰	自治区教育厅教学研究室	教育学项目
98	职业学校实施STEM教育对学生创新能力培养的实践研究	胡志东	宁夏工业职业学院	教育学项目
99	小学低年级趣味识字教学有效性实践研究	朱美燕	银川市实验小学阅海一校区	教育学项目
100	基于核心素养的宁夏中学创新课堂教学实践研究	李春晖	宁夏大学附属中学	教育学项目
101	以“安吉游戏”的本土化促进幼儿游戏质量提升的策略研究	张　欣	银川市第一幼儿园	教育学项目
102	宁夏特殊教育学校家校合作现状及优化策略研究	尹耀金	宁夏特殊教育学校	教育学项目
103	基于教研共同体的教师培训创新路径研究	刘桂兰	银川市西夏区教研室	教育学项目
104	基于核心素养的宁夏中学物理教师课程实施能力研究	马亚鹏	银川市第九中学	教育学项目
105	银川市区初中学校校园欺凌现状调查及预防策略研究	王　骋	银川六中	教育学项目
106	宁夏职业院校工匠型教师队伍建设策略研究	田　宁	宁夏职业技术学院	教育学项目
107	宁夏高校大学生就业法制教育的实效性研究	肖　融	宁夏大学	教育学项目
108	宁夏信息技术与小学数学课堂教学的深度融合研究	罗丽媛	吴忠市利通区第十四小学	教育学项目
109	乡村振兴战略中的宁夏乡村文化建设研究	邹慧萍	宁夏幼儿师范高等专科学校	艺术学项目
110	宁夏高校少数民族大学生增强中华文化认同的机制与路径研究	冯雪红	北方民族大学	艺术学项目
111	宁夏旅游文创产品的开发策略研究	王　凡	宁夏文化馆	艺术学项目
112	地方高校音乐教育服务乡村文化建设研究——以宁夏地区为例	潘　珅	宁夏大学	艺术学项目
113	民间美术在幼儿园环境创设中的应用研究——以宁夏大学幼儿园为例	苏运霞	宁夏大学	艺术学项目
114	申遗视野下西夏陵突出普遍价值研究	马立群	宁夏文物保护中心	艺术学项目
115	六盘山地区民间农民画的艺术内涵和文化价值研究	高　旭	宁夏师范学院	艺术学项目

续表三

序号	项目名称	主持人	所在单位	项目类别
116	宁南山区体育类非物质文化遗产进课堂研究	袁国伟	宁夏师范学院	艺术学项目
117	乡村振兴战略视野下的宁夏刺绣生存策略研究	吴　昕	宁夏文化馆	艺术学项目
118	对宁夏戏曲进校园创新发展的探究	王　楠	宁夏大学	艺术学项目
119	文化景观视角下传统村落保护研究——以宁夏梁堡村为例	马依楠	银川能源学院	艺术学项目
120	乡村振兴战略下宁夏乡村文化创新发展研究	徐　哲	宁夏社会科学院	艺术学项目
121	宁夏非物质文化遗产中传统工艺的振兴研究	李　勇	宁夏文化馆	艺术学项目
122	宁夏革命文化传播研究	杨国军	固原市文化体育新闻出版广播局	艺术学项目
123	推动互联网、大数据、人工智能与宁夏实体经济深度融合研究	龙生平	宁夏区委党校	引才专项
124	全域旅游背景下宁夏旅游业与葡萄酒业融合发展机制研究	王　磊	宁夏大学	引才专项
125	宁夏打赢污染防治攻坚战对策建议研究	张　弼	宁夏区委党校	引才专项
126	张贤亮小说评论史研究	马占俊	宁夏大学	引才专项
127	宁夏社会力量参与社区矫正研究	计　莹	北方民族大学	引才专项
128	宁夏"村改居"社区治理路径创新研究	马　辉	北方民族大学	引才专项
129	宁夏市级政府低碳治理绩效评价及低碳治理对策研究	杨海洪	北方民族大学	引才专项
130	从委管制到河长制:明清以来宁夏水治理与区域社会运行机制研究	王晓霞	宁夏大学	引才专项
131	"双一流"建设背景下宁夏高校教育资源共享机制优化与政策供给研究	咸富莲	宁夏大学	引才专项
132	宁夏新一轮退耕还林森林生态保护补偿机制及后续脱贫产业发展实证研究	何粉霞	北方民族大学	引才专项
133	宁夏佛教史略	仇王军	北方民族大学	引才专项
134	在宁丝绸之路经济带沿线国家留学生汉字认知理论研究	张　艳	宁夏大学	引才专项
135	当代西方地区民族分离主义研究	余　涛	宁夏大学	引才专项
136	道路人类学视域下宁夏北部国道变迁与回汉共栖地域共同体的民族团结之道研究	杜华君	北方民族大学	引才专项
137	精准扶贫战略中宁夏地区农村学前教育质量保障模式研究	张鸿宇	宁夏大学	引才专项
138	宁夏地区青少年心理稳定性研究:多领域冒险行为的影响机制及其干预对策	张　晨	宁夏大学	引才专项
139	宁夏贫困地区留守儿童健康现状及社会适应能力研究	关素珍	宁夏医科大学	引才专项
140	宁夏地区女性工作家庭关系的调查研究	赵郝锐	北方民族大学	引才专项
141	宁夏生态移民新型农村社区建设与发展研究	李　军	北方民族大学	引才专项
142	健康中国战略下"体医融合"促进慢性阻塞性肺疾病康复的路径研究	文　椈	宁夏大学	引才专项
143	《唐才子传》文学批评模式研究	杨志云	宁夏大学	引才专项
144	新媒体语境下的诗学重构——美国数字文学研究	李　洁	宁夏大学	引才专项
145	基于功能变异的典籍英译易读度研究	干丽丽	宁夏大学	引才专项
146	语言学视域下数字化学习资源的交互性研究	吴向文	宁夏师范学院	引才专项

（白　超）

新型智库建设

【概况】2018年，新型智库建设工程继续列为全区宣传思想文化工作"十大工程"之一，各项工作扎实推进，影响力不断提升，呈现繁荣发展的态势。保障机制日趋完善。根据中办、国办《关于加强中国特色新型智库建设的意见》精神，先后制定印发《加强宁夏新型智库建设的实施办法（试行）》《宁夏新型智库建设经费管理办法（试行）》《宁夏新型智库申报办法

（试行）》《宁夏新型智库成果报送办法（试行）》等制度，为推动宁夏智库管理工作科学化、规范化提供了坚实的制度保障。智库体系初步形成。继续推进重点培育智库建设工作，初步形成以自治区党校为牵头单位的思想理论建设智库、以宁夏社会主义学院为牵头单位的民族团结进步工作智库、以宁夏大学为牵头单位的融入“一带一路”建设智库、以自治区政府研究室为牵头单位的经济发展战略智库、以宁夏社科院为牵头单位的公共政策智库、以自治区科技厅为牵头单位的科技创新智库的六大智库体系。成果转化初见成效。组织申报和评定2018年智库课题，共有35个课题获得资助。面向全区社科理论工作者和实际工作部门人员征集优秀成果。组织开展全区社科理论工作者“深入基层、聚焦现实、咨政建言”大调研活动。在多项措施的激励下，各重点培育智库积极申报课题、提交调研报告、推出智库成果，多项成果获得自治区领导的肯定性批示。

2018年宁夏新型智库立项课题一览表

序号	项目名称	主持人	所在单位
1	“建设美丽新宁夏 共圆伟大中国梦”哲学研究	刘家俊	宁夏社会科学院
2	宁夏特色创新、开放创新路径研究——基于服务业全面开放的视角	王　瑛	北方民族大学
3	我区防范化解重大金融风险问题及对策研究	朱文博	宁夏银保监局
4	宁夏打造沿黄生态经济带路径研究	宋春玲	宁夏社会科学院
5	推动宁夏经济高质量发展的对策研究	郭正东	自治区党校
6	制约宁夏民营经济发展的问题与对策研究	王林伶	宁夏社会科学院
7	宁夏新能源可持续发展对策研究	耿天翔	国网宁夏电力有限公司
8	我区现代纺织产业发展问题及对策研究	周　宁	自治区政府研究室
9	坚决打好脱贫攻坚战问题及对策研究	刘七军	北方民族大学
10	构筑宁夏湿地保护“法律网”研究	张云雁	宁夏大学
11	宁夏脱贫攻坚法治保障研究	张　炜	宁夏社会科学院
12	宁夏文化旅游深度融合路径及建设机制研究	陆筱璐	宁夏大学
13	宁夏实施乡村振兴战略实践路径研究	文　琦	宁夏大学
14	乡村振兴战略背景下宁夏不同类型自发移民村的脱贫路径研究——基于华西村、德林村和银西村的田野调查	何粉霞	北方民族大学
15	文旅融合背景下银川都市圈一体化发展路径研究	冯　蛟	宁夏大学
16	乡村振兴战略下农业转移人口市民化问题研究	权淑霞	国家统计局宁夏调查总队
17	回族历史和文化研究	杨圣敏	宁夏大学
18	筑牢中华民族共同体意识 打造全国民族团结示范区实践研究	李长德	自治区党校
19	牢固树立马克思主义民族观宗教观，做好新时代民族宗教工作研究	薛志达	自治区党委党史研究室
20	宁夏民族交往交流交融史研究	叶长青	宁夏社会科学院
21	我区防范化解宗教极端化重大风险及对策研究	姜　歆	宁夏社会科学院
22	新型主流媒体如何担当起聚民心的使命任务研究	周庆华	宁夏日报报业集团
23	宁夏体育旅游资源布局与开发途径研究	刘跃东	北方民族大学
24	制约宁夏营商环境的深层次问题及对策研究	郭亚莉	宁夏社会科学院
25	宁夏构建创新系统推动转型发展、高质量发展对策研究	李　喆	自治区党校
26	乡村振兴战略下宁夏农村居民获得感指标体系构建与评价研究	李　强	国家统计局宁夏调查总队
27	银川市建设“互联网＋医疗健康”国家级示范区问题及对策研究	马晓飞	银川市卫生和计划生育委员会

续表一

序号	项目名称	主持人	所在单位
28	宁夏防范化解企业债务风险对策研究	马　琴	宁夏社会科学院
29	宁夏西海固地区贫困的气候因素分析和对策研究	刘建军	宁夏气象局
30	宁夏工业园区整合转型发展路径研究	刘小龙	自治区土地勘测规划院
31	宁夏贺兰山东麓葡萄产业科技示范园区创新建设发展路径研究	李文超	贺兰山东麓葡萄产业园区管理委员会
32	宁夏特色创新、开放创新路径研究——基于“科技支宁”东西合作实践角度	易静华	宁夏科技发展战略和信息研究所
33	宁夏贫困地区农民创业教育提升策略研究	马建宏	宁夏大学
34	宁夏建设“互联网+教育”国家级示范区问题及对策研究	马晓玲	宁夏大学
35	新时代加强农村基层政权建设的对策研究	王文红	中卫市委党校

【关于发展特色新型智库的政协提案】2018年自治区两会期间，自治区政协委员金忠杰提交《关于推进宁夏高端特色新型智库建设的建议》的提案，建议宁夏全面推进高端特色新型智库建设，重点建设若干个“国家亟须、宁夏所用、智库所能、特色鲜明、引领发展”的专业化高端新型智库。提案认为，结合十九大报告精神与自治区第十二次党代会制定的“三大战略”任务，宁夏现有智库较之《意见》要求，尚因“传统”色彩而在“体制机制创新”“智库平台建设”等方面存在相应差距，因此有必要根据新时代，结合新发展，在“高端”“新型”与“特色”上着力，构建“任务目标明确、对接国家战略、聚力宁夏发展、聚焦问题导向、积极咨政启民、凸显理论创新、参与社会服务、沟通外部交流”等功能的宁夏高端特色新型智库发展新格局。提案建议，全面推进宁夏高端特色新型智库建设，成立宁夏高端特色新型智库管理办公室（智库办），借鉴北京、上海等地智库建设做法，调研并梳理宁夏当前具有“智库”性质的研究机构，本着“定位智库”与“立项支持”原则，规划并指导宁夏新型智库的建设与发展。出台智库成果认定办法，加快智库创新体制机制建设。不断完善现有高层次人才引进政策，支持各类智库通过合同工资或津贴柔性引进编制外高层次智库人才。组建智库人才库，加强智库团队建设。着力培养、培训智库人才并实施智库人才能力提升计划，造就一支坚持正确政治方向、德才兼备、富于创新精神的宁夏智库队伍。深化智库功能定位，积极搭建智库在人才培养、学术研究、决策咨询、社会服务等方面的一体化平台。

【部门和地方智库建设】2018年，自治区教育厅立项建设“宁夏生态文明建设研究中心”等8个宁夏新型高校智库，并出台《宁夏新型高校智库建设管理办法（试行）》。银川市为充分发挥人才优势，为建设“绿色、高端、和谐、宜居”的银川提供智力支持，促进全市新型智库建设，适应新常态、新形势、新要求，以建设政府决策咨询智库为切入点，服务各领域科学发展决策为重点，银川市发展和改革委员会、银川市新闻传媒集团联手于5月24日建立银川创新发展智库，首批共有29位专家入选，专家们来自全国各地智能制造、经济、农林生态环境等多个学科领域。中卫市出台《加强中卫市新型智库建设的实施办法（试行）》，打造一个以服务市委、市政府决策、重点产业发展、企业生产经营为宗旨，以战略问题、政策问题、具体问题为主要研究对象，非营利性的、以研究咨询为主要任务的中卫市新型智库。重点加强智库理事会建设，对智库理事会成员单位、专家学者实行动态管理机制，采取市内挖掘培育、市外引进等方式，不断提升决策咨询服务水平，使其能够紧密围绕全市经济社会发展开展调研、决策评估，为破解发展难题、推进社会治理建睿智之言、献管用之策。中卫市做好新型智库建设运行工作，建立完善智库理事会成员单位联席会议、智库成果报送、智库成果应用情况反馈、成果推广等制度，建立健全以质量创新和实际贡献为导向，政府评价、同行评价、社会评价相结合的评价机制，确保在“中卫创新发展研究”网站建设智库信息平台，定期发布决策需求信息、理论科研成果等内容，做好正面宣传，引导相关单位开展政策研究、决策评估、课题攻关等工作。另外，中卫市还建立健全智库建设组织协调机制，完善各类经济信息、政务信息公开制度，建立中卫市智库与区外知名智库、市外各类智库协调沟通、合作交流机制，为各类智库开展政策研究、决策评估、政策解读等提供保证，并研究制定智库人才培养、引进规划。围绕全市产业转型升级及新兴产业发展，以“领军人才+团队+项目”等方式，让智库人才既能“引进来”又能“走出去”。

【自治区党委宣传部智库建设】2018年，自治区党委宣传部围绕深入研究阐释习近平新时代中国特色社会主义思想和中共十九大精神，围绕贯彻落实习近平总书记来宁视察重要讲话精神和自治区第十二次党代会精神，围绕“建设美丽新宁夏 共圆伟大中国梦”，挖掘宁夏发展的阶段性特点、全区经济社会发展的工作难点、人民群众关心的社会热点，开展全局性、前瞻性、针对性研究，自治区党委宣传部立项第二批宁夏新型智库课题共35项。

【宁夏社会科学院智库建设】2018年，宁夏社会科学院按照自治区党委的部署和要求，组织全院科研人员围绕党的十九大精神和党中央确定的各项目标任务，结合贯彻落实自治区第十二次党代会精神，撰写一批理论宣传文章，向全社会宣传解读十九大确立的建成全面小康社会的奋斗目标，主动回应社会关切，引领社会舆论。为推动习近平新时代中国特色社会主义思想和党的十九大精神学习宣传，全院科研人员在《宁夏日报》等党报党刊发表理论宣传文章76篇，多名专家接受新华社、《宁夏日报》、宁夏电视台等媒体采访，从社会科学理论工作者的角度对十九大精神进行解读宣传。《宁夏社会科学》开设“学习贯彻落实十九大精神”专栏，向区内外专家学者约稿，解读党中央重大决策部署，宣传十八大以来党和国家历史性成就和历史性变革，共刊发理论文章10余篇。紧紧围绕自治区党委、政府重大战略决策部署，围绕自治区第十二次党代会确立的奋斗目标，创新课题选题方式，通过请自治区领导圈题、点题等形式，确立了宁夏经济高质量发展措施研究等重大现实问题研究课题。制订《宁夏社会科学院大调研工作方案》，组织科研人员和干部职工深入基层开展重大现实问题调研，了解真实情况，梳理存在问题，提出对策建议。撰写的调研报告以《呈阅件》和《决策咨询》的形式报送自治区领导和有关部门审阅参考，有5篇研究报告被自治区领导批示。《宁夏社会科学》《回族研究》《西夏研究》等学术期刊的编辑出版工作顺利进行并取得新突破，《西夏研究》首次被评为“2018年度中国人文社会科学期刊AMI综合评价”A刊扩展期刊，《回族研究》再次入选北京大学中文核心期刊民族学类期刊，三刊的学术质量得到提高，为构建中国特色哲学社会科学话语体系，宣传全区经济社会发展，发挥了积极的宣传引导作用。

【宁夏大学智库建设】2018年，阿拉伯国家研究教育部协同创新中心获批，宁夏大学实现教育部协同创新中心“零”的突破。宁夏生态文明建设研究中心、宁夏乡村振兴战略研究中心、马克思主义中国化研究中心、宁夏教育发展研究中心4个自治区级智库平台获批。建立国家级—省部级—校级科技创新平台建设体系。以学科为统领，实施学科—基地—项目—人才与团队一体化聚焦战略，力争每一个一流学科都布局有至少一个科技创新平台、一个创新团队和一批重点重大项目。2人入选“自治区哲学社会科学和文化艺术领军人才培养工程”，6人入选“自治区青年哲学社会科学和文化艺术人才托举工程”。宁夏大学马克思主义学院立项2018年宁夏新型智库马克思主义中国化研究中心第一批课题共9项。

【北方民族大学智库建设】2018年，北方民族大学获批“宁夏生态移民可持续发展研究中心”和“宁夏经济改革与发展研究中心”2个宁夏新型高校智库；“乌兹别克斯坦研究中心”“巴基斯坦研究中心”“卡塔尔研究中心”被批准为国家民委“一带一路”国别和区域研究中心。1人入选“自治区哲学社会科学和文化艺术领军人才培养工程”，5人入选“自治区青年哲学社会科学和文化艺术人才托举工程”。

【自治区党校智库建设】2018年，自治区党校共报送《干部思想动态研究》《调研咨询专报》22期。其中，自治区党委书记石泰峰对4项调研报告作了批示。共编印《科研参考》8期，向市县党校赠阅800余册。《科研参考》已成为加强与市县党校科研协作、为教研人员提供科研信息和宣传全区党校、行政学院系统科研成果的“直通车”。先后出台校(院)《关于建设高端智库的实施意见》，印发实施校(院)《中青班学员参与决策咨询工作的暂行办法》，制定出台校(院)《关于推进教研咨一体化项目建设的实施意见》，修订实施校(院)《〈调研咨询专报〉〈干部思想动态研究〉管理办法》。

【宁夏社会主义学院智库建设】2018年，宁夏社会主义学院围绕自治区经济社会发展和统一战线工作重大问题，加大科研工作力度，坚持以问题为导向，积极开展全局性、战略性、前瞻性理论政策研究，促进研究成果转化运用，努力打造高水平统一战线智库，为自治区党委、政府提供优质决策咨询服务。由宁夏社会主义学院课题组撰写的《中国回族历史文化若干问题研究》和《关于网络涉宁民族宗教舆情引导和管控研究》两份研究报告获自治区领导肯定性批示。2016年成立宁夏统一战线智库中心，走在全国统战智库建设前列；创办《宁夏统战智库参阅》刊物，搭建智库平台，聘请55名国内知名专家学者成为智库特邀专家，借助外部高端智力，围绕自治区经济社会发展和统一战线工作重大问题，先后编发资政成果13期，为自治区党委、政府提供优质决策咨询服务。2018年宁夏统战智库创新运行机制，紧紧围绕宁夏统一战线贯彻落实自治区党委十二届四次全会精神、自治区成立60周年、宁夏统一战线服务扶贫攻坚、新的社会阶层人士统战工作等方面，深入开展调查研究，积极开展资政建言工作。

（黄　鑫）

社会科学研究

宁夏社会科学院

【科研项目】2018年，宁夏社会科学院出版学术专著、编著22部，发表学术论文、调研报告294篇；获准立项国家社科基金项目6项、自治区社科基金项目12项、自治区智库项目8项；宁夏经济高质量发展措施研究、宗教领域突出问题的治理及对策研究、贫困地区实施乡村振兴战略面临的问题及对策研究、中华优秀传统文化创造性转化创新性发展研究等24项重大现实问题研究课题结项，从多角度对宁夏经济社会发展的相关问题进行深入探讨。完成重大现实问题研究课题24项；在《宁夏日报》等报刊发表理论宣传文章76篇。编发《呈阅件》《决策咨询》23期。有12项国家社科基金课题、12项自治区社科基金课题顺利结项，也是多年来结项国家和自治区社科基金课题最多的一年。

【科研成果】2018年，为向自治区60大庆献礼，宁夏社会科学院按照自治区党委宣传部的要求，组织全院科研人员和相关部门的专家学者编撰了反映自治区60年经济、社会、文化等各方面成就的献礼图书《辉煌60年》，系统回顾和真实记录自治区成立60年来党领导宁夏各族人民团结奋斗、艰苦创业、改革开放的历史进程。由宁夏社会科学院主持编修的国家社会科学基金特别委托项目《宁夏通史》取得实质性进展，《先秦卷》《元明卷》《民国卷》等十二卷已进入出版程序。国家社科基金特别资助项目《西夏学大词典》顺利结项，送交出版社编辑出版。这两部重要著作的出版将对提升地方历史文化研究和西夏学研究具有重要意义。同时《英藏黑水城社会文书研究：中古西北边疆的历史侧影》由江苏古籍出版社出版发行。国家社科基金青年项目《西夏职官制度研究》和自治区社会科学基金青年项目《唐宋时期宁夏政区与西北边防关系研究》顺利结项，拓展了西夏学科的研究领域。《科威特经贸文化》《阿联酋经贸文化》《埃及经贸文化》等丛书相继出版，为促进中国与阿拉伯国家经贸文化交流提供了重要参考。《历届中央领导视察宁夏》《宁夏农垦史》等图书完成定稿。

【学术交流】2018年，宁夏社会科学院继续采取“走出去，请进来”的办法，开展学术交流活动，营造活跃的学术氛围，促进研究水平的提升。先后举办了新时代中国区域法治发展理论与实践暨首届法治宁夏建设学术研讨会、“一带一路”背景下的中国区域现代化发展战略理论研讨会暨2018年中国区域经济学会少数民族地区经济委员会专业年会、西北五省区社会科学院院长联席会议等，扩大了学术影响。邀请中国人民大学著名灾害史、环境史研究专家夏明方教授、中国社会科学院当代中国研究所张星星研究员和社会学所陈光金研究员等到院进行学术讲座；先后在深圳市委党校、清华大学举办“以党的十九大精神为指导加强新型智库建设”等培训班，组织科研人员参加山东社科院、福建社会科学院举办的学术研讨会等，提高科研人员和干部职工的研究水平和工作能力。院内各学科在积极参加区内外学术交流活动的同时，先后举办10余次学术论坛、学术沙龙等不同层次学术活动。

【科研系列成果发布会】2018年1月22日上午，宁夏社会科学院科研成果暨“宁夏智库丛书”“宁夏蓝皮书系列丛书（2018）”新闻发布会在银川举行。宁夏社科院院长张廉、自治区住房和城乡建设厅副厅长李志国出席会议并讲话。宁夏社科院全体科研人员、丛书作者代表、

2018年9月17日，宁夏社会科学院在银川举办《辉煌60年》座谈会暨首发式

中央驻宁及区内主要媒体记者参加发布会。发布会由宁夏社科院副院长段庆林主持。张廉院长介绍了宁夏社科院2017年科研工作及“宁夏蓝皮书系列丛书(2018)”情况。段庆林副院长介绍了“宁夏智库丛书”的主要内容及特点。2018年的“宁夏蓝皮书系列丛书”在往年经济、社会、文化、生态文明、法治、反腐倡廉蓝皮书的基础上,增加了住房和城乡建设蓝皮书,这是宁夏首部全面系统反映住房和城乡建设发展的综合性报告,全书近21万字,分总报告、综合篇、经济篇、治理篇、人居篇、区域篇和附录7部分,涉及建筑业转型升级、装配式建筑发展、房地产去库存、棚户区改造、城市综合管廊建设、城市管理综合执法体制改革、特色小城镇建设、美丽乡村建设、智慧城市建设等多方面内容。“宁夏智库丛书”将创新驱动、脱贫富民、生态立区三大战略以及宁夏供给侧结构性改革研究、宁夏构建区域城乡协调发展新格局研究分别设为一个专题,从而形成了“一条主线、三大战略、两个新格局”。除关注“五大发展理念”、自治区“三大战略”等重点选题之外,“宁夏智库丛书”还对打造西部地区转型发展先行区、宁夏沿黄科技创新改革试验区、宁夏沿黄生态经济带、银川都市圈、全域旅游、实施乡村振兴战略、农村土地承包经营权有偿退出机制等热点问题进行深入研究。张廉院长指出,在自治区党委、政府的正确领导和自治区党委宣传部的直接指导下,宁夏社科院认真学习贯彻习近平新时代中国特色社会主义思想、中共十九大精神和自治区第十二次党代会精神,紧紧围绕自治区党委、政府的重大工作部署,加强应用对策研究和基础理论研究,全院各项工作整体推进,科研成果逐年增多,科研水平显著提升,科研转型、新型智库建设步伐明显加快,新型智库职能作用逐步加强。全院围绕自治区中心工作,加强重大现实问题研究,打造“宁夏智库丛书”,拓展智库平台;提高“宁夏蓝皮书系列丛书”品牌价值,扩大社会影响;推进重大历史文化项目,彰显宁夏地方历史文化底蕴;加强制度建设,努力提高新型智库能力建设,深入广泛开展学术交流。在决策和实际工作中发挥了积极作用,新型智库的地位和作用得到凸显。宁夏日报社等新闻媒体的记者就2017年全区经济、社会、文化、法治、反腐倡廉、住房与城乡建设等方面的情况进行了现场提问,宁夏社科院各系列蓝皮书执行主编和作者代表回答了相关问题。

(黄　鑫)

宁夏大学

【科研项目】2018年,宁夏大学国家社科基金项目获批30项,全国排名36位,在“211工程”三期高校排名第一位。其中,重点项目1项,一般项目14项,青年项目7项,西部项目5项,国家艺术基金1项、国家教育规划项目1项,冷门绝学项目1项。首次在一年内实现了国家教育规划、国家艺术规划、国家社科规划及冷门绝学所有门类国家社科基金的全覆盖。获批自治区社科规划项目32项,其中宁夏哲学社会科学规划项目22项,2018年自治区哲学社会科学规划项目(引才专项)12项,宁夏教育规划5项,宁夏艺术规划3项,社科规划委托项目1项,学术交流项目1项。

【科研成果】2018年,宁夏大学共发表CSSCI论文55篇,出版学术专著55部,教材25部。《朔方文库》《西夏学文库》相继举办首发式,《宁夏珍稀方志丛刊》出版完成,三大标志性成果的产出成为相应研究领域具有重要学术价值和传承价值的精品力作,对弘扬中华民族文化、开掘“丝路”文明、填补学术空白、提升中华文化软实力具有重要意义。

【学术交流】2018年,宁夏大学加强校地合作,选派3名青年科研人员到中卫科技局、农牧局、林业局挂职副局长;与中卫市联合成立“宁夏大学中卫市创新发展研究院”,围绕中卫行业产业发展急需问题进行联合研究;与石嘴山进行产学研产对接,签署“宁夏大学石嘴山市科技合作协议”,在石嘴山市设立宁夏大学新农村研究院分院和宁夏大学国家大学科技园分园。围绕宁夏大学学术校庆、文化校庆的主题,举办宁夏大学建校六十周年“学术校庆”系列学术报告共66期;回族研究院举办兰山讲坛14场,西夏学研究院举办朔方论坛22讲,高端学术论坛12场;举办“贺兰山学术讲座”17期。

(史晓娟)

北方民族大学

【科研项目】2018年,北方民族大学获批国家社科基金项目12项,其中由民族学学院教授束锡红主持的“中国北方岩画文化遗产资料集成及数据库建设”获批国家社科基金重大项目,实现了建校34年来国家级重大项目的历史性突破。获批教育部人文社科项目立项2项;国家民委民族研究项目5项(一般项目、自筹项目各2项,后期资助项目1项);宁夏哲学社科规划项目立项23项(一般项目15项,引才专项8项);宁夏西部大开发重点项目1项,宁夏哲学社会科学(艺术学)项目立项1项;自治区重点研发计划(软科学)项目7项;宁夏智库项目4项。2018年,学校主持的20项国家社会科学基金项目结项,1项国家民委民族研究项目结项，9项自治区社会科学规划项目结项，1项国家语委项目结项。

【科研成果】2018年，北方民族大学以第一作者在期刊上共发表社科类论文57篇，报纸文章5篇，出版专著11部。2项调研报告“青海玛多县藏族生态移民生计变迁与社会适应调查报告”“城市化进程中的寺庙管理模式调查研究”获2017年度国家民委社会科学研究成果（调研报告类）三等奖；1项调研报告《民族地区城市流动人口社会融入调查研究——基于宁夏的调查数据分析》获2017年度国家民委社会科学研究成果（调研报告类）优秀奖。

【学术交流】2018年6月3日，由中国会计学会会计基础理论专业委员会主办、北方民族大学商学院承办的中国会计学会会计基础理论专业委员会2018年学术研讨会顺利召开。7月2日，召开“社会保障事业发展与宁夏小康社会建设”学术研讨会。宁夏社会学会会长陈通明研究员、自治区社保局副局长杨海富、学校社会学与民族学研究所所长束锡红以及区内高校、科研机构及职能部门的专家、学者和社会学相关专业的研究生共80余人参加。8月14—16日，由全国高校马克思主义理论学科研究会、全国民族（地区）高校马克思主义学院院长联席会、《马克思主义理论学科研究》编辑部联合主办，北方民族大学马克思主义学院承办的“全国高校马克思主义理论学科研究会第38次学科论坛暨第六届全国民族（地区）高校马克思主义理论高层论坛”召开。8月20日，由北方民族大学社会学与民族学研究所主办的2018“中国北方岩画文化遗产资料集成及数据库建设”学术研讨会召开。11月3日，由宁夏大学西北社会与文化研究中心和北方民族大学民族学学院联合主办的“新时代民族史研究学术研讨会”在银川召开。11月27日，由宁夏社会学会、宁夏生态移民可持续发展研究中心、北方民族大学民族学学院主办的“乡村振兴与脱贫攻坚学术研讨会”在宁夏银川召开。

（周炳伟）

宁夏师范学院

【科研项目】2018年，宁夏师范学院获准立项国家艺术基金项目2项，国家社会科学基金项目1项。立项自治区社会科学规划项目4项，自治区哲学社会科学规划项目（引才专项）1项，立项自治区教育规划项目4项，立项自治区艺术规划项目2项，立项自治区社科联人才项目1项，立项宁夏高校科研项目36项，立项宁夏县域居民普通话普及情况调查专项项目1项。2018年，“宁夏现代教育技术重点实验室”获批自治区重点实验室，化工学院赵文霞博士负责的“六盘山绿色发展研究中心”获立宁夏高校新型智库，实现了区级重点实验室和智库建设零的突破。“固原历史文化研究人文社科重点研究基地”通过自治区高校科技创新平台专家组验收，进入第二建设期。“宁夏教师教育研究人文社科重点研究基地（培育）”转为高校科技创新平台正式建设项目，“智慧农业物联大数据技术研发与应用（固原）产学研合作基地”为继续培育建设平台。文学院教授刘衍青入选宁夏哲学社会科学和文化艺术领军人才培养工程，物理与电子信息工程学院教授蔺勇入选自治区第四批科技创新领军人才培养对象。

【科研成果】2018年，宁夏师范学院教师出版著作21部，专利1项，发表论文共计289篇，其中，专业期刊92篇，核心期刊71篇，SCI 21篇，EI 10篇，ISTP 3篇。4篇论文获第二十届宁夏文化艺术论文研讨会论文二等奖，1篇论文获三等奖。

【学术交流】2018年，宁夏师范学院“今朝学术大讲堂”“知行大讲堂”“道德讲堂”共邀请英国爱丁堡大学教授艾琳·欧文（Aileen Irvine）、西北大学教授姚聪莉等国内外学者专家50余人莅临该校开展了60多场学术报告和学术沙龙活动。2018年，共有师生223人次分别赴18个国家和地区、8所大学进行访问、执教、培训、访学和参加学术交流。

（伏振兴）

自治区党校

【科研项目】2018年，自治区党校获批国家社科基金立项5项，其中，一般项目3项，西部项目2项。在一般项目中，与广东省委党校、山东省委党校、天津市委党校并列排名全国省级党校第四，在西部地区党校系统中排名第一。2018年自治区哲学社会科学规划获准立项6项，其中，重大项目1项，一般项目2项，委托项目1项，人才项目2项。组织校（院）教研人员申报全国党校（行政学院）系统科研课题8项，获准立项5项，立项率达62.5%，在全国党校（行政学院）系统排名靠前。2018年围绕校（委）中心工作，结合校（院）科研实际情况，共设立校（院）学习宣传贯彻中共十九大精神专项课题16项，校（院）决策咨询课题18项，校（院）基础理论研究课题12项，全区党校、行政学院系统科研协作课题18项。2018年，共结项国家社科基金项目5项，创历史新高；自治区社科基金项目12项；自治区软科学项目4项；全国党校（行政学院）系统科研课题7项；校（院）级科研课题10项。

【科研成果】2018年，自治区党校出版了《不忘初心 牢记使命——学习宣传贯彻党的十九大精神理论研讨会论文集》《振奋精神 实干兴宁——学习贯彻宁夏回族自治区第十二次党代会精神理论研讨会论文集》《耕耘与收获：宁夏区委党校宁夏行政学院2017年公开发表学术论文汇编》《宁夏党校、行政学院理论宣传文集（2017）》《电力监管整体性治理的视角》《当代中国逻辑学研究》等著作。公开发表学术文章63篇，其中，核心期刊13篇，人大报刊复印资料转载1篇。在党报党刊公开发表理论宣传文章124篇，其中在《人民日报》《光明日报》《经济日报》《学习时报》等中央报刊发表13篇，在区内党报党刊发表111篇。通过《干部思想动态研究》和《调研咨询专报》，共报送了22项调研咨询报告，其中，有8项调研咨询报告得到自治区副省级以上领导的9次批示。

【学术交流】2018年，自治区党校举办全区党校、行政学院系统深入学习宣传贯彻中共十九大精神推进会暨理论研讨会。举办全区党校、行政学院（校）系统深入学习贯彻习近平新时代中国特色社会主义思想推进会暨理论研讨会。与中央党校经济学教研部联合举办“中央党校第四届精准扶贫论坛：新时代的东西部扶贫协作”。先后组织教研人员撰写理论宣传文章，参加中共中央党校在浙江嘉兴举办的“第四期当代中国马克思主义论坛暨习近平中国特色社会主义思想理论研讨会”、江苏无锡举办的全国党校系统学习贯彻习近平总书记乡村振兴战略思想理论研讨会、安徽省委党校举办的“农村改革与乡村振兴”论坛、深圳市委党校举办的全国党校系统庆祝改革开放40周年理论研讨会和贵州省委党校在遵义举办的红色论坛。与自治区党委宣传部、党建研究会、宁东基地党工委、神华宁煤集团党委联合举办了“社会主义是干出来的”理论研讨会征文活动，全区党校、行政学院系统教研人员共提交征文35篇，11篇文章获奖。

（刘志鹏）

学术期刊

【《宁夏社会科学》】《宁夏社会科学》创刊于1982年（双月刊），是由宁夏社会科学院主管、主办，宁夏社会科学院期刊中心编辑出版的综合性人文社会科学学术期刊。为中文社会科学引文索引（CSSCI）来源期刊（2019—2020），中国人文社会科学期刊AMI综合评价A刊核心期刊（2019），曾获“第二届国家期刊奖百种重点期刊”称号，国家社会科学基金资助期刊。截至2018年底，共出版212期。设有经济管理、民族宗教、历史西夏、政治法律、哲学、文化文学传媒等栏目。2018年，《宁夏社会科学》新增设新时代·新思想·新探索、改革开放40周年等专题栏目，集中推介了一批具有学术影响力的研究成果，取得了较好的社会效益和学术价值。设立中国知网在线投稿系统，采用学术不端检测系统和专家匿名审稿等制度，聘请学术界专家为刊物审读文稿，严格执行编排规范，以期提升期刊质量。全年共处理稿件11078篇，出版期刊6期，刊载学术文章217篇，约240.02万字，有15篇文章被中国人民大学复印报刊资料、《新华文摘》《中国社会科学文摘》《高等学校文科学术文摘》等全文转载或摘编，200余篇（次）被中国人民大学复印报刊资料引文索引。

（张东祥）

【《回族研究》】2018年度，《回族研究》以回族历史文化研究成果为主要刊载对象，精选国内有关回族学研究相关成果，主要刊登经济、历史、艺术、文学、田野调查等方面的优秀研究成果，汇集关于回族研究领域的代表性观点，注重推动回族学学科建设与学术理论研究的和谐发展。全年出版4期共刊发学术理论文章90篇，所刊论文中，国家级社会科学基金项目24篇，自然科学基金项目2篇，省部级课题17项，所刊载文章的学术质量和学术影响与2017年相比都有了进步和提高。2018年，《回族研究》继续被中国社科院评为中国民族学类中文核心期刊，入选北京大学中文核心期刊。

（和　侃）

【《宁夏大学学报》】《宁夏大学学报（人文社会科学版）》是由宁夏大学主办的人文社会科学学术理论性期刊。1979年创刊，双月刊，宁夏大学学术期刊中心负责编辑出版工作，至2018年年底已出版40卷209期，是中国国际图书贸易总公司推荐、介绍、精选并直接向国外发行的当代中国重要学术研究期刊和中国高等院校人文、哲学社会科学期刊之一。该刊本着“立足本校、面向宁夏、兼顾全国”的思路，突出地方特点，坚持学术性、先锋性、开放性，发表了一大批反映哲学社会科学前沿研究的优秀成果，产生了良好的社会效应和学术效果。在重点开设的“西夏研究”“语言文字研究”“经济管理”“历史研究”“政法论坛”“文学评论”“教育研究”“文化艺术”等栏目的基础上，新增的特色专栏“宁夏文艺研究”推动了宁夏文艺评论研究的发展，充分体现了社科学报的时代特点与地方特色，扩大了刊物的社会影响力。2018年共收登稿件845份，出版212万字，刊发稿件166件，所发论文多篇被《新华文摘》、中国人民大学报刊复印资料、《全国报刊索引·

社会科学版》等复印、转载、摘编、索引。被中国核心期刊(遴选)数据库和中国社会科学期刊精品数据库收录。被评定为"中国人文社会科学综合评价AMI"扩展期刊。《中国学术期刊(光盘版)》电子杂志社有限公司和中国科学文献计量评价研究中心发布的《中国学术期刊影响因子年报》,经过载文量、可被引文献量、被引频次、影响因子以及其他参考指标的综合评定,《宁夏大学学报(人文社会科学版)》入选《中国学术期刊影响因子年报》统计源期刊。2018年,《宁夏大学学报(人文社会科学版)》严格执行编辑初审、专家复审、主编终审的三审制度,并通过中国知网提供的"学术不端文献检索系统"对每一篇来稿进行检查,杜绝抄袭、一稿多投等学术不端行为。强化编委目标管理考核制度,召开2018年学术期刊编委工作会议,与编委签订《宁夏大学学术期刊编委目标管理责任书》,充分调动编委主观能动性,使编委发挥其学科影响力,拓宽优秀稿件的来源途径。根据《宁夏大学学术期刊优秀论文评选办法》,从2018年度刊发的全部论文中评选5%左右的优秀论文,予以表彰。评选出的优秀论文涵盖了汉语言文字学、文学、经济学、史学、教育学学科领域,将主要著作者及篇名予以公布,在期刊和中心网站予以表彰和宣传。为切实把思想和行动统一到中共十九大精神和习近平总书记重要讲话精神上来,中心以刊为媒,组织发表了一批关于党的十九大和习近平总书记重要讲话的高质量稿件。同时,以党的十九大和习近平总书记讲话为引领,对在编稿件进行学术质量的再提升,助力社会正能量的传播,营造浓厚的党的十九大和习近平总书记思想宣传氛围。为了提升编辑业务水平和综合素养,响应国家推动传统媒体和新兴媒体融合发展的号召,重视编辑人员的继续教育工作,派出多人次参加全国编辑出版行业培训和业务交流。为帮助编辑出版人员更好地理解《关于推动传统媒体和新兴媒体融合发展的指导意见》,推进出版行业全媒体融合发展,2018年7月有6人参加北京印刷学院在银川举办的"全媒体出版融合创新发展培训班"。

(王 涛)

【《图书馆理论与实践》】《图书馆理论与实践》是由宁夏图书馆学会、宁夏图书馆主办的图书馆学、情报学、文献学、信息学专业刊物。其前身是《宁夏图书馆通讯》,创刊于1979年12月,1986年更名为《图书馆理论与实践》。《图书馆理论与实践》的发文主题主要涉及有关图书馆学、情报学、文献学、信息学的理论、实践、方法、技术、事业建设等多个层面。2018年设置"学术探讨·工作研究""综合评述""信息管理与信息学""文献学""图书馆数字化技术平台""三大类型图书馆事业""专业史苑""地方文献·民族文献""基层图书馆"等栏目,2018年全年来稿3900余篇,刊发稿件277篇。2018年开始以知网为平台对审用稿件实施"网络首发",正式步入数字化出版时代。

(李金瓯)

【《西夏研究》】《西夏研究》是2010年经国家新闻出版总署批准,由宁夏社会科学院主管主办、面向国内外公开发行的中文综合性学术期刊。刊物分设"西夏历史""西夏文化""西夏语言文字""西夏文物考古""西北史地和西夏文献"等栏目,主要刊登西夏历史地理文化、西夏语言文字、西夏文献整理研究、宋辽金元史研究、北方边疆民族史研究、文物考古等与人文社会科学研究相关的多样性研究成果,力求凸显西夏研究前沿成果。2018年共发表西夏学研究论文64篇,其中第一期发表论文17篇,17万余字,第二期发表论文14篇,16万余字,第三期发表论文16篇,17万余字,第四期发表论文17篇,17万余字,《西夏研究》结合研究热点对2018年的栏目设置进行了调整,在西夏语言文字、西夏文物考古与文献考释、西夏法律与社会经济、西北历史地理文化、宋元史论和书评等传统栏目基础上,增设了西夏制度史、西夏历史与社会、西夏艺术、西夏研究40年4个新栏目,拓展了研究领域与学术平台。

(保宏彪)

【《北方民族大学学报》】《北方民族大学学报》(哲学社会科学版)是由国家民族事务委员会主管、北方民族大学主办的综合性学术理论期刊。创刊于1989年,以民族学为主要办刊特色,刊发民族社会、民族文化、民族经济、民族历史、民族关系、民族文学、人类学、社会学、管理学、经济学、文学、法学等学科的优秀成果,双月刊。2018年,学报编辑部收到约稿和自由来稿约6000份,全年6期学报共刊发论文150篇,编辑校对180多万字,发行4800余册。其中,刊发国家社科基金项目阶段性成果65篇,省部级项目阶段性成果34篇,占总刊文量的66%,教授、博士的论文占85%以上,所刊用稿件质量较往年有大幅提升,还保持了校内30%的刊文比例。据2018年"人大复印报刊资料"索引统计,《北方民族大学学报》(哲学社会科学版)全文转载16篇,转载量较往年有所提高。自2018年第3期起,《北方民族大学学报》(哲学社会科学版)创设了"习近平新时代中国特色社会主义思想研究”栏目,主要刊发马克思主义理论研究、精准扶贫、乡村振兴、一带一路、党风党建、中华民族共同体、人类命运共同体等方面的学术论文。策划了“中华民族共同体研究”“乡土继替与乡村振兴”“马克思主义民族理论”“边疆研究”4个专题,刊发了《中华民族共同体意识与“五个认同”关系研究》《乡村振兴战略中的“乡土性”景观》《中国共产党现代转型的历史考察与现实思考》等论文19篇,加大了马克思主义理论、习近平新时代中国特色社会主义思想研究方面的刊文比例,牢牢掌握意识形态工作的主动权、话语权、领导权。2018年9月,北京大学图书馆《中文核心期刊要目总览》2017年编委会公布评审结果,《北方民族大学学报》(哲学社会科学版)入选《中文核心期刊目录》2017版(即第八版)之“民族学”类核心期刊。这是《北方民族大学学报》(哲学社会科学版)首次入选北京大学中心核心期刊要目。

(马　君)

【《宁夏师范学院学报》】《宁夏师范学院学报》(原《固原师专学报》)是宁夏师范学院主管、主办的综合性学术期刊,创刊于1980年,时为内刊且不定期。1996年改为双月刊,第1、2、4、5期为社会科学内容,第3、6期为自然科学内容。2018年经宁夏回族自治区新闻出版广电局批准,《宁夏师范学院学报》由双月刊变更为月刊。期刊于1999年获“首届全国百强社科学报”、2002年荣获“第二届全国优秀社科学报”、2009年被评为“中国北方优秀期刊”。截至2018年12月,学报共出版39卷206期。2018年,学报除加强“文学”“历史文化”“语言文字”“西夏研究”“基础理论与应用基础”“计算机及其应用”等重点栏目建设外,主要强化了“宁夏文学研究”“固原历史文化研究”“教育教学研究”等特色栏目建设,扩大了涵盖面,突出了学校和学报的地方性、师范性特征。2018年第2期学报为教育科学内容,开设“教师教育”“高等教育”“职业教育”“基础教育”“学前教育”等大栏目和“课程与教学”等子栏目,共刊发文章53篇,为学校一流学科建设服务。为了保证充足的稿源,突出办刊特色,学报利用变更刊期的时机,加强了与重点作者的联系,积极约稿。同时积极向博士和各类基金项目负责人进行了约稿,挖掘校内优质稿件,扩大校内作者队伍,继续补充完善校外“重点作者库”、校内“博士信息库”及“项目主持人信息库”。2018年,学报编辑部收到来稿、约稿2000余篇,完成了220余万字文稿的编辑、校对、出版、发行工作。共出版12期,编发稿件242篇(社会科学165篇,自然科学77篇),硕(博)士稿件采用近180篇,其中各类基金资助项目文章147篇。编辑部对拟录用稿件都利用“科技期刊学术不端行为检测系统”进行了检测,在一定程度上杜绝了剽窃、抄袭、一稿多投等学术不端行为的发生,提高了学报的学术质量。

(王文娟)

【《宁夏党校学报》】《宁夏党校学报》是由中共宁夏回族自治区委员会党校、宁夏行政学院主办的刊物。1999年创刊,双月刊,原名《长河求索》。主要向主体班学员、参加党校学历教育的学员发放并且与全国各地的期刊进行刊物交流,已成为自治区宣传马克思主义中国化最新成果的主要阵地之一。2018年,《宁夏党校学报》进行改版,重新设计封面,页码由96页增加到128页,内容有所调整。政治上以习近平新时代中国特色社会主义思想为遵循;思想上以破除对马克思主义教条式理解为己任;学术上不拘一格求创新,倡导百花齐放、百家争鸣的平等学术交流;秉承理论性、学术性、现实性、前瞻性的办刊宗旨,研究哲学社会科学重大理论与现实问题,追踪学术前沿,特别关注新时代中国特色社会主义建设过程中的热点、难点问题。新增加了“习近平新时代中国特色社会主义思想”“名家论坛”栏目,专题策划了“改革开放40年”“中美贸易研究”“东西部扶贫”“思路宁夏(丝绸之路与宁夏经济社会问题研究)”等栏目,积极与区内外专家约稿组稿。常设栏目主要有“马克思主义”“党的建设”“公共管理”“哲学与文化”“法治与社会”“经济研究”等。《宁夏党校学报》重视数字出版。在纸质出版的同时,加快转变学术期刊出版理念,重视期刊网络系统建设,加强与中国知网、龙源期刊网、中教数据库、超星期刊等出版平台的合作。2018年共出刊6期,发表各类稿件122篇,约150万字。

(任德靖)

NINGXIA
YEARBOOK

文化

WENHUA

编辑◎张 哲

综 述

【宁夏回族自治区文化和旅游厅正式挂牌】2018年11月14日，宁夏回族自治区文化和旅游厅举行挂牌仪式。根据《宁夏回族自治区机构改革方案》，将自治区文化厅、自治区旅游发展委员会的职责整合，组建自治区文化和旅游厅，作为自治区政府组成部门，保留自治区文物局牌子。不再保留自治区文化厅、自治区旅游发展委员会。

【学习贯彻全区宣传思想工作会议精神】2018年11月2日，自治区文化和旅游厅党组召开中心组（扩大）学习会，学习习近平总书记在中央政治局第八次集体学习时的重要讲话，传达学习自治区党委书记石泰峰在全区宣传思想工作会议上的讲话和自治区党委常委、秘书长、宣传部部长赵永清的总结讲话，研究贯彻落实意见。会议强调，要以习近平新时代中国特色社会主义思想和党的十九大精神为指导，深入学习贯彻习近平总书记在全国宣传思想工作会议上的重要讲话精神，认真学习贯彻全区宣传思想工作会议精神，自觉承担起举旗帜、聚民心、育新人、兴文化、展形象的使命任务，奋力开创宁夏文化和旅游工作新局面，为实现宁夏经济繁荣民族团结环境优美人民富裕、确保与全国同步建成全面小康社会目标，为建设美丽新宁夏、共圆伟大中国梦做出更大贡献。

【宁夏回族自治区成立60周年文化建设成就发布会】2018年8月16日，宁夏回族自治区成立60周年系列新闻发布会第三场新闻发布会召开，聚焦自治区文化建设成就以及相关工作亮点。亮点一：打造文艺精品，弘扬时代精神。党的十八大以来，创排《花儿声声》等精品剧目44部，打磨提升《花儿》等优秀剧目10余部。全区优秀文艺作品获得国家级奖项83个，2部作品荣获中宣部“五个一工程”奖，3部剧目入选国家舞台艺术精品工程重点扶持剧目，2部剧目摘得“文华大奖”和“文华剧目奖”，填补了宁夏在“文华大奖”上的空白。话剧《回民干娘》、秦腔《狗儿爷涅槃》等6部剧目在全国巡演引起热烈反响。4人获中国戏剧“梅花奖”，2人获上海白玉兰戏剧表演艺术奖，2人获“文化表演奖”。亮点二：加强文化阵地建设，丰富群众精神生活。宁夏出台《关于加快构建现代公共文化服务体系的实施意见》等政策文件12件，为公共文化服务体系建设提供保障。加快建设基础设施，建成宁夏人民剧院、宁夏艺术职业学院新校区，完成宁夏图书馆提升综合服务能力项目，新建地市“三馆”3个，县区“两馆”13个，建成标准化乡镇文化站74个。扶持示范村文化室、民间文艺团队、农民文化大院1405个，街道（社区）电子阅览室410个。文化扶贫惠民工程成效显著，建设提升1271个村综合文化服务中心，贫困地区村综合文化服务中心在全国率先实现全覆盖。亮点三：构建文化传承体系，重视文化遗产保护。自治区政府出台《关于进一步加强文物工作的实施意见》等，建立文物保护责任终身追究制；印发《宁夏回族自治区实施中华优秀传统文化传承发展工程的方案》。先后实施西夏陵、董府、须弥山石窟、长城等一批重点文物保护项目，完成第三次全国文物普查和长城资源调查工作。亮点四：加强统筹规划指导，推动文化产业发展。中共十八大以来，宁夏培育文化企业2080家，规模以上文化企业由2012年的54家增加到2016年的99家，文化产业增加值由51.7亿元增加到2016年的74.36亿元。全区累计创建国家级文化产业示范基地6家、试验园区1家；评选命名自治区级文化产业示范园区4家、示范基地53家、示范户66家、特色村镇5个，成为全区文化产业发展的“龙头”，发挥了示范带动作用。亮点五：开展对外文化交流，提升宁夏美誉度。服务“一带一路”战略，宁夏开展全方位对外文化交流，“走出去”频度不断加大。党的十八大以来，宁夏组团赴30多个国家（地区）开展文化展演展示，邀请近40个国家来宁开展文化交流。举办埃及“宁夏文化周”，《金色汤瓶》节目组2次随同国家领导人出访埃及、墨西哥等国交流演出；“文化中国·神奇宁夏”赴美国慰侨演出、“欢乐春节·神奇宁夏”赴欧盟四国访演、“中国风·欢乐颂”宁夏风情文艺演出赴莱索托演出得到广泛好评。同时加大“请进来”力度。举办第十五届中国戏剧节等国家级文化活动和中国西部民歌（花儿）歌会、WDC世界国际舞蹈锦标赛和全国青少年国际标准舞锦标赛等文化交流活动33项；召开“早期丝绸之路与东西文化交流”等国际学术研讨会，推动“一带一路”沿线国家文化交流，文明互鉴。不断扩展“建渠道”广度，与俄罗斯、斯里兰卡等中国驻外文化中心建立合作关系，举办演出、展览、讲座、培训等项目37项，接待海外学者、艺术家、青年学生来宁采风创作。开展区域文化交流，组织《回民干娘》《喊水村移民纪事》《铁杆庄稼》扶贫主题三部曲等优秀剧目在西北4省区、黄河流域9省区、苏浙沪长江三角洲地区巡演，有力地宣传了宁夏。亮点六：文艺园地百花竞放。2018年，宁夏作家马金莲的短篇小说《1987年的浆水和酸菜》获得第七届鲁迅文学奖。党的十八大以来，据不完全统计，宁夏出版长篇小说210多部，在公开刊物发表作品6560多篇（首），长篇小说《上庄记》《马兰花开》荣获中宣部“五个一工程”奖；小说集《换水》《长河》荣获第十届、第十一届全国少数民族文学创作骏马奖；长篇科幻小说《大漠寻星人》获第十届全国优秀儿童文学奖。作协国家级会员增加到85名，西吉县被命名为全国第一个“文学之乡”，同心县被命名为“中国诗歌之乡”，举办三届《朔方》文学奖以及《朔方》诗词奖。自治区文联着力推动艺术精品创作，《贴近老百姓，百姓才爱听——评郭刚评书“话说马鸿逵”》获第八届中国文联文艺评论奖一等奖，《宁夏曲艺简史》获中国曲艺牡丹奖理论奖，《花儿漫漫》等7部舞蹈作品获中国舞蹈“荷花奖”，《窗花映彩塞上天》获中国民间文艺山花奖·优秀民间工艺美术作品奖，《同心·记忆》获第24届全国摄影艺术展览纪录类铜质收藏奖，《现场》获中国新TOP-20优秀摄影师大奖。自治区文联将“送文化”与“种文化”两种服务形式结合起来，初步形成了面向基层的文化服务长效机制。

2018年9月19日晚，自治区成立60周年庆祝晚会上唱响56个民族大团结的歌曲《心手相牵》

【首期宁夏高层次文艺人才研修班】2018年5月3日，“首期宁夏高层次文艺人才研修班”在中国文联文艺研修院开班。该研修班是中国文联文艺研修院受宁夏文联委托，按照“科研引领、跨界融合、延伸服务”三位一体教学体系举办。中国文联文艺研修院作为中国文联专业培训研修机构，长期致力于举办全国性的各类高级研修班、研讨会，教学经验丰富，师资力量雄厚，是全国文艺人才向往的进修重要基地。研修培训帮助宁夏文艺工作者开阔视野、提升素养，引导宁夏广大文艺工作者坚持以人民为中心的创作导向，弘扬和践行社会主义核心价值观，自觉以生活为源泉，创作出更多符合时代要求、群众喜闻乐见的优秀文艺作品。

【全民阅读活动】2018年4月22日，宁夏2018年全民阅读活动启动仪式暨第二届宁夏乡村读书节开幕式在永宁县闽宁镇原隆村广场举行。自治区领导赵永清、杨培君出席启动仪式，并向闽宁镇学生代表、农家书屋捐赠图书，向原隆村赠送宁夏城乡电子阅报屏等。宁夏以“全民阅读·书香宁夏”为主题，不断提升公共文化服务水平，广泛开展阅读活动，崇尚读书的文化氛围日渐浓厚。2018年，为推动宁夏全民阅读进农村、进农户，自治区党委宣传部、自治区新闻出版广电局在全区开展以“耕读传家，润物无声”为主题的第二届宁夏乡村读书节活动，为实现乡村振兴提供坚实有力的文化保障。活动现场，宁夏人民出版社举办报告文学集《盐池故事》首发式。马慧娟、康鹏飞等优秀农民作家献上原创诵读节目《大地飞歌》等。活动由自治区全民阅读指导委员会、自治区党委宣传部、自治区新闻出版广电局主办，由银川市文化新闻出版广电局、永宁县人民政府承办。原隆村村民及闽宁镇中小学生共2000余人参加活动。银川市还为原隆村村民带来“美丽乡村文化大集·世界读书日闽宁镇专场”活动，受到群众欢迎。

（张　斌）

艺术创作交流

【文化交流合作】2018年，话剧《闽宁镇移民之歌》在北京、福建等13个省市自治区巡演。开展了“花儿绽放·美丽中国”花儿剧黄河丝路行，秦腔《花儿声声》《狗儿爷涅槃》赴黄河流域九省市巡演，舞剧《花儿》赴湖南、广东、广西、北京等地巡演。首届宁夏新年戏曲晚会，是名家最多、规模最大的一次集中性戏曲展演活动。成功举办“塞上有戏”宁夏原创精品戏剧展演、“一带一路·美丽宁夏”第四届宁夏舞蹈艺术节暨“中传锦绣杯”WDC国际标准舞世界锦标赛、“中国梦·宁夏情”美术书法精品展、“颂歌唱宁夏”新创歌曲音乐会、吴欢艺术世家展、中华民族颂——56个民族诗书画展、第十六届中国西部民歌（花儿）歌会、“颂歌唱宁夏 共筑中国梦”全区群众合唱大赛等4大板块、15项活动，为自治区成立60周年庆祝活动营造了浓厚的文化氛围。

2018年8月1日，第十六届中国西部民歌（花儿）歌会在宁夏人民会堂举办闭幕式及颁奖晚会

【文艺作品创作】2018年，宁夏围绕改革开放40周年、自治区成立60周年等重要时间节点，大力实施文艺精品创作工程，文艺创作成果丰硕。推进自治区60大庆文艺创作工程，组织创演秦腔《擎天一柱》、京剧《花漫一碗泉》、音乐剧《花儿与号手》等献礼剧目8部，复排秦腔《龙凤呈祥》。推出《塞上儿女心向党》《绽放新时代》《沙湖恋》等献礼歌曲12首。推出“中国梦·宁夏情”主题美术作品200余件，征集歌词542首，评选优秀歌词19首。开展戏曲进校园演出500余场。11个项目入选2018年度国家艺术基金资助项目。秦腔《王贵与李香香》入选2018年度国家舞台艺术精品创作扶持工程十大重点扶持剧目，成为继话剧《闽宁镇移民之歌》入选文化部2017年度全国舞台艺术精品创作扶持工程十大重点扶持剧目之后的又一精品力作。话剧《闽宁镇移民之歌》揭幕2018年全国舞台艺术优秀剧目展演。京剧《花漫一碗泉》入选文化部西部地区扶持计划。《光明日报》以“音乐剧创作民族化之路该怎么走”为题报道了《花儿与号手》创演情况。推进全区戏曲振兴计划。支持复排秦腔《龙凤呈祥》等经典戏曲剧目，创排戏曲新品，实施戏曲名家收徒传艺计划，推进戏曲进校园，启动戏曲进农村工作。举办了“中国梦·宁夏情”梅花贺新春戏曲展演活动。办好“三演一节”文化活动。举办自治区成立60周年庆祝大会群众文艺表演《宁夏儿女心向党》和文艺晚会《绽放新时代》。推出自治区文艺精品舞台演出项目，累计演出儿童剧《菲亚，飞呀》等剧（节）目127场，实现“天天有好戏、场场都精彩”，成为深化文化体制改革、推动改制文艺院团闯市场、实施文化惠民工程的一大亮点。举办宁夏文化艺术节，第四届宁夏舞蹈艺术节暨“中传锦绣杯”WDC国际标准舞世界锦标赛、第十六届中国西部民歌（花儿）歌会、“颂歌唱宁夏 共筑中国梦”全区群众合唱大赛、“颂歌唱宁夏”新创歌曲音乐会等16项活动。

【宁夏83件文艺作品获国家级奖项】2018年，宁夏共获得国家级奖项83个。舞剧《花儿》、秦腔现代戏《花儿声声》荣获中宣部“五个一工程奖”。此外，1部剧目入选国家舞台艺术精品工程重点扶持剧目，2部剧目入选国家舞台精品创作扶持工程重点扶持剧目，2部剧目摘得文化部“文华大奖”和“文华剧目奖”，填补了宁夏在“文化大奖”上的空白。秦腔《狗儿爷涅槃》等6部剧目在全国巡演引起强烈社会反响。柳萍、刘京、李小雄、屈连英、韦小兵5人获中国戏剧“梅花奖”，2人获上海白玉兰戏剧表演艺术奖，2人获“文化表演奖”。2018年，文化部门重点实施60大庆文艺创作工程，组织创排秦腔《擎天一柱》、京剧《花漫一碗泉》、音乐剧《花儿与号手》等献礼剧目7部；《王贵与李香香》入选2018年度国家舞台艺术精品创作扶持工程“十大重点扶持剧目”。

（张 斌）

公共文化服务

综 述

【国家公共文化服务体系示范区(项目)创建】2018年，吴忠市第三批国家公共文化服务体系示范区及固原市、中卫市示范项目创建顺利通过国家考评验收；固原市被确定为第四批国家公共文化服务体系示范区创建城市，入选全国第四批13个旅游标准化试点单位之一，银川市民族健身舞创作与推广项目被确定为示范创建项目。第六次全国县级以上公共图书馆评估定级宁夏有8个馆被评为国家一级馆，14个馆被评为国家二级馆，3个县区图书馆被评为国家三级馆。

【群众文化活动】2018年，全区开展文化进万家、送欢乐下基层、送戏下乡惠民演出、“欢乐宁夏”全区群众文艺会演、“清凉宁夏”广场文化演出、“春雨工程”全国文化志愿者宁夏行活动等品牌文化活动。元旦春节期间，开展“唱响十九大·欢乐过大年”系列文化活动共295项。举办“新春乐”第十四届全区社火大赛暨元宵节社火巡演活动。

【文化设施建设】2018年，宁夏文化馆场馆完成整体提升改造前期项目，推动宁夏美术馆建设、宁夏人民剧院浮雕墙工程建设和宁夏博物馆、宁夏人民剧院外立面改造工程建设。建成市县级文化场馆10个、标准化乡镇综合文化站10个，完成贫困地区555个村综合文化服务中心活动设备器材配备和川区240个村综合文化服务中心功能提升，扶持村综合文化服务中心、农民文化大院、民间文艺团队150个。县级图书馆、文化馆总分馆制建设深入推进，建成图书馆分馆46个、文化馆分馆18个，实现公共文化资源共建共享，促进城乡文化资源互联互通均衡发展。

【文化惠民工程】2018年，宁夏大力实施文化惠民工程，持续开展农村电影放映、送戏下乡等活动，建立贫困县县域公共数字文化综合服务平台，建立贫困地区基层艺术团体基础数据库，培育挖掘乡土文化人才，推进乡村文化繁荣。全区推动贫困地区村综合文化服务中心建设，实现了贫困村综合文化服务中心全覆盖全达标。安排资金1000万元，扶持20个建档立卡旅游扶贫重点村旅游基础设施“六小工程”建设。据宁夏日前出台的《关于加快推进文化小康助力脱贫富民和乡村振兴战略的实施意见》，宁夏将实施农村电影放映、广电宽带乡村及基础网络完善、城乡电子阅报屏工程等重点项目，建立贫困县县域公共数字文化综合服务平台；对基层公共数字文化服务进行提档升级，区市县级公共图书馆、文化馆达到国家二级以上。同时，宁夏将组织“文化进万家”、全民阅读等公益性品牌活动，每年送戏下乡1600场以上、开展广场群众文艺演出1500场以上、农村电影放映4万场以上；按照每村每年2000元标准，做好农家书屋补充出版物配送工作。宁夏还将大力培育挖掘乡土文化人才，重视培养乡土文化能人、民族民间文化传承人和基层文化骨干带头人，建立贫困地区基层艺术团体基础数据库，实施基础性艺术人才培养计划，培养100名艺术基础人才，扶持农村文化大院和民间文艺团队发展。

2018年7月18日，六盘山红色诗会场景

图书馆

【宁夏图书馆】2018年，宁夏图书馆共办理读者证9160张，接待读者142万多人次，文献流通册次91万多册次，数字资源阅读60万人次。举办了“公共图书馆法主题展览”“第十三届文津图书奖”等主题展览19场次，为全区公共图书馆提供巡展资源9个，巡展57场次。举办《塞上讲坛》《朔方人文科学大讲堂》等讲座9场次。举办“为爱朗读”“4·23世界读书日系列读书活动”“童阅汇”等品牌阅读推广活动118场次，27000余人次参加活动。完成45万元的基层图书馆互联互通建设项目，确定兴庆区图书馆、金凤区图书馆、大武口区图书馆3个图书馆为项目实施单位，10月底完成项目建设及验收工作；11月底完成34万元数字资源联合建设项目，并提交国图验收。全年完成230万纸质文献的招标采购工作，共采购图书10580种、26259册；完成图书编目23699种、46963册，审校图书14816种、37129册；补配地方文献448种/1245册，接受社会捐赠图书1838种、4783册。召开西北五省（区）第十四次科学与讨论会，出版了“大数据环境下图书馆发展的机遇与挑战”论文集，举办了宁夏图书馆学会首届年会。

【银川市图书馆】2018年，银川图书馆365天对外免费开放，每周开放60小时以上，2018年共接待到馆读者50万人次，办理读者证近6000个，书刊借阅80万册次。2018年共荣获国家级、省、市级各类奖励13项。开展各类读者活动129场。开展“银川读书日”系列活动12期、“开卷有益读书沙龙”活动2场、“你买书我买单”活动12期、“书香银川·百姓讲堂”周末讲座40场、春节系列文化活动5场、“亲子趣多多”系列活动8期、“阳光宝贝教育课堂”4期、“共享读书乐”活动8场、“少儿寒假电影展映”活动6场、举办“大手拉小手，建设和谐亲子关系”沙龙等少儿活动5场、开展“共享阳光 爱心助盲”活动8场、全年共举办各类展览9次。2018年两会召开期间提供数字阅读、现场办证、现场借阅、图书交换等服务。对126个图书流通服务点配送书刊2万余册次，坚持开展“四送六进·文化惠民”活动，做好“城市阅读岛”的图书更新、定期督查以及新建工作，目前共投入使用30家。

【石嘴山市图书馆】2018年，石嘴山市图书馆365天不闭馆，节假日不休息，截至2018年十月上旬，市图书馆办理借书卡1276张，外借部接待读者39160人次，借阅图书65654册次；老年人阅览室接待读者20169人次，借阅报纸杂志121014册次；少儿阅览室接待读者30479人次，借阅图书61376册次；公共电子阅览室为读者提供免费资料检索，接待上网读者1345人次；24小时自助借还机共接待读者507人次，借阅图书801册次；总计接待读者92936人次，流通图书册248845次。开展“同筑中国梦 共度书香年”书香进基层活动4次，免费捐赠图书800余册。开展网络书香过大年“梨园贺岁 百戏昇平”戏曲文化主题展览、“铭记历史·开创未来——喜迎党的十九大”主题展览、“第十三届文津图书奖”主题展览3次。充分利用世界读书日、中国传统节日等重大节日等开展“喜迎元旦猜猜乐”活动、“网络书香过大年”“共筑中国梦 共度书香年”活动、“书香与梦想齐飞 阅读与人生相伴”亲子阅读活动、“爱要大声说出来”感恩母亲节活动、“落地式”家庭教育暨亲子实践活动启动仪式、“读.懂世界”职工文学读书沙龙、沙枣花朗读沙龙、文化进残疾人家庭“五个一”活动、“书香伴粽香，阅读你我他”端午节诵读会、“主题党日＋学党史、忆党情、感党恩”为主题的庆七一专题知识讲座、“爱在七夕”中华经典诵读活动、“童心向党 感谢师恩”感恩教师节、“秋季养生 关爱老人”中老年人健康知识讲座等活动15余场次，参加读者800余人次。充分利用图书馆公共资源优势，承接培训2场次，听众达200余人；开展星海湖传统文化大讲堂系列活动，邀请各类专家老师来图书馆多功能厅讲述《传统文化与养生之道》《好风好水好家庭》《寻找“亲子沟通　心灵感应 家庭教育”的奥秘》《母慈子孝顺人伦》《美丽的前提是健康——从黄帝内经谈春季养生及女性保养》《父母规——学父母规，育成功子》《改变从感恩开始》等系列讲座10余场次，参加读者500余人次。市图书馆与大武口区建设了总分馆，搭建了市级馆与县区馆交流平台。随后，大武口区、平罗县、惠农区图书馆分别探索开展了图书馆分馆建设。全市按照总分馆制建设模式已建成分馆共12家。市图书馆在青山公园已初步建成城市公益性主题书屋1家，配置了沙发、休闲阅览桌、书架以及等绿植等设施，并免费为读者提供各类书籍、杂志、报纸200余册，以舒适的阅读环境、丰富的图书资源及委托管理的科学运行模式，为广大市民搭建了学习知识和文化休闲的平台。

【吴忠市图书馆】2018年，吴忠市图书馆免费开放，一周开放70小时。馆藏图书、期刊实行全开架，一证通用，可电话预约、续借。2018年度到馆读者238424人次，其中接待书刊外借读者133824人次、外借图书247416册次。同时实现与宁夏区内所有的50家公共图书馆和高校图书馆的馆际互借服务。2018年基层图书流动站(室)借阅轮换图书23593万册。2018年,吴忠市图书馆共举办讲座、展览、培训、阅读推广等读者活动156次,参与人数22万人次。迎春文化三下乡书展和科普资料免费发放、不同主题的4.23世界读书日、图书馆服务宣传周活动持续进行;每年"八一"与共建部队共同举办演讲比赛和各种军民联谊活动;"少儿经典诵读""我是小小图书修补师""大手牵小手""连环画——最好的经典启蒙教育读本讲座暨拼图比赛";数字阅读大体验;"以书交友,快乐阅读"图书馆服务进社区活动;"为你打开一扇窗"残障人士读书活动;以及每年至少六次聘请名家举办各类讲座等活动。

【中卫市图书馆】2018年,中卫市图书馆共购书35万元,新增馆藏纸本图书8540册,电子书10000册;征订报刊6万元,其中期刊304种,报纸101份,接收中国百家期刊协会赠刊100种以上;积极开展数字推广工程资源联合建设项目,申报政府公开信息2000条,枸杞文化特色资源专题库建设一个;夯实分馆基础设施建设,对已建成的3个分馆增加图书1892册,在中卫市沙坡头区滨河镇光明社区新建分馆一个,并配送图书500册;加大公共文化服务投入力度,分别在中卫市图书馆南侧和中卫市沙坡头区官桥幸福里家园建设24小时智慧书屋,实行24小时借阅服务;征集地方文献556册,中卫市作家著作馆征集图书741册;认真贯彻落实《公共图书馆法》,接待到馆读者388738人次;纸本图书外借流通量达195544人次、283695册次,办理读者证3854个,门户网站访问量2740290次,歌德电子图书下载量达238220册,移动图书馆访问量2442548次,读秀知识库访问量6225人次,编目加工数据31514条;开展新春数字阅读推广系列活动,依托数字图书馆推广工程开展"网络书香过大年",活动参与人数达600多人次;开展"4·23"世界读书日宣传活动,在红太阳广场等开展宣传活动,活动期间发放宣传材料2000余份,办理读者证20个,现场借阅图书60本,解答读者咨询300余条,参与读者3000人次;开展图书馆服务宣传周活动,在常乐镇集贸市场等开展以"全民阅读 悦读中卫"为主题的图书馆服务宣传周活动;开展文化惠民送书下乡活动,先后为乡镇、警营、机关、学校、家庭等送书8次,累计12000余册;创新公共数字文化服务方式,利用数字图书馆举办"中华人民共和国公共图书馆法"等展览,参观人次达6500人次;利用"书香中卫大讲堂"开展各类公益讲座8场,参与人次达1200人次;举办"书香中卫·朗读有你"活动7场,参与人次840人次;开展"书香中卫·花样年华"服务中老年读者活动,为老年读者下载歌曲5460首,戏曲3470首;开展志愿服务活动,暑假志愿者为图书馆后续开展参考咨询,新书推荐等志愿服务;开展"书香中卫·服务有你"服务活动,依托文化共享工程资源,收集有用的考试信息42条,帮助网络报名及缴费4人;开展免费观影活动,利用文化共享工程资源,在春节和寒暑假期间播放优秀动漫故事、影片15部,观影人次600余人次;开展参考咨询服务,帮助读者查找论文60余篇,下载知网论文20篇。

【银川滨河数字化图书馆开馆】2018年9月28日,经过一年多建设,银川滨河数字化图书馆面向大众正式开馆。银川滨河数字化图书馆位于滨河新区唐河路与业勤街路口东南角,占地面积23.4亩,建筑面积1.9万平方米,层高六层,目前已完成3~6层所有书目上架及归类。馆藏书籍共计44.6万余册,包括哲学、文学、经济等共22个大类,电子阅览区内有200余万册电子书。馆内还配备多媒体会议室、多功能报告厅、儿童阅览区、杂志浏览区及两个可同时接纳70余人观影的高端影音休闲厅等服务区。当日,位于滨河新区的宁夏长河众创空间也同步揭牌。

(张　斌)

文化馆

【宁夏文化馆】2018年,宁夏文化馆举办市、县文化馆馆长及业务骨干培训,培训人数623人次;开展书法、绘画、舞蹈、声乐、器乐、相声春季共15个门类三期公益免费培训班21个班次,培训群众文艺爱好者300余人,秋韵女声合唱团等馆办社团参加活动900余人,常年有少儿美术、少儿舞蹈、成人形体班等10余个社团活动。为艺术团体、企事业单位、社区活动中心、特殊群体、离退休职工、书画摄影爱好者等社会群体免费搭建展览展示平台,提供展陈及服务保障,发挥公益宣传文化阵地的引导示范作用。共举办各类书法、绘画、摄影等公益展40台次,接待观众11.2万人次。创新非遗保护方式,实施精准保护。坚持"互联网+"的理念,推进数字文化馆建设工作。宁夏非物质文化遗产保护中心被文化与旅游部评为全国非物质文化遗产保护工作先进集体称号,参加全国非遗曲艺周活动被文化和旅游部非物质文化遗产司授予全国非遗曲艺周活动组织奖,被自治区党委宣传部评为全区"清凉宁夏"广场文化示范演出活动先进单位,荣获第二十七届"东丽杯"孙犁散文评选优秀组织奖,荣获宁夏文化艺术节·第十六届西部民歌(花儿)歌会优秀组织奖,荣获宁夏文化艺术节·"欢乐宁夏"全区群众文艺会演优秀组织奖。创作的舞蹈《守在村口的娘》参加第十二届全国舞蹈展演,广场舞《马莲花开赞宁夏》入选全国广场舞展演北京集中展演活动,坐唱《乡土乡音好味道》入选全国非遗曲艺周展演,舞蹈《黄羊钱鞭》参加欢乐宁夏全区文艺会演和全国"群星奖"活动,制作的国家级传承人《杨栖鹤——杨氏家庭泥塑》纪录片被文化与旅游部评为优秀。

【银川市文化艺术馆】2018年,银川市文化艺术馆举办2018迎新春银川市文化艺术馆美术、书法、摄影培训班学员作品汇报展、庆五一·美术、书法、摄影,剪纸展、工业设计手绘展、金宇名庭社区喜迎自治区60大庆书画展、清明节非遗剪纸作品展5期,展出作品500余件,观众5000余人次。邀请20余名书画家参与2018年银川市"文化和自然遗产日"和庆"八一"文化进军营书画交流活动,参与群众8000余人次;专业干部为西夏区文化馆、社区40余名专干教授《群众活动策划与实施》,共教授8课时,服务320人次。8月,应国际艺术基金董事会邀请,专业干部王心悟赴罗马尼亚参加为期16天的国际艺术创作与艺术交流活动,同时参加在罗马尼亚阿尤德市国际艺术画廊举办的"2018第二十三届国际展",展示个人作品30余幅,参观人数达3000余人,期间与来自世界20个国家的30位艺术家进行广泛的艺术交流和创作活动,其写生油画作品在当地受到好评,为提升中国油画艺术和艺术家自身的国际影响力起到了积极的推动作用。银川市非物质文化遗产展示中心共展出作品300多件,传承人互动55人次,先后接待拉美国家新闻官员与记者研修班学员、全国各省市人大、政协等人员实地考察,全年接待观众约5000余人次。全年培训100班次,5000人次。组织创排8套广场民族健身舞。老年大学每周活动2次,学员200余名。组织开展银川市第三批市级非物质文化遗产传承保护基地申报评审工作,评定银川市第三批市级非物质文化遗产传承保护基地6家。组织举办"我们的节日"非遗展示展演、"新春大拜年 非遗展风采""2018新春非遗大集二毛皮制作技艺专题展""正月十五闹元宵非遗展示""清明节非遗剪纸作品展""端午节暨第十二届民俗文化展示周宁夏贺兰砚精品展""2018中国·银川第二届黄河艺术节""2018第二届中国(银川)国际文化艺术创意产品设计大赛""文化和自然遗产日""2018年全区民族团结月""月圆中秋 情满塞上银川市中秋节非遗主题演出""非遗进校园""宁夏小曲传承创作推广活动"等各类"非遗"展示展演活动17场,参展非遗项目近百项,传承人近千人次。举办宁夏小曲、"爱家乡爱非遗"暑期非遗公益培训班2期,190余名学员参与7个"非遗"项目的培训,28位学员在宁夏小曲传习所系统学习9个月。组织各级"非遗"传承人参与全区、全国"非遗"培训班3期,不断强化"非遗"传承技能。争取国家发改委专项资金930万元,银川市财政资金235万元,用于银川市秦腔传承保护基地建设。秦腔传承基地总建筑面积2935平方米,总投资1165万元,包含280座小型剧场1座、服装道具展厅、排练厅、VR戏曲互动展厅等。前期设计方案及深化设计图纸由设计院审核通过,12月上旬公开招标,12中旬开工建设。各项工作取得显著成效,全年获奖36项。

【石嘴山市文化馆】2018年,石嘴山市文化馆累计完成"非遗过大年 文化进万家"社火大赛、百花迎春新春音乐会、百姓春晚、第七届戏曲票友大赛等活动共计186场,其中剧院、音乐厅演出共计25场;送戏下乡完成任务76场;舞动石嘴山第十九届广场文化艺术节完成演出41场;开展文化大讲堂、道德讲堂活动16场;举办寒暑期、成人市民学校免费培训班共3期;完成全年"戏曲进校园"26场,参观、受益人数达7万余人。在纪念改革开放40年和自治区成立60周年活动期间,引进文化部和旅游部"春雨工程"北京市朝阳区文化志愿者走进宁夏石嘴山系列活动。9月26日,市博物馆举办了北京民俗博物馆中国民间配饰(刺绣类)精品文物展、为图书馆捐赠图书1000册、拓片5套。同时,由北京读书形象大使宸冰老师主讲的以"道阻且长行者将至—阅读行走人生"为主题的文化大讲堂活动在市文化馆音乐厅举行,参加观众达300人次。建立了西北首家电钢库克培训基地,为市民免费培训增添了培训设备。完成文化馆数字文化云平台二期建设,开设线上360°全景浏览,线上场馆预约、志愿者招募、文化咨询服务,购置预约取票一体机进行线上活动预约订票,线下取票一体化建设服务,方便市民了解文化动态。购买了10万元的线上课程,完善数字文化云平台建设。开展"多彩非遗,美好生活"主题活动,获自治区文化厅颁发的非物质文化遗产保护先进单位称号。

【吴忠市文化馆】2018年,吴忠美术馆改造工程于8月正式完成,并于9月12日举办了庆祝自治区成立60周年文化艺术展览暨"书画中国"文化产业交流活动。吴忠文化馆馆舍硬件改造及软件建设，建设了民族舞蹈音乐数字库。全年累计承接市直各机关单位、社会团体组织的演出、演讲比赛等60余场(次)。举办承接各类大型展览展示活动10期，其中包括吴忠市2018年“聚焦吴忠文化”摄影大赛优秀作品展、四省一市“洞天胜境吴忠行”摄影展、袁柏生山水画展等具有重大影响力的展览展示活动。2018年全年共接待全区及外省参观单位、团体80多个、参观人次达17800多人次。共策划组织开展各类讲座、培训17期6000余人次。为推进盐同红集中连片贫困地区区域发展与脱贫富民攻坚计划的实施，提高贫困妇女文化素质和技能水平，举办2018年盐同红集中连片贫困地区广场舞、刺绣和剪纸培训班，吸引了广大基层文艺爱好者参与，丰富了当地群众的文化生活。隆重启幕吴忠市2018年“滨河百姓大舞台”广场文化活动。组织开展了纪念“五一”、“五四”、“六一”、端午节、“十一”等节庆的演出活动，迎接2018“春雨工程”陕西省文化志愿者宁夏行慰问演出活动。全年完成广场演出任务75场次。召集15家民间文艺团队完成吴忠市2018年“文化惠民·送戏下乡”文艺演出170场次。完成2018年“戏曲进校园”100场次。筹备庆祝自治区60周年大庆吴忠系列活动和2018年全国沙滩排球巡回赛(吴忠站)垫场演出、第七届宁夏黄河金岸(吴忠)国际马拉松节点演出。

【固原市群艺馆】2018年，固原市群众艺术馆举办2018年元宵节灯展，营造了浓厚的节日文化氛围。举办“迎新春 闹元宵”秦腔精品剧目展演活动，丰富城乡群众精神文化生活。开展下基层宣传中共十九大文艺演出14场。组织开展2018全区“新春乐”社火大赛，选派专业技术人员赴各县区指导社火大赛活动，制作视频资料报送区文化厅参加全区社火大赛评比活动。组织开展“清凉六盘”广场文化演出活动20场。组织参加“欢乐宁夏”全区群众文艺会演，取得了优异成绩。完成自治区60大庆演出任务，选送两支合唱队参加“颂歌唱宁夏 共筑中国梦”全区群众合唱比赛，均取得二等奖的好成绩；组织排练泾源踏脚、西吉牧童鞭、师范学院370人表演方阵参加庆祝大会演出；组织原创音舞诗画《红旗漫卷六盘山》参加“塞上有戏”全区精品剧目展演。开展文化惠民“送戏下乡”演出60余场。开展“戏曲进校园”演出及教学活动，分别在固原回民中学、固原一中、一小、五小、五中、七中等学校进行了“戏曲进校园”演出18场；同时，选派戏曲专业人员在十一小长期开展戏曲表演课堂教学活动。开展“三区”人才支持计划，选派25名专业技术人员常年进行群众文艺辅导培训，培育群众文艺团队骨干力量。举办全市广场舞培训班，培训各群众文艺团队学员80名，起到了示范带动作用。开展“文艺进军营”辅导培训活动，深入消防支队，开展文艺辅导培训，组建了腰鼓队排练《欢庆锣鼓》表演节目。开展文艺进企业、进社区辅导活动，选派专业人员到金梦艺术团、进元驾校等企业和社区开展合唱、舞蹈、曲艺等辅导培训。举办固原市第六届广场舞大赛、固原市第十届“花儿漫六盘”青年歌手电视大奖赛、陕甘宁秦腔戏曲大赛暨固原市第五届秦腔大赛、第六届小戏小品大赛。举办固原市非遗项目花儿传承人培训班，培训花儿传承人50多名。举办“文化和自然遗产日”宣传展示活动，让更多群众走近非遗，了解非遗。举办固原市剪纸创意大赛和剪纸成果展。2018年，被自治区文化厅授予“非物质文化遗产保护先进单位”称号。

【中卫市文化馆】2018年，中卫市文化馆建设文化主题分馆—中卫美术馆1处；筹建中卫数字文化馆，立项全国公共文化中心全民艺术普及“花儿”慕课课题，召开“花儿”慕课课题论证会，招标采购“花儿”慕课资源。举办市军民迎春联欢晚会、社火会演、第四届舞龙大赛与首届舞狮大赛等“我们的节日·春节”系列活动6项，开展以“拥抱新时代·开启新征程”为主题的广场文艺演出100场次，组织“文明城市创建”“精准扶贫”“春雨工程”下乡演出5场次。主办“魅力中卫”喜迎宁夏成立60周年主题书法绘画摄影展，承办全市“拥抱新时代·开启新征程”美书影展、改革开放40周年和宁夏回族自治区成立60周年书法美术摄影展、“开在指尖上的花”——青岛·中卫剪纸作品联展，协办全市首届红色文化收藏展等共6次。举办市“花儿”传唱培训班、摄影创作培训班、妇女儿童书法美术培训班，承办中国文联文艺志愿服务书法、舞蹈、国乐培训9次。选派专业技术骨干到县区开展文化援助，到扶贫攻坚帮扶地区进行驻村辅导。开展“花儿唱响中卫大地”等活动。选报山花儿传承人马汉东入选国家级第五批“非遗”代表性传承人，宁夏艺轩古建筑传承基地等3处获批自治区级“非遗”保护优秀传承基地。选派泥塑传承人侯思荣和蒿子面制作传承人于振玲参加第十四届中国国际文化产业博览交易会(广东深圳市)、羊皮筏子制作高勇等10名传承人参加文化和自然遗产日“塞上工匠”传统工艺竞技精品展、选派器乐咪咪传承人马文祥参加西北五省非遗文化旅游博览会(宁夏隆德县)。制作印刷

《中卫市非物质文化遗产项目集萃》。

（张　斌）

博物馆

【宁夏博物馆】2018年，宁夏博物馆举办临时展览15个，其中引进展览8个，推出展览3个，自主创办展览2个，联合办展2个。全年接待观众315536人次，其中青少年9717人次，讲解服务1126批次。与大学生及社会团体开展业务交流讲座5次，开展进学校、进社区、进广场、进军营等社会教育活动57场次，举办电教讲座18场，受益人群7162人次，其中未成年人3271人。以红色教育为主题的常设展览《红旗漫卷——宁夏革命文物陈列》，以鲜明的红色主题，引导全区党员干部和群众接受爱国主义教育。举办“古风诗韵——中国传统文化系列讲座”及“文博大讲堂”系列活动，顺利完成宁夏社科（艺术类）青年项目《宁夏丝绸之路上的艺术研究》，正在推进自治区级重点项目《宁夏地区革命文物的保存管理和保护利用调查研究》，不断提升学术研究水平。突出文物科技保护，先后检测文物样品22件、金属文物成分测试308件，协助司法机关对涉案文物鉴定评估4次。完成保护修复的文物包括纸质文献类、陶瓷器类、金属器类、丝织品等共计160件。国家重点保护修复项目“馆藏西夏铁器”“馆藏珍贵纸质文物”等项目的本体保护修复工作进入后期收尾阶段。圆满完成了宁夏通史展览改造提升工程和馆舍外观改造工程及氛围营造工作，宁夏通史展览获得2018年全国最佳装饰装修奖——金鼎奖。高标准完成了自治区成立60周年中央赠送自治区纪念品（慰问品）陈列展示和中央赠送贺匾悬挂工程及揭幕仪式的各项工作。

【石嘴山市博物馆】2018年，石嘴山市博物馆被中国博物馆协会评定为国家三级博物馆。免费接待参观13万余人次，接待区内外团体4000余人；以“我们的节日”为主题，在传统节日开展3场丰富多彩的活动；成功举办第五届寒假“小小文化志愿者走进石嘴山市博物馆”和第六届暑假“小小讲解员”主题实践活动，培训优秀小小讲解员14名，参与志愿服务活动20余场，累计接待观众2万余人；开展“流动博物馆进乡村”活动6场，受众达4万余人；积极配合市创城办关于巩固文明城市创建成果的工作要求，开展志愿创城服务活动8次。承办“2018‘忆’迎新春趣味年画鉴赏展”、“孝道文化展”、“来自远古的声音·喜迎自治区60周年大庆少儿艺术展”、“家和万事兴——家教家风主题展”、“远古的呼唤——‘一带一路’张学智印象岩画巡回展”等7次专题展览。

【吴忠市博物馆】2018年，吴忠市博物馆开展“不忘初心，牢记使命”主题党日活动、“唱响新时代 欢乐过大年”迎新春系列活动、小手拉大手亲子活动、“探索黄河文化，建设美好家园”研学活动、“探索家乡历史，走进第二课堂”科普教育活动、“参观红色教育基地，接受革命精神洗礼”爱国主义教育主题等活动。通过教育实践活动，让更多的人关注、了解吴忠历史文化和地域文化，增强公众的爱国热情，启发公众初心永存、使命勇担。接待参观游览人员达5万余人次。加快数字化博物馆建设，利用高科技手段，运用全景技术（虚拟实景）开启博物馆网络全方位展示，宣教新模式，提升博物馆文物藏品利用率，搭建微信导览平台、移动虚拟平台，整合代表性文物藏品，辅之以三维动漫技术进行展示，以此来弥补馆内实物缺陷，推动传统博物馆向数字化、网络化、移动化发展，进而缩小博物馆与公众的距离感，增强体验感，实现无缝式互动，带给公众全新的服务体验。

【中卫市博物馆】2018年，中卫市博物馆推进明长城中卫姚滩段修缮保护工程，按照长城夯筑工艺的要求，对姚滩段长城墙体开裂、崩塌、敌台开裂等问题，经过试验配土、人工夯补等手段进行有效修缮，截至2018年，已完成工程量80%。开展北山岩画保护利用，结合北山岩画现状，在市委、市政府的高度重视下，出台《中卫市沙坡头区北山岩画保护利用方案》，按照方案要求，积极开展无线监控、岩画石底部加固前期设计准备等系统保护工程。推进市博物馆布展工作，根据市领导意见，制定“中卫市历史文物（岩画）陈列”展陈提纲，并及时上报自治区文物局，积极争取博物馆陈列布展资金，已解决布展资金2400万元，市局邀请相关专家对展陈大纲进行全面撰写，为布展工作奠定基础。加强长城、高庙、岩画等重要文保单位的巡查监督管理，每月对长城重点部位、岩画、高庙、鼓楼等文保单位进行一次重点检查，每季度对所有文物保护单位进行一次详细巡查，确保各级文保单位的安全。完善文保单位“四有”建设，充实管护力量，增树文物保护标志碑2通，增设文物保护界桩50多块，对重要文物保护单位或长城重点地段设置保护说明牌，新增兼职管护员2名，并组织召开了文物保护专管员培训班，有效增强了文物保护单位的管护力度。积极做好文保单位申报工作，按照区文物局要求，整理大麦地岩画资料拟申报第八批全国重点文保单位。做好新公布第五批区级文保单位中卫市沙坡头区香山乡

"四眼井城址"保护利用工作。积极准备中卫市第二批市县文保单位申报审核工作。配合自治区考古所对宣和林场出土的160余枚古钱币,拍摄文物照片260余张,打印拓片160余张。撰写第一次可移动文物普查成果卷。完成中卫市博物馆网站建设,调试排版工作已完成,正在进行最后阶段的调试修改工作。制订文物宣传活动实施方案,组织业务人员利用"12·4"法制宣传日、"国际博物馆日"和"自然和文化遗产日"深入市区广场、学校、镇乡农贸集市等地,广泛开展文物知识、法律法规宣传活动,提升广大市民对全市历史文物的了解和认知,进一步增强文物保护意识。

(张　斌)

文化产业与市场

【园区基地建设】2018年,自治区扶持银川iBi育成中心、镇北堡特色葡萄文化小镇等一批文化产业园区建成;对128家国家级、自治区级文化产业示范园区、示范基地、示范户进行巡检,有效激发示范引领作用。与中国动漫集团签署战略合作框架协议,启动"中国动漫集团众创空间宁夏基地"建设,联合举办AFN中国(宁夏)"一带一路"动漫节等4个节会,成为带动宁夏文化产业加快发展的新引擎。

【文化产业融合发展】2018年,自治区文旅部门开展文旅精品舞台演出,组织创排《沙坡头盛典》等实景演艺剧目进景区,引进国际"丝路大马戏"入驻沙坡头景区,提升全域旅游内涵。推动文化旅游与一、二、三产业全面融合,引导农民既"种农田"又"种风景",稻渔空间等农业旅游项目备受青睐。自治区文旅部门提升旅游纪念品、旅游艺术品质量,支持文化文物单位开发文化创意产品45种、1300多件,文化旅游纪念品在2018中国特色旅游商品大赛上荣获4金11银6铜好成绩。制作纪录片《心灵之旅》和微电影《寻爱》,集中展示宁夏特有的自然风光、人文情怀和特色美食,并获得第二届银川互联网电影节最佳长纪录片奖和微电影奖。

【文化市场管理】2018年,银川市创出"政府主导、龙头带动、搭建平台、文化惠民"文化消费模式,获得文化和旅游部表彰奖励。宁夏人民剧院首次荣登中国演艺排行榜,跻身西北专业演出场馆最具活力前五强,成为宁夏靓丽的文化名片。加强文化领域权力事项,增加3项、下放2项行政审批事项,精简一批申报材料;取消"互联网文化经营单位设立"从业人员数量限制,放宽市场准入。指导石嘴山、吴忠、中卫出台文化市场综合执法改革实施方案。建设宁夏文化市场智慧监管平台,研发、推行文化市场手机版现场移动执法系统,"双随机、一公开"随机抽查事项达到市场监管执法事项的80%。持续开展文化市场及安全生产专项督查、校园周边文化市场专项整治行动、冬季热点旅游线路治理、"利剑行动—01"等专项整治行动,从严惩治违法行为,促进全区文化市场安全健康有序发展。文化执法机构全年共出动人员8.2万人次,检查经营单位2.9万家次,受理群众举报投诉184件,立案调查72件,结案136件,罚款51.8万元。3个案件入选2017-2018年度全国文化市场重大案件。

【安全生产】2018年11月16日,自治区文化和旅游厅厅长宋建钢主持召开安全生产工作会议,专题研究落实自治区政府第23次常务会议精神,全面部署文化旅游系统安全生产工作。会议听取文化市场综合执法管理局等8个单位关于做好安全生产工作的汇报,并进行具体工作部署。各负其责开展各类安全生产大督查、确保各类重大活动和集体外出安全、完善工作制度、对安全工作进行再安排、再落实。

【网络安全宣传】2018年,全区各级团组织开展网络安全宣传活动,加强青少年网络安全意识,提高网络安全防范技能。自治区团委围绕"网络安全为人民,网络安全靠人民"主题,对活动周重点任务特别是"青少年日"活动内容进行安排部署,开展网络安全知识宣传活动。以"网络安全知识、预防网络诈骗、提高安全意识"为主题,在新媒体平台推送《你的手机,安全吗》《漫说网络安全》等文章36条。各市县团组织组织青年志愿者开展线下网络宣传活动,为群众现场讲解网络安全知识,通过多种宣传方式共同推动网络空间进一步清朗。

(张　斌)

文化遗产保护传承

【文物保护和重点文物保护工程】2018年,自治区党委、政府出台《关于进一步加强文物安全工作的实施意见》《宁夏回族自治区实施中华优秀传统文化传承发展工程方案》等政策性文件,促进优秀传统文化创造性转化、创新性发展。完成《宁夏长城保护总体规划》等3处全国重点文物保护单位保护规划编制,公布第五批自治区文物保护单位和《宁夏第一次可移动文物普查名录》。依法划定并公布了自治区文物保护单位保护范围和建设控制地带。推进西夏陵、丝绸之路宁夏段申遗工作,完成西夏陵40座陪葬墓加固、陵邑遗址回填、陵区安全防范、环境整治等工程，实施固原古城加固修缮(二期)工程。完成战国秦长城固原长城梁段、明长城银川五虎墩段、石嘴山红果子段长城加固修缮工程，实施将台堡革命旧址等文物保护利用建设项目，开展彭阳姚河塬商周遗址、隆德周家嘴旧石器遗址、水洞沟遗址考古发掘和重大建设工程考古项目23项。彭阳姚河塬遗址入列2017年度全国十大考古新发现，固原市原州区文物管理所、彭阳县文物管理所杨宁国被人力资源部和国家文物局分别评为全国文物工作先进集体和先进个人。

【非遗保护传承】2018年，全区开展非遗濒危项目抢救性保护，固原砖雕、杨氏家庭泥塑、贺兰砚制作技艺和剪纸等4个项目入选第一批国家传统工艺振兴目录，13名传承人被认定为国家第五批非物质文化传承人，获得全国非遗保护先进集体1个、先进个人2名。实施了固原魏氏砖雕、银川秦腔保护利用设施建设项目。举办了塞上工匠宁夏传统手工技艺展等系列宣传展示活动和中国非遗人群研培计划培训班。提高自治区级非遗代表性传承人补助标准，对146人给予补助。表彰奖励全区非遗保护先进单位11个、先进工作者17人、优秀传承基地13个。开展“文化和自然遗产日”集中宣传活动。

【获奖考古研究项目】2018年10月22日，第二届中国考古学大会在成都开幕，中国考古学会田野考古奖揭晓。宁夏文物考古研究所、中国科学院古脊椎动物与古人类研究所承担的宁夏青铜峡鸽子山遗址考古研究项目获得中国考古学会田野考古奖一等奖，宁夏文物考古研究所承担的宁夏彭阳姚河塬遗址获得二等奖。青铜峡鸽子山遗址发掘距今4800年、10000年和12000年3个文化层位。直径不足2毫米的鸵鸟蛋皮装饰品是同时代发现最小的同类型遗物，革新了考古界对万年前人类运用复杂技术能力的认识。植物考古提取到了植物种子的遗存，意味着早在1.1万年前，先民就开始了对植物的利用。呈条带状分布的柱洞和数十处结构性火塘则揭示了居住和用火的状况。入选2016年十大考古新发现时，北京大学考古文博学院教授王幼平点评：“该遗址地处腾格里沙漠东南缘的荒漠中，之前我国同类型地貌单元的文化遗物都是地表采集，缺少明确的时空框架，此次发掘学术课题明确、考古过程科学规范，多学科合作充分，首次在西北沙漠边缘地区建立了距今约1.2万年至5000年，即晚更新世末期至全新世早中期的文化序列。”彭阳姚河源西周遗址考古发现具有重大意义。发掘的甲字形大墓与中原地区同时代的大墓规模相同，应是西周诸侯级别的墓葬，这是西北地区首次发现的西周诸侯国级别的墓葬。出土了种类丰富的珍贵文物，其中瓷器是目前考古发现最西北的原始瓷器出土地；发现的铸铜作坊是目前所知西周早期位置最西北的一处，有助于对西周铸铜技术体系及铸铜业进行深入研究；出土西周甲骨文，在1块卜骨和1块卜甲上，发现了甲骨文字200多个，可辨字形有“王”“至”“月”“薛”等单字，这是继周原凤雏遗址之后，全国第二处发现微雕甲骨文，在西北地区尚属首次发现。其中刻辞文字，是继周公庙单片刻辞之后所发现的第二刻辞甲骨。在2017年“全国十大考古新发现”评选会上，专家评委们认为，姚河塬遗址内涵丰富，包含仰韶时期、常山下层、晚商、刘家、先周、西周和战国秦汉等多时代遗存和文化类型，特别是商周时期的文化遗存更具代表性。其中商代晚期遗存含有刘家、中原、寺洼等地文化因素，说明商代晚期姚河塬已经是一处具有多文化杂居的中心性遗址，并与中原商文化有直接或间接的联系，显然已经成为一处西北边陲的都邑性遗址。数座带墓道的诸侯级墓葬和铸铜手工业作坊及带字甲骨

隆德县非物质文化遗产传承项目隆德花灯亮相2018年第二届宁夏收藏博览会

2018年5月11日，宁夏代表团参加在深圳会展中心举行的第十四届深圳文博会

的发现，不仅说明这是一处政治中心，更为研究晚商到西周时期中原王朝与西北边陲的关系提供了全新的资料支撑。

【第五批自治区文物保护单位】2018年9月1日，自治区政府确认固原市原州区头营镇马园村古遗址等12处历史文化遗迹为第五批自治区文物保护单位。这12处文物保护单位分别是：宋代马园村古城址、元代南台上遗址、西周时期姚河塬西周遗址、新石器时代上齐新石器遗址、明代四眼井城址、汉代汉延渠、清代惠农渠、西夏时期山嘴沟石窟壁画、近现代高崾岘炮楼、近现代唐平庄会议旧址、近现代中共红河地下支部旧址、近现代乔家渠毛泽东长征宿营地。此次公布的12处文物保护单位现今所在地6处在固原市，2处在吴忠市盐池县，其余分布在沙坡头区、西夏区以及汉延渠、惠农渠沿岸地区。

【"古城遗址保护信息资源共享服务平台研究与应用"项目】2018年，由自治区文化厅文物保护中心组织实施的"古城遗址保护信息资源共享服务平台研究与应用"项目喜获2018地理信息科技进步二等奖，这是地理信息科技进步奖设立以来宁夏文化文博系统唯一取得最高成就的科技成果。宁夏"古城遗址保护信息资源共享服务平台研究与应用"项目立足全区7处全国重点文物保护单位古城遗址、32处自治区文物保护单位古城遗址资源基础上，首次引用无人机倾斜摄影技术，获取古城遗址完整准确的地理信息，完成包括倾斜摄影、基础控制测量、数字高程模型、古城遗址鸟瞰图集、古城遗址实景三维模型等丰富多样、全方位记录、展示古城遗址的数字产品，完成古城遗址保护信息资源共享服务平台建设，实现了多维度、多源数据可视化管理和古城保护共享应用。该项目在宁夏首次将互联网与测绘技术结合，实现文化保护、文物展示、文物资源一体化共享，文化遗产复原及文物信息智能化展示，打破时间、空间限制，全方位满足人们游览、欣赏、研究等需求。

【查处文物法人违法案件】宁夏各级文物管理机构和文物执法机构严格落实文物行政执法四项制度，紧盯法人违法七类案件，采取措施，严肃查处多起文物法人违法案件。截至2018年底，全区各级文物行政部门和文物执法机构完成国家文物局督办、转办案件6起，查处文物违法案件15起，涉及法人违法案件9起，文物执法机构按一般程序立案查处7起，办结7起，实施行政处罚7起，责令改正3起，约谈重大文物安全案件和事故发生地政府负责人3人次，实施行政责任追究2起，行政罚款80余万元。严肃查处海原县墩墩梁烽火台遭损毁、盐池县安定堡2号烽火台擅自维修改变文物原貌、中宁县明长城余丁乡金沙村卫宁工业园区段保护范围内违法施工案等重大法人违法案件，有力震慑了文物法人违法行为。

（张　斌）

NINGXIA
YEARBOOK

出版传媒

CHUBANCHUANMEI

编辑◎张万静

图书出版

【概况】2018年，宁夏黄河出版传媒集团全年资产总计14.67亿元，比上年同期增长14.69%；净资产总计8.62亿元，比上年同期增长4.76%。集团公司完成合并营业收入5.24亿元，比上年同期增长3.38%；实现预结利润总额5919万元，比上年同期增长25.51%。出版图书3459种，其中初版书1601种，重印书1858种。《宁夏画报》等5种刊物，共出版80期，发行60余万册。出版音像出版物10种，发行22900盘。始终坚持正确出版导向，坚持把社会效益放在首位，围绕自治区60大庆，出版了《振奋精神 实干兴宁》《“不到长城非好汉”精神概论》《辉煌六十年》《宁夏档案文献选编》等精品力作。围绕改革开放40年，出版了《中国改革开放全景录·宁夏卷》等精品力作。崇尚“工匠精神”，开展了“2018质量管理年”活动，不断提升出版物质量，打造特色品牌。《会说话的名著》系列、《中国品格》系列、《图解世界战争战法》系列、《希望长在泥土里》等一批双效俱佳的图书获得好评。《那一天有我》等13种图书分获第二十届北方优秀文艺图书一、二等奖，《宁夏中药饮片炮制规范》等17种图书分获第二十六届中国西部地区优秀科技图书一、二、三等奖，《大国文化复兴——向云驹、王岳川文化强国对话录》等10种图书分获 第一届中国西部地区优秀教育图书一、二、三等奖。

【新华书店建设】2018年，宁夏新华书店集团教材汇总净收入2.56亿元，同比增长6.22%；教辅总收入1.33亿元，同比增长26.67%；一般图书总净收入5346.57万元，同比增长4.01%。稳步推进“文化旅游提升工程”，12个县区新华书店建设按计划有序推进。持续推进新华书店网点建设，新建了宝塔书院等7个新型特色书店。青铜峡书店荣获中宣部、文化部、国家新闻出版广电总局联合颁发的“第七届全国服务农民、服务基层文化建设先进集体”称号。积极推进实体书店阵地建设，拟定上报《宁夏新华书店农村发行网点建设方案》。教育书刊发行公司销售收入4923.58万元，实现利润1183.98万元，同比增长7.6%，新建宁夏医科大学校园书店，有序推进宁夏中小学图书装备服务中心筹备建设。紧跟国家出版融合发展战略，积极探索融合发展，继续实施复合出版物《晨读晚诵小古文》《会说话的名著》，在图书中全面植入二维码，融合发展探索不止。音像专辑《老三骑驴》入选2018国家音乐产业优秀项目奖励计划。音像社拍摄制作的10节微课被评为教育部2018年度“一师一优课，一课一名师”优秀课程。按照中央和自治区关于加强“走出去”工作的要求，积极推动版权贸易，与宁夏巴中环球文化互联公司签订版权委托代理合同，《中国经典动漫丛书》(30种)翻译为乌尔都语在巴基斯坦出版发行。继续推动往届中阿出版合作论坛签约项目的有效落地。新华书店文化旅游提升工程项目进展顺利。

【出版审核】2018年，宁夏黄河出版传媒集团坚持“出版单位生产调度会”管理模式，提升工作效率。坚持选题三级论证制度，认真执行专项选题报批制度，申报选题3330种。严格执行图书“三审”制度，抓好重大重点选题、敏感性选题和重印书的审核，认真贯彻落实出版物事前、事中、事后审读制度，全年审读出版物32种。强化书号、CIP数据信息填报及成书信息上传管理，全年核发书号1408个，发稿3459种。严格基层书店社会效益考核。确保了主业管理的安全有序。

（王佐红）

新闻出版与广播影视

【概况】2018年，审批图书出版选题2969种，电子音像出版选题19种，核发书号1029个、版号6个。年审印刷企业423家，合格415家，缓检5家，注销3家；核验出版物发行单位690家，通过682家，缓检8家；核验批发单位100家，全部通过年度核验；审核记者证1692个，通过1654人，未通过38人。落实并下达资金5300万元，实施文化旅游提升工程项目27个，其中贺兰县等12个新华书店建设项目全部开工；同心县、海原县2个广播电视播出机构制播能力建设项目全面完成；推进同心县、海原县等13个广播电视无线发射台站基础设施建设项目。

【执法监管】2018年，全区严厉惩治各类非法出版物及网络有害信息，收缴非法和侵权盗版出版物16600余册（盘），删除网络有害信息2.1万条，查办多起涉黄涉非行政案件，受理举报1起，协调公安部门侦办案件6起，其中报备4起。加大版权执法力度，依法查处侵权案件3起，著作权作品自愿登记415件、出版外国图书合同44件。加快推进软件正版化，西吉县国产软件试点通过国家验收，工作经验在全国交流。

【文化惠民工程】2018年，举办第二届“宁夏乡村读书节”，全民阅读“走近新时代 谱写新篇章”楹联征集、《西去列车的窗口》——庆祝自治区成立60周年全民阅读音乐诗剧朗诵晚会等活动。筛选22种图书，完成2018年度全区农家书屋出版物补充配送工作。

【电影放映与制作】2018年，全区城市影院共放映电影49.09万场，观影人次达到698.72万人次，票房2.26亿元，累计上缴国家专资1089.21余万元，数据上报率和专资上缴率均达到100%。票房数据与去年同期相比，分别增长11.49%、6.59%、4.87%。农村电影公益放映累计42023场，观众458万人次，超容量完成4万场任务的105.06%。摄制完成《闽宁镇》《阿修罗》《这一道沟，那一道梁》等电影。其中《闽宁镇》被国家电影局列为迎接改革开放40周年全国重点项目，已于12月6日在全国上映，引起强烈反响；《阿修罗》于7月13日在全国院线同步上映；《这一道沟，那一道梁》在全国农村院线上映。

【安全播出】2018年，牢固树立“安全播出是广播电视生命线”的理念，不断强化安全播出管理，开展安全大检查隐患大整治，全面加强值班值守，将党的声音安全、及时、优质传递到千家万户，实现了重保期广播电视安全播出“零事故”。开展境外卫星电视传播秩序专项整治，查扣、收缴、拆除非法销售、非法安装使用卫星地面接收设施34套、卫星接收机74台、卫星天线152面、高频头112只。查处违规广播电视广告64条，整改46个，停播18条，约谈频道1次。年检广播影视制作机构104家，其中94家合格，5家不合格，5家注销。实施555个贫困地区村综合文化服务中心提档升级工程，安装完成广播器材设备459套。

【电视制作】2018年，全区受理影视剧备案申报19部（电影17部、电视剧2部），通过备案公示10部（电影8部、电视剧2部），审查通过电影4部、电视剧1部。电视剧41集《我拿什么奉献给你》在地面频道及网络平台热播；30集《灵州盛会》剧本创作全面完成；42集《灵与肉》两次在央视八套黄金时段播出，引起社会强烈反响，夺得上半年全国电视剧收视率排行榜冠军。纪录片8集《六盘山》已于11月12—19日在央视科教频道播出。4集《走进宁夏》已于5月9—14日在央视科教频道《地理中国》栏目播出，这是《地理中国》栏目创办8年来第一次将镜头聚焦宁夏。《中国影像方志·宁夏卷》已于6月23日在央视科教频道首播。

【公益宣传】2018年，中央广播电视总台“心连心”艺术团来宁慰问演出；创新拍摄10集宣传片《宁夏故事》在人民网等67家新媒体展播，浏览量达1.7亿人次；举办第二届中国银川互联网电影节、第三届宁夏公益广告大赛等活动，品牌效应日益显现。

（玛依拉）

报 业

【宁夏日报报业集团】2018年，宁夏日报报业集团坚持守正创新，紧扣中央、自治区党委和自治区党委宣传部工作重点，以深化宁报改革为契机，策划改革开放40周年、宁夏成立60周年等主题宣传战役，开展“砥砺奋进60年—全国主流媒体宁夏行”等重点活动，推出“聚焦十九大 新征程再出发”等大型采访活动，报网端微共同发声发力，主题宣传大气磅礴、旋律高昂，成就宣传浓墨重彩、氛围浓厚，亮点宣传出新出彩、有声有色，着力讲好宁夏故事，传播好宁夏声音，展示好宁夏形象，为全区经济社会发展凝聚力量。通过改版、深化宁夏日报新闻供给侧改革，推出思想、文化、民生、建设美丽新宁夏·共圆伟大中国梦等周刊，使原创新闻版大幅超过非原创新闻版，宁报政评、宁报微评等短评类专栏，受到中宣部和自治区党委表扬。《内部参考》有多篇稿件被自治区领导批示。《新消息报》

实现扭亏为盈。《宁夏法治报》发出宁夏政法声音响亮，受到各方称赞。《小龙人学习报》克服困难积极服务学校、教师、学生。宁夏新闻网传播力影响力进一步上升。《看天下》《博客天下》杂志严把政治关，事故差错率明显下降。《新知讯报》站好最后一班岗，实现了平稳休刊。《宁夏日报》有1个版面获第二十八届中国新闻奖三等奖，宁报集团有4组作品被中宣部新闻局《舆情通报》《新闻阅评》表扬。2018年，宁夏日报报业集团实施媒体深度融合工程。适应新形势新要求，调整集团编委会，建立定时定点新闻调度会议制度，形成一体化的全媒体指挥调度机制。加快融媒体建设，在多方筹措2000多万元资金建成融媒体智能传播平台的基础上，争取1300万元项目资金用于整合新媒体资源，扩充全媒体智能传播平台功能，升级集团"中央厨房"，全媒体智能传播平台上线运行，报网端微内容策划和生产发布实现一体化。集团全媒体指挥中心建成使用，5个地级市融媒体中心即将全部挂牌，横向打通各个媒介，纵向联通5个地级市全媒体融合框架初步完成。推动融媒体工作室建设，集聚骨干力量，用品牌战略提升融媒体传播力引导力影响力公信力。对400多人次采编人员开展技能培训，为集团改革融合发展提供人才保障。宁夏日报报业集团面对报业经营整体下滑的不利局面，在传统产业上抓巩固提升，在新兴产业上抓拓展培育，想方设法寻求突围之策。全年实现经营总收入2.97亿元，利润同比增长4%。整合产业资源，组建了广告、发行物流、印刷、博览4个集团公司，培育会展、小额贷款、旅游等新兴产业，扩大经营总量，提升质量效益。与上海报业集团、新华日报报业集团、海南日报报业集团签署战略合作协议，合作项目上海融媒体培训班、宁夏名优产品南京行顺利实施。举办首届中国（宁夏）国际车展暨第十届中国西部（银川）房·车博览会、第十四届中国（深圳）国际文化产业博览会、首届中国（上海）自主品牌博览会宁夏展区布展等工作，办会水平、规模、品牌影响力等方面得到提升。

（韩幸福）

【银川日报】2018年，银川日报社从业人员118人，其中采编人员75人，约占从业总人数的63.55%；持有记者证人员76人，约占从业总人数的64.4%；大学本科以上学历人员91人，约占从业总人数的77.1%；中级以上职称人员46人，约占从业总人数的38.98%；副高级以上职称人员16人，约占从业总人数的13.55%；高级职称人员3人，约占从业总人数的2.54%。2018年度出版330期，平均每期印数2.8万份，平均期发行量2.8万份。年度总印数930万份；年总印张18650千印张，与上年度同期持平；刊登公益广告67.5个版面。年度经营总收入1080.08万元，比上年同期增加213.08万元，增长24.5%。其中发行收入610.87万元，比上年同期增加195.87万元，增长47.19%；纳税额26万元，比上年同期减少7.76万元，下降29.84%。2018年报社广告收入469.21万元，比上年同期增加17.21万元，增长3.8%，占单位总收入的43.44%。银川日报编辑部相继开设"学习贯彻十九大精神 实现绿色 高端 和谐 宜居发展""在习近平新时代中国特色社会主义思想指引下 新时代新作为新篇章""聚焦十九大 新征程再出发""转理念 转方式 转作风 加快推动银川高质量发展""文化扶贫 助推精准扶贫""幸福在奋斗的新时代""乡村振兴""创新创业在银川"等主题性栏目，围绕市委中心工作及时刊发新闻报道。按照"围绕市委中心工作，服务银川发展大局"的思路，深入开展形式多样、百姓喜闻乐见的新闻报道，唱响主旋律，凝聚正能量，为银川实现"绿色、高端、和谐、宜居"发展营造良好的舆论氛围。先后圆满完成银川市两会等全市重大新闻报道任务。在做好"围绕中心、服务大局"工作的同时，继续将新闻触角延伸至银川市的每一条街巷，关注湖城的每一个细微变化，记录生活在这座城市民众的酸甜苦辣，从民众的视角出发，从发生在民众身上的故事中记录这座城市的改变。在这一理念的指引下，日报开设了"守护舌尖上的安全""人人争当银川眼""社会主义核心价值观倡导""四好农村路"《凡人善举滴水成流 集聚湖城向上力量》《田间地头就把农产品管齐来》等栏目。宁夏回族自治区成立60周年是2018年银川市极为重大的政治事件，《银川日报》推出"60年·光荣之路"系列报道，下设"实干创出新时代、创新引领新发展、绿水青山新福祉"三大板块，同时在前中后各个节点适时推出"辉煌60年·百姓故事""辉煌60年周年庆""牢记殷殷嘱托 共圆伟大梦想"等跟进栏目，通过主题报道、1+N等模式刊发了一批高质量稿件百余篇以及多个图片专题版面，《一个80后眼中的兴泾镇变迁》《兴庆区月牙湖乡30年变迁前路 从"三块石头垒个灶"到产业化新乡镇》《如今的日子，让月牙湖乡村民竖起大拇指》《在这片希望的土地上》，图文解析自治区成立60年6场专题新闻发布会等。2018年是银川市新闻传媒集团媒体融合发展的攻坚之年，《银川日报》编辑部继续深度融入其中，以学习常态化、策划系统化、采编沟通畅为基础，实现融合发展，有条不紊地推进各项工作。除了在集团中央厨房所提出的当天动态新闻策划外，每天编前会都会召开选题策划会，收集讨论重点选题并形成策划方案与采集中心沟通，形成良性的选题追踪机制。在媒体融合方面，《银川日报》继续践行全媒体联动，与广播、电视、网站和新媒体形成合作机制，继续在报纸上推出"二维码新闻"，读报扫二维码就可以看到银川电视台的视频新闻，同时开设图片专题版面，推出了一系列极具视觉冲击力的视觉新闻。

【石嘴山日报】2018年，石嘴山日报社从业人员70人，其中采编人员51人，约占从业总人数的72.85%；持有记者证人员57人，约占从业总人数的81.4%；大学本科以上学历人员51人，约占从业总人数的72.85%；中级以上职称人员19人，约占从业总人数的27.1%；副高级以上职称人员2人，约占从业总人数的2.85%；正高级职称人员1人，约占从业总人数的1.42%。报社年度出版期数252期，平均每期印数1.45万份，平均期发行量1.45万份。总印数365万份；年总印张7308千印张，与上年度总印张持平；刊登公益广告60个页码。年度经营总收入2133.76万元，比上年同期增加872.76万元，上涨69.21%。其中发行收入769万元，比上年同期增加218万元，增长39.56%；纳税额39.96万元，比上年同期减少10.04万元，下降20.08%。2018年报社广告收入174万元，比上年同期减少66万元，下降27.5%。2018年《石嘴山日报》创新报道方式，发挥传统媒体采编力量强和新媒体传播速度快的优势，做好石嘴山市"两会"宣传报道，开设"十件民生实事系列报道""履职尽责迎两会""人大代表风采""政协委员风采"等栏目，对市政府承诺为群众办理的十件民生实事的完成情况进行跟踪报道，让老百姓感受到民生温度；对人大、政协的亮点工作，以及人大代表、政协委员先进典型进行深入报道，并对10件政协重点提案进行报道。充分发挥报纸、广播电视、网络和"两微一端"等媒体的优势和特色，围绕"作风建设深化年"活动，突出问题导向，精心策划，开设专栏，先后刊发"作风建设深化年"活动相关报道近30篇，系列评论3篇；石嘴山市"重大项目推进年"活动开展以来，中心全力做好相关宣传工作。开设"科技创新在行动""在习近平新时代中国特色社会主义思想指引下——新时代 新气象 新作为"等专栏，大力宣传石嘴山市重大项目推进情况，为加快推进项目建设，努力扩大有效投资，推动全市产业转型升级和结构调整营造了良好的舆论氛围。开设"环保进行时 碧水蓝天 绿色家园""坚决打赢蓝天保卫战"等栏目，做好"中央环保督查回头看"和"贺兰山自然保护区清理整治"宣传工作。对中央环保组在石嘴山市督办的事项进行重点跟踪报道，为贺兰山自然保护区清理整治攻坚战营造声势，并在B叠重要版面刊发涉及环境保护主题方面的文摘、通讯、消息，充分利用专栏的优势，以小见大做好、做深环保宣传工作。报纸开设的"打赢脱贫攻坚战"栏目贯穿全年，对脱贫攻坚工作中出现的新问题、推出的新举措、达到的新成效等进行跟踪报道。开设"喜迎自治区60大庆——我的60年"等栏目，宣传自治区成立60年来，特别是改革开放40年来，尤其是中共十八大以来，石嘴山市在自治区党委、政府的坚强领导下，经济、政治、文化、社会、生态文明和党的建设各领域发生的巨大变化和各项事业取得的辉煌成就。精心谋划、周密部署"习近平新时代中国特色社会主义思想""党的十九大精神""自治区第十二次党代会精神""市第十次党代会精神"新闻宣传工作。报纸先后开设"聚焦十九大新征程再出发""在习近平新时代中国特色社会主义思想指引下——新时代新作为新篇章""做新时代的奋斗者"等栏目，深入采访各县区、各部门、社会各界组织的形式多样的学习宣传活动，在各类媒体上开设专题专栏，营造浓厚宣传氛围。石嘴山市新闻传媒中心先后完成内部运行机制改革，完善融媒体采编体系，成立宁夏塞上星云科技有限公司，开展中层干部竞聘及职工双向选择。同时，中心把建设"中央厨房"作为打造新型主流媒体的有力抓手，项目于2018年2月开工建设，年底投入使用。"中央厨房"融媒体中心的运行，推动了传统媒体和新兴媒体在内容、渠道、平台、经营、管理等方面深度融合。按照石嘴山市委关于深化石嘴山新闻传媒中心改革的总体部署，坚持"以岗定薪、同工同酬、多劳多得、兼顾公平"的原则，市新闻传媒中心多次赴其他单位实地调研，建立起符合媒体特点、尊重新闻规律的薪酬制度和改革方案，坚持向采编一线、技术含量高、责任风险重、劳动强度大的员工倾斜，坚持编制内外人员同岗、同薪、同待遇原则，最大限度调动新闻工作者的积极性。

【吴忠日报】2018年，吴忠日报社从业人员56人，其中采编人员30人，约占从业总人数的53.6%；持有记者证人员56人，约占从业总人数的100%；大学本科以上学历人员37人，约占从业总人数的66%；中级以上职称人员7人，约占从业总人数的12.5%；副高级以上职称人员4

人，约占从业总人数的7.14%；正高级职称人员1人，约占从业总人数的1.78%。报社年度出版期数259期，平均期印数1.3万份，平均期发行量1.3万份。总印数336.7万份，比上年同期增加11.7万份，上涨3.47%；年总印张3367千印张，比上年同期增加117千印张，上涨3.47%；刊登公益广告54个页码。年度经营总收入956.26万元，比上年同期增加124.26万元，增长14.9%。其中发行收入371.08万元，比上年同期增加87.08万元，增长30.66%；纳税额18.28万元，比上年同期增加16.28万元，增长89.1%。报社广告收入200万元，与上年度同期持平，占单位总收入的20.9%。2018年，报社围绕深入学习贯彻习近平新时代中国特色社会主义思想、中共十九大精神、全国“两会”等内容，开设“深入学习贯彻党的十九大精神”“新时代新气象 新作为”等重点宣传报道栏目近20个，各类重点选题宣传报道800余篇（幅）。开设“中国改革开放40年”“壮阔东方潮 奋进新时代”“砥砺奋进六十载 塞上宁夏谱新篇”等反映改革开放40周年、自治区成立60周年成就的相关栏目10余个、稿件230余篇，全面地展示了改革开放40年和自治区成立60年来发生的翻天覆地的变化。围绕自治区第十二次党代会、全市“两会”、市委全委会、市委五届六次全会等中心工作和阶段性重点工作，先后推出重点选题策划10余个。配合中央环保督察“回头看”，刊发相关内容版面30多个整版，刊发各类相关稿件及评论员文章40余篇。开设“创建国家生态文明建设示范市”“深入推进扫黑除恶专项斗争”“好人365”等重点宣传报道栏目近20个，刊发各类重点选题宣传报道600余篇（幅）。健全完善吴忠网、吴忠日报官方微博、微信等新媒体稿件的审签程序，确保新闻安全，强化“吴忠网”本土化内容和本地权威信息发布的服务功能，开设相关重要栏目21个，子栏目84个。同时，在《吴忠日报微信公众号》内容推送中注重新媒体受众特点，适应快速阅读需求，关注读者由2017年底的13900人，增长到2018年度的18000人。

【固原日报】2018年，固原日报社从业人员84人，其中采编人员57人，约占从业总人数的67.85%；持有记者证人员56人，约占从业总人数的66.67%；大学本科以上学历人员61人，约占从业总人数的72.6%；中级以上职称人员32人，约占从业总人数的38.09%；副高级以上职称人员4人，约占从业总人数的4.76%。2018年报社年度出版期数252期，平均期印数1.26万份，平均期发行量1.26万份。总印数323万份，比上年同期减少5.48万份，下降1.69%；年总印张3175.2千印张，比上年同期减少54.8千印张，下降1.69%；刊登公益广告15个页码。年度经营总收入1419.91万元，比上年同期减少199.09万元，下降12.29%。其中发行收入254.02万元，比上年同期增加4.02万元，增长1.6%；纳税额21万元，比上年同期增加1万元，增长5%。2018年报社广告收入285.4万元，比上年同期减少58.6万元，下降17%，占单位总收入的20.09%。2018年，固原日报社服务大局，服务读者，不断深化改革创新，强化内部管理，推动媒体融合，传播了固原好声音，讲述了发展好故事，为打好“六场硬仗”、建设“四个示范市”营造了良好的舆论环境，为报业实现转型升级奠定了基础。2018年是我国改革开放40周年，为记录固原40年发展特别是党的十八大以来的生活变迁，报社策划推出“庆祝改革开放40周年·固原故事”系列报道，反映固原老百姓在衣食住行等方面的巨大变化，在一版显著位置，刊发26篇稿件。另外在要闻版、时事信息版开设栏目“壮阔东方潮、奋进新时代——庆祝改革开放40周年”，刊发新华社、人民日报记者采访的反映我国和自治区改革开放的典型稿件40余篇。开设“闽宁协作 山海相连”栏目，分会前、会中、会后三个阶段进行充分报道，宣传了成果，营造了亮点。为做好庆祝自治区成立60周年宣传报道工作，固原日报社认真按照自治区党委宣传部和固原市委宣传部对庆祝活动的总体要求，组织有关部室制定了宣传方案，精心策划、扎实采访，相继在一版开设了“喜迎自治区60大庆”“1958—2018·与自治区一起成长”“见证60年、砥砺奋进”“见证60年、岁月回响”“砥砺奋进六十载·塞上宁夏谱新篇”栏目，共发稿64篇（幅）。在二版开设“见证60年、数据看变化”栏目，发稿10期。在三版开设“我眼中60年的变迁”，发稿20篇。在三版开设“1958—2018·时光印记”，刊发3期影像专刊图片版，为自治区60大庆营造了良好舆论氛围。2018年，固原日报社把媒体融合作为重点工作来精心打造，利用“两微一网一端”推进新闻资源共享。“今日固原”客户端新增音视频功能更加完善，本地新闻一目了然。拓宽媒体矩阵平台，先后申请完成了今日头条号、网易号、一城一食、文化固原、固原画报等一批自媒体账号，实行统一管理、统一审核、统一发布的运行机制，通过对传播效果、品牌价值进行全方位考核，初步形成以“新闻客户端为主体，微博微信为两翼，第三方平台为补充”的传播矩阵。目前，固原日报社形成以“两报（报纸、数字报）两微（微信、微博）一端（今日固原客户端）一网（固原新闻网）”为架构的四位一体媒体融合格局，基本实现了“一支队伍采集、多个平台生产、多个渠道分发、全部流程调度”。

【中卫日报】2018年，中卫日报社从业人员104人，其中采编人员92人，约占从业总人数的88.46%；持有记者证人员76人，约占从业总人数的73.07%；大学本科以上学历人员87人，约占从业总人数的83.65%；中级以上职称人员16人，约占从业总人数的15.38%；副高级以上职称人员4人，约占从业总人数的3.84%；高级职称人员1人，约占从业总人数的0.96%。2018年，报社年度出版期数248期，平均期印数1.38万份，平均期发行量1.35万份。总印数342.24万份，比上年同期持平；年总印张6844.8千印张，比上年同期增加337.8千印张，上涨5.19%；刊登公益广告56个页码。年度经营总收入1437万元，比上年同期增加215万元，增长17.59%。其中发行收入537万元，比上年同期增加147万元，增长37.69%；纳税额20.08万元，比上年同期减少14.92万元，下降42.62%。2018年报社广告收入360万元，比上年同期减少120万元，下降25%，占单位总收入的25.05%。报社按照中卫市委、市政府2018年中心工作、重点工作，紧紧围绕脱贫攻坚、全域旅游、乡村振兴、移风易俗、创建全国文明城市、自治区成立60周年大庆、“五个扎实推进”和市委、市政府“6+8”等重点工作，共组织“庆祝改革开放40周年”“自治区成立60周年”“美丽中卫行——改革开放40年看变化”“60年·辉煌与风采”“走进中卫”“60年巨变看中卫”等10项重大报道。在报台网等各媒体同步新开设了“转型追赶 高质量发展 贯彻落实市委四届四次全会精神”“文明城里话新风”“贯彻落实市两会精神”“崇尚实干 狠抓落实”“2018·我们在落实”“学习宣传贯彻宪法”“中央环保督察回头看”“环保进行时 碧水蓝天·绿色家园”“塞上风纪曝光台”“创城进行时”“新起点新征程——致富路上带头人”“美丽中卫行——改革开放40年看变化”“60年·辉煌与风采”等重点栏目共20多个，组织开展大型宣传报道活动6次以上。其中，“新春走基层”“脱贫攻坚”“改革开放40周年”“庆祝自治区成立60周年”“中央环保督察回头看”“创建全国文明城市”等大型宣传战役取得良好宣传效果。《中卫日报》以“庆祝改革开放40周年”和“自治区成立60周年”为总栏目，以“宁夏记忆、支宁援宁、民生印记”为采写主题，组织开展“美丽中卫行——改革开放40年看变化”“60年·辉煌与风采”“走进中卫”“60年巨变看中卫”等系列采访采风活动，讲好中卫故事，传播中卫声音，展示中卫人的精神风貌。《中卫日报》专门出版了1期60个版面的庆祝自治区成立60周年特刊典藏本，通过文字、照片、图表、数据等形式，全面展示了自治区成立60年来中卫取得的辉煌成就。2018年，中卫市新闻传媒集团持续深化对习近平新时代中国特色社会主义思想的宣传，在《中卫日报》开设“在习近平新时代中国特色社会主义思想指引下——新时代新气象新作为”专栏，持续报道全市干部群众以习近平新时代中国特色社会主义思想为指导的生动实践和创造，感受新时代的新气象、新作为。近期，为了贯彻落实“三项学习教育”活动，又开设了“走转改·记者目击”、“走转改·中卫故事”栏目。在《中卫日报》推出一批有深度、有影响的理论文章。在中卫新闻网、云端中卫客户端开办“微学习”交流平台，积极推送重要文稿、重要研究成果等，实现了习近平新时代中国特色社会主义思想“天天见、天天新、天天深”。中卫日报社围绕打造西部最具特色新型主流媒体的目标，在内容建设、传播手段、体制机制、技术支撑、平台建设、经营创收等方面持续发力，加快融合步伐，取得了明显成效。传媒集团成立的云计算产业、全域旅游和乡村振兴战略3支专业化宣传队伍提供的1100多条精品稿件通过“百家媒体看中卫”活动，在媒体联盟成员单位之间被多次推送，彰显了媒体融合发展的影响力。实现了电视节目高清播出；注册了三个手机中文域名（中卫市新闻传媒集团、中卫广播电视台、《中卫日报》）；全力推广《早安中卫》微信公众号，阅读量、转载人数大幅度攀升，获得社会一致好评。争取城区户外广告位资源交由传媒集团经营，方案已通过中卫市政府常务会议，广告位回收工作正在有序开展；筹建传媒集团印务中心，完成传媒集团印务中心厂址的划定，并进入印刷设备招标采购阶段；多方筹建中卫文化产业园建设，产业园项目已经政府常务会通过并进行设计规划。

（徐科军）

旅游
LUYOU

NINGXIA YEARBOOK

编辑◎张　哲

旅游规划与产业开发

【全域旅游基础工作】2018年，宁夏按照"全景、全业、全时、全民"发展理念，修改完善《宁夏全域旅游发展总体规划(2017—2035年)》及四个子规划，进一步明确宁夏全域旅游资源开发、产业融合发展、基础设施建设等方面的发展思路，形成宁夏了全域旅游发展的特色路径。全区旅游经济总体形势呈现高开稳走、快速发展的良好态势，全年接待国内外游客人数达3344.72万人次，同比增长7.78%，实现旅游总收入295.68亿元，同比增长6.47%，其中接待国内游客3335.88万人次，同比增长8.36%，实现国内旅游收入291.9亿元，同比增长6.06%；接待入境游客8.84万人，同比增长35.41%，实现入境旅游收入3.78亿元，同比增长44.82%。

【全域旅游示范区创建】2018年，指导各市、县(区)按照全域旅游创建基本标准、实施方案和验收细则，制定全域旅游创建行动计划和精品景区提升规划，全域旅游顶层设计进一步完善。按照"全区统筹、整体推进、梯次创建"原则，加大全域旅游示范区创建力度，确定银川市、大武口区、红寺堡区为2018年度自治区创建全域旅游示范区重点推进单位，安排地方政府债券资金2亿元全力支持创建工作。协调指导各市、县(区)和各部门全力推进全域旅游示范区创建，深入实施精品景区提升、旅游市场开拓、旅游融合发展等"七大工程"，党政统筹协调、部门协同发力、上下共同推进、社会普遍关注的全域旅游发展新格局基本形成。

【旅游项目建设】2018年，全区建立"十三五"重点旅游项目库，天山海世界·黄河明珠、中卫丝路沙坡头南岸半岛、丝路明珠塔、"丝绸之路"国际旅游博览园等项目加快推进，宁夏东部环线旅游集散中心，吴忠绿博园、青铜峡凤凰岛低空营地、固原市旅游环线综合配套服务设施项目、黄河金岸低空旅游及旅游集散中心等建成运营。银川三沙源国际生态文化旅游及休闲度假园项目、西夏区贺兰山东麓葡萄文化旅游产业示范基地建设项目、银川长城神秘西夏文创园项目入选自治区2018年重点建设项目名单。

【精品景区建设】2018年，全区实施旅游精品创建工程，启动《宁夏精品景区提升规划》编制，梯次推进精品景区建设。积极推动国家A级旅游景区提档升级，全域旅游发展层次进一步提升。全力做好六盘山长征景区、青铜峡黄河大峡谷旅游区国家AAAAA级旅游景区创建提升工作，大武口奇石山景区和盐池哈巴湖生态旅游区成功创建国家AAAA级旅游景区，积极开展中国枸杞馆、西夏风情园、中卫寺口子、北武当生态旅游区等AAAA级旅游景区创建工作，贺兰山东麓、黄河金岸、东部环线和六盘山旅游风景廊道建设扎实推进，盐州古城历史文化旅游区、灵州古城历史文化旅游区等开放型新景区建设初见成效，天山海世界、黄河明珠、沙坡头盛典等精品旅游项目开放运营。

【乡村旅游】2018年，全区加强乡村旅游与乡村振兴战略、脱贫富民战略有效对接，持续推动十大特色产业示范村建设，召开全区乡村旅游工作推进会，全面推介泾源县二十公里旅游风景道、隆德县老巷子民俗文化村、西吉县龙王坝村等乡村旅游发展经验。联合14个部门印发《关于促进乡村旅游提质升级行动方案(2018年)》，落实乡村旅游发展政策措施，促进提质升级。积极支持举办乡村旅游节庆活动，着力打造原生态乡村休闲旅游品牌，六盘山山花节、庙庙湖桃花旅游节等系列节事活动吸引区内外大批游客踏青赏花，休闲观光，促进当地文化旅游消费，让农民不出家门就能致富。组织开展“千名乡村旅游带头人”评选活动，评定五星级农家乐9家、四星级农家乐18家。

【红色旅游】2018年，六盘山长征景区、同心红军西征纪念馆、盐池县革命烈士纪念馆等红色景区基础设施加快完善，将台堡会师纪念园、盐池革命历史纪念园展览提升工程有序推进，综合服务功能全面提升，红色旅游发展活力不断增强。全年举办培训班18次，培训红色旅游讲解从业人员89人次。精心选派4名优秀讲解员参加全国红色故事讲解员大赛，1人晋级全国20强。

【冬游宁夏·享受阳光——2018年冬季旅游系列活动】2018年12月2日，2018宁夏冬季旅游系列活动启动仪式在银川天山海世界·黄河明珠景区举办，旨在进一步落实自治区党委提出的“把银川都市圈作为一个大景区来谋划，从贺兰山下到黄河岸边，把线路串起来、景区融起来，以消费链打造景观链、服务链”要求，全力打造贺兰山东麓生态文化旅游廊道、黄河生态文化旅游带等线路，打造“塞上好江南·美丽新宁夏”新美景，推动文化旅游融合发展和全域旅游迈出实质性步伐。自2016年宁夏成为继海南省之后的全国第二个全域旅游示范（省）区创建单位以来，按照“全景、全业、全时、全民”的全域旅游发展模式，不断挖掘温泉、冰雪、美食等冬季旅游资源和线路产品，吸引了越来越多的游客。冬季旅游活动由自治区文化和旅游厅主办，围绕“冬游宁夏·享受阳光”主题，精心设置了“走好新的长征路之旅”“踏沙之旅”“温暖养生之旅”“品读西夏研学之旅”“丝路文化之旅”“民俗风情之旅”“浪漫爱情之旅”“塞北冬韵之旅”等10条冬游线路产品，同时，将高质量、高标准举办“诗与远方”“燃烧我的卡路里”“味蕾狂欢节”“全国媒体采风”等四大系列冬季旅游主题活动。作为文化和旅游厅新组建后首次启幕的大型文化旅游活动，2018年宁夏冬季旅游系列活动把推动文化旅游融合，文化旅游与生态、创意、康体、登山融合，作为丰富冬季旅游、满足广大游客消费需求的新高度，旨在聚众智、促创新、做精品、促旅游；力求整合优质资源，推出一系列丰富多彩的冬游项目；力求融合优秀文化，推出一个个独具风采的旅游演艺节目；力求汇集最新创意，推出一批批精品荟萃的特色礼物。开幕式现场，30多家景区纷纷推出冬季门票优惠政策。该次冬季旅游活动将持续到2019年3月。其间，宁夏非物质文化遗产传承人、文艺院团、文化馆、旅游景区（点）、旅行社、购物店将联合奉献艺术表演、特色小吃、精品旅游线路等最优、最丰实的冬季旅游体验。沙坡头等16家国家AAAA级以上旅游景区联合推出系列优惠政策，对全国游客实行半价门票。

（张　斌）

营销与推介

【旅游营销】2018年，全区旅游宣传实现主流媒体全覆盖，在央视《朝闻天下》《新闻30分》黄金时段每天播放宁夏旅游形象宣传广告，受众11亿人次以上；《中国旅游报》《宁夏日报》、宁夏电视台等主流媒体通过刊发专版、播放形象片、新闻报道、访谈直播等形式全方位宣传宁夏文化旅游。新兴媒体宣传渠道不断拓展，在人民网、新华网、宁夏新闻网开通宣传窗口，设立宣传专栏，充分利用花椒直播、网红、抖音、微博、微信等新兴媒体扩大宁夏对外知名度。开展“宁夏好神奇”大型网络直播活动，观看量达1.17亿人次。平面媒体宣传范围不断扩大，加大主要客源市场、机场、火车站、公交站亭等投放宁夏文化旅游形象广告力度，在全区三星级以上酒店和机场、火车站等人流密集场所布放文化旅游口袋书、旅游地图、宣传折页等，扩大宣传覆盖面。紧扣旅游市场新变化，修订出台《2018年“引客入宁”以奖代补管理办法》，安排资金1000万元，加大对旅游包机、旅游专列和入宁旅游奖补力度，发挥“四两拨千斤”的杠杆撬动作用，共接待旅游专列179趟，旅游包机26架。

【旅游品牌建设】2018年，宁夏举办中国西北旅游营销大会暨旅游装备展、“全域旅游，美好生活”2018年中国旅游日宁夏分会场主题活动、“清凉宁夏·避暑之旅”欢乐旅游季、“行走塞上江南·见证神奇宁夏”2018年中国百名记者自驾游宁夏采风活动、“冬游宁夏·享受阳光”2018年冬季旅游系列活动等，得到社会各界的广泛关注和高度评价，提升了宁夏文化旅游品牌知名度和影响力。探索宁夏旅游品牌线上线下整合营销新模式，精准聚焦市场，赴长三角、珠三角、京津冀等重点客源地持续开展区域化、本土化宣传促销活动，与同程旅游网合作在华东5省（市）10个重点城市开展宁夏全域旅游“华东秀”系列活动，组织开展了2018“湘约宁夏”宣传周系列活动，策划实施2018珠三角“宁夏旅游年”暨珠三角地区全年整体宣传营销活动，首次植入“情景式表演”、首创“旅游体验师”模式，有效拉近中远距市场游客的心理距离，“湘约宁夏”宣传周系列活动斩获

2018年IAI国际旅游奖“旅游营销创新类银奖”。举办“神奇宁夏”全国征文大赛，丰富宁夏文化旅游品牌内涵。

【旅游惠民措施】2018年，举办2018全区导游（讲解员）大赛、全区饭店服务技能大赛，评选“十大旅游特色街区”“十大旅游特色农家乐”，“十百千万”工程圆满收官。引入“上海小南国”“香港聪少”甜品知名餐饮品牌，满足不同层次旅游人群消费需求。在全区持续推广199元省级旅游惠民卡，持续推出“八闽亲人宁夏游”、冬季景区半价游、“5·19”中国旅游日等系列旅游惠民措施。全面落实景区门票降价措施，水洞沟旅游景区等4家国家AAAAA级旅游景区全部下调门票价格。

【宣传推介】2018年，宁夏创新“形象宣传＋渠道整合＋内容整合”营销模式，首次在新加坡和印尼设立宁夏旅游形象店和营销中心，组团赴印度尼西亚、马来西亚、新加坡和中国台湾地区开展“美丽中国·神奇宁夏”深度精准宣传推广，多维度构建了重点客源市场宁夏旅游产品销售网络，宁夏入境游整合营销项目获得“中国旅游目的地最佳海外营销奖”。策划组织以“白云亲吻蓝天·黄河拥抱沙漠”为主题的2018宁夏（沙坡头）国际沙漠旅游牵手活动，吸引来自20多个国家和地区的1000余名境外游客热情参与。举办“华夏文明·薪火相传”台湾高校师生宁夏游学活动，全方位展示宁夏历史文化、旅游资源和风土人情。精准营销推动境外旅游包机专列入宁，借助文化和旅游部平台组织开展境外旅游宣传，在中国台湾地区、中国香港地区和东南亚等国家投放主题宣传广告，充分利用宁夏境外旅游营销中心、旅游同业媒体、参加旅展活动进行宣传，组织东南亚旅游包机团队、华运号“新东方快车”旅游专列等来宁旅游，实现了入境游客接待质的飞跃。

【宁湘两省区文化旅游合作】为推动宁夏全域旅游、银川都市圈文化旅游融合及一体化发展，12月17日—20日，自治区党委宣传部副部长、文化和旅游厅党组书记刘军一行赴湖南省实地调研考察文旅融合发展经验和湖湘旅游餐饮新业态。双方就平台搭建、客源互送、节会共办、市场同拓等方面达成务实合作共识。湖南卫视推出的“爸爸去哪儿”第一季、第四季分别在宁夏中卫沙坡头和南长滩拍摄。6月，自治区政府组织旅游、农牧、商务、林业、葡萄酒产业发展局等部门及相关企业在长沙开展2018“湘约宁夏”湖南宣传周系列推介活动，湖南饭店协会、旅行社协会先后赴宁夏进行考察交流，两省区行业之间签订一系列务实合作协议。

（张　斌）

旅游管理与培训

【旅游监管】2018年，《旅行社经营许可证》申请办理、设立分支机构程序不断简化，极大方便了旅游企业。不断强化事前防范和事中监管，通过严格动态管理，为文化旅游市场规范经营划定“红线”和“底线”。2018年，新设立旅行社18家，比上年同期增长38.5%。建立全区旅游行业诚信“红黑名单”，全年文化和旅游执法机构共出动人员8.2万人次，检查经营单位2.9万家次，受理群众举报投诉184件，立案调查72件，结案136件，罚款51.8万元。全区文旅游市场秩序持续向好，未发生重大旅游投诉和安全生产事故。

【人才培训】2018年，全区加强旅游人才培养，做好职称评审、人事档案管理工作。加强旅游人才培养，以宁夏旅游学校为依托，采取校企合作方式，实施万名旅游人才培训计划，培养一批本土专业人才。依托区市县三级培训网络，开展基层旅游管理人员、专业人员、骨干培训，全年举办培训班124班（次），培训4000余人次。

【职业教育】2018年11月24日，自治区文化和旅游厅领导及相关处室负责人深入宁夏旅游学校专题调研全区旅游职业人才培养情况，现场巡查指导全国导游资格考试工作。对学校实地查看，听取汇报，详细了解学校发展情况。先后视察了宁夏旅游学校实训楼、图书馆、食堂、教学楼和宿舍楼等教学生活区。到全国导游资格科目考试现场与考务工作人员交谈，了解导游资格报考人数等相关情况。厅长宋建钢对学校工作给予了充分肯定，并提出工作要求：要全面落实安全生产工作。主动与银川市对接，争取尽快落实安民巷封闭事宜，贯通南北校区，进一步确保师生人身和财产安全；要创新校企融合模式。探索校企合作模式，依托自身优势向旅行社、酒店等行业延伸，逐步创建出具有品牌效应的校办企业；要加大基础设施建设力度。多方筹措资金新建宿舍楼，从根本上解决硬件条件落后的现状；要加强师资队伍建设。多渠道引入专业人才，扩大师资队伍，提升教学水平，优化职称结构，全面增强教育教学软实力。

（张　斌）

体育

TIYU

NINGXIA YEARBOOK

编辑◎张　哲

综　述

【全区体育工作会议】2018年2月1日，全区体育工作暨党风廉政建设会议在银川召开。会议学习贯彻党的十九大精神和自治区第十二次党代会、全区“两会”精神，总结回顾了2017年全区体育工作，研究部署了2018年目标任务，部署了党风廉政建设工作和赛风赛纪及反兴奋剂工作，通报宁夏获得全国体育工作先进的集体和个人，表彰宁夏“一地一品”全民健身品牌赛事，自治区体育局群众体育处、吴忠市文化体育新闻出版广电局、贺兰县体育中心做了交流发言，签订2018年度党风廉政建设责任书、安全生产责任书和赛风赛纪及反兴奋剂责任书。

【体育人才培养】2018年，宁夏修订实施《宁夏回族自治区体育系列专业技术职称评审条件(试行)》，在全国率先设立了“全民健身教练员”专业技术职称，放宽学历、资历、论文、外语等要求，突出道德素质、实际能力和业绩贡献，设置特殊人才职称评审条件。

【干部培训教育】2018年，全区举办两期宁夏体育干部政策法规理论培训班。7月17日，第一期培训班在青海多巴国家体育训练基地开班，全区体育系统的35名干部学习了高原体育训练、体育产业发展、体育赛事运营、体育宣传、舆情应对等内容。11月5日，第二期培训班在北京体育大学开班，全区体育系统的43名干部学习了习近平总书记关于体育工作的系列重要论述、体育事业发展新政策、全民健身计划理论与实践、竞技体育发展形势与规律、运动队科学训练管理、体育产业发展、体育科技服务与发展等内容。举办一期体育社会组织工作培训班，11月19日，在湖南省体育职业学院开班，全区各体育社会组织的65名负责人学习了中共十九大精神、体育社会组织党建、体育社会组织纪律和规范管理、体育社会组织创新、体育社会组织参与社会治理和公益服务等内容。

【体育基础设施建设】2018年，宁夏坚持体育场地设施供给普惠化、均等化、身边化，加大投入力度，打造县级以上城区十分钟健身圈，全区人均场地面积达到2.15平方米，建成30公里健身步道、10个多功能运动场、1个体育公园、88套健身驿站、40个儿童运动乐园，为全区555个贫困村综合文化服务中心配置了体育器材。

【2018年宁夏十大体育新闻】1.冬季项目跨界跨项选材激活冰雪运动。51名宁夏籍运动员通过冬季项目跨界跨项选材入选国家集训队，备战2022年冬奥会，创宁夏输送国家队集训人数新纪录。其中，30人赴挪威集训、6人赴芬兰集训。宁夏组建专业冰雪运动队伍，积极备战第十四届全国冬季运动会。组织开展冰雪健身挑战季、冰雪嘉年华、大众欢乐冰雪周、青少年冬季项目训练营、冰雪项目社会指导员培训等一系列活动，群众性冰雪运动在宁夏蓬勃兴起。冰雪运动场地数量和质量同步提升，年内全区有15个滑雪场和5个滑冰场。2.宁夏足球改革推进“人民足球”建设。全区体育系统重视足球基础建设，加快建设宁夏青少年足球基地，成立了银川市青少年足球训练中心，命名了石嘴山市和灵武市两个足球试点城市。构建青少年足球训练体系，青少年足球业余训练和校园足球协同发力，举办了全区青少年校园足球夏令营、亚足联草根足球日等活动，承办了全国室内五人制足球甲级联赛总决赛、全国青少年校园足球大赛，在中国少儿足球大赛、全国青少年校园足球大赛获得佳绩。灵武市足球少年陈少鸿成为中超宁夏第一人，9名宁夏青少年运动员被中国足球运动学院录取。3.宁夏在全国首设“全民健身教练员”专业技术职

称。9月7日，新修订实施的《宁夏回族自治区体育系列专业技术职称评审条件（试行）》在全国率先设立了“全民健身教练员”专业技术职称。4.宁夏首次实施青少年体育夏令营工程。7—10月，宁夏体育局委托部分体育协会和青少年体育俱乐部举办了羽毛球、乒乓球、篮球等13个项目的15场体育夏令营，1100多名青少年免费入营培训。2018年是宁夏首次实施青少年体育夏令营工程，采用政府购买服务的方式，提供免费的体育项目普及培训，引导和促进青少年每人掌握2—3项体育技能。5.宁夏首创体育大集。8月4—5日，首届宁夏体育大集在银川举行，41个体育协会、企业和单位集中展示了数百项体育项目、赛事和活动，3万多人参加。体育社会组织为主的社会各界参与体育热情高涨，银川马拉松、吴忠马拉松、网球邀请赛、篮球挑战赛等一系列专业的体育赛事，让体育竞赛表演市场更加活跃。6.体育惠民共庆自治区成立六十周年。为庆祝自治区成立六十周年，全区体育系统举办了一系列体育赛事活动，宁夏体育馆和宁夏亲水体育中心免费开放两个月，惠及群众超100万人次。全年各地开展全民健身活动1360多场次，直接带动330多万人次参与。7.首届农民篮球争霸赛助推农民体育热。2月28日，宁夏首届农民篮球争霸赛落下帷幕，274支代表队的3800余名运动员参与。篮球已成为深受宁夏群众喜爱的“第一项目”，也成为宁夏农民体育的龙头项目。8.体育彩票形象和销量实现双提升。宁夏体育彩票全年销售16.47亿元，同比增长42%。宁夏体育彩票注重形象建设和品牌塑造，举办了温暖回家路、体彩公益行、体彩足球嘉年华、体彩环保行等公益活动。9、宁夏体育健儿国内外赛场摘得25金。宁夏体育健儿在国际国内体育赛场奋勇拼搏，2018年收获25金18银23铜，共计136个录取名次，其中，全国射箭冠军赛获3金1银2铜、全国武术套路锦标赛获1金1银1铜、全国跆拳道锦标赛获1金1银、全国马拉松锦标赛获1金1银、全国女子拳击锦标赛获1金、全国攀岩联赛总决赛获1金，宁夏体彩LIVALL队获参加环青海湖国际公路自行车赛五年来的首个赛段冠军。8月27日，宁夏运动员孙权获得第十八届亚运会射箭男子反曲弓团体赛铜牌。10.宁夏人首次成功登顶珠穆朗玛峰。5月16日9时15分，同心县登山爱好者马兴江成功从尼泊尔一侧登顶世界最高峰珠穆朗玛峰，让“塞上江南 神奇宁夏”的条幅闪亮在地球之巅，实现了宁夏人登顶珠穆朗玛峰“零”的突破。

（杨旭军）

群众体育

【公共体育服务体系建设】2018年，宁夏完善公共体育服务体系建设，大武口区、惠农区、原州区、海原县、西吉县、沙坡头区等6个县、区启动建设工作，至此，全区22个县区基本公共体育服务体系建设工作全面启动。全区开展“健康宁夏·塞上行”暨“三送五进”（送知识、送指导、送服务，国民体质测定进机关、进社区、进企业、进农村、进学校）活动，推广普及科学健身知识，指导大众科学健身，营造良好社会氛围，促进全民健康。

【全民健身活动】2018年1月1日至3月31日，全区举办2018年全民健身季，带动全区27个地市、县（区），31个自治区级协会开展了536项赛事活动，直接带动135万群众参与，达到增加健身人群，增强宣传效果，增进体育消费的预期目的。1月20日至3月31日，宁夏体育健身大拜年活动在全区各地举行，宁夏体育局在《宁夏日报》刊发活动公告，对292项活动进行公示介绍，营造欢乐祥和的节日气氛，让全区人民在春节期间共享体育发展成果，享受体育带来的健康和快乐。3月22日至8月2日，举办宁夏全民健身公益行活动，全区共设10站，期间主要针对全区10个贫困县（区）658个行政村综合文化服务中心文体专干进行培训，引导广大农民群众参与全民健身活动，推广健身项目，提高健身技能，规范竞赛组织，丰富健身内容，提升健康水平。6—10月，举办宁夏全民健身节活动，全区体育系统联动，举办了第四届全国大漠运动健身大赛、全国航空航天模型锦标赛、全国U系列青少年攀岩联赛等一系列具有宁夏特色的体育赛事活动，并积极打造“一地一品”体育赛事品牌。6月10日，“全民健身挑战日·健康宁夏动起来”暨“2018宁夏全民健身节”启动仪式分别在泾源县和彭阳县举行，活动设置了关注率挑战、众跑挑战赛等7个城市间比赛和挑战投篮王、挑战垫球王等10项个人间“挑战王”比赛，有7万多人参与。8月8日，第十个“全民健身日”来临之际，在宁夏亲水体育中心举行2018年“全民健身日”宁夏棋牌项目万人同赛活动，来自全区各地近1000余名棋牌爱好者参加了围棋、象棋、桥牌和双扣4个项目的比赛。11月8日，第三届自治区级全民健身联系站点交流展示大赛在银川落幕，来自全区各市、县（区）24个代表队的450余名健身爱好者，在广场舞、柔力球、健身气功、太极拳四个项目上进行了交流展示。

【社会体育指导员交流展示大赛】2018年9月30日，第五届宁夏社会体育指导员交流展示大赛在宁夏体育馆举行，来自全区各市县（区）的390名社会体育指导员参加了健身气功养生杖、健身秧歌、主题演讲等3个项目的比赛。12月20日，组队参加2018年全国社会体育指导员交流展示大会，宁夏代表队获得广场舞和太极扇B组一等奖，太极扇A组二等奖，还获得团队风采奖、优秀编排奖、优秀组织奖、体育道德风尚奖。

【全国大漠健身运动大赛】2018年9月5—7日，第四届全国大漠健身运动大赛在中卫市沙坡头景区举行，来自全国各地20个代表团的982名运动员参赛。比赛共设沙漠足球、沙漠软式排球、沙漠手球、拉沙舟、沙漠毽球、沙漠拔河、沙漠木球7个集体项目和沙漠马拉松、沙漠勇斗士、沙漠定向赛、沙漠滑沙、沙漠障碍赛、爬沙丘赛、沙漠射箭7个个人项目。

【体育大集】2018年8月4—5日，宁夏首届体育大集在银川市金凤区毓秀公园举办，41个体育协会、企业和单位集中展示了数百项体育项目、赛事和活动，3万多人参加，助推了全民健身国家战略的落实，丰富了群众业余生活，也是对自治区级体育协会在项目推广普及、科学健身指导、服务群众健身需求等方面的一次检阅。

【群众专项体育赛事和活动】2018年2月28日，历时两个多月的宁夏首届农民篮球争霸赛落幕，共有274支代表队，近3800余名运动员参赛，比赛分为海选赛、复赛、决赛三个阶段，10支队伍在银川参加了决赛。比赛的成功举办丰富了广大农民群众的体育文化生活，营造了浓郁的体育健身氛围，促进了篮球运动在农村落地生根，为宁夏“乡村振兴战略”注入了新动力。1月24日，历时一个月的宁夏冰雪健身挑战季落幕，活动覆盖宁夏五个地级市，并以县（区）及协会为报名单元，联动全区22个县（区）参与，关注人数近20万，影响人群过百万，设置了冰上龙舟挑战赛、众滑挑战赛等城际间挑战项目和雪地足球挑战赛、雪地拔河挑战赛等城市内挑战项目。8月4日，宁夏大众欢乐冰雪周活动在银川国际商贸城冰河世纪滑冰场举行，活动分两部分，室内有少年组和成年组冰球表演赛及少儿组、少年组、成年组、老年组冰上速滑比赛；室外有轮滑项目速滑接力赛、趣味自由式过桩赛、亲子轮滑障碍赛。5月13日，宁夏“亚足联草根足球日”活动举办，以“趣味足球、快乐家庭”为主题，近200名小球员参加了带球过障碍、射门、传球、颠球、小场比赛等丰富的亲子趣味足球项目。5月16日9时15分，同心县登山爱好者马兴江成功从尼泊尔一侧登顶世界最高峰珠穆朗玛峰，让“塞上江南·神奇宁夏”的条幅闪亮在地球之巅，实现了宁夏人登顶珠穆朗玛峰“零”的突破。为全面落实《全民健身条例》和《吴忠市全民健身实施计划（2016—2020年）》，努力创建国家公共文化服务体系示范区，推动吴忠市自行车运动的开展。8月5日，2018年全民健身日“塞上明珠 魅力单车”宁夏自行车联赛（吴忠站）活动成功举办，300多名运动员参与了四个组别的比赛。2月21日，体彩杯迎新春全民健身大拜年——贺兰山黑石峁穿越挑战赛开赛。本次活动是由宁夏徒步运动协会举办，中国体育彩票公益金支持，全程约7.76公里，耗时约4小时。穿越线路为黑石峁（起点）—明长城—森林公园罗马广场（终点）。2018年，体彩杯迎新春全民健身大拜年是利用体育彩票公益金开展的全民健身活动，是落实全民健身战略的具体举措。2018年，宁夏积极实施国家“百万公里健身步道工程”，预算安排2019年区级体育彩票公益金4200万元，引导和支持全区各县（市、区）“百万公里健身步道工程”建设，建成不少于100公里的健身步道。

【《国家体育锻炼标准》达标测试】2018年，宁夏贯彻落实《国家体育锻炼标准》，全年组织《国家体育锻炼标准》达标测试赛22场，3000多人次参加，涉及机关、企事业单位、学校、医院等多行业和部门。10月13—14日，举办《国家体育锻炼标准》排位赛暨首届运动达人精英挑战赛，来自全区22支市县区代表队以及社会各界300余名运动达人参赛。

【健身气功交流培训】2018年6月23日，第四届宁夏健身气功站点联赛在贺兰县体育馆举行，来自全区各市、县（区）44个健身气功活动站点64支代表队的320名健身气功爱好者进参加了易筋经、五禽戏、六字诀、八段锦、大舞、太极养生杖等6种功法的集体项目比赛。12月6—9日，全区高等院校健身气功师资培训班在青铜峡市举办，来自全区19所普通高等院校和青铜峡市健身气功站点的50余名老师参加了培训。

【滑雪社会体育指导员培训】2018年12月25日，宁夏体育科技中心、宁夏体育产业发展服务中心和宁夏滑雪协会联合举办的2018年宁夏滑雪社会体育指导员（五级）国家职业资格培训班在银川市苏峪口滑雪场举行，吉林省国职培训师翟耀华老师来宁授课，35名滑雪爱好者考取滑雪社会体育指导员（五级）国家职业资格。

【宁夏（吴忠）第五届全国山地旅游自行

车公开赛】2018年7月7—8日，为期两天的宁夏(吴忠)第五届全国山地旅游自行车公开赛吸引了全国31个省份近700名骑行者参与其中，封宽杰、郭鑫伟、朱俊、魏魁、罗丹志、林曦等一大批国内山地自行车赛高手齐聚吴忠。赛事分为男子精英组、男子大众A组、男子大众B组、铁人两项组、女子精英组、女子大众组、少儿体验组7个组别。大赛奖金总额30万元，设置奖项220个，其中男子精英组冠军奖项高达2万元。赛道总长6公里，较上届，增设了石子道、波浪道等充满技术含量、赛事感受更为刺激的路段。2014年以来，吴忠市已成功举办五届全国山地旅游自行车公开赛，日趋健全的户外运动设施、逐步特色化的赛事活动、逐年扩张的参与实体，完善的体育、旅游、文化产业体系，赛事已初具规模和品牌效应，成为吴忠市一张靓丽的体育名片。

（杨旭军）

竞技体育

【冬季项目跨界跨项选材】2018年，宁夏组织开展冬季项目跨界跨项选材工作，制定《宁夏冬季项目跨界跨项选材实施方案》，历时3个多月，对1300多名运动员进行了测试。51名宁夏籍运动员通过冬季项目跨界跨项选材入选国家集训队，其中，40人赴国外集训，创宁夏输送国家队集训人数新纪录。3名宁夏运动员亮相第二届全国青年运动会单板滑雪平行回转项目赛场，开启了宁夏跨界跨项选材运动员参加全国性赛事的新征程。

【备战全国第十四届运动会】2018年，宁夏启动备战全国第十四次运动会工作，紧紧围绕“两个必须有”目标任务，完成14个项目307名运动员注册，宁夏体育健儿在国际国内体育赛场收获25金18银23铜，共计136个录取名次。

【筹备全区第十五届运动会】2018年，宁夏筹备自治区第十五届运动会，印发《竞赛规程总则》《单项竞赛规程》《执行委员会工作方案》，完成了运动员报名和裁判员选聘培训工作，制定了《自治区第十五届运动会兴奋剂违规处罚办法》，与各市、县代表团签订了《自治区第十五届全运会赛风赛纪和反兴奋剂责任书》，部署各市、县代表团积极备战。

【教练员及体育教师培训】2018年，宁夏体育运动训练管理中心选派田径、自行车、射击、射箭、摔跤、武术项目的9名教练员赴山东省教练员学院参加了为期半年的专项培训。承接全国西北六省纯洁体育教育讲师培训班，来自陕西省、甘肃省、青海省、新疆维吾尔自治区、内蒙古自治区、宁夏回族自治区及宁夏各市、县区反兴奋剂工作人员140人参加了培训。

【国际马拉松赛】2018年5月20日，2018“丝绸之路”宁夏·银川国际马拉松在银川市人民广场西路鸣枪开跑，来自40多个国家和地区的23000多名选手分别参加了全程马拉松、半程马拉松、欢乐跑3个项目的角逐。9月2日，第七届宁夏黄河金岸(吴忠)国际马拉松在吴忠黄河奥林匹克体育中心鸣枪开跑，来自21个国家的44名外籍运动员和全国各地2万余名体育爱好者参加比赛。比赛分为男、女全程马拉松，男、女半程马拉松和迷你马拉松三个组别，线路设置一场“穿越”两座城，先后穿过利通区和青铜峡市。

【环青海湖国际公路自行车赛(宁夏赛段)】2018年7月21日至8月4日，第十七届环青海湖国际公路自行车赛在青海、甘肃、宁夏三省区举行，中卫市和银川市分别于8月2日和8月3日承办了第十一赛段和第十二赛段的比赛。宁夏体彩LIVALL队先后获得第一赛段冠军、第七赛段第三名和第八赛段第三名，车手波罗沃达·亚历山大位列个人总成绩第六名。

【国际男子网球巡回赛(银川站)】2018

2018年11月3日，宁夏自行车联赛总决赛在银川市金凤区阅海湖畔开赛

年6月2—10日，2018ITF国际男子网球巡回赛（银川站）在宁夏体育馆网球场举行，赛事共设单打及双打两个项目，来自中国、澳大利亚、美国等19个国家和地区的70多名网球选手参加，中国选手李喆获得单打冠军，跨国组合孙发京、阿卡塔拉获得双打冠军。

【四国男子篮球邀请赛】2018年9月12—16日，"一带一路"四国男子篮球俱乐部邀请赛分别在中宁县和银川市举办，中国新疆广汇队、韩国仁川大象队、澳大利亚麦坎尼男子篮球队、塞尔维亚BTC贝尔格莱德俱乐部队4支球队进行了6场比赛。

【全国女子拳击冠军赛】2018年12月23—28日，2018年全国女子拳击冠军赛在宁夏亲水体育中心举行，来自全国28个省、市、自治区和新疆生产建设兵团的89名选手参加了48公斤、51公斤等10个级别的比赛。宁夏代表队3名选手参加了比赛，朱晓琳获得了+81公斤级别冠军，乌德巴拉获得了81公斤级别季军。

【田径比赛】2018年6月10日，全国马拉松锦标赛在吉林省吉林市举行，宁夏代表队获得男子团体冠军，宁夏运动员铁亮、付文国分别获得男子全程马拉松金牌和银牌。7月19—22日，2018年全国少年田径锦标赛暨全国体育运动学校联合会田径锦标赛（14～17岁）在江西省九江市举行，宁夏运动员杨鹏刚获得男子14～15岁组2000米障碍赛金牌和男子14～15岁组1500米银牌，马玉杰获得男子14～15岁组2000米障碍赛银牌和男子14～15岁组3000米银牌。

【游泳比赛】2018年6月10—18日，"环地中海"游泳系列赛在欧洲多地举行，宁夏运动员罗思分别获得摩纳哥站女子200米仰泳银牌和巴塞罗那站女子200米仰泳铜牌。6月22—25日，2018年全国夏季游泳锦标赛在江西省赣州市举行，宁夏运动员许丹露获得女子400米个人混合泳银牌。

【射箭比赛】2018年3月18—23日，2018全国射箭冠军赛在江苏省方山县举行，宁夏队获得男子团体排名赛金牌，宁夏运动员孙权获得男子个人全能金牌。8月2—4日，第三届夏季青奥会射箭项目中国队选拔赛在天津市举行，宁夏运动员冯浩获得男子个人总成绩金牌，并获得第三届夏季青奥会参赛资格。8月18日至9月2日，第十八届亚运会在印度尼西亚雅加达市举行，宁夏运动员孙权获得射箭项目男子反曲弓团体赛铜牌。

【武术比赛】2018年5月6—9日，2018全国青少年武术套路锦标赛在山西省太原市举行，宁夏运动员杜依凡获得女子B组刀术金牌，陈陆获得女子A组刀术铜牌。8月9—12日，第三届全国武术运动大会在天津市举行，宁夏运动员杜兴雨、黄世杰，张跃武获得男子三人对练银牌；12月4—7日，2018全国武术套路锦标赛（太极拳赛区）在河北省保定市举行，宁夏运动员王乾菁获得女子孙式太极拳金牌，张永赢获得男子42式太极拳铜牌。10月13—16日，2018全国青少年武术套路冠军赛在湖南省郴州市举行，宁夏运动员杜依帆获得女子B组刀术金牌、B组棍术银牌，陈陆获得女子A组棍术铜牌、A组刀术铜牌。

【跆拳道比赛】2018年3月30日至4月3日，2018全国跆拳道锦标系列赛（第1站）在江苏省无锡市举行，宁夏运动员林文烨获得男子-68千克金牌，张运龙获得男子-54千克银牌。

【攀岩比赛】2018年8月24—26日，第十一届全国青年攀岩锦标赛在河北省高碑店市举行，宁夏运动员田沛阳获得女子青年组速度赛金牌、攀石赛银牌、难度赛银牌。9月14—16日，2018中国攀岩联赛总决赛在浙江省江山市举行，宁夏运动员田沛阳获得女子速度赛金牌。11月1—4日，2018亚洲青年攀岩锦标赛在重庆市举行，宁夏运动员田沛阳获得青年组女子速度赛铜牌。

【拳击比赛】2018年3月26—31日，2018全国女子拳击锦标赛暨亚运会资格选拔赛在海南省临高县举办，宁夏运动员朱晓琳获得+80公斤级金牌。

【马术比赛】2018年10月4—7日，2018国际马联场地障碍世界杯中国联赛总决赛在北京市举行，宁夏运动员那音台获得90厘米级别冠军。10月14—16日，第八届北京国际马术大师赛在北京市举行，宁夏队获得1.25米场地障碍团体赛银牌。

【全国U17射击锦标赛】2018年12月22—28日，2018全国U17射击锦标赛在宁夏体育运动训练管理中心射击馆举行，比赛分为10米气步枪、10米气手枪男女甲乙组4个组别、24个小项，来自宁夏、重庆等12个省区（市）19支代表队的241名运动员参赛。

【全国U14-15羽毛球比赛总决赛】2018年11月1—6日，2018全国U14—15羽毛球比赛总决赛在宁夏体育馆举行，来自全国各省市区的181名运动员参赛，比赛设男女团体、男女单打、男女双打和混合双打等项目和身体素质测试。

（杨旭军）

青少年体育

【青少年后备人才培养和运动员注册】2018年，《宁夏青少年业余训练体系建设实施办法》出台，实现对27个市、县

(区)业余训练经费扶持全覆盖,支持各市县(区)举办一次中小学生田径运动会,组织一次冬训。全年向国家田径青(少)年队、越野滑雪队、中国足球学院、解放军队等输送29名青少年运动员(学生),其他体校输送12人。2018年,加强青少年运动员管理,开发宁夏青少年运动员注册系统,对3000多名运动员进行信息录入,并实现网上管理。

【青少年体育夏令营】2018年7—10月,宁夏体育局采用政府购买服务的方式,委托部分体育协会和青少年体育俱乐部举办了羽毛球、乒乓球、篮球、游泳、足球等13个项目的15场体育夏令营,1100多名青少年免费入营培训,培养青少年体育爱好,助推青少年掌握2~3项体育技能。

【全区青少年体育锦标赛】2018年9月28日至10月22日,全区青少年体育锦标赛分别在银川、石嘴山、吴忠等地举办,设置田径、射击、武术、摔跤、举重、游泳、足球、篮球、排球、乒乓球、羽毛球、跆拳道等12个项目,3300余名运动员、教练员、裁判员参赛,104人达到一级运动员等级标准,675人达二级运动员等级标准,33人次打破自治区青少年记录。

【姚基金希望小学篮球季】2018年5月4日,2018"姚基金希望小学篮球季"宁夏站在银川市体育中心启动,22名来自宁夏大学体育学院的志愿者们庄严宣誓,将分赴区内22所乡村学校支教,开展以篮球为主的体育课教学,为即将进行的2018"姚基金希望小学篮球季"宁夏站赛事做准备。为优化项目模式,2018年,开展"姚基金希望小学篮球季"项目金牌示范校的申请认定工作,宁夏有10所学校被列入金牌示范校名单。7月24—28日,2018姚基金希望小学篮球季全国联赛在湖南省长沙市举行,宁夏贺兰县第四小学代表队勇夺"全国冠军队"荣誉称号。

【全区青少年寒假大集训】自2018年1月26日起,来自全区各市县的150名青少年运动员在宁夏体育职业学院开始为期12天的寒假集训。旨在加大基层青少年体育后备人才的培养力度,提高全区青少年竞技运动水平,甄选优秀体育后备人才,推动全区竞技体育运动项目的发展集训由宁夏体育局青少处主办,宁夏体育职业学院承办。集训分田径、举重、篮球、足球、射击、跆拳道、竞技健美操、拳击8个大项,各基层训练单位积极响应自治区体育局号召,迅速选拔队员至宁夏体育职业学院参训。集训期间,石嘴山市体育教育局领导李岩携教练员带着营养品看望慰问集训队员,吴忠市体育中心李磊教练、灵武市体育中心季刚教练、隆德县第四中学马廷吉老师、西吉县实验中学马永勤老师等在学院与队员一起食宿并带队训练。

【全国三人篮球擂台赛】2017年12月30日,由中国篮球协会主办,宁夏体育局、宁夏篮球联合会承办的"我要上奥运"全国三人篮球擂台赛男子青年组北大区赛在宁夏亲水体育中心揭开帷幕。来自北京、天津、河北、辽宁、黑龙江、内蒙古、大连、重庆、四川、云南、陕西、青海、新疆和东道主宁夏共14个省区市的冠军队齐聚银川,争夺进军全国总决赛的名额。"我要上奥运"全国三人篮球擂台赛是由中国篮球协会发起举办的一项覆盖全国的三人篮球赛事,旨在选拔篮球苗子,备战下届奥运会。在宁夏赛区的海选赛中,宁夏体育职业学院队代表宁夏参加了比赛。

【全国青少年阳光体育大会宁夏选拔赛】2018年5月13日,2018全国青少年"未来之星"阳光体育大会宁夏分会场三人篮球和五人制足球选拔赛在亲水体育中心举行,来自银川、石嘴山、吴忠、固原的八支代表队参加了比赛。三人篮球项目,石嘴山光明中学获得第一名,银川一中获得第二名,银川高级中学和固原五中获得第三名;五人制足球项目,石嘴山丽日中学获得第一名,灵武二中获得第二名,银川唐徕回中西校区和吴忠三中获得第三名。分别获得第一名的石嘴山光明中学和石嘴山丽日中学将代表宁夏参加8月举行的全国青少年"未来之星"阳光体育大会。

【宁夏青少年球类项目冬令营】2018年1月15日,由宁夏体育局主办,宁夏社会体育服务中心承办的宁夏青少年球类项目冬令营在宁夏亲水体育中心开营,来自全区的80多名青少年参加,相关领导出席开营仪式。为了让广大青少年的寒假生活更加健康、更加充实、更加快乐,宁夏社体中心联合宁夏乒乓球协会、宁夏羽毛球协会、宁夏网球运动协会为青少年打造了本期球类冬令营。冬令营除了安排乒乓球、羽毛球、网球的专项训练课程以外,还开设了滑冰、攀岩、花样跳绳等趣味项目,让孩子们在运动和快乐中收获强健的体魄,感受"我运动、我健康、我快乐",通过青少年的参与吸引更多人群参与体育,扩大全民健身队伍。冬令营还将《国家体育锻炼标准》儿童组测试内容纳入结业考核,测验冬令营学员的体育运动能力,也为全区青少年整体的身体素质数据的搜集提供可靠依据。

(杨旭军)

体育产业

【体育产业项目】2018年,宁夏培育打造的冰雪、沙漠、航空、水上、山地户外等特色体育产业项目，覆盖全区22个县(区、市)，主要在宣传推介、项目扶持、信息服务、市场拓展、政策保障等方面加大引导和扶持力度。泾源县娅豪六盘山国际滑雪度假区、青铜峡黄河大峡谷自驾车房车露营地、同心县黄谷川西部健康运动特色小镇、兴庆区檀溪谷水上拓展项目和水上运动项目、石嘴山市中华奇石山雪乐园、隆德县范家峡森林公园、兴庆区九曲稻田园综合体、石嘴山市龙泉山庄运动基地、宁夏广勤体育休闲运动基地、利通区水上培训基地等10个项目入选《2018全国优选体育产业项目名录》。在国家体育总局2018年公布了《2018全国优选体育产业项目名录》中，全国383个体育产业项目入选，其中宁夏"吴忠市青铜峡黄河大峡谷自驾车房车露营地""银川市兴庆区檀溪谷水上拓展项目和水上运动项目"等10个项目入选。2018年5月18日，全区体育产业培训班举办，全区体育系统体育产业从业人员、体育产业基地负责人，有关金融机构负责人等近百人参加培训，培训班以"体育产业助推——宁夏经济发展新动力"为主题，邀请4名国内体育产业专家、学者来宁授课。

【冰雪体育产业】2018年，全区建有滑雪场15个，滑冰场5个，全区全年参与冰雪运动人数约70万人次，冰雪产业总产出约3000万元。宁夏体育产业发展服务中心联合全区4个雪场和3个冰场举办了培训班，近万名爱好者参加了培训，初步掌握了滑雪、滑冰技能。

【体育彩票】2018年，全区累计销售体育彩票16.47亿元，同比增长42%；筹集区本级体育彩票公益金4.17亿元，同比增长29.4%。举办"温暖回家路·体彩公益行"活动，宁夏体育彩票管理中心3天开通36班次的体彩专线，分别由银川市开往石嘴山、吴忠、中卫、固原四个地市，免费送1800名务工人员回家过年。

【体育旅游】2018年，宁夏组团参展中国体育旅游博览会，西夏区贺兰山东麓骑行徒步登山探险线路、环球地震徒步旅游骑行步道荣获2018中国体育旅游精品线路，中国(中宁)国际轮滑公开赛、"巍巍贺兰 黄河渔韵"中国贺兰全国自然水域冰钓赛获2018中国体育旅游精品赛事。组团参加第五届中国汽车(房车)露营大会，盐池县哈巴湖汽车自驾运动营地被评为"全国五星级汽车自驾运动营地"，宁夏沃沙汽车自驾运动营地、宁夏基正绿色生态园休闲中心汽车自驾运动营地被授予"示范汽车自驾运动营地"。

【体育会展】2018年5月17—20日，2018"丝绸之路"宁夏·银川国际马拉松博览会暨宁夏体育旅游健康产业博览会在银川国际会展中心举行，展出面积达10000平方米，展览包括健身器材用品展区、全民健身及少儿体育用品展区、运动休闲及体育旅游展区、健身机构及康复机构集中展示区、银马集市展区等六大展区。

【中国体育文化·体育旅游博览会】2018年12月10—13日，2018中国体育文化·体育旅游博览会在广州市举行。宁夏体育局以"建设美丽新宁夏共圆伟大中国梦"为展示总基调，立足宁夏体育旅游资源实际，以宣传视频、图文材料及互动展区的形式，通过体育精品赛事、全民健身品牌赛事、冰雪运动项目、汽车营地、体育旅游精品景区、体育旅游目的地等模块，展示了宁夏体育事业发展成果，宣传了宁夏体育文化和体育旅游，促进了体育与文化、体育与旅游的深度融合。宁夏体育局获得优秀组织奖，宁夏还获评2项体育旅游精品赛事和2条体育旅游精品线路。"两博会"由国家体育总局文化发展中心、中国奥委会、中华全国体育总会和中国旅游协会主办，以"新时代新体育 新生活"为主题，以发挥体育在经济社会发展中的作用、推动体育文化

2018年5月2日，第十四届中国中学生沙滩排球锦标赛在宁夏体育馆沙滩排球场拉开帷幕

和体育旅游深度融合和满足人民日益增长的美好生活需要为目标，积极弘扬体育精神，充分展示体育文化、体育旅游和体育产业成果。

【电子竞技体育产业人才培训】2018年6月2日、6月9日，宁夏体育产业中心分别举办两期宁夏电子竞技体育产业人才培训班，全区60多人参加培训和晋级考试。培训班邀请电子竞技项目国内知名专家、国家级裁判员，分别从体育产业新的经济增长点、电子竞技裁判员管理规章制度及基础素质与能力、宁夏电子竞技项目比赛规则等方面进行授课。同时，进行了《CS:GO》及《英雄联盟》项目上机实际操作培训。此次电子竞技项目人才培训，为宁夏培养了一批电子竞技裁判员队伍，为推动宁夏电子竞技体育产业发展提供了人才保障。

【兰州体育产业博览会】2018年6月1—3日，2018中国西部(兰州)体育产业博览会在兰州市举行，博览会由中国西部研究与发展促进会、甘肃省体育局、兰州市人民政府承办，以"新时代，新体育"为主题，弘扬体育精神，搭建体育产业平台，促进体育产业深度合作发展。宁夏体育局组织相关部门参展，展示了宁夏体育产业发展情况，以及体育精品线路、精品赛事，冰雪运动项目发展情况等，吸引了上万余人次参观。

【银马博览会暨宁夏体博会】2018年5月17—20日，2018"丝绸之路"宁夏·银川国际马拉松博览会暨宁夏体育旅游健康产业博览会在银川国际会展中心E馆成功举办。博览会由宁夏日报报业集团主办，宁夏体育总会、宁夏旅游协会支持，新消息报社、宁夏体育产业发展服务中心、宁夏合辰文化传媒有限公司、北京世纪盛典体育文化传播有限公司联合承办。展会为期4天，展出面积达10000平方米，展览包括健身器材用品展区、全民健身及少儿体育用品展区、运动休闲及体育旅游展区、健身机构及康复机构集中展示区、银马集市展区等六大展区，集中展示体育用品、户外运动、健身场所、品牌赛事、电子竞技赛事、体育民俗等内容以及宁夏近年来体育发展的成果。参展商包括乔丹体育、农夫山泉、中国体育彩票、壹运动、捷安特、京穗游艇、百事可乐等30余家企业和宁夏航空无线电模型运动协会、宁夏自行车运动协会等体育单项协会。展会现场还设置了多项互动体验、比赛表演和国民体质监测。

(杨旭军)

体育文化建设

【庆祝宁夏回族自治区成立60周年】2018年，宁夏体育系统以体育的方式庆祝宁夏回族自治区成立60周年，编制《自治区60大庆体育活动实施方案》，举办了一系列体育赛事活动，协办自治区成立60周年文化建设新闻发布会，配合实施自治区60大庆成就展，推出宁夏体育60年专版专栏，开展自治区60大庆氛围营造，宁夏体育馆和宁夏亲水体育中心免费开放两个月，宁夏亲水体育中心完成60大庆活动备用场地的保障任务。

【体育文化展览】2018年，宁夏体育系统组团参展2018年中国体育文化·体育旅游博览会，以"建设美丽新宁夏 共圆伟大中国梦"为展示总基调，通过体育精品赛事、全民健身品牌赛事、冰雪运动项目、汽车营地、体育旅游精品景区、体育旅游目的地等模块，展示宁夏体育事业发展成果，宁夏体育局获得优秀组织奖。

【体育文化活动】2018年，宁夏体育系统挖掘整理和培育发展宁夏体育文化，制定《宁夏体育局落实〈关于加快推动体育文化走出去的意见〉的实施方案》。归纳2018年宁夏体育特色亮点，评选公布了2018年度宁夏十大体育新闻，在电视、报纸、网络等媒体进行刊登。制定了体育新闻发布活动范本，配合举办银川马拉松赛、吴忠马拉松赛等10场新闻发布会。编印《2018宁夏体育》文化宣传册，集中展示了2018年宁夏体育取得的成就和媒体宣传报道情况。

【体育宣传】2018年，《宁夏体育宣传要点》共刊发12期，编印《体育宣传信息通报》5期。与新消息报社合作，开办《我的体育故事》专栏，刊发25位体育典型人物的故事。刊发《宁夏体育六十年 拼搏与荣誉同在》《体育，丰富一座城市的气质》《2018年全区青少年锦标赛纪实》等专版，集中宣传展示了宁夏体育工作。《体育温暖宁夏农村大地》《宁夏体育跨界选材跨出新希望》两篇稿件在中国体育报头版头条刊登。

【体育科研】2018年，宁夏体育系统组织开展了国家体育总局《不同阶层45～59岁中老年人健康状况及运动能力的研究》课题，对宁夏不同领域520名对象近60项指标数据收集分析研究，形成的研究成果报告入选国家项目成果库。

(杨旭军)

NINGXIA YEARBOOK

卫生

WEISHENG

编辑◎贾虎林

医疗卫生体制改革

【概况】2018年，全区推进综合医改，建立五级远程医疗服务体系，实现与所有省(市、区)定点医疗机构异地就医直接结算，全区公立医院药占比下降到30%。全区居民人均预期寿命提高到75.33岁，实现年度75岁的预期目标。孕产妇死亡率、婴儿死亡率、五岁以下儿童死亡率分别下降到16.71/10万、5.45‰、7.42‰；传染病(乙丙类)发病率下降到532.02/10万。主要健康指标稳步提升，位列西部第六，全面建成小康社会两项健康指标(人均期望寿命、每千人执业医师数量)预期能够顺利完成。中央项目资金支持和自治区本级投入卫生健康预算经费分别较上年增长9.3%和7.9%。

【分级诊疗制度建设】2018年，全区共建成各种类型医联体82个，其中医疗集团11个、城市医共体9个、县域医共体31个、专科联盟25个、远程协作网3个、其他类型医联体3个，覆盖全区二级以上公立医疗机构、97.6%的社区卫生服务机构、90.7%的乡镇卫生院及77.3%的村卫生室。全区组建家庭医生团队1725个，常住人口签约率40.7%，重点人群签约率64.9%、农村建档立卡人群签约率93.3%。

【薪酬制度改革】2018年，全区55家二级以上公立医院，银川市辖区12家公立医院均实现同工同酬。完成全区公立医院(包括解放军第942医院)第二次价格调整。委托第三方对全区55家二级以上公立医院院长开展绩效考核，给石嘴山市发放以奖代补奖金1000万元。

【基本医保制度】2018年，全区城乡居民基本医保和城乡居民大病保险实现全覆盖，建立"五位一体"医疗救助体系，城乡居民基本医保政府补助提高至502元。取消部分市县设置的基本医疗保险门诊统筹单次处方限额，方便参保患者在基层医疗机构门诊医疗费用报销。建档立卡贫困患者年内住院个人自付费用累计不超过5000元或自付不超过10%。基层医疗机构全部实行门诊统筹按人头包干预付制度，县级实行住院医疗费用总额包干预付制度。各地实施按病种收付费病种数累计100个以上，三甲医院实施病种数107个。与全国31个省(自治区、直辖市)8000家跨省就医定点医疗机构实现互联互通、异地就医结算。

【药品供应保障】2018年，全区实行药品集中采购、"两票制"管理，鼓励医疗机构在集中采购基础上二次议价，2018年高值医用耗材挂网采购品种扩大到43809个，药品采购价格平均降幅15.22%，高值医用耗材平均降幅26.05%。在全区22家医疗卫生机构和11家药品配送企业设立短缺药品监测哨点，公布了49个以急抢救药品为主的短缺药品清单。将150种慢性病治疗药品下放到基层医疗机构使用，将医保目录中除限定二级及以上医疗机构使用的药品(共计2223个品种)，全部允许基层医疗卫生机构配备使用。对使用国家谈判的39种药品暂实行单独核算(门诊、住院)，全部纳入基本医疗保险支付范围，不列入药占比统计范围，将阿扎胞苷等17种国家谈判抗癌药纳入基本医疗保险国家谈判药品目录乙类范围，城镇职工、城乡居民住院和门诊大病费用支付比例分别为75%、60%。

【石嘴山市公立医院综合改革】2018年，石嘴山市公立医院建立医疗服务价格动态调控机制，二次调整医疗服务价格64项，合计调整867项医疗服务价格，先后分两批放开149项医疗服务项目实行市场调节价，审核新增医疗服务价格项目54项，促进医疗新技术普及应用，医疗收入结构持续优化，公立医院主要运行指标持续改善。实施按病种收付费改革，总额控制下按病种分值付费等复合式医保支付制度不断健全。落实政府办医职责，巩固公立医院补偿新机制，确保公立医院良性运行。推进现代医院管理制度建设，全市二级医院公立医院全面开展章程制定，实施新一轮改善医疗服务行动计划，推进多学科联合诊疗模式建设。深化人事薪酬制度改革，推行公立医院人员总量管理，全面实施岗位管理和人员聘用，市属公立医院核定人员总量2180名，其中备案管理人员1400名。健全分级诊疗体系，医联体建设实现公立医院、基层医疗卫生机构全覆盖，家庭医生签约服务覆盖80.3%重点人群。受到国务院办公厅督查表彰，经验在全国公立医院改革典型案例培训班上进行交流发言。

（武旭红）

疾病防控应急与妇幼保健

【应急机制】2018年，与自治区公安厅建立高速公路突发事件卫生应急协作机制，确立信息沟通、绿色通道、技术协作3项具体机制。为推进“空地”立体化紧急医学救援体系建设，与上海金汇通用航空股份有限公司签订航空医学救援战略合作协议，充分发挥双方各自的资源和技术优势，促进宁夏航空医学救援的跨越式发展。

【传染病防控】2018年，全区共处置传染病突发公共卫生事件15起。流行性出血热、手足口病、流感、严重急性呼吸道感染病例监测任务完成率100%。有效应对炭疽、乙脑疫情，处置炭疽病例34例，乙脑162例。2018年8—10月，全区有14个县（区）报告乙脑确诊病例159例，建立危重病人会诊、卫生健康部门领导重点县（区）督导、专家驻点工作等工作机制，组织召开自治区疫情分析研判会18次，全面落实确诊病例集中救治、蚊密度监测、蚊虫消杀、部门联防联控、环境卫生整治等综合防控措施，防控工作有序、有力、有效开展。至10月17日，疫情防控工作转为常态。宁夏乙脑报告发病率2.39/10万，报告死亡率0.43/10万。全区法定传染病报告发病率532.02/10万。

【预防接种】2018年，全区累计接种国家免疫规划疫苗12种229.09万剂次，第二类疫苗24种56.93万剂次，应急接种950余人。共报告AEFI个案1049例。儿童入托、入学预防接种证儿童查验率99.04%，补种率92.39%。联合自治区总工会、团委举办全区预防接种技能竞赛活动。

【鼠疫防控】2018年，全区坚持“预防为主、关口前移、控制鼠间疫情、严防向人传播”工作思路，推进鼠疫监测点建设，做好鼠疫监测，构建区内与区外、部门之间的联防联控工作机制，及时、有效处置鼠间疫情，保障百姓健康，维护社会稳定。

【慢性病管理】2018年，全区建设国家级慢性病综合防控示范区6个，自治区级示范区7个。完成脑卒中高危人群筛查和干预8033人，完成心血管高危人群早期筛查与干预21642人。巩固全区癫痫治疗管理全覆盖成果，在治癫痫患者5594例。死因监测报告粗死亡率474.23/10万，心脑血管疾病监测报告发病率415.75/10万。恶性肿瘤报告发病率、死亡率分别为228.61/10万、104.10/10万。成人慢性病与营养监测6个监测点共完成3681例调查任务。完成全区25家疾控机构及111家基层医疗卫生机构慢性病防控能力调查。实施儿童口腔疾病综合干预项目，完成20006名儿童的窝沟封闭治疗，总牙数达到62392颗，治疗完好率达到90%以上。

【公共卫生监测保障和地方病防控】2018年，全区共上报重点职业病监测个案卡54002人，报告新增职业病患者82例。完成饮用水水质卫生监测工作，乡镇覆盖率98%以上。在7个县（区）140个行政村开展农村环境卫生监测项目，完成率100%。在7个县（区）开展农村义务教育学生营养改善计划及营养健康状况监测项目。2018年，自治区成立60周年庆祝活动期间，确定“全区统筹部署，五市一线保障，自治区重点保障，突发事件集中处置，保障任务无缝衔接”工作原则，制订印发医疗卫生保障等3个工作方案、2个应急预案，组织举办3期保障技术培训班、3次实战应急演练，全区共抽调医疗卫生工作人员230名，保障车辆40余台，及时对10名头晕、发热、皮肤擦伤的演职人员和观众进行处置，未发生突发公共卫生事件，有效保证各项活动的顺利进行。2018年，全区共筛查布鲁氏分枝杆菌病高危人群40044人，确诊患者1539例。包虫病筛查11.29万人，新筛查出患者121人，免费药物治疗1091人，手术辅助治疗90

例，家犬驱虫255.4万只次。碘缺乏病监测覆盖率达到100%，合格碘盐食用率达到86.04%。完成了覆盖9个县（区）、27个村的饮水型地方性氟中毒监测，覆盖3个县（区）、5个村的饮水型地方性砷中毒监测，5个村饮茶型氟中毒监测，监测任务完成率100%。

【妇幼健康体系建设】2018年，全区推进银川市妇产医院和儿童医院，西夏区、石嘴山、吴忠、中卫市、同心县、彭阳县、隆德县、西吉县等13个已立项妇幼保健机构的建设，年内竣工4个，3个已投入使用。2018年新立项建设贺兰县、中宁县妇幼保健机构2个项目。依托宁夏医科大总院、自治区人民医院优质资源，投入800万元建设自治区级危重孕产妇和新生儿救治中心各2所，建立市、县（区）危重孕产妇和新生儿救治中心20所。成立宁夏妇幼保健医疗联合体和宁夏儿科专科联盟，促进区域医疗卫生资源整合利用。推进与北京大学第一医院合作，开通宁夏疑难杂症患儿北京大学第一医院转诊的绿色通道，3名专家在宁夏儿童医院开设专家门诊和查房指导，11批专家来宁巡诊并开展专题培训。组织中卫市妇幼保健院选派了10名技术人员到天津市妇产医院进修学习。签订香港、宁夏"新生儿复苏课程培训"协议，举办全区第一期培训班，培训新生儿窒息复苏技术人员100名。举办多期各种全区妇幼健康业务培训班，培训技术人员1200名，提高技术人员服务能力与水平。

【妇幼健康行动】2018年，全区印发《2018年妇幼健康行动计划项目实施方案》，实施预防艾滋病、梅毒和乙肝母婴传播、两癌检查、儿童营养改善、新生儿代谢性疾病筛查、妇幼卫生监测等项目，完成年度各项任务。免费为165981名农村妇女进行了宫颈癌检查，为63753名农村妇女进行免费的乳腺癌检查，为94964名孕产妇进行艾滋病、梅毒和乙肝检测，为12个县（区）92613名6～24月龄儿童发放营养包59.89万盒。在隆德县、海原县、红寺堡区开展新生儿安全项目，培训产、儿科医护人员292名。加强母婴安全保障，印发《母婴安全行动计划实施方案（2018—2020年）》和《健康儿童行动计划实施方案（2018—2020年）》。与内蒙古自治区签订《建立省际间危重孕产妇新生儿紧急救治绿色通道协议书》。

【出生缺陷综合防治】2018年，多部门联合印发《关于印发宁夏出生缺陷综合防治实施方案的通知》，推动出生缺陷综合防治。落实一级预防措施，加大宣传，开展免费婚前医学检查，推进免费孕前优生健康检查，实施农村怀孕妇女免费补服叶酸项目。免费为全区60443名适龄男女进行婚检，免费为68044名农村适龄妇女提供服用叶酸，免费为47136对计划怀孕夫妇进行孕前优生健康检查；落实二级预防措施，委托自治区产前诊断中心举办三期宁夏胎儿心脏超声检查规范化培训班，培训学员60名，提升产前筛查能力；落实三级预防措施，争取资金2200万元，免费为全区94731例新生儿筛查48项遗传代谢性疾病，其中免费听力筛查93274例。实施先天性结构畸形救助项目，对6大类、72种先天性结构畸形进行救助。完善苯丙酮尿症门诊大病政策，将18岁以上参保患者纳入基本医疗保险门诊大病保障范围。

（武旭红）

医政管理

【概况】2018年，全区对15个限制类医疗技术实行备案管理，取消第二、三类医疗技术准入审批，明确医疗机构的主体责任。医师资格考试综合笔试通过率55.33%，乡村全科执业助理笔试通过率35.5%。实行医师执业区域注册。医疗机构、医师和护士电子化注册率分别达到97.3%、90.2%、92.9%。医疗技术管理，印发戒毒医疗服务实施方案，加强戒毒医疗服务和禁毒宣传工作，对定点联系的中宁县和金凤区禁毒工作指导。为503名患者申请救助疾病应急救助基金321.69万元，解决急重危伤病、身份不明确或无力支付费用群众就医问题。2018年，全区完成55家公立医院、4家社会办非营利性医院章程制定。对7家三级综合医院复审问题整改情况进行复核验收并重新认定。基层医疗机构与二级、三级医院实现了分级诊疗和多种远程医疗应用。

【医疗质量】2018年，全区开展统一的疾病和手术操作编码工作，在自治区人民医院试点按疾病诊断相关分组（DRGs）付费改革。成立自治区级医疗质量控制中心33个，全区二级以上医疗机构全部纳入质控考核管理。开展继续改善医疗服务行动，二级以上医院预约诊疗全面实施，三级医院预约诊疗率达到40%，启动全区二级以上医疗机构检查检验结果互认工作，全面推进"先诊疗后付费"的诊疗服务。

【护理服务】2018年，全区安排县级医疗机构护理骨干18人赴香港学习护理模式，全面开展优质整体护理。联合自治区总工会开展全区护理岗位技能竞赛。开展全区二级以上医疗机构抗菌药物临床应用管理阶段性评估督导检查。无偿献血，全区无偿献血人次达到65304人，无偿献血量达到23.6吨。

【融合资源和培训】2018年，宁夏胸痛联盟和宁夏脑卒中联盟成立，成立宁夏创伤中心、危重孕产妇救治中心、危重新生儿救治中心等五大中心。建成各级各类医疗集团、医共体50多个，专科联盟25个，远程协作网3个，基本覆盖二级以上公立医疗机构和90%以上的社区卫生服务机构及乡镇卫生院。对第一批10个县级综合医院重点专科进行中期评估，确定第三批县级综合医院重点专科10个。落实20名儿科医生和9名精神科医生转岗培训任务。培养县级医院骨干医师60名。培训管理、康复、护理、院感、药事、血液等专业技术人员1500余人次。

【对口帮扶】2018年，全区组织区外军地14所医院支援中南部8个县（区）、9所县级医院，下派专家154人，开展新适宜技术85项，实施新项目93项。福建省19家援助医疗机构先后选派专家到宁21批145人次，开展手术示教288例、会诊疑难病例451例、诊治患者9934人次，举办学术讲座102场，培训医务人员5429人次。宁夏19家受助医疗机构共派出97人（1个月以上）前往福建进修学习，开展新技术、新业务44项，建立特色专科11个。京宁合作共同在北京培训乡镇卫生院、公立医院管理人员162名。宁夏146名医护人员到北京进修学习，65名北京医疗专家到宁夏传授临床技术，开展手术示教67例、会诊疑难病例740人次。

【廉洁从业】2018年，全区制定《宁夏回族自治区医疗卫生人员廉洁从业若干规定（暂行）》，采取“三公开、三强化”措施推动落实。180人次在规定时间内主动上交“红包”、回扣21万余元，4人受到纪律处理。开展惩治涉医违法犯罪专项行动和医疗安全、医疗废物、危化品等专项整顿。全年共受理医患矛盾咨询926件，全部办结；调处医疗投诉348件，办结率近97%；医调委共调处案件381件，结案率为85.3%，调解成功率达84%。

【人才队伍建设】2018年，出台《关于进一步加强卫生计生人才工作的实施意见》，制订《自治区卫生计生高层次人才引进和培养工作方案（2018—2022年）》，对全区卫生健康人才工作提出指导意见。争取国家卫生健康委项目和自治区财政、人才工作专项资金支持7259万元，人才队伍建设资金投入不断提高。举办全区医疗卫生专家国情区情研修班，在全区系统知识分子中开展“弘扬爱国奋斗精神、建功立业新时代”活动，激发人才的爱国热情和奉献精神。研究制定《医疗卫生领先团队管理办法（试行）》，以“北京大学第一医院——宁夏儿童医院”合作为示范，鼓励引导全区医疗卫生机构引进国内知名医疗卫生团队，申报医疗卫生领先团队41个，带动重点专科建设。借助省际合作强化人才培养，选派300余名专业技术骨干进行短期培训和中长期研修，200余人次区外专家到宁帮扶指导工作，带动以贫困县区为重点的医疗卫生机构技术水平提升。实施全科医生特设岗位计划，落实订单定向医学生就业安置工作，为乡镇卫生院招聘特岗全科医生38名，补充73名医学毕业生。扩大公立医院薪酬制度改革试点，将区直公益二类、固原市、中卫市27家公立医院纳入薪酬制度改革试点范围，提高医务人员待遇，调动医务人员积极性。自治区人民医院人事薪酬制度改革经验得到人社部肯定。向区属三甲医院下放高级职称自主评审权限，发挥用人单位人才评价和使用的主体作用。开展职称分类改革调研，拟定卫生系列职称分层分类评价标准建议，推动卫生系列职称分类改革。评选10个自治区医疗卫生育才先进集体（优秀人才团队）、60个医疗卫生骨干（优秀基层全科医生）和10名“最美医生”，发挥先进典型的带动作用。

（武旭红）

基层卫生与爱国卫生

【概况】2018年，全区基层医疗卫生机构门急诊人次占比达到31.7%，基层门诊诊疗量、住院人次较上年同期增长12.3%和15.2%，县域内就诊率达到84%。全区公立医院医疗费用增幅连续三年稳定控制在10%以下，2018年为1.2%；药占比由2015年的40.85%下降到30.88%，百元医疗收入（不含药品收入）消耗的卫生材料由2015年的35.16元下降到33.23元，医疗服务性收入由2015年的22%上升到24.31%，呈现“四降一升”发展趋势。群众个人卫生支出占比从2011年的36.67%下降到29.03%，群众获得感不断增强。

【基层卫生综合改革】2018年，全区在农村地区建立县乡村医疗卫生一体化管理模式，全区所有村卫生室均纳入乡村一体化管理，92家乡镇卫生院纳入县乡一体化管理范围。在城市地区构建医疗服务联合体，全区有193家社区卫生服务机构与综合医院建立医联体，占社区卫生服务机构总数的92%。由乡镇卫生院、村卫生室、城市社区卫生服务机构组建家庭医生服务团队，对重点人群开展家庭医生签约服务。

【基层医疗卫生服务】2018年，全区开展“建设群众满意的基层医疗卫生机构”活动，创建群众满意基层医疗卫生机构300家，其中村卫生室240所、乡镇卫生院30所、社区卫生服务机构30所。创建国家级群众满意乡镇卫生院64家，全国百佳乡镇卫生院1家，全国优质服务示范社区卫生服务中心2家，全国百强社区卫生服务中心2家。实施“千名医师下基层”对口支援活动，选派1000名中级以上专业人员对口支援13家县级公立综合医院、6家中医院、205家乡镇卫生院和210家城市社区卫生服务机构，每个基层医疗卫生机构能拥有2名以上对口支援人员。加快推进职业化乡村医生队伍建设，建立健全乡村医生准入退出财政保障机制，60岁以上村医全部退出岗位，乡村医生退养问题全面解决。利用自治区2018年城市社区卫生服务能力提升项目补助资金1800万元，为全区9家城市社区卫生服务中心按标准化要求配置医疗设备。

【基本公共卫生服务】2018年，制定印发《宁夏基本公共卫生服务项目评估报告（2009—2017年）》，向社会公布新医改以来政府免费为全区城乡居民提供14类54项基本公共卫生服务取得的成效。印发《宁夏做实做细基层高血压防治管理工作实施方案》，通过实施高血压防治管理工作“八统一”，促进预防与治疗有机结合。开展基层高血压线上培训工作，6724名基层医务人员通过网络平台学习高血压防治知识，在线培训工作获全国第二名。2018年全区居民电子建档人数达到571万人，电子建档率达到84.66%，老年人健康管理率达到58.64%；新生儿访视率达到98.65%，儿童健康管理率达到94.76%，早孕建册率达到96.73%，产后访视率达到98.17%，国家免疫规划疫苗11种疫苗单苗报告接种率达到95%以上；基层医疗卫生服务机构传染病疫情报告率为100%；规范管理严重精神障碍患者2.02万人、高血压患者41.33万人、Ⅱ型糖尿病患者11.05万人、肺结核患者人数2483人。

【大武口区医联体】2018年，组建多种形式医联体。制订下发《大武口区规范医疗联合体实施方案》等规范文件，明确医联体内各级医疗机构的职责权利，工作任务及制度。大武口区共建立3个医联体，形成与辖区19家基层医疗卫生机构协作共享、上下联通、优势互补、能力提升的新局面。优化整合医疗卫生资源。辖区内医联体牵头医院共向基层医疗卫生机构派出专业技术人员396人次，开展门诊、中医适宜技术、慢病指导等技术帮扶。基层医疗机构全年上转病例1398人次，牵头医院下转3226人次。建成区域内“互联网医联体”，通过联系北京、上海、西安等地专家成功处理病例33例。同时，开展远程会诊病例60例。促进优质医疗资源下沉。2018年，基层医务人员赴上级医院学习进修184人次，医联体牵头医院帮助基层医疗机构开展耳穴治疗、放血治疗等17项新技术。医联体牵头医院还专门举办“家庭医生领导力和沟通能力培训”“社区慢性病临床技能系列培训”等3期技能培训班，普遍在基层开展高血压、糖尿病、中医药指导等健康教育工作，联合开展健康教育讲座60余次。

【“爱国卫生日”和环境卫生整治行动】2018年，全区开展“爱国卫生日”活动，每月最后一个周五，组织发动全区干部职工、学校师生、城乡居民、卫生志愿者等，重点对老旧小区、城中村、城乡接合部、背街小巷、农贸市场、沟渠等卫生环境薄弱地段进行集中卫生整治。全区共组织开展爱国卫生日活动12次，参加活动的干部群众达90余万人次。建立健全“月例会、月主题、月部署、月督导、月通报”的“爱国卫生日”活动长效机制。组织开展第30个全国“爱国卫生月”活动。全区开展城乡环境卫生整治、农村环境连片整治、美丽乡村建设、农村危房危窖改造、“碧水蓝天·绿色城乡”等专项行动，在城市推行中卫市“以克论净·深度保洁”模式，在农村推行泾源县“大环卫”“大城管”“大整治”精准保洁模式。全年开工建设美丽小城镇20个、美丽村庄126个、特色小镇12个，城乡基础卫生设施不断完善，人居环境发生巨大变化，通过国家对城乡环境卫生整洁行动的中期评估。

【卫生城镇和健康城乡建设】2018年，银川市、青铜峡市完成巩固国家卫生城市自治区复审工作，通过国家级暗访评估和复审；积极推进固原市、中卫市、灵武市、中宁县、隆德县等市县创建国家卫生城市（县城）工作，完成对中卫市创建国家卫生城市暗访评估和固原市、灵武市、中宁县、隆德县创建国家卫生城市（县城）病媒生物防制工作技术评估。全区共创建国家卫生城市4个、国家卫生县城3个、自治区卫生城市7个、自治区卫生县城(区)14个。全年举办全区健康城市健康乡村建设培训班,指导银川、青铜峡、盐池等7个试点地区围绕健康环境、健康服务、健康社会、健康文化、健康人群“五大发展领域”推进健康城市健康乡村建设;制定宁夏健康社区、健康村、健康单位、健康学校等建设标准(试行)和考核评价细则,组织健康“细胞”示范点建设评估验收,建成并命名自治区级健康“细胞”示范点25个。

【农村改水改厕】2018年,全区投资3.95亿元,在9个贫困县区巩固提升49.85万人的饮水安全水平,使全区自来水普及率达到84.3%,农村饮水水质比上年提高3%。完成3.29万座农村污水处理及水冲式厕所建设,完成率达110%;完成旅游公厕建设193座,并在“全国厕所革命现场推进会”上代表中西部作了经验交流。开展农村改厕现状调查,在2017年建立的全区农村卫生厕所信息管理系统基础上,对2018年数据进行更新和系统完善维护,实现农村改厕数据动态管理,促进改厕数据部门共享。

【隆德县创新家庭医生签约服务】2018年,优化签约服务协议。协议封面印制有以户为单位的序号,内页印有以每一个居民为签约个体的编号,内容新增家庭医生服务团队、联系方式、职称、服务区域等。改变以往一年一签一解约的签约方式,2018年在协议后面做了5年签约解约预计设置,减少印刷成本和工作量,方便续约。创新签约服务手册。粉色作为建档立卡户的服务手册,绿色作为非建档立卡户的服务手册。封面底色印有寓意深刻的“家医”活动图案,右上角有对应的户序号,左下角有“健康隆德”和每个签约服务团队的二维码,扫码关注后可查询健康扶贫政策文件、语音播放健康扶贫政策解读、阅读疾病防治常识。内面印有签约团队照片、简介和服务职责。服务手册增添致居民的一封信、签约服务工作流程、家庭医生签约服务知识解答、协议双方权利和义务、签约服务合影、家庭成员信息、“分级诊疗”“双向转诊”和“一站式”报销流程图、健康扶贫政策解读等内容,增加了工作日志和个性化治疗方案。调整签约服务形式。签约服务由以人为单位调整为以户为单位,签约一户,服务一家,方便了群众,节约了成本。根据需求随时为每一位居民进行跟踪随访,让贫困患者少跑路,多享受方便快捷的诊疗服务。做到签约一人、履约一人、做实一人,不断提高居民对签约服务的获得感和满意度。

(武旭红)

中医中药

【政策法规】2018年,制定印发《自治区中医医术确有专长人员医师资格备案考核注册管理实施细则》《宁夏医疗机构应用传统工艺配制中药制剂备案管理实施细则》,举办两期全区中医监督执法能力培训班,培训中医监督人员270余名。开展全区中医医疗机构传染病防治和感染防控监督执法专项检查,对存在严重违法违规问题的11家医院进行行政处罚。

【中医药经费】2018年,全区协调划拨项目资金4859万元,实施中医药项目36个,举办项目推进培训班,培训项目管理人员120人次。通过遴选委托第三方会计师事务所实施2017年度3497万元国家中医药项目资金绩效考核评价,并接受国家中医药管理局督导检查。

【文化建设】2018年,建设中医药文化宣传普及平台,宁夏卫视“养生有道”中医大讲堂、《新消息报》“国医堂”专栏、“宁夏中医药”微信、微博公众号和宁夏中医官方网站均开通上线运行。培训中医药文化科普巡讲专家100余人,举办中医科普文化讲座5场、中医药文化进校园活动1期,义诊2000余人次,发放宣传资料2万余份,在县级中医医院、基层中医馆建设50余个中医药健康文化知识角。举办宁夏中医药健康文化知识大赛和网络竞赛,自治区中医药管理局荣获最佳组织单位奖,宁夏代表队荣获全国中医药健康文化知识大赛优秀奖和最佳人气团队奖,宁夏2名选手获“百强选手”称号。

【中医药服务能力】2018年,全区实施中医药传承创新工程,银川市中医医院迁建工程完成前期可行性论证和初步设计。宁夏中医医疗信息共享平台暨宁夏中医药数据中心正式启动。中医馆健康信息平台和中医云HIS项目等3个子项目推进顺利。基本实现全区18家公立中医医院、237家基层中医馆间的互联互通、数据共享和业务协同。开展全区中医医院等级评审。共评审3家三级中医医院和6家二级中医医院。建立全区中医系统医疗质量控制体系,中医急诊等8个质量控制中心共举办多次专业培训班,培训890余人次,开展专项督导活动9次,印发5期督查通报,进行“回头看”专项督查2次。组织对60余家医疗机构中药饮片服务进行了两次督查。举办全区医疗机构中药饮片临床使用管理培训班,培训200余人次。开展自治区基层中医药服务能力提升工程“十三五”

行动计划督查工作，推动基层中医药服务能力提升工程“十三五”行动计划工作任务的落实。

【人才培养】2018年，4个全国著名老中医药专家传承工作室建设项目验收、10名中医护理骨干人才结业考核和2个区域中医（专科）诊疗中心实地复核工作顺利完成。举办第六届“北京中医药专家宁夏行”活动。开展为10个京宁合作中医重点专科授牌仪式、第七批20名优才拜师仪式和京宁百名中医药专家大型义诊等一系列活动。遴选确定2018年全国中医护理骨干10名、中药特色技术传承人才5名、基层名老中医专家传承工作室8个、中医临床特色技术传承人才5名、西学中骨干人才培训项目培养人员20名。第六批20名自治区中医优才进京跟师学习。举办全区中医医院财务骨干培训班培训40人次。开展国家四批（临床、科研）优才第一、二、三期封闭式培训。完成首批40名中医住培学员结业考核。举办“首届全区住院医师规范化培训骨干师资培训班”，培训师资73人。

【中医医改】2018年，全区推动中医医院建立现代医院管理制度，5家中医医院章程制定工作逐步落实。协调调整中医医疗服务项目和价格，全区各级中医医院医疗服务劳务价值得到体现。实施中医医院DRGs（疾病诊断相关组）绩效评价改革试点，用DRGs方法对全区18家中医医院进行评估考核，宁夏中医系统基本建立DRGs精细化管理模式，得到国家中医药管理局肯定。开展医改中医药监测，评估、总结、提升中医医改工作。推进中医优势病种支付方式改革探索，在2家中医医院开展中医优势病种定价、收费、支付改革试点。协调自治区药监局优化医疗机构中药制剂备案管理政策，拓宽调剂使用范围，优化准入审批程序。

【中药资源普查】2018年，宁夏19个试点县（区）完成标本实物上交及数据信息上传工作，并通过县级验收；举办“第四次全国中药资源普查宁夏普查工作技术培训班”。基本完成宁夏三区一镇（兴庆区、金凤区、大武口区、宁东镇）区域内野生药用植物资源野外调查，完成3区1镇80%的中药资源普查信息录入工作，普查办组织专家对2018年的普查工作进行检查验收。

（武旭红）

合作交流与教育宣传

【京宁合作】2018年，推进京宁医疗卫生精准帮扶与技术合作，选派各医疗机构146名医护人员到北京市合作医院进行进修学习。在北京举办乡镇卫生院院长（骨干）、护理骨干和公立医院院长（管理骨干）等培训班。区内各医疗机构邀请北京市合作医院相关专家，举办学术讲座、专题业务培训156次，培训人员4630人次。

【闽宁合作】2018年6月，闽宁两省区重新签订精准帮扶合作协议。福建省19家援助医疗机构先后选派21批、145人次专家来宁，开展手术示教288例、会诊疑难病例451例、诊治患者9934人次，举办学术讲座102场，累计培训医务人员5429人次。宁夏19家受援助医疗机构共派出97人前往福建进修学习，带动开展新技术、新业务44项，建立特色专科11个。

【援外工作和对外交流】2018年，中国驻贝宁大使馆、贝宁卫生部和宁夏回族自治区卫生健康委共同举办了纪念援贝医疗队40周年系列活动。第22批援贝宁医疗队完成援外任务，选派第23批医疗队赴贝宁开展工作。2018年，英国驻华一等秘书兼卫生与社会保障总管Lottie Murphy一行6人到宁夏进行访问交流。中英双方就患者医疗路径、医疗费用及支付、数字化医疗、癌症治疗（肺癌及乳腺癌）、医疗知识公共宣传、临床试验、中药使用、药品及器械采购、报销等内容进行广泛深入的交流研讨。6月，法国驻华使馆卫生、社会事务与劳动参赞Benoît SEVCIK一行2人到宁夏进行访问，就宁夏慢性病、传染性疾病防治、卫生应急、妇幼健康和老龄化等方面的内容进行座谈交流。11月，组织专人赴英国，对英国医疗体系、有关医疗机构情况和大学情况进行考察，与相关医疗机构达成初步合作意向。

【卫生教育宣传】2018年，全区坚持主流正面宣传，围绕卫生计生中心工作和重点工作，以集中宣传、解读政策、展示成就等方式，发挥新闻媒体作用，展示全区卫生计生工作成就，2018年先后在各级各类媒体刊稿1482篇。突出抓好典型宣传，发挥典型示范作用。先后开展“中国好医生”“中国好护士”典型宣传推介，唱响宁夏卫生计生系统学习先进典型，弘扬正能量的主旋律。全区各级卫生计生机构在中国预防出生缺陷日、世界卫生日、世界人口日、世界艾滋病日、全国高血压日、全国爱牙日、全民健康生活方式日、世界肝炎日等重大活动和节假日，开展20多场声势浩大的广场宣传活动，在广场活动中，利用文艺演出、知识问答、发放宣传资料、健康义诊等方式，宣传卫生计生惠民便民利民政策措施、健康科普知识，增强了群众自我防范意识和防护能力，提高了群众的健康素养。

（武旭红）

监督执法与信息化建设

【概况】2018年，全区应监督户数26001户，实际监督户数25944户，监督覆盖率为99.78%，报告监督总户次为43217户次，每个被监管单位年平均被监督1.66次。2018年，宁夏各级卫生计生监督机构共查处违法案件1747件（简易程序案件464件、一般程序案件1283件），罚款金额276.52万元，较上年分别增长26.32%和54.71%。2018年，全区推进规范化监督机构建设工作，投资81.5万元筹建"十室一中心"。加强岗位练兵，安排业务骨干外出学习83人次，组织举办全区各类培训班10期，培训监督员1300余人次。建立并强化区市县联动机制和交叉考核机制，保障各项工作任务按时高质量完成。开展创建"卫生监督协管示范县（区）"活动，并依托"互联网+"思维，组织开发协管APP信息采集应用系统，有力提高卫生监督协管水平。

【国家抽检】2018年，全区制定监督抽检工作实施方案，以业务工作推进会、区市监督工作联系会、专项督导、通报约谈等形式督促落实。2018年，宁夏随机抽查任务2693件，完成任务2514件，任务关闭179个，完成率93.35%，完结率100%，案件数129件，罚款8.71万元。

【日常监督】2018年，全区开展春、秋两季宁夏学校及托幼机构监督检查工作，共监督检查学校2044所，检查托幼机构977所，覆盖率分别达到69.77%、63.1%。开展公共场所量化分级管理评定工作，量化率达95.64%，与上年相比上升0.37个百分点。查处公共场所违法案件812件，罚款金额65.69万元。开展放射诊疗建设项目预防性审查工作和放射诊疗机构的放射诊疗许可校验工作，查处相关违法案件53件，罚款12.03万元。组织实施宁夏传染病防治分类监督综合评价工作，对5个市级、13个县级卫生监督机构业务进行了督导，查处相关案件297件，处罚金额共计45.84万元。加强医疗机构综合监管，查处案件153件，其中警告54件，罚款125件，罚款36.76万元，没收违法所得0.19万元，暂停执业活动4家。加强计划生育和中医药服务监督，完成6家直管医疗机构计划生育、中医药、药品供应保障日常监督检查，监督覆盖率100%。查处计划生育技术服务案件8件，罚款5.54万元，没收违法所得1.2万元；查处中医药服务案件36件，罚款8.31万元。组织开展严厉打击非法医疗美容专项行动、全区民营医院和个体诊所依法执业综合监督检查、全区放射诊疗专项整治、学校卫生、传染病防治分类监督综合评价等9个重点专项整治工作，监督调查各类机构和场所12167户次，查办各类案件269起，给予警告58件，罚款374件，罚金73.11万元，暂停执业活动2家，取缔7家生活美容场所，有效净化医疗卫生市场秩序。

【法制宣传】2018年，全区卫生计生监督机构利用电视、报纸、杂志、卫生监督网站、微信公众号等媒体平台，多角度展示卫生健康监督执法工作，宣传卫生健康法规和卫生健康知识，电视台报道37次，报纸报道214次，网站发布各类信息共717篇（条），开展法制宣传236次，制作展板294块，发放宣传品20余万件。

【专项整治】2018年，印发《宁夏回族自治区关于改革完善医疗卫生行业综合监管制度的实施方案》。对公共场所开展10项重点监督检查，组织开展放射诊疗、公立医院综合监督等3项专项整治工作。推进"不作为、乱作为"集中整治、群众评议机关作风等活动，查处违反中央八项规定575件，收缴资金44.3万元，问责处理354人。出台宁夏史上最严的《自治区医疗卫生人员廉洁从业若干规定》，对医务人员收受红包、回扣3000元以上的，吊销行医执照，一年来，医务人员上缴"红包"、回扣118615元。开发并安装预算管理和成本核算软件，对本级7家公立医院进行有效监管。

【国家"互联网+医疗健康"示范省（区）建设】2018年7月31日，国家卫生健康委批复宁夏为"互联网+医疗健康"示范省（区）。召开全区"互联网+医疗健康"论坛大会、现场观摩推进会和新闻发布会。实现区外、区、市、县、乡五级远程医疗服务体系全覆盖，区外三甲医院30家、区级医院7家、市级医院9家、县级医院23家、乡镇卫生院196家和部分村卫生室（社区）入网。搭建全区统一的家庭医生签约服务平台。银川市成立银川智慧互联网医院，开通在线互联网门诊。银川市25家互联网公司取得"医疗机构执业许可证"，备案注册医生达3万名。建成全区居民健康档案和基层卫生信息管理系统，居民电子健康档案建档率82.33%、严重精神障碍患者规范管理率81.81%、高血压规范管理率82.89%、Ⅱ型糖尿病规范管理率81.18%；建成宁夏健康扶贫医疗保障“一站式”结算平台；实现疫苗流通网上全程实时监控，开通手机APP便民服务；建成血液一体化管理系统，实现血液采集、检测、制备、供应和调配业务协同；120救护一体化应用实现全区范围内应急医疗救援大数据分析和预警监测；建成全区中医医疗信息共享平台，18家公立中医院、237家基层中医馆实现互联互通、数据共享、业务协同。推进省统筹全民健康信息平台建设，两次通过国家卫生健康委评审；与中国银联宁夏分公司签订战略合作协议，制订《电子健康码建设实施方案》，启动建设；“卫生云”健康信息平台对接39家公立二三级医院，汇聚电子病历数据1000万条，对接医保信息11000万条、公安户籍信息570万条；建成“互联网医院在线监管平台”；成立银川市“互联网+医疗健康”行业协会。

【构建银川市“互联网+医疗健康”五大体系】2018年，银川市建设便民服务体系。建设“银川健康广场”和“银川市处方审核流转平台”，通过居民电子健康码实现银川市市属六家医院门诊、床位和大型设备检查的精准预约、智能分诊、诊间结算、报告查询、出院随诊、120救护等全流程便民服务；将全市所有医院、基层和互联网医院的处方统一审核，保障用药安全的同时，患者可按照价格最低、距离最近、自助取药或第三方配送等自主选择药店和购买方式。建设远程诊断体系。已经建成并投入运行电生理、影像、超声、胎心监测和睡眠监测等远程诊断中心，通过人员云化、平台虚拟化和机制市场化，提供24小时全天候服务，实现区域医疗标准化、同质化。截至2018年底，已为近300家基层医疗机构、民营医院和省外医院，累计完成75万份心电图、15万份影像的远程诊断。建设线上门诊体系。组建“全国专家远程门诊”“银川市专家远程门诊”和“银川在线互联网门诊”，让北上广、三甲级医院和市本级中级以上职称专家资源逐级下沉。建设慢病管理和康养体系。将家庭医生与慢病管理、康复医养结合起来，与第三方平台合作，通过线上慢病管理团队、可穿戴设备和人工智能，建设了高血压、糖尿病、慢阻肺等慢病管理体系，逐步实现各类主要慢病的社区管理。建设产业体系。在银川中关村双创园建立了“互联网+医疗健康”产业园，已落户35家“互联网+医疗健康”相关企业，通过政府引导，形成产业集群，打造完整“互联网+医疗健康”产业体系。

【中卫市“互联网+健康管理”服务新模式探索】2018年，中卫市优质资源进村。建设智能家庭医生签约服务平台，设置远程会诊中心、家庭医生签约服务两大中心，通过智能分级诊疗工作站中的虚拟会诊室，将村—乡—县三级间的患者与专家联通在一起，专家和患者“面对面”沟通会诊，让患者不出村就能享受大医院专家的及时准确治疗，促进优质医疗资源下沉。智能诊疗入户。在沙坡头区基层医疗卫生机构配置8辆云巡诊车、159台健康检测一体机，为群众提供心电、血压、血糖、尿液分析、体温、血氧饱和度、B超、大生化、血常规、尿常规、心电图等7大类、49小项检查服务，为患者进行全科、胸部、胃部、骨龄、影像、中医等服务诊断，打通基层群众就医问诊的“最后一公里”，使基层医生在云端即可拥有专家级的诊疗能力，提升了基层医疗服务水平。行业作风转变。利用互联网搭建集监管预警、医德医风监管、智能家庭医生签约监管于一体的智慧医疗卫生云监管平台，确保服务产生的数据全程留痕，可查询、可追溯。监管预警系统重点对各医疗机构门诊及住院医疗费用、医生用药情况以及辅助性、营养药品使用进行监控，并及时进行预警和处置，促进合理用药；智能家庭医生签约监管系统重点对家庭医生“弄虚作假”和“签约”而不“服务”等现象进行监管，提高家庭医生服务质量和效率；医德医风监管系统，重点对医德医风进行监督，将患者投诉、医务人员拒收红包、收到感谢信及锦旗等情况也纳入监管。对医务人员的考核由过去的一年一次变为一季度一次，考评结果与晋升职称、评先评优、绩效工资发放等挂钩，对违纪违规人员实行“一票否决”，促进行业作风建设。

（武旭红）

人口与计划生育

【人口监测】截至2018年末，全区总人口688万人，比上年增加6.33万人；全年出生人口9.12万人，与上年持平；死亡人口3.79万人，比上年增加0.57万人。人口出生率为13.32‰，比上年下降0.12个千分点；人口死亡率为5.54‰，比上年增长0.79个千分点，达到21世纪以来的最高值；人口自然增长率为7.78‰，比上年降低0.91个千分点，达到自治区成立以来除1960年（2.68‰）、1961年（2.32‰）两个特殊年份之外的历史最低值。全区出生政策符合率回落至91.50%，与上年的94.13%相比，下降了2.63个百分点。全区出生人口性别比为108.04，超出正常值范围。

【人口发展态势】2018年，全区总人口继续增长的特征没有发生改变，增速保持稳定，全区年末总人口较2015年增加20.3万人，年均增加6.74万人，年均增速1%。死亡率虽升至"十二五"以来的最高值，但仍持续在低位运行。出生政策符合率高位回落。2018年全面两孩出生人数比上年减少0.19万人，2018年人口变动情况抽样调查的二孩比重较上年下降0.72个百分点，全面两孩出生人数的减少说明全面两孩政策红利已经得到释放。全区常住人口中，银川市占32.71%，石嘴山市占11.69%，吴忠市占20.57%，固原市占18.05%，中卫市占16.98%，人口分布继续由南部山区向北部川区转移；增幅地区差异明显，银川市、石嘴山市、吴忠市、固原市、中卫市人口分别比上年增长1.13%、0.18%、0.83%、1.15%和0.94%；县、市（区）人口增速最高的金凤区增长4.86%，最低的大武口区下降0.04%。城镇化率稳步提高，全区城镇化率58.88%，比上年提高0.9个百分点。60岁及以上人口比重提高0.6个百分点，老年人口数量和比重的上升加重劳动年龄人口负担，给经济发展和养老、医疗保障带来挑战。

【计划生育工作】2018年，全区全面两孩累计生育登记3.63万人，已生育3.12万人，月均生育865人；其中2018年登记1.04万人，已生育0.96万人，月均生育796人。从监测数据看，全区全面两孩集中生育区间在2016年9月至2017年9月，月均生育1056人；2016年9月之前月均生育693人，2017年9月之后月均生育795人。全面两孩政策集中生育高峰期已过，全区出生人数将呈下降趋势。健全完善生育登记服务制度，全面推行网上生育登记，简化工作流程，拓宽服务渠道，全面落实"最多跑一次"便民措施，切实方便群众办事，全区群众生育登记服务满意度达97.27%，较上年增长1.27个百分点。开展流动人口服务均等化示范创建活动，银川市西夏区被国家卫生健康委确定为流动人口基本公共卫生计生服务均等化示范县（区），全区1家企业、2所学校和35户家庭入选全国第二批流动人口健康促进示范企业、示范学校和健康家庭，提升流动人口基本公共服务均等化水平。兑现"少生快富"工程、农村部分计划生育家庭奖励扶助制度、特别扶助制度、独生子女保健费等各项奖扶资金1.14亿元，对2016年1月1日之前符合条件的计划生育特殊困难家庭给予2万元抚慰金。开展幸福家庭创建活动，石嘴山市、吴忠市被国家评为创建幸福家庭活动示范市，2个家庭被国家命名为第二届全国"幸福家庭"，评选出10个自治区"幸福家庭"。做好计划生育特殊家庭优先便利医疗服务工作，全面落实联系人制度，覆盖率达到100%。落实新时期计划生育协会"六项重点任务"，利用"7·11"世界人口日"12·1"世界艾滋病日等重要纪念日，宣传中共十九大精神，宣传卫生计生惠民政策和健康知识。开展"三进"活动（进社区、进校园、进家庭），在校园、企事业单位和流动人口集中的社区建立计划生育协会组织45个，开展生殖健康服务咨询、流动人口服务、优生优育宣传等服务活动。聚焦计生困难家庭，开展生育关怀，为全区300户特困家庭送去生育关怀服务包、生活用品和慰问金。开展扶困助学活动，为150名大学生送去助学金。开展"幸福微笑——唇腭裂儿童救治"公益项目，开展"健康扶贫·白内障公益活动"，把公益活动融入健康扶贫、精准脱贫规划，使更多贫困家庭受益。

（武旭红）

老龄健康

【老年人权益保障】2018年11月29日，自治区人大常委会修订公布《宁夏回族自治区老年人权益保障条例》，自2019年1月1日起施行。深化养老服务机构公建民营改革，加快推进已建成养老服务项目投入运营，提高医养结合护理型养老床位比例。

【健康养老服务】2018年3月26日，自治区卫生健康委联合民政厅、发改委等十几个厅局印发《关于进一步加强健康养老服务工作的实施意见》，明确老龄委各成员单位职责分工，有计划按步骤推进实施医疗卫生和养老服务融合发展。下发《自治区卫生健康委办公室关于落实老年人就医免收挂号费等优待政策的通知》，对就医的60岁以上老人免收挂号费，并提供相应的优待服务。加强老年人家庭医生签约服务，全区65岁以上老年人家庭医生签约服务达到愿签尽签。每年为65岁以上老年人免费开展一次健康体检，2018年为全区36.3万65岁以上老年人开展健康体检、健康指导等管理服务。

【医养结合】2018年，银川市启动医养结合试点工作，探索医养结合不同模式。12月19日，争取工业和信息化部办公厅、民政部办公厅、国家卫生健康委员会办公厅支持，确定银川市凤凰北街街道、吴忠市利通区金星镇、宁夏宁居通养老服务有限公司开展第二批智慧健康养老应用试点示范工作，推动智慧健康养老产业发展和应用推广。2018年，全区医养结合机构为103个，占养老机构的58.9%。

（武旭红）

健康宁夏建设

【概况】2018年，成立自治区政府分管领导任组长、30个部门组成的健康宁夏建设领导小组，聘请区内外33名专家组建健康宁夏建设专家委员会；制定考核评估细则，开展监测和年度考核。2018年，全区打造“医生到你身边”栏目等一批精品宣传窗口；新建改建一批体育场馆、体育健身公园、多功能运动场、全民健身活动中心、健身步道、健身广场等；举办大型群众性体育活动300多场次，经常参加体育锻炼人数达202万人。全区居民健康素养水平达到10.31%，位列西北5省区第一，人均公共体育场地面积达2.15平方米，走在全国前列。

【服务保障】2018年，全区建立“国家—自治区—市—县—乡”五级远程医疗服务体系；建成覆盖全区的居民健康档案和基层卫生信息管理系统、预防接种信息系统、“120”急救网络指挥系统；基层慢病管理、儿童免疫接种、急诊急救全面实现信息化；城乡居民基本医保政府补助提高至502元，大病保险患者实际报销费用比为64%；与全国31个省份10015家跨省就医定点医疗机构实现互联互通、异地就医结算；药品采购价格平均降幅达到了15.22%，个人卫生支出占卫生总费用的比重从34.59%下降到29.03%；通过“三个一批”分类救治管理患者44218人，救治率达到95.3%。

【环境卫生改善】2018年，全区加强生活垃圾和污水处理，城镇生活垃圾无害化处理率由87.96%提高到92%、生活污水处理率由88.11%提高到90%；大力发展无公害、绿色有机农产品，90%以上的餐饮单位实施“明厨亮灶”，100%的医疗机构实行药械管理规范化；建设市民休闲森林公园26个，命名国家健康促进县（区）4个以及健康促进医院、学校、机关、企业、社区共1118家。

【健康服务业】2018年，出台《关于促进健康服务业发展的实施意见》等政策文件，鼓励社会力量举办医疗机构，探索开展“互联网＋健康养老”医养服务。全区已建成民营医院164个（占医院总数的71%），医养结合机构103个。加快银川市、中卫市健康医疗大数据中心及产业园建设，好大夫等38家互联网医疗企业和阿里云等14家互联网企业与银川市签订战略合作协议，银川市备案注册医生总数达3万余名，累计服务患者1000多万人次（其中宁夏135万人次）。互联网医疗企业纳税总额约2000多万元，营业收入约6700多万元，营业流水约3亿元。银川市中关村双创园已落户24家“互联网＋医疗健康”、大健康相关企业，11家医疗产业意向企业正在洽谈。中卫产业园区已与美利云、万达信息等10家企业签约入园合作。建设西北健康谷，加快发展健康旅游业、健身休闲产业等新型健康业态，引导传统产业转型升级。截至2018年底，全区规模健康产业机构2390个，总产值201.09亿元（含55家公立医院）。

【健康扶贫】2018年，对全区21个县（区）因病致贫、因病返贫对象全面开展调查核实，全区经各地核实核准患病46666人，已入院救治或已签约服务43983人，其中，大病、重病已累计救治15516人次，慢病签约服务34746人，救治比例96.15%。健康扶贫“一免一降四提高一兜底”综合保障网巩固完善，减轻贫困患者负担，个人自付费用占7.8%。集中救治病种由21种扩大到30种，通过实施

2018年6月10日，宁夏“全民健身挑战日，健康宁夏动起来”暨“2018宁夏全民健身节”启动

"三个一批"分类救治管理患者44218人，救治率达到了95.3%。"一站式"结算平台，让贫困患者医疗费用结算"不见面马上办、最多跑一趟"成为现实。制定了流行病及地方病干预措施，贫困9县(区)高血压、Ⅱ型糖尿病、严重精神障碍患者规范管理率分别达到83.2%、82.7%、82.83%，肺结核高危人群耐药筛查率达到80%以上。集精准识别、精准救治、精准保障和精准预防"四位一体"的健康扶贫工作机制日趋完备。2018年，全区利用京宁医疗卫生帮扶合作项目，安排专项资金1440万，为贫困县县医院建设了18个临床重点专科，建设了10个自治区级临床重点专科。在固原市启动了远程分级诊疗试点工作，累计开展远程静态心电诊断9860例，远程动态心电监护442例，远程疑难病会诊180多例，远程门诊7期80人次，参加远程教育培训5100多人次。

【检查救治】2018年，全区将贫困人口罹患食管癌、胃癌等21种集中救治的病种扩大到30种，确定定点医院、临床路径、成立专家组、建台账，开展集中救治。对造成因病致贫(返)贫前10位的疾病及地方病等进行流行病学调查，共筛查地方病、脑卒中、癌症、心血管病等高危人群12.8万人，制定干预措施进行防控。在贫困县实施免费孕前优生健康检查1.96万对，增补叶酸31717人，为93825名农村妇女免费进行"两癌"(乳腺癌和宫颈癌)筛查，为3.2万名新生儿免费筛查新生儿疾病，为9个县区的7万名6~24月龄儿童免费发放营养包。加大贫困残疾儿童救治力度，对家庭经济困难，年龄18周岁以下患有6大类、72种先天性结构畸形和遗传代谢性疾病患儿给予救助。

【盐池县健康扶贫】2018年，盐池县精准救助率先在全区创新推行"扶贫保"，健全完善基本医疗保险、大病保险、大病补充保险、家庭综合意外保险和民政救助、慈善救助、财政救助、盐池卫生发展基金救助的"四报销、四救助"体系。精准补助。对建档立卡贫困户缴纳城乡医保二档或三档的，由县财政补助一档费用。大病补充保险筹资标准由45元提高到90元，报销总金额从8万元提高到20万元。为全县农村人口，每人补助缴纳90元大病补充保险和每户100元家庭综合意外保险。精准施策。对农村60周岁以上患有腰腿痛疾病的老年人，在门诊购买治疗药品补助670元，使报销额达1000元；对门诊购买医疗机构短缺药品(非基本药物)的贫困人口，实施"三定一限"保障措施，即定医院复核、定药店购药、定补助比例和年度补助限额。精准服务。全面实行"先住院后付费"和"一站式"结算服务，在县内就诊的建档立卡患者，出院时只需缴纳医疗总费用的10%且全年累计自付费用不超过5000元部分；在县外就诊的建档立卡患者，出院时报销完基本医保和大病保险之后，到县社保局一站式结算窗口提交相关材料后，对剩余超过总费用10%或全年累计超过5000元的部分予以兜底救助，实现贫困人口医疗报销救助无缝隙、全覆盖，解决群众报销难、不知如何报销的问题，群众满意度由65.4%提高到98.6%。2018年因病致贫人口由2016年底的3078户7992人减少到194户440人，减少率94.49%。

(武旭红)

NINGXIA YEARBOOK

社会管理

SHEHUIGUANLI

编辑◎王玉琴

创业就业

【概况】2018年，全区坚持把稳就业促就业作为重大政治责任和首要任务，进一步落实和完善更加积极的就业政策，推动出台《关于进一步做好当前和今后一个时期促进就业工作的实施意见》《关于推行终身职业技能培训制度的实施意见》等政策文件，着力抓好重点群体就业。全年城镇新增就业8.03万人，完成年度任务的107.1%；城镇登记失业率3.89%，均低于国家和自治区控制目标。

【创业带动就业】2018年，全区新认定自治区级创业孵化示范基地8家，累计建成各类创业孵化园区181家。举办"中国创翼"青年创业创新大赛宁夏分赛和"创青春"等自治区级创业创新大赛，大力开展创业指导志愿服务专家团"宁夏行"、"创业专家走进直播间"和宁夏籍人才返乡创业创新等系列创新服务活动，积极推广"创业培训+基地见习、创业实训、创业项目""1+X"创业培训模式，为创业者搭建平台。全年发放创业担保贷款9.58亿元，开展创业能力培训1.27万人，创造新岗位3.57万个，带动就业6.67万人，分别完成年度任务的127.7%、127%、178.5%、121.3%。

【重点群体就业】2018年，全区实施高校毕业生就业创业促进计划和基层成长计划，制定22条促进在校大学生创新创业就业的政策措施，高校毕业生就业率达94.7%。深化与内蒙古、福建、江苏、浙江等省区的劳务协作，大力开发就近就地和跨区域转移就业岗位，农村劳动力转移就业78.08万人，实现工资收入90.29亿元。开发购买公益性岗位10454个（自治区7100个，市、县、区3354个），帮助城乡困难人员就业，其中5090个岗位专门用于安置建档立卡贫困家庭劳动力。开展就业援助行动和零就业家庭精准帮扶，城镇就业困难人员实现就业9012人。银川市、中卫市和青铜峡市入选全国农民工市民化工作突出典型城市。

【援企稳岗】2018年，全区实施援企稳岗"护航行动"和"展翅行动"，使用失业保险基金为1386家企业、26.35万职工发放补贴6966.77万元，通过降低社保缴费基数和费率，为2.36万家企业84.08万职工和30.14万名灵活就业人员减负16.89亿元。为1933名职工发放提升技能补贴329.95万元。全面完成贺兰山国家级自然保护区环境整治中44家退出关停企业3988名职工、18家淘汰落后产能企业（项目）1405名职工安置任务。

【职业技能培训】2018年，全区开展"订单、定岗、定向"培训，实行"先垫后补"资金补贴方式和"随时申报考核、随时鉴定发证"考核鉴定模式，全年开展岗位技能提升培训1.4万人、城乡劳动力就业技能培训4.39万人、创业培训1.3万人，分别完成年度任务的140%、110%、130%。组织参加第45届世界技能大赛全国选拔赛，在第八届全国数控大赛获2个二等奖、3个三等奖，第二届智能制造应用技术大赛获1个三等奖、1个优胜奖。

【公共就业服务】2018年，全区开发就业培训管理系统，建设"互联网+"公共就业服务平台。与福建海峡人才市场、浙江省人才市场、江苏省人力资源市场签订人力资源开发交流合作协议，共享人才招聘供求信息。对全区504家企业20.19万个岗位进行失业动态监测。积极推行"创业培训+担保贷款+创新服务"三位一体帮扶机制，大力开展"春风行动"、民营企业招聘周等公共就业服务专项活动，全年区市县联动组织各类招聘会356场次5.2万人达成就业意向。

（吴　博）

社会保险

【概况】2018年，全区深入推进全民参保，大力实施建筑、水利等行业农民工参加工伤保险"同舟计划"，不断巩固拓展全民参保登记成果，全区基本养老、医疗、失业、工伤、生育保险参保分别达到397.69万人、626.24万人、91.97万人、93.32万人、88.07万人，分别完成全年任务的102.5%、103.5%、103.3%、106%、112.9%；新开工工程建设项目工伤保险参保率99.96%。

【养老保险】2018年，全区机关事业单位养老保险"1+6"政策全部出台，参保人员达30.5万人(在职职工20.3万人，退休人员10.2万人)，完成全年目标任务的101.7%。21.1万被征地农民按新政策参加养老保险，参保率100%。启动实施企业职工基本养老保险基金中央调剂工作。调整完善企业职工养老保险参保人员因病或非因工死亡丧葬补助费和抚恤金政策，建立了企业职工养老保险参保人员病残津贴制度、城乡居民养老保险待遇确定和基础养老金正常调整机制。实现企业退休人员养老金"14连调"、机关事业单位退休人员"3连调"，月人均增加162元；第5次调整城乡居民基础养老金，月人均增加23元，基础养老金最低标准达143元。

【医疗保险】2018年，全区指导督促各地加强总额预算管理，加大医保基金对门诊统筹、门诊大病及基层医疗机构的倾斜力度，配合卫生健康部门推进分级诊疗服务模式，引导慢性病、常见病患者在基层就医，减轻参保人员门诊医疗费用负担。制定新医保医用耗材目录，规范了支付政策和标准。全年城乡居民大病保险拨付资金1.83亿元，5万余人次享受大病保险待遇，支付基金1.99亿元。会同相关部门实现健康扶贫医疗保障"一站式"结算，累计为2.7万人次建档立卡贫困患者支付大病保险费用6402.4万元。

【社会保险基金监管】2018年，全区落实基金决算管理和内控制度，开展"社保风险防控专项行动"和工伤保险内部控制专项检查，规范养老保险待遇发放数据向银行传输方式，整省推行和实现基本养老保险待遇集中统一发放，建立社保领域失信联合惩戒措施。加大打击欺诈骗取社保基金力度，发现社保基金要情108起，追回社保费和违规基金1940.21万元。

【社会保险经办】2018年，全区签发宁夏首张电子社保卡，拓展社保卡综合应用，方便群众办理领取养老金等民生领域业务。累计发放社保卡673.9万张，覆盖全区98.8%的户籍人口、92%的业务应用。进一步简化异地就医备案流程，完善优化资金结算机制，做好异地就医直接结算工作。与全国14458家协议医疗机构实现联网结算，推进基本医疗保险和大病保险跨省异地就医"一单化"直接结算，全区累计完成跨省异地直接结算20078人次，基金支付2.7亿元。

（吴　博）

人才与人事管理

【概况】2018年，全区贯彻落实自治区实施人才强区工程助推创新驱动发展战略意见，有关部门出台高层次人才优厚待遇实施办法、支持和鼓励事业单位专业技术人员创新创业实施细则、突出贡献人才和引进高层次人才职称评审办法、下放职称评审权限加强事中事后监管、分类推进人才评价机制改革、自治区全职引进全日制博士硕士经费补助实施办法、中青年人才赴区外深造经费补助实施办法、人才小高地建设实施办法等政策文件和配套措施，激发和释放各类人才创新创业活力。全区鼓励和支持事业单位专业技术人员创新创业，有序推进工资收入分配制度改革，事业单位人事管理得到进一步规范和加强。

【职称制度改革】2018年，全区首次在经济、统计等7个系列设置正高级职称，首次开展正高级会计师职称评审工作，分层分类修订完善各系列(专业)职称评审标准和条件，在全国率先设置全民健身体育教练员职称，将高级职称评审权下放本科院校、科研院所、三甲医院、大型骨干企业和地市，实现职称申报、审核、公示网上办理和职称信息网上查询。制定中专系列和工程系列通信与信息、土地管理、地质矿产、测绘专业技术职称评审条件，引入继续教育第三方评价机制，对高级职称评审全部设置业绩述职面试环节，引入专家现场评审。全区引进的38名高层次人才、28名突出贡献人才直接评定为高级职称。

【重大人才工程】2018年，组织选拔享受国务院政府特殊津贴专家和自治区第四批"国内引才312计划"、第五批"海外引才百人计划"和自治区青年拔尖人才培养工程等高层次人才253人。争取人力资源社会保障部海外赤子为国服务行动项目1个、高层次留学人才回国资助项目1个、留学人员回国创业启动支持项目1个、万名专家服务基层计划项目2个，新建国家级高技能人才培训基地1个、自治区级高技能人才培训基地2个、国家级技能大师工作室2个、自治区级技能大师工作室5个。

【人才智力引进】2018年，全区启动实施自治区“百个人才小高地建设计划”“优秀在读博士研究生预引进计划”和“中青年人才赴区外深造研修计划”，支持7名优秀在读博士研究生人才预引进项目。争取6项国家高级研修项目，新建2个博士后科研工作站。举办第二届中国“一带一路”人力资源高峰论坛。组织企事业单位到北京、上海等地高校招聘硕士以上高层次急需紧缺人才，已办理正式聘用手续316人。实施外国高端人才“一卡通”服务，办理外国人来宁工作许可证233件。

【人才培养培训】2018年，全区实施专业技术人员知识更新工程，升级改造“宁夏专业技术人员继续教育在线”，开发7个类别57门精品公需课程，培训各类专业技术人员4.7万人(次)。新培养技能人才5.9万人，其中高技能人才4275人，技师和高级技师849人。开展“百名专家基层服务行”，实施基层服务项目40个。新认定国家级专家服务基地1个。

【人事管理】2018年，全区建立公务员诚信档案。出台推动公务员职业道德建设工程12项措施，组织实施公务员素质能力提升工程，牵头培训公务员1.9万人次。将全区各级各类事业单位全部纳入“宁夏事业单位人事综合管理平台”，进一步完善机关事业单位公开招考招聘政策，“阳光招考”公务员998人，“阳光招聘”事业单位工作人员5529人。深化“阳光安置”，完成465名军队转业干部安置任务。大力推行“阳光考试”，人事考试安全有效运行，组织60多项人事考试，27.4万人参加。

(吴　博)

收入分配与劳动关系

【收入分配】2018年，全区调整兑现机关事业单位艰苦边远地区津贴，完成机关事业单位工作人员基本工资标准调整，以及区直事业单位绩效工资总量核增工作。深入推进公立医院薪酬制度改革，试点由28家扩大到55家，事业单位以增加知识价值为导向的收入分配机制得到更好体现。建立全区统一规范的企业薪酬调查和信息发布制度，发布了年度企业工资指导线。出台改革国有企业工资决定机制实施意见，组织开展国有企业负责人薪酬制度改革落实情况整改及“回头看”工作，国有企业负责人薪酬发放进一步规范。

【构建和谐劳动关系】2018年，全区健全完善协调劳动关系三方机制，坚持定期分析研判劳动关系形势，及时研究解决和化解劳动关系领域的突出矛盾和问题，积极防范劳动关系领域矛盾风险隐患。继续将构建和谐劳动关系纳入政府效能目标责任考核体系。联合自治区总工会、发展改革委等13个部门评选表彰了44家2018年自治区劳动关系和谐企业，并向国家推荐了4个全国模范劳动关系和谐企业和1个全国模范劳动关系和谐工业园区，在全社会营造了和谐劳动关系的浓厚氛围。全区企业劳动合同签订率达93.9%，集体合同签订率达93%以上。

【保障农民工工资支付】2018年，全区推动出台保障农民工工资支付工作考核办法，大力实施治欠保支三年行动计划，对441个重点建设工程项目实施常态化监控预警，对15家拖欠农民工工资失信企业和17件重大劳动保障违法行为进行“媒体曝光”。全年检查用人单位1.1万户，处理劳动者举报投诉案件3267件，督促用人单位与3.49万名劳动者补签劳动合同。拖欠农民工工资举报投诉案件数、涉及人数和金额连续三年实现大幅下降。

【劳动人事争议调解仲裁和信访】2018年，全区出台加强劳动人事争议仲裁与诉讼衔接机制建设实施意见，开设农民工争议仲裁“绿色通道”，全区共受理劳动人事争议案件5866件，结案5747件，仲裁结案率达93%；各级调解组织受理劳动人事争议5129件，调解成功率为70%，高于目标任务10个百分点。集中开展解决群众反映强烈的信访突出问题，中央巡视组移交的18件次信访件均按期办结，全系统受理来信来访5330件次，办结率98%。编印发布2018年宁夏劳动人事争议仲裁十大典型案例，引导企业合法用工、劳动者依法维权。邀请自治区“两代表一委员”和自治区协调劳动关系“三方四家”以及新闻媒体记者现场观摩庭审活动，主动接受社会各界监督。

(吴　博)

便民服务

【概况】2018年，全区启动实施人社系统行风建设三年专项行动，推动解决22项群众办事堵点问题。推进行政审批制度改革，厅本级行政职权、行政许可事项由2012年的119项、43项压减为87项、5项，非行政许可审批事项全部清零。

【“不见面、马上办”政务审批便民服务】2018年，全区人力资源社会保障系统189项政务服务事项有160项实现“不见面、马上办”，所占比率为84.7%，其中厅本级为89%。积极推行综合柜员制，有3项许可事项实行多部门跨窗口套餐服务。社会保险参保登记、待遇资格认证等13项经办业务下沉至乡镇街道民生服务中心，实行全区通办。

【大数据与互联网工程服务】2018年，全区推行社保大数据与“互联网＋”技术认证社会保险待遇领取资格，54%的参保退休人员通过手机APP实现养老待遇资格不见面认证，82%的参保单位实现网上申报社保业务。依托“互联网＋人社”，不断完善“12333”热线、手机APP、网上办事大厅等“六位一体”公共服务平台功能，“12333”咨询服务热线来电总量73.96万个，其中，人工接听电话24.94万个，解答百姓问题40.4万个。

（吴　博）

民　政

【概况】2018年，宁夏确定当年为“民政重点工作落实年”，将民政部加强基层工作的六项重点任务、民政部八项示范试点工作、自治区第十二次党代会、政府工作报告、民生计划明确的25项重点工作，建立工作台账，压实推进责任，明确完成时限，确保任务有效落实。建立年度考核责任制、检查督办制、跟踪问效制，先后2次召开工作落实情况汇报会，解决任务推进中的困难和问题。1月10日，民政部印发了《关于通报2017年民政重点工作综合评估情况的函》，将自治区民政工作综合评估为优秀，在基层政权和社区建设、社会事务、福利彩票发行管理、民政基层工作、信访事项处理、民政服务机构安全管理等方面成绩突出，对自治区民政部门予以通报表扬。

【脱贫攻坚兜底保障】2018年，中央拨付全区困难群众救助资金23.36亿元，同比增长4.55亿元，增幅24%。城乡低保标准大幅提高，城市每人每月由440元提高到560元，农村每人每年由3150元提高到3800元。持续推进扶贫低保两项制度衔接，召开全区贫困地区农村低保与扶贫政策衔接工作座谈会，举办政策衔接培训班，将农村低保对象中有劳动能力的人口纳入建档立卡范围，将建档立卡对象中劳动能力缺失的人口纳入低保范围，实现两项制度对农村贫困人口的全覆盖。将农村建档立卡人员中因病致贫因病返贫人员全部纳入医疗救助范围。与自治区公安、人社、扶贫办等10个部门实现了数据共享，社会救助家庭经济状况核对更加精准。

【特困人员供养】2018年，全区创制特困供养人员照料护理政策，为特困供养人员统一购买意外伤害险，出台了《关于进一步健全完善特困人员救助供养制度的实施意见》，将政府设立的供养服务机构运转费用列入财政预算，明确护理员与失能失智和能够生活自理的特困人员比例分别不低于1∶3和1∶10，首次明确失能半失能特困人员照料护理具体标准，集中供养特困人员中的部分丧失和完全丧失生活自理能力者，对其照料护理月标准分别按不低于当地最低月工资标准的45%和75%确定，探索出了一条县区直管、集中建设敬老院，提升特困人员综合养护的新途径。

【农村低保专项治理】2018年，全区开展农村低保专项治理，清退不符合条件的低保对象20168户、38524人，发现违规使用民政资金和办理农村低保案例15起，给予党纪政纪处分21人。

【社会组织管理】2018年，在全国率先出台《社会组织执法监管暂行办法》，推动建立民政、安全、公安、宗教、银行等部门协调联动机制，印发《社会团体收费管理办法》，规范社会团体收费行为。加大对涉及民族宗教问题和意识形态领域社会组织名称的清理规范，依法依规对违反章程和超出业务范围开展活动的原宁夏福利协会、宁夏友好爱心协会作出撤销登记处理，对含有禁用词汇的16家社会组织名称进行了变更、注销，对7家接受境外捐助资金的社会组织进行了清理规范，组织约谈违规社会组织23次，追责处理相关责任人10人。开展非法社会组织排查治理和整治社会组织非法活动，组织约谈违规社会组织31次，公告撤销47家，列入异常名录393家。评估社会组织5A级106家，4A级199家，3A级266家。探索社会组织党建工作模式，破解社会组织党建难题，57个社会组织党支部与民政厅机关党支部结对“联建共育”，对292家民政厅所属社会组织中没有党员的104家派出党建指导员，批准成立34个功能型联合党支部，民政厅所属社会组织党组织覆盖率由2017年底的25.3%提高至88%。全区294家社会组织参与结对精准扶贫，帮扶项目334个，惠及贫困人口60余万人。

【社会工作和志愿服务】2018年，首届优秀社会工作服务案例评选大赛在银川举办，压茬实施2017年至2018年社会工作服务项目39个，闽宁社会工作“牵手计划”进展顺利，576人取得社会工作者职业水平证书，注册登记志愿者达67.8万人，新增16.9万人，全年办理注册登记183案。加强社工人才和志愿者教育培训，分别在深圳市、厦门市和区内举办了4期社会工作、志愿服务专题培训班，培训540余人。争取自治区人才工作协调小组将2017年度考取社会工作师的人员每人一次性奖励补助3000元经费纳入自治区2018年度人才项目及专项资金支持范围，2017年度考取证书的66人全部落实了激励政策。

【基层政权建设和社区治理】2018年，自治区基层政权与社区治理工作领导小组成立，成员单位由原来的17个增加至27个，在全国率先填补了基层政权建设领导议事协调机制空白。将做实村民代表会议制度和修订完善村规民约纳入2018年乡村振兴战略考评，将乡镇政府服务能力建设和社区治理工作纳入自治区效能目标管理考核，加强乡镇政府服务能力建设得到民政部部长黄树贤肯定性批示。做实村民代表会议制度经验做法被民政部作为典型案例向中央脱贫攻坚专项巡视组汇报并印发推介至全国。自治区人大常委会审议通过，村和社区“两委”换届选举时间实现同步，全面完成村(居)委会特别法人统一社会信用代码赋码、颁证工作。出台了关于进一步做好村务公开的通知，指导村级组织做好党务村务公开工作。推进城乡社区民主协商，指导各地开展试点、打造亮点，以点带面促进整体工作，扩大公民有序参与。

【扫黑除恶专项斗争】2018年，严防黑恶势力向基层组织渗透，配合有关部门深入推进扫黑除恶专项斗争，下发民政系统扫黑除恶专项斗争工作方案和通知，制定了《村(居)民委员会成员负面清单》，部署开展村委会成员背景审查和专项清理行动，严防“村霸”、涉黑涉恶等人员成为村(居)民委员会，罢免和终止违法违纪村委会成员16人。安排县(区)按月填报村(社区)“两委”涉黑涉恶问题线索，定期报送自治区扫黑办。

【养老服务体系建设】2018年，健全完善养老服务政策制度，会同有关部门印发《关于进一步加强健康养老服务工作的实施意见》《关于进一步加强农村老饭桌建设与管理工作的通知》《关于加强农村留守老年人关爱服务工作的实施意见》等政策文件，颁布实施《养老机构安全应急处置规程》等地方性标准12部。安排资金5684万元，新建农村老饭桌50个、社区日间照料中心25个，为全区434个农村老饭桌每个给予1万元运营补助。安排资金998万元，开展养老院服务质量专项行动，下发《2018年养老院服务质量专项行动实施方案》和养老机构基础指标评估通知，联合应急管理、市场监督管理、卫生健康等部门2次部署开展养老服务机构安全大检查。确定宁夏社会福利院和宁夏邦尼老年服务中心为全区第一批社会管理与公共服务标准化试点单位。在4所公办养老机构推行公建民营改革，引导社会力量参与运营管理。落实养老服务机构管理人员和护理员持证上岗制度，持证上岗率达70%。

【残疾人福利事业】2018年，做好残疾人“两项补贴”发放工作，下拨资金1.6亿元，惠及残疾人18.7万人。完成了《宁夏残疾人事业“十三五”发展规划》和《宁夏回族自治区残疾预防行动计划(2016—2020年)》中期评估工作以及自治区人大关于《中华人民共和国残疾人保障法》和《宁夏回族自治区实施〈中华人民共和国残疾人保障法〉》实施情况的督查工作。实施“福康工程”项目，为福利机构配发康复辅具174件，为67名残障患者免费配置安装假肢、矫形器，分期分批组织50名肢体畸形患者赴京实施矫治手术，为30名术后患者进行康复治疗，取得了较好的康复效果和社会影响。

【儿童福利事业】2018年，建立孤儿养育津贴标准动态调整机制，机构养育孤儿、父母双亡孤儿和事实无人抚养孤儿养育津贴标准提高到每月1049元、737元、531元，将18周岁以下的父母一方重残、失踪、服刑等困境儿童纳入保障范围。安排资金500万元，资助开展“明天计划”项目和贫困家庭儿童康复救助试点，“明天计划”项目医疗救治33人，儿童健康体检397人。实施联合财政厅开展困境儿童抚育康复计划项目试点工作，确定100名1~6周岁有需求的自身残疾困境儿童或贫困家庭重度残疾儿童开展阶段性养育康复。聚焦170个深度贫困村残障儿童生存、康复需求，实施残障儿童免费康复救助和母亲康复训练计划，210名母亲掌握了康复训练技能，部分儿童走进了校园或具备了生活自理能力。

【精神卫生】2018年，指导银川、石嘴山、中卫市较好完成了市级精神卫生福利机构项目建设等工作。积极拓展康复工作，引入代币疗法，推动原生艺术治疗方法向科学化、规范化、标准化发展，调动了患者参与康复治疗的积极性，提高了患者自我行为的管理能力。“阳光心园”作为全区首家社区精神康复日间照料机构，开拓了专科医院精神康复和社区日间照料相结合的发展模式，管理经验通过视频会议在全区推广。宁夏社会福利院荣获2017—2018年度自治区团委“青年文明号”称号，被列为全国社会管理与公共服务试点单位和自治区服务业标准试点单位。

【慈善事业】2018年，修订《宁夏回族自治区慈善事业促进条例》，举行第二届宁夏慈善榜表彰活动和“激活社会力量 助力精准扶贫”高峰论坛，表彰慈善城市、企业、项目和个人16个。认真开展“中华慈善日”专题宣传工作，与宁夏电视台、公交传媒、万达广场合作制作了慈善主题公益广告，面向社会公众宣传慈善理念、慈善文化，宣传慈善人物和慈善事迹，与宁夏慈善总会联合做好了《善行宁夏》编辑工作。

【福利彩票销售】2018年，全区销售福利彩票18.61亿元，同比增长4.9%，高出全国1.4%，占全区彩票市场份额53%，创造地方税收2761万元；筹集福彩公益金5.37亿元，增幅5%。

【婚姻登记】2018年，全区探索开展异地办理婚姻登记工作，完成全区婚姻数据上传和全国联网审查，下发了《关于停止要求婚姻登记当事人提供证件复印件的通知》，为全区24个婚姻登记机关配备54台高拍仪，解决群众堵点问题，成功举办2018年两岸国学书院结业仪式活动，得到民政部的好评。推进婚姻登记集中办理，县级集中办理率为86%，开展婚姻集中办理的经验在全国婚姻工作培训班上进行了经验交流。

【殡葬改革】2018年，全区开展殡葬综合改革试点，指导银川市制订下发殡葬综合改革试点实施方案和殡葬事业发展规划，全面推进节地生态安葬设施建设。落实基本殡葬服务供给奖补制度，对低保对象等特殊困难群体的亡故人员，给予1650元的基本殡葬服务费，投入140万元用于节地生态安葬奖励补助。开展全区殡葬领域突出问题专项整治行动，联合11部门制定下发工作方案，建立协调机制，规范殡葬服务市场和服务行为。联合自治区工商局、国税局下发《关于加强殡葬服务机构运营监管工作的通知》，规范殡葬服务机构运营监管。开展清明节文明祭扫工作，共接待祭扫群众约114.8万人，疏导车辆约35万台，参与服务保障的工作人员9182人(次)。配合民政部、中央文明办等6部门和联合自治区物价局2次对全区殡葬管理、殡葬服务收费情况进行调研，厘清制约全区殡葬改革的瓶颈问题。

【民政项目建设】2018年，全区建成宁夏福利彩票发行中心功能性设施和自治区军休干部活动中心两个重大项目，宁夏老年人服务中心爱心养护、养老护理、实训楼及配套设施建设主体建成，社会福利院综合楼前期准备工作全面完成。安排资金3715万元，实施护理型床位改造项目，满足失能老人服务需求；安排资金2780万元，建设农村社区儿童之家556个；安排资金5040万元，建设城乡社区服务站216个；自治区补助资金1767万元，建设救灾物资储备库项目6个，采购救灾储备物资1000万元；落实改造资金1800多万元，推进孤残儿童“类家庭”养育中心项目实施。会同财政厅安排200万元，在银川市、石嘴山市、吴忠市实施社区公益创投项目。会同自治区发改委编报了《自治区社会兜底工程(养老服务、社会福利服务)2019年中央预算内投资计划建议方案》，编报2个老年养护院、2个敬老院、1个基本殡葬服务设施项目，养老项目建设规模控制在150张床位以内，将3个殡葬项目合并为1个。

【流浪乞讨人员救助】2018年，组织救助和托养机构排查，开展“寒冬送温暖”工作，共救助生活无着落流浪乞讨人员1599人次，未发生街头流浪乞讨人员冻死等极端事件。组织开展了救助管理机构“6月19日开放日”活动，利用新闻媒体、广播、街头宣传，提高社会公众对救助管理机构救助、寻亲等服务的认知度和满意度。

【行政区划和地名管理】2018年，完成青铜峡市新田村、跃进村区划调整工作，明确了县界，新增界桩15个，解决了积压多年未能解决的区划信访问题。完成第四轮甘宁省级界线联检，及时处理中卫与内蒙古、惠农区与乌海市、盐池县与灵武市的边界纠纷。完成了西吉县、中宁县、盐池县、永宁县等县的乡镇(街道)设立工作，编制新版宁夏行政区划图册，完成贺兰山国家级自然保护区内宁蒙界线和16条县界联检工作。第二次地名普查工作圆满结束，普查成果转化有序推进，普查数据通过国家验收；灵武市被民政部评定为宁夏首个“中国千年古县”；出版《宁夏地名故事》5卷，标准地名图、录、典、志编纂工作加快推进，清理整治不规范地名清单790条，增设地名标志2万余块，地名宣传微电影获全国三等奖1个、优秀奖2个。

【民政基层基础】2018年，全区落实民政部加强基层民政工作的重要部署，持续运用民政部蹲点调研成果，22个县(区)全部出台了加强基层民政服务能力建设的规范性文件，制定乡镇(街道)政务服务事项目录，乡镇民政工作经费、工作岗位有效落实，村级民政协理员作用切实发挥。联合财政厅下发《关于推行政府购买社会救助服务加强基层经办服务能力的实施意见》，政府购买服务配备社会救助入户核查员299名，民政服务向基层延伸更加深入。指导各地做实做细网格化基础工作，明确和强化社区职责，新增调整城市社区19个、社区工作者职数147个，推行农村网格化服务管理和公共服务代办点建设，网格化服务实现全覆盖。举办各类面向基层的培训30余期、2500人(次)。

【民政法治化】2018年，全面规范和优化行政审批事项，统一规范了民政厅6类、36项许可审批事项和46项职权事项；扩大乡镇(街道)民政服务职能和管理权限,将城乡居民最低生活保障、医疗救助、临时救助、老年证办理、孤儿养育津贴申请审核等11项政务服务事项全部授权乡镇(街道)民生服务中心审核办理,推行“县证乡制”,实现“一号申请、一窗受理、一网通办”。办理人大建议政协提案47件,全部结案。全年接待群众来访98批400余人次,群众来信和网上投诉150件全部办结。加强内控制度建设,研究制定财务管理、资金监督、福利彩票公益金管理、合同管理等内控制度17项。

【民政信息化】2018年,制定出台《关于加快推进“互联网+民政服务”工作的实施意见》,编制完成民政政务服务网上办事事项清单,统筹搭建全区统一的“互联网+民政服务”平台,推进“互联网+”与民政业务深度融合,政务服务事项80%以上网上可办,50%以上全程网上办理,其他事项“只跑一次”,实现自治区级政务服务事项进驻政务服务大厅比例不低于70%,民政对象办事提供材料减少30%以上。

【民政标准化】2018年,颁布实施了《精神障碍患者职业技能康复服务规范》《养老机构安全应急处置规程第2部分——火灾》《养老机构安全应急处置规程第3部分——震灾》《养老机构安全应急处置规程第4部分——食物中毒》《养老机构安全应急处置规程第5部分——传染病疫情》《老年慢性病护理服务规范第4部分——阿尔茨海默病》《老年慢性病护理服务规范第5部分——老年帕金森病》《老年慢性病护理服务规范第6部分——老年退行性骨关节病》《养老机构安宁服务规范》《儿童福利机构生活照料服务规范》《县域地名规划编制》《标准地名数据脱密规范》《标准地名地址编制标准》《二维码标准地名标志制作与设置规范》民政地方性标准14个,《儿童福利机构社会工作规程》2018年被民政部列入行业标准立项计划。

【民政部八项示范试点】2018年,鼓励基层创新,及时总结经验,拓展示范成效,有序推进农村社区治理实验区建设、公办养老机构改革、以村民小组或自然村为基本单元村民自治、居家和社区养老服务改革、社会管理和公共服务综合标准化、殡葬改革等八项示范试点工作,制订印发落实方案,推出了兴庆区农村社区治理试验区、花马池镇高利乌素村井沟组村民自治试点、西夏区等4个全国首批农村幸福社区建设示范社区等一系列改革创新举措;4所公办养老机构改革任务已基本完成;石嘴山市居家社区养老服务改革顺利通过民政部等部委评估验收;颁布《儿童福利机构社会工作服务流程》地方标准并在全区实施;实施银川市殡葬改革试点,印发殡葬事业发展规划,全面推进节地生态安葬设施建设。

【防灾减灾救灾】2018年,研究出台自然灾害救助办法,修订完善自然灾害救助应急预案;出台自然灾害救助工作考评办法,首次引入第三方机构对救灾资金使用效益进行审计评估。大幅提高全区自然灾害救助标准,人均补助由250元统一提高到300元;遇难人员家属抚慰金补助标准由每人5000元提高至1万元;过渡期生活救助补助资金标准由每人每天15元(救助期3个月)统一提高到每人每天30元;因灾倒损民房恢复重建补助标准翻倍增长,恢复重建户均提高到2.8万元、损坏人居住房维修补助提高到6000元。先后下拨救灾资金1.3亿元,及时高效开展自然灾害应对和救助工作,2017年倒塌、严重损坏房屋539户、1550间全部重建完成。积极创建全国综合减灾示范社区10个,充分发挥社会组织在人员、技术、装备、经验等方面的优势,在全区200个城乡社区、109家民政福利机构开展了防灾减灾宣传培训和演练,提高了抵御自然灾害和抗灾救灾能力。

【优抚安置】2018年,建立区、市、县、乡四级包联机制,组织区、市、县三级民政干部,开展“大走访、送温暖”活动,帮难解困妥善化解退伍军人问题诉求,答复处理各级转办退役军人信访件302件。开展新一轮双拥模范城(县)创建活动,对全区申报创建的市、县开展中期考评。提高优抚对象生活抚恤标准,积极推进军人荣誉体系建设,为9000余名现役军人家庭悬挂“光荣军属”牌,启动军烈士直系亲属,因公牺牲和病故军人父母、配偶,参战参试老兵参加免费医疗体检活动,组织两期100人重点优抚对象区内短期疗养。下拨资金1062万元,维修改造烈士陵园3个,建设光荣院4个。安排资金4313.6万元,为2060名选择自主就业的退役士兵核发一次性经济补助。安排经费827万元,对退伍军人开展20多个专业的职业技能培训。

【基层民政服务机构安全管理】2018年,发《2018年全区民政服务机构今冬明春火灾防控工作方案》,成立防控工作领导小组,将养老服务质量专项行动与火灾安全防控有机结合,深入开展民政机构安全管理月活动,建立火灾安全管理工作台账,推动各地民政部门及民政服务机构火灾安全防控工作落实。厅领导带队深入5个地级市、22个县区,开展“大调研、大走访”,对民政服务机构进行拉网式安全排查,对全区民政服务机构督查检查和安全隐患排查10余次,整改敬老院、未成年人保护中心、精神康复机构等火灾隐患400余个。开展电气火灾及高层建筑消防安全治理和季节性火灾防控工作，各市、县（区）举办消防安全管理现场咨询会22场次，组织一线从业人员和安保人员消防安全培训、应急演练45场次，参训人员3850余人，有效提升民政服务机构安全管理防范意识和处置能力。

（王震平）

扶 贫

【概况】2018年，全区各级党委和政府坚持以习近平新时代中国特色社会主义思想为指导，认真贯彻中共十九大精神，全面落实中央脱贫攻坚决策部署，深入推进脱贫富民战略，脱贫攻坚工作稳扎稳打、扎实推进，取得明显成效。全区贫困地区农民人均可支配收入9298元，增长11.4%，高于全区农民人均可支配收入2个百分点；实现11.5万建档立卡贫困人口脱贫退出，贫困发生率由6%下降到3%；盐池县高质量脱贫摘帽，隆德县、泾源县、彭阳县基本具备脱贫退出条件。

【精准识别动态调整贫困人口】2018年，全区严格识别标准和程序，开展2018年建档立卡动态调整，强化数据分析、信息比对，将符合条件的低保户、新识别贫困户和返贫户及时建档立卡，动态调整新识别贫困人口0.94万人、返贫0.1万人，做到“应纳尽纳、应扶尽扶”。出台《关于进一步规范贫困退出工作的实施意见》《2018年贫困县退出评估检查工作方案》，严格规范贫困退出标准、程序和人均纯收入计算方法，落实脱贫退出责任人签字背书制度，防止早退错退，确保“脱真贫、真脱贫”。经第三方评估，2018年实现脱贫11.5万人。

【扶贫资金投入和小额贷款】2018年，全区共投入各类财政扶贫资金109.22亿元，增长14.6%，其中自治区财政扶贫资金6.6亿元，增长21.3%。规范财政涉农资金统筹整合，9个贫困县（区）涉农资金增幅超过全区平均增幅，共整合涉农资金69.46亿元，实现“应整尽整”。全面开展扶贫资金项目绩效管理，加快资金拨付进度，清理2017年度及以前闲置滞留、结转结余资金5.46亿元。强化扶贫资金监管，扶贫审计覆盖所有县区，建成财政扶贫资金监管系统，实现资金全过程、动态化、穿透式监管。2018年，全区新增扶贫小额信贷72.5亿元，贷款余额86.1亿元，覆盖率85.6%，户均贷款4.8万元，符合条件的贫困户实现“应贷尽贷”。加强扶贫信贷风险防范，强化贷前贷中贷后管理，全区风险补偿金达9.3亿元，与扶贫小额信贷规模基本匹配；贷款逾期余额310万元，逾期率0.04%。持续完善“扶贫保”政策，为贫困户提供特色产业、大病补充医疗、家庭意外伤害等保险保障，累计赔付1.46亿元，受益人口6.2万人（次）。

【基础设施建设】2018年，全区聚焦贫困村水、路、电、通信等基础设施短板，整合资金21.68亿元，统筹实施贫困村整村推进工程。加快农村饮水安全工程建设，巩固提升251个贫困村、9.15万贫困人口饮水安全，自来水普及率为90%以上。推进“四好农村路”建设，全部行政村通硬化路，农村公路累计通车里程2.7万公里。所有行政村、自然村全部通上动力电；贫困村光纤、4G、宽带实现全覆盖。

【深度贫困攻坚】2018年，全区认真落实中央“三个新增”要求，持续加大资金投入，全区扶贫资金60%以上投向“五县一片”深度贫困地区。持续加强帮扶力量，向深度贫困村选派干部2068人、技术人员555人，动员组织100家企业结对帮扶107个深度贫困村。持续加大政策倾斜，5个深度贫困县（区）跨省域调剂城乡建设用地增减挂钩结余指标1200亩，可获得补助资金3.6亿元。根据摸底和第三方评估，2018年实现50个深度贫困村稳定退出。

【产业扶持带动】2018年，全区出台《全区特色产业脱贫攻坚三年行动方案》，建立产业项目、技术培训、小额信贷、帮扶措施、农业保险“五到户”扶持体系，大力发展草畜、枸杞、葡萄、滩羊、马铃薯、瓜菜、中药材等增收带动作用明显的特色产业，有序推进乡村旅游、电商、光伏等新业态，通过发展生产，促进脱贫9.4万人。充分发挥种养大户、农民合作社、龙头企业等新型经营主体带动作用，探索开展资产收益扶贫，大力发展壮大集体经济，1100个贫困村近一半集体经济超过5万元。

【就业培训】2018年，全区出台就业扶贫“十七条”政策，持续开展“点单式”“配送式”培训，全年培训贫困人口81674人，完成年度计划的102%。建设扶贫车间173个，近万名贫困地区劳动力实现就近就地就业。自治区每年购买3500个公益性岗位用于建档立卡贫困劳动力托底就业。加强跨省劳务协作，提高劳务对接组织化程度和就业质量，实现贫困人口跨省就业4300人。

【加强“三保障”和综合保障】教育扶贫。全面加强义务教育控辍保学，共劝返辍学中小学生9473人，劝返率99%，义务教育阶段因贫失学辍学问题基本消除。建立从学前到大学全程精准资助体系，安排7.36亿元，资助学生45万人。投入11.3亿元实施贫困地区义务教育薄弱学校改造。持续实施农村义务教育学生营养改善计划，惠及学生26万人。健康扶贫。健康扶贫政策覆盖所有建档立卡贫困人口，贫困患者住院实行“先诊疗、后付费”“一站式”结算，住院费用个人报销比例90%以上。全区75%以上的乡镇卫生院建设实现标准化，村卫生室标准化建设做到全覆盖。危窑危房改造。严格落实补助标准，精准核实改造对象，分类指导、因户施策，最大限度减轻贫困户负担，开工建设3.28万户（其中建档立卡户1.5万户），完成2.2万户计划任务的148%。全区统筹社会保险、社会救助、社会福利等各类保障措施，为符合条件的贫困人口提供兜底保障。精准做好“两项制度”衔接，2018年将农村低保标准提高到每人每年3800元，全区建档立卡与民政保障对象重合人口7.36万人，占全区未脱贫人口的30.8%。开展贫困残疾人脱贫行动，9.4万名残疾人纳入低保救助范围，占全区低保的20.2%；困难残疾人生活补贴、重度残疾人护理补贴覆盖率分别为95%和97%。出台专门政策，着力解决军烈属、退伍老兵及现役军人军属建档立卡贫困户脱贫问题。

【易地搬迁】2018年，全区坚持科学选址规划，因地制宜选择搬迁方式，严把搬迁对象精准界线，严控住房面积标线，严守搬迁不举债底线，严抓工程质量红线，累计搬迁安置移民8.08万人，全面完成“十三五”易地扶贫搬迁项目建设和安置任务，工作重心转向促进移民后续产业发展和就业增收。出台《关于解决政策性移民发展问题的实施意见》，着力解决历次政策性移民产业发展、户籍迁转、社会保障接续、“多代多人”住房困难等突出问题，让移民搬得出、稳得住、逐步能致富。

【生态扶贫】2018年，全区加大贫困地区生态保护修复力度，做好移民迁出地拆旧复垦和生态修复，造林绿化、退耕还林、生态补偿等扶贫措施重点倾斜9个贫困县（区），共安排贫困地区生态项目资金11.42亿元，占全区的60.1%。优先使用建档立卡贫困户的苗木和劳务，落实护林员岗位8500个，带动贫困家庭近2.5万人稳定增收。

【闽宁协作】2018年，出台《闽宁对口扶贫协作三年行动计划》，召开闽宁对口协作第22次联席会议，专题研究部署扶贫协作工作。编制闽宁镇乡村振兴规划、脱贫致富奔小康三年行动计划，统筹推进闽宁镇扶贫产业、基础设施、公共服务协同发展。加强沟通交流，两省区党政领导多次互访对接，各对口县区互访对接实现全覆盖。深化携手奔小康行动，脱贫攻坚期内保持现有市县结对关系不变，并推动向乡镇、部门、村居延伸，累计建立结对关系307对。2018年，福建省投入财政帮扶资金3.2亿元，实施帮扶项目167个，新建闽宁示范村36个，总数达110个。

【社会扶贫】2018年，全区9家中央单位高度重视，选派优秀干部，加大资金投入、智力支持和技术服务，精准帮扶全区9个贫困县（区）。已投入帮扶资金1.05亿元，引进帮扶资金0.86亿元，支持建设了一批基础设施、特色产业和社会事业项目。扎实开展“百企帮百村”行动，483家民营企业帮扶367个贫困村，实施各类帮扶项目1000余个，累计投入21亿元。引导支持社会力量积极参与脱贫攻坚，参与社会组织达到161家，实施帮扶项目179个，投入帮扶资金6.53亿元。开展扶贫志愿服务活动，参与团队381个，人员3.54万人（次）。

【建立脱贫激励机制】2018年，全区坚持扶贫同扶志、扶智相结合，建立脱贫正向激励机制，对脱贫户发放脱贫光荣证书，倾斜安排支农惠农项目资金，通过典型示范、宣传教育、技能培训，培育贫困群众发展生产和务工经商的基本技能。大力实施移风易俗“五大行动”，贫困村综合文化服务中心实现全覆盖，建设“新时代农民讲习所”1186个，举办各类讲座3427场，用身边人身边事激发贫困群众内生动力。

（高海林）

医疗保障

【机构改革】2018年，按照自治区党委、政府机构改革方案，将人力资源社会保障厅的城镇职工和城镇居民基本医疗保险、生育保险、新型农村合作医疗职责，卫生和计划生育委员会的药品及医用耗材招标采购的政策制定和监督实施职责，物价局的药品、医疗器械和医疗服务价格管理职责，民政厅的医疗救助职责等整合，组建副厅级规格的自治区医疗保障局，为自治区政府直属机构。2018年11月12日，自治区医疗保障局正式挂牌，自治区党委常委、常务副主席张超超出席挂牌仪式。新组建的自治区医疗保障局下设办公室、待遇保障处、医药服务管理处、医药价格和招标采购处、医疗保障基金监管处、机关党委（人事处）6个行政处室和医疗保障经办服务中心、医疗保障监控信息中心、机关服务中心3个直属事业单位。新组建医疗保障局是完善城乡居民医疗保险制度、推进医疗医保医药联动、提高医疗保障水平的重大改革举措，将加快建立统一高效的全民医疗保障体系，着力解决群众“看病难、看病贵”问题，让人民群众享受到更多的改革红利，不断增强人民群众的幸福感、获得感。

【医疗保障政策调整】2018年，印发《关于调整城乡居民基本医疗保险有关政策的通知》，明确2018年各级财政对城乡居民医保人均补助标准为502元，其中中央财政补助356元，地方财政补助146元。印发《关于进一步完善基本医疗保险有关政策的通知》，将苯丙酮尿症门诊大病年龄范围由18岁以下放宽到所有年龄段，规范医疗机构肾透析门诊大病报销行为，取消了医保普通门诊统筹单次处方限额，明确了国家谈判药品仿制药报销政策。印发《关于印发〈宁夏回族自治区医疗保障扶贫三年行动实施方案（2018—2020年）〉的通知》，将符合条件的农村建档立卡贫困人口和农村特困供养人员全部纳入健康扶贫保障范围，将符合条件的急诊急救医疗费用纳入城乡居民医保住院费用报销范围，对于按规定转诊的农村贫困人口住院费用连续计算起付线。转发《人力资源社会保障部 财政部 国家卫生计生委关于做好当前生育保险工作的意见的通知》，要求各地要进一步提高认识，确保参保职工生育保险待遇按规定及时足额支付，确保参保人员的合法权益。印发了《关于印发〈宁夏回族自治基本医疗保险工伤保险和生育保险医用耗材支付目录〉的通知》，进一步规范了全区基本医疗保险、工伤保险和生育保险医用耗材管理。

【药品价格调控和招标采购】2018年，印发《关于调整全区基层医疗卫生机构药品配备使用的通知》，将《宁夏回族自治区基本医疗保险、工伤保险和生育保险药品目录（2017年版）》中除限二级及以上医疗机构使用的药品，均允许基层医疗卫生机构（社区卫生服务机构、乡镇卫生院和村卫生室）配备使用，并按基本医疗保险有关规定支付，药品资源大幅度下沉基层医疗卫生机构。完善医疗服务价格政策，印发《关于2018年调整三级甲等公立医院部分医疗服务价格的通知》，调高项目91项，平均涨幅为46.77%，调低项目21项，平均降幅26.92%。印发了《关于三级甲等公立医院实行六岁（含）以下儿童基本医疗服务项目价格加收政策的通知》，适度调整了三甲医院涉及6岁及以下儿童临床诊断中的有创活检和探查、临床手术治疗等99项医疗服务项目价格。加快推进公立医疗服务价格分类改革，修正了第一批执行65项市场调节价医疗服务项目中调价幅度和调价周期的限制。印发了《关于公立医疗机构第二批医疗服务项目价格实行市场调节价管理的通知》，对第二批医疗整形美容、口腔正畸（种植）等5大类、89个医疗服务项目实行市场调节价管理，增加医院非基本医疗服务自主定价权，满足患者不同层次的医疗服务需求。实施国家抗癌药集中采购工作，完成61个品种、98个品规抗癌药品集中采购，平均降价13.93%，最高降价幅度为68.68%。落实抗癌药临床配备使用，印发《关于保障抗癌药临床使用的通知》，对国家抗癌药品清单（第一批）中的103种抗癌药临床使用实行单独核算（门诊、住院），各级公立医疗机构不得以费用总控、“药占比”和基本药物目录等为由影响抗癌药临床采购和合理用药需求。按照《自治区药招领导小组办公室关于调整宁夏回族自治区公立医院药品集中采购实施方案的通知》，组织开展直接挂网药品、医保目录药品和通过一致性评价药品的补充挂网采购工作，完成了第一批626个品种，846个品规药品补充挂网工作。

【医疗保险基金收支】2018年，全区城镇职工基本医疗保险参保人数131.93万人，同比增长6.86%。基金收入638201万元，同比增长9.88%，完成全年预算117.07%。支出435703万元，同比降低11.4%，完成全年预算81.34%，累计结余806099万元，同比增长33.55%。城乡居民基本医疗保险参保人数达494.32万人，降低0.09%。基金收入430190万元，同比增长22.94%，完成全年预算的108.81%；支出381329万元，同比增长4.43%，完成全年预算的99.15%，基金累计结余213752万元，同比增长29.63%。全区生育保险的职工达88.07万人，同期增长7.76%。基金收入52443万元，同比增长19.75%，完成全年预算的90.11%；支出48873万元，同比增长0.83%，完成全年预算的82.19%，累计结余22946万元，同比增长18.42%。

【稽核监控】2018年3月12日，自治区党委常委、常务副主席张超超听取医保监控工作汇报，对监控工作取得的成绩给予充分肯定。在石嘴山市推进人脸识别监控工作试点，通过监控软件对入院参保人每天进行人员身份比对、分析、认证，有效杜绝了虚假住院、挂床住院等问题。做好部分高值易耗医用材料应用范围、支付价格等使用限定工作，通过分析数据、专家论证、广泛讨论，整理心脑血管介入治疗类耗材4大类、80项耗材的限定范围，适当调整限定类医保耗材项目，对157种耗材的适用范围、价格等进行限定，引导医疗机构合理使用各类耗材，杜绝乱用、滥用等问题。2018年，全区社保经办机构共核查医疗机构366家，涉及金额832.24万元，医保医师诚信扣分465人（次）。

【医疗生育保险参保登记】截至2018年

底，全区基本医疗保险参保626.24万人，较上年末增长8.02万人，同比增长1.3%；生育保险参保88.07万人，较上年增加6.34万人，同比增长7.76%。基本医疗生育保险参保扩面目标任务圆满完成。全区建档立卡贫困人口共830584人，参加基本医疗保险828025人（含职工医保），剔除死亡、服刑、参军等不属于参保范围的人员后，建档立卡贫困人口参保率达到100%，实现全覆盖。

【经办管理服务】2018年，印发《关于全区基本医疗保险定点医药机构医疗服务协议文本的通知》加强协议管理，完善基本医疗保险定点医疗机构、定点零售药店医疗服务协议内容及各项指标，开展职工医保个人账户专项检查，规范参保人员和两定机构的行为。加强统计精算，强化数据应用，编制年度医疗工伤生育保险统计年报及统计分析，形成《宁夏提高城乡居民医保个人缴费标准精算分析报告》，为全区城乡居民基本医疗保障体系更加公平和可持续发展提供数据支撑和意见建议。

【离休人员医疗保障】2018年，印发《关于调整离休干部医疗保障待遇标准的通知》，调整支付范围，扩大了就医范围，加强和改进离退休干部医疗保障待遇水平。2018年度，全区享受离休人员医疗保障待遇人数2105人（含自治区本级管理的1005名离休人员），支付医疗待遇费用总计6503.92万元（含自治区本级管理人员待遇支出3745.2万元）。

【异地就医直接结算】2018年，印发《关于规范跨省异地就医住院费用直接结算有关事项的通知》，规范了全区跨省异地就医住院直接结算联网运行、人员备案、直接结算、资金清算等工作。印发《关于报送2018年基本医疗保险定点医疗机构异地就医服务有关情况的通知》，将符合条件的定点医疗机构统一上传国家异地就医结算信息系统。印发《关于公布我区基本医疗保险异地就医直接结算第二批协议医疗机构名单的通知》，开通了贺兰县第一人民医院等23家医疗机构为全区第二批协议医疗机构。截至2018年12月底，宁夏与全国31个省份15411家医疗机构实现联网结算，累计备案116008人（次），直接结算20078人（次），住院总费用45053.44万元，统筹支付207亿元。

（柳雍昌）

应急管理

安全生产监管

【概况】2018年，全区共发生各类生产安全事故242起，死亡188人，同比分别下降8.3%和4.6%。发生较大生产安全事故3起，死亡12人，同比分别下降50%和47.8%。没有发生重特大事故。

【落实“三大”责任】2018年，制定《自治区党政领导干部安全生产责任制实施细则》，全面细化量化5类地方党政领导干部的不同职责和8种形式的考核考察制度，并纳入自治区政府年度表彰奖励和自治区党委组织部对领导干部履职评价体系，修订《自治区安全生产行政责任规定》，固化了负有安全监管职能部门的职责，厘清了综合监管、行业监管责任，促进安全生产责任到底到边。出台《安全生产约谈实施办法》《安全生产一票否决实施办法》《安全生产红黑名单制度》，实施约谈警示，加强挂牌督办，开展集中巡查，全年对事故多发地区和部门预警8次，对地方和部门负责人约谈警示20余人（次）、企业负责人15人（次），以“红脸出汗、问责问效”的形式倒逼责任落实。建立了企业全员责任制，实现了全链条实名追溯，在重点行业企业推行安全总监制度，以安全风险预防控制和隐患排查治理信息系统为抓手，实时监督企业落实安全生产主体责任，确保企业把安全生产责任落实到每个岗位、每个环节、每个人员。

【整治安全隐患】2018年，先后组织开展了“除隐患、保安全”专项行动、“除隐患、保安全”问题隐患整改销号行动、重点行业领域十大专项整治行动和百日安全生产专项整治“四大行动”，自治区安委办采取“领导带队、专家参与、现场记录、清单管理”的方式，划片包干、驻地督导、设立台账、一盯到底，对各地各部门落实安全生产责任和防范措施情况进行不间断督查。“四大行动”期间累计查治隐患104506项，惩治违法行为17043起，关闭取缔企业193家，实施停产整顿687家，行政处罚1.01亿元，投入整改资金3.5亿元。

【安全监管体制】2018年，确定143项“不见面”办理安全生产政务服务事项，实现了“清单之外无权力，窗口之外无审批”的目标。推进企业分级分类管理（ABCD四级），强力推动企业达标晋级分类，减少对管理较好的（AB类）企业检查频次。在高危行业领域强制推行安全生产责任险，2018年共投保558家企业，保费2670.32万元，保障金额99.24亿元。建立实施企业安全生产标准化激励约束机制，对达标企业落实工伤保险费率和安全生产责任保险费率下浮制度。出台《安全生产风险分级管控体系建设规范》《公共安全风险评估规范》等7项安全生产地方标准，修订《有限空间作业安全技术规范》《危险场所电气防爆安全检测技术规范》2项标准，安全生产依法治理能力显著增强。出台《自治区生产安全事故调查处理程序(试行)》,结案事故中移交司法机关追究刑事责任9人,纪检监察机关追责各级党政干部14人,事故责任单位处理有关人员96人。

【安全保障】2018年,提升安全监管能力,争取中央财政资金836万元,为22个县区安监机构采购现场检查、生产设备检查2大类、610台(套)执法装备。拓展延伸风险预防控制和隐患排查治理系统运用,全区工矿企业全部上线运行,实现了信息化管控。扎实推进危险化学品综合治理,投资400万元对11个化工园区进行了定量风险评估,完成了危化品重大危险源数据库建设,形成了横向到边、纵向到底的监管网络。完善公共安全基础设施,出台《关于推进城市安全发展的实施意见》,紧盯城市燃气、市政设施、道路交通、消防、水利、教育、特种设备、旅游等行业领域,推进公共安全保障行动,累计投入近7.47亿元,治理重大安全隐患409处。加强公共消防设施建设,全区消防规划编制实施率100%,5市消防训练基地全部建成投入使用,投入近1.4亿元,装备消防车辆55台、消防机器人2台、装备器材3.8万件(套),1901家消防安全重点单位,49个街道办和521个社区全部建成微型消防站,前置灭火救援力量基本形成。增强安全宣传教育实效,制订《五年安全生产教育培训计划》,把消防安全培训列入党政干部培训、公务员培训和职业技能培训以及新生军训内容,分层级分领域分岗位开展领导干部和监管人员专题培训、业务轮训,推进百家企业培训计划,累计培训企业主要负责人、安全管理人员10174人。扎实推进安全生产和消防安全"七进"活动,运用新媒体和传统媒介,制作警示宣传片、专题剧等,广泛深入宣传安全生产工作,把舆论宣传和社会监督作为推动工作的有力抓手,发动引导社会力量广泛参与,加强正面引导,进行反面曝光,形成了全社会关心关注安全生产的良好氛围。

(龚海龙)

消防救援

【概况】2018年,全区共发生火灾2910起,共接警出动7867次,出动消防车17442辆次,疏散抢救被困人员15320人,抢救财产价值7.08亿元。自治区党委政府坚持把消防工作摆在重要议事日程,与经济社会发展任务统筹部署、协调推进、同步落实,出台《宁夏回族自治区消防安全责任制实施细则》等规章制度,与五市政府和相关行业部门签订了消防工作目标任务书,组织召开电动自行车、春夏火灾防控、今冬明春火灾防控等专项整治会议,成立以自治区政府咸辉主席等区、市、县三级政府一把手任主任的消防安全委员会。自治区党委书记石泰峰、主席咸辉等领导多次听取消防工作汇报,作出批示指示,带队开展消防检查,极大地支持了消防工作发展,鼓舞了队伍士气。各行业部门全面落实监管责任,召开了消防安全监管厅际联席会议,自治区教育、民政、文化和旅游等21个行业部门对本系统消防工作进行部署,开展了7类系统内部专项自查活动。1901家消防安全重点单位和82家火灾高危单位严格落实单位主体责任,制定完善了7大类消防安全管理制度,有效推动消防安全责任落实。

【队伍转制改隶】2018年12月27日,宁夏消防救援总队授旗、授衔和换装仪式在银川举行。自治区党委书记、人大常委会主任石泰峰出席仪式,并向宁夏消防救援总队授"中国消防救援队"队旗。转制改隶期间,全区消防救援队伍主动对标上级党委的具体要求,听令而行、闻令而动,始终以"牢记总书记训词、建设过硬队伍"专题教育为牵动,广泛推动思想教育、廉政建设、后勤保障、执法服务、执勤训练等工作,队伍呈现新活力、新气象。总队积极提请党委政府,协调自治区党委编办、发改、教育、公安、财政等14个相关部门,推动全区消防救援队伍在经费保障、汇报协商工作、队伍建设、津贴补助、教育优待、就医看病、公共服务、宁东救援能力提升等政策机制出台,力促改革转制稳定有序,转型升级有力推进,确保了全区消防救援队伍"零事故、零违纪、零舆情"。总队先后被应急管理部消防救援局评为消防救援队伍安全工作"先进总队"、调查研究工作总队级"先进单位"。

【火灾防控】2018年,全区消防部门坚持常态化排查整治与专项行动相结合的监督管理模式,紧盯"高低大化""老幼古标"等单位场所,先后集中开展了夏季消防检查、冬春火灾防控、大型商业综合体消防安全专项整治和文博单位消防安全大检查等专项行动,共检查单位场所9.22万家,督促整改火灾隐患9.14万处。积极开展消防安全大约谈活动,召开集中约谈会45次,约谈人员5700余人,挂牌督办重大火灾隐患单位58家,整改销案30家,所有整改期限到期的单位全部整改完毕。完成了中非合作论坛北京峰会、自治区成立60周年庆祝活动、两节、两会等重大节庆活动消防安全保卫,实现了涉庆、涉会场所及周边可视范围"不冒烟、不起火"的目标。指导各地城市、县城、全国重点镇、建制镇全部完成消防专项规划(消防专篇)编制工作，推动全区新增市政消火栓549个，建设总数9801个，完好9801个，建设率和完好率均为100%。对89个城中村、棚户区、老旧小区和传统村落完成电气线路改造，投资1.3亿元，开展国有企业职工家属区“三供一业”配电设施分离改造工程。大力推广安装简易消防设施，全区共投入资金4903.29万元，累计安装独立式感烟火灾探测报警器15789个，推广安装简易喷淋系统2313套，有效夯实了公共消防基础。

【执法服务效能】2018年，全区消防部门推进消防“放管服”改革，部署开展自治区成立60周年庆祝活动相关建设工程消防服务专项行动，为40余项国家和自治区重点建设项目提供技术帮扶150余次，解决技术难题1200余项。公安部门和政务大厅将建设工程消防设计审核、竣工验收等7项行政审批事项纳入“互联网+公安政务服务”平台及手机APP，着力提升消防执法服务效能。进一步加强受理窗口服务质量，对全区33个消防受理窗口的工作人员业务能力、中介机构资质、窗口设置、便民措施公开等十个方面内容进行督导，推动提高窗口规范化水平。深化消防安全教育，承办了全国中小学校消防安全宣传教育工作推进会，宁夏经验做法在全国推广。消防、教育、文联等部门联合开展了中小学校暑期消防安全教育行动、“119”消防宣传月等系列活动，全年共举办各类消防公益培训1800余期、培训各类人员近25万人。同时依托全区各级媒体开设专栏18个，中央、国家级媒体和区级媒体刊播专题、新闻2200多篇(条)。全区各级电视台开设了“平安119”专栏。建立火灾隐患曝光台，开展“响雷”“利剑除患”火灾隐患曝光行动，刊发火灾隐患曝光新闻1000余条，曝光单位300多家，消防执法工作满意度不断提升。

【灭火和应急救援能力】2018年，全区消防部门开展以智能、体能、技能为一体的实战化练兵比武活动，每季度召开参谋长联席会议，强化议训研训，制定出台了《训练工作奖惩规定》，召开冬训和夏训开训动员会，开展了2次体能对抗赛，举办“夏季训练比武竞赛大会”，全面掀起了练兵比武的训练热潮。以“高低大化”、人员密集场所和火灾易发区域为重点，开展总、支队级实地演练26次，大中队级实地演练1533次，熟悉单位3816家，开展多部门联合演练27次，有效提高了队伍协同作战能力。扎实推进数字化预案体系建设，组织危险化学品事故处置技术培训，加强特殊火灾扑救技战术研究，依托5市支队建立了1支重型、4支轻型化工灾害作战单元，组建了7支高层建筑火灾扑救专业队，加强了总队级灭火和应急救援专家组，编印了《建筑火灾扑救实用技术及安全管理手册》，有效提升了队伍攻坚制胜能力。

【装备和营房建设】2018年，全区消防部门推动落实经费保障机制，总队本级预算达到1.03亿，全区各级地方财政投入消防经费4.13亿元，增幅达11%，并初步达成宁东装备规划建设三年配套2亿元经费目标，全区经费保障工作持续保持良好势头。突出贯彻落实中办、国办《组建国家综合性消防救援队伍框架方案》，加强对接沟通，在工作待遇和经费保障等方面争取最大支持。投入装备经费1.4亿元，采购各类消防车辆57台，进口大流量消防机器人2台，装备器材3.8万件(套)，夯实了队伍装备基础。规划建成以2个总队战勤保障基地为支点、3个支队战勤保障大队为骨干，社会联勤单位为依托的消防战勤保障体系。完成了银川和中卫2个战勤保障基地和石嘴山、吴忠、固原3个战勤保障大队营房基础设施建设工作。开展资金资产安全大检查，完善装备“背靠背”验收模式，深化调标降费成果，不断提升经费使用效益。

（龚海龙）

救灾管理

【概况】2018年，全区先后遭遇了低温冷冻、洪涝、风雹等灾害侵袭，汛期暴雨、冰雹、大风等灾害性天气多发重发，部分地区重复受灾，灾害叠加效应明显。据统计，灾害共造成42万人受灾，农作物受灾面积219万亩，绝收26.25万亩，倒塌及严重损坏房屋750余户，直接经济损失7.2亿元。

【天气灾害救助】2018年，自治区党委、政府坚决贯彻落实习近平总书记关于防灾减灾救灾工作重要指示精神，切实加强组织领导，强化应急处置，开展灾害救助，有效应对了“4·14”固原低温冷冻灾害、“6·10”西吉等地冰雹灾害、“7·10”和“7·22”贺兰山等地特大暴雨洪涝灾害，紧急转移安置受灾群众2万余人，及时下拨救灾资金1.3亿元，重点做好受灾特困户、低保户、五保户和残疾人家庭及其他受灾困难群众的生活救助，全面完成因灾倒塌及严重损坏房屋的重建和修缮工作。积极争取国家支持，将盐渍化灾害纳入自然灾害救助范围，使宁夏成为全国首个对因盐渍化灾害造成房屋倒塌实施救助的省区，投入918万元，对1147户盐渍化倒损房屋的重建修缮给予救助，有效保障了受灾困难群众的基本生活，有力维护了灾区社会稳定。

（李　斌）

地质灾害防治

【概况】2018年，自然资源厅印发《2018

年地质灾害防治方案》《关于做好2018年度地质灾害防治工作的通知》等文件，印发《地质灾害应急工作手册》，召开全区地质灾害防治工作视频会议，对全区地质灾害防治工作进行部署安排。印发了《全区地质灾害隐患排查工作实施方案》，召开全区地质灾害隐患排查动员部署和技术培训会，为地质灾害隐患排查全覆盖奠定了基础。主汛期期间，对地质灾害防范工作进行再安排再部署再落实，压实责任，落实防范措施。2018年，全区共发生地质灾害灾(险)情38起，其中灾情3起、险情35起，直接经济损失60余万元，没有造成人员伤亡。

【隐患排巡查和应急处置】2018年，全区开展了地质灾害隐患排查全覆盖行动。2018年3月20日至7月31日，以县(区)气象部门为主体、专业队伍包区包片协助的方式，对全区已发现的2680个隐患点逐个开展排查，实现了地质灾害隐患排查100%全覆盖，核查确认地质灾害隐患1857个。同时，加大巡查力度，督促市、县(区)落实地质灾害隐患排查要求，累计派出巡查人员100余人(次)，实地巡查重要地质灾害隐患点260余处。在汛期建立了应急值班值守制度，成立了地质灾害防治工作领导机构，组建了应急处置分队；完成了自治区地质灾害应急指挥系统的验收和运行调试，并对有关人员进行了运行维护培训。进入汛期之后，严格坚持24小时值班和领导带班制度。成功处置了白崖乡白崖村崩塌地质灾害隐患和“7·23”特大山洪灾害。

【气象风险预警】2018年，气象和自然资源部门加强气象风险预警预报，切实提高防范能力。自然资源、气象、水利、安监等部门加强沟通联系，建立健全协调有序、高效运转的工作机制，提前研判雨情、水情、汛情，做到信息及时共享、同步应急联动。充分利用政府网站、微信、短信等平台，及时发布预警信息。自然资源厅与宁夏气象台共联合发布地质灾害气象预报26次，其中成功预警6次。各市、县(区)级地质灾害气象预报100余次。

【地质灾害隐患点搬迁避让】2018年，自治区自然资源厅在2018年财政预算中安排了118万元搬迁避让补助资金，配合当地政府对西吉县、隆德县地质灾害隐患点周边59户、252名群众实施了搬迁避让。全年累计向各市、县(区)自然资源部门下达地质灾害防治资金1049万元，开展应急处置、综合防治等，有效消除了地质灾害对当地人民群众生命财产安全构成的严重威胁。

【宣传培训及应急演练】2018年，加大防治地质灾害宣传培训和应急演练工作力度，对防灾责任人、监测员和受威胁群众进行识灾、辨灾、避灾等知识的宣传讲解。累计印发《滑坡、崩塌、泥石流防灾减灾知识读本》300余份，发放地质灾害明白卡、宣传单1000余张，制作宣传展板、宣传条幅等100余块(条)；加大媒体宣传力度，全年在《自然资源报》《宁夏日报》和《新消息报》等媒体报道地质灾害相关工作17次。各市、县(区)针对实际情况，积极开展地质灾害应急演练，全年共开展应急演练11次。

(李　斌)

水旱灾害防治

【防汛抗旱】2018年，全区汛期平均降雨306.1毫米，较历年同期均值210.9毫米偏多45%。汛期全区发生较大范围降雨共31场次，发生17场强度较大的暴雨过程，13场暴雨重现期大于或等于50年一遇。单次最大降雨量出现在7月22日贺兰县洪广镇苏峪口水文监测站277.6毫米，最大雨强为7月22日贺兰县盘沟108.6毫米。降雨引发93条沟道发生洪水过程301次。在“7·22”特大暴雨中，大水沟1000立方米每秒、汝箕沟950立方米每秒，超200年一遇；大武口沟1500立方米每秒、拜寺口沟360立方米每秒、苏峪口沟500立方米每秒，100年一遇。受黄河河源地区降雨和融雪影响，黄河上游干支流来水较多，瞬时最大洪峰流量达到3540立方米每秒，入境流量大于2000立方米每秒74天，大于3000立方米每秒19天，沿河水位较6月底上涨1.0至3.3米。自治区领导高度重视防汛抗旱工作，2018年汛期，石泰峰书记、咸辉主席等自治区领导先后6次对防汛工作作出重要批示。自治区防汛抗旱指挥部先后3次派出督查组赴全区对水毁工程修复、河道违章、预案落实等进行全面检查。组织水利、气象、水文联合会商10余次。水利、气象部门联合发布山洪灾害预警6次。在重点旅游景区，建立了灾害性天气信息共享、景区停运、劝阻劝返等机制。建成黄河二期防洪工程，新建标准化堤防14.2公里，治理河段76处，新建加固坝垛1005道，护岸66公里。中央及自治区媒体先后30余次宣传报道洪涝灾害应对及防洪工程效益发挥情况，先后60余次介绍宁夏洪涝灾害特点、防御重点和防汛抢险救灾开展情况及防洪避灾常识。继续推进“防汛知识进课堂活动”，培训大中小学生8000余人。成功应对了7月1日、7月19日、7月22日、8月22日等暴雨洪水，取得了水库无一垮坝、重点堤防无一决口，群众无一死亡的效果。

【“7·22”历史性特大暴雨】7月22日20时至23日06时，贺兰山中北段西夏区、贺兰县、平罗县、大武口区突发特大暴雨，据水文监测最大降雨量出现在贺兰山苏峪口277.6毫米，最大小时雨强达到108毫米/小时。暴雨引发贺兰山东麓西夏区、贺兰县、平罗县、大武口区沿线沟道发生洪水过程，其中：大水沟1000立方米每秒，超200年一遇；汝箕沟950立方米每秒，200年一遇；大武口沟1500立方米每秒，100年一遇；拜寺口沟360立方米每秒，100年一遇；苏峪口沟500立方米每秒，100年一遇。针对此次历史性暴雨洪水，国家防汛抗旱总指挥部专门派出黄河防总工作组来宁指导。自治区党委石泰峰书记、政府咸辉主席分别就"7·22"特大暴雨汛情作出批示，咸辉主席亲自检查金山拦洪库防洪泄洪设施，姜志刚、马顺清、彭友东、许尔峰等自治区领导第一时间带领水利、公安、气象等部门负责人，赶赴现场，亲临一线指挥抢险救灾。各级防汛部门强化防洪隐患点排查工作，逐项落实了水库巡查、景区劝返、交通管制等防范措施。自治区防汛抗旱指挥部紧急启动防汛二级应急响应，旅游部门关闭景区，对游客进行劝返，确保旅游人员安全。各地政府紧急调动公安、武警、城管等部门，动用挖掘机、推土机等大型机械设备以及抢险物资开展抗洪抢险救灾，并提前转移5200余名受洪水威胁群众。贺兰山东麓"导拦滞泄"防洪体系发挥巨大作用，4座拦洪库共拦蓄洪水3300万立方米，有效削减了洪峰，根本地减轻了防洪压力。大水沟、大武口沟、汝箕沟等河道治理项目有效提升了泄洪能力，确保洪水顺利下泄。

（李　斌）

森林防火

【概况】2018年，全区共发生森林火灾15起，未发生重大以上森林火灾和人员伤亡。过火面积、受害森林面积与上年相比，分别下降48%、90%，森林火灾受害率低于0.9‰的预期指标。

【森林防火责任体系】2018年，自治区党委、政府高度重视森林防火工作，自治区党委书记石泰峰在宁夏气象局《气象信息专报》（2018年第13期）上作出批示，要求林业厅和各地、各林区高度重视森林防火工作，落实工作责任。自治区主席咸辉多次听取森林防火工作汇报，并作出批示指示。2018年，在机构改革未完成、职能未移交前，各级政府和各有关部门保持森林草原防灭火职责不变、思想不乱、工作不断，继续按现行职责抓好森林草原防灭火工作。出台了《宁夏森林火灾火情信息报送规定》及森林火险预警机制，制定了《重点森林防火单位责任人公示制度》《森林防火工作约谈制度》《各级森防指责任人森林高火险期外出AB岗报备工作制度》，先后两次在自治区主流媒体公布市、县（区）及重点林区森林防火责任人及相关制度，明确细化了森林防火主体责任。各地压实责任，逐级签订了森林防火目标责任书。

【森林火灾隐患治理】2018年，自治区重点实施火灾隐患排查治理，针对森林资源相对集中的特点，把高火险区、重点林区和重点防火时段作为森林防火工作的重中之重。两次组织开展为期4个月的全区森林火灾隐患排查整治工作。各地森林防火机构通过拉网式排查，对森林火灾隐患建档立卡，明确火灾隐患的种类、地点、责任单位、责任人、整改措施及整改时限等事项。加强督导检查，春节期间对重点森林防火区防火备战情况进行了明察暗访，督导工作落实。"清明"节前，原自治区林业厅、森林防火办公室再次组成5个督查组，利用一周时间分赴全区重点林区和高火险地区，对各重点林区森林防火安排部署、责任落实、火源管控、预案执行、应急响应和值班调度等工作进行了全面督导检查。各市、县（区）也在重点时段成立督查组深入林区开展专项督导检查，督导基层落实火灾隐患排查整改工作。

【森林防火宣传】2018年，自治区森林防火办公室充分利用多种媒体开展全方位宣传。进入森林防火期后，在宁夏电视台公共频道黄金时段投放森林防火公益广告；制作了森林防火警示宣传片《守护》，在宁夏电视台公共频道进行专题播放；录制了全区广大群众喜闻乐见的《哈嘻嘻》森林防火专题剧和森林防火温馨提示等节目在宁夏交通广播电台FM98.4进行全年播放；在"3·12"植树节、"6·16"安全生产宣传日等节点，统一组织开展森林防火宣传活动，通过进村庄、进市场进行面对面宣传、一对一咨询活动，发放森林防火宣传围裙、手提袋等广大群众喜爱的宣传物品，扩大了森林防火宣传面；各地在林区重点地段、入山路口设立永久性森林防火宣传牌；利用微信、短信平台推送森林防火政策、预警信息、虎威威视频和以案释法典型案例教育片，开展了声势浩大的宣传活动，努力营造全社会关注、参与、支持森林防火工作的浓厚氛围。

【野外火源预警和管控】2018年，自治区林业部门与气象部门及时会商森林火险形势，通过多渠道联合发布森林火险气象等级预警信息，全年共发布森林火险预警信息70期。各地采取树立预警旗的方式，及时向防火区及林区周边发布预警信号，增强了林区内外因险设防、科学响应的森林防火意识。进入森林防火期之后，各市、县（区）均以政府名义划定了森林防火区和防火期，及时发布了禁火通告。全区各级森林防火部门在重要节日期间全员上岗，投入14000余人次对森林防火区进行设卡布控，在通往林区、墓区、景区的路口设立临时防火检查站（点）1000余处，对过往的行人和车辆进行登记和宣传教育。重点防火区采取在坟墓集中区建设集中祭祀园，在相对分散的点上配备焚烧用铁桶，护林员采取守路口、把坟头、盯山头等方式，在森林防火重点时段基本实现了“林有人看”“火有人管”“灾有人报”。

【森林防火综合项目和队伍建设】2018年，争取森林防火中央预算内投资，在建的“宁夏固原市黄土丘陵区、六盘山土石质山区森林火灾高风险区综合治理项目”，总投资3941万元。根据国家林草局2018年森林防火项目申报指南，申报了“宁夏石嘴山市、吴忠市、中卫市森林火灾高风险区综合治理项目”，于2018年底批复，3个项目总投资4193万元。自治区财政2018年投入森林防火专项资金500万元，用于森林防火基础设施建设。年初，自治区森林防火指挥部下发了《关于进一步加强森林消防专业队伍建设的指导意见》，着力推进森林消防专业队伍建设，组建了中卫市、原州区、彭阳县、隆德县、西吉县、泾源县和贺兰山管理局森林消防专业队伍，实行24小时值班和领导带班制度，强化日常应急训练。进入森林防火期，各森林消防专业、半专业队伍靠前驻防，一旦发生火情，快速处置，确保实现森林火灾“打早、打小、打了”。

（李　斌）

草原防火

【概况】2018年，宁夏草原防火工作全面贯彻“预防为主、防消结合”的方针，坚持统一指挥、分级负责、信息畅通，反应迅速、以人为本、科学扑火的原则，建立起全面、迅速、有序的草原火灾应急处理、控制和扑救机制。实现了连续10年草原“零火灾”，有效保护了草原生态。

【防火责任】2018年，宁夏草原防火实行地方各级人民政府行政首长负责制和部门、单位领导负责制。原自治区农牧厅与五市农牧局、云雾山草原自然保护区签订了草原防火目标管理责任书。各市、县（区）落实行政领导负责制和草原防火责任制，形成了“政府负总责、农牧部门具体负责、相关部门各司其职、相互配合”的防控工作机制。

【防火宣传】2018年，宁夏利用草原普法宣传月、安全生产月和安全生产万里行活动平台，宣传《草原防火条例》，举办2018年全国草原普法宣传月现场活动，加大草原防火等政策法规宣传，强化草原执法监督，向社会释放草原保护的正能量。

【督导检查和隐患排查】2018年，为了强化草原火灾隐患排查，将各项防火措施落到实处，自治区在“自治区六十周年大庆”“中秋”“国庆”期间下发加强草原防火工作通知，督促各市、县（区）按时上报值班名单，加强火情监控和野外火源管理。自治区草原防火办公室多次组成草原防灭火工作督导检查组，从制度建设、预案完善、值班报告、档案管理、扑火器具维护等方面逐个排查火灾隐患，发现问题，立查立改。各地对重点地段、重点区域、重点时段、重点人群加强巡查力度，确保了草原火灾防控形势总体稳定。

（李　斌）

民族宗教

MINZUZONGJIAO

NINGXIA YEARBOOK

编辑◎黄　鑫

综　述

【概况】2018年，自治区民委（宗教局）坚持以习近平新时代中国特色社会主义思想和中共十九大精神为引领，深入学习贯彻习近平总书记关于民族宗教工作的重要论述，全面落实中央和自治区党委、政府关于民族宗教工作的重大决策部署，紧扣工作主线，聚焦重点任务，坚持问题导向，主动担当作为，扎实推进各项工作取得新成效。做好自治区成立60周年大庆服务保障工作。协调做好中央代表团到宁主要活动安排等工作。组织撰写宁夏民族区域自治60年理论文章，在中央和自治区主流媒体刊发。与《中国民族》杂志合作出版60大庆特刊，开展民族团结主题微电影征集评选、民族团结知识竞赛等活动，为60大庆营造了团结和谐的良好氛围。扎实推进全国民族团结进步示范区建设。参与研究制定民族团结进步示范区创建实施意见，组织召开全区第八次民族团结进步表彰大会，开展第三届全区民族团结进步十大模范人物评选活动。固原市、兴庆区、平罗县等10个单位被国家民委命名为全国民族团结进步创建示范单位，评选命名了100个自治区级民族团结进步创建示范单位。组织开展民族团结进步创建互观互检、第三方测评活动，提高创建工作质量。争取国家少数民族发展资金，评审认定"十三五"全国民族特需商品定点生产企业和民族贸易企业。自治区人民政府与中央民族大学签署战略合作协议，在决策咨询、人才培养等方面开展深度交流合作。启动全国、全区少数民族传统体育运动会备战筹备工作，承办全国民族健身操教练员培训班，举办全区民族健身操展演比赛、木球选拔赛、表演项目编导和教练员培训班。扎实推进宗教事务依法治理。启动修订《自治区宗教事务若干规定》《自治区宗教活动安全管理暂行办法》调研论证工作。指导各地严格大型宗教活动审批监管。规范宗教活动场所设立申报审批程序。完善考试、培训、考核、备案、发证工作机制。配合自治区党委统战部探索基层宗教事务依法规范管理的有效措施和工作路径，指导基层开展宗教事务依法治理试点工作。引导宗教界坚持中国化方向取得新成果。支持宗教团体加强自身建设，建立五大宗教团体联席会议制度，制定宗教团体管理办法和财务监督管理办法，完善内部运行机制。指导各宗教团体开展解经、讲经说法、神学思想建设等活动。加强宗教界人士培训，分层次举办各级各类培训班。指导宁夏伊斯兰教经学院实施教育教学改革，坚持正确办学方向，探索形成梯次衔接、规范有序的人才培养模式。

【全区民族宗教局局长会议】2018年3月7日，全区民族宗教局局长会议在银川召开，会议传达学习全国民委主任会议、全国宗教局长会议精神，总结2017年工作，安排部署2018年工作。自治区党委常委、统战部部长白尚成和自治区副主席王和山分别对民族宗教工作作出批示，并对开好会议提出要求，自治区民委党组书记陆军主持会议并讲话，自治区民委主任杨志文作工作报告。自治区民委兼职委员单位、自治区宗教工作联席会议成员单位有关同志，各市、县（区）民族宗教局局长，自治区民委所单位副处级以上干部，自治区各宗教团体秘书长参加会议。

【法治建设】2018年，自治区民委（宗教局）深入推进法治政府建设。研究制定了《2018年自治区民委（宗教局）法治建设实施方案》，从加强立法、履行职能、完善制度、行政执法等方面对民族宗教系统法治建设工作进行安排部署。开展法治政府示范单位创建工作，将完善依法行政制度、推进行政决策科学化民主化法治化和全面提高法治思维和依法行政能力确定为创建项目，明确具体任务、责任单位和完成时限，并于2018年12月通过了自治区法制办考核验收。开展法治宣传教育。落实"谁执法谁普法"的普法责任制，明确法治宣传教育内容、责任、措施、标准和考核办法。先后举办全区民族宗教系统依法行政培训班、宪法专题辅导讲座、规范性文件制定管理专题讲座，切实增强了民族宗教干部运用法治思维和法治方式解决问题的能力和水平。推动行政职权规范运行。梳理行政职权，完善规范权力清单，分两批编制印发了全区民族宗教系统权力清单指导目录。

【专题培训】2018年2月22—24日，举办学习贯彻党的十九大精神专题培训班，邀请自治区党委宣传部、自治区党校相关部门负责同志围绕"深刻领会习近平新时代中国特色社会主义思想""十九大精神解读"等进行专题辅导，机关全体干部、直属单位负责同志共60余人参加培训。4月24—25日，举办全区民族宗教系统信息舆情工作能力提升培训班，邀请国家民委、自治区党委相关部门负责同志围绕"政务信息工作"等进行专题辅导，各市、县(区)民宗局(民委)分管负责同志、综合业务人员，委属单位分管同志，机关全体干部共100余人参加培训。6月12—15日，举办全区民族宗教系统依法行政培训班，邀请自治区政府法制办、自治区党校有关专家围绕"依法管理民族事务"等进行专题辅导和现场案例教学，各市、县(区)民宗局(民委)分管负责同志、行政执法人员、自治区民委系统单位负责人及相关工作人员、机关全体干部职工共100余人参加培训。10月29日至11月5日，自治区民委与自治区党委组织部在中央民族干部学院联合举办全区少数民族县处级干部培训班，邀请国家民委、中央党校相关部门负责同志围绕"习近平新时代中国特色社会主义思想""新形势下的宗教问题和宗教工作"等进行专题辅导，全区五个地级市和34个区直部门、中央驻宁单位共44名少数民族县处级干部参加培训。12月17—18日，举办全区民族宗教网评员网络评论工作研讨班，邀请中央统战部、自治区党委网信办相关部门负责同志围绕"贯彻落实网络意识形态责任制"等进行专题辅导，全区民族宗教网评员和自治区民委干部职工共80余人参加培训。

（王　倩）

民族事务

【自治区成立60周年系列活动】2018年，自治区民委与自治区大庆办多次赴国家民委汇报筹备工作情况，协调做好中央代表团来宁主要活动安排等工作。做好自治区60周年成就展"党的民族政策照耀宁夏"专题布展工作。完成国务院和自治区历次表彰的2245名民族团结进步模范个人信息统计工作。组织70名民族团结模范集体、模范个人、少数民族和宗教人士代表参加大庆系列活动。认真总结宁夏民族区域自治60年的生动实践和宝贵经验，以自治区民委党组名义在《中国民族报》刊发理论文章，被《宁夏日报》、国家民委网站等多家区内外媒体转载。编辑出版《中国民族》特刊"塞上江南新气象 全面小康新征程——宁夏回族自治区成立60周年"，宣传解读60年来全区民族团结进步事业取得的辉煌成就。组织开展民族团结知识竞赛，区内外近10万人踊跃参与答题，取得良好效果。举办全区民族团结主题微电影征集评选活动，共征集作品32部，并对优秀作品进行展播，广泛宣传全区民族团结一家亲的生动故事。先后在国家民委网站开设"媒体视野中的宁夏民族团结故事""塞上江南新气象、全面小康新征程"等5个宣传专栏，会同宁夏电视台制作"同心共筑中国梦"专题节目，制作近30期民族团结专题节目。与自治区团委联合在全区大中小学生中开展民族团结主题征文，举办全区大学生骨干马克思主义民族观宗教观专题培训班，为自治区成立60大庆营造了团结和谐的良好氛围。

【民族工作联席会议】2018年4月4日，自治区主席咸辉主持召开自治区民族工作联席会议，学习贯彻习近平总书记关于民族工作的重要指示精神，听取2018年全区民族工作重点任务安排和推进情况汇报，研究自治区第八次民族团结进步表彰大会及民族团结进步模范集体、模范个人推荐评选工作方案等事宜，安排部署2018年民族工作。会议强调，要提高政治站位，贯彻习近平新时代中国特色社会主义民族工作思想，牢固树立马克思主义民族观，全面贯彻党的民族政策，加强交往交流交融，促进各民族像石榴籽一样紧紧抱在一起，共同团结奋斗、共同繁荣发展。要按照石泰峰书记在全区领导干部专题学习班上的讲话要求，毫不动摇地坚持党对民族工作的领导，把思想和行动统一到党中央的部署要求上来，统一到自治区党委的具体安排上来，打造全国民族团结进步示范区。会议指出，要以自治区成立60周年大庆为契机，全面总结、大力弘扬在以习近平同志为核心的党中央领导下全区各族人民手足相亲、守望相助、团结奋斗的生动实践和宝贵经验，激发了全区各族人民创造幸福美好生活的发展豪情和奋斗精神。要筹备好全区民族团结进步表彰大会，做好先进模范和典型的推荐评选宣传工作，确保模范集体和个人政治站位高、大局意识强、具有典型性和代表性，唱响民族团结进步主旋律，讲好民族团结进步故事，展示宁夏民族团结、宗教和顺、社会稳定的良好形象。自治区党委常委、统战部部长白尚成、自治区副主席王和山参加会议。

【民族团结进步创建活动】2018年，研究起草《关于创建全国民族团结进步示范区的实施意见》(简称《意见》)，《意见》明确了创建全国民族团结进步示范区的指导思想、基本原则、具体目标、主要任务和保障机制，细化了创建全国民族团结进步示范区、示范市、示范县(市、区)和创建自治区民族团结进步示范单位指标考核评价体系和负面清单。7月24—25日，会同自治区党委统战部在固原市开展全区民族团结进步创建互观互检活动。自治区党委常委、统战部部长白尚成出席并讲话，自治区领导吴玉才、马力出席活动。自治区民委兼职委员单位，各市、县(区)统战和民族工作部门负责同志实地观摩了西吉、隆德和泾源县共10个民族团结进步创建活动示范点，并在固原市召开总结交流会。7—9月，会同自治区党委宣传部、统战部开展第三届全区民族团结进步十大模范人物评选表彰活动，经各地各部门推荐、专家评审、媒体公示、报请自治区党委、政府领导审定后，在9月3日举行的全区“民族团结月”启动仪式上进行表彰。开展全区第八次民族团结进步模范集体和模范个人推荐评选工作，组织各地各部门层层推荐，经自治区党委常委会和自治区政府常务会研究审定，9月13日，自治区党委、政府召开了全区第八次民族团结进步表彰大会，对全区各地各行业涌现出的70个模范集体和130名模范个人进行表彰。10月，国家民委考核验收固原市创建全国民族团结进步示范市工作，12月，固原市被国家民委命名为全国民族团结进步创建示范市，兴庆区、平罗县被命名为全国民族团结进步创建示范县(区)，海原县史店乡徐坪村等7个单位被命名为全国民族团结进步创建示范单位。评选命名了100个自治区级民族团结进步创建示范单位，探索开展第三方测评，依托自治区统一战线智库平台，通过听取汇报、查阅资料等方式，对各地各部门推荐的124个单位开展第三方测评，并将测评结果作为评选自治区级民族团结进步创建示范单位的重要依据。

2018年9月13日，全区第八次民族团结表彰大会在银川召开

【民族团结宣传教育】2018年，自治区民委坚持以社会主义核心价值观为引领，围绕铸牢中华民族共同体意识，坚持不懈地开展民族团结进步宣传教育，在全区组织开展马克思主义民族观宗教观“百场万人”大宣讲活动，全区累计组织宣讲1670余场，12万多名干部群众参加了培训。“民族团结月”期间，全区各地各部门以“铸牢中华民族共同体意识”为主题，紧紧围绕庆祝自治区成立60周年，组织开展丰富多彩的活动，巩固发展了平等团结互助和谐的社会主义民族关系。

【少数民族发展资金和民贸民品企业管理】2018年，国家民委下达宁夏少数民族发展资金12879万元，比上年增长16%，自治区民委将资金切块分配到9个贫困县和沙坡头区、中宁县深度贫困村以及部分承担脱贫攻坚任务的川区县，支持各地实施了48个项目。4月，在全国民族经济工作暨民族地区经济形势分析会上，自治区民委交流了少数民族发展资金管理工作经验。6月，自治区民委会同驻委纪检监察组深入原州区、泾源县、隆德县，开展少数民族发展资金管理使用情况专项检查。9月，针对部分县(区)少数民族发展资金节余、滞留等问题，开展专项清理整顿。认真落实《自治区民族贸易企业认定管理办法》，评审认定“十三五”民族特需商品定点生产企业和民族贸易企业。

【城市民族工作】2018年，自治区民委推动建立相互嵌入式的社会结构和社区环境，引导少数民族流动人口自觉遵守国家法律法规和城市管理规定。完善少数民族流动人口服务管理目标考核、流入地与流出地联动协作和市、县(区)、街道、社区四级联动等工作机制，与河北省民族工作部门对接，建立少数民族流动人口服务管理跨区域协调合作机制。配合有关部门对在宁夏居住和工作的少数民族流动人口基本情况进行摸底，在子女入学、就业等方面给予帮助指导。严格执行新修订的《宁夏回族自治区清真食品管理条例》，指导全区各地举办50余期政策培训班，培训人员1.8万余人(次)。依法加强"清真食品准营证"的审批、使用和管理。

【民族文化体育】2018年，自治区民委启动全国、全区少数民族传统体育运动会备战筹备工作，制定工作方案，召开联席会议，指导有关单位做好备战筹备工作。配合国家民委文化宣传司做好少数民族迎春大联欢晚会录制工作，1月20日，2018中国少数民族迎春大联欢晚会在宁夏人民大会堂举行，晚会以"中华民族一家亲·同心共筑中国梦"为主题，来自四川、西藏、青海、贵州、内蒙古、云南、湖北、海南以及宁夏的近20个专业和民间文艺团体、数百名演员参与演出。4月14—26日，配合国家民委在银川举办全国民族健身操教练员培训班，全国31个省、自治区、直辖市、新疆生产建设兵团的83名教练员参加培训。7—9月，先后组织举办全区木球选拔赛、民族健身操展演比赛、表演项目编导和教练员培训班，为自治区备战第十一届全国和全区少数民族传统体育运动会、提高竞赛和表演项目水平奠定了良好的基础。

【文化下基层活动】2018年7月1—12日，国家民委组织清华大学第一附属医院专家，到盐池县、永宁县开展"中华民族一家亲"文化下基层送医活动，专家组先后在当地医院开展义诊、儿童先天性心脏病筛查和专业培训等，并座谈交流。国家民委还向两个县的部分中小学、有关单位赠送价值20万元的图书报刊。

(王　倩)

宗教事务

【宗教事务管理】2018年，自治区宗教局加强宗教活动管理，指导各地认真执行《宁夏回族自治区宗教活动安全管理暂行办法》，严格大型宗教活动审批监管，全区经各市、县(区)审批的大型宗教活动全部平稳有序结束，数量较往年有所下降。加强宗教活动场所管理，严格控制宗教活动场所数量和规模，制定宗教活动场所申报审批须知，规范场所设立申报审批程序。加强宗教教职人员管理，指导自治区佛教、道教协会开展教职人员基本情况调查摸底工作；指导自治区做好已认定备案发证的教职人员管理工作，修订完善《宁夏伊斯兰教教职人员资格认定实施办法》，建立考试、培训、考核、备案、发证工作机制。联合自治区党委统战部开展乡村宗教事务依法治理试点工作，指导五个地级市分别确定一个乡镇(街道)、村(社区)作为试点，逐步完善乡(镇、街道)、村(社区)两级宗教事务管理责任制的具体措施和协调机制。

【健全完善跨省区宗教事务协作共管机制】2018年8月29日，2018年度甘宁青宗教工作联席会议在兰州召开，自治区党委常委、统战部部长白尚成，甘肃省委常委、省委统战部部长马廷礼，青海省委常委、省委统战部部长公保扎西出席会议并讲话，中央统战部业务局负责同志到会指导。会议总结交流了宗教工作协作经验，签订了三省区宗教事务管理协作办法和甘宁青所属市州跨地区宗教工作协议。三省区17个市州和22个县的统战、宗教部门负责人参加会议。

【"四进"宗教场所活动】2018年，自治区宗教局深入推进国旗、宪法和法律法规、社会主义核心价值观、中华优秀传统文化"四进"宗教场所活动，按照中央统战部、国家宗教局工作部署和全国性宗教团体倡议，指导自治区各宗教团体先后在5个地级市同步举行启动仪式，现场组织升国旗，宣读活动倡议书。截至年底，全区共有2138个宗教活动场所开展"四进"活动，占所有宗教活动场所的43%。

【宗教中国化思想建设】2018年，自治区宗教局指导自治区伊协开展有组织的解经工作，编印《新编卧尔兹演讲集》第七辑，规范主麻日"卧尔兹"演讲内容，逐步形成"伊协指定主题宣讲＋清真寺自选题宣讲"相结合模式。指导自治区佛教、道教、天主教、基督教等团体开展讲经说法、玄门讲经、神学思想建设活动，12名佛教教职人员围绕弘扬"人间佛教"思想进行演讲，推荐1名道教教职人员参加全国玄门讲经活动，探索引导宗教与社会主义社会相适应的新方式、新途径。

【宗教界人士教育培养】2018年，自治区宗教局认真落实自治区党委书记石泰峰在宁夏伊斯兰教经学院调研时的讲话精神，指导经学院制订基础设施改造和教育教学改革实施方案，将马克思主义民族观宗教观、社会主义核心价值观、中华优秀传统文化融入课程和教学体系，与宁夏社会主义学院联合举办伊斯兰教教职人员研究生班，探索培养高素质爱国宗教人士队伍。研究制订《2018年度全区宗教工作"三支队伍"教育培训计划》，先后举办伊斯兰教中青年教职人员研修班、全区佛教道教天主教基督教活动场所负责人培训班等班次，全区累计培训16000人(次)。

【宗教团体建设】2018年，自治区党委常委、统战部部长白尚成分别到自治区五大宗教团体，围绕团体工作开展、教职人员工作生活等情况进行调研，对做好宗教团体工作提出了具体要求。1月22—24日，对自治区级各宗教团体2017年度职能作用发挥及年度目标任务完成情况进行考核。指导自治区各宗教团体建立完善财务管理内控监督制度，委托专业机构代理统一记账，成立财务监督小组，加强日常监督。指导自治区道教协会做好换届筹备工作。11月16日，首届自治区宗教团体联席会议在银川召开，审议通过《宁夏回族自治区宗教团体联席会议制度》《宁夏回族自治区宗教团体管理暂行办法》《宁夏回族自治区宗教团体财务监督管理办法(试行)》《宁夏宗教界助力脱贫攻坚倡议书》，明确由自治区伊协担任首届联席会议轮值主席，按照伊斯兰教、佛教、道教、天主教、基督教顺序依次轮流主持，每届轮值时间一年。自治区民委党组书记陆军主持会议，自治区民委主任、宗教局局长杨志文出席会议并讲话，自治区民委(宗教局)有关负责，自治区佛教协会、道教协会、伊斯兰教协会、天主教"两会"、基督教"两会"的会长、副会长、秘书长，自治区党委统战部、自治区宗教局有关处(室)负责人参加会议。

【和谐寺观教堂创建活动】2018年，自治区宗教局印发《2018年以"学习"为主题开展和谐寺观教堂创建活动实施方案》，指导各地以和谐寺观教堂创建活动为载体，在宗教界开展学习习近平新时代中国特色社会主义思想、学习中华优秀传统文化、学习法律法规，争做新时代合格宗教教职人员的"三学一做"主题实践活动，启动第四届全区创建和谐寺观教堂先进集体和先进个人评比表彰活动。

【朝觐工作】2018年，自治区宗教局坚持"有组织、有计划"的朝觐政策，先后研究制定了《宁夏朝觐工作方案》《宁夏回族自治区防范制止零散朝觐暂行办法》《宁夏朝觐统送统接工作方案》，指导各地做好朝觐人员资格审核、行前培训、行期管理、行后教育等工作。5月8日，自治区党委、政府批准成立宁夏朝觐工作团，下设5个地级市及灵武、同心7个分团，选派推荐50名工作人员开展境外组织管理服务工作。7月10—16日，自治区宗教局、伊协分别在银川、石嘴山、吴忠、固原市，海原、同心县和灵武市对朝觐人员进行集中培训。7月24—27日，全区2695名朝觐人员在河东机场分乘7架包机赴沙特，9月5—8日，朝觐人员陆续返回。

2018年9月3日，全区民族团结月启动仪式在银川举行

【宁夏佛教协会】2018年，宁夏佛教协会认真贯彻落实中央、自治区关于佛教道教商业化问题治理工作要求，配合做好佛教商业化治理工作，继续开展"文明敬香、合理放生、建设生态寺庙"活动，引导信教群众文明敬香、科学放生。指导全区佛教界积极开展公益慈善活动，累计捐款60余万元。8月21日，召开五届一次常务理事会议，传达学习中国佛教协会第九届理事会第三次会议精神，安排部署有关工作，自治区佛教协会33名常务理事参加会议。10月27—31日，自治区佛教协会会长释耀正、副会长兼秘书长吕维新参加了中国佛教协会在福建莆田举办的第五届世界佛教论坛。

(王　倩)

【宁夏道教协会】2018年，宁夏道教协会认真贯彻落实中央、自治区关于佛教道教商业化问题治理工作要求，配合做好道教商业化治理工作，继续开展"文明敬香、合理放生、建设生态宫观"活动，引导信教群众文明敬香、科学放生。4月13日，在中卫市龙宫庙举办全区第三次全真派冠巾活动。7月14日，召开会长(扩大)会议，传达学习自治区党委第十二届四次全会精神。10月6—11日，组织人员参加中国道教协会在四川省举行的第九届全国玄门讲经活动。11月9日，在宁夏社会主义学院举办培训班，对参加2018年授箓教职人员进行道教科仪、礼仪、纪律等方面的培训。

(宗志远)

【宁夏伊斯兰教协会】2018年8月1—3日，自治区伊斯兰教协会在吴忠市举办伊协委员培训班，自治区党委常委、统战部部长白尚成，中国伊斯兰教协会会长、自治区伊斯兰教协会会长杨发明，自治区宗教局局长杨志文等作了专题辅导。11月26日，自治区伊协八届委员会第二次全体会议在银川召开，传达学习中共中央政治局常委、全国政协主席汪洋在自治区成立60周年庆祝活动时的讲话精神和自治区党委有关文件精神，选举王生军为自治区伊斯兰教协会第八届委员会专职副会长兼秘书长，审议通过了《宁夏回族自治区伊斯兰教教职人员资格认定实施办法(修订稿)》和《宁夏回族自治区伊斯兰教协会八届委员会第二次全体会议决议》。中国伊斯兰教协会会长、自治区伊斯兰教协会会长杨发明主持会议，自治区民委党组书记陆军、自治区宗教局局长杨志文等参加会议。10月29日至11月2日，选派31名伊斯兰教教职人员分赴各市、县(区)，围绕中华优秀传统文化和社会主义核心价值观开展"卧尔兹"巡回演讲活动。11月10—11日，自治区伊斯兰教协会与同心县统战、伊协等部门联合举办伊斯兰教坚持中国化方向专题培训班，邀请中国伊斯兰教经学院、北方民族大学等单位的专家教授围绕"坚持新时代伊斯兰教中国化方向"等作了专题辅导，同心县统战、民族宗教、伊协全体干部职工，各乡镇宗教干部，清真寺开学阿訇共600余人参加培训。12月20日，举办2018年全区"爱中华、知党恩、迎大庆、做贡献"演讲比赛决赛，来自各市、县(区)15名选手参加比赛。

(谢建国)

【宁夏天主教爱国会和教务委员会】2018年9月13日，自治区天主教召开教务工作会议，传达自治区党委十二届四次全会精神，安排部署宁夏教区神父调动工作。7月，在宁夏社会主义学院举办中共十九大精神、新修订《宗教事务条例》专题学习班，全区各地神父、修女共40人参加培训。7月21—28日，组织宁夏教区部分神父、教友赴山西、陕西学习交流。10月15—19日，组织全体神父赴江西南昌、井冈山、九江、景德镇等地学习交流，加强爱国主义教育。

(张学成)

【宁夏基督教协会和基督教爱国运动委员会】2018年4月9—14日，自治区基督教"两会"会长(主任)李仁忠参加在北京举办的十九大会议精神培训班。5月6—10日，指导银川、石嘴山、中卫市基督教"两会"举办义工培训班，开展基督教中国化研讨，深化神学思想建设，全区各地共200余人参加培训。9月12—17日，自治区基督教"两会"班子成员李仁忠、杨春秀、黄全财、吴华参加了中央统战部组织的坚持基督教中国化方向研讨班。11月11—14日，举办教职人员培训班，邀请中央统战部、宁夏社会主义学院专家教授围绕中共十九大、习近平总书记系列重要讲话精神以及新修订的《宗教事务条例》进行专题辅导。

(方保华)

NINGXIA YEARBOOK

市情概览

SHIQINGGAILAN

编辑◎张万静

银川市

【概况】银川市为宁夏回族自治区首府，下辖兴庆区、金凤区、西夏区3区，永宁县、贺兰县2个县和灵武市，26个街道办事处、20个镇、6个乡和253个居民委员会、285个村民委员会。区划总面积9025.38平方公里。2018年，全市实现地区生产总值1901.48亿元，按可比价格计算，比上年增长7.2%。其中，第一产业增加值67.31亿元，增长3.6%；第二产业增加值867.33亿元，增长5.5%；第三产业增加值966.84亿元，增长9.2%。三次产业结构为3.6∶45.6∶50.8，对经济增长的贡献率分别为1.9%、37.8%、60.3%。按常住人口计算，全市人均地区生产总值84964元，比上年增长5.8%。

【人口与计划生育】2018年，银川市总人口225.06万人，比上年末增加2.5万人。其中回族人口58.26万人，占总人口的比重为25.9%。城镇人口174.59万人，乡村人口50.46万人；男性111.05万人，女性114万人。人口出生率11.51‰，死亡率5.24‰，人口自然增长率6.27‰。

【工业经济】2018年，银川市全部工业增加值比上年增长7.7%。其中，规模以上工业增加值增长7.5%。在规模以上工业增加值中，轻工业增加值下降33.7%；重工业增加值增长13.2%。分经济类型看，国有企业增加值增长33.0%；股份制企业增加值增长5.5%；外商及港澳台商投资企业增加值增长9.4%。全市规模以上非公有制工业企业增加值下降6.1%。全年规模以上工业中，电力、热力的生产和供应业增加值比上年增长32.9%；石油、煤炭及其他燃料加工业增加值增长16.4%；煤炭采选业下降8.9%；化学原料及化学制品制造业增长22.3%；纺织业下降31.7%。六大高耗能行业增加值增长21.1%，占规模以上工业增加值比重为66.9%；高技术产业增加值下降20.8%，占规模以上工业增加值比重为5.4%。全年规模以上工业企业实现销售产值1898.27亿元，比上年增长15.1%，工业产品销售率为97.5%。规模以上工业企业主营业务收入1873.45亿元，比上年增长7.1%；主营业务成本1452.03亿元，增长6.3%。实现利润总额88.89亿元，增长27.2%。工业品出口交货值35.09亿元，亏损企业亏损额58.53亿元，企业亏损面34.9%，应收账款255.74亿元，资产负债率69.3%。非公有工业实现主营业务收入908.79亿元，下降4.1%；利润总额54.76亿元，下降16.3%。

【建筑业】2018年，银川市具有资质等级建筑业企业509个，实现建筑业总产值385.28亿元，比上年增长3.1%。其中，国有及国有控股企业实现产值138.14亿元，增长11.6%；建筑装修装饰业实现产值6.96亿元，下降11%。房屋建筑施工面积1484.59万平方米，下降0.9%；房屋建筑竣工面积757.6万平方米，增长113.7%。2018年，银川市辖三区在建项目338个，单项工程1806个，建筑面积1817万平方米。银川市住房和城乡建设局组织开复工检查、安全生产大排查大整治、重大危险源专项检查、预防高处坠落专项整治、建筑起重机械专项检查、秋冬季安全文明施工专项行动等工作。制定《关于开展建筑起重机械安全专项检查的通知》，严格把关备案、安装、运行、拆卸、使用登记等环节，排查安全隐患168条。开展标准化工地创建、评审工作，评审出市级标准化工地113个，自治区级标准化工地58个。办理建筑工程质量监督注册1427项，建筑面积995.78万平方米，工程造价168.97亿元；办理市政工程质量监督注册95项，工程造价9.09亿万元。办理工程竣工验收备案手续883项，已竣工验收工程设立永久性标牌785项。银川市297家建筑施工总承包企业报备建立农民工工作领导小组，施工现场建立农民工工作办公室，开设农民工工资专用账户。开展安全教育培训，全年培训施工企业农民工8972人次，发放建筑施工安全生产宣传材料1400余份。

【农业与农村经济】2018年，银川市完成农林牧渔业总产值135.63亿元，按可比价格计算，比上年增长3.9%。其中，农业产值81.72亿元，增长2.9%；林业产值1.27亿元，增长55.4%；牧业产值36.89亿元，增长9.2%；渔业产值7.66亿元，下降5%；农林牧渔服务业产值8.09亿元，增长4.1%。全年粮食作物播种面积9.68万公顷，比上年下降1.9%；其中，小麦播种面积1.63万公顷，下降0.6%。蔬菜播种面积3.2万公顷，园林水果播种面积2.35万公顷。全年粮食产量81.89万吨，下降1.7%；其中，小麦产量9.23万吨，增长1.9%。蔬菜产量152.07万吨，下降3.0%。园林水果产量20.65万吨，下降0.3%。肉类产量6.34万吨，下降1.1%；其中，猪肉产量1.93万吨，下降11.5%；牛肉产量1.9万吨，增长2.2%；羊肉产量1.51万吨，增长4.1%。年末大牲畜总头数21.49万头，生猪存栏17.90万头，羊只存栏数64.31万只，家禽数305.93万只。禽蛋产量3.83万吨，增速与上年同期持平。牛奶产量53.95万吨，增长7.0%。水产品产量7.16万吨，下降2.8%。全年农村用电量3.18亿千瓦时，下降8.9%。农用化肥施用量（按实物量计算）20.11万吨，下降14.7%。

【固定资产投资】2018年，银川市全社会固定资产投资比上年下降21.9%。其中基本建设投资下降27.2%，更新改造投资增长45.4%。分投资主体看，国有经济投资下降29.3%，非国有经济投资下降16.7%。从投资结构看，第一产业投资下降63.5%，第二产业投资增长0.1%，第三产业投资下降30.1%。施工项目计划总投资下降6.8%。全年完成房地产开发投资295.25亿元，比上年下降26.7%，其中，住宅开发投资198.2亿元，下降17.5%。商品房施工面积3795.57万平方米，下降8.4%，其中，住宅施工面积2398.91万平方米，下降6.3%。商品房销售面积612.83万平方米，增长3.0%，其中，住宅销售面积529.2万平方米，增长1.8%。商品房待售面积586.13万平方米，下降10.6%，其中，住宅待售面积225.18万平方米，下降23.4%。全年商品房销售额360.03亿元，增长16.8%，其中，住宅销售额295.8亿元，增长16.3%。

【国内贸易】2018年，银川市实现社会消费品零售总额552.73亿元，比上年增长4.8%。分城乡看，城镇消费品零售额534.19亿元，增长4.2%；乡村消费品零售额18.54亿元，增长22.7%。分行业看，批发零售业零售额497.31亿元，增长5.4%；住宿餐饮业零售额55.42亿元，下降0.3%。分经济类型看，国有经济实现零售额3.84亿元，下降2.6%；集体经济实现零售额1.75亿元，下降4.2%；股份制经济实现零售额174.82亿元，增长0.2%；私营经济实现零售额159.87亿元，下降2.9%；个体经济实现零售额195.79亿元，增长17.2%；其他各种经济实现零售额16.67亿元，增长7.9%。在限额以上批发和零售业零售额中，粮油、食品、饮料及烟酒类增长3.7%；服装鞋帽针纺织品类下降5.3%；家用电器和音像器材类增长10.6%；金银珠宝类下降2.7%；石油及制品类增长13.1%；通信器材类下降9.1%；体育娱乐用品类下降18.8%；汽车类下降12.5%。重点商品交易市场成交额218.91亿元，下降2.7%，其中，亿元以上商品交易市场成交额214.27亿元，下降2.8%。

【对外经济】2018年，银川市实现进出口总额168.83亿元，比上年下降37.6%。其中，出口总额127.79亿元，下降34.8%；进口总额41.01亿元，下降45.1%。全年签订利用外资项目24个，合同外资金额0.96亿美元，比上年下降

银川建成世界首个万吨级铸造3D打印智能工厂——共享装备铸造成形智能工厂

96.1%；实际利用外资0.72亿美元，增长135.6%。

【旅游产业】2018年，银川市接待国内游客1658.21万人，比上年增长16.4%；接待入境游客5.38万人，增长21.7%。国内旅游总收入148.8亿元，增长15.8%；旅游外汇收入2958.5万美元，增长15.6%。全市共有旅行社130家，其中，国际社25家，国内社105家。有旅游星级饭店37家，四星级14家，三星级23家。银川市获得首批"国民休闲旅游胜地"称号，《发现银川》纪录片获得"亚洲旅游影视艺术周"专题片奖。实施"走出去"宣传促销战略，组织旅游企业赴重点旅游城市开展旅游宣传。通过与携程等网站合作、完善银川旅游门户网站功能与信息、组织网络促销活动等手段，加强网络宣传。整合旅游资源，在宁夏周边省区举办冬春季旅游推介会10余场，吸引辐射500公里范围内游客到银旅游。策划组织"欢乐旅游购物季"冬季旅游系列活动，发行冬季旅游护照35万册，银川市13家旅游景区及其他旅游企业共39家参与旅游护照并提供免门票、免费滑雪等优惠政策。举办银川市第四届"丝路明珠·魅力银川"全域旅游冰雪嘉年华活动、2018"丝路明珠·魅力银川"端午龙舟嘉年华活动、西北旅游营销大会暨旅游装备展等活动。

【交通邮电】2018年，银川市铁路客运量409.49万人，比上年增长2%，铁路货运量355.07万吨，增长2.2%。公路客运量2378万人，下降16.9%，公路客运周转量21.77亿人公里，下降21.5%，公路货运量0.7亿吨，下降10.1%，公路货运周转量69.5亿吨公里，下降32.7%。民航客运量443.1万人，增长8%，民航客运周转量62.16亿人公里，增长22.7%，民航货运量2.51万吨，增长33.5%，民航货运周转量3273.92万吨公里，增长32.7%。年末全市各种民用汽车保有量85.02万辆，增长12%，私人汽车保有量78.11万辆，增长12.1%。全年完成邮电业营业收入总量33.42亿元。其中，邮政业营业收入2.23亿元，电信业营业收入31.19亿元。快递业务营业收入5.98亿元，增长15.9%。全年订销报刊3075.39万份，增长11.7%；完成邮政函件业务235万件，下降13.9%。年末本地固定电话用户24.4万户，下降17%；移动电话用户384.8万户，增长13.3%；计算机互联网用户98.8万户，增长40.3%。

【财政金融】2018年，银川市完成地方财政收入243.52亿元，比上年增长8.5%。一般公共预算收入181.17亿元，同口径增长8%，其中，税收收入118.23亿元，比上年增长12.1%，税收占一般公共预算收入的比重为65.3%。全年完成地方财政支出450.6亿元，增长14.8%。一般公共预算支出370.8亿元，增长8.5%；公共安全支出下降9.7%；教育支出增长7.4%；科学技术支出增长19.7%；社会保障和就业支出增长5.4%；医疗卫生与计划生育支出下降19.2%；节能环保支出增长21.4%；城乡社区支出增长16.5%。全市金融机构人民币各项存款余额3704.56亿元，比上年末增长3.3%，其中，住户存款1664.79亿元，增长11.2%。人民币各项贷款余额4797.87亿元，比上年末增长7.6%，其中，中长期贷款3371.59亿元，增长11.4%，短期贷款965.98亿元，下降17.6%。全年实现保费收入104.82亿元，比上年增长10.9%。其中，财产险保费收入34.65亿元，增长10.1%；人身险保费收入70.17亿元，增长11.3%。全年支付各项赔款及给付额32.89亿元，增长23.6%。其中，财产险赔付16.74亿元，人身险赔付16.14亿元，分别增长18.4%和29.6%。

【科学技术】2018年，银川市申请专利5765件，比上年增长31.9%。争取国家和自治区科技项目资金2.34亿元。截至年底，全市有高新技术企业89家、科技型小巨人企业13家、科技型中小企业334家、国家级科技型中小企业156家。全年有效发明专利1789件，比上年增长23.5%；万人有效发明专利拥有量8.04件，比上年增长20.9%。神华宁夏煤业集团有限责任公司研发的"一种旋流干煤粉气化炉"获得中国专利金奖；"餐厨废弃物无害化处理和资源化利用成套技术项目""重型燃气轮机铸钢件铸造技术""智慧防雷体系关键技术研发与应用""荧光液泄漏检测设备""基于云平台的电解生产过程大量程多离子在线测量机器人""基于深度学习的复杂背景下模糊人脸检测与定位系统"等6项科技成果获得"中国好技术"。推进知识产权运营体系建设、知识产权示范城市申报工作，银川经济技术开发区获批"国家知识产权试点园区"；共享装备股份有限公司通过知识产权贯标认证；银川市连续三年获评"国家知识产权试点城市先进集体"。"科技研究与发展基金"通过"政府＋银行""政府＋银行＋保险机构"和"政府＋银行＋担保机构"三种方式运营，融入组合打包的反担保模式，开辟科技型企业依托知识产权质押融资新渠道，累计发放贷款230万元，为贷款企业发放利息、担保费补贴4.9万元。为科技型中小企业打造区域性股权交易板块"银川科技板"，帮助科技型企业直接进入资本市场，畅通融资渠道，截至年底，挂牌企业28家，首个项目完成股权质押融资100万元。银川产业技术研究院正式运营,组建中国葡萄酒产业技术研究院、贺兰山东麓葡萄酒产业技术研究院、上海交通大学(银川)材料产业研究院、中国电科(银川)军民融合创新中心4个分院(中心)。引导众创空间孵化体系健康发展,推荐全市制度健全、运行良好、孵化成果突出的众创空间申报国家级、自治区级备案,截至年底,银川市有市级众创空间3家、自治区级众创空间19家、国家级众创空间6家、国家级星创天地12家。强化科技创新公共服务,搭建线下科技创新公共服务平台,配套上线"银川市科技创新公共服务平台"(银科创),开展线上线下科技创新综合服务;成立智能制造创新设计服务中心,为企业提供智能制造仿真设计服务。建立"银川市科技创新指导员"工作机制,将全市近两年有研发活动的129家规模以上工业企业与区市科技管理部门遴选出的科技创新指导员结对,开展宣传政策、谋划项目、对接资源等工作。

【教育事业】2018年,银川市有研究生培养资质的单位3个,招生2614人,比上年增长16.3%;在学研究生6347人,增长20.3%;毕业生1559人,增长1.3%。普通高等院校17所,招生3.07万人,比上年下降0.6%;在校生10.4万人,增长2.3%,毕业生2.62万人,下降2.8%。成人高校1所,招生287人,下降69.8%;在校生2962人,下降11.2%;毕业生1358人,下降1%。中等职业学校14所,招生1.17万人,增长0.2%;在校生3.44万人,下降10.1%;毕业生1.38万人,增长10.6%。普通高中院校26所,招生1.77万人,下降3.7%;在校生5.4万人,下降1.6%;毕业生1.85万人,增长0.9%。初中学校53所,招生2.79万人,增长5%;在校生7.98万人,增长5.7%;毕业生2.34万人,下降4.8%。普通小学200所,招生3.39万人,增长9.9%;在校生18.18万人,增长4.7%;毕业生2.75万人,增长4.8%。特殊教育学校3所,招生132人,在校生591人。幼儿园347所,在园幼儿8.31万人,增长10.1%。学前三年毛入园率达111.3%,小学六年巩固率达105.2%,初中三年巩固率达98.6%。资助困难学生38328人。

【文化事业】2018年,银川市拥有艺术表演团体6个,文化艺术馆、文化馆8个,公共图书馆8个,博物馆9个,全国重点文物保护单位11处。广播电台5座,电视台6座,广播综合人口覆盖率、电视综合人口覆盖率均达100%,有线广播电视用户58.59万户。2018年,银川市完成银川剧院、银川国际版画创研中心、丝绸之路雕塑园等一批地标性文化设施建设,推进秦腔保护传承基地、宁安文化园项目建设。新建60个基层综合文化服务中心、30个城市阅读岛、80个示范性农民文化大院、100个广场舞推广点,完善公共文化服务设施网络。推进各级公共文化服务机构免费开放,根据群众需求,创新拓展服务项目和空间,延长免费开放时间。群众文化活动丰富多彩。推行"你点单·我送戏"服务模式,全年送戏下乡演出、广场文化演出2000多场,送图书60万册次,举办各类公益性艺术培训300次,放映公益电影超过1万场次。推进"书香银川"工程,举办第二届乡村读书节、职工朗诵大赛、月阅相约等大型阅读推广活动。举办社火大赛、第三届秦腔节、第五届社区文化节、第四届少儿艺术节、全区群众文艺会演等大型文化活动(赛事),年均开展活动70项1000余场,直接服务群众300万人以上。特色文化活动品牌效应显著。打造"中国银川黄河艺术节",邀请黄河流域9省区文化院团到银开展文化交流演出12场,举办原创音乐节、黄河大合唱、全国摄影展等文化艺术活动。推出"中国银川贺兰山艺术节",开展"群星璀璨"才艺大赛、广场舞大赛、贺兰山音乐节、非遗博览会等主题活动,举办演出76场。推出"美丽乡村文化大集",整合文化、卫生、科技、商务等10项惠民服务,组织开展综合性、一站式惠民活动200多场。坚持文艺精品创作,组织创排自治区60大庆献礼剧目——红色舞剧《不到长城非好汉》,杂技剧《岩石上的太阳》获国家艺术基金支持。银川社会民间团队创排的眉户剧《甜村新梦》、情景喜剧《幸福社区》获文化部和市委宣传部孵化奖励剧目,扶贫攻坚舞台剧《圆梦》完成全区巡演。全年共有7部剧目和书法、美术、摄影作品获得国家级奖项11个,6项艺术作品获得国家艺术基金资助支持,争取国家、自治区文艺创作资金700多万元。对外文化交流呈现新局面。举办中国·意大利版画连展、阿拉伯国家舞台技术人员研修班培训等国际文化交流活动,组织开展毗邻地区文艺展演、少数民族文艺调演、"大地情深"国家院团来银演出等文化区域联动活动。

【医疗卫生】2018年,银川市有卫生机构1105个,其中,医院和卫生院121个(医院86个)。卫生机构床位17348张,其中,医院、卫生院床位16361张。卫生技术人员25449人,其中,执业医师及执业助理医师9684人,注册护士11675人。疾病预防控制中心8个,卫生技术人员372人;妇幼保健机构5个,卫生技术人员1296人;乡镇卫生院35个,床位数652张,卫生技术人员835人。卫生监督检验机构8个，卫生技术人员149人。全市已认定医疗保险定点医疗机构565个，定点零售药店1334个。全市儿童免疫规划接种率达99.7%。全市医疗卫生机构总诊疗1772万人（次），其中医院1103.32万人（次），占62.3%，基层医疗卫生机构545.83万人（次），占30.8%，妇幼保健院（所）119.17万人（次），占6.7%，急救中心（站）3.25万人（次），占0.18%，疗养院0.74万人（次），占0.04%。医疗卫生机构入院人数50.8万人（次），其中医院入院人数约46.68万人（次），占91.89%，基层医疗卫生机构0.67万人（次），占1.32%，妇幼保健院（所）3.45万人（次），占6.79%。

【体育事业】2018年，银川市获得全国冠军4个，获得金牌4块，银牌6块，铜牌4块。举办2018“丝绸之路”宁夏·银川国际马拉松赛、第十七届环青海湖公路自行车赛（银川段）、银川市第七届青少年举重摔跤射击锦标赛、银川市第四届青少年排球锦标赛、银川市第七届青少年篮球锦标赛、银川市第七届青少年游泳锦标赛、银川市第四届青少年羽毛球比赛、银川市第五届青少年跳绳比赛、银川市第七届青少年乒乓球锦标赛等竞技体育活动。开展迎大庆全民健身系列活动，包括环阅海全民健身季徒步越野活动、银川市首届农民篮球赛、西夏区全民健身传统体育运动会、全民健身欢乐季十大联赛、“丝路明珠魅力银川和美永宁”全民健身季第四届冰雪嘉年华新春彩灯展活动、2018年“艾飞鱼”杯全国公开水域横渡活动、“艾飞鱼”杯全国游泳俱乐部王冠赛银川站比赛、银川市“沙温泉”杯马术比赛、银川市第六届青少年体育舞蹈锦标赛暨全国体育舞蹈公开赛、2018年“丝路明珠·魅力银川”模拟世界杯七人制足球比赛活动等群众体育活动。组织49人代表团参加2018年全国青少年“未来之星”冬季阳光体育大会，获得三等奖2个。组织第二批青少年体育项目进校园和专业体育教练面向全区中小学校推广体育项目公益活动，16个俱乐部及协会参与。银川市体育运动学校李元博、王国庆、郭苗苗、樊琳4名运动员入选国家集训队，其中李元博在越野滑雪项目上达健将级。灵武市运动员马成娜刷新宁夏田径短跑项目100米、200米纪录，获得2018年全国田径大奖赛4×100米接力第一名、全国青年田径暨世青赛选拔赛4×100米接力第三名、全国青年田径锦标赛暨世青赛选拔赛女子100米第五名。11月28日，由中国足球发展基金会发起的“青少年足球菁英人才培养计划”落户银川。

【城乡建设】2018年末，银川市建成区绿化覆盖面积7722.43公顷；建成区园林绿地面积7659.18公顷，其中，建成区公园绿地面积2471.03公顷。年末全市公共汽车线路137条，公共汽车运营车辆2074辆；公交标准运营车辆2612.7标台；每万人拥有公交车辆17.84标台。全年续建、新建市政道路21条，实施街巷改造、城市自行车道建设、积水点改造、桥梁维修等37项工程，累计完成投资29.33亿元。完成贺兰山西路拓宽改造、贺兰山路跨包兰铁路桥改建等21项道路、桥梁建设任务。改造兴水路、济慈西巷、绿园巷、金城巷等10条街巷。完成中关村双创园周边、贺兰山路跨宝兰铁路桥亮化工程。改造兴庆区东部、金凤区中北部、西夏区南部、西夏区中部积水点18处。实施沈阳路、宝湖路、万寿路、哈尔滨路、怀远路、长河大街、满城街、宝湖西路、凤翔街、宁朔街10项地下综合管廊试点项目，建成管廊37公里。完成第一污水处理厂提标改造工程，第七、九污水处理厂分批投入使用；完成建成区9条黑臭水体整治任务；银川市污水处理能力为60万立方米/日。完成“东热西送”（一期）集中供热工程，建设华电灵武电厂至银川市主城区长输管线42.6公里，一期供热规模3537万平方米。西夏热电一、二期全年供热3005万平方米。

【环境保护和监测】2018年，银川市城市空气质量优良天数258天，占总天数的70.7%。区域噪声平均值53分贝，交通干线噪声平均值66.7分贝。城市饮用水源水质达标率100%，黄河银川段水质达到二类。全年完成工业企业环境污染治理项目127个，投入资金38.81亿元。2018年，银川市完成环境空气质量快报、专报、月报、年报及各类分析报告550余份。完成地表水断面月度监测26个、饮用水水源地监测9个，全年完成水质例行监测数据10425个。完成声功能区季度监测10个，区域环境监测点位214个、道路交通噪声监测点位昼间、夜间噪声年度监测90个。建设宁夏首个“天地空”一体化多功能大气超级监测站，采用“1+2+1”（1个地面观测中心站、2个成分站、1个移动走航观测车）应用模式，1个中心站位于银川市规划展示馆，2个成分站分别位于掌政镇和镇北堡镇，同时依托银川市现有13个空气质量自动监测站点，形成“地空天”一体化立体监测网络。

【环保蓝天工程】2018年，银川市推进集中供热供暖，“东热西送”一期、西夏热电二期等骨干集中供热工程全面完工并投入运行，集中供热覆盖区域内的燃煤供热锅炉基本实现清零（调峰、应急锅炉除外）。推进散煤“双替代”，治理四环高速范围内散煤7769户，其中集中并网1955户、“煤改电”3821户、“煤改气”1993户。实施清洁煤替代工程，全市三区范围内建成清洁煤配送中心9个。发展清洁能源，推进天然气储气设施建设；推动光伏发电项目，宝丰光伏二期、隆桥、德润源、德伏、德光、通威“互联网+渔光一体”等项目完成并网工作。推进重点行业达标排放治理，排查火电（含自备电厂）、活性炭、建材、水泥等重污染行业企业，并督促整改。严格控制道路扬尘，进行道路“4+1”深度保洁作业，机械化清扫率92.89%。加大对违规车辆和高排放车辆查处力度，优化重型车辆绕城行驶路线，淘汰排放不达标机动车1.6万余辆。加快电动汽车推广应用，采购并投入运营新能源电动公交车500辆，建成充电桩355个。

【环保碧水工程】2018年，银川市完成第一污水处理厂升级扩建改造工程，全市三区8座城镇污水处理厂日处理污水能力60万立方米，全部达到一级A排放标准。加快入黄排水沟人工湿地建设，灵武东沟、永二干沟章子湖人工湿地完成建设并投入使用；银新干沟、永二干沟经纬创业园潜流湿地和表流湿地土建工程完成并进水调试；中干沟人工湿地潜表流湿地土建工程完成并进水调试；四二干沟人工湿地潜表流湿地土建工程完成并进水调试。投资4.08亿元，实施东、西线清污分流工程，建设排水主管道23.86公里，将第一、第二、第三、第四、第五5座污水处理厂明沟排放的尾水输送至滨河人工湿地二次净化处理。

【环保净土工程】2018年，银川市实施“净土保卫战”三年作战计划，加强土壤污染管控和修复。完成3个疑似污染地块初步调查工作，全市暂无污染地块。完成全区813个有机样品（多环芳烃和酚类）、269个土壤重金属样品及297个土壤理化性质样品（合计数据15598个）的分析上报工作，所有数据均通过国家质控考核，合格率100%。银川市环境监测站完成对全区土壤样品pH值、水分等指标的监测任务，上报数据15399个，全部通过国家土壤质控系统。全市秸秆综合利用率83%，农用残膜回收利用率83.5%，规模养殖场粪污处理设施装备配套率82.97%。完成年度重点重金属污染物减排目标，初步排查涉重金属重点行业企业，确定涉重金属重点行业企业12家并建立全口径清单。

【安全生产】2018年，银川市发生各类生产安全事故88起，死亡46人。亿元GDP生产安全事故死亡人数0.02人。道路交通生产安全事故死亡人数16人。

【收入和消费】2018年，银川市城镇居民人均可支配收入35586元，比上年增加2606元，增长7.9%。城镇居民人均消费性支出25506元，增长10.3%。城镇居民家庭恩格尔系数29%。其中，衣着、居住、交通通信、其他用品和服务消费支出增长较快，分别达2293.7元、4834.5元、3769.4元和768.5元，比上年分别增长14.6%、13.4%、11.3%和20.5%；食品烟酒、生活用品及服务消费支出分别达6488.2元、1560元，比上年均增长9.2%。教育文化娱乐和医疗保健支出增长缓慢，分别达3441元和2350.5元，比上年分别增长5.3%和6.9%。全市农村居民人均可支配收入14160元，比上年增加1073元，增长8.2%。农村居民人均生活消费支出12332元，增长7.2%。农村居民家庭恩格尔系数30.7%。生态移民地区农村居民人均可支配收入8062元，比上年增长10%。全年居民消费价格比上年上涨2.2%，其中，衣着类上涨2%，医疗保健上涨1.6%，教育文化和娱乐类上涨2.2%，居住类上涨3.5%，生活用品及服务类上涨2.6%，交通和通信类上涨2.2%，其他用品和服务上涨0.2%。工业生产者出厂价格指数上涨7.9%，工业生产者购进价格指数上涨10.5%，商品零售价格指数上涨2.7%。

【劳动就业】2018年，银川市就业形势保持整体稳定。城镇新增就业人数55239人，就业困难人员再就业4552人，城镇失业人员再就业42790人，年末城镇登记失业率3.58%；农村劳动力累计转移就业105812人，实现劳务收入113546.2万元。开展城乡各类培训18002人次，培育创业实体4500个，创造新岗位12434个，全民创业带动就业19764人，新培育创业创新孵化平台10个。通过强化离校未就业高校毕业生就业服务，开展人力资源招聘活动，落实就业实习、公益性岗位等就业援助政策，促进高校毕业生等重点群体就业。购买1000个公益性岗位安置就业困难人员、万人职业技能培训计划两项市政府为民办实事均顺利完成。全市申报市级创业孵化园（基地）15个，确定市级创业孵化基地3个，创新创业孵化平台7个。发挥创业培训、创业担保贷款等创业扶持政策，开展创业能力培训2505人，实现自主创业1262人，带动就业4196人；发放创业担保贷款945笔、14514万元，带动就业3303人。组织开展银川首届青年创业创新高峰论坛、银川市第六届青年创业大赛、第三届“创意创新在银川活动”、2018银川优秀创业创新项目评选、创业服务进园区等活动。全市累计开展农村贫困劳动力技能培训3642人；户籍建档立卡贫困劳动力累计实现转移就业

3832人,实现收入2748万元。

【社会保障】2018年,银川市参加基本养老保险117.03万人,比上年增长4.4%,其中,参加城镇职工基本养老保险88.69万人,参加城乡居民社会养老保险28.34万人。参加失业保险52.69万人。参加基本医疗保险183.85万人,其中,参加城乡居民基本医疗保险106.43万人,参加城镇职工基本医疗保险77.42万人。年末全市拥有中心敬老院、敬老院、老年公寓34个,共有床位7353张。全市居民享受政府最低生活保障人数1.21万人,全年发放城镇居民最低生活保障金0.77亿元;农村享受最低保障人数2.1万人,发放农村最低生活保障金1.01亿元。发放城乡医疗救助金3690.71万元,接受城乡医疗救助6.26万人(次)。城镇建立各种社区服务设施1035个,其中,市民服务中心25个。全年销售社会福利彩票6987万元,筹集社会公益资金1397万元,直接接受社会捐赠486万元。

【人事和人力资源工作】2018年,银川市完成自治区青年拔尖人才培养工程推荐选拔工作,确定29名考察对象。审定24人获得第二批享受银川市政府特殊津贴荣誉。征集上报自治区专业技术人员高级研修班项目20个,征集审定自治区“人才小高地项目”4个。组织开展自治区第四批“国内引才312计划”和第五批“海外引才百人计划”人员选拔工作。组织开展自治区高层次人才认定暨补助工作。公开招录公务员199名,186名新录用公务员到岗。事业单位公开招考人员715人,全部上岗。组织实施公务员职业道德建设工程,推进综合行政执法改革。深化事业单位人事制度改革,推行事业单位工作人员岗位竞聘和聘用合同管理。启动“银川市事业单位人事综合管理平台”信息服务系统。推进职称制度改革,创新职称评价机制,突出品德、能力和业绩评价,促进职称评价与用人制度有效衔接。下放职称评审权限,加强对基层和部门职称评审工作的指导监督。建立突出贡献专业技术人才职称直接评聘制度。加大银川、石嘴山、吴忠、宁东三市一地人力资源交流与合作工作力度,构建三地一市优势产业人才开发与流动政策体系,发挥银川市人力资源集聚和辐射效应。建立三市一地人力资源服务联动协作工作机制,联合举办跨区域人力资源交流招聘活动,统筹开展高校毕业生就业服务月等专项就业服务活动,实现三市一地求职用工信息互通共享。

【扶贫攻坚】2018年,银川市脱贫退出建档立卡贫困户1410户、6732人,16个贫困村全部脱贫出列,生态移民人均可支配收入增幅达9%以上,高于全区平均水平;完成“十三五”2281户、10081人易地扶贫搬迁目标任务;创新第三方项目扶贫机制,建立深度贫困人口救助专项基金1亿元,发放496万元救助4643人。实施产业扶贫项目58个,带动建档立卡户7800余人,覆盖率48%,人均增收达5000~8000元。新增花卉种植4500余亩,红树莓6700余亩,枸杞1500亩,酿酒葡萄、特色甜瓜各800余亩,有机蔬菜1500亩,小杂粮900亩,桑根草210亩;新建养殖产业园7个、合作社25个,肉(奶)牛饲养量5.8万头、肉羊饲养量9.5万只、肉鸽饲养量1.6万只,家禽饲养量18.3万只。建成扶贫车间20个,解决1500余名移民群众就近就业问题;累计开展技能培训、致富带头人、驾驶员培训等5200人。金融机构向全市5743户建档立卡户发放扶贫小额贷款32560万元。以“10·17”全国扶贫日、“百企帮百村”活动为载体,推进社会扶贫,有50余家企业与59个帮扶村签订村企结对帮扶协议,实施设施农业、光伏发电、污水处理、医疗救助、法律援助等104个项目,争取社会捐赠资金962.64万元。落实闽宁协作第22次联席会议议定事项,成立闽宁对口扶贫协作工作领导小组,开展招商引资、项目对接落地等工作;依托角美镇闽宁扶贫协作展厅平台,宣传推介永宁县、闽宁镇及展销特色产品;完成与漳州台商投资区2018年结对互助工作计划,明确两地联席会议机制;相互选派3名干部交流挂职锻炼;落实教育扶贫措施,福建支援闽宁镇援教教师11名。

【法治建设】2018年,银川市刑事案件比上年下降5.7%,其中八类主要刑事案件比上年下降10.9%;命案比上年下降55%,其中一季度实现命案零发案;抢劫、抢夺、盗窃案件立案数比上年分别下降48.3%、56.9%和13.4%。司法行政部门调解纠纷6449件,化解6347件,化解率98.4%;矛盾纠纷化解信息系统排查矛盾纠纷14442件,化解14214件,化解率98.4%。开展缉枪治爆、两抢一盗、非法传销、非法集资等严打行动和金融诈骗、道路安全、寄递物流、安全生产、电信网络等领域风险隐患专项治理。建成银川市及6个县(市)区、54个乡镇(街道)、300余个村(社区)综治中心。开展“雪亮工程”建设,接入各类社会数据资源101类16.3亿条,整合视频资源9000余路,实现重点公共区域、行业和重要领域、部位视频监控覆盖率和联网率100%。推进“地网工程”建设,在100个智慧小区建设中融入人脸识别等安防元素,与公安重点人数据库实时对接,实现即时报警提醒。印发《关于开展扫黑除恶专项斗争实施意见》,全市收集排摸线索1334条，抓获涉黑涉恶违法犯罪嫌疑人770人，破获案件410起，打掉黑恶势力犯罪团伙20个。银川市公安局落实出租房屋、寄递物流、旅店业、汽车租赁实名制登记等制度；完善矛盾纠纷排查化解工作机制，联合综治、信访等部门建立多元化解体系，全年化解各类矛盾纠纷5828件；创建自治区级毒品预防教育示范学校35所、社区戒毒（康复）示范点32个；全市社区戒毒执行率和康复执行率分别为99.3%和99.9%。银川市人民检察院批准逮捕刑事犯罪嫌疑人1792人，比上年下降8%；提起公诉3151人，比上年下降1.9%；监督公安机关立案155件，比上年上升89%；监督公安机关撤案225件，比上年上升38.9%；纠正漏捕、漏诉253人，比上年分别上升40.7%、83.8%；办理羁押必要性审查案件93件，提出变更强制措施建议被采纳83件；审查监狱提请减刑、假释、暂予监外执行案件1817件，比上年上升54.2%；受理民事行政检察案件1409件，比上年上升29%，审结1336件；受理群众举报、控告、申诉等来信来访2401件，比上年上升125%；受理首次申诉788件，比上年上升72.4%。全市法院受理各类案件111254件，审结98132件，比上年分别上升20.8%和25.1%；全年执结案件32937件，比上年上升35.1%，执结金额64.9亿元；开展集中执行活动231次，司法拘留1077人次，移送拘执罪39件，执结金额107.37亿元。全市仲裁工作受理各类民商事纠纷628件，涉案总标的额9.7亿元，收费681万元；审结案件647件（结转2016年3件、2017年147件），审限内结案率98.5%，其中裁决224件、调解301件、裁定122件，调撤率65.4%；被法院撤销1件，不予执行1件；受理案件类型涉及商品房买卖合同、租赁合同、建设施工合同纠纷等46类。

【精神文明建设】2018年，银川市以习近平新时代中国特色社会主义思想和中共十九大精神为统领，结合纪念改革开放40周年、庆祝自治区成立60周年等重大活动，围绕新时代面对面、习近平新时代中国特色社会主义思想三十讲、马克思主义民族观宗教观、银川都市圈建设等7个宣讲专题，累计开展各类宣讲活动1000余次，覆盖群众近11万余人。推进“讲文明树新风迎大庆”工作，举办迎大庆系列公益广告集中展播活动，围绕传统节日开展社火巡演、文艺演出、文明祭扫、中秋诗会等主题活动。加快推进文明城市建设工作法治化，印发《银川市深化全国文明城市建设工作三年（2018—2020年）行动计划》，市人大出台《银川市文明行为促进条例》，11月1日正式实施。开展群众性精神文明创建活动，命名表彰50家市级文明村镇、文明单位、文明校园，评选表彰120家“最美家庭”。深化未成年人思想道德建设，开展经典诵读、“日行一善”、“网上祭英烈”、“红领巾成长课堂”等形式多样的主题实践活动。推动移风易俗，建立健全红白理事会、村规民约等组织机构和机制，实现全市各村建立红白理事会和村规民约全覆盖。印发《银川市关于进一步加强志愿服务工作的实施意见》，全市注册志愿者28.7万人。建成全市首个“雷锋纪念馆”，举办全区志愿服务工作现场推进会。开展2018年“书香银川·银川书香”全民阅读活动，征集评选表彰2018年度全民阅读示范项目16项，奖励27万元。培育发展中华优秀传统文化，以“传承经典、筑梦未来”为主题在银川市24所中小学举办名家讲堂、专场演出、教师课堂、高雅艺术（戏曲）进校园实践活动100场。

【兴庆区】兴庆区总面积828平方公里，下辖月牙湖乡、通贵乡2个乡，大新镇、掌政镇2个镇，凤凰北街、前进街、胜利街、玉皇阁北街、富宁街、文化街、解放西街、丽景街、新华街、中山南街、银古路11个街道和燕鸽湖管委会。2018年，常住人口751478人，出生6761人，死亡2931人，人口出生率9.02‰，死亡率3.91‰，自然增长率5.11‰。2018年，实现地区生产总值633./亿元，比上年增长10.6%。其中，第一产业实现增加值8.42亿元，比上年增长3.6%；第二产业实现增加值118.32亿元，比上年增长9%；第三产业实现增加值507.06亿元，比上年增长11.2%。第三产业占GDP比重为80%，经济增长贡献率为80.83%。实现社会消费品零售总额261.7亿元，比上年增长5.2%。规模以上工业增加值比上年增长16.9%；全社会固定资产投资比上年下降30.8%；地方一般公共预算收入11.44亿元，比上年下降13.5%；城镇居民人均可支配收入38307.1元，比上年增长8.1%；农村居民人均可支配收入15904.1元，比上年增长7.5%。兴庆区城镇实现社会消费品零售总额259.35亿元，比上年增长5.2%；乡村实现社会消费品零售总额2.35亿元，比上年增长9.3%。兴庆区批发企业累计实现零售额31.4亿元，增长12%；零售业企业累计实现零售额198.76亿元，比上年增长3.5%。2018年，兴庆区实施各类项目102个，总投资875亿元。引进万达、万科等世界500强企业，实施招商引资项目57个。全年落实农作物播种面积18.99万亩，比上年减少0.31万亩。总产值2.37亿元，比上年减少0.19亿元。粮食作物播种面积18.56万亩。粮食总产量8万吨,比上年减少0.15万吨。总产值1.95亿元,比上年减少0.16亿元。年末奶牛存栏总量达32070头(万亩奶牛养殖园区奶牛存栏2.03万头),比上年增长2.9%;牛奶产量11.12万吨,比上年增长9.8%;肉牛饲养量1.17万头,比上年增长15.8%;羊只饲养量9.56万只,较上年同期减少5.9%;生猪饲养量4.28万头,较上年同期增长22.9%;家禽饲养量37.84万只,与上年同期相比下降3.3%。肉类产量0.37万吨,比上年增长5.7%。水产养殖面积28377亩,水产品总产量6355吨。完成新造林3500亩,栽植各类乔灌木421.3万株。全年环境空气质量有效监测天数359天,优良天数243天,达标率67.7%。全年城镇新增就业11431人,城镇失业人员再就业9105人,城镇就业困难人员就业900人,城镇登记失业率3.09%,"零就业家庭"实现动态消零;培育创业实体701个,创造新岗位1566个,全民创业带动就业人数2663人。城乡居民基本养老保险办理参保36096人,城乡居民医疗保险完成参保缴费24.4万人。落实健康扶贫医疗保障民政服务对象"一站式"结算直接救助服务,实施商业保险医疗救助项目,为城乡低保对象等7类民政服务对象购买意外伤害和医疗保险。累计发放城乡低保、高龄津贴、残疾人"两项补贴"、医疗、临救等社会救助资金和补贴4323万元。投资约2.23亿元,续建兴庆区第三十一小学、银川三幼分园、银川市第三十一中学、兴庆区第三十二小学、月牙湖滨河五村幼儿园,新建第四幼儿园分园、掌政镇希望星幼儿园,扩建银川市第十二中学、兴庆区唐徕回民小学。新确定7所民办园为普惠性幼儿园,民办普惠园数量增至41所。全年安装健身路径55套610件,维修体育设施12处35件,更换改造10个老旧社区健身路径10套110件。各旅游景区、农家乐接待旅游总人数112万人次,比上年增长15.4%,实现旅游收入9600万元,比上年增长11.9%。

【金凤区】金凤区总面积353平方公里,下辖良田、丰登2个镇,上海西路、北京中路、长城中路、满城北街、黄河东路5个街道。2018年,辖区常住人口33.88万人,其中城镇人口295987人,农村人口48000人;性别比为94.82;人口出生率17.38‰,死亡率4.34‰,人口自然增长率13.04‰。全年完成地区生产总值243亿元,比上年增长7.4%,第一产业增加值4.73亿元,比上年增长3.6%;第二产业增加值106.45亿元,比上年增长1.9%;第三产业增加值131.82亿元,比上年增长12.8%;三次产业比例为2∶43.8∶54.2。地方公共财政预算收入7亿元,增长10.3%;全社会固定资产投资197亿元;社会消费品零售总额75.73亿元,增长7.3%;城镇居民人均可支配收入3.83万元,农村居民人均可支配收入1.26万元,比上年分别增长7.8%和8.9%。2018年,金凤区工业经济转型升级,完成工业园区整合,工业集中区整体移交银川经济技术开发区。加快创新平台建设,创业研究服务中心与15家区外重点院校建立合作关系,"追梦星工场"孵化企业9家,丝路经济园创新基地入驻猪八戒网宁夏总部等企业16家。全年粮食播种面积3.07万亩,蔬菜生产面积2.3万亩,露地瓜菜生产面积4430亩。奶牛存栏0.57万头,肉牛饲养1.79万头,肉羊饲养3.99万只,家禽饲养21万只,生猪饲养1.7万头;渔业养殖面积2.63万亩。开展"蓝天工程",淘汰87台20蒸吨以下燃煤锅炉,新建2个标准化配煤中心,完成517户用煤餐饮企业、1023户居民清洁能源替代。安装重点建筑工地扬尘在线监测系统40套,整治裸露堆土、空地76处,清理取缔"散乱污"企业236家。全年空气质量优良天数达264天(未剔除沙尘天气),较上年增加28天。全年接待游客270万人次,旅游收入8262万元。沈阳路跨阅海隧道、宝湖路、六盘山路、哈尔滨路先后建成贯通。建成金凤"悦书房"、青少年活动中心各4个,创建社区综合文化服务中心3个,实施典农河景观提升改造等6项生态绿化工程,新增造林面积2614亩。新增城乡低保395户、550人,有城乡低保2373户、3445人。累计发放城乡低保金2185.98万元、发放城乡残疾津贴349万元、发放优抚金574.26万元。全年城镇新增就业5336人,城镇失业人员再就业4682人,城镇困难人员实现就业750人;培育创业实体967个,全民创业带动就业3218人;农村劳动力转移就业11396人,实现劳务收入2.03亿元;城镇登记失业率3.71%。争取区市科技项目14个、资金1292万元,全社会研究与试验发展经费投入达1.1亿元。万人专利拥有量14件。新(扩)建小学8所、幼儿园4所,新增学位11070个。启动全民健身中心及游泳馆项目,完成毓秀体育公园标准化建设,建成全民健身驿站、儿童乐园4处。举办全区"体育大集"等全民健身活动60场次,参与人数超过12万人。加快建设群众满意的基层医疗卫生服务机构,辖区共有2所国家级、11所自治区级群众满意基层医疗卫生服务机构。家庭医生签约97960人。组织开展千名医师"下基层"活动,选派各领域专家下沉到社区卫生服务机构指导工作。开展扫黑除恶专项斗争，打掉黑恶势力犯罪集团6个。成立人民调解中心，规范建立人民调解委员会108个，调处各类矛盾纠纷3693件。全年未发生较大以上安全生产事故。

【西夏区】西夏区总面积1129.3平方公里，下辖兴泾、镇北堡2个镇，西花园路、北京西路、文昌路、朔方路、怀远路、宁华路、贺兰山西路7个街道办事处。2018年，辖区总人口443279人，出生人口4082人，人口出生率9.63‰，自然增长率6.65‰。完成地区生产总值379.03亿元，比上年增长8.3%；规模以上工业增加值比上年增长15%；全社会固定资产投资比上年下降27.3%；实现社会消费品零售总额28.53亿元，比上年增长6.7%；全年完成地方一般公共预算收入6.11亿元，比上年增长7.7%；城镇和农村常住居民人均可支配收入分别为29191元、11820元，比上年分别增长8.2%和7.7%。2018年，西夏区实施中石油炼油烷基化装置、共享装备国家级双创示范基地、瀛海水泥节能环保技术改造等11个重点工业项目。共享装备有限公司的双创平台建设在信息化方面走在全国前列，是自治区信息化示范企业。全年粮食播种面积36594.8亩，瓜菜播种面积3796亩，建设设施温棚386栋590亩。肉牛存栏1.56万头、奶牛存栏1.88万头、羊存栏7.14万只，比上年分别增长14.71%、-16.07%、-4.8%；生猪存栏1.59万头，比上年增长22.31%；家禽存栏36.56万羽，比上年增长-45.68%。肉总产量1.64万吨，较上年同期增长-12.77%；蛋类总产量0.19万吨，较上年同期增长-71.21%；鲜奶总产量10.58万吨，较上年同期增长35.29%；水产养殖面积3525亩。实施项目带动战略，围绕商贸物流、文化旅游等战略布局及产业发展优势，推进银川长城神秘西夏文创园等49个服务业项目建设。全年实施招商引资在建项目26个，新建项目25个，续建项目1个。实施棚户区改造项目10个，总投资47.1亿元，完成改造任务4195套。镇北堡自来水厂、污水处理厂采取PPP模式建设，自来水已投入运营，日供水能力8000立方米/日，污水处理厂试运营。实施金立公路、新干公路、兴州北街道路改扩建以及沈阳路、怀远路、宁朔北街综合管廊建设等16个道路项目，长度69公里。生态造林总面积9589.45亩，补植补造423.15亩。推进“蓝天工程”，实现建成区内供暖燃煤锅炉“清零”，实现集中供暖。完成4台燃煤锅炉脱硫脱硝改造任务。实施“碧水工程”，完成水污染约谈反馈的9家位于禁养区内的养殖企业（含水源地上3家）取缔搬迁工作。推进“净土工程”，与六家重点企业签订土壤污染责任书，督促中石油宁夏石化公司化肥、炼油厂完成土壤监测。有城市低保1563户、2358人，发放低保资金及各类补贴1907.66万元；农村低保787户、1282人，发放低保资金及各类补贴887.4万元。拨付55家医院“一站式”医疗费用259.69万元。实施医疗救助6718人次468.72万元。临时救助862人次108.83万元。全年城镇新增就业6858人，城镇失业人员实现再就业6308人，城镇登记失业率控制在3.84%。组织城乡劳动力职业技能培训16期800人。农村劳动力转移就业9292人次。新增注册个体工商户3966个，小微企业1349家；培育创业实体949人，创造新岗位2395个，全民创业带动就业2733个。拥有国家知识产权优势企业5家，示范企业1家；自治区知识产权示范企业2家，试点企业4家。有直属中小学36所（小学29所，中学7所），中小学教师1804人，在校学生3.3万人。建成10家集“党员活动、群众议事、便民服务、教育培训、文体娱乐”为一体的村级综合文化服务中心。举办广场文化演出100场次，送戏下乡文化惠民演出50场次，周末欢乐大舞台40场次，四送六进文化惠民演出100场次。文化馆、图书馆全年免费对外开放，接待群众超过10万人次。组建家庭医生服务团队71支，签约居民124783人，签约率35.04%，重点人群签约率69.64%。组织27家基层医疗机构与辖区二三级医疗机构签订医疗联合体协议，建立完善基层首诊双向转诊的分级诊疗模式。建成1个县区级公共法律服务中心、9个镇街公共法律服务工作站、80个村居（社区）公共法律服务工作室，建成高标准示范服务站4个、服务室24个。成立西夏区法律援助律师库。开展矛盾纠纷大排查6116次，化解各类矛盾纠纷1096件，成功率达99%。

【永宁县】永宁县总面积934.06平方公里，下辖杨和、李俊、望远、望洪、闽宁5个镇，胜利乡，杨和街道办事处，黄羊滩、玉泉营2个区属农场。2018年，常住人口243589人，比上年末增加1733人。其中，城镇人口138359人，乡村人口105230人，城镇化率56.8%；人口出生率12.6‰，死亡率5.46‰，人口自然增长率7.14‰。实现地区生产总值121.8亿元，按可比价格计算，比上年下降9.2%。其中，第一产业增加值17.14亿元，增长4.4%；第二产业增加值55.22亿元，下降18.9%；第三产业增加值49.44亿元，增长0.4%。三次产业结构为14.1:45.3:40.6。按常住人口计算，全县人均地区生产总值50179元，比上年下降11.1%。2018

年,永宁县规模以上工业企业73家,大中型企业6家,产值过亿元企业13家。规模以上工业实现营业收入95.91亿元,下降22.5%;利润总额比上年下降103.9%。实施千亿斤粮食、金沙渠翻建改造、盐碱地治理、江河湖库水系连通工程等项目,建设高标准农田27.5万亩,新增高效节水灌溉1.8万亩。实施闽宁镇导洪堤、腰石井沟水毁修复、黄河东升段应急抢险等工程。引进推广新品种新技术,开展农业科技试验示范项目14项,引进农业新品种32个、新技术10项。实施利民广场综合改造、闽宁(望洪)农民创业园农作物所等5个PPP项目。推进华电"东热西送"永宁段工程,新建、改造集中换热站10座,为全县建成区集中供热580万平方米。完善10个村(社区)基层文化服务中心基础设施,新建李俊镇文化活动中心,闽宁镇文化活动中心建成投入使用。举办文艺演出300余场次,放映城乡公益数字电影1300余场次。新增昌盛光伏农业科技园、中粮天赋酒庄、玉泉国家酒庄等7个乡村旅游景点,立兰酒庄、三沙源田园综合体等3家国家A级旅游景区。全年接待境内游客197.47万人次,比上年下降34.2%;实现旅游总收入13146.72万元,比上年增长22.9%。建成区内40蒸吨以下燃煤锅炉全部淘汰,排查整治"散乱污"企业83家,完成27家加油站油气回收工作。全县优良天数比上年增加18天。关闭拆除饮用水水源地规模养殖场及企业31家。开展永二干沟、中干沟综合整治。一般工业固体废物处置利用率达100%,农作物化肥、农药、除草剂减量15%,土壤环境质量总体保持稳定。实施黄河护岸林、307国道景观绿化、典农河生态园东侧边坡景观绿化等工程。全县建成区绿化覆盖率、绿地率分别达38.5%、36.33%。实施望远九年一贯制学校、望洪镇新华小学多功能室、闽宁镇第三幼儿园等7个新建、改扩建项目。学前三年入园率达114.36%,小学、初中适龄人口入学率分别达117.25%、112.68%,高中阶段毛入学率达93.72%。建设群众满意基层医疗卫生机构15家。家庭医生签约服务完成普通人群签约6.3万人、签约率35.35%,重点人群签约4.9万人、签约率68. 42%,实现电子签约4.07万人次。参加城乡居民养老保险、医疗保险人数分别为7.55万人、18.66万人,参保率分别达105.2%和102%。完成异地直接结算104人次184.16万元,大病救助门槛由3万元降至2万元。全年累计发放城乡低保、五保、高龄津贴、孤儿养育津贴等各类保障资金3292.4万元。全年举办各类创业培训班9期、265人,实现成功创业148人。发放创业担保贷款386笔、4014.5万元,贴息661人次、181.5万元。发放农村妇女小额担保贷款474户、3546万元,贷款贴息资金3128.69万元。开展城乡职业技能培训31期、1550人次,培育小企业205家,培养小老板398名。举办招聘会7场次,创造新岗位1272个,安置公益性岗位154个。全民创业带动就业2666人,发放就业补助资金1467万元。

【贺兰县】贺兰县总面积1197.57平方公里,下辖习岗、立岗、金贵、洪广4个镇,常信1个乡,习岗街道办事处,京星、南梁台子2个农牧场,宁夏原种场、暖泉农场2个区属农场。2018年,实现地区生产总值127.99亿元,比上年增长0.35。其中,第一产业增加值19.11亿元,增长3.3%;第二产业增加值59.63亿元,增长-1.5%;第三产业增加值49.25亿元,增长1.4%。三次产业构成为17.0:46:37。完成地方公共财政预算收入11.6亿元,比上年增长4.9%。完成地方财政支出31.67亿元,比上年增长-7.5,公共财政预算支出31.67亿元,比上年增长-3.6%。实现社会消费品零售总额147.26亿元,比上年增长2.3%。城镇居民人均可支配收入31051.1元,比上年增长8.4%;农村居民人均可支配收入1477.5元,比上年增长8.1%。2018年,贺兰县培育12家小微企业成长为规模以上企业,实施绿色智能改造企业29家,重组企业5家,引进企业落地10家。推进国家现代农业产业园建设,粮食综合产能保持稳定。农业增加值比上年增长4%左右,农产品加工转化率达64%。银川电商物流园承载全区65%以上的快递物流业务量。电商年度交易额34亿元,比上年增长16.8%。全年接待游客285万人次,旅游收入突破6亿元。全年争取项目174个,落实资金8.7亿元。实施招商引资项目117个,到位资金40亿元。实体企业外贸销售额6764.3万元,比上年增长51.8%。落实创新驱动三年行动计划,R&D经费支出1.2亿元。企业专利授权量232件,每万人有效发明专利拥有量达3.1件。组建自治区级企业技术中心2家。新认定国家高新技术企业6家,累计达14家。全县金融机构各项存贷款余额分别为158.53亿元、114.24亿元,比上年分别增长7.8%、2.9%。新建富民路、滨河路等5条市政道路。完成习岗街、兴业路道路给排水工程。实施德胜工业园区部分集污管网改造。开展农村环境"三拆三清一建"综合整治,四十里店村、新平村入选中国美丽休闲乡村。淘汰建成区20蒸吨以下燃煤锅炉。落实秸秆禁烧网格化管理责任,秸秆综合利用率达83%。空气质量优良天数达81%。推进河长制湖长制工作。建成银新干沟、四二干沟人工湿地2个，滨河湿地水系全线贯通。县城和工业园区生活生产污水实现集中处理、达标排放，城市黑臭水体得到整治，重点入黄排水沟水质整体向好。完成造林2万亩。建档立卡贫困户年度脱贫318户1475人。建成扶贫产业园3个、扶贫车间4个。发放各类救助金5267万元，惠及1.5万人。拨付被征地农民养老保险1.2亿元。实施"双创工程"，转移农村劳动力2.5万人，新增城镇就业3960人(次)，城镇登记失业率控制在3.5%以内。德胜二小、太阳城中学等4所学校投入使用。建成全区首家"互联网+教育"展示体验中心。县中医院、4个村级卫生服务站建成运营，妇幼保健中心开工建设。乡镇卫生院门诊量比上年增长7.5%，县内就诊率达92%。全民健身中心、融媒体中心、文创中心投入使用。举办全国性体育赛事5场(次)，开展文化体育惠民活动2000余场(次)。安全生产形势稳定，全年未发生重特大安全事故。

【灵武市】灵武市总面积4010平方公里，下辖东塔、郝家桥、崇兴、马家滩、临河5镇(不含宁东镇)，梧桐树、白土岗2个乡，城区街道办事处，灵武农场、宁夏仁存渡护岸林场2个区属农林场，宁夏灵武园艺试验场、大泉林场、北沙窝林场、灵武市良种繁育示范场4个市属农林场，宁夏灵武白芨滩国家级自然保护区。2018年，全市总人口295062，人口出生率约为12‰，出生政策符合率约为97%，人口自然增长率8.2‰，出生人口性别比为106。全年实现地区生产总值395.9亿元，按可比价格计算，比上年增长9%；市属完成固定资产投资比上年下降27.9%；完成地方财政收入39.9亿元，比上年增长11.5%。公共财政预算收入34.2亿元，比上年增长12.8%；社会消费品零售总额18.5亿元，比上年增长6.9%；城镇居民人均可支配收入32860元，增长7.3%，农村居民人均可支配收入14848元，增长8.7%。灵武市综合实力从2017年全国科学发展百强县(市)的85位跃居至第84位，中国工业百强县(市)由2017年的69位跃升至60位。中国中小城市投资潜力百强县(市)由2016年的34位跃升至33位。2018年，灵武市规模以上工业企业(含宁东)累计实现产值1057亿，比上年增长19.3%，累计实现工业增加值274.1亿，比上年增长12.1%；市属规模以上工业企业(不含宁东)累计实现产值78.9亿元，比上年下降29.7%，累计实现工业增加值20.8亿元，比上年下降17.4%。工业重点项目开工33个，总投资88.5亿元，累计完成投资31.89亿元，比上年下降8.5%。全年粮食作物播种面积26.3万亩，全年粮食产量14.48万吨，比上年增长3.4%；肉类产量28286吨，比上年下降1.93%。生猪存栏10.06万头，羊只存栏数36.58万只，家禽数55.55万只。投资7500万元，实施1个美丽小城镇、21个美丽村庄建设。拆除燃煤锅炉35台(其中清单内15台，清单外20台)，"煤改气改电"14台。全年建设保障性住房6884套，分配6800套，11个贫困村达到脱贫出列标准，348户1729人达到脱贫退出标准，精准识别和脱贫退出准确率达98%以上。2018年，灵武市环境空气质量综合指数银川市辖区排名第一，优良天数比例排名一。第四季度东沟入黄口水质达到地表水Ⅳ类标准。全年硬化村庄巷道20个、建设扶贫村道路11个、亮化村道30公里。改扩建新杜路、灵胡路、灵白路、国道307线西段二期共26.4公里。组织申报科技项目70余项，落实科技项目资金1067.93万元。培育国家级高新技术企业8家，2家进入国家审核，6家进入复审。有中小学44所，在校生46765人；幼儿园42所，在园幼儿9062人。全市有文化经营单位124家，从业4800人，文化产业产值1.3亿元。全市共接待游客186.5万人次，实现旅游收入2.14亿元。取消药品加成，实行"零差率"销售；将101个病种纳入总额控制下的按病种分值付费方式结算住院费用；免收公立医院普通门诊挂号诊疗费、120急救车出车费。培育创业实体517个，创造新岗位1163人，全民创业带动就业2582人。全市城镇新增就业4324人，城镇失业人员再就业3194人，城镇困难就业人员实现再就业522人，全市城镇登记失业率3.94%。开展城乡劳动力就业技能培训1707人；开展创业能力培训294人；网络创业培训60人，培训后当期实现自主创业人数178人。城乡居民养老保险参保54060人；失业保险参保14866人，失业保险费收入1424万元(含清理欠费35万元)；职工医疗保险人数31306人，基金征收1.9亿元；居民医保参保169379人；生育保险人数18760人，基金征收1770万元；工伤保险人数25510人，基金征收2634万元。全市未发生命案、未发生较大及以上群体性事件、未发生重大安全事故。

(杨　佳)

石嘴山市

【概况】石嘴山市总面积5310平方公里，下辖大武口区、惠农区和平罗县。2018年末，全市常住总人口80.44万人，比上年末增加0.14万人。其中,城镇常住人口60.53万人,占总人口的75.25%。全年出生率为8.59‰,死亡率为6.74‰,自然增长率为1.85‰。全市现有城镇从业人员23.5万人,年内实现城镇新增就业人员2.45万人,年内农村劳动力转移就业人员4.42万人。城镇登记失业人员2.32万人,年末城镇登记失业率为3.55%。全市实现地区生产总值605.91亿元,按可比价格计算,比上年增长8%。其中第一产业实现增加值31.44亿元,增长4.4%;第二产业实现增加值366.47亿元,增长10%;第三产业实现增加值208.00亿元,增长5.4%。三次产业构成由上年的5.2:60.4:34.4,调整为5.2:60.5:34.3。按常住人口计算,全市人均地区生产总值达到75391元,增长7.4%。居民消费价格上涨1.8%。其中,食品价格上涨3.4%,非食品价格上涨1.5%;消费品价格上涨2.6%,服务项目价格上涨0.3%。工业生产者出厂价格上涨9.7%,工业生产者购进价格上涨7.3%。

【供给侧结构性改革】2018年,全市原煤产量264.6万吨,下降34.5%;洗精煤7万吨,下降70.4%;其他洗煤423.5万吨,下降27.7%;电石210.4万吨,下降1%;水泥146万吨,下降14.9%;金属镁0.2万吨,下降93.8%;粗钢109.3万吨,下降4.2%。去产能效果明显。采矿业人民币贷款19.36亿元,下降10.6%;制造业人民币贷款85.71亿元,下降8.1%;建筑业人民币贷款2.82亿元,下降13.2%;房地产业人民币贷款3.99亿元,下降28.5%,去杠杆成效显著。全年规模以上工业企业每百元主营业务收入中的成本为83.06元,比上年下降0.07元;每百元主营业务收入中的费用为8.65元,比上年下降0.19元。233家规模以上企业中,盈利企业157户,占全部企业数的67.4%。全部规模以上工业企业实现利润68.5亿元,增长13.3%;规模以上工业每百元主营业务收入中的费用为9.12元,减少0.16元,降成本效果凸显。年末,商品房待售面积71.96万平方米,比上年末减少22.38万平方米,下降23.7%,去库存积极推进。

【服务业】2018年,全市服务业增加值增长5.4%,增速分别比一季度、上半年和前三季度回落4个、5.9个和2.5个百分点。从服务业六大构成领域看,交通运输业和房地产业呈现大幅下降态势,分别下降21%和13.6%;批发零售业、住宿餐饮业、金融业呈现平稳增长态势,分别增长5.5%、6%和9%;其他服务业呈现快速增长态势,增长16.2%。

石嘴山采矿沉陷区"大坑"已建设成为"七彩园"

【农业经济】2018年,全市实现农业增加值32.75亿元,增长4.3%。其中,农业(种植业)实现增加值23.82亿元,增长4.2%;牧业实现增加值5.25亿元,增长8.1%;渔业实现增加值2.25亿元,增长0.6%;林业实现增加值0.12亿元,增长85%;农牧渔业服务业实现增加值1.31亿元,增长3.5%。全年粮食播种面积110.23万亩,比上年增加9.62万亩。其中,小麦播种面积27.81万亩,增加4.38万亩;水稻播种面积27.08万亩,减少0.75万亩;玉米播种面积52.2万亩,增加4.39万亩。油料种植面积7.89万亩,减少0.91万亩。蔬菜种植面积17.19万亩,增加0.2万亩。瓜果种植面积1.4万亩,增加0.13万亩。中草药材种植面积9.78万亩,增加0.75万亩。全年粮食产量52.33万吨,比上年增加5.64万吨。其中,小麦产量9.57万吨,增加2.13万吨;水稻产量13.86万吨,减少0.15万吨;玉米产量28.67万吨,增加2.87万吨。油料产量2.01万吨,蔬菜产量59.87万吨,瓜果产量5.77万吨,中草药产量4.74万吨。年末大牲畜出栏5.57万头,其中牛出栏5.43万头。生猪出栏8.92万头,羊出栏57.56万只,活家禽出栏2.17万只。肉类总产量2.97万吨,增长12.9%;奶类产量12.49万吨,增长42.7%;水产品产量5.87万吨,下降3.6%。

【工业和建筑业】2018年,全市规模以上工业企业实现增加值增长15.4%。其中,轻工业下降4.4%,重工业增长

16.1%，轻重工业比为2.9∶97.1。全年规模以上工业中，国有企业增加值增长21.1%；股份制企业增加值增长15.0%；外商及港澳台商投资企业增加值下降24.3%，非公有制企业增加值增长15.3%。主要行业中增速较快的有：金属制品业增加值增长2.3倍；石油加工、炼焦业增加值增长1倍；塑料橡胶制品业增加值增长72.3%；通用设备制造业增加值增长28.9%。233家规模以上工业企业实现主营业务收入860.7亿元，增长16.6%；主营业务成本714.9亿元，增长16.5%；实现利润总额71.7亿元，增长24.3%。工业产销率达97.8%，比上年下降2.4个百分点。全年实现建筑业增加值60.35亿元，下降5.1%。房屋建筑施工面积93.4万平方米，下降48.8%。36家资质内建筑业企业实现利润总额0.36亿元，增长56.5%；税金总额0.93万元，增长9.4%。

【固定资产投资】2018年，全市固定资产投资下降10.7%，降幅比1—8月收窄19.7个百分点，比全区平均水平-18.2%高7.5个百分点，其中，第一产业投资下降38.5%；第二产业投资下降4.9%；第三产业投资下降14.6%。在全部投资中：民间投资增长5.5%，工业技改投资增长6.8%；制造业投资占投资的比重为36.9%。全市完成房地产开发投资额8.25亿元，下降55.6%。商品房施工面积398.53万平方米，下降43.3%；商品房销售面积38.84万平方米，下降51.4%；商品房销售额10.84亿元，下降53.6%。

【国内贸易、旅游和对外经济】2018年，全市实现社会消费品零售总额115.90亿元，增长4.3%。按销售单位所在地分，城镇消费品零售额106.51亿元，增长4.4%；乡村消费品零售额9.39亿元，增长3.7%。按行业分，批发业实现零售额21.18亿元，增长17.1%；零售业实现零售额65.92亿元，下降1.1%；住宿业实现零售额0.66亿元，增长10.1%；餐饮业实现零售额28.14亿元，增长9.0%。按经济类型分，国有经济实现零售额0.48亿元，下降7.6%；集体经济实现零售额0.18亿元，增长4%；私营经济实现零售额19.81亿元，下降1.7%；个体经济实现零售额71.19亿元，增长3.9%；股份制经济实现零售额23.13亿元，增长12%；其他各种经济实现零售额1.12亿元，增长0.8%。限额以上批发和零售企业中，烟酒类实现零售额增长159.5%，日用品类增长90.6%，中西药品类增长26.4%，石油及制品类增长19.5%，化妆品类下降15.7%，金银珠宝类下降9.9%，粮油、食品类下降7.4%，服装、鞋帽、针纺织品类下降6.5%，书报杂志类下降6.1%，体育、娱乐用品类下降3.8%。全市实现进出口总额46.81亿元，增长27.8%。其中，进口额15.48亿元，增长31.8%，出口额31.32亿元，增长25.9%。全年实际利用外资2801.79万美元。全年接待国内游客总人数350.75万人，增长7.1%；实现旅游收入22.69亿元，下降5.1%。

【公路运输和邮政通信】全市公路货运量4188万吨，下降0.7%；货运周转量27.15亿吨公里，下降54.2%。全年公路客运量624万人，下降27.4%；客运周转量2.28亿人公里，下降27.3%。全市民用汽车保有量为11.26万辆，增长4.9%，其中营运汽车保有量1.36万辆，下降2.9%；非营运汽车保有量9.89万辆，增长6%。个人汽车保有量为10.06万辆，增长5.3%。全年完成邮政行业业务收入完成1.01亿元，增长10.2%。全年邮政业完成邮政函件业务5.07万件，下降63.2%；包裹业务0.17万件，下降15%；快递业务量1829.32万件，增长35.8%。快递业务收入0.41亿元，增长25.9%。全年电信业务总量43.68亿元，增长1.2倍。年末固定电话用户4.98万户，下降8.1%；移动电话用户97.44万户，增长8.7%。年末互联网宽带接入用户28.88万户，增长31.2%。

【财政、金融和保险】2018年，全年实现地方一般公共预算收入23.92亿元，增长3.7%，其中税收收入17.55亿元，增长11.9%，占地方一般公共预算收入的比重由上年的68%提高到73.4%。在税收收入中，增值税8.83亿元，增长21.7%；个人所得税0.51亿元，增长19.3%；企业所得税1亿元，增长9.9%。全年一般公共预算支出100.15亿元，增长11.2%。年末全市金融机构人民币存款余额600.52亿元，增长7.3%。其中，住户存款439.28亿元，增长16.6%；非金融企业存款67.55亿元，下降24.2%；广义政府存款93.66亿元，增长2.7%；非银行业存款0.01亿元，下降99.4%。金融机构人民币贷款余额550.75亿元，增长16.8%。其中，短期贷款241.45亿元，增长22.5%；中长期贷款201.91亿元，增长2.5%；票据融资105.03亿元，增长37.8%。全年实现保费收入19.31亿元，增长4.9%。其中，财产险收入5.26亿元，增长10%；寿险收入9.87亿元，下降4.7%；健康险收入3.77亿元，增长29.6%；意外伤害险收入0.42亿元，增长12.5%。支付各类赔款和给付5.54亿元，增长27.4%。其中，财产险赔款2.69亿元，增长31.5%；寿险业务给付1.92亿元，增长28.4%；健康险给付0.76亿元，增长10.6%；意外伤害险赔款0.17亿元，增长39.7%。

【社会事业】2018年，全年新增高新技术企业16家，高新技术企业达到36家。命名认定38个市科技创新团队，获批5个自治区创新团队。全市共有各类创新平台49个，3项科技成果获自治区科技进步奖。全年专利申请量1129件，其中发明专利申请量263件；专利申请授权量725件，其中发明专利授权量78件；万人有效发明专利拥有量5.18件，同比增长12.9%。全市有高等学校1所，在校学生0.99万人，毕业生0.18万人；中等专业学校2所，在校学生0.89万人，毕业生0.24万人；普通中学35所，在校学生4.11万人，毕业生1.39万人；普通小学66所，在校学生4.89万人，毕业生0.9万人；特殊教育学校1所，在校学生175人；幼儿园83所，在园幼儿2.01万人。每万人普通高中在校生数182人、每万人普通初中在校生数305人。全市小学学龄儿童入学率达99.99%。年末全市共有公共图书馆4个，文化馆4个，乡镇综合文化站36个，文物保护管理机构3个，民间艺术机构57个。公共图书馆总藏书量74.27万册，总流通人次45.23万人次，书刊外借28.2万册次，阅览室座席1951个，其中少儿座席301个。广播节目综合人口覆盖率100%，电视节目综合人口覆盖率100%，农村社区综合服务设施覆盖率100%。年末全市共有医疗卫生机构111个，其中医院36个、卫生院23个。医疗卫生机构共有床位4793张。卫生技术人员6530人，其中执业医师和助理医师2240人，注册护士2764人。

【居民生活和社会保障】2018年，全市城镇居民人均可支配收入30583元，增长8.5%；城镇居民人均消费性支出18779元，增长10.8%。全市农村居民人均可支配收入14000元，增长8.7%；农村居民人均消费性支出11469元，增长5.8%。年末全市参加养老保险39.55万人。其中，职工养老保险参保17.08万人，城乡居民养老保险参保13.32万人。参加基本医疗保险70.45万人，其中，城镇职工医疗保险参保19.81万人，统筹城乡居民医疗保险参保50.64万人。参加失业保险、工伤保险、生育保险人数分别为12.94万人、12.62万人、10.45万人。年末全市拥有福利院、敬老院16个，床位4096张，收养各类人员1302人。全市享受城乡最低生活保障人数2.72万人，其中城镇居民0.99万人，农村居民1.73万人；全年累计发放最低生活保障金1.08亿元，其中城镇居民发放0.53亿元，农村居民发放0.55亿元，城乡居民最低生活保障标准分别提高24.4%、20.6%，救助困难群众5.07万人。改造棚户区816套、老旧小区26.7万平方米，惠及住户2688户；公租房实物配租2.08万套，发放租赁补贴1563户。启动社会救助、保障与物价上涨挂钩联动机制，居民消费价格总水平控制在2%以内。

【安全生产】2018年全市共发生生产经营性事故44起，增长33.3%；事故死亡43人，增长22.9%；受伤14人，下降39.1%，直接经济损失2053.49亿元。亿元地区生产总值生产安全事故死亡人数为0.06人/亿元；道路交通事故201起，死亡58人，受伤212人，直接经济损失67万元，道路交通万车死亡人数2.39人。

【企业科技创新和转型升级】2018年，全市实施100个科技合作项目，组建氰胺产业技术创新战略联盟等创新平台11个，引进高层次人才212人，新增高新技术企业22家、科技型中小企业31家，R&D投入强度达到1.3%，科技创新助推转型发展能力不断增强。“双创”工作扎实推进，新增国家级众创空间、“双创”示范基地2个，新增各类市场主体10015户、小微企业1882户。开展“重大项目推进年”活动，实施135个重点项目，全面完成5个自治区60大庆项目建设，工业技改、高新技术投资分别增长5%和2.5%，投资结构不断优化。出台支持民营企业发展“10条”，加快企业培育成长，完成个转企60家，小升规8家，20家企业在宁夏股交中心挂牌。以亩产效益倒逼落后产能退出，处置“僵尸企业”96家，盘活闲置土地4577亩，为优质产业项目腾出了空间。2018年，全市大力发展实体经济，实施62个重点传统产业改造提升项目，14家企业被列为国家级两化融合贯标试点，新材料、先进装备制造等新兴产业增加值比重为23%，非煤产业增加值比重达90%，规模以上工业增加值增长12.5%，单位GDP能耗下降9.2%。培育壮大新经济新业态新产业，科技金融众创空间交易额突破110亿元，快递电商物流中心建成运营，网络经济产业园扩容提质，全市电商交易额增长85.5%；全域旅游加快推进，全市接待游客、旅游收入分别增长15%和12%；保税物流中心（B型）建成，陆路口岸通关货值增长15%，进出口总额增长35%，服务业增加值增长9%。农业供给侧结构性改革深入推进，粮食生产“十五连丰”，特色优势农业产值占比提高2个百分点，农业增加值增长4.5%。

【生态环境建设】2018年，全市完成生态修复8万亩，整治工作得到中央环保督察“回头看”督察组肯定。全力打好蓝天保卫战，PM2.5、PM10平均浓度分别下降11.4%和8.2%，空气质量优良天数达到268天，比上年增加14天。空气中细微颗粒（PM2.5）平均浓度为44微克/立方米，同比下降4.3%；细微颗粒（PM10）平均浓度为116微克/立方米(未剔除沙尘天气影响)。城市集中饮用水水源地水质达标率(剔除地质本底值)100%;黄河石嘴山段Ⅲ类水质达标率为100%。严格落实河湖长制,沙湖水质好转为Ⅳ类,星海湖中域和南域水质稳定在Ⅳ类,黄河石嘴山段出境断面水质稳定保持Ⅱ类。开展共同缔造美丽家园行动,完成营造林3.63万亩;实施北武当河生态修复治理二期、平罗新区生态环境治理等工程,国家水生态文明城市建设试点通过验收。坚决抓好中央环保督察问题整改落实,2018年10项整改任务基本完成,环保督察"回头看"184件转办事项全部办结、24项整改任务加快落实。开展"散乱污"企业专项整治,关停取缔215家、停产整治59家、搬迁3家。

【改革促发展】2018年,全市深化"放管服"改革,市本级审批事项精简53%,非行政许可审批事项全部取消,推进"互联网+政务服务",全区通办事项中市本级事项100%实现网上办理,91.5%实现"最多跑一次"办理,80.7%实现"不见面"办理,政府投资项目、企业投资项目办理时限分别控制在80和60个工作日以内。推动商事制度改革,实现"四十四证合一"。农村综合改革稳步推进,被确定为国家农村集体产权制度改革试点。加快开发区管理体制机制改革,开发区优化整合有序推进。东西部合作交流不断深化,与宁波、嘉兴、湖州等城市建立友好合作关系,与浙江、上海等长三角地区企业达成合作协议27个。加强区域间交流合作,成功举办呼包银榆经济区第六届联席会议。争取各类资金69.8亿元,增长17.9%。全年实施招商项目258个,实际到位资金129.9亿元。

【城乡融合】2018年,全市聚焦提升品质和补齐短板,实施大武口—惠农连接线环境综合整治、城市街景改造提升等"城市双修"项目21个,改造棚户区816套、老旧住宅小区26.7万平方米,城市功能不断完善。兑现高校毕业生落户购房补贴2780万元,销售商品房32.3万平方米,全市商品房待售面积同比下降31.5%,城镇人口净增1.1万人。石银高速石嘴山至平罗联络线、惠农滨河大道延伸段等建成通车。加快10个特色小镇、10个美丽乡村建设,大武口区龙泉村入选2018年中国美丽休闲乡村,惠农区东永固村与浙江安吉县鲁家村签订美丽乡村结对共建协议。扎实推进农村人居环境综合整治,实施生活污水处理及改厕918户,建设环境整治示范村20个。

【民生事业】2018年,全市十件民生实事全面完成。推动精准脱贫,实施肉牛集中养殖园区等19个扶贫项目,培训致富带头人、新型职业农民和农村劳动力4059人,3045名建档立卡劳动力实现就业,928名建档立卡贫困人口脱贫退出,红翔新村脱贫出列。抓好就业创业,城镇新增就业2.4万人,城镇登记失业率为3.55%。推进市域义务教育均衡发展,实施阳光招生工程,全面消除超大班额,学前三年毛入园率、高中阶段毛入学率均高于全区平均水平。完成10所学校信息化改造,普通高中教育质量稳步提升,基础教育各项指标均高于全区平均水平。推进"互联网+医疗健康"服务,基本医疗和公共卫生服务水平不断提高,全区首家卫生健康集团在平罗县成立。大武口区、平罗县成功创建全国健康促进县(区),建立家庭医生签约服务团队232个,公立医院综合改革获国务院通报表扬。率先在全区建成智慧健康养老服务信息平台和健康养老指挥调度中心,市妇幼保健院暨儿童医院投入使用。举办美丽石嘴山2018骑跑嘉年华等赛事,完成庆祝自治区成立60周年文艺表演系列活动。民族宗教工作创新推进,各民族交往交流交融广泛拓展,创建全国民族团结进步示范单位2个,自治区级示范单位13个。开展扫黑除恶专项斗争和"三减"行动,环保投诉、信访总量、刑事发案分别下降15.2%、41%和23%。

【创业就业】2018年,全市累计投入"双创"资金5.4亿元,全市实现城镇新增就业24482人,失业人员再就业9880人,就业困难人员再就业1688人,城镇登记失业率为3.55%,控制在自治区目标任务4%以内,城乡居民人均可支配收入分别达30525元和13975元。农村劳动力转移就业44218人,实现工资性总收入5.17亿元,完成目标任务3亿元的172.33%。全市开展城乡劳动力职业技能培训79期3914人,开展岗位技能提升培训51期、2234人,开展创业培训61期1805人。培育创业实体3646个,新创造就业岗位12521个,全民创业带动就业19719人。举办人力资源供需洽谈会76场次,组织847家用人单位参加现场招聘,提供就业岗位28909个,7025名求职者与用人单位达成就业意向。

【政府运行制度建设】2018年,全市健全完善工作规则和议事制度,开展"作风建设深化年""大学习大调研大讨论"活动,围绕市委决策部署狠抓贯彻落实。健全完善法律顾问、行政复议、行政应诉制度,深入推进法治政府建设。自觉接受市人大常委会法律监督、市政协民主监督,办复市人民代表大会议案2件、人大代表建议62件和政协提案181件。大力推行政务公开,开展电视问政,发挥"12345"服务热线作用,畅通民意诉求渠道。加强公务接待、公务用车管理，“三公”经费下降17.3%。严格政府性债务管理，积极防范化解债务风险。加大预算资金审计监督力度，节约政府投资1.7亿元。

【党风廉政建设】2018年，全年全市共查处存在违反政治纪律问题案件11件，处分17人。市纪委监委对中央第八巡视组交办的9批次84件问题线索立交立办、快查快办。严肃回复党风廉政意见284人次，下发纪律检查和监察建议书34份，对履行责任不到位的19个单位公开通报，对落实“两个责任”不力的6名领导干部进行问责。三县区监委向36个乡镇(街道)派出监察办公室，授予部分监察职能，全市监察对象由8000多人增加到2.4万人。制定7项配套制度，修订完善79种办案文书，着力规范审查调查程序，严格使用12项审查调查措施，确保监察权依法依规公正行使。在全市范围内组织开展违反中央八项规定精神突出问题专项治理和“回头看”，对违规发放津补贴或福利、超标准使用办公用房、公车管理不严、借公务之机绕道旅游等“四风”突出问题进行专项监督检查，全市各级纪检监察机关共查处违反中央八项规定精神问题118起，问责处理173人，给予党纪政务处分91人，对50起典型问题公开通报曝光。督促各部门各单位查找形式主义、官僚主义“四风”新表现突出问题423项，制定整改措施783条。惩治腐败共立案审查373件，给予党纪政务处分409人，其中，市本级立案审查79件，给予党纪政务处分107人。全年共运用“四种形态”处理党员干部1718人次。坚持宽严相济、严管厚爱、严格落实“三个区分”要求，对反映问题失实的359名党员干部，客观公正及时予以澄清，对224名受处分党员干部及时进行回访教育。扶贫领域腐败和作风问题专项治理，发放监督举报卡9000余张，认真落实领导包抓、专项巡察、线索移交、联席会议等机制，对重点问题实行挂牌督办、直查直办、三级复查，全市共查处涉农扶贫领域腐败和作风问题22起，问责处理38人，先后6批次通报曝光了19起典型案例。推进教育培训，对全市170名纪检监察干部进行集中轮训，先后选派55人次参加中央、自治区专案督察和巡视，以工促学、以案代训。自觉接受党内监督、人大监督和其他各方面监督，对5名执纪违纪失职失责的纪检监察干部给予党纪处分，并调离纪检监察岗位。

(朱军荣)

【大武口区】大武口区面积1008平方公里，常住人口30.36万人，辖2个经济开发区、10个街道办事处、12个行政村和50个社区居委会。2018年，全年完成地区生产总值235亿元，增长9%；固定资产投资增长1%；一般公共预算收入2.74亿元，同口径增长5.86%；规模以上工业增加值增长18%；实现社会消费品零售总额53.6亿元，同比增长6%；城镇和农村居民人均可支配收入分别为34031元和12136元，均增长8.5%。全面完成各项约束性指标。2018年实施重点项目100个，完成投资46亿元。打造先进装备制造、有色金属新材料、电子材料三大产业集群，实现产值91亿元，占工业总产值70%。维尔铸造“中国标准动车组铝合金枕梁”列入国家智能制造试点示范项目。石嘴山高新区中小企业孵化园获评国家小微型企业双创示范基地，新增国家高新技术企业5家，西北煤机等4家企业被评为国家级“两化融合”贯标示范企业，R&D经费投入占GDP比重为1.7%左右。互联网城市建设稳步推进，网络经济产业园、快递物流园、西北地理信息产业园等数字经济园区快速发展，科技金融众创空间交易额突破110亿元。全面启动国家全域旅游示范区创建工作，持续巩固国家AAAA级旅游景区创建成果，全年共接待游客258.4万人，实现旅游收入1.72亿元，分别增长78.2%和43.3%。培育以步行街、万达广场、汉唐特色商业街为引领的三大商圈，举办宁夏大武口凉皮美食节，“大武口凉皮”完成国家地理标志集体商标注册，全年服务业增加值增长9%，占全市比重达50.6%。加快实施“特色农业提升工程”，八大庄鲜葡萄被评为“2018年全国优质鲜食葡萄金奖”，规模以上休闲观光农业经营户达到18家，一产增加值同比增长4%，转型发展取得新成效。开展新一轮“六城联创”工作，打响宜业宜居宜游美丽大武口城市品牌。突出绿色发展，环境质量得到改善。深入开展中央环保督察“回头看”工作，高质量办结20批次36件转办事项。坚决打赢蓝天保卫战，全年优良天数达225天(剔除沙尘天气)，达标率为71.9%，PM10、PM2.5浓度分别下降10.8%和15.4%，空气质量不断好转。推进水源地综合治理，层层落实河(湖)长制，星海湖南域和中域水质稳定在Ⅳ类。全面完成贺兰山49处清理整治任务，关停93家洗储煤场，治理面积2647万平方米，整治工作得到国家有关部委的肯定。新增造林面积500亩，绿化改造提升面积615亩，栽植各类苗木114万株，城市绿地建设不断优化，生态功能逐步完善。统筹推进“7+2”改革，45项重点改革任务取得明显成效。深化“放管服”改革，87%的事项可实现“不见面办理”，99%的事项可实现“最多跑一次"办理。率先在自治区建成政府投资项目综合管理信息化系统。全面落实住房制度改革，累计分配公共租赁住房6738套。加大房地产去库存力度，共发放购房补贴575户、2883万元，房地产库存下降62.42%。降低工业企业用电成本。严格落实各项减税降费政策，为1.3万户(次)企业减免税收6.14亿元。全力落实企业创新扶持政策，31家企业研发费用加计扣除1.24亿元。"三争"工作成效显著，争取各类资金8.9亿元，增长44.6%，全年落实招商引资项目62个，到位资金65亿元。大力促进就业创业，实现城镇新增就业7064人，城镇登记失业率控制在3.3%以内，创新推出政校企合作模式，为企业输送人才6000余人。建设街小学、隆湖六站幼儿园建成使用，大武口区被评为全国中小学校责任督学挂牌督导创新区。深化医药卫生体制改革，建成互联网医联体平台和自治区首家数字化预防接种门诊，创建国家慢性病综合防控示范区，长兴卫生院被评为全国群众满意的乡镇卫生院。全力推进国家食品安全示范城市创建，成功创建各类食品安全示范单位88家。继续实施帮扶解困行动计划，对全区2492户、3850人帮扶解困对象实施各类救助，全面做好辖区退役军人服务管理。改造提升居家和社区养老服务中心(站)34个，完成全国公办养老机构改革试点。开展"送戏下乡"、全民阅读等文化惠民活动200余场次，区图书馆获评国家二级公共图书馆。推进民族团结进步创建活动创建国家、自治区级示范单位28个。推进平安大武口建设，深入开展扫黑除恶专项斗争和"三减"专项行动，成功创建禁毒示范区，国防动员、双拥优抚、外事侨务、地方志、妇女儿童及残疾人等事业取得了新突破。扎实开展"作风建设深化年"和"振奋精神 兴区富民"大学习大调研大讨论活动，深入学习贯彻习近平新时代中国特色社会主义思想和党的十九大精神，牢固树立"四个意识"，坚定"四个自信"，坚决做到"两个维护"。坚持重大事项向区委请示报告制度，主动接受人大、政协监督，办理人大代表建议89件、政协提案126件。严格执行中央八项规定精神，加强公务用车、公务接待、办公用房管理，加大政府投资项目审计监督力度，节约资金1.22亿元。全面开展依法治区，坚持依法行政，获得自治区法治政府示范创建单位称号。

（兰恩赦）

【惠农区】2018年，惠农区辖6个街道办事处(育才路、南街、中街、北街、河滨街、火车站)、3个镇(红果子、尾闸、园艺)、3个乡(燕子墩、礼和、庙台)，共38个行政村、42个居委会，区域面积1254平方公里。截至2018年末，惠农区总人口数为170979人，家庭总户数为70815户；其中，农业人口58144人，非农业人口112853人；汉族人口134851人，少数民族人口36128人；年内由辖区迁往省外人口626人，由省外迁入辖区人口1025人。建设工业转型升级示范区，开展"重大项目推进年"和十大"百日攻坚"活动，实施34个重点项目，完成投资42.5亿元。万香源生物科技一期、世东科技年产4万吨发泡剂深加工等项目当年开工建成投产，中能恒力年产5万吨尼龙基材等项目有序推进，工业技改、高新技术投资分别增长8.4%、2%，投资结构不断优化。实施企业成长培育行动计划，引导34家工业企业开展对标提升活动，培育"两化"融合贯标试点企业2家，在宁夏股权托管交易中心挂牌企业6家，新增规模以上企业3家，规模以上工业增加值增长12.5%。日盛实业、嘉峰化工等企业成为行业领军企业，发泡剂、水合肼、双氰胺等产品成为国内同行业"单项冠军"，中盛电缆被认定为国家级"绿色工厂"。建成绿色农产品加工科技创业园区，绿宝工贸、田园食品被认定为自治区农业高新技术企业，灏瀚生物黑枸杞花青素提取深加工项目进入试生产。杞红枸杞、西御王泉葡萄酒被命名为宁夏特色优质农产品品牌，"惠农脱水菜"申报集体商标注册，成功创建全国第三批基本实现主要农作物生产全程机械化示范县。实施奶源基地提升工程，全区单体牧场达到12家，年产鲜奶6.1万吨，占全市总产量的75%以上。建设文化创意产业试验区，与西部控股公司共建黄河国际数字电影小镇、电影公园、电影大学。建设生产性物流集聚区，石嘴山保税物流中心(B型)顺利封关运营并享受银川综合保税区优惠政策，曹妃甸石嘴山内陆港挂牌运行，中亚国际班列延伸至惠农始发，富海物流被国家确定为多式联运试点企业，建成富海物流危化品铁路专用线，路口岸全年发运集装箱3万箱，报关1380单，分别增长118%和4.1%，获批自治区级现代服务业集聚区。新经济新业态新产业发展势头良好，服务业增加值增长9%，实现社会消费品零售总额35.9亿元，增长2.7%。落实招商引资项目72个，完成投资54.51亿元。"三争"工作成效明显：争取国家级政策2个、自治区级政策8个；争取各级各类资金7.66亿元，完成自治区、市级任务的141%；争取各类项目97项，获批资金6.88亿元。电商物流配送体系初步建立，网上交易额达1.5亿元，增长12.5%。实施科技创新"双倍增"三年行动计划，新增工业高新技术企业5家，增长250%；新增科技型中小企业10家，增长55.6%；新增科技小巨人企业3家，创业创新基地达16家，万人有效发明专利拥有量达到1.89件，增长31.25%。突出企业创新主体地位，支持中能恒力、宝马兴庆等企业与中科院微生物研究所、上海大学等科研院所联合共建15个研发平台，规模以上有研发活动的企业达42家，增长121%，预计R&D投入强度达1.15%，增长0.39个百分点。人才引进。加大招才引智力度，柔性引进高层次人才23名、科技创新团队8个。启用石嘴山智慧城市"12345"市民服务惠农区二、三、四级热线平台，96.5%的政务服务事项进驻办事大厅，80%的事项实现全区"一网通办"，"不见面、马上办"审批事项达83.2%。启动机构改革，完成国有林场改革、交巡警合一警务机制改革，稳步推进红果子经济发达镇行政管理体制、公立医院等改革，村集体产权制度改革整区推进试点工作在全区推广交流。坚持生态立区，大力实施"三治"工程，办结中央环保督察"回头看"转办件87件，98家"散乱污"企业分类清理整治实现阶段性清零。坚决打赢蓝天保卫战，取缔淘汰城市建成区35蒸吨/小时以下燃煤锅炉159台，关停淘汰小火电机组6台，改造超低排放火电机组8台，错峰生产企业142家，治理城市裸露地面积40万平方米，空气优良天数增加9天，PM10、PM2.5平均浓度分别下降11%、9.8%。处理"僵尸企业"35家，盘活土地2300余亩。全面落实河长制，"一河一策"推进16条重点河湖治理，河长制工作在2018年自治区22个县区考核中位列第3名，获得优秀等次。倾力打好贺兰山清理整治攻坚战，关闭拆除取缔各类矿厂及种植户66家，66个治理点全部通过自治区验收，整治工作得到中央环保督察组肯定。承办自治区特色小城镇培育建设工作推进会，东永固村与浙江安吉县鲁家村签订美丽乡村结对共建协议。持续加大民生投入力度，民生支出占财政支出的80%，10件民生实事全面完成。脱贫攻坚扎实推进，搬迁安置生态移民1076户、4913人，其中建档立卡贫困户276户1145人，建成扶贫车间、养殖园区，完善基础设施建设，海燕村环境面貌明显改善。深入实施帮扶解困行动计划，完成8348人帮扶解困任务。优化教育资源配置，通过"教育信息化达标县"评估验收，义务教育均衡发展代表自治区顺利通过国家复检。文化事业蓬勃发展，煤炭地质博物馆布展有序推进，成功创建自治区基本公共体育服务体系示范区，举办全区性体育赛事8起。在全市率先推行"互联网+医疗健康"工作模式，让群众在家门口享受优质医疗服务，远程诊疗疑难病例人数800余人、群众满意率达90%以上。统筹抓好"七五普法"、平安建设、扫黑除恶专项斗争等工作，安全生产各项指标均低于自治区下达的控制指标，刑事发案率、信访总量分别下降29%、64%，命案侦破率实现100%，社会治安形势趋于向好。获评自治区级禁毒示范区、食品安全示范县（区）。深化全国民族团结进步示范创建活动，民族团结、宗教和顺的局面进一步巩固。代表自治区顺利通过中央军委国防动员部民兵调整改革落实情况检查考评，总成绩全国排名第二。

（樊月凤）

【平罗县】2018年，平罗县全年实现地区生产总值180亿元，增长7.5%；一般公共财政预算收入8.2亿元（税收收入占81.5%），同口径增长19.5%；规模以上工业增加值增长18.5%；城乡居民人均可支配收入分别增长8.5%和9%。在全国中小城市投资潜力百强县中排第73位。招商引资63个重点项目落实投资78亿元，招商到位资金64亿元，争取各类资金29.7亿元、增长9.6%。实施工业技改项目111个，80%的规模以上企业开展行业对标对表，传统产业在环保治理和技改对标双重"大考"中实现"浴火重生"。工业总产值突破400亿元，规模以上工业企业增加值实现"十三五"以来首次两位数增长，落实万元GDP能耗任务。分行业集中治理"散乱污"工业企业473家，关停取缔271家，处置"僵尸企业"、低效未利用地企业101家，淘汰化解过剩产能47.8万吨，29家低效企业"腾笼换鸟"焕发生机，"散乱污"工业企业治理形成平罗经验，在全区推广。"无中生有"培育新产业，建成阳光文化、汇融九街两个特色街区，晟晏铁路专线建成投运，银北医养中心医养结合新模式成功运营，农村电商交易额达4.9亿元，进出口总额占全市60%，旅游收入达14.4亿元、增长18.5%，"多彩平罗"荣登中国最美县域榜单，服务业增加值增长8.5%。振兴乡村经济，建成"一优四特"产业园区83个、农业物联网示范点22个，新培育市级以上农业产业化龙头企业10家，一、二、三产融合企业25家，新增宁夏名牌产品7个，粮食实现十五连丰，农产品加工转化率达65%，特色优势产业产值占比提升到90%。推进中国好粮油示范县创建，全区优质粮食工程推进会在平罗召开。整合资金3.7亿元，建设高标准农田、改造中低产田、发展高效节水灌溉共17.6万亩。加快美丽乡村建设，编制特色村镇建设、村级土地利用规划,“四镇四园”实施特色产业、基础设施、生态绿化等项目83个,投资4.7亿元。开展农村人居环境综合整治,污水处理及改厕538户,创建农村人居环境整治示范村12个,建成自治区级美丽村庄6个,西永惠村、六顷地村、通伏乡获批全国一村一品示范村镇。打好脱贫攻坚战,实施庙庙湖肉牛养殖园区、红翔新村排水工程等39个扶贫项目,兑现产业、就业扶持资金623万元,脱贫退出928人,红翔新村脱贫出列。实施棚户区改造1120套,综合整治老旧小区936户8.8万平方米。县城新区生态治理一期工程全面完工,新增水域面积41.2万平方米,提升城市能级,城市道路机械化清扫覆盖率达58%。投资2.2亿元,建成滨河热源、热电联产三期、水质净化工程。践行“绿水青山就是金山银山”理念,从严从实抓好环保问题整改,中央环保督察2018年10项20条任务完成整改并建立长效机制,“回头看”及水专项督察反馈问题按时间节点加快整改,26批59件转办事项全部办结。高标准完成贺兰山保护区清理整治任务,生态修复治理6130亩。持续扩大蓝天保卫战成果,实施重点行业锅炉烟气提标改造等130个大气治理项目,建成15个洁净煤配送中心,清理取缔燃煤锅炉42台211.9蒸吨,清洁能源双替代28台25.3蒸吨,PM10、PM2.5分别下降9.8%、18.8%,空气质量优良率达83.2%。实施大规模国土绿化行动,新增营造林面积2.2万亩,城市建成区人均公共绿地面积达12.3平方米。“放管服”改革全面推进,100%事项网上办理,96%事项“最多跑一次”,80%事项“不见面”办理,国家级基层政务公开标准化规范化试点通过验收。在全区率先完成农村“房地一体”不动产确权登记颁证工作,388亩农村集体经营性建设用地入市交易,村集体实现增值收益932万元,改革成效得到自然资源部充分肯定,经验在全区推广。启动政府机构改革,推进水流产权、供销社等改革,税务征管、工业园区管理等体制改革取得实质性进展,国有林场改革顺利通过自治区验收。科技创新体制改革步伐加快,开展科技合作项目51个,培育国家级创业创新基地1个,新增国家级高新技术企业6家、科技型中小企业23家,万人专利拥有量为3.7件,R&D投入占GDP比重为1.2%。民生支出占一般公共财政预算支出的78%,十件民生实事全部完成。全力促进就业创业,零就业家庭动态清零,转移农村劳动力2.8万人次,新增就业2688人,城镇登记失业率控制在3.8%。办好人民满意的教育,投资1.8亿元,建成职教中心宿舍楼等23个单体项目,乡镇幼儿园全部实现公办,义务教育均衡发展通过国家复验,职教中心通过国家中等职业教育示范学校验收,高考成绩再创新高。健康平罗扎实推进,在全区率先启动县域综合医改试点、成立卫生健康集团,县医院成为全区第一家达到综合能力推荐标准的县级医院,中医院建成中国工程院石学敏院士工作站,“互联网+医疗健康”更加便民惠民,县内就诊率达92%,国家慢性病综合防治示范区通过复审。城乡居民社保参保精准扩面,医疗保险、被征地农民养老保险参保率均为100%。建成第一老年活动中心、第三敬老院,新建16个居家和社区养老服务中心(站)。全年支出养老金10.2亿元,报销医疗费用2.9亿元,发放困难补助8500万元,安排助残经费1567万元,群众基本生活得到有力保障。“七五”普法顺利通过自治区中期验收,公共法律服务体系建设得到司法部表扬。筹资3亿元结清拆迁补偿款,妥善化解城市征地拆迁等历史遗留问题,中央巡视组移交130件群众信访件办结率97%。应对百年不遇的“7·22”特大暴雨和“9·20”黄河汛情灾害,严防严控乙脑、非洲猪瘟等疫情,增强应急救灾能力,荣获全国防震减灾综合考核先进单位。创新“三社联动”服务新模式,建成17个城乡社区服务站,连续三年荣获自治区星级和谐社区创建先进县。坚持发展“枫桥经验”试点工作,获全国人民调解工作先进集体。成功创建全国民族团结进步示范县,民族团结、宗教和顺、社会稳定良好局面持续巩固。

(周　阳)

吴忠市

【概况】吴忠市位于宁夏回族自治区中部,南接固原市,北连银川市,东部与陕西省榆林地区毗邻,东北、西北与内蒙古鄂尔多斯市、阿拉善左旗相连,东南、西南与甘肃省庆阳、白银地区接壤。全市总面积2.07万平方公里,占宁夏回族自治区的31.2%。现辖利通区、红寺堡区、青铜峡市、盐池县、同心县5个县(市、区)。总人口143.4万人。2018年,全年实现地区生产总值534.5亿元,增长6.6%;一般公共预算收入34.57亿元,同口径增长5.8%;社会消费品零售总额119.2亿元,增长5.7%;城镇居民人均可支配收入27478.1元,增长8.3%,农村居民人均可支配收入12045.4元,增长10.4%;居民消费价格同比上涨2.5%。

【人口与计划生育】截至2018末,全市常住人口141.54万人,比上年增加1.16万人,增长0.83%。其中,城镇人口71.02

万人，占常住人口比重50.18%，乡村人口70.52万人。城镇化率50.18%，比上年提高1.15个百分点。年末户籍总人口143.78万人，比上年增加11216人。人口出生率为13.92‰，死亡率为5.59‰，人口自然增长率为8.33‰。

【工业经济】2018年，全市规模以上工业增加值比上年增长了7.5%，规模以上工业企业实现销售产值735.3亿元，增长13.4%，工业企业产品销售率为96.6%。实施5000万元以上工业项目93个，伊利乳业液态奶生产线、中国自动化绿色精密铸锻产业园等项目加快建设，华能大坝四期扩建等项目建成投产。积极推进园区整合优化，9个工业园区整合优化为5个，理顺了体制，整合了资源，激发了活力。大力支持企业降本增效，实施高沙窝集中区8公里供水专线、金积工业园区集中供热供汽等17个低成本化改造项目。认真落实自治区“降成本30条”等政策措施，争取各类惠企资金2.56亿元。严格落实市级领导包抓责任制，盘活处置僵尸企业15家，整治散乱污企业89家，淘汰落后产能117.6万吨。加快传统行业绿色提标改造，伊利乳业创建为国家级绿色工厂。全市单位工业增加值能耗同比下降4%。新增规模以上企业34户、产值过亿元企业10户，规模以上工业增加值增长7.5%。

【农业和农村经济】2018年，全市粮食播种面积307.5万亩，实现农业增加值70亿元，增长4.2%。奶牛存栏18.38万头，肉牛、肉羊、黑毛驴饲养量分别为17.63万头、243.73万只和3万头。认证“三品一标”农产品28个，新增市级以上农业龙头企业40家、农民专业合作社23个、家庭农场28个，新建富硒农产品检测中心、富硒功能农业博士工作站各1个。新增酿酒葡萄、文冠果等经济林13.8万亩，总面积94.72万亩，新建苹果、枸杞、酿酒葡萄标准化示范基地6个。盛产盐池滩羊的盐池县入选首批中国特色农产品优势区，同心银柴胡种植基地入选全国特色中药材种植基地，吴忠亚麻籽油成为全国首个亚麻籽油地理标志产品。塞外香、君星坊分别入选全国大米加工50强企业和全国亚麻籽油加工10强企业榜单。培育发展休闲农业经营主体130个。组建红寺堡壹加壹肉牛等产业化联合体16家。吴忠市被评为全国平安农机示范市，利通区、青铜峡市成功创建主要农作物生产全程机械化示范县，盐池县被确定为第三批国家高效节水灌溉示范县，吴忠国家农业科技园区被认定为国家有机食品生产基地建设示范区。

【建立风险防控机制】2018年，全市强化政府债务管理，建立“借、用、还”统一的债务管理机制，未发生违法违规举债融资行为。加大市本级政府债务化解力度，历史形成的政府系统内债务全部实现债券化，由风险预警地区降为提示地区。出台《吴忠市防范化解金融风险实施方案》，制定24条有效措施，确保不发生区域性、系统性风险。组建债委会11家，逾期90天以上的贷款纳入不良管理。完善金融监管机制，严厉惩治非法集资、金融诈骗等各类违法犯罪行为。全市各项贷款余额616.6亿元，同比增长5.2%，新增贷款30.5亿元。依法惩治违规销售、违规交房等行为，从源头防控房地产市场风险。深入落实促进房地产市场平稳健康发展的10条政策措施，房地产销售面积140万平方米，库存下降10%。建立完善市、县、乡三级食品药品安全监管机制，妥善应对处置问题疫苗等风险隐患。市食品检测中心加快建设，建成食品及食用农产品快检室64个，“明厨亮灶”覆盖率达98%。

【脱贫攻坚】2018年，全市实施打赢脱贫攻坚战三年行动，脱贫销号25个村，减少贫困人口34693人，贫困发生率由6.54%下降为2.74%。加快盐同红交界处集中连片贫困地区发展，投入48亿元，实施公共服务均等化、基础设施建设、生态修复保护等270个项目。盐池县成为全区首个脱贫摘帽县，综合贫困发生率降到0.66%、群众满意度97.71%，获2018年全国脱贫攻坚组织创新奖。红寺堡文化扶贫“宁夏样本”代表西部地区在全国做了经验交流。同心县扶贫车间被评为2018民生示范工程，预旺镇贺家塬村第一书记丁海燕荣获全国脱贫攻坚贡献奖。争取闽宁协作项目资金1亿元，落实央企帮扶资金4620万元，实施精准到村到户项目61个。培育发展扶贫龙头企业29家、专业合作社71家、巩固提升产业扶贫示范村22个，建设扶贫车间34家。续建移民住房1000套，搬迁安置移民1108户、4589人，“十三五”异地扶贫搬迁任务全面完成。累计投放扶贫小额贷款25亿元，贷款覆盖率90%，户均4.9万元。全面落实教育资助政策，开展“控辍保学”专项整治，249名孩子重回校园。健康扶贫“一站式”结算覆盖所有贫困人口，大病医疗救助惠及8864名困难群众。

【第三产业】2018年，吴忠市万达广场等商贸项目投入运营，宁夏德昌铁路物流中心等项目进展顺利。新建乡村电商服务站16家，总数达到451家，覆盖率90.2%。光耀美食街等特色街区建成运营，“吴忠早茶”“吃在吴忠”的美誉度和影响力提升。提升35个优质特色产品展示展销中心运营水平，全年实现销售额3.12亿元。实现进出口总额8亿元，同比增长20%。全域旅游示范市创建扎实推进，接待游客和旅游收入同比增长12%和15%。争取项目1005个，批复资金148.9亿元，实施招商引资项目166个，到位资金309.7亿元。

【城乡建设】2018年，制定印发《推进银川都市圈建设行动计划（2018—2020年）》《加快推进利青同城化发展实施方案》，开工建设滨河大道与黄河大桥立交匝道等33个融入银川都市圈重点项目，与银川二十一小等学校建立教育合作共同体9个。青铜峡至银川正源街快速通道、国道344线吴忠至灵武段公路基本完工。全年实施城乡建设项目150个，完成投资109亿元，吴忠奥林匹克体育中心、城市数据运营中心等建成运行。实施市区“城市双修”工程，改造道路19条25.7公里、人行道10万平方米、楼体140余栋，新建城市绿道20公里。建成市区东部地下综合管廊9.32公里。综合改造老旧安置小区7个，新建棚户区改造房7527套。购置纯电动公交车30辆，优化城市公交线路3条。建设美丽小城镇7个、美丽村庄示范点40个，改造农村危房7484户、农厕8661个，新建农村公路542公里。利通区东塔寺乡石佛寺村入选全国传统村落名单，市住建局被评为全国住房城乡建设系统先进集体。认真开展“大棚房”清理整治，拆除违法违规建筑设施586个（栋）。颁布《吴忠市城乡容貌和环境卫生治理条例》，利通区、红寺堡区、青铜峡市、盐池县推行农村环境治理市场化运营模式，青铜峡市荣登“2018年中国最美县域”榜单，农村人居环境持续改善。

【生态建设】2018年，全市加快创建国家森林城市，完成营造林35.6万亩，森林覆盖率达到16.5%。耕地保有量459.55万亩，永久基本农田保护面积368.22万亩，获全区耕地保护一等奖，利通区、盐池县、同心县土地节约集约利用被国务院通报表扬。深入开展“蓝天碧水净土”和“绿盾2018”自然保护区清理整治专项行动，中央第八环保督察组反馈问题得到切实整改，中央第二环保督察组“回头看”转办的34批、250件、294个问题全部办结。罗山自然保护区内38台风电机组全部拆除，哈巴湖自然保护区人类活动点位彻底清理。加大环保执法力度，立案查处186件，处罚金额1675万元。市环保局被授予全国环境保护系统先进集体称号。大力实施燃煤锅炉“清零”行动，利通区、青铜峡市城市建成区内燃煤锅炉全部淘汰停用，其他县（区）城市建成区内20蒸吨/小时以下燃煤锅炉全部淘汰。划定全区首个城市禁煤区，率先在全区推行餐饮企业和商户“煤改气”，完成改造1128家。全年空气质量优良天数262天，PM10、PM2.5平均浓度同比分别下降9.9%和15%。全面落实河（湖）长制，全市9个生活污水处理厂全部达到一级A排放标准，城市黑臭水体全面消除，金积饮用水水源地及3个地下水监控点位水质保持稳定，清水沟、南干沟入黄水质稳定提升为Ⅳ类，黄河吴忠出境断面水质一直保持在Ⅱ类优水质。治理水土流失312.9平方公里、盐碱地12万亩。

【社会事业】2018年，全市高质量办结10项30件民生实事。新增城镇就业1.47万人，城镇“零就业”家庭动态消零，城镇登记失业率3.21%，农村劳动力转移就业20.8万人。发放农村妇女创业担保贷款2.9亿元，为4756名妇女创业提供了资金支持。城乡居民基础养老金标准由170元提高到193元，80岁以上老年人实现“零缴费”参保。市县财政安排资金4214万元，广泛开展扶危济困送温暖活动。康乐养老服务中心被确定为国家第二批公办养老机构改革试点单位。利通区古城村被评为全国首批农村幸福社区建设示范单位。吴忠市再次荣获慈善城市奖，王兰花被授予第十届“中华慈善奖”慈善楷模。红十字会“三救三献”工作扎实推进，救援救护能力有效提升。投资1.29亿元，建设残疾人康复中心6所、托养中心4所。培育自治区青年拔尖人才19人，柔性引进高层次人才93人，累计享受国务院特殊津贴9人。制定落实吴忠市《深化教育体制机制改革实施意见》《全面深化新时代教师队伍建设改革行动计划》，教育教学质量显著提高。投资3.5亿元，新建改扩建学校62所，基本消除“超大班额”。实施“互联网＋教育”和集团化办学，组建教育共同体71个。高考二本以上上线率提高3.6个百分点。青少年科技创新再创佳绩，172件作品获得第33届全国青少年科技创新大赛奖项。大力推进“互联网＋医疗健康”，深化与首都医科大学、北京302医院等医疗机构的合作，组建家庭医生签约团队291个。市人民医院、盐同红三县区公立医院与贫困地区13所乡镇卫生院建立医疗联合体。医保按病种付费数由28个扩展到125个。全面落实疾病防控措施，及时有效处置了禽流感、乙脑、皮肤炭疽等疫情。利通区、青铜峡市通过国家慢性病综合防控示范区复审，盐池县成功创建为全国妇幼健康优质服务示范县。吴忠美术馆、红寺堡文化馆建成运行，吴忠图书馆、同心图书馆被评为国家一级馆。启动新一轮全国文明城市创建工作。吴忠市成功创建为国家公共文化服务体系示范区。组织“文化惠民送戏下乡”演出605场次、“滨河百姓大舞台”广场演出71场次。成功举办第七届宁夏黄河金岸国际马拉松赛、第五届全国山地旅游自行车赛等赛事，2018年全国沙滩排球巡回赛（宁夏吴忠站）获最佳赛区奖、贡献奖。鸽子山遗址考古研究项目获中国考古学会田野考古奖一等奖。李进祯荣登“中国好人榜”，李俊义等3个家庭被评为2018年全国“最美家庭”，马靖廷等3个家庭被评为第十一届全国“五好家庭”，微电影《李进祯》获第六届亚洲微电影艺术节一等奖。大力提升气象综合监测服务能力，升级改造骨干网站15个，优化布局特色农业等实景观测站点30个。加快推进档案信息化建设，管理服务质量进一步提高。全年归集住房公积金10.5亿元，同比增长7.6%。

【推进改革】2018年，全市深化“多证合一”，率先在全区推行个体工商户简易登记、豁免登记改革，开展“口头申报、当场领照”免填单登记新模式。企业登记实行“审核合一、一窗通办”，办事效率提高35%以上。建立市场监管、公安、税务等跨部门协作机制，企业开办时间由11个工作日压缩到5个工作日。全市新增市场主体6887户，增长7.1%，总量为103308户，位居全区第二。推行“互联网＋政务服务”，推进“不见面、马上办”审批服务，81.7%的政务服务事项实现可不见面办理，39个事项可不出村（社区）办理，公共资源交易实现“最多跑一次”。全区首个市场化运作的农村产权交易机构吴忠农村产权交易中心开业运营，挂牌土地13978亩，交易金额7125万元。同心县累计发放农村承包土地经营权抵押贷款10.4亿元，居全区五个试点县首位。稳步推进国企混合所有制改革，城投公司参股宁夏德阅基金管理，办理助贷业务37亿元。宁夏水投吴忠水务公司挂牌成立。全市国有企业资产总额171亿元，实现营业收入10亿元，增长25%。完善医院法人治理体系，落实公立医院取消药品加成亏损分担机制，深化按病种收付费改革，动态调整市县级公立医院诊疗服务价格。率先在全区出台优化营商环境25条措施，大力支持民营企业发展，民营经济增加值占全市GDP的51.5%。认真落实创新驱动行动计划，R&D投入4.45亿元，增长45.4%，增速居全区五市第一，投入强度为0.88%。专利申请量952件，每万人有效发明专利拥有量为2.13件。新增国家高新技术企业8家、科技型中小企业41家、星创天地5家，自治区科技型中小企业34家、农业高新技术企业5家、科技小巨人企业9家。法福来食品等4家企业被评为自治区级企业“双创”平台，获批建设全区首个中国智能装备制造（仪器仪表）产业知识产权运营中心，盐池县被科技部确定为全区唯一一家“首批创新型县”，金积工业园区成功创建为国家级创业创新示范基地，吴忠中小企业公共综合服务窗口平台成功创建为国家级中小企业公共服务示范平台。

【依法治市】2018年，全市坚持宗教中国化方向，积极稳妥推进宗教领域突出问题整治，推行宗教场所财务民主管理第三方代理记账模式。严格落实安全生产责任制，建立健全安全生产“一票否决”、党政领导干部责任制等长效机制，立案查处77家违法违规企业，生产安全事故起数和死亡人数同比下降31%、30%。深入推进“七五”普法，深化人民调解“四张网”建设，市、县、乡三级信访事项人民调解组织实现全覆盖。认真做好退役军人服务管理工作，建立“四级”包联机制，妥善安置577人，保障维护退役军人合法权益。办理中央第八巡视组移交吴忠市群众信访件478件、办结率98%。全力抓好市委巡察反馈问题整改，215个问题已完成整改205个，整改率94.9%。扎实推进平安吴忠建设，深入开展扫黑除恶专项斗争，打掉涉恶团伙12个，全市治安案件、八类主要刑事案件、抢夺案件、毒品案件同比分别下降5%、2.9%、34.8%和45.3%。自觉接受人大法律监督、政协民主监督，支持人大建设代表之家、政协实施民主协商计划，16个部门主动接受人大工作评议，40个部门聘请了特约监督员。办理人大代表议案建议64件、政协委员提案198件。主动接受新闻舆论和社会公众监督，广泛听取民主党派、工商联、无党派人士意见建议。加快建设失信联合惩戒机制，积极协助破解执行难题，法院案件执结率同比提高9.02%。在全区率先出台《关于支持检察机关开展公益诉讼工作的意见》，公益诉讼案件240件，有效维护了公共利益。支持工会按规定保障干部职工享有福利待遇，新建劳模创新工作室13家，帮扶救助困难职工9666人次，市总工会被评为全国“安康杯”竞赛优秀组织单位。常态化开展“关爱行动”等志愿服务活动，全市实名注册志愿者17.2万人。整合开通“12345”便民服务热线，吴忠市位列全国“12345”热线服务质量监测排名榜第十七名、宁夏第一名。市交通运输局被评为全国交通运输行政执法评议考核优秀执法单位。积极开展预算项目绩效评价，财政预算公开率达到100%。加强审计监督，完成审计项目40个，查出问题金额4.8亿元，移送处理5项。加大政务督查力度，及时跟踪督办民生实事等重点工作200余项，有效推进了各项决策部署落实到位。坚持把党的领导贯穿政府工作始终，进一步增强“四个意识”，坚定“四个自信”，坚决做到“两个维护”。严格落实中央八项规定精神，坚持不懈整治“四风”，廉洁自律意识不断增强，工作作风持续好转，政府效能明显提升。

（胡建东）

【利通区】2018年，利通区总面积1384平方公里，辖8个镇、4个乡、106个行政村、3个农场（办）、21个社区。2018年末全区常住人口418217人，其中，城镇人口269708人，乡村人口148509人。户籍总人口414833人，其中，城镇人口213060人，乡村人口201773人；回族人口259978人，汉族人口152962人，其他民族人口1893人。全年实现地区生产总值194.7亿元，同比增长6.1%；全年工业总产值（不含太阳山）同比增长16%；全年建筑业完成总产值45.1亿元，同比下降6%；城区实现农林牧渔业总产值43.1亿元，同比增长3.7%；全年实现社会消费品零售总额61.2亿元，同比增长6.9%。实现公共财政预算收入3.1亿元，增长8.7%；公共财政预算支出16.4亿元，同比增长16.8%；全年实现税收收入30.82亿元，同比增长3.44%；固定资产投资同比下降14%。城镇居民人均可支配收入29827.7元，同比增长8.9%。农村居民人均可支配收入14906.2元，同比增长9%。全年共落实各类项目119个，完成投资73.17亿元。2个自治区重点项目投资6.4亿元。28个市级重点项目全面开工，完成投资43.33亿元。加大政策支持，实施精准招商，引进各类项目50个，到位资金69.22亿元。深度挖潜跑项目，全力以赴争资金，全年上争资金16.6亿元。工业。突出打造现代纺织和特色装备制造两大产业板块，出台促进工业提质增效12条，帮助企业融资1760万元、降低成本3279万元。双维绒业面料纱线等22个工业项目加快推进，潞碧垦等14个项目建成投产。6个技改项目全面完成，产能不断释放。现代纺织和装备制造业产值增速分别达到17.56%、12.83%。加快园区优化整合，盘活阳海玉纺等僵尸企业4家。新增规模以上工业企业4家，轻重工业比71:29，完成万元GDP综合能耗下降任务。获“中国新兴纺织产业基地”称号。实现规模以上工业增加值114.7亿元，同比增长5.1%。现代农业。新建奶牛规模养殖场5个，奶牛存栏12.9万头。建成肉牛、肉羊规模养殖场20个，肉牛、肉羊饲养量分别达到13万头和96万只。新增蔬菜种植1.5万亩，瓜菜、优质粮食、经果林面积分别达10.5万亩、29.4万亩、4.7万亩。建成富硒农产品示范基地5.6万亩、冷链物流基地5个。注册“利通蔬菜”集体商标，培育“中国驰名商标”2个、宁夏著名商标16个，“三品一标”认证106个。新增市级以上农业龙头企业5家。新增社会化服务站、农机作业公司等5个，农业社会化服务比重为80.2%。利通区入选“全国100个农村创业创新典型县范例”，成功创建自治区现代农业产业园。全年实现农业21亿元，同比增长3.9%。服务业。出台健康产业入园优惠政策10条，中医药研创基地全面建成，万达广场投入运营，茂鑫通物流园建成投用，吉送通供销云仓项目列入全国“新网工程”项目库。建成“菜篮子”连锁超市25家。新建电商服务中心2个，培育电商23家、微商220家，实现线上交易额8200万元。新入库服务业企业24家、商贸大个体32家，剥离工业内置服务业企业12家。建成城南生态文化园等旅游景点5个，差异化改造农家乐10个，新建旅游厕所9个。举办了桃花节、红枣节等系列主题活动，光耀美食街获评“自治区十大特色旅游街”，海军生态园等4家农家乐入选“自治区十大特色农家乐”名单，牛家坊村被评为“自治区现代服务业集聚区”。全年接待游客104.4万人，旅游收入增长8%。全年第三产业实现增加值59亿元，同比增长9%。创新发展。出台科技发展扶持政策20条，设立专项资金1200万元，兑现奖补资金632万元，研发经费投入1.86亿元，同比增长46.5%，投入强度达0.98%。新建自治区级企业技术中心1家，培育国家高新技术企业7家、知识产权示范企业1家、“两化融合”贯标试点企业1家，培育自治区科技“小巨人”企业5家、专精特新企业59家，高新技术产业、战略性新兴产业增加值分别占规模以上工业增加值的7.5%和6.1%。申报各类人才项目24项，落实资金2008万元，举办首届“利通英才”暨“返乡创业之星”表彰大会。民生保障。全区公共财政投入民生和社会事业领域的资金达14.25亿元，占一般公共预算支出的87%。城乡居民基本养老保险和医疗保险实现应保尽保。培育创业实体663个，创造新岗位1764个，城镇新增就业5176人，农村劳动力转移就业2.54万人，实现劳务收入2.9亿元，城镇登记失业率控制在3.4%以内。社会事业，顺利通过国家慢性病综合防控示范区复审评估。累计发放职工重特大病医疗互助金807万元。利通区图书馆、文化馆免费开放。顺利通过国家公共文化服务体系示范区终审验收。举办利通区第三届运动会，完成第七届宁夏黄河金岸（吴忠）国际马拉松等各项赛事保障工作。脱贫攻坚。整合资金4557万元，带动802名贫困群众实现稳定增收，举办全国纺织产业精准扶贫推进会。注入风险补偿金864万元，发放扶贫小额贷款3768万元。建档立卡贫困户城乡居民医疗保险实现全覆盖，贫困群众年度住院医疗费用报销比例为90.56%。全面完成"十三五"易地扶贫搬迁424户、1656人，解决了101户"十二五"劳务移民"多人多代"住房困难。黄沙窝等7个贫困村经县级验收达到脱贫出列标准，203户、978名贫困人口脱贫退出。

（马成武）

【青铜峡市】青铜峡市位于宁夏引黄灌区九大古干渠之首，有"贡米之乡""塞上明珠"之誉。辖区面积2438平方公里，辖8镇2场1街道，86个行政村、23个社区居民委员会。全市总户数107747户，总人口283447人，其中非农业人口88909人；汉族人口212789人，占总人口的75.1%；回族人口69094人，占总人口的24.4%。全市常住人口297837人，其中城镇人口152731人，乡村人口145106人。2018年，全市实现地区生产总值158.8亿元，比上年增长3.2%。人均地区生产总值53384元。全年累计开工建设项目158个，产业类项目投资占比达60%以上。完成招商引资到位资金68亿元。实现出口创汇1.2亿元，比上年增长43%。全市规模以上企业达113家，实现增加值比上年下降1.4%。建成优质富硒大米生产基地6万亩，宁夏中航郑飞塞外香清真食品有限公司进入全国大米加工"50强"企业、获评中国"十佳粮油"优质特色产品，全年实现农林牧渔业总产值37.8亿元，比上年增长4.1%。举办第七届黄河金岸国际马拉松、阿迪力高空表演等大型活动；投资1.6亿元，实施黄河金岸低空游等7个旅游项目，黄河楼、凤凰岛、3D艺术馆实现一体化运营，举办首届中国农民丰收节等大型节庆活动；叶盛地三特色产业示范村、大坝韦桥水利风景区等田园综合体初具雏形；"引客入青"奖励政策效应持续释放，全年接待游客总数261万人次，实现旅游综合收入14.3亿元，比上年增长5%。全年实现社会消费品零售总额23.4亿元，比上年增长4%。实施产业、金融、教育等13项扶贫措施，整合资金2.7亿元，累计脱贫退出2164户9763人，同兴、同进、同富3个贫困村达到脱贫出列标准。坚持打好"蓝天、碧水、净土"三大保卫战，完成宁夏金昱元化工集团公司、青铜峡水泥厂等7家企业超低排放改造，实施建成区餐饮服务业"煤改气""煤改电"554户，拆改10蒸吨以下燃煤锅炉104台；强化扬尘综合整治、秸秆综合利用，整治"散乱污"企业49家，空气质量优良天数累计达300天以上。推行"河湖长"制，启动实施罗家河水质改善、南干沟综合治理等环保项目，清理整治河湖沟道438公里，提标改造企业、城镇污水处理厂3个，拆除搬迁"散乱"养殖户16家，黄河过境段水质保持Ⅱ类标准。建设沿山公路绿化等生态项目，新增绿化面积11万平方米，城市建成区绿地率达37.8%，全市森林覆盖率达13.48%。开展"绿盾"专项行动，加大禁牧封育、退耕还湿力度，收回库区12万亩湿地，清理违法占用湿地41处、建筑点位101处。建成小坝至银川正源街快速通道青铜峡段，启动城市公交运营线路，实现利（通区）青（铜峡）交通同城化。统筹资金5.89亿元，实施城市重点项目13个，完成多个城市"双修"（城市修补、生态修复）项目，获"2018年中国最美县域"荣誉。2018年，青铜峡市鸽子山遗址考古获得中国考古学会田野考古一等奖，《中国影像方志·青铜峡》在中央电视台科教频道播出，文化演艺公司和广播影视中心获中宣部服务农民、服务基层先进集体，大型眉户剧《青铜峡》作为自治区成立60周年大庆献礼剧目在宁夏大剧院参加会演；黄河奥体中心投入运营，举办"东吴杯"国际篮球邀请赛等体育赛事30余场次，通过自治区公共体育服务体系示范县验收。实施职教中心实训车间、第七小学等项目7个，推进"互联网+教育"，获评自治区教育信息化示范县，通过全国义务教育优质均衡复验。2018年，青铜峡市深化综合医改，推进"互联网+医疗健康"，瞿靖、陈袁滩等镇卫生院被评为全国群众满意乡镇卫生院。实施残疾人托养中心、中医院改扩建等卫生基础设施项目，"七免一救助"惠及群众1.64万人，国家慢病综合防控示范区通过复审。

（何艳珍）

【同心县】同心县域总面积4662.16平方公里，丘陵、沟壑、山地、沙漠等地貌类型占总面积的65.4%，县辖豫海镇、河西镇、韦州镇、下马关镇、预旺镇、王团镇、丁塘镇、田老庄乡、马高庄乡、张家塬乡、兴隆乡和石狮管委会12个乡镇（管委会），154个行政村，5个居委会。2018年末户籍总人口38.18万人，其中乡村人口26.32万人，占总人口的68.9%；城镇人口11.86万人，占总人口的31.1%，城镇化率41.2%；回族人口33.02万人，占总人口的85.5%。2018年，全县实现地区生产总值69.34亿元，同比上年增长9.7%，三次产业结构为19∶45∶36。全年实现农林牧副渔业总产值27.49亿元，比上年增长

4.4%。全年全部工业增加值比上年增长18.5%,规模以上工业企业实现销售产值684149万元,比上年增长11%,工业产品销售率为83.4%。全年全社会固定资产比上年增长1.9%,在总投资中,县属投资60.04亿元,占全部投资的87.6%,比上年增长7.7%。全年实现保费收入1.98亿元,比上年增长6.4%。全年实现社会消费品零售总额13.9亿元,比上年增长5.1%。全年完成地方公共财政预算收入2.61亿元,比上年增长11%;全年公共财政预算支出53.06亿元,比上年增长0.4%。全县全年有各级各类学校126所,在校学生66279人,有教职工3980人;全年共有卫生机构190个,有卫生技术人员1375人,有病床数1283张,每千人拥有床位数3.8张;年末有文化馆1个,公共图书馆1个,广播电台1个,电视台1座。年末金融机构各项存款余额130.1亿元,比上年增长1.8%;金融机构各项贷款余额106.4元,比上年增长6.2%。2018年参加基本养老保险人数14.87万人,比上年增长0.7%。2018年农民人均可支配收入9185元,比上年增长7.9%;城镇居民人均可支配收入23803元,比上年增长7.7%。2018年,同心"扶贫车间"的扶贫模式被第六届中国民生发展论坛评为2018年民生示范工程,预旺镇贺家塬村第一书记丁海燕荣获全国脱贫攻坚贡献奖,举办了全县首届"农民丰收节",获自治区金融环境创建奖。2018年全县实施了城市环境综合整治、职业技术学校等130个项目,完成项目投资79.3亿元。全年争取项目365个,落实批复资金44亿元,累计实施招商引资43个,到位资金57亿元。引进富优基尼公司投资文冠果,实现梅西集团繁育良种葡萄。举办第二十五届全国绒毛会议。县域经济稳步增长,发展的质量和效益进一步提升。全县粮食总产量达到32.83万吨,完成高标准粮食功能区划定65.7万亩,优势特色产业补贴范围扩大到11种。新种新增有机枸杞1700亩、中药材6.5万亩、文冠果11.6万亩、酿造葡萄0.2万亩。2018年,全国供销总社与润德枸杞庄园达成合作协议,同心银柴胡种植基地入选"全国特色中药材种植基地"。举办了同心县首届"农民丰收节",农民专业合作社、家庭农牧场分别发展到807家,"四个一"示范带动工程累计带动3000多户贫困户增收。工业园区企业累计达到71家,投产56家,吸纳就业3250人。新能源新增装机容量40万千瓦,总容量突破200万千瓦。新增规模以上企业7家,总数达到62家,工业经济成为支撑县域经济发展的新动能。2018年建成6个电子商务示范区、81个农村电商服务站。编制完成同心县全域旅游规划,启动建设韦州历史文化古镇、罗山东麓葡萄产业小镇、黄谷川西部健康运动小镇,建成东部风景大道5个旅游驿站。举办黄谷川首届冰雪旅游节和第二届王团牡丹观光旅游节,打造全县服务业新的增长点。聚力攻坚"六场硬仗",解决6535户群众安全饮水问题,农村自来水普及率99.5%,贫困村安全饮水覆盖率100%;改造危房危窑3152户,基本解决贫困群众安全住房问题;因病致贫返贫患者住院一站式结算后个人自付比例3.06%,群众就医负担大幅减轻;大力实施教育扶贫,精准资助建档立卡户贫困学生实现全覆盖;移民村群众发展庭院经济4890亩,实施公路建设扶贫,建成农村公路482公里,实现行政村硬化道路和自然村道路"村村通";扶贫小额贷款余额11.5亿元,覆盖率91.5%,新建扶贫车间18个,累计安置移民1508户、7102人,超额完成自治区下达任务,完成"十三五"易地扶贫搬迁任务;完成各类培训12131次,公益性岗位安排784名贫困群众就业。全年发放全民创业、农村妇女创业担保贷款9449万元和1.2亿元,培育发展小企业452家,提供就业岗位1374个,城镇新增就业2093人,城市登记失业率控制在3.8%内,农村劳动力转移就业7.7万人,劳务工资性收入8.1亿元,人均工资性收入10519元。完成县人民医院搬迁并投入运营,建成投入使用中医院住院部综合楼、县妇幼保健所、计划生育服务站,建档立卡贫困人口签约率100%;人口自然增长率10.41‰,出生政策符合率95.38%。农村低保标准由每人每年3150元提高到3840元,增加了690元。全面完成农村集体资产核资工作,扩大国家级土地承包经营权抵押贷款试点工作,全区农村宅基地房地一体确权登记经验交流现场会在同心召开。

(姜国权)

【红寺堡区】红寺堡区总面积2767平方公里,耕地面积4.07万公顷,辖红寺堡镇、太阳山镇、大河乡、柳泉乡、新庄集乡2个镇、3个乡和新民街道办事处1个,行政村65个,城镇社区5个。常住人口20.39万人。其中,城镇人口6.9万人,占常住人口比重33.85%,比上年提高0.96个百分点。人口出生率为14.09‰,比上年下降0.12个千分点;死亡率为7.27‰,比上年上涨4.29个千分点;人口自然增长率为6.82‰,比上年下降4.41个千分点。2018年,全区实现地区生产总值(GDP)21.45亿元,增长8.9%。其中,第一产业(不含农林牧渔服务业)实现增加值5.51亿元,增长4.4%;第二产业实现增加值9.87亿元，增长14.8%；第三产业实现增加值6.07亿元，增长3.9%。农林牧渔业实现增加值5.26亿元，同比增长4.4%。实现规模以上工业增加值同比增长19.9%。完成固定资产投资同比下降27.3%。实现社会消费品零售总额6.3亿元，同比增长1.9%。完成地方一般公共财政预算收入2.21亿元，同比增长7.7%；完成地方一般公共财政预算支出28.44亿元，同比下降3.7%。城镇居民人均可支配收入为23045元，同比增长9%；农村居民人均可支配收入为8796元，同比增长11.4%。2018年，整合资金4.5亿元，实施扶贫项目145个，实现30个已脱贫村巩固提升、5个贫困村脱贫出列、2168户、9679人稳定脱贫，贫困发生率降至4.81%。全面开展“十二五”生态移民安置区脱贫攻坚，改造利用空置大棚3100座，落实1.5万亩空置土地种植主体，解决505户“多代多人”家庭住房困难问题。争取闽宁协作资金3813万元，实施扶贫车间、闽宁示范村等项目28个。争取中烟定点帮扶资金1700万元，实施饲草料补贴精准到户等项目；全国烟草系统购买和代销农特产品629万元。深入开展“百企帮百村”，落实企业帮扶资金178万元。投资2.3亿元，实施四小、二中等教育项目18个；开门办幼儿园37所，学前毛入园率提高到80%；义务教育基本均衡发展顺利通过国家评估验收，中考成绩继续保持全市前列，高考本科录取率达39.9%。全面落实班主任、三级骨干教师津贴680万元。人民医院门急诊楼建成投用，疾控中心等项目进展顺利，标准化村卫生室全覆盖。落实“妇幼健康”民生项目，完成新生儿免费疾病筛查2212名、目标人群孕前优生健康检查1961对。城镇新增就业1871人，登记失业率控制在3.67%；农村转移就业4.1万人，实现劳务收入4亿元。城乡居民养老保险、医疗保险参保率分别达95%和90%。建成区乡村三级公共法律服务平台，“一村(社区)一法律顾问”实现全覆盖，法律援助助力精准脱贫案例被司法部选为典型案例。全面落实“谁执法、谁普法”责任制，“七五”普法中期考核位列吴忠市第一，红寺堡区被推荐为自治区级先进县(区)。文化馆、足球场建成投用，区乡村三级公共文化场馆免费开放。举办首届“红寺堡杯”宁夏书法美术作品展，承办全国航空航天模型锦标赛、中国国际飞行器设计挑战赛总决赛和自治区“三下乡”活动启动会等，高标准通过国家第三批公共文化服务体系示范区评估验收。李俊义家庭被评为全国“最美家庭”。开展商事制度改革，深化劳动监察、职称制度、医药卫生体制和企事业单位公务用车制度改革。争取自治区财政各类专项和财力性转移支付资金22.86亿元，实施重点项目50个。参加全国贫困地区农产品产销对接大型公益行动、中国推介和“我是县长我代言”等活动，举办湖北十堰等专场推介会和黄花菜产业科技高峰论坛，签订葡萄酒等特色产品订单2310万元、黄花菜产业投资协议4.55亿元。黄花菜被评为“百种特色优质农产品”，太阳山兴民村获得全国“十佳乡村发展模式”“明星合作社”称号。新增规模以上工业企业5家，培育“专精特新”企业2家。全年调减籽粒玉米10万亩，葡萄、枸杞、黄花菜、牧草种植面积分别达10.6万亩、5.6万亩、7.2万亩和6万亩，牛、羊饲养量分别达9.5万头、86万只。打造东川等特色优势产业千亩示范点15个，建成富硒农产品基地12个，培育新型经营主体205家，注册“滩羊坊”“喜洋洋”等商标14个，认证“三品一标”29个，罗山酒庄被评为“宁夏十大知名农业企业品牌”，壹加壹牛肉等被评为“宁夏20个特色优质农产品品牌”。建成宁夏中部干旱带高效节水示范试验及实训基地，发展黄芩等智能灌溉产业3800亩。举办庆祝首届“中国农民丰收节”系列活动。落实税费减免4617万元，兑现政策奖补200万元。支持东方盛达管业、汇达酒庄等6家企业完成技术改造，兴民纺织投产使用。新建2家葡萄酒庄，葡萄酒年加

2018年7月6日，红寺堡区太阳山镇举办首届黄花菜采摘技能大赛

工能力达3.5万吨，年产成品酒900余万瓶。“千红裕”等干红葡萄酒在国际、国内葡萄酒大赛获得各类奖项28个；“戈蕊红”连续两年获得布鲁塞尔大金奖，成为第十一届国际跨国公司领袖圆桌会议及中国国际跨国公司促进会指定用酒。新增线上企业5家，服务业增加值增长11%。举办“闽宁协作·德红携手”电子商务人才培训班22期、880人。建成村级电子商务服务点44个，开设网店、微店850余个，农特产品销售额突破1000万元。启动自治区全域旅游示范县（区）创建活动，完成宁夏移民博物馆4A级景区、移民风情小镇项目前期工作。建成特色旅游示范村3个、文化大院12个，改造乡村民宿60家。举办油桃、硒甜瓜、黄花菜等特色产业采摘节，接待游客47.1万人次。与国家开发银行宁夏分行建立合作机制，金融机构存贷比达65%。完成荒山造林、围栏封育、景观绿化等营造林8.74万亩，森林覆盖率达10.35%。编制完成11条区级沟河道“一河一策”方案，整治沟河道岸线217公里，退还围垦沟河道2000余亩。建成高等级公路116公里、农村公路98公里，硬化村组道路245公里。红寺堡区被评为自治区级“四好农村路”示范县。启动城市公交，建成新庄集和石炭沟综合客运站。建成10个美丽乡村。

（王小玲）

【盐池县】盐池县总面积8661平方公里，位于宁夏东部，属陕、甘、宁、内蒙古四省（区）交界地带，是宁夏面积最大的县。全县辖4个乡、4个镇、100个村、1个街道办事处、11个社区。2018年，盐池县实现地区生产总值90.28亿元，同比增长10.6%（按可比价格计算，下同），增速比上年同期提高0.5个百分点，在全区22个县（区、市）中与兴庆区并列第一。分季度看，全年经济运行呈“一”字形走势，一季度增长10.1%，二季度增长12.9%，三季度增长10.3%，四季度增长10.6%。分产业看，第一产业实现增加值7.25亿元，增长4.3%，增速较上年同期提高0.1个百分点；第二产业实现增加值51.94亿元，增长15.5%，增速较上年同期提高3.3个百分点；第三产业实现增加值31.09亿元，增长3.5%，增速较上年同期下降4.3个百分点。三次产业增加值结构由上年同期的7.4∶60.4∶32.2调整为8.1∶57.5∶34.4，产业结构渐趋合理，第一产业比重提高0.7个百分点，第二产业比重下降2.9个百分点，第三产业比重提高2.2个百分点。从三次产业对经济增长的贡献来看，一、二、三产业对经济增长的贡献率由上年同期的3.5%、70.2%和26.3%调整为3.2%、86%和10.8%，第二产业对经济增长的贡献率较上年同期提高15.8个百分点，第三产业贡献率较上年同期下降15.5个百分点。一产拉动经济增长0.3个百分点，二产拉动经济增长9.1个百分点，三产拉动经济增长1.2个百分点。按常住人口计算，全县人均地区生产总值57146元，较上年增长9.6%。2018年，全县城镇居民人均可支配收入26601元，较上年增加1924元，同比增长7.8%；城镇人均生活消费支出14723.3元，同比下降2.1%。2018年农村居民人均可支配收入10685元，较上年增加1136元，同比增长11.9%；农民人均生活消费支出9818.04元，同比增长5.8%。2018年，全县公立医院改革荣获“中国县域医改样板医院”称号。深入实施创新驱动战略，严格落实“创新驱动30条”，建成“两院两中心”4个产业创新平台，知学云、金裕海2家企业已进入国家高新技术企业认定审批阶段。全县科技投入为9300万元，全社会R&D投入为1%，荣获全国科技管理系统先进集体，成为宁夏唯一列入全国首批创新型县（市）建设名单的县区。全年争取各类项目135个，落实资金29.5亿元。全年实施各类项目170个，29个市级重点项目开工建设27个，完成投资64亿元，自治区“60大庆”重点项目中南部水源工程隰宁堡水库建成投运。引进峰腾塑业年产8万吨聚丙烯及2亿条编织袋、天利丰3万方储罐扩建等一批重点项目。全年共引进落地项目26个，到位资金71.6亿元，招商引资完成情况位居区市前列。全年全县规模以上工业增加值增长15.5%，增速较上年同期下降3.5个百分点。全部工业增加值占GDP的比重为35.38%，对经济增长的贡献率为59%，拉动经济增长6.3个百分点。新增规模以上企业6家，完成工业总产值108亿元，实现规模以上工业增加值34.5亿元，增长15%。盐池滩羊入选首批中国特色农产品优势区。继续在大中城市开展盐池滩羊肉专场推介，与阿里巴巴盒马鲜生、本来生活网进行战略合作，新增盐池滩羊肉专营店36家，累计达226家，品牌影响力位居2018中国区域农业畜牧类榜首。成立黄花产业协会和研究院，新增黄花种植2万亩，累计达8.1万亩，盐池黄花菜荣获全区十大农产品公用品牌。种植中药材6万亩、小杂粮44.2万亩、优质牧草14.5万亩，认证“三品一标”农产品5个，盐池县被列入全国首批农村产业融合发展先导区。新增高效节水灌溉3.2万亩，覆盖率达90%以上，全区高效节水灌溉推进会在盐池召开，被评为国家高效节水灌溉示范县。全年实现农业总产值16.2亿元，增长4.5%。种植以荞麦为主的小杂粮44.2万亩,优质牧草14.5万亩。以滩羊为主的特色产业产值12.9亿元,占农业总产值比重达80%,对群众增收的贡献率为80%以上。开工建设长城关博物馆、"九曲"民俗文化园等文化旅游重点项目。盐州古城历史文化旅游区国家AAAAA级旅游景区创建工作有序推进,哈巴湖生态旅游景区成功创建国家AAAA级旅游景区,盐池宾馆被评为4星级旅游饭店和"全区十佳旅游饭店",哈巴湖鹿血酒、养真堂手工滩羊制品先后荣获中国特色旅游商品大赛金奖。全年旅游接待人数达110万人,实现旅游综合收入3.3亿元。实施长城旅游观光带、美丽乡村建设等重点工程,完成营造林10.5万亩,补播改良草原7.5万亩,平茬柠条20万亩,全县森林覆盖率达21.3%,高出全区平均水平7个百分点,生态建设成果已成为美丽盐池的"金字招牌"。2018年全国草原普法宣传月活动在盐池县举行,获"全国林业系统先进集体""三北防护林体系建设工程先进集体"。农村人居环境得到全面改善,获"全国美丽乡村先进县"。高标准通过国家2017年贫困县退出专项评估检查,成为宁夏首个脱贫摘帽的贫困县,并获全国脱贫攻坚组织创新奖,创建"全国计划生育群众自治示范县"。成功举办宁夏盐池·2018沿长城中国国际自行车邀请赛、环古城墙迷你马拉松比赛等赛事活动,被自治区体育局评为"全区群众体育先进单位"。图书馆被评为"国家二级图书馆",博物馆被评为"国家三级博物馆"。成功举办全区首届"中国农民丰收节"盐池县分会场等系列活动。城乡居民养老保险和医疗保险参保率均达到100%,在全区率先实现"双百"目标。

(盐池县志办)

固原市

【概况】固原市位于宁夏南部,东与甘肃庆阳市、平凉市为邻,南与平凉市相连,西与白银市分界,北与宁夏中卫市、吴忠市接壤。辖1个市辖区(原州区)、4个县(西吉、隆德、泾源和彭阳)和1个国家农业科技园区(固原国家农业科技园区),62个乡镇891个行政村,3个街道办事处,38个居委会。全年实现生产总值303.2亿元,实际比上年增长6.6%。其中第一产业增加值57.82亿元,增长4.0%;第二产业增加值84.56亿元,增长7.5%;第三产业增加值160.82亿元,增长7%。经济结构由上年的18.9:27.4:53.7转变为19.1:27.9:53,第一产业比重提高0.2个百分点,第二产业比重提高0.5个百分点,第三产业比重下降0.7个百分点。按常住人口计算,人均生产总值达到24544元,同比增长5.7%。全年城镇新增就业8982人,比上年减少1870人。年末城镇登记失业率为3.69%,比上年下降0.07个百分点。全市共完成劳务输出31.84万人,比上年减少0.7%;实现劳务总收入66.4亿元,比上年增长4.8%。全市居民消费价格比上年上涨2.8%;商品零售价格上涨3.6%;固定资产投资价格上涨3.5%;建筑安装工程价格上涨4.7%;新建住宅销售价格上涨7.2%;房屋租赁价格上涨0.5%;工业品出厂价格上涨7.3%。全市实现地方财政收入22.54亿元,比上年减少15%,其中一般公共预算收入17.26亿元,增长3.5%,政府性基金收入5.28亿元,减少46.4%。一般公共预算收入中,税收收入10.27亿元,增长2.1%,非税收入6.99亿元,增长5.6%。地方财政总支出254.53亿元,增长5.8%,其中一般公共预算支出240.59亿元,增长6.5%。教育支出35.01亿元,科学技术支出1.04亿元,节能环保支出16.65亿元,农林水支出57.48亿元,社会保障和就业支出25.56亿元。年末全市常住总户数为35.2万户,常住总人口为124.24万人,其中城镇人口47.12万人,乡村人口77.11万人,城镇化率为37.93%,人口出生率为15.9‰,死亡率为5.1‰,人口自然增长率为10.8‰。据公安户籍年报,年末全市总户数为45.97万户,户籍总人口150.77万人,其中男77.65万人,女73.12万人,城镇人口36.7万人,乡村人口114.07万人,回族人口71.68万人,占总人口的47.5%。

【农业生产】2018年,全市实现农林牧渔业总产值127.59亿元,剔除物价因素,实际比上年增长3.4%,其中农业产值80.34亿元,林业产值4.2亿元,牧业产值36.02亿元,渔业产值0.12亿元,农林牧渔服务业产值6.91亿元。实现农林牧渔业及农林牧渔服务业增加值62.24亿元,增长4%。全市粮食播种面积331.72万亩,比上年增加1.43万亩,增长0.4%。其中夏粮面积为81.95万亩,增加9.89万亩,增长13.7%;秋粮面积为249.77万亩,减少8.45万亩,下降3.3%。全市粮食总产量84.9万吨,比上年增长17.6%。其中夏粮产量12.24万吨,增长33.8%;秋粮产量72.06万吨,增长15.3%。全市猪、牛、羊存栏分别为13.83万头、41.52万头、70.94万只,分别比上年增长3.8%、11.2%和2.2%;出栏猪、牛、羊分别为17.64万头、28.1万头、76.87万只,分别增长7.5%、4.9%和减少5.4%;家禽存栏162.8万只,减少5.7%,出栏329.95万只,减少19.9%;肉类总产量达到7.74万吨,增长1.3%。其中猪肉产量1.38万吨,增长7.7%；牛肉产量4.34万吨，增长4.9%；羊肉产量1.35万吨，减少4.7%；禽肉产量0.67万吨，减少16.7%。全市年末拥有农业机械总动力129.35万千瓦，比上年增长3.8%。其中柴油发动机动力89.64万千瓦，增长9.2%；汽油发动机动力3.22万千瓦，减少2.4%；电动机动力36.49万千瓦，减少7%。拥有大中小型拖拉机4.93万台，增长1.9%；拖拉机配套农具7.84万台，增长4.7%。农业机械耕作面积460.38万亩，减少0.3%；机播面积341.28万亩，增长1.9%；机电灌溉面积62.2万亩，增长3.9%；机械植保面积63.53万亩，减少0.1%；机械收获面积271.43万亩，增长0.2%。制定优势特色产业提质增效实施方案，打造休闲农业经营主体35家，成立国家肉牛改良中心固原试验示范站，肉牛饲养量110万头，其中安格斯肉牛4.8万头；发展绿色冷凉蔬菜51万亩；落实习近平总书记做实做强“中国马铃薯之乡”的指示精神，突出品种调整和主食化开发，种植马铃薯125万亩，加工销售马铃薯饼干、粉条等主食化产品1586吨。西吉县被评为全国十大马铃薯主食化示范基地，泾源黄牛肉、别庄牌菜心获中国国际农交会金奖，六盘山高原亚麻籽油摘得中国油博会金奖。

【工业和建筑业】2018年，全市完成工业增加值44.37亿元，剔除物价因素，实际比上年增长13.8%。其中规模以上工业增加值23.52亿元，增长19.8%；规模以下工业增加值20.85亿元，增长6.7%。规模以上工业中，重工业增加值21.24亿元，增长20.5%，占规模以上工业增加值90.3%；轻工业增加值2.28亿元，增长13%，占规模以上工业增加值的9.7%。分行业看，采矿业占规模以上工业的46.1%，增长6.7%；制造业占规模以上工业的25.5%，增长43.2%；电力、热力、燃气和水生产及供应业占规模以上工业的28.4%，增长18.3%。全市49家规模以上工业企业中（不包括热电厂），亏损企业14家，亏损面为28.6%，亏损额0.45亿元，比上年减少7.1%，完成主营业务收入58.62亿元，增长29.4%，实现利润总额8.58亿元，增长25.9%，税金总额3.4亿元，增长1.7%。全市能源消耗总量为209.76万吨标准煤，比上年增长9.2%；单位GDP能耗同比增长2.5%。其中规模以上工业能耗79.7万吨标准煤，同比增长52.1%，单位工业增加值能耗同比增长26.9%。全市共发生生产安全事故13起，同比下降35%，死亡15人，同比下降21.1%；没有发生较大及以上生产安全事故；亿元GDP生产安全事故死亡率为0.05，控制在自治区下达指标以内。年末全市6个工业园区入园企业达到143家，园区占地面积2.26万亩，园区工业总产值同比增长25.2%，实现主营业务收入58.41亿元，实现利润7.55亿元。金昱元40万吨高性能聚氯乙烯树脂、丰源20万锭纺纱一期等9个项目建成投产，王洼煤矿600万吨改扩建项目建成试运行。出台工业园区优化提升和改革创新行动方案、促进民营经济加快发展若干意见，为51家企业落实贷款1.43亿元，争取自治区奖补资金1亿元，帮助中小企业挖潜升级。新增规模以上工业企业15家，培育国家高新技术企业3家、国家科技型中小企业6家。全市具有资质等级的建筑企业45个，实现建筑业总产值40.56亿元，比上年增长5.7%。房屋建筑施工面积202.64万平方米，增长16.6%，房屋建筑竣工面积104万平方米，减少9.6%。

【城乡建设和招商引资】2018年，全市城镇化率为37.93%。改造市区棚户区6100余户。实施海绵城市项目44个，海绵化改造老旧小区14个、城市公园3个，完成文化路、中山街等雨污分流改造；新增城市绿地24.7万平方米。完成西吉体育馆、隆德长乐街雨污分流改造、泾源高级中学扩容改造、彭阳雷河滩全民健身中心等县城基础设施提升项目，城市综合承载和服务保障功能不断增强，全市常住人口城镇化率49.8%。启动实施“九城同创”工作。制订实施乡村振兴战略意见，先行启动农村人居环境整治三年行动，以“四清四改”为抓手，改造农村厕所1.27万座，建成乡村污水处理站27

固原市原州区尽显绿色山城魅力

个。实施5个美丽小镇和42个美丽村庄建设项目。泾源县冶家村被评选为“2018年中国美丽休闲乡村”。西吉县红耀乡井湾村、泾源县香水镇上桥村、彭阳县红河镇被认定为全国一村一品示范村镇。G327线沟圈至彭阳建成通车，S25线泾河源至华亭、S60线西吉至会宁建设加快推进。隆德县城乡供水工程竣工通水，新建、改造西吉王民、彭阳石头崾岘等水库12座，发展高效节水灌溉面积7.2万亩。完成新一轮农网改造升级工程，解决了2万余户10万多群众用电“卡脖子”问题。建成4G基站375座，1087个自然村通光纤宽带。积极融入“一带一路”建设，举办陕甘川宁经联会，积极参加西交会、宁商大会等。修订招商引资优惠政策，全年共实施招商引资项目155个，到位资金131.26亿元，其中区外项目122个，到位资金102.6亿元。其中原州区项目18个，到位资金20.28亿元；西吉县项目26个，到位资金24.3亿元；隆德县项目29个，到位资金21.58亿元；泾源县项目17个，到位资金20.88亿元；彭阳县项目23个，到位资金17.05亿元；开发区项目21个，到位资金12.37亿元；市直部门项目21个，到位资金14.8亿元。

【交通、邮电和旅游】2018年，全市境内等级公路里程达到9242公里。按技术等级分，高速公路265公里，一级公路111公里，二级公路690公里，三级公路1719公里，四级公路6457公里。按行政等级分，国道742公里(其中国家高速公路157公里)，省道687公里(其中地方高速公路108公里)，县道148公里，乡道1979公里，村道5474公里，专用公路212公里。年末民用车辆拥有量为24.09万辆，其中载客汽车11.67万辆，载货汽车3.62万辆，其他汽车0.81万辆，摩托车2.61万辆，挂车0.45万辆，拖拉机4.93万辆。全市营运车辆2.67万辆，非营运车辆16.48万辆。全年完成公路货运量5569万吨，比上年减少0.02%，货物周转量75.16亿吨公里，减少20.5%；完成公路客运量810.54万人，减少17%，客运周转量12.44亿人公里，减少5%。全年铁路发送旅客125.37万人次，减少4.6%；铁路发送货物量378.04万吨，增长13.9%；民用航空旅客吞吐量22.62万人，旅客发送量7.66万人，货邮量24.88吨。全市公共交通运营车辆410辆，出租汽车3325辆，旅游客运41辆。全市完成邮电业务总收入9.36亿元，比上年增长8.7%，拥有固定电话3.8万部，移动电话122.55万部，宽带用户达27.15万户，全市电话普及率102部/百人。围绕创建全国旅游标准化试点城市，完成六盘山长征纪念馆等景区基础改造和旅游驿站、慢行系统等旅游环线配套设施建设，西吉县龙王坝村创建为3A级景区，彭阳县长城村乔渠组入选中国传统村落名录。与重庆市签订旅游合作框架协议，加入陕甘川宁毗邻地区旅游合作联盟，全市共有旅游景点24个，拥有国家AAAA级旅游景点5个，拥有国家AAA级旅游景点3个，国家AA级旅游景区1个。全市有30个注册旅行社，注册导游29人。全年共接待国内游客530.4万人，接待海外游客9226人；接待国内游客总收入38.5亿元，国内游客人均花费725.3元，实现旅游外汇收入634.56万美元。农家乐接待游客214.8万人，农家乐总收入9778.57万元，农家乐人均花费45.5元。

【环境保护和生态建设】2018年，全市环境空气有效监测天数365天，其中优良天数313天，占有效监测天数的85.8%(扣除沙尘天气影响后，优良比率96.5%)。固原城区区域环境噪声共检测126个网格，区域噪声等级处于“好”的9个，占7.1%；“较好”的73个，占57.9%；“一般”的14个，占11.1%；“较差”、“差”的30个，占23.8%。完成六盘山重点生态功能区造林65万亩，绿化城乡环境7.5万亩、道路505公里；治理水土流失面积350平方公里；完成自然保护区生态修复5.14万平方米。建立“四个一”林草产业试验示范园(点)39个2.1万亩，引进149种树(草)、试种303个品种，初步筛选出大果榛子、海棠、黑果花楸、波斯菊等适宜固原栽植的品种。森林覆盖率为26.8%。压紧靠实河长制，投资6.2亿元，综合治理五河流域水环境，出境断面水质均为Ⅳ类及以上，河长制考核居全区五市第一。农业面源污染治理取得新成效，畜禽养殖废弃物综合利用率93.6%，农残膜回收率96%。大气污染防治巩固提升，完成西吉、隆德县城供热锅炉脱硫脱硝改造，市区1322家餐饮单位煤改气、煤改电任务，PM2.5同比下降3.1%，空气优良天数同比提升0.8%，环境质量考核居全区五市第一。截至年底，全市实施退耕还林200多万亩，累计兑现粮款补助40多亿元，退耕还林受益群众涉及近18万户98万多人。生态效益持续显现，水土流失有效治理，生态环境全面改善，良好生态成为固原最靓丽的名片。建成古雁公园、卧龙山公园、东岳山公园、茹河公园、龟山公园、泾河源公园、北山公园7个市民休闲森林公园，每年建设生态乡镇示范点5个、美丽村庄20个。实施主干道、乡村道路等绿色通道1000多公里，实施城乡大环境绿化18万亩，城乡人居环境显著改善。彭阳县、隆德县荣获“国家级园林县城”称号，隆德县成为全区首个“自治区级生态县”；2017年固原市获“国家园林城市”称号。建成各类自然保护区5个，自然保护区占全市国土面积的10.37%。全面启动湿地确权试点，切实抓好各类湿地的保护与修复。全市建立苗木产业基地33万亩，注册了“六盘山苗木”品牌商标，发展经果林基地36万亩，建立林药、林菌、林禽等林下经济示范点30多个，示范基地达10万多亩，累计实现林业总产值20.48亿元，逐步建立了以苗木、经果林、林下经济为主的林业产业体系。

【脱贫攻坚】2018年，全市实施精准扶贫，销号贫困村58个、减贫5.2万人，贫困发生率下降到3.7%。隆德、泾源、彭阳县具备贫困县脱贫退出条件。扶持发展养殖专业合作社33个、龙头企业52家，建成电商示范村10个。培训劳动力4.38万人，打造区级众创空间2个、市级创业孵化基地3个，培育创业实体1596户，带动就业9892人，累计转移就业31.8万人，创收66.4亿元。整合涉农资金37.6亿元，新改建农村公路400公里、村组巷道689公里，新增自来水用户1.25万户，改造危房13990户。搬迁安置移民50939人，基本完成“十三五”移民任务。新增金融机构3家，建立各类担保基金14.1亿元，撬动银行贷款61.3亿元，用以扶持贫困户、涉农企业和“两个带头人”，促其发展壮大。创建金融扶贫示范村100个，建档立卡户户均贷款5万元，覆盖率86.7%。落实闽宁帮扶资金1.88亿元，实施扶贫项目65个，建设闽宁示范村36个；援建扶贫车间63个，帮助11396名贫困人口就业。结成部门、乡镇、村“一对一”帮扶120对，61家福建企业来固投资20.67亿元，带动3790名贫困人口脱贫。支持“两个带头人”工程不断提升，新培育致富带头人626名；开展农民培训教育年活动，培训农民25.8万人次；选树表彰“脱贫光荣户”，涌现出全国脱贫攻坚先进个人樊学双、齐永新和全区脱贫攻坚优秀共产党员马新娟、撒凤虎等先进典型。

【金融服务】2018年，全市金融机构各项存款余额335.54亿元，比上年减少4.1%，其中住户存款余额270.62亿元，增长4.2%，非金融企业各项存款余额64.92亿元，减少32.2%；各项贷款余额386.8亿元，增长7.6%；住户贷款余额213.23亿元，增长17.6%，非金融企业及机关团体各项贷款余额173.57亿元，减少2.6%。全市政府显性债务余额112.6亿元，控制在自治区核定限额内。开展P2P网络借贷风险专项整治，立案查处非法吸存案件11起，涉案金额2.46亿元。全市各类保险保费收入13.01亿元，比上年增长14.6%，其中财产险收入7.25亿元，增长14.3%，人寿险收入5.76亿元，增长14.9%；保险赔付支出5.84亿元，增长31.4%，其中财产险赔付支出4.1亿元，增长23%，人寿险赔付支出1.74亿元，增长56.8%；保险赔付率为44.9%，其中财产险赔付率56.6%，人寿险赔付率30.3%。

【社会事业】2018年，全市共争取自治区科技专项资金5000万元，争取自治区重点科技项目2项1100万元，全市财政科技专项预算3369万元。申报认定国家高新技术企业3家、国家科技型企业6家、自治区重点实验室1家、引进区外研发机构1家；新增自治区科技型中小企业19家，新增市级科技型中小企业29家，总量突破80家。培养企业专利专员58名；培育知识产权试点企业和贯标企业5家；全市申请专利366件，授权218件，其中发明专利12件。全市拥有普通高等院校1所，招生2147人，在校生7868人，毕业生1690人。普通中学69所，招生3.2万人，在校生9.27万人，毕业生3.09万人。中等职业教育学校5所，在校生1.07万人。小学442所，招生1.98万人，在校生11.77万人，毕业生2.17万人。特殊教育学校3所，在校生280人。幼儿园439所，在园幼儿4.86万人。学龄儿童入学率100%。新(改)建幼儿园32所，固原八中建成招生，固原一中初中部改扩建项目投运，西吉县义务教育均衡发展通过国家评估认定。宁夏师范学院新增为硕士学位授予单位。国家公共文化服务体系示范区创建工作全面启动，全年共举办了文艺演出30多场，固原市原创音乐舞蹈诗画《红旗漫卷六盘山》被自治区党委宣传部、文化厅确定为自治区成立60周年庆祝活动“宁夏文化艺术节”原创精品展演剧目，固原特色文化产业“一园一馆一中心一遗址”等3个项目入选文化和旅游部《2018文化产业项目手册》，彭阳姚河塬西周遗址入选“全国十大考古新发现”，固原砖雕、隆德杨氏泥塑入选国家传统工艺振兴目录，马金莲短篇小说《1987年的浆水和酸菜》获第七届鲁迅文学奖。组织举办了广场舞、秦腔、合唱等各类文艺辅导培训班15期，培训文艺骨干5000多人；组织群众体育活动16项，丰富了群众文体生活；全市共完成“送戏下乡”演出345场次，广场文艺演出265场次，农村放映电影10733场次；建设和发展各类文化大院134家，其中市级文化大院49家，共培育骨干成员2300多人，每年演出节目近1800场次。全年共制作播出各类广播节目5000多小时，共完成新闻290期(档)，播出新闻1740条，上传中央电视台播出新闻2条，摄制各类专题节目108

部、微剧1部，完成专场录制5场，制作播出各类宣传片、公益广告23部。在小区、公园、广场、绿地、社区安装健身路径20套，篮球架20幅，建成3个健身驿站。共组织开展体育活动赛事16项，首次举办了2018“欢乐冰雪·健康中国”宁夏冰雪健身挑战季固原站活动和西北五省滑雪邀请赛；举办了“中国体育彩票杯”宁夏首届农民篮球争霸赛暨固原市第三届农民运动会，在全区决赛中取得第一名的优异成绩；首次成功举办了固原市首届牡丹杯山顶汽车摩托车越野赛，赛事吸引了来自区内及陕西、甘肃、河北、贵州等9省区的30多个越野车俱乐部、150余名专业车手参赛；首次成功承办了“李宁·红双喜杯”2018年中国乒乓球协会会员联赛（宁夏站）活动，来自全国20个省、市、自治区的79支代表队480名运动员参加了比赛。全市卫生机构1122个（包括村卫生室），实有床位7122张。卫生技术人员7004人，其中医生2670人，护士2897人。乡村医生和卫生员1048人。实施医疗卫生人才“双优”工程，组建大专家医学教育院士工作站、韦以宗名医工作室；与北京宣武、西京等区内外14家三甲医院建立远程诊疗，县域内就诊率87.6%。彭阳县荣获全国“互联网+健康扶贫”实践奖。全市城镇居民人均可支配收入26709.2元，比上年增长8.4%；人均生活消费支出17981.6元，增长8.6%；城镇居民恩格尔系数为28.5%，比上年提高1个百分点。农村居民人均可支配收入达到9556.7元，增长11.4%。其中人均工资性收入3772.9元，增长8.7%，占农村居民人均可支配收入的39.5%；人均牧业收入1581.7元，增长4.1%，占农村居民人均可支配收入的16.6%；农村居民人均生活消费支出7992元，增长4.1%；农村居民恩格尔系数为33.9%，比上年提高1.4个百分点。新增城镇就业8982人，城镇登记失业率3.69%。社会保险扩面提标，建档立卡贫困人口养老、医疗保险参保率均达到100%，城乡居民基础养老金从每人每月135元提高到158元。年末全市职工养老、失业、医疗、工伤、生育保险参保人数分别达到9.3万人、6.61万人、8.83万人、6.99万人、6.2万人，城乡居民医疗保险参保人数达到120.45万人，城乡居民养老保险参保人数达到55.28万人。全市城市低保人数3.4万人，发放低保资金1.83亿元；农村低保人数15.61万人，发放低保资金4.79亿元。年末全市住房公积金缴存人数5.32万人，住房公积金缴存总额70.83亿元，发放住房公积金个人贷款总额44.25亿元，年末贷款余额22.51亿元。隆德县入选全国首批社会救助综合改革试点县。建成固原市养老综合服务中心，新建农村老饭桌183个、农村（社区）养老机构35个，更好地满足了老年人的医养服务需求。

【社会治理】2018年，全市创新丰富“拥护核心感党恩，同心携手奔小康”主题教育活动，促进各民族交往交流交融。出台民族宗教领域突出问题整改工作指导意见，依法加强宗教事务管理，“三化”治理稳妥有序推进。深入开展平安固原建设，“七五”普法中期评估通过自治区考核验收，泾源县荣获全国法治县创建活动先进单位；安全生产形势总体稳定，食品药品监管不断加强。扫黑除恶专项斗争全面开展，立案侦查涉黑涉恶案件21起，打掉涉恶团伙9个。公众安全感连续八年位居全区五市第一。

【三北防护林工程】2018年11月30日，在三北工程建设40周年总结表彰大会上，国家林业和草原局授予全国98个单位“三北防护林体系建设工程先进集体”称号，固原市林业局名列其中。1978年，党中央、国务院批准启动三北防护林体系建设工程，开创了我国生态工程建设的先河，揭开了我国大规模生态治理的序幕。固原市担负着构建西北地区生态安全屏障的重任，是宁夏生态环境建设的“半壁江山”，也是全国三北防护林工程建设的主战场之一。40年，在中央、自治区的支持帮助下，固原市各级党委、政府及林业部门带领各族干部群众，发扬艰苦奋斗、顽强拼搏的精神，持之以恒、久久为功，以大地增绿、农民增收为目标，举全市之力全面推进三北工程建设，为生态文明建设树立了典范。固原大地经历了由黄到绿、由绿变美的历史性转变，全市林业用地总面积达668万亩，占全市国土总面积的42.2%，森林面积达397万亩，森林覆盖率由三北工程建设之初的1.4%增加到25.1%，林草覆盖度达73%。自三北五期工程以来，全市完成各类营造林186万亩，实施天然林保护470万亩，完成未成林林地补植补造287万亩，实施移民迁出区生态修复90万亩，治理水土流失900平方公里。

【固原市北朝隋唐墓地保护条例】2018年，根据《固原市人大常委会五年（2017—2021年）立法规划》《中华人民共和国文物保护法》《中华人民共和国文物保护法实施条例》和《宁夏回族自治区实施〈中华人民共和国文物法〉办法》有关内容，结合北朝隋唐墓地保护工作实际，在市人大常委会及法制委、法工委的指导下，市文广局会同原州区人民政府、市法制办、原州区文广局、原州区文物管理所等部门起草完成了《固原市北朝隋唐墓地保护条例》（以下简称《条例》）。

《条例》共五章三十一条，2018年10月31日固原市第四届人民代表大会常务委员会第十六次会议通过，2018年11月29日宁夏回族自治区第十二届人民代表大会常务委员会第七次会议批准。

【原州区】原州区辖7个镇、4个乡、3个街道办事处，153个行政村，35个居委会。2018年，实现地区生产总值136.44亿元，按可比价格计算，同比增长8.7%。其中第一产业实现增加值16.94亿元，增长4.3%，对经济增长的贡献率为6.6%；第二产业实现增加值39.98亿元，增长14%，对经济增长的贡献率为42.6%；第三产业实现增加值79.52亿元，增长7.3%，对经济增长的贡献率为50.8%。完成地方一般公共财政收入1.96亿元，同比下降18.9%。完成全社会固定资产投资98.94亿元，同比下降18.9%。实现社会消费品零售总额37.27亿元，同比增长6%。城镇居民人均可支配收入28595.7元，同比增长8.9%。农村常住居民人均可支配收入9946.4元，同比增长11%。2018年末，户籍总人口为46.83万人，比上年增加0.35万人。其中男性23.69万人，女性23.14万人，分别占总人口的50.6%和49.4%；乡村人口29.17万人，城镇人口17.66万人，分别占总人口的62.3%和37.7%；回族人口22.88万人，占总人口的48.9%。2018年末，常住人口为43.11万人，其中城镇人口22.07万人，乡村人口21.04万人，城镇化率51.2%，同比提高0.7个百分点；人口出生率16.1‰，同比提高2个千分点；死亡率4.6‰，同比提高0.2个千分点；人口自然增长率为11.6‰，同比持平。制定《原州区脱贫攻坚包乡镇包村领导及帮扶干部工作职责》和《原州区脱贫攻坚工作职责及资料清单》，做到人员、职责、任务三明确。落实“控辍保学”政策，贫困家庭学生从幼儿园到大学实现资助全覆盖。实施健康扶贫，大病集中救治、重病兜底、慢病签约服务实现建档立卡贫困户全覆盖。贫困患者住院合规费用自付比例降至9.16%，人均支付比例在千元以内。基本医疗保险全覆盖，养老保险参保率为96.2%。安排财政涉农资金2.77亿元，实施11类产业扶贫到户项目，夯实群众增收基础。开展“农民培训教育年”活动，建成“扶贫车间”6家，完成劳动力职业技能培训228期、1.14万人，全年实现农村劳动力转移就业8.06万人，创收15.56亿元。开展闽宁扶贫协作，马尾区飞毛腿集团在原州区成立飞毛腿高级技工学校原州分校，在福州市开办消费扶贫协作项目宁夏六盘山特产馆。开展基础设施查漏补缺，安排资金2.07亿元，统筹推进水、路、房等基础设施建设。贫困群众住房安全保障率达到95%以上、自来水入户率达95%、行政村道路硬化率达100%、巷道硬化率达85%。易地扶贫安置945户3740人。全年“脱贫出列”贫困村6个，减贫1.4万人，贫困发生率降为4.9%。投资2.1亿元，改造校（园）舍69所5.9万平方米、运动场2.5万平方米。实施农村义务教育学生营养改善计划，投入资金1832万元，惠及全区中小学生3万余名。落实国家生源地贷款政策，为8234名学生贷款5400万元，家庭经济困难学生资助实现全覆盖。三中、十一小分别被评为自治区国培示范校、教育信息化示范校。医疗卫生方面，推进综合医改“五项制度”建设，医联体覆盖率、基层诊疗人次占比达到70%以上，区域内就诊率达到90%以上。

【西吉县】西吉县地处宁夏回族自治区南部，六盘山西麓，县境东西长67公里，南北长74公里，总面积3130平方公里，辖4镇15乡，8个居委会，296个村民委员会。2018年，全年全县实现地区生产总值64.9亿元，同比增长3.6%。其中第一产业增加值17.7亿元，增长4.4%；第二产业增加值12.9亿元，下降10.8%；第三产业增加值34.3亿元，增长9.6%。三次产业结构分别为27.2%∶19.8%∶53%。三次产业对经济增长的贡献率分别为30.3%、-70.4%和140.1%，分别拉动经济增长1.1、-2.5和5个点。全年全县完成地方一般公共预算收入1.69亿元，同比增长0.4%，全县一般公共预算支出57.2亿元，增长11.7%。其中财政八项支出36.6亿元，同比增长10.6%。年末全县户籍总人口496004人。其中城镇人口72659人，占总人口的14.7%，乡村人口423345人，占总人口的85.4%。汉族人口202275人，占总人口的40.8%，回族人口293526人，占总人口的59.2%。年末全县常住人口352615人。其中城镇人口100620人，占总人口比重为28.5%，乡村人口251995人，占总人口的比重为71.6%。人口出生率为20.88‰，比上年提高了4.79个千分点，死亡率为5.91‰，比上年提高了1.27个千分点，人口自然增长率为14.97‰，比上年提高了3.52个千分点。全年全县实现农林牧渔业总产值38.7亿元，同比增长4.4%。其中农业产值28亿元，同比增长4.7%；牧业产值8.3亿元，同比增长4.9%。全年实现农林牧渔业增加值18.91亿元，同比增长4.4%。粮食播种面积151.87万亩，全县粮食产量35.72万吨，比上年增长21.09%，粮食单产增长19.21%。其中夏粮产量5.8万吨，同比增长32.96%，秋粮产量29.92万吨，同比增长19%。马铃薯种植面积调减至81万亩，建设原种繁育基地1万亩、一级种繁育基地10万亩，推广一级种薯25万亩，实现产值12.46亿元；建设标准化蔬菜示范园16个，日光温室303座，种植各类蔬菜15万亩，实现产值14亿元；建设小杂粮（油料）示范基地26个、中药材和万寿菊示范基地17个，种植小杂粮（油料）102万亩、中药材和万寿菊3.3万亩；建成“四个一”试验示范园（点）18个、8636亩。全年猪牛羊禽等肉产量23128吨，比上年增长2.2%。其中猪肉产量2360吨，增长12.9%；牛肉产量15104吨，增长4%。生猪存栏30585头，比上年下降1%，生猪出栏31083头，增长2.2%；牛存栏156365头，比上年增长8.3%，牛出栏99407头，同比增长3.7%；羊存栏250870只，比上年增长9.1%，羊出栏212170只，比上年下降1.7%。积极推进“全国优质青贮玉米行动计划”，种植青贮玉米30万亩，新建青贮池4534座，调制各类饲草95万吨；培育标准化养殖示范村31个、规模养殖场36个，基础母牛、母羊存栏13.6万头、30万只，分别增长4.6%、7.8%。全年完成全部工业增加值41946万元，同比增长3.2%。其中规模以上工业增加值增长8.6%；完成全部建筑业增加值86814万元，同比下降16.5%。全面完成19家万吨以下马铃薯淀粉产能淘汰，关停部分小型淀粉、机砖、砂场。吸引咏辉电子、天之涯服饰等轻工企业落户园区，伊尔德2万吨亚麻籽油生产线、泽艾堂艾草加工及研发项目投产运营。融信风电、华电月亮山风电等规模以上企业运营平稳，全年规模以上工业产值保持增速12%以上。组织赴外考察招商17次，参加节会招商10次，引进山东水发、北京秋实、港生中药材等农产品加工企业3家，签订招商引资项目18个，到位资金21.6亿元。建成县级电商中心1个，培育电子商务企业7家，实现农特产品线上销售2300万元，新登记私营企业350家、个体工商户3533户。年末全县金融机构各项存款余额为101.37亿元，同比增加13.37亿元，增长15.19%；全县金融机构各项贷款余额为45.35亿元，同比增加10.07亿元，增长28.54%。龙王坝入选国家AAA级旅游景区，西吉县入围“2018中国最美县域榜单”，全年接待游客109万人（次），实现旅游综合性营业收入4109万元。

【隆德县】隆德县总面积985平方公里，辖3个镇、10个乡、123个行政村（居），乡村劳动力54542人，599个村民小组。2018年地区生产总值280787万元，比上年增长12.3%，其中第一产业59353万元，增长12.6%；第二产业88507万元，增长18.4%；第三产业132927万元，增长8%；工业29813万元，增长3.8%，建筑业58694万元，增长27.5%。完成财政一般预算收入11102万元，比上年增长7.7%；财政一般预算支出283894万元，下降131.7%。截至12月末，金融机构人民币各项存款余额509249万元，比上年下降5.2%。人民币各项贷款余额258688万元，增长6.4%。金融业完成增加值16100万元，同比下降4.3%，下拉经济0.3个百分点。实现城镇居民人均可支配收入23361元，增长7.5%，实现农村居民人均可支配收入9277元，增长11.7%。完成固定资产投28.06亿元，比上年增长9.4%。其中县内500万元以上项目完成投资18.25亿元，增长44.2%；房地产开发投资3.37亿元，下降11.5%；农村和厅局级完成投资6.44亿元，下降29.9%。全县实现社会消费品零售总额6.8亿元，比上年增长5.1%。其中：批发零售贸易业5.68亿元，增长3.8%；住宿餐饮业1.12亿元，增长12.6%。完成集市贸易成交额3.20亿元，增长6%。居民消费价格总水平（CPI）比上年上涨2.8%，工业生产者出厂价格（PPI）比上年上涨7.3%。2018年全县总人口17.42万人。其中回族人口2.3万人；乡村人口13.12万人，城镇人口4.3万人；男性9.05万人，女性8.38万人；人口出生率为10.82‰，死亡率为5.41‰，自然增长率为5.41‰。常住人口15.72万人。人口密度177人/平方公里。全年粮食总产量8.72万吨，比上年增长7.4%。其中小麦9684吨，增长21.2%；豆类3100吨，下降0.8%；玉米5.16万吨，增长4%；薯类11.28万吨，增长11.7%。油料总产量2210吨，增长8.4%，粮食作物亩产282公斤，增长7.2%。全县农作物播种面积39.66万亩，其中粮食作物30.90万亩，在粮食作物中，冬小麦5.38万亩、玉米2.51万亩、薯类8.58万亩、豆类2.51万亩，油料2.6万亩、蔬菜瓜果2.25万亩、其他作物（青饲料）2.25万亩。年末生猪存栏2.2万头，同比减少4.5%，年内生猪出栏3.37万头，同比增长2.6%。年末羊只存栏22019只，同比减少3.2%，年内羊只出栏2.67万只，同比减少3.3%，年末大家畜存栏4.12万头，同比增长4.7%；其中牛40371头，同比增长4.7%。全年大家畜出栏2.87万头，同比增长6.7%。其中牛2.86万头，同比增长8.2%。全年肉类总产量7934吨，同比增长3.6%，其中猪肉产量2661吨，同比增长3.6%。调制饲草22万吨，新建观庄红堡等10个百头规模肉牛养殖场，全县肉牛饲养量为7.2万头。种植中药材3万亩，发展中小型加工企业20家，引进上药集团落地工业园区，中药材加工转化率为40%。新建永久性蔬菜基地2600亩，发展联财联合等3个蔬菜集散地，蔬菜销售额近2亿元。探索生态富民产业，建成沙塘许沟等6个“四个一”林草产业试验示范基地。建设花田云海田园综合体，新建锦山农场等8个特色休闲农业基地，发展农家乐23家。全县完成工业增加值2.98亿元，增长9.7%。其中规模以上工业完成增加值0.71亿元，增长26.7%；规模以下工业完成增加值2.27亿元，增长5.2%。工业经济对GDP的贡献率为14%，拉动经济增长1.1个百分点。实施工业园区供能、供电等基础设施项目，开工建设中小企业孵化园四期工程。引进雄丰农副产品加工等7家企业落地投产，支持葆易圣药业等11家企业技改升级，黄土地粉丝日产能达70吨。香雪中药饮片及深加工项目完成设备安装，跻身规模以上企业。

【泾源县】泾源县位于宁夏最南端，地处六盘山东麓，东与甘肃省平凉市毗邻，南与华亭县、庄浪县交界，西与宁夏隆德县接壤，北与原州区、彭阳县相连。全县土地总面积1131平方公里，占全自治区总面积的2.18%。辖3个镇、4个乡，即六盘山镇、香水镇、泾河源镇、大湾乡、新民乡、兴盛乡、黄花乡，共辖3个居民委员会，97个村民委员会。全年全县实现生产总值184413万元，按可比价格计算，比上年增长6%。其中第一产业增加值29811万元，增长4%；第二产业增加值62947万元，增长4.1%；第三产业增加值91655万元，增长7.9%。三次产业结构由上年的17.1∶32.4∶50.5调整为16.2∶34.1∶49.7，第一产业比重下降0.9个百分点，第二产业比重提高1.7个百分点，第三产业比重下降0.8个百分点。按常住人口计算，全县人均生产总值18101元，同比增长14.5%。据人口抽样调查，年末全县常住总户数为27309户，常住总人口为102408人。其中城镇人口33559人，乡村人口68849人。城镇化率为32.77%，人口出生率为15.32‰，死亡率为4.93‰，人口自然增长率为10.39‰。据公安户籍年报，年末全县总户数为33433户，户籍总人口118785人。其中男62022人，女56763人；城镇人口12394人，乡村人口106391人；回族人口93926人，占总人口的79.07%。全年全县城镇新增就业人员479人，比上年减少434人。年末全县城镇登记失业率为3.7%，比上年减少0.2个百分点。全年全县劳务输出2.59万人次，比上年减少0.21%，实现劳务总收入5.3亿元，比上年减少0.2%。全年全县居民消费价格比上年上涨2.8%，商品零售价格上涨3.6%，固定资产投资价格上涨3.5%，建筑安装工程价格上涨4.7%，新建住宅销售价格上涨7.2%，房屋租赁价格上涨0.5%，工业品出厂价格上涨7.3%。全年全县地方公共预算总收入26680万元，比上年增长1.63%。其中地方一般公共预算收入15786万元，同比增长4.68%。在地方一般公共预算收入中，税收收入10360万元，同比增长2.26%，占地方一般公共预算收入的比重为65.6%，同比下降1.6个百分点。非税收入5423万元，同比增长20.48%；政府性基金预算收入10897万元，同比增长9.53%。全年全县财政总支出22.7亿元，同比增长4.13%，其中一般公共预算支出20.9亿元，同比增长3.47%；政府性基金预算支出1.8亿元，同比增长4.37%。财政八项支出中一般公共服务支出19362万元，公共安全支出6628万元，教育支出26443万元，科学技术支出256万元，社会保障和就业支出22495万元，医疗卫生和计划生育支出11325万元，节能环保支出12221万元，城乡社区支出19220万元。全年全县完成农林牧渔业总产值84507.3万元，比上年增长1.4%。其中农业产值22280.7万元，增长45%；林业产值18190.7万元，增长6.9%；畜牧业产值32317万元，下降14.2%；农林牧渔服务业产值11718.9万元，增长3.7%。全县羊存栏6074只，同比增长14%，全年出栏8256只，同比下降6.1%。牛存栏3.64万头，同比增长9.3%，全年出栏2.72万头，同比下降2.9%。家禽存栏67901只，同比下降8.4%，全年出栏2.53万只，同比下降15.8%。全年全县农作物播种面积9.94万亩，同比减少0.14万亩，下降1.39%。主要粮食面积4.68万亩，同比减少1.1万亩，下降19%。夏粮面积2.08万亩，同比减少0.3万亩，下降12.6%；秋粮面积2.6万亩，同比减少0.98万亩，下降27.4%，其中马铃薯面积2.1万亩，同比减少0.9万亩，下降30%。其他农作物播种面积4万亩，同比增加1万亩，增长33.3%，其中青饲料3.5万亩，同比增加1万亩，增长40%。安格斯肉牛存栏2.5万头，全县肉牛饲养量稳定在16万头以上。试点推广“一棵草”优质牧草种植，青贮玉米为主的牧草面积10万亩，全年牧业人均收入增长10%。“泾源黄牛肉”获国家级农产品地理标志示范样板，成为继“盐池滩羊肉”之后全区第二个获此殊荣的县域品牌。强化与中国农科院蜜蜂研究所战略合作，大力推行“大手连骨干拉小手”“1+10”产业发展模式，培育蜂农1521户，全年生产加工优质蜂蜜25万公斤，户均增收1.4万元以上，初步实现了“一箱蜂两亩地”的增收目标。“泾源蜂蜜”地理标志、“六盘山土蜂蜜”地理商标分别通过农业部和国家市场监督管理总局认证。荒山荒地造林面积3万亩；全县所有苗木保存面积19.2万亩，当年苗木存量9.6亿株。全力实施“四个一”林草产业示范工程，分区建设示范园9个6068亩。不断深化“三个一批”苗木产业发展模式，完成精准造林12.4万亩，外销各类苗木2450万株，全年林业人均收入增长14%。工业增加值增速下降45.1%。其中规模以上工业增加值增速下降75.1%；规模以下工业增加值增速下降0.12%。全年规模以上工业企业完成主营业务收入838.8万元，同比下降95.67%，累计实现销售产值2450.86万元，比上年下降87.12%，工业产品销售率为101.9%；实现利润总额-504.8万元，实现税金总额9.5万元。全县具有资质等级的建筑企业5家，实现建筑业总产值2.08亿元，比上年增长86.1%。房屋建筑施工面积13.7万平方米，增长372.4%，房屋建筑竣工面积10.52万平方米，增长691.8%。实施精准扶贫，产业对群众增收的贡献率超过80%，贫困村农民人均可支配收入增长12.5%。“十三五”县外移民搬迁任务全部完成，“四有四配套”政策有效落实，546户县内劳务移民搬迁入住，337人实现公益性岗位就业上岗。紧紧围绕控辍保学这一难点，严格落实教育扶贫政策，义务教育阶段学生入学率达99%。创新实施“五个一”兜底保障机制，将131名失能人员纳入敬老院集中供养，为237户兜底户办理了低保和商业保险，鼓励212名兜底户就业上岗，产业基金增加兜底户经营性收入3050元，补齐了脱贫攻坚“最短板”。积极探索“资产变股权、农户有股份、群众得收益”分配机制，大力推行“5+5”发展模式，96个行政村村集体收入全部达到3万元以上。发放金融扶贫小额信贷2.65亿元，贷款覆盖率达87%。统筹整合财政涉农扶贫资金4.16亿元，涉农资金支付率超过89%，扶贫资金支付率突破95%。全面落实“银川会议”精神，争取闽宁和中国建材扶贫资金3980万元，援建杨岭村和闽宁示范村6个，解决县内劳务移民就业240人。深入开展“百企帮百村”社会帮扶活动，建立教育、爱心、住房三个慈善基金，接受社会各类善款715万元，资助贫困大学生82人，援建安全住房99套，帮扶建档立卡贫困户恢复性生产27户。全县全年减贫人口981户3349人，贫困发生率下降到0.73%。全年实施重点项目60个总计27亿元，落实招商引资项目13个总计16亿元。新建农村公路5.45公里，改造提升26.5公里，硬化村庄巷道18.3万平方米，农村通村道路硬化率达100%。加快全域旅游示范县创建，全年接待游客120万人，三产服务业人均收入增长10%。获全国十佳生态旅游城市，连续五年登全国百佳深呼吸小城榜。

【彭阳县】彭阳县位于宁夏东南部，六盘山东麓，现辖4镇8乡156个行政村6个居民委员会。户籍总人口250327人，其中城镇户籍人口62307人，占24.89%；乡村户籍人口188020人，占75.11%；汉族172641人，占68.97%，回族77557人，占30.98%，其他少数民族129人，占0.05%。少数民族主要居住在白阳镇、古城镇、王洼镇、红河镇、新集乡、罗洼乡、交岔乡。全县常住人口199035人，其中城镇64607人，占32.46%；乡村134428人，占67.54%。总土地面积2533.49平方千米，其中耕地面积125.5万亩。海拔1248 ~2418米，年降水量450~550毫米，年平均气温7.4~8.5℃，日照2311.2小时，无霜期140~170天。属黄土高原丘陵沟壑区，典型的温带半干旱大陆性季风气候，是以农业经济为主的国家扶贫重点县。全年实现地区生产总值55.32亿元，增长5%；地方一般公共财政预算收入2.64亿元，增长10.1%，其中税收收入1.97万元，增长9.7%；全社会固定资产投资26.45亿元，同比下降10.3%；社会消费品零售总额9.16亿元，增长4.8%；城镇居民人均可支配收入25166.05元，比上年增加1821.05元，增长7.8%；农村居民人均可支配收入9862.5元，比上年增加1072.5元，增长12.2%。全年实现农林牧渔业总产值29.21亿元，比上年增长1.9%，其中农业总产值17.08亿元，林业总产值15.29亿元，牧业总产值9.74亿元，农林牧渔服务业总产值0.86亿元，农林牧渔业增加值14.85亿元。全年粮食播种面积47367公顷，总产量达196200吨。实现园林水果种植面积6637公顷。大力发展草畜、中药材、蔬菜等特色农业，推广“龙头企业+合作社+基地+农户”模式，培育产业扶贫示范村12个、农村致富带头人271名、龙头企业23家、产业合作社55家、家庭农场124个、农民专业合作社129家。新增优质牧草8.27万亩，打造标准化养殖示范村4个，累计发展“5·30”及倍增户1.8万户，全县畜禽饲养总量突破230万个羊单位。引进北京恒润泰和、固原杏林与彭阳壹珍药业组建中药材产业发展联合体，建成500亩以上示范基地11个，带动全县发展中药材、万寿菊等特色产业11万亩。依托古城、新集等4个现代农业服务中心，推动全县11万亩蔬菜标准化生产。分区域建成“四个一”林草产业试验示范园7个3474.8亩，引进新品种147个，“四个一”

试验示范取得实效，得到区、市肯定。全年全县完成工业总产值259610万元，可比增长3.6%，其中规模以上工业完成总产值204035万元，增长4.5%。完成工业现价销售产值248964万元，增长8.4%，其中规模以上工业完成现价销售产值204045万元，增长12.9%。完成工业增加值109258万元，可比增长3.4%，其中规模以上工业完成增加值98143万元，增长4.4%。全年争取项目建设资金30亿元，开工建设重点项目72个，完成社会资本投资5亿元。全县规模以上工业企业实现利润总额55496万元，增长20.4%，主营业务税金及附加15067万元，增长4.2%。

（李　强）

中卫市

【概况】中卫市地处宁夏中西部、黄河前套之首，“东阻大河、西接沙山”，是宁夏、内蒙古、甘肃三省区的交界点，也是黄河自流灌溉第一地。中卫市辖沙坡头区、中宁县、海原县和海兴开发区，共40个乡镇，443个行政村，33个居民委员会，总面积17391.3平方公里，全市人口密度为66人/平方公里，境内分布汉族、回族、满族、蒙古族、东乡族等21个民族。2018年全市生产总值402.99亿元，比上年增长6%。其中第一产业增加值57.72亿元，增长4.2 %；第二产业增加值175.37亿元，增长5.8 %；第三产业增加值169.9亿元，增长6.9%。三次产业结构由上年的14.1∶44.7∶41.2调整为14.3∶43.5∶42.2。按常住人口计算，全市人均生产总值34653元，比上年增长5.3%。

【人口结构】截至2018年底，全市户籍总户数39.59万户，户籍总人口121.91万人，户籍人口城镇化率为30.45%。年末全市常住人口116.84万人，比上年末增加1.08万人，其中城镇人口51.89万人，占常住人口比重（常住人口城镇化率）为44.41 %，比上年提高1.27个百分点；回族人口41.03万人，占常住人口比重35.12%。全年出生人口1.83万人，出生率为15.71‰，死亡人口0.66万人，死亡率为5.68‰，自然增长率为10.03‰。

【抓改革促发展】2018年，全市农业农村改革扎实推进，全面开展农村集体资产清产核资工作，农村集体经济股份制改革、农业水价改革、供销社改革积极推进，共办理农村产权抵押登记贷款2474户3.15亿元。国资国企改革持续深化，进一步理顺市属国有企业的管理，完善企业法人治理结构，薪酬体系和考核机制更加规范，国有企业发展活力和综合实力进一步增强。综合医改深入推进，公立医院全面取消药品加成并实行“两票制”管理，医务人员薪酬分配制度、人员备案总量管理、医疗性服务价格等改革全区领先。党政机构改革有序推进，市县（区）退役军人事务局挂牌运行。2018年，全市行政审批制度改革成效显著，积极推进权力清单标准化建设，取消没有法律依据的证照事项383项，全面推行行政审批“告知承诺制”、工业园区建设项目“区域评”改革试点、重点项目“代办制”，80%以上的事项实现“不见面、马上办”，“互联网＋”登记注册网上办理营业执照率达70%。财政体制改革稳步推进，税收收入占公共财政预算收入比重达70%以上。制定中卫市本级政府债务化解清单，通过PPP合作、完善市场化融资担保体系等措施，严格控制增量，积极消化存量，争取新增地方政府债券5.9亿元、置换债券9.2亿元。召开金融服务民营企业推进会，引导金融机构创新金融产品和业务，促成企业以应收账款（动产）担保融资33.5亿元。充分发挥财政资金的引导和撬动作用，创新推进“宁科贷”项目，为18家企业发放风险补偿贷款4695万元，有效缓解中小微企业融资难、融资贵问题。科技创新改革成果丰硕，全市科技经费投入增速达40%，申请专利同比增长190.5%，新增国家级高新技术企业3家，“生物土壤结皮形成机理、生态作用及在防沙治沙中的应用”等多项成果荣获自治区科学技术进步奖，宁夏首个国家级科技惠民计划项目顺利通过验收。

【工业转型升级】2018年，全市推进中卫、中宁工业园区整合发展，推进新材料、新能源、冶金化工等重点产业集群化、规模化发展，江苏瑞盛锂电池正极材料一期等一批重点项目建成投产，宁夏瑞泰系列化工等项目加快推进，天津日久光敏新材料、宁夏润华熔盐等一批招商引资项目签约落地。全面落实自治区“降成本30条”，为企业减税14.3亿元，全市47家企业参与电力直接交易，22家企业享受差别化电价补贴，累计节约成本8598万元。开展工业园区环境综合整治，盘活批而未建、长期未建等违规违法用地1400余亩。按照“一企一特色、一厂一景观”的思路，实施工业园区生态景观提升工程，打造“生态园区、绿色工厂”，园区生态环境极大改善，瑞泰科技等企业成为“绿色工厂”建设的标杆。全年全市全部工业增加值123.7亿元，比上年增长3.8%，对经济增长的贡献率为18.6%。其中规模以上工业增加值增长3.8%。全市加快传统产业改造升级，紫光蛋氨酸关键工艺、协鑫晶体一期1GW节能等技改项目顺利实施，工业技改投资增长16%。严把环保准入关口，把建设项目环境管理作为控制新污染源的重要手段，全年审批各类建设项目518个，建设项目环境影响评价执行率达100%。全力抓好节能减排，严格限制高污染、高耗水、高耗能产业发展，鼓励企业开展清洁生产，宁钢公司被自治区确定为绿色工厂建设示范单位。加快推动能源资源全面节约和循环利用，全面启动节水型社会创新试点关键技术应用与示范项目，宸宇环保无害化处置中心、杭州锦江垃圾焚烧发电等一批项目开工建设，实现经济效益和社会效益双赢。

（李福祥）

【特色农业提质增效】2018年，全市紧盯粮食+枸杞、硒砂瓜、草畜、马铃薯、果蔬“1+5”优势特色产业，重点在创品牌、定标准、举龙头上下功夫，特色优势产业产值占农业总产值的比重达78.8%。按照“一中心三基地”的思路，大力发展富硒功能农业，完成了全市土壤含硒量普查，成立了硒产业发展股份公司，建成富硒示范种植基地8万亩，制定了富硒硒砂瓜、枸杞、苹果标准化生产技术规程。香山硒砂瓜荣获宁夏十大农产品区域公用品牌。中宁枸杞荣获全国首个“农产品气候品质类国家气候标志”，品牌价值172.8亿元，居全国十大农业区域品牌价值第四位。乌玛枸杞在第五届世界硒都（恩施）硒产品博览交易会上获评特色硒产品。农民专业合作社、家庭农场等新型经营主体不断壮大，新增农民专业合作社64家、家庭农场103家，自治区级以上农业产业化龙头企业达56家，宁夏万齐农业发展集团跻身“农业产业化国家重点龙头企业”，沙坡头区（南山台）列入2018年创建全国农村一、二、三产业融合发展先导区名单。举办富硒农产品推介发布暨富硒产业发展研讨会，中卫被授予“中国塞上硒谷”称号。全年全市实现农林牧渔业增加值60.35亿元，按可比价计算，比上年增长4.2%，完成农林牧渔业总产值115.05亿元，比上年增长4.4%。

【旅游产业】2018年，全市全域旅游示范市创建步伐加快，沙漠星空大道、中卫游客咨询服务中心、沙坡头南岸半岛民宿集群建成投运，沙坡头沙漠区基础设施等项目加快推进，完成旅游投资5.5亿元。成功举办2018年环球旅游小姐世界总决赛、第九届大漠黄河国际旅游节等重大赛事活动，国内首台大型魔幻情境体验剧《沙坡头盛典》常态化公演。先后在北京、四川等重点客源地开展旅游宣传推介活动，中卫旅游影响力进一步增强。全面净化旅游市场，扎实开展打击黑车、黑导专项行动，有力维护了游客合法权益和中卫旅游整体形象。全年接待游客760万人次，实现旅游收入62亿元，分别增长11.4%和15.7%。

【云计算产业】2018年，亚马逊云计算中卫合作一期项目上线运营，西部云基地服务器规模达10.3万台，美利云、中国移动数据中心一期建成投用，中国联通、炫我科技、天云网络等数据中心项目开工建设。成功举办首届云天大会，成立了云计算产业联盟，发布了云计算产业的中卫标准和中卫公式，中卫被评为“最适合投资数据中心的城市和地区”。“变黄沙戈壁为创新发展新热土”做法被国务院通报表扬。加快国家军民融合创新示范区创建步伐，中国西部飞艇产业基地、商业卫星天线组阵等项目顺利建设，“火冰”新型环保消防灭火器2条生产线建成投产，“宁夏一号”（钟子号）卫星项目第一颗低轨载荷卫星研制完成。云计算和军民融合产业完成投资21.3亿元，增长75.7%。

【交通物流业】2018年，海同高速建成通车，中卫南站黄河大桥、中卫至兰州客运专线等一批项目开工建设，吴忠至中卫城际铁路通车测试，沙坡头机场年旅客吞吐量突破24万人次，迎水桥保税物流中心、中卫工业园区公铁物流园区、李旺物流园等项目积极推进，开通中欧、中俄国际货运班列20列。年末全市公路通车里程8231公里，比上年末增加204公里，其中高速公路通车里程469公里。年末全市民用汽车保有量13.23万辆，比上年末增长6.9%，其中私人汽车保有量11.22万辆，增长7.7%。全市民用轿车保有量5.1万辆，增长6.5%，其中私人轿车4.88万辆，增长7.1%。

【财政金融】2018年，全市地方财政收入30.33亿元，比上年下降9%。其中一般公共预算收入22.62亿元，下降5.8%。全年财政支出178.21亿元，比上年增长5.6%，其中一般公共预算支出162.55亿元，增长3.7%。年末全市金融机构人民币各项存款余额532.41亿元，比上年末增长5%。其中住户存款余额298.81亿元，增长15%。人民币各项贷款余额455.51亿元，比上年末增长0.05%，其中住户贷款227.3亿元，增长4.3%；非金融企业及机关团体贷款228.21亿元，下降3.9%。全年全市实现保费收入17.3亿元，比上年增长12.8%。其中，寿险业务10.38亿元，财产险业务6.92亿元。支付各类赔款及给付5.93亿元，比上年增长16.4%。

【科学技术和教育】2018年，全市坚持优先发展教育，新改建幼儿园15所，改造义务教育薄弱学校17.8万平方米，建立覆盖各个办学层次的贫困学生资助体系，为1.5万名大学生发放助学贷款

9796万元。全市共有各级各类学校441所，教职工14148人，其中专任教师13244人。小学学龄人口入学率100%，初中阶段毛入学率118.6%，小学六年巩固率100.66%，初中三年巩固率99.08%。全年共争取上级科技项目245个，到位资金5591万元。年内新增国家级知识产权示范优势企业2家，全年全市专利申请量1324件，比上年增加921件；获得授权专利656件，增加489件。截至2018年底，全市共有国家高新技术企业7家，自治区科技小巨人企业7家，自治区科技型中小企业67家，自治区众创空间4家，有效专利271件，每万人有效发明专利拥有量2.34件。

【文化体育和卫生健康】2018年，全市着力繁荣城乡文化生活，举办广场文艺、惠民下乡演出1000余场次，成功举办第四届全国大漠健身运动大赛、2018国际沙滩排球中卫公开赛等赛事，完成了自治区成立60周年群众文艺演出任务。年末全市拥有专业艺术表演团体3个，业余文艺团体118个，文化馆3个，公共图书馆3个，博物馆8个，文物管理所3个，全市已建成大型公共文化服务场所10个，村级文化室454个，社区文化室35个，农家书屋455个。全年举行各类文艺演出1269场次，广场文艺演出155次。全年放映数字电影6995场。全市电视综合覆盖率99.65%，广播综合覆盖率96.56%。全年全市举办大型职工群众运动会25次，培训二级体育指导员237人。大力发展医疗卫生事业，市中医医院等项目顺利推进，推行智能家庭医生签约服务，创建群众满意乡镇卫生院39个、社区(村)医疗机构109个，创建国家卫生城市通过自治区评审。年末全市共有医疗卫生机构753个，其中医院32个，基层医疗卫生机构710个，专业公共卫生机构10个。年末全市共有卫生技术人员5845人，其中职业医师和职业助理医师1985人，注册护士2437人。医疗卫生机构实有床位5121张。全年总诊疗人次633.39万人，出院人数14.53万人。每千人口医院床位数为3.56张，每千人口执业(助理)医师为1.7人。

【城乡山川协调发展】2018年，全市强化闽宁合作，全面推进产业扶贫、金融扶贫、就业扶贫、教育扶贫，实施农村饮水安全等重大扶贫工程，完成“十三五”2892户12016人易地搬迁任务，42个贫困村脱贫销号、18个贫困村出列、减贫2.8万人，贫困发生率从7.2%下降到3.95%。着力解决海兴开发区资产闲置问题，推动西北高端肉牛发展研究院、华润高端肉牛精深加工、都市牧歌纺织产业园、麦勒家电产业园等项目在海兴开发区布局。着力解决城乡发展不平衡问题，召开市委四届五次全会，研究出台大力实施乡村振兴战略、加快城乡一体化发展的《意见》，提出了“一带两廊”空间发展格局，统筹发展规划、产业布局、城镇建设、基础设施建设和城乡文明建设，为加快城乡一体化发展奠定了坚实基础。突出抓好美丽城乡建设，新建、续建城市道路37条，改造城市供排水、供热管网45公里，开工建设美丽小城镇3个、美丽村庄20个。“城市双修”试点工作稳步推进。中国城市规划学会2018城市更新主题研讨会在中卫召开。

【生态建设和环境保护】2018年，全市从严从实抓好环保问题整改，中央环保督察转办件办结率91.8%。大力实施蓝天行动，取缔燃煤锅炉249台，清理整治“小散乱污”企业25家，建成洁净煤配送中心9个，优良天数达标率90.5%。大力实施碧水行动，全面落实河(湖)长制，扎实推进清河专项行动，重点河湖沟道环境质量明显改善，黄河中卫过境段水质达到Ⅱ类。大力实施净土行动，建立绿色防控示范区3个、农用地膜回收点39个，农用残膜回收利用率达85%以上。实施南部水源涵养林生态修复、北部防沙治沙、中部黄河城市过境段水生态治理等工程，完成营造林23万亩，森林覆盖率提高到13.9%。全年完成造林面积1.49万公顷，其中人工造林面积1.05万公顷，占全部造林面积的70.4%。森林抚育面积0.57万公顷。截至年底，国家级自然保护区2个。2018年，全市出台加强工业园区环保工作的《意见》，建立重点企业市级领导包抓机制，确保督察整改工作落实到位。组织市领导、有关部门和企业负责人赴宁东能源化工基地观摩学习，将蓝丰地下水修复现场确立为中卫环保警示教育基地，开展常态化警示教育，全市上下环保意识明显增强。年内，中央环保督察组“回头看”转办群众投诉件办结率达91.8%；指出17家企业的30个问题，完成整改13家企业26个问题。中央环保督察组反馈“回头看”及专项督察反馈的5个方面16个问题，按照整改方案全力推进落实。

【脱贫攻坚】2018年，按照中央和自治区要求，全市开展政策文件、标语挂图清理和贫困人口信息“数据清洗”工作，共清理文件519件、不符合标准贫困人口6198人。采取以奖代补等办法，加大对主动脱贫、自愿脱贫、提前脱贫群众的奖励补助力度，有效解决脱贫进度层层加码、精准扶贫不到位、脱贫内生动力不足等问题，全年预计脱贫2.8万人。因地制宜发展增收致富产业，全市域推广华润“基础母牛银行”模式，累计赊销基础母牛2.3万头。整合资金17亿元,发放扶贫小额信贷2.9万户13亿元,全市从事草畜、马铃薯、枸杞等特色种养业建档立卡户达65%以上。对3.3万名贫困群众开展脱贫技能培训,打造就业扶贫基地31个、扶贫车间19个,建档立卡贫困劳动力转移就业10554人。完成"十三五"2892户、12016人易地搬迁任务。加强贫困地区基础设施建设,宁夏中部干旱带西部供水喊叫水片区主体工程试通水,海原县三塘片区主体工程完工,国道341、省道204线工程顺利推进,新建、改建农村公路466公里,完成危窑危房改造9813户。深化闽宁对口帮扶,先后8次到福建漳州市对接工作,建立漳浦县劳务服务就业创业基地,海原闽宁纺织工业园投产运营。开展"脱贫攻坚作风建设年"活动,持续开展两轮厅处级领导干部蹲点调研,累计走访贫困村208个、贫困户1万余户,锤炼党性修养,密切干群关系,帮助贫困群众解决一批突出问题。深入开展扶贫领域腐败和作风专项治理,全市排查扶贫领域违纪违法问题80件,给予党纪政务处分110人,移送司法机关2人。

【城市公用设施建设】2018年,全市城市道路长度达548.4公里。全市有公园30个,其中建成区公园27个,公园面积907.53公顷,人均公园绿地面积为16.95平方米。年末全市建成区面积达77.14平方公里,其中市区32平方公里。建成区绿化覆盖率达36.38%,绿地率为30.62%。全市集中供热面积达2061万平方米,比上年增长82.6%。全市供气管道总长度869.33公里,天然气用户10.4万户,其中家庭用户9.56万户。燃气普及率达83.5%。全市全社会供水管道长度458.5公里,售水量为2056.72万立方米,其中生产运营用水202.84万立方米,公共服务用水360.09万立方米,居民家庭用水1396.58万立方米。全年城市污水处理率达98.12%以上,城市生活垃圾无害化处理率达96.54%以上。

【人民生活和社会保障】2018年,全市社会保障提标扩面,企业退休人员养老金人均提高135元,为8.3万名城乡居民人均月调增基础养老金20元,建档立卡户养老、医疗保险参保率分别达99.8%和100%。改善城乡人居环境,改造棚户区和老旧小区11万平方米,开工建设美丽小城镇3个、美丽村庄20个。全年全市城镇居民人均可支配收入27372元,比上年增加2027元,增长8%。城镇居民人均消费性支出18864元,比上年下降0.5 %。城镇居民人均拥有房屋面积36.8平方米,比上年增加0.5平方米。全年全市农村居民人均可支配收入10236元,比上年增加871元,增长9.3%。农村居民人均消费性支出9466元,比上年增长6.2 %。农村居民恩格尔系数26.7%。农村居民人均拥有房屋面积36.9平方米,比上年增加4.5平方米。年末全市参加基本养老保险人数18.56万人,比上年末增加2.3万人,其中参保职工12.14万人,增加1.75万人。参加城乡居民养老保险人数37.09万人,减少1.69万人。参加基本医疗保险人数111.42万人,增加1.49万人。参加失业保险职工人数6.42万人,增加0.13万人。参加工伤保险人数9.16万人,减少0.27万人。参加生育保险人数8.74万人,增加2.16万人。年末全市拥有养老机构27个,其中农村敬老院12个、社会福利院1个、民办养老机构7个,共有床位5273张,入住老人1129人。儿童福利院2个,共有床位106张,入住儿童48人。全市1.98万人享受城市低保,发放保障金1.02亿元;7.29万人享受农村低保,发放保障金2.57亿元;2141人享受农村特困人员救助供养,全年临时救助7.07万人次。全年资助28.84万人参加基本医疗保险,发放资金5591.9万元。城乡建立各种社区服务站466个。

(李福祥)

【沙坡头区】沙坡头区为中卫市政府驻地,是中卫市政治、经济、文化中心。辖10镇1乡,共有167个行政村、15个城镇社区,区域总面积6651.47平方公里。2018年,实现地区生产总值187.69亿元,同比增长6.4%;规模以上工业增加值同比增长4.4%;全社会固定资产投资同比下降31.3%;社会消费品零售总额41.33亿元,同比增长3.3%;一般公共预算收入2.72亿元,同比下降1.9%;城镇、农村常住居民人均可支配收入分别为28694元、12194元,同比分别增长8.2%、8.5%。截至2018年底,沙坡头区常住总人口为412719人,其中:少数民族29097人,占总人口的7.05%;乡村人口178348人,占总人口的43.21%。全年出生人数4895人,人口出生率为11.89‰;死亡2787人,死亡率为6.77‰;人口自然增长率为5.12‰。城镇人口234371人,占总人口的56.79%。2018年签约了浙江浙能电力集团风电等29个项目,计划投资225.42亿元;新建、续建宁清光伏电力公司50MW光伏发电等28个招商项目,到位资金28.63亿元。实施恒大都市广场、现代化生态灌区建设等168个项目,完成投资71.34亿元,其中30个重点项目完成投资22.78亿元。全力做好中卫高铁南站、高铁商圈、乌玛高速和中卫至兰州客运专线等国家、自治区重点项目建设保障服务工作,完成土地征收2540

亩。出台了《沙坡头区产业转型专项资金扶持意见(试行)》,12家企业被认定为自治区级"专精特新"中小企业或示范企业,2家企业被评为"技术标杆"企业,1家企业被认定为"小型微型企业创业创新示范基地"。建设硒砂瓜品质品牌保护区30万亩;新增设施蔬菜2106亩,打造核心示范区5700亩;新植苹果5380亩、枸杞7300亩,完成苹果低产园改造1万亩,建成枸杞统防统治示范基地1.2万亩;建成富硒硒砂瓜万亩小产区3个、富硒枸杞基地2000亩、富硒苹果基地1万亩。实施海通达、众鑫源等规模化养殖场项目,建成万头奶牛、肉牛、生猪养殖场4个,奶牛存栏及肉牛、肉羊、生猪饲养量分别达到4.1万头、5.25万头、72.8万只、36.9万头。新增市级农业产业化龙头企业12家。"香山硒砂瓜"获批中国特色农产品优势区,"沙坡头苹果"获国家农产品地理标志,乌玛枸杞被评为"全国十大特色硒产品",沙坡头区被评为"2018年全国农村一二三产业融合发展先导区"。实施盐碱地改良六排水沟治理、农村饮水安全巩固提升等16个项目,宣和、永康、常乐3个镇58个村11.32万人饮水不安全问题得到彻底解决,新增高效节水灌溉面积3.75万亩,农田水利建设实现了"黄河杯"特等奖"四连冠"。编制了《沙坡头区休闲农业与乡村旅游发展规划》,实施鸣沙特色村落、南岸半岛、娱岛等旅游项目,成立了乡村旅游联合会,新建旅游公寓94套。承办了中卫市第十二届南北长滩梨花节,举办了首届中国农民丰收节,协办了大漠黄河旅游节、环青海湖自行车赛等节事活动。2018年脱贫攻坚工作如期完成12个重点贫困村(4个深度贫困村)脱贫出列、2036名建档立卡群众减贫任务,在自治区2018年非贫困县扶贫开发工作成效考核中获得优秀等次。

(高源君)

【中宁县】中宁县土地面积3280平方公里。2018年,全县总户数为111664户,常住人口为351741人,全县实现地区生产总值162.6亿元,增长7%;固定资产投资同比下降34%;社会消费品零售总额22.2亿元,增长6.9%;金融机构各项人民币存款余额177.2亿元,贷款余额197.6亿元。城镇居民人均可支配收入27271元,增长7.8%;农村居民人均可支配收入12180元,增长8.3%。2018年12月24日,根据自治区政府《关于同意青铜峡峡口镇新田村跃进村行政区划调整批复》的文件精神,新田村、跃进村划归中宁县管辖,至2018年底,全县辖6镇6乡,131个行政村、15个城镇社区。2018年,全县实施招商引资项目28个,实际到位资金61.18亿元,第二产业增加值增长7%。2018年,全县落实粮食播种面积48.8万亩,粮食总产量达2.92亿公斤,粮食生产实现"十五连丰",新型农业经营主体发展到4680家,培育发展市级以上龙头企业14家。推进国家农产品质量安全县、GAP认证示范县创建,认证GAP基地15个,建设种养殖、加工、销售、旅游为一体的三产融合示范园区5个。第一产业增加值增长3%。举办2018枸杞博览会、"新能源汽车展销会""2018啤酒美食节"等节会,全县社会消费品零售总额24亿元,同比增长5%。对外贸易持续向好,先后组织外贸企业参加泰国、美国、迪拜、日本、英国等国际天然有机食品展会13次。全县外贸进出口企业增至27家,进出口总额超过17亿元。2018年新植枸杞10412亩,枸杞干果产量4.2万吨,干果总产值17.8亿元,综合产值73.7亿元。实施"百城千店"计划,在全国建成中宁枸杞专卖店220家,专柜390家。使用"中宁枸杞"证明商标企业46家,发放质量追溯标志300多万枚,在阿联酋、澳门、巴西成功注册"中宁枸杞"国际商标。2018年,全区首个有机枸杞科技示范展示区投入运行,"中宁枸杞"被评为全国首个农产品国家气候标志,区域品牌价值升至172.88亿元,实现综合产值73.7亿元。2018年,全县地方财政总收入完成76544万元,为年度预算14.88亿元的51%累计清欠工资2072万元,考核排名位列全区22个县(区)前列。2018年,申报并入库自治区

2018年9月23日,中宁县举行首届中国农民丰收节庆祝活动

重大重点研发、沿黄科技创新专项、科技金融专项、科技创新后补助、农业科技园区专项等13类、104个科技项目，获批项目40个、资金1612.65万元，位列全区22个县市区第五位，位居沿黄6个县区首位。实施玺赞生态枸杞庄园、延运全域旅游等项目，建成富硒五彩水稻、油菜花、菊花基地4700亩，成功举办枸杞采摘节、文化旅游宣传周，接待游客近50万人次，旅游收入超过6000万元。

（朱宁霞）

【海原县】2018年，海原县行政区划总面积为6427.2平方公里，下辖海城、西安、李旺、七营、三河5个镇，树台、关庄、红羊、李俊、九彩、高崖、关桥、史店、贾塘、郑旗、曹洼、甘城12个乡，甘盐池、老城区2个管委会及南华山自然保护区管理处，有村委会162个、居委会10个，总户数134709户，总人口453309人，其中回族325409人，占总人口的71.79%。全年实现地区生产总值52.68亿元，增长1.5%;社会固定资产投资增速-32.4%；地方公共财政预算收入2.42亿元，增长9.9%；社会消费品零售总额10.75亿元，增长6.8%；城镇和农村常住居民人均可支配收入24047元、8511元，分别增长7.6%和11.1%。2018年，海原县开展农村人居环境整治三年行动，建成西安美丽集镇和美丽村庄4个，改造农村危房4000户；东城安置小区建成并回迁入住，基本建成向阳和西湖二期安置小区及全民运动广场和城市休闲公园等项目；实施棚户区改造2500套，新建商住小区开盘销售4个，建成市政道路7.8公里，新建换热站6座；启动运营公交客运枢纽中心，升级改造国道341、省道204等干线公路98公里，建成农村公路127公里、生产路125公里、“窄路加宽”65公里；西海固脱贫饮水甘城支线建成通水，建成农村供水点15处，完成自来水补入3740户；发展高效节水灌溉1万亩，改善灌溉面积2万亩；实施骨干坝除险加固工程5座，完成“坡改梯”7万亩，治理水土流失60平方公里；建成4G网络基站1047座。2018年，全县行政村实现动力电和宽带网全覆盖。2018年，海原县深化“放管服”改革，构建“不见面、马上办”审批模式，推行“多证合一”“一照一码”商事制度改革；深化财税、医药卫生体制改革和教师队伍管理改革、“交巡警合一”机制改革及农村土地“三权分置”，启动政府部门机构改革和事业单位公车改革及河湖水域岸线划界确权，推行棚户区改造房票安置方式，开展集中供热社会化运作试点，完成文工团改制和图书馆文化馆总分馆制改革；试点学前教育“公建民营”运行模式，探索“医养结合”养老模式，对欠薪企业实行“黑名单”管理。全年梳理确定政务服务事项1197项，实现可不见面办理事项达80%，便民服务事项下沉乡镇办理39项，清理增加企业和个人负担的证照事项132项，制定试点领域公开事项清单和标准目录13个，公布行政职权事项权力清单和责任清单2889项，新增市场主体4635户，建成覆盖宁南医院、县级医院和10个乡镇183个村卫生室的医疗共同体，完成农村宅基地“房地一体”确权核查8.53万宗，流转土地19.4万亩，办理农村产权抵押贷款570万元。2018年，南华山保护区边界和功能区范围核准完成，国有林场改革通过自治区验收。2018年，海原县新建和改扩建中小学及幼儿园47所，建成校舍12.6万平方米，投资3.5亿元；实现定点医疗机构实行“一站式”结算服务27家，乡村两级使用非基本药物目录150种及二级医疗机构基本药物；推进“互联网＋医疗健康”服务，建立群众电子健康档案36万。发放各类救助7506万元，建成儿童福利院和“儿童之家”100个，办结民生实事12件。是年，农村留守儿童关爱保护和困境儿童保障示范县通过自治区验收。全年建成农村社区服务站23个，撤销村委会10个，增设村民和居民委员会5个。

（赵廷虎）

人物和荣誉

NINGXIA YEARBOOK

RENWUHERONGYU

编辑◎张明鹏

全国"五一劳动奖章"获得者

【杨　耕】宁夏新日恒力钢丝绳股份有限公司二分厂设备主管。1981年参加工作以来,刻苦钻研业务,从普通职工成长为公司技术骨干。2005年,取得国家一级电工职业资格证书,被评为高级技师;2006年,被聘任为自治区职业技能鉴定中心评审员和职业技能教育教师,同年获得"职业技能教育优秀教师"称号;2015年,获自治区"塞上技能大师"称号,他领头的工作室被评为石嘴山市、自治区级技能大师工作室;2016年,获自治区"五一劳动奖章"。为提高设备利用率,他多次参加分厂设备技术改造项目,每年主持组织技术创新和改革10余项,全部顺利完成,年节约维修成本数十万元。他创立"杨耕技能大师创新工作室",围绕降低成本、节能减排、技术创新与改造等,开展技术攻关、技能培训、管理创新等活动,增强企业自主创新能力,并为公司培养出10余名具有技师资质以上的高技能人才和大批具有高级工资质的技能人才。他还被酒钢集团石嘴山钢铁公司职业技能培训学校聘为兼职教师,先后培训13个批次近700名学员,培养各类专业技师600余名。2018年5月,获全国"五一劳动奖章"。

【胡登吉】宁夏顺宝现代农业股份有限公司董事长。2001年,胡登吉辞去宁夏煤炭进出口公司副总经理职务,在青铜峡邵刚镇甘城子地区购置荒地2000亩,创办宁夏顺宝现代农业有限公司。他将一块2000亩的荒坡碱地变成沙漠绿洲,把不足5万只的小型养殖场发展成养殖100万只蛋鸡的规模企业,企业资产从200万元发展到1.7亿元,跻身全国蛋鸡养殖企业前10名,其名下"塞上一宝"商标成为宁夏著名商标。2008年,该企业第一栋全自动化鸡舍拔地而起,改写了全人工饲养模式,蛋鸡养殖走向了现代化、工厂化、标准化、科学化的"四化"时代;2009年,第一台进口的荷兰"MOBA"蛋品分选设备入驻鸡场,鸡蛋也正式有了专属的身份标志——喷码,结束了人工拣选的历史和鸡蛋无日期、无产地、无品牌的"三无"时代;2009年,鸡蛋通过中国绿色食品发展中心绿色食品认证,"塞上一宝"成为宁夏蛋品行业唯一获得A级绿色食品的品牌,打破了多年宁夏鸡蛋行业绿色认证的空白;2012年,他以蛋鸡养殖为主线,建立了上游饲料加工、雏成鸡培育,下游蛋品加工、食品加工、有机肥料生产的循环产业链,在全国率先推出全产业链规模化蛋鸡养殖模式,成为行业标杆性企业。2015年9月22日,与石嘴山银行、人保财险宁夏分公司、北京峪口禽业公司联合,正式启动股权、投保合作模式,成为西北地区首家对蛋鸡实现投保的保险企业。2016年,企业成功上市,成为宁夏第一家上市新三板的企业。2018年5月,获全国"五一劳动奖章"。

【杨鹏辉】宁夏第四建筑工程有限责任公司工人。1999年,杨鹏辉成为宁夏第四建筑公司的泥瓦工。2010年,他被推荐担任公司三分公司砖瓦砌筑工班组长。自担任班组长以来,他带领班组参与完成了固原市第六幼儿园教学楼、固原市第十六小学教学楼、固原市医院培训楼主体工程、固原市西南新区道路硬化等多项重点工程项目,质量合格率均为100%,安全事故为零,创多项优良工程。无论在哪个岗位,他始终以主人翁的责任和担当,发扬吃苦耐劳、爱岗敬业精神,在施工工序上认真严谨,在工程质量上严格把控,以过硬的技术和工程质量得到了社会各界的肯定。2010年获固原市首届农民工职业技能大赛砌筑工二等奖，2016年获“固原市优秀农民工”称号，2017年获自治区“五一劳动奖章”，2018年5月，获全国“五一劳动奖章”。

【杜建录】宁夏大学西夏学研究院院长、研究员、博士生导师。他在中国西夏学和民族学学科建设中，带领学术团队取得了宁夏第一个国家文科研究基地，第一个文科博士点，第一个文科博士后科研流动站和第一个国家重点培育学科。他带领团队完成100余项国家和省部级项目，他个人完成近20项。他获得12项国家和省部级奖，其中一等奖3项。他主持纪录片《神秘的西夏》稿本撰写工作，出版《神秘西夏》与《解密西夏》《还原西夏》《话说西夏》系列丛书，使传统文化走向千家万户，推动了宁夏文化旅游业的发展。他指导的博士生获全国百优博士论文提名奖，指导的博士后获得博士后科研基金特批项目，是宁夏唯一的“百优”提名奖和唯一的博士后特批项目。2003年入选教育部“新世纪优秀人才资助计划”。2004年入选“百千万人才工程”国家级人选。2008年享受国务院政府特殊津贴。2012年入选“长江学者奖励计划”特聘教授，实现自治区“长江学者”零的突破。2013年获宁夏社会科学突出贡献奖，是唯一获此荣誉的在职专家。2015年获自治区第二批“塞上英才”。2016年入选“万人计划”哲学社会科学领军人才，同年还入选全国文化名家暨“四个一批”人才。他是中国共产党第十九次全国代表大会代表，中国共产党宁夏回族自治区第十二次代表大会代表，自治区优秀共产党员。2018年5月，获全国“五一劳动奖章”。

【包俊华】女，宁夏银川市妇幼保健院生殖中心主任、主任医师。2003年开始从事人类辅助生殖技术的科研及临床工作，擅长不孕症的诊治、人类辅助生殖技术及妇科内分泌。带领科室开展多种生殖领域新技术、新业务，填补宁夏生殖技术的多项空白。先后发表论文17篇，承担科研项目11项，其中国家级课题1项，区级课题7项，市级课题3项；申报新技术、新业务5项。先后获银川市“巾帼建功”标兵、优秀学科带头人、优秀共产党员称号、自治区新世纪“313人才工程”人选等荣誉。2018年5月，获全国“五一劳动奖章”。

【马明忠】自治区纪律检查委员会案件审理室主任科员。自2012年9月到案件审理室工作以来，他积极探索运用“四种形态”审理违纪案件41件，所办案件无一申诉，起草审理报告、征求意见函、请示、处分决定、处分通知等各类审理文书230余份，提出补证意见450余条。他所办案件实现了零差错、零申诉，由于工作成绩突出，2013—2015年连续3年被自治区纪律检查委员会和监察厅评为优秀公务员，2016年获自治区“五一劳动奖章”。2018年1月，参加中央纪委“1·2”专案工作，出色完成了各项工作任务。2018年5月，获全国“五一劳动奖章”。

【张耘溢】国网宁夏电力有限公司检修公司检修专责。2005年，大学毕业的张耘溢成为一名电力检修工人。他带领班组先后提出各类技术革新20余项，以第一发明人获得的国家实用新型专利就有13项之多。2015年11月，宁夏第二条电力外送大通道的首端，也是宁夏首个±800千伏特高压换流站灵州换流站建成，他主动接下了该站的一次设备验收工作。他带领班员进驻戈壁茫茫的灵州换流站，在没有水源、冬如冰窖夏似蒸笼的彩板房里一住就是10个月。在验收堪称世界最长、长达748米的750千伏GIS设备时，他加班加点，对每台设备的功能都要反复验证3遍以上。在验收多达28台的换流变压器设备时，他“眼耳口鼻”共用，不放过任何一个死角。整个验收过程中，他发现并处理了9700多条工程缺陷，圆满完成了验收任务。自投运以来两年多时间里，全站8万多颗螺丝、12万个线芯、2000多个引线接头未发生一次发热故障、未发现一条回路错误。他曾连续两年获得宁夏电力公司及自治区变电检修技能大赛第一名，并相继获得检修公司技术能手、宁夏电力公司技术能手、中电联技术能手、自治区技术标兵以及自治区“五一劳动奖章”。2018年5月，获全国“五一劳动奖章”。

（张明鹏）

2018年享受国务院政府特殊津贴人员

【王　利】彭阳县农业综合开发办公室研究员。2007年，任彭阳县农业机械化推广服务中心主任以来，先后主持实施了“保护性耕作工程建设项目”等重大项目20多项，主持制定《深松整地联合作业机》国家行业标准1个，《宁夏马铃薯机械化收获》等地方标准4个。获得发明专利2项、实用新型专利4项。为彭阳县农业机械化发展及农业综合开发作出重要贡献，彭阳县农机推广服务中心先后荣获农业部、区、市、县等部门授予的“先进集体”奖励20多个。2013年，获得神内基金农技推广奖；主持实施的多功能覆膜机研发项目获自治区科技进步三等奖；先后受到国家、区、市、县业务部门和县委、县政府表彰奖励20多次。他积极争取区县共建玉米、牧草、保护性耕作、马铃薯示范园38个，选出适应于六盘山区作业农业机械及技术模式；累计推广四十余种马铃薯、玉米、牧草等机械化生产新机具，推广各类新型农机具15000台(部)，农机化新技术实施面积每年保持在3万亩以上。主持和参与研发了坡台地牧草收割机及打捆机等9种机具获得国家专利；编写《宁夏保护性耕作技术试验研究与应用》等专著4部，主持制定《深松机》国家标准和《机械化铺膜作业技术规程》等5个宁夏地方标准。主持编写宁夏地膜玉米全程机械化生产集成技术示范推广项目等国家和省部级项目可行性研究报告、实施方案40多个；在省部级核心刊物发表论文8篇。他先后获中华神内基金优秀推广人员农机推广奖，全国农牧渔业丰收奖一、二、三等奖各1项，获宁夏扶贫开发"定点帮扶先进个人"称号。2018年，享受国务院政府特殊津贴。

【王　莉】中色(宁夏)东方集团公司正高职高级工程师。宁夏新世纪学术创新带头人。她从事金属材料研发工作29年，主持和参与主持国家项目11项。她和团队自主研制的国际热核聚变反应堆用铍材，通过了权威机构认证，成为国际三家供应商之一；团队共同开发的铍铝材料和高温抗氧化材料及涂层，填补了国内空白，为国防军工、航空航天工业提供了低成本的新材料；团队联合高校研究院所研制的低温超导铌材和织构取向钽靶材，打破了国外的垄断，为粒子加速器和中国芯片的制造提供了材料保证。在专家的指导下，王莉和团队突破了钽材传统应用范围，研发出适合人体、生物兼容性好的高端医用钽粉，开启了钽材的生物应用。2018年，享受国务院政府特殊津贴。

【庄文娟】自治区人民医院眼科医院主任医师，眼科教研室副主任，硕士研究生导师。1994年毕业于宁夏医学院临床医学系，分配在宁夏医学院附属医院眼科从事眼科学临床、科研与教学工作，2005年宁夏医科大学研究生毕业，2006—2007年由国家公派以访问学者身份赴美国霍普金斯医学院Wilmer眼科研究所研修。曾在上海眼耳鼻喉科医院、北京医科大学第三医院等知名医院学习。具有扎实的理论基础，丰富的临床经验和娴熟的显微外科手术技术，掌握眼科常见病及多发病的诊断、治疗及手术，如角膜病、青光眼、小儿斜视、弱视、白内障超声乳化及人工晶体植入手术等，尤其对于屈光手术学方面有较深入的研究，为宁夏首位获得准分子激光手术治疗近视上岗证的人员，率先在区内开展、并已为上千只眼成功实施了该项手术，具有丰富的临床经验。迄今共发表论文30余篇，6篇发表在国家核心期刊，3篇被SCI收录，4篇发表在国外核心期刊，其中一篇还获得第十届宁夏自然科学优秀学术论文一等奖，合著出版《眼科复杂疑难病症诊治精粹》一书。两项科研项目分别于2005年、2008年获宁夏科技进步三等奖及二等奖(均为主持人)，两项科研项目分别于1999年、2001年获得宁夏科技进步三等奖及二等奖(均为第二作者)。2015年，获得宁夏科技创新领军人才称号，享受自治区政府特殊津贴。2018年，享受国务院政府特殊津贴。

【刘利平】共享装备股份有限公司正高职高级工程师。1991年8月至2001年8月，在宁夏西北煤机一厂西达公司精铸工厂从事铸造工艺设计、铸造新技术引进使用工作，任技术员、工程师、主任工程师；2001年8月，在共享装备有限公司从事铸造工艺设计、施工、铸件新产品开发，担任项目研发经理，历任工程师、主任工程师、高级工程师、共享集团专家。共享装备股份有限公司VM工程师正高职高级工程师。从事铸造工艺设计、施工、铸件新产品开发工作，担任项目研发经理，被聘为共享集团专家。他全身心投入到铸造工艺设计革新和新业务开发及新产品研发工作，所主持、研发生产的大型涡轮增压器铸件，大型柴油机主机架铸件、燃气内燃机铸件、大型风力发电部件、远洋高技术船舶推进系统关键部件铸件、美卓矿机铸件、GETS高速铁路机车用柴油机成套铸件等已成为瑞士ABB、美国通用、芬兰瓦锡兰、德国MAN、美国瓦克夏、奥地利颜巴赫、金风科技、美国COOPER、美卓矿机等驰名公司的供应商，获得瓦锡兰"全球最佳供应商"。实现了大批量高端铸件的批量稳定生产、国产化和出口。他不断改进创新应用计算机CAD、CAE，创新铸造技术。开启了大型金属模具制造控制方法，复杂砂芯做整技术，所采用的全三维工艺设计，magma充型、凝固模拟、铸件冷却温度时间计算技术已全面应用在高端铸件设计并推广到新的工艺设计中。主持、参与国家级、自治区级等科研项目10余项，完成宁夏回族自治区科技成果7项，国家战略性创新产品1项，国家重点新产品3项；获得宁夏回族自治区科技进步奖3项，国家专利17项，发表论文4篇。2013年，获共享集团"科技创新成果杰出贡献奖"。2016年，享受自治区政府特殊津贴。2018年，享受国务院政府特殊津贴。

【杜殿川】银川唐徕回民中学校长、党委书记，教育管理硕士，中学高级教师。自治区骨干教师，自治区"313人才"，全国思想政治课优秀教师，自治区首批塞上名校长，自治区优秀教师，自治区塞上名师工作室主持人，全区创建教育强县（市、区）工作先进个人，银川市首届凤城名师，银川市职工岗位能手，连续多年在年终考核中被确定为银川市优秀公务员。先后任灵武县第一中学教师并担任年级组长、银川唐徕回民中学政教处副主任和办公室主任、银川市实验中学副校长、银川二十四中校长和党委书记。2013年3月，任银川唐徕回民中学校长和党委书记。从普通教师到校长，始终没有离开过讲台，长期承担高三年级的思想政治课教学工作，形成了"基于生活的高中思想政治课教学模式"，论文《探索信息技术与学科课程整合中教学方法的研究》获中国教育学会举办的论文评选一等奖。2003—2012年先后主持或参与国家级和自治区级课题7项。2018年享受国务院政府特殊津贴。

【李　丽】宁夏广播电视台卫视频道高级编辑。1988年7月毕业于北京大学，同年在宁夏人民广播电台参加工作。2005年9月调宁夏广播电视台工作，先后任办公室副主任、新闻频率总监、公共频道总监、卫视频道总监。她先后牵头创办了宁夏首档电视谈话节目《倾听》、首档真人秀外宣节目《这里是宁夏》等。2015年创办的高端访谈节目《解码一带一路》被国家新闻出版广电总局作为创新创优节目表彰，并入选中国外文局《对外传播》杂志"2016年度对外传播十大案例"。牵头创作了《突破与跨越》《花儿的家乡》等10多部大型专题片，在区内外屡获奖项，有的还在央视播出，其中纪录片《两本日记》获中国新闻奖二等奖，是迄今宁夏电视作品在全国广播电视业内获得的最高奖项。2015年，卫视频道获得"全国三八红旗集体"称号。通过努力，2016年宁夏卫视与迪拜中阿卫视签署正式节目播出协议。自阿联酋时间7月24日起，迪拜中阿卫视在晚间黄金时段为宁夏卫视开辟专栏，全年播出节目超过100小时，使用有线及卫星电视传输方式在阿拉伯国家落地，播出覆盖整个中东及北非地区4.5亿人口。2016年，她的作品《家和万事兴》获第九届中国旅游电视周旅游形象片好作品奖，《宁夏新十景》获第九届中国旅游电视周旅游形象片优秀作品奖。她先后获中国新闻奖三等奖1次、宁夏新闻奖一等奖3次，宁夏广播电视政府奖一等奖1次。2018年，享受国务院政府特殊津贴。

【李培润】自治区中医医院暨中医研究院门诊部国医堂主任医师。他主持研究的自治区科技厅科技攻关项目"健脾活血解毒法治疗胃粘膜癌前病变的临床研究"和"疏肝泄热和胃法治疗反流性食管炎的临床观察"，探索出了治疗胃粘膜癌前病变的固定处方健脾复胃颗粒和治疗反流性食管炎、反流性胃炎的左金抑反颗粒，并于2014年在院内投入生产，经过一年的临床应用，取得了较好的经济效益和社会效益。他连续6年被医院评为院内有突出贡献者和先进工作者，当选为银川市人大代表，曾获自治区"医德标兵"称号；2013年获得中国教科文卫体工会授予的"全国医德标兵"称号；2014年获"自治区五一劳动奖章"；2015年获"自治区先进工作者"称号并在北京人民大会堂参加了全国劳模先进工作者表彰大会。自治区卫生计生委还启动了"李培润劳模创新工作室"。2018年，享受国务院政府特殊津贴。

【杨　朝】自治区人民医院呼吸内科主任医师，硕士生导师，宁夏变态反应学会主委并参加中国医师协会呼吸分会等多个学术团体的工作。自2008年底由自治区政府从山东烟台毓璜顶医院引进至宁夏回族自治区人民医院担任呼吸内科主任以来，带领全科同仁，在临床、教学及科研方面均取得了很大成绩。她在COPD及肺动脉高压发病机制的研究方面有较深造诣，获国家自然科学基金三项（2项主持），主持及主要参加自治区科技攻关、自治区自然基金15项，成果多次获奖。她先后获得"院先进个人""全区卫生系统甲型H1N1流感防治工作先进个人""自治区全职引进优秀博士""塞上名医""宁夏最美科技人"、宁夏回族自治区"五一劳动奖章"等称号。2018年，享受国务院政府特殊津贴。

【杨永宏】宁夏吴忠市利通区第一小学党总支书记兼校长，研究生学历，正高级教师，获全国劳动模范、全国创新名校十佳校长、宁夏首批"塞上名校长"、宁夏先进工作者、宁夏优秀教师、宁夏优秀党务工作者，被教育部遴选为第二批全国名校长领航班成员。享受自治区政府特殊津贴，是自治区政协委员、吴忠市政协委员。先后在中学、小学、教育局工作，历任副校长、校长、局办公室主任，主持过12项国家级、省级课题，在省内外刊物发表论文20余篇，先后承担区内外关于学校办学思想、办学特色、课程建设、党建工作、教师专业成长、师德建设、创新教育等专题讲座十余场次。任校长期间，所在学校先后获得全国文明单位、全国文明校园、全国创新名校、全国民族团结先进集体等国家、自治区和吴忠市荣誉，成为在省内外有一定知名度的学校，尤其是创新教育、民族团结教育、特色课程在全国有一定的影响。2018年，享受国务院政府特殊津贴。

【连晓芳】宁夏日报报业集团高级记者、总编辑助理。29年来一直坚守在新闻第一线，深入旱塬、戈壁、贫困山区，采写了数千篇见证宁夏回族自治区改革发展历程的报道，一批新闻作品产生了较大社会反响，获得中国新闻奖、全国省市区党报新闻奖等50余项国家及省部级奖项，其中中国新闻奖二等奖作品1件，三等奖作品1件，全国省市区党报新闻奖一等奖作品6件，宁夏新闻奖一等奖、特等奖作品25件。参与策划组织实施或具体承担了党的十六大、十七大、十八大、十九大、全国两会、自治区党代会、自治区两会等近百项次重大事件、活动报道，2008年采写的习近平同志来宁考察纪行《平实之间见深情》得到中央办公厅表扬，给予"文章写得富有感情，有文采，是一篇好通讯"的评价。先后获"全国三八红旗手标兵提名奖""全国三八红旗手""全国优秀新闻工作者""宁夏首届名编辑名记者"、自治区"四个一批"新闻人才、自治区首批"塞上文化名家"等荣誉。2015年，享受自治区政府特殊津贴。2018年，享受国务院政府特殊津贴。

【吴旭涛】国网宁夏电力有限公司电力科学研究院正高职高级工程师。2012年，担任国网宁夏电科院副总工程师。研究方向涉及电力系统防污闪、电力系统过电压、电气绝缘、变压器、输电线路等多个领域。先后承担科研攻关项目近70项；获得各类科技奖70余项，其中省部级科技奖11项；获专利授权39项，其中授权发明专利12项；主持或参与编制技术标准24部，其中国家标准1部，电力行业标准7部；公开发表学术论文70篇；出版专著5部。先后被评为宁夏青年岗位能手、全国知识型职工先进个人、国网宁夏电力公司劳动模范、国家电网公司工程技术专家、国家电网公司劳动模范、国家电网公司工程技术专家、国家电网公司检修专业领军人才。2018年，享受国务院政府特殊津贴。

【邹　荣】宁夏民族艺术研究所所长、研究员，宁夏文艺评论家协会副主席、中国文艺评论家协会会员、中国群众文化学会会员、宁夏音乐家协会会员、宁夏摄影家协会会员、宁夏戏剧家协会理事、宁夏作家协会会员。2006年被聘为自治区"非物质文化遗产保护中心"专家评委，第四届至第二十届宁夏文化艺术理论研讨会专家评委。2006—2009年度为自治区专家服务团成员。2016年，被评为"文化部优秀专家"。完成多项国家级、自治区级课题，其中"十五"规划艺术科学研究课题"六盘山区传统文化艺术资源的保护与开发"荣获"第二届全国艺术科学研究成果评奖"三等奖(2006年)和宁夏"第十届社会科学优秀成果"二等奖(2009年)。2016年，"六盘山区传统地摊戏的挖掘与研究"立项为文化部文化艺术研究项目。曾获自治区党委宣传部、自治区文化厅颁发的"一专多能"奖。发表各类专业论文30余篇40多万字，创作戏剧小品、小说、散文、摄影等作品20余篇(幅)，获省级以上奖励20多次。《对广场文化美学问题的探讨》在"全区第二届群众文化专业岗位技能大赛"中获"金奖"、在第十一届"群星奖"群众文化科研成果评奖中获银奖。2018年，享受国务院政府特殊津贴。

【张庆华】宁夏医科大学总医院垂体疾病诊疗中心主任医师，宁夏医科大学总医院神经外科主任医师、教授、医学博士、研究生导师。擅长微创经鼻蝶手术治疗垂体瘤，显微手术治疗胶质瘤、脑膜瘤、颅咽管瘤、脑出血等；脑积水的评估与手术；重症颅脑损伤救治。率先在宁夏开展经鼻蝶视神经管减压手术等。先后获得省部级科技成果一等奖1项、二等奖2项；主持承担国家自然科学基金项目1项、省部级基金项目5项；在公开发行的学术期刊发表科研学术论文30余篇；参编专著2部。先后获第十一届宁夏青年科技奖，入选宁夏"313"人才工程和国家"百千万"人才工程第三层次人选，享受自治区政府特殊津贴。2018年，享受国务院政府特殊津贴。

【张　林】宁夏天地奔牛实业集团有限公司党委副书记、总经理，正高职高级工程师。长期从事煤炭行业的科研和科技经营管理工作，完成部级以上科研成果11项，获奖6项，获国家专利13项，发明专利受理10项；参与撰写论著1部；公开发表论文18篇。主持国家科技支撑计划项目、中央国有资本经营预算重大技术创新及产业化资金项目、国家重大科技成果转化项目、重大专项17项。2012年入选自治区"国内引才312计划"人选，2013年聘为天地科技股份有限公司第一届技术委员会首席科学家，2015年享受自治区政府特殊津贴，2016年获"全国优秀企业家"称号。2018年，享受国务院政府特殊津贴。

【张国庆】宁夏林权服务与产业发展中心高级林业工程师。先后主持或承担国家和自治区林业产业重点科研项目12项，获国家科学技术进步二等奖1项，获省级自然科学优秀学术论文三等奖2项(第十二届、第十三届)，科技成果6项、国家专利1项，制定行业和地方标准8项，出版专业著作3部，发表科技论文11篇。在实践中总结了宁夏贺兰山东麓酿酒葡萄"厂"字形规范化栽培技术、灵武长枣自由纺锤形优质丰产技术、设施葡萄高干水平棚架立体复合栽培技术、欧洲优良酿酒葡萄品种(系)苗木繁育技术、苹果矮砧密植格架标准化栽培技术、宁夏中部干旱带葡萄高效节水调优栽培综合生产等8项关键技术。获“全国林业系统先进工作者”“塞上农业专家”等称号,是自治区设施果树技术服务专家组首席专家。2018年,享受国务院政府特殊津贴。

【陆立国】宁夏水利科学研究院正高职高级工程师。先后主持和参加30多项科研项目,获自治区科技进步一等奖1项、二等奖2项、三等奖5项,水利科技进步奖多项,发表学术论文20多篇。主编《宁夏灌区支斗农渠衬砌定型图集》《灌溉渠道衬砌工程技术规范》《宁夏水利工程格宾应用技术导则》和《宁夏水利工程塑料土工格栅应用技术导则》,其中《宁夏灌区支斗农渠衬砌定型图集》作为宁夏农田水利工程建设的地方性标准,参编《灌溉与排水工程技术状况评定导则》。通过渠道防冻胀试验,首次将聚苯乙烯保温板应用到渠道砌护中,解决了衬砌渠道冻胀破坏严重的技术难题;在国内首次将具有领先水平的低碳环保新型产品“竹塑渠道”应用到宁夏灌区。2013年,主持水利部公益项目“宁夏引黄自流灌区输配水关键技术研究”。2012年和2015年,参加水利部推广项目“宁夏引黄灌区高效节水技术集成与示范”“宁夏引黄灌区经济作物滴灌技术集成示范”。主持“宁夏渠道防冻胀衬砌试验研究”,首次将聚苯乙烯保温板应用到干渠衬砌中,设计12种衬砌结构,提出了混凝土板+土工膜+苯板等多种防冻胀效果显著的衬砌结构,解决渠道砌护工程冻胀破坏的技术难题。主持“北方寒冷地区支斗农渠衬砌结构优化定型研究”,统一了灌区支斗农渠的砌护断面,使支斗农渠衬砌规范化、标准化和定型化。主持“黄河宁夏段河道治理技术应用集成与研究”,总结、研究与集成多年来黄河治理方法、措施、关键技术、试验研究,管理模式和新材料新工艺应用等,提出宁夏黄河治理模式,为宁夏黄河的综合治理提供技术支撑。主持“膨润土防渗毯渠道衬砌防渗防冻胀试验研究”,在国内首次将防渗毯应用到渠道砌护中,开展了系统的防渗、防冻胀、防冲刷和耐久性试验,为水利部推广中心在全国范围内推广应用提供技术依据。主持“宁夏灌区骨干衬砌渠道糙率原型测试验证与研究”,通过糙率原型观测试验和研究分析,确定不同衬砌材料和断面形式渠道糙率的合理取值范围,为工程设计合理选用糙率取值提供科学依据。主持“宁夏黄河治理工程塑料土工格栅引进与应用研究”,首次将土工格栅材料引进并应用到宁夏黄河整治工程中,创造性地提出了格栅土枕、格栅石笼进占和格栅石笼护坡、护脚的优化施工工艺,实现了宁夏河道治理技术的创新。2018年,享受国务院政府特殊津贴。

【陈　娟】宁夏医科大学总医院呼吸与危重症医学科主任医师,医学博士,博士生导师,呼吸内科副主任,呼吸学位点负责人。长期致力于慢阻肺、间质纤维化等疾病的发病机制探索研究。率先在自治区建立了肺动脉高压临床筛查路径(实现病因筛查,规范诊疗)。率先建立慢性气道疾病门诊,创建慢阻肺管家手机APP,通过手机及数据终端对慢阻肺患者进行评估、远程医疗及闭环管理(慢阻肺患者家中看病,远程看病,疾病由慢病医师监控,早期干预)。开拓性建立快速现场评定(ROSE)首次在气管镜检查术中,即刻进行病理学,细胞学分析,极大提高精准诊断和治疗;在国内首次提出核磁对肺动脉高压的早期诊断价值,极大地提高了肺动脉高压的早期诊断率。首次在区内建立间质疾病的协作组(胸外科,呼吸,风湿科,检验科,放疗科)提高间质疾病的诊疗水平。国内首次提出乙酰半胱氨酸对慢阻肺的治疗价值,已经进入临床研究阶段;国内首次建立慢阻肺闭环管理模式,优化慢阻肺的慢病管理,减少慢阻肺反复住院率及医疗花费;国内首次提出核磁共振对肺动脉高压早期筛选价值,项目成果已经申请专利。先后获自治区“313”人才称号、自治区“五四青年奖”、第十五届宁夏青年科技奖。享受自治区政府特殊津贴。主持国基金(国家级)项目3项,省部级科技项目10余项。科技重大专项1项。先后获自治区科技进步三等奖1次、自治区科技进步二等奖1次、广东省科学技术进步奖二等奖1项。2018年,获“全国优秀中青年呼吸医师”奖,享受国务院政府特殊津贴。

【郑亚莉】自治区人民医院肾内科主任医师,医学博士,硕士生导师。1983年8月,毕业于宁夏医学院医疗系并就职于宁夏医学院附属医院大内科。1988年从事肾脏病专业的临床、教学、科研及学科建设和管理工作。1993年建立宁夏第一个独立的肾脏病学科,担任宁夏医学院附属医院肾脏内科行政副主任,主管医疗、教学及科研工作。建立宁夏的大血液透析中心,首次引入血液透析技术,废除了古老的平板透析机,引进通用的立式血透机,为宁夏的血液透析技术奠定了基础。带领学科在宁夏首次开展肾脏穿刺活检术,并开展肾脏病病理诊断,填补这项技术在宁夏的空白。在宁夏首次开展普通显微镜代替相差显微镜观察血尿红细胞形态的新技术。该项目获得自治区科技成果奖。1997年10月，获得日本武田科学振兴奖学金，并在日本国顺天堂大学医学部肾脏内科获得医学博士学位。2001—2008年，获得美国国立卫生研究院访问学者奖学金，赴美国国立卫生研究院（NIH）做博士后研究。期间在国际权威杂志发表学术论文38篇，SCI收入论文26篇。获得2004年和2006年美国国立卫生研究院杰出中青年研究奖及优秀论文奖。2009年2月，被聘为自治区人民医院肾脏内科学科带头人。她打造了一个集病房（65张床）、血液净化中心（43台血液透析机）、危重病治疗（3台CRRT）、病理诊断、慢性病防治为一体的肾脏病诊疗中心。科室于2014年被评为医院重点专科，2017年获批首批宁夏慢性肾病临床医学研究中心，并担任中心主任。担任宁夏人民医院—西北民族大学第一临床学院副院长，内科教研室主任；宁夏医科大学博士生导师，西北民族大学大学和宁夏医科大学的硕士研究生导师。获2012年、2014、2018年宁夏医科大学和西北民族大学第一临床医学院的教学先进工作者奖。2010年入选宁夏首批百人计划；2015年，享受自治区政府特殊津贴并获最美科技人称号；2016年，获自治区政府颁发的“塞上英才”奖；2017年，获宁夏科技创新奖状；2018年，获全国第二届白求恩式的好医生奖，享受国务院政府特殊津贴。

【赵四海】宁夏隆基宁光仪表股份有限公司高级工程师。1990年6月从兰州大学物理系固体电子学专业毕业后，被分配到宁夏隆基宁光仪表有限公司（国营宁光电工厂）技术科工作。1991年承接主导产品声表面波滤波器的设计研发工作，1992年完成了滤波器的设计，结束了多年以来只能照图生产而不能设计的被动局面。1992年开始，着手预付费电子式电度表的设计研发工作。由他领导的团队，相继研制完成了第一代电子式预付费电度表，第二代电子式单相预付费电度表，并获得1994年度国家新产品称号，1996年度自治区科技进步二等奖。1998年，由他主持研发的电子式单项表系列和电子式三相表系列，一举击败了西门子等大的国际公司，夺得出口印度电子式电度表的50万只、价值4亿多元的合同，开辟了中国电子式电度表走出国门出口创汇的先河。由他主持设计的电子式“三相四线有功电度表”是国家火炬项目，获2002年度自治区科技进步二等奖。2005年，由他主持研制的国家火炬计划项目“0.5级三项四线多功能电能表”，获自治区科技进步三等奖。1998年到2003年间，他相继主持设计开发了电子式电度表的全系列产品，满足了民用、工业、出口及特殊行业对电能表的需求。2000年，他被评选为“自治区学术技术带头人”。2004年，享受自治区政府特殊津贴。他带领技术团队，自主开发了基于SOC宽带双模DLMS交互式STS单项费控智能电能表，突破了协议本土化、通信协议国际不兼容的瓶颈，填补了国内市场的空白，在整体水平上处于国际先进水平。他还主导研发了LoRa通信技术、低功耗自组网技术、NB-IoT通信技术、GPRS通信技术、温压补偿技术、CPU智能卡安全技术、NFC手机售气技术等，成功将这些技术应用到智能燃气表中，成为国内首批万量级NB-IoT燃气表的供货商。2018年，享受国务院特殊津贴。

【徐广贤】宁夏医科大学临床医学院教授。主持完成国家自然基金项目4项、教育部新世纪优秀人才项目等省部级项目14项，总经费450多万元。授权专利2项，申请专利2项，获宁夏自然科学优秀学术论文一等奖4项，二等奖1项，北京第五届北京协和微生物与临床论坛暨国际临床微生物实验室能力建设学术沙龙优秀论文三等奖1项，获科技进步三等奖3项，科技成果登记1项；在国内外学术杂志上发表论文150余篇，其中SCI论文20篇；主持医学检验技术重点专业建设项目1项，区级重点教改项目1项，担任副主编的教材1部，参编教材6部。是教育部“新世纪优秀人才”宁夏科技创新领军人才、宁夏“国内引才312计划”获得者，享受自治区政府特殊津贴，国家自然科学基金同行评议专家。2018年，享受国务院政府特殊津贴。

【徐润邑】宁夏农业技术推广总站研究员，兼任宁夏优质稻米产业化协会副会长、宁夏种子协会副秘书长等职，入选自治区“313人才工程”。1983年7月毕业于宁夏大学农学院农学专业。先后在灵武市种子公司、宁夏种子公司从事农作物品种推广和管理工作。11次受到自治区和国家有关部门的表彰奖励。曾获“全国农技推广先进工作者”“全国农业科技推广标兵”“自治区农业先进工作者”等荣誉称号。先后主持参与实施各级各类项目16项。引育审定作物品种7个，获省部级科技成果一等奖1项、二等奖5项、三等奖1项。发表研究推广论文30余篇。2018年，享受国务院政府特殊津贴。

【郭中山】神华宁夏煤业集团煤制油分公司高级工程师。1988年，从青岛化工学院毕业后，在神华宁夏煤业集团参加工作。先后主持或参与了神华宁煤集团

25万吨甲醇、21万吨二甲醚、60万吨甲醇、50万吨煤基烯烃、6万吨聚甲醛、50万吨甲醇制烯烃、100万吨煤泥综合利用、100万吨煤化工副产物深加工和400万吨煤制油等9个项目的前期技术论证、工程建设、投料试车、生产经营、技术开发等相关工作。与神华宁煤核心技术团队一道先后承担国家重大科技专项7项，获得省部级以上科技成果奖励57项，承担省部级以上科技攻关项目30余项，累计申报专利450项，授权356项，获省部级以上奖励81项，其中国家科技进步二等奖4项。所带领的集体获自治区“五一劳动奖状”两次，国家“五一劳动奖状”一次。2018年，享受国务院政府特殊津贴。

【曹有龙】宁夏农林科学院枸杞工程技术研究所研究员。1987年9月，在宁夏农林科学院土壤肥料研究所微生物研究室参加工作。1994年9月至2000年7月，考入四川大学先后攻读硕士学位、博士学位。2002年至2003年，在香港大学植物系进行合作研究。2003年至2005年，任宁夏农业生物技术重点实验室主任。2005年，任宁夏枸杞工程技术研究中心党支部书记、主任。2017年6月，当选中共宁夏回族自治区第十二届委员会候补委员。2018年12月，递补为中共宁夏回族自治区第十二届委员会委员。兼任宁夏回族自治区枸杞专家服务团团长、宁夏回族自治区枸杞种植创新与遗传改良创新团队首席专家、宁夏农林科学院学术委员会委员、宁夏生物学会副理事长；宁夏回族自治区学术技术带头人（“313人才”），宁夏农林科学院生物学科一级学科带头人。他带领枸杞专家服务团的专家们足迹遍布全区各市县基层，先后争取国家级项目4项。在全区17个乡镇和村举办培训班22期，深入枸杞园调研及技术服务14次，培训枸杞种植户2900多人次，发放枸杞规范化种植培训教材3000余册。共发表学术论文40余篇。获得自治区科技进步二等奖1项，三等奖1项，登记成果1项，培养硕士研究生6人。2018年，宁夏枸杞工程技术研究中心被自治区首批确立为“枸杞种质创新与遗传改良研究”的科技创新团队。2018年，享受国务院政府特殊津贴。

【赖小勇】宁夏大学煤炭高效利用与绿色化工国家重点实验室副研究员。2009年6月，毕业于吉林大学材料科学与工程学院，工学博士（材料物理与化学）。2009年7月，在中国科学院过程工程研究所参加工作。2011年7月，调宁夏大学能源化工重点实验室。2013年7月，成为宁夏大学能源化工重点实验室硕士生导师（应用化学、化学工程）。主要从事多孔、空心、低维等微纳结构新材料的设计、合成及其在能源（染料敏化太阳能电池、锂离子电池、超级电容器）、环境（光催化、气敏传感器）方面的应用研究，致力于解析“材料结构与应用性能之间的构效关系”，设计、开发高性能的新型先进材料。主持完成国家自然科学青年基金1项、中国科学院院地合作项目2项、宁夏自然科学基金1项、“西部之光”人才培养计划1项、国家外国专家局教科文卫重点引智项目1项，在研国家自然科学地区基金1项。在国际权威期刊发表SCI论文40篇，申请专利14项（获授权8项），获宁夏自然科学优秀学术论文一等奖2项。2018年，享受国务院政府特殊津贴。

【薛正斌】宁夏师范学院教师教育研究中心教授，《宁夏师范学院学报》编辑。入选教育部“新世纪优秀人才支持计划”。宁夏“十三五”重点学科“教育学”学科带头人，主要从事教师教育、基础教育和高等教育研究。出版专著4部，主编2部。主持完成国家、省部级课题10余项。公开发表学术论文60余篇。部分论文被《新华文摘》、人大书报资料中心部分或全文转载。部分研究报告和论著获国家、省部级奖。先后获陕西师范大学“积学奖学金”“华藏奖学金”和“优秀研究生奖”；研究报告《宁南山区农村中小学教师流失与教育公平研究》获2010年“宁夏首届教育成果奖”一等奖。2012年入选教育部“新世纪优秀人才支持计划”。2013年享受自治区政府特殊津贴。2018年，享受国务院政府特殊津贴。

【魏亦勤】宁夏农林科学院农作物研究所研究员。自1983年以来主要从事小麦新品种选育与栽培技术研究工作，先后育成并通过自治区品种审定的春小麦新品种宁春16、32、35、43、47、50、55号，宁冬18号和通过国家品种审定的宁J210、宁2038。参加和主持的多项科研成果分别获农业部科技进步三等奖1项、神农中华农业科技奖1项，宁夏科技进步二等奖2项、三等奖3项。2000年获中国农学会第七届青年科技奖，2003年获自治区跨世纪“313”人才工程学科带头人。发表学术研究论文120余篇。主持自治区农业育种专项“小麦新品种选育”、国家科技支撑计划—西北春小麦新品种培育与扩繁等重大科研项目。2018年，享受国务院政府特殊津贴。

【马洪涛】神华宁夏煤业集团灵新煤矿技师。针对MG-400/1020-WD采煤机液压调高系统常出故障，严重制约了双向割煤工艺的实施，影响正常生产，他大胆地对该液压调高系统进行技术改造，产生直接经济效益50多万元。针对采煤机截割部的绞轴孔磨损很大，他提出的MG-300/690型采煤机绞轴孔车床镗孔进行技改的建议实施后，提高了开机率，保证了生产正常进行，直接产生经济效益30多万元。针对采煤机的喷雾和冷却系统不能较好满足机器在满负荷运行时的冷却需求，他又对该机组的喷雾和冷却系统进行了技改，减少了故障发生率，为矿上节约资金10多万元。2011年他所开采的L4404工作面，2.4米采高，煤层最厚1.9米，最薄煤层1.2米，底板为粉砂岩，按照作业规程要求，对低于煤层小于1.8米段，必须沿顶板破底回采，将近1米厚的矸石，对采煤机的各配件的强度和耐用性将是一个很大的考验，凭借多年精湛的采煤技术，他带领采煤机司机精心操作和维修，确保了设备的安全使用和工作面的正常回采的完成，仅节约设备配件维修费用就达210万元。2012年3月，针对L4406工作面延长二次安装，根据现场地质条件和多年的综采工作经验，他创造性地提出了采用风巷降标高运输巷作为安装切眼进行设备安装的方法和工艺，提高了L4406综采工作面的煤炭回采率，创造经济效益200多万元。先后参与和主持技术革新项目60多项，为企业创造经济效益1000多万元。先后夺得神华宁煤集团采煤机司机状元以及神华集团采煤机技能状元桂冠。获神宁集团劳动模范、自治区青年杰出岗位能手、全区“技术能手”等称号，以及神华技术能手、自治区“五一劳动奖章”、自治区首席技师、中央企业先进职工、全国技术能手等称号，2013年11月14日，获中国煤炭协会颁发的技能大师及技能大师工作室称号。2018年，享受国务院政府特殊津贴。

【王兆国】宁夏中银绒业股份有限公司技师。王兆国能熟练掌握“龙星、慈星、岛精”等多种机型的操作及调试，2015年，曾代表宁夏参加全国纺织行业“龙星杯”横机工职业技能竞赛，他反复训练强化自己的专业技能，从1分钟打结2个提高到1分钟10个，穿纱从5分钟穿一根提高到1分钟穿2根，找错针的时间从5分钟提高到1分钟内。在竞赛中获得全国第一名。他先后获“全国技术能手”、全国“五一劳动奖章”“2015年度中国纺织服装行业十大年度人物”等荣誉。2018年，他获银川市首届“凤城工匠”，享受国务院政府特殊津贴。

（张明鹏）

自治区60年感动宁夏人物

【赖清林】女，1916年6月出生，中共党员，生前系宁夏军区离休干部。1933年9月参加革命，曾随部队参加红军长征。无论工作岗位如何变换，她始终坚定“革命理想高于天”的理想信念。1981年离休后，她担任6所大中小学校的校外辅导员，协助学校对学生进行思想道德教育。她先后作报告50多场，讲述革命历史，开展革命传统教育。她勤俭节约，身体力行，热心为困难群众和失学儿童捐款捐物，先后捐款10万多元。曾获得1956年独立自由和解放勋章、60位新中国成立以来感动宁夏人物、感动宁夏年度人物等誉称号。2018年9月，被评为自治区60年感动宁夏人物。

【王清义】1922年8月出生，中共党员，平罗县税务局离休干部。1944年10月入伍，先后参加抗日战争和解放战争中的辽沈战役、平津战役等重大战役，参加抗美援朝战争。他在战争中不怕牺牲，奋勇杀敌，身上留下20多处伤痕。1957年，王清义转业到宁夏，长期从事财税金融工作。在工作中，他认真负责、公私分明，党指到哪里，就干到哪里。离休后，他热心当好爱国主义教育“红色讲解员”，将炽热的爱国情感和革命精神传给后人。曾获得解放华中纪念章、解放东北纪念章、抗美援朝纪念章等称号。2018年9月，被评为自治区60年感动宁夏人物。

【冯志远】1930年1月出生，中共党员，生前系中宁县鸣沙中学退休教师。1958年主动到宁夏支教，42年如一日，耕耘在七尺讲台。双目失明后，他仍坚持当了5年盲人老师，直到60岁退休才离开讲台。退休后，他仍住在学校，只要学生需要，就义务做辅导，直到身患脑血栓、无法自理的那一天。他的事迹被媒体向全国报道后，引起社会各界的强烈反响。自治区党委、政府发出通知，号召全区人民向冯志远学习。曾获得中国十大老年新闻人物、60位新中国成立以来感动宁夏人物、感动宁夏年度人物等称号。2018年9月，被评为自治区60年感动宁夏人物。

【吴家麟】1926年6月出生，中共党员，生前曾任宁夏大学校长，著名学者。20世纪50年代来到宁夏，在宁夏大学任教30年，孜孜不倦、教书育人。他努力进取，从一名普通教师成长为宁夏大学校长，桃李满天下，为宁夏大学的建设发展做出了突出贡献。他是新中国宪法学泰斗，参与编写了《中国大百科全书法学卷》，任该书宪法、行政法副主编；撰写的《宪法基本知识》是新中国第一本宣传宪法的著作；主编的《宪法学》是国内第一部宪法学教材；他还长期开展宪法的教学与学术讲座，为宪法的普及作出了重要贡献。曾获得中国宪法学发展终身成就奖、宁夏第一届哲学社会科学突出贡献奖等荣誉称号。2018年9月，被评为自治区60年感动宁夏人物。

【潘振声】蒙古族，1933年1月出生，中共党员，生前曾任宁夏文联副主席，著名作曲家。1955年开始从事儿童音乐创作。50多年里，他创作了大量儿童歌曲，有1000余首在全国各地报刊电台发表、热播，被人们誉为当代"儿歌大王"。1963年他创作了《我在马路边捡到一分钱》，该歌曲的手稿、曲谱后经中国文物局鉴定，被评为现代革命一级文物。他创作的《嘀哩嘀哩》，也是儿童乐坛中的"世界名曲"。曾获得全国少年工作优秀工作者、60位新中国成立以来感动宁夏人物等称号。2018年9月，被评为自治区60年感动宁夏人物。

【柳登旺】1931年6月出生，中共党员，宁夏农垦局原局长。1952年，他追随农垦大军投入前进农场的创建和开发，从此把全部心血和汗水倾注在了宁夏农垦事业上。他任宁夏农垦局局长期间，大力推动把农垦30万亩耕地由低产田改造成为了高产田。在他的带领下，前进农场万亩鱼湖建设迈入新的发展阶段，为建设全国闻名的"沙湖"旅游景区奠定了基础。1998年离休后，他依然以多种方式关注和支持着宁夏农垦的改革发展。曾获得中组部"优秀领导干部"等称号。2018年9月，被评为自治区60年感动宁夏人物。

【曾杏绯】女，回族，1911年3月出生，民盟盟员，生前曾任中国美术家协会宁夏分会主席，著名美术家。1953年到1956年，她的作品连续3次入选全国美术展览，成为宁夏第一位入选全国美展的艺术家。她从画80余年，以工笔没骨花卉见长，尤其擅画牡丹，作品被中国美术馆及一些大型博物馆收藏。2001年10月，中国美术家协会、中国少数民族美术促进会授予她"民族杰出美术家"称号。曾获得"杰出回族女画家"、100位为宁夏建设作出做出贡献英雄模范人物等称号。2018年9月，被评为自治区60年感动宁夏人物。

【陈树兰】女，1931年12出生，中共党员，宁夏医科大学总医院主任医师。1953年，她大学毕业后响应国家号召来到宁夏。从医65年，她对宁夏内科尤其是心血管内科的奠基、创业与发展贡献卓著，率先开辟了宁夏心脏病学介入领域，深入宁夏城乡调查高血压、心血管病患病率和患病因素，为国家提供了关于回族聚居地区心血管流行病学宝贵资料。医者仁心，从一名意气风发的年轻医生到耄耋之年的老专家，她将自己的一生奉献给了宁夏，谱写了"大医精诚"的颂歌。曾获得全国先进工作者等称号。2018年9月，被评为自治区60年感动宁夏人物。

【孔繁元】1938年4月出生，中共党员，宁夏医科大学总医院主任医师。1960年从湖北来到宁夏工作，50年多来，他潜心研究脑脊液细胞学，成为国内脑脊液细胞学动态研究领域的开创者之一。他持续开展神经系统流行病学调查、脑血管病危险因素干预、脑卒中人群监测和癫痫农村监控，为宁夏城乡众多脑血管病和癫痫患者提供了一条简便、实用、经济、有效的治疗和管理新途径。在半个多世纪的医疗生涯中，他始终坚守在临床和教学一线，诊治和抢救了一大批疑难重症患者，为宁夏培养了一大批优秀医疗卫生骨干。曾获得全国民族团结进步模范个人、宁夏50年影响力人物、100位为宁夏建设做出突出贡献英雄模范人物等称号。2018年9月，被评为自治区60年感动宁夏人物。

【礼荣勋】满族，1916年10月出生，中共党员，自治区水利厅原总工程师，著名水利专家。20世纪50年代，他负责黄河流域46个梯级电站的施工总体布置，并参与三门峡工程建设。1958年8月，他调任宁夏，负责青铜峡水电站建设技术工作。1978年，固海扬水工程开工建设，他任副指挥。1985年12月离休后，他仍关心宁夏水利建设，多次参加黄河黑山峡河段开发论证会。曾获得水利部"长期奉献水利优秀人员"等称号。2018年9月，被评为自治区60年感动宁夏人物。

【杨德明】回族，1936年12月出生，中共党员，贺兰县人大常委会原主任。1979年11月，时任贺兰县通义公社党委书记的他，解放思想、披荆斩棘，率先在通义公社最穷的星光六队开展包产到户试点。到1980年春播前，包产到户在全公社9个大队79个生产队全面推开。当年夏收时节，通义公社迎来大丰收，成为学习的典型，为包产到户政策在全区推开积累了成功经验。曾获得2008年银川市纪念改革开放30年改革创新风云人物等称号。2018年9月，被评为自治区60年感动宁夏人物。

【顾金海】1966年1月出生，中共党员，生前系中国人民解放军老山前线"特攻五连九班"战士。1986年对越防御作战中，他所在的战斗小组用了3分钟，就突破越军前沿阵地，将战旗插上主峰。这时，越军一个隐蔽的屯兵洞里扔出一颗手雷，危急关头，顾金海扑在战友身上，战友脱险了，自己却多处受伤。他顾不上包扎，抓起一个炸药包，爬到洞口，甩了进去。后撤时，越军的一发炮弹飞来，他使出全力扑在战友身上，壮烈牺牲。中央军委授予顾金海“战斗英雄”称号，自治区党委发出通知，号召全区人民向顾金海学习。他曾获得60位新中国成立以来感动宁夏人物等称号。2018年9月，被评为自治区60年感动宁夏人物。

【张贤亮】1936年12月出生，中共党员，生前曾任宁夏文联主席、华夏西部影城董事长，著名作家。1955年，他从北京移民来宁夏，先当农民后任教员。中共十一届三中全会后，张贤亮重新执笔从事文学创作，作品《灵与肉》《绿化树》等拥有广泛读者，被译成30种文字在世界各国发行，多部作品被改编成电影电视剧。1992年12月，邓小平视察南方重要谈话后，他创办宁夏华夏西部影城公司，发展文化产业取得成功。曾获得100位为宁夏建设作出突出贡献英雄模范人物等称号。2018年9月，被评为自治区60年感动宁夏人物。

【祁春霞】女，1964年2月出生，中共党员，自治区体育局训练管理中心副主任。1981年至2002年从事射击运动，多次打破世界纪录和全国纪录。担任教练员期间，她培养的运动员多次在全国射击运动会上打破纪录，获得佳绩。2002年至今，她带领团队获得国际、国家级比赛多个奖项。她在实现个人梦想的路上，也为宁夏体育竞技事业做出了卓越贡献。曾获得全国先进工作者、全国三八红旗手、60位新中国成立以来感动宁夏人物等荣誉称号。2018年9月，被评为自治区60年感动宁夏人物。

【王志洪】1941年7月出生，中共党员，原宁夏话剧团团长。在担任宁夏话剧团团长时，他创建了独特的文化大篷车流动舞台。在他的带领下，宁夏话剧团大篷车行程50余万公里，演出5000余场，观众达1000余万人次，先后8次进行全国万里行巡演。他曾在50余部戏中担任主角或主要配角，并从事导演、编剧工作。他创作的主要话剧作品有《女村长》《梅家小院》《宁夏好人》等，曾获文华奖、五个一工程奖等国家级艺术奖项。个人曾获得全国文化系统先进工作者、全国“三下乡”先进个人、国家有突出贡献话剧艺术家等称号。2018年9月，被评为自治区60年感动宁夏人物。

【张水华】女，1933年9月出生，中共党员，宁夏医科大学总医院护理部原主任。40余年的护理生涯中，她全心全意为病人服务，无论在哪个护理岗位，都以身作则、一丝不苟，用自己的言行向病人奉献爱心。她重视护理科研，在职期间，用系统工程方法管理护理工作，制定并完善了一整套对危重病人行之有效的抢救和护理措施，编写了《当代护理管理学》《责任制护理与计划》等专著。1993年，她被授予第34届南丁格尔奖，成为我国西北地区第一位南丁格尔奖章获得者。2018年9月，被评为自治区60年感动宁夏人物。

【李范文】1932年11出生，中共党员，宁夏社会科学院名誉院长。1960年6月，为了研究西夏学，他志愿来到宁夏银川。20世纪70年代，他被安排到西夏王陵做后勤和看守工作，在极为艰苦的环境下，他一待就是7年，完成了《夏汉字典》的初稿；同时写出的《西夏陵墓出土残碑萃编》至今仍是关于西夏王陵残碑研究中最具权威性的学术专著。1997年，耗费他20多个春秋的《夏汉字典》出版，成为广大西夏学研究者不可缺少的工具书，也使西夏学研究从“绝学”走向“显学”。他曾获得全国杰出专业技术人才奖、100位为宁夏建设作出突出贡献英雄模范人物等称号。2018年9月，被评为自治区60年感动宁夏人物。

【吴忠礼】1941年1月出生，中共党员，宁夏社会科学院历史文化学科首席专家、宁夏文史馆馆员。他长期从事西北和宁夏地方历史文化研究，被誉为“宁夏地方历史和地方志的拓荒者”、宁夏历史的“活字典”。他治学严谨、甘为人梯，用巨大精力整理出宁夏史志研究需要的《二十四史宁夏资料》等，先后编纂《宁夏通史·近现代史》等20余部著作，发表论文100多篇。他热爱修志工作，跑遍宁夏山川，为全区首轮志书编修任务的完成作出开创性贡献。曾获得全国地方志先进工作者、100位为宁夏建设做出突出贡献英雄模范人物、宁夏社会科学突出贡献奖等称号。2018年9月，被评为自治区60年感动宁夏人物。

【金占林】回族，1939年4月出生，中共党员，生前系同心县预旺镇广播站站长。从1959年参加工作以来，一直坚守在农村广播架线一线岗位。他患有严重的胃病和哮喘病，却不顾医生劝阻，沿着50公里的山路，3天一查线，5天一巡回，从不耽误。为了解决偏远山区喇叭杂音大的问题，他连夜冒雪检查线路，故障排除后，两只耳朵被诊断为一级冻伤。1999年，自治区实施广播电视“村村通”工程，已递交退休报告的他，带病请战，积劳成疾，牺牲在工作岗位上。他以实际行动兑现了“是公家人，就要好好为公家干事”的人生诺言。曾获得全国广电系统先进工作者、60位新中国成立以来感动宁夏人物等称号。2018年9月，被评为自治区60年感动宁夏人物。

【王振举】1937年9月出生，中共党员，生前系彭阳县国税局监察室主任。他踏踏实实坚守在贫困地区税收一线， 像西部旱塬上的芨芨草一样扎根基层，坚持再苦再难也要把税收上来。他的事迹广为传颂，被编为话剧，拍成电视剧，感动过亿万人。1995年12月，自治区党委号召全区广大干部职工向王振举学习，并组织王振举事迹报告团，在全区开展巡回报告。曾获得全国先进工作者、全国“五一劳动奖章”、全国税务系统先进工作者等称号。2018年9月，被评为自治区60年感动宁夏人物。

【4·20烈士集体】1999年4月20日凌晨，银川市公安局巡特警支队民警李富林、张建军、李海滨、孙虎接到110指挥中心指令后，前往西夏区执行处警任务，被犯罪分子引爆预先埋设的爆炸装置炸毁警车，4名民警壮烈牺牲。随后，银川市各界群众自发悼念，场面空前。据不完全统计，仅一周内送花圈、花篮500多个，并为英烈捐款134万元；4月27日，数千名群众参加追悼大会。曾获得60位新中国成立以来感动宁夏人物（集体）等称号。2018年9月，被评为自治区60年感动宁夏人物。

【卢雪鹏】1976年1月出生，生前系银川商城个体工商户。2005年10月3日晚10时40分左右，银川一女士遇3名歹徒抢劫。当歹徒正要乘出租车离开时，恰巧被途经此地的卢雪鹏夫妇看到。卢雪鹏安顿好身怀六甲的妻子，立即驾驶摩托车追赶并予以拦截。与歹徒搏斗过程中，他的颈部动脉血管被刺伤，在送往医院的途中，因失血过多，不幸英勇牺牲，年仅29岁。此前，他曾3次抓小偷，当听到有小偷扬言报复时，他说：“我就不信邪能压正”。曾获得全国见义勇为先进模范、60位新中国成立以来感动宁夏人物、感动宁夏年度人物等称号。2018年9月，被评为自治区60年感动宁夏人物。

【李剑英】1964年5月出生，中共党员，生前系空军驻宁某部飞行员。2006年11月14日，他驾驶战机在训练结束下降途中，飞机不幸撞上鸽群。当时，飞机上还有800多公升航空油，120余发航空炮弹，1发火箭弹，还有助燃的氧气瓶等物品。在生死攸关的16秒里，他看到飞机下方有密集的村庄和人群，于是毅然决定改跳伞为迫降，并先后3次放弃跳伞求生机会。6秒后，飞机撞上大堤，当场爆炸。他为保护人民群众生命财产安全献出了宝贵的生命。曾获得2007年度感动中国人物、空军功勋飞行员等称号。2018年9月，被评为自治区60年感动宁夏人物。

【何季麟】1945年9月出生，宁夏东方有色金属集团公司原董事长、中国工程院院士。30年来一直潜心于稀有金属钽、铌、铍的冶炼与加工技术研究，先后主持开发了多项钽、铌、铍金属的深加工产品，成功组织了多项国家级重大技术改造项目，在实现我国钽、铌高技术产品的技术提升方面起到了学科带头人的重要作用。在担任企业负责人期间，他大力推广和开拓国际市场，使宁夏东方有色金属集团公司成为世界钽业三强之一。曾获得全国劳动模范、100位为宁夏建设做出突出贡献英雄模范人物等称号。2018年9月，被评为自治区60年感动宁夏人物。

【裘志新】1947年8月出生，中共党员，永宁县小麦育种繁殖所原所长，著名小麦育种专家。1981年，他育成丰产性突出、适应性广泛、品质优良的宁春4号春小麦。因增产增收效果显著，这一小麦品种在短时间迅速向内蒙古、新疆、甘肃等6省区扩展，并被哈萨克斯坦等国家引种，成为我国春小麦种植面积最大的品种之一。他建立起一套摊子小、花钱少、效率高的育种机制，连续30多年开展北育南繁任务，将育种工作卓有成效地推向前进，为国家粮食安全作出了突出贡献。曾获得“全国五一劳动奖章”、100位为宁夏建设做出突出贡献英雄模范人物等称号。2018年9月，被评为自治区60年感动宁夏人物。

【赵　森】1936月1月出生，中共党员，原宁夏燃化局基建公司建井队工人。1965年，他从唐山矿机厂调入宁煤基建公司工作。怀着一片为祖国多出煤、出好煤的赤诚之心，他带着钳工班发明了四臂液压钻装机，不仅提高了工作效率，更是大大减轻了劳动强度。他始终走在科技创新的前沿，主持的创新发明以及小改小革项目价值千万，为推动我国煤机制造行业加快发展做出了突出贡献。1978年，他参加第一届全国科技大会，被授予全国先进科技工作者称号。2018年9月，被评为自治区60年感动宁夏人物。

【王有德】回族，1954年9月出生，中共党员，灵武白芨滩国家级自然保护区管理局原党委书记、局长。30多年来，他以坚韧的毅力和“宁肯掉下十斤肉、不让生态落了后”的拼搏干劲，团结带领白芨滩林场职工营造防风固沙林60多万亩，控制流沙近百万亩，在浩瀚的毛乌素沙漠边缘筑起了一道南北长61公里、东西宽30公里的绿色屏障，有效地阻止了毛乌素沙漠的南移和西扩，为宁夏生态建设作出了积极贡献。曾获得全国劳动模范、时代领跑者——中华人民共和国成立六十年最具影响的劳动模范、100位为宁夏建设做出突出贡献英雄模范人物等称号。2018年9月，被评为自治区60年感动宁夏人物。

【白春兰】女，1953年3月出生，中共党员，盐池县花马池镇沙边子村村民、宁夏白春兰沙产业开发公司董事长。1980年，她和丈夫联合本村10户人家，进驻一个叫作“一棵树”的地方开始治沙育苗。她发明“三行治沙法”林草栽植技术，采取立体复合种植法，在沙漠中创出了“吨粮田”的奇迹。在丈夫和大儿子因病去世后，她没有被噩耗击倒，继续扛起治沙的大旗，与“沙魔”做着永不屈服的抗争。在她的影响和带动下，相继有近百户人家来到沙边子村，造绿固沙，开发沙产业。曾荣获全国环保百佳先进个人、全国十大绿化女状元、全国防沙治沙十大标兵等称号。2018年9月，被评为自治区60年感动宁夏人物。

【姜丽娟】女，满族，1932年4月出生，中共党员，银川市金凤区长城中路街道林湖左岸社区居民。退休后的30多年里，她时刻关心弱势群众和慈善事业，坚持“双拥”工作29年，心系“春蕾计划”29年，投身帮教工作9年，以实际行动赢得了社会的广泛赞誉。她为“春蕾计划”募集的费用，使2600多名失学女童重返校园。她为贫困大学生和高中生四处奔走，为2403名大学生和高中生募集到助学捐款。至今，她还在为帮教失足青少年奉献余热，每年都会到自治区女子劳教少管所开展各种形式的帮教活动。曾获得全国道德模范提名奖、感动宁夏年度人物等荣誉称号。2018年9月，被评为自治区60年感动宁夏人物。

【庄电一】1956年6月出生，中共党员，光明日报驻宁夏记者站原站长。1984年，他从上百名报考者中脱颖而出，成为光明日报宁夏记者站记者。此后的30余年里，他始终活跃在采访一线，发表作品约5000篇500万字，出版《悠悠我心》《记者的天空》等9本作品选集。他长期关注宁夏乃至西部生态问题以及社会文化教育事业，用客观而饱含深情的文字记录宁夏发展、讲述宁夏故事，是记者编辑队伍中的杰出代表。曾获得全国百佳新闻工作者、宁夏名记者、感动宁夏年度人物等荣誉称号。2018年9月，被评为自治区60年感动宁夏人物。

【贺生福】回族，1965年6月出生，同心县河西镇朝阳村村民。2008年1月9日，5名中学生在同心清水河冰面上骑车游玩时掉入冰窟，正在附近工地务工的贺生福听到呼救声后，急忙跑到现场。他冒着冰面随时陷裂的危险，匍匐在刺骨的冰面上，相继把5名中学生救上了岸。虽然自己浑身冻得僵直，手脚麻木失去知觉，但他还是在闻讯赶来的弟弟贺生有的帮助下，把5名中学生送到医院。在医生的抢救护理下，5名中学生脱离了危险，而他没有留下姓名便悄然离开了医院。曾获得全国道德模范（见义勇为类）、60位新中国成立以来感动宁夏人物、感动宁夏年度人物等称号。2018年9月，被评为自治区60年感动宁夏人物。

【聂广进】1959年11月出生，中共党员，固原进元驾驶员培训学校校长。作为一名军转干部，他把驾校办成了转业军人的就业之家和安全驾驶的标准化基地，并坚持把发展成果惠及每个员工。驾校成立10年，他上缴税收460余万元，创造就业岗位近百个，先后拿出近100余万元用于扶贫济困等公益事业，并为4000余名困难学员减免学费300余万元。妻子卧病在床26年，他精心照顾，不离不弃，演绎了一份人间真爱。曾获得中国好人榜好人、全国模范军队转业干部、100位为宁夏建设作出突出贡献英雄模范人物等称号。2018年9月，被评为自治区60年感动宁夏人物。

【李进祯】回族，1965年8月出生，中共党员，生前系同心县兴隆乡民生保障服务中心主任。30年如一日，他在平凡的岗位上默默奉献。特别是在脱贫攻坚工作中，他白天忙于资金对接拨付，晚上加班整理账目，确保了脱贫攻坚对象精准、拨付精准。他朴实无华、淡泊名利，对人光明磊落、对己要求严格，虽然常年与各类项目资金打交道，但没有加过一滴“公家油”，不占公家一分钱便宜。他长期带病坚持工作，生死之际念念不忘的仍是那份难以割舍的职责，展现了一名基层党员干部靠得住、冲得上、顶得牢的先锋模范风采。曾获得全区脱贫攻坚优秀共产党员、中国好人榜好人等称号。2018年9月，被评为自治区60年感动宁夏人物。

【朱玉国】1962年9月出生，中共党员，盐池县王乐井乡曾记畔村党支部书记。他始终坚持“为民服务，帮扶解困”的理念，创新金融扶贫模式，将曾记畔村打造成为远近闻名的“致富村”“信用村”。在他的带领下，曾记畔村贫困户由原来的385户减少到10户，农民人均纯收入从2010年的不到1500元增加到2017年的9249元，增长了6倍多。他的事迹被中央电视台等多家媒体采访报道。曾获得全国道德模范提名奖、全国脱贫攻坚奖奋进奖等称号。2018年9月，被评为自治区60年感动宁夏人物。

【庙月萍】女，1966年8月出生，中共党员，贺兰县洪广镇金山村党支部书记。担任村干部以来，她跑项目、跑资金，解决了近100户村民的人畜饮水问题。她用自己的田实验种植金山西瓜，带动群众发展经济，使“金山西瓜”的美名家喻户晓。她带领村民外出学习考察，建成600亩枣园，显著提高了金山村的经济作物栽种比例。她还带领村民开垦荒地，打深水井，架设高压线路，壮大村集体经济，帮助村民增收致富。在生活中，她孝敬公婆、扶危济困，成为文明乡风的引领者。曾获得全国“三八红旗手”、全国最美村干部提名奖、全区最美家庭等称号。2018年9月，被评为自治区60年感动宁夏人物。

【姚　敏】1965年3月出生，中共党员，神华宁煤集团公司副总经理。他长期从事煤炭清洁转化技术研发和大型工程化实践，先后主持和组织了400万吨/年煤炭间接液化等8个大型煤制油化工项目建设与运营工作。在宁东煤化工基地建设过程中，他潜心研究，自主研发攻克大型煤气化、甲醇制丙烯、煤炭间接液化等核心技术工程化瓶颈，打破国外垄断，填补了多项国际国内空白。这些技术成果在煤制油化工领域得到广泛应用，奠定了我国在煤炭清洁转化领域的国际领先地位。曾获得自治区科学技术重大贡献奖、感动宁夏年度人物等称号。2018年9月，被评为自治区60年感动宁夏人物。

【彭　凡】1963年4月出生，中共党员，宁夏共享集团股份有限公司董事长。他多年来一直从事企业经营管理、铸造技术及材料、数字化网络化智能化研究，并成功打造出三家国际一流的专业铸铁、铸钢企业。他以推动中国由“铸造大国”迈向“铸造强国”为己任，提出“3D打印、机器人等创新技术＋绿色智能工厂”的行业转型升级路径，使公司成为国家首批7个双创企业示范基地之一。曾获得全国优秀企业家等称号。2018年9月，被评为自治区60年感动宁夏人物。

【曹有龙】1963年8月出生，中共党员，宁夏农林科学院学科首席专家。他带领团队建成世界唯一枸杞种质资源圃，选育出50多个枸杞新优系，其中宁杞7号在宁夏及周边省区推广种植45万亩；建立枸杞组织培养与工厂化苗木快繁技术体系，解决了优新品种种苗繁育速度慢、种苗供应不足等问题；在宁夏建成9个枸杞科技生产示范基地，有效提高了枸杞产品质量。在他的努力下，枸杞产业成为西部地区生态治理、劳动力就业、农民脱贫致富的朝阳产业。曾获得全国优秀科技工作者、全国先进工作者、国家林业个人突出贡献奖等称号。2018年9月，被评为自治区60年感动宁夏人物。

【杨　奇】回族，1967年5月出生，中共党员，宁夏兽药饲料监察所所长。2003年博士毕业后，他主动申请到固原帮助发展草畜产业。经过不懈努力，他实现了牛羊胚胎移植技术在全区的产业化应用，使当地冷配改良牛由年不足3万只提高到15万只以上，农民饲养良种牛净增收入亿元以上，为加快宁夏牛羊良种化进程作出了积极贡献。他组织的兽药饲料和畜产品质量安全检测工作，为保障宁夏养殖业等健康发展提供了强有力的技术支撑。曾获得全国优秀科技特派员、宁夏年度经济人物、自治区塞上英才等称号。2018年9月，被评为自治区60年感动宁夏人物。

【王兰花】女，回族，1950年6月出生，中共党员，吴忠市利通区“王兰花热心小组”负责人。2005年，她联系46名离退休干部和爱心人士，成立了吴忠市首个社区志愿者服务小组——“王兰花热心小组”。热心小组坚持“弘扬雷锋精神，服务奉献社会”的宗旨，开展接待群众热心、调查了解细心、教育疏导诚心、调解纠纷耐心、处理问题公心的“五心服务”，为社区居民做好事、办实事、解难事。目前，王兰花带动下的志愿者队伍不断壮大，注册人员达14357人，已成为宁夏学雷锋志愿服务活动的一张特色名片。曾获得全国道德模范提名奖、全国优秀社区工作者、全国“三八红旗手”等荣誉称号。2018年9月，被评为自治区60年感动宁夏人物。

【丁丽萍】女，回族，1958年7月出生，中共党员，平罗县中心敬老院退休职工。1985年，平罗县高庄乡敬老院建成时，她到敬老院照顾“五保”老人，一干就是18年。18年间，她细心为老人们做饭、洗衣，操心着老人们的生活，关心着老人们的健康，与“五保”老人结下了浓浓亲情。2003年，她被调到平罗县中心敬老院工作，从此更加勤奋地工作，让老人们保持身体健康、心情舒畅，受到社会赞誉。曾获得全国道德模范提名奖、全国劳动模范、全国“三八红旗手”等称号。2018年9月，被评为自治区60年感动宁夏人物。

【刘在环】1953年6月出生，中卫市常乐中学退休教师。2011年退休后，他坚持用自己的退休金帮助身边生活困难群众和“留守老人”，先后在沙坡头区常乐镇、永康镇和黄河花园开办3家“爱心饭馆”，解决了30余名“留守老人”的吃饭问题。2016年，他自费购置了一辆便宜电动汽车，每日专门为3家爱心饭馆送粮、油、蔬菜。有人问“爱心饭馆”打算开多长时间，他说：“生命一日不息，餐馆一日不停。”曾获得全国道德模范提名奖、全国敬老爱老助老模范人物、感动宁夏年度人物等称号。2018年9月，被评为自治区60年感动宁夏人物。

【孙连忠】1983年8月出生，中共党员，宁夏义工联合会副秘书长兼固原工作站站长。他出生在西吉县的一个小山村，母亲、奶奶去世后，与父亲相依为命。大学期间，他带着父亲上学，靠拾荒完成学业，以孝道感动天下。大学毕业后，他默默穿行在大山深处，为贫困山区的教育事业奔忙。2012年至2018年，他带领义工先后开展了500余次“快乐雷锋工程”主题活动，牵手结对175所农村中小学校，帮扶7000余名贫困山区孩子，帮助1500多名困难群众。曾获得全国孝亲敬老之星、宁夏“五四青年奖章”等称号。2018年9月，被评为自治区60年感动宁夏人物。

【马国林】回族，1974年8月出生，中共党员，西吉县硝河乡马昌村村民。2005年，马国林的大哥因急性心肌梗死突然去世，留下办砖厂欠下的60多万元债务。看着债主们手上的欠条，他下定决心要替哥哥还清债务。他背着妻子用自己家积攒多年的存款，首先还清了大哥生前欠西吉县将台乡信用联社的10万元贷款。之后，他领着全家人重新启动了哥哥留下的已经资不抵债的砖厂，开始了再次创业、替兄还债之路。面对困难，他没有畏缩，吃住在砖厂，只用了3年时间，就还清了大哥生前欠下的所有债务。曾获得全国道德模范（诚实守信类）、感动宁夏年度人物等称号。2018年9月，被评为自治区60年感动宁夏人物。

【杨　林】1978年3月出生，中共党员，永宁县胜利乡杨显村村民。2006年5月，杨林的父亲杨志明在路过唐徕渠时，为救一名落水儿童英勇献身。后来，他得知父亲开砖厂倒闭留下了17万9千元外债。面对纷纷拿着欠条登门要债的人，他一律承诺还债。父亲去世后的9年间，他辛勤劳作，省吃俭用，还清了全部欠款。9年还债路，他走得艰难而执着，有苦，他扛着；有泪，他藏着。而支撑他一路走来的，则是一诺千金的信念。曾获得全国道德模范提名奖、全国向上向善好青年、感动宁夏年度人物等称号。2018年9月，被评为自治区60年感动宁夏人物。

【郭文斌】1966年3月出生，中共党员，宁夏作协主席、银川市文联主席。他以强烈的社会责任感投身文学创作和文化公益事业，长篇小说《农历》进入“茅盾文学奖”提名范围；在《求是》《人民日报》等报刊发表彰显中华文化自信和民族自豪感的文章近百篇；担任央视纪录片《记住乡愁》文字统筹、撰稿、策划，已播出240集；以志愿者身份，在全国义讲300多场次，竭力推广中华优秀传统文化。受中宣部和中国作协委派，他多次在国际文化交流活动中传递中国声音。曾获得100位为宁夏建设做出突出贡献英雄模范人物、感动宁夏年度人物、自治区塞上英才等称号。2018年9月，被评为自治区60年感动宁夏人物。

【周淑琴】女，回族，1975年3月出生，石嘴山市大武口区锦林街道丽日社区居民。她是一名普通的矿嫂，20年来，面对家庭的种种困难和不幸，精心照顾患有精神病、癌症等疾病的公公、婆婆、小姑子、小叔子、大伯哥，用自己的纯朴和善良挑起一个残缺之家的生活重担，诠释了真挚的人间亲情。获得荣誉之后，她在照顾好家人的同时，不忘回馈社会，带头成立了“周淑琴志愿服务队”，影响带动身边的人积极开展志愿服务活动。近年来，志愿服务队为困难家庭捐赠各类物资价值5万余元。曾获得全国道德模范（孝老爱亲类）等称号。2018年9月，被评为自治区60年感动宁夏人物。

【白　琴】女，1976年1月出生，平罗县陶乐镇施家台子村村民。她10多岁就担起了家庭重担，到婚嫁年龄时，由于家中有生病的父亲和年迈的爷爷奶奶，无论任何人说亲，她总是一本正经地说：“嫁人可以，但得带上爷爷奶奶。”带上爷爷奶奶出嫁，这是她唯一想要的“聘礼”。成家后，白琴更加孝顺，竭尽全力照顾一家老小的生活。多年来，她用亲情温暖了一个特殊的“四姓之家”，用爱心向世人阐释了鳏寡孤独废疾者皆有所养的真义，彰显了孝老爱亲的中华传统美德。曾获得全国道德模范（孝老爱亲类）等称号。2018年9月，被评为自治区60年感动宁夏人物。

【吴　涛】回族，1985年1月出生，中共党员，生前系自治区公安厅高速交警支队三大队民警。2014年8月14日23时30分，吴涛在青银高速公路处置一起交通事故时，不幸被后方突然冲入警戒区的小轿车撞倒，经抢救无效因公殉职，年仅29岁。他牺牲前的最后7分钟，接连14次拒绝当事人贿赂，事迹在全社会引起强烈反响。他自2011年参加工作以来，始终奋战在公安交通管理第一线，先后查处各类交通违法行为4000余起，无一投诉、无一违纪。他牺牲后，2万余名网友留言称赞他为新时代的好交警、人民的好公仆。曾获全国道德模范提名奖、全国公安系统二级英雄、感动宁夏年度人物等称号。2018年9月，被评为自治区60年感动宁夏人物。

【党彦宝】1973年2月出生，宁夏宝丰集团有限公司董事长。20多年来，他坚持技术创新，使宁夏宝丰集团跻身全国民营企业500强。他积极参与生态文明建设，对宁夏黄河东岸16万亩荒漠化土地实施生态治理，打造绿色生态屏障。2011年，他和夫人边海燕发起成立燕宝慈善基金会，每年拿出企业10%的利润，对宁夏六盘山连片特困区大学生和其他县区建档立卡贫困户大学生给予资助。目前，燕宝慈善基金会已累计捐资16.53亿元，资助学生14.36万名。曾获得全国劳动模范、中国慈善榜“十大慈善家”、全国优秀企业家等称号。2018年9月，被评为自治区60年感动宁夏人物。

【倪　岩】1973年2月出生，中共党员，海原农腾种养殖专业合作社理事长。他幼时因患小儿麻痹症双腿残疾，但坚持以残疾之躯致力公益，自强不息。10多年来，他手摇三轮车、拄着双拐，奔波于海原、同心、原州3县（区）扶困助残。他先后成立“宁夏农业科技服务110”“海原县农腾种养殖专业合作社”“阳光励志农民科技培训学校”“海原县阳光残疾人艺术团”等机构或团体，将扶残助残、扶贫帮困的爱心撒满西海固地区。曾获得全国道德模范提名奖、全国优秀科技特派员、全国残疾人优秀工作者等称号。2018年9月，被评为自治区60年感动宁夏人物。

【张晓炜】1979年12月出生，中共党员，宁夏正丰建筑工程有限公司电气工程师。他是一名大山中走出的青年农民工，通过勤学苦练，在技术创新上取得了优异成绩。他曾与全国甲级设计院设计师沟通改进工程地下室重复计量装置，为公司节约近900万元额外开支，改进的电动机隔热装置取得国家专利。他积极参加各种农民工培训，毫无保留地向他们传授技艺；热心公益，捐款万余元帮助贫困地区儿童重返校园。曾获得全国劳动模范、全国五四奖章、全国青年岗位能手等称号。2018年9月，被评为自治区60年感动宁夏人物。

【李尚智】1960年11月出生，中共党员，青铜峡市司法局大坝司法所原所长。30多年来，他先后调解各类复杂疑难矛盾纠纷2960余起，为困难群众提供法律援助297余件。他积极开展普法工作，为基层上法制课1580余期，自编普法漫画21册，编排、参演法治微电影两部，被干部群众称为“李普法”。在多年的调解工作中，他总结出了自己的一套“调解经”，就是“用亲情去调和，用事实来搅拌，用法律和道德做脸面，做真正的法律践行者、捍卫者”，广受群众好评。曾获得全国模范人民调解员、全区十大法治人物等称号。2018年9月，被评为自治区60年感动宁夏人物。

【杜　勇】1962年3月出生，中共党员，宁夏儿童福利院院长。作为管理者和专业技术人员，他带领团队积极创新孤残儿童专业化服务方式，探索建立的“家庭寄养模式”被民政部向全国推广；他组建的专业化康复团队，为近200名残疾儿童进行康复训练及特殊教育，有效率达100%。在他的带领下，宁夏儿童福利院曾获得全国文明单位、全国“三八红旗先进集体”、全国民政系统行风建设示范单位等称号。2018年9月，被评为自治区60年感动宁夏人物。

【张爱斌】1972年8月出生，中共党员，武警宁夏总队机动支队支队长。在他的带领下，武警宁夏总队机动支队积极投身地方经济建设，大力维护区内安全稳定。近年来，支队高质量高标准完成了2008年奥运火炬安保、自治区50大庆安保、2013年赴甘肃岷县抗震救灾、2015年配合抓捕301公交车纵火嫌疑犯、中俄“合作—2017”联合反恐演练、历届中阿博览会和中共十八大、十九大安保勤务任务，并参与了宁夏区内扶贫攻坚、移民搬迁、捐资助学等活动。曾获得全军优秀基层主官、武警部队优秀基层干部、宁夏十大杰出青年等称号。2018年9月，被评为自治区60年感动宁夏人物。

【虎志文】1980年2月出生，中共党员，国网宁夏电力公司固原供电公司营销部客服中心副主任。2003年，他牵头成立彭阳电力青年志愿服务队，利用业余时间走田间、进社区、到学校，推行“志愿者服务无周日”“特殊客户我上门”等延伸服务，义务整修客户线路、维护社区和学校用电设施设备。截至2018年3月，服务队累计志愿服务客户4.2万人次，服务时间超过7000小时，关爱帮扶留守儿童和孤寡老人等困难群众116人，为偏远乡村学校筹集了57000多元的电教设备和学习用品。曾获得全国道德模范提名奖、中国青年志愿者优秀个人奖、全国岗位学雷锋标兵等称号。2018年9月，被评为自治区60年感动宁夏人物。

【杨宁国】1972年12月出生，中共党员，彭阳县文物管理所所长。他长期致力于彭阳县文物保护与挖掘工作，常主动请缨下乡，调查、宣传、鉴定、收集和抢救有价值的文物。他发现的岭儿旧石器时代遗址，将固原有人类活动的时间前推2万年，填补了宁夏南部无旧石器时代考古的空白。他参加了打石沟新石器时代遗址、春秋战国墓地等考古发掘，为进一步研究彭阳在各个历史时期的文化提供了重要的学术价值。2017年，他参与发掘的姚河塬西周遗址，将西周王朝西北管控边地延伸至六盘山区域，被评为“2017年十大考古新发现之一”。曾获得自治区道德模范、100位为宁夏建设做出突出贡献英雄模范人物、全区优秀青年岗位能手等称号。2018年9月，被评为自治区60年感动宁夏人物。

【西部战区陆军某给水工程团】西北地区唯一一支野战给水部队。组建43年来，一代代给水兵忠实践行使命，先后组织实施了宁夏“百井扶贫”“百井富民”、鲁豫“百井抗旱”、新疆西藏“百井戍边”等重大工程，足迹遍布陕、甘、宁、青、新等11个省区，累计行程1900余万公里，找水打井1800余眼。曾获得全国民族团结进步模范集体、100位为宁夏建设作出突出贡献英雄模范人物、感动宁夏年度人物(集体)特别奖等称号。2018年9月，被评为自治区60年感动宁夏人物。

【福建扶贫援宁工作队】闽宁对口扶贫协作的一支中坚力量。22年来，福建省以两年为轮换周期，共选派10批161名干部到宁夏贫困地区挂职帮扶。在长期扶贫协作中，福建援宁干部跟踪落实援宁扶贫项目，深入实际寻求精准脱贫切入点，联系动员福建社会力量参与宁夏扶贫开发，在闽宁对口扶贫协作中发挥了重要作用。在他们的努力下，一大批福建企业在宁夏，特别是在宁南山区找到了新的发展空间，也为当地群众打造了劳动致富的新平台。曾获得感动宁夏年度人物(集体)特别奖等称号。2018年9月，被评为自治区60年感动宁夏人物。

【宁夏文化大篷车】起始于1984年成立的宁夏话剧大篷车。34年来，“大篷车”在塞上大地行驶80多万公里，流动演出8000余场，用老百姓看得懂、听得懂的方式，把文化惠民声音传递到千家万户。“大篷车”8次进行全国万里行巡演，把宁夏原创优秀剧目送到了27个省、市、自治区，讲述了宁夏故事，传播了宁夏声音。近年来，全区其他文艺院团的“流动舞台车”和公共文化场馆的“流动文化车”“流动图书车”等文化大篷车相继投入使用，为人民群众提供了一道道精美的文化大餐。宁夏文化大篷车是全国文化战线的一面旗帜，曾获得全国文化工作先进集体、全国民族团结进步先进集体、100位为宁夏建设作出突出贡献英雄模范人物(集体)等称号。2018年9月，被评为自治区60年感动宁夏人物。

(张明鹏)

全国“三八红旗手”

【纪晓玲】宁夏气象台台长。1991年兰州大学毕业后，只身来到宁夏，在宁夏气象台业务一线一干就是27年。预报员与其他岗位不同，24小时值班，她每天要盯着七八台电脑，实时查看大气动态，监测数据，把握住整体状态才能研判出准确的天气预报。不仅如此，在暴雨、大风、冰雹等重大灾害天气，她都要没日没夜地坚守岗位，直到天气过程结束。2016年8月21日夜间，贺兰山遭遇气象记录以来特大极值暴雨，并引发了超过50年一遇的罕见山洪，周边5000多居民受困。在她的精心组织下，宁夏气象台已提前7天预报了此次过程，指导区市县气象台提前发布暴雨等预警信息26条，联合水利、国土等发布风险预警20多条，山洪气象风险1级预警比最大洪峰出现提前了3个小时，为现场救援决策、人员营救提供了有力气象保障，成功救出被困群众近5000人，为实现大灾面前“零伤亡”提供了有力气象保障，得到时任中国气象局局长、自治区党委书记和主席等多次批示和自治区党委、政府高度评价及社会各界的一致好评。多年来，纪晓玲主持或参加厅局级以上科研项目26项，发表科技论文30多篇。她带领的宁夏气象局《强对流监测预报技术创新团队》，首次分析了宁夏冰雹频发路径和发源地，对宁夏雷暴天气进行了科学区划，逐步形成了较为系统的预报思路。研发的多项预报技术和业务系统在灾害性天气监测预警预报业务工作中起到了重要支撑作用。主笔编撰的《宁夏预报员手册》成为预报员日常参考书籍。她主笔起草的《宁夏短临预报业务规定》《宁夏中尺度分析业务规定》《宁夏气象灾害预警发布办法》等全局性文件，规范了宁夏短临预报、中尺度分析、气象灾害预警等业务，这些对推进气象业务现代化建设起到了积极的推动作用。纪晓玲获得“全国优秀值班预报员”、自治区科技进步奖、宁夏自然科学优秀学术论文奖等多项荣誉。2018年3月，被评为全国“三八红旗手”。

【李维琴】石嘴山市大武口区朝阳街道万盛社区党委书记、主任。万盛社区共有14个小区，不管是通下水、接路灯，还是供暖等问题，李维琴都不辞辛苦，逐一走访解决。李维琴协调大武口区城管局给居民硬化了1300平方米的停车场，缓解了居民小区停车难题。在前程巷老旧小区改造中，李维琴邀请社区两代表一委员一起到物价局、石嘴山市星翰集团，协调为每户减免费用200元。她还依托社区妇联兼职副主席吴惠珍建立了“吴惠珍家风现场教学点”，以情景式教学展现“全国文明家庭谭淑章家庭事迹”，订立居民公约，开设“道德讲堂”。在李维琴的带领下，万盛社区先后获得“全国先进基层党组织”“全国文化先进社区”、全国基层妇女组织示范点、自治区“五星级和谐社区”“廉政文化进社区先进单位”和“未成年人零犯罪社区”等称号。她本人先后获得“自治区优秀基层党务工作者”“石嘴山市优秀基层党务工作者”“自治区三八红旗手”。2018年3月，被评为全国“三八红旗手”。

【何桂琴】固原市回民中学副校长。1990年，她大学毕业，回到老家三营镇第二中学教书。1995年,她被选拔进入固原市回民中学。多年来,她先后承担校内外公开课上百次,发表教学论文10多篇,辅导学生百余人,主编校本教材数学《新课堂》,辅导学生百余人,承担并主持自治区多项课题,2017年完成专著《为了校园里那缕桂香》。在固原市回民中学读书的孩子,大多来自乡下,学生因家庭贫困而失学现象严重。每当听到学生说要退学,何桂琴都要苦口婆心劝说孩子和家长,并一次次用自己的工资解学生的燃眉之急。她秉持着求学路上"一个也不能少"的理念,多方极奔走联系,在固原回中设立贫困生助学基金会,2003—2009年,促成34家单位和一批爱心人士和学校542名贫困学生结成帮扶对子,共捐助款项38万多元,圆了贫困学生的大学梦。何桂琴先后获得全国先进工作者、全国创先争优优秀共产党员、全国十大教书育人楷模,中国好教师等称号。2016年当选中国教科文卫体工会副主席(兼职)。2018年3月,被评为全国"三八红旗手"。

【乔　雪】宁夏亿嘉阳光国际贸易有限公司总经理。乔雪非遗技艺是"乔家手工皮艺"第三代传承人。大学毕业后,她在北京工作了5年,从事手工皮毛制品国际贸易,其间,不断探索、提升,随后又读研。2015年4月,她回到家乡创业,成立宁夏亿嘉阳光国际贸易有限公司,开展手工皮毛制品出口。她把传统的手工工艺进行变革,将粗犷向精细化转变。她的互联网文创手工皮艺创新项目,打破了传统的手工业模式,将民族文化和非遗技艺进行创新,让传统艺术再次拥有新的生命力。她通过互联网,为具有宁夏特色的乔家手工皮艺及皮制品建立了完整的保护与销售体系,将手工制品卖到了国外,还受到了一些国际知名大品牌的青睐。创业短短三年,公司的产品有皮凳、靠垫、家具饰品、皮包、小孩学步鞋大大小小五六十种,90%出口,销往美国、意大利、日本、德国、法国等13个国家和地区。获得首届中国妇女创业创新大赛最具社会效益金奖,并亮相《创业英雄汇》,帮扶贫困妇女和残疾人实现再就业。乔雪一边创业一边传授非遗技艺,让更多人了解非遗技艺。她的工作室每周都会开设公益课堂,吸引了200多名爱好者。2017年,她当选宁夏妇女手工制品协会常务副会长,2018年,担任银川市妇联兼职副主席。2018年3月,被评为全国"三八红旗手"。

(张明鹏)

新闻人物

【改革先锋王有德】王有德,灵武白芨滩国家级自然保护区局长。1986年7月,王有德打响了扼制风沙,造福于民的治沙攻坚战。他团结带领干部职工,20多年坚持治沙播绿、兴场富民,完成治沙造林45万亩,控制流沙面积58万亩,建设沙地果园4000多亩,兴办5个多种经营公司,建立1000余亩苗木花卉培育中心,对外承揽100多处绿化工程,创收1亿多元,弥补治沙资金不足,成功走出了一条"以林为主、林副并举、多种经营、全面发展"的改革发展之路,在浩瀚的毛乌素沙漠筑起了一道绿色屏障,极大地改善了林场生态环境和全场职工的生活条件,呈现出人进沙退的可喜局面。他成功组织实施了6个外援治沙项目,为中国林业的对外合作与交流探索了一条新路。林场固定资产由1985年前的不足40万元增加到6300万元,林木资产由1985年前的不足500万元增加到3亿元,职工人均年收入超过2万元,实现了"山上绿、场子活、职工富"的奋斗目标。作为一名基层党组织负责人,他狠抓党员队伍建设不放松,林场党员队伍不断壮大,已从最初1个党支部,10多名党员,发展成为一个拥有6个党支部、70名党员的基层党委。他以身作则,严于律己,带出了一个特别能战斗的"干净、干事"的党委班子。经过20多年的埋头苦干,全场6个管理站中有5个铺上了柏油路,吃上了自来水,架设了输电线路,看上了电视,按上了电话。职工全部加入了养老保险、医疗保险。在他的倡导和支持下,场里还制定了各种补贴政策,支持职工发展种养殖业,职工子女考上高中、中专、大学的,每人都有奖学金。1990年以来,林场先后建起了245套房屋(15508平方米),解决了318名职工住房困难的问题,告别了几十年治沙工人租借房屋和住土坯房的历史。2002年4月,林场被评为全国治沙先进集体,同年9月,白芨滩国家级自然保护区又被授予全国自然保护区建设先进集体称号。1996年、2001年,王有德两次获得全国绿化先进工作者荣誉称号,1999年被林业部评为森林资源林政管理先进个人,2002年被自治区农村"三个代表"重要思想学教领导小组、自治区党委组织部评为全区农村"三个代表"重要思想学习教育活动先进个人。2003年当选为第十届全国人民代表大会代表。2004年,又被授予全国十大国有林场优秀管理奖、西部开发杰出贡献奖和中国环境科技实业家称号,2005年5月被国务院授予"全国先进工作者",2006年7月,被评为"全国优秀共产党员",受到中共中央的表彰奖励。2018年12月18日,党中央、国务院授予王有德改革先锋称号，颁授改革先锋奖章，并获评“科学治沙的探路人”。

【全国“三八红旗手标兵”王彦翠】王彦翠，固原市妇幼保健计划生育服务中心党支部书记、主任。1993年，王彦翠从宁夏医科大学毕业后，义无反顾回到固原市人民医院妇产科工作，实现了儿时做一个能给妇女治病的医生的梦想。从踏入医院开始，她就把科室当家，勤勤恳恳地工作和钻研。2011年，王彦翠担任了固原市妇幼保健院院长后，率先在固原市开展腹腔镜、宫腔镜诊治各种妇科疾病及盆底障碍性疾病的手术治疗，在妇产科疑难杂症诊治方面积累了大量的经验和方法，填补了固原市妇产科技术领域的多项空白，自己也逐步成长为引领固原市妇产科技术的学科带头人，使固原市妇科技术水平达到区内三甲医院的水平，解决了当地老百姓外出看病难的问题。她带领团队每年完成至少5万人的“两癌”筛查任务，提高了“两癌”早诊早治率和患者的生活质量，造福广大农村家庭。在管理中，她提出“用好现有人才、培养未来人才、引进急需人才”思路，不断提升医院综合服务能力和水平，使该院成为集保健、医疗、康复、计划生育等为一体的市级龙头妇幼保健院。通过努力，她从一位出色的妇产科大夫逐步成长为一名懂管理、善管理、会管理的优秀院长。曾获全国“三八红旗手”等荣誉，并当选为中共十九大代表、中国妇女十二大代表。2018年，全国妇联授予她全国“三八红旗手标兵”称号。

【“最具家国情怀慈善家”称号获得者党彦宝】党彦宝，宁夏燕宝慈善基金会理事长，兼任宁夏回族自治区政府参事、工商联副主席，十二届全国政协委员、十一届宁夏自治区人大代表。他坚持以科技创新引领实体产业绿色发展，打造了完善的“煤、焦、气、化、油、电”多联产循环经济产业链，实现用煤代替石油生产高端化工产品，树立现代煤化工行业的龙头和标杆。他创建全国规模最大的教育扶贫基金会，每年对宁夏六盘山连片特困区9个县区、5个乡镇高中生及其他县区部分建档立卡的贫困大学生、高职、中职学生、考入二本及以上的大学生进行资助，对本科连读硕士、硕士连读博士的受助学生进行持续性奖励。他考虑到青少年成长期的孩子自尊心较强，对这一区域考入二本及以上的大学生进行“全覆盖、无差别化”资助，将“助学金”改为“奖学金”，给予他们精神上的鼓励和鞭策。党彦宝及其企业已累计捐资16.53亿元，资助14.56万名宁夏籍大学生，让4万余名受助学生毕业走向工作岗位，成为家庭的经济支柱。每年新增资助约3万人，每年为10万余个困难家庭减轻经济负担、帮助3万余个家庭迈向新的发展之路。资助的学生覆盖全国500多所院校，是全国覆盖面最广、资助数量最多的教育扶贫项目。2017年又启动三期助学项目，新增捐资12.3亿元、新增资助10.56万人，项目实施后将累计捐资28.83亿元、资助22.26万学生完成学业，帮助20余万家庭摆脱贫困。他把发展宁夏特色产业和精准扶贫有机结合起来，规划种植10万亩优质枸杞，并采用“企业＋建档立卡贫困户及下岗职工”合作经营模式：企业负责枸杞种植、水、电、肥、农药、基础设施建设等全部经济性投入，贫困户按企业标准负责田间管理和采摘，不承担经济性投入。企业通过统一标准、专业化技术指导、现代化管理模式，生产高质量、无公害、无污染优质枸杞，并以高于市场价格统一回购、加工和销售。项目可直接带动约1.7万户、8万有能力的贫困人口真脱贫、奔小康。他投资百亿元着力打造“医、养、教”相融合的新型健康城。其中，投资35亿元建设万户高端平价养老社区，包括8500套、17000张床位的养老公寓和1500套、3000张床位的爱心养护中心，主要为健康型老人提供居家养老，并为失能及临终关怀型老人提供专业化护理；配套从幼儿园到大学的一站式优质教育资源，有效改善养老社区年龄结构。投资35亿元建设2100张床位的高端三甲综合平价医院，引进先进医疗设备和一流专家医护人员，收费标准低于同级公立医院。捐资30亿元引进国内外知名大学，建设全学科的医科大学，为西部长期培养高端医疗技术人才，以提升西部医疗技术和公共卫生事业发展水平。用心打造老百姓“进得来、住得起”的西北乃至全国医养健康公益示范基地。2018年4月25日，第十五届（2018）中国慈善榜在北京水立方正式发布，党彦宝获“最具家国情怀慈善家”称号。

【全国向上向善好青年吴海霞】吴海霞，盐池县高沙窝镇农民。她的家里7口人却有5个姓氏。2000年，吴海霞与高沙窝镇农民牛占虎结婚，当时家境十分贫寒，吴海霞和丈夫用勤劳的双手改变了家庭贫困的面貌。2007年8月，牛占虎外出打工时遇车祸身亡。她凭一己之力苦苦支撑着这个风雨飘摇的家庭，照顾着年迈的婆婆、年幼的儿子和丈夫身体残疾的姐姐。2010年，她结识了带着年迈母亲和年幼儿子艰难度日的禹文珠，她重新组建了家庭，善待着两位婆婆的和两个孩子。2013年4月，她和禹文珠带动邻里乡亲办起了专业养殖农场，饲养肉牛120头，种植牧草2000余亩，仅2017年一年，养殖业纯收入达40万元。5月4日，在共青团中央主办的2018年"全国向上向善好青年"推选活动中，她被评为"全国向上向善好青年"。

【第十四届全国技术能手牛军】牛军，宁夏吴忠市好运电焊机有限公司高级技术顾问兼技术中心副主任。他在钳工行业从业38年，刻苦钻研钳工技术，取得了多项荣誉，为公司攻克了多项加工难关。他学历比较低，为了能做好电焊机造型，阅读了大量有关焊割设备方面的书籍，学习焊割的前沿技术。2015年，牛军参与研制的带手工电弧焊PWM逆变式焊割电源的等离子切割机，体积缩小了40%以上，重量减轻了80%以上，产品高端大气，整体效果好，携带维护方便，深受客户好评。当年，产品销售1000多台，并取得2项发明专利。他对冲压钣金老式机床和模具纯手工打造金属部件板做了改进，一次攻牙从2个提升到最多30个，以前15个人干1个月的活，2个人1周就可以干完。以前100张板子3个人攻牙需要3天，现在1个人2个小时就搞定。他耗时1年，用进口设备国产化生产出的高速脉冲气体保护焊接机，在科技成果鉴定会上，专家一致评价该技术达到了国内领先水平。在牛军的带领下，公司拥有国家授权专利49项，其中发明专利10项，取得科技成果鉴定登记10项，还参与焊机国家节能标准的起草和制定。牛军先后获得自治区"五一劳动奖章"、全区技术能手、创优能手、自治区技能大奖荣誉称号、国家级全国职工职业技能大赛钳工决赛优秀选手奖、自治区塞上技能大师等荣誉称号。2018年11月，被授予"第十四届全国技术能手"称号。

（张明鹏）

逝世人物

【徐　芊】曾用名徐敏芹。1925年10月15日出生于山东省新泰县。1939年2月参加革命，在中共山东分局大众日报社印刷厂当练习生。参加沂蒙山区第一次反扫荡。后在工厂组织的沂蒙游击队任通信员、侦察员，出入日伪据点，出色完成任务。1940年被选派到抗日军政大学政治队学习，1941年毕业。同年加入中国共产党。历任中共山东分局坚持边缘区对敌斗争工作队副队长，泽东干部学校山东分校教育干事，滨海地区青年干部训练队指导员。1942年秋，日军第二次大扫荡中，带领工作组在边缘区开展斗争。1943年在三岔店开展工作，建立政权。沂源县成立后，任区委书记。1947年任鲁中南区委秘书、青委委员，团校教导主任，负责筹建团的工作。中华人民共和国成立后，于1950年调浙江省工作，历任省青委委员，省团委宣传部长、副书记。1954年抽调支援东北工业建设，历任苏联援建的兴安台竖井筹备处主任、矿务局副局长，鹤岗市委书记处书记，鹤岗矿务局局长。1966年1月调任贺兰山煤炭工业公司副经理。1970年2月起任石嘴山市革委会副主任、市委书记，银北地区和银南地区革委会主任、党的核心小组组长。1979年8月调任自治区党委秘书长兼办公厅主任，其间在中央党校学习半年。1981年12月任银川市委第一书记。1985年3月至1993年4月任自治区顾问委员会副主任。1995年4月离休。2004年2月经中央批准享受正省级医疗待遇。徐芊是中国共产党第十五次全国代表大会代表，中国共产党宁夏回族自治区第六次代表大会代表，自治区第六届人民代表大会代表。2018年1月27日在银川去世，享年93岁。

【曹存才】1921年3月8日出生，山西省万荣县人。1937年7月1日参加工作，1941年3月加入中国共产党。1937年7月至1940年6月在吕梁山革命根据地吉县游击队、政卫队、115师当战士；1940年6月至1949年3月在晋冀鲁豫子弹厂当工人、领工、工长；1949年3月至1950年2月随军西进，到西北军区军械部任支部书记；1950年2月至1952年7月在西北后勤军械学校任总支书记；1950年7月至1952年9月从兰州军区转业到宁夏直属党委企业任总支专干；1954年9月至1956年3月到宁夏盐池县任县委组织部副部长；1957年6月至1959年3月在宁夏灵武县卫生院任书记、院长；1959年3月至1964年5月在宁夏灵武农机修造厂任厂长；1964年5月至1972年6月在宁夏灵武县工交局任书记、局长；1972年6月至1979年3月在宁夏灵武县电机修造厂任书记、厂长；1979年3月退休；1982年10月离休。2018年2月7日在银川去世，享年97岁。

【刘金声】1936年10月出生，宁夏中卫市人。1950年5月，加入中国共产主义青年团。1955年7月，考入永宁农业中专学校。1958年8月至1962年6月，被保送到原宁夏农学院农学系学习，1960年5月加入中国共产党。1962年7月至1963年3月，在宁夏隆德县农机推广站任技术员；1963年4月至1964年9月，在宁夏隆德县委宣传部工作；1964年10月至1968年8月，任宁夏隆德县隆德中学副校长；1968年9月至1972年10月，任宁夏隆德县隆德中学革委会主任；1972年11月至1973年12月，任宁夏隆德县文教局副局长；1974年1月至1976年5月，任宁夏隆德县文教局局长；1976年6月至1977年12月，任六盘山大学筹备小组成员、教务科科长；1978年1月至1979年9月，任固原地区农校教务科科长；1979年10月至1983年5月，任固原行署文教局副局长；1983年6月至1993年7月，任固原地委副书记；1993年8月至1997年12月，担任宁夏大学党委书记；1997年12月至2001年11月，任宁夏大学高级顾问，2001年11月30日，退休。工作期间，主持编写40多万字的《农村社会主义教育百题问答》《学习党的十四大文件百题问答》《固原地区小康人物志》。1993年，被评为宁夏社会主义思想教育先进个人。2018年4月14日，在银川去世，享年82岁。

【田瑞祥】1934年2月出生，安徽省阜阳县人，于1948年10月，参加工作，1953年10月加入中国共产党。自1948年10月在家乡安徽省阜阳县袁塞区入伍参加革命工作以来，先后在阜阳县独立团、上海航空办事处任战士、通讯员、副班长、班长、传达员。在安徽省参加淮海战役的小型战役若干次。1949年至1955年，荣立三等功3次。1954年9月，起先后在中国人民解放军第四步兵预备学校任文书、文件管理员、出纳。1958年12月，起先后在第二十训练基地铁路管理处任政治处保卫股助理员、副股长、股长。1970年10月起，先后担任原吴忠县人民武装部政工科长，永年县人民武装部副政委，宁夏军区政治部群工处副处长、处长，银川警备区政治部主任、党委常委，宁夏银南军分区政委、党委书记、银南地委委员等职务。1986年2月，从部队转业到地方，先后任自治区人大常委会委员，人大法制委员会主任、选举委员会主任。1991年12月起，任自治区党委政法委副书记。1995年离休。2018年6月12日，在银川去世，享年84岁。

【惠连杰】1930年8月出生，宁夏彭阳县草庙乡人。于1951年6月参加工作，1958年11月加入中国共产党。历任固原县供销社主任、商业局局长、固原县副县长、县委副书记，固原地区行署副专员、中共固原地委书记兼固原军分区第一政委、党委第一书记，固原地区人大联络处主任。全国第七届人民代表大会代表，自治区第五届、第六届党委委员，第九次、第十次、第十一次全国党代会代表，自治区第七届人民代表大会代表，固原市第一届、第二届、第三届人民代表大会代表等职务。1994年7月，退休，享受正厅级待遇。2018年7月3日，在固原去世，享年88岁。

【周振中】1936年3月，出生于吉林白城人。1959年，从长春冶金专科学校毕业后分配到宁夏，先后在石嘴山钢铁厂、五四厂从事财会工作。1976年起，在自治区重工业局、冶金工业局、冶金工业总公司、重工厅做财会工作。1984年4月起，任石嘴山钢铁厂总会计师，民建宁夏区委会副主委、主委，石嘴山市政协副主席。1998年5月至2006年，历任自治区政协第七、第八届委员会副主席。是第九届全国政协委员，民建中央委员。2006年2月离职，2009年6月退休，2018年9月8日在银川去世，享年82岁。

【张　奎】1937年3月出生，北京通县人。中国共产党党员，第八届全国人民代表大会代表，宁夏教育战线先进工作者，中国物理学会第六、七届理事会理事。教授，硕士生导师。1958年，从北京师范大学物理系毕业，自愿支援宁夏建设。1980年至1996年，先后任宁夏大学物理系副主任、常务副校长、党委副书记、校长。1997年12月，宁夏大学与宁夏教育学院（含银川师专）、宁夏工学院合并，成立新的宁夏大学，张奎任党委副书记、校长。在理论研究的基础上，开展以基础学科为依托的多学科多层次多渠道办学，解决了宁夏人才需求小批量、多门类、多层次的特点与大学科系规模优化之间的矛盾，走出了一条小省办高等教育的成功之路。公开发表论文30余篇，并有合译著出版。在统计物理方面建立了近独立粒子系统一的统计理论方法，完善了一般系统统一的统计理论方法。在教育管理方面，最早提出了发挥高校规模效益的关键在于优化系的规模，并用半定量方法确定了系的最小优化规模，提出达此规模的对策。出版有《统计热力学》《平衡与非平衡统计热力学》等专著。2000年，其“统计热力学——热力学统计物理教材改革的研究与实践”获自治区高校教学成果一等奖。2001年，“热力学统计物理课程改革研究与实践”荣获国家级教学成果二等奖。享受国务院政府特殊津贴。1999年，获全国归侨、侨眷先进个人称号。2018年11月6日在北京去世，享年81岁。

（张明鹏）

人物名录

【自治区“五一劳动奖章”】

黄金耀　宁夏骏华月牙湖农牧科技股份有限公司董事长

侯建礼　石嘴山市贺兰山商业大楼有限责任公司董事长，政工师

杨　坚　宁夏荣华工贸有限公司董事长
安少荣　宁夏建工集团有限公司总经理，工程师
尹学保　自治区纪委监委第一审查调查室副处级纪检监察员
马小军　自治区党委办公厅综合二处副处长
李进祥　宁夏作家协会副主席，二级作家
史衍海　银川滨河如意服装有限公司财务总监，会计师
吴剑峰　宁夏宝丰能源集团股份有限公司煤焦化公司分厂厂长
姚　伟　宁夏共享精密加工有限公司五米立车经营体经理
吴青山　宁夏天宏爆破有限公司现场施工队队长
陈彦香　银川市第一人民医院新生儿科主任，主任医师
马小英　宁夏中银绒业股份有限公司挡车工
杏正鹏　宁夏阅海老年服务中心护士长
韩瑞娜　银川市实验小学阅海第一校区教师
虎　蕊　银川市兴庆区丽景街双庄社区卫生服务站护士，护师
梁小香　银川市兴庆区市容环境卫生服务中心清扫二公司清扫工
田　娟　银川市环境监测站副站长
张　艳　玉禾田环境发展集团股份有限公司宁夏分公司项目经理
吴　伟　宁夏理工学院副院长，教授
王俊英　石嘴山市中级人民法院民事审判第三庭庭长
乔　娟　宁夏中能恒力钢丝绳有限公司一分厂工艺技术员，工程师
赵志霞　宁夏石运汽车运输有限公司大武口汽车站站务值班站长
王少平　宁夏新安科技有限公司一车间维修班长
路晓平　石嘴山市第二人民医院消化肿瘤内科主任，副主任医师
马　建　吴忠市自来水有限公司水厂厂长
周　银　吴忠市好运电焊机有限公司总工程师
郭　燕　宁夏民族职业技术学院教育系教师，副教授
马海龙　宁夏白浪包装股份有限公司印刷班组主机手
马文忠　宁夏宁杨清真食品有限公司火锅车间炒料工
徐明秀　宁夏塞外香食品有限公司大米车间主任
徐　鹏　固原市体育活动中心高级教练员
马玉芳　固原新月清真食品有限公司副总经理
拜晓勇　宁夏泾源县六盘山牧业有限责任公司畜牧技术员
马统瑞　固原市彭阳县公路管理段公路养护工，高级技师
虎　博　固原福苑实业有限公司行政总厨，高级技师
蔡　彪　西吉县美家特砼有限公司维修部班长
马　浩　宁夏西部云基地科技有限公司副总经理
李天华　中宁县锦宁铝镁新材料有限公司供电车间副主任
卢惠琴　海原县万绣庄剪纸刺绣专业合作社非物质文化遗产传承人
张旭兰　中卫市西部酒店有限公司业务主管
杨玉环　中卫中学高级教师
潘亮亮　国网宁夏电力有限公司检修公司专责，高级工程师
王　乐　中国邮政速递物流股份有限公司宁夏分公司金凤营业部专职客户经理
张继峰　宁夏公路管理局固原分局高速养护中心机械队队长
赵志鹏　宁夏地质调查院地质环境调查部主任，工程师
霍正浩　宁夏医科大学教务处处长，教授
罗　思　宁夏体育运动训练管理中心游泳队运动员
杨　朝　自治区人民医院呼吸科主任
毛建东　北方民族大学电气信息工程学院院长，教授
马慧斌　宁夏工商职业技术学院机械工程系实训教研室主任
王　芳　宁夏农林科学院农业资源与环境研究所研究员
谭建荣　中电建宁夏工程有限公司汽轮机本体班班长
赵海宝　国家电投集团宁夏能源铝业中卫热电有限公司总工程师
王　森　神华宁煤集团信息技术中心应用系统研发部副部长，工程师
马成国　宁夏电投西夏热电有限公司副总工程师
刘文斌　中国移动通信集团宁夏有限公司业务支撑系统部应用开发室经理，通信工程师
任秉贵　长庆油田分公司第三采油厂五里湾第二采油作业区柳71-46中心站站长
肖惠敏　中国石油宁夏石化公司安检公司化肥维修部管焊班班长，高级技师
张　雷　中国铁路兰州局集团有限公司银川客运段北京车队快速二组列车长
李　峰　西北稀有金属材料研究院宁夏

有限公司技术部部长，高级工程师
左新慧 宁夏立兰酒庄有限公司副总经理
雷军辉 长城(宁夏)资产经营有限公司副总经理，高级经济师。
刘永军 宁夏农垦贺兰山奶业有限公司宁夏奶牛研究所副所长，助理畜牧师
王锦林 宁夏哈巴湖国家级自然保护区管理局生产科科长，高级林业工程师
崔 兴 中国农业银行中宁县支行行长，助理政工师
王丛霞 中共宁夏区委党校科研处处长，教授
焦鹏飞 自治区民政厅减灾中心救灾物资储备库主任
张 金 自治区党委政策研究室农村改革处主任科员
许梦哲 中央电视台宁夏记者站新闻记者
王延林 宁夏煤矿安全监察局银北监察分局监察室主任，工程师
罗韶军 宁东第二小学教师
樊建军 平罗县阳光焦化有限公司维修班班长
陈 兵 宁夏天利丰能源利用有限公司生产厂长，工程师
叶小云 青铜峡市叶盛镇龙门林果协会会长，农艺师
杨 玲 西吉县明星客运出租有限责任公司会计
王亚安 隆德福利医院副院长，主治医师
刘 允 宁夏慈善总会项目部副主任，社会工作师

【第十六届“宁夏青年科技奖”】

王占军 宁夏农林科学院副研究员
付雪艳 宁夏医科大学教授
任予鑫 神华宁夏煤业集团枣泉煤矿工程师
李红英 宁夏气象科学研究所副研级高工
李秀广 国网宁夏电力有限公司高级工程师
李海波 宁夏大学副教授
张慧萍 宁夏医科大学总医院主任医师
易静华 宁夏科技发展战略和信息研究所副研究员
罗灵芝 银川能源学院副教授
赵 健 宁夏农林科学院副研究员
洪 伟 北方民族大学副教授
姚惠琴 宁夏医科大学教授
徐利岗 宁夏水利科学研究院副研究员
黄 磊 中卫市膨润土技术开发研究所副研究员
梅迎雪 自治区人民医院主任护师
曹云娥 宁夏大学副教授
敏世雄 北方民族大学副教授
扈广麒 共享装备股份有限公司工程师
鲁 东 宁夏东方钽业股份有限公司高级工程师
赖小勇 宁夏大学副研究员

【“自治区60年感动宁夏人物”提名奖】

吴景华 银川市第一人民医院护理部原主任
戈 敢 自治区老科技工作者协会名誉会长
李双成 生前系永宁县委常委、纪委书记兼任闽宁镇党委书记
宇恒星 银川滨河如意服装有限公司董事长
潘泰安 宁夏沃福百瑞枸杞产业股份有限公司董事长
侯金知 银川市公安局阅海万家社区民警
蒙旺平 宁夏六盘山国家级自然保护区峰台保护站护林员
曹 君 自治区水利厅盐环定扬水管理处高级工程师
王恒兴 宁夏天源复藏农业开发有限公司原董事长
焦海波 宁夏银利电气股份有限公司董事长
周小军 中色(宁夏)东方集团有限公司涂层研究室主任
常占东 吴忠仪表有限责任公司总工程师
张 蓉 宁夏农林科学院研究员
马 兰 西吉县马兰回乡刺绣有限责任公司董事长
杨凤鹏 彭阳县林业局造林队队长
顾云香 灵武市宁东镇东湾村村民
陈美荣 石嘴山市大武口区人民法院行政庭庭长
勉力义 同心县公安局禁毒大队大队长
陈 莉 石嘴山市公安局副调研员
保文静 宁夏言成律师事务所律师
王黎君 固原经济开发区润泽粮油有限公司经理
王 辉 宁夏伟帝珍品有限责任公司董事长
张玉川 国电宁夏石嘴山发电有限公司班组长
杨慧萍 宁夏邮政公司石嘴山大峰沟营业所支行长
赵耐香 银川市金凤区长城中路街道长城花园社区党总支书记
朱秀娟 灵武市郝家桥镇王家嘴村党支部书记
高韵笙 宁夏京剧团演员，著名表演艺术家

马忠斌　同心县国税局预旺税务所退休干部
马中贵　银川市殡仪馆整容组组长
王晓花　灵武市青少年活动中心教师
芮志新　灵武市福利商店负责人
沐朝阳　银川市妇幼保健院产科主任
何桂琴　固原市回民中学副校长
李举峰　青铜峡市汽修配件厂退休职工
魏耀华　贺兰县习岗街道友爱社区居民
百志林　生前系固原市原州区炭山乡石湾村村民
虎　蕊　银川市兴庆区卫计委丽景街双庄社区卫生服务站站长
童福林　银川市金凤区北京中路街道锦绣苑社区居民
复旦大学研究生支教团
宁夏红十字会造血干细胞捐献志愿服务队

【自治区"三八红旗手"】

刘　荣　银川市水电勘测设计院总工程师
王宁君　银川建发集团副总裁，建发高管公司党支部书记、总经理
杨彦锋　银川公交运营三分公司102路驾驶员
李　双　兴庆区文化街丰收社区党总支书记、妇联主席
李锦梅　西夏区宁华路街道农垦建社区主任、妇联主席
陈　蕾　永宁县佳蕾种植专业合作社理事
蔡　霞　贺兰县洪广镇镇长
马　莉　灵武市妇联主席
王少琴　石嘴山市就业创业服务局副局长
张建荣　石嘴山市第六中学副校长
鄂海霞　大武口区林业技术推广服务中心主任
李红梅　平罗县城关镇明珠社区书记、主任
王爱娣　惠农区法院红果子法庭庭长
周　萍　吴忠中学教师
杨桂琴　吴忠市民政局党组书记、局长
王丽琴　利通区妇联主席
李秋梅　青铜峡市青峡绣女工艺品编织有限公司总经理
翟云玲　盐池县金龙饺子有限公司总经理
杨　梅　同心县马高庄乡赵家树村妇联主席
寇启芳　红寺堡区天源良种羊繁育养殖有限公司总经理
李晓辉　固原市人民医院工会主席
吴翠贤　固原市公安局出入境管理处处长
路彩凤　原州区安全生产监督管理局干部
高芳弟　西吉县将台堡镇副镇长
谢明焱　隆德县城关镇纪委副书记
杨改兰　彭阳县就业创业和人才服务局局长
韩少娜　泾源县六盘山镇副镇长、妇联主席
刘丽霞　中卫市统计局普查中心副主任
田　方　宁夏中卫正通农牧科技有限公司总经理
李　凡　沙坡头区群团工作委员会副主任
邱　婧　中宁县农牧局办公室副主任
王建鹏　海原县三河镇妇联主席
龚英姿　宁东医院功能科主任
汤红梅　区直机关工委妇工委主任
杨　芳　宁夏科技发展战略和信息研究所工业科技发展战略研究室主任
杨新芳　自治区文化厅公共文化与非遗处处长
孙建萍　自治区审计厅农业与资源环保审计处处长
任　媛　自治区扶贫办计划财务处处长
吴　丹　自治区卫生计生委团委书记
高小芳　自治区人民医院重症医学科（ICU）主任
刘玉枝　宁夏建设投资集团第五建筑公司党委委员、总工程师、副总经理
柴治军　宁夏军区政治工作局正营职干事
孟令娜　武警宁夏总队保障部后勤训练保障基地助理会计师
李树华　宁夏农林科学院农业生物技术研究中心研究员
丁　媛　自治区工商联宣教处主任科员
赵文霞　宁夏师范学院副教授
王凤燕　石嘴山市第三中学教师
张　玫　北方民族大学外国语学院副教授
许丹露　宁夏体育运动训练管理中心游泳队运动员
马丽娟　神华宁夏煤业集团红柳煤矿机电一队电焊工
马钟君　中国联通宁夏分公司区政企客户事业部客户经理

【自治区巾帼建功标兵】

马小林　银川市残疾人康复中心康复教师
高丽洁　银川东方夏娃艺术学校创办人之一
田淑忠　兴庆区通贵乡人民政府副乡长
宁俊芹　金凤区党委宣传部副部长、文明办主任
袁　园　宁夏志辉源石葡萄酒庄有限公司总经理
刘　卉　灵武市公安局政工室科员
董秀芹　宁夏如意科技时尚产业有限公

司生产培训中心高级培训师兼妇委会主任
柯海霞 宁夏德龙酒业有限公司贺兰神国际酒庄执行董事
李韦憬 神华宁煤烯烃一分公司气化车间运行四班中控主操员
常黄平 玫琳凯(中国)有限公司营运区域经理
袁　蕙 宁夏福寿同康商贸有限公司总经理
陈德春 惠农区妇联主席
宋倩倩 石嘴山市教育体育局政工科(监察室)副科长
刘春霞 大武口区卫生和计划生育局局长
孙丽芬 宁夏立志耐磨机械制造有限公司董事长
王建华 平罗县红翔沙漠甜瓜专业合作社农民
王　洁 吴忠市妇联副主席
孙雪松 吴忠市委宣传部新闻科科长
郭　庆 宁夏民族职业技术学院宣传统战处副处长
李夏音 吴忠市巧儿刺绣传承有限公司董事长
刘慧平 青铜峡市委组织部党员教育中心主任
郭少玲 原州区彭堡镇姚磨村妇联副主席
邓洁丽 西吉县人民检察院科员
刘　芳 隆德县住房和城乡建设局副局长
蒙贵琴 泾源县人力资源和社会保障局秘书
杨彩秀 彭阳县人民医院副院长
陈淑兰 中卫市审计局办公室主任
殷秀玲 中卫市人力资源和社会保障局工资福利科科长
孔福霞 中宁县妇联副主席
田智梅 海原县妇联干部
卢　珊 沙坡头区文昌镇党委副书记
潘慧芝 宁东第二小学教师
乔　静 自治区住建厅办公室副调研员、机关妇委会主任
张志娟 自治区政府机关事务管理局服务处副科长
童晓燕 宁夏葡萄酒与防沙治沙职业技术学院公共学科部副主任
王　萍 宁夏国税局稽查局科长
顾玲玲 中国电信有限公司宁夏分公司财务部会计
谢　芳 宁夏理工学院建筑与环境学院党总支书记、院长
黄素萍 盐池县大水坑镇幼儿园园长
任永红 自治区中医医院治未病中心、体检中心、康复中心主任
马欣荣 自治区宁安医院睡眠医学中心主任
程灵华 宁夏电力投资集团西夏热电有限公司党群工作部主任
雷小红 武警宁夏总队医院军人病区主任
刘亚娟 中铝宁夏能源集团马莲台发电厂生产技术部化验中心化验员
陈　娜 国网银川供电公司营销综合室副主任
梁俊霞 中卫市公安局沙坡头区分局文昌派出所副主任科员
张福英 宁夏张氏科工贸有限公司总经理
征　虹 人保财险平罗支公司三农部经理
马　娜 海原联社黎明路信用社综合柜员

【自治区第四批“国内引才312计划”人员】

丁建海 宁夏师范学院副教授
马少娟 北方民族大学教授
王晓亮 宁夏动物疾病预防控制中心研究员
白飞虎 自治区人民医院主任医师
巩　檑 宁夏农林科学院农业生物技术研究中心副研究员
闫亚美 宁夏农林科学院枸杞工程技术研究所副研究员
许　浩 宁夏农林科学院荒漠化治理研究所副研究员
许建峰 宁夏医科大学总医院主任医师
李学丰 宁夏大学教授
张华林 宁夏医科大学副教授
张建利 宁夏大学副研究员
张桂杰 宁夏大学副教授
范素兵 宁夏大学副研究员
周翔鱼 石嘴山市第一人民医院副主任医师
赵云生 宁夏医科大学教授
南　一 宁夏医科大学教授
侯　丽 神华宁煤集团煤制油化工质检计量中心正高级工程师
容维宁 自治区人民医院副主任医师
黄李雅 宁夏医科大学总医院主任医师
雷兴明 北方民族大学教授
樊　杨 自治区人民医院主任医师

【自治区第五批“海外引才百人计划”人员】

马清祥 宁夏大学副教授
张志峰 宁夏师范学院副教授
周　震 宁夏大学教授

【2018年国家级学术技术带头人后备人员】

金政伟 神华宁煤集团煤炭化学工业技术研究院副教授
张　爽 国网宁夏电力有限公司电力科学研究院高级工程师

谭　斌　神华宁煤集团煤制油化工工程建设指挥部高级工程师
王素艳　宁夏气候中心正高级工程师
施永胜　宁夏国土资源地理信息中心高级工程师
苏少静　共享装备股份有限公司高级工程师
朱　骏　宁夏德运创润钛业有限公司讲师
石月娟　吴忠仪表有限责任公司高级工程师
王争儿　宁夏金硅信息技术有限公司工程师
刘任涛　宁夏大学副研究员
余国林　北方民族大学教授
杜灵通　宁夏大学副研究员
郭　乐　宁夏医科大学副教授
陈　静　宁夏医科大学副教授
胡菲菲　宁夏财经职业技术学院讲师
马　青　宁夏葡萄酒与防沙治沙职业技术学院副教授
袁海峰　宁夏医科大学总医院主任医师
侯　嘉　宁夏医科大学总医院主任医师
呼圣娟　自治区人民医院主任医师
牛宁奎　宁夏医科大学总医院副主任医师
黄晓波　银川市第一人民医院主任医师
马　彦　石嘴山市第一人民医院主任医师
张红玲　宁夏水利科学研究院灌溉排水研究所高级工程师
刘汝亮　宁夏农林科学院农业资源与环境研究所副研究员
董立国　宁夏农林科学院荒漠化治理研究所副研究员
田　英　宁夏林业研究院种苗生物工程国家重点实验室副研究员
黄　磊　中国科学院西北生态环境资源研究院沙坡头沙漠研究试验站副研究员
马晓玲　宁夏文物考古研究所副研究员
丁生忠　宁夏社会科学院副研究员
许新霞　中央人民广播电台宁夏记者站高级记者

（张明鹏）

集体名录

【全国工人先锋号】

宁夏日盛实业有限公司AC车间维修班
西吉县勇兴三粉加工有限公司方便粉丝生产班
中卫市沐沙畜牧科技有限公司三期养殖场挤奶班
自治区住房和城乡建设厅行政审批办公室
西部机场集团宁夏机场有限公司建设指挥部河东国际机场三期航站楼工程项目管理部
宁夏广播电视台经济频道《都市阳光》栏目组
宁夏太阳镁业有限公司机电设备部电仪科

【自治区“五一劳动奖状”】

银川隆基硅材料有限公司
宁夏中房实业集团股份有限公司
银川建发商业管理有限责任公司
石嘴山市地方税务局
宁夏大生生物科技有限公司
宁夏伊利乳业有限责任公司
吴忠市利通区盛元小学
固原市原州区综合执法局
中卫市人民检察院
国网宁夏电力公司银川供电公司
中国邮政集团公司宁夏银川邮区中心局
宁夏建筑科学研究院股份有限公司
宁夏水文环境地质勘查院
宁夏银川一中
宁夏广播电视网络有限公司
中国铁路兰州局集团有限公司银川车务段
中铝宁夏能源集团有限公司宁夏银星发电有限责任公司
宁夏赛马水泥有限公司宁东分厂
宁夏固海扬水管理处
宁夏地方税务局直属征收管理局
中国银行股份有限公司宁夏区分行
宁夏储备物资管理局五三六处
宁夏计量质量检验检测研究院
银川市兴庆区人民法院
宁夏地方志编审委员会办公室

【自治区工人先锋号】

宁夏宝丰能源集团股份有限公司马莲台煤矿综采二队
银川中铁水务集团有限公司营销公司
银川荣洁生活固体废物处理处置有限公司八里桥转运站女子压装班
宁夏鑫尔特新能源有限公司供热运维班
宁夏德坤环境服务公司运营部
宁夏杰佳信息技术发展有限公司互联网事业部
宁夏西北骏马电机制造股份有限公司加工车间二段
石嘴山市润泽供排水有限公司大武口供排水分公司第一污(中)水处理厂
宁夏晟晏实业集团能源循环经济有限公司合金分厂四号炉乙班
宁夏苏宁新能源设备有限公司机加工车间技术攻坚小组
宁夏海华国际饭店有限责任公司餐饮部
吴忠市农牧局农业技术推广服务中心
宁夏夏进乳业集团股份有限公司质量管理部
宁夏德泽农业产业投资开发有限公司繁育部

吴忠市同盛化工有限公司供应部
宁夏春升源科技有限公司生产部
固原恒新建筑工程有限公司抹灰工班组
宁夏古雁建材有限公司中空车间
宁夏国圣食品有限公司饼干车间包装组
彭阳县城市管理综合执法局环卫队
中宁县中医院针推科
中卫市寺口风景旅游有限公司接待部
宁夏蓝丰精细化工有限公司二车间生产甲班
中卫市就业创业和人才服务局人力资源市场服务窗口
国网宁夏电力有限公司检修公司±800kV特高压灵州换流站
中国邮政集团公司银川市西夏区分公司兴泾镇营业所
宁夏公路管理局固原分局沿川子收费站
宁夏医科大学护理学院
宁夏演艺集团歌舞剧院有限公司舞蹈团
宁夏师范学院化学化工学院
宁夏电力设计院有限公司电网事业部
华能宁夏大坝发电有限责任公司检修部焊工班
国家电投集团宁夏能源铝业有限公司青铜峡分公司电解维修车间350kA维修班
神华国能宁夏煤电有限公司电气二次班
宁夏京能宁东发电有限责任公司设备部锅炉室
宁夏西部创业实业股份有限公司工电段工务综合维修车间
宁夏水务投资集团有限公司宁夏中南部城乡饮水安全水源工程项目建设分公司
宁夏烟草公司银川市公司物流配送中心
港中旅(宁夏)沙坡头旅游景区有限责任公司市场部
银川市兴庆南区国家税务局纳税服务科
国家开发银行宁夏区分行客户三处
宁夏儿童福利院医务部
宁夏日报报业集团宁夏日报社总编室
中卫市公安局沙坡头区分局滨河派出所
宁夏工商局12315消费者申诉举报指挥中心
宁夏广银铝业有限公司熔铸生产部熔铸乙四班
宁夏佰斯特医药化工有限公司干燥班组
宁夏共享集团股份有限公司铸造3D打印及铸造智能工厂产业应用创新团队
贝利特化学股份有限公司双氰胺二车间生产二班
中卫市沙坡头区温馨一家托养院护理部

【自治区"三八红旗集体"】

银川市行政审批服务局
银川市职工文化活动中心
银川市兴庆区玉皇阁北街街道北关社区
银川市西夏区朔方路街道办事处
贺兰县第一中学
石嘴山市市场监督管理局行政审批分局
平罗县妇幼保健计划生育服务中心
惠农区南街街道办事处
吴忠市人民医院
吴忠开源扶贫担保有限公司
吴忠市秀琴奶牛养殖专业合作社
盐池县统计局
固原市民族职业技术学院
原州区城市公用事业管理所
西吉县国家税务局城区税务分局
隆德县第一幼儿园
中国人寿保险股份有限公司中卫分公司客户服务中心
中宁县政务服务中心
海原李旺镇妇女联合会
自治区水利厅固海扬水管理处泉眼山泵站
自治区商务厅电子商务和信息中心
宁夏纺织纤维检验局检验科
宁夏体育彩票管理中心
自治区粮油产品质量检测中心
自治区第四人民医院消化内科
自治区中医医院暨中医研究院儿科
中国石油宁夏石化分公司质检中心
宁夏夏进乳业集团股份有限公司包装车间
宁夏医科大学基础医学院
盐池县第五小学

【自治区巾帼文明岗】

宁夏医科大学总医院重症医学科
宁夏厚生记食品有限公司包装车间
宁夏伊兰峰商贸有限公司
神华宁夏煤业集团公司工会女职工委员会
银川市中级人民法院审判管理办公室
银川住房公积金管理中心永宁分中心
银川市文联《黄河文学》编辑部
银川新华百货商业集团股份有限公司团购中心
银川市金凤区绽放形象工作室
银川东耀培训中心培训部
金凤区北京中路街道锦绣苑社区居委会
金凤区妇女联合会
西夏区文昌路街道共享社区
西夏区妇联
永宁县行政审批服务局
贺兰县习岗街道办事处如意湖社区
中共灵武市委党校
闽宁两省区特色产品及妇女手工制品展览展洽厅
石嘴山市妇联组宣部
石嘴山市地方税务局直属征收管理局
石嘴山市第八中学语文教研组
石嘴山市第一人民医院呼吸老年病科
大武口区青山公园管理所
大武口区国家税务局城区税务分局
大武口区人民法院未成年人审判庭
平罗县中心敬老院

平罗县审计局综合业务审计岗
惠农区红果子镇民生服务中心
吴忠市裕民小学政教处
吴忠市图书馆少儿阅览室
宁夏吴忠农村商业银行股份有限公司营业部
吴忠市回民中学英语教研组
利通区财政局国库支付中心
利通区金星镇金星花园社区
青铜峡市广播电视台制作部
青铜峡市小太阳幼儿园
盐池县财政局国库集中支付中心
盐池县环林局林木检疫站
红寺堡区建设和环境保护局环卫办公室
原州区东海宋家巷社区
原州区公路管理段红崖公路站
西吉县第二幼儿园保教办
西吉县市场监督管理局食品监管办公室
隆德县总工会困难职工帮扶中心
中国移动通信集团宁夏有限公司隆德分公司
泾源县审计局经济责任审计办公室
泾源县国家税务局纳税服务科
泾源联社荣盛路信用社营业室
彭阳县政务服务中心
彭阳县妇幼保健计划生育服务中心孕产保健部
彭阳农村商业银行股份有限公司营业部
中卫市财政局社会保障科
中卫市公安局出入境与外国人事务管理支队
中卫市沙坡头区国家税务局办税服务大厅
中宁县人民法院石空人民法庭
中宁县余丁乡妇女联合会
海原县社会保险经办服务大厅
海原县妇幼计划生育服务中心
沙坡头区柔远镇综治维稳办公室
沙坡头区宣和镇政府民生服务中心
宁东医院急诊科护士站
宁东政务大厅质量技术监督局窗口
自治区党委机关事务管理局综合处
自治区高级法院民事审判第二庭
自治区检察院控告申诉检察处
自治区统计局财务处
宁夏国税局稽查局审理科
宁夏国税局纳税服务处
宁夏检验检疫局国际旅行卫生保健中心
自治区环境保护监察执法局生态环境监察执法处
宁夏葡萄酒与防沙治沙职业技术学院公共学科部
宁夏国际会堂管理有限公司服务保障部
宁夏师范学院音乐舞蹈学院
宁夏建设职业技术学院组宣处
宁夏工业职业学院化学工程系
石嘴山市光明中学教研室
原州区第一幼儿园保教室
自治区卫生计生委信息中心12320卫生计生热线管理科
宁夏回族自治区第四人民医院消化内科
宁夏医科大学总医院烧伤整形美容科
银川市第一人民医院新生儿科
银川市疾控中心性病、艾滋病、结核病防治科
国网宁夏电力有限公司银川供电公司营销部综合室
中铝宁夏能源集团王洼煤业有限公司王洼煤矿机电科综合机房
宁夏建材集团宁夏赛马水泥有限公司质量部
武警宁夏总队医院军人病区护理岗
武警宁夏总队参谋部通信大队固定通信中队
宁夏农林科学院植物保护研究所枸杞有害生物防控创新团队
宁夏女子监狱四监区
宁夏恒达科技股份有限公司纺织前纺车间
贺兰县百瑞源枸杞公司中国枸杞馆销售部
国网中宁县供电公司营业班
银川好美坊礼仪庆典服务有限公司
宁夏天九企业管理集团有限公司
中国人寿灵武支公司
国网宁夏电力有限公司青铜峡市供电公司营业班
同心农村商业银行运行管理部
中国邮政储蓄银行固原市人民街支行
中国农业银行股份有限公司中卫分行营业部

【自治区巾帼建功先进集体】

银川市公安局交通警察支队兴庆区一大队业务大厅
银川市妇女联合会
宁夏美康果蔬种植农民专业合作社
宁夏玖号科技有限公司
西夏区文昌路街道荷花苑社区居民委员会
灵武农村商业银行股份有限公司
灵武市临河镇二道沟村
贺兰农村商业银行股份有限公司营业部
宁夏泰瑞股份有限公司工会女职工委员会
石嘴山市直机关工委
石嘴山市大武口区财政局
惠农区人民检察院政工科
宁夏新丝陆服饰有限公司
平罗县人民医院妇产科
吴忠市农牧局
国家统计局吴忠调查队
利通区金银滩镇人民政府
红寺堡区红寺堡镇人民政府
盐池县就业创业和人才服务局创业担保

贷款中心
固原市人民检察院公诉处
固原市妇幼保健计划生育服务中心围产保健部
原州区财政局金融办公室
西吉县人民医院
隆德县医院心血管内科
彭阳县妇女联合会
宁夏神聚农业科技开发有限公司
中卫市大漠黄河旅游文化产品工作室
中卫市沙坡头区群团工作委员会
中宁县总工会女职工委员会
海原县回民小学
宁夏宁东国税局办税服务厅
宁东第三小学
宁夏气象台
自治区政府机关事务管理局服务处
宁夏长庆小学低段语文教研组
石嘴山市大武口区地税局纳税服务科
中国电信股份有限公司宁夏分公司财务部
中卫市幼儿园
石嘴山市第一人民医院
固原市妇幼保健计划生育服务中心
中卫市妇幼保健计划生育服务中心
神华宁夏煤业集团煤制油合成油厂运行一部
武警宁夏总队
武警宁夏总队银川支队执勤二大队八中队女兵排
银川市妇幼保健院妇科
神华宁煤石槽村煤矿机电一队副立井运行班提升组
宁夏天豹汽车运输有限责任公司银川汽车站客运科
宁夏鲁亿能源科技有限公司
中国人寿保险股份有限公司宁夏分公司
中卫农村商业银行股份有限公司
中国建设银行宁夏青铜峡古峡支行

（张明鹏）

NINGXIA YEARBOOK

附录

FULU

编辑◎霍丽娜

中共宁夏回族自治区第十二届委员会第六次全体会议公报

（2018年12月29日中国共产党宁夏回族自治区第十二届委员会第六次全体会议通过）

中国共产党宁夏回族自治区第十二届委员会第六次全体会议，于2018年12月28—29日在银川举行。出席全会的自治区党委委员61人，候补委员9人。自治区纪委委员、有关方面负责同志和在宁党的十九大基层代表、部分自治区第十二次党代会基层代表列席会议。全会由自治区党委常委会主持。自治区党委书记石泰峰受常委会委托，向全会报告了自治区党委十二届三次全会以来的工作，提出了明年经济社会发展各项工作的意见，要求各级干部振奋精神、实干兴宁，抓好明年工作落实。自治区党委副书记、自治区主席咸辉就明年经济工作作了具体安排。全会审议了石泰峰同志所作的工作报告，讨论了石泰峰同志关于明年工作部署的讲话和咸辉同志关于明年经济工作的讲话，对今年干部选拔任用工作和新选拔任用干部进行了评议。

全会充分肯定了自治区党委十二届三次全会以来的工作。一致认为，一年来，在以习近平同志为核心的党中央坚强领导下，常委会深入学习贯彻习近平新时代中国特色社会主义思想和党的十九大精神，坚决贯彻落实党中央重大决策部署，全面落实自治区第十二次党代会精神，团结带领全区各级党组织和广大干部群众，振奋精神、实干兴宁，精心组织开展自治区成立60周年活动，抓好中央巡视反馈问题整改，稳步推进地方机构改革，推动党的政治建设取得新成效，推动经济高质量发展取得新成效，推动民生改善取得新成效，推动美丽宁夏建设取得新成效，推动社会和谐稳定取得新成效，推动宣传思想文化工作取得新成效，推动新时代党的建设取得新成效，朝着实现经济繁荣民族团结环境优美人民富裕、确保与全国同步建成全面小康社会目标迈出了坚实有力一步。

全会指出，明年是新中国成立70周年，是全面建成小康社会关键之年，做好明年工作至关重要。要以习近平新时代中国特色社会主义思想为指导，深入贯彻党的十九大和十九届二中、三中全会及中央经济工作会议精神，按照统筹推进“五位一体”总体布局、协调推进“四个全面”战略布局的要求，围绕建设美丽新宁夏、共圆伟大中国梦，坚持稳中求进工作总基调，坚持新发展理念，坚持推动高质量发展，坚持以供给侧结构性改革为主线，坚持深化市场化改革、扩大高水平开放，持续落实自治区第十二次党代会安排部署，继续打好三大攻坚战，接续实施好“三大战略”，统筹推进稳增长、促改革、调结构、惠民生、防风险工作，进一步稳就业、稳金融、稳外贸、稳外资、稳投资、稳预期，加快建设现代化经济体系，增强人民群众获得感幸福感安全感，保持经济持续健康发展和社会大局稳定，振奋精神、实干兴宁，为与全国同步建成全面小康社会打下决定性基础，以优异成绩庆祝中华人民共和国成立70周年。

全会指出，要深刻认识明年经济社会发展的新形势新任务。当前国内外形势正在发生深刻复杂变化，但我国发展仍处于并将长期处于重要战略机遇期；我国经济保持总体平稳、稳中有进良好态势，但稳中有变、变中有忧；我们宁夏当前发展中的许多问题是结构调整阵痛的表现、是多年积累的深层次问题的反映。我们要保持清醒头脑，保持战略定力，增强忧患意识，坚定发展信心，抢抓机遇、化危为机，顶住压力、忍住阵痛，坚定不移走高质量发展之路。

全会指出，2019年经济社会发展的任务重、挑战多、要求高，必须聚焦问题短板、精准靶向施策，抓好重点工作任务，推动各项事业发展取得新成效。要坚持深学笃行，持续深入学习贯彻习近平新时代中国特色社会主义思想和党的十九大精神，树牢“四个意识”，坚定“四个自信”，做到“两个维护”，旗帜鲜明讲政治，持续强化理论武装，坚决贯彻党中央重大决策部署，抓好中央巡视反馈意见整改落实，抓好民族宗教工作，始终在政治立场、政治方向、政治原则、政治道路上同以习近平同志为核心的党中央保持高度一致。要坚定不移深化供给侧结构性改革，大力推动经济高质量发展，突出抓好制造业提质增效、沿黄科技创新改革试验区建设、工业园区整合转型发展，持续推进产业转型升级；优化结构稳投资，增强活力稳企业，努力实现最优政策组合和最大整体效果，保持经济平稳健康运行；推动银川都市圈建设有实质性突破，深入实施乡村振兴战略，扎实推进区域城乡协调发展。要聚焦突出问题，持续打好三大攻坚战，积极稳妥化解地方政府债务，严密防控企业和金融行业风险，加快化解房地产库存，坚决打好防范化解重大风险攻坚战；用心用情落实好精准方略，集中力量攻难点，巩固成果提质量，坚决打好脱贫攻坚战；以中央环保督察“回头看”反馈问题整改为抓手，铁腕治理污染，加强生态保护建设，坚决打好污染防治攻坚战。要深化改革开放，最大限度释放活力、激发动力，坚定不移推进市场化改革，抓好国资国企、农业农村、行政审批等重点领域改革；坚定不移推进高水平开放，积极融入“一带一路”建设，筹备办好中阿博览会，有重点地打造开放载体。要加强保障和改善民生，不断增强人民群众的获得感幸福感安全感，尽力而为、量力而行，抓好就业增收，不断提高基本公共服务水平，切实维护社会大局和谐稳定，履行好保增收、保民生、保稳定的政治责任。

全会强调，要切实加强党对各项工作的领导，组织动员各方面力量完成好明年各项任务。要发挥党委总揽全局、协调各方作用，落实党委领导重大工作的体制机制，加强党对经济工作的领导，发挥好人大、政协等各方面作用，巩固和发展爱国统一战线。要凝聚起推动改革发展的强大精神动力，牢牢掌握意识形态工作领导权，持续推进社会主义核心价值观建设，用强大的思想舆论凝聚正能量、提振精气神。要坚决贯彻新时代党的组织路线，建设党的坚强组织体系，造就忠诚干净担当的高素质干部队伍，集聚各方面优秀人才。要持之以恒正风肃纪，严格落实中央八项规定及实施细则精神，持续推进作风建设，标本兼治惩治腐败，深化政治巡视，营造良好政治生态。

全会要求，各级领导干部要大力弘扬实干之风，“实”字当头、“干”字为先，争做新时代的实干家。要把实干作为一种政治要求和政治责任，作为践行“两个维护”的必然要求，自觉提高政治站位，自觉扛起抓落实的政治责任，全力抓好党中央重大决策部署的贯彻落实，抓好这次全会精神的贯彻落实。要适应新时代新要求，有实干的思想境界和精神状态，树立正确的政绩观，坚持一切从实际出发、实事求是，发扬斗争精神，敢于担当、主动作为、攻坚克难。要增强本领、提高能力，加强学习，加强实践锻炼，加强调查研究，在学中干、干中学，练就实干的真本领、硬功夫。要树立鲜明导向、营造浓厚氛围，强化正向激励，注重示范带动，坚决整治“三不为”问题，汇聚起苦干实干谋发展、齐心协力抓落实的强大正能量。

全会根据《中国共产党章程》和《中国共产党地方委员会工作条例》规定，决定批准许尔锋、李金英、金能明同志辞去自治区第十二届党委委员职务，批准朱润洲同志辞去自治区第十二届党委候补委员职务，递补自治区党委候补委员曹有龙、刘军、刘虹为自治区党委委员。

全会号召，全区各级党组织和广大党员干部要更加紧密地团结在以习近平同志为核心的党中央周围，深入学习贯彻习近平新时代中国特色社会主义思想和党的十九大精神，深入贯彻落实中央经济工作会议部署，振奋精神、实干兴宁，为实现经济繁荣民族团结环境优美人民富裕、确保与全国同步建成全面小康社会的目标而不懈努力，为建设美丽新宁夏、共圆伟大中国梦做出新的更大贡献。

（原载于《宁夏日报》2018年12月30日第1版、第3版）

在宁夏回族自治区第十二届人民代表大会第二次会议上的政府工作报告

自治区主席 咸辉

（2019年1月27日）

各位代表：

现在，我代表自治区人民政府，向大会报告政府工作，请予审议，并请各位政协委员和其他列席人员提出意见。

一、2018年工作回顾

2018年，是全面贯彻党的十九大精神的开局之年，也是我区发展史上具有里程碑意义的一年。习近平总书记为自治区成立60周年“建设美丽新宁夏，共圆伟大中国梦”的题词，对新时代宁夏改革发展寄予了殷切期望，勾画了美好蓝图，指明了前进方向，全区人民倍受鼓舞、倍感振奋、倍增动力。一年来，在党中央、国务院的亲切关怀下，在自治区党委的坚强领导下，全区上下深入学习贯彻习近平新时代中国特色社会主义思想和党的十九大、习近平总书记视察宁夏重要讲话精神，全面落实自治区第十二次党代会部署要求，坚持稳中求进工作总基调，深入贯彻新发展理念，统筹抓好稳增长、促改革、调结构、惠民生、防风险各项工作，振奋精神，实干兴宁，基本完成了自治区十二届人大一次会议确定的目标任务，为实现经济繁荣民族团结环境优美人民富裕、确保与全国同步建成全面小康社会目标打下了坚实基础。全年实现地区生产总值3705.2亿元，增长7%。地方一般公共预算收入444.5亿元，同口径增长8.2%。全体居民人均可支配收入22400元、增长8.9%，其中城镇和农村居民人均可支配收入分别为31895元和11708元、增长8.2%和9.0%。

一年来的主要工作和成效是：

（一）重点工作在抓好大事要事中再上新台阶。成功举办自治区成立60周年大庆，围绕展示成就、凝聚人心、鼓舞干劲，实施了一批公益项目和民生工程，举办了一系列主题活动和庆祝活动，集中展示了党的民族政策和民族区域自治制度在宁夏的成功实践，生动展现了自治区成立60年、改革开放40年，特别是党的十八大以来各项事业取得的历史性成就、发生的历史性变革，极大激发了全区上下建设美丽新宁夏、共圆伟大中国梦的激情和热情。认真接受中央巡视、环保督察“回头看”和国务院大督查的“全面体检”，主动认领反馈问题，全力抓好整改落实，以整改成效促工作提升。银川、石嘴山、中卫、宁东基地4项创新发展典型做法国家通报表扬，我区营商环境在国务院第五次大督查中排在前列。坚决打好“三大攻坚战”，出台政策文件，有力有序推进，取得了阶段性成效。聚焦政府债务、金融、房地产等重点领域，有效防范化解重大风险，守住了不发生系统性风险的底线。启动打赢脱贫攻坚战三年行动，易地扶贫搬迁2.5万人，预计减贫11.5万人，贫困发生率下降到3%。实施蓝天碧水净土三大行动，全区地级市空气优良天数比例达87.2%，生态环境持续好转。成功获批全国首个“互联网＋教育”“互联网＋医疗健康”示范区，出台建设规划，推动资源共享，努力创造可复制、可借鉴、可推广的经验，优质公平便捷的教育医疗资源将更好地惠及全区人民。

（二）经济转型在应对下行压力中取得新成效。面对困难形势，加强运行调度，及时出台稳增长20条、服务业23条、民营经济20条、促进民间投资30条等针对性强的政策措施，降低实体经济成本90亿元，力促经济企稳回升、稳中有进。全年规模以上工业增加值增长8.3%，企业利润增长16.1%。加大重点领域投资力度，实施了一批稳增长、利长远的大项目好项目。包银高铁（宁夏段）顺利开工，银西高铁、中兰高铁、吴忠至中卫城际铁路等加快建设，海原至同心高速、盐环定扬水更新改造、高性能纤维、高端锂电池等建成投运。出台开发区创新发展22条，将全区33个工业园区整合优化为22个，银川经济技术开发区跻身国家级开发区百强，宁东基地位列全国化工园区第8位。深化供给侧结构性改革，加快新旧动能转换。淘汰化解落后过剩产能318万吨，商品房待售面积同比下降9.4%。工业技改投资增长15.6%，装备制造、信息技术等新兴产业增速超10%，清洁能源装机占比达42.9%。粮食生产“十五连丰”，总产达393万吨，创历史新高。特色优势产业产值占农业总产值的86.7%。全域旅游、电子商务、现代物流、健康养老等现代服务业蓬勃发展。落实创新驱动30条，深化“科技支宁”东西部合作，建成宁夏技术交易市场，国家级高新技术企业增加到150家，全社会研究与试验发展经费投入强度预计达1.3%。研究制定加强政府债务管理的意见和化解方案，准确摸清政府债务底数。加强重点行业、企业、机构风险预警监测，依法稳妥处置企业金融风险，深入开展互联网金融风险专项整治，有效维护金融秩序稳定。

（三）城乡面貌在统筹协调发展中发生新变化。深入贯彻全国全区生态环保大会精神，落实生态立区28条，划定生态保护红线，出台生态环境损害赔偿制度改革方案等政策文件，努力实现高质量发展与高水平保护双赢。全年自治区财政投入污染防治资金51.3亿元，比2017年增长74%。彻底淘汰城市建成区20蒸吨以下燃煤锅炉，建成投运银川“东热西送”一期工程，不断加大老旧车、柴油货车淘汰治理，排查整治“散乱污”企业1932家。贺兰山、六盘山、罗山自然保护区生态破坏、城市黑臭水体、药企异味扰民等一批环境突出问题治理成效明显。全面打响黄河保卫战，严格落实五级河（湖）长制，全部取缔黄河干流工业企业直排口，所有园区污水集中收集处理，劣Ⅴ类水体全部清零，黄河流域水质优良比例达73.3%。银川市荣获全球首批“国际湿地城市”。开展大规模国土绿化行动，完成营造林150万亩、荒漠化治理90万亩，城市建成区绿地率达37.2%，森林覆盖率达14.6%。启动银川都市圈建设，设立专项投资基金，推动基础设施互联互通，银川国际航空港综合交通枢纽基本建成，西线供水工程等稳步推进，“三市一地”一体化态势正在形成。固原海绵城市和国家新型城镇化综合试点、中卫全域旅游示范市创建步伐加快。全区城镇化率提高到58.9%。出台乡村振兴战略规划和意见，实施农村人居环境整治三年行动。建设美丽小城镇20个、美丽村庄126个、特色小镇12个，完成农村污水处理及改厕3.2万户，所有行政村通了硬化路，农村自来水普及率达84%。

（四）动力活力在推进改革开放中得到新增强。以改革开放40周年为契机，坚决落实中央全面深化改革决策部署和自治区党委安排要求，大力推动31项重大改革。顺利完成自治区政府机构改革任务，新组建部门全部正常运转。加大“不见面马上办”改革，制定审批服务便民化意见，开展减证便民行动，取消调整行政职权76项，政务服务事项网上可办率达80.4%，企业开办时间由平均20个工作日压缩到5个工作日。全年新注册市场主体增长5.1%、每天近300家。深化国资国企改革，全区混合所有制企业达185家，“三供一业”分离移交基本完成。新引进组建金融机构5家，达力环保在香港联交所主板成功上市，实现了我区企业境外首发上市的“零突破”。推进农村土地“三权分置”改革，完成农村集体资产清产核资，土地规模经营占比达27.4%。积极融入“一带一路”建设，全面落实内陆开放型经济试验区建设实施意见。银川综合保税区国际快件监管中心运营良好，石嘴山保税物流中心（B型）通过验收。宁夏国际货运班列常态化运行，直达北京、太原、西安的1000G互联网出口线路投入运营，航空旅客突破900万人次。主动引进来走出去，与国家部委、中央企业和东中部地区的合作交流不断深入，苏银产业园开工建设，新设立外商投资企业32家、境外直接投资企业14家。

（五）民生事业在补短板强弱项中实现新发展。在财政增收压力加大的情况下，将76%的财力用于保障和改善民生。落实脱贫富民36条，年度脱贫任务如期完成，50个深度贫困村脱贫出列，盐池县实现高质量脱贫退出，隆德、彭阳、泾源3县基本具备脱贫摘帽条件。深化闽宁扶贫协作，打好产业、就业、金融、教育、健康扶贫等政策组合拳，投入财政扶贫资金109.2亿元，扶贫小额贷款覆盖率达85%，贫困地区农民收入增幅高于全区农民2个百分点。开展脱贫攻坚作风建设年活动，全面整改扶贫领域的突出问题，实现扶贫资金审计检查全覆盖。坚持以创业带动就业，农村劳动力转移就业78万人，城镇新增就业8万人，城镇登记失业率控制在3.89%。全面落实全国全区教育大会精神，新改建义务教育薄弱学校校舍16万平方米、幼儿园104所，率先在西部实现县域义务教育基本均衡发展，部区合建宁夏大学进展顺利。深入推进综合医改，建立五级远程医疗服务体系，实现与所有省（市、区）定点医疗机构异地就医直接结算，全区公立医院药占比下降到30%。连续14年调增企业退休人员养老金标准，连续3年调高机关事业单位养老金标准，进一步提高城乡居民基础养老金、低保救助和孤儿养育津贴标准，21万被征地农民按新政策参加养老保险。改造城镇棚户区住房3万套、农村危窑危房3.3万户，21.3万城乡住房困难群众喜迁新居。深入实施文化惠民工程，吴忠市成功创建国家公共文化服务体系示范区，《家园》《灵与肉》《六盘山》《闽宁镇》等影视作品叫响全国，全民健身活动蓬勃开展。新闻出版、广播电视、社会科学、统计调查、文史参事等又有新发展。积极支持国防和部队建设，国防动员、人民防空、双拥共建深入推进。大力开展扫黑除恶专项斗争，严厉打击各类违法犯罪，社会治安持续向好。强化食品药品市场监管。开展安全生产大检查大整治，事故起数和死亡人数“双下降”。修订老年人权益保障条例，妇女儿童、残疾人、红十字、慈善等事业健康发展。地震气象监测预警、应急救援、防灾减灾工作不断加强。全面落实自治区党委十二届四次全会安排部署，深入推进民族团结进步创建活动，固原市等10个单位被命名为全国民族团结进步创建示范单位。持续开展“四进”宗教活动场所，坚决治理宗教领域突出问题，民族团结、宗教和顺、社会和谐稳定的良好局面进一步巩固发展。

（六）政府效能在优作风抓落实中又有新提升。坚持把党的领导贯穿政府工作始终，把政治建设放在首位，全面加强政府党组建设，开展“学政策用政策”研讨交流。坚决贯彻党中央、国务院决策部署，全面落实自治区党委工作安排。认真执行重大事项向党委请示报告、重大决策出台前向人大常委会报告制度，主动向人大报告国有资产管理等情况，提请自治区党委研究重大事项55件，提请自治区人大常委会制定、修改和废止地方性法规12件。办理人大议案建议214件、政协提案567件，办复率均达100%。扎实开展集中解决群众反映强烈的突出问题活动，信访总量同比下降31%。深入推进“七五”普法，全面推行行政规范性文件“三统一”和有效期制度，5个县（市）通过国家级基层政务公开标准化规范化试点验收。从严执行中央八项规定及实施细则精神和自治区党委若干意见，驰而不息纠正“四风”。大力倡导重实干重实绩、敢担当善作为的作风，加大督查督办力度，对积极作为、成效明显的奖励支持，对消极作为、工作不力的严肃问责，政府公信力、执行力、落实力不断增强。

回望过去一年，我们过得很充实、走得很坚定，困难虽比预料的多，成效要比预想的好。这是习近平新时代中国特色社会主义思想光辉指引的结果，是党中央、国务院亲切关怀的结果，是自治区党委正确领导的结果，是自治区人大、政协监督支持的结果，是全区广大干部群众撸起袖子干出来的，是新时代各行各业奋斗者挥洒汗水拼出来的！在此，我代表自治区人民政府，向全区各族人民，向支持政府工作的人大代表、政协委员、各民主党派、工商联、无党派人士和各人民团体，向中央驻宁单位、驻宁部队、武警官兵和公安民警表示衷心感谢！向支持宁夏改革发展稳定的中央和国家部委、兄弟省（市、区），港澳台同胞、海外侨胞和国际友人致以崇高敬意！

在肯定成绩的同时，我们清醒地看到，我区发展还存在不少困难和问题：一是贯彻落实新发展理念还不到位，一些地方和干部惯性思维、速度情结和路径依赖还没有根本转变，产业结构倚重倚能问题仍然突出，环境保护和污染治理形势依然严峻，提升创新能力、推动高质量发展任务繁重。二是经济下行压力仍然较大，部分企业经营困难，政府隐性债务化解、金融风险防控任务艰巨，特别是受基础设施建设融资渠道收窄、重大项目接续储备不足等因素影响，实现固定资产投资恢复性增长的难度加大。三是城乡居民持续稳定增收压力较大，基本公共服务均等化水平还不高，打赢脱贫攻坚战、实现稳定脱贫还需持续用力。四是政府自身建设还存在诸多薄弱环节，各级干部担当作为的积极性、主动性还要进一步提高。等等。我们一定要高度重视，采取有效措施，认真加以解决。

二、2019年主要目标和重点任务

今年是中华人民共和国成立70周年，是全面建成小康社会关键之年，做好今年工作至关重要。

当今世界正面临百年未有之大变局，我国发展仍处于重要战略机遇期。我们拥有坚强的领导核心、科学的思想指引、伟大的创造精神，我们具有足够的发展韧性、巨大的市场潜力，经济长期向好的态势不会改变。宁夏作为西部欠发达民族地区，经过60年的艰苦创业、不懈奋斗，站在了建设美丽新宁夏、共圆伟大中国梦的历史新起点上。同时，随着国家对西部地区、民族地区、革命老区支持力度的加大，我区发展的基础条件日趋完备、要素保障不断增强、诸多新动能加快成长，全区上下推动高质量发展的劲头越来越足。只要我们坚定信心、迎难而上，就一定能在新起点上展现新作为，就一定能在新征程中成就新伟业！

今年政府工作的总体要求是：以习近平新时代中国特色社会主义思想为指导，深入贯彻党的十九大和十九届二中、三中全会及中央经济工作会议精神，按照统筹推进“五位一体”总体布局、协调推进“四个全面”战略布局的要求，围绕建设美丽新宁夏、共圆伟大中国梦，坚持稳中求进工作总基调，坚持新发展理念，坚持推动高质量发展，坚持以供给侧结构性改革为主线，坚持深化市场化改革、扩大高水平开放，持续落实自治区第十二次党代会安排部署，继续打好“三大攻坚战”，接续实施好“三大战略”，统筹推进稳增长、促改革、调结构、惠民生、防风险工作，进一步稳就业、稳金融、稳外贸、稳外资、稳投资、稳预期，加快建设现代化经济体系，增强人民群众获得感幸福感安全感，保持经济持续健康发展和社会大局稳定，振奋精神、实干兴宁，为与全国同步建成全面小康社会打下决定性基础，以优异成绩庆祝中华人民共和国成立70周年。

主要预期目标是：地区生产总值增长6.5%~7%，地方一般公共预算收入同口径增长7%左右，社会消费品零售总额增长6%，城镇和农村居民人均可支配收入分别增长7.5%和8%，居民消费价格涨幅控制在3%左右，城镇调查失业率控制在5.2%左右，万元生产总值能耗下降3%，四项主要污染物指标完成国家下达任务。

实现上述目标，困难不容低估，信心不可动摇，干劲务必增强。要始终保持高质量发展的战略定力。越是欠发达地区，越要推进高质量发展。要立足发展不足的最大实际，千方百计抓"六稳"，坚定不移调结构，持之以恒转方式，不被短期变化牵着鼻子，不被一时困难拖住脚步，久久为功，善作善成，推动经济发展质量提升、效益提高、结构优化。要始终保持攻坚克难的进取精神。形势越困难，越要保持蓬勃朝气、昂扬锐气。要切实增强底线思维、忧患意识、斗争精神，充分做好打硬仗、攻堡垒、过难关的准备，齐心协力、拼搏奋进，共同把宁夏的事情办得更好、更实、更有成效。要始终保持一心为民的真诚情怀。坚持以人民为中心的发展思想，把人民幸福作为第一目标，把人民期盼作为第一任务，把人民呼声作为第一信号，在发展中保障和改善民生，不断实现各族群众美好生活需要。要始终保持真抓实干的优良作风。牢记习近平总书记"社会主义是干出来的"伟大号召，坚持"实"字当头、"干"字为先，主动挑最重担子、啃最硬骨头，一级做给一级看，一级带着一级干，努力创造无愧于时代、无愧于人民、经得起历史检验的工作业绩！

为此，要突出抓好以下重点工作：

（一）持续推进新旧动能转换，进一步夯实高质量发展基础。大力实施创新驱动战略，落实"巩固、增强、提升、畅通"八字方针，深化供给侧结构性改革，建设现代化经济体系，打造西部地区转型发展先行区。

推动制造业高质量发展。推进工业转型升级"十大行动"。实施100个重点技改项目，开展500家规上企业对标工作，促进煤电、冶金、化工等传统产业向高端化、智能化、绿色化迈进。加快企业优胜劣汰，淘汰低端落后过剩产能，全面治理"散乱污"企业，依法加速出清"僵尸企业"，推动各类生产要素向优质企业聚集。落实"互联网+先进制造业"实施意见，启动"千家企业上云"计划，建成15个智能工厂和数字化车间，在智能制造、仪器仪表、专用电器等领域培育一批单项冠军，战略性新兴产业占GDP比重达到10%。助推小企业"升规上限"，设立专项奖励资金，扩大贴息支持和风险补偿范围，新增规上企业100家左右、产值超10亿元企业60家，为产业转型升级不断注入新动能。

促进园区转型发展。坚持错位发展、差异化发展、节约集约发展，优化园区功能配套，提升综合承载能力，实施低成本改造项目10个，让园区真正成为企业创富的聚集区、经济发展的主阵地。改革园区管理体制，推行"区域评"制度，支持每市创建1个示范园区，抓好一批标杆企业、示范项目，全面提升园区投入产出比和综合效益。重点推进宁东基地现代煤化工产业示范区建设，健全煤电联动市场反应机制，提升全产业链水平。抓住中央鼓励东西部合作共建产业园区的机遇，加快建设苏银产业园等，打造东西部合作共建园区的宁夏样本。

激发市场主体活力。落实"民营经济20条"，执行国家减税降费政策，推进普惠性税收免除，降低企业养老保险费率和缴费基数，全年再降实体经济成本80亿元以上。健全融资担保体系，促进银政企深度联动，引导金融机构加大对民营、小微企业的贷款支持。用好政策性纾困基金，精准支持困难企业渡过难关。保障民营企业在准入许可、经营运行、招投标等方面的平等待遇，让他们有更多获得感。改革国有资本授权经营体制，完善法人治理结构，扩大混合所有制改革范围，加快建立国企职工工资决定机制，持续释放国有企业发展活力。实施企业家素质提升工程，构建"亲清"政商关系，培养懂经营、会管理、善创新、有社会责任感的优秀企业家，支持他们专心专注创业、放心放胆经营。

提升创新支撑能力。加快推进沿黄科技创新改革试验区、现代农业科技创新示范区建设，进一步深化"科技支宁"东西部合作。围绕现代煤化工、生物医药、特色农业等重点领域，实施一批科技项目，突破一批关键技术，转化一批先进成果，推动自主创新和开放创新互融共促、产业创新和特色创新共同发力。出台高新产业和科技型企业扶持政策，设立创新基金，培育国家级高新技术企业30家、科技"小巨人"企业20家，全社会研究与试验发展经费投入强度达到1.6%。完善创新服务体系，健全企业为主体的产学研一体化机制。深化科技管理体制改革，完善科研项目和经费管理，赋予科研机构和人员更大自主权，加强知识产权创造、保护和运用。落实"人才新政18条”，解决好引才难、留才难等问题。推行人才分类评价和终身职业技能培训，弘扬劳模精神和工匠精神，努力造就一支知识型、技能型、创新型劳动者大军。

（二）持续扩大有效需求，进一步促进经济平稳健康发展。坚持抓项目抓招商双管齐下、稳投资扩消费双轮驱动，不断释放需求潜力，为经济平稳运行提供强力支撑。

稳定精准有效投资。今年自治区确定重点项目80个，完成投资500亿元以上。要坚持投速投向投效并重，盯住不放、一抓到底，确保固定资产投资规模恢复性增长。高起点谋划重大项目。抢抓新一轮西部大开发机遇，紧盯产业转型、基础设施、公共服务、生态环保等重点领域，聚焦5G商用、人工智能、工业互联网等重点投向，精心谋划、精准对接，最大限度争取国家支持。高效率推进重大项目。完善项目协调推进机制，着力抓好沙比克高端烯烃、神华宁煤合成润滑油和液状石蜡、鲲鹏能源乙二醇、汉尧集团石墨烯储能材料等一批产业项目，重点推进银西高铁、包银高铁、中兰高铁、宝中铁路扩能改造、京藏高速改扩建、西线供水等一批基础设施项目，加快建设宁夏美术馆、北师大银川学校、固原中医院扩建等一批社会民生项目，以项目大突破带动发展大提升。高标准服务重点项目。发挥政府投资引导撬动作用，推广政府与社会资本合作、特许经营等模式，激发民间投资信心和活力。开展“高质高效招商引资年”活动，办好2019年宁商大会，精准招商、园区招商、以商招商，吸引更多优势企业来宁投资、更多优质项目落地建设。改革招商引资考评办法，注重项目落地率和资金到位率，确保全年招商引资实际到位资金增长10%以上。

深挖消费需求潜力。出台促消费政策，实施扩消费行动，培育信息服务、健身休闲、教育培训、社区服务、健康养老等消费热点，促进消费结构优化升级。推动服务业扩容增效，用好专项扶持资金，支持现代服务业集聚区品牌化、标准化建设，多渠道增加服务供给，全方位提升服务质量，服务业比重再提高1个百分点。深化全域旅游示范区建设，推行“旅游＋”模式，完善配套设施和服务，推广旅游惠民“一卡通”，让游客愿意来、留得下、有看头，全年接待游客和旅游收入分别增长10%、12%以上。加快综合物流配送平台建设，推动物流与交通、电商等融合发展，大幅降低物流成本。发展数字经济，延长云产业链，做大做强中卫（西部）云基地、银川中关村创新中心、石嘴山科技金融众创空间。建设军民融合产业示范区。做好第四次全国经济普查工作。

防范化解重大风险。落实“坚定、可控、有序、适度”工作要求，守住守好不发生系统性风险的底线。积极稳妥化解地方政府债务，夯实市县主体责任，严格规范堵后门，科学合理开前门，用好地方政府专项债券，实现政府债务与发展阶段相适应、举债规模与偿债能力相匹配。切实加强金融监管，全面摸排重点企业风险，加大不良贷款处置力度，严打违法违规金融活动，维护金融市场稳定。坚持“房子是用来住的，不是用来炒的”定位，对症施策、分类指导，释放合理的改善性住房需求，有序化解房地产库存，有效防控逾期交房、烂尾楼等风险，确保房地产市场平稳健康发展。

（三）持续推进乡村振兴，进一步统筹区域城乡协调发展。发挥空间规划引领管控作用，大力实施乡村振兴战略，加快推进新型城镇化，促进区域优势互补、城乡融合发展。

提升农业综合效益。做深做细农业供给侧结构性改革，扩大优质、特色、绿色农产品有效供给，完善现代农业产业、生产和经营体系，加快农村各产业融合发展。落实最严格的耕地保护制度，3月底前完成“大棚房”清理整治。新建高标准农田96万亩，发展高效节水农业40万亩，粮食产量稳定在360万吨以上。扎实抓好“五个百万亩”基地建设，整合提升现代畜牧、酿酒葡萄、枸杞、瓜菜等特色优势产业，做大做强区域公用品牌，不断提高“原字号”“老字号”“宁字号”农产品品质和市场占有率，把“五大之乡”擦得更亮、打得更响。培育新型经营主体和职业农民，发展专业化市场化农业服务组织，新增家庭农场、农民合作社各300家，让农民从特色产业发展中获得更多收益。支持返乡下乡创业创新，培育乡村旅游、共享农庄、田园综合体等新业态新模式，主要农作物机械化率、农产品加工转化率分别达到76%和68%，农业科技进步贡献率达到60%，为产业兴旺插上科技腾飞的翅膀。培养造就一支懂农业、爱农村、爱农民的“三农”工作队伍，让他们在服务乡村振兴中施展才华、建功立业。

改善农村人居环境。深入学习浙江“千万工程”经验，扎实推进农村人居环境整治三年行动。创新村镇建设形态模式，建设美丽小城镇20个、美丽村庄100个、特色小镇12个，打造美丽宜居的乡村特色风貌。加快补齐农村基础设施和公共服务短板，提升农村饮水安全，新改建农村公路900公里，建设“四好农村路”，完成存量危窑危房改造。因地制宜推进农村垃圾污水处理、“厕所革命”和村容村貌提升，多措并举完善公共照明、文化体育等服务设施。坚持自治法治德治相结合，健全现代乡村治理体系，培育良好家风、淳朴民风、文明乡风。

强化银川都市圈龙头作用。编制银川都市圈发展规划，加快城际快速交通、生态共保共治等重点项目建设，推动产业发展协同化、基础设施网络化、公共服务一体化。清理地方保护和行政壁垒，畅通区域经济循环，促进要素资源聚集，确保都市圈建设有实质性突破。支持固原推进生态城镇建设、中卫建设区域性物流中心，形成特色化、差异化发展格局。提升城市科学化、精细化管理水平，有效解决交通拥堵和城市内涝等问题。优化智慧城市平台，加强海绵城市、地下综合管廊建设，实施棚户区、老旧小区、背街小巷改造，消除管理盲点和死角。推进公交优先发展，加快停车泊位和充电设施建设，完善步行和自行车道系统。建成一批市民公园、街头绿地、小微游园，城市建成区绿地率达到37.7%，让城市更宜居、生活更便利。加快户籍制度配套改革，推进在城镇就业的农业转移人口尽快安家落户，增强他们的归属感，城镇化率再提高1个百分点。

（四）持续决战脱贫攻坚，进一步推进精准稳定可持续脱贫。大力实施脱贫富民战略，聚力精准施策，拿出硬招实招，不折不扣完成年度脱贫任务，原州、海原、同心、红寺堡4个县（区）脱贫摘帽、109个贫困村出列、10万人脱贫，打造全国脱贫攻坚示范区。

集中攻坚深度贫困。主攻“五县一片”和170个深度贫困村，集中力量，尽锐出战，坚决攻下硬任务。严格落实“三个新增”要求，统筹打好脱贫政策组合拳，着力解决影响“两不愁三保障”的突出问题，切实增强贫困地区内生发展动力。加大控辍保学力度，强化农村低保制度与扶贫开发政策衔接，精准实施对特殊贫困群体的保障性扶贫措施，让他们生活有改善、脱贫有保障。抓好移民安置区产业发展、就业培训、社会管理等后续工作，确保移民群众搬得出、稳得住、逐步能致富。深化闽宁对口扶贫协作，做实乡村结对帮扶，推动产业、劳务、人才等要素精准对接。加强中央单位和区市县三级定点扶贫，推进“百企帮百村”行动，凝聚脱贫攻坚强大合力。

加快壮大扶贫产业。实施贫困地区特色产业提升工程，落实贫困户产业项目、技术培训、小额信贷、帮扶措施和农业保险“五个到户”，发展壮大中药材、小杂粮、农村电商、乡村旅游等，构建村村有脱贫产业、户户有增收门路的产业扶贫新格局。实施就业扶贫行动，完成脱贫能力培训5万人，购买扶贫公益岗位3500个以上。提高金融扶贫的精准度和有效性。加强扶智扶志教育，倡导脱贫光荣，开展“千村万户”表彰奖励活动，激励更多贫困群众用勤劳双手彻底摘下“穷帽子”、拔掉“穷根子”。

巩固扩大脱贫成果。严格脱贫退出程序标准，严防数字脱贫、指标脱贫。坚决整改扶贫领域突出问题，规范项目资金管理和绩效评价，提高扶贫资金使用效益。建立巩固脱贫攻坚成果长效机制，对已脱贫的贫困县、贫困村、贫困户，摘帽不摘责任、摘帽不摘政策、摘帽不摘帮扶。加大城镇贫困群众脱贫解困力度，切实提高脱贫质量。

（五）持续加强污染防治，进一步改善生态环境质量。深入贯彻习近平生态文明思想，大力实施生态立区战略，坚决打好污染防治攻坚战，努力建设天蓝地绿水美的美丽宁夏，打造西部地区生态文明建设先行区。

扎实抓好反馈问题整改。严格落实生态环境保护党政同责、“一岗双责”，压实主体责任。坚持分类施策，完善长效机制，依法查处各类环境违法行为，切实做到问题不查清不放过、整改不到位不放过、责任不落实不放过、群众不满意不放过。坚决杜绝敷衍整改、虚假整改、表面整改，确保中央环保督察“回头看”反馈问题按期整改到位。

大力实施蓝天碧水净土行动。坚决打好蓝天保卫战，加快重点行业脱硫脱硝及除尘提标改造，全面淘汰城市建成区不达标燃煤锅炉，有效治理柴油货车污染，从严管控施工扬尘，强力禁止秸秆焚烧。强化联防联控联治，减少重污染天气，持续提升环境空气质量。坚决打好新时代黄河保卫战，扎实落实河（湖）长制，加大饮用水水源地保护力度。推进城镇污水处理提质增效，狠抓工业园区污水稳定达标排放。加强重点入黄排水沟和城市黑臭水体综合整治，黄河流域水质优良比例稳定在73.3%以上，打造水清河畅、岸绿景美的良好水生态。坚决打好净土保卫战，开展重点行业企业用地土壤污染调查，综合防控农业面源污染，提高工业固废处置和综合利用水平，推进生活垃圾分类收集。改进环境治理方式，避免处置措施简单粗暴，充分调动企业和社会公众参与环境治理的积极性。

深入推进生态保护修复。加快沿黄生态经济带建设，实施一批节能环保、清洁生产、循环经济项目，探索用能权、排污权交易，拓展污染第三方治理，重塑生态优先、绿色发展新格局。统筹“山水林田湖草”系统治理，巩固贺兰山、六盘山、罗山生态环境综合整治成果。抓好重大生态工程，完成营造林130万亩以上，治理荒漠化土地90万亩、水土流失800平方公里，森林覆盖率达到15.2%。推动建立市场化、多元化生态补偿机制，做好生态保护红线、自然保护区勘界定标，扩大绿色生态空间，筑牢祖国西北重要生态安全屏障。

（六）持续深化市场化改革，进一步增强发展动力活力。坚持用改革的办法破除体制机制障碍，推动改革全面提速、多点发力，让市场活力充分释放，让社会创造力竞相迸发。

全面优化营商环境。纵深推进“放管服”改革，全部推开“证照分离”，企业投资项目审批时间压缩到50个工作日以内。推行政务服务“一网、一门、一次”办理，区本级政务服务事项网上可办率达到90%，市县稳定在80%以上。完善公共信用信息共享平台，建立信用联合奖惩机制，做到“双随机、一公开”监管全覆盖，对违法者要依法严惩，对守法者要无事不扰。对标营商环境指标体系，改进水电气暖接入等薄弱环节，最大限度为各类投资主体提供便利，让他们舒心谋发展。

深化财税金融改革。坚持“花钱必问效、无效必问责”，厘清各级财政事权和支出责任，健全地方税体系，完善县级基本财力保障机制。优化财政支出结构，加强绩效目标管理，提高财政资金配置效率和使用效益。实施“引金入宁”计划，推进地方银行改革，优化金融生态环境，扩大直接融资规模，争取1—2家企业主板上市，增强金融服务实体经济的能力。

提高要素配置效率。扩大电力直接交易企业用户范围，构建主体多元、竞争有序的电力交易格局，进一步降低电价，形成综合竞争优势。完善市场决定价格机制，减少和规范政府定价项目。深入推进农村土地制度改革，推广土地征收和农村集体经营性建设用地入市试点成果，加快宅基地使用权确权登记颁证。深化集体经营性资产股份制、农业水价、集体林权、农垦、供销社等改革，不断增强农村发展活力。完成第三次国土调查，建立自然资源资产核算体系，健全自然资源产权制度和有偿使用制度，促进各类生产要素自由流通、公平交易。

（七）持续扩大内陆开放，进一步打造丝绸之路经济带战略支点。深度融入“一带一路”建设，大胆试、勇敢闯，推动内陆开放型经济试验区建设取得实质性进展，让开放的大门越开越大，以全方位开放助推经济高质量发展。

建好用好开放平台。聚焦经贸，务实办好2019中阿博览会，争取落实一批合作项目，努力办出水平、办出效益、办出影响力。提升银川综合保税区、各类开发区综合功能，推进银川国际公铁物流港、石嘴山保税物流中心、惠农陆路口岸、中卫陆港联动发展，加快肉类、水果、种苗等进口指定口岸建设，进一步增强开放平台的承载集聚能力。

拓展延伸开放通道。充分发挥中国—中亚—西亚、中蒙俄经济走廊节点优势，重点加强西向和北向通道建设，主动对接南向“陆海新通道”，加快构建内畅外联、通疆达海、多式联运的贸易物流大通道。推进国际货运班列场站建设，新开蒙古、俄罗斯班列，实现中亚、中欧班列常态化、品牌化运行。打造西部区域性航空枢纽，开辟银川至香港、伊斯坦布尔等国际（地区）航线，开通直达所有省会城市航线，加密重点城市航班，航空旅客吞吐量力争突破1000万人次。大力发展临空经济和通航产业。加快建设中阿网上丝绸之路经济合作试验区暨宁夏枢纽工程。

发展提升开放型经济。复制自贸区经验做法，开展首创性、差异化改革探索。加快国际贸易“单一窗口”推广应用，促进投资贸易便利化。培育跨境电商、服务贸易、服务外包等新业态，实现进出口稳中提质、利用外资稳定增长。稳步推进境外合作园区建设，不断拓展发展空间，带动我区优势产业、特色产品尽快走出去。加强与长三角、珠三角、京津冀、港澳台等地区合作交流，落实好部区、央地战略合作协议，建设一批加工贸易承接转移基地，推动开放发展上台阶、提水平。

（八）持续保障改善民生，进一步提升人民群众幸福指数。坚持尽力而为、量力而行，保基本、兜底线、织密网，努力让全区人民的日子越过越红火。

扎实办好为民实事。聚焦群众所需所急所盼所愿，突出普惠性、保基本、均等化、能完成，统筹安排财政资金，着力在脱贫攻坚、农村公路、饮水安全、就业创业、教育医疗、社会保障等方面，集中力量办好一批实事好事，使各族群众有实实在在的获得感。

全力稳就业促增收。实施就业优先政策，加强职业培训和就业服务。深化大众创业、万众创新，加大创业担保贷款贴息、补贴和奖补力度，统筹抓好高校毕业生、农民工、退役军人等群体就业。做好援企稳岗，解决好停产减产企业职工转岗就业，农村劳动力转移就业70万人，城镇新增就业7.5万人。千方百计提高城乡居民工资性、财产性收入，落实个人所得税专项附加扣除政策，推进企业工资集体协商，构建和谐劳动关系。

促进教育均衡发展。加快“互联网+教育”示范区建设，建好用好大数据平台，促进优质教育资源均衡配置。稳步扩大普惠性学前教育覆盖面，公办幼儿园占比达到48%。加快城乡义务教育一体化，着力破解“乡村弱、城市挤、班额大、负担重”等难题，努力为每个孩子提供更加公平、更有质量的教育。实施高中阶段教育普及攻坚计划，提升中等职业学校办学水平，推动普通高中与职业高中协调发展。促进产教融合、校企合作，健全职业教育多元化办学体制。推进高等教育内涵式发展，深化部区合建宁夏大学，提高一流学科建设水平。规范民办教育。发展特殊教育。全面加强新时代教师队伍建设，培养“四有好老师”，当好学生健康成长的引路人。

推进健康宁夏建设。加快“互联网+医疗健康”示范区建设，打造一体化医疗健康信息服务平台，建立远程医疗服务体系，建设区域医疗中心，促进跨区域、跨层级医疗资源互联互通。开展县域综合医改试点，统筹推进公立医院人事薪酬、服务价格等制度改革。落实分级诊疗，做实医联体，力促优质医疗资源下沉，有效缓解群众看病难、看病贵的问题。鼓励社会资本办医，发展中医中药，提供多样化的医疗健康服务。改善妇幼保健和生育服务。广泛开展爱国卫生运动，加强重大疾病、慢性病防治，构建以预防为主的大健康格局。

完善社会保障体系。继续实施全民参保计划，做好社保费征收体制改革后续工作，落实好企业基本养老保险基金中央调剂制度。调整完善基本医疗保险政策和医保药品目录，把更多救命救急的好药纳入医保。加强医保监管和支付方式改革，打击欺诈骗保行为。推进养老机构医养结合服务，让老年人健康养老、快乐养老。加强退役军人服务管理，落实好政策待遇。做好社会救助、社会福利、慈善事业，解决好城市“夹心层”群体生活困难问题。加大农村留守老人、妇女儿童、残疾人关心关爱服务，让每个群众都能感受到党和政府的温暖。

（九）持续创新社会治理，进一步巩固和谐稳定良好局面。坚持共建共治共享，提高社会治理社会化、法治化、智能化、专业化水平，确保全区民族团结、宗教和顺、社会和谐、大局稳定。

践行社会主义核心价值观。深入实施公民道德建设工程，广泛开展群众性精神文明创建活动。抓好新时代文明实践中心建设试点，推动社会主义核心价值观进机关、进企业、进学校、进社区、进乡村、进家庭。围绕中华人民共和国成立70周年，推出一批讴歌新时代、弘扬主旋律、凝聚精气神的精品力作，传递宁夏声音、讲好宁夏故事。深化文化惠民工程，加强公共文化服务标准化建设，发展文化产业和新型文化业态，做好文物保护利用和非物质文化遗产传承。推动哲学社会科学、新闻出版、广播电视、外事侨务、文史参事、统计档案等实现新发展。实施全民健身计划，办好自治区第十五届运动会、第九届少数民族传统体育运动会。

铸牢中华民族共同体意识。深入开展马克思主义民族观宗教观教育，全面准确贯彻党的民族政策和宗教工作基本方针，切实做好新时代民族宗教工作，着力打造全国民族团结进步示范区。扎实推进创建“八大行动”，构建嵌入式社会结构和社区环境，推动“三个离不开”“五个认同”等思想入脑入心，促进各民族交往交流交融，共同团结奋斗、共同繁荣发展。坚持宗教中国化方向，严格落实《宗教事务条例》，依法管理宗教事务，扎实开展“四进”宗教活动场所，坚决治理宗教领域突出问题，积极引导宗教与社会主义社会相适应。

推动社会治理现代化。创新城乡社区治理和服务，促进资源、管理、服务下沉，推行“网格+网络”模式，实现政府治理和社会调节、居民自治良性互动。完善信访工作机制，加大矛盾纠纷排查化解。健全公共法律服务体系，扎实开展“七五”普法。深入推进“平安宁夏”建设，持续开展扫黑除恶专项斗争，提升社会治安综合治理水平。落实领导干部安全生产责任制，加强隐患排查整治，坚决防范遏制重特大事故。实行最严格的食品药品监管，建立统一高效的应急管理体系，提高防灾减灾救灾能力。进一步加强国防动员、人民防空和“双拥”工作。支持工会、共青团、妇联、科协、红十字、残联等群团组织改革发展，更好地发挥联系服务群众的纽带作用。

三、建设人民满意的服务型政府

各位代表，我们的政府是人民的政府，人民是我们执政的最大底气。各级政府和广大公务人员要始终保持锐意进取、永不懈怠的精神状态和敢闯敢干、一往无前的奋斗姿态，以新作为奋进新时代、以新担当推动新发展。

坚持政治统领，坚定正确方向。把党的全面领导贯穿政府工作全过程各方面，加强政府党组建设，严守政治纪律和政治规矩，始终保持政治上的坚定自觉。按照党中央统一部署，认真开展“不忘初心、牢记使命”主题教育。深入学习贯彻习近平新时代中国特色社会主义思想和党的十九大精神，树牢“四个意识”，坚定“四个自信”，坚决维护习近平总书记党中央的核心、全党的核心地位，坚决维护党中央权威和集中统一领导。坚持知行合一，自觉做到贯彻党中央、国务院决策部署坚定坚决、不折不扣、落实落细。坚持重大事项、重要工作向党委报告制度，全面落实自治区党委工作安排。

坚持依法行政，提升施政水平。各级政府的每一项行政决策和执法行为都要于法有据、体现民意、符合实际。深入推进法治政府建设，严格按照宪法和法律行使权力、履行职责。认真执行人大及其常委会的决议决定，积极办理人大代表建议、政协委员提案。依法接受人大法律监督、工作监督，自觉接受政协民主监督，主动接受社会和舆论监督，广泛听取民主党派、工商联、无党派人士和各人民团体的意见。完善科学决策机制，健全专家咨询、法律顾问、公示听证、第三方评估等制度。加强规范性文件合法性审查，深化综合行政执法改革，落实行政执法“三项制度”。全面推进政务公开，完成市县(区)政府系统机构改革，完善政府部门权责清单，落实市场准入负面清单。凡是市场能自主调节的就让市场来调节，凡是企业能干好的就让企业来干，使政府和市场各归其位、各尽其能。

坚持实干担当，确保工作落实。大力弘扬实干之风，争做新时代的实干家。各级各部门要深入一线、深入基层、深入群众，开展调查研究，察实情、解难题、办实事，让改革发展稳定各项任务落下去、让惠及百姓的各项工作实起来。坚决克服思想懈怠、观望情绪、本领恐慌，坚决杜绝花拳绣腿、虚头巴脑、表面文章，主动担当作为，敢于攻坚克难，抓铁有痕、踏石留印抓好落实。健全正向激励、容错纠错机制，坚持实干实绩“论英雄”，高扬干事创业“风向标”，用好绩效考核“指挥棒”，切实把广大干部的积极性调动起来，一起拼搏，一起奋斗，干出实打实的新成效，干出群众认可的好口碑。

坚持全面从严，永葆清廉本色。牢固树立过“紧日子”思想，“三公经费”和一般性支出只减不增，把有限的资金用在保发展保民生上。落实全面从严治党要求，认真履行党风廉政建设“一岗双责”，严格执行中央八项规定及实施细则精神和自治区党委若干意见。严肃查处顶风违纪行为和隐形变异问题，集中治理形式主义、官僚主义，坚决整治“痕迹管理”问题。强化监察、审计监督，紧盯重大工程、重点领域、关键岗位，整治群众身边不正之风和腐败问题，让权力寻租没有空间，让腐败行为无处藏身。各级领导干部要自觉管住自己、管好家人，注重家庭家教家风，在廉洁自律上做好表率。认真执行新《公务员法》，打造忠诚干净担当的公务员队伍，以为民务实清廉的良好形象取信于民。

各位代表，新思想引领伟大事业，新时代铸就伟大梦想，我们都在努力奔跑，我们都是追梦人。让我们更加紧密地团结在以习近平同志为核心的党中央周围，以习近平新时代中国特色社会主义思想为指导，在自治区党委的坚强领导下，上下同心，迎难而上，振奋精神，实干兴宁，以优异成绩迎接中华人民共和国成立70周年，为建设美丽新宁夏、共圆伟大中国梦而努力奋斗！

(原载于《宁夏日报》2019年2月3日 第1～3版)

宁夏回族自治区2018年国民经济和社会发展统计公报[1]

宁夏回族自治区统计局　国家统计局宁夏调查总队

（2019年4月30日）

2018年，在自治区党委、政府的坚强领导下，全区上下以习近平新时代中国特色社会主义思想为指导，坚决落实党中央、国务院的各项决策部署，坚持稳中求进工作总基调，坚定践行新发展理念，以供给侧结构性改革为主线，坚决打好"三大攻坚战"，大力实施"三大战略"，着力推动经济高质量发展，科学统筹稳增长、促改革、调结构、惠民生、防风险各项工作，全区经济运行保持了总体平稳、稳中有进的发展态势，产业结构优化升级，新兴动能加快成长，质量效益持续提升，民生福祉不断增进，生态环境质量稳步提高，高质量发展起步良好，全面建成小康社会迈出新的步伐。

一、综合

初步核算，全年全区实现生产总值[2] 3705.18亿元，按可比价格计算，比上年增长7.0%。其中，第一产业增加值279.85亿元，增长4.0%；第二产业增加值1650.26亿元，增长6.8%；第三产业增加值1775.07亿元，增长7.7%。第一产业增加值占地区生产总值的比重为7.6%，第二产业增加值比重为44.5%，第三产业增加值比重为47.9%，比上年提高1.1个百分点。按常住人口计算，全区人均生产总值54094元，增长6.0%。

图1　2014—2018年全区生产总值及其增长速度

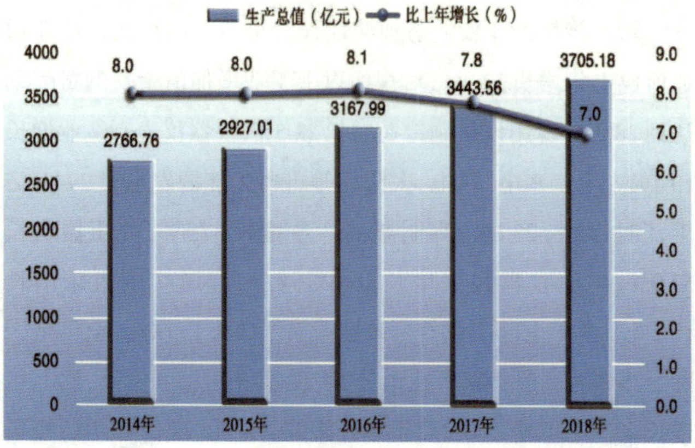

图2　2014—2018年全区三次产业增加值占地区生产总值比重

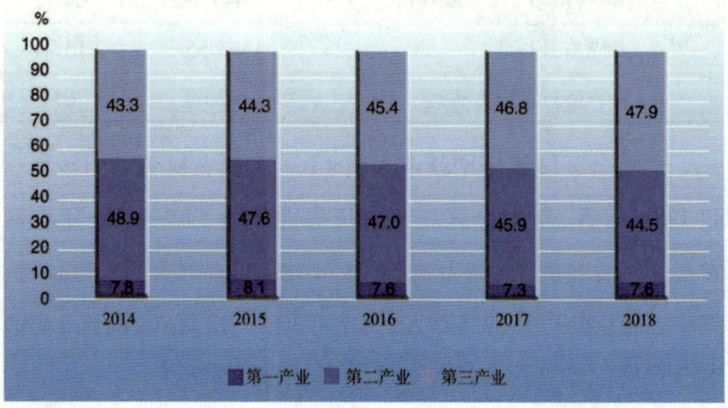

表1　2018年全区生产总值及其增长速度

指　标	绝对值(亿元)	比上年增长(%)
全区生产总值	3705.18	7.0
农林牧渔业	296.56	4.0
工业	1124.50	8.1
建筑业	525.87	3.7
批发和零售业	171.01	3.3
交通运输、仓储和邮政业	181.81	-8.3
住宿和餐饮业	62.85	6.2
金融业	333.24	2.9
房地产业	130.08	2.2
其他服务业	879.26	16.2
第一产业	279.85	4.0
第二产业	1650.26	6.8
第三产业	1775.07	7.7

年末全区常住人口688.11万人，比上年末增加6.32万人。其中，城镇常住人口405.16万人，占常住人口比重（常住人口城镇化率）为58.88%，比上年末提高0.90个百分点。全年全区出生人口9.12万人，出生率为13.32‰；死亡人口3.79万人，死亡率为5.54‰；自然增长率为7.78‰。

表2　2018年年末全区人口数及其构成

指　　标	年末数(万人)	比重(%)
年末总人口	688.11	100.00
其中:城镇	405.16	58.88
乡村	282.95	41.12
其中:回族	251.49	36.55
其中:男性	346.95	50.42
女性	341.16	49.58
其中:0~15周岁(含不满16周岁)[3]	152.00	22.09
16~59周岁(含不满60周岁)	441.56	64.17
60周岁及以上	94.55	13.74
其中:65周岁及以上	62.69	9.11

全年全区城镇新增就业人员8.03万人,农村劳动力转移就业78.08万人,年末全区城镇登记失业率为3.89%。全年全区农民工[4]总量为100.5万人,比上年增加3.6万人,增长3.7%。其中,外出农民工77.3万人,比上年增加2.2万人,增长2.9%;本地农民工23.2万人,增加1.4万人,增长6.4%。

图3　2014-2018年全区城镇新增就业人数

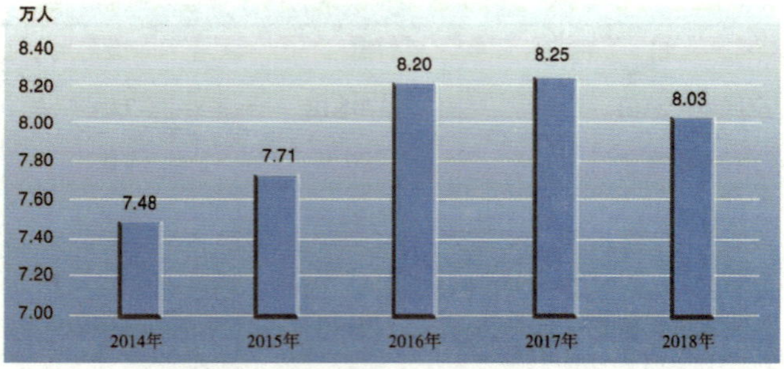

全年全区居民消费价格比上年上涨2.3%;工业生产者出厂价格上涨7.3%;工业生产者购进价格上涨6.5%;固定资产投资价格上涨3.5%;农产品生产者价格[5]上涨5.0%。

图4　2018年全区居民消费价格月度涨跌幅度

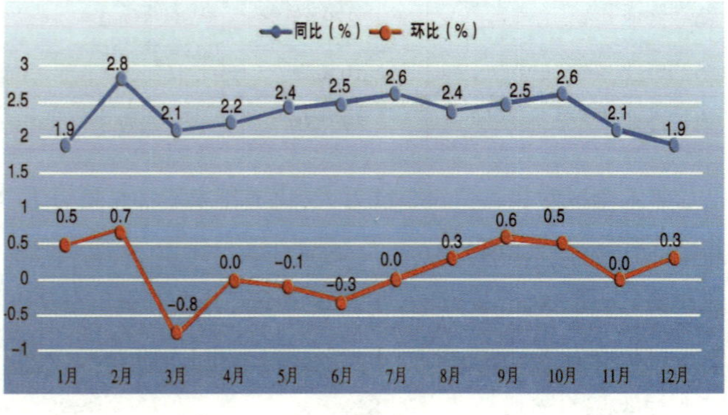

图5　2018年全区工业生产者出厂价格和购进价格月度同比涨跌幅度

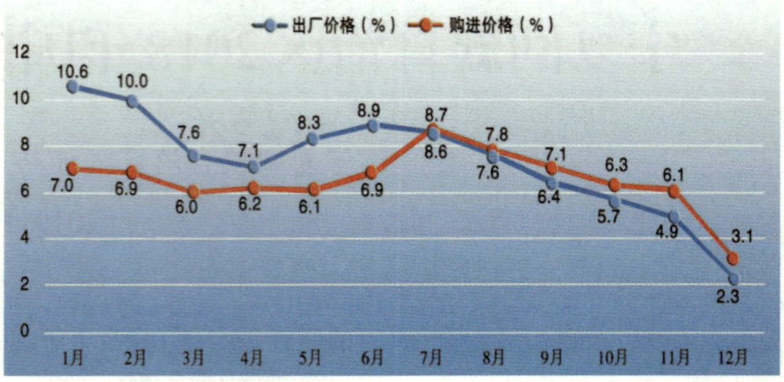

表3　2018年12月份全区居民消费价格指数

指　标	环　比	同　比	1-12月累计比
居民消费价格总指数	100.3	101.9	102.3
其中:食品烟酒	101.1	102.8	102.5
衣着	100.6	101.7	102.2
居住	100.0	102.9	102.6
生活用品及服务	100.0	101.4	102.3
交通和通信	98.3	99.8	102.7
教育文化和娱乐	99.7	100.1	101.8
医疗保健	101.7	103.1	101.9
其他用品和服务	100.0	101.6	101.2

供给侧结构性改革扎实推进。全年全区规模以上工业企业每百元主营业务收入中的成本为83.43元,比全国低0.45元;每百元主营业务收入中的费用为10.04元,比上年下降0.12元。年末规模以上工业企业资产负债率为66.4%,比上年末下降2.4个百分点。年末,全区商品房待售面积939.15万平方米,比上年末减少97.53万平方米,下降9.4%。其中,住宅待售面积384.65万平方米,比上年末减少97.60万平方米,下降20.2%。

新动能新产业新业态加快成长。全年全区煤化工行业增加值比上年增长32.2%,对规模以上工业增加值增长的贡献率达到28.3%,专用设备制造业增长22.5%,仪器仪表制造业增长13.1%。全年水电、风电、太阳能等可再生能源发电量294.0亿千瓦时,增长23.1%;煤制柴油产量增长87.3%,变压器增长52.9%,电工仪器仪表增长46.6%,数控金属切削机床增长18.2%。全年全区工业技术改造投资[6]增长15.6%。全年全区网上零售额[7]按卖家所在地分,实现零售额85.4亿元,比上年增长40.5%,其中,实物商品零售额38.4亿元,增长47.7%;按买家所在地分，实现零售额322.0亿元，增长27.3%。

二、农业

全年全区粮食种植面积1103.51万亩，比上年增加19.74万亩。其中，小麦种植面积192.89万亩，增加8.19万亩；水稻种植面积117.02万亩，减少4.61万亩；玉米种植面积466.19万亩，增加6.69万亩；薯类种植面积164.89万亩，减少13.11万亩。油料种植面积50.59万亩，增加0.69万亩。蔬菜种植面积182.66万亩，增长4.81万亩。瓜果种植面积93.38万亩，增加4.72万亩。园林水果种植面积138.54万亩，增加19.15万亩。

全年全区粮食总产量392.58万吨，比上年增产22.53万吨，增长6.1%，实现连续十五年丰收。其中，夏粮产量43.35万吨，增长11.7%；秋粮产量349.23万吨，增长5.4%。全年全区小麦产量41.58万吨，增长9.9%；水稻产量66.55万吨，下降3.3%；玉米产量234.62万吨，增长9.2%；马铃薯产量（折粮）36.38万吨，增长3.4%。

全年全区蔬菜产量550.81万吨，比上年增长2.0%；红枣产量5.74万吨，增长2.0%；枸杞产量9.77万吨，增长6.3%；葡萄产量19.91万吨，增长44.9%；油料产量7.29万吨，增长5.0%。

全年全区肉类总产量34.14万吨，比上年增长2.0%。其中，猪肉产量8.84万吨，下降0.8%；牛肉产量11.52万吨，增长5.5%；羊肉产量9.9万吨，下降0.01%；禽肉产量3.57万吨，增长4.3%。禽蛋产量14.38万吨，下降5.9%。牛奶产量168.29万吨，增长5.1%。水产品产量17.69万吨，下降2.2%。年末全区生猪存栏73.75万头，下降9.0%；生猪出栏112.45万头，下降1.1%；肉牛存栏84.49万头，增长9.0%；牛出栏74.80万头，增长5.4%；羊存栏534.28万只，增长5.5%；羊出栏558.83万只，下降0.2%；奶牛存栏40.15万头，下降1.6%；活家禽存栏1143.13万只，下降0.7%；活家禽出栏1848.65万只，增长2.9%。

图6 2014—2018年全区粮食产量

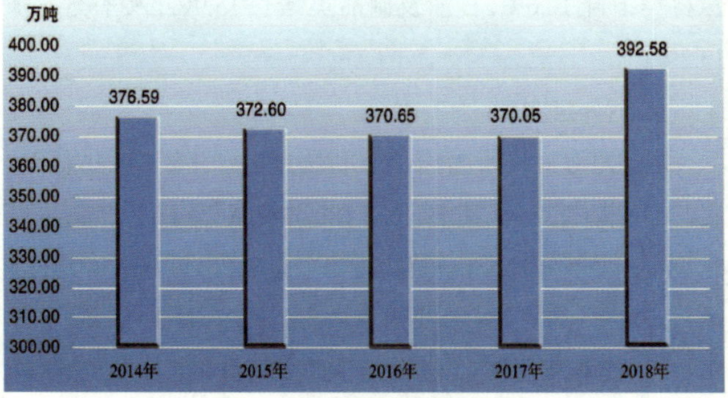

表4 2018年全区主要农林牧渔业产品产量及其增长速度

单位：万吨

指　标	产　量	比上年增长(%)
粮食	392.58	6.1
小麦	41.58	9.9
水稻	66.55	-3.3
玉米	234.62	9.2
油料	7.29	5.0
蔬菜	550.81	2.0
瓜果	149.64	5.0
枸杞	9.77	6.3
葡萄	19.91	44.9
肉类总产量	34.14	2.0
其中：猪、牛、羊肉产量	30.26	1.8
禽蛋	14.38	-5.9
牛奶	168.29	5.1
水产品	17.69	-2.2

三、工业和建筑业

全年全区全部工业增加值1124.50亿元，比上年增长8.1%。规模以上工业增加值增长8.3%。在规模以上工业中，分轻重工业看，轻工业下降12.0%，重工业增长11.4%。分经济类型看，国有控股企业增长11.1%，股份制企业增长7.3%，国有企业增长21.4%，外商及港澳台商投资企业下降3.8%，私营企业增长4.6%，非公有制工业增长5.5%。分门类看，采矿业增长7.1%，制造业增长5.6%，电力、热力、燃气及水的生产和供应业增长15.7%。

图7 2014—2018年全区全部工业增加值及其增长速度

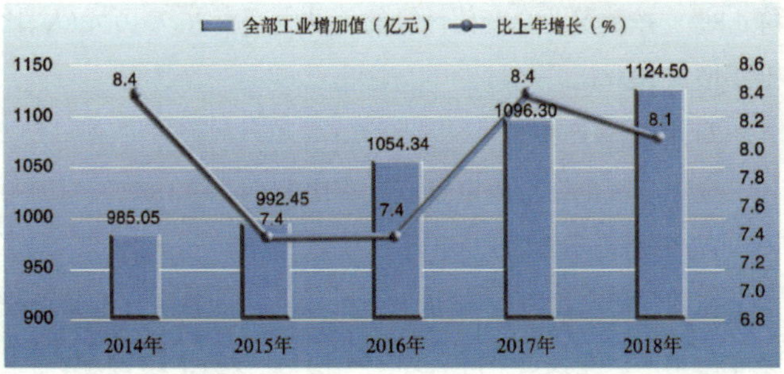

全年全区规模以上工业中，电力行业增加值增长17.2%、化工行业增长18.1%、冶金行业增长19.6%、有色行业增长1.5%、轻纺行业下降8.7%、机械行业增长2.7%、建材行业下降15.8%、医药行业下降38.5%、其他行业增长1.1%。工业产品销售率为97.6%。

年末全区发电装机容量4714.8万千瓦，比上年末增长12.6%。其中，火电装机容量2844.7万千瓦，增长10.1%；水电装机容量42.6万千瓦，与上年持平；风电装机容量1011.1万千瓦，增长7.4%；太阳能发电装机容量816.4万千瓦，增长31.6%。

全年全区规模以上工业企业实现利润174.2亿元，比上年增长16.0%。分经济类型看，国有控股企业实现利润63.2亿元，增长2.2倍；股份制企业111.7亿元，增长11.2%，外商及港澳台商投资企业56.2亿元，增长23.3%。分门类看，采矿业实现利润31.8亿元，下降26.7%；制造业83.9亿元，增长8.8%；电力、热力、燃气及水的生产和供应业58.5亿元，增长97.4%。

表5 2018年全区主要工业产品产量及其增长速度

指标	单位	产量	比上年增长(%)
原煤	万吨	7840.1	2.6
发电量	亿千瓦时	1610.0	14.5
焦炭	万吨	736.5	-0.7
原铝(电解铝)	万吨	127.8	11.1
农用化肥(折纯)	万吨	39.0	-8.0
精甲醇	万吨	648.9	0.1
电石(碳化钙)	万吨	369.2	2.1
水泥	万吨	1726.3	-20.3
铁合金	万吨	380.6	16.2
乳制品	万吨	117.4	22.4
金属切削机床	台	2438.0	16.4

全区具有资质的总承包和专业承包建筑业企业775家，全年完成建筑业总产值565.04亿元，比上年增长2.9%。建筑业企业房屋建筑施工面积2334.49万平方米，下降9.1%；房屋竣工面积801.53万平方米，增长1.2%；竣工产值322.27亿元，下降4.8%。按建筑业总产值计算的劳动生产率26.73万元/人，比上年增长10.0%。

四、固定资产投资

全年全区全社会固定资产投资比上年下降18.2%。其中，固定资产投资(不含农户)下降18.9%。

在固定资产投资(不含农户)中，第一产业投资比上年下降35.6%；第二产业投资下降7.3%；第三产业投资下降23.7%。工业投资下降7.3%，占固定资产投资(不含农户)的比重为37.1%。基础设施投资[8]下降23.5%，占固定资产投资(不含农户)的比重为23.7%。民间固定资产投资[9]下降18.5%，占固定资产投资(不含农户)的比重为55.4%。

全年全区房地产开发投资449.57亿元，比上年下降31.1%。其中，住宅投资300.41亿元，下降22.5%；办公楼投资12.86亿元，下降65.3%；商业营业用房投资90.37亿元，下降40.7%。

表6 2018年全区房地产开发和销售主要指标完成情况及其增长速度

指标	单位	绝对数	比上年增长(%)
房地产开发投资	亿元	449.57	-31.1
房屋施工面积	万平方米	6047.78	-11.5
其中：住宅	万平方米	3821.19	-12.1
其中：本年新开工面积	万平方米	994.55	-16.3
房屋竣工面积	万平方米	1213.98	-8.6
其中：住宅	万平方米	843.82	-4.5
商品房销售面积	万平方米	1026.50	0.5
其中：住宅	万平方米	887.97	2.0
商品房待售面积	万平方米	939.15	-9.4
其中：住宅	万平方米	384.65	-20.2
商品房销售额	亿元	517.73	11.5
其中：住宅	亿元	420.63	13.9
本年实际到位资金	亿元	582.16	-14.2
其中：国内贷款	亿元	58.69	-16.3
自筹资金	亿元	162.12	-32.9
其他资金来源	亿元	361.36	-1.5

五、国内贸易

全年全区社会消费品零售总额比上年增长4.8%。按经营地统计，城镇消费品零售额增长4.4%；乡村消费品零售额增长8.4%。按消费类型统计，商品零售额增长3.8%；餐饮收入额增长9.4%。

在限额以上企业商品零售额中，粮油、食品类零售额比上年增长2.4%，饮料类下降2.7%，烟酒类增长15.5%，服装、鞋帽、针纺织品类下降5.0%，化妆品类增长2.3%，金银珠宝类下降4.0%，日用品类下降4.5%，家用电器和音像器材类增长9.8%，中西药品类增长6.4%，文化办公用品类下降15.7%，通信器材类下降10.6%，石油及制品类增长15.9%，汽车类下降13.2%。

六、对外经济[10]

据银川海关统计，全年全区货物进出口总额249.16亿元，比上年下降27.0%。其中，出口180.48亿元，下降27.2%；进口68.68亿元，下降26.8%。货物进出口差额(出口减进口)111.8亿元。对“一带一路”沿线国家进出口总额73.39亿元，下降11.4%。其中，出口65.1亿元，下降2.2%；进口8.28亿元，下降49.1%。

图8 2014—2018年全区货物进出口总额

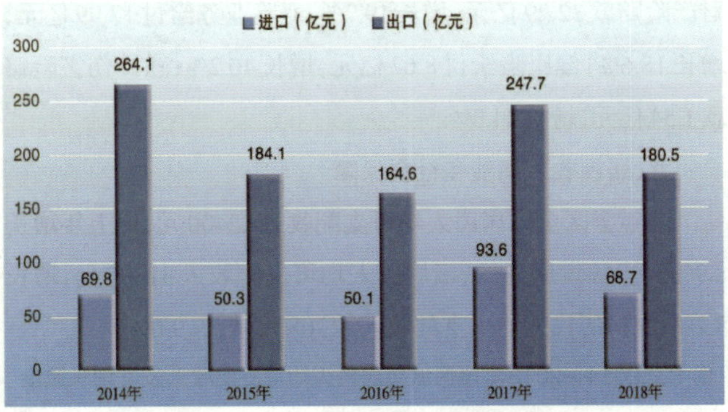

表7 2018年全区主要商品出口金额及其增长速度

商品名称	出口值(亿元)	比上年增长(%)
金首饰及零件	11.83	-38.1
金属锰	8.82	-10.0
新的充气橡胶轮胎	8.39	24.5
铁合金	8.18	88.1
双氰胺	8.03	46.1
钽铌铍制品	5.62	32.3
泰乐菌素	5.26	-32.2
机床及铸件	4.15	-14.6

全年全区实际使用外商直接投资2.14亿美元，比上年下降31.1%。全区新批准外商直接投资项目32个，合同外资金额1.59亿美元，下降93.7%。其中，信息传输、软件和信息技术服务业签订利用外商直接投资合同额0.5亿美元，增长7.3%。

七、交通和邮电

全年全区货物运输总量4.01亿吨，比上年增长2.2%。货物运输周转量692.76亿吨公里，下降14.6%。全年全区旅客运输总量0.65亿人，下降15.0%；旅客运输周转量151.43亿人公里，下降3.5%。

表8 2018年全区各种运输方式完成运输量及其增长速度

运输方式	货物				旅客			
	运输总量		运输周转量		运输总量		运输周转量	
	绝对值(万吨)	比上年增长(%)	绝对值(亿吨公里)	比上年增长(%)	绝对值(万人)	比上年增长(%)	绝对值(亿人公里)	比上年增长(%)
总计	40133.84	2.15	692.76	-14.62	6453.76	-15.02	151.43	-3.54
铁路	7158.93	9.66	229.49	-9.49	653.00	0.40	40.78	-5.74
公路	31757.00	0.31	398.19	-20.39	5342.00	-18.04	47.46	-15.00
航空	2.53	33.69	0.33	15.11	458.76	7.71	63.20	9.16
管道	1215.38	10.46	64.75	12.80	—	—	—	—

年末全区民用汽车保有量145.68万辆，比上年末增长10.2%。其中，私人汽车保有量132.52万辆，增长10.5%。民用轿车保有量70.29万辆，增长10.3%，其中，私人轿车 67.16万辆，增长10.4%。

全年全区完成邮政业务总量[11]17.79亿元，比上年增长16.2%。邮政业完成邮政函件业务297.42万件；包裹业务10.53万件；快递业务量6771.33万件；快递业务收入8.13亿元。全年全区完成电信业务总量[12]462.63亿元，增长1.3倍。年末全区电话用户总数936.4万户，其中移动电话用户881.03万户。互联网宽带接入用户217万户，比上年增加57.8万户。移动互联网用户710.2万户，比上年增加27.7万户；移动互联网接入流量52413.6万G，增长1.5倍。

图9 2014—2018年全区快递业务量及其增长速度

图10 2014—2018年年末全区互联网宽带接入用户数和移动互联网用户数

八、财政金融

全年全区一般公共预算总收入751.41亿元，同口径增长6.0%。其中，地方一般公共预算收入444.43亿元，同口径增长8.2%。在地方一般公共预算收入中，税收收入298.29亿元，同口径增长10.4%，占地方一般公共预算收入的比重由上年的64.7%提高到67.1%。

图11 2014—2018年全区地方一般公共预算收入及增长速度[13]

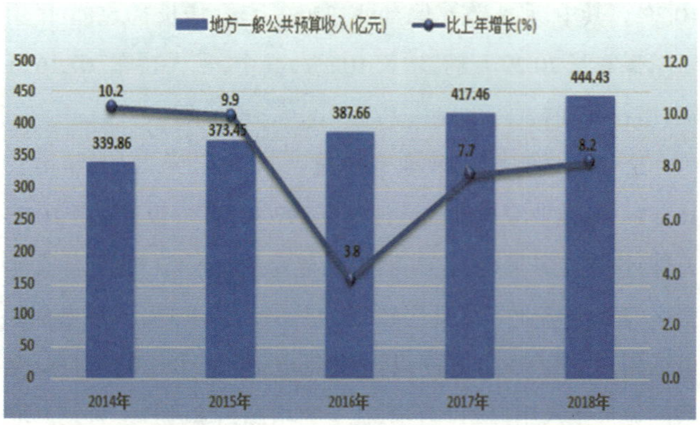

年末全区全部金融机构本外币各项存款余额6046.14亿元，比年初增加178.92亿元。其中，人民币各项存款余额6028.40亿元，增加179.96亿元。全部金融机构本外币各项贷款余额7038.52亿元，比年初增加577.14亿元。其中，人民币各项贷款余额6807.52亿元，增加475.00亿元。

表9 2018年年末全区金融机构存贷款余额及其增长速度

指　标	年末数(亿元)	当年新增(亿元)	比上年末增长(%)
本外币各项存款余额	6046.14	178.92	3.0
人民币存款余额	6028.40	179.96	3.1
其中：住户存款	3104.24	311.72	11.2
非金融企业存款	1341.84	-243.99	-15.7
广义政府存款	1449.14	101.86	7.9
本外币各项贷款余额	7038.52	577.14	8.9
人民币贷款余额	6807.52	475.00	7.5
其中：短期贷款	1919.81	-131.20	-6.3
中长期贷款	4228.59	363.69	9.3
票据融资	653.12	240.26	58.2

年末全区上市公司13家，总股本103.00亿股，总市值466.20亿元，比上年下降49.1%。其中，流通市值320.13亿元，下降44.1%。全年证券交易额6125.62亿元，增长3.1%。全年全区在全国中小企业股份转让系统[14]挂牌公司58家，较年初下降12.1%。

年末全区省级营业性保险分公司22家，全年实现保费收入182.83亿元，比上年增长10.7%。其中，财产险收入63.90亿元，增长14.0%；寿险收入83.10亿元，增长2.3%；健康险收入30.61亿元，增长30.1%；意外伤害险收入5.23亿元，增长18.9%。支付各类赔款和给付60.49亿元，增长22.1%。其中，财产险赔款32.29亿元，增长19.7%；寿险业务给付17.99亿元，增长18.6%；健康险给付8.67亿元，增长40.2%；意外伤害险赔款1.54亿元，增长24.0%。

九、居民收入消费和社会保障

全年全区全体居民人均可支配收入22400元，比上年增长8.9%。按常住地分，城镇居民人均可支配收入31895元，增长8.2%；农村居民人均可支配收入11708元，增长9.0%。

图12 2014—2018年全区城镇居民人均可支配收入及其增长速度

图13 2014—2018年全区农村居民人均可支配收入及其增长速度

全年全区居民人均消费支出16715元，比上年增长8.9%。按常住地分，城镇居民人均消费支出21977元，增长8.7%；农村居民人均消费支出10790元，增长8.1%。

图14 2018年全区城镇居民人均消费支出及其构成

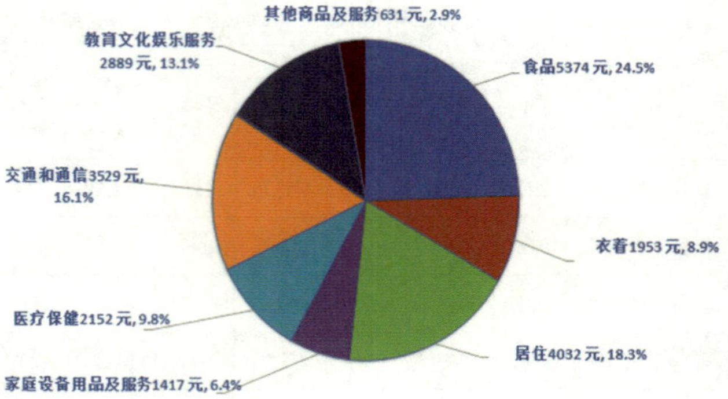

图15 2018年全区农村居民人均消费支出及其构成

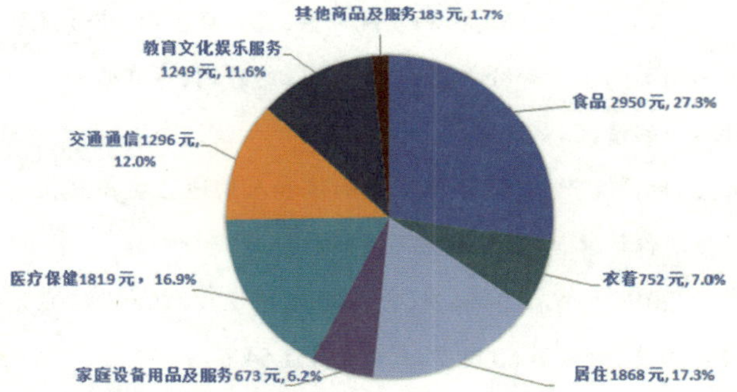

脱贫攻坚成效显著。按照每人每年2300元（2010年不变价）的农村贫困标准计算，年末全区农村贫困人口12万人，比上年末减少11.5万人；贫困发生率为3.0%，比上年下降3.0个百分点。全年全区生态移民人均可支配收入7602元，比上年增长10.9%。

年末全区参加城镇职工基本养老保险人数216.32万人，比上年末增加10.41万人。参加城乡居民基本养老保险人数181.37万人，比上年末减少4.11万人。参加基本医疗保险人数626.25万人，增加8.03万人，其中，参加城镇职工基本医疗保险131.93万人，增加8.47万人；参加城乡居民基本医疗保险494.32万人，减少0.44万人。参加失业保险人数91.97万人，增加3.42万人。参加工伤保险人数93.32万人，增加2.97万人。参加生育保险人数88.07万人，增加6.34万人。

十、教育、科学技术和文化体育

年末全区各级各类学校3456所（含小学教学点614所），教职工106891人。全年全区学前教育毛入园率83.3%，小学学龄人口入学率99.99%，初中阶段毛入学率110.74%，高中阶段毛入学率89.71%，高等教育毛入学率49.50%，小学六年巩固率为99.86%，初中三年巩固率为97.72%。

表10 2018年全区各级教育招生、在校、毕业生人数

类　别	校数（所）	招生数（人）	在校学生数（人）	毕业学生数（人）
普通高等学校	19	40222	131682	32389
#研究生	-	2344	5560	1404
成人高等学校	1	14843	30083	10616
中等职业教育学校	29	27156	72820	24527
普通中学	309	151476	438050	141118
#高 中（含完全中学）	65	50880	147599	52262
初 中（含完全中学）	244	100596	290451	88856
普通小学（含教学点）	1864	99979	581495	101825
幼儿园	1221	108967	241595	105798
特殊教育学校	13	964	6004	697

全年全区登记自治区级科技成果229项，比上年下降14.2%。其中，基础理论成果47项，应用技术成果167项，软科学成果15项。全年申请专利量9839件，增长14.8%，其中，发明专利2986件，增长16.6%。专利授权量5656件，增长33.3%，其中，发明专利授权量744件，增长13.2%。全年共签订技术合同618项，技术合同成交金额12.11亿元。年末全区拥有国家级工程技术研究中心3个，自治区级工程技术研究中心49个；国家重点实验室3个，自治区级重点实验室33个，国家级企业（集团）技术中心（含分中心）13个，自治区级企业（集团）技术中心68个；自治区级产业技术协同创新中心5个，临床医学研究中心20个，自治区技术创新中心174个。

年末全区文化系统共有艺术表演团体14个，博物馆75个。全区共有公共图书馆27个，文化馆27个，档案馆27个。有线广播电视在册用户数105.7万户，其中，有线数字电视在册用户104.58万户。全区广播节目综合人口覆盖率为98.98%；电视节目综合人口覆盖率为99.79%。全区出版各类报纸14种，出版期刊37种，出版图书3303种。2017年，全区文化及相关产业增加值81.45亿元，比上年增长9.5%（未扣除价格因素）；占全区地区生产总值的比重为2.37%，比上年提高0.02个百分点。

全年全区运动员参加国际国内比赛共取得金牌28枚、银牌29枚、铜牌40枚。全年有158人达国家一级运动员等级标准，390人达国家二级运动员等级标准，19人获得国家一级裁判员等级称号。

十一、卫生和社会服务

年末全区共有医疗卫生机构4451个，其中医院231个；基层医疗卫生机构4121个，其中卫生院217个，城市社区卫生服务机构184个，村卫生室2300个；专业公共卫生机构89个，其中疾病预防控制中心25个，卫生监督机构25个。年末全区卫生技术人员53029人，其中执业医师和执业助理医师19415人，注册护士23281人。全区医疗卫生机构实有床位41005张，其中医院35698张，基层医疗卫生机构3955张。全年全区总诊疗人次[15]4147.3万人次，入院人数[16]120.81万人次。

年末全区共有各类提供住宿的社会服务机构103个，其中养老服务机构77个，儿童收养救助服务机构8个。社会服务床位[17]15301张（不包括社区床位数），其中养老床位11997张（不包括社会日间照料床位3671张、社会留宿床位3992张），儿童服务床位970张。年末全区共有社区服务机构和设施2555个，

其中社区服务中心59个，社区服务站2043个。

图16 2014—2018年年末全区卫生技术人员人数

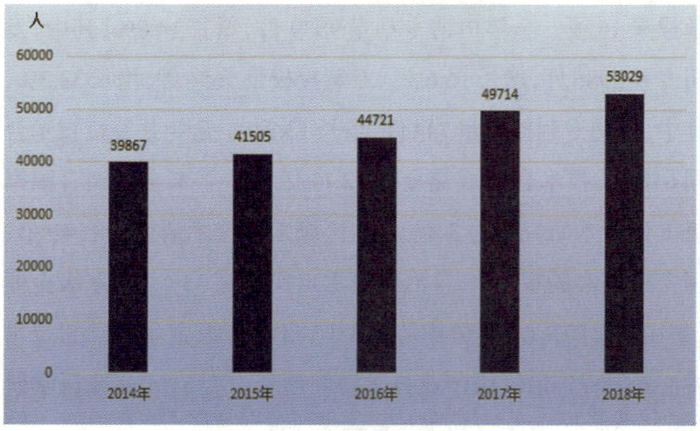

十二、资源、环境和应急管理

全年全区水资源总量14.54亿立方米。全年全区平均降水量389毫米，比上年增长17.17%。全年全区总用水量66.17亿立方米，增长0.17%。其中，生活用水3.31亿立方米，增长10.31%；工业用水4.34亿立方米，下降3.81%；农业用水56.30亿立方米，下降0.13%。万元地区生产总值用水量[18]181立方米，下降6.38%；万元工业增加值用水量35立方米，下降11.01%。人均用水量966立方米，下降0.8%。

全年全区完成营造林面积150.08万亩，其中人工营造林面积67.24万亩。森林抚育面积40.0万亩。年末全区自然保护区14个，其中国家级自然保护区9个，自治区级自然保护区5个。

预计[19]全年全区供水普及率为96.55%，比上年提高0.8个百分点；燃气普及率89.87%，比上年提高3.24个百分点；建成区绿地率为36.93%，比上年提高0.23个百分点；生活垃圾处理率为98.82%，比上年提高0.47个百分点。

全年黄河干流宁夏段入境至出境均为Ⅱ类优水质，所占比例达100%。地表水达到或好于Ⅲ类水体比例为73.3%。全年全区五个地级城市环境空气质量平均优良天数为277天，优良天数比例为75.9%。细微颗粒(PM2.5)平均浓度为35微克/立方米，同比下降10.3%。可吸入颗粒物(PM10)平均浓度为82微克/立方米。全年全区5地市城市昼间区域声环境质量等级为二级，总体水平评价为较好；夜间区域声环境质量等级为三级，总体水平评价为一般。

全年全区累计发生生产经营性事故242起，比上年下降8.3%；死亡188人，下降4.6%。亿元GDP生产安全事故死亡人数为0.049人/亿元；道路交通万车死亡率为2.15，上升4.9%；煤矿百万吨死亡人数为0.115。

注释：

[1]本公报中数据均为初步统计数，正式数据以《宁夏统计年鉴-2019》为准。部分数据因四舍五入的原因，存在着与分项合计不等的情况。

[2]地区生产总值、各产业增加值和人均地区生产总值绝对数按现价计算，增长速度按不变价格计算。

[3]2018年年末，0~14岁(含不满15周岁)人口为142.02万人，15~59岁(含不满60周岁)人口为451.54万人。

[4]年度农民工数量包括年内在本乡镇以外从业6个月及以上的外出农民工和在本乡镇内从事非农产业6个月及以上的本地农民工两部分。

[5]农产品生产者价格是指农产品生产者直接出售其产品时的价格。

[6]工业技术改造投资是指工业企业利用新技术、新工艺、新设备、新材料对现有设施、工艺条件及生产服务等进行改造提升，实现内涵式发展的投资活动。

[7]网上零售额是指通过公共网络交易平台(主要从事实物商品交易的网上平台，包括自建网站和第三方平台)实现的商品和服务零售额。其中，网上零售额包括的服务，以及少部分用于生产经营用或被转卖的商品不统计在社会消费品零售总额中。

[8]基础设施投资是指建造或购置为社会生产和生活提供基础性、大众性服务的工程和设施的支出。公报中的基础设施投资包括交通运输、邮政业，电信、广播电视和卫星传输服务业，互联网和相关服务业，水利、环境和公共设施管理业投资。

[9]民间固定资产投资是指具有集体、私营、个人性质的内资企事业单位以及由其控股(包括绝对控股和相对控股)的企业单位建造或购置固定资产的投资。

[10]货物进出口采用人民币计价。实际使用外商直接投资由于技术原因仍主要沿用美元计价。

[11]邮政行业业务总量按2010年价格计算。

[12]电信业务总量按2015年价格计算。

[13]2018年地方一般公共预算收入增长速度为同口径增幅。

[14]全国中小企业股份转让系统又称“新三板”，是2012年经国务院批准设立的全国性证券交易场所。

[15]总诊疗人次指所有诊疗工作的总人次数，包括门诊、急诊、出诊、预约诊疗、单项健康检查、健康咨询指导(不含健康

讲座)人次。

[16]入院人数:指报告期内经门诊或急诊医生签发住院证并办理入院手续的住院病人。

[17]社会服务床位数除收养性机构外,还包括救助类机构、社区类机构以及军休所、军供站等机构的床位。

[18]万元地区生产总值用水量、万元工业增加值用水量和万元地区生产总值能耗按2015年价格计算。

[19]此数据为住建部门预计数,具体数据5月底前公布;城市指标为五个地级市和两个县级市数据。

资料来源:

本公报中城镇新增就业、登记失业率、社会保障数据来自自治区人力资源社会保障厅;财政数据来自自治区财政厅;水资源数据来自自治区水利厅;林业数据来自自治区林草局;发电装机容量数据来自国网宁夏电力公司;铁路运输数据来自中国铁路兰州局集团有限公司;公路运输数据来自自治区交通运输厅;民航数据来自西部机场集团宁夏机场有限公司;电信业务总量、电话用户、宽带用户、移动互联网接入流量、互联网普及率等数据来自宁夏通信管理局;建成区绿地面积、污水处理率、燃气普及率等数据来自自治区住房城乡建设厅;货物进出口数据来自银川海关;外商直接投资等数据来自自治区商务厅;民用汽车数据来自自治区公安厅;管道数据来自中石油管道长庆输油气分公司和中石油东部管道有限公司银川管理处;邮政业务数据来自宁夏邮政管理局;货币金融数据来自人民银行银川中心支行;上市公司数据来自宁夏证监局;保险业数据来自宁夏银保监局;社会服务数据来自自治区民政厅;教育数据来自自治区教育厅;国家工程研究中心、国家工程实验室、企业技术中心等数据来自自治区科技厅;专利数据来自自治区市场监管厅(自治区知识产权局);艺术表演团体、博物馆、公共图书馆、文化馆数据来自自治区文化和旅游厅;广播电视、报纸、期刊、图书数据来自自治区广电局;体育数据来自自治区体育局;卫生数据来自自治区卫生健康委;环境监测数据来自自治区生态环境厅;安全生产数据来自自治区应急厅;其他数据均来自自治区统计局和国家统计局宁夏调查总队。

(自治区统计局综合处提供)

索　引

说明：

1. 本索引以主题分析方法为主，按主题词首字汉语拼音字母顺序排列。

2、主题词后的数字表示内容所在的页码，数字后面的a、b、c表示该页自左至右的栏别。

H

J

S

X

Y

表格索引